제10판

신체계 회사법

노혁준 · 송옥렬 · 안수현 · 정준혁 · 천경훈 · 최문희

박영사

제10판 서문

2022년 제9판 이후 공간된 판례를 업데이트하여 제10판을 출간한다. 2021년 1월에는 중국에서 이 책의 번역본이 출간되었다는 반가운 소식을 제9판에서 전했지만, 이 책이 국내외에서 회사법의 판례와 이론에 관한 주요 서적으로 자리매김하고 있는 것 같아 공저자들 모두 뿌듯함을 느끼고 있다. 모두 독자들의 관심과 성원이 없었다면 불가능했을 일이다. 그러나 동시에 더 정확하고 수준 높은 책으로 만들어야 한다는 부담감도 함께 느낀다. 특히 이 책이 이제 10판을 거듭하면서, 저자도 많이 바뀌고 그 사이 로스쿨에서의 회사법 교육의 경험도 많이 쌓여서, 이제 전체적으로 체제와 수록판례, 문제들을 검토해야 할 때가 되지 않았나 한다. 이번 제10판은 일단 현재의 체제를 유지하면서 판례를 업데이트하고, 다음 제11판은 충분한 시간을 가지고 검토하여 더욱 새롭고 수준 높은 판례교재로 개정할 예정이다. 앞으로도 독자들의 기대에 부응하도록 최선을 다하겠다고 다짐한다.

제9판 이후 2년여 동안에는 특별히 상법개정은 없었다. 전자주주총회와 주식매수청구권 규정을 중심으로 한 법무부안이 국회에 제출되었으나 아무런 성과 없이 새해를 맞았다. 회사법 전반적으로 많은 곳에 영향을 미치는 만큼, 계속 주시하면서 개정되면 바로 책의 내용에 반영할 예정이다. 다음으로 중요한 판결들도 여럿 등장하였다. 주주평등원칙에 대한 유연한 접근을 선언한 판결과 계열사의 경영권방어를 다룬 현대엘리베이터 판결을 필두로 하여, 소수주주의 임시주주총회 소집, 상장회사 가치평가의 기준일, 사외이사의 감시의무, 신주인수권부사채 발행무효의 소의 제척기간, 자기거래 사후승인의 효력, 구체적 이익배당청구권의 인정 여부 등 회사법 전반에서 주목할 만한 판결들이 선고되었다. 모두 이 책에서 기본판례 또는 참고판례로 다루어야 할 내용이다. 이번 제10판에서는 지난 2년여간 판례를 전반적으로 검토하여 일부 기본판례를 교체하고 참고판례로 추가하는 등으로 반영하였다.

신체계회사법이 세상에 나온지도 벌써 10여년이 지났다. 지난 제8판에서 서울대 천경훈 교수님, 제9판에서 서울대 정준혁 교수님이 참여하였는데,

이번 제10판에는 초판부터 기업재무의 중요한 부분을 집필하여 주신 중앙대 윤영신 교수님께서 은퇴와 함께 집필에서도 물러나시게 되었다. 그간의 노고에 깊은 감사의 뜻을 전한다. 처음 이 책을 기획하셨던 김건식, 박준 교수님의 은퇴까지 생각하면 초판과 많은 부분에서 변동이 생겼는데, 이 부분은 목차에 이어 밝혀둔다.

　그간 신체계회사법이 이처럼 판을 거듭하며 회사법 분야의 대표적 교재로 자리 잡을 수 있었던 것은 무엇보다도 독자들의 과분한 호응이 있었기 때문이다. 이 자리를 빌려 독자들의 관심과 성원에 깊이 감사드린다. 끝으로 어려운 출판시장의 현실에도 불구하고 이 책의 출판을 흔쾌히 받아들여 주시고 좋은 책을 만들어 주신 박영사 안종만 회장님, 편집부 장유나 차장님 등 여러분께 감사드린다.

2024년 2월
공저자 일동

서 문

이 책은 회사법 강의를 위한 교재이다. 교재의 내용은 강의방식에 따라 달라질 수밖에 없다. 이제까지 법학의 강의는 교수의 일방적인 설명으로 진행되는 것이 일반적이었다. 강의식 교육이 많은 정보를 체계적으로 전달하는 데는 효과적인 것이 사실이다. 그러나 변화의 시대를 사는 법률가에게는 기존 법리에 대한 피상적인 이해보다는 독자적인 사고와 분석의 능력이 훨씬 더 절실하다. 이 책에서는 정보의 전달보다는 학생들의 사고와 궁리를 자극하는 데 주안점을 두었다. 급속한 변화와 팽창의 길을 달리는 회사법 분야의 정보를 망라하는 것은 일찌감치 포기하였다. 그보다는 회사법적으로 문제되는 상황과 그에 대처하기 위하여 마련된 구체적 법리가 현실적으로 만나면서 빚어지는 다양한 양상을 판례를 통하여 살펴봄으로써 비판적이고 종합적인 사고력을 키우는 것을 목표로 삼았다.

이 책이 지향하는 학습을 효과적으로 실현하기 위해서는 무엇보다 학생의 능동적인 참여가 필수불가결하다. 법규정과 판결의 표면적인 논리구조를 수동적으로 수용하는 데 그치지 않고 그 복합적인 정신활동의 다양한 측면을 파고들고 그로 인한 현실의 변화에 대한 가치판단을 시도하려는 적극적인 자세가 요구된다. 학생들의 참여를 이끌어내고 그것을 통해 생산적인 교육효과를 거두기 위해서는 가르치는 이들의 노력과 창의가 전통적인 강의에서보다 몇 배 더 요구된다. 이처럼 이 책은 학생이나 교수 양쪽에 모두 부담스런 교재이다. 그럼에도 불구하고 이 책을 내놓는 이유는 수준 높은 법률가를 키워내기 위해서는 이러한 과정이 불가피하다는 믿음 때문이다.

이 책은 글자 그대로 공동작업의 소산이다. 2009년 7월 이러한 교재를 내자고 합의한 이후 저자들은 주로 주말 오후를 이용하여 약 20차례의 모임을 가졌다. 모임은 각자가 분담부분에 관해서 준비한 원고를 발표하고 나머지 참석자들이 그에 대해서 토론하는 방식으로 진행하였다. 각자의 분담 부분은 다음과 같다.

김건식: 제 1 장 서론, 제 2 장 회사의 설립
윤영신: 제 3 장 회사의 운영구조, 제 7 장 회사재무(I - IV, VI)
최문희: 제 4 장 이사의 의무와 책임

안수현: 제5장 감사기구

송옥렬: 제6장 기업회계, 제7장 회사재무(Ⅴ), 제8장 적대적 기업인수
와 경영권

노혁준: 제9장 회사조직의 근본적 변경

그러나 기본 구성과 각 장에 관해서 토론할 때 활발한 의견교환을 거친
것은 물론이고 원고의 준비과정에서도 각자 확보한 자료와 정보를 아낌없이
공유하였기 때문에 이 책은 진정한 의미의 공동저작에 가까운 것이다. 박준
교수는 특정 부분을 책임지지는 않았지만 모든 모임에 적극 참여하여 풍부한
실무경험을 바탕으로 귀중한 지적과 제안을 해주었다. 단순한 감수자로 보기
에는 그의 기여가 너무 크다는 중론에 따라 참여자들의 만장일치로 박준 교
수도 공저자에 포함시키기로 했다.

이처럼 나름대로 애를 쓰기는 했지만 이 책이 여러 면에서 미흡함을 숨
길 수 없다. 특히 새로운 시도의 꽃에 해당하는 질문 부분은 자신이 없다.
때문에 이 책의 발간을 좀 더 연기할 것인지에 대해서 진지하게 의논하기도
했다. 그럼에도 출판을 감행하는 것은 이 정도의 책이라도 강의의 변화를 시
도하는 이들에게는 도움이 될 수 있으리라는 기대 때문이다. 독자의 비판과
지적이 두렵고 고통스러운 것은 사실이지만 앞으로 이 시험작의 완성도를 높
여 나가는 데 가장 효과적인 촉진제가 될 것으로 믿는다.

이 책은 솔직히 로스쿨에서의 강의를 염두에 두고 마련된 것이다. 그러나
이상적인 강의가 법학부이냐 로스쿨이냐에 따라 크게 다르지는 않을 것이다.
이 책이 학부에서 회사법 강의의 수준을 높이는 데 다소나마 기여할 수 있다
면 공저자들에게는 큰 기쁨일 것이다. 또한 기성 법률가들이 이 책을 통해서
회사법의 세계로 밀려들고 있는 변화의 조류를 조금이라도 감지할 수 있다면
더 바랄 것이 없겠다. 끝으로 어려운 출판 환경에서 이처럼 수지전망이 불투
명한 책의 발간을 흔쾌히 떠맡아주신 박영사 안종만 회장님과 이 책의 편집과
제작을 위해서 애써주신 강상희 씨께 경의와 함께 감사의 뜻을 표하는 바이다.

2010년 3월

공저자들을 대표하여

김 건 식

차 례

제 4 장   이사의 의무와 책임

제 7 장   회사재무

* 일러두기 *

이 책에서 별도의 법명표기가 없는 규정은 상법규정을 지칭한다.

제10판 분담 부분

천경훈: 제 1 장 서론, 제 2 장 회사의 설립
정준혁: 제 3 장 회사의 운영구조
최문희: 제 4 장 이사의 의무와 책임
안수현: 제 5 장 감사기구
송옥렬: 제 6 장 기업회계, 제 7 장 회사재무, 제 8 장 적대적 기업인수와
　　　　경영권
노혁준: 제 9 장 회사조직의 근본적 변경

제 1 장

서   론

I. 회사의 특징과 기능

자본주의 사회에서 기업활동은 원칙적으로 민간에 맡겨져 있다. 기업의 규모가 커질수록 한 사람의 재력으로 감당하기 어렵기 때문에 여러 사람이 함께 투자하여 운영할 필요가 있다. 이러한 동업의 주된 법적 형태로는 회사와 민법상의 조합을 들 수 있다. 동업의 규모가 커지면 회사의 형식을 취하게 됨은 물론이거니와, 실질적으로는 조합에 가까운 소규모 동업관계도 법적으로는 회사의 형식을 취하는 경우가 많다. 회사형태로는 상법상 주식회사, 유한회사, 유한책임회사, 합자회사, 합명회사가 있지만 주식회사가 95% 이상을 차지하고 있다. 이 책에서 회사는 일반적으로 주식회사를 가리키는 의미로 사용한다.

다른 동업형태에 비하여 회사는 다음과 같은 다섯 가지 특징을 가지고 있다.

① 법인격
② 유한책임
③ 주식의 양도가능성
④ 이사회에 대한 경영위임
⑤ 주주이익의 우위

이곳에서는 특히 법인격과 유한책임에 대해서 살펴본다. 이 두 가지 특징은 다양한 측면에서 기업활동을 용이하게 하여 여러 사람들 사이의 동업을 촉진하는 기능을 한다. 이 두 가지 특징은 동업이 아닌 단독기업의 경우에도 매우 유용하다.

우선 법인격의 문제를 보자. 첫째, 회사의 법인격은 기업활동에서 발생하는 복잡한 권리의무관계를 단순하게 처리할 수 있게 해준다. 동업자들이 직접 권리의무의 주체가 되어야 한다면 법률관계는 매우 복잡하고 불안정할 것이다. 법인격을 부여받은 회사가 권리의무의 주체가 됨으로써 이런 문제를 해소할 수 있다. 둘째, 회사가 법적으로 재산의 보유주체가 됨으로써 회사와 거래하는 당사자에게 회사재산은 일종의 담보와 같은 기능을 한다. 기업활동을 위해 사용되는 재산을 동업자들(단독기업의 경우에는 그 기업가)이 직접 소유한다면, 그들 개인의 재산·채무와 기업의 재산·채무가 뒤섞여서 기업활동에 장애를 초래하고 기업의 자금조달을 곤란하게 할 것이다. 회사형태를 이용함으로써 기업가는 회사재산을 자신의 나른 재산과 분리할 수 있다.

회사재산의 분리를 한층 강화하는 것은 주주유한책임원칙이다. 주주유한책임원칙이란 주주는 회사의 채무에 대해서 책임을 지지 않는다는 것이다. 이런 특성을 가진 회사형태를 이용함으로써 기업가는 그 사업에서 발생하는 위험으로부터 자신의 다른 재산을 보호할 수 있다. 즉 회사가 망하더라도 기업가는 유한책임원칙에 따라 책임이 제한된다. 이는 법인이 아닌 개인기업이나 민법상 조합에서는 누릴 수 없는 혜택으로서, 기업활동을 촉진하기 위해 법이 부여하는 특별한 효과라고 할 수 있다.

참고자료 김건식 외 옮김, 회사법의 해부(소화 2014), 28-36면(Kraakman외, *The Anatomy of Corporate Law — A Comparative and Functional Approach*, Oxford University Press(2d. ed. 2009), 5-11면). [원문에서 각주는 생략]

1. 회사란 무엇인가?

앞서 언급한 바와 같이 회사(corporation)는 다음과 같은 다섯 가지 핵심적인 구조적 특성을 지닌다.

① 법인격
② 유한책임
③ 주식의 양도가능성

④ 이사회구조하에서의 중앙집권적 경영

⑤ 투자자에 의한 공동소유

사실상 모든 선진국들은 이런 특성을 모두 갖춘 기업의 설립을 뒷받침하는 기본 법률을 두고 있다. 이런 패턴이 시사하는 바와 같이 이들 특성은 많은 기업에게 매우 보완적인 속성이다. 이들 특성 덕분에 회사는 생산활동을 조직화하는 데 특별히 매력적인 기업형태가 되었다. 그러나 이들 특성은 갈등과 상충도 빚어내는데 그것은 회사법이 대처해야 할 대리문제에 뚜렷한 회사적 성격을 부여한다.

(1) 법 인 격

경제학문헌에서 기업은 흔히 '계약의 연결점'(nexus of contracts)으로 표현된다. 이 표현은 널리 사용되고 있지만 모호하다. 그것은 흔히 회사 내의 중요한 관계 중 (특히 회사의 소유자, 경영자, 종업원 사이의 관계를 포함한) 대부분이 기본적으로 계약적 성격을 지니며 일종의 계약 외적인(extra-contractual) 명령·통제 권한을 수반하기보다는 동의에 기반하고 있음을 강조하기 위하여 원용된다. 이는 중요한 통찰이기는 하지만 회사를 다른 계약적 관계의 네트워크와 구별하지 못한다. 회사가 근본적으로 공급자, 종업원, 고객과의 무수한 계약에서 공통의 당사자가 되고 자신의 계약상 권리를 행사함으로써 이런 여러 사람의 행동을 조정한다는 점에서 보면 회사를 '계약을 위한 연결점'(nexus *for* contracts)이라고 표현하는 것이 아마도 보다 정확할 것이다. 회사법의 첫 번째, 그리고 가장 중요한 기여는, 다른 형태의 조직법과 마찬가지로, 회사가 그 회사를 경영하거나 소유하는 다양한 개인과 구분되는 단일한 계약당사자가 될 수 있도록 함으로써 회사가 그런 역할을 수행할 수 있도록 하는 것이다. 그렇게 함으로써 회사법은 이들 개인이 공동 사업에 함께 참여하는 능력을 북돋워 주는 것이다.

계약을 위한 연결점으로서의 회사에서 핵심적인 요소는 대륙법에서 말하는 '재산의 분리'(separate patrimony)이다. 이는 회사의 소유자(주주)들이 각자 또는 공동으로 소유하는 다른 재산과 구분되는 재산의 집합을 분리하고, 특정 경영자를 통해서 행동하는 회사 자체를 그 법적 소유자로 간주함을 의미한다. 그 재산에 대한 회사의 소유권은 재산을 사용, 처분할 권한을 포함하고, ―특히 중요한 것으로― 재산을 회사의 채권자가 압류할 수 있음을 의미한다. 거꾸로 이들 재산이 주주가 아니라 회사에 속한다고 보기 때문에 주주의 채권자가 압류할 수는 없다. 이런 재산분리의 핵심적인 기능은 그것이 회사 재산을 회사소유자인 주주의 채권자로부터 격리시킨다는 점을 강조하기 위하여 '조직격리'(entity shielding)라고 부른다.

회사와 관련하여 조직격리는 두 가지 비교적 뚜렷한 법원칙을 담고 있다. 하나는 '우선원칙'(priority rule)이다. 이에 따르면 회사의 채권자는 회사채무에 대한 담보로서 회사재산에 대해서 회사소유자의 채권자보다 우선하는 권리를 갖는다. 이 원칙은 조합을 비롯한 모든 현대적 기업조직의 법적 형태가 갖는 특징이다. 우선원칙은 기업의 재산이 법적인 디폴트룰(default rule)[역주: 컴퓨터의 기본 설정과 같이 당사자가 다른 정함을 하지 않는 경우에 적용되는 규칙을 가리킨다]에 따라 자동적으로 회사 명의로 체결된 계약상 채무의 강제집행의 대상이 되는 효과를 낳는다. 이처럼 이 원칙은 회사의 계약적 약속을 담보함으로써 그 신뢰도를 높인다.

조직격리의 두 번째 요소는 '청산방지'(liquidation protection)원칙이다. 이에 의하면 회사의 개별 소유자인 주주는 자신의 몫에 해당하는 회사재산을 마음대로 회수함으로써 회사의 일부 또는 전부의 청산을 초래할 수 없을 뿐 아니라 주주의 채권자가 그 주주의 몫에 상당하는 회사재산에 대해서 강제집행할 수도 없다. 청산방지원칙은 개별 주주나 그 채권자가 기업을 해체하는 것을 금지함으로써 회사의 계속기업가치를 보호하는 기능을 한다. 이 원칙은 방금 언급한 우선원칙과 달리 조합과 같은 다른 기업조직 형태에서는 인정되지 않는다. 회사채권자우선원칙 및 청산방지원칙이라는 두 가지 원칙이 모두 적용되는 주식회사와 같은 법적 조직은 — 조합에서 보는 것 같이 우선원칙은 적용되나 청산방지원칙은 적용되지 않는 '약한 형태'의 조직격리에 대비하여 — '강한 형태'(strong form)의 조직격리를 채택한 것으로 간주된다.

회사가 계약 당사자 역할을 효과적으로 수행하려면 추가로 두 가지 규칙이 더 필요하다. 첫째, 회사 명의로 자산을 매매하고 회사 자산에 의하여 담보되는 계약을 체결할 권한을 가진 개인을 제3자에 대해서 명시하는 규칙이 필요하다. 물론 회사의 참여자들이 그들 사이의 계약으로 권한위임을 자유롭게 정할 수 있지만 — 그러한 계약상의 합의 외에도 — 대리인이 제3자에게 자기 권한의 단순한 외관을 신뢰하게 만든 경우를 처리하기 위한 기본적인 규칙이 필요하다. 그런 규칙은 조직형태에 따라 다르다. 회사에 고유한 특정 권한규칙은 후에 별도의 핵심적 특성에 해당하는 '경영위임'이란 제목 하에 검토하기로 한다. 그 규칙에 의하면 개별 주주들이 아니라 이사회가 계약으로 회사를 구속할 권한을 갖는다.

둘째, 회사는 물론 그 상대방도 회사 명의로 체결된 계약을 근거로 제소할 수 있는 절차를 정하는 규칙도 필요하다. 회사는 절차적으로 그러한 제소의 편의를 돕는 규칙의 적용을 받는다. 특히 그러한 규칙은 회사의 개별 소유자들을 특정하거나 그들에게 통지할 필요를 제거한다. 이러한 소유자 특정과 같은 절차야말로 예컨대 19세기 후반에 이르기까지 영미의 조합법에 고유한 소송규칙의 특성이다.

　이러한 세 가지 유형의 규칙(즉 조직격리, 권한, 절차)에 의하여 각각 달성된 결과가 효과적이려면 특별한 법리가 필요한데 그런 법리 없이 단순히 기업의 소유자와 그 거래처나 고객 사이의 계약에 의해서는 그런 결과를 현실적으로 생성해낼 수 없기 때문이다. 조직격리법리는 회사와 그의 다양한 현재 및 미래의 채권자 사이에서 회사와 특정 채권자 간의 계약이 회사의 다른 채권자들에게 제공되는 담보재산에 어떠한 영향을 줄지에 관해서 같은 기대를 갖도록 하기 위하여 필요하다. 권한배분에 관한 규칙은 회사재산의 양도계약을 체결하기 前에 누가 그 권리를 양도할 권한을 갖는지에 관해서 같은 기대를 갖도록 하기 위하여 필요하다. 그리고 소송절차는 그 절차에 의하여 제3자적 권한을 행사하게 되는 국가가 정할 필요가 있다. 구체적 법규칙에 대한 이런 필요는 이들 세 가지 규칙을 여기서 논하는 회사형태의 다른 기본 요소와 구별되게 만든다. 이론상 그런 기본 요소는 법이 그것을 담고 있는 기업조직의 표준형에 대해서 규정하지 않는 경우에도 계약에 의하여 생성해낼 수 있다.

　법률문헌에서 사용되는 회사의 '별개의 법인격'이란 개념은 우리가 보기에는 전술한 세 가지 '기본적' 규칙유형의 장점을 모두 향유하는 조직형태를 묘사하기 위한 편리한 발견적(heuristic) 공식이다. 회사 자체가 법적 관점에서 법인격이 있다는 전제에서 출발하면 회사의 계약체결과 재산소유를 할 수 있고 대리인에 대한 권한위임을 할 수 있으며, 자기 명의로 소송당사자가 될 수 있다고 추론하는 것이 간명하다. 설명의 편의를 위하여 우리는 '법인격'이란 용어를 회사와 같이 위 세 가지 속성을 공유하는 조직형태를 가리키는 의미로 사용한다. 그러나 법률가가 이해하는 법인격은 본질적으로 이런 규칙의 일부 또는 전부에 필수적인 속성이 아니고 이들을 편리하게 묶어주는 꾸러미에 대한 간편한 명찰에 불과하다는 점을 분명히 할 필요가 있다. 게다가 법률문헌에서는 법인격의 전제로부터 삼단논법적 연역을 통해서 여기서 설명한 세 가지 기본적 특징을 넘는 기타 특성의 존재까지 인정하기도 하지만 기능적으로 반드시 그렇게 해야만 할 근거는 없다.

(2) 유한책임

회사라는 형태는 실질적으로 회사와 채권자 사이의 계약에 '채권자는 회사가 자기 명의로 보유하는 (즉 회사가 소유하는) 재산만을 책임재산으로 할 수 있고 주주가 자기 명의로 보유하는 재산에 대해서는 아무런 권리를 갖지 않는다'는 디폴트 조건을 포함시키는 기능을 수행한다. 이런 '유한책임' 원칙은 역사적으로 회사형태에 항상 수반된 것은 아니었다. 회사법적으로 중요한 일부 국가에서는 오랫동안 회사채무에 대한 주주의 무한책임을 원칙으로 채택하였다. 그러나 오늘날 유한책임은 회사형태의 거의 보편적인 특성이 되었다. 이러한 진전은 계약의 도구와 자금조달수단으로서 유한책임이 지닌 가치를 잘 보여준다.

유한책임은 앞서 법인격의 구성요소로 제시한 '조직격리'의 반대편에 서 있는 일종의 (강한 형태의) '소유자격리'에 해당한다. 조직격리가 회사재산을 회사소유자의 채권자로부터 보호하는 것인 데 비하여 유한책임은 회사소유자의 재산을 회사채권자의 청구로부터 보호한다. 이들 두 가지 격리는 '재산분리'(asset partitioning) 체제를 뒷받침하는바 그에 따르면 사업용재산은 사업상 채권자에게 담보로 제공되는 데 비하여 사업소유자의 개인재산은 소유자의 개인채권자를 위하여 유보된다(여기서 말하는 채권자는 널리 종업원, 공급자, 고객을 포함하여 회사에 대해서 계약상의 권리를 가진 모든 이를 가리킨다). 이러한 재산분리는 이들 두 가지 종류의 재산이 채무에 대한 담보로서 갖는 가치를 높일 수 있다. 회사채권자는 통상 회사재산의 가치를 평가하고 감독하는 면에서 비교우위를 갖는 데 반하여 회사소유자의 개인채권자는 그 소유자의 개인재산을 평가하고 감독하는 것에 비교우위를 가질 가능성이 크다. 그 결과 회사형태를 통한 재산분리는 회사와 그 소유자의 전체 자본비용을 감소시키는 효과를 거둘 수 있다.

재산분리의 다른 관련 측면으로 재산분리는 기업이 내부사업부문을 분할하여 각 사업부문별로 신용을 제공받을 수 있게 해준다. 특정 벤처나 사업부문을 별도 자회사로 설립함으로써 각 사업과 관련된 재산을 그 벤처와 거래하는 채권자에게만 편리하게 담보로 제공할 수 있다. 이들 채권자는 통상 그 재산의 가치를 잘 평가하고 파악할 수 있는 지위에 있지만 모회사의 다른 사업을 감시할 능력은 별로 없을 수도 있다.

재산분리 — 조직격리와 유한책임 — 를 이용하여 회사와 자회사를 설립함으로써 사업위험을 그 회사의 채권자와 분담하는 것도 가능하다. 회사채권자가 그 회사에 속한 재산에 수반되는 위험을 더 잘 파악하거나 부담할 수 있는 처지인 경우에 바로 그러하다. 그리하여 자회사주식 전부를 소유하는 모회사의 경우와 같이 주식을 추가 발행할 필요가 없는 경우에도 회사형태를 이용하면 차입을 하는 것이 가능하다.

재산분리는 또한 지분보유자와 채권보유자 사이에 위험과 수익의 유연한 배분을 가능하게 한다. 그리고 기업과 개인의 파산처리를 크게 단순화하며 ─ 회사의 가치를 주주의 개인적 재무상태로부터 단절함으로써 ─ 회사형태의 세 번째 특성인 주식의 양도가능성을 촉진한다.

끝으로 재산분리, 특히 유한책임은 보다 미묘하고 덜 자주 언급되기는 하지만 또 하나의 중요한 기능을 수행한다. 그것은 바로 회사형태의 네 번째 핵심적 특성인 경영의 위임을 촉진한다는 것이다. 실제로 유한책임은 사업실패 위험을 주주로부터 채권자에게 전가함으로써 채권자가 경영자를 감시하도록 유도하는데 주식 소유가 분산된 회사에서는 경영자 감시를 주주보다는 채권자가 더 잘 수행할 수 있다.

우리가 유한책임이라고 말할 때에는 **계약에서의** 유한책임, 즉 회사에 대해서 계약상의 청구권을 가진 채권자에 대한 유한책임을 가리킨다는 점을 강조해야할 것이다. 계약에서의 유한책임을 인정해야만 하는 논거는 불법행위로 인한 채권자, 즉 기업의 과실로 인하여 손해를 입은 제3자와 같이 회사에 대한 신용제공의 조건을 조정할 수 없는 자에게는 타당하지 않다. 그러한 자에 대한 유한책임은 제5장에서 더 상세히 논하는 바와 같이 회사형태의 필수적 요소가 아닐 뿐 아니라 아마도 사회적으로 바람직하지도 않을 것이다.

Questions & Notes

Q1 (1) Y1은 사무용건물을 임대하는 사업을 개인기업 형태로 운영하고 있다. Y1이 가족별장용으로 새로 전원주택을 건축하면서 X1으로부터 자금을 차입하였으나 변제하지 못했다. X1은 Y1의 사무용건물에 강제집행 가능한가?

(2) Y2는 갑주식회사의 주식 100%를 소유하는 주주이다. Y2가 새로 전원주택을 건축하면서 X2로부터 자금을 차입하였다. X2는 갑주식회사 소유의 사무용건물을 압류하여 경매할 수 있는가?

Q2 (1) 개인사업자 Y1이 사업에 투자한 자금을 회수하기 위하여 사무실건물을 매도하였다. Y1이 그 매매대금을 가지고 개인주택을 구입할 수 있는가?

(2) 갑주식회사의 주주인 Y2가 자신의 투자금을 회수하기 위하여 '갑주식회

사에게 사무실건물을 처분하고 그 대금을 자신에게 지급할 것'을 청구할 수 있는가?

Q3 갑주식회사의 자산이 1억원이고, X3가 갑주식회사에 대해서 5억원의 채권을 갖고 있다고 하자. X3는 갑의 유일한 주주인 Y2에게 변제를 받지 못한 4억원의 지급을 청구할 수 있는가?

Q4 (1) 우리 민법상 조합원은 조합에서 임의로 탈퇴하는 것이 가능한가?
(2) 조합원의 채권자가 조합재산을 구성하는 개개의 재산에 관하여 강제집행할 수 있는가?

⎣Note⎦ 조합원의 채권자는 조합원의 지분을 압류할 수 있다(민법 714조). 판례에 의하면 조합원의 지분은 "전체로서의 조합재산에 대한 조합원 지분"을 말하는 것으로 "조합재산을 구성하는 개개의 재산에 대한 합유지분"은 압류 기타 강제집행의 대상으로 삼을 수 없다(대법원 2007. 11. 30. 선고 2005마1130 결정). 조합원지분을 압류한 채권자는 특별한 사유가 없는 한 조합원의 조합탈퇴권(민법 716조)을 대위행사할 수 있으므로(대법원 2007. 11. 30. 선고 2005마1130 결정) 탈퇴로 인하여 발생하는 지분환급청구권(민법 719조)을 다시 대위행사하여 채권을 회수할 수 있다. 이러한 점에서 보면 조합원의 채권자는 주주의 채권자보다 유리한 측면이 있다.

Ⅱ. 법인격부인의 법리

앞서 언급한 바와 같이 우리법상 회사는 그 주주와 별도로 법인격을 인정받고 있다. 회사의 기업활동에서 발생하는 권리의무는 법인인 회사에 귀속된다. 회사의 채권자가 주주에게 변제를 구하거나 주주의 채권자가 회사에 대해서 변제를 구하는 것은 원칙적으로 허용되지 않는다(331조). 그러나 회사를 주주와 별개의 인격체로 다루는 것이 심히 부당한 일정한 경우에는 법원은 회사의 법인격을 부인하여 ① 회사의 채권자가 주주를 상대로 권리를 주장하거나, ② 한 회사의 채권자가 다른 회사를 상대로 권리를 주장하거나, ③ 주주의 채권자가 회사를 상대로 권리를 주장하는 것을 허용하고 있다. 이를 법인격부인의 법리라고 하고, 특히 ③을 법인격부인 법리의 역적용이라고도 한다.

법인격부인의 법리는 대부분의 선진국에서 널리 인정되고 있지만 그 구체적인 모습은 나라에 따라 다소 차이가 있다. 상법에 명문의 규정은 없지만 우리 법원은 일찍부터 법인격부인법리를 받아들이고 있다. 그러나 이하의 판례에서 보는 바와 같이 구체적으로 어떠한 경우에 법인격이 부인되는가에 대한 기준이 반드시 명확한 것은 아니다. 또한 법인격부인법리는 특정 회사의 법인격을 전면적으로 소멸시키는 것이 아니라 구체적인 사안에 한해서 법인격을 부정하여 민사상 책임을 지는 자의 범위를 확장하는 것에 불과하다. 이 점에서 법인격을 부인하는 판결은 회사의 해산명령, 설립무효 또는 설립취소 판결과는 전혀 다르다.

1. 법인격부인의 요건

[판례 1]

대법원 2001. 1. 19. 선고 97다21604 판결

• **사실관계**

원고는 피고 회사로부터 오피스텔을 분양받고 계약금과 중도금까지 지급하였으나 피고 회사가 분양의 부진으로 시공을 맡은 건설회사에 공사비를 제대로 지급하지 못함에 따라 건설회사가 공사를 중단하였다. 원고는 채무불이행을 이유로 분양계약을 해제하고 피고 회사와 그 주주인 Y를 상대로 분양대금의 반환을 구하는 소를 제기하였다. 대법원은 법인격부인법리에 근거하여 원고의 청구를 인용한 원심판결에 대한 상고를 기각하였다.

• **법원의 판단**

회사는 그 구성원인 사원과는 별개의 법인격을 가지는 것이고, 이는 이른바 1인 회사라 하여도 마찬가지이다.

그러나 회사가 외형상으로는 법인의 형식을 갖추고 있으나 이는 법인의 형태를 빌리고 있는 것에 지나지 아니하고 그 실질에 있어서는 완전히 그 법인격의 배후에 있는 타인의 개인기업에 불과하거나 그것이 배후자에 대한 법률적용을 회피하기 위한 수단으로 함부로 쓰여지는 경우에는 비록 외견상으로는 회사의 행위라 할지라도 회사와 그 배후자가 별개의 인격체임을 내세워 회사에게만 그로 인한 법적 효과가 귀속됨을 주장하면서 배후자의 책임을 부정하는 것은 신의성실의 원칙에 위반되는 법인격의 남용으로서 심히 정의와 형평에 반하여 허용될 수 없다 할 것이고, 따라서 회사는 물론 그 배후자인 타인에 대하여도 회사의 행위에 관한 책임을 물을 수 있다고 보아야 할 것이다.

기록에 의하면, 피고 Y는 종전부터 욱일팔래스유통 주식회사, 전일산업 주식회사 등 여러 회사를 사실상 지배하면서 이들 회사를 내세워 그 회사 명의로 또는 자신의 개인 명의로 빌딩 또는 오피스텔 등의 분양사업을 하여 왔고, 이러한 사업의 일환으로 이 사건 건물의 분양 및 관리를 위하여 1991. 5. 3. 피고 회사 전 대표이사인 소외 A로부터 피고 회사의 주식을 양수한 다음 자신이 피고 회사의 대표이사로 취임한 사실, 피고 회사 주식은 모두 5,000주인데 현재 외형상 피고 Y 등 4인 명의로 분산되어 있으나 실질적으로는 피고 Y가 위 주식의 대부분을 소유하고 있고, 주주총회나 이사회의 결의 역시 외관상 회사로서의 명목을 갖추기 위한 것일 뿐 실질적으로는 이러한 법적 절차가 지켜지지 아니한 채 피고 Y 개인의 의사대로 회사 운영에 관한 일체의 결정이 이루어져 온 사실, 피고 회사 사무실은 현재 폐쇄되어 그 곳에 근무하는 직원은 없고, 피고 회사가 수분양자들로부터 지급받은 분양대금 약 78억원 중 30억원 가량은 피고 Y가 임의로 자신의 명의로 위 A로부터 이 사건 건물의 부지인 이 사건 대지를 매입하는 자금으로 사용하였고 회사채권자들에 의한 강제집행에 대비하여 위 대지에 관하여 제 3 자 명의로 가등기를 경료하였다가 이를 말소하는 등 피고 회사의 재산과 피고 Y 개인 재산이 제대로 구분되어 있지도 아니한 사실, 피고 회사가 시행하는 이 사건 공사는 공사 발주금액만도 166억원 가량에 이르는 대규모 공사이고 이 사건 건물의 분양대금도 수백억원에 이르는 데에 반하여 피고 회사의 자본금은 5,000만원에 불과할 뿐만 아니라 이마저도 명목상의 것에 불과하고 위 분양대금으로 매수한 이 사건 대지는 피고 Y 개인 명의로 소유권이전등기가 경료되어 있고 나머지 분양대금 역시 그 용도가 명확히 밝혀지지 아니한 채 모두 사용되어 버려 피고 회사의 실제 자산은 사실상 전혀 없다시피 한 사실을 인정할 수 있다.

이와 같은 피고 Y의 피고 회사 주식양수 경위, 피고 Y의 피고 회사에 대한 지배의 형태와 정도, 피고 Y와 피고 회사의 업무와 재산에 있어서의 혼융 정도, 피고 회사의 업무실태와 지급받은 분양대금의 용도, 피고 회사의 오피스텔 신축 및 분양사업의 규모와 그 자산 및 지급능력에 관한 상황 등 제반 사정에 비추어 보면 피고 회사는 형식상은 주식회사의 형태를 갖추고 있으나 이는 회사의 형식을 빌리고 있는 것에 지나지 아니하고 그 실질은 배후에 있는 피고 Y의 개인기업이라 할 것이고 따라서 피고 회사가 분양사업자로 내세워져 수분양자들에게 이 사건 건물을 분양하는 형식을 취하였다 할지라도 이는 외형에 불과할 뿐이고 실질적으로는 위 분양사업이 완전히 피고 Y의 개인사업과 마찬가지라고 할 것이다.

그런데 피고 Y는 아무런 자력이 없는 피고 회사가 자기와는 별개의 독립한 법인격을 가지고 있음을 내세워 이 사건 분양사업과 관련한 모든 책임을 피고 회사에게만 돌리고 비교적 자력이 있는 자신의 책임을 부정하고 있음이 기록상 명백한 바, 이는 신의성실의 원칙에 위반되는 법인격의 남용으로서 심히 정의와 형평에 반하여 허용될 수 없다 할 것이고, 따라서 피고 회사로부터 이 사건 오피스텔을 분양받은 원고로서는 피고 회사는 물론 피고 회사의 실질적 지배자로서 그 배후에 있는 피고 Y에 대하여도 위 분양계약의 해제로 인한 매매대금의 반환을 구할 수 있다 할 것이다.

Q1 [판례 1]은 법인격부인의 근거를 법인격의 남용에서 찾고 있다.

(1) [판례 1]은 법인격의 남용이 인정되는 경우를 크게 두 가지로 나누고 있다. 그 두 가지 경우는?

(2) [판례 1]은 이 사안이 그 두 가지 중 어떠한 경우에 속한다고 판단하였는가? 그리고 그 근거는 무엇인가?

[Note] 법인격부인의 근거가 되는 요건의 입증책임은 그것을 주장하는 자에게 있다 (대법원 2011. 12. 22. 선고 2011다88856 판결).

2. 모자회사 사이의 법인격부인

[판례 2]

대법원 2006. 8. 25. 선고 2004다26119 판결(KT해외법인 판결)

• **사실관계**

피고(KT)의 필리핀 자회사인 KTPI는 필리핀 통신회사 PT&T와 필리핀 현지

에서 공사를 수행하기로 하는 계약(OSP계약)을 체결하였다. KTPI는 사업관리
업무만 직접 수행하고 자재공급이나 공사 등 나머지 업무는 원고를 비롯한 한
국 회사들에게 발주하였다. 계약에 의하면, 총 공사금액 중 20%는 PT&T가 직
접 원고에게 지급하기로 되어 있었으나, 나머지 부분은 PT&T가 KTPI에게 3
년 거치 7년 분할상환 조건으로 지급하면 KTPI가 원고에게 3년 거치 2년 분할
상환 조건으로 지급하도록 되어 있었다. 그런데 KTPI는 자본금 규모가 한화로
약 16억원 정도에 불과한 반면 OSP계약의 규모는 미화 8,700만 달러(후에 계약
변경 등으로 9,511만 달러로 증가함)에 이르렀으므로, KTPI는 투자재원조달을 위
하여 1996. 7. 24. 체이스맨하탄은행으로부터 미화 4,000만 불을 한도로 하는
여신거래약정을 체결하였다.

위 여신거래약정 전에 피고는 KTPI의 요청에 따라 경영기획심의위원회의
의결('지급보증의결시')을 기쳐 KTPI를 위하여 위 은행과 사이에 위 여신거래약
정에 따른 대출금('체이스론')에 대한 보증계약을 체결한 바 있고, KTPI는 위 여
신거래약정에 따라 수시로 체이스론을 인출하여 원고에게 이 사건 계약에 따
른 대금 및 그 이자를 지급하여 왔다.

그러던 중, 1997년경 동남아시아 경제위기에 따른 여파로 PT&T가 1998. 6.
30.경 지불유예선언을 하자, 피고는 자회사인 KTPI에 대하여 '체이스론의 지
급보증 잔여분의 인출금지·최소화' 또는 '체이스론 인출시 피고와의 사전협의'
등을 지시하여 사실상 체이스론의 인출을 제한하였고, 그에 따라 KTPI는 그
무렵부터 원고에 대하여 이 사건 계약상의 대금 지급을 중단하였으며, 원고도
PT&T에 대한 나머지 자재공급을 중단하였다.

원고는 피고에게 미지급대금의 변제를 구하는 소를 제기하였다. 대법원은
원고의 청구를 기각한 원심의 판단을 지지하였다.

• 법원의 판단

나. 회사가 외형상으로는 법인의 형식을 갖추고 있으나 실제로는 법인의 형
태를 빌리고 있는 것에 지나지 아니하고 그 실질에 있어서는 완전히 그 법인
격의 배후에 있는 타인의 개인기업에 불과하거나, 그것이 배후자에 대한 법률
적용을 회피하기 위한 수단으로 함부로 쓰여지는 경우에는, 비록 외견상으로
는 회사의 행위라 할지라도 회사와 그 배후자가 별개의 인격체임을 내세워 회

사에게만 그로 인한 법적 효과가 귀속됨을 주장하면서 배후자의 책임을 부정
하는 것은 신의성실의 원칙에 위반되는 법인격의 남용으로서 심히 정의와 형
평에 반하여 허용될 수 없고, 따라서 회사는 물론, 그 배후자인 타인에 대하여
도 회사의 행위에 관한 책임을 물을 수 있다고 보아야 함은 소론과 같다(대법
원 2001. 1. 19. 선고 97다21604 판결, 2004. 11. 12. 선고 2002다66892 판결 등 참조).

다. 그러나 이 사건과 같은 친자회사 사이에 있어서는 상호 간에 상당 정도
의 인적·자본적 결합관계가 존재하는 것이 당연하므로, 자회사의 임·직원이
모회사의 임·직원 신분을 겸유하고 있었다는 사정이나, 모회사가 자회사의 전
주식을 소유하여 그에 따른 주주권의 행사로서 이사 및 임원 선임권을 지닌
결과 자회사에 대해 강한 지배력을 가진 사정, 그 밖에 자회사의 사업 규모가
확장되었으나 자본금의 규모가 그에 상응하여 증가되지 아니한 사정 등만으로
는 모회사가 자회사의 독자적인 법인격을 주장하는 것이 자회사의 채권자에
대한 관계에서 법인격의 남용에 해당한다고 보기에 부족하고, 적어도 자회사
가 그 자체의 독자적인 의사 또는 존재를 상실하고 모회사가 자신의 사업의
일부로서 자회사를 운영한다고 할 수 있을 정도로 완전한 지배력을 행사하고
있을 것이 요구되며, 구체적으로는 모회사와 자회사 간의 재산과 업무 및 대외
적인 기업거래활동 등이 명확히 구분되어 있지 않고 양자가 서로 혼용되어 있
다는 등의 객관적 징표가 있어야 할 것이며, 무엇보다 여기에 더하여 자회사의
법인격이 모회사에 대한 법률 적용을 회피하기 위한 수단으로 함부로 사용되
거나 채무면탈이라는 위법한 목적 달성을 위하여 회사제도를 남용하는 등의
주관적 의도 또는 목적이 인정되어야 할 것이다.

라. 그러므로 위 객관적 징표에 관한 원심 판단의 당부에 관하여 우선 살피
건대, ① 이 사건 계약 체결 당시 피고는 공법인이었고, KTPI는 필리핀 법령에
따라 설립되어 필리핀 통신사업분야에서 활동을 하고 있었으며, 정기적으로
외부 감사인의 감사를 받아 왔던 점(을 제17호증의 1 내지 6 참조) 등 기록에 나
타난 사정들과, ② 위 지침(을 제10호증)에 의하면, 피고가 매 회계연도마다 현
지법인에 대한 경영목표설정을 위한 지침 및 현지법인 예산편성에 공통적으로
적용되는 사항에 관한 지침을 작성하여 현지법인에 통보하고, 해외 현지법인
은 그 지침에 따라 다음 회계연도의 경영목표를 설정하고 예산 및 사업계획을
이사회에서 확정하여 피고에게 통보하며, 피고의 해외사업관리부서에서는 현

지법인의 경영목표를 회계연도 개시 1개월 전까지 확정·통보하도록 되어 있
고(위 지침 제7조), 나아가 현지법인의 실적 보고, 피고 해외사업관리부서의 실
적 평가 및 성과보상 방침 등이 규정되어 있음을 알 수 있으나(위 지침 제10조
내지 제12조), 위 지침은 오히려 해외 현지법인들의 독자적인 경영목표의 설정
및 그에 따른 예산편성 능력, 그리고 경영목표의 현실적 수행을 전제로 한 것
(결국, KTPI를 비롯한 해외 현지법인들이 피고와는 별개의 조직과 법인격을 갖춘 존재
임을 전제로 모회사의 해외 자회사에 대한 통제 및 지배관계의 전형적인 요소를 조문
화한 것에 불과하다)이어서, 위 지침을 근거로 피고와 KTPI의 재산과 업무 및
대외적인 기업거래활동 등이 명확히 구분되어 있지 않다고 볼 수는 없는 점,
③ 그 밖에 이 사건 사업의 추진과 이 사건 계약을 KTPI가 독자적으로 결정하
여 진행하였을 뿐 아니라 피고에게 현지은행으로부터 신용을 제공받는 데 관하
여 지급보증을 요구하기까지 한 점 등 원심이 그 거시 증거를 종합하여 적법하
게 인정한 사정들에 비추어 보면, 원심이 피고와 KTPI가 그 조직, 재산, 회계
및 업무 내용에 있어 확연히 구분되어 있다고 판단하여, 결국 법인격 부인에
요구되는 객관적 징표에 해당하지 아니한다고 본 것은 정당하다고 할 것이다.
　　마. 나아가 그 밖에 원심이 그 거시 증거를 종합하여 적법하게 인정한 사정
들, 즉 원고가 이 사건 계약 체결 당시 KTPI에게 피고의 지급보증을 요구하는
등 KTPI와 피고를 명확하게 구분하고 KTPI와의 사이에서 이 사건 계약을 체
결한다는 인식을 분명히 가지고 있었던 점, 원고는 이 사건 계약상 채무에 관
하여 피고의 지급보증을 요구하였으나 교섭 상대방인 KTPI로부터 거절당하였
고, 그럼에도 불구하고 앞서 제2항에서 본 바와 같이 피고에 대한 구속력을
인정하기에는 그 효력이 충분치 못한 확인서 및 일부 계약 내용만으로 KTPI와
이 사건 계약을 체결하기에 이른 점 등에 비추어 보면, 원고와 KTPI 사이의
이 사건 계약에 있어서 피고가 불법 또는 부정한 목적을 위하여 현지법인인
KTPI를 이용한 경우라고 볼 수는 없다고 할 것이다.
　　결국, KTPI의 독자적 법인격을 주장하여 피고 자신의 계약상 책임을 부정하
는 것이 신의성실의 원칙에 위반되는 법인격의 남용에 해당한다고는 볼 수 없
다는 원심의 판단은 위 다.항에서 본 법리에 따른 것으로서 정당하고, 거기에
법인격 부인에 관한 법리오해나 이유모순, 채증법칙 위반 등의 위법이 없다.

Q1 [판례 2]는 모자회사 관계에서 자회사 채무에 대한 모회사의 책임 여부를 다루고 있다.

(1) 모자회사 관계에서도 [판례 1]이 제시한 요건이 그대로 유지되고 있다고 볼 수 있는가? 법원의 판단 중 [판례 1]의 판지를 요약한 나. 부분과 모자회사에서의 법인격부인 요건을 설시한 다. 부분은 서로 일치하는가?

(2) 대법원은 모자회사 관계에서 이른바 객관적 징표가 인정되더라도 채무면탈의 주관적 의도가 없으면 법인격부인이 되지 않는 것으로 보는가?

Q2 원고가 만약에 피고와 KTPI가 별개 법인이라는 점을 인식하지 못하고 계약을 체결하였다면 결과가 달라졌을 것인가?

Note 이 판결에 의하면 임직원신분 겸유, 주식소유에 의한 강한 지배력, 과소자본만으로는 법인격이 부인되지 않는다. 실제로 최소한의 자본금으로 자회사를 설립하여 사업위험을 분산하는 관행은 폭넓게 발견된다.

[참고판례]

• **대법원 2006. 10. 26. 선고 2004다27082 판결**

데인트 쉬핑 엔터프라이즈 리미티드(이하 '데인트 쉬핑'이라 한다)은 브리티쉬 버진 아일랜드(British Virgin Islands)에 설립된 상사법인인데, 국내에서 주식회사 진수해운이라는 명칭을 사용하면서 사무실은 피고(세븐마운틴해운 주식회사라는 국내 회사)의 주소와 동일하고, 직원들의 이메일주소에서도 피고를 의미하는 도메인이름(sevenmt.co.kr)을 사용하고 있으며, 또한 직원들의 월급급여명세서 및 근로소득원천징수증명서의 사업자 명의도 피고이고, 피고의 명칭 내지 데인트 쉬핑의 명칭을 기재한 용지에 지급계좌는 피고 명의로, 서명란에는 데인트 쉬핑 명의로 된 운임청구서를 사용하고 있을 뿐 아니라 대표자 역시 피고의 대표이사가 맡고 있는 등 실질적으로 피고와 같이 운영된 사안에서 대법원은 다음과 같이 판시하였다.

"원심이, 데인트 쉬핑은 해상운송에서 운송인의 책임을 부당하게 회피할 목적으로 피고와 영업상 실질이 동일함에도 불구하고 형식상으로만 브리티쉬 버진 아일랜드에 설립된 회사(소위 paper company)로서 피고와 동일한 법인격처럼 운영되어 왔다고 인정한 다음, 이 사건 제2 운송계약이 외견상 원고와 데인트 쉬핑 사이에 체결되었다고 하더라도 데인트 쉬핑의 배후자인 피고는 데인트 쉬핑과 별개의 법인격임을 주장하며 이 사건 운송계약에 따른 채무가 데인트 쉬핑에만 귀속된다고 주장할 수는 없고, 피고 역시 이 사건 운송계약에 따른 채무를 부담한다고 판단한 조치는 기록에 비추어 정당하다."

• **대법원 2010. 2. 25. 선고 2007다85980 판결**
"특수목적회사(SPC)는 일시적인 목적을 달성하기 위하여 최소한의 자본출자요
건만을 갖추어 인적·물적 자본 없이 설립되는 것이 일반적이다. 따라서 특수목
적회사가 그 설립목적을 달성하기 위하여 설립지의 법령이 요구하는 범위 내에
서 최소한의 출자재산을 가지고 있다거나 특수목적회사를 설립한 회사의 직원
이 특수목적회사의 임직원을 겸임하여 특수목적회사를 운영하거나 지배하고 있
다는 사정만으로는 특수목적회사의 독자적인 법인격을 인정하는 것이 신의성실
의 원칙에 위배되는 법인격의 남용으로서 심히 정의와 형평에 반한다고 할 수
없으며, 법인격 남용을 인정하려면 적어도 특수목적회사의 법인격이 배후자에
대한 법률적용을 회피하기 위한 수단으로 함부로 이용되거나, 채무면탈, 계약상
채무의 회피, 탈법행위 등 위법한 목적달성을 위하여 회사제도를 남용하는 등의
주관적 의도 또는 목적이 인정되는 경우라야 한다(대법원 2006. 8. 25. 선고 2004
다26119 판결 참조)."

3. 채무면탈 목적의 회사신설

[판례 3]

대법원 2004. 11. 12. 선고 2002다66892 판결

• **사실관계**

원고는 주식회사 안건사에 임대차보증금반환청구권을 갖고 있다. 안건사의
지배주주인 A는 안건사를 폐업하고 피고 회사인 토탈미디어안건사를 신설하
였다. 원고는 피고 회사가 안건사와 동일한 회사라는 이유로 피고 회사에 임대
차보증금의 지급을 청구하였다. 대법원은 원고의 청구를 인용한 원심판결을
지지하였다.

• **법원의 판단**

기존회사가 채무를 면탈할 목적으로 기업의 형태·내용이 실질적으로 동일
한 신설회사를 설립하였다면, 신설회사의 설립은 기존회사의 채무면탈이라는
위법한 목적달성을 위하여 회사제도를 남용한 것이므로, 기존회사의 채권자에
대하여 위 두 회사가 별개의 법인격을 갖고 있음을 주장하는 것은 신의성실의
원칙상 허용될 수 없다 할 것이어서 기존회사의 채권자는 위 두 회사 어느 쪽
에 대하여서도 채무의 이행을 청구할 수 있다고 볼 것이다(대법원 1995. 5. 12.

선고 93다44531 판결, 2001. 1. 19. 선고 97다21604 판결 참조).

원심판결 이유에 의하면, 원심은 제 1 심판결을 일부 인용하여 그 판시 사실을 각 인정한 다음, 피고 회사는 소외 주식회사 안건사(이하 '안건사'라 한다)와 상호, 상징, 영업목적, 주소, 해외제휴업체 등이 동일하거나 비슷한 점, 안건사와 일부 다른 피고 회사의 주요 이사진이나 주주 대부분이 안건사의 지배주주로서 대표이사였던 A의 친·인척이거나 안건사에서 A의 직원이었던 점, 피고 회사는 대외적으로 영업 등을 하면서 안건사와 동일한 회사인 양 홍보하였으며, 위 A와 피고 회사의 대표이사인 B도 안건사에서의 직책대로 활동한 점, 그에 따라 피고 회사가 외부에서 안건사와 동일한 회사로 인식된 채로 공사 등을 수주한 점, 피고 회사 내부적으로도 여전히 A가 회장으로서 역할을 수행하고 있는 것으로 보이는 점, 이 사건 제 1 심판결로 피고 회사가 안건사의 채무를 부담하게 되는 상황이 되자 이번에는 A의 아들 등이 주식회사 뮤텍코리아를 설립하여 피고 회사와 관련된 공사를 수주한 점 등 제반 사정에 비추어 보면, 피고 회사는 안건사에 비해 직원 수 등 그 규모는 줄어들었으나 안건사와 실질적으로 동일한 회사로서 안건사의 채무를 면탈할 목적으로 안건사와 별개의 새로운 회사를 설립하는 형식만 갖춘 것이라 할 것이어서 피고 회사가 원고들에 대하여 안건사와 별개의 법인격임을 내세워 그 책임을 부정하는 것은 신의성실의 원칙에 반하거나 법인격을 남용하는 것으로서 허용될 수 없다 할 것이므로, 원고들은 안건사뿐만 아니라 피고 회사에 대하여도 임대차보증금의 지급을 청구할 수 있다고 판단하였다.

원심판결 이유와 기록에 의하면, 원심의 사실인정에 다소 부적절한 면이 없지는 아니하나, 원심은 안건사가 1999. 10. 20. 피고에게 실내건축공사업을 양도한 사실을 인정하고 있는바 … 구 건설산업기본법[에 의하면] … 건설업 양도의 신고가 있은 때에는 건설업을 양수한 자는 건설업을 양도한 자의 건설업자로서의 지위를 승계하는 것으로 되어 있으며(제17조 제 2 항), 건설업을 양도하고자 하는 자는 양도하고자 하는 업종에 관하여 시공중인 공사의 도급계약에 관한 권리·의무, 완성된 공사로서 그에 관한 하자담보책임기간 중에 있는 경우에는 당해 공사의 하자보수에 관한 권리·의무를 모두 양도하여야 하는 것으로 되어 있으므로(제19조 제 1 항), 안건사가 피고 회사에게 '실내건축공사업'이라는 전문건설업을 양도함으로써 피고 회사는 안건사의 건설업자로서의 지위를 승계하고 안건사가 시공중인 공사의 도급계약에 관한 권리·의무와 완성된 공사의 하자보수에 관한 권리·의무를 양도받게 되었다 할 것이어서, 이러한 '실내건축공사업'의 양도사실에다가 원심에서 인정한 다른 사실들을 보태어 보면, 안건사가 채무를 면탈할 목적으로 기업의 형태·내용이 실질적으로 동일한 피고 회사를 설립한 것으로 인정하기에 부족함이 없다. 따라서 피고 회사가 원고들에 대하여 안건사와 별개의 법인격임을 내세워 그 책임을 부정하는 것은 신의성실의 원칙에 반하거나 법인격을 남용하는 것으로서 허용될 수 없다고 한 원심의 판단은 앞서 본 법리에 비추어 결국 정당한 것으로 수긍이 가고, 거기에 판결 결과에 영향을 미친 심리미진 또는 채증법칙 위반으로 인한 사실오인의 위법이나 주식회사 제도 및 법인격 부인에 관한 법리오해의 위법 등이 있다고 할 수 없다.

그러므로 상고를 모두 기각하고, 상고비용은 패소자가 부담하기로 하여 관여 대법관의 일치된 의견으로 주문과 같이 판결한다.

Questions & Notes

Q1 대법원은 회사신설이 채무면탈이라는 위법한 목적달성을 위한 회사제도의 남용이라고 인정하기 위해서는 기업의 형태와 내용이 실질적으로 동일해야 한다고 하고 있다. 이 판결에서 실질적인 동일성의 근거로 들고 있는 사항은?

Q2 원고가 피고 회사에 대한 청구를 위하여 원용할 수 있는 다른 법리는 없는가?

[Note] **법인격부인의 법리와 절차적 법률관계**

법인격부인의 법리를 소송이나 집행절차에 적용하는 것에 대해서 학설은 절차의 명확성과 안정성을 근거로 일반적으로 부정하고 있다. 대법원도 채무면탈을 목적으로 회사를 설립한 경우 기존 회사에 대한 승소판결을 가지고 신설회사에 대해서 집행할 수 없다고 판시한 바 있다(대법원 1995. 5. 12. 선고 93다44531 판결).

[판례 4]

대법원 2008. 8. 21. 선고 2006다24438 판결

• 사실관계

원고는 A제약주식회사에 대출채권을 가지고 있으나 A회사는 1997년 부도를 맞게 되었다. A회사의 대주주이자 대표이사인 B의 친인척 등이 여러 가지 면에서 A회사와 실질적으로 동일한 피고 회사를 신설하여 A회사의 부동산, 기계류를 낙찰받고 나머지 영업을 양수하였다. 원고는 피고 회사를 상대로 대출금 반환을 청구하였다. 원심은 채무면탈을 위한 회사설립이라는 이유로 원고의 청구를 인용하였으나 대법원은 원심을 파기환송하였다.

• 법원의 판단

기존회사가 채무를 면탈하기 위하여 기업의 형태·내용이 실질적으로 동일한 신설회사를 설립하였다면, 신설회사의 설립은 기존회사의 채무면탈이라는 위법한 목적 달성을 위하여 회사제도를 남용한 것에 해당한다. 이러한 경우에 기존회사의 채권자에 대하여 위 두 회사가 별개의 법인격을 갖고 있음을 주장하는 것은 신의성실의 원칙상 허용될 수 없으므로, 기존회사의 채권자는 위 두 회사 어느 쪽에 대하여서도 채무의 이행을 청구할 수 있다고 할 것인바(대법원 2004. 11. 12. 선고 2002다66892 판결 참조), 여기에서 기존회사의 채무를 면탈할 의도로 신설회사를 설립한 것인지 여부는 기존회사의 폐업 당시 경영상태나 자산상황, 신설회사의 설립시점, 기존회사에서 신설회사로 유용된 자산의 유무와 그 정도, 기존회사에서 신설회사로 이전된 자산이 있는 경우, 그 정당한 대가가 지급되었는지 여부 등 제반 사정을 종합적으로 고려하여 판단하여야 한다.

원심판결 이유 및 기록에 의하면, A주식회사는 그 대표이사인 B가 사주인 의약품 제조업체로서, 이 사건 대출금을 포함하여 다수의 채무를 부담하고 있는 상태에서 1997. 6.경 부도가 난 사실, 피고 회사는 2000. 5. 9. A주식회사와 같은 주소지인 안성시 신소현동(지번 생략)에서 상호를 "피고 주식회사"로 하여 의약품 제조 및 판매 등을 목적으로 설립된 회사로서 A주식회사의 주소지와 영업 목적이 동일하고, 임원진과 주주 등이 A주식회사의 대표이사이던 B의 처 또는 자녀이거나 그의 부하직원인 관계에 있는 사실, 피고 회사는 위 주소지상에 있는 A주식회사의 부동산과 기계류 등에 관한 수원지방법원 평택지원 99타경12114호 부동산 임의경매절차에서 2000. 12. 8. 위 부동산과 기계류 등을 10억4,500만원에 낙찰받아 2001. 11. 20. 그 대금을 완납함으로써 소유권을 취득하였는데, 위 낙찰대금 중 579,374,450원은 피고 회사가 서울저축은행으로부터 대출받은 금원으로, 258,445,600원은 위 부동산 등에 관하여 근저당권을 설정해 주고 소외 3으로부터 차용한 금원으로 지급한 사실, 또한 피고 회사는 2001. 12. 17. A주식회사와 사이에 A주식회사의 제조시설 및 품질관리시설과 제조에 관한 모든 제법 등 일체, 의약품 제조업 허가증 및 의약품 제조품목허가(신고)증 일체, 등록 및 인·허가 등에 관한 일체의 자료, 권리와 의무를 대금 1억5천만원에 양수하기로 하는 양도·양수계약을 체결하고, 위 양도·양수계약을 기초로 식품의약품안전청장으로부터 의약품 제조업 변경허가를 받았는데, 위 대금 중 7,500만원만을 A주식회사가 의약품제조와 관련하여 부과받았던 과징금을 A주식회사 대신 납부하는 방식으로 지급하고, 나머지 대금은 면제받은 사실, 피고 회사는 A주식회사의 근로자들을 대부분 그대로 승계하고, 특히 약사 자격이 있는 B를 품질관리자(나중에 제조관리자로 변경등록하였다)로 하여 A주식회사가 생산하던 것과 동일한 다수의 의약품을 생산하고 있는 사실, 한편 A주식회사의 경리과장으로서 B의 부하직원이었던 C는 별다른 자금력이 없는데도 주도적으로 피고 회사를 설립하여 앞서 본 바와 같이 A주식회사 등의 재산을 낙찰받고 그 경영권을 공익근무중인 B의 아들 D에게 모두 넘겨주었는데, 위 부동산 등에 대한 위 낙찰대금 중 은행 대출금을 제외한 나머지 경매비용이나, 피고 회사의 법인 설립비용 등 일련의 과정에서 소요된 자금과 관련하여 C의 자금출처가 분명하지 아니하며, C를 제외한 나머지 주주들은 모두 B의 처 또는 자녀로서, 당시 별다른 수입원이 있었다고 보이지 않는 사실을 알 수 있다.

위 사실에 의하면, 이 사건에서 피고 회사는 A주식회사와 기업의 형태·내용이 같고 모두 B에 의하여 지배되고 있는 회사라고 할 것이지만, 앞서 본 바와 같이 A주식회사의 부동산 등에 대한 낙찰대금 10억4,500만원 중 837,820,050원이 피고 회사 명의로 대출받거나 차용한 금원으로 지급되었고, 또한 피고 회사가 이 사건 의약품 제조 허가권 등과 관련하여 A주식회사에게 7,500만원을 대금으로 지급한 사실을 알 수 있으므로, 이에 불구하고 피고 회사가 A주식회사의 채무를 면탈하기 위하여 신설된 것이라고 인정하려면, 이

사건 의약품 제조 허가권 등에 대한 가액 평가나 대금의 일부 면제가 부당하게 이루어졌거나, 거래처를 비롯한 영업권이 아무런 대가 없이 이전되었거나, 그 밖에 A주식회사의 자산이 피고 회사의 설립비용 등의 자금으로 유용되었다는 사실 등 A주식회사의 채권자에게 불리한 결과를 초래하는 채무면탈에 관한 사정이 인정될 수 있어야 한다.

그런데도 원심은 이와 같은 채무면탈에 관한 사정을 충분히 고려하지 아니한 채 원심 판시와 같이 피고 회사의 설립비용 등의 자금이 실질적으로 B로부터 나왔다고 보인다는 점 등을 주된 논거로 삼아, A주식회사를 지배하고 있던 B가 다시 그가 지배하는 피고 회사를 설립하였다는 사정에 기초하여 B가 A주식회사의 채무를 면탈할 목적으로 피고 회사를 설립하였다고 판단하고 말았으니, 이러한 원심판결에는 채무를 면탈할 목적으로 새로운 회사를 설립하는 경우의 법인격 남용에 관한 법리를 오해하여 판결 결과에 영향을 미친 위법이 있다고 할 것이다. 이 점에 관한 상고이유의 주장은 이유 있다.

그러므로 원심판결은 나머지 상고이유에 대하여 더 나아가 살필 필요 없이 그대로 유지될 수 없으므로 이를 파기하고, 사건을 다시 심리·판단하게 하기 위하여 원심법원으로 환송하기로 하여 관여 법관의 일치된 의견으로 주문과 같이 판결한다.

Questions & Notes

Q1 사안에서 두 회사가 실질적 동일성이 인정됨에도 불구하고 법인격 남용을 인정하지 않은 이유는?

[참고판례]

• 대법원 2010. 1. 14. 선고 2009다77327 판결

신설회사가 기존회사로부터 공장 건물, 기계 및 인력 대부분을 그대로 인수하여 종전과 동일한 영업을 하고 있는 사실 등은 인정되지만, 기존회사의 주주와 신설회사의 주주가 완전히 다른 점, 기존회사로부터 무상으로 이전받은 자산이 없는 점 등의 사정에 비추어 신설회사가 기존회사와 실질적으로 동일한 회사로서 그 채무를 면탈할 목적으로 설립된 것이라고 볼 수 없다고 하였다. 그러나 신설회사가 기존회사로부터 영업재산 대부분을 그대로 인수하여 그 영업을 양수하여 기존회사의 거래처와 거래를 계속하던 중 기존회사의 채권자에게 상호를 변

경한다는 취지의 개별통지를 하였으므로, 신설회사는 상법 제44조의 채무인수를 광고한 양수인에 해당하여 그 채권자에게 채무변제의 책임이 있다고 판시하였다.

[Note] 대법원은 채무면탈목적의 법인격 남용에 관한 법리를 "어느 회사가 채무를 면탈할 목적으로 기업의 형태·내용이 실질적으로 동일한 이미 설립되어 있는 다른 회사를 이용한 경우에도 적용"하고 있다(대법원 2011. 5. 13. 선고 2010다94472 판결).

[Note] 기존회사(A)의 자산이 기업의 형태·내용이 실질적으로 동일한 다른 회사(C)로 바로 이전되지 않고, A로부터 B에게 이전되었다가 다시 C로 이전된 경우에도, 전체적으로 보아 A의 자산이 정당한 대가 없이 C에게 이전되었거나 유용되었다면, A의 채무면탈을 위해 C를 이용하여 회사제도를 남용한 것이므로, A의 채권자는 A뿐만 아니라 C에 대해서도 채무이행을 청구할 수 있다고 보았다(대법원 2019. 12. 13. 선고 2017다271643 판결).

4. 법인격부인법리의 역적용

[판례 5]

대법원 2021. 4. 15. 선고 2019다293449 판결

• 사실관계

원고는 2012. 10.경 원고 소유의 토지와 그 지상의 공장건물(이하 '이 사건 부동산'이라고 함)을 A에게 대금 15억원에 매도하는 매매계약을 체결하였다. 그 후 A는 원고에게 장차 이 사건 부동산에서 아들인 B가 사업체를 운영할 예정이니 매수인 명의를 B로 변경하여 달라고 요청하였다. 이에 원고는 2013. 5. 9. B와 사이에, 이 사건 부동산을 13억 원에 매도하기로 하는 내용의 매매계약과, 이 사건 토지 중 도로 지분 및 토목공사를 3억 3,000만 원에 매도하기로 하는 내용의 매매계약을 체결하였다(이하 '이 사건 매매계약'이라고 함).

B는 2013. 8. 13. 원고에게 '이 사건 매매계약 대금 중 미지급액이 1억 6,000만원(아스콘 공사 및 기타), 부가가치세가 50,754,000원'이라는 내용의 사실확인서(이하 이에 기한 채무를 '이 사건 채무'라고 함)를 작성하여 주었고, 위 사실확인서에 B 자신이 운영하는 개인사업체인 '두진칼라팩'의 명판 및 자신의 인장을 날인하였으며, A는 보증인으로 서명날인하였다.

B는 2004. 4.경 개인사업체인 '두진칼라팩'을 개업하여 인쇄지함 제조 등 영업을 하여 오다가 2015. 10. 31. 폐업신고를 하였고, 2015. 11. 19. 인쇄업, 고급 칼라박스(인쇄지함) 제조업 등을 목적으로 하는 피고회사를 설립하여 그 대표이사에 취임하였다. 두진칼라팩의 폐업 당시 사업장소재지와 피고회사의 본점소재지는 동일하다.

B는 2015. 11. 19. 피고회사와 사이에, '두진칼라팩'의 자산 및 부채 등 사업 일체를 피고회사에 포괄적으로 양도하는 내용의 포괄양수도계약을 체결하고, 그 무렵 피고회사에 두진칼라팩의 영업재산 일체를 양도하는 한편 2016. 1. 22. 이 사건 부동산에 관한 소유권이전등기를 마쳐주었다. 위 양도대금은 별도의 약정서에 의하기로 하였는데, 그 이후 별도의 약정서가 작성되지는 않았고, B는 양도대가로 피고회사의 발행주식 50%만을 취득하였다. 피고회사는 포괄적으로 두진칼라팩의 장부상 부채를 모두 인수하였으나, 이 사건 채무는 인수하지 않았다.

피고회사는 자본금 3억 원으로 설립되어 그때부터 현재까지 B가 50%의 주식을, B의 형인 C가 30%의 주식을, B의 아버지인 A가 20%의 주식을 각 보유하고 있다. 피고회사의 이사는 그 설립 이래 현재까지 A, B, C 등 3명이고, 2016. 6. 10. 그 대표이사만이 B에서 A로 변경되었다.

그 후 원고는 피고회사를 상대로 이 사건 채무의 이행을 구하였고, 피고회사는 이 사건 채무의 채무자는 B이고 피고회사가 아니라는 이유로 이행을 거절하였다.

• **법원의 판단**

주식회사는 주주와 독립된 별개의 권리주체이므로 그 독립된 법인격이 부인되지 않는 것이 원칙이다. 그러나 개인이 회사를 설립하지 않고 영업을 하다가 그와 영업목적이나 물적 설비, 인적 구성원 등이 동일한 회사를 설립하는 경우에 그 회사가 외형상으로는 법인의 형식을 갖추고 있으나 법인의 형태를 빌리고 있는 것에 지나지 않고, 실질적으로는 완전히 그 법인격의 배후에 있는 개인의 개인기업에 불과하거나, 회사가 개인에 대한 법적 책임을 회피하기 위한 수단으로 함부로 이용되고 있는 예외적인 경우까지 회사와 개인이 별개의 인격체임을 이유로 개인의 책임을 부정하는 것은 신의성실의 원칙에 반하므로,

이러한 경우에는 회사의 법인격을 부인하여 그 배후에 있는 개인에게 책임을 물을 수 있다(대법원 2001. 1. 19. 선고 97다21604 판결, 대법원 2008. 9. 11. 선고 2007다90982 판결 등 참조).

나아가 그 개인과 회사의 주주들이 경제적 이해관계를 같이하는 등 개인이 새로 설립한 회사를 실질적으로 운영하면서 자기 마음대로 이용할 수 있는 지배적 지위에 있다고 인정되는 경우로서, 회사 설립과 관련된 개인의 자산 변동 내역, 특히 개인의 자산이 설립된 회사에 이전되었다면 그에 대하여 정당한 대가가 지급되었는지 여부, 개인의 자산이 회사에 유용되었는지 여부와 그 정도 및 제 3 자에 대한 회사의 채무 부담 여부와 그 부담 경위 등을 종합적으로 살펴보아 회사와 개인이 별개의 인격체임을 내세워 회사 설립 전 개인의 채무 부담행위에 대한 회사의 책임을 부인하는 것이 심히 정의와 형평에 반한다고 인정되는 때에는 회사에 대하여 회사 설립 전에 개인이 부담한 채무의 이행을 청구하는 것도 가능하다고 보아야 한다. [중략]

B는 이 사건 채무를 면탈하기 위한 목적으로 자신의 개인사업체인 두진칼라팩과 영업목적이나 물적 설비, 인적 구성원 등이 동일한 피고회사를 설립한 것이고, B가 50%의 주식을 보유하고 있을 뿐 아니라 B를 제외한 피고회사의 주주들도 B와 경제적 이해관계를 같이하는 등 B가 피고회사를 실질적으로 운영하면서 마음대로 이용할 수 있는 지배적 지위에 있었다. 여기에 피고회사 설립 당시 B의 소유였던 이 사건 부동산을 포함하여 두진칼라팩의 모든 자산이 피고회사에게 이전된 반면, B는 자본금 3억 원으로 설립된 피고회사 주식 중 50%를 취득한 외에 아무런 대가를 지급받지 않은 점까지 더하여 보면, 주식회사인 피고회사가 그 주주인 B와 독립된 인격체라는 이유로 원고가 B의 이 사건 채무 부담행위에 대하여 피고회사의 책임을 추궁하지 못하는 것은 심히 정의와 형평에 반한다. 따라서 원고는 B뿐만 아니라 피고회사에 대해서도 이 사건 채무의 이행을 청구할 수 있다고 보아야 한다.

Questions & Notes

Q1 이 사건은 주주의 채권자가 회사에 대해서 권리를 주장하는 이른바 법인격 부인법리의 역적용 사안이다. 주주(배후자)에 대한 회사의 채권자의 권리 행

사, 즉 일반적인 법인격부인법리 사안과 회사에 대한 주주(배후자)의 채권자의 권리 행사, 즉 법인격부인법리의 역적용 사안 중에서 어떤 것이 더 신중하게 인정되어야 할 것인가? 그 이유는 무엇인가?

Q2 (1) 이 판결에서 법인격부인법리의 역적용을 인정하면서 주목한 요소들은 무엇인가?

(2) 이 판결이 주목한 요소들은 앞의 [판례 1~4] 중 어느 것과 비슷한가?

Ⅲ. 회사의 영리성[1)

1. 영리성의 의의

회사는 "영리를 목적으로" 한다(169조). 따라서 영리를 목적으로 하지 않는 비영리단체는 원칙적으로 상법상 회사가 될 수 없다. 여기서 말하는 영리란 단순히 이익을 얻는 것만이 아니라 얻은 이익을 구성원에게 분배하는 것을 말한다. 사원의 추상적 이익배당청구권은 바로 회사의 영리성에 근거한 것이다.

여기서 말하는 이익은 회사가 대외적인 사업활동을 통해서 얻는 이익을 말한다. 따라서 구성원만을 상대로 하는 내부적인 사업활동에 의하여 구성원에게 경제적 이익을 부여하는 것을 목적으로 하는 협동조합, 상호회사 등은 상법상 회사가 아니다.

2. 주주이익과 회사이익

여기서 영리 내지 이익이란 일차적으로 회사의 이익을 말하는 것이지만, 그 회사이익이라는 것이 궁극적으로 누구의 이익을 의미하는지는 쉽지 않은 문제이다. 영리성이 결국 이익이 주주에게 분배되는 것을 전제하는 개념이라고 보면, 영리를 목적으로 한다는 것은 주주이익을 목적으로 한다는 말과 크게 다르지 않다. 특히 회사의 재정상태가 건전한 경우에는 주주이익과 회사이익은 별 차이가 없을 것이다.

주의할 것은 여기서 회사이익이라고 할 때에 그것이 반드시 회계상 이익과 같지는 않다는 점이다. 예컨대 부채 없이 자기자본 500억원으로 매년 50억

---

1) 이하의 서술은 김건식, 회사법, 박영사(2015), 48－53면에 주로 의존하였다.

원의 이익을 거두어 전액 배당하는 주식회사가 있다고 하자. 이 회사가 추가로 500억원을 투자하면 30억원의 이익을 올릴 수 있는 새로운 사업프로젝트가 있다. 500억원의 자금은 은행에서 연 8%로 차입하거나 주주에게 신주를 발행하여 조달할 수 있다. 이 경우 회사는 적어도 은행차입으로 프로젝트를 시작하지는 않을 것이다. 30억원의 추가이익은 회사가 지급할 40억원의 이자에 미달하기 때문이다. 그렇다면 회사가 신주발행을 통해서 자금을 조달하여 프로젝트를 시작하는 것은 어떠한가? 이 경우 프로젝트의 수행 결과 회사의 회계상 이익은 50억원에서 80억원으로 증가하겠지만 이러한 투자는 정당하다고 보기 어렵다. 회사의 수익성은 10%에서 8%로 하락하고 특히 추가 투자분의 수익은 조달금리에도 미치지 못하기 때문에, 주주의 관점에서는 이런 프로젝트를 위해 회사의 신주를 인수하기보다는 심지어 은행에 예금하는 것이 나을 수도 있다.[2][3]

이러한 프로젝트에 투자하더라도 회사의 자산규모와 이익규모는 증가한다. 그렇다고 해서 회사의 규모가 커지는 것을 바로 회사이익에 부합하는 것으로 보아서는 아니 된다. 만약 그렇게 본다면 주주에게 이익배당을 하지 않는 것이 언제나 회사이익에 부합한다는 결론에 이를 것이다. 이러한 점에서 보더라도 주주와 단절된 차원에서 회사이익을 논하는 것은 불합리한 결과를 가져오기 쉽다.

3. 주주이익극대화

이처럼 회사의 영리성을 따질 때 이익의 개념은 회사의 회계상 이익이 아니라 주주의 이익으로 보아야할 것이다. 이는 주로 주주이익 내지 주주가치의 극대화라는 구호로 표현되고 있다. 주주이익극대화는 주주를 회사의 소유자로

---

2) 엄밀히 따지면 주주의 신규투자에 따르는 기회비용은 은행금리가 아니라 자기자본비용을 적용해야 하겠지만 예를 단순화하기 위하여 은행에 예금하는 경우를 상정하였다.
3) 그러나 현실적으로는 신규투자가 이루어질 가능성이 없지 않다. 경영자로서는 일단 기업규모가 커지는 것을 선호할 수도 있고 근로자로서도 사업확장으로 승진기회가 늘어나는 것을 마다할 이유가 없기 때문이다. 정부에서는 사업확장은 일자리를 창출하기 때문에 그것을 음양으로 지원한다. 오로지 반대할 가능성이 있는 주체는 주주뿐이다. 장기적으로 이러한 사업확장이 이익에 의하여 뒷받침될 수 없다면 불황으로 이어지고 결국 구조조정을 피할 수 없을 것이다. 그 경우에는 주주뿐 아니라 모든 이해관계자가 타격을 피할 수 없다.

보는 전통적인 관점에서는 당연한 것으로 보인다. 법경제학적 관점에서는 주주이익극대화의 근거를 주주의 잔여청구권자적 지위에서 찾고 있다. 그에 의하면 주주는 채권자와 같은 선순위 권리자가 차지하고 남은 재산을 후순위로 차지하는 잔여청구권자이다. 채권자의 청구권은 고정되어 있기 때문에 주주이익을 극대화하면 회사 이해관계자 전체의 가치는 자동적으로 극대화된다는 논리를 편다.

이해관계자에는 주주나 채권자뿐 아니라 근로자, 거래처, 지역주민 등 실로 다양한 주체가 포함된다. 이들 이해관계자가 장래 발생할 수 있는 모든 사태를 예견하여 그에 대한 조치를 사전에 계약으로 확정할 수 있다면 주주이익만을 고려하면 된다는 논리도 설득력을 가질 수 있을 것이다. 그러나 현실적으로 이해관계자들이 그처럼 계약을 통하여 자기이익을 보호하기 위한 조치를 취하는 것은 불가능하다. 그러므로 회사의 목적을 주주이익극대화로 삼는 것에 대해서는 이론적인 관점에서도 비판이 있다. 주주이익극대화에 대한 현실적인 지지도는 정치적인 상황에 따라 상당히 달라질 수 있다. 특히 규모가 큰 대기업의 경우 근로자, 거래처, 소비자 등 다른 이해관계자의 이익을 무시하고 주주이익만을 추구하는 것에 대해서는 거부감이 강하다. 기업의 사회적 책임에 대한 주장은 바로 이러한 배경에서 나온 것이다.

주주이익극대화와 가장 조화하기 어려운 것은 채권자이익과 근로자이익이다. 앞서 살펴본 바와 같이 주주와 채권자는 이해가 상충되는 측면이 존재한다. 주주는 채권자에 이어서 남는 재산을 차지할 뿐인 잔여청구권자로서 책임이 제한되기 때문에(주주유한책임원칙) 채권자보다는 위험을 선호하게 된다. 특히 회사가 부실한 상태에 빠진 경우 어차피 더 잃을 것이 없는 주주로서는 투기적인 거래를 택할 인센티브가 크다. 주주이익극대화가 이러한 주주의 투기성향을 정당화할 수 있다는 관점에서 주주이익 대신 주주와 채권자의 이익을 포괄하는 회사이익개념의 유용성을 강조하는 견해도 있다. 이 관점에 의하면 특정한 조치가 주주이익을 증가시키는 경우라도 그 증가분이 채권자이익의 감소분을 초과하는 경우라면 정당화할 수 없을 것이다.

주주이익과 보다 극적으로 충돌되는 것은 근로자이익이다. 사실 기업에서 외관상 두드러지는 것은 투자된 자금이 아니라 경영자와 근로자라는 사람이다. 실제로 회사가 도산하는 경우 근로자가 입는 타격이 반드시 주주보다 덜하

다고 단정할 수는 없다.[4] 또한 자본주의가 발달한 사회에서도 경영자와 근로
자라는 양대 인적요소의 힘은 막강하다. 따라서 현실적으로 주주이익극대화를
이유로 경영자나 근로자에 불리한 조치를 취하기는 쉽지 않다.

　이처럼 주주이익극대화라는 목적에는 이론적으로나 현실적으로 한계가
존재한다. 특히 최근에는 세계적으로 양극화가 심화된 결과 주주이익을 강조
하는 것에 대한 반감이 강해지고 있다. 그럼에도 불구하고 주주이익의 극대화
를 회사의 목적으로 삼아야 한다는 전통적인 주장은 다음과 같은 점에서 설득
력을 갖는다. 첫째, 주주 이외에 다양한 이해관계자의 이익을 함께 목표로 삼
는 경우에는 경영진의 평가가 어려울 뿐 아니라 경영자의 자의를 견제하기도
어렵다. 이미 사업상의 위험을 부담하는 주주가 경영자의 재량남용 위험까지
부담해야 한다면 주식투자가 위축될 가능성이 크다. 둘째, 다른 이해관계자의
이익은 노동법, 공정거래법, 환경법 등 법적 규제에 의하여 어느 정도 보호된
다. 채권자의 이익은 상당부분 계약에 의하여 보호할 수 있다. 셋째, 다음에 설
명하는 바와 같이 주주이익극대화를 채택한다고 해서 바로 다른 이해관계자의
이익이 무시되는 결과가 초래되는 것은 아니다. 특히 장기적인 관점에서는 주
주이익은 다른 이해관계자의 이익과 상당 부분 일치하기 때문이다.

4. 주주이익극대화의 법적 효과

　전술한 바와 같이 주주이익극대화원칙은 여러 면에서 한계가 없지 않다.
그러나 그것이 주주의 장기적 이익 추구를 의미하는 것이라면 일응 회사의 목
적으로 수용할 수 있을 것이다. 주주이익극대화는 회사기관의 모든 행위에 대
해서 평가기준으로 적용할 수 있다. 즉 회사의 자금조달, 투자, 합병, 자금반환
등 모든 의사결정에서 이사가 뒤에 설명하는 선관주의의무와 충실의무를 준수
하였는지 여부를 판단할 때 주주이익극대화를 기준으로 삼을 수 있을 것이다.

　그러나 주주이익이란 개념의 한계를 고려할 때 이 원칙에 강력한 구속력
을 부여할 수는 없을 것이다. 실제로 우리나라에서는 회사가 주주 이외의 이익
을 고려하는 것을 배제할 정도로 이 원칙의 구속력을 강하게 인정하는 견해는
찾기 어렵다. 또한 경영자가 장기적인 주주이익을 근거로 다른 이해관계자 이

---

4) 주주는 분산투자로 위험을 최소화할 수 있지만 근로자는 그러한 위험분산이 불가능
　하다.

익을 배려하여 내린 결정은 뒤에 설명하는 경영판단원칙에 의하여 폭넓게 보호될 것이다.

5. 공익의 추구

회사가 영리법인인 이상 원칙적으로 비영리 목적만을 추구하는 회사는 허용할 수 없다. 따라서 회사가 사업활동에서 얻은 이익을 주주에 분배하지 않고 모두 공익목적으로 사용하기로 하는 정관규정은 무효이다. 그렇지만 회사의 영리성이 비영리 목적을 완전히 배제하는 것은 아니다. 회사 운영에서 공익목적을 가미하는 것은 얼마든지 가능하다. 이처럼 공익을 아울러 추구하는 회사의 대표적인 예로 「사회적기업 육성법」이 규정하는 **사회적기업**을 들 수 있다. 사회적기업이 아니라도 이익 일부를 공익목적으로 사용하기로 하는 정관규정은 얼마든지 유효하다.[5]

이처럼 공익과 영리를 동시에 추구하는 회사는 성과를 제대로 평가하기 어렵다. 주주가 그러한 사정을 알면서도 투자하였다면 특별히 문제삼을 수 없을 것이다. 현실적으로 이런 공익적 회사가 공익과 영리를 어떻게 조화할 것인지에 대해서는 기준을 정하기 어렵다. 영리활동을 사업목적에 열거하면서도 실제로는 순전히 비영리활동에 전념하는 회사도 이론상으로는 존재할 수 있을 것이다. 그러한 비영리활동에 대해서 주주전원의 합의가 있다면 구태여 회사의 해산사유가 있다고 볼 것은 아니다.

6. 사회공헌활동

영리를 추구하는 기업도 때로는 기부 등 사회적인 활동을 하는 경우가 있다. 회사의 영리성에 비추어 과연 이러한 비영리활동을 법적으로 어떻게 정당화할 수 있을 것인가? 기업의 사회적책임을 적극적으로 인정하는 입장에서는 기부 등의 사회공헌활동을 정당하거나 나아가 바람직한 것으로 평가할 것이다. 기업의 사회적책임에 소극적인 입장을 취하더라도 회사가 장기적 이익을 위해서 자신의 이미지를 제고하는 사회공헌활동을 하는 것은 허용할 수밖에 없을 것이다. 특히 최근에는 회사의 사회공헌활동에 대한 사회의 요구가 높아

---

5) 예컨대 신문이나 방송과 같이 공익성 있는 언론기업이 건전한 여론형성과 문화창달을 위한 활동을 정관의 사업목적으로 채택하는 것을 구태여 금지할 이유는 없다.

지고 있고 이는 회사의 이미지, 나아가 매출과 성장에도 영향을 미칠 수 있기 때문에, 회사업무와 직접 관련이 없는 분야의 기부에 대해서도 회사이익과 반드시 무관하다고 단정하기는 어렵다. 물론 회사의 규모나 경영실적에 비추어 과도한 비영리활동에 대해서는 이론상 경영자에게 책임을 물을 수 있을 것이나, 경영자의 사적인 이해가 결부된 경우가 아니라면 원칙적으로 경영자의 경영판단을 존중해야 할 것이다.[6]

7. 회사의 정치활동[7]

특정 정당이나 정치인에 대한 회사의 정치헌금도 일종의 비영리활동으로 볼 수 있다. 일반인으로부터의 정치헌금 모집이 현실적으로 어렵다는 점을 감안하더라도 다음과 같이 폐해가 더 크므로 부정해야 할 것이다. 첫째, 회사의 정치헌금을 인정하면 정치적 의사결정에 기업이 과도한 영향을 미칠 우려가 있다. 둘째, 회사가 특정정당에 헌금하는 것은 그 정당을 지지하지 않는 주주들의 이익에 반한다. 이에 대해서는 경영진이 회사이익에 가장 잘 부합하는 정당을 선택하여 헌금하고 그에 반대하는 주주는 주식을 매각하면 된다는 주장도 있을 수 있다. 그러나 주주가 투자함에 있어 대상회사의 정치적 성향까지 고려하도록 하는 것은 비효율적이다. 셋째, 정치헌금을 허용하면 특정사안에서 회사에 유리한 조치를 취해주는 대가로 헌금을 제공하는 부정적인 관행이 만연할 가능성이 높다.

회사의 정치헌금을 부정하면 결국 주주가 회사로부터 받은 배당금을 가지고 헌금 여부와 그 대상 정당을 결정해야 할 것이다. 종래 현실적으로는 회사의 정치헌금을 일정 한도에서 허용해왔다. 그러나 현행 정치자금법은 회사를 포함한 법인의 모든 정치헌금을 금지함으로써 부정설을 취하고 있다(31조).

나아가 회사가 자기 비용으로 특정의 정치적 의사를 표명하는 등의 정치적 활동도 정치헌금과 비슷한 문제를 야기할 수 있다. 그러나 회사의 정치적 활동을 전면적으로 금지하는 것은 바람직하지 않을 것이다. 예컨대 회사이익

---

6) 다만 후술하는 참고판례(2016다260455)에서는 회사의 기부행위에 대한 이사의 손해배상 책임을 인정하였다.

7) 보다 상세한 것은 김건식, "회사의 정치헌금", 법조 제35권 제 2 호(1986), 81면 이하(김 건식, 회사법연구 II, 소화(2010), 325면 이하에 재수록).

을 저해하는 특정 법률의 개정을 위한 활동과 같이 영리성과 정치성을 공유하는 활동이 많을 뿐 아니라 정치적 활동은 정치헌금에 비해서는 폐해가 덜하기 때문이다.

[참고판례]

• **대법원 2010. 5. 13. 선고 2010도568 판결(기부행위와 배임죄)**

K은행장으로 재직중인 피고인이 2008년 5월 초순경 은행장에서 퇴임하는 것으로 결정되자, 자신이 C대학교 초빙교수로 채용되고 K은행의 기부금이 자신의 급여지급 용도로 사용될 것임을 알면서도, K은행으로 하여금 C대학교에 2억 원을 기부하도록 하였다. 이 건으로 피고인은 배임죄로 기소되었다. 원심(광주지방법원 2009. 12. 31. 선고 2009노2446 판결)은 "K은행은 C대학교 등 그 지점이 입점해 있는 대학과의 거래관계를 유지하기 위하여 이들 대학에 꾸준히 기부를 하여 온 점, 2억 원의 기부금은 K은행의 통상적인 기부 규모 및 K은행이 C대학교에서 얻는 수익을 고려할 때 적정한 수준을 벗어나지 아니한 것으로 보이는 점, 피고인은 그 학력 및 경력에 비추어 C대학교 초빙교수 채용 필요성에 부응하는 인물이었으며, 그 급여도 과다한 수준이 아니므로, 피고인의 급여로 사용될 금원을 기부하는 것은 C대학교 측에 실질적인 이익을 제공한 것인 점, C은행으로서도 전직 행장이 초빙교수로 채용됨에 따라 이를 통하여 형성되는 인적 관계를 이용하여 거래관계의 유지 등 유·무형의 반대 급부를 받게 될 것으로 기대할 수 있는 점 등에 비추어 C은행으로 하여금 2억 원을 기부하게 한 행위가 실질적으로는 C은행 주주들의 주주권을 침해한 것이라고 인정될 정도에 이르렀다고는 보기 어렵다"고 판단하였다. 대법원은 "주식회사가 그 재산을 대가 없이 타에 기부, 증여하는 것은 주주에 대한 배당의 감소를 가져 오게 되어 결과적으로 주주에게 어느 정도의 손해를 가하는 것이 되지만 그것이 배임행위가 되려면 그 회사의 설립목적, 기부금의 성격, 그 기부금이 사회에 끼치는 이익, 그로 인한 주주의 불이익 등을 합목적적으로 판단하여, 그 기부행위가 실질적으로 주주권을 침해한 것이라고 인정되는 정도에 이를 것을 요한다(대법원 1985. 7. 23. 선고 85도480 판결, 대법원 2005. 6. 10. 선고 2005도946 판결 참조)."라고 하면서 원심판결을 지지하였다.

• **대법원 2019. 5. 16. 선고 2016다260455 판결(기부행위에 대한 이사의 책임)**

카지노사업자인 원고 회사의 지방자치단체에 대한 기부행위가 문제된 사안에서 대법원은 기부 결의에 찬성한 이사들의 원고에 대한 손해배상책임을 인정하였다. 대법원은 그 기부가 "폐광지역의 경제 진흥을 통한 지역 간 균형발전 및 주민의 생활향상이라는 공익에 기여하기 위한 목적"으로 이루어졌고, 기부액이

"원고 재무상태에 비추어 과다하다고 보기 어렵다"고 하면서도, "기부행위가 폐광지역 전체의 공익 증진에 기여하는 정도와 회사에 주는 이익이 그다지 크지 않고, 기부의 대상 및 사용처에 비추어 공익 달성에 상당한 방법으로 이루어졌다고 보기 어려울 뿐만 아니라 피고들이 이사회에서 결의를 할 당시 위와 같은 점들에 대해 충분히 검토하였다고 보기도 어렵다"는 이유로 피고들이 위 결의에 찬성한 것은 이사의 선량한 관리자로서의 주의의무에 위배된다고 하였다.

Ⅳ. 1인 회사

[판례 6]

대법원 1983. 12. 13. 선고 83도2330 전원합의체 판결
• 법원의 판단

1. 원심판결 이유 기재에 의하면, 이 사건 공소사실중 업무상 배임부분에 관하여 원심은 1인 주주회사의 경우에 있어서 주식회사의 재산권은 실질적인 의미에 있어서는 결국 주주의 소유인 만큼 주식회사의 손해는 바로 그 주주의 손해라 할 것이므로 그가 회사의 돈을 소비하였다고 하더라도 그 회사에 손해를 가하려는 의사 즉 범의가 없다고 할 것인바 공소외 1주식회사는 피고인과 공소외 2가 그 주식을 실질적으로 소유하고 있고 피고인과 공소외 2가 합의하여 위 회사소유의 돈을 개인채무의 변제에 사용한 사실이 여러 증거에 의하여 인정되므로 제1심이 이와 같은 취지에서 피고인에 대하여 무죄를 선고한 것은 정당한 것이라고 판시하였다.

2. 배임의 죄는 타인의 사무를 처리하는 사람이 그 임무에 위배하는 행위로써 재산상의 이익을 취득하거나 제3자로 하여금 취득하게 하여 본인에게 손해를 가함으로써 성립하여 그 행위의 주체는 타인을 위하여 사무를 처리하는 자이며 그의 임무위반 행위로써 그 타인인 본인에게 재산상의 손해를 발생케 하였을 때 이 죄가 성립되는 것인즉 주식회사의 주식이 사실상 1인 주주에 귀속하는 소위 1인 회사에 있어서도 행위의 주체와 그 본인은 분명히 별개의 인격이며 그 본인인 주식회사에 재산상 손해가 발생하였을 때 배임의 죄는 기수가 되는 것이므로 궁극적으로 그 손해가 주주의 손해가 된다고 하더라도(또 주식회사의 손해가 항시 주주의 손해와 일치한다고 할 수도 없다) 이미 성립한 죄에는

아무 소장이 없다고 할 것이며 한편 우리 형법은 배임죄에 있어 자기 또는 제 3자의 이익을 도모하고 또 본인에게 손해를 가하려는 목적을 그 구성요건으로 규정하고 있지 않으므로 배임죄의 범의는 자기의 행위가 그 임무에 위배한다는 인식으로 족하고 본인에게 손해를 가하려는 의사는 이를 필요로 하지 않는다고 풀이할 것이다. 이와 그 견해를 달리하는 당원의 1974. 4. 23. 선고 73도2611 판결; 1976. 5. 11. 선고 75도823 판결 등의 판례는 이를 폐기하는 바이다.

3. 따라서 1인 회사의 경우 그 회사의 손해는 바로 그 1인 주주의 손해에 돌아간다는 전제아래 임무위반행위로써 회사에 손해를 가하였다고 하더라도 손해를 가하려는 의사 즉 범의가 없다고 무죄를 선고한 원심조치는 필경 행위의 주체와 본인을 혼동하였을 뿐만 아니라 법률상 권리, 의무의 주체로써의 법인격을 갖춘 주식회사와 이윤귀속 주체로써의 주주와를 동일시하고 업무상배임죄의 기수시기와 그 구성요건을 그릇 파악함으로써 업무상 배임죄의 법리를 오해한 잘못을 저질렀다고 할 것이므로 이를 비의하는 상고논지는 그 이유가 있다 할 것이다.

그러므로 원심판결중 무죄부분을 파기하고, 원심으로 하여금 다시 심리판단케 하기 위하여 이 부분 사건을 수원지방법원 합의부에 환송하기로 하여 관여법관의 일치된 의견으로 주문과 같이 판결한다.

Questions & Notes

Q1 대법원은 이 판결에서 회사의 손해를 전제하고 있다. 사안에서 회사손해가 없다는 반론은 불가능한가?

Q2 회사자산이 감소한 것은 긍정하더라도 회사자산 감소가 반드시 회사의 손해라고 할 수 있는가? 주주에게 이익배당을 하면 회사자산은 감소하지만 그것을 회사손해라고는 파악하지 않는다. 사안과 이익배당은 어떤 점에서 차이가 있는가?

Q3 자산 100억원, 부채 10억원으로 현금흐름에 문제가 없는 1인 회사에서 1인 주주이자 대표이사가 회사의 재산 10억원으로 자신의 개인채무를 변제하는 경우 회사의 채권자, 근로자, 고객, 지역사회 등에 손해가 발생하는가? 회사

의 이해관계자에 아무런 손해도 발생하지 않음에도 불구하고 회사의 손해를 인정할 실익은 무엇인가?

Q4 [판례 6]의 사안에서 회사가 채무상환능력이 없게 되었다면, 회사의 채권자가 법인격 부인의 법리를 원용하여 주주들에게 채무이행을 청구할 수 있는가?

V. 회사의 권리능력

회사는 법인으로서 법률상 권리와 의무의 주체가 될 수 있는 능력, 즉 권리능력을 갖는다. 자연인과는 달리 회사의 권리능력은 다음과 같이 여러 면에서 제한된다. (1) 법인의 성질에 따른 제한, (2) 법령에 의한 제한, (3) 정관상 목적에 의한 제한. 이곳에서는 주로 문제되는 (3)에 대해서 살펴본다.

민법상 법인은 정관에 정한 목적범위 내에서만 권리능력을 가진다(민법 34조). 민법상 법인은 비영리법인으로 이 규정이 영리법인인 회사에도 유추적용될 수 있는지에 대해서는 다툼이 있다. 민법규정이 유추적용된다는 제한긍정설에 따르면 정관목적범위를 벗어난 행위는 효력이 없으므로 회사와 거래하는 상대방은 주의할 필요가 있다. 우리나라에서는 거래안전 등을 이유로 정관목적에 의한 회사의 권리능력제한을 부정하는 견해가 일반적이다.

[판례 7]

대법원 1975. 12. 23. 선고 75다1479 판결(철우회 판결)

• 사실관계

원고 사단법인 철우회가 극장을 A에게 위탁경영하게 하면서 계약상의 의무를 연대보증하는 취지로 신원보증서를 요구하자 피고 회사의 대표이사는 연대보증을 해주었다. 피고 회사 정관상 사업목적은 1. 토목, 건축·수도·전기·통신 및 기계청부업, 2. 광산개발, 개량사업, 3. 염전축조공사청부업, 4. 노력 및 물자공급, 5. 내외무역 위탁판매업, 6. 수돗물료 판매업, 7. 위 각호에 관련된 일체의 부대사업의 경영으로 되어 있었다.

• 법원의 판단

원고소송대리인의 상고이유를 판단한다.

원판결이유에 의하면 원심은 증거에 의하여 피고 회사 대표이사가 피고 회사를 대표하여 원판시 A의 원고로부터의 극장위탁경영으로 인한 손해배상의무를 연대보증한 사실을 인정하고 이는 피고 회사의 사업목적범위에 속하지아니하는 행위로서 피고 회사를 위하여 효력이 있는 적법한 보증으로 되지 아니한다고 하였는 바 기록에 대조하여 살펴보면 정당하고 채증법칙을 어겨 판단을 그릇한 잘못있다고 볼 수 없다. 원심이 이 점에 대하여 원고에게 반대입증의 기회를 주지 아니하였다 함은 당치 않다 할 것이고 (원고는 아무런 반증도 제출한 바 없다) 피고가 다투지 아니한 사실을 원심이 인정판단하였다는 취지의 주장도 맞지 않다. 피고 회사의 주주 및 이사들이 이 사건 보증의 결의를 하였다 함은 피고 회사가 한 보증이라 함을 말하는 것으로 볼 것인 바 그렇더라도 적법한 보증의 효력이 없다 함은 앞에서 본 바이고 피고 회사는 불법행위로 인한 손해배상책임 또는 사용주로서의 배상책임을 져야 할 것이라 함은 원심에서 하지도 아니한 새로운 주장일 뿐 아니라 원심이 이러한 주장입증을 할 기회를 주지 아니하였다 함은 부당하여 심리미진 내지 채증법칙위배의 잘못있다는 논지는 이유 없다.

그러므로 상고를 기각하기로 하고 상고소송비용은 패소자의 부담으로 하기로 하여 관여법관의 일치된 의견으로 주문과 같이 판결한다.

Questions & Notes

Q1 판결문에 의하면 피고 회사의 이사는 물론 주주들도 보증에 동의한 것으로 보인다. 그러한 경우에도 보증을 권리능력범위 외의 행위로 보아야할 필요가 있는가?

Q2 법원은 연대보증이 정관에 기재된 사업목적에 기재되지 않았다는 이유로 무효라고 하였다. 이러한 판례가 유지된다면 일반적으로 회사는 연대보증을 사업목적에 기재할 것인가?

[판례 8]

대법원 2005. 5. 27. 선고 2005다480 판결

• 사실관계

　상속으로 원고 회사의 대주주가 된 A는 상속재산의 대부분이 원고 회사를 위한 담보로 제공되어 있어 상속세를 납부하기 어려웠다. A는 상속세의 분할납부를 위하여 피고 보증보험회사와 납세보증보험계약을 체결하였다. 피고 회사의 구상권을 담보하기 위하여 원고 회사는 피고에 대하여 연대보증채무를 부담하였다. 그 후 C가 A로부터 원고 회사의 경영권을 양수하고 대표이사로 취임하였다. A의 상속세를 대납한 피고가 원고의 재산을 가압류하자 원고는 연대보증채무를 이행한 후 피고를 상대로 연대보증계약자체가 원고 회사의 권리능력범위 외의 행위로서 무효라는 이유로 부당이득반환을 청구하였다.

• 법원의 판단

　회사의 권리능력은 회사의 설립 근거가 된 법률과 회사의 정관상의 목적에 의하여 제한되나 그 목적범위 내의 행위라 함은 정관에 명시된 목적 자체에 국한되는 것이 아니라 그 목적을 수행하는 데 있어 직접, 간접으로 필요한 행위는 모두 포함되고 목적수행에 필요한지의 여부는 행위자의 주관적, 구체적 의사가 아닌 행위 자체의 객관적 성질에 따라 판단하여야 할 것인데(대법원 1988. 1. 19. 선고 86다카1384 판결, 1991. 11. 22. 선고 91다8821 판결 등 참조), 그 판단에 있어서는 거래행위를 업으로 하는 영리법인으로서 회사의 속성과 신속성 및 정형성을 요체로 하는 거래의 안전을 충분히 고려하여야 할 것인바, 회사가 거래관계 또는 자본관계에 있는 주채무자를 위하여 보증하는 등의 행위는 그것이 상법상의 대표권 남용에 해당하여 무효로 될 수 있음은 별론으로 하더라도 그 행위의 객관적 성질에 비추어 특별한 사정이 없는 한 회사의 목적범위 내의 행위라고 봄이 상당하다 할 것이다.

　원심판결 이유에 의하면 원심은, 원고 회사의 지배주주이자 대표이사이던 [A가] 전 대표이사이던 망 B의 사망으로 인한 원고 회사의 주식 등 상속재산에 부과된 상속세납부의무의 연부연납허가를 받기 위하여 피고와 납세보증보험계약을 체결함에 있어서 원고 회사가 [A를] 위하여 피고에 대한 연대보증채무를 부담한 행위(이하 '이 사건 연대보증행위'라고 한다)는 원고 회사의 정관상의

목적범위를 벗어난 권리능력범위 밖의 행위로서 무효라고 보아야 한다는 이유
로 무효인 위 연대보증계약에 기하여 피고에게 지급한 합계 1,311,875,806원
및 그 지연손해금 상당의 부당이득의 반환을 구하는 원고 회사의 주장에 대하
여, 그 판시 인정 사실과 같은 이 사건 연대보증행위 당시 원고 회사의 경영난
과 위 상속재산 중 원고 회사의 주식을 제외한 나머지 상당 부분을 차지하는
부동산이 원고 회사의 금융기관 대출을 위하여 담보로 제공되어 있던 점 및
원고 회사로서는 위 상속세의 일시 납부를 위하여 위 부동산의 담보를 즉시
해제하여 주기 어려운 형편이었던 점 등의 사정에 비추어 이 사건 연대보증행
위는 그 실질 및 객관적 성질상 원고 회사를 위한 측면과 아울러 회사와 거래
관계 혹은 자본관계에 있는 주채무자를 위하여 보증하는 경우와 유사하게 회사
의 목적 수행에 간접적으로 필요한 행위로서 원고 회사의 목적범위 내의 것으로
봄이 상당하다는 이유로 위 주장을 배척하였는바, 위와 같은 원심의 사실인정
과 판단은 앞서 본 법리 및 기록에 비추어 정당한 것으로 수긍되고, 거기에 상
고이유에서 주장하는 것처럼 채증법칙 위배 혹은 심리미진으로 인한 사실오인
이나 주식회사의 권리능력에 관한 법리오해 등의 위법이 있다고 할 수 없다 ….

Questions & Notes

Q1 대법원은 정관의 사업목적에 기재되지 않은 행위라도 행위 자체의 객관적
성질에 따라 목적수행에 필요한 행위라고 판단되는 경우에는 목적 범위 내
의 행위로 본다고 하고 있다. 연대보증은 일반적으로 허용된다기보다는 "회
사가 거래관계 또는 자본관계에 있는 주채무자를 위하여 보증하는 등의 행
위는" 원칙적으로 목적 범위 내의 행위로 본다고 하고 있다.
(1) 여기서 말하는 자본관계의 의미는 무엇인가?
(2) A가 자본관계가 있는 주채무자에 해당한다면 법원이 바로 목적범위 내
의 행위로 보지 않고 그 행위가 실질상 회사이익을 위한 행위라는 점을 설
시하는 이유는 무엇일까?

[참고판례]
• 광주고등법원 1997. 12. 12. 선고 96나7860 판결(대법원 1999. 10. 8. 선고 98다
  2488 판결로 상고기각)
"현재 우리 사회의 기업실정을 보면 기업상호 간 특히 계열회사 상호 간에 보증

내지 연대보증이 흔히 행하여지고 있는 사실, 덕산시멘트제조주식회사(이하 "덕산")와 고려시멘트제조주식회사(이하 "고려")의 실질적인 경영자가 위 A, B 내외와 그 자식들로서 사실상 동일인이었다는 점 등 두 회사 간의 관계, 그동안 덕산 등 덕산그룹에 속하는 회사의 채무에 대하여 수차례에 걸쳐 고려가 보증하여 온 사정 등에 비추어 보면, B가 덕산이 원고에게 부담하는 이 사건 어음거래약정상의 채무를 연대보증하고 그 지급을 담보하기 위하여 약속어음에 배서한 행위는 고려의 정관에 명시된 목적 그 자체는 아니라 하더라도 그 행위의 객관적 성질에 비추어 보아 그 목적 수행에 필요한 행위로서 위 회사의 목적범위 내의 행위라 할 것이므로 이 사건 연대보증이 위 회사의 권리능력 밖의 행위라는 이유로 이 사건 연대보증이 무효라는 피고(정리회사 고려의 관리인)의 위 주장도 받아들일 수 없다."

Q2 연대보증이나 담보제공은 회사재산에 대한 경제적인 효과면에서 큰 차이가 없기 때문에 이사의 민형사책임을 판단할 때는 차이를 두지 않고 있다. 사안에서 만약 연대보증 대신에 회사재산을 담보로 제공하였다면 어떠한 판단이 내려졌을까?

[참고판례]
• **대법원 2005. 10. 28. 선고 2005도4915 판결**
공소외 회사의 1인 주주이자 실질적인 대표이사인 피고인 Y1, 피고인 Y2는 상속세 납부자금을 마련하기 위하여 1998. 5. 6.경 Y3등에게 위 공소외 회사의 주식 전부를 매매대금 150억 원에 매도하기로 하는 주식매매계약을 체결한 후, 공모하여 위 주식매매계약이 해제될 경우 Y1과 Y2가 부담하게 될 매매대금반환채무를 담보하기 위하여 위 공소외 회사의 유일한 재산인 이 사건 부동산에 관하여 1998. 1. 28.경 Y3등 명의로 소유권이전청구권 가등기를 마침으로써 위 부동산 시가 81억 원 상당의 재산상 이득을 취득하고 피해자 공소외 회사에게 동액 상당의 손해를 가하였다는 이유로 특정경제범죄가중처벌등에관한법률상 배임죄로 기소되었다.

　　원심(부산고등법원 2005. 6. 22. 선고 2004노889 판결)은 "Y1과 Y2이 비록 공소외 회사의 1인 주주라 하더라도 주식매매계약이라는 개인적 거래에 수반하여 독립된 법인 소유의 이 사건 부동산을 담보로 제공한 행위는 그 성질상 회사 재산의 관리·처분에 관한 실질적 대표이사로서의 임무에 위배하는 행위로서 회사에 손해발생의 위험을 초래하는 것이라 할 것이고, 그 과정에서 주주총회의 결의를 거친 바가 있다 하여 달리 볼 수 없다 할 것이며, 나아가 경제적 관점에서 보더라도 위 피고인 등의 개인적 주식매매계약과 관련한 매매대금반환채무의

담보조로 회사의 유일 재산인 이 사건 부동산에 관하여 매수인 명의로 가등기를
마쳐 줌으로써 위 부동산의 담보가치 상당액을 회사의 채권자들에 대한 채무변
제 대신 위 피고인 등의 상속세 납부자금 마련에 사용한 이상 그만큼 경제적으
로 이득을 얻은 반면 회사에는 동액 상당의 손해를 가하였다"라고 하면서 배임
죄 성립을 인정하였다. 대법원은 원심판결을 지지하였다.

Q3 회사의 권리능력에 관한 법리의 실익은 무엇인가?

Q4 원고회사의 대표이사는 보증채무를 이행한 후 어떠한 조치를 취해야 하
는가?

[Note] 이 사건 소송은 원고회사의 지배주식을 양수한 주주가 뒤늦게 회사의 연대
보증사실을 발견하고 그 효력을 부인하기 위하여 제기한 것이다. 기업인수
(M&A)시 인수인이 인수대상이 되는 회사의 현황을 파악하기 위한 실사(due
diligence)를 충실히 수행하고, 주식매매계약에 회사현황과 관련한 담보책임
을 물을 수 있는 조항을 넣어둘 필요가 있음을 잘 보여주는 사건이다.

[Note] 2009년 상법개정으로 상장회사에서는 [판례 8]에서와 같은 대주주를 위한
채무보증은 명시적으로 금지되고 있다(542조의9 1항).

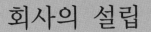

제 2 장

회사의 설립

Ⅰ. 설립의 개요[1]

1. 회사설립의 의의

회사를 법인으로서 성립시키기 위한 일련의 행위를 회사의 설립이라고 한다. 역사적으로 과거에는 회사의 성립에 정부의 특허를 요하던 시기도 있었지만 현재 대부분의 국가에서는 법에 정해진 일정한 요건을 갖춘 경우에는 회사의 성립을 인정하는 준칙주의를 취하고 있다. 회사는 설립에 의한 경우 이외에 신설합병, 분할, 주식의 포괄적 이전 등의 경우에도 새로이 성립한다.

구체적으로 회사의 설립을 위하여 필요한 행위는 회사의 종류에 따라 복잡성이나 엄격성에 상당한 차이가 있다. 그러나 기본적으로 모든 회사에서 회사의 설립은 회사의 실체를 형성하는 행위와 법인격 취득을 위한 설립등기의 두 가지로 나눌 수 있다. 어느 회사의 경우에도 실체형성행위만으로는 법률상 회사로 인정되지 않으며 법인격을 취득하기 위해서는 설립등기를 마쳐야 한다 (172조). 회사가 법에 정한 요건을 충족하였는지 여부는 설립등기시에 심사를 받는다(예컨대 상업등기법 80조). 설립등기는 회사의 종류에 따라 차이가 없지만 회사의 실체형성행위는 회사의 종류에 따라 차이가 있다. 회사가 실체를 형성

---

1) 이하의 서술은 김건식·노혁준·천경훈, 회사법 제 6 판(박영사 2022), 85~96면에 대폭 의존하였다.

하는 과정은 다음과 같은 요소로 이루어진다.

① 회사운영의 기본규칙인 정관의 작성
② 회사의 구성원인 사원(주주)의 확정
③ 사원의 출자에 의한 회사재산의 형성
④ 회사의 활동을 담당할 기관의 구성

합명회사와 합자회사와 같은 인적회사에서는 ③과 ④는 설립단계에서 마칠 필요가 없다.[2] 그러나 주식회사나 유한회사와 같은 물적회사의 경우에는 위의 요소를 모두 갖추어야 한다. 특히 규모가 크고 기관이 복잡하게 분화되어 있는 주식회사는 설립절차가 가장 복잡하다. 그 이유는 회사의 채권자와 주주의 이익을 보호하기 위해서이다. 즉 설립시부터 재정적 기초가 불충실한 회사가 등장하는 것을 막고 출자자 사이의 형평을 유지하기 위한 배려 때문에 복잡한 설립절차가 규정되어 있는 것이다. 그러나 복잡한 설립절차는 설립에 드는 시간과 비용을 높일 수밖에 없다. 반면에 이러한 복잡한 절차가 과연 채권자나 출자자의 이익을 얼마나 실효적으로 보호해 주는지에 대해서는 의문이 없지 않다. 따라서 회사의 설립절차와 관련해서는 앞으로도 비용과 편익의 관점에서 검토할 필요가 있을 것이다.

2. 설립의 종류

상법은 주식회사의 설립방식으로 발기설립과 모집설립의 두 가지를 두고 있다. 발기설립은 "설립시에 발행하는 주식의 총수"를 발기인만이 인수하여 회사를 설립하는 경우를 말하고 모집설립은 발기인이외의 자도 인수에 참여하는 경우를 말한다.[3] 따라서 이론상으로는 발기인 이외의 자가 1명만 있어도 모집설립에 해당하게 된다. 이러한 경우 실제로 발기설립과 모집설립의 차이는 거의 없다. 그러나 상법상으로는 절차상 양자가 뚜렷이 구별되고 있다. 이러한

---

2) 즉 합명회사의 경우에는 2인 이상이 합의하여 정관을 작성하면 회사의 실체는 완성된다. 사원이 무한책임을 부담하기 때문에 ③은 필요치 않으며 사원은 당연히 업무집행권한을 갖기 때문에 ④도 필요치 않다. 합자회사는 사원 중의 1인이 유한책임사원이라는 점을 제외하고는 합명회사의 경우와 같다.
3) 따라서 상법상의 모집설립 개념은 50인 이상의 투자자의 참여를 요하는 자본시장법상의 모집개념과는 구별된다.

차이는 특히 1995년 상법개정 전에 보다 뚜렷했다. 과거 발기설립의 경우에는 자본의 충실을 도모한다는 취지에서 법원이 선임하는 검사인의 조사를 받게 되어 있었으나 모집설립의 경우에는 현물출자와 같은 변태설립사항이 없는 한 검사인의 조사는 받지 않도록 되어있었다. 그리하여 종래 회사실무상으로는 실제로 출자하는 자가 소수에 불과한 경우에도 발기인 이외에 명목상의 인수인을 참여시켜 모집설립의 형태를 취하는 것이 보통이었다.[4] 그러나 이제는 상법개정으로 발기설립의 경우에도 현물출자와 같은 변태설립사항이 없는 한 검사인의 검사를 받지 않게 되었으므로 구태여 모집설립의 형식을 취할 필요성은 크게 줄어들었다.[5] 물론 처음부터 다수의 투자자로부터 자금을 모집하여 회사를 설립할 필요가 있는 경우가 전혀 없지는 않을 것이다.[6] 그러나 그 경우에도 일단 소수의 발기인으로 회사를 설립하고 바로 일반투자자의 출자를 받는 것이 가능할 것이다. 그러므로 모집설립이라는 별도의 설립형태를 유지할 필요는 현저히 줄어든 것이 사실이다.

3. 설립과정의 개관

발기설립이나 모집설립이나 위에서 설명한 설립의 각 단계를 모두 밟아야 한다는 점에서는 차이가 없다. 다만 모집설립의 경우에는 발기인 이외의 자가 주식을 인수한다는 점에서 절차가 다소 복잡할 뿐이다. 이하에서는 발기설립을 중심으로 설립과정의 주요과정을 간단히 살펴보기로 한다. 모집설립에 대해서는 차이점만을 언급한다.

(1) 정관의 작성

발기설립이나 모집설립이나 정관은 발기인이 작성한다(288조).

---

4) 판례는 [판례 10]과 동일한 사안에서 발기인이 주식의 대부분을 인수하고 나머지 주식은 타인의 명의를 모용하여 인수한 경우에는 발기설립으로 본다(대법원 1992. 2. 14. 선고 91다31494 판결).

5) 다만 모집설립은 아직 실무상 편리한 점이 없지 않다. 먼저 변태설립사항에 관한 보고를 발기설립의 경우에는 법원에 해야 하는 것(299조 1항)에 비하여 모집설립의 경우에는 창립총회에 하면 되는데(310조 2항) 아무래도 후자가 덜 부담스러울 것이다. 또한 모집설립의 경우에는 창립총회에서 자유롭게 원시정관의 변경이 가능한 점(316조)도 장점이 될 수 있다.

6) 우리나라에서도 과거 한겨레신문사와 일부 은행들이 그러한 방식으로 회사를 설립한 바 있다.

(2) 주주의 확정

회사설립시에 발행하는 주식에 관한 사항을 미리 정관으로 정해 놓지 않은 경우에는 발기인 전원의 동의로 정하게 되어있다(291조). 발기설립의 경우에는 주식 전부를 각 발기인이 1주 이상 서면으로 인수하여야 한다(293조). 모집설립의 경우에는 발기인이 인수하고 남은 주식을 인수할 자를 모집하여야 한다(301조). 모집에 따른 주식인수의 청약(302조)과 그에 대한 발기인의 배정(303조)으로 인수계약이 체결됨으로써 주주가 확정된다.

(3) 회사재산의 형성

주식회사의 경우에는 성립 전에 회사재산이 형성되어 있을 것이 요구된다. 현금출자인 경우 인수인은 지체 없이 인수가액의 전액을 납입하여야 한다. 현물출자인 경우에는 납입기일에 목적재산의 인도를 비롯하여 필요한 절차를 모두 이행해야 한다. 이 점은 발기설립이나 모집설립이나 차이가 없다(295조, 305조 1항 · 3항).

(4) 기관의 구성

발기설립의 경우에는 납입과 현물출자의 이행이 완료된 시점에 발기인이 의결권의 과반수로 이사와 감사를 선임한다(296조 1항). 모집설립의 경우에는 발기인이 소집하는 창립총회에서 선임한다(312조). 창립총회는 주주총회의 전신으로 소집절차나 의사진행도 주주총회와 거의 동일하다.[7]

(5) 설립절차의 검사

종래 발기설립의 경우에는 변태설립사항이 없더라도 언제나 법원이 선임하는 검사인의 조사를 받게 되어 있었으나(298조, 299조) 1995년의 상법개정으로 그러한 검사인의 조사는 폐지되었다.

현물출자와 같은 변태설립사항이 있는 경우에는 여전히 검사인에 의한 조사를 받아야 한다(298조 4항, 310조). 상법 개정으로 이제는 법원이 선임한 검사인 대신에 공증인이나 공인된 감정인이 갈음할 수 있게 되었다(299조의2). 이들이 조사나 감정결과를 보고하여야 하는 기관은 발기설립의 경우에는 법원이고

---

7) 다만 결의의 요건은 보다 엄격하여 출석한 주식인수인의 의결권의 3분의 2 이상인 동시에 인수된 주식의 총수의 과반수의 찬성을 요한다(309조).

모집설립의 경우에는 창립총회이다(299조, 310조 2항). 법원이나 창립총회는 이를 변경할 수 있다(300조).[8]

일반적인 주식납입과 현물출자의 이행 등의 사항은 이사와 감사가 조사하여 발기설립의 경우에는 발기인에게, 모집설립의 경우에는 창립총회에 각각 보고하게 되어있다(298조 1항, 313조 1항).

(6) 설립등기

발기설립이든 모집설립이든 어느 경우에나 소정의 기간 내에 등기를 마침으로써 설립절차는 종료하며 회사는 법인으로서 성립하게 된다(172조). 설립등기는 대표이사가 소정의 기간 내에 본점소재지의 등기소에서 한다(317조 1항).

4. 설립의 실제

주식회사의 설립은 반드시 다수의 투자자들이 공동으로 투자한 자금으로 새로이 사업을 시작하는 경우에만 이루어지는 것은 아니다. 오히려 실제로 회사의 설립은 새로이 사업을 시작할 때보다는 기존 사업의 법적 형식을 전환하고자 할 때 이루어지는 경우가 많다. 개인사업을 영위하던 기업주가 자신의 사업을 주식회사로 전환하거나(법인화) 기존에 여러 사업을 영위하던 주식회사가 사업 중 일부를 별도의 법인으로 독립하여 운영하는 경우(자회사화)가 그것이다.[9] 어느 경우든 실제의 출자자는 1인에 불과하다. 출자자가 1인에 불과한 단독설립의 경우는 법이 정한 절차는 위에서 살펴본 바와 같이 다소 복잡하지만 실제로는 간단하게 처리된다.

출자자가 복수인 공동설립의 경우에는 출자자들 사이에 출자비율, 회사의 운영방향 등에 관해서 교섭이 이루어지는 경우가 많다. 특히 대등한 사업자 사이에 합작투자가 이루어지는 경우에는 이러한 교섭의 결과가 '주주 간 계약'이라고 불리는 정식의 계약서로 구체화되는 것이 일반적이다. 경우에 따라서는 합의의 내용이 정관에 반영되기도 한다. 주주에 대한 상법상의 보호는 이러한 출자자의 기대를 충족시키지 못하는 경우가 많기 때문에 출자자로서는 별도의 수단을 강구하는 것이다.

---

8) 법원에 의한 변경가능성은 발기설립을 꺼릴 요인으로 작용할 수 있다.

9) 후자의 경우에는 회사를 설립하는 대신 회사분할, 특히 물적 분할에 의하는 것도 가능하다.

Ⅱ. 설립절차 중에 행한 행위의 효과

1. 발기인과 발기인조합

회사의 설립에는 그것을 기획하고 필요한 사무를 집행하는 자가 필요하다. 일반적으로 그런 기능을 수행하는 자를 발기인이라고 한다. 현행 상법상 발기인은 1인만 있어도 무방하지만 발기인이 복수인 경우도 있을 수 있다. 그 경우 복수의 발기인 사이에는 회사의 설립을 목적으로 하는 일종의 조합계약(민법 703조 이하)이 성립한다. 발기인 사이에 존재하는 이러한 조합계약관계를 발기인조합이라고 한다. 발기인은 이러한 조합계약의 이행으로 정관과 주식청약서의 작성, 주식인수 등 회사설립에 필요한 행위를 하게 된다. 이러한 행위의 효과가 발기인조합에 귀속하는 것은 당연하다.

2. 설립중의 회사

우리 통설과 판례는 발기인조합과는 별도로 설립중의 회사라는 개념을 인정하고 있다(대법원 1994. 1. 28. 선고 93다50215 판결 등). 설립중의 회사는 발기인이 설립과정 중에 행한 행위의 효과를 권리이전절차를 거치지 않고 바로 신설회사에 귀속시키기 위하여 고안된 도구개념이다.

발기인이 행한 행위의 효과는 일단 설립중 회사에 귀속하지만 회사가 성립되면 그 효과는 특별한 이전행위를 요함이 없이 바로 신설회사에 귀속하게 된다. 그 근거로는 설립중 회사가 신설회사의 전신으로 양자가 실질적으로 동일하다는 점을 든다(동일성설).

설립중 회사가 창립되는 시기에 관해서는 학설상 다툼이 있다. 다수설과 판례는 정관이 작성되고 발기인이 1주 이상의 주식을 인수하였을 때 비로소 성립된다고 본다(대법원 1985. 7. 23. 선고 84누678 판결; 대법원 1994. 1. 28. 선고 93다50215 판결 등).

3. 발기인의 행위와 그 효과

(1) 서   설

발기인이 행하는 행위의 효과를 설립중 회사에 귀속시키기 위해서는 다음

두 가지 요건을 갖출 필요가 있다. ① 자신의 명의가 아니라 설립중 회사 명의로 하여야 한다. ② 그 행위가 발기인의 권한 범위 내에 속하여야 한다. 주로 문제가 되는 것은 ②라고 할 수 있다.

(2) 설립과정에서의 행위의 유형
회사 설립과정에서 발기인의 행위는 다음과 같이 분류할 수 있다.

① 설립을 위하여 법률상 필요한 행위
② 설립을 위하여 경제적으로 필요한 거래행위
③ 개업준비행위
④ 영업행위

먼저 ① 설립을 위하여 법률상 필요한 행위의 예로는 정관의 작성과 인증, 주식의 인수·납입에 관한 행위, 이사·감사의 선임, 검사인(또는 공증인이나 감정인)의 선임, 창립총회의 소집, 납입금보관계약의 체결, 설립등기의 신청 등을 들 수 있다.

② 설립을 위하여 경제적으로 필요한 거래행위는 설립사무소의 임차, 직원의 고용, 주식청약서 등의 인쇄위탁 등과 같이 설립 자체를 위한 것은 아니지만 설립에 사실상 필요한 거래행위를 말한다.

③ 개업준비행위는 회사설립 자체를 위하여 필요한 것은 아니지만 회사의 성립 후에 바로 영업을 개시하기 위한 준비행위를 말한다. 공장용 부지나 건물의 매수나 임대차, 기계의 주문, 상품의 구매, 영업자금의 차입 등과 같은 행위가 그 예이다. 후술하는 재산인수도 이러한 개업준비행위의 일종이라고 할 수 있다.

발기인이 단순히 개업을 준비하는 것에 그치지 않고 나아가 ④ 영업행위를 하는 경우 그것은 설립 후의 회사에 대해서 효력이 없을 뿐 아니라 과태료의 대상이 된다(636조 1항).

(3) 발기인의 권한범위
발기인이 권한이 없는 행위를 한 경우 그 행위의 법적 효과는 발기인 개인에게 귀속된다. 발기인의 권한은 두 가지 관계, 즉 ① 발기인이 복수 있는 경우 발기인조합과의 관계와 ② 설립중 회사와의 관계에서 문제된다. 발기인

조합은 원래 회사설립을 목적으로 하기 때문에 발기인이 회사설립을 위하여 행한 행위는 당연히 발기인조합에 귀속된다. 발기인 권한이 주로 문제되는 것은 발기인 행위의 효과가 설립중 회사에 귀속되는지 여부를 따지는 경우이다.

설립중 회사의 기관으로서 발기인의 권한이 어느 범위까지 미치는가에 대해서는 견해가 나뉜다. 먼저 ① 설립을 위하여 법률상 필요한 행위를 할 권한이 있다는 점에 대해서는 별로 다툼이 없다. 따라서 이러한 행위의 효과는 바로 신설회사에 귀속한다. 그러나 ② 회사설립을 위하여 경제적으로 필요할 뿐인 행위에 대해서는 학설이 대립하고 있다. 다수설은 발기인 권한을 폭넓게 해석하여 ②도 발기인 권한범위 내에 속하는 것으로 보고 있다. 이렇게 해석하는 경우에는 ②의 효과도 바로 신설회사에 귀속하게 되어 회사의 재산적 기초가 훼손될 우려가 있다. **설립비용**의 제한(290조 4호)이 있기는 하지만 발기인의 자력이 부족한 경우에는 회사가 설립비용의 초과액을 발기인으로부터 구상받을 수 없다. 따라서 ②도 발기인 권한 외의 행위로 보아 그 효과는 설립중 회사가 아니라 발기인 내지 발기인조합에 귀속하는 것으로 보는 것이 타당하다. 비용을 지급한 발기인은 사후적으로 법정의 요건을 충족하여 회사에 귀속시킬 수 있는 설립비용의 총액 한도 내에서 신설회사에 구상할 수 있을 뿐이다. 반면 대법원은 "회사의 설립비용은 발기인이 설립중의 회사의 기관으로서 회사설립을 위하여 지출한 비용으로서 원래 회사성립 후에는 회사가 부담하여야 하는 것"(대법원 1994. 3. 28. 자 93마1916 결정)이라는 설시를 통해서 다수설과 같은 견해를 취하고 있는 것으로 보인다.

대법원은 한 걸음 더 나아가 ③ 개업준비행위도 발기인 권한에 속한다고 본다(대법원 1970. 8. 31. 선고 70다1357 판결).[10] 그에 의하면 재산인수도 개업준비행위에 해당하지만 특히 남용의 위험이 크기 때문에 상법이 변태설립사항으로 규정한 것으로 본다. 그러나 특히 재산인수가 다른 개업준비행위에 비하여 남용의 여지가 크다고 볼 이유는 없다. 적어도 회사의 재산적 기초를 강조하는 현행법 하에서는 개업준비행위는 발기인 권한에 속하지 않는 것으로 볼 것이다. 그에 의하면 개업준비행위의 한 유형인 재산인수는 예외적으로 그 필요성

---

10) 장래 운송사업을 목적으로 설립중인 회사의 발기인이 발기인대표로서 자동차조립계약을 체결한 사안이다. 법원은 이 계약을 회사설립사무의 집행을 위하여 체결한 것으로 보고 신설회사로 하여금 자동차조립대금을 변제하도록 하고 있다.

이 크기 때문에 엄격한 법정의 요건을 갖춘 경우에 허용하는 것으로 본다.

(4) 권한 외의 행위의 추인

위와 같이 발기인의 권한범위를 좁게 해석하는 경우 회사설립에 경제적으로 필요한 행위나 개업준비행위는 원칙적으로 발기인의 권한범위를 넘고 그 효과는 신설회사에 귀속하지 않고 발기인 내지 발기인조합에 귀속한다.

발기인이 그 행위를 장차 성립할 회사의 명의로 행한 경우에는 일종의 무권대리라고 할 수 있다. 발기인에게 무권대리를 유추하여 책임을 물을 수 있을 것이다(민법 135조 1항). 그러한 행위를 무권대리의 경우와 마찬가지로 신설회사가 추인할 수 있는가? 이 문제는 주로 개업준비행위와 관련하여 제기된다.[11] 부정설은 추인을 인정하면 재산인수에 대한 엄격한 규제가 잠탈되는 효과를 가져온다는 점을 들어 추인을 부정한다. 그러나 회사가 그러한 거래를 원하는 경우에는 구태여 추인을 금지할 이유는 없을 것이다. 다만 그러한 거래가 사후 설립이나 이사의 자기거래에 해당하는 경우에는 회사법상 그에 필요한 절차를 거쳐야 할 것이다.

[판례 9]

대법원 1994. 1. 28. 선고 93다50215 판결

• **법원의 판단**

설립중의 회사라 함은 주식회사의 설립과정에서 발기인이 회사의 설립을 위하여 필요한 행위로 인하여 취득하게 된 권리의무가 회사의 설립과 동시에 그 설립된 회사에 귀속되는 관계를 설명하기 위한 강학상의 개념으로서 정관이 작성되고 발기인이 적어도 1주 이상의 주식을 인수하였을 때 비로소 성립하는 것이고, 이러한 설립중의 회사로서의 실체가 갖추어지기 이전에 발기인이 취득한 권리, 의무는 구체적 사정에 따라 발기인 개인 또는 발기인조합에 귀속되는 것으로서 이들에게 귀속된 권리의무를 설립후의 회사에 귀속시키기 위하여는 양수나 채무인수 등의 특별한 이전행위가 있어야 할 것이다(당원 1990. 12. 26. 선고 90누2536 판결 참조).

그런데 원심판결 이유에 의하면, 원심은, 원고 회사가 1982. 11. 30. 그 설립

---

11) 이는 정관에 기재되지 않은 재산인수를 회사가 추인할 수 있는지의 문제와 유사하다.

준비위원인 소외 A의 친형인 소외 B 명의로 소외 사단법인 천안기계공업센타로부터 이 사건 토지를 매수하고 그 대금을 판시와 같이 지급한 사실을 인정하고, 이에 의하면, 원고 회사가 소외 사단법인으로부터 위 토지를 매수하였다고 판단하고 있다.

그러나 기록에 첨부된 법인등기부등본(기록 22면 참조)에 의하면 원고 회사의 설립등기일이 1983. 4. 16.로써, 위 매수일자인 1982. 11. 30.에는 원고 회사가 설립되어 있지 아니하였고, 그 밖에 기록을 살펴보아도 그 당시 원고 회사가 설립중의 회사에 해당함을 인정할 아무런 증거가 없으므로 위 매매계약체결당시에는 원고 회사가 설립중의 회사에 해당되지 아니하여 원고로서는 위 매매계약에 따른 권리를 취득하기 위한 특별한 이전행위를 거치지 아니하는 한 위 매매계약의 효력이 곧바로 원고에게 귀속된다고 할 수 없다 할 것이다. 따라서 원심이 원고 회사를 위 매매계약의 매수인으로 인정하려면 원고가 설립 후 위 매매계약에서의 매수인의 지위를 인수하는 등 매매계약에 따른 권리를 취득하기 위하여 한 특별한 이전행위에 대하여 설시를 하여야 함에도 단지 원고가 위 B 명의로 매매계약을 체결한 것처럼 판시한 데에는 권리능력에 관한 법리를 오해하거나 이유불비의 위법이 있다 하겠다.

한편 원고는 제 1 심 제22차변론기일에서 1992. 9. 17.자 준비서면(기록 454면 참조)에 의하여 소외 사단법인 천안기계공업센타와 매매계약시 매수인 명의가 소외 B이었으나 원고가 설립등기를 마친 후 소외 사단법인의 동의 아래 계약자명의를 원고로 변경하여 매매계약서를 새로이 작성하였다고 주장하고 있는 바, 위와 같이 매수계약자명의를 변경하였다는 주장의 취지는 매수자의 지위를 인수하였다는 취지로 보여지고, 또한 소외 사단법인이 소외 천안기계공단에 위 공단관리업무를 인수시키면서 작성한 을 제 6 호증(사무인계서류, 기록 115면 참조)에 토지대미수금난에 '석원산업 6,825,000원'으로 기재되어 있는 점과, 갑 제 4 호증(확인서), 갑 제12호증의1(회신)의 각 기재등을 종합하면, 원고주장과 같이 매수인명의를 원고로 변경한 사실을 인정할 수 있으므로, 결국 원고는 이 사건 토지에 관한 소외 사단법인과의 매매계약에서의 매수인의 지위를 인수하였다고 하겠다.

그렇다면 원심판결에는 위에서 본 바와 같은 위법이 있으나, 그 결론에 있어서는 정당하다고 할 것이므로 그러한 위법은 판결에 영향이 없다 할 것이다.

논지 역시 이유 없다.

Q1 만약 매매계약체결시에 원고가 설립중의 회사로 인정될 수 있다면 원고가 회사성립 전에 행한 토지매수행위는 다른 절차 없이 그 효과가 바로 원고 회사에 귀속하는가?

Ⅲ. 변태설립사항 : 현물출자와 재산인수

상법은 회사성립시의 자본충실을 기하기 위하여 이른바 변태설립사항을 규정하고 있다(290조). 변태설립사항에는 발기인의 보수와 특별이익, 현물출자, 재산인수, 설립비용의 네 가지가 있다. 이러한 사항은 발기인이나 재산인수인에 이익을 주는 반면에 회사의 재산적 기초를 위태롭게 하고 일반주주와 회사 채권자의 이익을 침해할 우려가 있다. 상법은 변태설립사항의 남용을 막기 위하여 다음과 같은 세 가지의 안전장치를 마련하고 있다.

① 정관에 기재하지 않으면 무효로 함 (290조)
② 검사인(공증인 또는 감정인)에 의한 조사 (310조)
③ 법원이나 창립총회의 변경 가능성(300조 1항, 314조 1항)

[판례 10]

대법원 1994. 5. 13. 선고 94다323 판결
• 사실관계

원고와 A, B는 공동으로 광산업 등을 목적으로 하는 피고 회사를 설립하기로 합의하고 원고와 A는 광업권을 현물로 출자하고, B는 현금 1억원을 출자하기로 약정하였다. 다만 현물출자에 따른 번잡함을 피하기 위하여 회사 성립 후 매매계약의 형식으로 현물출자를 완성하기로 약정하였다. 피고 회사의 설립등기를 마친 후 당해 광업권에 관하여 매매를 원인으로 한 광업권이전등록이 경료되었다. 그러나 광업권의 양수에 관해서는 정관에 변태설립사항으로서 기재된 바가 없었다. A는 피고 회사의 설립절차에 하자가 있다는 이유로 회사설립 무효의 소송을 제기하여 설립무효의 확정판결을 받았다. 원고는 광업권의 거래가 정관에 기재되지 않은 재산인수로서 무효라고 주장하며 피고 회사 명의의 광업권이전등록의 말소를 구하는 소를 제기하였다.

• 법원의 판단

상법 제290조 제 3 호는 회사성립 후에 양수할 것을 약정한 재산의 종류, 수량·가격과 그 양도인의 성명은 이를 정관에 기재함으로써 그 효력이 있다고 규정하고 있는바, 이때에 회사의 성립 후에 양수할 것을 약정한다 함은 회사의 변태설립의 일종인 재산인수로서 발기인이 설립될 회사를 위하여 회사의 성립을 조건으로 다른 발기인이나 주식인수인 또는 제 3 자로부터 일정한 재산을 매매의 형식으로 양수할 것을 약정하는 계약을 의미한다고 할 것이므로, 당사자 사이에 회사를 설립하기로 합의하면서 그 일방은 일정한 재산을 현물로 출자하고, 타방은 현금을 출자하되, 현물출자에 따른 번잡함을 피하기 위하여 회사의 성립 후 회사와 현물출자자 사이의 매매계약에 의한 방법에 의하여 위 현물출자를 완성하기로 약정하고 그 후 회사설립을 위한 소정의 절차를 거쳐 위 약정에 따른 현물출자가 이루어진 것이라면, 위 현물출자를 위한 약정은 그대로 위 법조가 규정하는 재산인수에 해당한다고 할 것이어서 정관에 기재되지 아니하는 한 무효라고 할 것이다(당원 1992. 9. 14. 선고 91다33087 판결 참조).

원심판결이유를 기록과 대조하여 살펴본바, 원심이 그 거시증거를 종합하여 원고(선정당사자, 이하 원고라고만 한다) 및 선정자 A가 1984. 12. 19. B와 공동으로 광산업 등을 목적으로 하는 피고 회사를 설립하기로 합의하고 원고 및 A는 금 96,040,000원으로 평가된 그 공동소유의 이 사건 각 광업권을 현물로 출자하고, B는 금 100,000,000원을 출자하되, 현물출자에 따른 번잡함을 피하기 위하여 피고 회사의 성립 후 피고 회사 및 원고, A 사이의 매매계약에 의한 광업권이전등록의 방법에 의하여 위 현물출자를 완성하기로 약정한 사실, 위 약정에 따라 1985. 2. 7. 피고 회사의 설립등기가 마쳐진 후 같은 달 21. 이 사건 각 광업권에 관하여 원고 및 위 선정자로부터 피고 회사 명의의 매매를 원인으로 한 각 광업권이전등록이 경료된 사실, 그러나 피고 회사 설립 후의 이 사건 광업권의 양수와 관련하여서는 정관에 변태설립사항으로서 기재된 바가 없었던 사실, 그 후 피고 회사는 이 사건 광업권자로 되어 광산의 개발 등 영업을 하여 오던 중 A가 피고 회사를 상대로 설립무효의 소송을 제기한 결과 피고 회사의 설립절차에 관하여 설시와 같은 상법상 강행규정에 위반한 하자가 있다는 이유로 피고 회사의 설립을 무효로 한다는 확정판결이 있었던 사실을 인정한 다음, 이에 터잡아 위와 같은 취지에서 위 현물출자를 위한 약정은 위 법조가 규정하는 재산인수에 해당하고, 이것이 정관에 기재되지 아니하였으므로 무효라고 판단하여 이 사건 각 광업권에 관한 피고 회사 명의의 위 각 광업권 이전등록의 말소를 구하는 원고의 청구를 인용한 조치는 정당한 것으로 수긍이 가고, 거기에 무슨 위법이 있다 할 수 없다. 논지는 이유 없다.

그러므로 상고를 기각하고 상고비용은 패소자의 부담으로 하여 관여 법관의 일치된 의견으로 주문과 같이 판결한다.

Questions & Notes

Q1 사안에서는 현물출자에 따른 번잡함을 피하기 위하여 재산인수형식을 취한 것으로 보고 있다. 여기서 말하는 번잡함은 무엇인가?

Q2 현물출자와 관련하여 다음과 같은 사례를 생각해 보시오.

자본금 1억원(액면가 5,000원×20,000주)으로 회사를 설립하면서 S1, S2, S3는 각 2,500만원 현금출자하고 S4는 부동산 출자를 하였다.

S4가 출자한 부동산의 공정한 가치는 500만원인데 2,500만원으로 과대평가하여 출자하였다.

(1) 이 경우 회사의 자산은? 회사의 자산가치만을 기준으로 할 때 각 주주의 주주지분의 가치는 얼마인가?

(2) 위의 예에서 주주들이 치열한 협상을 통해 가액평가에 모두 합의를 한 경우에도 현물출자에 대한 규율이 필요할 것인가?

(3) 이와 같이 설립된 회사에서 설립 직후 영업을 시작하기 전에 회사에 자금을 대여한 채권자 C1은 현물출자 자산이 과대평가 되었다는 점 때문에 손해를 보는가?

Q3 정관기재가 없는 재산인수의 효력을 무효로 보는 이유는?

Note 사안에서 대법원은 재산인수의 무효를 회사뿐 아니라 양도인도 주장할 수 있는 것으로 전제한다. 그러나 재산인수규제가 양도인이 아니라 회사의 이익을 위한 것이라는 점을 고려할 때 계약을 체결한 양도인이 정관기재의 결여라는 절차적 하자를 이유로 무효를 주장하는 것을 허용할 필요가 있는지는 의문이다. 대법원은 양도인이 회사설립 후 15년 가까이 지난 다음 정관의 기재 없는 재산인수임을 내세워 무효를 주장한 사안에서 그러한 주장은 주주 또는 회사채권자 등 이해관계인의 이익보호라는 상법 제290조의 목적과 무관하거나 오히려 배치되는 것으로 신의성실의 원칙에 반하여 허용될 수 없다고 판시한 바 있다(대법원 2015. 3. 20. 선고 2013다88829 판결).

Q4 재산인수가 무효라면 성립 후의 회사는 매도인과 다시 계약을 체결할 수 있는가?

Q5 다시 계약을 체결하는 대신 회사가 설립 전에 체결한 매매계약을 추인할 수 있는가?

[참고판례]
• **대법원 1992. 9. 14. 선고 91다33087 판결**
사안에서 갑과 을은 각각 금전출자 및 토지를 현물출자를 하여 A주식회사를 설립하기로 합의하고 설립의 편의상 갑이 전액 금전출자하여 회사를 설립한 후 A회사가 을로부터 토지를 매수하는 형식으로 출자를 완성하였다. 대법원은 이는 재산인수에 해당하여 정관에 기재가 없는 한 무효이나, 이는 동시에 상법 제375조의 사후설립에도 해당되어 이에 대하여 주주총회 특별결의에 의한 사후의 추인이 있었다면 A회사는 유효하게 부동산의 소유권을 취득한다고 판시하였다.

Note 실제로 발기인이 거의 대부분의 주식을 보유하는 것이 보통이라고 본다면 주총의 특별결의요건을 충족하는 것은 그렇게 어렵지 않을 것이다. 회사가 추인하면 매도인은 무효를 주장할 수 없게 된다. 어차피 변태설립규정이 회사를 위한 것이라고 한다면 그것이 크게 부당한 결과로 보기는 어렵다.

Note 조사를 결여한 변태설립사항의 효력

[참고판례]
• **대법원 1980. 2. 12. 선고 79다509 판결**
주식회사의 현물출자에 있어서 이사는 법원에 검사역의 선임을 청구하여 일정한 사항을 조사하도록 하고, 법원은 그 보고서를 심사하도록 되어 있으나, 이와 같은 절차를 거치지 아니한 신주발행 및 변경등기가 당연무효사유가 된다고는 볼 수 없는 바이므로 (위의 하자가 신주발행의 무효사유가 된다는 취지로 보더라도, 그 제소기간이 경과하였음은 기록상 명백하다) 그와 같이 본 원판결은 정당하고, 거기에 변경등기신청에 관한 상법과 비송사건절차법의 오해나 기타 어떠한 위법이 있다고 인정되지 아니한다.

[Note] 사후설립 : 현물출자나 재산인수와 같이 설립과정 중에 이루어지는 행위는 변태설립사항으로 엄격히 규제되므로 실무상으로는 일단 회사를 설립한 후에 재산을 회사에 매매하는 형식을 취하는 경우가 많다. 이러한 편법을 규제하기 위하여 상법은 "회사가 성립후 2년내에 그 성립전부터 존재하는 재산으로서 영업을 위하여 계속하여 사용하여야 할 것을 자본금의 100분의 5 이상에 해당하는 대가로 취득하는 계약"을 사후설립이라고 하여 주주총회의 특별결의를 거치도록 하고 있다(375조).[12] 그러나 이러한 편법적 거래는 1인 회사나 극소수의 주주가 참여하는 합작투자회사의 경우에 행해지는 것이므로 주주총회의 특별결의요건은 쉽게 충족할 수 있을 것이다.

Ⅳ. 가장납입

2009년 5월 상법이 개정되기 전에는 상법상 주식회사의 설립은 최소한 5천만원의 자본을 갖춰야 가능했다(개정전 상법 329조 1항). 현실적으로 이러한 자금의 동원을 피하기 위하여 가장납입이라는 편법이 널리 이용되었다. 실제로 가장 흔한 가장납입은 발기인이 사채업자 등으로부터 차입하여 납입하고 설립등기를 마친 후 바로 납입금보관은행에서 인출하여 변제하는 것(이른바 견금의 경우)이다. 학설은 가장납입에 의한 회사설립을 무효로 보는 것이 보통이지만 판례는 회사설립을 유효로 본다(대법원 2004. 3. 26. 선고 2002다29138 판결 등). 아래의 사안은 유상증자절차에서의 가장납입에 대한 형사책임이 문제된 사안이지만 회사설립의 경우에도 적용될 수 있을 것이다.

---

12) 현물출자는 재산을 설립 전에 출자(양도)하기로 하는 설립 전의 약정이고, 재산인수는 재산을 설립 후에 양도하기로 하는 설립 전의 약정이며, 사후설립은 (설립 전부터 존재하던 일정한 규모 이상의) 재산을 설립 후에 양도하기로 하는 설립 후의 약정이다. 설립 후의 약정이므로 발기인과는 무관하고 대표이사 또는 이사회의 소관사항이어야 할 것인데, 남용의 우려 때문에 주주총회의 특별결의를 받도록 한 것이다.

[판례 11]

대법원 2004. 6. 17. 선고 2003도7645 전원합의체 판결

• **사실관계**

　피고인이 실질적으로 지배하고 있던 지엔지구조조정전문 주식회사는 부도상태의 레이디에 대하여 약 90억원의 채권을 가졌다. 피고인은 2001. 3. 레이디와 합의하여 레이디의 경영정상화를 위하여 레이디가 발행한 융통어음 등을 인수하고 유상증자에 참여하면 레이디가 유상증자금을 인출하여 지엔지에 대한 채무를 상환해주기로 약정하였다. 이러한 약정에 따라 지엔지는 2001. 5.에서 6. 사이에 약 258억원 상당의 부도 약속어음과 수표를 저가로 매수하였다. 또한 레이디의 노동조합원들에 대한 20억원의 퇴직금채무를 지급보증하기 위하여 액면금 20억원의 당좌수표를 노동조합측에 교부하였다. 레이디는 2001. 6. 14. 지엔지에 대한 채권상환 등을 위하여 지엔지 능 피고인이 지배하는 컨소시엄에 약 3백억원상당의 유상증자를 실시하였다. 피고인은 사채업자인 A로부터 자금을 조달하여 납입하였다. 피고인과 레이디의 대표이사 B는 다음날인 2001. 6. 28. 증자대금 전액을 인출하여 A로부터 차용한 250억원을 변제하였다.

　원심은 피고인과 B가 인출된 주금을 회사를 위하여 사용한 것이 아니어서 납입가장죄, 공정증서원본부실기재 및 동 행사죄와 함께 업무상횡령죄가 성립한다고 판단하였다. 대법원의 견해는 다수의견과 반대의견으로 갈렸다.

• **법원의 판단**

　(1) 다수의견

　(가) 먼저, 원심의 판단 중 납입가장죄, 공정증서원본부실기재죄 및 부실기재공정증서원본행사죄 부분은 다음과 같은 이유로 수긍할 수 없다.

　상법 제628조 제 1 항 소정의 납입가장죄는 회사의 자본충실을 기하려는 법의 취지를 유린하는 행위를 단속하려는 데 그 목적이 있는 것이므로, 당초부터 진실한 주금납입으로 회사의 자금을 확보할 의사 없이 형식상 또는 일시적으로 주금을 납입하고 이 돈을 은행에 예치하여 납입의 외형을 갖추고 주금납입증명서를 교부받아 설립등기나 증자등기의 절차를 마친 다음 바로 그 납입한 돈을 인출한 경우에는, 이를 회사를 위하여 사용하였다는 특별한 사정이 없는 한 실질적으로 회사의 자본이 늘어난 것이 아니어서 납입가장죄 및 공정증서

원본부실기재죄와 부실기재공정증서원본행사죄가 성립하고, 다만 납입한 돈을 곧바로 인출하였다고 하더라도 그 인출한 돈을 회사를 위하여 사용한 것이라면 자본충실을 해친다고 할 수 없으므로 주금납입의 의사 없이 납입한 것으로 볼 수는 없다(대법원 1997. 2. 14. 선고 96도2904 판결 등 참조).

기록에 의하면, 이 사건 유상증자는 레이디의 이사회의 결의에 따른 것이었는데 이사회 결의 당시의 유상증자의 목적이나 그 후 금융감독위원회에 신고된 증자대금의 사용목적에는 선하증권 회수자금 1,096,703,000원, 국공세 체납금 806,796,101원, 보험료 96,500,899원, 발행 제 비용 53,787,600원과 함께 직원 퇴직금 1,954,719,881원, 부도어음 회수비용 26,061,492,519원이 각 포함되어 있었던 사실, 지엔지가 2001. 5. 23.경 레이디의 노동조합측에 퇴직금채무의 지급보증을 위하여 액면금 20억원의 당좌수표를 교부하였던 사실을 알 수 있고, 한편 원심의 인정에 의하더라도 유상증자 당시 지엔지가 회수한 레이디 발행의 약속어음 및 수표의 액면 합계액이 25,852,616,573원에 달한다는 것이므로, 그 약속어음금 및 수표금 채권 중 가장채권으로 인정되는 부분을 제외하고는 레이디의 입장에서 볼 때 유상증자를 통하여 동액 상당의 채무를 소멸시킨 것이어서 그 범위 내에서 회사를 위하여 인출한 자본금을 사용한 것으로 볼 여지가 있고, 또한 노동조합에 교부한 가계수표가 제대로 결제되었는지 여부에 따라 그 액면금 상당액에 관하여도 역시 회사를 위하여 사용된 것이어서 피고인에게 가장납입의 의사가 없었다고 볼 여지도 있다.

그렇다면 원심으로서는 유상증자 당시 존재하던 지엔지의 레이디에 대한 채권액 등에 관하여 더 심리하여 피고인이나 B에게 가장납입의 의사가 인정되는지 여부 및 그 범위에 관하여 명확히 판단하였어야 할 것임에도 불구하고, 인출된 자본금 전액에 관하여 가장납입의 의사를 인정하여 이 부분 공소사실을 그대로 유죄로 인정하였으니, 거기에는 필요한 심리를 다하지 아니한 채 채증법칙을 위반하여 사실을 잘못 인정하였거나 가장납입의 의사에 관한 법리를 오해함으로써 판결 결과에 영향을 미친 위법이 있다고 할 것이다. 이 점을 지적하는 상고이유의 주장은 이유 있다.

(나) 다음으로, 원심의 판단 중 특정경제범죄가중처벌등에관한법률위반(횡령)죄의 성립을 인정한 부분 역시 다음과 같은 이유로 수긍할 수 없다.

주식회사의 설립업무 또는 증자업무를 담당한 자와 주식인수인이 사전 공모하여 주금납입취급은행 이외의 제 3 자로부터 납입금에 해당하는 금액을 차입하여 주금을 납입하고 납입취급은행으로부터 납입금보관증명서를 교부받아 회사의 설립등기절차 또는 증자등기절차를 마친 직후 이를 인출하여 위 차용금채무의 변제에 사용하는 경우, 위와 같은 행위는 실질적으로 회사의 자본을 증가시키는 것이 아니고 등기를 위하여 납입을 가장하는 편법에 불과하여 주금의 납입 및 인출의 전과정에서 회사의 자본금에는 실제 아무런 변동이 없다고 보아야 할 것이므로, 그들에게 회사의 돈을 임의로 유용한다는 불법영득의 의사가 있다고 보기 어렵다 할 것이고, 이러한 관점에서 상법상 납입가장죄의 성립을 인정하는 이상 회사 자본이 실질적으로 증가됨을 전제로 한 업무상횡령죄가 성립한다고 할 수는 없다.

지금까지의 대법원판례가 가장납입을 한 후 그에 따른 등기를 한 경우에 공정증서원본부실기재죄와 동행사죄가 따로 성립한다고 한 것도 위에서 본 바와 같이 실제 자본금이 증가되지 않았는데 이를 숨기고 마치 실질적인 납입이 완료된 것처럼 등기공무원에 대하여 허위의 신고를 한 것으로 본 때문이다.

위와 같은 방식으로 납입을 가장한 경우에도 상법상 주금납입으로서의 효력을 인정하는 것은(대법원 1997. 5. 23. 선고 95다5790 판결, 1998. 12. 23. 선고 97다 20649 판결 등 참조) 단체법 질서의 안정을 위하여, 주금의 가장납입을 회사의 설립 내지 증자의 효력을 다투는 사유로 삼을 수 없게 하고, 그로 인하여 발행된 주식의 효력이나 그 주권을 소지한 주주의 지위에 영향이 미치지 않게 하려는 배려에서 나온 것이므로 가장납입의 경우에 상법상 주금납입으로서의 효력이 인정된다 하여 이를 들어 업무상횡령죄와 같은 개인의 형사책임을 인정하는 근거로 삼을 수는 없다.

이와 달리 타인으로부터 금원을 차용하여 주금을 가장납입한 직후 이를 인출하여 차용금변제에 사용한 경우 상법상의 납입가장죄와 별도로 회사재산의 불법영득행위로서 업무상횡령죄가 성립할 수 있다는 취지로 판시한 대법원 1982. 4. 13. 선고 80도537 판결, 2003. 8. 22. 선고 2003도2807 판결 등은 이 판결의 견해에 배치되는 범위 내에서 이를 변경하기로 한다.

따라서 이와 반대의 견해에서 상법상의 납입가장죄와 별도로 특정경제범죄가중처벌등에관한법률위반(횡령)죄의 성립을 인정한 원심판결에는 불법영득의 의사에 관한 법리를 오해한 나머지 판결 결과에 영향을 미친 위법이 있다고 할 것이다. 이 점을 지적하는 상고이유의 주장도 이유 있다 … .

 (2) 반대의견

 4. 공정증서원본부실기재 · 동행사 및 특정경제범죄가중처벌등에관한법률위
반(횡령)의 점에 관한 대법관 이용우, 박재윤의 반대의견

 가. 다수의견은, 이른바 견금 방식에 의한 가장납입으로 주금을 납입하고 그
에 따른 등기를 마친 다음 바로 그 납입한 돈을 인출 · 소비한 경우에는 납입가
장죄 외에 공정증서원본부실기재 및 동행사죄가 성립하고, 인출 · 소비행위에
대하여는 업무상횡령죄가 별도로 성립할 수 없다고 주장하면서 이러한 견해에
어긋나는 종전의 대법원판결들은 변경되어야 한다고 한다. 그러나 이러한 견
해는 이른바 견금 방식에 의한 가장납입의 효력, 불법영득의 의사에 관한 법리
를 오해한 데에서 비롯된 것으로 볼 수밖에 없어 찬성할 수 없다.

 나. 이른바, 견금 방식의 가장납입이란 납입취급은행과 공모함이 없이 납입
취급은행 이외의 제 3 자로부터 납입금액을 차입하고 회사의 설립 또는 증자
후에 즉시 그 납입금을 인출하여 그 차입금을 변제하는 방식의 가장납입을 일
컫는 것으로서, 이러한 위장납입에 있어서 발기인 또는 이사의 '차입 · 납입행
위'와 '인출 · 변제행위'가 서로 관련 없이 이루어진 것이 아니라 처음부터 계획
된 일련의 행위를 구성하고 있고, 주식회사와 같은 물적 회사에 있어서 절대적
으로 요구되는 자본충실의 원칙에 반하므로 허용될 수 없다는 견해도 있을 수
있지만, 대법원은 종래 납입금보관은행 이외의 제 3 자로부터 차입한 금전으로
주금납입을 하였다 하더라도 일응 금원의 이동에 따른 현실의 불입이 있는 것
이며, 설령 그것이 실제로는 납입의 가장수단으로 이용된 것이라 하더라도 이
는 당해 납입을 하는 발기인 또는 이사들의 주관적인 의도의 문제에 불과하고
회사가 관여할 바가 아니므로 이러한 발기인 또는 이사들의 내심적 사정에 의
하여 회사의 설립이나 증자 같은 집단적 절차의 일환을 이루는 주금납입의 효
력을 좌우함은 타당하지 않다는 견지에서 납입으로서의 효력을 인정하는 입장
을 확고하게 유지하여 왔다(대법원 1983. 5. 24. 선고 82누522 판결, 1997. 5. 23. 선고
95다5790 판결 등 참조). 이와 같이 납입으로서의 효력을 인정하는 견해를 따르
는 한 납입이 완료된 것은 진실이고, 따라서 등기공무원에 대하여 설립 또는
증자를 한 취지의 등기신청을 함으로써 상업등기부원본에 발행주식의 총수,
자본의 총액에 관한 기재가 이루어졌다 할지라도 이를 두고 '허위신고'를 하여

'부실의 사실의 기재'를 하게 한 경우에 해당한다고 할 수 없어 공정증서원본부실기재 · 동행사죄가 성립할 여지가 없으며, 또한 주금납입과 동시에 그 납입금은 회사의 자본금이 되는 것이기 때문에 회사의 기관이 이를 인출하여 자신의 개인 채무의 변제에 사용하는 것은 회사에 손해를 가하는 것이 될 뿐만 아니라 불법영득의사의 발현으로서 업무상횡령죄가 성립한다고 볼 수밖에 없다. 즉, 유효설은 납입금의 차입에 의한 납입행위와 반환행위를 분리하여 전자에 대하여는 합법성을 인정하고 후자는 위법행위로 보아 이사의 손해배상책임, 형법상의 업무상횡령죄 등에 의하여 문제를 해결하려는 입장이라고 볼 수 있는데, 차입 · 납입행위와 인출 · 변제행위는 시차를 두고 행하여지는 별개의 행위임이 분명하고 납입행위 이후 반환행위 이전에 회사의 채권자가 주금 납입금에 관한 회사의 예금채권에 대하여 압류를 하는 것도 가능하다는 점을 생각해 보면 양자를 구분하여 파악한 다음 납입의 사법적 효력을 인정하되 그와 별도로 납입금을 인출하여 제 3 자에게 변제하는 행위를 횡령행위로 보는 것이 가장납입을 전후한 당사자 간의 법률관계를 정확히 파악하는 것이 된다고 할 것이다. 요컨대 가장납입에 의하여 종국적으로 회사의 자본충실을 해하는 결과가 발생하는 것은 그 이후 납입금에 대한 횡령행위가 있었기 때문이라고 보아야 할 것이므로, 결국 견금 방식에 의한 가장납입에 있어서 상법상의 납입가장죄와 함께 업무상횡령죄의 성립이 가능하고, 오히려 공정증서원본부실기재 및 동행사죄는 별도로 성립할 여지가 없다고 봄이 옳다.

다. 이상의 이유로 다수의견에는 찬성할 수 없고, 다수의견이 변경하여야 한다는 대법원 판결들은 이른바 견금 방식의 가장납입에 관한 대법원의 일관된 판례와 궤를 같이 하는 정당한 것으로서 그대로 유지되어야 하며, 오히려 납입가장죄와 별도로 공정증서원본부실기재 및 동행사죄가 성립한다는 취지로 판시한 대법원 1997. 2. 14. 선고 96도2904 판결 등이 위 견해에 배치되는 범위 내에서 변경되어야 할 것이다.

Questions & Notes

Q1 만약 인출한 증자대금 전액을 지엔지 등이 레이디에 대해서 갖는 채권의 변제에 사용하였다고 가정하는 경우 납입가장죄가 성립할 것인가?

[Note] 대법원판결에 따른 환송 후 항소심 판결(서울고등법원 2005. 8. 23. 선고 2004 노1613 판결)은 다음과 같이 판시하였다.

"… 지엔지가 회수한 레이디 명의의 약속어음과 당좌수표 60장(액면 합계 금 25,852,616,573원)을 양도받아 회수하고, 지엔지가 레이디의 직원들에 대한 퇴직금채무의 지급보증으로 발행한 20억 원의 수표금채무를 변제하는 등 합계 27,852,616,573원의 채무를 변제함으로써 위 금액부분에 대하여는 증자대금을 레이디를 위하여 사용한 것으로 볼 수 있다. 따라서, 피고인의 위와 같은 행위는 2,217,383,427원(증자대금 30,070,000,000원 – 채무변제총액 27,852,616,573원)의 한도에서 주금납입의 의사 없이 납입을 가장한 행위에 해당하고 그에 대한 범의도 충분히 인정된다 할 것이나, 위 금원을 넘는 부분에 있어서는 주금납입을 가장한다는 범의를 인정할 수 없음…"

Q2 가장납입의 경우 회사는 주주에 대해서 채권을 갖는 것으로 보고 있다. 그렇다면 회사는 증가된 자본금에 상당하는 자산을 가진 것으로 볼 수 있는데도 형사처벌하는 이유는 무엇인가?

Q3 가장납입으로 회사설립을 마친 후 주주가 바로 자신의 영업을 회사에 매각하고 대금청구권과 주주에 대한 회사의 채권을 상계하는 경우에도 납입가장죄가 성립한다고 볼 것인가?

Q4 가장납입에 대하여 민사적으로는 납입의 효력을 인정하면서 형사적으로는 회사의 자본금에 아무런 변동이 없다고 보는 다수의견의 논리가 일관성이 있는가?

[Note] 대법원은 전환사채의 인수과정에서 대금납입을 가장한 행위는 원칙적으로 상법 제628조 제1항의 납입가장죄에 해당하지 않는 것으로 본다(대법원 2008. 5. 29. 선고 2007도5206 판결). 그 근거로는 전환사채는 전환권이 행사되기 전에는 사채의 성질을 가질 뿐이며 사채권자가 전환권을 행사하지 않을 수도 있다는 점을 들고 있다. 예외적으로 "전환사채의 발행이 주식 발행의 목적을 달성하기 위한 수단으로 이루어졌고 실제로 그 목적대로 곧 전환권이 행사되어 주식이 발행됨에 따라 실질적으로 신주인수대금의 납입을 가장하는 편법에 불과하다고 평가될 수 있는 등의 특별한 사정이" 있는 경우에는 가장납입죄가 성립될 수 있지만 그렇지 않은 경우에는 전환사채의 발행 업무를 담당하는 사람이 업무상 배임죄의 죄책을 질 뿐이다(대법원 2015. 12. 10. 선고 2012도235 판결).

제3장

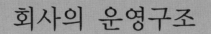

회사의 운영구조

　　주식회사는 자연인이 아니므로 경영의 의사결정과 집행 및 감독을 회사 조직상 어떠한 지위에 있는 자가 어떠한 절차 및 방식에 따라 할 것인가와 이들 행위의 대외적 효력이 문제된다.

　　주식회사에서의 경영의 의사결정은 기본적으로 주주총회에서 선임된 이사들로 구성된 이사회에 맡겨져 있고(393조 1항), 일정한 사항에 대해서는 주주총회가 직접 의사를 결정한다. 의사결정에 따른 대내적 집행을 누가 담당하는가에 대한 법률규정이 반드시 명확한 것은 아니지만, 일반적으로 이사회를 업무집행기관으로 이해하고 있고, 회의체가 스스로 업무를 집행한다는 것은 불가능하므로 회사실무에서는 소위 임원이라고[1] 지칭되는 사람들이 실질적으로 업무를 집행한다. 업무집행의사결정에 따라 행해진 대외적 행위 등의 효과가 회사에 귀속될 수 있도록 하는 제도로서 대표이사제도를 두고 있다(389조 1항). 그리고 업무집행에 대한 감독은 이사회가 하는 외에도(393조 2항), 감사를 두어 제3자적 지위에서의 감독을 병행하거나 또는 이에 갈음하여 감사위원회에 의한 감독을 하고 있다. 이와 같이 기관의 분화를 통하여 재량과 감독이 적절히 균형을 이루도록 함으로써 회사의 이익 극대화를 도모하는 것이 주식회사 운

---

1) 회사법에서는 임원에 대해서는 규정하고 있지 아니하다. 임원은 회사법상의 용어는 아니나, 일반적으로 사장, 부사장, 전무, 상무 등 업무집행을 담당하는 경영조직으로 이해되고 있다. 2011년 개정상법은 집행임원을 임의제도로 회사법상 도입하여 규율하고 있다. 이에 대해서는 뒤의 Ⅲ.을 참고하시오.

영구조의 특징 중의 하나이다.

제 3 장에서는 이와 같은 회사지배구조(corporate governance) 관련 문제에 대하여 공부한다. Ⅰ.에서는 주식회사의 의사결정기관으로서의 주주총회에 대해 살펴본다. 다음으로 Ⅱ.에서는 이사회의 구성원으로서의 이사의 지위에 대해 살펴보고 이사회의 구성 및 권한과 대표이사의 대외적 행위의 효력에 관한 법리를 검토한다. Ⅲ.에서는 이사·이사회 및 대표이사제도에 대한 이해를 바탕으로 업무집행기관의 구조를 개관하고 집행임원제도에 대해 살펴본다.

Ⅰ. 주주총회

1. 주주총회의 권한

주주총회는 상법 또는 정관에 정하는 사항에 한하여 결의할 수 있다(361조). 권한 범위 외의 사항에 대하여 주주총회에서 결의하여도 회사에 대하여 법률적 구속력을 갖는 주주총회결의로는 인정될 수 없다(아래의 참고판례 대법원 2013. 2. 28. 선고 2010다58223 판결. 대법원 2007. 9. 6. 선고 2007다40000 판결은 주주총회에서 이사와 감사의 책임을 추궁하기로 하는 결의는 원칙적으로 주주총회 권한사항이 아니므로 주주총회 결의로서의 효력을 가지지는 못하고 다만 이사의 책임해제를 저지하는 효력을 가진다고 해석하고 있다). 외국에서는 권고적 효력을 갖는 주주총회결의가 이루어지는 경우가 있는데, 주주총회결의사항을 한정하고 있는 우리 상법상으로는 주주제안을 통하여 명시적 권한사항 밖의 사항에 대하여 권고적 결의를 하는 것은 불가능하다고 보아야 할 것이다. 다만 정관에 권고적 결의에 관한 근거를 명시하거나 정관에 근거규정이 없는 경우에 이사회가 그러한 결의를 추진하는 것이 금지된다고 할 필요는 없을 것이다.

상법 제361조에서는 주주총회권한사항을 정관으로 확대할 수 있도록 하고 있는데, 어느 범위까지 확대할 수 있는가가 문제된다. 상법에서는 자기거래나 경업의 승인 등과 같이 구체적인 경우를 명시하여 이사회승인을 얻도록 하는 외에, 중요한 자산의 처분 및 양도, 대규모의 재산의 차입, 지배인의 선임 또는 해임과 지점의 설치·이전 또는 폐지 등 회사의 업무집행은 이사회결의로 하여야 한다는 일반규정을 두고 있다(393조). 한편 이사의 선·해임이나 영업양수

도, 합병, 분할, 주식의 교환 및 이전 등과 같은 회사의 조직재편거래 등을 주
주총회의 결의를 요하는 사항으로 명시하면서, 주주총회는 본법 또는 정관에
정하는 사항에 한하여 결의할 수 있다고 규정하고 있다(361조; 아래의 참고판례
대법원 2013. 2. 28. 선고 2010다58223 판결). 이와 같이 회사의 업무집행에 관한
의사결정기관은 기본적으로 이사회이지만, 정관으로 주주총회의 결의사항을
확대할 수 있음에 따라 회사의 의사결정권한의 배분에 사적 자치가 얼마나 인
정될 수 있는 것인가의 문제가 발생한다.

[참고판례]
• **대법원 2013. 2. 28. 선고 2010다58223 판결(상법과 정관에 명시되지 아니한 사항**
  에 대한 주주총회 결의)
  회원제 골프장을 운영하는 피고회사는 유리한 이용조건을 부여하는 대신 일반
  정회원에 비하여 상대적으로 많은 입회금을 납부하는 주주회원을 모집하였다.
  피고회사는 주주회원들 중 일부로 구성된 주주회원모임과 "피고회사가 주주회
  원의 골프장 이용혜택을 변경할 경우 주주회원모임과 협의하여 결정하고 중요
  한 사항은 주주총회에 회부하여야 한다"는 약정을 체결하였다. 피고회사가 주주
  총회에서 주주회원의 골프장 이용혜택을 축소하는 내용의 결의를 하자, 주주회
  원들이 결의무효확인 내지 취소를 구하였다. 원심은 원고의 청구를 인용하였으
  나, 대법원은 "이 사건 결의는 피고와 개별 주주회원 사이의 계약상 법률관계에
  해당하는 골프장 이용혜택의 조정과 관련하여 피고와 주주회원들의 이해관계를
  대변하는 주주회원모임 사이에 임의로 약정한 바에 따라 그 계약 내용 조정의
  절차적 요건으로서 예정한 것일 뿐, 회사인 피고 또는 그 기관과 주주들 사이의
  단체법적 법률관계를 획일적으로 규율하는 의미는 전혀 없고, 그 때문에 상법이
  나 그 밖의 법령, 피고의 정관 중 어디에서도 위와 같은 주주총회의 결의에 관
  한 근거를 찾을 수 없다는 것이니, 이러한 이 사건 결의를 두고 상법 제380조에
  서 정한 결의무효확인의 소 또는 상법 제376조에서 정한 결의취소의 소의 대상
  이 되는 주주총회 결의라고 말할 수 없다"고 판시하였다. 원심은 상법상 주주총
  회결의가 일단 존재함을 전제로 주주총회 결의사항이 될 수 없는 것을 대상으로
  한 것이므로 결의무효사유에 해당한다고 판단한 반면, 대법원은 주주총회결의
  자체가 없었다고 보아 상법상 주주총회결의 하자를 다투는 소송의 대상조차 되
  지 않는다고 본 것이다. 대법원은 직접 피고를 상대로 이용계약상의 지위나 그
  내용의 확인을 구하면 충분하고 그와 별도로 일반민사소송의 한 형태인 확인의
  소로 이 사건 결의 자체의 효력 유무의 확인을 구할 필요가 없다고 본 것이다.

[판례 12]

대법원 2007. 5. 10. 선고 2005다4284 판결(대한생명 자기거래 판결이유 2.)

• 사실관계

　소외 A는 1976년부터 1999년까지 X회사(대한생명보험)의 최대주주(지분율 약 29%)이자 대표이사였다. A는 개인자격으로 1984년 Y법인(영생학원. 이후 신동아학원으로 개명)이 상업은행에 대하여 부담하고 있던 410억 상당의 채무에 대한 채무인수약정을 체결하고 Y법인을 인수한 이래, 1999년까지 Y법인의 이사장으로 재직하였다. X회사는 대표이사인 A의 지시에 따라 1992년부터 1999년까지 A가 이사장으로 있던 Y법인에게 총 63회에 걸쳐 231억원을 기부하였다. A는 그 후 형사사건에서 X회사로 하여금 Y법인 등에 167억원(1998-1999년)을 기부하도록 한 행위에 대하여 배임죄의 유죄판결이 확정되었고, 1999. 5. 주주총회 해임결의에 의하여 해임되었다. X는 위 기부행위는 이사회승인을 얻지 아니하여 무효임을 이유로 부당이득금의 반환을 청구하였다.

• 법원의 판단

　"2. 주주총회의 사후 추인의 점에 대하여

　가. 이사와 회사 사이의 이익상반거래에 대한 승인은 주주 전원의 동의가 있다거나 그 승인이 정관에 주주총회의 권한사항으로 정해져 있다는 등의 특별한 사정이 없는 한 이사회의 전결사항이라 할 것이므로, 이사회의 승인을 받지 못한 이익상반거래에 대하여 아무런 승인 권한이 없는 주주총회에서 사후적으로 추인 결의를 하였다 하여 그 거래가 유효하게 될 수는 없다.

　나. 위 법리와 기록에 비추어 보면, 이 사건 기부행위에 관하여 원고 회사의 주주 전원의 동의가 있다거나 원고 회사의 정관에 이사와 회사 사이의 이익상반거래에 대한 승인이 주주총회의 권한사항으로 규정되어 있다고 볼 만한 자료를 찾아볼 수 없으므로, 설령 이 사건 기부행위에 대하여 원고 회사의 주주총회에서 사후적으로 추인 결의를 하였다 하더라도 그러한 사정만으로 이 사건 기부행위가 유효하게 될 수는 없다."

Questions & Notes

Q1 위의 대법원의 방론에 따르면 정관에 자기거래에 대한 승인을 주주총회에서 한다는 조항을 두고, 사전에 주주총회의 승인을 얻어서 자기거래행위를 하였다면 거래의 효력이 인정될 수 있을 것이고, 주주전원의 동의가 있으면 이사회승인을 얻지 아니하여도 자기거래의 효력을 인정할 수 있을 것이다.
(1) 자기거래를 주주총회승인사항으로 규정한 경우 불공정한 거래에 대해 주주총회 승인이 이루어지거나 주주전원의 동의를 얻었으므로 자기거래의 효력이 있다고 보는 경우에 누가 손해를 보는가?
(2) 자기거래에 대해 이사회의 승인을 얻도록 한 상법 제398조의 규정 취지에 비추어보면 자기거래를 주주총회 승인사항으로 하거나, 주주전원의 동의가 있으면 유효하다고 해석하는 것이 타당한가?

[참고판례]
• 대법원 1992. 3. 31. 선고 91다16310 판결
"회사의 이사에 대한 채무부담행위가 상법 제398조 소정의 이사의 자기거래에 해당하여 이사회의 승인을 요한다고 할지라도, 위 규정의 취지가 회사 및 주주에게 예기치 못한 손해를 끼치는 것을 방지함에 있다고 할 것이므로, 그 채무부담행위에 대하여 사전에 주주 전원의 동의가 있었다면 회사는 이사회의 승인이 없었음을 이유로 그 책임을 회피할 수 없다."

• 대법원 2002. 7. 12. 선고 2002다20544 판결
"회사의 채무부담행위가 상법 제398조 소정의 이사의 자기거래에 해당하여 이사회의 승인을 요한다고 할지라도, 위 규정의 취지가 회사 및 주주에게 예기치 못한 손해를 끼치는 것을 방지함에 있다고 할 것이므로, 그 채무부담행위에 대하여 사전에 주주 전원의 동의가 있었다면 회사는 이사회의 승인이 없었음을 이유로 그 책임을 회피할 수 없다(대법원 1992. 3. 31. 선고 91다16310 판결 참조).
원심 판결이유에 의하면, 원심은 피고 회사의 대표이사인 A가 자신의 개인채무를 피고 회사로 하여금 인수하도록 하였더라도 이는 이사의 자기거래에 해당하는데 이사회의 승인이 없어서 무효라는 피고의 주장에 대하여 그 판시 증거들에 의하여 피고 회사의 주식이 설립자로서 회사의 경영을 전적으로 책임지고 있는 대표이사이자 주주인 A 1인에게 사실상 전부 귀속되어 있다고 인정한 다음 A 1인이 동의한 것으로 주주 전원의 동의가 있었다고 볼 수 있으므로 피고 회사가 이사회의 승인이 없었음을 이유로 그 책임을 회피할 수 없다고 하여 피고의 위 주장을 배척하고 있다.

위와 같은 법리와 기록에 비추어 살펴보면, 원심의 위와 같은 인정 및 판단은 수긍이 되고, 거기에 상고이유에서 주장하는 바와 같이 사실을 오인하거나 1인 회사에 관한 법리를 오해한 위법이 있다 할 수 없다."

• 대법원 2022. 4. 19. 자 2022그501 결정

"소수주주가 상법 제366조에 따라 주주총회소집허가 신청을 하는 경우, 주주총회 결의사항이 아닌 것을 회의목적사항으로 할 수 없다. 주주총회는 상법 또는 정관이 정한 사항에 한하여 결의할 수 있고(상법 제361조), 대표이사는 정관에 특별한 정함이 없는 한 이사회 결의로 선임되므로(상법 제389조), 정관에서 주주총회 결의사항으로 '대표이사의 선임 및 해임'을 규정하지 않은 경우에는 이를 회의목적사항으로 삼아 상법 제366조에서 정한 주주총회소집허가 신청을 할 수 없다."

Q2 위의 질문들은 이사회승인을 요하는 구체적 규정(자기거래)을 두고 있는 경우 이를 주주총회 권한사항으로 정할 수 있는가의 문제이다. 이사회승인을 요하는 구체적 규정을 두고 있지 아니하다면 정관에 규정함으로써 주주총회의 결의사항으로 하는 데 제한이 없는가? 예를 들어 특정자산의 양도 결정을 주주총회 결의사항으로 할 수 있는가? 특정 주주의 배당금지급청구권 포기 여부를 주주총회 결의사항으로 할 수 있는가?

Q3 1인회사에서 배임죄를 인정한 [판례 6]과 주주전원의 동의가 있으면 이사회의 승인을 얻지 아니하여도 자기거래행위의 효력을 인정하는 위의 [판례 12]의 설시는 일관성이 있는가?

2. 주주총회의 소집

주주총회는 주주로 구성되어 법률 또는 정관에 정하여진 사항에 관하여 회사의 의사를 결정하는 주식회사의 기관이다. 일반적인 주주총회의 흐름은 이사회의 소집결정에 따라 대표이사가 총회의 일시와 장소 및 회의의 목적사항을 미리 주주들에게 통지 또는 공고의 방법으로 알리고, 총회에서 주주들이 의결권을 행사하여 결의가 이루어지게 된다. 이러한 일련의 절차에 하자가 있는 경우에는 그 효력이 문제된다. 회사법에서는 하자를 주주총회결의 취소, 무효, 부존재 사유로 나누고 그 유형에 따라 이를 다툴 수 있는 소의 종류 및 효력을 구분하여 규정하였다.

이하에서는 주주총회의 진행순서에 따라 2. 소집, 3. 주주총회의 진행, 4. 주주의 의결권, 5. 주주총회결의에 대해 살펴본다. 결의의 하자를 다투는 절차상의 논점에 대해서는 6. 주주총회결의의 하자에서 검토하고, 7.에서는 주주들이 주주총회와 관련하여 권리행사를 하기 위한 전제인 주주명부열람청구권과, 회사의 장부 등의 열람권이라는 점에서 공통점을 가지는 회계장부열람청구권 및 각종 의사록의 열람청구권에 대해서도 아울러 검토한다.

❖ 주주총회에 관한 기본 학습과제 : 주주총회제도에 대한 기본적 이해를 위하여 다음에 대해 답하고 해당조문을 찾아보시오.

Q1. 주주총회의 소집결정은 상법에 다른 규정이 있는 경우 외에는 _____가 이를 결정한다(조).

Q2. 소집결정의 집행은 _____가 한다(___가 주주총회를 소집한다).

Q3. 이사회의 소집결정이 없어도 주주총회의 소집을 할 수 있는 경우는 _____(조), _____(조) _____(조)이다(주주총회의 소집권한).

Q4. 주주총회소집을 청구할 수 있는 소수주주의 요건은 _____(조), 상장회사에서는 _____(조)이다.

Q5. 소수주주는 이사회에 임시주주총회의 소집을 청구하고, 소수주주의 청구가 있음에도 불구하고 이사회가 소집절차를 밟지 않을 때에 _____의 허가를 얻어 직접 총회를 소집할 수 있다(조).

Q6. 주주총회의 시기(時期)는 정기주주총회와 _____로 나뉜다.

Q7. 정기주주총회는 ____ 일정한 시기에 이를 소집하여야 한다(조).

Q8. 임시총회와 정기총회는 그 소집시기가 다를 뿐 그 권한이나 결의 효력에 차이가 있는 것은 아니다(○ X).

Q9. 주주총회를 소집할 때에는 회일을 정하여 _____ 전에 각 주주에 대하여 _____ 또는 _____로 통지를 발송하여야 한다(조).

Q10. 자본금총액 ____ 미만인 회사는 _____가 있을 경우 소집절차 없이 주주총회를 개최할 수 있다(조).

Q11. 통지가 _____상 주주의 주소에 계속 _____간 도달하지 아니한 경우에는 회사는 해당 주주에게 총회의 소집을 통지하지 아니할 수 있다(조).

Q12. 상장회사의 주주총회 소집에 있어서는 의결권 있는 주식총수의 _____ 이하를 가진 주주에 대하여는 _____함으로써 소집 통지에 갈음할 수 있다(조).

Q13. 전자적 방법의 공고란 금융감독원 또는 한국거래소가 운영하는 _____ 에 공시하는 것을 말한다(조).

Q14. 주주총회소집통지서에는 회의의 _____(예를 들어 정관변경의 건)을 기 재하여야 하고(조), 정관변경이나 자본감소, 회사합병 등 특별결의사 항을 다룰 주주총회를 소집할 때에는 _____도 기재하여야 한다(조).

Q15. 의결권 없는 주주에 대하여는 주주총회소집통지를 하지 아니한다(○ X) (조).

Q16. 총회는 정관에 다른 정함이 없으면 _____ 또는 이에 인접한 지에 소집 하여야 한다(조).

Q17. 주주총회의 연기란 총회가 성립한 후 미처 의안을 다루지 못하고 회일 을 후일로 다시 정하는 것이고, 속행이란 의안의 심의에 착수하였으나 결의에 이르지 못하고 회일을 다시 정하여 동일의안을 계속 다루는 것 을 말한다. 연기와 속행의 경우에는 주주들에게 다시 통지·공고를 하 여야 한다(○ X).

Q18. 의결권은 1주마다 ___개로 한다(조).

Q19. 주주가 2 이상의 의결권을 가지고 있는 때에는 이를 통일하지 아니하 고 행사할 수 있다. 이 경우 회일의 _____ 전에 회사에 대하여 서면 또는 전자문서로 그 뜻과 이유를 통지하여야 한다.

Q20. 주주가 _____ 하였거나 기타 _____ 경우 외에는 회사는 주주의 의결권의 불통일행사를 거부할 수 있다(조).

Q21. 주주는 대리인으로 하여금 그 의결권을 행사하게 할 수 있다. 이 경우 에는 그 대리인은 _____을 총회에 제출하여야 한다(조).

Q22. '의결권 대리행사의 권유'란 1. _____, 2. _____, 3. _____을 말한다(자본시장과 금융투자업에 관한 법률 조).
※ 「자본시장과 금융투자업에 관한 법률」은 '자본시장법'으로 약칭함

Q23. 상장주권의 의결권 대리행사의 권유를 하고자 하는 자는 그 권유에 있 어서 그 상대방에게 _____ 및 _____를 교부하여야 한다(자본시 장법 조).

Q24. 위임장 용지는 주주총회의 목적사항 각 항목에 대하여 의결권 피권유

자가 _____을 명기할 수 있도록 하여야 한다(자본시장법   조).

Q25. 총회의 결의에 특별한 이해관계가 있는 자는 의결권을 행사하지 못한
다(조). 통설은 특정한 주주가 주주로서의 지위와 관계없이 개인적
으로 이해관계를 가질 때 특별이해관계가 있다고 해석한다(개인법설).
이러한 견해에 의하면 이사 선임·해임결의에 있어서 대상이 되는 자
가 주주인 경우 의결권을 행사할 수 (있다/없다).

Q26. 주주는 _____이 정한 바에 따라 총회에 출석하지 아니하고 _____에
의하여 의결권을 행사할 수 있다(조).

Q27. 회사는 _____ 결의로 주주가 총회에 출석하지 아니하고 전자적 방법
으로 의결권을 행사할 수 있음을 정할 수 있다(조).

Q28. 총회에는 의사진행을 맡을 의장이 있어야 한다. 총회의 의장은 _____
에 정함이 없는 때에는 총회에서 선임한다(조). 실무상 거의 대부
분 정관에 대표이사가 의장이 되는 것으로 정하고 있다.

Q29. 주주총회의 보통결의는 _____ 주주의 의결권의 _____
와 _____의 4분의 1 이상의 수로써 하여야 한다(조).

Q30. 주주총회의 특별결의는 _____ 주주의 의결권의 _____와
_____의 __분의__ 이상의 수로써 하여야 한다(조).

Q31. 이사, 감사, 청산인이 회사에 대해 지는 손해배상책임을 면제하는 것은
_____의 동의를 요한다(이사의 손해배상책임면제 조항만 찾아보시오
(조).

Q32. 1만주를 발행한 회사에서 무의결권주식이 2000주 발행되었다. 이 중
의결권 있는 주식 3000주의 주주가 출석하여 찬성한 주주의 주식수가
2300주였다. 이 경우 보통결의가 가결되었는가 아니면 부결되었는
가?(368조 1항, 371조 참조)

Q33. 자본금총액이 10억원 미만인 회사에서는 주주전원의 동의가 있을 경
우에는 _____에 의한 결의로써 주주총회의 결의를 갈음할 수 있
다(조).

Q34. 주주총회의 의사에는 의사록을 작성하여야 한다(조). 의사록에는
의사의 _____과 그 결과를 기재하고 의장과 출석한 이사가 기명날
인 또는 서명하여야 한다(조).

Q35. 일부 주주들에게 통지를 하지 아니하거나 통지기간을 준수하지 아니한
경우에는 _____가 법령에 위반한 경우로서 주주총회결의 (취소/무효)
사유가 될 수 있다.

Q36. 거의 대부분의 주주들에게 통지가 누락된 경우라면 주주총회결의 (취소/무효/부존재) 사유가 될 수 있다.

Q37. 총회의 소집목적사항 이외의 사항에 관해 결의하면 주주총회결의 (취소/무효/부존재) 사유가 될 수 있다.

Q38. 주주가 아닌 자가 결의에 참가한 경우는 결의방법이 법령 또는 정관에 위반하거나 현저하게 불공정한 경우에 해당되어 결의 (취소/무효) 사유가 될 수 있다.

Q39. 결의요건의 계산이 위법한 경우는 _____이 법령에 위반한 경우로서 결의 (취소/무효) 사유가 될 수 있다.

Q40. 주주의 질문권과 설명청구를 무시하고 이루어진 결의는 결의방법이 _____ 때에 해당되어 주주총회결의취소의 원인이 될 수 있다.

Q41. 특별이해관계 있는 주주가 의결권을 행사한 경우에는 _____이 법령에 위반한 때에 해당되어 주주총회결의 (취소/ 무효)의 원인이 될 수 있다.

Q42. 정관에서 의결권의 대리행사시 대리인의 자격을 주주로 한정한 경우, 주주가 아닌 자가 대리인으로서 의결권을 행사한 경우는 결의방법이 _____ 에 위반한 경우로서 주주총회결의 (취소/무효) 사유가 될 수 있다.

Q43. 지주비율에 따라 배당액수에 차등을 두는 것과 같이 주주평등의 원칙을 위반한 결의는 _____이 법령에 위반한 경우로서 결의 (취소/무효) 사유가 될 수 있다.

Q44. 정관에서 이사의 자격을 정하여 놓았는데 이러한 자격에 미달한 자를 이사로 선임하는 결의는 _____이 _____에 위반한 경우로서 결의 (취소/무효) 사유가 될 수 있다.

(1) 소집결정과 통지 및 소집절차 하자의 치유

1) 소집결정과 통지

상법에 다른 규정이 있는 경우 외에는 주주총회는 이사회가 소집을 결정한다(362조). 주주총회를 소집할 때에는 주주총회일의 2주 전에 서면 또는 전자문서로 통지를 발송하여야 한다(363조 1항).[2] 소집통지서에는 회의의 목적사

---

2) 자본금 총액이 10억원 미만인 회사에서는 통지·공고기간을 단축하여 주주총회일의 10

항을 기재하여야 하고(363조 3항), 총회일시 및 소집지(364조)와 소집장소도 기
재하여야 할 것이다. 이러한 소집절차에 하자가 있는 경우, 예를 들어 이사회
의 소집결정이 흠결되거나 하자가 있는 경우, 주주에 대한 통지의 누락이나 통
지기간을 불준수하는 경우 등에는 주주총회결의의 효력이 문제된다.

[판례 13]

대법원 1987. 4. 28. 선고 86다카553 판결

• 사실관계

　회사의 영업 전부 또는 중요한 일부를 양도하거나 폐지하는 것과 같은 결과
를 가져오는 중요한 재산의 매도담보행위에 대하여 주주총회의 특별결의에 의
한 승인이 필요하다는 것이 대법원의 입장이다. 이 사안에서는 주주총회 소집
에 이사회의 결의가 없었는데 대표이사로서 주주총회의 정당한 소집권자인 소
외 A가 8명의 주주가운데 총주식 5,000주중 4,500주를 소유한 7인의 주주에게
소집통지를 하여 위 7인의 주주가 참석한 주주총회에서 전원찬성으로 위 매도
담보설정행위를 승인하기로 결의하였다. 그런데 위 소집통지는 2주간의 법정
기간을 준수하지 아니하고 서면에 의한 소집통지가 아닌 구두소집통지였다.
원고가 물품의 인도를 청구한데 대하여 원심에서는 주주총회승인이 없음을 이
유로 원고의 청구를 기각하였는데, 대법원에서는 이를 파기환송하였다.

• 법원의 판단

　"그러나 정당한 소집권자에 의하여 소집된 주주총회가 아니라면 그 결의는
당연무효라고 할 것이나, 그렇지 아니하고 정당한 소집권자에 의하여 소집된
주주총회의 결의라면 설사 주주총회의 소집에 이사회의 결의가 없었고 그 소
집통지가 서면에 의하지 아니한 구두소집통지로서 법정소집기간을 준수하지
아니하였으며 또한 극히 일부의 주주에 대하여는 소집통지를 빠뜨렸다 하더라
도 그와 같은 주주총회 소집절차상의 하자는 주주총회결의의 단순한 취소사유
에 불과하다 할 것이고, 취소할 수 있는 결의는 법정기간내에 제기된 소에 의

　　일 전에 통지를 발송하도록 하였고(363조 4항), 주주 전원의 동의가 있으면 소집절차 없
　　이 주주총회를 개최할 수 있도록 하였으며, 서면에 의한 결의로써 주주총회의 결의를
　　갈음할 수 있도록 하였다(363조 5항). 결의의 목적사항에 대하여 주주 전원이 서면으로
　　동의를 한 때에는 서면에 의한 결의가 있는 것으로 본다(363조 5항).

하여 취소되지 않는 한 유효하다 할 것인바 … 위 주주총회의 특별결의가 존재
하지 않는다거나 당연무효라고 볼 수는 없다."

Questions & Notes

[Note] 영업의 양도는 주주총회의 승인을 얻어야 한다(374조 1호). 이 사안은 흄관
의 제작판매를 업으로 하고 있는 회사가 흄관몰드(형틀)를 원고에게 매도담
보로 제공한 것이다. 근저당권설정행위에는 주주총회승인을 요하지 아니한
다는 판례(대법원 1971. 4. 30. 선고 71다392 판결)도 있으므로 현재 회사의 영
업 전부 또는 중요한 일부를 양도하거나 폐지하는 것과 같은 결과를 가져오
는 중요재산의 양도담보제공행위에 주주총회승인을 얻어야 하는가는 논란
이 있다. 여기서는 일단 매도담보행위가 주주총회승인사항임을 전제로 하고
논의한다. 중요재산의 처분에 주주총회승인을 얻어야 할 것인가의 문제는
[판례 82]에서 검토한다.

[Q1] 이 사례에서는 5,000주 중 4,500주를 소유한 주주에게만 소집통지가 이루어
진 데 대하여 주주총회결의 취소사유라는 취지의 판시를 하였다. 소집통지
를 받지 못한 주주의 비율이 더 높은 경우라면 주주총회결의의 효력은 어떠
할 것인가? 다음 판례들을 참고하시오.

[참고판례]
• 대법원 1981. 7. 28. 선고 80다2745, 2746 판결
"회사의 총 주식 88,000주 중 의사정족수인 과반수를 넘는 주식을 소유한 위
Y1(소유 주식 42,240주), 피신청인 Y2, 동 Y3(소유 주식 각 5,280주)가 모두 출
석하여 전원일치의 찬성으로 동 회사의 이사인 신청인 X 및 신청외 A, 동 B, 동
C, 동 D, 감사인 신청외 E를 해임하고 새로 피신청인 Y1, 동 Y2, 동 Y3를 이사,
피신청인 Y4를 감사로 각 선임하여 그와 같은 취지의 임시주주총회의사록이 작
성되고 같은 날 새로 선임된 이사들로 구성된 이사회에서 피신청인 Y1을 대표
이사로 선임하는 결의를 하고 그와 같은 내용의 이사회 의사록이 작성된 사실을
인정하고, 나아가 법원으로부터 임시주주총회 소집허가를 받은 적법한 소집권자
에 의하여 소집된 주주총회에서 총 주식의 과반수를 넘는 주식을 소유한 주주가
참석하여 참석주주 전원의 찬성으로 위와 같은 결의가 이루어졌다면 주주인 신
청인 X에게 소집통지를 하지 아니하고 피신청인 Y2, 동 Y3에 대하여도 법정기
간을 준수한 서면통지를 하지 아니하여 그 소집절차에 하자가 있다고 하더라도

이와 같은 하자는 동 결의의 당연무효 사유에 해당된다고 볼 수는 없고, 다만 결의 취소사유에 지나지 않는다고 할 것…."

• **대법원 1993. 1. 26. 선고 92다11008 판결**
주주총회결의가 발행주식 총수의 59%를 가진 주주가 출석하여 만장일치로 이루어진 경우, 공동대표이사가 공동으로 주총소집을 하지 않았다거나 일부 주주에게 소집통지를 하지 않아도 주주총회의 결의가 부존재한다거나 무효라고 볼 정도의 중대한 하자가 아니라는 취지로 판시하였다.

• **대법원 1980. 12. 9. 선고 80다128 판결**
20,000주 중 12,000주에 기한 의결권을 행사할 수 있는 자에게 소집통지를 하지 아니한 총회의 결의에 부존재사유가 존재한다는 취지로 판시하였다.

Q2 일부 주주에게 소집통지를 하지 아니하였는데 당해 주주가 통지생략에 사전 또는 사후적으로 동의한 경우라면 주주총회결의에 하자가 존재하는가? 총주주의 동의로 소집절차를 생략할 수 있는가?

Q3 주주총회는 상법에서 달리 규정하는 경우를 제외하고는 이사회가 소집을 결정하여 대표이사가 소집하여야 한다. 이사회의 결의 없이 정당한 소집권자인 대표이사가 주주총회를 소집한 주주총회의 결의의 효력은 어떠한가?

[참고판례]
• **대법원 1993. 9. 10. 선고 93도698 판결**
대표이사 아닌 이사 A가 이사회의 소집결의에 따라서 주주총회를 소집한 것이라면 위 주주총회에 있어서 소집 절차상의 하자는 주주총회결의의 취소사유에 불과하고(위 주주총회결의가 취소의 소에 의하여 취소되었다고 인정할 만한 증거가 없다.) 그것만으로 바로 주주총회 결의가 무효이거나 부존재가 되는 것이라고 볼 수는 없다 할 것이다. … 원심이 원판시 1991. 8. 10.자 주주총회 결의가 무효 내지 부존재임을 전제로 하여 피고인들에 대한 이 사건 범죄사실을 인정한 것은 심리미진 아니면 공정증서원본불실기재죄에 관한 법리를 오해하여 판결에 영향을 미친 위법이 있다.

Q4 이사회의 소집결의 없이 무권한자가 소집한 주주총회에 대해서 주주전원이 동의하여 결의한 경우에는 하자의 치유를 인정할 수 있는가?

[참고판례]
• **대법원 1993. 2. 26. 선고 92다48727 판결**
"임시주주총회가 법령 및 정관상 요구되는 이사회의 결의 없이 또한 그 소집절차를 생략하고 이루어졌다고 하더라도, 주주의 의결권을 적법하게 위임받은 수임인과 다른 주주 전원이 참석하여 총회를 개최하는 데 동의하고 아무런 이의 없이 만장일치로 결의가 이루어졌다면 이는 다른 특별한 사정이 없는 한 유효한 것이다."

• 대법원 2004. 12. 10. 선고 2004다25123 판결(뒤의 [판례 25]와 동일판결임)
"주식회사에 있어서 회사가 설립된 이후 총 주식을 한 사람이 소유하게 된 이른바 1인회사의 경우에는 그 주주가 유일한 주주로서 주주총회에 출석하면 전원총회로서 성립하고 그 주주의 의사대로 결의가 될 것임이 명백하므로 따로 총회소집절차가 필요 없고, 실제로 총회를 개최한 사실이 없었다 하더라도 그 1인 주주에 의하여 의결이 있었던 것으로 주주총회의사록이 작성되었다면 특별한 사정이 없는 한 그 내용의 결의가 있었던 것으로 볼 수 있고(대법원 1976. 4. 13. 선고 74다1755 판결, 1993. 6. 11. 선고 93다8702 판결 등 참조), 이는 실질적으로 1인회사인 주식회사의 주주총회의 경우도 마찬가지이며(대법원 1992. 6. 23. 선고 91다19500 판결 등 참조), 그 주주총회의사록이 작성되지 아니한 경우라도 증거에 의하여 주주총회 결의가 있었던 것으로 볼 수 있다.

사정이 원심의 인정과 같다면, 피고 회사 내에서 상근 임원에서 비상근 임원으로 변경되는 임원에 대하여는 위 퇴직금규정에 따른 퇴직금을 지급하는 관행 등에 의하여 원고와 피고 회사와 사이에 위 퇴직금규정에 따른 임원퇴직금의 지급약정이 묵시적으로 이루어졌다고 볼 것이고, 피고 회사는 위 A의 사실상 1인회사로 인정되고 실질적 1인 주주인 A가 위 퇴직금규정에 따른 퇴직금의 지급을 각 결재·승인함으로써 위 퇴직금규정을 묵시적으로 승인하여 그에 대한 주주총회의 결의가 있었던 것으로 볼 수 있어 원고는 피고 회사에 대하여 위 퇴직금규정에 따른 임원퇴직금청구권을 행사할 수 있다."

• 대법원 2007. 2. 22. 선고 2005다73020 판결
"주식회사에 있어서 총 주식을 한 사람이 소유한 이른바 1인 회사의 경우 그 주주가 유일한 주주로서 주주총회에 출석하면 전원총회로서 성립하고 그 주주의 의사대로 결의가 될 것임이 명백하므로 따로 총회소집절차가 필요 없으며, 실제로 총회를 개최한 사실이 없었다 하더라도 그 1인 주주에 의하여 의결이 있었던 것으로 주주총회 의사록이 작성되었다면 특별한 사정이 없는 한 그 내용의 결의가 있었던 것으로 볼 수 있고(대법원 1976. 4. 13. 선고 74다1755 판결 등 참조), 이 점은 한 사람이 다른 사람의 명의를 빌려 주주로 등재하였으나 총 주식을 실질적으로 그 한 사람이 모두 소유한 경우에도 마찬가지라고 할 수 있을 것이나(대법원 1992. 6. 23. 선고 91다19500 판결 등 참조), 이와 달리 주식의 소유가 실질적으로 분산되어 있는 경우에는 상법상의 원칙으로 돌아가 실제의 소집절

차와 결의절차를 거치지 아니한 채 주주총회의 결의가 있었던 것처럼 주주총회 의사록을 허위로 작성한 것이라면 설사 1인이 총 주식의 대다수를 가지고 있고 그 지배주주에 의하여 의결이 있었던 것으로 주주총회 의사록이 작성되어 있다 하더라도 도저히 그 결의가 존재한다고 볼 수 없을 정도로 중대한 하자가 있는 때에 해당하여 그 주주총회의 결의는 부존재하다고 보아야 할 것이다.

위 법리 및 기록에 비추어 살펴보면, 소외 2 주식회사(이하 '소외 2 회사'라고만 한다)가 소외 1 회사 주식의 98%를 소유하고 있다고 하여도 소외 1 회사는 1인 회사가 아니라고 보고, 나아가 이 사건 정관변경 결의 당시 실제의 소집절차와 결의절차를 거치지 아니한 채 주주총회의 결의가 있었던 것처럼 주주총회 의사록을 허위로 작성한 것인 이상 그 결의가 존재한다고 볼 수 없을 정도로 중대한 하자가 있는 때에 해당하여 그 주주총회의 결의는 무효 내지 부존재하다고 한 원심의 판단은 정당하(다)".

2) 회의의 목적사항

주주총회의 소집통지 또는 공고에서는 회의의 목적사항을 적어야 하고 (363조 2항, 3항), 그 목적사항에 한하여 심의하고 결의할 수 있다.

Questions & Notes

Q1 정관변경을 회의의 목적사항으로 하는 주주총회에서 참석한 주주가 정관에 새로운 내용을 추가하는 의안을 발의하여 결의할 수 있는가?

Q2 이익배당안 승인을 의제로 하는 주주총회에서 참석한 주주가 배당률을 인상하는 의안을 제안하여 결의할 수 있는가?

[참고판례]
• 대법원 1979. 3. 27. 선고 79다19 판결(회의의 목적사항 외의 결의)
Y회사는 1978. 2. 25. 개최한 정기주주총회에서 X를 이사에서 해임하는 결의 및 A와 B를 이사로 선임하는 결의를 하였다. 위 주주총회는 회의의 목적사항을 제8기 영업보고서, 대차대조표, 재산목록 및 손익계산서 승인의 건, 감사선임의 건, 임원보수 승인의 건으로 한정하여 소집된 것이었다. 당시 Y회사 주주는 15명이었는데 이들 중 12명(총주식 70,000주 중 44,970주)이 참석하였다. 여기서 일부 주주가 X의 책임을 물어야 한다는 의사진행발언을 함에 따라 X가 이사직에서 사퇴를 하였고, 이사를 선임하는 의안 부의와 그 결의에 관하여 무기명투표에 부친 결과 출석주주 10명(3명은 원래 불참, X와 A 2명은 퇴장)의 전원 찬성으로 원고와 위 X를 이사에서 해임하는 결의를 하고, 이어서 X와 A를 입장시

킨 다음 후임이사의 선임투표를 하여 위 A와 B를 이사로 선임하였다. 이에 X가
이사선임의 주주총회결의의 취소를 구하였다.

법원은 "상법 제363조 제 1 항, 제 2 항의 규정에 의하면 주주총회를 소집함에
있어서는 회의의 목적사항을 기재하여 서면으로 그 통지를 발송하게 되어 있으
므로 주주총회에 있어서는 원칙적으로 주주총회 소집을 함에 있어서 회의의 목
적사항으로 한 것 이외에는 결의할 수 없는 것이며, 이에 위배하여 목적사항 이
외의 안건을 부의하여 결의하였다면 특별한 사정이 없는 한 상법 제376조 소정
의 총회의 소집절차 또는 결의방법이 법령에 위반하는 것으로 보아야 할 것이니
위에서 본 1978. 2. 25. 개최된 피고 회사 주주총회에서 X와 위 A를 이사에서 해
임하고, 소외 A와 B를 이사로 선임한 결의는 그 주주총회를 소집함에 있어서 서
면으로 통지한 회의 목적사항 아닌 의안에 관한 결의로서 주주총회 소집절차 또
는 결의방법이 법령에 위반하는 것에 해당된다고 판단한 다음, 피고의 항변, 즉
피고 회사 정관 제17조 제 2 항에서 주주총회는 미리 주주에게 통지한 회의의 목
적사항 이외에는 결의를 하지 못하나 주주 전원의 동의가 있으면 그러하지 아니
하다고 규정되어 있으며, 위 정관상의 주주 전원이란 출석주주전원을 의미하므
로 위 주주총회에서 출석주주 전원의 동의로 위 설시 안건을 부의하여 결의한
것이니 그 결의는 하자가 없다는 주장에 대하여, 원심은 위 정관상의 주주전원
이란 출석주주전원을 의미하는 것이 아니고 재적주주 전원을 의미하는 것으로
보아야 한다 할 것이라 하여 피고의 위 주장을 배척하고, … 그 결의의 취소를
구하는 원고의 청구를 이유있다 하여 인용하고 있는바, 이를 기록에 대조하여
살펴보면 원심의 위와 같은 사실인정에 의한 판단조처는 정당하다"라고 판시
하였다.

3) 소집의 철회와 연기

[참고판례]
• **대법원 2009. 3. 26. 선고 2007도8195 판결(주주총회소집의 철회 또는 연기의 방법)**
이 사건은 컨트리클럽을 운영하는 A회사 이사회에서 주주총회를 연기하기로 결
의하고, 대표이사가 주주들에게 휴대폰으로 에스엠에스(SMS) 문자메시지를 발
송하여 연기를 통보하는 한편 주주총회 연기에 관한 공고문을 주주총회 장소인
대식당 등에 게시하였고, 일간신문에 주주총회 연기공고를 게재한 후 예정된 총
회일에 용역회사 직원들을 동원하여 클럽하우스 정문을 봉쇄한 사안이다.

대법원은 "주주총회 소집의 통지·공고가 행하여진 후 소집을 철회하거나 연
기하기 위해서는 소집의 경우에 준하여 이사회의 결의를 거쳐 대표이사가 그 뜻
을 그 소집에서와 같은 방법으로 통지·공고하여야 한다고 봄이 상당하다. … 이

미 서면에 의한 우편통지의 방법으로 소집통지가 행하여진 주주총회에 대하여 주주총회 소집일로부터 불과 3일 전에 이사회가 주주총회 연기를 결정한 후 소집 통지와 같은 서면에 의한 우편통지 방법이 아니라 휴대폰 문자메시지를 발송하는 방법으로 각 주주들에게 통지하고 일간신문 및 주주총회 장소에 그 연기를 공고하였을 뿐이므로, 이러한 주주총회의 연기는 적법한 절차에 의한 것으로 볼 수 없어 위 주주총회가 적법하게 연기되었다고 할 수 없다"고 함으로써 원심에서 대표이사의 업무방해죄를 부정한 것을 파기환송하였다.

• **대법원 2011. 6. 24. 선고 2009다35033 판결(레이크사이드 CC)**
"원심이 인용한 제1심판결의 이유에 의하면, 원심은, 원고 회사의 대표이사인 소외 1이 2005. 7. 14. 이사회를 소집하여 원고 회사의 임시주주총회를 2005. 7. 29. 오전 11:00에 소집하기로 하는 내용의 이사회결의가 이루어진 후, 같은 날 주주들에게 그 임시주주총회 소집통지서를 발송한 사실, 그러나 소외 1은 2005. 7. 29.자로 예정된 임시주주총회의 소집을 철회하기로 계획한 후, 2005. 7. 28. 16:00에 이사회를 소집하여 2005. 7. 29.자 임시주주총회의 소집을 철회하기로 하는 내용의 이사회결의가 이루어지자마자 임시주주총회가 개최될 장소의 출입문에 2005. 7. 29.자 임시주주총회가 이사회결의로 철회되었다는 취지의 공고문을 부착하고, 이사회에 참석하지 않은 주주들(소외 2, 3, 4)에게는 퀵서비스를 이용하여 2005. 7. 29. 11:00 개최 예정이었던 임시주주총회가 이사회결의로 그 소집이 철회되었다는 내용의 소집철회통지서를 보내는 한편 전보와 휴대전화(직접통화 또는 메시지 녹음)를 이용하여 같은 취지의 통지를 한 사실을 인정한 다음, 이 사건 2005. 7. 29.자 임시주주총회가 적법하게 철회되었다고 판단하였다.
　원심이 인정한 사실관계에 비추어 볼 때, 이 사건 2005. 7. 29.자 임시주주총회의 소집을 철회하기로 하는 이사회결의를 거친 후, 소집통지와 같은 방법인 서면에 의한 소집철회통지를 한 이상, 위 임시주주총회의 소집이 적법하게 철회되었다고 볼 수 있으므로, 같은 취지의 원심 판단은 정당하다."

• **대법원 2007. 4. 12. 선고 2006다77593 판결**
"법인이나 법인 아닌 사단의 총회에 있어서, 총회의 소집권자가 총회의 소집을 철회·취소하는 경우에는, 반드시 총회의 소집과 동일한 방식으로 그 철회·취소를 총회 구성원들에게 통지하여야 할 필요는 없고, 총회 구성원들에게 소집의 철회·취소결정이 있었음이 알려질 수 있는 적절한 조치가 취하여지는 것으로써 충분히 그 소집 철회·취소의 효력이 발생한다고 할 것이다.
　원심은, 그 채용 증거들을 종합하여 판시와 같은 사실을 인정한 다음, 교구선관위가 이 사건 산중총회의 소집을 취소하기로 결정하고 교구선관위의 사무를 관장하는 범어사 주지가 통리하는 범어사 종무소에 이를 통보하고 감독자인 중앙선관위에 이를 보고한 점, 이 사건 산중총회의 소집이 취소되었다는 사실이 당시 부산방송 뉴스에 보도되기까지 한 점, 그럼에도 불구하고 원고와 친밀한 관계에 있는 범어사 종무소 총무국장인 소외인이 교구선관위의 소집 취소 결정을 무시하고 산중총회의 개최를 강행·주도하였던 것인 점 등의 사정을 종합하여 보면, 비록 교구선관위의 위 산중총회의 소집 취소 결정이 산중총회 소집과 동일한 방식(불교신문에의 공고 및 관할 사찰에 대한 공문발송 등)으로 통지되지 아니하였다고 하더라도 위 소집 취소결정은 유효하게 효력이 발생하였다고 판단하였다.

앞의 법리와 기록에 비추어 살펴보면, 원심의 이러한 판단 역시 옳은 것으로 수긍이 가고, 거기에 상고이유의 주장과 같은 총회소집 취소행위의 성립요건, 효력발생요건에 관한 법리오해 등의 위법이 있다고 할 수 없다."

Note 위의 대법원 2007도8195 판결은 주주총회의 '연기'라는 용어를 사용하고 있으나 이는 상법 제372조 제 1 항의 '주주총회의 연기'를 의미하는 것이 아니고, 엄밀하게는 주주총회 소집을 철회한 사안이다. 대법원은 위의 2007도 8195 판결과 2009다35033 판결에서 주주총회소집의 철회 방법은 이사회결의를 거친 후 소집통지와 같은 방법인 서면에 의하여 통지하는 것이라고 하였다. 그러나 2006다77593 판결은 법인이나 법인 아닌 사단의 총회에서 소집권자가 총회의 소집을 철회·취소하는 경우에는 반드시 총회의 소집과 동일한 방식으로 그 철회·취소를 총회 구성원들에게 통지하여야 할 필요는 없고 총회구성원에게 철회·취소결정이 있었음이 알려질 수 있는 적절한 조치를 취하면 된다고 한다.

주주총회소집의 철회의 방식에 관하여는 주식회사의 경우와 법인 또는 비법인사단의 경우를 구분하여 규율하는 합리적 근거를 찾기 어려운 것으로 보인다. 회의의 소집철회의 효력 유무판단에서 중요한 것은 소집철회의 결정이 적법하게 이루어졌는가이지 철회결정이 어떠한 방식으로 구성원에게 알려져야 하는가는 아니라고 본다. 설령 대법원 판결과 같이 서면으로 소집철회를 통지하지 아니하여 철회가 효력이 없다고 본다고 하더라도, 문자메시지의 소집철회통지를 받고 일부 주주가 주주총회에 참석하지 아니한 채 주주총회가 개최되어 결의가 이루어졌다면 그러한 결의의 효력을 인정할 수 있을지도 의문이다.

반면에 예정된 주주총회 소집을 철회하고 후일의 다른 날짜에 새로이 주주총회를 소집하는 주주총회 소집의 연기의 경우에는 새롭게 정해진 일자의

총회에 대한 주주들의 참석권을 보장하기 위하여 주주총회의 소집절차의 요
건을 모두 충족시켜야 할 것이다.

(2) 주주에 의한 주주총회 소집 또는 의제·의안상정

주식회사에서는 이사회결의로 회의의 목적사항을 정하여 주주총회 소집
을 결정하고, 회의의 목적사항 외에는 결의를 할 수 없다. 따라서 의안상정은
이사회가 주도하게 된다. 지배주주는 이사회에 대한 사실상의 영향력에 기초
하여 주주총회의 개최 및 의안상정에 대하여 주도권을 가질 수 있지만, 소수주
주는 이와 같은 방식으로 주주총회에 관여하는 것이 불가능하다. 회사법에서
는 소수주주에게 주주제안권(363조의2, 542조의6 2항)과 임시주주총회소집청구
권(366조, 542조의6 1항)을 인정하여 주주의 이니셔티브를 허용하였다. 또한 감
사 또는 감사위원회에도 주주총회의 소집청구권한을 인정하였다(412조의3, 415
조의2 7항→412조의3). 주주의 임시주주총회소집청구권과 주주제안권은 소수주
주가 주주총회에 개입할 수 있는 여지를 부여하여 경영의 투명성 제고에 기여
하기도 하고, 경영권 다툼시 활발하게 이용된다. 여기서는 양제도의 취지 및
요건에 대한 이해를 바탕으로, 주주제안권과 임시주주총회소집청구권의 관
계에 대해 살펴본다.

🔍참고자료 좌담회, "주주총회 운영에 관한 법률과 실무", BFL 제27호(2008. 1).

[주주제안권 요건(363조의2, 542조의6 2항)]

	규모	주식보유 비율	주식보유 기간	청구기한	주주제안 거부 사유
비상장 회사		의결권 없는 주식을 제외한 발행주식 총수의 100분의3 이상		주주총회 일 6주전	법령, 정관위반, 대통령령으로 정 하는 경우(시행령 12조) 1. 주주총회에서 의결권의 100분 의 10 미만의 찬성밖에 얻지 못 하여 부결된 내용과 동일한 의 안을 부결된 날부터 3년 내에 다시 제안하는 경우 2. 주주 개인의 고충에 관한 사항 3. 주주가 권리를 행사하기 위해 서 일정 비율을 초과하는 주식 을 보유해야 하는 소수주주권

				에 관한 사항 5. 회사가 실현할 수 없는 사항 또는 제안이유가 명백히 거짓이거나 특정인의 명예를 훼손하는 사항
상장 회사	자본금 1천억원 미만	1천분의 10(1%) 이상주1)	6개월	위와 같음	위와 같으나 4호 추가 4. 임기 중에 있는 임원의 해임에 관한 사항
	자본금 1천억원 이상	1천분의 5(0.5%) 이상주1)			

주1) 상장회사 소수주주권은 완화 가능함 명시(542조의6 7항)

[임시주주총회소집청구권의 요건(366조, 542조의6 1항)]

	주식보유비율	주식보유기간
비상장회사	발행주식총수의 100분의3 이상	
상장회사	발행주식총수의 1천분의15(1.5%) 이상	6개월

[소수주주의 이사해임청구권(385조 2항, 542조의6 3항)]

	규모	사유	주식보유비율	보유기간
비상장회사		이사가 그 직무에 관하여 부정행위 또는 법령이나 정관에 위반한 중대한 사실이 있음에도 불구하고 주주총회에서 그 해임을 부결한 때에는 총회결의일로부터 1월내에 청구	발행주식총수의 100분의 3 이상	
상장회사	자본금 1천억원 미만		10000분의 50 (0.5%) 이상	6개월
	자본금 1천억원 이상		10000분의 25 (0.25%) 이상	

[판례 14]

서울중앙지방법원 2004. 12. 15. 자 2004비합347 결정(임시주주총회소집허가)

• 사실관계

　Y회사는 주권상장법인인데 S그룹의 지주회사적 성격을 가지고 있다. 그룹의 총수이자 Y회사 대표이사인 A와 그룹 임원들은 그룹의 지배권 관련거래와 계

열회사의 분식회계 문제 등과 관련하여 금고 이상의 형사처벌을 받아 항소심 계속 중이었다. 신청인 X는 Y회사의 의결권 있는 발행주식 총수의 1.5% 이상 을 6월 이상 보유한 주주로서 주주제안 및 임시주주총회소집허가를 구할 수 있는 절차적 요건을 구비한 자이다. X는 Y회사의 그 계열사에 대한 지원정책 에 반대하면서 A 등이 이사직을 유지하는 것에 불만을 표시하여 왔다. X는 2004년 정기주주총회를 앞두고 2004. 1. 29. 주주제안권을 행사하여 금고 이상 의 형의 선고가 확정된 이사를 그 직무로부터 배제하는 내용을 추가하는 정관 변경안건(제 1 안건)을 제안하였다. 이 안건은 2004년 주주총회에서 찬성주식이 참석의결권의 50.99%로 부결되었다(주주총회 특별결의사항임). X는 2004. 10. 25. 이사회에 대하여 위 제 1 안건과 동일한 내용의 안건과 함께 형사처벌로 기소 된 경우 선고가 확정될 때까지 이사로서의 직무수행을 정지한다는 조항을 신 설하는 정관개정안건(제 2 안건)을 회의의 목적사항으로 하는 임시주주총회의 소집을 요구하였으나, 위 이사회는 2004. 11. 5. 개최된 임시이사회에서 X의 소 집청구를 거부하기로 결의하였다. 이에 X가 2004. 11. 19. 법원에 임시주주총회 소집을 청구하였다.

• **법원의 판단**

제 1 심법원에서는 X의 청구가 소수주주권 남용은 아니나 임시주주총회 소 집의 필요성이 없다고 보아 결과적으로 임시주주총회소집을 불허하였다.

"나. 소수주주권의 남용 여부

… 법령이 정한 형식적인 요건을 모두 갖춘 주주가 소수주주권의 행사로서 임시주주총회의 소집을 청구하는 경우라 하더라도 그것이 객관적으로 보아 소 수주주권의 남용에 해당된다고 판단되는 때에는 이사회는 그 소집요구를 거절 할 수 있고, 법원도 총회의 소집을 허가하여서는 아니 된다고 할 것이다. …

우선 기록에 의하면 X의 모회사로 보이는 P자산운용은 X 등 자회사들 명의 로 사건본인 회사의 의결권 있는 발행주식총수 중 약 14.99%에 해당하는 주식 을 분산 보유하고 있는 사실이 소명되는바, 위와 같이 사실상 사건본인 회사의 1대 단일주주에 해당하는 P가 설령 사건본인 회사의 경영권을 장악하려는 시 도를 한다거나 또는 이와는 반대로 경영권 위협을 빌미로 주가상승을 비합리 적인 정도로 견인한 후 이를 되팔거나 사건본인 회사로 하여금 고가로 그 주식을 매수하게 하는 수법으로 고도의 수익을 올리려는 의도를 가지고 있다고 하더라도 위와 같은 사정만으로 이 사건 신청 자체가 권리남용에 해당한다고 보기는 어렵다고 할 것이다. …

① 증권거래법 제191조의14 제 3 항, 같은 법 시행령 제84조의21 제 3 항 제 2 호는 주주총회에서 부결된 내용과 동일한 의안을 부결된 날부터 3년 내에 다시 주주제안하지 못하도록 규정하고 있기는 하나, 사건본인 회사의 임시주주총회소집청구를 위한 지주요건(의결권 있는 발행주식총수의 1.5%)과[3] 주주제안권을 행사하기 위한 지주요건(의결권 있는 발행주식총수의 0.5%)에는 상당한 차이가 있는 점, 일정한 지주요건을 갖춘 소수주주라 하더라도 이사회가 소집청구를 거절하는 경우 스스로 적법한 임시총회를 소집할 수 있는 것이 아니라 법원의 허가를 얻어야 할 뿐만 아니라 이 경우 법원은 권리남용에 해당하는지 여부 등 여러 사정을 감안하여 허가 여부를 판단하게 되는 점, 임시주주총회와 정기주주총회는 그 성격상 다루어지게 될 주요 안건이나 주주, 채권자 등의 인식, 회사에 미치는 영향 등에 있어서 적지 않은 차이가 있는 점 등을 감안하면 다소 지나친 제한으로 보이는 위와 같은 주주제안권의 제한사유가 소수주주권 행사의 일환으로 법원에 임시총회소집의 허가를 구하는 경우에도 그대로 유추적용된다거나 곧바로 권리남용의 직접적인 징표가 된다고 보기는 어렵고, ② 가사 사건본인 회사가 주장하는 대로 임시주주총회가 개최되더라도 별지 목록 기재 안건이 가결될 가능성은 낮다고 하더라도, 현재 경영진이 사건본인 회사의 과반수의 주식을 보유하고 있다거나, 이미 '임시'주주총회에서 부결된 의안을 재차 의안으로 삼는 등 가결될 가능성이 없음이 명백한 경우를 제외하고는 현 시점에서 가결될 가능성이 적다는 사유만으로 권리남용이라고 보기는 어려우며, ③ 이 사건 신청의 숨은 의도가 현 경영진, 특히 대표이사인 A의 이사 자격을 박탈하거나 나아가 2005년 정기주주총회에서 보다 유리한 지위를 차지하기 위한 것이라고 하여도 그 동안 신청인의 문제 제기로 말미암아 사건본인 회사가 투명경영방침을 밝히는 등 그 대외적 신인도를 높이는 데 기여한 바가 전혀 없지 아니하여 이 사건 신청이 주주로서의 지위와 관계없이 오로지 사익

---

3) 저자 주: 증권거래법에서는 의결권 있는 주식을 기준으로 한다는 단서를 두고 있었으나, 상법 제13절 상장회사에 대한 특례 제542조의6 제 1 항에서는 그러한 단서를 삭제하여 발행주식총수를 기준으로 하였다.

만을 추구하기 위하여 소수주주권을 남용하는 것이라고 쉽게 단정하기 어렵고, ④ 주식회사의 정관의 내용은 그것이 사회질서에 반하지 않는 한 유효한 것으로 시인되어야 할 뿐만 아니라, 주권상장법인이나 그 임원에 대한 사회적인 기대, 역할 등에 비추어 볼 때 별지 목록 기재 안건과 같이 범죄의 경중이나 내용, 집행의 유예나 종료 여부 등 일체의 사정을 고려하지 아니한 채 이사의 자격을 제한하는 것이 다소 무리한 감은 없지 않다 하더라도 그 내용 자체로 위법하다고 보기 어렵고, 주주총회가 현실로 개최되어 주주들의 의결을 거치기 전에는 그것이 주주들의 일반적 이익에 반한다고 단정할 수도 없으므로 의안의 현실적 부당성이 그 안건의 결의를 위한 주주총회의 개최 자체를 거부할 사유가 된다고 보기 어려우며, 그 밖에 사건본인 회사의 다른 주장이나 기록상 제출된 소명자료를 살펴보아도 임시주주총회의 소집허가를 구하는 신청인의 이 사건 신청 자체가 권리남용에 해당한다는 취지의 사건본인 회사의 주장은 받아들이기 어렵다.

다. 임시주주총회 소집의 필요성

… 이 사건 신청 자체가 신청인의 소수주주권 남용에 해당한다고 보기는 어렵다. 그러나 권리행사가 권리의 남용에 해당하여 허용될 수 없는 것인지 여부는 소송사건의 경우에 있어서도 법원이 직권으로 판단할 수 있는 것이므로 이 사건과 같은 비송사건에 있어서 법원은 비단 신청인의 주장 또는 신청이 권리남용 내지 신청권의 남용에 해당되는 여부뿐만 아니라, 총회소집안건의 내용과 그 결의의 시급성에 따른 임시주주총회소집의 필요성, 허가 여부에 따라 신청인, 사건본인 회사에 미치는 영향, 이사회에 대한 소집청구 및 법원에 대한 소집허가신청에 이르기까지의 당사자의 태도, 분쟁 교섭과정, 안건의 통과가능성, 신청인과 사건본인회사의 각 성격 및 업무의 내용, 신청인과 현 경영진측의 각 지분의 비율과 우호주주의 구성, 국가경제에 미치는 영향 등 제반 사정을 종합적으로 고려하여 후견적인 입장에서 그 허용 여부를 신중하게 결정하여야 할 것이다. …

더욱이 주권상장법인의 경우에는 경영진이나 기존 지배주주의 지분비율이 발행주식총수의 20내지 30%에도 미치지 못하는 경우가 흔하므로 펜션(pension)이나 펀드(fund), 금융콘체른이나 트러스트의 경우에는 심지어 불과 5% 가량의 지분만으로도 대상 회사의 주주총회, 이사회, 감사기관 간의 권한

배분관계를 심각하게 저해할 우려가 있으며, 일정한 주식을 매집한 후 시세보다 높은 가격으로 자신의 주식을 처분할 목적으로 해당 회사에 대한 적대적 인수합병 포기의 대가 등을 빌미로 경영권을 위협할 수도 있어 이러한 주주는 법이 소수주주권을 부여한 취지와 요건에 부합하는 진정한 의미의 소수주주라고 보기 어려운 경우가 있을 수도 있으므로 법원은 임시주주총회의의 소집허가 여부를 결정함에 있어 이러한 점도 충분히 참작하여야 한다.

그러면 돌이켜 과연 이 사건의 경우에 임시총회소집을 허가할 만한 시급한 필요성이 있는지 여부에 관하여 보건대, 기록에 의하면 분식회계 등의 혐의로 사건본인 회사의 대표이사인 A 등 경영진이 1심에서 유죄판결을 받은 사실은 소명되나, 위 1심판결은 사건본인 회사의 2004년도 정기총회가 개최되기 이전에 이미 선고되었고, 위 사건은 여전히 항소심에 계속 중이며 A가 보석으로 석방된 점 이외에는 특별한 사정변경을 찾기 어려운 점, 위와 같은 불법 또는 부실경영을 공론화하여 그 책임을 묻는 것은 이미 2004년도 정기주주총회 등을 통하여 어느 정도 이루어진 점, 2004년도 정기총회에서의 별지 목록 기재 안건을 포함한 안건에 대한 찬성률 및 그 이후 주주지분의 변동이나 태도 변화로 가결가능성이 변경되었다는 점에 관하여는 뚜렷한 소명이 없는 점, 현재 사건본인 회사의 이사 10명 중 7명이 사외이사로 구성되어 있고, 다수의 이사회 내 위원회가 신설되어 활동 중인 점, 사건본인 회사는 최근 사상최대의 수익을 달성한 점, 사건본인 회사의 경영진에 대하여 우호적인 태도를 보이는 외국인 투자자도 상당수 있는 것으로 보이는 점, 사건본인 회사는 2004. 10. 6. 신청인측에 대하여 최근 영업실적, 향후 사업전략, 기업지배구조의 개선 방안에 관하여 설명하고 이에 대한 신청인측의 의견을 듣고자 하였으나 신청인은 이에 대하여 무응답으로 일관한 채 전격적으로 이 사건 신청에 이른 점, 사건본인 회사의 현재 경영진의 퇴진이 목표라면 이는 상당한 파장과 더불어 비용의 손실 등을 초래하는 임시주주총회의 소집이 아니더라도 그들에 대한 해임청구의 소 및 직무집행정지가처분신청 등을 통하여 달성하는 것이 가능한 점, P는 비교적 장기간 변동 없이 14.99%의 지분율을 유지하고 있는 점, 장기적인 투자 및 경영계획을 요하는 사건본인 회사의 업무의 성격상 경영권의 지속적인 불안정은 투자자의 이탈과 투자 가치의 저하를 초래할 수도 있어 사건본인 회사의 입장에서는 적어도 다음 해의 정기주주총회까지의 경영권 안정의 이익도 적지 아니한 점, 경영권 방어를 위한 단기간의 주가급등은 또 다른 급격한 주가변동을 초래할 우려가 있다는 점 등에서 반드시 모든 주주에게 유리하다고 만은 볼 수 없는 점, 2005년도 주주총회가 2005년 3월 중에 개최 예정이고, 2005년도 정기주주총회에서 사건본인회사 스스로 별지 목록 기재 안건을 상정할 가능성도 없지 않는 점 등 기록상 나타나는 제반 사정에 비추어 보면, 결국 정기주주총회의 소집을 불과 얼마 남겨 두지 않은 현 시점에서 별지 목록 기재 안건만의 결의를 위한 임시주주총회 소집을 허가할 만한 시급한 필요성은 인정하기 어렵다고 할 것이다."

Questions & Notes

Note 이 사안은 신청인의 모회사인 외국자본이 14.99%의 주식을 분산소유하고 있는 상황에서 소수주주권이 적극적으로 행사된 사안이다. 신청인은 위에서 살펴본 바와 같이 임시주주총회를 소집청구 하였는데 2004. 12. 15. 위의 [판례 14] 결정으로 신청이 기각되었다. 이에 신청인이 불복하여 항고를 제기하였으나, 그 이후 2005. 3. 11. 정기주주총회가 개최되어 출석주주의 60.6%의 지지로 A를 이사로 재선임함에 따라 2005. 5. 13. 제 2 심결정(서울고등법원 2005. 5. 13. 자 2004라885 결정)이 내려질 때에는 이미 분쟁이 일단락된 상황이었다. 2심에서는 1심의 소집불허결정을 유지하였으나 1심과 달리 임시주주총회소집청구가 소수주주권의 남용에 해당하므로 소집을 불허한다고 한 점에서 차이가 있다. 구체적으로 2심은 ① X의 임시주주총회소집허가신청의 목적은 기업지배구조 개선과 특별한 관련이 없고 진정한 목적은 A의 이사직 박탈에 있는 것으로 보이는 것으로서 이는 소수주주의 임시주주총회 소집청구권 제도의 취지를 일탈한 것이고(이 점에서는 1심과 의견을 달리하였다), ② 신청인이 우려하는 바와 같이 실제 이사가 형사사건의 재판수행으로 인하여 사건본인 회사에 대한 충실의무를 해태하거나 회사의 이익에 반하는 행동을 한 경우에는 이사해임청구 등 보다 직접적인 방법이 있는 점 등에 비추어 보면 제 2 안건 역시 신청인의 위 제안취지에 부합한다고 볼 수 없고, ③ 주주제안의 반복제안을 금지하는 증권거래법의 취지를 잠탈하였으며, ④ 제 2 안건의 경우 신청인이 이 사건 신청이 제 1 심에서 기각된 후 얼마 지나지 않아 2005년도 정기주주총회가 개최되었으므로 위 정기주주총회에서 주주제안권을 행사하여 동일한 목적을 달성할 수 있었음에도 이를 행사하지 아니하고 따로 임시주주총회 소집청구를 하는 것은 소수주주에게 임시주주총회 소집청구권을 부여한 제도의 취지에 어긋나는 것이며, ⑤ 임시주주총회소집허가신청의 진정한 목적이 회사의 지배구조개선이라도 A가 2005년도 정기주주총회에서 압도적인 지지를 얻어 대표이사로 다시 선임되었으므로 이 사건 안건이 통과될 가능성은 희박하다는 점 등을 이유로 1심의 소집불허결정을 유지하였다.

Q1 (1) 2014. 1. 29. 주주제안신청인은 정관변경을 안건으로 하고 있으나, 이러한 정관변경의 숨은 목적은 A를 이사에서 배제하는 것으로 보인다. 신청인 X가 이사해임의 주주제안을 하지 아니하고 정관변경을 안건으로 하는 주주제안을 한 이유는?

(2) 주주제안 거부사유는(363조의2 3항, 시행령 5조) 합리적인가? 외국에서는 기업지배구조뿐 아니라 환경이나 사회문제에 관해서까지 회사에 일정한 권고를 하는 주주제안도 이루어지고 있는데, 우리나라에서도 이러한 주주제안이 가능한가?

Note 구 증권거래법 제191조의14 제 3 항 및 동시행령 제84조의21 제 3 항 제 7 호에서는 주주제안거부사유로서 "주주총회의 의안으로 상정할 실익이 없거나 부적법한 사항"도 규정하고 있었으나, 2009년 상법개정으로 주주제안거부사유에서 삭제하였다(363조의2 3항, 시행령 5조).

Q2 (1) 임시주주총회소집청구권과 주주제안권을 비교해 보면 주주가 권리를 행사하는데 어느 쪽이 더 용이한가? 상장회사의 경우에는 어떠한가?

(2) 2004. 10. 25. 임시주주총회소집청구의 제 1 안건과 관련하여 주주제안을 하지 아니하고 임시주주총회소집을 청구한 이유는 무엇일까? 제 1 안건은 2004년도 주주총회에 제안되어 부결된 것과 동일한 내용이다. 주주제안이 부결된 후 3년 이내에 동일한 안건으로 임시주주총회소집청구를 할 수 있는가?

(3) 2004. 10. 25. 임시주주총회소집청구의 제 2 안건은 주주제안을 할 기회가 있었는데 이를 하지 아니하였다. 이 경우 임시주주총회소집허가신청이 기각되어야 하는가?

Note 2009년 상법개정으로 구 증권거래법에 의해 상장회사에서만 적용되던 주주제안 거부사유가 상법상 주주제안권에서 일반화되었다. 구체적 내용에 있어서는 약간의 수정이 이루어졌는데, 구 증권거래법(증권거래법 제191조의14 3항, 같은 법 시행령 제84조의2 3항)에서는 단순히 부결된 내용과 동일한 의안을 부결된 날부터 3년 내에 다시 제안하는 것을 금지하였지만, 상법에서는 주주총회에서 의결권의 100분의 10 미만의 찬성밖에 얻지 못하여 부결된 경우에만 반복제안을 금지하는 것으로 개정하였다(363조의2 3항, 시행령 5조).

Q3 (1) 소수주주가 이사의 해임을 법원에 청구하기 위해서는 현실적으로 어떠한 절차를 밟아야 할 것인가?
(2) A를 이사에서 배제하는 가장 직접적인 방법으로는 소수주주권인 이사해임청구권의 행사를 생각해 볼 수 있다. 신청인 X가 법원에 대하여 이사의 해임청구를 하지 아니하고 정관변경을 목적으로 하는 임시주주총회소집을 청구한 이유는 무엇일까?

Q4 1심법원에서는 회사의 경영권을 장악하려는 시도나 경영권 위협을 빌미로 고도의 수익을 올리려는 의도를 가지고 있고 이사자격박탈의 숨은 의도가 있더라도 임시주추총회소집청구가 권리남용이 아니라고 본 데 반하여, 2심인 고등법원 결정에서 제 1 안건에 대해 임시주주총회소집을 불허한 이유 중 하나는 임시주주총회소집허가신청의 목적이 지배구조개선이 아니라 A의 이사직 박탈이므로 소수주주의 임시주주총회소집청구권 제도의 취지를 일탈한 것이라고 한다. 어느 입장이 타당한가? 이 경우 임시주주총회소집허가신청이 기각되어야 할 것인가?

Q5 적법한 주주제안을 하였으나 이사회에서 의안을 상정하지 아니한 경우에, 주주는 어떠한 구제수단을 취할 수 있을 것인가?

[참고판례]
• **서울북부지방법원 2007. 2. 28. 자 2007카합215 결정(의안상정 가처분)**
피신청인 Y회사는 주권상장법인이다. 신청인 X 등은 주주제안의 주식보유비율과 보유기간 요건을 갖추어 2007년 정기주주총회 6주 전에 전 대표이사 A를 이사선임대상으로 하는 주주제안을 하였다. Y회사 이사회는 A가 부실경영으로 인한 손해를 입혔다는 이유로 이 의안을 주주총회 목적사항으로 상정하지 아니한채 주주총회를 소집하자 X 등이 의안상정가처분을 신청하였다.
  법원은 "상법상 소수주주의 임시주주총회 소집청구권과 증권거래법상 주주제안권은 그 행사요건과 내용 등을 달리하고 있는바, 임시주주총회 소집청구권은 소수주주 권리의 일환으로서 주주제안권과 병행하는 별개의 권리(소수주주는 양 권리를 선택적으로 행사할 수 있다)라고 보아야 할 것이고, 주주제안을 거부당한 주주가 반드시 임시주주총회 소집청구절차를 그 구제절차로 거쳐야 하는 것은 아니므로, 주주제안을 거부당한 주주가 임시주주총회 소집청구를 하지 아니한 채, 주주제안권 자체의 실현을 위하여 거부당한 의안을 주주총회의 목적사항으로 상정시키는 형태의 가처분을 신청하는 것을 두고 적법한 구제절차인 임시주주총회 소집청구제도를 잠탈하는 것이라고 볼 수 없다. …

위와 같은 제안거부사유들은 주주제안권의 명백한 남용을 방지하기 위한 예외적 규정으로서 마련된 것이므로, 그 남용의 위험이 명백하지 않은 한, 소수주주의 주주제안권의 폭넓은 실현을 위하여 그 사유들은 엄격하게 해석되어야 할 것인바, 특히 추상적인 일반규정이라고 할 수 있는 '주주총회의 의안으로 상정할 실익이 없거나 부적합한 사항'에 대하여는 이사회의 재량판단의 남용을 막기 위해 더욱 엄격한 해석이 요청된다고 할 것이다. 살피건대 '주주총회의 의안으로 상정할 실익이 없거나 부적합한 사항'이라 함은 이미 이익이 실현되었거나 회사 이익과 아무런 관련이 없는 사항, 영업관련성이 없는 사항 또는 주식회사 본질에 적합하지 않은 사항 등으로서 형식적 판단에 의해 주주총회의 의결사항이 되기에 적당하지 아니한 것을 의미하는데, 이사 또는 감사의 선임을 내용으로 하는 이 사건 의안이 그 자체로서 주주총회의 의결대상이 되기에 실익이 없다거나 부적합하다고 할 수 없다(상법 제382조 1항, 제409조).

또한, 피신청인 주장대로 가사 이 사건 의안의 (상근)이사 선임대상인 전 대표이사 A가 피신청인 회사에 부실경영으로 인한 손해를 입혔다고 하더라도 위와 같은 사유는 증권거래법상 주주제안 거부사유에 포함되지 아니할 뿐만 아니라, 일단 피신청인 회사의 최고의결기관인 주주총회에 상정한 다음, 주주들의 표결을 통해 A의 경영참여 여부를 결정하게 하는 것이 주식회사의 본질에 비추어 바람직하다"고 결정하였다.

Q6 적법한 주주제안을 무시하고 이루어진 주주총회결의의 효력은? 예를 들어 정관변경의 건을 회의목적사항으로 한 주주총회에서 이사선임 주주제안이 무시된 경우, 정관변경에 관한 주주총회결의의 효력을 다툴 수 있는가? 이사선임안건이 회의의 목적사항인데 이사를 추가로 선임하는 주주제안을 하였으나 의안을 상정하지 아니한 경우 그 주주총회에서 이루어진 이사선임결의의 취소가 가능한가?

[참고판례]
• 서울고등법원 2015. 8. 28. 선고 2015나2019092 판결(주주제안권을 무시한 경우
주주총회결의 취소)([판례 23]의 Note의 판결과 동일한 판결임)
사안에서 원고 X1 등은 Y회사의 정기주주총회에서 '현재 재직 중인 이사 이외
에 2명의 이사를 추가로 선임하고, X2와 X4를 후보'로 하는 내용의 주주제안을
하고 2명의 이사선임을 집중투표로 할 것을 청구하였는데, 회사는 소집통지서에
회의의 목적사항으로 '이사선임에 관한 건(주주제안에 따른 '현 이사 외 2명의
이사 추가 선임의 건'의 당부에 관한 건 포함)'으로 기재하여 통지하였다. 이러
한 변형상정이 원고들의 주주제안권을 침해하였는가에 대하여 서울고등법원은
'현 이사 외 2명의 이사 추가선임의 건의 당부'라는 안건이 주주총회 보통결의로
가결되어야만 원고들이 추천한 후보들에 대하여 집중투표의 방식으로 선임할
수 있는 결과가 되어 주주제안권 및 집중투표의 규정취지를 잠탈되었다고 보아
원고들의 주주제안권이 침해되었다고 판시하였다.

이 주주총회에서는 별도의 안건으로 임기가 만료된 이사의 후임이사로 A를
선임하는 결의가 이루어졌는바, 원고 X1 등은 주주제안이 부당하게 거절되었음
을 이유로 A를 이사로 선임한 결의의 취소를 청구하였다. 서울고등법원은 "이사
회가 주주의 의안제안을 부당하게 거절한 경우, 즉 주주가 의안제안권을 행사하
여 회사의 제안에 대하여 수정제안이나 반대제안 등을 하였음에도 제안한 의안
의 요령을 통지와 공고에 기재하지 않은 경우에는 소집절차 및 결의방법이 법령
에 위반하여 당해 의안에 대응하는 의제에 대한 결의는 상법 제363조의2를 위
반한 위법한 결의이다. 따라서 의안제안을 무시한 결의는 상법 제376조에 따라
취소할 수 있다. 반면 이사회가 주주가 제안한 의제 자체를 부당하게 거절하여
주주총회의 의제로 상정하지 않은 경우라면 그 의제 자체가 주주총회에서 다루
어지지 않게 되므로 주주제안에 대응하는 결의 자체가 존재하지 않는다. 그러므
로 주주의 주주제안권이 부당하게 침해되었다고 하더라도 의제제안의 부당거절
이 주주총회에서 이루어진 다른 결의의 효력에는 영향을 미치지 않는다"고 설시
하였다. 법원은 이 사안에서 원고들이 주주제안한 의제는 X2와 X4 2명을 이사
로 추가선임해 달라는 것임에 반하여 정기주주총회에서 다루어진 의제는 단순
히 현 이사 외 2명 이사를 추가로 선임할지 여부에 대한 당부판단으로 서로 다
른 의제이므로 원고가 제안한 의제가 정기주주총회에서 다루어졌다고 보기 어
렵다고 보았다. 따라서 이 사건 결의에서 A를 이사로 선임한 것은 원고들이 제
안한 의제에 관련된 것이 아니므로 원고들의 주주제안권을 침해한 위법을 문제
삼아 A를 이사로 선임한 결의까지 취소할 수 없다고 판단하였다.

Q7 소수주주가 회의의 목적사항과 소집의 이유를 적은 서면 또는 전자문서를

이사회에 제출하였음에도 불구하고 이사회가 지체 없이 총회소집의 절차를 밟지 아니한 때에는 법원에 총회 소집 허가를 신청할 수 있다. 소수주주는 누구에게 소집청구서를 어떠한 형식으로 보내야 하는가? 만일 이사회에 제출한 임시총회소집청구서 상 회의의 목적사항과 소집의 이유가 법원에 신청한 그것과 일치하지 않는 경우 법원은 신청을 기각하여야 하는가? 소수주주는 어떠한 조치를 취할 수 있는가?

[참고판례]

• **대법원 2022. 12. 16.자 2022그734 결정**

"상법 제366조 제 1 항에서 정한 소수주주는 회의의 목적사항과 소집 이유를 적은 서면 또는 전자문서를 이사회에 제출하는 방법으로 임시주주총회의 소집을 청구할 수 있다(상법 제366조 제 1 항). 이때 '이사회'는 원칙적으로 대표이사를 의미하고, 예외적으로 대표이사 없이 이사의 수가 1인 또는 2인인 소규모 회사의 경우에는 각 이사를 의미한다(상법 제383조 제 6 항). 한편 상법 제366조 제 1 항에서 정한 '전자문서'란 정보처리시스템에 의하여 전자적 형태로 작성 · 변환 · 송신 · 수신 · 저장된 정보를 의미하고, 이는 작성 · 변환 · 송신 · 수신 · 저장된 때의 형태 또는 그와 같이 재현될 수 있는 형태로 보존되어 있을 것을 전제로 그 내용을 열람할 수 있는 것이어야 하므로, 이와 같은 성질에 반하지 않는 한 전자우편은 물론 휴대전화 문자메시지 · 모바일 메시지 등까지 포함된다."

• **대법원 2022. 9. 7.자 2022마5372 결정**

"소수주주가 상법 제366조에 따라 임시총회 소집에 관한 법원의 허가를 신청할 때 주주총회의 권한에 속하는 결의사항이 아닌 것을 회의 목적사항으로 할 수는 없다. 이때 임시총회소집청구서에 기재된 회의의 목적사항과 소집의 이유가 이사회에 먼저 제출한 청구서와 서로 맞지 않는다면 법원의 허가를 구하는 재판에서 그 청구서에 기재된 소집의 이유에 맞추어 회의의 목적사항을 일부 수정하거나 변경할 수 있고, 법원으로서는 위와 같은 불일치 등에 관하여 석명하거나 지적함으로써 신청인에게 의견을 진술하게 하고 회의 목적사항을 수정 · 변경할 기회를 주어야 한다."

Note 소수주주의 임시주주총회 소집과 관련하여서는 여러 가지 절차상의 쟁점이 존재한다. 첫째, 상장회사의 주주가 발행주식총수의 3%에 해당하는 주식을 3개월 동안 보유한 경우와 같이, 542조의6 1항에 따른 상장회사 특례규정상 임시주주총회 소집청구권 행사요건은 갖추지 못하였으나 366조 1항에 따른 일반 행사요건은 갖춘 경우 임시주주총회소집을 청구할 수 있는가가 문제된다. 이는 임시주주총회 소집뿐 아니라 다른 소수주주권 행사에 공통적으로 발생할 수 있는 문제이다. 과거에는 위 두 규정이 모두 적용되므로 소수주주권을 행사할 수 있다는 견해와 "이 절의 규정은 이 장 다른 절에 우선하여 적용한다"는 542조의2 2항에 근거하여 상장회사 특례규정만이 적용되므로 소수주주권을 행사할 수 없다는 견해가 대립되었고, 하급심 판례도 엇갈리고 있었다. 2020년 개정상법은 상장회사 소수주주권의 행사에도 일반 행사요건이 적용됨을 명시하였고(542조의6 10항), 따라서 상장회사 주주는 상장회사 특례규정 상 행사요건과 일반 행사요건 중 어느 것이라도 충족하면 소수주주권을 행사할 수 있다.

둘째, 소수주주가 법원의 허가를 얻어 임시주주총회를 소집하는 경우에 임시주주총회소집허가결정에서 소집기간을 구체적으로 정하지 않은 경우에 소수주주가 언제까지 임시주주총회 소집을 할 수 있는지가 문제된다. 법원은 총회의 소집기간을 구체적으로 정하지 않은 경우에도 소집허가를 받은 주주는 소집의 목적에 비추어 상당한 기간 내에 총회를 소집하여야 한다고 판시하였다(아래 참고판례 대법원 2018. 3. 15. 선고 2016다275679 판결).

그 외에도 소수주주가 주주총회 소집허가결정을 받은 경우 그 주주총회의 회의의 목적사항과 동일한 안건에 대해서 이사회 내지 대표이사가 주주총회를 소집할 수 있는가, 소수주주가 주주총회 소집절차를 진행하는 과정에서 회사가 협조하지 않는 경우의 대처방안, 의장의 선임 문제 등 여러 가지 실무상의 문제점이 존재한다.

참고자료 원혜수, "소수주주에 의한 주주총회 소집절차의 실무상 쟁점", BFL 제84호(2017. 7).

[참고판례]
● **대법원 2018. 3. 15. 선고 2016다275679 판결(임시주주총회 소집허가결정에 따른 소집권한의 소멸시기 및 이사지위를 다투는 소의 적법 요건)**
이 판결은 법원의 임시주주총회 소집허가 결정 후 7년 정도가 경과한 후에 소수주주가 임시주주총회를 소집하여 이사를 선임한데 대하여 당해 이사를 피고로 주주(원고1)와 회사(원고2)가 이사선임결의 부존재를 이유로 이사지위부존재확인의 소를 제기한 사안이다.

임시주주총회 소집권한 소멸에 관해서는 "상법 제366조 제2항에 따라 총회의 소집을 구하는 소수주주에게 회의의 목적사항을 정하여 이를 허가할 수 있다. 이때 법원이 총회의 소집기간을 구체적으로 정하지 않은 경우에도 소집허가를 받은 주주는 소집의 목적에 비추어 상당한 기간 내에 총회를 소집하여야 한다. 소수주주에게 총회의 소집권한이 부여되는 경우, 총회에서 결의할 사항은 이미 정해진 상태이고, 일정기간이 경과하면 소집허가결정의 기초가 되었던 사정에 변경이 생길 수 있기 때문이다. 소수주주가 아무런 시간적 제약 없이 총회를 소집할 수 있다고 보는 것은, 이사회 이외에 소수주주가 총회의 소집권한을 가진다는 예외적인 사정이 장기간 계속되는 상태를 허용하는 것이 되고, 이사회는 소수주주가 소집청구를 한 경우 지체 없이 소집절차를 밟아야 하는 것에 비해 균형을 상실하는 것이 된다. 따라서 총회소집허가결정일로부터 상당한 기간이 경과하도록 총회가 소집되지 않았다면, 소집허가결정에 따른 소집권한은 특별한 사정이 없는 한 소멸한다. 소집허가결정으로부터 상당한 기간이 경과하였는지 여부는 총회소집의 목적과 소집허가결정이 내려진 경위, 소집허가결정과 총회소집 시점 사이의 기간, 소집허가결정의 기초가 된 사정의 변경 여부, 뒤늦게 총회가 소집된 경위와 이유 등을 고려하여 판단하여야 한다"고 판시하였다.

이사지위의 부존재확인의 소의 요건에 관해서는 우선 대법원은 주주인 원고1의 소는 확인의 이익이 없음을 이유로 각하하였다. 대법원은 "피고 개인을 상대로 원고회사의 사내이사 지위에 있지 아니하다는 확인판결을 받더라도 확인판결의 효력은 원고회사에 미치지 아니하므로, 원고1의 이 사건 소는 피고의 이사지위를 둘러싼 당사자들의 분쟁을 근본적으로 해결하는 유효적절한 수단이라고 볼 수 없어, 확인의 이익이 없다고"고 판단하였다. 회사의 소에 관해서는 원고회사가 피고에 대한 지위부존재확인의 소에 확인의 이익이 있음을 전제로, 회사와 이사 간의 소에서 감사가 아니라 법원에 의해 선임된 일시대표이사로 하여금 원고회사를 대표하도록 하였더라도, 그것이 공정한 소송수행을 저해하는 것이라고 보기 어려우므로, 이 사건 소에 상법 제394조 제 1 항은 적용된다고 볼 수 없다고 판시하였다.

3. 주주총회의 진행

(1) 주주의 참석

[판례 15]

대법원 2003. 7. 11. 선고 2001다45584 판결(국민은행 주식매수선택권 부여결의의 효력)
• 사실관계
Y은행은 2000. 3. 18. 10 : 00 Y은행 본점 14층 회의실에서 ① 대차대조표,

손익계산서 및 이익잉여금처분계산서(안) 승인, ② 정관변경, ③ 이사선임, ④ 이사 보수한도 승인(15억원→30억원), ⑤ 임원들에 대한 주식매수선택권 부여를 의안으로 정기주주총회를 개최할 것을 소집통지하였다. Y은행의 노동조합이 A를 이사로 선임하는데 반대하여 회의실 주변을 점거한 채 주주들의 입장만을 허용하고, 의장을 포함한 임원진의 입장을 저지함에 따라 소집통지된 2000. 3. 18. 10 : 00를 넘겨서도 주주총회는 개회조차 되지 못하고 대치가 계속되었다. 사전에 Y은행에 의결권을 위임한 주식수는 전체 주식수의 10.72%, Y은행의 총무부장 B에게 의결권을 위임한 주식수는 51.49%이었고, 사전에 주주총회참석장을 제출한 주주는 25명으로 그 소유주식 합계는 1.126%이었으며, 소집일 당일 주주총회참석장을 제출한 주주는 85명으로 그 소유주식 합계는 0.015%이었다. 한편 직원주주의 소유 주식 합계는 0.0005%였다. 대치가 계속되는 과정에서 14층 회의실에 입장하여 주주총회의 개회를 기다리던 일부 주주들은 귀가한 상황에서, 주주총회 의장은 22 : 00경 주주총회의 소집장소를 14층 회의실에서 6층 은행장직무대행실로 변경하고, 그 때까지 14층 회의실에서 주주총회의 개회를 기다리고 있던 일부 주주들에게는 그러한 사실을 통지하지 아니한 채, 같은 날 22 : 15경 주식수 합계 1억53,810,788주(51.49%)의 의결권 대리행사를 위임받은 B가 참석한 가운데 은행장직무대행실에서 제37회 정기주주총회를 개최하였고, 결국 이 사건 주주총회에 참석한 주식수는 Y은행이 의결권 대리행사를 위임받아 의장이 의결권을 대리행사한 10.72%와 B가 의결권 대리행사를 위임받은 51.49%의 합계 1억85,847,012주(62.21%)이었으며, 이들의 찬성으로 각 안건이 모두 원안대로 통과된 후 22 : 20경 이 사건 주주총회가 폐회되었다. 원고 X는 주주총회결의의 하자를 다투는 소를 제기하였다.

• **법원의 판단**

(1) 개회시각 지연과 소집장소변경

주주총회의 개회시각이 부득이한 사정으로 당초 소집통지된 시각보다 지연되는 경우에도 사회통념에 비추어 볼 때 정각에 출석한 주주들의 입장에서 변경된 개회시각까지 기다려 참석하는 것이 곤란하지 않을 정도라면 절차상의 하자가 되지 아니할 것이나, 그 정도를 넘어 개회시각을 사실상 부정확하게 만들고 소집통지된 시각에 출석한 주주들의 참석을 기대하기 어려워 그들의 참석권을 침해하기에 이르렀다면 주주총회의 소집절차가 현저히 불공정하다고 하지 않을 수 없다. 또한, 소집통지 및 공고가 적법하게 이루어진 이후에 당초의 소집장소에서 개회를 하여 소집장소를 변경하기로 하는 결의조차 할 수 없는 부득이한 사정이 발생한 경우, 소집권자가 대체 장소를 정한 다음 당초의 소집장소에 출석한 주주들로 하여금 변경된 장소에 모일 수 있도록 상당한 방법으로 알리고 이동에 필요한 조치를 다한 때에 한하여 적법하게 소집장소가 변경되었다고 볼 수 있을 것이다. 앞서 본 인정사실에 의하면, 피고 은행 노동조합원 등의 방해행위로 인하여 소집통지된 시각에 그 소집장소에서 주주총회를 개회할 수 없었던 사정은 인정되나, 소집통지된 시각 이후 언제 개회될지 알 수 없는 불확정한 상태가 지속되다가 12시간이 경과한 같은 날 22 : 15경 주주총회가 개회된 것이라면, 이미 사회통념상 당초의 개회시각에 출석하였던 주주들의 참석을 기대할 수 없어 이들의 참석권을 침해하였다 할 것이고, 또한 그나마 같은 날 22 : 15까지 개회를 기다리고 있던 일반 주주들에게 소집장소가 변경되었다는 통지마저 제대로 이루어지지 아니하였다는 것이므로, 이 사건 주주총회의 소집절차는 일부 주주에 대하여 주주총회 참석의 기회를 박탈함으로써 현저하게 불공정하였다 할 것이다.

Questions & Notes

Note 이 판결에서는 주주총회결의의 하자를 다투는 소의 소송상 쟁점에 대해서도 판단되었는데, 이는 뒤의 [판례 20]에서 검토한다.

Q1 이 사안에서는 개회시간이 지연되고, 소집장소가 변경되었는데 변경된 장소에 대한 통지가 제대로 이루어지지지 아니하였다. 주주총회 당일 부득이한 사정이 발생하여 개회시간 또는 소집장소를 변경한 경우, 주주총회 소집절차의 적법성 판단기준은?

[판례 16]

대법원 2009. 4. 23. 선고 2005다22701, 22718 판결(국민은행 · 주택은행 합병무효사건)
  국민은행은 한국주택은행과 합병하기로 결정하고, 2001. 9. 29. 10 : 00 합병

승인을 위한 임시주주총회를 개최하였다. 여기서 의결권 있는 발행주식총수의 83.19%를 소유한 주주들이 출석한 가운데 그 중 99.16%를 소유한 주주들의 찬성으로 사건 합병계약이 승인되었다. 원고는 합병반대투쟁을 한 국민은행의 주주이자 노동조합원이다.

(1) 주주들의 권리행사방해

국민은행노동조합은 합병반대투쟁의 일환으로 그 소유 주식 13,214주에 대하여 1주씩 참석장 9,000장을 노조원에게 나누어 주고 이들로 하여금 의결권을 행사하여 승인결의의 통과를 막으려고 하였다. 이에 국민은행은 주주총회 개최등 방해금지가처분결정을 얻고 경찰병력의 출동을 요청하여 노동조합대표 1인을 제외한 1주씩의 참석장을 가진 노조원들의 주주총회 입장을 막고자 주주총회장입구를 봉쇄하는 과정에서 노조원뿐 아니라 노조원보다 늦게 도착한 일반 소액주주들도 주주총회장에 입장하지 못하였다. 이에 대해 대법원은 주주의 자유로운 의결권 행사를 보장하기 위하여 주주가 의결권의 행사를 대리인에게 위임하는 것이 보장되어야 한다고 하더라도 주주의 의결권 행사를 위한 대리인 선임이 무제한적으로 허용되는 것은 아니고, 그 의결권의 대리행사로 말미암아 주주총회의 개최가 부당하게 저해되거나 혹은 회사의 이익이 부당하게 침해될 염려가 있는 등의 특별한 사정이 있는 경우에는 회사는 이를 거절할 수 있다(대법원 2001. 9. 7. 선고 2001도2917 판결 등 참조)고 판시하면서 "노동조합 대표자 1인 이외의 다른 노조원들의 입장을 저지한 것은 주주총회 개최 및 진행을 위한 적법한 조치라고 볼 것이며, 당시 주주들의 정상적인 주주총회장 입장이 불가능해 보이는 상황에서 일부 주주, 대리인 및 주주총회 관계자가 합병 전 국민은행측의 안내를 받아 별도의 통로를 통해 이 사건 주주총회장에 입장한 것은, 합병 전 국민은행측이 주주 혹은 대리인으로 확인되는 자와 주주총회 관계자를 주주총회장에 입장시켜 정상적인 주주총회를 진행하기 위하여 취한 불가피한 조치라고 볼 수 있으므로, 그와 같은 사정만으로 이 사건 합병을 무효로 할 만한 하자가 존재한다고 볼 수는 없다"는 원심판시를 유지하였다.

(2) 주주총회에서의 표결방법

합병계약 승인안에 대하여는 총 참석주식수의 0.84%에 해당하는 주식을 소유하는 주주들의 반대가 있었으나, 이 중 외국인 실질주주의 주식에 대하여는 외국인 실질주주들의 신청을 받아 의결권을 행사한 예탁원이 찬·반 주식수 내역 등을 미리 통지하였고, 뉴욕은행 DR과 예탁원에 예탁된 국내 실질주주의 주식에 대하여도 그 의결권을 행사하는 예탁원이 이른바 섀도우 보우팅(shadow voting)할 뜻을 미리 국민은행측에 통지한 상태에서 이 사건 주주총회 당일 의장은 합병계약 승인의 의안을 상정하고 합병계약의 주요 내용을 설명한 뒤 참석한 주주들에게 동의를 구하였는데, 참석 주주 중 아무도 이의를 제기하지 않고 동의를 하므로 박수로써 합병계약 승인의 의안을 가결하였다. 대법원은 "미리 통보받아 알고 있는 반대표 외에 참석주주 중 누구도 의안에 대한 이의를 제기하지 않았던 만큼 합병 전 국민은행으로서는 굳이 투·개표의 절차를 거칠 필요가 없이 반대표와 찬성표의 비율을 따져 의안을 통과시킬 수 있는 것이므로, 이 사건 주주총회 당일 의장이 합병계약 승인의 의안을 상정하고 합병계약의 주요 내용을 설명한 뒤 참석한 주주들에게 동의를 구하였는데, 참석주주 중 아무도 이의를 제기하지 않고 동의를 한 상황에서 박수로써 합병계약 승인의 의안을 가결한 것은 위법하다고 볼 수 없다"는 원심판결을 유지하였다.

(3) 대리인의 자격을 주주로 제한한 정관의 효력

국민은행 정관에는 의결권 대리행사자의 자격을 주주로 한정하여 규정해 놓았는데, 국민은행 주식 중 대한민국이 보유하는 주식에 대해서는 재정경제부 소속 5급 상당의 공무원이 의결권을 대리행사하였는바, 이것이 결의방법이 정관에 위반한 것인가가 문제되었다. 법원은 "상법 제368조 제3항의 규정은 주주의 대리인의 자격을 제한할 만한 합리적인 이유가 있는 경우에는 정관의 규정에 의하여 상당하다고 인정되는 정도의 제한을 가하는 것까지 금지하는 취지는 아니라고 해석되는바, 대리인의 자격을 주주로 한정하는 취지의 주식회사의 정관 규정은 주주총회가 주주 이외의 제3자에 의하여 교란되는 것을 방지하여 회사 이익을 보호하는 취지에서 마련된 것으로서 합리적인 이유에 의한 상당한 정도의 제한이라고 볼 수 있으므로 이를 무효라고 볼 수는 없다. 그런데 위와 같은 정관규정이 있다 하더라도 주주인 국가, 지방공공단체 또는 주식회사 등이 그 소속의 공무원, 직원 또는 피용자 등에게 의결권을 대리행사하도록 하는 때에는 특별한 사정이 없는 한 그들의 의결권 행사에는 주주 내부의 의사결정에 따른 대표자의 의사가 그대로 반영된다고 할 수 있고 이에 따라 주주총회가 교란되어 회사 이익이 침해되는 위험은 없는 반면에, 이들의 대리권 행사를 거부하게 되면 사실상 국가, 지방공공단체 또는 주식회사 등의 의결권 행사의 기회를 박탈하는 것과 같은 부당한 결과를 초래할 수 있으므로, 주주인 국가, 지방공공단체 또는 주식회사 소속의 공무원, 직원 또는 피용자 등이 그 주주를 위한 대리인으로서 의결권을 대리행사하는 것은 허용되어야 하고 이를 가리켜 정관규정에 위반한 무효의 의결권 대리행사라고 할 수는 없다"고 판시하였다.

(4) 의결권의 불통일행사

이 사건에서 외국인 실질주주 중 일부는 의결권의 불통일행사를 하였다. 의결권의 불통일행사 통지가 이 사건 주주총회 회의일인 2001. 9. 29.로부터 3일 전이라는 시한을 넘겨 같은 달 26일에 도달하였는데, 국민은행은 그 의결권의 불통일행사를 거부하지 않고 허용하였다. 대법원은 "상법 제368조의2 제 1 항은 "주주가 2 이상의 의결권을 가지고 있는 때에는 이를 통일하지 아니하고 행사할 수 있다. 이 경우 회일의 3일 전에 회사에 대하여 서면으로 그 뜻과 이유를 통지하여야 한다"고 규정하고 있는바, 여기서 3일의 기간이라 함은 의결권의 불통일행사가 행하여지는 경우에 회사측에 그 불통일행사를 거부할 것인가를 판단할 수 있는 시간적 여유를 주고, 회사의 총회 사무운영에 지장을 주지 아니하도록 하기 위하여 부여된 기간으로서, 그 불통일행사의 통지는 주주총회 회일의 3일 전에 회사에 도달할 것을 요한다. 다만, 위와 같은 3일의 기간이 부여된 취지에 비추어 보면, 비록 불통일행사의 통지가 주주총회 회일의 3일 전이라는 시한보다 늦게 도착하였다고 하더라도 회사가 스스로 총회운영에 지장이 없다고 판단하여 이를 받아들이기로 하고 이에 따라 의결권의 불통일행사가 이루어진 것이라면, 그것이 주주평등의 원칙을 위반하거나 의결권 행사의 결과를 조작하기 위하여 자의적으로 이루어진 것이라는 등의 특별한 사정이 없는 한 그와 같은 의결권의 불통일행사를 위법하다고 볼 수는 없다"고 판시하였다.

(5) 주주 본인 및 대리권을 증명하는 서면

국민은행은 합병승인을 위한 주주총회 소집통지를 할 때 대리인은 위임장과 참석장을 지참하도록 통지하였다. 주주총회에서 주주의 의결권행사의 대리인이 참석장을 제출하지 아니하였는데 의결권의 대리행사가 허용되었다. 이에 대하여 주주이자 노동조합원인 원고가 주주총회결의의 하자를 주장하였다. 여기에 대하여 법원은 다음과 같이 판시하였다.

"상법 제368조 제3항은 "주주는 대리인으로 하여금 그 의결권을 행사하게 할 수 있다. 이 경우에는 그 대리인은 대리권을 증명하는 서면을 총회에 제출하여야 한다"고 규정하고 있는바, 여기서 '대리권을 증명하는 서면'이라 함은 위임장을 일컫는 것으로서 회사가 위임장과 함께 인감증명서, 참석장 등을 제출하도록 요구하는 것은 대리인의 자격을 보다 확실하게 확인하기 위하여 요구하는 것일 뿐, 이러한 서류 등을 지참하지 아니하였다 하더라도 주주 또는 대리인이 다른 방법으로 위임장의 진정성 내지 위임의 사실을 증명할 수 있다면 회사는 그 대리권을 부정할 수 없다고 할 것이고, 한편 회사가 주주 본인에 대하여 주주총회 참석장을 지참할 것을 요구하는 것 역시 주주 본인임을 보다 확실하게 확인하기 위한 방편에 불과하므로, 다른 방법으로 주주 본인임을 확인할 수 있는 경우에는 회사는 주주 본인의 의결권 행사를 거부할 수 없다.

위 법리와 기록에 비추어 살펴보면, 원심이 주주 본인의 경우에는 굳이 참석장을 소지하고 있지 않더라도 신분증 및 합병 전 국민은행에 제출된 것과 동일한 인감의 소지 여부 등을 통하여 주주 본인임을 확인하는 절차를 거치고, 주주의 대리인의 경우에는 위임장을 제출받아 그 위임장에 기재된 주주 본인의 인적 사항이 맞는지, 위임장에 날인된 주주 본인의 인감이 합병 전 국민은행에 제출된 것과 동일한지 여부와 위임장을 가지고 온 자의 신분증과 위임장에 기재된 대리인의 인적 사항을 대조하는 등의 방법으로 그 사람의 동일성을 확인하는 절차를 거치면 된다는 이유로, 일부 주주 본인들이 참석장을 소지하고 있지 않거나 일부 주주의 대리인들이 위임장 이외에 주주 본인의 신분증 사본, 인감증명서 등을 제출하지 아니하였다는 사정만으로는 이들의 의결권 행사가 무효라고 볼 수 없다는 취지로 판단하였음은 정당하다. …"

Questions & Notes

Q1 아래의 대법원 1996. 12. 20. 선고 96다39998 판결에서는 주주의 대리인의 회의장 입장을 지연시킨 것은 결의방법이 현저히 불공정하다는 취지의 판시를 하였다. 반면에 위의 [판례 16]에서는 우리사주조합의 의결권의 대리행

사를 위임받은 조합원의 회의장 입장을 저지하였으나 이를 하자로 보지 아니하였다. 이러한 차이는 타당한가?

[참고판례]
• **대법원 1996. 12. 20. 선고 96다39998 판결**

피고 회사는 실제소유자가 발행주식의 57%를 소유하는 A와 43%를 소유하는 원고 X뿐인 회사이다. 기존의 주주총회에서 B가 X를 대리하여 주주총회에 참석하여 왔으므로 B가 X를 대리한다는 사실을 회사가 알 수 있었다. 피고 회사 총무과장이 B가 개최시각에 맞춰 주주총회장에 도착하였는데 즉시 주주총회장으로 안내하지 아니하고 외부인 방문일지에 성명 등 인적사항, 방문일자, 방문처 등을 기재하여 줄 것을 요구하고 위임장제출을 요구함으로써 통지된 개최시각보다 10분 지체하여 회의장에 입장하였다. 그런데 B의 입장 전에 4개의 안건중 3개의 안건에 대한 결의가 이루어졌다.

법원은 "피고 회사 발행주식의 43%를 소유하는 원고측의 의결권 행사 여부는 위 제 1, 3, 4 호 안건의 의결에 영향을 미치지 아니하나 위 제 2 호 안건의 의결에는 영향을 미치고, 위 제 2 호 안건이 가결되는 경우 피고 회사의 자본증자가 사실상 피고 회사 발행주식의 57%를 소유하는 위 A의 의사만에 의하여 가능하게 되므로 위 안건의 가결 여부에 대해 원고와 위 A의 이해관계가 첨예하게 대립한다 할 것이고, 실제로 피고 회사의 1992년 정기 주주총회는 이 사건 주주총회의 제 2 호 안건과 동일한 안건을 결의사항의 하나로 통지하여 소집되었으나 원고측의 반대로 실제 주주총회에서는 위 안건이 상정되지 아니한 일도 있었으므로, 원고를 제외한 피고 회사의 사실상의 유일한 주주인 위 A가 이 사건 주주총회의 의장으로서 위 주주총회의 의사를 진행함에 있어서는 주주총회 개최시각으로 통지된 10시 정각에 원고측이 회의장에 입장하지 아니하였으면 먼저 원고측의 의결권 행사가 그 안건의 의결에 영향을 미치지 아니하는 위 제 1, 3, 4 호 안건에 대하여 심의, 표결한 후 마지막으로 원고의 의결권 행사 여부가 그 안건의 의결에 영향을 미치고 원고와 나머지 주주들의 이해관계가 첨예하게 대립하는 위 제 2 호 안건에 대하여 심의, 표결하거나, 먼저 위 제 1 호 내지 제 4 호 안건에 대하여 심의만을 한 후 위 제1, 3, 4호 안건에 대하여 표결하고 마지막으로 위 제 2 호 안건에 대한 표결만을 하는 방법으로 의사를 진행하여 원고가 위 제 2 호 안건에 대하여 의결권을 행사할 기회를 최대한 보장하는 것이 신의칙에 부합하는 공정한 의사진행방식 내지 결의방식이라 할 것(이므로) … 이 사건 주주총회의 결의방법은 신의칙에 반하는 것으로서 현저하게 불공정한 것이라 할 것이다"라고 판시하였다.

(2) 의   장

총회의 의장은 정관에서 정함이 없는 때에서는 총회에서 선임한다(366조의2 1항). 대개의 경우는 정관에서 대표이사를 의장으로 지정하고 있고, 대표이사 유고시 일정한 순서에 따라 다른 이사가 맡도록 하고 있다. 소수주주의 청구에 의하여 소집된 임시주주총회에서도 정관규정에 따라 대표이사가 의장이 될 것인가가 문제되는데, 2011년 개정상법은 법원이 이해관계인의 청구나 직권으로 선임할 수 있도록 함으로써 공정한 의사진행이 될 수 있도록 하였다(366조 2항 후단). 의장은 총회의 질서를 유지하고 의사를 정리하는데(366조의2 2항), 의사진행을 통하여 주주총회에 영향력을 미칠 수 있으므로, 정관에 규정된 의장이 아닌 자가 의사진행을 한 경우 주주총회의 효력이 문제된다.

[참고판례]

• 대법원 1977. 9. 28. 선고 76다2386 판결

"원고가 의장이 되어 진행하던 피고 회사의 위 주주총회에서 동 주주총회에서의 의결권 있는 주식의 3분의1을 소유하고 있던 위 A가 자기를 의장으로 선출하는 절차를 거치지 아니하고 자기가 자칭 의장으로서 의장인 원고를 배제하고 동 주주총회의 의안대로 당시의 피고 회사의 대표이사였던 원고를 비롯한 전임원을 해임하고 A 자신을 대표이사로 선임한 것을 비롯한 위 설시의 임원을 선임한다고 선포하자 동 주주총회에서의 의결권 있는 주식의 3분의 1을 소유하고 있던 위 B가 그 임원의 해임 및 선임에 찬성의 의사를 표시하였으므로 동 A가 폐회선언을 하였는데 … 본건의 경우에 있어서 정관상 의장이 될 사람이 아닌 위 A가 정당한 사유 없이 위 주주총회의 의장이 되어 의사에 관여하였다고 가정하더라도 그 사유 만으로서는 위 주주총회에서의 결의가 부존재한 것으로 볼 수는 없는 것이고 그러한 하자는 다만 그 결의방법이 정관에 위반하는 것으로서 주주총회의 결의취소사유에 해당하는데 지나지 않는 것으로 볼 수밖에 없으며 원심의 위 인정사실에 의할지라도 그 밖에 위 주주총회의 결의가 부존재한 것이라고 단정할 수는 없는 것이라고 할 것이다."

• 대법원 2001. 5. 15. 선고 2001다12973 판결(뒤의 [판례 17]의 참고판례와 동일한 판결임)

"가. 개회선언된 주주총회에서 의안에 대한 심사를 마치지 아니한 채 법률상으로나 사실상으로 의사를 진행할 수 있는 상태에서 주주들의 의사에 반하여 의장이 자진하여 퇴장한 경우 주주총회가 폐회되었다거나 종결되었다고 할 수는 없으며, 이 경우 의장은 적절한 의사운영을 하여 의사일정의 전부를 종료케 하는

등의 직책을 포기하고 그의 권한 및 권리행사를 하지 아니하였다고 볼 것이므로, 퇴장 당시 회의장에 남아 있던 주주들이 임시의장을 선출하여 진행한 임시주주총회의 결의도 적법하다고 할 것이다(대법원 1983. 8. 23. 선고 83도748 판결 참조). …

원심이 인용한 제 1 심판결 이유에 의하면 원심은, 이 사건 주주총회 당시 일부 주주들이 원고에게 회사의 부실경영과 불분명한 지출에 대한 해명을 요구하는 등 주주들과 원고 사이에 언쟁이 벌어지면서 의사진행이 지연되었으며, 원고가 제 3 호 안건(이사 및 감사 선임의 건)에 대하여 안건 철회를 요구하였으나 일부 주주의 반대로 철회가 여의치 않게 되자, 다음 주주총회에서 이사와 감사를 선임하자고 제의하였으나 일부 참석자들의 반대로 결국 원고의 제 3 호 안건 철회안을 받아들일 것인지에 대하여 표결을 한 결과 원고의 제안이 부결되자 원고가 일방적으로 퇴장한 사실은 위에서 본 바와 같고, 원고가 일방적으로 주주총회의 연기를 주장하며 퇴장하려 하자 시그마창투측의 A 등이 원고를 제지한 사실, 제 3 호 안건 철회안을 놓고 표결을 하기로 결정된 후 위 B 등이 피고 회사의 직원인 C에게 투표용지를 작성할 것을 요구하여, 위 C가 백지에 주주의 성명과 주식수를 기재하여 가져온 용지에 주주들이 투표를 하게 된 사실, 집계된 개표 결과를 원고가 발표하지 아니하자 A가 이를 발표한 사실, 한편 피고 회사의 정관에 주주총회 의장은 대표이사, 부사장, 전무이사, 상무이사의 순으로 맡는 것으로 규정되어 있는데, 이 사건 주주총회 당일 이에 해당하는 피고 회사의 임원으로는 원고와 소외 D만이 주주총회에 참석하였으나 원고가 퇴장한 후 주주들로부터 임시의장을 맡아 달라고 요청을 받던 위 D도 총회장에서 퇴장한 사실이 인정되므로, 주주총회 과정에서 자신의 부실경영에 대한 주주들의 추궁에 적절히 대응할 수 없다고 판단한 원고가 경영권의 방어를 도모하기 위하여 이사 및 감사 선임을 연기하려다가 여의치 않자 주주들의 의사를 무시하고 일방적으로 의사진행을 거부하며 퇴장하려 하다가 제지당하였고, 표결에서 패배한 원고가 투표결과를 발표하지 아니하자 A가 이를 발표하였다고 할 것인데, 이와 같은 이 사건 주주총회의 진행 경위나 주주들의 발언 정도 등을 종합하면 이 사건 주주총회에서 주주들이 부실경영에 대하여 추궁을 하고 원고의 일방적인 퇴장을 제지하거나 표결결과의 발표를 거부하는 원고를 대신하여 발표한 행위는 주주총회에 참석한 주주로서의 권리를 행사함에 있어 사회통념상 허용되는 방법과 정도를 넘지 않는 정당한 행위라 할 것이고, 당시 주주총회에 참석한 주주들이 백지용지에 투표를 하는데 대하여 승낙한 것이므로 이를 위법하다고 볼 수는 없으며, 원고는 주주들의 제지에도 불구하고 적대적 M&A 문제가 해결될 때까지 회의를 연기하겠다고 일방적으로 선언하고 퇴장한 것인바, 주주총회의 결의 없이 의장이 일방적으로 주주총회의 연기결정이나 속행결정을 할 수는 없는 것이

고 의장이 불리한 상황에 처해 있다는 이유로 퇴장한 것은 원고가 의장으로서의
권한행사를 포기한 것인데, 이와 같이 원고나 위 D가 권한행사를 스스로 포기하
고 퇴장하여 버린 사정 아래에서는 주주들이 임시의장을 선출하여 총회를 진행
한 것은 적법하다."

(3) 주주의 질문권과 의장의 질서유지

상법상 명문의 규정은 없지만, 주주는 설명을 청구하고 발언을 할 수 있
음은 당연하다. 한편 총회의 의장은 고의로 의사진행을 방해하기 위한 발언·
행동 등을 하는 등 현저히 질서를 문란하게 하는 자에 대하여 그 발언의 정지
또는 퇴장을 명할 수 있다(366조의2 3항). 주주총회에서 주주의 발언이 저지당
하여 주주총회결의가 성립한 경우에는 결의방법이 현저하게 불공정하여 주주
총회결의 취소사유가 될 때도 있다.

4. 주주의 의결권

(1) 의결권과 그 제한
1) 1주 1의결권 원칙

주주는 주주총회에서 의결권을 행사하여 경영의사결정에 참여한다. 의결
권은 원칙적으로는 1주마다 1개로 한다(369조 1항).

[참고판례]
• 대법원 2009. 11. 26. 선고 2009다51820 판결
"상법 제369조 제1항에서 주식회사의 주주는 1주마다 1개의 의결권을 가진다
고 하는 1주 1의결권의 원칙을 규정하고 있는바, 위 규정은 강행규정이므로 법률
에서 위 원칙에 대한 예외를 인정하는 경우를 제외하고, 정관의 규정이나 주주총
회의 결의 등으로 위 원칙에 반하여 의결권을 제한하더라도 그 효력이 없다.

그런데 상법 제409조 제2항·제3항은 '주주'가 일정 비율을 초과하여 소유
하는 주식에 관하여 감사의 선임에 있어서 그 의결권을 제한하고 있고, 구 증권
거래법(2007. 8. 3. 법률 제8635호 자본시장과 금융투자업에 관한 법률 부칙 제2
조로 폐지, 이하 같다) 제191조의11은 '최대주주와 그 특수관계인 등'이 일정 비
율을 초과하여 소유하는 주권상장법인의 주식에 관하여 감사의 선임 및 해임에
있어서 의결권을 제한하고 있을 뿐이므로, '최대주주가 아닌 주주와 그 특수관
계인 등'에 대하여도 일정 비율을 초과하여 소유하는 주식에 관하여 감사의 선
임 및 해임에 있어서 의결권을 제한하는 내용의 정관 규정이나 주주총회 결의

등은 무효라고 보아야 한다. 원심이 적법하게 인정한 사실관계와 기록에 의하면, ① 피고 회사 정관 제21조 제 4 항(이하 '이 사건 정관조항'이라 한다)은 "감사의 선임에 관하여 의결권을 행사할 '주주의 본인과 그 특수관계인 등'이 소유하는 의결권 있는 주식의 합계가 의결권 있는 발행주식총수의 100분의 3을 초과하는 경우, 그 주주는 그 초과하는 주식에 관하여는 의결권을 행사하지 못한다"고 규정하여 구 증권거래법(1997. 1. 13. 법률 제5254호 개정된 것) 제191조의 11과 같은 내용을 담고 있는 사실, ② 그런데 위 증권거래법 규정이 2000. 1. 21. 법률 제6176호로 개정되어 의결권 제한의 대상이 일정 비율 이상의 주식을 보유하고 있는 '주주와 그 특수관계인 등'에서 '최대주주와 그 특수관계인 등'으로 변경된 사실, ③ 피고 회사는 2008. 3. 27. 주주총회에서 소외인을 감사로 선임하는 결의(이하 '이 사건 주주총회결의'라 한다)를 하면서 이 사건 정관조항에 따라 최대주주가 아닌 원고와 그 특수관계인 등이 3%를 초과하여 소유하는 주식에 관하여 의결권을 제한한 사실을 알 수 있다.

원심판결 이유에 의하면, 원심은 주주평등의 원칙과 1주 1의결권 원칙의 취지, 주식회사법을 강행법규로 한 이유, 우리 상법 및 구 증권거래법에서 감사제도 및 감사선임시 의결권제한규정을 둔 취지 등에 비추어 이 사건 정관조항은 강행법규에 위배되고 주주의 의결권을 부당하게 제한하는 무효의 조항이라고 판단한 다음, 피고 회사가 이 사건 정관조항에 따라 원고 및 그 특수관계인 등의 의결권을 제한한 것은 위법하여 이 사건 결의는 결의방법에 법령에 위반한 하자가 있는 경우에 해당한다고 보아 이 사건 주주총회결의의 취소를 구하는 원고의 청구를 받아들였다. 앞서 본 법리와 기록에 비추어 살펴 보면, 원심의 위와 같은 판단은 정당하(다)."

Note 사실 감사 선임시 의결권 제한에 관한 위 정관이 증권거래법상의 의결권제한보다 엄격하게 규정된 것은 증권거래법의 개정을 반영하지 못한 결과로 보이고, 당사자들이 정관규정과 같은 내용을 합의한 것은 아니었다. 만약 위 정관규정이 주주전원의 진정한 의사를 반영한 경우에도 그 규정을 강행법규 위반으로서 무효라고 봄이 타당한가에 대해서는 의문이 있다. 참고로 2020년 개정상법은 상장회사 감사선임에 관하여 최대주주에 대해서는 특수관계인과 기타 대통령령으로 정하는 자가 소유하는 주식을 합산하여 3% 제한을 적용하고, 다른 주주에 대해서는 특수관계인 등과 합산하지 않고 개별적으로 3% 제한을 적용한다(542조의12 7항).

2) 의결권의 제한

일정한 경우에는 의결권이 없다. 우선 회사는 의결권이 배제되거나 제한되는 주식을 발행할 수 있다(344조의3). 상법상 회사가 가진 자기주식(369조 2항), 상호보유되는 주식은 의결권이 제한된다(369조 3항). 그 외 특정 사안에 대하여 의결권이 일시적으로 제한되는 경우도 있다. 즉, 총회의 결의에 관하여 특별한 이해관계가 있는 자는 의결권을 행사하지 못하고(368조 4항),[4] 감사선임 결의에서 의결권 없는 주식을 제외한 발행주식 총수의 100분의 3을 초과하는 수의 주식을 가진 주주는 그 초과하는 주식에 관하여 의결권을 행사하지 못한다(409조 2항).[5] 집중투표를 배제하기 위한 정관변경 결의시에도 의결권이 제한된다(542조의7 3항) 기타 특별법상 의결권이 제한되는 경우들이 있다. 이러한 의결권 제한에 위반한 경우에는 주주총회결의의 효력이 문제된다.

가. 상호보유주식의 의결권제한

[판례 17]

대법원 2009. 1. 30. 선고 2006다31269 판결(상호보유주식의 의결권제한 기준시점)
• **사실관계**

Y회사는 2005. 3. 18. 정기주주총회를 개최하였는데, Y회사 정관에는 "회사는 매년 12월 31일 최종의 주주명부에 기재되어 있는 주주를 그 결산기에 관한 정기주주총회에서 권리를 행사할 주주로 한다"고 규정하고 있었다. 이 사건 주주총회 기준일인 2004. 12. 31. A회사는 Y회사의 발행주식의 43.4%를 소유하고 있었다. 또한 Y회사는 B회사 발행주식의 92%를 소유한 상법상 모회사이다.

---

4) 주주가 주주총회결의에 특별이해관계가 있어 의결권을 행사할 수 없었던 경우에 결의가 현저하게 부당하고 그 주주가 의결권을 행사하였더라면 이를 저지할 수 있었을 때에는 그 주주는 결의의 날로부터 2월 내에 결의 취소의 소 또는 변경의 소를 제기할 수 있다(381조).

5) 상장회사의 경우에는 최대주주, 최대주주의 특수관계인, 그 밖에 대통령령으로 정하는 자가 소유하는 상장회사의 의결권 있는 주식의 합계가 그 회사의 의결권 없는 주식을 제외한 발행주식총수의 100분의 3을 초과하는 경우 그 주주는 그 초과하는 주식에 관하여 감사 또는 사외이사가 아닌 감사위원회위원을 선임하거나 해임할 때 의결권을 행사하지 못한다(542조의 12 3항). 최근사업연도말 현재 자산총액이 2조원 이상인 상장회사에서는 사외이사인 감사위원회위원을 선임할 때 의결권 없는 주식을 제외한 발행주식총수의 100분의3을 초과하는 부분에 대해 의결권을 행사하지 못한다(542조의 12 4항).

그런데 B회사가 2005. 1. 26.경 A회사 발행주식의 27%를 양수하였다. 위 양수당시 아직 주권이 발행되지 않았다. B회사는 A회사 주주명부에 명의개서를 하지 않았으나, 2005. 3. 11. A회사가 주식의 양수를 승낙한다는 통지를 하였다. 2005. 3. 18. 개최된 주주총회에서 A회사는 소유하고 있는 Y회사 주식 43.4%에 대한 의결권을 행사하였다. 이에 Y회사 주주인 원고가 주주총회결의 취소의 소를 제기하였다.

• **법원의 판단**

   "상법 제369조 제 3 항은 "회사, 모회사 및 자회사 또는 자회사가 다른 회사의 발행주식의 총수의 10분의 1을 초과하는 주식을 가지고 있는 경우 그 다른 회사가 가지고 있는 회사 또는 모회사의 주식은 의결권이 없다"고 규정하고 있다. 이와 같이 모자회사 관계가 없는 회사 사이의 주식의 상호 소유를 규제하는 주된 목적은 상호주를 통해 출자 없는 자가 의결권 행사를 함으로써 주주총회결의와 회사의 지배구조가 왜곡되는 것을 방지하기 위한 것이다. 한편, 상법 제354조가 규정하는 기준일 제도는 일정한 날을 정하여 그 날에 주주명부에 기재되어 있는 주주를 계쟁 회사의 주주로서의 권리를 행사할 자로 확정하기 위한 것일 뿐, 다른 회사의 주주를 확정하는 기준으로 삼을 수는 없으므로, 기준일에는 상법 제369조 제 3 항이 정한 요건에 해당하지 않더라도, 실제로 의결권이 행사되는 주주총회일에 위 요건을 충족하는 경우에는 상법 제369조 제 3 항이 정하는 상호 소유 주식에 해당하여 의결권이 없다. 이때 회사, 모회사 및 자회사 또는 자회사가 다른 회사 발행주식 총수의 10분의 1을 초과하는 주식을 가지고 있는지 여부는, 앞서 본 '주식 상호 소유 제한의 목적'을 고려할 때, 실제로 소유하고 있는 주식수를 기준으로 판단하여야 할 것이며 그에 관하여 주주명부상의 명의개서를 하였는지 여부와는 관계가 없다. … 주권발행전 주식의 양도는 당사자의 의사표시만으로 효력이 발생하므로(대법원 2006. 9. 14. 선고 2005다45537 판결 참조), B주식회사는 2005. 1. 26.경 A주식회사의 총 발행주식 27%에 해당하는 주식을 양수함으로써 이를 소유하게 되었다고 할 것인데, 위와 같이 피고 Y회사의 자회사인 B주식회사가 A주식회사 발행주식 총수의 10분의 1을 초과하여 소유하게 된 이상, A주식회사가 이 사건 주주총회에서 의결권을 행사할 예정이었던 Y회사의 발행주식 위 3,563,080주는 상법

제369조 제 3 항에 따라 의결권이 없다고 할 것이다."

Questions & Notes

Note 이 판결은 적대적 기업인수 시도에 대한 방어행위와 관련된 것으로서 [판례 78]과 사실관계가 공통된다. 이 판결에서는 주주총회결의의 효력이 다투어진데 반하여 [판례 78]은 배임죄의 성부가 문제된 형사판결이다. 甲은 A회사의 주식을 64% 소유하는 지배주주로서 A회사의 이사, Y회사의 대표이사이다. 원고측이 A회사 및 Y회사의 경영권 장악 시도를 하자, 甲측이 이에 대한 방어를 위해 Y회사(대표이사 甲)로 하여금 B회사에 40억을 무담보 대출하여 B회사가 A회사의 종업원주주로부터 A회사의 주식을 양수하도록 하였다.

Q1 위 사례에서는 Y회사가 A의 주식을 취득한 것이 아니다. 그럼에도 Y와 A 간의 주식의 상호소유에 해당되는가?

Q2 이 사례는 주주총회의 기준일 당시에는 상호주 소유관계가 아니었는데, 주주총회일 당일에는 주식을 상호보유하는 경우이다. 주식상호보유에 해당하는지를 판단하는 시점을 기준일로 하는 경우와 총회일로 하는 경우의 장단점은 무엇인가?

Q3 B회사는 A회사의 주식을 취득하고 명의개서를 하지 아니하였다. 명의개서는 회사에 대하여 주주권을 행사하기 위한 대항요건이다(337조 1항). 그렇다면 B회사가 A회사에 대하여 주주권을 행사할 수 없는 것인가? 그렇다면 Y회사와 A회사 간의 주식의 상호보유라고 볼 수 없는 것 아닌가?

Note 이 사건 이후 Y회사는 B회사 주식을 A의 대주주인 甲에게 매각하여 Y와 B 사이의 지배관계를 해소하였다.

Q4 두 회사가 서로 주식을 10%를 초과하여 소유하는 경우에는 두 회사 모두 상대방 회사의 주식에 대해 의결권을 행사할 수 없다. 위 사례에서 B는 A회사 주주총회에서 의결권을 행사할 수 있는가? Y는 B회사 주주총회에서 의결권을 행사할 수 있는가? 이와 같은 경우에도 자본의 공동화와 의사결정의 왜곡 문제는 발생할 수 있는가?

Q5 회사가 다른 회사 발행주식총수의 10분의 1을 초과하여 취득한 때에는 그

다른 회사에 대하여 지체없이 이를 통지하여야 한다(342조의3). 통지의무를 위반한 경우의 효과에 대해서는 명문의 규정을 두고 있지 않다.

(1) 통지의무를 위반한 경우 효과는? 의결권이 제한된다고 해석하는 것이 타당한가?

(2) 의결권의 위임을 받아 10%를 초과하여 취득하게 된 경우에도 통지의무가 있는가? 의결권행사에 관하여 백지위임을 받은 경우는 어떠한가?

[참고판례]

• **대법원 2001. 5. 15. 선고 2001다12973 판결(10% 초과보유 통지의무)**

피고 회사는 1999. 3. 27. 제39차 정기주주총회(이하 '이 사건 주주총회'라고 한다)를 개최한 바 있고, 원고는 이 사건 주주총회 당시 피고 회사의 대표이사이자 주주였는데, 피고 회사는 기명식 보통주식 134만 주를 발행하여, 원고측이 약 42%를 보유하였고, 시그마창업투자 주식회사(이하 '시그마창투'라고 한다)가 자신을 대리인으로 하여 일반주주들로부터 이 사건 주주총회의 개별안건에 대한 찬·부의 의견을 표시할 수 있는 위임장에 주주들의 의견을 기재하도록 하여 의결권의 대리행사를 권유한 결과 이를 받아들인 111명의 주주가 약 30%를 보유하고 있다. 일부 주주들이 원고에게 회사 부실경영과 불분명한 지출에 대한 해명을 요구하는 등 주주들과 원고 사이에 언쟁이 벌어지면서 의사진행이 지연되기 시작하였으며, 원고는 제 3 호 안건(이사 및 감사 선임의 건)에 대하여 안건 철회를 요구하였으나 원고의 철회안은 부결되었고, 이에 일부 주주들이 이사 5명과 감사 1명의 선임을 요구하자 원고는 '그것은 적대적 앰앤에이(M&A)에 해당한다'는 등의 주장을 내세우며 의안처리를 계속 미루다가 '적대적 M&A 문제가 해결될 때까지 회의를 연기하겠다'고 일방적으로 선언하고 퇴장하였으나, 594,015주의 주주가 속회를 결의하여 임시의장으로 시그마창투의 대표이사인 A(현재 피고 회사의 대표이사)를 선출하고 회의를 진행하여 참석한 549,015주(발행주식 총수의 40.9%)의 주주 전원의 동의로 위 A 및 소외 B, C, D, E를 이사로, 소외 F를 감사로 각 선임한 후 제5, 6 호 의안을 처리 또는 폐기하고 폐회하였다. 원고는 주주총회결의 부존재확인을 청구하면서 그 청구원인 중 하나로 342조의 3 통지의무위반을 주장하였다.

법원은 "상법 제342조의3에는, '회사가 다른 회사의 발행주식총수의 10분의 1을 초과하여 취득한 때에는 그 다른 회사에 대하여 지체없이 이를 통지하여야 한다'라고 규정되어 있는바, 이는 회사가 다른 회사의 발행주식총수의 10분의 1 이상을 취득하여 의결권을 행사하는 경우 경영권의 안정을 위협받게 된 그 다른 회사는 역으로 상대방 회사의 발행주식의 10분의 1 이상을 취득함으로써 이른바 상호보유주식의 의결권 제한 규정(상법 제369조 제 3 항)에 따라 서로 상대

회사에 대하여 의결권을 행사할 수 없도록 방어조치를 취하여 다른 회사의 지배
가능성을 배제하고 경영권의 안정을 도모하도록 하기 위한 것으로서, 특정 주주
총회에 한정하여 각 주주들로부터 개별안건에 대한 의견을 표시하게 하여 의결
권을 위임받아 의결권을 대리행사하는 경우에는 회사가 다른 회사의 발행주식
총수의 10분의 1을 초과하여 의결권을 대리행사할 권한을 취득하였다고 하여도
위 규정이 유추적용되지는 않는다고 할 것이다.

원심판결 및 원심이 일부 인용한 제1심판결 이유에 의하면 원심은, 이 사건
주주총회에서 시그마창투가 의결권 대리행사 권유를 위하여 사용한 위임장에는
개별의안에 대한 찬부의 의사표시를 묻는 부분이 기재되어 있고, 그 위에 굵은
고딕 글씨체로 '대리인은 위임장에 표시된 찬반표시에 따라 의결권을 대리행사
하되, 만일 위임장의 의안 중 전부 또는 일부에 대하여 찬반표시가 이루어지지
않은 채 대리인에게 위임장이 반송되는 경우에는 대리인은 권유주주들이 찬부
를 권유한 의안에 대하여는 권유한 대로, 권유하지 아니한 의안에 대하여는 주
주의 이익을 최대한 도모할 수 있다고 대리인이 합리적으로 판단하는 바에 따라
의결권을 대리행사한다'고 기재되어 있는 사실, 또한 위 위임장에는 주주총회
개별안건 중 제3호 안건인 '이사 및 감사 선임의 건'에 관하여는 회사측 안에
대하여는 반대의 의사표시를, 권유주주 안에 대하여는 찬성의 의사표시를 하여
주기 바라며, 회사측 안에 대하여는 '반대' 부분을, 권유주주 안에 대하여는 '찬
성' 부분을 굵은 글씨로 표시하여 놓은 사실, 그런데 주주총회 의결권 대리를 위
임한 피고 회사의 주주 111명 중 소외 甲을 포함한 41명의 주주(주식수 257,420
주)는 시그마창투로부터 교부받은 위임장에 표시된 개별의안에 대한 찬부표시
를 묻는 부분에 대하여 아무런 표시를 하지 아니한 채 시그마창투에게 위임장을
반송하여 준 사실을 인정한 다음, 비록 위 甲을 포함한 41명의 위임 주주들이
주주총회의 개별안건별로 찬부표시를 하지 않았다고 하여도, 위 위임장의 내용
과 형식 등에 비추어 보면 위 위임주주들은 당연히 위 위임장의 굵은 글씨에 표
시된 대로 개별안건별로 권유주주들의 입장에 따라 자신의 의결권이 행사되도
록 위임한 것으로 볼 수 있으며, 주주가 개별안건에 대하여 찬·부의 의견을 명
시하여 의결권 대리행사를 위임하여 위임받은 자가 그 의사에 따라 이를 행사하
는 경우에는, 주식을 취득하여 의결권을 행사하는 경우에 비하여 회사에 대한
지배가능성이 크지 않을 뿐만 아니라, 주주총회를 개최하는 회사가 주주총회를
목전에 둔 시점에서 의결권의 대리행사를 위임받은 회사의 발행주식 10분의 1
이상을 취득하여 자기 회사에 대한 의결권이 박탈되도록 하는 것이 용이하지도
않아 실효성도 없는 반면, 개별안건에 대한 의견을 명시하여 의결권 대리행사를
위임한 주주의 의결권을 통지의무 위반을 이유로 박탈하여야 할 합리적인 이유
도 없는 점 등을 고려하면, 이 사건에서와 같이 특정 주주총회에 한정하여 각

주주들로부터 개별안건에 대한 의견을 표시하게 하여 의결권을 위임받아 의결권을 대리행사하는 경우에는 위 규정이 유추적용되지 않는다"고 판시하였다.

나. 특별이해관계인의 의결권제한

총회의 결의에 관하여 특별한 이해관계가 있는 주주는 회사의 이익과 무관하게 의결권을 행사할 수 있으므로 상법은 이러한 경우에는 의결권을 행사하지 못하도록 하고 있다(368조 4항). 그러나 구체적으로 어떠한 경우에 특별이해관계가 있는 것으로 볼 것인지의 판단은 쉽지 않다.

[판례 18]

부산고등법원 2004. 1. 16. 선고 2003나12328 판결(로템 영업양도결의의 특별이해관계인)

● **사실관계**

가. 원고회사 한진중공업, 대우중공업 주식회사(이하 '대우중공업'이라 한다), 현대정공 주식회사(2000. 10. 21. '현대모비스 주식회사'로 상호변경되었다. 이하 '현대모비스'라 한다)는 각각 철도차량사업을 영위하다가 구조조정이 진행되면서 1999. 5. 3. 각 회사의 철도차량 사업을 통합하여 단일 법인을 설립하기로 하는 합작계약을 체결하였고, 이에 따라 1999. 8. 13. 원고 회사, 대우중공업, 현대모비스가 20 : 40 : 40 비율로 현물출자하여 철도차량 제조·판매 등을 목적으로 하는 피고 회사(로템)(설립 당시에는 '한국철도차량 주식회사'였으나, 2002. 1. 1. 상호가 변경되었다)를 설립하게 되었다.

나. 현대자동차 주식회사(이하 '현대자동차'라 한다)는 1999. 8. 1. 피고 회사에 대한 지분 중 현대모비스가 보유한 40%의 지분을 양수하였고, 2000. 8. 12. 유상증자에 의하여 원고 회사, 대우중공업, 현대자동차의 소유 주식 비율이 21.64404 : 39.17798 : 39.17798의 비율로 변경되었는데, 현대자동차가 2001. 9. 29. 대우중공업의 지분을 승계취득한 대우종합기계 주식회사로부터 그 주식지분 전부를 양수함으로써 현대자동차가 피고 회사 전체 주식의 78.35596%를 보유하게 되었고, 이에 따라 피고 회사는 현대모비스와 함께 현대자동차 그룹의 계열회사로 편입되었다.

다. 피고 회사에서는 원래 단일공장으로 운영되다가 피고 회사의 설립과 함께 인위적으로 분리되었던 현대모비스 창원공장의 영업(중기, 플랜트 부문, 이하

'이 사건 사업'이라 한다)을 양수하여 피고 회사에 통합시키기로 하고 2001. 10.
23. 이사회를 개최하여 원고 회사측 이사들인 A, B의 반대에도 불구하고 이
사건 사업의 양수를 승인하기 위한 임시주주총회를 2001. 12. 7. 개최하기로 결
의하였고, 그 결의에 따라 2001. 12. 7. 임시주주총회를 개최하였으나 현대자동
차의 요청으로 안건에 대한 심의 없이 2001. 12. 28.로 주주총회를 연기하기로
결의하였다.

라. 그 후 피고 회사는 2001. 12. 17. 위 A, B가 불참한 가운데 임시주주총회
소집을 위한 이사회를 다시 열어 2001. 12. 28. 임시주주총회를 소집하기로 재
의결하였고, 2001. 12. 28. 주주총회(이하 '이 사건 주주총회'라 한다)에서 원고 회
사가 불참한 가운데 현대모비스로부터 이 사건 사업을 양수하는 것을 승인하
는 결의를 하였다.

• 법원의 판단

법원은 "현대자동차가 상법상 의결권 행사가 제한되는 특별이해관계인에 해
당한다는 주장에 관하여 보건대, 상법 제368조 제4항은 "총회의 결의에 관하
여 특별한 이해관계가 있는 자는 의결권을 행사하지 못한다"고 규정하고 있고,
여기서 특별한 이해관계라 함은 특정한 주주가 주주의 입장을 떠나서 개인적
으로 이해관계를 갖는 것을 말한다고 풀이되는바, 회사와 주주 사이에 영업양
도를 할 경우 그 주주는 특별한 이해관계인에 해당한다고 볼 수 있으나, 이 사
건에서와 같이 이 사건 사업의 양도인인 현대모비스가 독점규제법상으로 피고
회사의 주주인 현대자동차의 계열회사에 해당한다는 것만으로는 위 규정에서
말하는 특별한 이해관계인에 해당한다고 볼 수는 없으므로 이 점에 관한 원고
회사의 주장도 이유 없다"고 판시하였다.

Questions & Notes

Q1 판례는 특별이해관계란 특정한 주주가 주주의 입장을 떠나서 개인적으로 이
해관계를 가지는 경우를 의미한다고 보고 있다.
(1) 통설은 영업양도를 승인하는 결의에서 그 거래상대방인 주주는 특별이
해관계인에 해당된다고 해석한다. 반면 A회사가 B회사의 50% 주주인 상황
에서 두 회사의 합병에 대해서는 A회사는 개인적 이해관계가 없으므로 B회

사의 합병승인결의에서 의결권을 행사할 수 있다고 해석한다. 두 경우를 구분하여야 할 필요성이 있는가?

(2) 다수설에 의하면 A회사가 B회사의 주식을 50% 가지고 있는 경우에 B회사의 A회사에 대한 영업양도 승인결의에서 A회사는 개인적 이해관계가 있으므로 의결권을 행사할 수 없다고 본다. A회사의 90% 주주 또는 대표이사인 갑이 B회사의 50% 주주인 경우에 B회사의 A회사에 대한 영업양도 승인결의에서 갑이 의결권을 행사할 수 있는가?

[참고판례]

• 대법원 2007. 9. 6. 선고 2007다40000 판결

"특별한 이해관계란 특정 주주가 주주의 입장을 떠나서 개인적으로 이해관계를 가지는 경우인데, 상법 제449조, 제450조에 의하면, 재무제표는 정기총회의 승인을 얻도록 하고 있고, 정기총회에서 재무제표를 승인한 후 2년 내에 다른 결의가 없으면 회사는 이사와 감사의 책임을 해제한 것으로 보도록 하고 있으며, 따라서 회사는 재무제표를 승인한 후라도 2년 내에는 이사와 감사의 책임을 추궁하는 결의를 할 수 있고, 이러한 경우 이사와 감사인 주주는 회사로부터 책임을 추궁당하는 위치에 서게 되어 주주의 입장을 떠나 개인적으로 이해관계를 가지는 경우에 해당하는바, … 원심에 의하더라도 이 사건 안건이 "제13기 결산서 책임추궁 결의에 관한 건"이라는 제목에 비추어 2003. 4. 1.부터 2004. 3. 31.까지의 기간 동안의 재무제표에 대한 경영진에 대한 책임을 추궁하기 위한 것으로 추측된다는 것일 뿐, 구체적으로 위 기간 동안에 이사나 감사로 재임한 자들 전원의 책임을 추궁하려고 하는 것인지, 그 중 일부 이사나 감사만의 책임을 추궁하려고 하는 것인지, 나아가 어떠한 책임을 추궁하려고 하는 것인지 알 수 없고, 기록상 이를 알 수 있는 자료도 보이지 않는바, 그렇다면 원심이 들고 있는 사정만으로는 위 소외 1 등이 이 사건 결의에 관한 특별이해관계인에 해당한다고 단정할 수 없다.

　따라서 원심으로서는 이 사건 안건이 이사나 감사 누구에 대하여 어떠한 책임을 추궁하기 위한 것인지를 심리한 다음, 그에 따라 주주 중 누가 이 사건 결의에 관하여 특별한 이해관계가 있는 자에 해당하는지를 판단하였어야 함에도 판시와 같은 이유만으로 위 소외 1 등 피고 회사의 이사, 감사 전원이 이 사건 결의에 관하여 특별한 이해관계가 있는 자에 해당한다고 속단하고 말았으니, 원심판결에는 필요한 심리를 다 하지 아니하거나, 상법 제368조 제4항 소정의 특별한 이해관계가 있는 자에 관한 법리를 오해하여 판결 결과에 영향을 미친 위법이 있고 …"

• 서울중앙지방법원 2008. 9. 4. 선고 2008가합47805 판결(임원퇴직금지급규정 승
  인결의와 대표이사인 주주의 특별이해관계 여부)

X는 Y회사의 주식 8.5%를 소유한 주주이다. Y회사는 2008. 3. 28.자 정기주주총
회에서 주주 11명 전부가 출석한 가운데 주주겸 대표이사인 A가 자신의 주식
47.46%와 의결권을 위임받은 주식 등에 관하여 찬성의결을 한 결과 53.6%의 찬
성으로 임원퇴직금지급규정을 의결하였다. Y회사는 설립 이후 이 사건 결의 당
시까지는 임원퇴직금지급규정을 가지고 있지 않았는데 이 결의에 의한 임원퇴
직금지급규정이 설정되면서 위 규정을 소급적용하기로 하는 조항에 따라 현재
대표이사인 A도 장차 위 규정에 따른 퇴직금을 받을 수 있게 된다. X는 이 사건
결의가 특별이해관계가 있는 주주인 A의 의결권을 제한하지 않고 이루어졌음을
이유로 주주총회결의 취소의 소를 제기하였다. 법원은 A가 이 사건 결의에 개인
적인 특별한 이해관계가 있다고 판시함으로써 결의의 취소를 판결하였다.

[Note] 일본에서는 1981년 상법개정에서 특별이해관계인의 의결권제한규정을 폐기
하고, 이들의 의결권 행사에 따라 현저하게 부당한 결의가 이루어진 경우에
는 주주총회결의의 취소사유로 처리하고 있다(일본회사법 831조 1항 3호).

[Note] 아래 참고판례는 의결권행사금지가처분 사건에서 피고 회사 주주총회에서
의결권을 행사하여서는 안 된다는 내용의 강제조정 결정이 내려졌는데, 이
에 위반하여 주주총회에서 의결권을 행사하자 주주총회결의 부존재확인을
청구한 사안이다. 대법원 판시와 같이 법원의 가처분결정을 무시한 경우 주
주총회의 효력을 인정하는 것이 타당한가?

[참고판례]
• 대법원 2010. 1. 28. 선고 2009다3920 판결
"가처분결정 또는 가처분사건에서 이와 동일한 효력이 있는 강제조정 결정에
위반하는 행위가 무효로 되는 것은 형식적으로 그 가처분을 위반하였기 때문이
아니라 가처분에 의하여 보전되는 피보전권리를 침해하기 때문인데, 의결권행
사금지가처분의 본안소송에서 가처분의 피보전권리가 없음이 확정됨으로써 그
가처분이 실질적으로 무효임이 밝혀진 이상 이 사건 주식에 의한 의결권 행사
는 결국 의결권행사금지가처분의 피보전권리를 침해한 것이 아니어서 유효하
고, 따라서 이 사건 주주총회 결의에 가결정족수 미달의 하자가 있다고 할 수
없다."

(2) 의결권의 행사 방법

1) 의결권의 불통일행사

주주가 2 이상의 의결권을 가지고 있는 때에는 이를 통일하지 아니하고 행사할 수 있다(368조의2).

Questions & Notes

아래 질문은 [판례 16]의 사실관계와 법원의 판단에 관한 것이다.

Q1 의결권의 불통일행사제도의 인정이유는 무엇인가?

Q2 의결권의 불통일행사를 회사가 거부할 수 있는가? 의결권의 불통일행사를 하지 못하도록 하는 이유는 무엇인가?

Q3 의결권의 불통일행사를 하기 위하여는 총회 회일 3일 전에 회사에 대하여 서면 또는 전자문서로 그 뜻과 이유를 통지하여야 한다(368조의2 1항 후단). 이 규정의 취지는? 이 규정의 취지에 비추어 보아 3일 전이라는 시한을 넘겨서 통지가 도달한 경우에 회사가 불통일행사를 승인할 수 있는가?

Q4 의결권의 불통일행사의 통지를 하지 아니하고 주주가 불통일행사를 한 경우 회사가 결의 후에 이를 승인할 수 있는가?

2) 의결권의 대리행사와 위임장 경쟁

주주의 의결권은 대리행사할 수 있다. 의결권의 대리행사는 직접 의결권을 행사할 수 없는 주주의 의결권행사를 용이하게 해준다는 측면도 있지만, 주식이 분산된 회사에서 소액주주들의 참석부진으로 의결정족수를 충족시키기 어려울 때 이를 해결하기 위한 목적으로 이용하기도 하고, 경영에 대해 분쟁이 있는 경우에 양측이 표결에서 승리하기 위하여 각각 의결권대리행사의 권유를 하기도 한다. 이러한 경우에 주주들은 수동적인 입장에서 충분한 정보에 기해 적절한 의사결정을 하지 못하기 쉽고, 설령 주주들이 찬성 또는 반대의 의사결정을 하였어도 대리인이 주주의 의사와 달리 투표를 할 가능성도 있다. 이에 따라 주주의 의사형성에 도움을 주고 의사가 제대로 반영되도록 하기 위하여 자본시장법에서는 일정한 공시의무와 위임장용지의 형식을 규정하고 있다.[6]

---

6) 위임장권유에 대한 자본시장법상의 규제에 대해서는 김건식/정순섭, 자본시장법(제3판), 두성사(2013), 366-377면을 참조.

주주총회에서 주주가 아닌 자가 의결권을 행사한 경우에는 주주총회결의
의 취소 또는 부존재사유가 되므로, 대리인이 적법하게 위임을 받은 것인가에
대한 증명은 주주총회결의 효력에서 중요한 문제가 된다. 특히 위임장에 대한
경쟁이 있는 경우에는 대리인의 적법성이 더욱 첨예한 문제가 된다.

참고자료   좌담회, "주주총회 운영에 관한 법률과 실무", BFL 제27호(2008. 1).
이창원/이동건/윤이진, "경영권 다툼과 관련한 위임장대결에서의 실무상 제
문제", BFL 제27호(2008. 1), 41-45면.

Questions & Notes

Q1   (1) [판례 16]의 사실관계와 법원의 판단과 관련하여 정관상 주주의 대리인
을 특정인으로 지정한 조항은 효력이 있을 것인가?
(2) 소규모 폐쇄회사와 대규모공개회사에서 정관상 대리인자격을 주주로 제
한하는 조항을 두고 있을 때 회사의 입장에서 이러한 제한의 필요성과 주주
의 입장에서 의결권행사의 불편함을 각각 비교해 보시오.
(3) 정관상 대리인 자격을 주주로 제한한 경우에 국가, 지방공공단체 또는
주식회사 소속의 공무원, 직원 또는 피용자 등이 대리인으로서 의결권 대리
행사를 하는 것은 허용될 수 있는가? 여기서 더 나아가 정관상 대리인 자격
을 주주로 제한한 경우에 개인주주가 가족에게 의결권을 대리행사 시키는
것은 허용될 수 있는가?

Q2   대리권은 안건별로 수여되어야 하는가, 총회별로 수여되어야 하는가 아니면
수회의 총회에 걸쳐 수여하는 포괄적 위임도 가능한가? 포괄적 위임이 허용
되지 아니한다는 견해는 극단적인 경우 사실상 주주지위에서 분리하여 의결
권만을 양도할 수 있다는 결과가 되어 부당하다고 한다. 주주지위에서 의결
권만을 분리하는 것은 무엇이 문제인가? 이와 반대로 주주가 의결권은 보유
하지만 처분손익이나 배당 등 주식으로부터의 현금흐름(변동수익)은 타인에
게 이전하고 그 대가로 일정한 수수료(고정수익)를 받는 형태의 총수익스왑
(total return swap, TRS)은 어떠한가?

Q3   주주는 의결권 행사 전이라면 언제든지 의결권 위임을 철회하고 직접 의결
권을 행사할 수 있는가? 만일 대리인이 의결권 행사에 특별한 이익을 갖거
나 위임철회금지특약을 체결한 경우는 어떠한가? 이러한 경우에도 주주의

의결권 행사는 유효한가? 대리인은 주주에 대해 어떠한 조치를 취할 수 있겠는가?

[참고판례]

• 대법원 1969. 7. 8. 선고 69다698 판결(의결권의 포괄적 위임)

대법원은 주식회사에 있어서 주주권의 행사를 위임함에는 구체적이고 개별적인 사항에 국한한다고 해석하여야 할 근거는 없고 주주권행사는 포괄적으로 위임할 수 있다고 판시하였다. 그러나 이는 동일한 총회에서 상이한 의안에 대한 포괄적 수권이 문제된 사안이므로 수회의 주주총회 또는 일정한 기간 동안의 모든 주주총회에 대해서 전부 위임하는 것이 가능한가는 여전히 문제가 된다.

• 대법원 2002. 12. 24. 선고 2002다54691 판결(주주가 7년간 의결권 행사권한을 위임한 경우에 그 주주의 의결권 행사 가부)

피고 Y회사는 A가 실질적으로 1인주주인 회사이다. Y회사가 사실상 도산상태에 이르자 1998. 8. 3. A와 당시 Y회사의 대표이사 X 등 사용자측과 Y회사 노동조합은 A가 7년간 주주권 및 경영권을 포기하고 주식의 매매와 양도를 하지 아니하며 원고 X에게 의결권 행사권한을 위임하기로 약정하였다. A는 1999. 11. 2. 임시주주총회를 열어 자신과 원고 X, X1, X2를 이사로, 원고 X3를 감사로 선임하는 결의를 하였고, 그날 이사회를 열어 X를 대표이사로 선임하였고 그 이후 X1을 대표이사로 추가 선임하였다. 그런데 A는 2000. 6. 21. 임시주주총회에서 X 등을 각각 해임하고, A1과 A2를 이사로, A3를 감사로 선임하였다는 내용의 의사록을 작성하고, 이에 기하여 법인변경등기를 마쳤다. 이에 X 등이 임시주주총회결의 등의 부존재확인의 소를 제기하였다.

원심은 1인주주인 A에 의해 결의가 있었던 것으로 주주총회의사록이 작성되었으므로 원칙적으로 그 결의가 존재하지 아니한다고 다툴 수 없지만 의결권을 X로 하여금 대리행사하여 Y회사를 실질적으로 경영할 수 있도록 하는 의결권대리행사약정을 한 이상 주주로서의 의결권을 행사할 수 없고 이 약정이 해지되었다는 피고의 주장을 받아들일 수도 없으므로 임시주주총회결의는 부존재한다고 판시하였으나, 대법원에서는 이를 파기환송하였다.

대법원은 "주주권은 주식의 양도나 소각 등 법률에 정하여진 사유에 의하여서만 상실되고 단순히 당사자 사이의 특약이나 주주권 포기의 의사표시만으로 상실되지 아니하며 다른 특별한 사정이 없는 한 그 행사가 제한되지도 아니한다(대법원 1999. 7. 23. 선고 99다14808 판결 참조). … 이 사건에서 A가 1998. 8. 3. 향후 7년간 주주권 및 경영권을 포기하고 주식의 매매와 양도 등을 하지 아니하며 원고 X에게 정관에 따라 주주로서의 의결권 행사권한을 위임하기로 약정하였고, 이에 따라 원고 X가 A의 주주로서의 의결권을 대리행사할 수 있게 되었지만, 이러한 사정만으로는 A가 주주로서의 의결권을 직접 행사할 수 없게 되었다고 볼 수 없다"고 하였다.

• 대법원 2014. 1. 23. 선고 2013다56839 판결(의결권의 포괄적 위임과 대리인의 의결권 행사의 내재적 한계)

A와 B는 Y회사 주식을 60:40으로 보유하고, 중국 베이징에 있는 빌딩을 인수한 후 매각하는 사업을 추진하였다. 프로젝트금융과 관련하여 A와 B는 X은행의 Y회사에 대한 대출금채권을 담보하기 위하여 Y회사의 주식 등에 대하여 근질권을 설정하고, 향후 Y회사의 모든 정기주주총회 및 임시주주총회에서 담보주식에 대한 의결권 행사를 근질권자에게 위임하기로 약정하면서, 이를 위하여 주주총회의 참석과 의결권 행사권한을 위임하는 내용의 위임장을 수임인란을 백지로 하여 여러장 작성하여 X에게 교부하였다. 또한 근질권자는 의결권행사를 통한 임원의 변경 등 필요한 절차를 진행할 수 있고, Y회사를 대신하여 관련 주주총회를 개최할 수 있음을 약정하였다. 대출금채권의 원리금이 상환되지 못하자 X은행은 대출금 상환과 관련한 필요한 조치를 취하겠다는 통고를 하고, A(그 무렵 A는 B로부터 Y회사 주식을 인수하여 100%를 보유하게 되었다)는 X은행의 요구에 따라 2011. 8. 10. 자신이 보유하고 있는 Y회사 주식 전부에 대하여 X은행을 'Y회사 주주총회 소집 및 참석, 주주총회 의안에 대하여 보유주식에 대한 의결권의 행사' 등의 권한을 가진 대리인으로 선임한다는 위임장을 새로 작성하여 X은행에 교부하였다. X은행은 이 위임장을 이용하여 2011. 8. A를 대리한 X은행의 직원이 참석한 상태에서 Y회사의 주주총회를 개최하여 A를 대표이사에서 해임하고, 다른 한 명의 사내이사를 해임하고 새로운 이사 1명을 선임하였다는 내용의 주주총회의사록을 작성하고, 이를 근거로 임원변경등기를 마쳤다. A는 주주총회결의 부존재확인의 소를 제기하였다.

A는 ① 이 사건 위임장은 주주의 의결권을 포괄적으로 위임한 것이어서 무효이고 ② 의결권의 대리행사를 위임한 A의 의사에 반하여 A를 대표이사에서 해임하고 새로운 이사를 선임하는 결의를 하였으므로, 이는 위임의 범위를 벗어나 의결권을 행사함으로써 주주인 A의 권리를 부당하게 침해하는 것이라고 주장하였다.

그러나 대법원은 "주식회사의 주주는 상법 제368조 제 2 항에 따라 타인에게 의결권 행사를 위임하거나 대리행사하도록 할 수 있다. 이 경우 의결권의 행사를 구체적이고 개별적인 사항에 국한하여 위임해야 한다고 해석하여야 할 근거는 없고 포괄적으로 위임할 수도 있다"고 하면서, "상행위로 인하여 생긴 채권을 담보하기 위하여 주식에 대하여 질권이 설정된 경우에 질권자가 가지는 권리의 범위 및 그 행사 방법은 원칙적으로 질권설정계약 등의 약정에 따라 정하여

질 수 있고(59조 참조), 위와 같은 질권 등의 담보권의 경우에 담보제공자의 권리를 형해화하는 등의 특별한 사정이 없는 이상 담보권자가 담보물인 주식에 대한 담보권실행을 위한 약정에 따라 그 재산적 가치 및 권리의 확보 목적으로 담보제공자인 주주로부터 의결권을 위임받아 그 약정에서 정한 범위 내에서 의결권을 행사하는 것도 허용될 것이다. 이와 같은 사정들을 앞서 본 법리에 비추어 살펴보면, 우리은행(X)의 이 사건 위임장 및 이 사건 주주총회를 통한 담보권자로서의 권한 행사는 이 사건 대출금이 변제기에 이른 후에 위에서 본 것과 같은 사정 아래에서 피고의 실질적 책임재산인 이 사건 빌딩을 담보로 확보하기 위하여 체결된 이 사건 주식근질권 설정계약에서 약정된 담보권의 실행방법에 따라 원고로부터 위임받은 의결권 행사의 범위 내에서 이루어진 것이라고 할 것이고, 담보제공자로서 주주인 원고의 권리를 부당하게 침해하는 것이라고 할 수 없다"고 판시하였다.

• 대법원 2000. 4. 25. 선고 98다47108 판결(유상위임의 철회와 손해배상책임)

주주의 의결권 위임과 관련한 내용은 아니나 유상위임의 철회 가부 및 위임인과 수임인 간 법률 관계와 관련하여 대법원은 다음과 같이 판시한 바 있다. "위임계약은 원래 해지의 자유가 인정되어 쌍방 누구나 정당한 이유 없이도 언제든지 위임계약을 해지할 수 있고, 다만 불리한 시기에 부득이한 사유 없이 해지한 경우에 한하여 상대방에게 그로 인한 손해배상책임을 질 뿐이나, … 위임인의 이익과 함께 수임인의 이익도 목적으로 하고 있는 위임의 경우에는 위임인의 해지 자유가 제한되어 위임인으로서는 해지 자체는 정당한 이유 유무에 관계없이 할 수 있다 하더라도 정당한 이유 없이 해지한 경우에는 상대방인 수임인에게 그로 인한 손해를 배상할 책임이 있다."

[판례 19]

대법원 2004. 4. 27. 선고 2003다29616 판결(대우전자 자본감소무효 판결)

• 사실관계

피고 회사는 2001. 9. 10. 보통주를 7 : 1의 비율로 주식병합하여 무상감자를 하기로 하는 이사회결의를 거친 후, 2001. 10. 12. 무상감자 안건을 목적사항으로 하는 임시주주총회의 소집을 공고하였다. 이에 대해 피고 회사의 소액주주운동본부는 발행주식총수의 48%를 보유하고 있는 소액주주들로부터 의결권행사를 위임받아 주주총회에서의 감자결의를 저지하기로 결정하고, 금융감독위원회에 신고한 위임장 양식을 이용하여 의결권대리행사의 권유를 하였다. 권유 결과 원고들은 피고 회사 발행주식총수의 약 26.5%에 해당하는 의결권을 공동으로 위임받아 이를 주주총회장에서 접수하려고 하였는데, 피고측은 원고들이 제출한 위임장 약 4,370만주 가운데 450여만주에 해당하는 위임장에 대하여 신분증사본이 첨부되어 있지 않다는 등의 이유로 접수를 거부하였다. 당해 주주총회 바로 직전의 주주총회에서는 신분증이 미첨부된 위임장이 아무런 이의 없이 접수되었고, 대주주측의 의결권대리행사권유에는 신분증 등이 첨부되지 않은 위임장도 유효하게 접수하였다. 이에 원고들은 회사측이 원고들이 위임받은 위임장 중 상당수에 대한 접수를 거부하여 표결에 참여할 기회가 박탈되는 등 절차상의 하자가 있음을 원인으로 하여 2001. 11. 24. 주주총회결의취소의 소를 제기하였으나, 피고 회사가 2001. 12. 1. 감자변경등기를 하자 이를 감자무효의 소로 변경하였다.

● 법원의 판단

대법원은 "상법 제368조 제3항의 규정은 대리권의 존부에 관한 법률관계를 명확히 하여 주주총회 결의의 성립을 원활하게 하기 위한데 그 목적이 있다고 할 것이므로 대리권을 증명하는 서면은 위조나 변조 여부를 쉽게 식별할 수 있는 원본이어야 하고, 특별한 사정이 없는 한 사본은 그 서면에 해당하지 않는다고 할 것이고(대법원 1995. 2. 28. 선고 94다34579 판결 참조), 팩스를 통하여 출력된 팩스본 위임장 역시 성질상 원본으로는 볼 수 없다고 할 것이다"라고 하여 신분증사본이 첨부되지 아니한 팩스본 위임장에 대해서 접수를 거부한 원심의 정당성을 인정하였다.

원본위임장에 대해서는 "피고 회사가 강행규정인 상법 제368조 제3항을 위배하여 주주총회에 앞서 다른 일부 소액주주들을 위한 원고 등의 대리권 증명에 신분증의 사본 등을 요구하면서 그 접수를 거부하여 원고 등의 의결권의 대리권 행사를 부당하게 제한하여 이루어진 위 주주총회의 감자결의에는 결의 방법상의 하자가 있고 이는 감자무효의 소의 원인이 된다고 할 것"이라고 판시하면서도, 제반사정을 참작하여 자본감소의 소를 재량기각하였다.

Questions & Notes

Q1 아래의 대법원 1995. 2. 28. 선고 94다34579 판결에서는 특별한 사정이 없는

위임장은 원본이어야 한다고 판시하고 있다. 대리권을 증명하는 서면으로 원본위임장을 요구하는 이유는? 그럼에도 불구하고 아래 판결에서 위임장사본이 대리권을 증명하는 서면으로 인정된 특수한 사정은 무엇인가?

[참고판례]

• **대법원 1995. 2. 28. 선고 94다34579 판결(원본위임장)**

Y회사의 주주는 A와 대표이사들인 B, C의 3인뿐으로서 A가 40%를 소유하고 있었고, B, C는 A가 그 소유주식 일부를 D와 E에게 명의신탁하여 그들이 A의 단순한 명의수탁자에 불과하다는 사실을 잘 알면서 오랜 기간 동안 회사를 공동으로 경영하여 왔다. A가 주주총회 개최 사실을 통보받고 미리 의결권을 변호사로 하여금 대리행사하게 하겠다는 의사를 주주총회 개최 전에 회사에 통보까지 하였고 그 변호사가 주주총회에 참석하여 A의 위임장 원본을 제출하고, D와 E의 위임장과 인감증명서는 사본을 제출하였는데 D와 E의 의결권 대리행사가 허용되지 아니하였다.

　법원은 "상법 제368조 제3항은 주주의 의결권을 대리행사하고자 하는 자는 대리권을 증명하는 서면을 총회에 제출하도록 규정하고 있는바, 위 규정은 대리권의 존부에 관한 법률관계를 명확히 하여 주주총회 결의의 성립을 원활하게 하기 위한데 그 목적이 있다고 할 것이므로, 대리권을 증명하는 서면은 위조나 변조여부를 쉽게 식별할 수 있는 원본이어야 하고 특별한 사정이 없는 한 사본은 그 서면에 해당하지 않는다고 할 것이다"라는 일반론을 전개하였으나, 이 사건에서는 "그 변호사가 주주총회에 참석하여 A의 위임장 원본을 제출하였다면, 비록 그 변호사가 지참한 D와 E의 위임장 및 인감증명서가 모두 사본이라 하더라도 A가 그 소유주식 전부에 대한 의결권을 그 변호사에게 위임하였다는 사실은 충분히 증명되었다고 할 것이어서, 회사의 대표이사들은 그 변호사의 의결권 대리행사를 제한하여서는 안 된다"고 하였다.

Q2 회사에서는 실무상 위임장의 진실성을 확인하기 위한 목적상 주주총회참석장이나 주주본인의 신분증사본, 인감증명서, 대리인의 신분증사본 등의 전부 또는 일부의 첨부서류를 요구하거나 위임장에 날인된 인감이 회사에 제출된 것과 동일한지 여부에 대해 확인하고 이들 요건을 갖추지 못한 경우 위임장접수를 거부하는 예가 많다.

(1) 위의 참고판례에 의하면 팩스본 위임장에 각종 첨부서류를 제출하거나 인감확인 등을 거친 경우에도 팩스본 위임장은 대리권을 증명하는 서면으로 취급될 수 없는가?

(2) [판례 19]에 의하면 원본위임장이 제출되면 어떠한 경우에도 위임장 원본 이외에 위임장의 진정성을 증명하는 첨부서류를 요구하는 것은 부당한가? 예를 들어 경영진측 원본위임장에도 동일한 첨부서류를 요구하였다면 서류를 첨부하지 아니한 것을 이유로 접수를 거부할 수 있을 것인가?

Q3 회사가 소집통지서에서 대리권을 증명하는 방법을 정해 놓은 경우, 그 이외의 방법으로 대리권을 증명하는 것은 허용되지 않는 것인가?(앞의 [판례 16] 대법원 2009. 4. 23. 선고 2005다22701, 22718 판결 참조)

Q4 위임장권유에 의한 의결권행사와 서면투표의 장단점에 대해 비교해 보시오.

(3) 주주의 권리행사에 관한 이익공여

상법 제467조의2는 제 1 항은 회사는 누구에게든지 주주의 권리행사와 관련하여 재산상의 이익을 공여할 수 없다고 규정하고 있다. 이 규정은 원래 총회꾼을 방지하고자 하는 취지였으나 더 나아가 경영자가 회사의 재산을 이용하여 주주권행사를 좌우함으로써 회사제도의 근간을 흔드는 행위를 방지하고자 하는 목적도 가지고 있다고 해석할 것이다.

[참고판례]
• **대법원 2014. 7. 11. 자 2013마2397 결정(주주권 행사와 관련한 이익공여 금지 및 이에 위반하여 이루어진 주주총회결의의 효력)**
주주제로 운영되는 Y골프장은 경영권 다툼이 발생하자 이사회결의로 ① 정관상 정하여진 사전투표기간보다 앞당겨 투표를 실시함으로써 사전투표기간을 연장하고, ② 사전투표하는 주주에게 골프장 예약권을 부여하며, ③ 사전투표에 참여하거나 주주총회에서 직접 의결권을 행사하는 주주에게 20만원 상당의 상품권을 제공하기로 하였다. 주주총회에서의 투표 결과 종전 대표이사 및 이사가 주주총회에서 다시 선임되자 반대파 주주 X가 이 사건 주주총회결의는 상법 제467조의2의 이익공여금지에 위반하여 결의부존재 또는 결의취소사유가 존재한다고 주장하면서 이들의 직무집행정지가처분을 신청하였다.
원심은 위 이익공여는 주주권행사의 동기에 불과하여 이로 인해 주주들의 의사가 왜곡되었다고 볼 수 없다는 등의 이유로 가처분신청을 기각하였으나, 대법원은 원심결정을 파기하였다.
대법원은 ① 정관상의 사전투표의 始期 이전부터 사전투표를 실시한 것은 그 결의방법이 정관에 위반한 것이라 판단하였고 ②와 ③에 관해서는 "이 사건 회사가 사전투표에 참여하거나 주주총회에서 직접 투표권을 행사한 주주들에게 무상으로 이 사건 예약권과 상품권을 제공하는 것은 주주의 권리행사와 관련하여 이를 공여한 것으로 추정된다. 뿐만 아니라 다음과 같은 사정, 즉 ① 기존 임원들인 채무자들과 반대파 주주들인 채권자들 사이에 이 사건 주주총회결의를 통한 경영권 다툼이 벌어지고 있는 상황에서 대표이사인 채무자 1 등의 주도로 사전투표기간이 연장되었고, 사전투표기간의 의결권행사를 조건으로 주주들에게 이 사건 예약권과 상품권이 제공된 점, ② 이 사건 예약권과 상품권은 그 액수가 단순히 의례적인 정도에 그치지 아니하고 사회통념상 허용되는 범위를 넘어서는 것으로 보이는 점, ③ 이러한 이익이 총 주주의 68%에 달하는 960명의 주주들(사전투표에 참가한 주주 942명과 주주총회 당일 직접 투표권을 행사한 주주 18명)에게 공여된 점, ④ 사전투표기간에 이익공여를 받은 주주들 중 약 75%에 해당하는 711명의 주주가 이러한 이익을 제공한 당사자인 채무자 1에게 투표하였고, 이러한 사전투표기간 중의 투표결과가 대표이사 후보들의 당락을 좌우한 요인이 되었다고 보이는 점 등에 비추어 보면, 이러한 이익은 단순히 투표율 제고나 정족수 확보를 위한 목적으로 제공되기보다는 의결권이라는 주주의 권리행사에 영향을 미치기 위한 의도로 공여된 것으로 보인다. 따라서 이 사건 예약권과 상품권은 주주권행사와 관련되어 교부되었을 뿐만 아니라 그 액수도 사회통념상 허용되는 범위를 넘어서는 것으로서 상법상 금지되는 주주의 권리행사와 관련된 이익공여에 해당하고, 이러한 이익공여에 따른 의결권행사를 기초로 한 이 사건 주주총회는 그 결의방법이 법령에 위반한 것이라고 봄이 상당하다"고 판시하였다.

[Note] 제467조 제 2 항은 회사가 특정의 주주에 대해 무상으로 이익을 제공한 경우 주주의 권리행사에 관하여 제공한 것으로 추정하는데, 대법원은 이 사안에서 위 추정규정을 적용하였다. 그러나 이에 대해서는 모든 주주에게 이익을 제공받을 기회를 부여한 경우에도 추정규정을 적용함이 타당한가에 대한 의문이 제기될 여지도 있다. 사안에서는 반대파 주주 X도 위임장제출을 권유하고 있었으므로 사전투표 참가유도는 반대파 주주에 대한 위임장 수여를 사실상 막는 효과가 있었다는 점 때문에 주주권 행사와 관련하여 이익이 공여된 것으로 볼 여지가 있다.

제467조의2 제 1 항 위반의 효과에 관해서 학설은 주주총회결의가 이루어진 경우에도 이사의 책임추궁, 이익반환이나 형사처벌의 대상이 될 뿐이고 주주권행사의 자체의 효력에는 영향이 없다는 것이 다수설이었는데, 대법원은 이와 달리 결의취소사유에 해당한다고 보았다. 그러나 대법원이 위법한 이익공여의 경우에는 주주총회결의에 항상 취소사유가 있다고 보는 것인지

는 검토가 필요하다. 이익공여행위가 법령에 위반한 것이지 의결권 행사가 법령에 위반하였다고 단정할 수는 없으므로 실제로 의결권의 행사가 부당하게 영향을 입은 경우에만 결의취소사유가 되는 것으로 보아야 할 것이다.

이 사안에 대해서는 대표이사에게 상법상 제634조의2의 주주의 권리행사에 관한 이익공여죄를 인정하였다(대법원 2018. 2. 8. 선고 2015도7397 판결).

Note 상법 제467조의2의 위법한 이익공여는 '주주의 권리행사와 관련하여 재산상의 이익이 공여된 경우'를 의미한다.

- **대법원 2017. 1. 12. 선고 2015다68355, 68362 판결(회사에 대한 계약상의 특수한 권리가 상법 제467조의2의 '주주의 권리'인가 여부)**

주식을 대부분 근로자가 인수하여 근로자들이 경영해 오던 X회사(광남자동차)가 자금난에 처하자 X회사, X회사의 경영진 중 이사 5명과 감사 1명 및 우리사주조합은 피고 Y와 ① 우리사주조합원 보유주식 4만주를 Y가 2억원에 매수하되, 그 매매대금은 X회사가 즉시 우리사주조합원으로부터 차용하여 사용하고, ② 피고 Y가 X회사에 4억원을 대여하며, ③ Y가 X회사 임원 1명을 추천할 권리를 가진다는 내용의 주식매매약정을 하였다. 위 약정 직후 Y가 임원추천권을 행사하지 않는 대신, X회사가 Y에게 월 200만원을 지급하기로 하는 지급약정을 체결하였는데, 이러한 지급약정이 상법 제467조의2의 위법한 이익공여로서 무효인지가 문제되었다.

대법원은 "여기서 '주주의 권리'란 법률과 정관에 따라 주주로서 행사할 수 있는 모든 권리를 의미하고, 주주총회에서의 의결권, 대표소송 제기권, 주주총회결의에 관한 각종 소권 등과 같은 공익권뿐만 아니라 이익배당청구권, 잔여재산분배청구권, 신주인수권 등과 같은 자익권도 포함하지만, 회사에 대한 계약상의 특수한 권리는 포함되지 아니한다. 그리고 '주주의 권리행사와 관련하여'란 주주의 권리행사에 영향을 미치기 위한 것을 의미한다"고 하면서 임원추천권은 계약상의 특수한 권리이지 주주의 자격에서 가지는 공익권이나 자익권이라고 볼 수 없으므로 이 사건 지급약정이 상법 제467조의2 제1항에 위배되는 것이 아니라고 판시하였다.

5. 주주총회결의

(1) 투　표

주주는 주주총회에 직접 출석하여 의결권을 행사할 수 있다. 정관에서 규정한 때에는 총회에 출석하지 않고 서면에 의하여 의결권을 행사할 수 있다

(368조의3). 또한 이사회의 결의로 주주가 총회에 출석하지 아니하고 전자적 방법으로 의결권을 행사할 수 있음을 정할 수 있다(368조의4 1항).

Q1 [판례 16]은 주주총회 참석자 중에는 반대의견이 없었고, 의결권이 대리행사되는 주식에 대해서는 찬·반 주식수가 얼마인지를 미리 알고 있던 사안이므로 투개표의 절차를 거칠 필요가 없다고 보았다. 반대의견이 존재하는 경우에 투개표절차를 거쳐야 하는가?

[참고판례]
• **대법원 2001. 12. 28. 선고 2001다49111 판결**
의장이 정관변경의안의 표결에 앞서 반대하는 주주 이외에는 모두 의안에 찬성하는 것으로 간주하겠다고 일방적으로 선언한 다음 반대하는 주주만 거수하게 하여 반대하는 주주의 주식수만을 확인한 후 의안이 가결되었다고 선언한 데에는 주주의 의사표시를 왜곡하는 표결방식상의 하자가 있다고 할 것이나, 그와 같은 결의방식의 불공정은 원칙적으로 결의취소의 사유에 해당한다고 보았다.

(2) 결의의 종류와 정족수

주주총회의 결의는 상법 또는 정관에 다른 정함이 있는 경우를 제외하고는 출석한 주주의 의결권의 과반수와 발행주식총수의 4분의 1 이상의 수로써 하여야 한다(보통결의: 368조 1항). 정관변경이나 회사의 조직재편거래 등 일정한 사항은 출석한 주주의 의결권의 3분의 2 이상의 수와 발행주식총수의 3분의 1 이상의 수로써 하여야 한다(특별결의: 434조). 일정한 사항은 총주주의 동의를 요한다(특수결의: 400조, 604조 1항). 총회를 실제 개최하지 않고 결의서면에 찬반을 표시하는 방법으로 결의하는 서면결의는 원칙적으로 효력이 없지만, 자본금 총액이 10억원 미만인 소규모회사에서 주주전원이 동의한 경우에는 허용된다(363조 4항). 1인 회사가 아닌 한(대법원 2004. 12. 10. 선고 2004다25123 판결) 총회 개최 없이 의사록만 작성하거나 주주총회 의결정족수를 충족하는 주식을 가진 주주들이 동의한다고 하여 주주총회결의가 있다고 볼 수는 없다(대법원 2020. 7. 9. 선고 2019다205398 판결).

Q1 다음 경우에 주주총회결의가 가결 또는 부결되었는가를 판단하시오.

(1) 발행주식총수가 1000주인 회사에서, 무의결권주식 200주를 발행하고 있다. 이 회사 주주총회에서 보통주식 300주를 가진 주주가 출석하여 이 중 230주에 해당하는 주주가 찬성한 경우.

(2) 발행주식총수가 1000주인 회사에서, 특별이해관계인 A가 소유하는 주식이 200주이다. 이 회사 주주총회에서 A를 포함하여 500주의 주식을 가진 주주가 출석하여, 이 중 A의 소유주식수를 제외한 300주 중 230주에 해당하는 주주가 찬성한 경우.

(3) 발행주식총수가 100주인 회사에서 A가 30주, B가 20주, C, D, E, F, G가 각 10주씩 소유하고 있다. 이 회사 주주총회에서 감사선임이 가능한가?

[참고판례]

• 대법원 2016. 8. 17. 선고 2016다222996 판결(감사선임시 3% 초과하는 주식이 발행주식총수에 산입되는지 여부)

"주주총회에서 감사를 선임하려면 우선 '출석한 주주의 의결권의 과반수'라는 의결정족수를 충족하여야 하고, 나아가 그 의결정족수가 '발행주식총수의 4분의 1 이상의 수'이어야 하는데, 상법 제371조는 제 1 항에서 '발행주식총수에 산입하지 않는 주식'에 대하여 정하면서 상법 제409조 제 2 항의 의결권 없는 주식(이하 '3% 초과 주식'이라 한다)은 이에 포함시키지 않고 있고, 제 2 항에서 '출석한 주주의 의결권 수에 산입하지 않는 주식'에 대하여 정하면서는 3% 초과 주식을 이에 포함시키고 있다.

그런데 만약 3% 초과 주식이 상법 제368조 제 1 항에서 말하는 '발행주식총수'에 산입된다고 보게 되면, 어느 한 주주가 발행주식총수의 78%를 초과하여 소유하는 경우와 같이 3% 초과 주식의 수가 발행주식총수의 75%를 넘는 경우에는 상법 제368조 제 1 항에서 말하는 '발행주식총수의 4분의 1 이상의 수'라는 요건을 충족시키는 것이 원천적으로 불가능하게 되는데, 이러한 결과는 감사를 주식회사의 필요적 상설기관으로 규정하고 있는 상법의 기본 입장과 모순된다. 따라서 감사의 선임에 있어서 3% 초과 주식은 위 제371조의 규정에도 불구하고 상법 제368조 제 1 항에서 말하는 '발행주식총수'에 산입되지 않는다고 보아야 한다. 그리고 이는 자본금 총액이 10억 원 미만이어서 감사를 반드시 선임하지 않아도 되는 주식회사라고 하여 달리 볼 것도 아니다."

• 대법원 1998. 4. 10. 선고 97다50619 판결(뒤의 [판례 60])

"주식 자체는 유효하게 발행되었지만 주식의 이전 등 관계로 당사자 간에 주식
의 귀속에 관하여 분쟁이 발생하여 진실의 주주라고 주장하는 자가 명의상의 주
주를 상대로 의결권의 행사를 금지하는 가처분의 결정을 받은 경우, 그 명의상
의 주주는 주주총회에서 의결권을 행사할 수 없으나, 그가 가진 주식 수는 주주
총회의 결의요건을 규정한 구 상법(1995. 12. 29. 법률 제5053호로 개정되기 전
의 것) 제368조 제 1 항 소정의 정족수 계산의 기초가 되는 '발행주식의 총수'에
는 산입되는 것으로 해석함이 상당하다."

6. 주주총회결의의 하자

(1) 결의의 하자의 분류 및 소의 종류

주주총회의 소집절차와 결의방법에 하자가 있거나 주주총회의 결의내용
에 하자가 있는 경우에는 주주총회결의의 효력이 문제된다. 회사법에서는 주
주총회결의의 효력을 다투는 방법에 관하여 하자의 유형 및 정도에 따라 결의
취소의 소, 결의무효확인의 소와 결의부존재확인의 소를 규정하고 그 효력에
대해 달리 규정하고 있다. 주주총회의 절차나, 결의방법 또는 결의내용 중 어
느 부분에 하자가 있는가와 그 정도에 따라 제기할 수 있는 소의 종류가 다르
다는 점과 소의 종류에 따라 어떠한 효력차이가 있는가를 구분하여 알아 둘
필요가 있다.

[주주총회결의의 하자를 주장하는 소의 종류와 각 소송의 비교]

	취소의 소 (376조)	무효확인소송 (380조)	부존재확인소송 (380조)	부당결의취소, 변경의 소(381조)
소의 원인	- 소집절차 또는 결의방법이 법령 또는 정관에 위반하거나 현저하게 불공정한 때 - 결의의 내용이 정관에 위반한 때	결의내용이 법령에 위반한 때	소집절차 또는 결의방법에 총회결의가 존재한다고 볼 수 없을 정도의 중대한 하자	특별이해관계인이 의결권을 행사할 수 없었던 경우에 결의가 현저하게 부당하고 그 주주가 의결권을 행사하였더라면 이를 저지할 수 있었을 때
소의 성질	형성소송	확인소송설 (형성소송설)	확인소송설 (형성소송설)	형성소송

제소권자	주주, 이사, 감사	소의 이익이 있는 자	소의 이익이 있는 자	특별이해관계인 인 주주
제소기간	결의의 날로부터 2월	×	×	결의의 날로부터 2월
소의 절차	본점소재지 지방법원 전속관할(186조) 소제기공고(187조) 소의 병합심리(188조) 제소주주가 악의임을 소명한 경우에는 담보제공의무(377조, 176조 4항) 결의취소의 등기(378조)			
재량기각	가능(379조)	×	×	×
판결의 대세적 효력	제 3 자에 대하여 효력 있음(190조 본문)			
판결의 소급효	소급효 있음 (판결의 소급효를 제한하는 190조 단서는 준용하지 아니함)			
패소원고의 책임	악의 또는 중대한 과실이 있는 때에는 회사에 대하여 연대하여 손해를 배상할 책임(191조)			

Questions & Notes

Q1 [판례 13]에서 주주총회결의일로부터 2개월이 지났다면 주주총회결의에 무효나 부존재사유가 존재하는 경우와 취소사유가 존재하는 경우에 매도담보행위의 효력에 어떠한 차이가 생기는가?

[판례 20]

대법원 2003. 7. 11. 선고 2001다45584 판결(국민은행 주식매수선택권 부여결의의 효력)

• 사실관계

앞의 [판례 15]에서 원고 X는 Y은행 보통주 7주를 소유한 소액주주로 위 주주총회에 참석하지 아니하였다. X는 4호(이사보수한도승인), 5호(주식매수선택권 부여 승인) 의안에 한하여 부존재확인소송을 제기하였다가 제 1 심에서 기각 당하자, 원심에 이르러 예비적으로 동일한 하자를 문제 삼는 취소소송을 추가하였다(단, 4호 의안 부분 소송은 원심에서 취하되었다).

• **법원의 판단**

(1) 소의 변경 또는 추가

주주총회결의 취소의 소는 상법 제376조에 따라 결의의 날로부터 2월 내에 제기하여야 할 것이나, 동일한 결의에 관하여 부존재확인의 소가 상법 제376조 소정의 제소기간 내에 제기되어 있다면, 동일한 하자를 원인으로 하여 결의의 날로부터 2월이 경과한 후 취소소송으로 소를 변경하거나 추가한 경우에도 부존재확인의 소 제기시에 제기된 것과 동일하게 취급하여 제소기간을 준수한 것으로 봄이 상당하다. 원심이 같은 취지에서, 결의의 취소를 구하는 예비적 청구가 주위적 청구인 부존재확인의 소의 제소시점에 제기된 것으로 취급하여 적법하다고 판단한 것은 정당하고, 거기에 주주총회결의 취소의 소의 제소기간에 관한 법리를 오해한 위법이 있다고 할 수 없다.

(2) 원고의 제소자격

그리고 주주는 다른 주주에 대한 소집절차의 하자를 이유로 주주총회결의 취소의 소를 제기할 수도 있는 것이므로, 이와 달리 당초의 소집장소인 14층 회의실에 정식으로 출석하였거나 남아 있던 주주로서 그 참석권을 침해받은 주주만이 그와 같은 절차상의 하자를 이유로 결의 취소의 소를 제기할 수 있다는 전제하에 원고의 제소자격을 다투는 상고이유의 주장은 받아들일 수 없다.

Questions & Notes

Note 이 판결은 앞의 [판례 15] 및 뒤의 [판례 21]과 동일한 판결로서, 소송상의 문제에 대한 부분이다.

Q1 (1) 결의취소의 소의 원인과 결의부존재확인의 소의 원인의 차이는 무엇인가? [판례 20]에서는 어떠한 소송을 제기하였어야 할 것인가?

(2) 대법원 1992. 9. 22. 선고 91다5365 판결은 주주총회결의 효력이 그 회사가 아닌 제 3 자 사이의 소송에 있어 선결문제로 된 경우에 관한 것이다. 이 사건에서 A회사는 주주총회 및 이사회를 실제로 소집·개최한 적도 없으면서 B가 대표이사로 선임된 것으로 주총의사록과 이사회의사록을 허위로 작성하였다. 이에 따라 B가 회사 대표이사 자격으로 Y에게 A회사 부동산을

매도하는 매매계약을 체결하고 소유권이전청구권보전을 위한 가등기를 경료하여 주었는데 A회사의 채권자 X가 부동산에 대한 경락허가결정을 받고 경락대금을 완납하였다. 이에 X는 Y에게 주주총회결의가 무효 또는 부존재하여 B가 적법한 대표이사가 아니므로 B가 Y에게 해준 가등기가 효력이 없다는 것을 이유로 가등기말소를 청구하였다. 여기서 법원은 "주주총회결의의 효력이 그 회사 아닌 제3자 사이의 소송에 있어 선결문제로 된 경우에는 당사자는 언제든지 당해 소송에서 주주총회결의가 처음부터 무효 또는 부존재하다고 다투어 주장할 수 있는 것이고, 반드시 먼저 회사를 상대로 제소하여야만 하는 것은 아니며, 이와 같이 제3자 간의 법률관계에 있어서는 상법 제380조, 제190조는 적용되지 아니한다"고 판시하였다. 이 사안에서 주주총회결의에 취소사유가 있다고 가정하자. 그 경우 X가 주주총회결의의 하자를 이유로 가등기말소를 청구할 수 있는가?

(3) 부존재확인의 소(또는 무효확인의 소)와 취소의 소를 별개의 소송물로 본다면 부존재확인의 소가 취소의 소 제소기간 내에 제기되어 있는 경우에는 그 기간경과 후에도 결의취소의 소로 변경하거나 당초의 결의부존재확인의 소에 결의취소의 소를 추가할 수 있는가?

[참고판례]

• 대법원 2010. 3. 11. 선고 2007다51505 판결

주주총회결의 취소의 소는 상법 제376조 제1항에 따라 그 결의의 날로부터 2개월 내에 제기하여야 하고, 이 기간이 지난 후에 제기된 소는 부적법하다. 그리고 주주총회에서 여러 개의 안건이 상정되어 각기 결의가 행하여진 경우 위 제소기간의 준수 여부는 각 안건에 대한 결의마다 별도로 판단되어야 한다.

Note 대법원판례인 구 소송물이론에 의하면 결의취소소송, 무효확인소송, 부존재확인소송은 각각 소송물을 달리한다. 소송물이 다른 별개의 소라고 보게 되면 원고가 소의 종류를 잘못 선택한 경우 어떻게 처리해야 될지가 문제된다. 대법원은 부존재사유가 있는 총회결의에 대하여 결의취소의 소를 제기한 사안에서 부적법한 소라는 이유로 각하하고(대법원 1978. 9. 26. 선고 78다1219 판결), 취소사유만 있는 경우에 무효·부존재확인의 소를 제기한 경우에는 이를 기각한 원심을 유지하였다(대법원 1989. 5. 23. 선고 88다카16690 판결). 다만 부존재확인청구와 무효확인청구에 관하여는 "회사의 총회결의에 대한 부존재확인청구나 무효확인청구는 모두 법률상 유효한 결의의 효과가 현재

존재하지 아니함을 확인받고자 하는 점에서 동일한 것이므로 예컨대, 사원총회가 적법한 소집권자에 의하여 소집되지 않았을 뿐 아니라 정당한 사원 아닌 자들이 모여서 개최한 집회에 불과하여 법률상 부존재로 볼 수밖에 없는 총회결의에 대하여는 결의무효 확인을 청구하고 있다고 하여도 이는 부존재확인의 의미로 무효확인을 청구하는 취지라고 풀이함이 타당하므로 적법하다고 할 것이다"(대법원 1983. 3. 22. 선고 82다카1810 전원합의체 판결)라고 한다.

Q2 결의취소의 소를 제기할 수 있는 자는 주주, 이사, 감사이다.

(1) 원고는 주주총회에 참석장을 제출하지도 아니하였고 불참하였다. 원고주주는 자신의 참석권이 침해당하였다고 볼 수 없는데, 이러한 경우에도 취소소송을 제기할 수 있는가?

(2) 의결권 없는 주주가 결의취소소송을 제기할 수 있는가?

(3) 결의에 찬성한 주주는 제소할 수 있는가?(대법원 1979. 3. 27. 선고 79다19 판결)

(4) 결의 당시는 주주가 아니나 소제기 당시 주주는 제소할 수 있는가?

(5) 이사가 주주총회결의 취소의 소를 제기하였다가 소송계속 중이나 사실심 변론 종결 후에 사망한 경우, 소송이 중단되지 않고 그대로 종료하는가?(대법원 2019. 2. 14. 선고 2015다255258 판결)

(6) 여러 주주들이 공동으로 주주총회결의 취소의 소, 부존재 또는 무효 확인을 구하는 소를 제기한 경우 민사소송법 제67조가 적용되는 필수적 공동소송에 해당하는가?(대법원 2021. 7. 22. 선고 2020다284977 전원합의체 판결)

(2) 주주총회결의 취소의 소와 재량기각

[판례 21]

대법원 2003. 7. 11. 선고 2001다45584 판결(국민은행 주식매수선택권 부여결의의 효력)

• **사실관계**

이 판결은 앞의 [판례 15] 및 [판례 20]과 동일한 판결인데, 피고인 Y은행의 주주총회결의 취소의 소의 재량기각 주장에 대한 법원의 판단 부분이다.

• **법원의 판단**

주주총회결의 취소의 소에 있어 법원의 재량에 의하여 청구를 기각할 수 있음을 밝힌 상법 제379조는, 결의의 절차에 하자가 있는 경우에 결의를 취소하여도 회사 또는 주주에게 이익이 되지 않든가 이미 결의가 집행되었기 때문에 이를 취소하여도 아무런 효과가 없든가 하는 때에 결의를 취소함으로써, 회사에 손해를 끼치거나 일반거래의 안전을 해치는 것을 막고 결의취소의 소의 남용을 방지하려는 취지이며(대법원 1987. 9. 8. 선고 86다카2971 판결 참조), 또한 위와 같은 사정이 인정되는 경우에는 당사자의 주장이 없더라도 법원이 직권으로 재량에 의하여 취소청구를 기각할 수도 있다 할 것이다. 그러나 원고가 취소를 구하는 대상은 이 사건 주주총회의 결의 중 임원에 대하여 주식매수선택권을 부여하기로 하는 부분에 한하고, 그 결의 내용은 임원에 대한 보수 문제의 일부라 할 수 있는 것이어서 회사에 미치는 손해라는 것을 생각하기 어려울 뿐만 아니라 일반거래의 안전과도 무관한 것인 점, 원고가 주주의 공익권으로서 인정되는 제소권을 개인적인 이익을 위하여 남용하려 한다는 사정이 인정되지도 않는 점, 그리고 앞서 본 소집절차상의 하자가 경미한 수준이라고 보기 어려운 점, 기타 기록에 나타나는 여러 가지 사정을 종합하여 살펴보면, 원고의 이 사건 취소청구를 그대로 인용함이 상당하고 재량에 의하여 기각할 수는 없다고 할 것이다. 피고의 주장처럼 이 사건 주주총회 결의 이후 증권거래법 제189조의4 제3항, 같은 법 시행령 제84조의6 제6항이 개정되어 이제 자본금의 규모가 피고 은행과 같은 정도인 경우 이 사건 주주총회의 결의로 부여한 수량 정도의 주식매수청구권(주식매수선택권의 오기로 보임)은 주주총회의 결의 없이 이사회의 결의만으로도 임직원에게 부여할 수 있게 되었다는 점이 인정된다 할지라도, 이 사건에서 결론을 달리할 사정은 되지 못한다.

Q1 [판례 21]에서는 피고의 재량기각 주장을 기각하였다. 재량기각의 요건은 어떠한가? 위 판결에서는 하자가 경미한 수준이 아니라는 점도 재량기각을 부인한 이유가 되고 있다. 그렇다면 재량기각은 하자가 경미한 경우에만 인정되는가?

[참고판례]

• **대법원 1987. 9. 8. 선고 86다카2971 판결(안흥상호신용금고 결의취소의 소 재량 기각인정)**

결산기를 변경시행하기로 한 정관변경안건에 대한 주주총회에서 원고를 포함한 주주들의 반대로 정관변경에 필요한 의결정족수를 채우기 어렵게 되자 29회에 걸쳐 주주총회를 속행하여 오던 중 원고측 대리인의 위임장접수가 거절되어 대리인이 참석하지 못한 상황에서 정관변경결의가 가결된 사안이다.

대법원은 정관변경결의가 현저하게 불공정하여 결의취소사유가 존재한다는 점은 인정하였으나, 원심의 재량기각 판단을 유지하였다. 원심이 특별히 참작한 사유는 정관변경이 전국 상호신용금고연합회에서 각 상호신용금고의 결산기를 변경시행하기로 결의하고 재무부가 이를 인가승인하였는데, 원고들이 피고의 경영권을 둘러싼 분규로 인하여 위 정관변경과는 관계없는 요구사항을 내세우고 그 요구가 받아들여지지 않음을 이유로 정관변경에 반대하여 왔고 피고만이 사업년도를 달리할 경우 업무의 정상적인 운영이 어렵게 되고 회계년도의 변경은 주주의 이해관계에도 영향이 없는 점이었다. 대법원은 "주주총회결의취소의 소에 있어 법원의 재량에 의하여 청구를 기각할 수 있음을 밝힌 상법 제379조는 결의의 절차에 하자가 있는 경우에 결의를 취소하여도 회사 또는 주주의 이익이 되지 않든가 이미 결의가 집행되었기 때문에 이를 취소하여도 아무런 효과가 없든가 하는 때에 결의를 취소함으로써 오히려 회사에게 손해를 끼치거나 일반거래의 안전을 해치는 것을 막고 또 소의 제기로써 회사의 질서를 문란케 하는 것을 방지하려는 취지"라고 판시하였다.

• **대법원 2004. 4. 27. 선고 2003다29616 판결(대우전자 자본감소무효)[판례 19]**

자본감소무효의 소에는 상법 제189조(하자의 보완 등과 청구의 기각 — 설립무효의 소 또는 설립취소의 소가 그 심리중에 원인이 된 하자가 보완되고 회사의 현황과 제반사정을 참작하여 설립을 무효 또는 취소하는 것이 부적당하다고 인정한 때에는 법원은 그 청구를 기각할 수 있다)가 준용된다(446조). 이 사건에서 대법원은 "감자무효의 소를 재량 기각하기 위해서는 원칙적으로 그 소제기 전이나 그 심리 중에 원인이 된 하자가 보완되어야 한다고 할 수 있을 것이지만, 이 사건의 하자와 같이 추후 보완될 수 없는 성질의 것으로서 자본감소 결의의 효력에는 아무런 영향을 미치지 않는 것인 경우 등에는 그 하자가 보완되지 아니하였다 하더라도 회사의 현황 등 제반 사정을 참작하여 자본감소를 무효로 하는 것이 부적당하다고 인정한 때에는 법원은 그 청구를 기각할 수 있다고 하여야 할 것이다. 기록에 의하여 살펴보면, 원심이 위와 같이 피고 회사가 신분증의 사본 등이 첨부되지 아니한 위임장(단 팩스로 출력된 위임장 제외)에 대하여 그 접수를 거부한 하자는 이 사건 결의의 결과에 아무런 영향을 미치지 않았다고 본 것은 정당하고, 또한 피고 회사는 이 사건 자본감소 후 이를 기초로 하여 채권은행 등에 대하여 부채의 출자전환 형식으로 신주발행을 하였고 수차례에 걸쳐 제3자에게 영업을 양도하였음을 엿볼 수 있어, 이 사건 자본감소를 무효로 할 경우 부채의 출자전환 형식으로 발행된 신주를 인수한 채권은행 등의 이익이나 거래의 안전을 해할 염려가 있는 등 이 사건 자본감소를 무효로 하는 것이 부적당하다고 볼 사정이 있음을 알 수 있다. 그렇다면 원심의 이유설시에는 다소 미흡한 점이 있으나 원고들의 이 사건 청구를 기각한 결론에 있어서는 정당하고 거기에 주장과 같은 법리오해 등의 위법이 없다"고 판시하였다.

7. 주주명부, 회계장부, 이사회의사록 등의 열람 및 등사청구

의결권대리행사의 권유를 위해서는 피권유자인 주주들의 성명 및 주소와 주주가 보유하고 있는 주식수를 파악하는 것이 전제가 된다. 회사법에서는 이러한 정보를 취득할 수 있는 방법으로 주주명부열람등사청구권(396조)을 규정하고 있다. 그런데 경영권 다툼과 관련하여 위임장권유가 이루어지는 경우에는 회사가 주주명부의 열람을 거부하고 공격자측에서 열람을 청구하는 가처분신청을 하는 경우가 종종 발생한다.

주주에게는 주주명부열람청구권 외에 회계장부열람등사청구권(466조), 이사회의사록 열람등사청구권(391조의3 3항, 4항) 등이 부여되어 있다. 이들 제도는 주주명부열람청구권과 그 취지를 달리하지만, 장부열람권이라는 측면에서 공통점을 가지므로 여기서 같이 살펴보겠다. 이들 권리는 소수주주권으로 지배구조 투명성 강화와도 일정 부분 관련이 있다.

참고자료 좌담회, "주주총회 운영에 관한 법률과 실무", BFL 제27호(2008. 1).
이창원/이동건/윤이진, "경영권 다툼과 관련한 위임장대결에서의 실무상 제문제", BFL 제27호(2008. 1), 33-37면.

[주주의 각종 서류 열람·등사청구권]

	청구권자	주주의 청구 요건		회사의 거부	
		상법	판례	상법	판례
정관	주주와	영업시간내 언		규정 없음	회사는 "청구가 정

주주총회 의사록 주주명부 사채명부	회사채권자 (396조 2항)	제든지 열람 등 사 청구(396조 2항)			당한 목적이 없음" 을 입증하면 거부 가능
이사회 의사록	주주 (391조의3 3항)	영업시간 내 열람 등사 청구 (391조의3 3항)		회사는 "이유 를 붙여" 거절 가능(391조의3 4항)	부당한 예: (1) 회 사업무의 운영 또 는 주주 공동의 이익을 해치거나, (2) 주주가 회사 의 경쟁자로서 그
회계장부와 서류	소수주주권 (466조 1항, 542조의 6 4항)	"이유를 붙인 서면"으로 열 람 등사 청구 (466조 1항)	이유를 "구체적 으로 기재"해야 함	회사는 "청구가 부당함"을 입증 하면 거부 가능 (466조 2항)	취득한 정보를 경 업에 이용할 우려 가 있거나, (3) 회 사에 지나치게 불 리한 시기를 택하 여 행사하는 경우

[회계장부열람·등사청구(466조, 542조의6 4항)의 지분보유 요건]

		주식보유비율	보유기간
비상장회사(466조 1항)		발행주식총수의 100분의3	
상장회사 (542조의6 4항)	자본금 1천억원 미만	발행주식총수의 1만분의 10(0.1%)	6월간 보유
	자본금 1천억원 이상	발행주식총수의 1만분의 5(0.05%)	

[판례 22]

대법원 2004. 12. 24. 자 2003마1575 결정(회계장부열람청구의 정당한 목적)

• 사실관계

X는 Y회사의 주주로서 같은 지역에 영업기반을 둔 경쟁관계에 있다. X는 Y회사의 경영권 인수시도 과정에서 Y회사의 회계장부, 이사회의사록 등과 함께 주주명부의 열람 및 등사를 청구하였는데, Y회사가 그 열람을 거부하자 주주명부 등의 열람등사 가처분을 신청하였다.

• 법원의 판단

1심법원(부산지방법원 2002. 10. 1. 자 2002카합1243 결정)에서는 주주명부에 대해서도 회계장부와 마찬가지로 회사는 그 청구가 부당함을 들어 열람을 거부할 수 있다고 해석하였으나, 이 사안에서는 정당한 목적을 결하였다고 판단하여 신청을 기각하였다.

대법원에서는 이사회의사록과 회계장부와 서류에 대한 열람·등사청구에 대해서만 판단하였는데, 이러한 서류 등에 대해서 원심의 판시를 유지하였다.

"1. 상법 제391조의3 제3항, 제466조 제1항에서 규정하고 있는 주주의 이사회의 의사록 또는 회계의 장부와 서류 등에 대한 열람·등사청구가 있는 경우, 회사는 그 청구가 부당함을 증명하여 이를 거부할 수 있는바, 주주의 열람·등사권 행사가 부당한 것인지 여부는 그 행사에 이르게 된 경위, 행사의 목적, 악의성 유무 등 제반 사정을 종합적으로 고려하여 판단하여야 할 것이고, 특히 주주의 이와 같은 열람·등사권의 행사가 회사업무의 운영 또는 주주 공동의 이익을 해치거나 주주가 회사의 경쟁자로서 그 취득한 정보를 경업에 이용할 우려가 있거나, 또는 회사에 지나치게 불리한 시기를 택하여 행사하는 경우 등에는 정당한 목적을 결하여 부당한 것이라고 보아야 할 것이다.

2. 원심결정 이유에 의하면, 원심은 기록에 의하여 판시와 같은 사실이 소명된다고 한 다음, 재항고인과 상대방은 모두 부산·경남 지역에 영업기반을 두고 오랜 기간 경쟁관계를 유지해 오고 있는 점, 재항고인은 상대방이 139억 원 남짓의 자본금을 33억 원 남짓으로 대폭 감자한 후 비로소 상대방의 주식을 매입하기 시작하였고, 더구나 상대방의 계속된 자본전액 잠식으로 인하여 대부분의 보통주가 상장폐지 되었음에도 액면의 5배에 달하는 가격으로 그 주식을 매입하여 그 주주가 되었으므로, 재항고인의 주식 취득은 그 본래의 목적인 회사의 경영성과를 분배받고자 하는 데 있지 않음이 분명한 점, 재항고인이 상대방의 주식 취득과 때를 같이하여 공개적으로 상대방의 경영권 인수를 표방하면서 50% 이상의 주식 취득을 위한 주식 공개매수에 착수함과 아울러 이미 재항고인의 주식 취득 이전에 드러난 상대방 전 대표이사 A의 부정행위, 미수금 채권관계, 상장폐지건 등을 내세워 이 사건과 같은 회계장부 열람청구 외에도 임원 해임 요구, 손해배상청구 등을 통하여 상대방의 경영진을 압박하는 한편, 상대방의 주주 및 채권자들을 상대로 한 설득작업을 통하여 상대방의 경영권 인수를 시도하고 있는 점 등 두 회사의 관계, 재항고인이 상대방의 주식을 취득한 시기 및 경위, 주식 취득 이후에 취한 재항고인의 행동, 상대방의 현재 상황 등 제반 사정을 고려할 때, 재항고인이 주주로서 부실경영에 책임이 있다

는 상대방의 현 경영진에 대한 해임청구 내지는 손해배상청구의 대표소송을
위한 사실관계 확인 등 상대방의 경영감독을 위하여 이 사건 서류들에 대한
열람·등사를 구하는 것이 아니라, 주주라는 지위를 내세워 상대방을 압박함으
로써 궁극적으로는 자신의 목적인 경영권 인수(적대적 M&A)를 용이하게 하기
위하여 위 서류들에 대한 열람·등사권을 행사하는 것이라고 보아야 할 것이
고, 나아가 두 회사가 경업관계에 있기 때문에 이 사건 열람·등사 청구를 통
하여 얻은 상대방의 영업상 비밀이 재항고인의 구체적인 의도와는 무관하게
경업에 악용될 우려가 있다고 보지 않을 수 없으므로, 결국 재항고인의 이 사
건 열람·등사 청구는 정당한 목적을 결한 것이라고 판단하였다.
　위에서 본 법리와 기록에 비추어 살펴보면, 원심의 위와 같은 사실인정과
판단은 정당"하다.

Questions & Notes

Q1　회계장부 열람·등사청구(466조)에는 정당한 목적을 소명하여야 함이 명시
되어 있지만 주주명부 열람·등사청구(396조 2항)에 대해서는 열람을 거부할
수 있는가에 대해 명시적으로 규정하고 있지 아니하다. 주주명부 열람·등
사청구의 경우에도 정당한 목적이 없는 경우 회사가 열람을 거부할 수 있
는가?

[참고판례]
• **대법원 1997. 3. 19. 자 97그7 결정(금복주의 OB맥주 장부열람청구)**
"상법 제396조 제2항에서 규정하고 있는 주주 또는 회사채권자의 주주명부 등
에 대한 열람등사청구도 회사가 그 청구의 목적이 정당하지 아니함을 주장·입
증하는 경우에는 이를 거부할 수 있다고 할 것이다."

Q2　(1) [판례 22]에서는 현 경영진에 대한 해임청구 내지는 손해배상청구의 대
표소송을 위한 사실관계 확인 등 상대방의 경영감독을 위하여 이 사건 서류
들에 대한 열람·등사를 구하는 것이 아니라, 주주라는 지위를 내세워 상대
방을 압박함으로써 궁극적으로는 자신의 목적인 경영권 인수(적대적 M&A)
를 용이하게 하기 위하여 위 서류들에 대한 열람·등사권을 행사하는 것이
라고 보아야 한다는 점을 청구기각의 이유 중 하나로 설시하였다. 경업관계
가 없는 경우에 경영권 인수 목적의 회계장부 열람청구는 정당한 목적을 결

한 것으로 일반화할 수 있는가?

(2) 경영권 인수목적의 회계장부 열람·등사청구의 경우와 주주명부 열람 및 등사청구에서 정당목적의 판단기준이 차이가 나야 할 것인가?

(3) 상법 제466조 제 1 항에서 요구하는 '이유를 붙인 서면'은 얼마나 구체적이어야 하나? 소수주주는 자신이 열람·등사를 구하는 이유를 얼마나 소명하여야 하는가? 회사는 어떻게 하면 열람·등사를 면할 수 있는가?

[참고판례]

• 대법원 2022. 5. 13. 선고 2019다270163 판결

"상법 제466조 제 1 항은 '이유를 붙인 서면'으로 열람·등사를 청구할 수 있다고 정한다. 그 이유는 주주가 회계장부와 서류를 열람·등사하는 것이 회사의 회계 운영상 중대한 일이므로 그 절차가 신중하게 진행될 필요가 있고, 또 회사가 열람·등사에 응할 의무의 존부나 열람·등사 대상인 회계장부와 서류의 범위 등을 손쉽게 판단할 수 있도록 할 필요가 있기 때문이다.

주주가 제출하는 열람·등사청구서에 붙인 '이유'는 회사가 열람·등사에 응할 의무의 존부를 판단하거나 열람·등사에 제공할 회계장부와 서류의 범위 등을 확인할 수 있을 정도로 열람·등사청구권 행사에 이르게 된 경위와 행사의 목적 등이 구체적으로 기재되면 충분하고, 더 나아가 그 이유가 사실일지도 모른다는 합리적 의심이 생기게 할 정도로 기재하거나 그 이유를 뒷받침하는 자료를 첨부할 필요는 없다. 이와 달리 주주가 열람·등사청구서에 이유가 사실일지도 모른다는 합리적 의심이 생기게 할 정도로 기재해야 한다면, 회사의 업무 등에 관하여 적절한 정보를 가지고 있지 않는 주주에게 과중한 부담을 줌으로써 주주의 권리를 크게 제한하게 되고, 그에 따라 주주가 회사의 업무 등에 관한 정보를 확인할 수 있도록 열람·등사청구권을 부여한 상법의 취지에 반하는 결과가 초래되어 부당하다.

다만 이유 기재 자체로 그 내용이 허위이거나 목적이 부당함이 명백한 경우 등에는 적법하게 이유를 붙였다고 볼 수 없으므로 이러한 열람·등사청구는 허용될 수 없다. 또 이른바 모색적 증거 수집을 위한 열람·등사청구도 허용될 수 없으나, 열람·등사청구권이 기본적으로 회사의 업무 등에 관한 정보가 부족한 주주에게 필요한 정보 획득과 자료 수집을 위한 기회를 부여하는 것이라는 사정을 고려할 때 모색적 증거 수집에 해당하는지는 신중하고 엄격하게 판단해야 한다.

한편 주주로부터 열람·등사청구를 받은 회사는 상법 제466조 제 2 항에 따라 열람·등사청구의 부당성, 이를테면 열람·등사청구가 허위사실에 근거한 것이

라든가 부당한 목적을 위한 것이라든가 하는 사정을 주장·증명함으로써 열람·
등사의무에서 벗어날 수 있다."

Q3 이사회 의사록 열람·등사청구의 대상에는 이사회에 제출된 관련 서류가 모
두 포함되는가? 이사회의사록에서 인용하고 있지 아니하지만 이사회 결정을
이해하는 데 중요한 관련성이 있는 자료도 열람·등사청구의 대상이 될 것인
가? 회계장부열람·등사청구의 대상에는 자회사의 회계장부도 포함되는가?

[참고판례]
• **대법원 2014. 7. 21. 자 2013마657 결정(현대엘리베이터 이사회의사록 열람·등사
청구의 정당한 목적 및 열람·등사의 범위)**
현대엘리베이터주식회사는 현대상선에 대한 경영권을 유지함으로써 현대그룹
전체에 대한 경영권을 확보하기 위하여 현대상선 주식을 기초자산으로 한 파생
상품계약을 체결하고 이를 유지하면서 막대한 파생상품 거래손실을 감소하고
있고, 현대엘리베이터 주식회사가 포함된 현대그룹 컨소시엄이 충분한 자금력이
없이 현대인수건설 인수에 참여하였다가 그 우선협상대상자 지위를 잃은 것으
로 의심해 볼 수 있는 상황하에 있었다. 이에 현대엘리베이터주식회사의 엘리베
이터 사업부문을 인수할 의도로 주식을 대량매집하여 지분율을 끌어올려온 외
국법인이 현대엘리베이터주식회사가 체결한 파생상품계약 등의 정당성을 문제
삼으면서 이사회의사록의 열람·등사를 청구하였다.
원심은 신청인이 주주로서 현대엘리베이터주식회사의 경영을 감독하기 위하
여서가 아니라, 주주라는 지위를 내세워 현대엘리베이터주식회사를 압박함으로
써 엘리베이터 사업부문을 인수하거나 그와 관련하여 협상하는 과정에서 보다
유리한 지위를 점하기 위하여 이사회의사록 등에 대한 열람·등사를 청구하는
것으로 보인다는 이유로 신청을 기각하였다. 그러나 대법원은 "적대적 인수·합
병을 시도하는 주주의 열람·등사청구라고 하더라도 그 목적이 단순한 압박이
아니라 회사의 경영을 감독하여 회사와 주주의 이익을 보호하기 위한 것이라면
허용되어야 할 것인데, 주주가 회사의 이사에 대하여 대표소송을 통한 책임추궁
이나 유지청구, 해임청구를 하는 등 주주로서의 권리를 행사하기 위하여 이사회
의사록의 열람·등사가 필요하다고 인정되는 경우에는 특별한 사정이 없는 한
그 청구는 회사의 경영을 감독하여 회사와 주주의 이익을 보호하기 위한 것이라
고 할 것이므로, 이를 청구하는 주주가 적대적 인수·합병을 시도하고 있다는
사정만으로 그 청구가 정당한 목적을 결하여 부당한 것이라고 볼 수 없고, 주주
가 회사의 경쟁자로서 그 취득한 정보를 경업에 이용할 우려가 있거나 또는 회
사에 지나치게 불리한 시기를 택하여 행사하는 등의 경우가 아닌 한 허용되어야

한다."고 판단하였다.

또한 열람·등사청구의 범위에 이사회 의사록의 첨부자료 및 그 이사회 승인 여부에 대한 검토를 위해 이사회에 제출된 계약서 등 관련서류도 포함되는가에 대하여 "이사회결의 등을 위해 그 이사회에 제출된 관련서류라도 그것이 의사록에 첨부되지 않았다면 이는 의사회 의사록 열람·등사청구의 대상에 해당하지 않는다고 할 것이나, 이사회 의사록에서 '별첨', '별지' 또는 '첨부' 등의 용어를 사용하면서 그 내용을 인용하고 있는 첨부자료는 해당 이사회 의사록의 일부를 구성하는 것으로서 이사회 의사록 열람·등사청구의 대상에 해당한다"고 판시하였다.

• 대법원 2001. 10. 26. 선고 99다58051 판결(자회사의 회계장부 열람)

상법 제466조 제 1 항에서 정하고 있는 소수주주의 열람·등사청구의 대상이 되는 '회계의 장부 및 서류'에는 소수주주가 열람·등사를 구하는 이유와 실질적으로 관련이 있는 회계장부와 그 근거자료가 되는 회계서류를 가리키는 것으로서, 그것이 회계서류인 경우에는 그 작성명의인이 반드시 열람·등사제공의무를 부담하는 회사로 국한되어야 하거나, 원본에 국한되는 것은 아니며, 열람·등사제공의무를 부담하는 회사의 출자 또는 투자로 성립한 자회사의 회계장부라 할지라도 그것이 모자관계에 있는 모회사에 보관되어 있고, 또한 모회사의 회계상황을 파악하기 위한 근거자료로서 실질적으로 필요한 경우에는 모회사의 회계서류로서 모회사 소수주주의 열람·등사청구의 대상이 될 수 있다.

Q4 소수주주가 회계장부 열람·등사를 청구한 후 대규모의 신주가 발행되었으나 신주인수를 포기함에 따라 지분요건을 갖추지 못하게 된 경우에 당사자적격이 상실되는가?

[참고판례]

• 대법원 2017. 11. 9. 선고 2015다252037 판결(회계장부열람·등사를 청구의 지분 요건 충족시기)

원고가 발행주식총수 중 33.3%를 보유하여 회계장부 열람·등사를 구하는 소를 제기하였는데, 1심계속 중 회사가 주주배정방식의 신주발행을 하였고 원고가 신주인수를 포기하여 지분이 2.97%로 감소한 경우에 당사자적격을 상실하는가가 문제된 사안이다.

대법원은 "발행주식의 총수의 100분의 3 이상에 해당하는 주식을 가진 주주는 상법 제466조 제 1 항에 따라 이유를 붙인 서면으로 회계의 장부와 서류의 열람 또는 등사를 청구할 수 있다. 열람과 등사에 시간이 소요되는 경우에는 열람·등사를 청구한 주주가 전 기간을 통해 발행주식 총수의 100분의 3 이상의 주식을 보유하여야 하고, 회계장부의 열람·등사를 재판상 청구하는 경우에는 소송이 계속되는 동안 위 주식 보유요건을 구비하여야 한다"고 판시하였다.

[Note] 회계장부열람·등사는 가처분의 방식을 통하여 이루어지는 경우가 많다.

• **대법원 1999. 12. 21. 선고 99다137 판결(회계장부열람·등사 가처분 허용 여부, 이유의 구체성)**

"주주의 회계장부열람등사청구권을 피보전권리로 하여 당해 장부 등의 열람·등사를 명하는 가처분이 실질적으로 본안소송의 목적을 달성하여 버리는 면이 있다고 할지라도, 나중에 본안소송에서 패소가 확정되면 손해배상청구권이 인정되는 등으로 법률적으로는 여전히 잠정적인 면을 가지고 있기 때문에 임시적인 조치로서 이러한 회계장부열람등사청구권을 피보전권리로 하는 가처분도 허용된다고 볼 것이고, 이러한 가처분을 허용함에 있어서는 피신청인인 회사에 대하여 직접 열람·등사를 허용하라는 명령을 내리는 방법뿐만 아니라, 열람·등사의 대상 장부 등에 관하여 훼손, 폐기, 은닉, 개찬이 행하여질 위험이 있는 때에는 이를 방지하기 위하여 그 장부 등을 집행관에게 이전 보관시키는 가처분을 허용할 수도 있을 것이다. … 주식회사 소수주주가 상법 제466조 제1항의 규정에 따라 회사에 대하여 회계의 장부와 서류의 열람 또는 등사를 청구하기 위하여는 이유를 붙인 서면으로 하여야 하는바, 회계의 장부와 서류를 열람 또는 등사시키는 것은 회계운영상 중대한 일이므로 그 절차를 신중하게 함과 동시에 상대방인 회사에게 열람 및 등사에 응하여야 할 의무의 존부 또는 열람 및 등사를 허용하지 않으면 안 될 회계의 장부 및 서류의 범위 등의 판단을 손쉽게 하기 위하여 그 이유는 구체적으로 기재하여야 할 것이다.

원심판결 이유에 의하면 원심은, 신청인은 이 사건 가처분신청을 하면서 피신청인 회사의 대표이사인 위 A가 피신청인 회사에 대한 경영권을 독점한 이후 자신의 측근들만으로 임원진을 구성한 채 상법과 정관을 위반하여 7~8년간 제대로 주주총회를 개최하지 않고 있고, 1990년 이래 단 한차례도 이익배당을 실시하지 않고 있으며, 피신청인 회사의 중요 자산인 레미콘 트럭을 임의로 처분하는 등 자의적이고 방만한 운영을 하고 있어 회사의 경영실태를 파악하고 이를 조사·감독하기 위하여 이 사건 각 장부 및 서류의 열람 및 등사를 청구하였으나 피신청인 회사가 이를 거부하였으므로, 회사의 경영실태를 파악하여 정관이나 법령에 위반되는 사실이나 방만한 경영 흔적을 밝혀 이사의 책임을 추궁하는 등 주주로서의 법적 권리를 행사하기 위하여 위와 같은 장부 및 서류들의 열람 및 등사를 청구하는 것이라고 이 사건 신청서 및 준비서면 등의 서면에 의하여 그 이유를 밝히고 있음은 기록상 명백하므로 신청인의 위 장부 및 서류들에 대한 이 사건 가처분신청은 상법 제466조 제1항의 요건을 갖춘 것이라고 판단하였는바, 앞서 본 바와 같은 법리에 비추어 보면 원심의 위와 같은 판단은 정당한 것으로 수긍이 되고, 한편 주주의 회계장부 및 서류의 열람, 등사청구권이 인정되는 이상 그 열람, 등사청구권은 그 권리행사에 필요한 범위 내에서 허용되어야 할 것이지, 열람 및 등사의 회수가 피신청인 회사의 주장과 같이 1회에 국한되는 등으로 사전에 제한될 성질의 것은 아니라 할 것이므로 같은 취지에서 30일간의 열람 및 등사기간을 허용한 원심판결은 정당하고…"

Note 대법원은 이사회 의사록은 비송사건이므로 민사소송의 방법으로 열람·등사를 청구할 수 없다고 한다(대법원 2013. 3. 28. 선고 2012다42604 판결). 상법상 이사회 의사록에 관하여 "법원의 허가를 얻어… 열람·등사할 수 있다"고 규정함에 따라(391조의3 4항 후단) 비송사건절차법에서 비송사건으로 규정(72조 1항)함에 따른 결과이다. 그러나 상법과 비송사건절차법상 각종 열람·등사청구권에 관한 규정은 일관성이 없는 것으로 보인다. 주식회사의 회계장부(466조 2항), 재무제표 열람청구(448조 2항)는 소송사건임에 반하여 유한회사의 회계장부, 대차대조표 등 열람청구는 비송사건으로 규정되어 있다(상법 277조 2항, 비송사건절차법 72조 1항). 실무에서는 소송절차를 통해 회계장부, 정관 등과 함께 이사회 의사록 열람을 청구하였다가 이사회 의사록 부분만 각하되는 사례가 자주 발생하고 있다. 입법의 정비가 필요한 부분으로 판단된다.

Note 증권의 무권화를 위한 제도로 자본시장법에서는 증권의 예탁결제제도에 관하여 규정하고 있다. 「주식·사채 등의 전자등록에 관한 법률(이하 전자증권법으로 약칭)」 시행 전에는 상장주식은 한국예탁결제원에 예탁되어 주주명부상으로는 예탁결제원의 명의로 명의개서되고, 실질주주명부를 별도로 작성하였다. 자본시장법에서는 실질주주명부에 대한 열람·청구제도를 별도로 규정하고 있지 아니하였는바, 실질주주명부도 열람·등사청구의 대상인가가 문제되었다.

대법원은 원고들이 주주대표소송 참가를 권유하기 위해 피고의 실질주주명부상의 실질주주의 전자우편주소에 대하여 열람 및 등사를 청구한 사안에서 '실질주주명부 기재사항 전부'가 아니라 그 중 '주주명부 기재사항'에 해당하는 것에 한정하여 상법 제396조 제2항이 유추적용된다고 판단하였다(대법원 2017. 11. 9. 선고 2015다235841 판결).

그러나 「주식·사채 등의 전자등록에 관한 법률(이하 전자증권법으로 약칭)」이 2019. 9. 16. 시행됨에 따라 상장주식은 의무적으로 전자등록을 하여야 하고(전자증권법 25조 1항 1호), 전자등록된 증권에 대해서는 예탁결제제도가 적용되지 않게 되었다(자본시장법 308조 1항). 주주들은 예탁결제원을 거치지 않고 상장회사에 대해 직접 주식을 보유하고, 그 결과 상장주식에 관해서는 실질주주명부는 존재하지 않는다.

Ⅱ. 이사·이사회·대표이사

여기서는 업무집행기관으로서의 이사회와 대표이사에 대해 두가지 측면에서 법적 쟁점을 검토한다. 1.에서는 업무집행기관의 조직원리에 대해서 검토한다. 우선 이사와 대표이사의 선임·해임과 이사회의 구성에 대해 살펴본다. 2.에서는 이사회의 운영에 대해 공부하고, 대표이사에 의한 대외적 대표행위의 효력이라는 거래법상의 문제를 살펴본다. 대표행위에 법령이나 정관 기타 회사의 내규 등에 따라 주주총회나 이사회결의를 거쳐야 하는 경우가 있는데, 적법한 절차를 거치지 아니한 대표행위라든가 기타 대표권남용행위에 대해서 회사이익과 거래상대방의 이익보호의 균형점을 어디서 찾아야 할 것인가가 문제된다. 그 외 공동대표이사제도를 통한 회사이익보호와 표현대표이사제도를 통한 거래상대방의 신뢰보호에 대해서도 검토한다.

1. 이사와 대표이사의 선임과 해임 및 이사회의 구성

주식회사에서 경영은 이사회에 위임되어 있으므로, 경영권이란 이사를 선임할 수 있는 능력에 기초한다. 주식회사에서는 이러한 권한을 주주총회에 부여하여 주주총회에서 이사를 선임하도록 하고 있다(382조 1항). 회사의 다양한 이해관계자 중에서 특별히 주주들에게 이사를 선임할 권리를 인정한 이유는 주주는 잔여이익권자로서 회사 전체의 이익을 최대화 시킬 유인이 가장 크고 자신의 이익을 계약을 통하여 보호하는 것이 다른 이해관계자에 비해 어렵다는 것으로 설명되고 있다. 주주총회는 또한 이사의 선임권한과 아울러 특별결의로 이사의 해임을 할 수 있다. 여기서는 이사의 선임·해임과 관련된 법적 쟁점에 대해 검토한다.

[이사의 정원 및 이사회구성]

	규모	이사수[주1]	이사후보/사외이사 활동 정보공시	사외이사 선임강제	사외이사 후보추천 위원회	소수주주의 사외이사 후보추천권
비상장회사	자본금 10억원 미만	1-2인 (383조) 가능	없음	임의		
	자본금 10억원 이상	3인 이상 (383조)		임의		
상장회사	자산총액 2조원 미만	3인 이상	-소집통지 공고에 이사후보의 성명 등 소정사항 기재 요함(542조의4 2항) -상장회사가 주주총회에서 이사 또는 감사를 선임하려는 경우에는 통지하거나 공고한 후보자 중에서 선임하여야 함(542조의5) -주주총회 소집통지시 사외이사 등의 활동내역과 보수에 관한 사항, 사업개요 등 대통령령으로 정하는 사항을 통지 또는 열람제공하여야 함(542조의4 3항)	이사 총수의 1/4 이상 (542조의8 1항)[주2]		
	자산총액 2조원 이상			-3인 이상 -이사총수의 과반수(542조의8 1항)	-사외이사는 사외이사후보추천위원회의 추천을 받은 자 중에서 선임하여야 함(542조의8 5항) -사외이사후보추천위원회의 위원의 과반수가 사외이사로 구성되어야 함(542조의8 4항)	-사외이사 후보추천위원회는 주주제안권 요건을 갖춘 주주가 주주총회일의 6주 전에 추천한 사람을 추천후보에 포함시켜야 함(542조의8 5항)

주1) 정관에서 이사 인원수의 상한을 규정할 수 있음
주2) 사외이사 선임 의무 규정이 적용되지 않는 회사(시행령 34조 1항)
   1. 벤처기업중 자산총액 1천억원 미만으로 코스닥 상장회사
   2. 회생절차개시 또는 파산선고된 상장회사
   3. 신규상장되어 최초주주총회 소집 전
   4. 기업구조조정 부동산투자회사
   5. 해산을 결의한 상장회사

참고자료 송옥렬, "감사위원회의 구성을 통한 경영권 방어", BFL 제20호 (2006.11).

(1) 이사의 선임

1) 집중투표제

이사는 주주총회에서 선임한다. 그런데 주주총회는 다수결로 결정되므로 소수주주는 이사선임에서 영향력을 행사하기가 어렵고 결국 지배주주가 존재하는 경우에는 지배주주의 의사에 따라 이사회가 구성되는 것이 현실이다. 그 경우 회사의 경영이 전체주주의 이익 극대화가 아니라 지배주주의 이익을 우선하게 될 우려가 발생한다. 이에 따라 회사법에서는 집중투표제를 통하여 소수주주가 이사를 선임할 수 있는 가능성을 확대하고, 사외이사제도를 통하여 이사회에서의 의사결정과 감독의 독립성을 제고하고자 한다. 특히 상장회사에선 일정 비율 이상의 사외이사 선임을 강제하고 있고, 자산총액 2조원 이상의 회사에서는 더 높은 비율의 사외이사선임을 강제함과 동시에 사외이사의 최소한의 수를 규정한다. 이하에서는 소수주주가 자신의 이익을 대변할 수 있는 이사를 선임하고자 하는 경우에 발생할 수 있는 문제에 대해 살펴본다.

[판례 23]

대전지방법원 2006. 3. 14. 자 2006카합242 결정(KT&G 이사선임)

• **사실관계**

X 등은 증권거래소 상장법인인 K사의 주주이다. X 등은 이 사건 주주총회일로부터 6개월 전인 2005. 9. 16. 당시에는 K사 주식의 0.4%를 보유하고 있다가 주식의 보유를 늘려서 2006. 2. 3. 당시 6.59%에 이르고 2006. 3. 8 현재 약 6.7%에 달한다. X 등은 2006. 2. 3. 갑, 을, 병 3명을 정기주주총회에서 사외이사로 추천하는 주주제안을 하고, 사외이사를 집중투표제를 통하여 선임할 것을 청구하였다. 당시 K사 이사의 수는 정관에 따르면 15명이었으나, 이 가운데 12명만 선임되어 있는 상태였고 3명은 사내이사, 9명이 사외이사였다. 이 가운데 6명의 사외이사가 임기가 만료됨에 따라 주주총회에서 사외이사를 선임하여야 하는 상황이었다. 따라서 정관상으로 선임 가능한 사외이사는 9명까지, 그리고 현실적으로 결원의 보충이라는 점에서 본다면 6명의 사외이사를 선임해야 하는 상황이었다. X는 자신의 이익을 대변해 줄 갑, 을, 병 가운데 최소한 1명 이상을 사외이사로 진출시키는 것이 목적이었고, 이를 위하여 집중투

표를 청구한 것이다. K사의 정관은 집중투표제를 배제하지 않고 있었고, 또 X
는 K사 발행주식 총수의 1% 이상을 보유하고 있기 때문에, 구증권거래법 제
191조의18 제 1 항에 따라 위 사외이사의 선임에는 집중투표제가 적용되어야
하였다. K사는 경영권을 X의 간섭으로부터 보호하려는 대책을 강구하기 시작
하였는데, 그 한 방법으로 사외이사의 선임을 다음과 같이 분리시키기로 하였
다. 즉 K사는 주주총회 소집통지에서 제 2 호 안건을 사외이사 2명 선임의 건
으로 하여 후보를 갑, 을, 병 및 K사가 추천하는 A, B 등 모두 5명으로 하고,
이와 별도로 제 3 호 안건으로 감사위원회 위원이 되는 사외이사 4명 선임의
건으로 하여 K사가 추천하는 자 4명만 후보로 상정하였다. 이에 X는 이처럼
사외이사의 선임을 둘로 분리하는 것은 자신들의 사외이사 선임을 막으려는
의도에서 비롯된 것으로서 주주의 의결권, 집중투표제의 방법에 의한 이사선
임청구권을 침해한 것으로서 법령위반이고 동시에 이사회의 권한남용임을 지
적하면서, K사가 추천하는 6명과 신청인이 추천하는 갑, 을, 병 이렇게 9명을
후보로 하고 집중투표제를 통하여 6명의 사외이사를 선임하며, 이렇게 선임된
6명의 이사들을 대상으로 추가 투표를 통하여 감사위원회 위원을 선임할 것을
회사에 요청하였다. 그러나 K사는 주주총회 소집통지를 원래대로 하고 이를
공시하였고, 이에 X는 위 주주총회의 제 2 호안건과 제 3 호안건의 결의를 금지
시키는 가처분을 신청하게 되었다.

• **법원의 판단**
 (1) 상법상 주주제안권과 증권거래법상 사외이사후보추천권의 관계
 "상법 및 증권거래법상 주주제안권, 사외이사후보추천위원회제도 등의 입법
경위 및 그 취지 등에 비추어 볼 때, 상법상 주주제안권과 증권거래법상 주주
의 사외이사후보추천권은 그 행사요건과 내용 등을 달리하고 있으므로, 소수
주주들로서는 주권상장법인의 사외이사후보추천을 총회의 의제 또는 의안으로
삼고자 하는 경우에 상법상의 주주제안권 또는 증권거래법상의 사외이사후보
추천권을 선택적으로 행사할 수 있다고 해석함이 상당하다."
 (2) 이사 선임방법
 이 사건에서 쟁점으로 부각된 것은 위와 같이 사외이사의 선임절차를 분리
하는 것이 주주의 의결권이나 집중투표제의 취지에 비추어 위법한가 하는 점
이었다. 이에 대하여 대전지방법원은 위와 같은 선임계획은 위법하지 않으며,

따라서 피보전권리가 없기 때문에 보전의 필요성에 대해서는 더 이상 검토하지 않고 가처분신청을 기각하였다. 법원의 논리는 다음과 같다.

"① 상법은 이사회 내 위원회의 위원 선임 및 해임에 대해서는 이사회에 그 권한이 있다고 규정(393조의2 3항 3호)하고 있으므로 상법상 주식회사의 감사위원회 위원의 선임은 이사회의 권한이라고 할 것이다. 그러나 증권거래법은 주권상장법인의 경우 감사위원회의 위원이 되는 사외이사의 선임에 관하여 상법상 감사의 선임에 관한 규정을 준용하여 대주주의 의결권을 3%로 제한한다고 규정(구 증권거래법 54조의6 6항)하고 있을 뿐 감사위원회 위원의 선임권한이 이사회에 있는지 아니면 주주총회에 있는지 명시적으로 밝히고 있지 않다. 그런데 이와 관련하여 종래 주권상장법인들의 주주총회 운영 실무는, 첫째 감사위원회 위원이 되는 사외이사를 다른 사외이사들과 분리하여 주주총회에서 뽑는 '분리선출 방식'과 둘째 감사위원회 위원이 될 사외이사를 포함하여 이사 후보 전체를 대상으로 이사 선임결의를 하고 나서 선임된 이사 중에서 대주주 의결권 제한규정을 적용하여 감사위원을 뽑는 '일괄선출 방식'으로 나뉘어 운영되고 있는 실정이다.

② 분리선출방식에 의할 경우, 소수주주가 자신이 추천한 후보를 이사로 선임하는 데 필요한 주식의 수가 증가되는 결과 집중투표에 의한 이사 선임권의 약화를 가져오게 되고, 나아가 "이사의 선임결의에 관하여 각 주주는 1주마다 선임할 이사의 수와 동일한 수의 의결권을 가진다"라는 상법 제382조의2 제3항의 규정에도 부합하지 않는다는 비판이 있을 수 있다. 반면 일괄선출방식에 의할 경우, 대주주의 의결권 제한 없이 선임된 이사들 가운데서 감사위원회 위원이 되는 사외이사가 선임될 것이므로, 증권거래법이 감사위원의 선임에 관하여 상법상 대주주 의결권 제한규정을 준용한 입법취지가 몰각될 염려가 있어 문제이다.

③ 결국 이 문제는 입법적으로 해결되어야 할 성질의 것이지만, 이 법원은 다음과 같은 이유로 현행상법 및 증권거래법의 해석상 위 두 방식이 주주총회의 결의방법으로 모두 가능하고 그 가운데 어느 방식을 취할 것인지에 대한 결정권한은 별도의 주주 제안이 없는 이상 이사회에 있다는 입장을 취하고자 한다. 첫째로, 분리선출방식에 의할 경우 소수주주의 집중투표에 의한 이사 선임청구권이 약화된다고 하더라도 상법 및 증권거래법상 집중투표제는 정관에 의하여 배제될 수 있는 성질의 것이라는 점(382조의2 1항, 구 증권거래법 191조의

18 1항), 소수주주들로서는 사외이사의 선임방법에 관하여 일괄선출방식을 택하도록 제안할 수 있을 것이라는 점 등에 비추어 보면, 분리선출 방식이 소수주주의 의결권 또는 집중투표제의 취지를 현저하게 침해한다고 보기 어렵다. 둘째로, 일괄선출방식에 의할 경우 제 1 단계의 사외이사 선임결의에서 대주주가 지지하는 후보들이 대부분 사외이사로 선임될 가능성이 큰 것은 사실이지만, 제 2 단계 감사위원회 위원의 선임결의에서 상법상의 대주주의결권 제한규정을 적용하여 감사위원회 위원을 선임하는 이상 이를 법률에 위반된 것이라고 보기 어렵다. 이러한 사정들을 종합하여 보면, 채무자 회사가 분리선출방식을 채택함으로써 채권자들의 의결권, 집중투표제의 방법에 의한 이사 선임청구권을 침해하였다고 볼 수 없으므로 채권자들의 위 주장은 이유가 없다."

Questions & Notes

[Note] 사외이사 중에는 감사위원회 위원이 되는 사외이사와 그렇지 아니한 사외이사가 존재한다. 자산총액 2조원 이상의 회사에서는 감사위원회 위원이 되는 사외이사 선임시 대주주의 의결권을 제한하는데, 집중투표제에 따라 사외이사를 선임할 때 의안을 모든 사외이사를 일괄하여 선임하는 안으로 하여야 할 것인지, 감사위원회 위원이 되는 사외이사를 선임하는 안과 일반사외이사를 선임하는 안으로 분리할 것인가가 문제되었다. 이 판례는 이 문제를 입법적으로 해결하여야 할 문제라고 판시하였는데, 2009년 개정상법은 주주총회에서 이사를 선임한 후 선임된 이사 중에서 감사위원회 위원을 선임하여야 함을 명시하였으나(542조의12 2항 본문) 이 경우 감사위원이 모두 지배주주가 지지하는 후보로 선임되고 감사위원 선출 관련 의결권 제한 규정이 사실상 무력화된다는 비판이 있었다. 이러한 비판에 따라 2020년 개정상법에는 감사위원 중 1명(정관에서 2명 이상으로 정할 수 있음)은 주주총회 결의로 다른 이사들과 분리하여 감사위원이 되는 이사로 선임할 것을 규정하였다(542조의12 2항 단서).

[Q1] (1) 주주총회는 이사회가 회의의 목적사항을 정하여 소집을 결정하므로, 원칙적으로 이사회가 후보자를 정하여 의안을 상정하게 된다. 소수주주가 이사후보를 추천하여 주주총회에서 의안으로 상정하여 투표를 할 수 있도록 하는 방법은 무엇이 있는가? 비상장회사와 상장회사 및 자산총액 2조원 이

상인 상장회사의 경우를 구분하여 알아보시오. 주주가 총회장에서 자유롭게 이사후보를 추천할 수 있는가?

(2) 자산총액 2조원 이상 상장회사의 사외이사후보추천권이나 주주제안권의 요건과 일반주식회사와 주주제안권 요건은 차이가 있다. 이 사건에서 사외이사 후보추천권 행사가 아니라 상법 제363조의2에 따른 주주제안을 한 이유는?

(3) 사외이사후보추천권과 상법 제363조의2의 주주제안권을 선택적으로 행사할 수 있는가?

Q2 상법 제382조의2에 따르면 2인 이상의 이사의 선임을 목적으로 하는 총회의 소집이 있는 때에는 각 주주는 1주마다 선임할 이사의 수와 동일한 수의 의결권을 가지며, 그 의결권을 이사후보자 1인 또는 수인에게 집중하여 투표하는 방법으로 행사할 수 있는 집중투표의 방법으로 이사를 선임하는 것을 청구할 수 있다.

(1) 총발행주식이 10주인 회사에서 소수주주가 2주, 대주주가 8주를 가지고 있다고 가정하자. 이사를 각 1인, 2인, 3인, 4인, 5인 선임하는 경우에 소수주주가 1인의 이사후보를 추천하고, 대주주가 각 1인, 2인, 3인, 4인, 5인의 후보를 추천하였다. 일반결의에 의하는 경우와 집중투표방식으로 선임하는 경우 소수주주가 추천하는 이사가 선임될 가능성이 있는가?

(2) 위의 [판례 23]에서 회사측의 선출방안과 신청인측의 선출방안의 차이점은? 신청인이 추천한 이사후보가 선출될 가능성이 높은 선출안건과 그 이유는?

(3) 회사가 집중투표방식에 의한 이사선임을 배제할 수 있는가?

[집중투표 청구요건]

	규모	주식보유비율	청구기한	기타
비상장회사 (382조의2) 주1)		의결권 없는 주식을 제외한 발행주식총수의 100분의3 이상	주주총회일의 7일 전까지	
상장회사 (542조의7) 주1)	자산총액 2조원 미만	발행주식총수의 100분의3 이상	주주총회일의 6주 전까지	
	자산총액 2조원 이상	발행주식총수의 100분의 1 이상	위와 같음	*집중투표를 배제하거나 그 배제된 정관을 변경하려는 경우에는

			발행주식총수 100분의 3 초과 주주의 의결권 제한 *집중투표 배제에 관한 정관변경 의안을 별도로 상정

주1) 정관에서 집중투표제를 배제할 수 있음.

[참고판례]

• **대법원 2017. 1. 12. 선고 2016다217741 판결(이사의 선임을 집중투표의 방법으로 하는 경우에 정관에 규정된 의사정족수가 충족되어야 하는지 여부)**

정관에 "이사의 선임을 발행주식총수의 과반수에 해당하는 주식을 가진 주주의 출석과 그 출석주주의 의결권의 과반수에 의한다"고 규정하고 있는 회사에서 이사의 선임을 집중투표의 방법으로 하는 경우에 정관에 규정된 의사정족수가 충족되어야 하는지가 문제된 사안이다. 법원은 상법 제368조 제1항에서 보통결의 요건을 정관에서 달리 정할 수 있음을 허용하고 있으므로, 정관에 의하여 의사정족수를 규정하는 것은 가능하다고 보았다. 한편 상법 제382조의2의 집중투표 규정은 어디까지나 주주의 의결권 행사에 관련된 조항임을 이유로, "주식회사의 정관에서 이사의 선임을 발행주식총수의 과반수에 해당하는 주식을 가진 주주의 출석과 그 출석주주의 의결권의 과반수에 의한다고 규정하는 경우, 집중투표에 관한 위 상법조항이 정관에 규정된 의사정족수 규정을 배제한다고 볼 것은 아니므로, 이사의 선임을 집중투표의 방법으로 하는 경우에도 정관에 규정한 의사정족수는 충족되어야 한다"고 판시하였다.

Note 정관에서 이사의 수의 상한에 관한 규정이 없고 집중투표를 배제하는 규정을 두고 있지 않은 회사에서 현재 재직 중인 이사 외에 수인의 이사의 추가선임과 이사 후보자를 추천하는 주주제안을 하면서 집중투표를 청구하였는데, 회사가 소집통지서에 주주제안 내용을 ⅰ) '이사 추가선임의 당부'와 ⅱ) ⅰ)의안이 가결된 경우 제안된 후보자를 이사로 선임하는 의안이라는 형태로 변형하여 상정한 경우 주주의 주주제안권 및 집중투표청구권이 무시된 것인지에 관하여 하급심의 해석이 나뉘고 있다.

① 서울고등법원 2015. 8. 28. 선고 2015나2019092 판결(심리불속행으로 확정-집중투표와 결합한 이사추가선임 주주제안)에서는 변형되어 상정된 '현이사 외 2명의 이사 추가 선임의 건의 당부'라는 안건이 부결됨에 따라 원고들이 추천한 이사 후보자들에 대한 집중투표가 이루어질 수 없었다는 점을 중시하여, 피고 이사회가 변형된 안건을 주주총회의 목적사항으로 한 것은 상법이 규정하고 있는 주주제안권 및 집중투표의 규정 취지를 잠탈하는

것으로 원고들이 제안한 의제를 주주총회의 목적사항으로 상정하였다고 볼 수 없으므로 원고들의 주주제안권이 침해되었다고 보아야 한다고 판시하였다.

반면 ② 유사사례에 관한 인천지방법원 2014. 3. 24. 자 2014카합10052 결정(이사직무집행정지 가처분)과 서울고등법원 2015. 10. 15. 자 2015라651 결정(임시주주총회 소집허가)에서는 주주제안의 변형상정은 주주제안의 내용을 논리적 순서에 따라 단계적으로 세분화한 것이므로 주주제안권을 침해한 것이 아니라고 보았다. 집중투표청구권을 침해한 것인지에 관해서 이사의 증원 여부 및 몇 명을 증원할 것인지는 주주들이 먼저 판단하고 결의할 필요성이 있으므로 이러한 결의가 부결됨에 따라 원고가 제안한 이사후보자에 대한 선임의안이 상정되지 못한 것은 무방하다는 입장이다. 또한 이사증원 및 선임을 결합한 하나의 주주제안이 있을 경우 주주총회에서 그 안건 자체 대한 가부만을 결의해야 한다는 구속력을 인정하게 되면, 소수주주가 회사에 불필요하게 증원된 몇 십 명, 몇 백 명의 이사선임을 요구하는 주주제안을 하더라도 다수주주가 이를 전혀 제지하지 못하게 되는데, 이는 오히려 자본다수결의 원칙 자체를 정면으로 부정하는 결과가 되어 허용할 수 없고 상법상 집중투표제가 위와 같은 정도로 소수주주를 다수주주에 우선시키는 취지의 제도라고 볼 수 없다고 보았다.

2) 이사의 선임결의와 대표이사의 임용계약의 청약

이사는 주주총회의 보통결의로 선임한다(368조 1항). 일반적으로 실무에서는 주주총회의 선임결의가 있으면 이사는 취임승낙서를 쓰고 취임승낙서의 작성일자를 주주총회일자로 함으로써 이사 임기의 개시를 주주총회일부터 기산되는 것으로 하여 이사선임 또는 변경등기를 하게 된다. 그런데 이사선임에 관하여 분쟁이 있는 경우에는 회사(대표이사)가 이사의 등기를 하지 아니하고 이사의 지위취득을 부인하고자 하는 경우가 있다. 이러한 경우 주주총회결의와 이사의 취임승낙이 있으면 이사 지위를 취득하는 것인지가 문제된다. 아래 판례는 감사선임에 관한 것이지만 이사에 대해서도 동일한 논리의 적용이 가능하다.

[판례 24]

대법원 2017. 3. 22. 선고 2016다251215 전원합의체 판결(이사 · 감사임용계약)

• **사실관계**

2014. 12. 1. 주주인 X의 임시주주총회 소집청구에 따라 개최된 Y회사의 임시주주총회에서 A를 사내이사로, X를 감사로 선임하기로 하는 결의가 이루어졌다. A와 X는 2015. 4. 1. Y회사에게 서면으로 위 주주총회결의에 따른 이사 또는 감사 임용계약의 체결을 요구하였으나 Y회사 대표이사는 위의 임시주주총회결의의 효력에 대해 이의를 제기하며 A와 X에 대한 이사 및 감사 선임등기를 거부하였다. 이에 X는 이사 및 감사 지위 확인을 청구하는 소를 제기하였다.

• **법원의 판단**

"이사 · 감사의 지위가 주주총회의 선임결의와 별도로 대표이사와 사이에 임용계약이 체결되어야만 비로소 인정된다고 보는 것은, 이사 · 감사의 선임을 주주총회의 전속적 권한으로 규정하여 주주들의 단체적 의사결정 사항으로 정한 상법의 취지에 배치된다. 또한 상법상 대표이사는 회사를 대표하며, 회사의 영업에 관한 재판상 또는 재판 외의 모든 행위를 할 권한이 있으나(제389조 제 3 항, 제209조 제 1 항), 이사 · 감사의 선임이 여기에 속하지 아니함은 법문상 분명하다. 그러므로 이사 · 감사의 지위는 주주총회의 선임결의가 있고 선임된 사람의 동의가 있으면 취득된다고 보는 것이 옳다.

상법상 이사는 이사회의 구성원으로서 회사의 업무집행에 관한 의사결정에 참여할 권한을 가진다(제393조 제 1 항). 상법은 회사와 이사의 관계에 민법의 위임에 관한 규정을 준용하고(제382조 제 2 항), 이사에 대하여 법령과 정관의 규정에 따라 회사를 위하여 그 직무를 충실하게 수행하여야 할 의무를 부과하는 한편(제382조의3), 이사의 보수는 정관에 그 액을 정하지 아니한 때에는 주주총회의 결의로 이를 정한다고 규정하고 있는데(제388조), 위 각 규정의 내용 및 취지에 비추어 보아도 이사의 지위는 단체법적 성질을 가지는 것으로서 이사로 선임된 사람과 대표이사 사이에 체결되는 계약에 기초한 것은 아니다. 또한 주주총회에서 새로운 이사를 선임하는 결의는 주주들이 경영진을 교체하는 의미를 가지는 경우가 종종 있는데, 이사선임결의에도 불구하고 퇴임하는 대표이사가 임용계약의 청약을 하지 아니한 이상 이사로서의 지위를 취득하지 못한다고 보게 되면 주주로서는 효과적인 구제책이 없다는 문제점이 있다.

한편 감사는 이사의 직무의 집행을 감사하는 주식회사의 필요적 상설기관이 며(제412조 제 1 항), 회사와 감사의 관계에 대해서는 이사에 관한 상법 규정이 다수 준용된다(제415조, 제382조 제 2 항, 제388조). 이사의 선임과 달리 특히 감사의 선임에 대하여 상법은 제409조 제 2 항에서 "의결권 없는 주식을 제외한 발행주식총수의 100분의 3을 초과하는 수의 주식을 가진 주주는 그 초과하는 주식에 관하여는 의결권을 행사하지 못한다"라고 규정하고 있다. 따라서 감사선임결의에도 불구하고 대표이사가 임용계약의 청약을 하지 아니하여 감사로서의 지위를 취득하지 못한다고 하면 위 조항에서 감사 선임에 관하여 대주주의 의결권을 제한한 취지가 몰각되어 부당하다. 이사의 직무집행에 대한 감사를 임무로 하는 감사의 취임 여부를 감사의 대상인 대표이사에게 맡기는 것이 단체법의 성격에 비추어 보아도 적절하지 아니함은 말할 것도 없다.

결론적으로, 주주총회에서 이사나 감사를 선임하는 경우, 그 선임결의와 피선임자의 승낙만 있으면, 피선임자는 대표이사와 별도의 임용계약을 체결하였는지 여부와 관계없이 이사나 감사의 지위를 취득한다고 보아야 한다."

Questions & Notes

Q1 위의 [판례 24(전원합의체)]에 의하여 파기된 대법원 1995. 2. 28. 선고 94다 31440 판결은 주주총회에서 이사나 감사 선임결의가 있었다고 하여 바로 피선임자가 이사나 감사의 지위를 취득하게 되는 것은 아니고, 주주총회의 선임결의에 따라 회사의 대표기관이 임용계약의 청약을 하고 피선임자가 이에 승낙을 함으로써 비로소 피선임자가 이사나 감사의 지위에 취임하여 그 직무를 수행할 수 있게 된다고 하였다. 이러한 입장에 따르면 대표이사가 새로이 선임된 이사·감사에 대하여 임용계약을 체결하지 않는 경우에 당해 이사·감사 또는 주주는 어떠한 구제방법을 택할 수 있는가?

Q2 전원합의체 판결에서 대법원은 어떠한 법리에 기하여 회사와 이사 간의 위임관계가 성립하였는가에 대해서는 명시적으로 판단하고 있지 아니하다. 주주총회의 선임결의를 위임계약의 청약으로 볼 수 있으므로 위임관계가 발생하는 것인가? 아니면 상법 제382조 제 2 항에 의한 법정 효과로서 회사와 피

선임자 간에 위임관계가 발생하는 것을 볼 수 있는가?

Note 이사·감사의 선임은 등기사항이고, 회사가 등기할 사항을 등기하지 아니하면 선의의 제3자에게 대항할 수 없다(37조 1항). 민사집행법 제306조에서는 등기된 임원에 대하여 직무집행을 정지하거나 직무대행자를 선임하는 가처분을 하는 경우 법원사무관 등이 등기를 촉탁하도록 규정하고 있는데, 등기선례에 따르면 위 규정이 이사등 지위확인 가처분에는 적용되지 않는다고 본다(상업등기선례 제2-88호). 이러한 등기선례에 따르면 주주총회의 선임결의와 피선임자의 승낙으로 이사·감사의 지위를 취득하였다고 하더라도 회사의 대표이사가 등기신청을 하지 아니하는 경우에 선임된 이사·감사를 어떻게 등기할지가 여전히 문제된다.

(2) 이사의 종임

1) 이사의 해임

이사는 언제든지 주주총회 특별결의로 해임할 수 있다(385조 1항). 그러나 이사의 임기를 정한 경우에 정당한 이유 없이 그 임기만료 전에 이를 해임한 때에는 그 이사는 회사에 대하여 해임으로 인한 손해의 배상을 청구할 수 있다(385조 1항). 따라서 정당한 사유의 존부가 해임시 중요한 쟁점이 된다. 정당한 사유의 입증책임은 손해배상을 청구하는 이사가 부담한다(대법원 2006. 11. 23. 선고 2004다49570 판결). 소수주주에게는 이사의 해임청구권이 인정된다(385조 2항, 542조의6 3항).

[소수주주의 해임청구 요건(385조 2항, 542조의6 3항)]

	규모	해임청구원인	해임청구 기간	주식보유비율	주식보유기간
비상장회사		부정행위 또는 법령이나 정관에 위반한 중대한 사실이 있음에도 불구하고 주주총회에서 해임의 부결	총회의 결의일로부터 1개월	발행주식총수의 3%	제한 없음
상장회사	자본금 1천억원 미만			발행주식총수의 0.5%	6개월
	자본금 1천억원 이상			발행주식총수의 0.25%	

Note 소주주주가 법원에 이사의 해임을 청구하기 위해서는 주주총회에서 해임이

부결될 것이 요건이다. 소수주주가 이사해임 건을 상정하여 임시주주총회를 소집하였으나 출석주주가 정족수에 미달하여 임시주주총회가 유회된 경우도 해임을 부결한 때에 해당한다(대법원 1993. 4. 9. 선고 92다53583 판결).

[판례 25]

대법원 2004. 12. 10. 선고 2004다25123 판결

• 사실관계

피고 Y회사는 A의 자녀들이 경영하는 B회사가 총 발행주식의 약 98%를 소유하고 있다. 위 A는 Y회사의 지배주주이며 실질적인 사주이나, 이사로 등기하지 아니하였고 자녀 및 처를 이사로 등기하였다. 원고 X는 전문경영인으로서 1993. 9. 6. 대표이사로 취임한 후 2001. 3. 28. 주주총회에서 대표이사로 중임되었다. Y회사 정관에는 이사는 3인 이상, 임기는 3년으로 한다고 규정하였는데, 그 중 대표이사만 유급이고 나머지 이사는 무보수·비상근으로 이사회결의에만 관여하여 왔다. Y회사 이사회는 2002. 1. 15. X를 대표이사에서 해임하고 비상근이사로 한다는 결의를 하였다. X는 정당한 이유 없이 임기 중에 해임 당하였다는 이유로 손해배상을 청구하였다.

• 법원의 판단

원심에서는 이사회에 의한 대표이사의 해임에도 상법 제385조 제1항이 유추적용될 수 있다고 하면서, 이사회의 2002. 1. 15.자 X에 대한 대표이사 해임의 정당한 이유의 존부에 대해 판단하였으나, 대법원에서는 유추적용을 부정하였다.

대법원은 "살피건대, 주식회사의 이사는 주주총회가 선임·해임하고 회사의 의사결정기관의 하나인 이사회의 구성원으로서 3년을 초과하지 아니하는 임기를 정할 수 있지만, 대표이사는 이사회가 이사 중에서 선정·해임하는 것이 원칙이고 회사의 업무를 집행하고 회사를 대표하는 기관으로서 통상 별도의 임기를 정하지 아니하는 점에서 이사와 대표이사는 그 지위와 성질, 권한이 다르다고 할 것이고, 더구나 대표이사는 이사회의 경영판단 등에 따라 언제든지 해임할 수 있다고 할 것이므로 주주총회의 이사 해임과 이사회의 대표이사 해임이 유사한 사실이라고 할 수 없다. 그리고 상법 제385조 제1항은 주주총회의 특별결의에 의하여 언제든지 이사를 해임할 수 있게 하는 한편, 임기가 정하여진 이사가 그 임기 전에 정당한 이유 없이 해임당한 경우에는 회사에 대하여 손해배상을 청구할 수 있게 함으로써 주주의 회사에 대한 지배권 확보와 경영자 지위의 안정이라는 주주와 이사의 이익을 조화시키려는 규정이고(대법원 2004. 10. 15. 선고 2004다25611 판결 등 참조), 이사의 보수청구권을 보장하는 것을 주된 목적으로 하는 규정이라 할 수 없으므로, 이를 이사회가 대표이사를 해임한 경우에도 유추 적용할 것은 아니고, 원고가 대표이사 지위의 해임으로 무보수, 비상근의 이사로 되었다고 하여 달리 볼 것도 아니다 … 원심이, 원고의 보수청구권에 주목한 나머지 상법 제385조 제 1 항을 이사회가 대표이사를 해임한 경우에도 유추 적용할 것이라고 판단한 것은 법률의 해석·적용에 관한 잘못이 있고 …"라고 판시하였다.

Questions & Notes

Note 이 사례에서는 임원퇴직금지급규정에 대하여 주주총회의 승인을 받지 않았는데 규정에 의한 퇴직금의 지급청구를 할 수 있는가도 문제되었고, 대법원에서는 이를 인정하였다(앞의 [판례 13] Q4의 참고판례 참조). 이사의 보수에 관한 문제는 제 4 장 Ⅱ. 4에서 검토한다.

Q1 (1) 이사의 해임을 하기 위해서는 정당한 사유가 있어야 하는가?
(2) 정당한 사유가 있어서 해임하는 경우와 정당한 사유 없이 해임하는 경우의 차이점은?
(3) 이사의 임기가 정하여지지 않은 경우 정당한 사유 없는 해임에 대하여 이사의 손해배상청구권이 인정되는가?

[참고판례]
• 대법원 2001. 6. 15. 선고 2001다23928 판결(임기를 정하지 않은 경우 이사해임)
"상법 제385조 제 1 항에 의하면 "이사는 언제든지 주주총회의 특별결의로 해임할 수 있으나, 이사의 임기를 정한 경우에 정당한 이유 없이 그 임기만료 전에 이를 해임한 때에는 그 이사는 회사에 대하여 해임으로 인한 손해의 배상을 청구할 수 있다."고 규정하고 있는바, 이 때 이사의 임기를 정한 경우라 함은 정관 또는 주주총회의 결의로 임기를 정하고 있는 경우를 말하고, 이사의 임기를 정하지 않은 때에는 이사의 임기의 최장기인 3년을 경과하지 않는 동안에 해임되더라도 그로 인한 손해의 배상을 청구할 수 없다고 할 것이다. … 원고는 임기를 정하지 않은 채 피고 회사의 이사로 선임되었다가 주주총회의 특별결의로 해임되었다고 본 원심의 사실인정과 판단은 정당한 것으로 수긍이 되고, 상법 제383조 제 2 항과 동일하게 "이사의 임기는 3년을 초과하지 못한다."고 규정하고 있는 피고 회사의 정관에 대하여 이사의 임기를 3년으로 정하는 취지라고 해석할 수는 없(다)."

(4) 지배주주가 변경되어 기존 이사를 해임한 경우 정당한 사유가 있는 해임으로 볼 수 있을 것인가? 이에 대비하여 지배지분의 매수인은 주식매매계약에 어떤 조항을 넣을 것을 매도인에게 요청할 수 있겠는가?

[참고판례]
• **대법원 2004. 10. 15. 선고 2004다25611 판결(이사해임 정당사유)**
"상법 제385조 제 1 항은 주주총회의 특별결의에 의하여 언제든지 이사를 해임할 수 있게 하는 한편, 임기가 정하여진 이사가 그 임기 전에 정당한 이유 없이 해임당한 경우에는 회사에 대하여 손해배상을 청구할 수 있게 함으로써 주주의 회사에 대한 지배권 확보와 경영자 지위의 안정이라는 주주와 이사의 이익을 조화시키려는 규정이라 할 것이고, 이러한 법규정의 취지에 비추어 보면, 여기에서 '정당한 이유'란 주주와 이사 사이에 불화 등 단순히 주관적인 신뢰관계가 상실된 것만으로는 부족하고, 이사가 법령이나 정관에 위배된 행위를 하였거나 정신적·육체적으로 경영자로서의 직무를 감당하기 현저하게 곤란한 경우, 회사의 중요한 사업계획 수립이나 그 추진에 실패함으로써 경영능력에 대한 근본적인 신뢰관계가 상실된 경우 등과 같이 당해 이사가 경영자로서 업무를 집행하는 데 장해가 될 객관적 상황이 발생한 경우에 비로소 임기 전에 해임할 수 있는 정당한 이유가 있다고 할 것이다." 원심은 "피고 회사의 창업목표에 맞게 우수한 지역벤처기업을 발굴, 지원, 육성하는 투자전략과 함께 경영수익을 높일 능력이 있고, 피고 회사의 자본금을 증자할 수 있는 능력이 있는 전문경영인으로 추천을 받아 경영계획서를 제출하고 피고 회사로부터 2001. 3. 6. 피고 회사의 경영계획을 통보받아 이를 수락한 후 피고 회사의 대표이사로 선임된 원고로서는, 2001. 3. 16. 주주총회에서 승인받은 경영계획에 따라 세부경영계획을 취임 후 1달 이내에 이사회에 제출하고 그 세부경영계획을 토대로 최우선적으로 자본금의 증자를 위한 투자유치에 역점을 두고 성실히 노력하였어야 함에도 투자를 전혀 유치하지 못하였을 뿐만 아니라, 2001년도 목표로 설정된 투자계획 및 영업수익을 달성하기 위하여 우수한 지역벤처기업을 발굴, 지원, 육성하기 위한 조사나 분석을 하거나 영업수익을 올리기 위한 철저한 준비와 실천을 하는 등 대표이사로서 선량한 관리자의 주의의무를 다하였어야 함에도 이를 제대로 이행하지 못하였고, 2002. 3. 29. 주주총회시 2001년도 재무제표에 대한 승인을 받지 못한 결과, 2001. 3. 16. 주주총회에서 승인받은 경영계획 중 1년 동안 어느 것 하나 제대로 실천된 것이 없을 정도로 투자유치능력이나 경영능력 및 자질이 부족하였다고 보여 지고, 이로 인하여 대표이사인 원고가 피고 회사를 위하여 수임한 직무를 수행하기 곤란하게 되었을 뿐만 아니라 대표이사와 피고 회사 간의 인적 신뢰관계가 무너져 피고 회사가 대표이사인 원고를 믿고 그에게 피고 회사의 경영을 맡길 수 없는 사정이 생겼다고 봄이 상당하다 할 것이다"고 판시하였는바, 대법원은 이를 이유로 원고를 해임한 것은 정당한 이유가 있다고 판시하였다.

• 서울지방법원 1997. 2. 14. 선고 96가합36826 판결(이사해임정당사유)

피고회사 Y는 A를 비롯하여 수개의 회사가 출자하여 설립한 물류집배송 회사이다. Y회사의 경영난을 타개하기 위하여 Y회사의 주주 중 A가 35.28%를 소유하는 지배주주가 되어 영업자금을 추가로 출자하고 물류부문영업을 전담하여, 그에 따라 새로운 영업계획을 수립하고 임원진을 재구성하기로 이사회결의를 하였다. 이에 따라 Y회사의 경영건전성확보를 위하여 이사 전원이 사퇴하기로 하고, 주주총회에서 이사와 감사 전원의 해임을 결의하고 새로운 이사와 감사를 선임하였다. 그런데 원고 X는 재선임 되지 아니하자 정당한 사유 없는 해임을 이유로 손해배상을 청구하였다.

"주식회사에 있어서 그 실질적인 소유자라고 보아야 할 주주는 회사경영의 전적인 권한을 가지는 이상 인사권의 행사로 그 자신의 이익을 보호할 수밖에 없고, 한편 이사는 회사경영의 담당자로서 주주의 경제적인 이익과 더불어 회사 자체의 존립과 계속성을 유지·보존하여야 할 책임을 맡고 있으므로 이와 같은 이사의 책무를 다하기 위해서는 안정적인 경영권의 보장이 필수적이다. 바로 이와 같은 주식회사의 주주 및 이사의 관계를 조정하기 위하여 상법은 회사와 이사와의 관계를 고도의 신뢰관계를 바탕으로 삼는 위임관계로 규정하는 한편(동법 제382조), 주주로 하여금 기본적인 경영전략을 선택하여 경영상 자신의 이익을 보호할 수 있도록 주주총회를 통하여 언제라도 이사를 해임할 수 있는 권한을 부여하는 한편, 이사의 경영권을 확보하여 주기 위하여 이사의 해임은 주주총회의 특별결의에 의하도록 하고 정당한 이유 없는 해임의 경우에는 이사의 손해를 배상하도록 규정하고 있다(동법 제385조 제 1 항). 이와 같은 법규정과 그 취지 등에 비추어 보면, 영업부진으로 인한 급박한 경영상의 어려움을 타개하기 위하여 경영전략의 전환 및 그에 따른 경영주체의 변경이 불가피하고, 이로 인하여 주주와 이사 사이의 신뢰관계의 바탕이 근본적으로 변경되었다고 보아야 할 경우에는 이에 따른 이사의 해임은 정당한 이유가 있다고 보아야 할 것이다.

그런데 위 인정사실에 의하면, 피고 회사의 영업부진은 원고의 경영상의 과오 또는 능력부족에 기인하였다기 보다는 막대한 자금의 투자와 제조업체들과의 협조가 요구되는 피고 회사의 사업성격에서 비롯된 것으로 보이기는 하나 … 피고 회사의 주주회사들로서는 영업부진으로 인한 급박한 경영상의 어려움을 타개하기 위하여 주주의 구성에 본질적인 변화를 줄 수밖에 없었고, 이로 인하여 피고 회사의 경영전략에 본질적인 변화가 생김에 따라 주주회사들과 원고 사이의 신뢰관계에 근본적인 변경이 생김으로써 원고를 해임하지 않을 수 없는 불가피한 상황에 이르렀다고 보아야 할 것이고, 결국 원고에 대한 해임은 정당한 이유가 있는 해임이라고 판단된다."

• **대법원 2013. 11. 28. 선고 2011다41741 판결(이사해임사유의 제한)**

정관에 이사의 해임사유를 정한 경우에 정관에서 정하지 아니한 사유로 이사를 해임할 수 있는가에 대하여 주식회사에 관한 판례는 아니나 사단법인의 이사에 관해서 대법원은 "법인과 이사의 법률관계는 신뢰를 기초로 한 위임 유사의 관계로 볼 수 있는데, 민법 제689조 제1항에서는 위임계약은 각 당사자가 언제든지 해지할 수 있다고 규정하고 있으므로, 법인은 원칙적으로 이사의 임기 만료 전에도 이사를 해임할 수 있지만(대법원 2008. 9. 25. 선고 2007다17109 판결 참조), 이러한 민법의 규정은 임의규정에 불과하므로 법인이 자치법규인 정관으로 이사의 해임사유 및 절차 등에 관하여 별도의 규정을 두는 것도 가능하다. 그리고 이와 같이 법인이 정관에 이사의 해임사유 및 절차 등을 따로 정한 경우 그 규정은 법인과 이사와의 관계를 명확히 함은 물론 이사의 신분을 보장하는 의미도 아울러 가지고 있어 이를 단순히 주의적 규정으로 볼 수는 없다. 따라서 법인의 정관에 이사의 해임사유에 관한 규정이 있는 경우 법인으로서는 이사의 중대한 의무위반 또는 정상적인 사무집행 불능 등의 특별한 사정이 없는 이상, 정관에서 정하지 아니한 사유로 이사를 해임할 수 없다고 봄이 상당하다"고 판시하였다.

(5) 손해배상액은 보수를 기준으로 결정된다고 보는 입장이 있다. 이사의 보수의 구성요소는 이론적으로 보면 업무집행담당에 대한 보수와 기타 이사의 직위에 따른 보수로 구분할 수 있는데, 전부를 손해배상액 결정의 기준으로 보아야 하는가? 보다 근본적으로 이사의 보수를 기준으로 손해배상액을 산정하는 것이 타당한가? 더 나아가 손해배상청구권을 인정함이 타당한가?

[참고판례]

• 대법원 2012. 9. 27. 선고 2010다94342 판결

이 판결은 회사에서 대주주 A의 승인을 얻어 이사에게 매년 보수를 지급하여
왔으나 이사의 보수에 관하여 정관에서 그 액을 정한 바가 없고 주주총회의 보
수승인결의도 없었던 상황에서 이사가 정당한 사유 없이 해임된 사례이다. 대법
원은 이사에게 보수지급청구권이 없다고 판단하고, 따라서 원고 이사에게 이 사
건 해임으로 인하여 남은 임기 동안의 보수 상당의 손해가 발생하였다고 볼 수
도 없다고 판단하여 이사의 손해배상청구를 인용한 원심을 파기하였다(이 판결
은 [판례 39] Q6의 참고판례와 동일한 판결인바, 자세한 내용은 이를 참조).

• 대법원 2013. 9. 26. 선고 2011다42348 판결

감사가 정당한 사유 없이 해임된 후 다른 회사의 상근감사로 재직하면서 보수를
지급받은 사안에서 원심은 감사의 손해배상청구에 대하여 감사해임 후 임기만
료일까지 다른 회사에서 수령한 보수를 손해배상액에서 공제할 수 없다고 판단
하였으나, 대법원은 "임기가 정하여져 있는 감사가 그 임기만료 전에 정당한 이
유 없이 주주총회의 특별결의로 해임되었음을 이유로 상법 제415조, 제385조 제
1 항에 의하여 회사를 상대로 남은 임기 동안 또는 임기 만료시 얻을 수 있었던
보수 상당액을 해임으로 인한 손해배상액으로 청구하는 경우, 당해 감사가 그
해임으로 인하여 남은 임기 동안 회사를 위한 위임사무 처리에 들이지 않게 된
자신의 시간과 노력을 다른 직장에 종사하여 사용함으로써 얻은 이익이 해임과
사이에 상당인과관계가 인정된다면 해임으로 인한 손해배상액을 산정함에 있어
서 공제되어야 한다" 하여 원심을 파기환송하였다.

(6) 상법 제386조 제 1 항에 따라 이사로서의 권리의무를 행사하는 퇴임이사
가 새로 선임된 이사의 취임이나 일시이사의 선임으로 물러나는 경우에도
제385조 제 1 항에 따라 손해배상을 청구할 수 있는가?

[참고판례]

• 대법원 2021. 8. 19. 선고 2020다285406 판결

"임기만료로 퇴임한 이사라 하더라도 상법 제386조 제 1 항 등에 따라 새로 선임
된 이사의 취임시까지 이사로서의 권리의무를 가지게 될 수 있으나(이하 '퇴임
이사'라고 한다), 그와 같은 경우에도 새로 선임된 이사가 취임하거나 상법 제
386조 제 2 항에 따라 일시 이사의 직무를 행할 자가 선임되면 별도의 주주총회
해임결의 없이 이사로서의 권리의무를 상실하게 된다(대법원 2005. 3. 8.자 2004
마800 전원합의체 결정, 대법원 2009. 10. 29.자 2009마1311 결정 등 참조). 이러
한 상법 제385조 제 1 항의 입법취지, 임기만료 후 이사로서의 권리의무를 행사

하고 있는 퇴임이사의 지위 등을 종합하면, 상법 제385조 제 1 항에서 해임대상
으로 정하고 있는 '이사'에는 '임기만료 후 이사로서의 권리의무를 행사하고 있
는 퇴임이사'는 포함되지 않는다고 보아야 한다."

Q2 대표이사를 임기만료전에 해임한 경우 당해 대표이사가 회사에 대해 손해배
상청구권을 가지는가?

(1) 대표이사가 해임되는 경우 이사의 지위를 상실하는가?

(2) 위 사안에서 이사는 무보수이고, 대표이사는 유급이다. 대법원 판시에
의하면 회사가 1단계로 이사회결의를 하여 대표이사직에서 해임하고 제 2
단계로 주주총회결의를 하여 이사직에서 해임하는 경우 회사는 손해배상책
임을 부담하는가?

(3) [판례 25]는 대표이사는 '통상 별도의 임기를 정하지 않는 점에서 다르
다'고 판시하면서 대표이사의 해임에 대해서는 상법 제385조 제 1 항의 유추
적용을 부정한다. 대표이사의 임기를 정한 경우에는 결론이 달라졌겠는가?

(4) 위 (2)에서 회사가 손해배상책임을 부담하지 아니한다면 대표이사의 이
익보호를 할 수 있는 방안으로는 어떠한 것을 생각할 수 있는가? 대표이사
의 경우에는 경영자의 지위안정의 필요성을 인정할 수 없는가?

Note 이사가 임기만료 전 자신의 의사에 반하여 해임될 경우에 대비하여 회사로
부터 통상의 퇴직금 이외에 해직보상금을 지급받을 수 있도록 미리 약정을
체결하는 경우도 있다. 이러한 해직보상금은 직무집행의 대가로 지급되는
것이 아니므로 보수에 해당하지 않으나 이사의 보수에 관한 상법 제388조를
준용 내지 유추적용하여 주주총회의 승인을 얻어야 한다(대법원 2006. 11. 23.
선고 2004다49570 판결 - [판례 39]의 참고판례).

2) 일시이사 및 직무대행자

이사의 임기만료나 사임 또는 해임에 의하여 법률이나 정관에 정한 이사
의 정원을 결하는 경우가 발생할 수 있다. 이때에는 임기만료 또는 사임으로
인하여 퇴임한 이사에게 새로 선임된 이사가 취임할 때까지 이사의 권리의무
를 인정하거나(386조 1항), 법원이 일시 이사의 직무를 행할 자를 선임할 수 있
다(386조 2항). 일시 이사는 이사와 동일한 권한이 있다.

이사가 그 직무에 관하여 부정행위 또는 법령이나 정관에 위반한 중대한

사실이 있음에도 불구하고 주주총회에서 그 해임을 부결한 때에는 일정 요건을 충족한 소수주주는 그 이사의 해임을 법원에 청구할 수 있다(385조 2항, 542조의6 3항). 이사선임결의의 무효나 취소 또는 이사해임의 소가 제기된 경우에는 법원은 가처분으로써 이사의 직무집행을 정지할 수 있고 또는 직무대행자를 선임할 수 있다(407조 1항). 직무대행자의 권한은 일상업무로 한정된다(408조).

[참고판례]
• 대법원 2000. 11. 17. 자 2000마5632 결정(퇴임이사로 하여금 이사로서의 권리의무를 가지게 하는 것이 불가능하거나 부적당하여 일시이사를 선임할 수 있는 경우)
"상법 제386조는 이사의 퇴임으로 말미암아 법률 또는 정관에 정한 원수를 결한 경우에, 임기의 만료 또는 사임으로 인하여 퇴임한 이사로 하여금 새로 선임된 이사가 취임할 때까지 이사의 권리의무를 행하도록 하는 한편 필요하다고 인정할 때에는 법원은 이사, 감사, 기타의 이해관계인의 청구에 의하여 일시이사의 직무를 행할 자를 선임할 수 있도록 규정하고, 같은 법 제389조에 의하여 이를 대표이사의 경우에 준용하고 있는바, 여기에서 필요한 때라 함은 이사의 사망으로 결원이 생기거나 종전의 이사가 해임된 경우, 이사가 중병으로 사임하거나 장기간 부재중인 경우 등과 같이 퇴임이사로 하여금 이사로서의 권리의무를 가지게 하는 것이 불가능하거나 부적당한 경우를 의미한다고 할 것이나, 구체적으로 어떠한 경우가 이에 해당할 것인지에 관하여는 일시이사 및 직무대행자 제도의 취지와 관련하여 사안에 따라 개별적으로 판단하여야 할 것이다.
원심결정 이유에 의하면, 원심은 사건 본인 회사의 임원의 당초 임기가 1999. 4. 15. 모두 만료되었지만 특별한 사정이 없는 한 상법 제386조 제1항에 따라 종전 대표이사 겸 이사인 Y1, 이사인 Y2, Y3 등이 여전히 사건 본인 회사의 대표이사 및 이사로서의 권리의무를 갖는 것이고, 사건본인 회사의 동업자들 사이에 동업을 둘러싼 분쟁이 계속되고 있다는 사정이 있다 하더라도 그것만으로 위 Y1 등에게 사건 본인 회사의 대표이사 및 이사로서의 권리의무를 보유하게 하는 것이 불가능하거나 부적당한 경우에 해당한다고 할 수 없다고 하여 이 사건 이사 직무대행자 등의 선임을 구하는 재항고인의 신청을 기각한 제1심 결정을 그대로 유지하였는바, 위에서 본 일시 이사 및 일시 대표이사 직무대행자 제도의 취지 및 기록에 비추어 살펴보면 원심의 위와 같은 판단은 정당하고, 거기에 일시 이사 및 일시 대표이사 직무대행자 선임에 관한 법리를 오해한 아무런 잘못이 없다. 재항고 이유의 주장은 받아들이지 않는다."

• **대법원 1997. 1. 10. 자 95마837 결정(이사직무집행정지신청이 반드시 본안소송의 제기를 전제로 하는지 여부)**

이사선임결의의 무효나 취소 또는 이사해임의 소가 제기된 경우에는 이사의 직무집행정지 및 직무대행자선임을 청구할 수 있는데(407조 1항), 대법원은 소수주주의 이사 해임의 소를 피보전권리로 하는 이사 직무집행정치신청은 본안의 소송이 제기된 경우뿐만 아니라 급박한 경우에는 본안소송제기 전에라도 할 수 있으나, 특별히 급박한 사정이 없는 한 해임의 소를 제기할 수 있을 정도의 절차요건을 거친 흔적이 소명되어야 피보전권리의 존재가 소명되는 것이고, 그 가처분의 보전의 필요성도 인정될 수 있을 것이라는 취지로 판시하였다.

• **대법원 2009. 10. 29. 자 2009마1311 결정(퇴임이사에 대한 직무집행정지 가처분)**

이사의 결원으로 퇴임이사가 이사의 지위를 유지하는 경우에 대해서 대법원은 "상법 제386조 제 1 항은 법률 또는 정관에 정한 이사의 원수를 결한 경우에는 임기의 만료 또는 사임으로 인하여 퇴임한 이사로 하여금 새로 선임된 이사가 취임할 때까지 이사의 권리의무를 행하도록 규정하고 있는바, 위 규정에 따라 이사의 권리의무를 행사하고 있는 퇴임이사로 하여금 이사로서의 권리의무를 가지게 하는 것이 불가능하거나 부적당한 경우 등 필요한 경우에는 상법 제386조 제 2 항에 정한 일시 이사의 직무를 행할 자의 선임을 법원에 청구할 수 있으므로(대법원 2000. 11. 17. 자 2000마5632 결정 등 참조), 이와는 별도로 상법 제386조 제 1 항에 정한 바에 따라 이사의 권리의무를 행하고 있는 퇴임이사를 상대로 해임사유의 존재나 임기만료·사임 등을 이유로 그 직무집행의 정지를 구하는 가처분 신청은 허용되지 않는다고 보아야 한다"고 판단하였다.

이사의 결원이 아니라 퇴임이사가 사실상 이사로서의 권리의무를 실행하고 있는 경우에 대해서는 "상법 제386조 제 1 항의 규정에 따라 퇴임이사가 이사의 권리의무를 행할 수 있는 것은 법률 또는 정관에 정한 이사의 원수를 결한 경우에 한정되는 것이므로, 퇴임할 당시에 법률 또는 정관에 정한 이사의 원수가 충족되어 있는 경우라면 퇴임하는 이사는 임기의 만료 또는 사임과 동시에 당연히 이사로서의 권리의무를 상실하는 것이고, 그럼에도 불구하고 그 이사가 여전히 이사로서의 권리의무를 실제로 행사하고 있는 경우에는 그 권리의무의 부존재 확인청구권을 피보전권리로 하여 직무집행의 정지를 구하는 가처분신청이 허용된다고 보아야 한다"고 판단하였다.

• **대법원 1982. 2. 9. 선고 80다2424 판결(이사직무집행정지 가처분의 피신청자)**

"민사소송법 제714조 제 2 항 소정의 임시의 지위를 정하기 위한 본건 가처분에 있어서 피신청인이 될 수 있는 자는 그 성질상 피신청인 회사의 이사, 대표이사 또는 감사로서… 회사에게는 피신청인 적격이 없다."

• 대법원 2007. 6. 28. 선고 2006다62362 판결(직무대행자의 권한범위)
"직무대행자가 정기주주총회를 소집함에 있어서도 그 안건에 이사회의 구성 자체를 변경하는 행위나 상법 제374조의 특별결의사항에 해당하는 행위 등 회사의 경영 및 지배에 영향을 미칠 수 있는 것이 포함되어 있다면 그 안건의 범위에서 정기총회의 소집이 상무에 속하지 않는다고 할 것이고, 직무대행자가 정기주주총회를 소집하는 행위가 상무에 속하지 아니함에도 법원의 허가 없이 이를 소집하여 결의한 때에는 소집절차상의 하자로 결의취소사유에 해당된다고 할 것이다."

• 대법원 1992. 5. 12. 선고 92다5638 판결(직무대행자선임 가처분 이후 신대표이사 선임시 직무대행자의 권한)
"대표이사의 직무집행정지 및 직무대행자 선임의 가처분이 이루어진 이상, 그 후 대표이사가 해임되고 새로운 대표이사가 선임되었다 하더라도 가처분결정이 취소되지 아니하는 한 직무대행자의 권한은 유효하게 존속하는 반면 새로이 선임된 대표이사는 그 선임결의의 적법 여부에 관계없이 대표이사로서의 권한을 가지지 못한다 할 것이고, 한편 위 가처분은 그 성질상 당사자 사이에서뿐만 아니라 제 3 자에게도 효력이 미치므로, 새로이 선임된 대표이사가 위 가처분에 반하여 회사 대표자의 자격에서 한 법률행위는 결국 제 3 자에 대한 관계에서도 무효이고(당원 1991. 12. 24. 선고 91다4355 판결 참조), 이때 위 가처분에 위반하여 대표권 없는 대표이사와 법률행위를 한 거래상대방은 자신이 선의였음을 들어 위 법률행위의 유효를 주장할 수는 없다고 할 것이다."

• 대법원 2014. 3. 27. 선고 2013다39551 판결(직무대행자 선임 가처분 결정 이전에 해당대표이사가 교체된 경우 직무대행자의 권한의 존속여부)
"주식회사 이사의 직무집행을 정지하고 직무대행자를 선임하는 가처분은 성질상 당사자 사이뿐만 아니라 제 3 자에 대한 관계에서도 효력이 미치므로 가처분에 반하여 이루어진 행위는 제 3 자에 대한 관계에서도 무효이므로 가처분에 의하여 선임된 이사직무대행자의 권한은 법원의 취소결정이 있기까지 유효하게 존속한다(대법원 1991. 12. 24. 선고 91다4355 판결 등 참조). 또한 등기할 사항인 직무집행정지 및 직무대행자선임 가처분은 상법 제37조 제 1 항에 의하여 이를 등기하지 아니하면 위 가처분으로 선의의 제 3 자에게 대항하지 못하지만 악의의 제 3 자에게는 대항할 수 있고, 주식회사의 대표이사 및 이사에 대한 직무집행을 정지하고 그 직무대행자를 선임하는 법원의 가처분결정은 그 결정 이전에 직무집행이 정지된 주식회사 대표이사의 퇴임등기와 직무집행이 정지된 이사가 대표이사로 취임하는 등기가 경료되었다고 할지라도 직무집행이 정지된 이사에 대하여는 여전히 그 효력이 있으므로 그 가처분결정에 의하여 선임된 대표이

사 및 이사 직무대행자의 권한은 유효하게 존속하고, 반면에 그 가처분결정 이전
에 직무집행이 정지된 이사가 대표이사로 선임되었다고 할지라도 그 선임결의의
적법 여부에 관계없이 대표이사로서의 권한을 가지지 못한다고 할 것이다."

2. 이사회 및 대표행위의 효력

(1) 이사회의 절차

이사회도 회의체라는 점에서 주주총회와 공통점을 가진다. 따라서 일정
한 절차에 따라 회의를 개최하고, 결의가 이루어져야 한다. 그러나 다수의 주
주들을 상정한 주주총회의 소집절차 및 결의방법에 대해서는 엄격한 형식을
요구하고 있는 것과 비교하여 이사회에 대해서는 형식적인 측면보다는 이사
들의 출석이 보장될 수 있고 실질적 의견교환을 통하여 적절한 결론을 도출
할 수 있는가에 초점을 맞추어 이사회결의의 효력이 판단된다는 점에 차이가
있다.

이사회는 각 이사가 소집한다. 그러나 이사회의 결의로 소집할 이사를 정
한 때에는 그러하지 아니하다(390조 1항). 이사회소집권자로 지정되지 않은 다
른 이사는 소집권자인 이사에게 이사회소집을 요구할 수 있다. 소집권자인 이
사가 정당한 이유 없이 이사회 소집을 거절하는 경우에는 주주총회의 경우와
는 달리 법원의 개입이 없이도 다른 이사가 이사회를 소집할 수 있다(390조 2
항). 이사회를 소집함에는 회일을 정하고 그 1주간 전에 각 이사 및 감사에 대
하여 통지를 발송하여야 한다. 그러나 그 기간은 정관으로 단축할 수 있고(390
조 3항), 이사회는 이사 및 감사 전원의 동의가 있는 때에는 소집절차 없이 언
제든지 회의할 수 있다.

이사회결의는 이사 과반수의 출석과 출석이사의 과반수로 하여야 한다
(391조 1항). 그러나 정관으로 그 비율을 높게 정할 수 있다(391조 1항 단서). 이
사회의 결의에 특별이해관계가 있는 이사는 의결권을 행사하지 못한다(391조 3
항→368조 4항). 정관에서 달리 정하는 경우를 제외하고 이사회는 이사의 전부
또는 일부가 직접 회의에 출석하지 아니하고 모든 이사가 음성을 동시에 송수
신하는 원격통신수단에 의하여 결의에 참가하는 것을 허용할 수 있다. 이 경우
당해 이사는 이사회에 직접 출석한 것으로 본다(391조 3항). 2011년 개정전에
는 동영상 및 음성을 동시에 송·수신하는 통신수단을 이용하는 경우만이 허

용되었으나 2011년 개정법에 따르면 회의전화를 이용하는 것도 가능하게 되었다.

[판례 26]

대법원 1982. 7. 13. 선고 80다2441 판결

• **사실관계**

이 판결은 제소전화해를 부인하기 위한 준재심청구사건의 상고심 판결이다. 회사의 운영이 곤란해지자 신청인 X회사의 이사인 A, B, C가 도피하면서 A와 C는 사고수습을 X회사의 사무부장인 피신청인 Y에게 맡겼다. Y는 위임에 따라 A를 대표이사로 선임하는 내용의 이사회 의사록만을 작성하고 A를 대표이사로 등기하였다. 그 후 A가 제소전 화해를 위한 소송대리인을 선임하여 X회사의 부동산을 Y, D, E에게 양도하는 내용의 이건 제소전화해가 이루어졌다. 그 후 X회사는 A는 적법한 대표이사가 아니라는 점과 회사영업의 중요한 일부를 양도하는 내용의 이건 화해를 함에 주주총회의 특별결의가 없다는 것을 이유로 재심을 청구하였다.

• **법원의 판단**

원심에서는 A는 X회사 이사 3인 중 과반수인 2인의 의사에 의하여 선임된 적법한 대표이사라고 판시하였으나, 대법원에서는 이를 파기하였다. 대법원은 "주식회사 이사회는 주주총회의 경우와는 달리 원칙적으로 소집권 있는 이사가 다른 이사 전원에 대하여 이사회의 소집통지를 하여야 하고 이사 자신이 이사회에 출석하여 결의에 참가하여야 하며 대리인에 의한 출석은 인정되지 않고 따라서 이사 개인이 타인에게 출석과 의결권을 위임할 수도 없는 것이니 이에 위배된 이사회의 결의는 무효라고 할 것이고 또한 그 무효임을 주장하는 방법에는 아무런 제한이 없으며 이해관계인은 언제든지 또 어떠한 방법에 의하던 그 무효를 주장할 수 있다할 것이다. … 이와 같은 이사회의 결의는 당연 무효(오히려 부존재)로서 그 하자가 달리 치유될 수도 없다 할 것이다"라고 판시하였다.

Questions & Notes

Q1 대법원은 이사의 의결권에 관하여는 대리인에 의한 출석은 인정되지 않는다고 판시하고 있다. 그 이유는 무엇인가?

Q2 위의 [판례 26]에 의하면 이사의 의결권의 대리행사는 허용되지 아니하는데, 이사들이 자신의 의사에 기하여 서면결의를 하는 것은 유효한가?

[참고판례]

• **대법원 2006. 11. 10. 선고 2005다46233 판결**

이 판결에서는 서면결의방식에 의한 전환사채발행의 이사회결의는 이사회결의의 부존재라는 주장에 기해 전환사채 발행의 효력이 다투어졌다. 이 사건에서 대법원은 "각 이사회의사록에는 참석 이사들 및 감사가 자신의 의사에 기하여 한 날인이 되어 있는 사실을 인정한 다음, 사정이 이와 같다면 비록 각 이사회를 특정 장소에서 개최하지 않고 위와 같은 각 이사회의사록을 작성하였다고 하더라도 이사 전원의 동의가 있으면 이사회의 소집절차 없이도 이사회 개최를 가능하도록 하고 있는 상법 제390조 제 4 항의 규정취지와 상사회사 업무집행은 의사결정의 기동성을 요하는 경우가 많은 특성 등에 비추어 볼 때, 1999. 5. 12. 자 각 이사회 결의가 부존재하다고까지 볼 수는 없다"고 판시하였다.

[Note] 대법원 2005. 6. 29. 선고 2005다2554 판결에서는 신용협동조합의 경우에 "이사회결의를 요하는 사항에 관하여 이사들에게 개별적으로 결의사항의 내용을 설명하고 동의를 받은 후 미리 작성한 이사회 회의록에 날인받는 방식으로 의결을 하는 이른바 서면결의방식에 의한 이사회결의를 금지하고 있는 것으로 볼 수는 없다고 할 것이다"라고 판시하였다. 그러나 이러한 판시는 신용협동조합법에 이사회결의방법에 대한 규정이 없기 때문이므로, 이를 주식회사에서도 일반화할 수는 없다.

이사회는 회의에서 이사들이 전문지식을 이용하여 논의를 하여 합리적 결과를 도출해 내는 것을 이상으로 하므로 원칙적으로 서면결의는 허용될 수 없다고 봐야 할 것이나, 예외적으로 모든 이사가 안건에 대해 동의한 경우에까지도 이사회결의의 효력을 부인할 필요가 있을지는 의문이다.

[참고판례]

• **대법원 1995. 4. 11. 선고 94다33903 판결(이사회결의 정족수)**

"상법 제391조 제 1 항의 본문은 "이사회의 결의는 이사 과반수의 출석과 출석이사의 과반수로 하여야 한다"고 규정하고 있는바, 강행규정인 위 규정이 요구하고 있는 결의의 요건을 갖추지 못한 이사회결의는 효력이 없는 것이라고 할 것이다. … 원심이 적법하게 확정한 바와 같이 소외 정리회사의 각 이사회에서 당시 재적 6명의 이사 중 3인이 참석하여 참석이사의 전원의 찬성으로 이 사건 각 연대보증을 의결하였다면 위 각 이사회의 결의는 과반수에 미달하는 이사가 출석하여 상법상의 의사정족수가 충족되지 아니한 이사회에서 이루어진 것으로 무효라고 할 것이고 ….”

• 대법원 1991. 5. 28. 선고 90다20084 판결(이사회결의에 관하여 특별이해관계가 있는 이사의 의결권 수의 계산)

“상법 제391조에 의하여 주식회사의 이사회의 결의는 이사 과반수의 출석과 출석이사의 과반수로 하여야 하고(제 1 항), 이 경우 상법 제368조 제 4 항과 제371조 제 2 항의 규정이 준용되는 것인바(제 2 항), 상법 제368조 제 4 항과 제371조 제 2 항은, 총회의 결의에 관하여 특별한 이해관계가 있는 자는 의결권을 행사하지 못하고(제368조 제 4 항), 이 규정에 의하여 행사할 수 없는 의결권의 수는 출석한 주주의 의결권의 수에 산입하지 아니한다고 규정할 뿐이고(제371조 제 2 항), 이를 의사정족수에 산입하지 아니한다는 규정은 두고 있지 않다. 따라서 이해관계 있는 이사는 이사회에서 의결권을 행사할 수는 없으나, 의사정족수 산정의 기초가 되는 이사의 수에는 포함된다고 보아야 할 것이고, 다만 결의성립에 필요한 출석이사에는 산입되지 아니한다고 풀이함이 상당하다.”

• 대법원 2011. 6. 24. 선고 2009다35033 판결(본 장 Ⅰ.2.(1)3)의 참고판례와 동일한 판결임)(이사회 소집통지에서 회의의 목적사항 통지 요부)

2005. 7. 29.자 임시주주총회의 소집을 철회하기 위하여 2005. 7. 20. 이사들에게 2005. 7. 28.에 이사회를 개최한다는 내용의 소집통지서를 발송하면서도 여기에 회의의 목적사항으로 ‘2005. 7. 29.자 임시주주총회 소집의 철회’에 관하여는 통지하지 아니하였고, 2005. 7. 26.에 이르러서야 비로소 주총소집철회예정이라는 내용의 통지서를 보낸 사안이다. 대법원은 “이사회 소집통지를 할 때에는, 회사의 정관에 이사들에게 회의의 목적사항을 함께 통지하도록 정하고 있거나 회의의 목적사항을 함께 통지하지 아니하면 이사회에서의 심의·의결에 현저한 지장을 초래하는 등의 특별한 사정이 없는 한, 주주총회 소집통지의 경우와 달리 회의의 목적사항을 함께 통지할 필요는 없다”고 판시하여 이사회소집절차의 하자를 인정하지 않았다.

(2) 대표행위의 효력

회사법에서는 이사회와 대표이사를 업무집행기관이라고 한다. 이사회와 대표이사 사이의 관계에 대한 이론적 분석에 대해서는 견해의 차이가 있지만, 결론적으로 법률·정관이나 이사회규칙 또는 이사회결의로 이사회결정사항으로 유보되어 있는 것에 대해서는 대표이사가 의사결정권을 가지지 아니하고, 일상적인 업무집행에 관하여는 대표이사가 의사결정권을 가진다(대법원 1997. 6. 13. 선고 96다48282 판결).

1) 전단적 대표행위의 효력

여기서 대표이사가 주주총회 또는 이사회의 승인을 요하는 대외적 대표행위를 하는 경우에 있어서 그러한 요건을 충족시키지 못하였을 경우 그 효력이 어떻게 되는가가 중요한 문제로 대두된다. 주주총회 또는 이사회승인을 요하는 경우는 ① 법률상 주주총회승인을 요하는 경우, ② 법률로써 이사회승인을 요하는 경우, ③ 법률상 요구되는 것은 아니나 정관이나 이사회규칙, 이사회의결의 등 내부적으로 주주총회 또는 이사회의 승인을 얻도록 정한 경우가 있고, 대표이사가 이러한 법률 또는 내부규정에 위반하여 주주총회 또는 이사회 승인을 얻지 않고 대표권을 행사하는 것을 전단적 대표행위라 한다.

대표행위의 효력문제는 선결적으로 주주총회 또는 이사회승인을 얻어야 하는 사항이 무엇인가에 대한 판단이 전제가 되어야 하고, 다음으로 여기에 해당하는 경우 효력 유무의 판단에서 거래상대방 보호를 어디까지 고려하여야 할 것인가에 대한 판단이 필요하다. ① 영업의 전부 또는 중요한 일부의 양도나 회사의 영업에 중대한 영향을 미치는 다른 회사의 영업 전부 또는 일부의 양수(374조), 사후설립(375조)과 같이 법률상 주주총회승인을 요하는 경우에는 전단적 대표행위는 주주 전원이 동의한 것으로 볼 수 있는 등 특별한 사정이 없는 한 무효라는 것이 통설과 판례이다(제 9 장의 참고판례 대법원 2018. 4. 26. 선고 2017다288757 판결). ② 상법상 중요한 자산의 처분 및 양도, 대규모의 재산의 차입 등은 이사회의 결의사항이다(393조 1항). 그런데 '중요성'은 추상적 개념인지라 어떠한 거래가 중요한 거래로서 이사회의 승인을 얻어야 할 것인가는 거래상대방 입장에서 명확하지 아니하다. ③ 내부적 절차를 거치지 않은 대표행위에 대해서도 거래상대방이 정관, 이사회 규칙 등 내부규정에 따라 절차가 필요함을 몰랐을 경우 거래의 효력을 어떻게 할지에 관한 문제가 있다.

[판례 27]

대법원 2021. 2. 18. 선고 2015다45451 전원합의체 판결

• 사실관계

　원고 X회사는 피고 Y회사 대표이사 A의 요청에 따라 A의 대표이사 사무실에서 A, X회사 및 소외 Z회사의 실질적 경영자가 참석한 가운데 Z회사에게 30억원을 대여하는 내용의 금전소비대차계약을 체결하였다. Y회사 대표이사 A는 같은 날 같은 사무실에서 위 "금전소비대차 계약내용이 진행되지 못하였을 경우 대여금의 원금을 대위변제한다"는 내용이 포함된 피고 명의 확인서를 작성해 주었는데, 확인서 말미에는 Y회사의 상호와 주소, '대표이사'라는 문구가 타이핑되어 있고, '대표이사'라는 문구 옆에 A가 본인의 이름을 수기로 기재하였다. 당시 Y회사의 이사회 규정에 따르면, '다액의 자금도입 및 보증행위'를 이사회 부의사항으로 정하고 있었다. 그러나 대표이사 A가 X회사에게 위 확인서를 작성해 줄 당시 Y회사의 이사회 결의는 없었다. 확인서 작성 당시 Y회사의 자산은 약 1,700억 원, 매출은 약 1,000억 원에 이르렀다.

　Z회사가 금전소비대차계약에 따른 원금 등을 변제하지 않자 원고 X회사는 피고 Y회사에게 원금 및 이에 대한 지연손해금의 지급을 청구하였다. Y회사는 위 확인서는 Y회사의 이사회 결의를 거치지 않은 것이고, X회사도 그러한 사정을 알았거나 알 수 있었으므로 무효라고 주장하였다.

• 법원의 판단

　기존의 판례는 ① 상법 제393조 제1항에 따라 이사회 결의를 거쳐야 함에도 불구하고 이를 거치지 않은 경우에는 거래 상대방이 '선의·무과실'인 경우 보호되지만, ② 정관 등 회사의 내부 규정에서 이사회 결의를 거치도록 정하였음에도 불구하고 이를 거치지 않은 경우에는 거래 상대방이 '선의·무중과실'인 경우 보호된다고 보아, 이사회 결의 근거에 따라 보호되는 거래 상대방의 범위를 다르게 보았다. 본 판결의 다수의견은 기존 판결이 변경되어야 한다고 본 반면, 반대의견은 기존 판결의 유지를 주장하였다. 이하는 다수의견의 내용이다.

　(1) 대표이사의 권한과 이사회 결의사항

　"일반적으로 주식회사의 대표이사는 회사의 권리능력 범위 내에서 재판상 또는 재판 외의 모든 행위를 할 수 있다(상법 제389조 제 3 항, 제209조 제 1 항). 그러나 그 대표권은 법률 규정에 따라 제한될 수도 있고(이를 '법률상 제한'이라 한다) 회사의 정관, 이사회의 결의 등의 내부적 절차, 내부 규정 등에 따라 제한될 수도 있다(이를 '내부적 제한'이라 한다).

법률상 제한에 해당하는 대표적인 경우는 상법 제393조 제 1 항이다. 이 조항은 '중요한 자산의 처분 및 양도, 대규모 재산의 차입 등 회사의 업무집행은 이사회의 결의로 한다.'고 정함으로써, 주식회사의 이사회는 회사의 업무집행에 관한 의사결정권한이 있음을 명시하고 있다. 따라서 주식회사가 중요한 자산을 처분하거나 대규모 재산을 차입하는 등의 업무집행을 할 경우에 이사회가 직접 결의하지 않고 대표이사에게 일임할 수는 없다. 즉, 이사회가 일반적·구체적으로 대표이사에게 위임하지 않은 업무로서 일상업무에 속하지 않은 중요한 업무의 집행은 정관이나 이사회 규정 등에서 이사회 결의사항으로 정하였는지 여부와 상관없이 반드시 이사회의 결의가 있어야 한다(대법원 2010. 1. 14. 선고 2009다55808 판결, 대법원 2019. 8. 14. 선고 2019다204463 판결 참조).

그리고 상법 제393조 제 1 항에 정해진 '중요한 자산의 처분이나 대규모 재산의 차입 등의 업무'에 해당하지 않더라도, 주식회사의 정관이나 이사회 규정 등에서 대표이사가 일정한 행위를 할 때에 이사회의 결의를 거치도록 정할 수 있는데, 이러한 경우를 법률상 제한과 구분하여 내부적 제한이라고 한다."

(2) 대표이사의 대표권에 대한 내부적 제한과 선의의 제 3 자 보호

"주식회사의 대표이사는 대외적으로는 회사를 대표하고 대내적으로는 회사의 업무를 집행할 권한을 가진다. 대표이사는 회사의 행위를 대신하는 것이 아니라 회사의 행위 자체를 하는 회사의 기관이다. 회사는 주주총회나 이사회 등 의사결정기관을 통해 결정한 의사를 대표이사를 통해 실현하며, 대표이사의 행위는 곧 회사의 행위가 된다. 상법은 대표이사의 대표권 제한에 대하여 선의의 제 3 자에게 대항하지 못한다고 정하고 있다(상법 제389조 제 3 항, 제209조 제 2 항).

대표권이 제한된 경우에 대표이사는 그 범위에서만 대표권을 갖는다. 그러나 그러한 제한을 위반한 행위라고 하더라도 그것이 회사의 권리능력을 벗어난 것이 아니라면 대표권의 제한을 알지 못하는 제 3 자는 그 행위를 회사의 대표행위라고 믿는 것이 당연하고 이러한 신뢰는 보호되어야 한다(대법원 1997.

8. 29. 선고 97다18059 판결 참조). 일정한 대외적 거래행위에 관하여 이사회 결의를 거치도록 대표이사의 권한을 제한한 경우에도 이사회 결의는 회사의 내부적 의사결정절차에 불과하고, 특별한 사정이 없는 한 거래 상대방으로서는 회사의 대표자가 거래에 필요한 회사의 내부절차를 마쳤을 것으로 신뢰하였다고 보는 것이 경험칙에 부합한다(대법원 2005. 5. 27. 선고 2005다480 판결, 대법원 2009. 3. 26. 선고 2006다47677 판결 참조). 따라서 회사 정관이나 이사회 규정 등에서 이사회 결의를 거치도록 대표이사의 대표권을 제한한 경우에도 선의의 제3자는 상법 제209조 제2항에 따라 보호된다.

거래행위의 상대방인 제3자가 상법 제209조 제2항에 따라 보호받기 위하여 선의 이외에 무과실까지 필요하지는 않지만, 중대한 과실이 있는 경우에는 제3자의 신뢰를 보호할 만한 가치가 없다고 보아 거래행위가 무효라고 해석함이 타당하다. 중과실이란 제3자가 조금만 주의를 기울였더라면 이사회 결의가 없음을 알 수 있었는데도 만연히 이사회 결의가 있었다고 믿음으로써 거래통념상 요구되는 주의의무를 현저히 위반하는 것으로, 거의 고의에 가까운 정도로 주의를 게을리하여 공평의 관점에서 제3자를 구태여 보호할 필요가 없다고 볼 수 있는 상태를 말한다. 제3자에게 중과실이 있는지는 이사회 결의가 없다는 점에 대한 제3자의 인식가능성, 회사와 거래한 제3자의 경험과 지위, 회사와 제3자의 종래 거래관계, 대표이사가 한 거래행위가 경험칙상 이례에 속하는 것인지 등 여러 가지 사정을 종합적으로 고려하여 판단하여야 한다. 그러나 제3자가 회사 대표이사와 거래행위를 하면서 회사의 이사회 결의가 없었다고 의심할 만한 특별한 사정이 없다면, 일반적으로 이사회 결의가 있었는지를 확인하는 등의 조치를 취할 의무까지 있다고 볼 수는 없다(위 대법원 2006다47677 판결 참조)."

(3) 상법 제393조 제1항에 따른 대표이사의 대표권 제한과 선의의 제3자 보호

"대표이사의 대표권을 제한하는 상법 제393조 제1항은 그 규정의 존재를 모르거나 제대로 이해하지 못한 사람에게도 일률적으로 적용된다. 법률의 부지나 법적 평가에 관한 착오를 이유로 그 적용을 피할 수는 없으므로, 이 조항에 따른 제한은 내부적 제한과 달리 볼 수도 있다. 그러나 주식회사의 대표이사가 이 조항에 정한 '중요한 자산의 처분 및 양도, 대규모 재산의 차입 등의

행위'에 관하여 이사회의 결의를 거치지 않고 거래행위를 한 경우에도 거래행위의 효력에 관해서는 위에서 본 내부적 제한의 경우와 마찬가지로 보아야한다.

어떠한 거래행위가 상법 제393조 제 1 항에서 정한 '중요한 자산의 처분 및 양도, 대규모 재산의 차입 등'에 해당하는지는 재산의 가액과 총자산에서 차지하는 비중, 회사의 규모, 회사의 영업이나 재산 상황, 경영상태, 자산의 보유목적 또는 차입 목적과 사용처, 회사의 일상적 업무와 관련성, 종래의 업무 처리 등에 비추어 대표이사의 결정에 맡기는 것이 적당한지 여부에 따라 판단하여야 한다(대법원 2005. 7. 28. 선고 2005다3649 판결, 대법원 2008. 5. 15. 선고 2007다23807 판결 참조). 그런데 대표이사와 거래하는 상대방의 입장에서는 회사의 구체적 상황을 알기 어려울 뿐만 아니라, 회사와 거래행위를 한다는 이유만으로 위와 같은 사정을 알아야 할 필요도 없고, 알아야만 하는 것도 아니다. 설령 상대방이 그러한 사정을 알고 있더라도, 해당 거래행위가 대표이사의 결정에 맡겨져 있다고 볼 수 있는지를 판단하기는 쉽지 않다. 구체적인 사건에서 어떠한 거래행위가 상법 제393조 제 1 항에서 정한 '중요한 자산의 처분 및 양도, 대규모 재산의 차입 등'에 해당하는지는 법률전문가조차 판단이 엇갈릴 수 있는 영역으로 결코 명백한 문제가 아니다.

이러한 점을 고려할 때 이사회 결의를 요구하는 근거가 상법 제393조 제 1 항인지 아니면 정관 등 내부 규정인지에 따라 상대방을 보호하는 기준을 달리한다면 법률관계가 불분명하게 될 수밖에 없다. 중과실과 경과실의 구별은 상대적이고 그 경계가 모호하며, 개별 사건에서 구체적 사정을 고려하여 과실의 존부와 그 경중을 판단할 수밖에 없다. 이사회 결의가 없는 거래행위의 효력을 판단할 때 상법 제393조 제 1 항에 따라 이사회 결의를 거쳐야 하는 경우에는 '선의·무과실'의 상대방을 보호하되 정관 등에서 이사회 결의를 거치도록 정한 경우에는 '선의·무중과실'의 상대방을 보호하는 식으로 구별하는 이른바 이원론은 회사를 둘러싼 거래관계에 불필요한 혼란과 거래비용을 초래한다. 이러한 이원론에 따른다면, 정관 등 회사 내부 규정에서 이사회 결의를 거치도록 정한 경우에도 회사로서는 거래행위가 상법 제393조 제 1 항에서 정한 사항에 해당한다고 주장·증명하여 상대방의 보호 범위를 좁히려고 할 것이다. 그러나 거래행위가 상법 제393조 제 1 항에서 정한 '중요한 자산의 처분 및 양도,

대규모 재산의 차입 등'에 해당하는지는 위에서 본 여러 구체적 사정을 고려하여 판단해야 하기 때문에 법원의 심리부담이 가중될 우려가 있다.

이와 달리 상법 제393조 제 1 항의 경우에도 내부적 제한의 경우와 마찬가지로 상법 제209조 제 2 항을 적용한다면, 회사가 정관 등 내부 규정에서 이사회 결의를 거치도록 정한 거래행위는 상법 제393조 제 1 항이 적용되는지와 상관없이 이사회 결의가 없었다는 점에 대해 거래 상대방에게 악의 또는 중과실이 있었는지 여부만을 판단하면 되고, 이로써 법률관계를 단순화하여 명확하게 하는 데 도움이 된다."

(4) 사건에 관한 판단

"다음 사정을 종합하면 피고 이사회 결의 없이 이 사건 확인서가 작성되었음을 제 3 자인 원고가 알지 못한 데에 중대한 과실이 있다고 볼 수도 없다.

원고 X회사의 실질적 운영자는 평소 친분이 있던 A의 부탁으로 Z회사에 30억 원을 빌려주는 소비대차계약을 체결하였는데, 피고 Y회사가 Z회사의 채무를 보증하지 않았다면 원고는 이 사건 소비대차계약을 체결하지 않았을 가능성이 높다. 피고 회사의 규모, 이 사건 확인서를 통해 피고가 부담하게 되는 위험의 정도 등에 비추어 볼 때, 30억 원의 채무를 보증하는 취지의 이 사건 확인서를 작성하기 위해 피고가 이사회 결의를 거쳐야 한다는 점이 대외적으로 명백한 것은 아니다. 회사와 거래하는 상대방은 주식회사의 대표이사가 거래에 필요한 내부절차를 밟았을 것으로 신뢰하였다고 보는 것이 경험칙에 부합하는데, 이 사건에서 원고가 이 사건 확인서 작성에 관하여 피고 이사회 결의가 없었다고 의심할 만한 특별한 사정을 인정하기 어렵다."

Questions & Notes

[Note] 위 전원합의체 판결의 다수의견은 법률로써 이사회 결의가 필요한 경우와 내부규정으로 이사회 결의가 필요한 경우를 구분하지 않고 모두 상법 제389조 제 2 항에 따라 상법 제209조 제 2 항을 준용하고, 선의·무중과실인 거래 상대방을 보호한다. 반면 소수의견은 상법 제209조 제 2 항을 대표권 제한에 관한 모든 경우에 그대로 준용할 것은 아니고 따라서 제393조 제 1 항에 따라 이사회결의가 필요한 경우에는 준용할 수 없다고 보아 선의·무과실인

거래상대방을 보호한다. 소수의견은 거래상대방에 경과실이 있어서 거래가 무효인 경우에도 거래상대방은 대표이사가 상법 제393조 제1항에 따라 필요한 이사회 결의를 거치지 않고 거래행위를 하였다는 이유로 민법 제756조의 사용자책임 또는 상법 제389조 제3항에 따라 준용되는 상법 제210조의 손해배상책임 조항을 근거로 회사에 손해배상책임을 구할 수 있고, 이때 과실상계를 통해 공평한 책임 분담을 도모할 수 있다고 본다.

Q1 거래상대방 입장에서 법률상 제한에 의한 경우와 내부적 제한의 경우를 구분하는 것이 현실적으로 가능한가? 전단적 대표행위로 거래가 효력을 상실할 경우 이로 인한 위험은 회사와 제3자 중 누가 부담하는 것이 바람직한가? 이러한 관점에서 볼 때 법률상 제한과 내부적 제한을 구분하지 않고 선의·무중과실인 거래상대방을 보호하는 다수의견의 입장은 타당한가?

Note 다수의견에 대한 보충의견은 "법률은 다른 조건이 같다면 가급적 거래비용을 최소화하는 방향으로 제정되고 해석되는 것이 효율적"이라고 하면서 "어떤 사태에 대한 위험은 그 위험을 좀 더 쉽게 예견하고 좀 더 적은 비용으로 회피할 수 있는 쪽이 부담하는 것이 바람직"하고 따라서 "회사와 제3자 사이에서 거래가 이루어진 경우 이사회의 결의가 없다는 이유로 거래행위가 무효로 될 위험을 가장 적은 비용으로 회피할 수 있는 자, 즉 최소비용회피자는 회사"로 보아 그러한 위험은 회사가 부담하는 것이 바람직하다고 보았다.

Q2 어떠한 거래에 대해 상법 제393조 제1항이 적용되어 이사회 결의가 필요한지 일일이 판단하는 것은 쉽지 않다. 실무에서는 이사회규정에 일정한 기준(예를 들어 처분금액이 자산총액 5% 이상에 해당하는 자산 처분)을 정하고 이에 따라 이사회 부의 여부를 결정한다. 이사회규정상 이사회 부의 대상으로 정해져 있지 않은 거래에 대해서도 상법 제393조 제1항에 따라 이사회 결의를 거쳐야 한다고 볼 수 있는가? 이사회규정은 회사가 이사회 결의를 거쳐야 할 만큼 중요하다고 판단한 사항들을 규정한 것인데 법원이 이러한 회사의 결정을 무시하고 어떠한 거래가 회사에게 중요한지 여부를 별도로 판단하는 것이 합리적인가?

[참고판례]
• 대법원 2005. 7. 28. 선고 2005다3649 판결
이 사건에서 회사의 이사회규정은 '최근 사업연도 말 자산총액의 10% 이상에 상

당한 주요 자산의 취득, 임대차 또는 처분'을 이사회 부의사항으로 규정하였다. 회사는 매매가격을 기준으로 할 때 자산총액의 약 5%에 해당하는 부동산을 처분하였고 위 이사회 규정에 따라 매매계약 체결에 있어 이사회결의를 거치지 않았다.

"상법 제393조 제1항은 주식회사의 중요한 자산의 처분 및 양도는 이사회의 결의로 한다고 규정하고 있는바, 여기서 말하는 중요한 자산의 처분에 해당하는가 아닌가는 당해 재산의 가액, 총자산에서 차지하는 비율, 회사의 규모, 회사의 영업 또는 재산의 상황, 경영상태, 자산의 보유목적, 회사의 일상적 업무와의 관련성, 당해 회사에서의 종래의 취급 등에 비추어 대표이사의 결정에 맡기는 것이 상당한지 여부에 따라 판단하여야 할 것이고, 중요한 자산의 처분에 해당하는 경우에는 이사회가 그에 관하여 직접 결의하지 아니한 채 대표이사에게 그 처분에 관한 사항을 일임할 수 없는 것이므로, 이사회규정상 이사회 부의사항으로 정해져 있지 아니하더라도 반드시 이사회의 결의를 거쳐야 한다고 할 것이다."

[Note] 자본시장법에서는 사업보고서 제출대상법인에 주요사항이 발생한 경우 금융위원회에 주요사항보고서를 제출할 것을 요구하고 있다. 여기서 영업양도의 경우에 양도하려는 자산액이 최근 사업년도말 현재 자산총액의 100분의 10 이상인 경우, 양도하려는 영업부분의 매출액이 최근 사업년도말 현재 매출액의 100분의 10 이상인 경우에는 주요사항보고서를 제출하도록 규정하고 있다(자본시장법 161조 1항 7호, 시행령 171조 1항).

[Note] 일상업무에 속하지 않는 업무에 대해서는 이사회 결의가 필요하다고 보는 것이 일반적이다. 비일상업무에는 신주발행, 사채발행과 같이 상법에 이사회 권한으로 명시된 것과 파산신청(대법원 2021. 8. 26.자 2020마5520 결정), 회생절차개시신청(대법원 2019. 8. 14. 선고 2019다204463 판결)과 같이 법률에 명시되어 있지 않으나 판례가 필요하다고 보는 것들이 있다.

[Q3] 거래상대방도 회사의 이사회결의 흠결을 이유로 거래의 무효를 주장할 수 있는가? 거래상대방의 악의·중과실은 누가 입증하여야 하는가? 실무상 경과실과 중과실은 어떻게 구분할 수 있는가?

[참고판례]
• 대법원 1993. 6. 25. 선고 93다13391 판결 (뒤의 [판례 28]과 동일판결임)
"거래 상대방이 그와 같은 이사회결의가 없었음을 알거나 알 수 있었을 경우가 아니라면 그 거래행위는 유효하다고 해석되고 위와 같은 상대방의 악의는 이를 주장하는 회사측이 주장·입증하여야 할 것이다."

• **대법원 1997. 8. 26. 선고 96다36753 판결**

"지배인의 어떤 행위가 그 객관적 성질에 비추어 영업주의 영업에 관한 행위로 판단되는 경우에 지배인이 영업주가 정한 대리권에 관한 제한 규정에 위반하여 한 행위에 대하여는 제3자가 위 대리권의 제한 사실을 알고 있었던 경우뿐만 아니라 알지 못한 데에 중대한 과실이 있는 경우에도 영업주는 그러한 사유를 들어 상대방에게 대항할 수 있다고 할 것이고, 이러한 제3자의 악의 또는 중대한 과실에 대한 주장·입증책임은 영업주가 부담한다고 할 것이다."

Q4 [판례 27]은 거래상대방이 회사 대표이사와 거래행위를 하면서 회사의 이사회 결의가 없었다고 의심할 만한 특별한 사정이 없다면, 일반적으로 이사회 결의가 있었는지를 확인하는 등의 조치를 취할 의무까지 있다고 볼 수는 없다고 한다. 그렇다면 이사회 결의가 필요함에도 불구하고 없었다고 의심할 만한 특별한 사정이란 어떠한 경우를 말하는가?

[참고판례]

• **대법원 2009. 3. 26. 선고 2006다47677 판결(현대중공업 v. 하이닉스, 현대증권: 이사회승인이 없음을 알거나 알 수 있었다고 본 사례)**

이 사건에서 대법원은 현대전자가 현대중공업에 한 약정은 현대전자의 이사회 승인이 없었더라도 상대방인 현대중공업이 이사회 승인결의가 없었음을 알거나 알 수 있었던 경우가 아니라는 이유로 유효하다고 판시하였는데 반하여, 현대증권이 현대중공업에 대하여 한 약정에 대해서는 현대중공업이 이사회 승인결의가 없었음을 알 수 있었다는 이유로 무효라고 판시하였다.

이 중 악의를 인정한 부분의 판시는 다음과 같다. 다만 거래상대방이 보호받기 위해서는 선의 이외에 무과실이 필요하다고 본 내용은 [판례 27]에 의하여 변경되었으므로 이 점을 유의하여 읽는 것이 필요하다.

"원고는 그 당시 금융기관으로부터 자금을 차입하려는 현대그룹 내의 다른 계열사를 위하여 지급보증을 해주는 경우에는 금융기관의 요구에 따라 원고의 이사회의사록을 첨부하여 금융기관에 제출하는 방식으로 업무처리를 해왔는데 피고 현대증권으로부터 이 사건 각서를 교부받을 당시에는 피고 현대증권에게 그와 같은 요구를 하지 아니한 점 등 여러 사정을 참작하여, 원고로서는 당시 피고 현대증권에 대하여 이사회의사록을 요구하거나 또는 이사회결의 여부를 확인했더라면 피고 현대증권의 이사회가 이 사건 약정에 대한 결의를 하지 아니한 사실을 알 수 있었다고 할 것이므로, 피고 현대증권의 이사회결의 없이 이루어진 이 사건 약정은 피고 현대증권에 대하여 효력이 없다는 취지로 판단하였다.

원심이 든 위와 같은 여러 사정에, 피고 현대증권은 이 사건 주식매매계약이나 이 사건 주식매수청구권 부여계약의 당사자가 아니라 다만 그 각 계약의 체결을 주선하거나 중개해 준 역할을 한 것으로서, 피고 현대전자와 달리 원고가 그 거래로 인하여 입게 될 비용 기타 손실 등을 보상하여 줄 법적 의무는 없었던 점, 오히려 뒤에서 살펴보는 바와 같이 그 당시 시행되던 증권거래법 관계 법령 등에 의하면, 피고 현대증권과 같은 증권회사는 일정한 경우를 제외하고는 특수관계인에 대한 금전 대여나 신용공여가 금지되어 있었던 점 등의 사정을 아울러 보태어 보면, 원고가 피고 현대증권과 이 사건 약정을 체결할 당시 이 사건 약정에 관하여 피고 현대증권의 이사회결의 등 필요한 내부절차를 마쳤을 것이라고 그대로 신뢰하기 어려운 특별한 사정이 있었다고 할 것이므로, 원고로서는 이 사건 약정에 관하여 피고 현대증권의 이사회결의가 존재하였는지 여부에 관하여 확인하는 등의 조치를 취할 것이 요구된다 할 것이고, 이러한 조치를 취하지 아니한 이상 과실이 있다고 봄이 상당하다.”

한편 위의 보증 기타 이와 유사한 약정(이하 '보증'이라고 한다)이 무효이므로 회사에 계약상의 책임을 물을 수는 없지만, “그 대표이사가 상법이 정한 이사회결의 절차를 거치지 아니하여 채권자와의 보증계약이 효력을 갖지 못하게 한 것은 업무의 집행자로서의 주의의무를 다하지 못한 과실행위라 할 것이고, 그 대표이사가 위와 같이 이사회결의의 절차를 거치지 아니하여 그 보증계약이 무효임에도 불구하고 그 보증이 유효한 것으로 오신한 채권자로 하여금 그 거래를 계속하게 하여 손해를 입게 한 경우에는, 이는 주식회사의 대표이사가 그 업무집행으로 인하여 타인에게 손해를 가한 때에 해당한다고 보아야 하므로 당해 주식회사는 상법 제389조 제 3 항에 의하여 준용되는 상법 제210조에 의하여 그 대표이사와 연대하여 손해를 배상할 책임이 있다. 위와 같은 경우 이사회결의의 부존재를 이유로 주식회사에 대한 보증계약의 효력을 부정하면서 회사의 손해배상책임을 인정한다고 하여 상법 제393조 제 1 항의 규정 취지를 몰각하였다고 볼 수는 없다. 또한, 불법행위의 피해자가 제 3 자에 대하여 채권을 가지게 되어 그의 변제를 받는다면 손해가 생기지 않게 되는 경우에도 피해자는 불법행위자에 대하여 손해배상청구권을 행사할 수 있으므로, 위의 경우에 채권자가 채무자로부터 변제를 받을 경우 손해를 회복할 수 있게 된다 하더라도 그러한 사정만으로 보증계약을 한 주식회사 및 그 대표이사에 대하여 보증의 무효로 인한 손해배상을 청구하지 못하는 것은 아니다”라고 하여 회사에 대하여 불법행위책임을 물을 수 있다고 보았다.

2) 대표권남용

대표권제한의 문제는 대표행위에 대하여 법률상 또는 정관 기타 이사회 규정 등에 의하여 주주총회나 이사회의 결의를 거쳐야 하는 경우에 이를 흠결하거나 또는 결의에 하자가 있을 때 대표행위의 효력이 어떻게 될 것인가의 문제이다. 반면에 대표권남용은 주관적 의도가 회사의 이익을 위한 것이 아닌 경우를 의미한다. 이와 같은 행위에 대해서도 거래안전보호와의 관계에서 그 효력을 어떻게 보아야 할 것인가가 문제된다.

[판례 28]

대법원 1993. 6. 25. 선고 93다13391 판결

• 사실관계

피고 회사들의 대표이사인 A는 자신의 아들이 대표이사로 재임하는 등 실질적으로 A의 개인회사인 회사 B가 원고 회사와 리스보증보험계약을 체결함에 있어, 피고 회사들 명의로 피고 회사들이 회사 B가 장차 원고 회사에 대하여 부담할 구상금채무에 관하여 연대보증하는 내용의 계약을 체결하였다. 피고회사들은 원고가 이를 알고 있었거나 알 수 있었을 것이므로 위 연대보증계약은 피고회사들에 대하여 무효라고 주장하였다.

• 법원의 판단

"주식회사의 대표이사가 회사의 이익을 위해서가 아니고 자기 또는 제3자의 이익을 도모할 목적으로 그 권한을 행사한 경우에 상대방이 대표이사의 진의를 알았거나 알 수 있었을 때에는 그 행위는 회사에 대하여 무효가 된다고할 것이나(당원 1988. 8. 9. 선고 86다카1858 판결; 1990. 3. 13. 선고 89다카24360 판결각 참조), 이 사건 기록을 살펴보아도 이 사건 연대보증계약이 피고 회사들의 대표이사인 위 A가 개인이나 제3자의 이익을 도모할 목적으로 행해진 것이라는 점을 원고가 알았거나 알 수 있었다는 점을 인정할 아무런 자료가 없으므로 이 사건 연대보증계약이 무효로 된다고 할 수 없"다.

Questions & Notes

[Note] 대표권남용행위의 효력에 관해서는 민법상 비진의의사표시와 유사하다고 보는 비진의의사표시설과 이를 아는 상대방의 권리주장을 신의칙 위반으로서 권리남용으로 보는 권리남용설이 대립하고 있다. 판례는 초기에 권리남용설 입장에서 판시하였으나(대법원 1987. 10. 13. 선고 86다카1522 판결) 그 이후에는 대체로 비진의의사표시설에 따라 판단을 하였다(대법원 1997. 8. 29. 선고 97다18059 판결; 2005. 7. 28. 선고 2005다3649 판결 등). 최근에는 권리남용설에 따른 듯한 사례도 있다(대법원 2016. 8. 24. 선고 2016다222453 판결).

[참고판례]

• **대법원 2005. 7. 28. 선고 2005다3649 판결(비진의 의사표시설)**

"주식회사의 대표이사가 그 대표권의 범위 내에서 한 행위는 설사 대표이사가 회사의 영리목적과 관계없이 자기 또는 제 3 자의 이익을 도모할 목적으로 그 권한을 남용한 것이라 할지라도 일단 회사의 행위로서 유효하고, 다만 그 행위의 상대방이 대표이사의 진의를 알았거나 알 수 있었을 때에는 회사에 대하여 무효가 되는 것이다."

• **대법원 2016. 8. 24. 선고 2016다222453 판결(권리남용설)**

"주식회사의 대표이사가 그 대표권의 범위 내에서 한 행위는 설사 대표이사가 회사의 영리 목적과 관계없이 자기 또는 제 3 자의 이익을 도모할 목적으로 그 권한을 남용한 것이라 할지라도 일응 회사의 행위로서 유효하다. 그러나 그 행위의 상대방이 그와 같은 정을 알았던 경우에는 그로 인하여 취득한 권리를 회사에 대하여 주장하는 것이 신의칙에 반하므로 회사는 상대방의 악의를 입증하여 그 행위의 효과를 부인할 수 있다고 함이 상당하다."

[Note] [판례 28]은 대표권남용과 전단적 대표행위가 함께 문제된 사안이다. 대표권남용에 관한 법리는 대표권 제한에 관한 법리와 양립할 수 있으므로 어느 한 법리에 따라 거래행위가 유효한 경우에도 다른 법리에 따라 무효가 될 수 있는지를 검토하여야 한다. 입증책임에 관해서는 앞서 살펴보았다.

[참고판례]

• **대법원 2021. 4. 15. 선고 2017다253829 판결**

"주식회사의 대표이사가 회사의 영리목적과 관계없이 자기 또는 제 3 자의 이익을 도모할 목적으로 그 권한을 행사하였다면 이는 대표권을 남용한 행위가 되고, 그 거래행위의 상대방이 대표이사의 진의를 알았거나 알 수 있었을 때에는,

그 거래행위는 회사에 대하여 무효가 된다(대법원 1997. 8. 29. 선고 97다18059 판결 등 참조). 이러한 대표권남용에 관한 법리는 앞서 본 대표권 제한에 관한 법리와 양립할 수 있다. 즉 대표이사가 대표권 제한을 위반하여 한 거래행위가 상법 제209조 제2항에 의해 유효한 경우에 해당하더라도 그 거래행위가 대표권을 남용한 행위로서 상대방이 그러한 대표이사의 진의를 알았거나 알 수 있었다면 회사에 대하여 무효가 될 수 있다."

[주주총회나 이사회승인을 얻지 아니한 대표이사 행위의 효력]

	내부적 행위의 효력		대표이사의 전단적 대표행위의 효력	
	행위	효력	행위	효력
법률상 필요한 주주총회 승인 흠결	• 정관변경	무효	• 영업양도(374조) • 사후설립(375조)	• 무효 Cf. 주주전원의 동의가 있는 경우 (2001다14085 판결)나 지배주주가 주주총회결의 외관 현출시 유효 [판례 84]
법률상 필요한 이사회 승인 흠결	• 준비금의 자본전입 (무상증자) • 지배인의 선임 • 대표이사 선임	무효	• 주요자산 처분	• 유효 - 상대방이 악의 또는 중과실인 경우 무효[판례 27] - 입증책임 부담: 회사
			• 이사의 자기거래	• 상대적 무효 - 당해 이사·주요주주에 대하여는 무효, 제3자에 대해서는 그가 악의·중과실인 경우 무효(대법원 2004. 3. 25. 선고 2003다64688 판결) - 입증책임 부담: 회사
			• 하자 있는 이사회 결의에 의해 소집된 주주총회에서 이루어진 결의	• 주주총회결의 취소 또는 부존재로 다툼
			• 신주발행/사채발행	• 유효[판례 73] / 유효
대표권의 내부적 제한 위반			• 정관 등으로 요구된 주주총회 승인 흠결	① 무효설 - 주주총회결의는 회사의 기본적 의사결정 ② 유효설 - 중요성, 예견가능성 / 대표권의 내부적 제한
			• 정관·이사회규정 등으로 요구된 이사회 승인(예: 1억원 이	• 선의의 제3자에게 대항할 수 없음 (389조 3항 → 209조 2항) - 상대방이 악의 또는 중과실인 경우

		상 자금차입에 대한 이사회승인) 흠결 • 일부 사업부문에만 대표권	무효[판례 27] - 입증책임 부담: 회사
대표권 남용			• 유효 - 비진의의사표시설-상대방이 악의 또는 과실이 있는 경우 무효 - 권리남용설-상대방이 악의 또는 중과실이 있는 경우 무효 - 입증책임 부담: 회사

3) 공동대표이사

대표이사는 1인을 둘 수도 있고, 수인을 둘 수도 있다. 수인의 대표이사의 경우에는 각 대표이사가 온전한 대표권을 모두 가지는 것이 원칙이다. 그러나 대표권남용 등의 위험에서부터 회사의 이익을 보호하기 위한 방안으로 2인 이상의 대표이사를 두고 공동으로써 대표행위를 하지 아니한 경우에는 그 행위를 무효로 보는 공동대표이사제도를 채택할 수 있다. 이 경우 거래의 안전이 문제가 되지만, 거래상대방과의 이익조정은 기본적으로 공동대표이사의 등기제도에 의한다. 즉, 공동대표이사를 등기로써 공시하도록 하고, 등기를 확인할 수 있었는데 확인하지 아니한 것은 거래상대방의 귀책사유라고 볼 수 있으므로 거래가 무효가 되더라도 보호받을 수 없다는 논리이다.

공동대표이사제도는 이와 같이 회사의 이익을 위한 제도이지만, 공동의 의사표시를 요하므로 운영상 불편한 측면이 있다. 여기서 공동대표이사가 다른 대표이사에게 그 권한을 위임하여 대표행위가 이루어지는 경우가 발생하는데 회사 이익보호라는 공동대표이사제도의 취지와 거래상대방 이익보호의 관점에서 이를 어느 범위까지 허용할 수 있는 것인가가 문제된다.

[판례 29]

대법원 1989. 5. 23. 선고 89다카3677 판결

• **사실관계**

B와 C는 A로부터 난방기 제조업체를 인수하여 X회사를 설립하였는데, 인수대금을 완제하지 못하자 양도인 A와 B를 공동대표이사로 하여 등기하였다. A

는 B에게 권한행사를 위임하여 인감과 명판을 보관시켜 두었다. C는 X회사 설립전 다른 사업관계로 Y회사에게 채무를 부담하고 있었다. 공동대표이사 중 1인인 B는 X회사가 위 채무를 보증하기로 하여 A로부터 교부받은 인감도장 및 명판 등을 이용하여 약속어음 공정증서를 작성하였다. 그러나 그 후 X회사가 Y회사에 대하여 채권부존재확인을 구하였다.

• **법원의 판단**

"주식회사에 있어서 공동대표제도를 인정한 것은 대외관계에서 수인의 대표이사가 공동으로만 대표권을 행사할 수 있게 하여 업무집행의 통일성을 확보하고, 대표권 행사의 신중을 기함과 아울러 대표이사 상호 간의 견제에 의하여 대표권의 남용 내지는 오용을 방지하여 회사의 이익을 도모하려는데 그 취지가 있다 할 것이므로 공동대표이사의 1인이 특정사항에 관하여 개별적으로 대표권의 행사를 다른 공동대표이사에게 위임함은 별론으로 하고, 일반적 포괄적으로 그 대표권의 행사를 위임함은 허용되지 아니한다 할 것이다. 이 사건에 있어서 공동대표이사의 1인인 위 B가 다른 공동대표이사인 A로부터 위 대표권의 행사를 포괄적으로 위임받았음이 원심의 확정사실에 의하여도 명백한데, 원심이 … 위 약속어음을 발행한 행위가 원고에 대하여 유효하다고 보았음은 결국 주식회사에 있어서 공동대표권 행사방법에 관한 법리를 오해하여 판결결과에 영향을 미친 잘못을 범하였다 할 것이다."

Questions & Notes

Note 공동대표이사를 정한 회사에서 공동대표이사 중 1인이 단독대표행위를 하는 경우는 여러 가지로 나누어 볼 수 있는데, ① 권한 없이 1인이 단독으로 대표행위를 한 경우와 ② 공동대표이사 중 1인이 다른 공동대표이사에게 단독으로 대표행위를 할 것을 위임한 경우로 나누어 볼 수 있을 것이다. 이 중 ①의 경우에 단독대표행위는 원칙적으로 무효이고, 이는 공동대표이사제도의 취지에 비추어 당연하다. 다만 예외적으로 거래상대방을 보호하기 위한 표현대표이사제도(395조)가 적용되어 거래의 효력이 인정될 수 있다. ②의 경우는 비록 단독대표행위이나 위임에 기한 것이라는 점 때문에 위 ①처럼 무효라고 할 수 있을지 의문이 있을 수 있다.

Q1 위 판례에 의하면 공동대표이사 중 1인이 다른 대표이사에게 권한을 포괄적으로 위임하는 것은 허용될 수 없고, 1인의 단독대표행위는 무효가 된다.

(1) 공동대표이사의 권한의 포괄위임을 금지하는 취지는 무엇인가?

(2) 위 사례는 X회사의 설립 이전에 C가 부담하는 개인채무를 회사가 부담한 것으로서 회사이익의 보호 필요성이 크다고 볼 여지가 있다. 그런데 공동대표이사 중 1인에게 포괄적으로 위임하여 회사가 운영되던 중에 난방기 제조사업과 관련하여 채무를 부담하게 된 경우라고 가정하자. 그러한 경우에도 포괄적 위임은 무효로서 회사에게 책임이 없다고 볼 것인가?

(3) A와 B가 공동대표이사인 회사에서 A가 B에게 1억원 이하의 거래는 모두 위임하는 방식으로 대표권의 범위를 정하여 단독으로 대표행위를 할 수 있도록 위임하여 B가 계약을 체결한 경우 효력은? 더 나아가 사안별로 거래를 특정하여 다른 공동대표이사에게 대표권을 개별적으로 위임할 수 있는가?

(4) 위와 같이 포괄위임이 허용되지 아니한다면 공동대표이사제도를 채택한 회사와의 거래에서 공동대표이사 중 1인과 거래하는 거래상대방은 어떠한 조치를 취하여야 할 것인가?

[참고판례]
• 대법원 1996. 10. 25. 선고 95누14190 판결

빌딩의 옥탑에 옥상간판을 표시하는 옥외광고물표시허가를 받기 위해서는 건물의 구분소유자들의 승낙서류를 제출하여야 하는데, 구분소유자 중 1인인 소외회사의 동의부분이 효력이 없다는 것 등을 이유로 옥외광고물설치허가취소처분이 내려졌다. 법원은 "원심이 적법하게 확정한 바와 같이 소외 회사의 공동대표이사 2명 중 1명인 위 A가 단독으로 동의한 것이라면 특별한 사정이 없는 한 이를 소외 회사의 동의라고 볼 수 없고, 다만 나머지 1명의 대표이사가 위 A로 하여금 이 사건 건물의 관리에 관한 대표행위를 단독으로 하도록 용인 내지 방임하였고 또한 원고가 위 A에게 단독으로 회사를 대표할 권한이 있다고 믿은 선의의 제3자에 해당한다면 이를 소외 회사의 동의로 볼 수 있을 것이지만(대법원 1992. 10. 27. 선고 92다19033 판결 참조)"이라고 설시하였으나, 사실관계 인정에서 단독으로 이 사건 건물의 관리에 관한 대표행위를 하도록 용인 내지 방임하여 왔다고는 보기 어렵다고 판단하여 동의의 효력을 부정하였다. 이 판결은 단독대표 가능성에 대한 상대방의 신뢰를 조건으로 하고 있어, 공동대표이사 간에 거래내용에 대한 의사 합치가 있으면 외부적 의사표시는 단독으로 할 수 있음을 판시한 것이라고 볼 수 있을지 확실하지 않다.

Q2 대법원은 위와 같이 포괄위임이 허용되지 아니한다고 하였으므로 이 경우에 공동대표이사 1인이 한 단독대표행위는 권한 없이 단독대표행위를 한 것이 된다. 이 경우 거래행위가 유효하다고 판단될 수 있는 경우는 없겠는가?

[참고판례]
• **대법원 1991. 11. 12. 선고 91다19111 판결**
"이사자격이 없는 자에게 회사가 표현대표이사의 명칭을 사용하게 한 경우이거나 이사자격 없이 그 명칭을 사용하는 것을 회사가 알고 용인상태에 둔 경우에는 회사는 상법 제395조에 의한 표현책임을 면할 수 없다(당원 1988. 10. 25. 선고 86다카1228 판결 참조) 할 것이고, 이러한 이치는 회사가 단지 공동대표이사에게 대표이사라는 명칭 사용을 용인 내지 방임한 경우에도 마찬가지라고 하여야 할 것이다. … 실제로 공동대표의 등기가 되어 있던 기간중인 1988. 12. 19.과 1989. 4. 3. 위 A가 단독으로 피고 회사를 대표하여 위 한국전력공사 의성지점과 전기공사 도급계약을 체결케하는 등으로 그가 단독으로 대표이사의 명칭을 사용하여 행동하는 것을 방임해 온 사실을 확정한 다음 이에 비추어 피고 회사는 공동대표의 정함이 있음에도 불구하고 소외 A가 단독으로 대표권한을 행사하여 한 위 차용금에 대한 연대보증행위를 묵인하였다할 것이고, 원고는 위 A가 단독으로 피고 회사를 대표할 수 있다고 믿은 선의의 제3자라고 할 것이므로 피고 회사는 원고에게 이 사건 연대보증책임을 이행할 의무가 있다고 판단하였는바, 기록에 비추어 원심의 판단은 정당하고 거기에 표현대표이사에 관한 법리오해의 위법이 없다."

Q3 단독대표에 의한 거래행위가 무효라고 한다면 거래상대방을 보호하는 다른 방안은 어떠한 것이 있겠는가? 회사에 대해 주장할 수 있는 구제방안과 공동대표이사에 대해 주장할 수 있는 구제방안은 무엇이 있는가?

4) 표현대표이사

회사의 대표행위는 적법한 대표이사가 하여야 효력이 있는 것이 원칙이다. 위에서 살펴본 대표권의 법률상 또는 내부적 제한을 일탈한 행위와 대표권 남용행위의 효력 문제는 적법한 대표이사의 행위임을 전제로 한 것이다. 표현대표이사제도는 위의 논의와는 달리 적법한 대표이사가 아닌 자가 거래행위를 한 경우에 외관법리 내지는 금반언법리에 기하여 회사가 거래책임을 부담하도록 한 제도이다. 따라서 여기서는 어떠한 요건이 충족되는 경우에 예외적으로 대표이사가 아닌 자의 행위에 대해서도 회사가 거래책임을 부담하게 될 것인가를 알아둘 필요가 있다. 상법 제395조에 따라 회사의 책임이 인정되기 위해서는 ① 회사를 대표할 권한이 있는 것으로 인정되는 명칭의 사용, 즉 외관의 존재, ② 회사의 귀책사유, ③ 제 3 자의 신뢰의 요건을 충족시켜야 한다.

상법 제395조에 따라 책임이 인정된 사례들은 ① 선임에 하자가 있어 적법한 대표이사가 아닌 자가 등기부상 대표이사로 등재되어 있는 것을 기화로 거래한 경우와 ② 등기부상 대표이사로 등재되어 있지 아니한 자가 자신의 명의로 또는 대표이사의 명의로 행위 한 경우로 나눌 수 있다. ①의 경우에는 표현대표이사규정의 적용 여부 외에도 상법 제39조 부실등기의 효력규정의 적용도 문제된다는(대법원 2004. 2. 27. 선고 2002다19797 판결) 점에서 특징이 있다. 그외 ①, ② 모두에 있어서 민법상 표현대리 규정에 의하여 거래행위의 효력이 인정될 여지도 존재한다. 이와 같이 별도의 구제방법이 존재한다는 점에서 입법론상 표현대표이사제도의 존재의의에 대해 의문이 제기될 여지가 있다.

[판례 30]

대법원 2003. 7. 22. 선고 2002다40432 판결(데이콤 전무의 표현대표이사 해당 여부)
• **사실관계**

이 사건은 원고 X주식회사의 전무이사로서 기획조정실장, 사업총괄부문장, 인터넷사업부문장의 각 직책으로 근무한 A가 회사의 예금을 자신이 개인적으로 운영하거나 투자한 회사의 대출금에 대한 담보로서 제공하는 근질권설정계약을 대표이사명의로 체결한데 대하여, X주식회사가 Y은행 등에 예금채권의 존재를 주장하자, Y은행이 표현대표이사규정에 따라 예금의 담보제공행위는 유효하다는 주장을 한 사안이다.

• **법원의 판단**

원심은 A의 근질권설정행위에 관하여 원고 회사 대표이사의 대표권을 대행할 권한이 있다고 피고들이 믿은 것을 중대한 과실로 보아 원고 회사의 책임이 인정되지 않는다고 판단하였으나, 대법원에서는 이를 파기환송하였다.

(1) 전무이사가 대표이사의 명의로 행위한 점

전무이사 A가 대표이사 명의의 법인명판과 법인인감을 날인하고 대표이사

의 서명을 대행한 후 X회사의 인감증명서 등 담보제공서류를 교부하여 근질권
설정계약을 체결한데 대하여 대법원은 "상법 제395조는 표현대표이사가 자기
의 명칭을 사용하여 법률행위를 한 경우는 물론이고 자기의 명칭을 사용하지
아니하고 다른 대표이사의 명칭을 사용하여 행위를 한 경우에도 유추적용된다
(대법원 1979. 2. 13. 선고 77다2436 판결, 1988. 10. 25. 선고 86다카1228 판결, 1998. 3.
27. 선고 97다34709 판결 등 참조)"고 판시하였다.

(2) 제 3 자의 선의나 중과실의 대상

대법원은 "소외 1은 원고 회사의 대표이사를 대행하여 위 각 근질권설정계
약서에 원고 회사 대표이사 명의의 법인명판과 법인인감을 날인하고 서명을
대행한 후 원고 회사의 인감증명서 등 담보제공서류를 교부하여 근질권설정계
약을 체결하였고, 소외 1이 원고 회사의 대표이사가 아니라는 사실은 피고들
의 지점장들도 이미 알고 있었다고 보아야 할 것이므로, 제 3 자인 피고들의
선의나 중과실은 소외 1의 대표권 존부에 대한 것이 아니라 대표이사를 대행
하여 근질권설정계약을 체결할 권한이 있느냐에 대한 것이라고 하여야 할 것
인바, 이러한 점에서 우선 원심이, 소외 1이 일정한 범위에서 위임된 사항을
제외하고는 원고 회사를 대표할 권한이 없는 것을 피고들이 알고 있는 사정을
그 중대한 과실이 인정되는 사유로 본 것은 잘못"이라고 보았다.

(3) Y은행의 신뢰

대법원은 "상법 제395조가 규정하는 표현대표이사의 행위로 인한 주식회사
의 책임이 성립하기 위하여는 법률행위의 상대방이 된 제 3 자의 선의 이외에
무과실까지도 필요로 하는 것은 아니지만, … 설령 제 3 자가 회사의 대표이사
가 아닌 이사가 그 거래행위를 함에 있어서 회사를 대표할 권한이 있다고 믿
었다 할지라도 그와 같이 믿음에 있어서 중대한 과실이 있는 경우에는 회사는
그 제 3 자에 대하여는 책임을 지지 아니하고(대법원 1999. 11. 12. 선고 99다19797
판결 참조)"라고 설시한 후 "피고 은행들의 지점장 또는 대리가 원고 회사의 본
사 건물 내 전무이사 사무실에서 A로부터 근질권설정계약서에 회사 대표이사
명의의 법인명판과 법인인감의 날인을 받고 법인인감증명서 등 담보제공에 필
요한 서류를 제출받은 데다가 회사의 재경본부장 B와 자금팀 부장 및 대리 등
이 그 자리에 참석하여 위 계약서 작성에 관여하는 등으로 이 사건 근질권설
정행위가 공개적으로 이루어지고 통상적인 은행거래방법을 넘지 아니하여 특

별히 의심할 만한 사정이 두드러지지 아니하는데도 피고측 담당자가 원고 회
사의 내부문서에 불과한 A의 직무권한서를 제출받거나 재경본부의 상급부서
인 경영기획부문장이나 대표이사에게 문의를 하여야 한다고 할 수는 없"다는
점 등을 이유로 피고 Y은행의 중과실을 부정하였다.

Questions & Notes

Q1 대법원 2003. 2. 11. 선고 2002다62029 판결에 의하면 "표현대표이사의 명칭
에 해당하는지 여부는 사회 일반의 거래통념에 따라 결정하여야 할 것인데
… '경리담당이사'는 회사를 대표할 권한이 있는 것으로 인정될 만한 명칭에
해당한다고 볼 수 없다"고 판시하고 있다. 전무이사는 회사를 대표할 권한
이 있는 것으로 인정될 만한 명칭에 해당되는가?

Q2 표현대표이사제도는 전형적으로는 전무이사가 자신의 명의로 거래행위를
한 경우에 전무이사라는 명칭을 사용하는 자는 대표권이 있다고 믿은 상대
방을 보호하는 것이다. 전무이사가 대표이사의 명의로 거래한 경우에 상대
방이 신뢰한 것은 무엇인가? 이와 같은 경우에도 제395조의 유추적용을 인
정하는 것이 타당한가?

[참고판례]
• **대법원 2011. 3. 10. 선고 2010다100339 판결(표현대표이사가 진정한 대표이사
명의로 거래한 경우에 거래상대방의 악의·중과실의 대상)**
이 판결은 Y회사의 주식 45%를 보유한 최대주주이자 사외이사인 A가 Y회사의
슈퍼마켓운영사업을 위한 점포 분양을 받고 중도금 지급을 위하여 X로부터 자
금을 차용한 사안이다. Y회사의 임원 4인 중 3인은 A가 대표이사로 있던 다른
회사의 임원으로 근무하고 있었고, A는 대외적으로 Y회사 사장으로 자처하면서
직함이 Y회사 회장으로 기재된 명함을 사용하여 왔다. X가 Y회사도 책임을 질
것을 요구하자 A가 대표이사명의로 차용증을 작성하여 Y회사 인감을 압날하여
주었다. 차용증 작성 당시 원고 X는 Y회사의 법인등기부등본을 발급받아 A가
대표이사가 아니라는 것을 확인하였으나, A가 Y회사 명의로 이 사건 차용증을
작성할 권한이 있는지 여부에 관하여 Y회사에 확인하지 않았다.
원심에서는 X에게 중대한 과실이 있다고 판단하였으나, 대법원은 이를 파기
환송하였다. 대법원은 "한편 위 상법 규정은 표견대표이사가 자신의 이름으로
행위한 경우는 물론이고 대표이사의 이름으로 행위한 경우에도 적용된다(대법

원 1979. 2. 13. 선고 77다2436 판결 등 참조). 그리고 이 경우에 상대방의 악의
또는 중대한 과실은 표견대표이사의 대표권이 아니라 대표이사를 대리하여 행
위를 할 권한이 있는지에 관한 것이다(대법원 2003. 7. 22. 선고 2002다40432 판
결 참조). … 상대방인 원고가 악의인지 또는 중대한 과실이 있는지는 A에게 피
고 회사의 대표권이 있는지가 아니라 그에게 피고 회사의 대표이사를 대리하여
이 사건 차용증을 작성하여 채무 부담을 할 권한이 있는지 여부에 관하여 판단
되어야 한다. 그렇다면 A가 피고 회사의 대표이사가 아님을 원고가 알았다고 하
더라도 그 점은 원고의 악의 또는 중과실을 판단하는 데 결론을 좌우할 만한 의
미가 있는 사정이 된다고 할 수 없다.

Q3 [판례 30]은 전무이사가 은행으로부터 X회사의 자금을 차용한 것도 아니고
다른 회사의 채무에 대하여 담보를 제공한 사안으로, 그 액수도 300억원 정
도에 이르렀다. 이러한 정도의 거래는 이사회결의사항으로 볼 여지도 있을
것인데, 위 판례에서는 이 부분에 대해서는 논의가 없었다. 만약 위 거래가
이사회결의사항인데 이사회결의를 거치지 아니한 경우라고 가정하면 담보
제공행위의 효력은 어떠할 것인가? 이러한 경우에도 표현대표이사책임이 인
정될 수 있는가? 회사의 권리능력 범위 외의 항변 제기 가능성이 있는가?

[참고판례]
• **대법원 1998. 3. 27. 선고 97다34709 판결**
표현대표이사의 행위로 인정이 되는 경우라고 하더라도 만일 그 행위에 이사회의
결의가 필요하고 거래의 상대방인 제 3 자의 입장에서 이사회의 결의가 없었음을
알았거나 알 수 있었을 경우라면 회사로서는 그 행위에 대한 책임을 면한다."

• **대법원 2013. 7. 11. 선고 2013다5091 판결**
대표이사가 대표권의 범위 내에서 한 행위라도 회사의 영리목적과 관계없이 자
기 또는 제 3 자의 이익을 도모할 목적으로 그 권한을 남용한 것이고, 그 행위의
상대방이 대표이사의 진의를 알았거나 알 수 있었을 때에는 회사에 대하여 무효
가 된다(대법원 2005. 7. 28. 선고 2005다3649 판결, 대법원 2008. 5. 15. 선고
2007다23807 판결 등 참조). 그리고 특별한 사정이 없는 한 이러한 법리는 상법
제395조에서 정한 표현대표이사가 회사의 영리목적과 관계없이 자기 또는 제 3
자의 이익을 도모할 목적으로 그 권한을 남용한 경우에도 마찬가지로 적용된다.

Note 제395조의 법문상으로는 행위자가 이사일 것을 요구하고 있으나, 대표권이
있는 듯한 외관에 대한 신뢰를 보호할 필요성은 행위자가 이사가 아닌 경우
에도 동일하다.

• **대법원 1985. 6. 11. 선고 84다카963 판결**
"상법 제395조는 외부에서 회사의 대표권이 있다고 오인할 염려가 있는 명칭을 사용한 이사가 한 행위에 대하여 회사책임을 규정한 것으로서 표현대표이사가 이사의 자격을 갖출 것을 형식상의 요건으로 하고 있음은 소론과 같으나, 위 규정은 법일반에 공통되는 거래의 안전의 보호와 금반언의 원칙에서 나온 것으로서 이사의 자격이 없는 자에게 회사의 표현대표이사의 명칭을 사용한 경우나 이사자격 없이 표현대표이사의 명칭을 사용하는 것을 회사가 알고도 그대로 두거나 아무런 조치도 쓰지 않고 용인상태에 놓아둔 경우에도 위 규정이 유추적용되는 것으로 해석함이 상당할 것 …."

Note 표현대표이사 책임은 표현적 명칭 사용에 대하여 회사의 귀책사유가 있는 경우에만 인정된다.

• **대법원 1992. 9. 22. 선고 91다5365 판결**
"회사가 표현대표를 허용하였다고 하기 위하여는 진정한 대표이사가 이를 허용하거나, 이사 전원이 아닐지라도 적어도 이사회의 결의의 성립을 위하여 회사의 정관에서 정한 이사의 수, 그와 같은 정관의 규정이 없다면 최소한 이사 정원의 과반수의 이사가 적극적 또는 묵시적으로 표현대표를 허용한 경우이어야 할 것이다."

• **대법원 1992. 8. 18. 선고 91다14369 판결**
주주총회를 소집, 개최함이 없이 의사록만을 작성한 주주총회결의로 대표자로 선임된 자가 회사재산을 양도한 사안에서 "의사록을 작성하는 등 주주총회결의의 외관을 현출시킨 자가 회사의 과반수주식을 보유하거나 또는 과반수의 주식을 보유하지 않더라도 사실상 회사의 운영을 지배하는 주주인 경우와 같이 주주총회결의의 외관현출에 회사가 관련된 것으로 보아야 할 경우에는 전자의 경우에 준하여 회사의 책임을 인정할 여지가 있을 것이다."라고 설시하였다. 단, 사안에서는 지배주주가 아님을 이유로 회사의 귀책사유를 부정하였다.

• **대법원 2009. 3. 12. 선고 2007다60455 판결(뒤의 [판례 84]와 동일판결임)**
주주총회를 소집, 개최함이 없이 의사록만을 작성한 주주총회결의로 대표자로 선임된 자의 행위에 대하여 의사록 작성으로 대표자격의 외관이 현출된 데에 대하여 회사에 귀책사유가 있음이 인정될 경우 상법 제395조에 따라 회사에게 그 책임을 물을 수 있고(대법원 1992. 8. 18. 선고 91다14369 판결 등 참조), 이 경우 의사록을 작성하는 등 주주총회결의의 외관을 현출시킨 자가 사실상 회사의 운영을 지배하는 자인 경우와 같이 주주총회결의 외관 현출에 회사가 관련된 것으로 보아야 할 경우에는 회사에 귀책사유가 있다고 인정할 수 있을 것이다. …
  피고 회사는 2004. 2.경 당시 소외 1의 장남인 소외 2가 대표이사, 처인 소외

3과 2남인 소외 4가 각 이사, 소외 1이 감사로 각 재직하고 있어 소외 1의 가족들로 구성된 가족회사인 점 … 피고 회사의 대표이사이던 위 소외 2와 다른 이사들 등은 소외 1이 자신을 피고 회사의 대표이사로 하는 내용의 법인변경등기를 마침으로써 마치 소외 1이 피고 회사의 대표이사인 것과 같은 외관을 현출하는 데에 대하여 귀책사유가 있거나 적어도 소외 1이 피고 회사의 대표이사로서 행위하는 것을 알면서도 아무런 조치를 취하지 아니한 채 그대로 방치하여 소극적으로 묵인하였다고 인정할 여지가 충분히 있다.

• 대법원 1975. 5. 27. 선고 74다1366 판결(부실등기방치와 표현대표이사)

이 사례는 사실상 휴업상태에 있던 회사에서 주주 및 대표이사 및 이사들이 6년여에 걸쳐 회사를 방치한 틈을 타 감사가 자신을 대표이사로 변경등기를 한 후 회사의 부동산을 매도한 사안이다.

"상법 제395조에 의하여 표현대표자의 행위에 대하여 회사가 그 책임을 지는 것은 회사가 표현대표자의 명칭사용을 명시적으로나 묵시적으로 승인한 경우에만 한하는 것이고, 회사의 명칭사용 승인 없이 임의로 명칭을 잠칭한 자의 행위에 대하여는 비록 그 명칭사용을 알지 못하고 제지하지 못한 점에 있어서 회사에게 과실이 있다고 할지라도 그 회사의 책임으로 돌려 선의의 제3자에 대하여 책임을 지게 하는 취지는 아니라 할 것 …."

Note 대표이사를 선임한 이사회결의가 무효인 경우 또는 그 이전에 당해 이사를 선임한 주주총회결의의 무효·취소·부존재로 인하여 대표이사가 행한 거래의 효력이 소급적으로 무효가 되는 경우에는 제395조의 표현대표이사책임이 인정될 수도 있고, 부실등기에 관한 제39조 법리가 적용될 수도 있다.

• 대법원 2004. 2. 27. 선고 2002다19797 판결

"이사 선임의 주주총회결의에 대한 취소판결이 확정된 경우 그 결의에 의하여 이사로 선임된 이사들에 의하여 구성된 이사회에서 선정된 대표이사는 소급하여 그 자격을 상실하고, 그 대표이사가 이사 선임의 주주총회결의에 대한 취소판결이 확정되기 전에 한 행위는 대표권이 없는 자가 한 행위로서 무효가 된다. …

그러나 이사 선임의 주주총회결의에 대한 취소판결이 확정되어 그 결의가 소급하여 무효가 된다고 하더라도 그 선임 결의가 취소되는 대표이사와 거래한 상대방은 상법 제39조의 적용 내지 유추적용에 의하여 보호될 수 있으며, 주식회사의 법인등기의 경우 회사는 대표자를 통하여 등기를 신청하지만 등기신청권자는 회사 자체이므로 취소되는 주주총회결의에 의하여 이사로 선임된 대표이사가 마친 이사선임등기는 상법 제39조의 부실등기에 해당된다."

• 대법원 2012. 1. 26. 선고 2009다85052 판결

"주식회사의 경우에는 위와 같은 부실등기에 대한 고의·과실의 유무는 대표이사를 기준으로 판정하여야 하는바(대법원 1971. 2. 23. 선고 70다1361, 1362 판결, 대법원 1981. 1. 27. 선고 79다1618, 1619 판결, 위 대법원 2010다70018 판결 등 참조), 대표이사가 아닌 자가 주주총회결의 및 이사회결의 등의 외관을 만들고 이에 터 잡아 새로운 대표이사 선임등기를 마쳤으나 주주총회의 소집절차 또는 결의방법에 총회결의가 존재한다고 볼 수 없을 정도의 중대한 하자가 있어 그 결의가 부존재한다고 인정될 경우에는, 주주총회의 개최와 결의가 존재하나 무효 또는 취소사유가 있는 경우와는 달리, 그 새로운 대표이사 선임에 관한 주식회사 내부의 의사결정이 존재하지 아니하여 등기신청권자인 회사가 그 등기가 이루어지는 데 관여할 수 없었으므로, 달리 회사의 적법한 대표이사가 그 부실등기가 이루어지는 것에 협조·묵인하는 등의 방법으로 관여하였다거나 그 부실등기의 존재를 알고 있었음에도 시정하지 않고 방치하는 등 이를 회사의 고의 또는 과실로 부실등기를 한 것과 동일시할 수 있는 특별한 사정이 없는 한 회사에 대하여 상법 제39조에 의한 부실등기 책임을 물을 수 없다(위 대법원 2006다24100 판결, 위 대법원 2010다70018 판결 참조)."

Ⅲ. 업무집행기관 구조 및 집행임원

Ⅰ.에서도 언급한 것처럼 주식회사에서 이사회는 일반적으로 업무집행기관이면서 동시에 감독기관으로 이해되고 있고, 대외적인 측면에서 거래행위 등의 효과가 회사에 귀속될 수 있도록 하는 제도로서 대표이사(대표집행임원)를 두고 있다.

이사회가 업무집행기관이라고 하더라도 회의체인 이사회에서는 업무집행에 관한 의사결정이 이루어지고, 실제 업무집행은 사장, 부사장, 전무 등의 명칭을 가지고 회사의 대내적 업무를 집행하는 경영조직, 흔히 임원이라고 통칭되는 자들에 의해 수행된다. 최근에는 CEO, CFO, COO 등의 명칭이 사용되기도 한다. 현실적으로 대부분 회사에서는 관행으로 대표권과 업무집행권을 일치시키고 있으므로 경영조직은 대표이사의 지휘·감독하에 운영되고 있고, 이사회의 감독이란 대표이사 산하의 경영조직에 의한 업무집행을 감독하는 것이 된다.

외환위기 이전에는 이사의 정원을 다수로 하여 회사의 상급 경영조직의 거의 대부분이 전무이사, 상무이사 등으로 이사의 자격을 겸유하는 것이 관행

이었다. 이 경우에는 이사가 직접 업무집행을 하지만, 엄밀히 말하면 이사로서의 지위에서 업무집행을 하는 것이 아니라 직원의 지위에서 업무집행을 하는 것이다. 그러나 이러한 구조에서는 이사회에 의한 업무집행의 감독은 현실적으로 실현되기 어렵다. 감독을 하여야 하는 이사가 대표이사의 지휘·감독하에 스스로 업무를 집행하기 때문이다.

이와 같은 지배구조의 불투명성에 대해서는 1997년 외환위기를 계기로 비판이 제기되었고, 이사회에 의한 감독의 실효성을 확보하기 위한 방안의 하나로 도입된 것이 사외이사제도이다. 사외이사는 해당회사의 상무에 종사하지 아니하는 이사로서 일정한 결격사유에 해당되지 아니하는 자(382조 3항)를 의미한다. 여기서 결격사유로는 지배주주나 경영진과 일정한 관계가 있는 경우를 열거하고 있으므로 결과적으로 사외이사는 일응 독립성이 있다고 볼 수 있는 이사를 말하는데, 상장회사에는 일정비율 내지는 일정 수 이상의 사외이사 선임을 강제하기에 이르렀다(542조의8 참조). 이에 따라 비상장회사에서는 이사의 거의 전부가 임원으로서 업무집행을 담당하는 형태가 지속되었으나, 상장회사에서는 이사회의 구성원도 대표이사를 포함한 업무집행이사와, 업무집행을 담당하지 않으면서 독립성을 가지고 있는 사외이사 및 상무에 종사하지 않으나 독립성의 요건을 갖추지 못한(317조 2항 8호 참조) 이사로 구성되게 되었다.

이러한 사외이사제도의 도입은 이사회구조의 변화를 초래하였다. 상장회사에서 일정비율 이상의 사외이사를 두는 것이 법상 강제됨에 따라 선임하여야 할 사외이사의 수에 부담을 느낀 상장회사들이 사외이사의 수를 줄이는 방편으로 이사의 정원 자체를 감축한 것이다. 그 결과 외환위기 이전에는 소위 임원과 회사법상 이사는 거의 일치하고 있었다가 이사회구성이 변화된 이후로는 임원의 거의 대부분이 이사의 지위를 가지지 못하게 되었고, 이들을 비등기이사로 통칭하게 되었다. 실제로 많은 상장회사에서 임원 중 상법상의 이사는 대표이사와 CFO 정도이고, 이사회의 상당부분이 사외이사로 구성되는 경우도 상당수 존재한다. 그 결과 업무집행을 담당하지 아니하는 이사들의 등장으로 이사회에 의한 감독의 실효성을 증가시킬 수 있는 기초가 마련된 것이다.[7]

---

7) 이러한 사외이사에 대해서는 회사의 업무집행에 대한 독립적인 감독의 역할이 기대되고 있다. 특히 우리나라와 같이 지배주주가 존재하는 것이 일반적인 회사지배구조 환경에서는 경영진에 대한 감독 외에도 지배주주와 소수주주의 이익충돌로 인한 대리인비용을

　　반면 이사회의 구성변화는 다른 문제점도 야기하였다. 상법상 이사는 회사에 대하여 '주의의무 내지 충실의무'를 부담하고, 이사의 의무위반행위에 대하여는 주주가 대표소송으로 책임을 추궁할 수 있다. 외환위기 이전과 같이 임원의 거의 대부분이 이사의 지위를 가지고 있던 상황에서는 임원에 대해서도 업무집행의 의사결정 및 감독과 관련하여 이사의 의무와 책임규정에 의한 규율을 할 수 있었다. 그러나 이사회의 구성변화로 등장하게 된 비등기이사에 대해서는, 그 법적 지위를 정면으로 규율하고 있지는 않았다.

　　이에 따라 회사 내에서 비등기임원, 그 중에서 특히 최상급의 임원들은 보수나 업무내용 등이 업무담당이사와 큰 차이가 없으며, 중요한 업무집행의 의사결정을 현실적으로 이들이 함에도 불구하고 회사법에 의한 규율을 받지 않는 것이 타당한가라는 문제가 제기되었고, 더 나아가 업무집행감독의 실효성을 높이기 위해서는 감독기능과 업무집행기능을 완전히 분리할 필요가 있다는 생각하에 2011년 개정에서 회사가 집행임원을 둘 수 있다는 규정을 신설하게 되었다.[8]

　　집행임원 설치회사에서는 집행임원이 업무를 집행하고 정관이나 이사회의 결의에 의하여 위임받은 업무집행에 관한 의사결정 권한을 가지며(408조의4), 대표이사를 둘 수 없고 대표집행임원을 두도록 함으로써(408조의5 1항) 경영조직과 이사회를 개념상 완전히 분리시켰고, 집행임원에 대해서는 기본적으로 이사와 동일한 의무 및 책임을 명시하였다(408조 3항).

　　다만 집행임원제도의 도입여부를 회사가 선택할 수 있으므로, 업무집행 및 감독기관의 구조는 집행임원설치회사와 집행임원 비설치회사(현재의 업무집행 및 감독 구조)의 두 가지가 존재하게 된다. 집행임원을 설치할 수 있는 회사의 범위도 제한하지 않았으므로 소규모의 비상장회사도 집행임원을 둘 수는 있지만, 현실적으로 집행임원을 두게 될 수요가 있는 회사는 대규모 상장회사이다. 집행임원 설치회사에서는 이사회를 업무집행을 담당하지 아니하는 이사로만 구성하고 경영은 집행임원에 맡기는 구조를 취할 수도 있다. 그러나 집행임원이 이사지위를 겸유하는 것이 금지되지 않으므로, 그 경우에는 사외이사,

---

　　감소시켜 주는 제도로서의 역할이 기대되고 있다.
8) 회사법에서 비등기이사에 대해서 별도의 규율을 하고 있지 아니하더라도 이들에게 고용이나 위임 등의 계약상의 책임을 부담시킬 수 있고 이사의 감시의무에 의한 규율이 가능하므로 회사법상 별도의 규율이 추가적으로 필요할 것인가에 대하여 의문이 있을 수 있다.

비상근이사, 업무집행을 담당하는 이사로 이사회가 구성되어 개정 전의 상장회사 이사회 구성 실태와 실질적으로 큰 차이가 없을 것이다. 또한 집행임원설치회사에서도 외환위기 이후 기업실무상 이용되던 사실상의 집행임원 또는 비등기임원 전원을 집행임원으로 선임하여 등기할 것으로는 보이지 않으므로 비등기임원도 그대로 유지될 것으로 보인다.

또한 2011년 개정회사법과 같은 집행임원제도에 관한 조문이 존재하지 않는 경우에도, 이들에 대한 감독 내지는 책임추궁이 실행되지 않는 것은 아니다. 이들은 대표이사에 의한 감독을 받는 외에도 고용이나 위임 등 법리에 따라 계약상의 책임을 부담할 수도 있고, 표현이사(401조의2)로서 책임을 추궁할 수도 있다.

[이사회 및 임원의 구성]

(광의의) 임원				
이사(등기이사) : director → 이사회구성	사외이사			감사 또는 감사위원회
	상무에 종사하지 않는 이사			
	사내이사	업무집행이사		
		대표이사		
비등기이사/ 미등기이사/ (사실상) 집행임원/ (협의의)임원 : officer	CEO, CFO, COO, 사장, 부사장, 전무, 상무 등	집행임원 설치회사	집행임원인 비등기이사	※ 회사는 **집행임원**을 둘 수 있음(408조의2) – 비등기이사 중 선임함이 일반적이나 이사가 **집행임원**을 겸임할 수도 있음. ※ **집행임원** 설치회사는 대표이사를 두지 못함(408조의2)
			집행임원이 아닌 비등기이사	
		집행임원 비설치회사		

* 실무관행이나 회사법(296조, 312조, 323조)에서는 '임원'이란 용어가 여러 경우에 사용되고 있지만, 이들의 의미는 동일하지 않다. 상법상 용어로서 임원은 이사와 감사만을 의미하나, 실무에서는 이와 전혀 다른 관점에서 회사의 경영진의 직책상 CEO, CFO, COO, 사장, 부사장, 전무, 상무 등 고위직의 자들을 지칭하는 용어로 사용하기도 한다. 더 넓게는 이들과 이사, 감사 등을 모두 포괄하는 개념으로 이해하기도 하므로 어떠한 의미로 사용되었는가에 유의하여야 한다.
* (협의의) 임원은 이사와는 다른 차원의 개념이다. 우리나라에서는 CEO는 모두 대표이사 자격을 가지고, COO나 CFO 등도 이사의 지위를 가지는 경우가 많다.
* 실무에서 집행임원은 비등기이사와 동일한 뜻으로 이해되기도 하는데, 이것과 2011년 개정 상법에서 도입된 집행임원은 동일한 개념이 아니다.
* 위의 표에서 진한 글씨는 회사법상 용어이고, 나머지는 실무관행상 명칭이다.

[참고판례]

• **대법원 2003. 9. 26. 선고 2002다64681 판결**

이 사건은 주식회사 청구(이하 '청구'라 한다)의 비등기임원으로 근무하다 퇴직한 임원들이 청구가 회사정리절차에 들어가자 그 관리인 Y를 피고로 퇴직금의 지급을 청구한 것이다. 구회사정리법상 회사의 근로자의 급료, 퇴직금, 재해보상금은 정리절차에 의하지 아니하고 수시로 변제를 받을 수 있도록 함으로써(구 회사정리법 208조 10호, 209조 1항) 우선변제가 가능하다. 이에 비등기임원이었던 원고들이 근로기준법상 근로자에 해당되는가가 문제되었다.

대법원은 "청구는 등기임원과 비등기임원 사이에 그 퇴직금과 보수에 관하여 동등한 처우를 하고 있기는 하나, 상법상 이사회에 참석하여 회사의 업무에 관한 중요한 사항의 결의에 참여할 권한 등은 등기임원에게만 이를 부여함으로써 등기임원과 비등기임원 사이에 업무수행권한에 있어서 명백히 구별하고 있음을 알 수 있다"고 판시함으로써, 이사와 비등기임원의 지위를 구분하였으나, "근로기준법의 적용을 받는 근로자에 해당하는지 여부는 계약의 형식에 관계없이 그 실질에 있어서 임금을 목적으로 종속적 관계에서 사용자에게 근로를 제공하였는지 여부에 따라 판단하여야 할 것이므로, 회사의 이사 또는 감사 등 임원이라고 하더라도 그 지위 또는 명칭이 형식적·명목적인 것이고 실제로는 매일 출근하여 업무집행권을 갖는 대표이사나 사용자의 지휘·감독 아래 일정한 근로를 제공하면서 그 대가로 보수를 받는 관계에 있다거나 또는 회사로부터 위임받은 사무를 처리하는 외에 대표이사 등의 지휘·감독 아래 일정한 노무를 담당하고 그 대가로 일정한 보수를 지급받아 왔다면 그러한 임원은 근로기준법상의 근로자에 해당한다 할 것이다"라고 하였다. 이러한 판지에 따르면 등기이사의 경우에도 근로자에 해당될 수 있을 것이다.

• **대법원 2009. 8. 20. 선고 2009두1440 판결**

대법원은 대표이사의 경우에도 근로자에 해당한다고까지 판시하고 있다. "…주식회사의 대표이사로 등기되어 있는 자라고 하더라도 대표이사로서의 지위가 형식적 명목적인 것에 불과하여 회사의 대내적인 업무집행권이 없을 뿐 아니라 대외적인 업무집행에 있어서도 등기 명의에 기인하여 그 명의로 집행되는 것일 뿐 그 의사결정권자인 실제 경영자가 따로 있으며, 자신은 단지 실제 경영자로부터 구체적 개별적인 지휘·감독을 받아 근로를 제공하고 경영성과나 업무성적에 따른 것이 아니라 근로 자체의 대상(對償)적 성격으로 보수를 지급받는 경우에는 예외적으로 산업재해보상보험법상 근로자에 해당한다고 할 것이다."

제 4 장

이사의 의무와 책임

　회사법의 주요 기능 중 하나는 회사의 이해관계자들 사이의 이익충돌행위를 규율하는 것이다. 충돌하는 이익의 주체인 이해관계자의 대표적인 예로는 이사와 같은 경영진과 전체 주주(회사)를 들 수 있다. 주주는 회사의 경영에 참여하지 않고, 전문가인 이사가 경영을 담당하며, 그 경영성과를 주주가 누리므로, 경영상 결정을 하는 자와 그 결정에 따른 성과를 받는 자가 분리된다. 그런데 경영상 결정을 하는 이사가 회사(전체 주주)의 이익을 위해서 행동하지 않는 경우에는 대리비용(agency cost)의 문제가 발생한다. 대리비용의 발생을 규제하는 방법으로는 넓은 스펙트럼에 걸쳐 다양한 메커니즘이 존재한다. 주주총회가 이사의 임면권을 갖는 것, 이사회의 업무집행에 대한 감사 또는 감사위원회의 감사권, 사외이사의 감시권, 이사의 보수에 대한 통제, 기업지배권 시장과 같은 법적 장치 또는 수단이 그것이다. 이사의 선관주의의무, 충실의무 및 이들 의무를 구체화한 여러 규정들은 이사의 행동에 대한 기준으로서, 이사가 의무를 위반한 때에 적용되는 손해배상책임 규정은 사후적 제재로서 기능한다. 제4장에서는 이사의 의무와 책임에 관하여 다양한 소주제를 고찰한다.

　Ⅰ.에서는 이사가 회사에 대해 부담하는 선관주의의무와 경영판단의 원칙의 의미, 이사의 감시의무 및 감시의무의 구체적 내용으로서 내부통제구축의무의 의미를 살펴본다. Ⅱ.에서는 이익충돌행위의 유형으로서 자기거래와 경업

거래, 종전의 상법의 이익충돌 규제의 한계로 인하여 2011년 개정상법에서 신설된 회사기회유용(397조의2), 그리고 이익충돌의 특수한 유형으로서 이사의 보수규제를 살펴본다. Ⅲ.에서는 의무 위반에 대해서 부과되는 손해배상책임을 다룬다. 이사는 이론적으로 주주, 채권자 등 제 3 자에 대해서는 회사에 대한 관계에서처럼 직접적인 법률관계를 맺거나 의무를 부담하지 않는다. 그럼에도 불구하고 우리 상법은 특이하게도 제 3 자에 대한 손해배상책임을 규정하고 있는데, 판례에서 이 규정이 어떻게 운용되는지 살펴본다. 이어서 이사는 아니지만 이사와 같은 책임을 지는 업무집행지시자의 책임을 다룬다. 마지막으로 Ⅳ.에서 주주가 이사에 대해 손해배상책임을 추궁하는 대표소송 제도를 다룬다.

Ⅰ. 선관주의의무

회사와 이사의 관계에 관해서는 민법의 위임에 관한 규정이 준용되므로, 이사는 위임의 본지에 따라 수임인으로서 선량한 관리자의 주의로써 사무를 처리할 의무를 부담한다(382조 2항). 이사는 이사회 구성원으로서, 그리고 대표이사로서 직무를 수행함에 있어서 선관주의의무를 부담한다. 상법은 이사의 선관주의의무의 의미나 내용에 관해서는 명문으로 규정하고 있지 않다.

영미법에서는 일정한 지위의 "fiduciary"는 "fiduciary duty"(신인의무)[1]를 부담한다는 점이 판례법을 통해 형성되어 왔다. 회사의 이사는 주주 및 회사로부터 일정한 권한을 부여받고 이사의 권한행사의 효과가 주주 및 회사에게 미치므로, 이사는 권한 수여자(수익자)의 이익을 위해 행동해야 하는 fiduciary로서의 지위에 있다는 것이다. 그리하여 신탁(trust)에서의 수탁자(trustee)처럼 수익자의 이익을 위해서 행동해야 할 의무가 있는 것으로 본다. 미국 회사법에서 이사의 "fiduciary duty"는 "duty of care"(주의의무)와 "duty of loyalty"(충실의무)로 분류되는데,[2] 우리 상법상 선관주의의무는 영미법상 "fiduciary duty" 중 "duty of care"에 상응한다고 볼 수 있다. 이에 반해 미국법상 "duty of loyalty"

---

1) 이를 충실의무로 번역하는 예도 있지만, fiduciary duty 중 "duty of loyalty"가 충실의무로 번역되므로, 흔히 "신인의무"라고 번역한다.
2) 신탁법도 수탁자의 의무를 선관주의의무(32조)와 충실의무(33조)로 나누어 규정하고 있다.

는 매우 광범한 내용을 담고 있고 유연한 개념이므로, 우리 상법상 충실의무(382조의3)가 이에 대응하는 개념이라고 하기에는 의문이 있다. 주의의무와 충실의무의 관계는 명확하지 않지만, 최근 우리 판례는 이사의 특정 행위가 "주의의무 내지 충실의무"에 위반한 것이라는 표현을 쓰고 있는데,[3] 이것은 양자의 개념이 명확히 구별되고 있지 않음을 보여 준다고 하겠다.

일반적으로 주의의무의 수준은 그 지위·상황에 있는 자에게 통상 기대되는 정도에 의하는데, 특히 전문적 능력이 요구되는 이사의 주의의무의 수준은 높다. 그러나 주의의무의 이행을 위해서 이사가 구체적으로 어떠한 행위를 해야 하는지는 분명하지 않다. 주의의무의 수준과 내용은 구체적인 사례를 통해서 개별적으로 파악할 수밖에 없고, 명문으로 이를 규정하는 것은 어려울 뿐만 아니라 바람직하지도 않다. 아무리 주의의무의 내용을 정밀하게 규정하더라도 실제 사례에서 그 규정을 기계적으로 적용하여 이사의 의무위반 여부를 판단하기는 간단하지 않다.

한편 이사는 여러 가지 조건과 경영상 결정의 성패가 불확실한 상황에서 신속한 결단을 감행해야 하는 경우가 많다. 경영상 결정을 사후적으로 평가하여 주의의무 위반의 책임을 추궁하게 된다면 경영을 위축시킬 수도 있다. 그러므로 경영상 결정은 어느 정도 존중하고 그 판단의 결과 회사에 손해가 발생한 경우에도 이사에게 주의의무 위반책임을 인정하는 데에는 신중을 기할 필요가 있다.

이와 관련하여 미국에서는 이미 19세기부터 판례를 통하여 "경영판단의 원칙(business judgement rule)"이 형성되어 왔다. 이것은 이사의 경영판단이 일정한 요건을 갖춘 경우에는 회사가 손해를 입었더라도 이사의 의무위반을 부정하고 이사에 대해 책임을 묻지 않는다는 원칙이다. 경영판단원칙은 판례를 통하여 형성된 것이므로, 그 개념이나 구체적 내용은 개별 판례와 학자에 따라서 차이가 있다. 미국법률협회(American Law Institute : ALI)가 채택한 원칙에 따르면,[4] 다음의 요건이 모두 충족된 경우에는 "성실하게(in good faith)" 경영판단을 한 이사는 주의의무를 이행한 것으로 본다. 1) 경영판단의 대상에 이사의 이해관계가 없어야 한다. 2) 경영판단의 대상에 관하여 그 상황 하에서 적절하

---

3) 대법원 2002. 6. 14. 선고 2001다52407 판결 등.

4) ALI, Principles of Corporate Governance: Analysis and Recommendations, 1994, §4.01.

다고 합리적으로 믿을 정도로 알고 있어야 한다. 이는 절차적 요건으로서 경영판단에 필요한 정보를 합리적인 정도로 수집·검토해야 한다는 것이다. 3) 경영판단이 회사의 최대이익에 합치된다고 합리적으로 믿어야 한다. 경영자가 자신의 결정이 회사의 이익에 부합한다고 믿어야 할 뿐만 아니라, 그 믿음이 합리적이어야 한다는 것이다.

상법에는 경영판단원칙에 관하여 명문규정이 존재하지 않지만 해석상 이를 인정할 수 있다. 판례 중에는 논리 전개상 미국법의 경영판단원칙과 유사한 사고를 보여주는 예가 있다. 이사가 "필요한 정보를 합리적인 정도로 수집하여 충분히 검토를 한 다음 회사의 이익에 합당한 상당성 있는 판단을 하였다면" 회사에 대한 선관주의의무를 다한 것이라고 보거나,[5] 이사가 "그 상황에서 합당한 정보를 가지고 적합한 절차에 따라 회사의 최대이익을 위해서 신의성실에 따라 의사결정을 하였다면 그 경영판단은 허용되는 재량의 범위 내의 것으로서" 회사에 대한 선관주의의무 내지 충실의무를 다한 것[6]이라고 본다.

그런데 경영판단원칙과 주의의무가 어떠한 관계에 있는가에 대해서는 의견이 분분하다. ALI 원칙에서는 경영판단원칙의 요건이 충족되면 바로 주의의무를 준수한 것으로 보므로, 성실한 경영판단은 이익충돌이 있거나, 판단의 절차가 비합리적이거나, 판단의 내용이 비합리적이지 않는 한 주의의무위반이라고 할 수 없다. 이에 따르면 추상적인 주의의무의 내용을 위와 같은 요건에 의해 구체화한 것이 경영판단원칙이라고 이해할 수 있을 것이다.

이 절에서는 먼저 우리 판례가 어떠한 경우에, 어떠한 기준 하에서 주의의무 위반을 인정하는지, 또한 어떠한 요소를 고려하여 이사의 "경영판단"을 인정하여 주의의무 위반을 부정하는지 살펴본다. 주의의무의 수준과 내용의 파악은 용이하지 않지만, 이사가 법령준수의무를 부담한다는 점에는 이견이 없다. 이사는 주의의무의 일환으로 법령준수의무를 부담하며, 통상적으로 법령위반은 합리적인 경영판단 또는 의사결정이라고 하기는 어려우므로 경영판단원칙의 적용이 부정된다. 이 절에서는 법령위반이 어떻게 주의의무 위반을 구성하는지, 그리고 이사가 준수해야 할 법령의 의미와 범위에 대해서 살펴본다.

---

5) 대법원 2005. 10. 28. 선고 2003다69638 판결(삼성전자 대표소송 판결).
6) 대법원 2002. 6. 14. 선고 2001다52407 판결(새마을금고 판결).

1. 경영판단원칙

(1) 경영판단원칙의 적용기준

[판례 31]

대법원 2005. 10. 28. 선고 2003다69638 판결(삼성전자 대표소송 판결)[7]

이 판결은 삼성전자의 소수주주가 삼성전자의 임원들을 상대로 대표소송을 제기한 사건을 다룬 것이다. 이 사건의 청구는 다수이지만, 이사의 주의의무와 경영판단원칙에 관련된 청구는 "뇌물제공행위 건(청구 1)", "이천전기에 대한 출자 건(청구 2)"과 "삼성종합화학 주식의 매도 건(청구 3)"이다.

(1) 청구 1(뇌물제공행위 건)

• 사실관계

삼성그룹의 회장이자 삼성전자의 이사인 Y1은 삼성전자의 경비로 사용한 것처럼 회계처리를 하여 1988. 3.부터 1992. 8.까지 수차례에 걸쳐 삼성그룹계열사로부터 총 250억원의 정치자금을 조성하여 당시 대통령 R에게 기업경영과 관련된 경제정책 결정과 금융 및 세제 등을 운용함에 있어 삼성그룹이 다른 경쟁기업보다 우대를 받거나 최소한 불이익이 없도록 선처하여 달라는 취지로 위 금전을 공여하였다. 삼성그룹 차원의 뇌물공여행위 중 공소시효가 만료되지 않은 100억원의 뇌물공여행위에 대해서 Y1의 유죄판결이 확정되었다. 삼성전자의 소수주주들(X)은 1998. 10. 20. 삼성전자가 조성한 뇌물액 75억원만큼 삼성전자가 손해를 입은 것이라고 보고 Y1에게 75억원의 배상을 청구하였다.

• 법원의 판단

[원심 : 서울고등법원 2003. 11. 20. 선고 2002나6595 판결] Y1은 손해배상청구권이 시효소멸한 1988. 3.경의 뇌물제공액 5억원을 제외한 70억원을 지급할 의무가 있다고 판시하였다.

[대법원] 상법 제399조는 이사가 법령에 위반한 행위를 한 경우에 회사에 대하여 손해배상책임을 지도록 규정하고 있는바 … 법령에 위반한 행위는 이사

---

7) 이 판례의 쟁점 중 손해배상의 범위, 손해배상책임의 면제에 관해서는 본장 [판례 44] 참조.

로서 임무를 수행함에 있어서 준수하여야 할 의무를 개별적으로 규정하고 있는 상법 등의 제 규정과 회사가 기업활동을 함에 있어서 준수하여야 할 제 규정을 위반한 경우가 이에 해당된다고 할 것이고, 이사가 임무를 수행함에 있어서 법령에 위반한 행위를 한 때에는 그 행위 자체가 회사에 대하여 채무불이행에 해당되므로 이로 인하여 회사에 손해가 발생한 이상, 특별한 사정이 없는 한 손해배상책임을 면할 수는 없다 ….

법령에 위반한 행위에 대하여는 이사가 임무를 수행함에 있어서 선관주의의무를 위반하여 임무해태로 인한 손해배상책임이 문제되는 경우에 고려될 수 있는 경영판단의 원칙은 적용될 여지가 없다. … 회사가 기업활동을 함에 있어서 형법상의 범죄를 수단으로 하여서는 안 되므로 뇌물공여를 금지하는 형법 규정은 회사가 기업활동을 함에 있어서 준수하여야 할 것으로서 이사가 회사의 자금으로서 뇌물을 공여하였다면 이는 상법 제399조에서 규정하고 있는 법령에 위반된 행위에 해당되며, … 이로 인하여 회사가 입은 뇌물액 상당의 손해를 배상할 책임이 있다.

(2) 청구 2(이천전기에 대한 출자 건)

• 사실관계

1996. 4.경 이후부터 삼성전자는 중전기사업 진출을 계획하고 그 참여방안에 대하여 실무자에게 검토하도록 하였다. 실무자는 신규법인의 설립 방안은 전문인력, 특허 및 기술 확보, 판매망 구축, 관납 허가의 어려움, 공장신설 등의 자금 소요로 인하여 사실상 불가능하다는 판단 아래, 기존업체 중 소외 이천전기의 인수를 추진하였고, 삼성전자는 이천전기가 당시로서는 과다설비투자·매출부진으로 재무구조가 악화된 상태이지만 유상증자 및 단기악성자금의 장기 저리자금 전환 등을 통하여 재무구조를 개선하고 사업구조 재편 등 조치를 취하면 조만간 흑자전환이 가능하다는 삼성전자 실무자의 설명을 들은 후 이천전기를 인수하기로 하였다.

(가) 대주주로부터의 주식매입 및 신주인수 : 삼성전자의 이사회는 1997. 3. 14. "중전사업참여방안", "이천전기 재무구조개선안" 등의 자료를 검토한 후 이천전기가 당시 자본잠식상태이지만 영업권·특허권·기술력 등 무형자산이 상당하고 최대주주로서의 경영권 프리미엄 등을 참작하여 이천전기의 대주주

(소외 B1)로부터 지분 42.5%를 90억원에 매수할 것을 결의하였다(이사 59명 중 32명이 참석하여 전원 동의함. 피고 Y1 및 Y2는 불참). 또한 1997. 4. 2. 및 4. 3.의 각 이사회 결의(이사 59명 중 31명이 참석하여 전원 동의함. 피고 Y1 및 Y2는 불참)에서 이천전기의 유상증자 참여, 실권주를 인수하기로 하여 신주 총 400만주를 200억원에 인수함으로써 삼성전자는 이천전기 주식 85.3%를 소유한 대주주가 되었다.

(나) 이천전기의 채무에 대한 지급보증 및 이후의 신주인수 : 삼성전자에 의한 인수당시부터 이천전기는 자본잠식상태에 있었고 재무구조가 매우 열악한 상태였는데, IMF위기에 처하자 이천전기의 재무구조는 더욱 급격히 악화되었다. 정부의 부실기업 구조조정 작업과 퇴출기업 선정작업의 진행 결과 이천전기의 금융기관들이 삼성전자에게 이천전기의 신용대출금에 대한 지급보증을 요구하자 이사회는 1998. 3. 합계 1,570억원에 이르는 이천전기의 금융기관 채무에 대한 보증결의를 하였다. 이후 이천전기의 주거래은행인 소외 한빛은행은 이천전기를 회생불가기업으로 판정하고 퇴출대상기업으로 선정하여 투입자금을 모두 회수하는 조치를 취하기로 하였다. 이천전기가 채무변제능력이 없었으므로 삼성전자의 이사회는 지급보증채무 변제의 방편으로 1998. 7. 28.부터 1998. 9. 5.까지 총 1,709억원에 이르는 이천전기의 신주를 인수하기로 결의하고 출자하였다. 이로써 삼성전자의 이천전기에 대한 투자액은 총 1,999억원에 이르렀다. 이후 한빛은행에 의해 이천전기가 퇴출대상기업으로 선정되자 삼성전자는 1998. 12. 28.에 소외 일진그룹에게 이천전기 주식 전부를 95억원에 매도하였다.

당시 전국은행연합회가 제정한 "금융기관의 신용정보 교환 및 관리규약"에 따르면 부도처리된 법인에 대해 최대주식을 소유하거나 출자를 가장 많이 한 자는 적색거래처로 분류되어 금융기관으로부터 신규여신 중단, 기존 여신에 대한 채권보전조치 및 채권회수조치 강구 등의 조치를 받게 되었다.

원고 X는 피고 Y1, Y3~Y10이 당초 회생불가능한 이천전기 주식 매입결의, 출자결의, 지급보증결의에 찬성함으로써 삼성전자에 총 1,904억원(1,999억－95억)의 손실을 입게 하였거나, 위와 같은 인수를 지시한 업무집행자이거나 다른 피고들이 회사에 손실을 가져오는 결의를 하지 않도록 할 주의의무가 있음에도 이사회에 참석하지 아니하는 등 이사로서의 감시의무를 게을리하였다고 주장하고 피고들에 대해 손해배상을 청구하였다.

• 법원의 판단

[제1심 : 수원지방법원 2001. 12. 27. 선고 98가합22553 판결] 주식매수 당시의 이천전기의 재무구조와 수익성 전망 등에 비추어 이천전기의 인수에 따른 위험의 정도가 통상적으로 감수하기 어려웠고 이로 인한 위험도 예견할 수 있었다고 판단한 후, 피고들의 책임을 인정하였다.

투자결정을 함에 있어서는 대상 회사의 재무구조, 신규투자와의 위험의 비교, 대상회사의 경영정상화를 위한 소요비용 등에 대한 고려가 필요함에도 불구하고 이사회에서는 「전기사업 참여방안」이라는 자료만 배포되었을 뿐, 위 고려사항의 판단에 필요한 자료는 배부된 바 없었고, … 이천전기의 인수에 있어 이사들에 의하여 반드시 신중히 검토되지 아니하면 안 될 제반 사정에 대하여 이사들이 사전 검토를 하지 아니하였을 뿐만 아니라, 개최된 이사회에서 그에 대한 자료를 제시받지도 아니한 채 1시간 동안에 이루어진 토의만으로 … 비정상적인 재무구조를 보이고 있는 이천전기의 인수를 결정함으로써 참석 이사들이 삼성전자의 이익을 위하여 충분한 정보에 기하여 합리적인 통찰력을 다하여 적절한 판단을 하였다고는 도저히 말할 수 없다. 따라서 위 인수결의는 경영판단으로서 보호될 수도 없다 … . 1997. 3. 14. 인수결의와 1997. 4. 3. 인수결의를 함으로써 피고들은 임무를 해태하였고, 삼성전자가 276억여원의 손해를 입게 하였다.

[원심 : 서울고등법원 2003. 11. 20. 선고 2002나6595 판결] 회사의 이사는 법령 또는 정관 소정의 목적범위 내에서 회사의 경영에 관한 판단을 할 재량권을 가지고 있고, 또한 기업의 경영은 다소의 모험과 이에 수반되는 위험성이 필수적으로 수반되는 것이므로 이사가 업무를 집행함에 있어 기업인으로서 요구되는 합리적인 선택범위 내에서 판단하고 성실히 업무를 집행하였다면 그의 행동이 결과적으로 회사에 손해를 입게 하였다고 할지라도 이사에게 책임을 물을 수는 없다(실패한 경영판단에 대해서까지 법적 책임을 물을 경우 경영의 위축을 초래하게 되어 결과적으로 경영자가 의욕적인 경영활동을 수행할 수 없게 될 것이다). 따라서 이사가 회사의 업무를 집행함에 있어서 선관주의의무를 위반하였는지 여부는 그의 기초가 되는 사실인정 및 의사결정에서 통상의 기업인으로서 간

과할 수 없는 과오를 범하고 그것이 자신에게 부여된 재량권의 범위를 일탈한 것인지 여부에 의하여 판단되어야 할 것이고, 그 재량권의 일탈 여부를 판단함에 있어서는 그 업무집행의 목적, 판단에 이르게 된 경위, 사적인 이해관계가 개재되어 있었는지 여부, 판단의 기초가 된 자료나 정보의 취득 여부, 그 업무집행의 결과 등을 종합적으로 고려하여 당해 이사 개인에게 손해배상책임을 지우는 것이 합당한지 여부를 결정하여야 할 것이다. … 삼성전자의 경영진이 이천전기 인수 1년 전부터 미리 실무자로 하여금 중전사업에의 참여 필요성, 사업성에 관하여 검토하게 하고 이천전기의 재무구조개선안, 향후 손익전망, 경영방침 등에 관하여 구체적으로 보고를 하게 한 점, 인수가격 결정을 위하여 수차례 협상과정을 거쳤던 점, 이사회 결의에 참석한 이사들은 실무자들이 작성한 '삼성전자의 중전사업 참여방안', '이천전기 재무구조개선안' 등의 자료를 검토하는 한편, 담당이사로부터 삼성전자가 중전사업에 참여할 필요성이 있고, 신규법인의 설립보다는 기존업체인 이천전기의 인수가 유리하며, 유상증자 및 단기차입금의 장기저리자금으로의 전환 등을 통하여 재무구조를 개선하면 조만간 흑자 전환이 가능할 것으로 판단된다는 설명을 들은 다음 인수를 결의한 사정 등에 비추어 보면, 이사들이 이 결정을 함에 있어서 통상의 기업인으로서 간과할 수 없는 과오를 저질렀다거나 그 인수결정이 당시의 상황에서 경영판단의 재량권 범위를 넘는 것으로 보기는 어렵고, 이사들이 위 결정에 관하여 개인적인 이해관계가 있었다거나 그 결정으로 인하여 회사가 손해를 입을 것이라는 점을 알고 있었다는 등의 특별한 사정이 없는 한, 손해배상책임을 부담하게 할 수는 없다 ….

삼성전자가 이천전기의 보증채무를 보증하고, 보증채무를 변제하기 위한 방편으로 1,709억원의 신주를 인수하기로 결의하였던 부분에 관하여 함께 본다. … 당시의 "금융기관의신용정보교환및관리규약"에 의하여 비상장법인의 과점주주 중 부도처리된 회사에 대하여 주식을 가장 많이 소유하거나 출자를 가장 많이 한 자는 그 부도처리된 회사와 함께 관련인으로서 적색거래처로 분류되어 신규여신 취급 중단, 채권회수조치 강구 등과 같은 금융제재를 받게 되어 있었으므로 … 이사회의 각 지급보증결의와 그에 따른 각 출자결의는 이천전기의 부도로 인하여 삼성전자까지 거래은행으로부터 적색거래처로 분류되는 것을 피하기 위한 불가피한 조치였다. … 예상치 못했던 IMF사태로 인하여 부득이 이천전기가 퇴출기업으로 지정된 사정을 추가하여 보면 … 이사들이 당시의 상황에서 경영상의 판단에 관한 재량의 범위 내에서 이루어진 합리적인 결정이라고 보아야 할 것이다….

[대법원] 이사가 회사의 자산을 인수함에 있어서 그 인수 여부나 거래가액을 결정하는 데에 필요한 정보를 합리적인 정도로 수집하여 충분히 검토를 한 다음, 회사의 이익에 합당한 상당성 있는 판단을 하였다면 회사에 대하여 선량한 관리자의 주의의무를 다한 것이다. … 원심의 사실인정과 이천전기주식의 인수결정과 관련하여 원심판단은 정당하고 경영판단의 원칙에 관한 법리오해 등의 위법은 없다.

(3) 청구 3(삼성종합화학 주식의 매매 건)

• 사실관계

삼성전자는 1994. 4. 25. 계열회사인 삼성종합화학(비상장회사)의 유상증자에 참가하여 액면가 10,000원으로 1,000만주를 인수하였다가 8개월이 경과하기 전인 1994. 12. 17.에 이사회 결의에 의해 신주인수 전부터 보유하던 주식을 합쳐서 삼성종합화학의 주식 2,000만주(삼성종합화학의 총 발행주식의 47.29%에 해당함)를 1주당 2,600원에 계열회사인 삼성건설 및 삼성항공에 매각하였다(피고 이사 중 Y1, Y3, Y6은 이사회 결의에 참석하지 않음). 소수주주 X는 1주당 취득가액과 매도가액에 7,400원의 차이가 발생한 것은 삼성전자 이사들의 임무해태로 인하여 당초 부당하게 고가로 취득하였거나 나중에 부당하게 저가로 매도한 데 따른 것이고, 이로써 삼성건설 및 삼성항공에게 이익을 주고 삼성전자는 1,480억원(＝7,400원×2,000만주) 상당의 손해가 발생하였다고 주장하고 피고들에 대해 손해배상을 청구하였다. 피고들은 당초 삼성종합화학의 주식을 액면가로 인수한 것은 삼성전자가 삼성종합화학의 최대주주인 관계로 삼성종합화학의 재무구조 개선을 위해 불가피했다는 점, 취득한 주식을 8개월 만에 재매도하게 된 것은 당초 삼성종합화학의 재무구조 개선에도 불구하고 적자가 거듭하여 향후 수익 창출이 불확실했다는 점, 삼성전자가 주력사업인 반도체사업에 집중하기 위해 신규자금 확보가 필요했다는 점, 매각 가격을 2,600원으로 평가한 것은 당시 시행중이던 상속세법상 비상장주식의 평가방법에 따른 것이라는 점을 주장하였다.

• **법원의 판단**

[제 1 심 : 수원지방법원 2001. 12. 27. 선고 98가합22553 판결] 주식 매도를 위한 이사회 결의에 참석한 피고들에게 626억6,000만원을 배상하라고 판결하였다. 나머지 피고들에 대해서는 이사회 결의에 불참한 사정만으로는 책임을 부담한다고 보기는 어렵다고 하였다. 삼성종합화학 주식을 순자산가치로 평가하여 적정가액이 5,733원이라고 보고 주식매도로 인한 손해를 (5,733원 − 2,600원) × 2,000만주 = 626억6,000만원이라고 산정하였다.

[원심 : 서울고등법원 2003. 11. 20. 선고 2002나6595 판결] 삼성종합화학주식을 그 실질가치에 관계없이 액면가로 인수할 수밖에 없었던 불가피성은 인정하였으나, 매도가격을 상속세법상의 평가방법에 따라 산정한 것은 잘못이라고 하면서 손해액은 626억6,000만원이라고 판단한 제 1 심을 지지하였다. 책임을 부담하는 피고들의 범위에 있어서도 제 1 심 법원과 견해를 같이 하였다.

[대법원] 회사가 소유하고 있는 비상장주식을 매도하는 업무를 담당하는 이사들이 당해 거래의 목적, 거래 당시 당해 비상장법인의 상황, 당해 업종의 특성 및 보편적으로 인정되는 평가방법에 의하여 주가를 평가한 결과 등 당해 거래에 있어서 적정한 거래가액을 도출하기 위한 합당한 정보를 가지고 회사의 최대이익을 위하여 거래가액을 결정하였고, 그러한 거래가액이 당해 거래의 특수성을 고려하더라도 객관적으로 현저히 불합리하지 않을 정도로 상당성이 있다면 선량한 관리자의 주의의무를 다한 것으로 볼 수 있을 것이나, 그러한 합리성과 상당성을 결여하여 회사가 소유하던 비상장주식을 적정가액보다 훨씬 낮은 가액에 매도함으로써 회사에게 손해를 끼쳤다면 그로 인한 회사의 손해를 배상할 책임이 있다고 할 것이다 …. 삼성종합화학주식을 주당 2,600원에 매도한 거래는 삼성종합화학 주식의 40%를 초과하는 2,000만주를 대상으로 하는 것이고 그 장부가액이 2,000억원(삼성전자의 전체 자산의 2.2%)에 달하는 것임에도 피고 Y2 등은 적정한 매각방법이나 거래가액에 관하여 전문가에게 조언을 구한 바가 없고, 당시 시행되던 상속세법 시행령에 의하여 평가한 삼성종합화학주식의 가치가 6년에 걸쳐 21,755,567주를 취득해 온 가액의 1/4 정도밖에 되지 않으며, 같은 시행령에 의하여 산정한 1주당 순자산가액의 1/2밖에 되지 않음에도 다른 평가방법에 의한 적정 거래가액의 산정에 관하여 고려한 바가 전혀 없으며, 당시 삼성전자는 삼성종합화학의 발행주식 47.29%를 소유

하고 있어서 지배주주의 지위에 있었는데 이 사건 거래에 의하여 2,000만주를 처분함으로써 지배주주로서의 지위를 잃게 되는 사정에 있었음에도 지배주주의 지위 상실에 따른 득실은 물론 이를 고려한 적절한 거래가액에 관한 검토도 전혀 없었고, 대차대조표상으로 삼성종합화학의 매출액, 순손실액의 규모 등 경영상태가 개선되고 있는 상황임에도 이에 대한 고려가 전혀 없었으며, 1993. 6.경 한솔제지와 삼성전관 간의 거래가격이 1주당 6,600원이라는 실례[8]도 고려하지 않은 사정을 알 수 있는바 … 피고들은 삼성종합화학주식의 매각 결의를 함에 있어서 그 적정거래가액을 결정하기 위한 합리적인 정보를 가지고 회사의 최대의 이익이 되도록 결정하였다고 보기 어려울 뿐만 아니라 … 1주당 2,600원은 삼성전자가 장기간 삼성종합화학주식을 취득해 온 가액, 한솔제지와 삼성전관의 거래사례, 삼성종합화학의 대차대조표상 주당 순자산가치 등과 비교하여 보더라도 현저히 불합리하여 상당성도 인정되지 아니하므로 선량한 관리자의 주의의무를 다하였다고 할 수 없다.

Questions & Notes

Q1 경영판단원칙의 적용기준에 관하여 [판례 31]의 청구 2, 청구 3에서 설시하고 있는 사항은 무엇이며, 이를 미국법상 경영판단원칙의 기준과 비교하시오.

Q2 (1) 청구 2의 이천전기 출자 건에서 경영판단원칙이 적용되는가? 최초의 주식매입결의, 이후의 신주인수결의, 채무보증 및 보증채무변제를 위한 신주인수결의로 나누어서 답하시오.

(2) 삼성전자가 이천전기를 인수한 이후에, IMF위기를 맞아 이천전기의 재무구조는 더욱 급격히 악화되었고, 이천전기 금융기관들은 정부의 부실기업 구조조정 작업과 퇴출기업 선정 작업이 진행된 결과 삼성전자에 이천전기의 신용대출금에 대한 지급보증을 요구하였다. 이천전기의 재무구조가 취약한 상태에서 삼성전자 이사회가 1998. 3. 합계 1,570억원에 이르는 이천전기의 금융기관 채무에 대하여 보증하기로 하는 결의를 한 것은 이사의 임무해태에 해당하는가?

Q3 청구 2의 이천전기 출자 건에서 최초의 이천전기 인수 결정이 임무해태에

---

8) 저자 주 : 한솔제지가 1993. 6.경 삼성그룹에서 계열분리되면서 보유하고 있던 삼성종합화학주식을 삼성그룹 계열사인 삼성전관에게 주당 6,600원으로 매도한 사례를 말한다.

해당하는지에 관해 제 1 심과 제 2 심(그리고 대법원)의 결론은 상반된다. 각
각의 법원은 어떠한 점을 고려하여 이러한 결론에 이른 것인가?

Q4 청구 3의 삼성종합화학 주식의 매도 건에서 임무해태 여부를 판단함에 있어
서 법원이 고려한 요소는 무엇인가?

Q5 경영판단원칙의 절차적 요건을 고려할 때 청구 3에서 삼성종합화학 주식의
매도행위가 임무해태에 해당하지 않기 위해서는 이사들은 어떠한 조치를 취
하였어야 하는가?

Note 경영판단원칙에서 요구되는 절차적 요건이 제대로 기능하기 위해서는 경영
판단에 임하는 기관(이사회)의 전문성, 독립성이 긴요하다. 이사가 판단의
대상에 특별한 이해관계가 있다면 이사회결의에 참석할 수 없지만(상법 제
368조 제 3 항, 제391조 제 3 항), 여기서 '이해관계'는 좁게 해석된다. 예컨대
지배주주가 이해관계를 갖는 거래에 관해서 지배주주의 영향력 하에 있는 사
내이사들은 이해관계가 없는 것으로 보아 결의에서 의결권을 행사할 수 있다.

(2) 이익상충행위와 경영판단원칙

[판례 32]

대법원 2007. 10. 11. 선고 2006다33333 판결(대우의 계열회사에 대한 지원 등)
• **사실관계**

원고회사 대우는 수출입, 수출입 대행 및 중개업 등을 목적으로 설립된 회
사이고, 피고 Y1, Y2, Y3, Y4는 대우의 대표이사, 이사 및 임원으로 재직하였
던 자들이다. 대우는 해외현지법인에 대한 자금지원, 계열회사 부당지원, 계열
회사와의 외환거래로 인하여 손해를 입었다고 주장하면서 피고들에게 상법 제
399조, 상법 제401조의2에 의거하여 손해배상을 청구하였다.

(1) 해외현지법인에 대한 자금지원

대우의 대표이사 Y1, 이사 Y2는 대우의 미국 현지법인인 Daewoo Int'l
(America) Corp.(이하 'DWA')가 장기 미수채권 과다로 채무상환 능력이 불확실
해지자 DWA의 손실을 보전하기 위하여 아무런 채권확보 조치 없이 1994. 11.
3.부터 1994. 12. 28.까지 총 22회에 걸쳐 미화 1억9천200여만달러(각 송금 당시
기준환율로 계산하면 1,520여억원이 된다)를 송금하여 DWA를 지원하였다.

(2) 계열회사에 대한 부당지원

대우의 대표이사 Y3과 대우그룹의 회장 Y4는, 대우그룹의 계열사인 대우통신 주식회사(이하 '대우통신')의 미국 현지법인인 Leading Edge Product Inc.(이하 'LEP')가 과대한 적자누적으로 파산될 위험에 처하게 되자 이를 청산하기로 결정하였다. Y3, Y4는 대우통신이 1995. 10. 4. 스위스에 주소를 둔 페이퍼 컴퍼니(Paper Company)인 Manuhold Investment AG(이하 'Manuhold')에게 LEP의 주식을 매각하는 것을 내용으로 하는 매매계약을 체결하게 한 후, Manuhold에게 LEP 주식인수대금으로 1995. 10.~11. 사이에 총 미화 2,700만달러(각 송금 당시 기준환율로 계산하면 207여억원)를 송금하여 지원하였다. 대우통신은 1995. 10. 4. 한국은행에 LEP의 청산신고를 완료하였고, 대우는 지원금 전액을 회수하지 못하였다.

(3) 계열회사에 대한 외환 저가매각

피고들은 대우로 하여금 1997. 5. 2.부터 1999. 4. 12.까지 외국계 은행들의 서울지점에 미화 4억3천여만달러를 매각하고 대우중공업이 위 은행들로부터 이를 매입하는 방식으로 현물환거래를 하도록 하였다. 이 때 거래당시의 시장환율보다 달러당 0.3원 내지 64.6원 정도의 낮은 환율로 거래하여 대우중공업에 대하여 실제 매입환율과 거래당시의 시장환율의 차이에 해당하는 62억여원을 지원하게 되었고, 대우에게는 같은 금액 상당의 손실이 초래되었다. 대우는 1999. 10. 28. 공정거래위원회로부터 위와 같은 외환거래가 구 독점규제및공정거래에관한법률(1999. 12. 28. 법률 제6043호로 개정되기 전의 것, 이하 '구 독점규제법') 제23조(불공정거래행위의 금지) 제 7 호 제 2 항에 위반된다는 이유로 시정명령과 과징금 납부명령을 받았고, 과징금으로 금 13억7,500만원을 납부하였다(대법원 2004. 10. 14. 선고 2001두6012 판결로 확정).

• 법원의 판단

(1) 회사의 이사가 법령에 위반됨이 없이 관계회사에게 자금을 대여하거나 관계회사의 유상증자에 참여하여 그 발행 신주를 인수함에 있어서, 관계회사의 회사 영업에 대한 기여도, 관계회사의 회생에 필요한 적정 지원자금의 액수 및 관계회사의 지원이 회사에 미치는 재정적 부담의 정도, 관계회사를 지원할 경우와 지원하지 아니할 경우 관계회사의 회생가능성 내지 도산가능성과 그로

인하여 회사에 미칠 것으로 예상되는 이익 및 불이익의 정도 등에 관하여 합리적으로 이용가능한 범위 내에서 필요한 정보를 충분히 수집·조사하고 검토하는 절차를 거친 다음, 이를 근거로 회사의 최대 이익에 부합한다고 합리적으로 신뢰하고 신의성실에 따라 경영상의 판단을 내렸고, 그 내용이 현저히 불합리하지 않은 것으로서 통상의 이사를 기준으로 할 때 합리적으로 선택할 수 있는 범위 안에 있는 것이라면, 비록 사후에 회사가 손해를 입게 되는 결과가 발생하였다 하더라도 그 이사의 행위는 허용되는 경영판단의 재량범위 내에 있는 것이어서 회사에 대하여 손해배상책임을 부담한다고 할 수 없다(대법원 2002. 6. 14. 선고 2001다52407 판결, 대법원 2005. 10. 28. 선고 2003다69638 판결 등 참조). 그러나 회사의 이사가 이러한 과정을 거쳐 이사회 결의를 통하여 자금지원을 의결한 것이 아니라, 단순히 회사의 경영상의 부담에도 불구하고 관계회사의 부도 등을 방지하는 것이 회사의 신인도를 유지하고 회사의 영업에 이익이 될 것이라는 일반적·추상적인 기대하에 일방적으로 관계회사에 자금을 지원하게 하여 회사에 손해를 입게 한 경우 등에는 관계회사에 대한 자금지원에 필요한 정보를 충분히 수집·조사하고 검토하는 절차를 거친 다음 이를 근거로 회사의 최대 이익에 부합한다고 합리적으로 신뢰하고 신의성실에 따라 경영상의 판단을 내린 것이라고 볼 수 없으므로, 그와 같은 이사의 행위는 허용되는 경영판단의 재량범위 내에 있는 것이라고 할 수 없다.

원심판결 이유와 기록에 의하면, 대우는 1982년경부터 영국 런던에 BFC를 설치하여 해외 금융기관으로부터 과다한 자금을 차입하거나 국내의 회사자금을 BFC로 유출하여 비자금을 조성하는 등 회사자금을 비정상적으로 관리하여 왔던 점, 1993년경부터는 자체 자금능력을 고려하지 아니한 채 해외 법인을 다수 설립하거나 기업인수합병을 통하여 국내 사업을 확장하면서 부실 계열사에 대한 과도하고 일방적인 자금지원 등을 하여 왔던 점, 이러한 투자확대에 소요되는 자금은 대부분 금융차입에 의존하여 조달됨으로써 금융비용 부담은 더욱 심화된 반면 매출실적은 상대적으로 저조하여 막대한 액수의 재정적자가 누적되기에 이르렀고, 1996년경부터는 대우는 물론 대우그룹 계열사 모두가 자기자본이 완전히 잠식되었던 점, 그 후 대우는 물론 대우그룹 계열사들은 대부분 회사가 도산되는 상황을 맞이하였는데, DWA 역시 2000년 3월경 미국에서 도산처리절차를 밟아야 하였던 점 등을 알 수 있는 반면에, 피고 Y1, Y2는 위와 같은 대우의 경영상태와 재무구조하에서 단순히 DWA가 도산할 경우 대우의 핵심적인 해외영업망이 상실되는 동시에 해외 현지법인에 대한 투자금을 회수할 수 없게 될 우려가 있어 이를 방지하기 위하여 자금의 지원을 결정하기에 이르렀다고 주장하고 있을 뿐, DWA의 대우 영업에 대한 기여도, DWA의 회생에 필요한 적정 지원자금의 액수 및 그 지원이 대우에 미치는 재정적 부담의 정도, DWA를 지원하였을 경우와 지원하지 아니하였을 경우 DWA의 회생가능성 내지 도산가능성과 그로 인하여 회사에 미치는 이익 및 불이익의 정도 등에 관하여 필요한 정보를 충분히 수집·조사하고 검토하는 절차를 거친 다음 이를 근거로 회사의 최대 이익에 부합한다고 합리적으로 신뢰하고 신의성실에 따라 이사회 결의를 통하여 자금지원을 의결하였다는 자료를 찾아볼 수 없고, 또 위와 같은 자금지원이 실제 DWA의 경영활동에 어느 정도의 도움을 주고 그로 인하여 대우가 어느 정도의 경영상의 이익을 얻거나 불이익을 회피할 수 있게 되었는지에 관하여도 이를 알 수 있는 자료를 찾아볼 수 없다. 그렇다면 위 피고들이 아무런 채권확보나 채권회수조치 없이 이미 채무상환능력이 결여되어 있고 결국은 도산에 이르게 될 DWA에게 거액의 자금을 일방적으로 지원하게 하여 대우로 하여금 그 지원금을 회수하지 못하는 손해를 입게 한 행위는 허용되는 경영판단의 재량범위 내에 있는 것이라고 할 수 없고, 위 피고들은 이사의 임무를 해태한 것으로서 그에 대한 손해배상책임을 져야 할 것이다.

(2) LEP는 과대한 적자 누적으로 파산될 위험에 처하여 청산이 예정된 관계로, Manuhold로 하여금 LEP의 주식을 인수할 수 있도록 자금을 지원하더라도 LEP의 청산으로 인하여 그 자금을 회수할 수 없음에도 불구하고, 대우로 하여금 Manuhold에 대한 아무런 채권확보조치도 취하지 아니한 채 자금을 지원하게 하여 대우에게 같은 금액 상당의 손해를 입게 한 것은 이사의 임무해태행위에 해당한다는 취지로 판단한 원심은 옳다.

(3) 이 사건 외환거래는 수출대전과 직접적으로 연결되지 않는 일반외환거래로서, 피고들이 이 사건 외환거래로 인하여 대우는 62억여원의 손해를 입게 하고, 외환 저가 매각행위로 인하여 대우로 하여금 공정거래위원회에 13억 7,500만 원의 과징금을 납부하게 하는 손해를 입게 한 것은 이사 등의 임무해태에 해당한다는 취지로 판단한 원심은 옳다. ⋯ 구 독점규제법에 위반하여 불

공정행위를 함으로써 대우에게 외환거래 손해 및 과징금 납부액 상당의 손해
를 입게 한 행위는 허용되는 경영판단의 재량범위 내에 있는 것이라고 할 수
없다.

Questions & Notes

Q1 회사가 담보설정 등 채권회수대책을 취하지 않고 다른 회사에게 자금을 대
여하는 것은 이사의 의무위반이나 형사상 배임행위에 해당할 수 있다. 계열
회사에 대한 자금지원행위도 마찬가지로 볼 수 있는가? [판례 32]에 따르면
계열회사 간의 거래에서 경영판단원칙이 어떻게 적용되는가?

Q2 (1) [판례 31]의 청구 2의 이천전기 출자 건에서는 이사의 임무해태를 부정
하였지만 청구 3의 삼성종합화학 주식의 매도 건에서는 임무해태를 인정하
였다. 두 청구에 관하여 법원이 다른 판단을 내린 이유는 무엇인가?

(2) [판례 31]의 삼성종합화학 주식의 매도 건에서 만일 삼성종합화학이 삼
성전자의 계열사가 아니었다면, 삼성종합화학 주식의 매도행위는 어떻게 판
단되겠는가? 만일 삼성종합화학은 삼성전자의 계열사이지만, 삼성전자의 매
수상대방이 삼성전자의 계열사가 아니라면 어떠한가?

[참고판례]
• **대법원 2017. 11. 9. 선고 2015도12633 판결(배임죄)(SPP조선)**
(사실관계) SPP그룹의 회장인 피고인1은 향후 공장 신축 등으로 계열사들의 철
강재 수요증가가 예상되고 각 계열사가 철강재를 개별 구매할 경우 단가 등 구
매조건이 불리할 것으로 판단되자, 구매력 집중을 통한 원가절감을 위해 그룹차
원에서 통합구매 방안을 검토한 후 2009. 12. 1.경 공소외 SPP조선이 계열사들과
통합구매 약정을 체결하도록 하였다. SPP조선은 그 자금으로 다른 계열사들이
필요한 철강재를 구매하여 지원하였고, 회사 회생을 위해 자율협약을 맺은 채권
단의 승인 없이 철강재 통합구매를 지속하다가 2011. 8. 채권단의 통합구매 중지
요청을 받았다. 피고인1은 계열사 지원행위에 대하여 특정경제범죄가중처벌등에
관한법률상 배임죄로 기소되었다.

(법원의 판단) 대법원은 피고인1의 업무상배임죄를 인정한 원심(부산고등법원
2015. 7. 27. 선고 (창원) 2015노74 판결)을 파기환송하였다. "피고인1이 SPP조선
으로 하여금 통합구매 방식으로 SPP그룹의 계열회사들에 대한 지원을 한 것은
계열회사들의 공동이익을 위한 합리적인 경영판단의 재량 범위 내에서 행한 것

으로 봄이 타당하고, 이를 가리켜 SPP조선에게 손해를 가한다는 인식하의 의도적 행위라고 단정하기 어렵다."라고 보았다. 대법원은 "경영상의 판단에 해당하여 배임죄의 고의가 부정될 수 있다"라는 선행판결(대법원 2007. 3. 15. 선고 2004도5742 판결 참조)과 "…기업집단을 구성하는 개별 계열회사는 별도의 독립된 법인격을 가지고 있는 주체로서 각자의 채권자나 주주 등 다수의 이해관계인이 관여되어 있고, 사안에 따라서는 기업집단의 공동이익과 상반되는 계열회사의 고유이익이 있을 수 있다"라는 선행판결(대법원 2013. 9. 26. 선고 2013도5214 판결 참조)을 인용한 후, 기업집단에서 계열사 지원행위가 경영상 판단에 해당하여 배임죄의 고의가 부정되는지를 가르는 기준에 관하여 다음과 같이 판시하였다. "동일한 기업집단에 속한 계열회사 사이의 지원행위가 기업집단의 차원에서 계열회사들의 공동이익을 위한 것이라 하더라도 지원 계열회사의 재산상 손해의 위험을 수반하는 경우가 있으므로, 기업집단 내 계열회사 사이의 지원행위가 합리적인 경영판단의 재량 범위 내에서 행하여졌는지 여부는 신중하게 판단하여야 한다. 따라서 동일한 기업집단에 속한 계열회사 사이의 지원행위가 합리적인 경영판단의 재량 범위 내에서 행하여진 것인지 여부를 판단하기 위해서는 …지원을 주고받는 계열회사들이 자본과 영업 등 실체적인 측면에서 결합되어 공동이익과 시너지 효과를 추구하는 관계에 있는지 여부, 이러한 계열회사들 사이의 지원행위가 지원하는 계열회사를 포함하여 기업집단에 속한 계열회사들의 공동이익을 도모하기 위한 것으로서 특정인 또는 특정회사만의 이익을 위한 것은 아닌지 여부, 지원 계열회사의 선정 및 지원 규모 등이 당해 계열회사의 의사나 지원 능력 등을 충분히 고려하여 객관적이고 합리적으로 결정된 것인지 여부, 구체적인 지원행위가 정상적이고 합법적인 방법으로 시행된 것인지 여부, 지원을 하는 계열회사에게 지원행위로 인한 부담이나 위험에 상응하는 적절한 보상을 객관적으로 기대할 수 있는 상황이었는지 여부 등까지 충분히 고려하여야 한다. 위와 같은 사정들을 종합하여 볼 때 문제된 계열회사 사이의 지원행위가 합리적인 경영판단의 재량 범위 내에서 행하여진 것이라고 인정된다면 이러한 행위는 본인에게 손해를 가한다는 인식하의 의도적 행위라고 인정하기 어려울 것이다." 이 판결은 기업집단 내 계열회사에 대한 지원행위가 배임행위에 해당하는 경우를 판시한 것으로서 선례의 의미가 있다.

Q3 금융기관의 이사는 금융기관에게 적용되는 각종 법규를 준수하여 업무를 처리할 의무 이외에 공공성에 따른 추가적인 선관의무를 부담하는가? 이사의 선관의무는 누구에 대하여 부담하는 것인가?

[참고판례]
• **대법원 2002. 3. 15. 선고 2000다9086 판결(제일은행)**[9]
"금융기관인 은행은 주식회사로 운영되기는 하지만, 이윤추구만을 목표로 하는 영리법인인 일반의 주식회사와는 달리 예금자의 재산을 보호하고 신용질서 유지와 자금중개 기능의 효율성 유지를 통하여 금융시장의 안정 및 국민경제의 발전에 이바지해야 하는 공공적 역할을 담당하는 위치에 있는 것이기에, 은행의 그러한 업무의 집행에 임하는 이사는 일반 주식회사 이사의 선관의무에서 더 나아가 은행의 그 공공적 성격에 걸맞는 내용의 선관의무까지 다할 것이 요구된다."

• **대법원 2002. 6. 14. 선고 2001다52407 판결(새마을금고)**
새마을금고와 같은 금융기관 이사의 대출결정이 경영판단으로서 의무위반에 해당하지 않을 수 있다고 하면서도, 이 사건에서는 이사들에게 고의 또는 중과실이 있었다는 이유로 의무위반을 인정하였다.
    "금융기관의 임원이 한 대출이 결과적으로 회수곤란 또는 회수불능으로 되었다고 하더라도 그것만으로 바로 대출결정을 내린 임원에게 그러한 미회수금 손해 등의 결과가 전혀 발생하지 않도록 하여야 할 책임을 물어 그러한 대출결정을 내린 임원의 판단이 선량한 관리자로서의 주의의무 내지 충실의무를 위반한 것이라고 단정할 수 없고, 대출과 관련된 경영판단을 함에 있어서 통상의 합리적인 금융기관 임원으로서 그 상황에서 합당한 정보를 가지고 적합한 절차에 따라 회사의 최대이익을 위하여 신의성실에 따라 대출심사를 한 것이라면 그 의사결정과정에 현저한 불합리가 없는 한 그 임원의 경영판단은 허용되는 재량의 범위 내의 것으로서 회사에 대한 선량한 관리자의 주의의무 내지 충실의무를 다한 것으로 볼 것 […] 금융기관의 임원이 자신의 임무를 해태하였는지의 여부는 그 대출결정에 통상의 대출담당임원으로서 간과해서는 안 될 잘못이 있는지의 여부를 대출의 조건과 내용, 규모, 변제계획, 담보의 유무와 내용, 채무자의 재산 및 경영상황, 성장가능성 등 여러 가지 사항에 비추어 종합적으로 판정해야 할 것이다(대법원 2002. 3. 15. 선고 2000다9086 판결). 금융기관의 임원이 법령이나 정관에 위반한 대출이었음을 알았거나 또는 어떤 부정한 청탁을 받거나 당해 대출에 관한 어떤 이해관계가 있어 자기 또는 제 3 자의 부정한 이익을 취득할 목적으로 대출을 감행한 경우 또는 조금만 주의를 기울였으면 임원으로서의 주의의무를 다 할 수 있었을 것임에도 그러한 주의를 현저히 게을리 하여 쉽게 알 수 있었던 사실을 알지 못하고 대출을 실행한 경우에는 고의 또는 중과실로 인한 책임을 진다. […] 피고가 일정한 친분관계 있는 자에 대하여 개인적인 채권을 가지고 있었고 그 채권의 환수가 채무자의 당시 자력에 비추어 어렵게 되자

---

9) 이 판례의 쟁점 중 대표소송에 관해서는 본장 [판례 48] 참조.

퇴임 직전 자신의 직권을 남용하여 금고로부터 동일인 한도를 초과하여 집중적으로 대출을 일으켜 그 대출금의 일부로 자신의 채권변제에 충당하게 함으로써 채권회수불능의 위험성을 금고에게 전가시켜 결과적으로 금고의 부실을 초래하게 하였다고 하는 등의 사정이 있음을 내세워 원고가 피고에게 손해배상책임이 있다고 주장하는 이 사건에 있어서, 피고의 고의 또는 중과실을 따짐에 있어서는, 규정상 소외인들이 대출을 받을 형식적인 자격을 구비하였는지 여부만을 단순하게 판별해 보는 것만으로 그쳐서는 아니 되고 더 나아가, 피고의 다른 고의 또는 중과실사유인 피고가 당해 대출이 법령이나 정관에 위반한 대출이었음을 알았거나 또는 어떤 부정한 청탁을 받거나 당해 대출에 관한 어떤 이해관계가 있어 자기 또는 제 3 자의 부정한 이익을 취득할 목적으로 대출을 감행한 경우에 해당하는지 여부에 관하여도 심리·판단하여야 할 것이고, 그 결과 이러한 점이 사실로 드러난다면 피고에게 고의 또는 중과실로 인한 책임을 인정할 수 있을 것이다.”

[판례 33]

대법원 2019. 5. 16. 선고 2016다260455 판결(강원랜드의 기부)

• 사실관계

원고 주식회사 강원랜드(이하 ‘원고회사’)는 “폐광지역 개발지원에 관한 특별법”에 기초하여 카지노업, 관광호텔업 등을 사업목적으로 하여 설립된 주식회사로서, 석탄산업합리화사업단(이후 ‘한국광해관리공단’), 강원도개발공사, 정선군, 태백시, 삼척시, 영월군이 합작투자계약에 의해 원고에 투자하였다. 납입자본금 486억원 중에 태백시 지분은 1.25%이었다. 태백시는 2001. 12. 경 민간업체와 공동출자하여 태백관광개발공사(‘이 사건 공사’)를 설립하였는데, 이 사건 공사의 태백시 지분은 57.4%이었다. 원고회사가 기부를 하게 된 경위는 다음과 같다. 이 사건 공사는 태백시 소재 ‘오투리조트’라는 골프장, 스키장 및 숙박시설 건설사업을 추진하였는데 오투리조트 개장 이후 경영난을 겪게 되자, 태백시는 원고회사에게 리조트 운영자금을 대여 또는 기부해줄 것을 요청하였다. 위 합작투자계약에 따라 태백시의 지명권에 의해 원고회사의 이사로 선임된 피고 9가 원고회사로 하여금 태백시에게 폐광지역 협력사업비로 150억원을 기부하게 하고, 그 기부금의 용도를 이 사건 공사의 긴급운영자금으로 지정하여 기탁하는 내용의 기부안(‘이 사건 기부안’)을 이사회에 발의하였다. 이 사건 기부안은 당시 업무상 배임 등의 우려로 2차례 이사회에서 보류되었다가 세번째 이사회에서 가결되었다. 결의 당시 재적이사 15명 중 12명이 출석하였는바, 12명 중 3명은 명시적으로 반대하였다. 남은 9명 중 피고 1(대표이사), 피고 2(상임이사)는 기권하였고, 피고 3, 6(비상임이사), 피고 4, 5, 7, 8, 9(사외이사)는 찬성하였다. 기부에도 불구하고 이 사건 공사의 경영은 개선되지 않았고, 이 사건 공사의 미지급 임금채권을 신청채권으로 하는 회생절차가 개시되었고 서울중앙지방법원은 이 사건 공사에 대한 회생절차개시 결정을 하였다.[10]

이후 원고회사는 피고들이 이 사건 기부의 타당성에 대한 충분한 검토 없이 회생을 기대하기 어려운 이 사건 공사의 오투리조트 사업에 150억 원을 기부하는 이 사건 결의를 한 것은 이사의 재량권의 범위를 넘어서 선관주의의무를 위반한 행위에 해당한다고 주장하면서, 기부금 결의를 집행한 대표이사에 대해서 상법 제399조 제1항에 따라, 기부금 결의에 찬성한 이사 7인에 대해서 동조 제2항에 따라, 기권한 이사들에 대해서 동조 제3항에 근거하여 기부로 인해 회사에 발생한 손해를 배상할 것을 청구하는 소를 제기하였다.[11]

• **법원의 판단**

[원심: 서울고등법원 2016. 9. 23. 선고 2015나2046254 판결]

"회사가 다른 기업이나 자선단체에 기부를 하는 경우에는 반대급부를 전제로 한 통상의 거래행위와 달리 회사의 일방적인 지출이 발생된다. 따라서 기부행위의 경우 단기적으로 회사에게 기부액 상당의 손실을 초래하게 되나, 장기적인 관점에서 기부를 통하여 기업의 이미지와 지역사회의 신뢰를 제고하고 기업을 홍보하는 등의 간접적인 이익을 기대할 수 있으므로, 통상의 거래행위와 달리 이사가 기부행위로 인한 회사의 금전적 손실과 간접적, 장기적 이익을 충분히 비교, 고려하였는지를 기준으로 기부행위에 대한 선관주의의무 위반여부를 판단하여야 한다.

구체적으로 ① 기부행위가 공익에 기여하기 위한 목적으로 이루어졌는지, ② 기부행위가 공익에 기여하기 위한 상당하고 적절한 방법으로 이루어졌는지, ③ 기부행위를 통하여 회사의 이미지 제고 등 간접적, 장기적인 이익을 기대할 수 있는지, ④ 기부금액이 회사의 재무 상태에 비추어 상당한 범위 내의

---

10) 서울중앙지방법원 2014. 8. 27. 2014회합100057 결정.
11) 이후 이 사건 공사는 2016. 2. 11. 부영주택에 인수됨으로써 회생절차가 종료되었다. 경제개혁연대는 2014. 4. 28. 이사들을 배임죄로 고발하였으나, 서울중앙지검은 2014. 12. 11. 이를 무혐의종결하였다.

금액인지, ⑤ 기부행위로 달성하려는 공익을 회사의 이익과 비교할 때 기부금액 상당의 비용지출이 합리적인 범위 내의 것이라고 볼 수 있는지, ⑥ 기부행위에 대한 의사결정 당시 충분한 고려와 검토를 거쳤는지 등을 고려하여 기부행위가 이사의 재량권 범위 내에서 이루어졌는지 등을 기준으로 선관주의 위반 여부를 판단하여야 한다."

원심은 ①의 관점에서 기부행위가 지역간 균형발전 및 주민 생활향상이라는 공익적 목적을 위해 이루어졌고 ④의 관점에서 그 액수 자체도 원고회사 재무상태에 비추어 과다하지 않다고 보면서도 다음과 같은 점을 고려하여 이사들의 의무위반을 인정하였다. (i) 이 사건 기부가 폐광지역 전체의 공익 증진에 기여하는 정도와 원고에 주는 이익이 그다지 크지 않고, 기부의 대상 및 사용처에 비추어 공익 달성에 상당한 방법으로 이루어졌다고 보기 어려울 뿐만 아니라 피고 3 등이 이사회에서 이 사건 결의 당시 위와 같은 점들에 대해 충분히 검토하였다고 보기 어렵다는 점, (ii) 기부금 심의위원회의 심의절차 등도 이루어지지 않은 점, (iii) 위 기부금의 용도가 장래성 있는 관광사업 투자가 아니라 파산 또는 회생절차 개시 전까지의 긴급운영자금을 지원하기 위한 것에 불과한 점, (iv) 원고회사가 이미 폐광지역 경제활성화를 위한 활동을 활발히 하고 있어서 이 사건 기부로 인한 원고회사의 긍정적 이미지 제고 효과는 크지 않은 점 등이다.

결론적으로 피고들이 이 사건 기부안을 승인하는 이 사건 결의를 한 것은 상법 제399조 제 1 항의 이사의 의무위반에 해당한다고 보았다.

[대법원] 기부행위와 관련하여 이사들의 선관주의의무 위반을 인정한 원심을 유지하였다. "주식회사 이사들이 이사회에서 그 회사의 주주 중 1인에 대한 기부행위를 결의하면서 기부금의 성격, 기부행위가 그 회사의 설립 목적과 공익에 미치는 영향, 그 회사 재정상황에 비추어 본 기부금 액수의 상당성, 그 회사와 기부상대방의 관계 등에 관해 합리적인 정보를 바탕으로 충분한 검토를 거치지 않았다면, 이사들이 그 결의에 찬성한 행위는 이사의 선량한 관리자로서의 주의의무에 위배되는 행위에 해당한다."

Questions & Notes

Q1 강원랜드 주식 1.25%를 보유한 태백시가 출자한 공사에 강원랜드가 기부한 행위에 대해 이사들의 의무위반이 인정되었다. 이 건처럼 회사의 주주가 기부를 요청한 경우에 이사들이 의무위반을 피하기 위해서는 어떻게 행동해야 하는가?

Q2 이사가 국가, 지방자치단체의 요청에 따르거나 회사의 감독기관의 승인에 따라서 한 행위는 경영판단원칙의 적용을 받는가?

Note 국내외적으로 ESG의 중요성이 강조되고 있다. ESG란 Environment(환경), Social(사회), Governance(회사지배구조)의 조합어로서, 회사 관점에서 경영에 관한 의사결정을 할 때 이들 세 가지 요소를 고려하여야 한다는 점을 의미한다. 회사의 경영을 담당하는 이사가 ESG 요소를 고려하여 경영하는 것이 이사의 의무를 다하는 것인지에 대해 논란이 있다. 이사의 의무의 대상은 회사이므로(382조 2항, 382조의3), 이사가 회사 이외에 환경이나 사회와 관련된 이해관계자의 이익을 고려하는 것은 허용되지 않는다는 주장이 있을 수 있다. 이에 대해 이사가 ESG 요소를 고려하는 것이 회사의 이익에 부합한다거나, ESG 요소를 고려하지 않는 회사는 투자자로부터 외면을 받는 추세를 고려하면 ESG 요소를 고려하는 것이 이사의 의무라는 주장도 가능하다.

🔍 **참고자료** 정준혁, "ESG와 회사법의 과제," 상사법연구 제40권 제 2 호 (2021), 57-58면.

[참고판례]
• 대법원 2011. 4. 14. 선고 2008다14633 판결(고합)
"회사가 부실금융기관의 증자과정에서 발생한 실권주의 인수 여부를 결정함에 있어서는 스스로 그 인수 여부를 결정하는 데에 필요한 정보를 합리적인 정도로 수집하여 충분히 검토를 한 다음 회사의 이익에 합당한 상당성 있는 판단을 하여야 하는 것이지 그 증자를 승인한 감독기관의 판단을 믿고 그 인수 여부를 결정할 것은 아니며, 이사의 임무해태행위로 인하여 시가보다 높은 액면가로 신주를 인수하였다면 그 인수 당시에 그 차액 상당의 손해가 발생하는 것이다."

2. 법령위반행위

Note　이사가 부담하는 법령준수의무에서 준수대상인 법령의 범위는 두 가지 측면
으로 나누어 생각해 볼 수 있다. 하나는 법령에 속하는지 여부를 법의 단계
별로 종적으로 파악하는 측면으로서, 법률·명령·규칙·기타 금융위원회 등
행정관청의 규정 등 어느 단계의 것까지 고려할 것인가이다. 다른 하나는
회사의 업종 및 이사의 업무를 고려해서 업종 또는 업무와 밀접한 관련이
있는 법령의 범위이다. 상법의 개별·구체적인 규정이 이사가 준수해야 하
는 법령에 포함됨은 의문이 없고, 주의의무나 충실의무 규정 등 추상적 법
령을 포함한 상법상 모든 규정이 포함될 것이다.

[참고판례]

• 대법원 2006. 11. 9. 선고 2004다41651, 41668 판결(영남종합금융)

"법령에 위반한 행위라고 할 때 … '법령'은 일반적인 의미에서의 법령, 즉 법률
과 그 밖의 법규명령으로서의 대통령령, 총리령, 부령 등을 의미 … 이 사건에서
원고가 내세우고 있는 종합금융회사 업무운용지침, 외화자금거래취급요령, 외국
환업무·외국환은행신설 및 대외환 거래계약체결 인가공문, 외국환관리규정, 영
남종금 내부심사관리규정은 … '법령'에 해당하지 아니한다."

Q1　[판례 31]에 따르면 법령위반행위와 주의의무의 관계는 어떠한가? 법령위반
행위에 대해서 경영판단원칙이 적용되는가? 그 이유는 무엇인가?

Q2　(1) [판례 31]을 비롯하여 대법원 판례는 법령위반행위는 이사의 의무위반에
해당한다고 한다. 그런데 아래 판례에서는 법령위반행위를 한 이사의 손해
배상책임이 부정되었는데, 그 이유는 무엇인가?

[참고판례]

• 대법원 2006. 7. 6. 선고 2004다8272 판결(고려생명)

고려생명보험(이하 '고려생명')은 소외 현대건설로부터 거액의 종업원퇴직적립
보험을 유치·관리하고 있었다. 현대건설이 IMF위기로 인하여 자금이 부족하자
고려생명에 대출을 요구하면서 대출이 어려우면 종업원 퇴직적립보험(준비금
110억7천만원)을 해지하겠다고 통보하였다. 고려생명의 대표이사 Y는 이 보험
해지시 유동성 위기를 우려하여 현대건설에 대출해 주기로 하고, 그에 필요한
자금조달을 위해 소외 상업은행, 하나은행에 대출을 요청하였다. 상업은행과 하

나은행은 대출조건으로 자신들이 취급하는 금융상품인 수익증권을 시가를 상회하는 액면가로 매입할 것을 요구하였다. 그리하여 Y는 상업은행과 하나은행으로부터 수익증권을 액면가로 매입하고 다시 매도함으로써 고려생명에 총 28억여원의 손실을 발생하게 하였다. 고려생명은 이후 파산하였다. 대법원은 Y의 행위는 실질적으로 보험계약자에게 보험료를 할인하여 주는 것과 동일하여 보험업법에서 금지하고 있는 특별한 이익을 제공하는 행위로서, 법령위반행위에 해당하므로 경영판단의 원칙이 적용될 여지가 없다라고 하였다. 그러나 고려생명의 유동성 부족을 해소하지 아니하였다면, IMF외환위기 이후 급증한 보험계약의 해지에 따른 보험료 환급요청에 대처할 수 없어 곧바로 파산되는 등의 위기에 직면하였을 터인데 이를 면할 수 있었으므로, Y의 행위는 채무불이행에도 불구하고 고려생명에게 수익증권 매각손실 이상의 무형의 이익을 가져왔다고 볼 여지가 충분하므로, Y의 행위로 고려생명이 실질적인 손해를 입었다고 할 수 없다고 하였다.

(2) 대법원 2006. 7. 6. 선고 2004다8272 판결에서 원심은 Y의 법령위반행위에 경영판단원칙을 적용하여 선관주의의무 위반을 부정하였다. 이에 반해 대법원은 법령위반행위에는 경영판단원칙이 적용될 수 없지만, "손해배상책임은 그 위반행위와 상당인과관계 있는 손해에 한하여 인정될 뿐이므로, 그 결과로서 발생한 손해와의 사이에 상당인과관계가 인정되지 아니하는 경우에는 이사의 손해배상책임이 성립하지 아니한다"라고 하면서, Y의 행위로 인해 고려생명은 무형의 이익을 얻었고 실질적인 손해를 입지 않았다 하여 손해배상책임을 부정하였다. 원심과 대법원의 이론구성을 각각 검토하시오.

[Note] 회사가 준수해야 하는 법령은 많은데 이사가 모든 법을 숙지하고 준수해야 하는가? 이사는 업무와 관련된 법령은 당연히 숙지할 의무가 있으며 이를 어긴 경우에는 의무 위반에 해당하지만, 이와 무관한 법령 위반의 모든 경우에 일반적으로 의무 위반에 해당한다고 보는 것은 의문이 있다.

Q3 법령위반행위와 회사의 이익 또는 회사의 손해의 관련성에 관해 다음 문제를 생각해 보시오.
(1) [판례 31]의 청구 1에서 피고 Y1은 "뇌물제공은 삼성그룹 전체의 이익 및 존립을 위한 필수불가결한 행위이며, 당시 대통령이 대부분의 기업에 대해 금품을 요구하고 그들이 뇌물을 공여하는 상황이었으므로 자신도 이를 회피할 수 없었다"라고 주장하였다. 이와 같이 다른 회사도 뇌물을 제공하

고 있으며, 뇌물을 제공하지 않고는 영업활동을 할 수 없으며, 뇌물제공으로 인하여 회사가 유리한 사업기회를 얻었으며, 입법이나 정책이 회사에 유리하게 이루어졌으므로, 결국 뇌물제공행위가 회사에 이익을 가져왔다는 주장은 타당한가?

(2) 증권사의 손실보전행위(또는 보험사의 이익공여행위)에 의해 고객과의 거래관계가 유지 또는 확대되었고 장기적으로 손실보전을 위한 지출금액에 상당하는 이익이 회사에 발생할 것이므로, 이사의 법령위반행위가 회사에 이익을 가져왔다는 이유로 손해배상책임이 부정된다는 주장은 타당한가?

(3) 외부감사법에서 금지하는 분식결산으로 인해 회사가 손해를 입었다는 원고의 주장에 대해, 피고 이사는 "분식결산으로 동아건설이 공사수주, 차입금 조달, 금리 저하 등의 경제적 이익을 얻었고 그 이익 규모가 회사의 손해를 초과하므로 동아건설에 손해가 있다고 할 수 없다"라고 주장하였다(대법원 2007. 12. 13. 선고 2007다60080 판결(동아건설 사건). 분식결산으로 인해 회사는 어떠한 손해를 입었는가? 위와 같은 피고 이사의 주장은 타당한가?

(4) 법령위반행위(뇌물제공)를 하고 회사가 사업수주를 받은 경우에, 종국적으로 회사가 이익을 받았다는 점을 부인하거나, 회사가 이익을 얻었다는 것을 인정하더라도 그 이익과 손해의 원인행위(뇌물제공행위)와의 사이에 상당한 인과관계가 없다는 주장이 있다. 이러한 주장은 타당한가?

[참고판례]

• 대법원 2007. 12. 13. 선고 2007다60080 판결(동아건설 분식결산)
동아건설은 해외에서 건설공사를 수행하여 왔는데, 회사에 결손이 나자 이사가 이익이 난 것처럼 분식결산을 하여 공시하였고, 이로 인해 회사가 법인세, 배당금 등을 지급하게 되었다. 파산관재인은 분식결산이라는 위법행위를 알고도 방치하였거나 또는 적어도 분식결산을 의심할 만한 사유를 발견하고도 이에 대한 아무런 조사나 조치를 취하지 아니한 것은 임무해태행위이고, 이로 인하여 동아건설은 부당하게 납부한 법인세 상당액과 부당하게 배당한 이익 상당액의 손해를 입었다고 하여, 이사·감사를 상대로 손해배상을 청구하였다. 피고들은 회사에 결손이 난 것이 밝혀질 경우 해외공사의 계속 수행이 어렵다는 경영판단에 따라 리비아 대수로 3차 공사의 수주를 순조롭게 하는 것이 동아건설에 더 큰 이익을 준다고 판단하여 회계조정을 하였던 것이라고 주장하였다. 그러나 법원은 분식결산은 외부감사법을 위반한 행위이므로 이에 대해서 경영판단의 원칙

은 적용될 여지가 없다라고 하였다.[12]

3. 감시의무와 내부통제

상법은 이사의 감시의무에 관해서 명문 규정을 두고 있지 않으나 통설과 판례는 일반적으로 이사의 선관주의의무의 일환으로 개별 이사들은 다른 이사들에 대해 감시의무를 부담한다는 점에 견해가 일치한다. 선관주의 의무에는 다른 이사의 직무수행이 법령·정관에 위반됨이 없이 적절하게 이루어지는지를 감시하고 경우에 따라서는 부적절한 행위를 방지하기 위하여 적절한 조치를 취할 감시의무가 포함된다는 것이다.

감시의무의 실정법상 근거로는 이사회의 감독권(393조 2항)과 대표이사에 대한 이사의 보고청구권(393조 3항)을 들 수 있을 것이다. 그러나 보다 실질적인 근거는 회사 내 업무집행에 관한 분업관계에서 찾을 수 있다. 이사회는 업무집행권한을 갖지만, 이사회 결의사항의 실질적인 집행은 이사회가 담당할 수는 없고 다른 기관에 위임할 수밖에 없다. 집행기능은 일반적으로 회장·사장으로 불리며 상법상 대표이사를 겸하는 자 또는 집행임원을[13] 최고책임자로 하여, 다수의 업무집행이사가 있는 집행조직이 담당하고 있다. 이사회가 대표이사 또는 집행임원을 비롯한 집행조직에 결의사항의 집행을 위임하므로, 이사회의 감독 및 개별 이사의 감시의무가 중요하게 된다. 이처럼 이사의 감시의무의 근거는 업무집행의 분업관계로부터 도출될 수 있다.

감시의무의 내용 또는 범위는 회사의 규모, 조직, 업종, 법령의 규제, 이사의 지위, 영업상황 및 재무상황에 따라 달라질 것이다. 그런데 구체적으로 어떤 상황에서 감시의무가 발동되고, 무엇을 어떻게 감시해야 하는지에 관해서는 의문이 있을 수 있다. 대법원이 감시의무 위반을 인정하는 법리는 다음 두 가지이다. 하나는 "(다른) 업무담당이사의 업무집행이 위법하다고 의심할 만한 사유가 있었음에도 불구하고" 이사가 감시의무를 위반하여 이를 방치한 때이다.[14] 다른 하나는 "이사가 지속적이거나 조직적인 감시 소홀의 결과 다른 이사의 위법하거나 부적절한 업무집행을 알지 못한 경우"에는 이를 구체적으로

---

12) 유사한 사례로 대법원 2007. 11. 30. 선고 2006다19603 판결(해태제과 분식회계).
13) 대표이사 대신에 집행임원을 둘 수 있으므로, 대표이사가 없는 회사에서는 집행임원이 최고책임자가 될 것이다(408조의2).
14) 대법원 1985. 6. 25. 선고 84다카1954 판결.

알지 못하였다는 이유만으로 책임을 면할 수 없다는 것이다.[15]

그러나 구체적인 상황에서 이사가 어떠한 경우에 감시의무를 이행한 것인지 판단하기는 쉽지 않다. 이와 관련하여 전 세계적으로 내부통제(internal control)라는 개념이 각광받고 있다. 내부통제시스템이란 회사의 자산보호, 회계자료의 정확성 및 신뢰성 확보, 조직운영의 효율성 증진, 경영방침 및 법규 준수를 위해서 회사의 모든 구성원들에 의하여 지속적으로 실행되는 일련의 통제과정이다. 이러한 내부통제시스템을 구축하고 그 시스템이 잘 작동하고 있으면 이사도 감시의무를 이행한 것으로 보는 것이다. 특히 사외이사의 경우 대표이사를 비롯한 임직원의 업무집행을 직접 감시하는 것은 불가능하므로, 실제로 업무집행의 개별 사항을 감시하기 보다는 내부통제시스템의 구축여부에 중점을 둘 수밖에 없다. 우리 상법에는 내부통제시스템 구축의무가 명시되어 있지 않다. 대법원이 처음으로 내부통제 관련 판시를 한 것은 이사의 손해배상책임제한의 고려요소로 열거한 것이었다. 삼성전자 대표소송 사건에서 이사의 회사에 대한 손해배상액을 산정할 때 "회사의 조직체계의 흠결 유무나 위험관리체제의 구축 여부"를 참작할 수 있다고 함으로써 내부통제 구축여부가 손해배상책임제한의 고려요소가 될 수 있음을 인정한 것이다.[16] 나아가 대법원은 대우전자 분식회계 사건[17]에서 개별 이사의 내부통제시스템 구축 및 작동의 배려 의무를 인정한 이래 다수의 판결이 이를 따랐다. 상법에서 자산총액 5천억원 이상의 상장회사에 대해서 준법통제기준을 마련하고 이를 집행할 준법지원인을 둘 것을 요구하는 제도(542조의13, 시행령 39조 내지 42조)도 같은 맥락이다.

이 절에서는 이사의 감시의무의 내용은 무엇이며, 어떠한 경우에 감시의무가 발동되는지, 그리고 내부통제 및 그 시스템 구축의무의 의미는 무엇인지 살펴본다.

---

15) 대법원 2008. 9. 11. 선고 2006다68636 판결.
16) [판례 31]과 [판례 44] 참조.
17) 대법원 2008. 9. 11. 선고 2006다68636 판결.

[판례 34]

대법원 2004. 12. 10. 선고 2002다60467 · 60474 판결(동방페레그린증권)

파산선고결정을 받은 동방페레그린증권(D)의 파산관재인인 예금보험공사(원고)가 D의 대표이사와 이사로 각각 재직했던 Y1과 Y2를 상대로 감시의무위반을 이유로 손해배상을 구한 사건이다. 평이사의 감시의무를 최초로 인정한 1985년 판결[18] 이후에 이사의 감시의무를 확인한 판결이다. 사안에서는 대표이사, 이사, 직원이 모두 위법행위에 연루되고 내부통제가 작동하지 않았다. 대법원에서 최초로 이사의 손해배상책임의 제한을 인정하는 판시를 하였지만, 이 사건에서는 적용하지 않았다.

(1) 청구 1(나산종합건설주식회사의 CP 매입 건)

• **사실관계**

파산자 동방페레그린증권 주식회사(D)는 1999. 12. 30. 서울지방법원으로부터 파산선고결정을 받았다. D의 부사장 W는 원래 D의 외국측 주주 회사의 자회사에서 최고위급 간부로 근무하다가 1997. 3. 3.부터 D의 사실상 부사장으로서 채권관련 업무를 전담하여 왔다. W는 나산그룹에 단기자금을 제공하여 줄 목적으로 1997. 5. 21.과 6. 20.에 나산종합건설 주식회사(이하 '나산종건')가 발행한 무보증 기업어음(Commercial Paper, 이하 'CP') 총 180억원 상당을 매입하였다. 나산종건은 당시 신용평가등급이 B등급에 불과하였고 재무구조가 상당히 취약한 상태에 있었다. 나산종건의 부도에 따라 D는 CP 대금 중 120억원을 회수하지 못하였다. 피고 Y1은 1996. 4. 1.부터 1998. 1. 15.까지 D의 대표이사로, 피고 Y2는 1993. 11. 1.부터 1998. 1. 21.까지 상무이사로 각각 근무하였다.

W는 CP 매입에 관해서 이사회에 안건으로 회부하거나 다른 임원들에게 알리지 아니한 채 단독으로 결정하고 채권팀장에게 업무 처리를 지시하였으며, 1997. 7.경에 이르러서야 위험관리위원회 및 임원회의에 처음으로 이를 보고하였다.

D의 회사내규인 상품채권운용지침에는 CP는 원칙적으로 관리대상 유가증권에 포함되지 아니하였고, CP 매입 당시 CP를 예외적으로 보유할 만한 불가피한 사정도 없었으며 그 보유에 대한 요건과 절차를 갖추었다고 볼 수 없었다.

---

18) 대법원 1985. 6. 25. 선고 84다카1954 판결.

• **법원의 판단**

[원심 : 서울고등법원 2002. 10. 4. 선고 2001나39642·47025 판결] 나산종건의 재무구조나 신용도 등에 대하여 조금만 주의를 기울여 조사하였던들 향후 CP 매입대금의 회수가 어려워질 가능성이 있음을 어렵지 않게 알 수 있었다고 보여지므로, 위 CP의 매입은 임원으로서의 선관주의의무 내지 충실의무를 해태한 행위이고, 피고 Y1이 비록 CP의 매입과정에 직접 관여하였다거나 그 매입사실을 알고 있었다고 볼 증거는 없지만, D의 대표이사로서 대외적으로는 회사를 대표하고 대내적으로는 업무 전반의 집행을 담당하는 직무권한을 가지고 있는 만큼, 회사업무의 전반을 총괄하여 다른 이사의 직무집행을 감시·감독하여야 할 지위에 있고, 더욱이 W는 [···]정식이사로 선임되기 이전부터 사실상 부사장으로서의 직무를 수행하면서 영업과 관련된 업무 전반을 독자적으로 처리하여 왔으므로 그의 직무집행과 관련하여서는 보다 면밀한 감시·감독이 요구되는 상황이었다고 할 것임에도 불구하고, W가 180억원에 이르는 CP를 매입함에 이르렀음에도 이를 제대로 감시·감독하지 못한 채 방치한 것은 대표이사에게 요구되는 선관주의의무 내지 감시의무 등을 해태한 것으로 봄이 상당하므로, 피고 Y1은 파산자가 입은 손해를 배상할 책임이 있다.

[대법원] 원심의 판단을 그대로 받아들이고 원심의 결론을 지지하였다.

"주식회사의 이사는 이사회의 일원으로서 이사회에 상정된 의안에 대하여 찬부의 의사표시를 하는 데에 그치지 않고, 담당업무는 물론 다른 업무담당이사의 업무집행을 전반적으로 감시할 의무가 있으므로, 주식회사의 이사가 다른 업무담당이사의 업무집행이 위법하다고 의심할 만한 사유가 있음에도 불구하고 이를 방치한 때에는 이로 말미암아 회사가 입은 손해에 대하여 배상책임을 면할 수 없다 ····."

(2) 청구 2(미도파주식 매입 건)

• **사실관계**

D는 1997. 2.경 주식회사 미도파('미도파')에 대한 적대적 기업인수합병(M&A)을 위해 홍승파이낸스('홍승') 및 일진파이낸스('일진') 사이에 "미도파 주식을 총 100억원의 범위 내에서 D가 지정한 가격으로 홍승 및 일진이 장내매수하면 D는 매매일로부터 30일 이내에 제반 비용을 가산하여 재매입하겠다"는 내

용의 주식매매계약을 체결하였다. D는 1997. 4. 홍승 및 일진이 매입한 미도파 주식 536,960주를 206억여원에 장외매수한 후, 1997. 5.과 1997. 6. 사이에 2,000주만 남기고 장내에서 43억여원에 재매도하여 미도파주식 매매거래로 인하여 약 153억8,400만원 상당의 손해를 입었다. 미도파주식의 매매거래는 D의 회장 S의 지시 아래 소외 A 등 임원들에 의해 주도된 것인데, A 등이 Y2에게 위 주식매매계약의 계약서를 제시하고 대표이사 직인을 요청하자 Y2는 계약서의 내용을 주의 깊게 살피지 않고 대표이사 피고 Y1에게 내용을 설명하고 그로부터 직인날인에 관하여 승낙을 받아 직인을 찍어주었다.

• 법원의 판단

 [원심 : 서울고등법원 2002. 10. 4. 선고 2001나39642·47025 판결] 미도파 주식의 매입이 비록 소외 회장 S의 지시를 받은 다른 임원들에 의하여 주도된 것이라고 하더라도, D의 대표이사로서 회사의 업무 전반을 총괄하여야 할 지위에 있는 Y1은 거래규모가 무려 200억원 대에 이르는 계약을 체결함에 있어 직접 계약서 내용을 살피거나 직인 날인의 가부를 묻는 Y2로 하여금 이를 확인하도록 하는 등 조금만 주의를 기울여 다른 이사들의 업무집행에 대한 감시·감독을 제대로 행하였더라면 위와 같은 법령위반행위를 어렵지 않게 방지할 수 있었을 것임에도, 대표이사로서의 선관주의의무 내지 감시의무를 게을리한 잘못이 있고 … 한편 총무팀 업무를 관장하면서 대표이사 직인관리의 책임을 지고 있는 Y2도 약간의 주의를 기울여 소외 A가 직인 날인을 요구하면서 제시한 계약서의 내용을 살펴보기만 하였다면 그것이 법령에 위반되는 행위임을 어렵지 않게 알 수 있었음에도, Y1의 승낙을 받았다는 사유만으로 그 계약서에 그대로 직인을 날인하여 줌으로써 이사로서의 선관주의의무 내지 감시의무를 게을리한 잘못이 있으므로, 피고들은 D가 입은 손해를 배상할 책임이 있다.
 [대법원] 원심을 유지하였다.

Questions & Notes

Q1 (1) [판례 34]에 의하면 이사의 감시의무는 "다른 업무담당이사의 업무집행이 위법하다고 의심할 만한 사유가 있는 경우"에 발동된다. 이 판시부분과 관련하여 청구 1의 나산종건 CP의 매입 건에서 Y1의 감시의무가 발동되는

근거로 제시한 것은 무엇이며, 이것은 타당한가?

(2) "다른 대표이사 또는 이사의 업무집행이 위법하다고 의심할 만한 사유가 있는 경우"에 이사의 감시의무가 발동된다면, 업무집행의 위법성을 의심할 만한 사유가 드러나지 않은 평상시에는 이사는 감시의무를 부담하지 않는다고 해석할 수 있는가?

Q2 [판례 34]에서 피고 이사가 감시의무를 이행하기 위해서는 어떠한 조치를 취하였어야 하는가?

Q3 [판례 34]의 청구 1에서 내부통제시스템이 구축되지 않았거나, 제대로 작동하지 않았음을 보여주는 사실은 무엇인가?

Q4 감시의무 위반은 다른 이사의 행위에 대해 소극적인 부작위의 형태로 나타난다. [판례 34]의 청구 2에서 문제의 주식매매약정은 소외 A등의 주도로 이루어졌지만, Y2가 Y1의 승낙을 받아 대표이사 직인을 찍었다. Y1의 승낙과 Y2의 직인날인 행위는 적극적인 작위에 해당하고 문제의 행위를 직접 수행한 자에 해당하는데, 이들에 대해서 감시의무 위반책임을 묻는 법리 구성이 타당한가?

Q5 (1) [판례 31]의 청구 2에서 삼성종합화학 주식의 매도를 위한 이사회 결의에 불참한 이사들은 감시의무 위반으로 인한 책임을 부담하는가? 과거 이사회 결의에 한 번도 참석하지 않았다면 어떠한가? 이사회에 출석하지 않았으나 서면으로 결의에 참석한 경우에는 어떠한가?

(2) 이사회 결의에 출석하여 반대하거나 기권한 이사는 손해배상책임을 부담하는가?

(3) 이사회가 소집되지 않아서 위법행위를 시정할 기회가 없는 경우에 이사의 감시의무 위반이 인정되는가?

[참고판례]

• 대법원 2008. 12. 11. 선고 2005다51471 판결(조선생명)[19]

이사회에 참석하지 않고 서면결의만 한 비상근이사에 대해 감시의무 위반으로 인한 손해배상책임을 인정한 사례이다. "주식회사의 이사는 이사회의 일원으로서 이사회에 상정된 의안에 대하여 찬부의 의사표시를 하는 데 그치지 않고, 담당업무는 물론 다른 업무담당 이사의 업무집행을 전반적으로 감시할 의무가 있고 이러한 의무는 비상근 이사라고 하여 면할 수 있는 것은 아니므로 주식회사

---

19) 이 판결의 논점 중 이사의 책임의 독자성에 관해서는 본장 [판례 43] 참조.

의 이사가 이사회에 참석하지도 않고 사후적으로 이사회의 결의를 추인하는 등
으로 실질적으로 이사의 임무를 전혀 수행하지 않은 이상 그 자체로서 임무해태
가 된다."

• **대법원 2019. 5. 16. 선고 2016다260455 판결(강원랜드의 기부행위)**[20]
지방자치단체 태백시가 출자한 사업에 강원랜드가 150억원을 기부한 사안에서
기부안에 관한 이사회 의사록에 기권의사를 기재한 이사의 손해배상책임이 문
제되었다. 대법원은 이사회 의사록에 기권의사가 기재된 이사의 손해배상책임
여부에 관해서 최초로 상법 제399조 제3항과 '이의를 한 기재'의 의미를 밝히었
다. "제399조 제3항은 같은 조 제2항을 전제로 하면서, 이사의 책임을 추궁하
는 자로서는 어떤 이사가 이사회 결의에 찬성하였는지를 알기 어려워 증명이 곤
란한 경우가 있음을 고려하여 증명책임을 이사에게 전가하는 규정이다. 이사가
이사회에 출석하여 결의에 기권하였다고 의사록에 기재된 경우에 '이의를 한 기
재가 의사록에 없는 자'라고 볼 수 없으므로,[21] 상법 제399조 제3항에 따라 이
사회 결의에 찬성한 것으로 추정할 수 없고, 따라서 같은 조 제2항의 책임을
부담하지 않는다고 보아야 한다."

• **대법원 2019. 11. 28. 선고 2017다244115 판결(셀텍)**[22]
원고회사(주식회사 셀텍, 당시 코스닥 상장사)[23]는 2010. 3. 24. 약 231억원을 제
3자배정방식으로 유상증자하였는바, 사안은 원고회사의 지배주주 등이 유상증
자대금 중 127억원을 횡령했을 때 피고들이 이사 또는 감사로서 주의의무, 특히
감시의무를 게을리했는지 문제된 사안이다.[24] 1심 및 원심은 피고들이 단지 원
고회사 실질 운영자의 지인이거나 바이오신약 개발전문가인 교수로서 임원이
된 것이고 원고회사도 피고들에게 이사회 참석을 요구하지 않는 등 이사 또는
감사로서의 역할을 수행할 기회조차 제공하지 않았다는 점 등을 들어 감시의무

---

20) 이 판결의 사안에 대해 상세는 [판례 33].
21) 원심(서울고등법원 2016. 9. 23. 선고 2015나2046254 판결)은 제399조 제3항의 이의를
   한 기재가 있다는 주장, 입증이 없어(단지 기권한 것으로 기재되어 있을 뿐이다) 이 사
   건 결의에 찬성한 것으로 추정된다고 보았으나, 대법원은 원심과 판단을 달리하였다.
22) 대법원 2020. 8. 13. 선고 2018다236241 판결과 사실관계가 겹친다. 이 판결의 사안에서
   는 본문의 유상증자에서 30억원을 출연한 주주에 별도 수익금을 지급한 것이 주주평등
   원칙에 위반되는지가 다투어졌다.
23) 원고회사는 소 제기 전 타인에게 이건 손해배상청구권을 양도하였다가 소송신탁 문제가
   발생하자 위 양도를 취소하고 이 사건 소송에 승계참가하였다. 따라서 엄밀히는 원고승
   계참가인이지만, 편의상 원고회사로 표시한다.
24) 그 밖에 원고회사의 지배주주 등에 대한 연대보증 등이 이루어질 때 감시의무를 위반하
   였는지도 논란이 되었다.

위반이 아니라고 보았다. 이에 반해 대법원은 의무위반을 인정하였다. 이사의 감시의무에 관하여 "이사는 이사회의 일원으로서 이사회에 상정된 안건에 관해 찬부의 의사표시를 하는 데 그치지 않고, 이사회 참석 및 이사회에서의 의결권 행사를 통해 대표이사 및 다른 이사들의 업무집행을 감시·감독할 의무가 있다. 이러한 의무는 사외이사라거나 비상근이사라고 하여 달리 볼 것이 아니다"라고 설시하였다.25)

[판례 35]

대법원 2008. 9. 11. 선고 2006다68636 판결(대우 분식회계)26)

분식회계에 대한 감시의무 위반을 이유로 이사의 제3자(신한은행)에 대한 손해배상책임을 인정하고, 이사·이사회·대표이사가 내부통제시스템 구축 의무를 부담한다는 점을 선언한 판례이다.

• **사실관계**

대우는 무역부문과 건설부문의 업무 영역과 각 부문의 회계가 조직상 뚜렷이 구분되어 운영되었다. 대우의 사무분장에 의하면 회사 전체의 회계자료 통합 및 결산재무제표 작성 업무는 무역·관리부문 부사장인 피고 10의 소관으로서 무역·관리부문의 회계본부장인 피고 7의 지휘·감독 하에 무역·관리부문의 회계조직이 수행하였다. 1998. 1.경 대우의 자기자본이 완전히 잠식되고 막대한 적자가 발생하여 배당도 할 수 없게 되는 등 재무구조와 경영성과가 부실한 것으로 나타났다. 이러한 결산보고를 받은 피고 1이 각각 무역·관리부문의 사장, 부사장인 피고 4, 피고 10에게 부채비율을 400% 이하로 조작하고, 배당률을 2%로 맞추되, 단기차입금을 1996년도의 금액 수준으로 줄이라고 지시하자 피고 4, 피고 10은 그대로 피고 7에게, 다시 피고 7은 무역·관리부문과 건설부문에 최대한 재무제표를 조작하여 위 지시에 맞추도록 지시하여 분식회계가 이루어졌다. 건설부문 총괄업무를 수행하던 피고 8이나 공동대표이사이자 이사회의 의장인 피고 5가 분식회계를 공식적으로 직접 지시하거나 보고받지는 아니하였다. 다른 한편 대우는 내부적으로 임직원들의 회계분식 시

25) 감사의 경우도 "회계감사에 관한 상법상의 감사와 '주식회사의 외부감사에 관한 법률'상의 감사인에 의한 감사는 상호 독립적인 것이므로 외부감사인에 의한 감사가 있다고 해서 상법상 감사의 감사의무가 면제되거나 경감되지 않는다"고 보았다.
26) 이 판례의 쟁점 중 감사의 의무와 책임에 관해서는 제5장 [판례 54] 참조.

도를 방지하기 위하여 그 어떠한 합리적인 정보 및 보고시스템이나 내부통제시스템도 갖추지 못하였고 실제로 피고 1의 지시에 따라 불과 한두 달 내에 그가 제시한 목표 수치에 맞추어 회사의 모든 영업부문에 걸쳐 전사적인 회계분식이 결행되었으며, 피고 5와 피고 8 등 분식 과정에 직접 관여하지 아니한 이사들은 대부분 사무분장에 의하여 맡은 소관 업무를 처리하였을 뿐, 분식회계의 가능성에 대비한 그 어떠한 주의도 기울인 바 없었으며, 따라서 분식 과정에 직접 관여한 임직원들은 다른 임직원들로부터 그 어떠한 제지나 견제도 받지 아니하였고, 그 무렵을 전후하여 대우에서는 실제로 이사회를 개최하지 아니하고 이사회 업무를 담당하던 부서에서 이사회 의사록을 작성한 다음 이사회 사무국에서 보관하고 있던 임원들의 인장을 날인하는 것이 관행처럼 되어 있어 실제로는 이 사건 재무제표의 승인을 위한 이사회가 개최되지도 아니하였다.

• 법원의 판단

[…] 대우와 같이 고도로 분업화되고 전문화된 대규모의 회사에서 공동대표이사 및 업무담당이사들이 내부적인 사무분장에 따라 각자의 전문 분야를 전담하여 처리하는 것이 불가피한 경우라 할지라도 그러한 사정만으로 다른 이사들의 업무집행에 관한 감시의무를 면할 수는 없고, 그러한 경우 무엇보다 합리적인 정보 및 보고시스템과 내부통제시스템을 구축하고 그것이 제대로 작동하도록 배려할 의무가 이사회를 구성하는 개개의 이사들에게 주어진다는 점에 비추어 볼 때, 그러한 노력을 전혀 하지 아니하거나 위와 같은 시스템이 구축되었다 하더라도 이를 이용한 회사 운영의 감시·감독을 의도적으로 외면한 결과 다른 이사의 위법하거나 부적절한 업무집행 등 이사들의 주의를 요하는 위험이나 문제점을 알지 못한 경우라면, 다른 이사의 위법하거나 부적절한 업무집행을 구체적으로 알지 못하였다는 이유만으로 책임을 면할 수는 없고, 위와 같은 지속적이거나 조직적인 감시 소홀의 결과로 발생한 다른 이사나 직원의 위법한 업무집행으로 인한 손해를 배상할 책임이 있다. … 회사의 업무분장이 내부적으로 구분되어 있다거나 이 사건 회계분식의 구체적인 내용을 알지 못하였다 하여 피고 5, 피고 8의 중대한 과실로 인한 임무해태행위 및 상당인과관계를 부인할 수는 없으므로, 같은 취지의 원심 판단은 정당하다.

Q1 상법에는 내부통제시스템 구축에 관한 명문규정이 없다. [판례 35]에서 이사의 내부통제시스템 구축 의무를 인정하는 근거는 무엇인가?

Q2 (1) [판례 35]에 의하면 이사회를 구성하는 개개의 이사들이 내부통제시스템 구축 의무를 부담하는 것처럼 판시하고 있는데 내부통제시스템 구축에 관하여 모든 이사가 동일한 내용의 의무를 부담하는가?

(2) 일반적으로 내부통제시스템 구축의무와 관련하여 사외이사가 감시의무 위반으로 인정되지 않기 위해서는 어떠한 행위 또는 조치를 취하여야 하는가?

Q3 [판례 35]는 대우에 내부통제시스템 구축과 그 작동이 이루어지지 않았다고 보았다. 내부통제시스템 구축에 있어서 피고 5, 피고 8의 의무위반을 인정하게 된 근거는 무엇이며, 내부통제의 어떠한 부분에 결함이 있는 것으로 보았는가?

Q4 [판례 35]의 피고 5, 피고 8의 업무는 회계업무와 무관하고, 분식회계에 관여·지시하거나 보고받은 바도 없으며 회사 내 사무분장에 의해 회계업무에 접근하기가 어려웠던 상황이었는데도, 이들에게 감시의무 위반을 인정하는 것은 가혹한 것은 아닌가? 회계업무에 접근할 수 없었던 사실들을 감안할 때 피고 5, 피고 8의 감시의무 위반을 인정할 수 있는 다른 사실이 있는가?

[판례 36]

대법원 2022. 5. 12. 선고 2021다279347 판결(대우건설 대표소송)

• 사실관계

원고들은 대우건설 주식회사(이하 '대우건설')의 주식을 2013. 10. 이전부터 소유하고 있던 소수주주들이다. 피고들은 이 사건에서 문제가 되었던 입찰 담합 기간동안 대우건설의 대표이사, 사내이사, 사외이사 등으로 재직한 9인이다. 이 사건에서는 다음 3건의 입찰담합이 문제되었다.

첫째, 소위 4대강 살리기 사업의 공동수급체로서 대우건설 등 14개 건설사가 한 입찰담합이다. 대우건설은 4대강 살리기 사업 건설과 관련하여 지분 및 공구배분 합의를 하였고 공구배분에 참여한 대우건설 등 8개사는 사전에 결정한 주력 공구의 낙찰자로 모두 선정되었다. 공정거래위원회는 지분 합의 및 공구배분 합의가 구 「독점규제 및 공정거래에 관한 법률」(2020. 12. 29. 법률 제

17799호로 전부 개정되기 전의 것, 이하 '구 공정거래법'이라고 한다) 제19조 제 1 항 제 3 호의 부당한 공동행위 등에 해당한다는 이유로 2012. 8. 31. 대우건설에 대하여 시정명령과 96억 9,700만 원의 과징금 납부명령을 하였다. 대우건설은 공정거래위원회 처분의 취소를 구하는 행정소송을 제기하였으나, 패소확정되었다.[27]

대우건설과 당시 대우건설의 대표이사로 재직한 피고 1 등은 공구배분의 합의와 입찰행위 등으로 건설산업기본법 제95조 제 1 호, 제 3 호, 제98조 제 2 항을 위반하였다는 공소사실로 기소되어 유죄 판결이 확정되었다.[28]

둘째, 대우건설의 영주다목적댐 건설공사 관련 입찰담합이다. 한국수자원공사가 영주다목적댐 건설공사에 관하여 설계·시공 일괄입찰방식으로 진행한 입찰에서 대우건설과 삼성물산은 각자 공동수급체를 구성하여 입찰에 참가하였다. 대우건설의 설계업무를 담당하던 소외 1차장은 삼성물산 소외 2부장 등과 사전에 공동으로 특정 공정 및 설비 등을 기본설계 등에서 제외하거나 포함시킬지 여부 등을 합의(이하 '이 사건 공동행위')하였고 삼성물산이 실시설계 적격자(낙찰자)로 선정되었다. 공정거래위원회는 대우건설 등이 영주댐 건설공사 입찰에 참여하면서 사전에 이 사건 공동행위를 한 것이 구 공정거래법 제19조 제 1 항 제 8 호의 부당한 공동행위에 해당한다는 이유로 2013. 3. 18. 대우건설에 대하여 시정명령과 24억 9,100만 원의 과징금 납부명령을 하였다. 이에 대한 행정소송도 시정명령 일부 외에는 패소확정되었다.

셋째, 대우건설의 인천도시철도 2호선 건설공사 관련 입찰담합이다. 대우건설의 임직원들은 인천도시철도 2호선 207공구, 209공구 건설공사 입찰에서 각각 현대건설, 에스케이건설과 설계품질과 투찰가격을 조율하여 건설공사의 입찰에서 사전에 낙찰 예정자를 선정하고 이들이 낙찰받을 수 있도록 다른 사업자가 형식적으로 입찰에 참가하는 내용의 합의를 하고 그 합의에 따라 실제 입찰에 참여하였다. 우선 대우건설의 국내영업본부 상무보 소외 3은 현대건설의 국내영업본부 부장 소외 4에게 "대우건설이 추진 중인 207공구의 입찰에

---

27) 서울고등법원 2014. 6. 13. 선고 2012누29303 판결; 대법원 2014. 10. 30. 2014두10394 판결(상고기각).

28) 피고 1에 대하여는 징역 1년 6개월 및 집행유예 2년, 대우건설에 대하여는 벌금 7,500만 원의 판결이 선고되었고(서울중앙지방법원 2014. 2. 6. 선고 2013고합998 판결), 그 판결은 그대로 확정되었다.

현대건설이 들러리로 참여하여 달라."라고 제안하였고, 소외 4는 내부 회의를 거쳐 이에 동의하였다. 소외 3과 소외 4 등은 현대건설의 설계 품질과 투찰가 격을 조율하고, 현대건설은 대우건설보다 더 낮은 설계점수를 받도록 작성한 설계서를 제출하고 대우건설의 투찰가격에 근접한 가격으로 투찰하였다. 이에 따라 대우건설과 현대건설이 2009. 4. 17. 참여한 207공구 입찰에서 대우건설이 낙찰자로 선정되었다. 한편 대우건설의 영업팀장 소외 5는 에스케이건설 국내 영업팀장 소외 6으로부터 "에스케이건설이 추진 중인 209공구의 입찰에 대우 건설이 들러리로 참여하여 달라."라는 제안을 받아 대우건설 내부 회의를 거쳐 이에 동의하였다. 소외 5와 소외 6 등은 대우건설의 설계 품질과 투찰가격을 조율하고, 대우건설은 에스케이건설보다 더 낮은 설계점수를 받도록 작성한 설계서를 제출하고 에스케이건설의 투찰가격보다 더 높은 가격에 투찰하였다. 이에 따라 대우건설과 에스케이건설이 2009. 4. 17. 참여한 209공구 입찰에서 에스케이건설이 낙찰자로 선정되었다. 공정거래위원회는 이러한 입찰담합이 구 공정거래법 제19조 제1항 제8호에 해당한다는 이유로, 2014. 2. 25. 대우 건설에 대하여 시정명령과 160억 3,200만 원의 과징금 납부명령을 하였다. 또 한 대우건설은 위와 같은 행위가 부당한 공동행위에 해당함을 이유로 기소되 어 벌금 1억원을 선고받았다.[29)]

원고들은 2014. 4. 10. 대우건설의 당시 감사위원 3명에게 상법 제403조에 따 라 이사들의 책임을 추궁하는 손해배상청구의 소를 제기할 것을 청구하였으나 대우건설이 그 소제기 청구서를 받고도 30일 이내에 피고들에 대하여 손해배 상청구의 소를 제기하지 않자, 2014. 5. 23. 대표소송을 제기하였다.

• 법원의 판단

[1심: 서울중앙지방법원 2020. 9. 17. 선고 2014가합535259 판결]

피고들 중 전직 대표이사 피고 1의 4대강 사업담합에 관련된 책임만 인정하 고 나머지 청구는 담합을 지시하였거나 알면서 방치한 점이 입증되지 않았다 고 보고 기각하였다. 다른 사내이사, 사외이사는 대표이사등의 업무집행이 위 법하다고 의심할 만한 사유가 없었다고 보아 책임을 부정하였다.

---

29) 인천지방법원 2014. 8. 20. 선고 2014고단2277, 2651 판결; 인천지방법원 2015. 3. 20. 2014노2950 판결(항소기각, 확정).

[원심: 서울고등법원 2021. 9. 3. 선고 2020나2034989 판결]

대우건설의 대표이사인 피고 1은 그 임직원이 4대강 사업에 입찰하는 직무를 집행하는 과정에서 담합을 하여 공정거래법 등 법령을 위반하는 행위를 한다고 의심할 만한 충분한 사유가 있었음에도 만연히 이를 방치함으로써 그 임무를 게을리하였으므로, 그로 인해 대우건설이 입은 손해를 배상할 책임이 있다.

대우건설의 이사인 피고들이 개별 공사에 관한 입찰 업무에 관여하거나 보고받은 사실이 없어 이 사건 입찰담합에 관하여 알지 못하였고 알 수도 없었으며 이를 의심할 만한 사정 또한 전혀 없었다고 하더라도, 피고들은 이 사건 입찰담합 등 임직원의 위법행위에 관하여 합리적인 정보 및 보고시스템과 내부통제시스템을 구축하고 그것이 제대로 작동하도록 관리할 의무를 이행하지 않음으로써 이사의 감시의무를 위반하였다.

가) 이 사건 입찰담합 당시 대우건설은 윤리강령, 윤리세칙, 기업행동강령 등을 제정해 시행한 상태였고, 임직원을 대상으로 윤리경영교육, 건설 하도급 공정거래법 교육 등을 시행하였으나, 이는 단지 임직원의 직무수행에 관한 추상적이고 포괄적 지침 또는 사전 교육에 불과할 뿐, 입찰담합 등의 위법행위가 의심되거나 확인되는 경우 이에 관한 정보를 수집하여 보고하고 나아가 위법행위를 통제하는 장치라고는 볼 수 없고, 당시 내부적으로 임직원의 입찰담합 시도를 방지·차단하기 위하여 그 어떤 합리적인 정보 및 보고시스템이나 내부통제시스템도 갖추지 못한 것으로 보인다.

나) 피고들의 주장 등에 의하면 이 사건 입찰담합을 비롯한 대우건설이 관련된 입찰담합은 모두 이사 또는 이사회에 보고되지 않고 담당 본부장의 책임 아래 개별 본부(국내영업본부, 토목사업본부 등)에 소속된 임직원에 의하여 행하여졌다는 것이므로, 결국 이 사건 입찰담합에 관여한 대우건설의 임직원은 피고들을 비롯한 이사들로부터 아무런 제지나 견제를 받지 않았다는 것과 다름 없고, 대우건설은 입찰담합에 관여한 임직원들에 대하여 독립적인 조사절차 또는 징계절차도 전혀 운용하지 않은 것으로 보이며, 대우건설의 임직원들은 수사기관에서의 진술에서 입찰담합 등의 위법행위가 관행적으로 이루어진 측면이 있다고 진술하였을 뿐만 아니라, 입찰담합을 주도한 직원이 오히려 임원으로 승진하기도 하였는바, 이러한 사정들도 이 사건 입찰담합 당시 대우건설

의 내부통제시스템이 부재하였다는 점을 뒷받침한다.

다) 대우건설은 피고들의 전부 또는 일부가 대우건설의 이사로 재직하던 […] 시기에 일어난 입찰담합을 이유로 공정거래위원회로부터 다수의 과징금 부과명령을 받은 사실이 있다. 더욱이 대우건설이 2004. 8. 무렵 관여한 서울지하철 7호선 건설공사 입찰담합과 관련하여 공정거래위원회로부터 시정명령과 과징금 부과명령을 받았고, 대우건설은 제1심에서 벌금형의 유죄판결이 선고되었으며, 피고들이 대우건설의 이사로 재직 중일 때에 그 사건이 항소심 또는 상고심에 계속 중이었다. […] 대우건설의 입찰담합 관여 사실은 대부분 언론에 보도되어 일반에 알려졌고, 국가나 지방자치단체, 공공기관이 발주하는 대규모 공사의 경우 이를 수행할 수 있는 건설회사는 대우건설과 같은 토건 시공능력 평가액 상위권에 있는 대형 건설회사로 한정되므로 대형 건설회사들 사이에 입찰담합 등 부당한 공동행위의 가능성이 상시 존재한다고도 볼 수 있다. 그럼에도 불구하고, 피고들을 비롯한 대우건설의 이사들은 임직원의 입찰담합 시도를 방지·차단하기 위한 어떠한 보고 또는 조치도 요구하지 않았고, 이와 관련한 내부통제시스템의 구축 또는 운용에 관하여도 전혀 주의를 기울이지 않았다.

라) 대법원은 이미 2008년에 대규모 주식회사의 이사에 대하여 합리적인 정보 및 보고시스템과 내부통제시스템을 구축하고 그것이 제대로 작동하도록 관리할 의무가 있다고 선언하였음에도(대법원 2008. 9. 11. 선고 2006다68636 판결 등 참조), 피고들을 비롯한 대우건설의 이사들은 이와 관련한 어떠한 조치도 하지 않았다.

마) 피고들은 대우건설의 이사로 재직하는 동안 이사회에 상정된 의안에만 관여하였을 뿐, 상법 제393조가 정한 이사회의 권한 등을 행사하여 회사의 전반적인 업무집행에 대한 감시·감독 등을 전혀 하지 않은 것으로 보인다.

[대법원] 다음과 같은 법리와 이유로 원고의 상고를 기각하고 원심을 유지하였다.[30)]

이사가 고의 또는 과실로 법령 또는 정관에 위반한 행위를 하거나 그 임무를 게을리한 경우에는 그 이사는 회사에 대하여 연대하여 손해를 배상할 책임

---

30) 원고의 손해배상액 제한에 관한 상고도 기각하였다. 이에 관해서는 제4장 Ⅲ. 1. (3)의 [참고판례].

이 있다(상법 제399조 제 1 항). 주식회사의 이사는 담당업무는 물론 대표이사나 업무담당이사의 업무집행을 감시할 의무가 있으므로 스스로 법령을 준수해야 할 뿐 아니라 대표이사나 다른 업무담당이사도 법령을 준수하여 업무를 수행하도록 감시·감독하여야 할 의무를 부담한다. 이러한 감시·감독 의무는 사외이사 등 회사의 상무에 종사하지 않는 이사라고 하여 달리 볼 것이 아니다. 따라서 주식회사의 이사가 대표이사나 업무담당이사의 업무집행이 위법하다고 의심할 만한 사유가 있음에도 고의 또는 과실로 인하여 감시의무를 위반하여 이를 방치한 때에는 이로 말미암아 회사가 입은 손해에 대하여 상법 제399조 제 1 항에 따른 배상책임을 진다.

이사의 감시의무의 구체적인 내용은 회사의 규모나 조직, 업종, 법령의 규제, 영업상황 및 재무상태에 따라 크게 다를 수 있다. 특히 고도로 분업화되고 전문화된 대규모 회사에서 대표이사나 일부 이사들만이 내부적인 사무분장에 따라 각자의 전문 분야를 전담하여 처리하는 것이 불가피한 경우에도, 모든 이사는 적어도 회사의 목적이나 규모, 영업의 성격 및 법령의 규제 등에 비추어 높은 법적 위험이 예상되는 업무와 관련해서는 제반 법규를 체계적으로 파악하여 그 준수 여부를 관리하고 위반사실을 발견한 경우 즉시 신고 또는 보고하여 시정조치를 강구할 수 있는 형태의 내부통제시스템을 구축하여 작동되도록 하는 방식으로 감시의무를 이행하여야 한다(대법원 2021. 11. 11. 선고 2017다 222368 판결 등 참조). 다만 회사의 업무집행을 담당하지 않는 사외이사 등은 내부통제시스템이 전혀 구축되어 있지 않는데도 내부통제시스템 구축을 촉구하는 등의 노력을 하지 않거나 내부통제시스템이 구축되어 있더라도 제대로 운영되고 있지 않다고 의심할 만한 사유가 있는데도 이를 외면하고 방치하는 등의 경우에 감시의무 위반으로 인정될 수 있다.

Questions & Notes

Q1 [판례 34], [판례 35], [판례 36]의 판례상 감시의무와 내부통제시스템 구축의무에 관한 법리는 어떠한 차이가 있는가?

Q2 대규모회사의 업무는 광범할 수 있는데, [판례 36]에 따르면 내부통제시스템을 구축해야 할 대상 업무는 무엇인가?

Q3 [판례 36] 등과 참고판례에 의하면 내부통제시스템 구축의 대상은 어떠한가?

Q4 사외이사는 책임을 면하려면 내부통제시스템 구축과 관련하여 무엇을 해야 하며, 어떠한 경우에 감시의무를 위반한 것으로 보는가?

Note [판례 36] 등 경쟁사간 담합행위에 대해 과징금, 벌금을 부과받은 회사의 이사들에 대해 담합을 억지하지 못하였다는 이유로 손해배상책임을 부담시키는 판결이 잇달아 선고되고 있다. 담합은 대표이사등 경영진과 무관하게 사업부서 임직원에 의해 은밀하게 이루어지는 경우가 많다. [판례 36]은 담합과 관련하여 이사들의 감시의무에서 내부통제시스템 구축·촉구의 중요성을 환기시키는 판결이다.

[참고판례]
• 대법원 2021. 11. 11. 선고 2017다222368 판결(유니온스틸 대표소송)
대표이사인 피고가 임직원에 의한 담합행위를 구체적으로 알지 못하였고 임원들의 행위를 직접 지시하지 않았다는 이유만으로는 그 책임을 면할 수 없고, 피고가 대표이사로서 마땅히 기울였어야 할 감시의무를 지속적으로 게을리하였다고 하여 대표이사의 감시의무를 엄격하게 적용한 판결이다. 원고는 합병 전 소멸회사인 유니온스틸의 주주였다가 2015. 1. 2.자 합병 후 존속회사(동국제강)의 주주가 된 자로서, 소멸회사의 대표이사이었던 피고를 상대로 대표소송을 제기하였다. 피고가 대표이사로 재직할 당시인 2004. 11.부터 2010. 11.까지 유니온스틸의 영업담당임원 및 영업팀장들은 아연도강판 등 여러 품목에 걸쳐 경쟁사와 가격담합('이 사건 담합행위')을 하였는데, 이들 품목의 가격 결정은 영업담당임원의 전결사항이었고, 피고가 이 사건 담합행위를 지시하거나 관여한 적은 없다. 유니온스틸은 담합으로 인해 공정거래위원회로부터 3차례에 걸쳐 약 320억원의 과징금을 부과받아 납부하였다. 원고는 피고가 담합행위 방지에 관한 감시의무를 위반하였다고 주장하면서, 위 과징금 상당의 손해를 회사에 배상할 것을 구하였다. 피고는 자신은 담합행위와 관련이 없고, 업무분장상 그런 일이 진행되고 있었는지 알 수 없었다고 항변하였다.
　1심은[31] 피고의 담합지시나 임직원들에 대한 감시의무 위반을 부정, 내부회계관리 제도를 통하여 경영진을 감시하였다고 판시하여 원고의 주장을 배척하였다. 원심[32]도 같은 취지로 피고가 대표이사로서 담합에 관하여 임직원들의 불법행위를 방치하거나 임직원들에 대한 감시의무를 게을리하였다고 인정할 만한

---

31) 서울중앙지방법원 2016. 5. 24. 선고 2014가합594616 판결.
32) 서울고등법원 2017. 3. 16. 선고 2016나2032030 판결.

구체적인 증거가 없을 뿐 아니라, 유니온스틸이 내부통제시스템을 제대로 구축하지 않았거나 내부통제시스템을 이용한 회사 운영의 감시·감독을 의도적으로 외면하는 등의 방법으로 내부통제의무를 위반하였음을 인정할 만한 증거가 부족하다고 판단하고 원고의 주장을 배척하였다.

대법원은 원심을 파기하였다. 먼저 "대표이사는 […] 모든 직원의 업무집행을 감시할 의무를 부담함은 물론, 이사회의 구성원으로서 다른 대표이사를 비롯한 업무담당이사와 전반적인 업무집행을 감시할 권한과 책임이 있다. 따라서 다른 대표이사나 업무담당이사의 업무집행이 위법하다고 의심할 만한 사유가 있음에도 고의 또는 과실로 인하여 감시의무를 위반하여 이를 방치한 때에는 이로 말미암아 회사가 입은 손해에 대하여 상법 제399조 제 1 항에 따른 배상책임을 진다."고 하여 대표이사의 포괄적 감시의무에 관한 판례[33]와 감시의무의 발동사유에 관한 판례[34]를 확인하였다. 분업화 및 전문화로 인해 이사들간 업무분장이 된 경우 이사의 내부통제시스템 운영과 감시의무에 관하여 "내부통제시스템은 비단 회계의 부정을 방지하기 위한 회계관리제도에 국한되는 것이 아니라, 회사가 사업운영상 준수해야 하는 제반 법규를 체계적으로 파악하여 그 준수 여부를 관리하고, 위반사실을 발견한 경우 즉시 신고 또는 보고하여 시정조치를 강구할 수 있는 형태로 구현되어야 한다"고 하였다. 다음의 점에서 피고가 대표이사로서의 감시의무를 지속적으로 게을리하였다고 보았다. ① 약 6년간 영업담당임원과 영업팀장 모임을 통하여 여러 품목에 대하여 지속적이고 조직적으로 가격담합이 이루어졌음에도 담합에 직접 관여한 임직원들은 대표이사인 피고를 비롯한 다른 임직원들로부터 그 어떠한 제지나 견제도 받지 않았다는 점은 피고가 담합 행위를 의도적으로 외면하였거나 적어도 가격담합의 가능성에 대비한 그 어떠한 주의도 기울이지 않았음을 의미한다. ② 철강산업은 사업자가 과점하는 구조이어서 담합의 형성 및 유지가 용이하고 그 합의를 통하여 얻는 경제적 이익도 크므로 담합의 유인이 높고, 공정거래법은 담합행위에 따르는 불법적인 경제적 이익의 박탈, 과징금 부과, 형사처벌 등 엄격한 제재를 하고 있음에도 높은 법적 위험이 따르는 담합을 방지하기 위하여 합리적인 내부통제시스템을 갖추지 못하였던 것이고, 피고가 이를 구축하려는 노력을 하지 않았다는 점, […] 유니온스틸에서 지속적이고도 조직적인 담합이라는 중대한 위법행위가 발생하고 있음에도 피고가 이를 인지하지 못하여 미연에 방지하거나 발생 즉시 시정조치를 할 수 없었다면, 이는 […] 내부통제시스템 구축 노력을 전혀 하지 않았거나 그 시스템을 구축하고도 이를 이용하여 회사 업무 전반에 대한 감시·감독의무

---

33) 대법원 2004. 12. 10. 선고 2002다60467, 60474 판결 참조.
34) 대법원 1985. 6. 25. 선고 84다카1954 판결 참조.

를 이행하는 것을 의도적으로 외면한 결과라고도 볼 수 있다.

③ 피고가 내부통제시스템으로 구축하였다고 주장하는 내부회계 관리제도는 「주식회사 등의 외부감사에 관한 법률」에 따른 회계정보의 작성과 공시를 위한 것으로 대체로 회계 분야에 한정되어 있고, 2003년 제정한 윤리규범은 임직원의 직무수행에 관한 추상적이고 포괄적인 지침에 불과하며, 그 밖에 (피고가) 주장하는 사외이사 · 감사 선임 및 운영, 이사회를 통한 의사결정 등은 가격담합 등 위법행위를 사전에 방지하고 위법행위가 의심되거나 확인되는 경우 이에 관한 정보를 수집 · 보고하고 나아가 위법행위를 통제하는 장치로서 기능하였다고 보기 어렵다.

파기환송 후 원심은[35] 피고의 감시의무 위반을 인정하면서, 유니온스틸이 입은 손해액은 담합행위를 방지하지 못한 결과 유니온스틸에 부과된 과징금 320여억원이지만, 피고가 임직원들의 업무집행이 위법하다고 의심할 만한 특별한 사유가 있음에도 고의 또는 중과실로 이를 조장하거나 방치하는 등의 방법으로 적극적으로 감시의무를 위반한 것은 아니라고 보이는 점 등을 감안하여 책임액을 45억원으로 제한했다.

● 대법원 2022. 7. 28. 선고 2019다202146 판결(STX조선해양)

(사실관계) 피고 에스티엑스조선해양 주식회사(이하 'STX조선해양')는 총공사 예정원가를 과소계상하고 호선별 발생원가를 임의로 이전시킴으로써 매출총이익을 과대계상하는 등의 방식으로 제42기부터 제46기까지 재무제표를 허위로 작성하였다. 피고 삼정회계법인(이하 '삼정')은 STX조선해양의 감사인으로서 위 재무제표에 대한 회계감사를 실시한 후 적정의견을 기재한 감사보고서를 작성하였고, 위 재무제표가 포함된 사업보고서와 감사보고서가 각각 2012. 3.과 2013. 3. 공시되었다. STX조선해양이 발행한 주식은 2014. 2. 6. 거래가 정지되었고, 2014. 4. 15. 상장이 폐지되었다. 원고들은 STX조선해양이 발행한 주식 또는 신주인수권증권을 취득한 사람들로서 STX조선해양이나 삼정의 허위공시로 손해를 입었다고 주장하면서 STX조선해양과 당시 대표이사이던 피고 2, 삼정에 대하여 구 「자본시장과 금융투자업에 관한 법률」(2014. 1. 28. 법률 제12383호로 개정되기 전의 것)을 근거로 손해배상을 청구하였다.

(법원의 판단) 대표이사의 감시의무에 관한 판시는 다음과 같다. 대표이사는 다른 대표이사나 업무담당이사의 업무집행으로 작성된 재무제표의 중요사항에 허위기재 등을 의심할 만한 사유가 있는데도 적절한 조치를 취하지 않고 방치해서는 안 된다. […] 고도로 분업화되고 전문화된 대규모 회사에서 대표이사와 업무담당이사가 내부적인 사무분장에 따라 각자의 전문 분야를 전담하여 처리하

---

35) 서울고등법원 2023. 2. 10. 선고 2021나2043409 판결.

는 것이 불가피한 경우라고 할지라도 그러한 사정만으로 다른 대표이사나 이사들의 업무집행에 관한 감시의무를 면할 수 없다. 그러한 경우 합리적인 정보·보고시스템과 내부통제시스템(이하 '내부통제시스템'이라 한다)을 구축하고 그것이 제대로 작동하도록 노력을 다해야 한다. 이러한 내부통제시스템은 회사가 사업운영상 준수해야 하는 제반 법규를 체계적으로 파악하여 그 준수 여부를 관리하고, 위반사실을 발견한 경우 즉시 신고 또는 보고하여 시정조치를 강구할 수 있는 형태로 구현되어야 한다.

특히 회사 업무의 전반을 총괄하여 다른 이사의 업무집행을 감시·감독해야 할 지위에 있는 대표이사는 회계부정이나 오류를 사전적으로 예방하고 사후적으로 적발·시정할 수 있는 내부통제시스템을 구축하고 그것이 제대로 작동하도록 노력을 다해야 한다. 만일 대표이사가 이러한 노력을 전혀 하지 않거나 위와 같은 시스템을 통한 감시·감독의무의 이행을 의도적으로 외면한 결과 다른 이사 등의 회계업무에 관한 위법한 업무집행을 방지하지 못하였다면, 대표이사로서 감시의무를 게을리하였다고 볼 수 있다(대법원 2008. 9. 11. 선고 2006다68636 판결, 대법원 2021. 11. 11. 선고 2017다222368 판결 등 참조).

내부통제시스템이 합리적으로 구축되고 정상적으로 운영되었는지는 어떠한 제도가 도입되어 있고 어떠한 직위가 존재하였다고 해서 곧바로 긍정할 수 있는 것은 아니다. 제도의 내용이나 직위에 부여된 임무가 무엇인지, 그러한 제도가 실질적으로 운영되고 있고 임무가 정상적으로 수행되었는지를 살펴 판단해야 하고, 구 자본시장법 제162조에 근거한 손해배상책임을 면하고자 하는 이사 등이 이를 증명해야 한다. 이는 회계업무와 관련하여 구「주식회사의 외부감사에 관한 법률」(2017. 10. 31. 법률 제15022호로 전부 개정되기 전의 것)에 따른 내부회계관리제도가 도입되거나 재무담당임원(CFO)이 임명되어 있는 경우에도 마찬가지이다. 원심은 피고 2가 STX조선해양에 회계업무를 적정하게 감시·감독할 수 있는 내부통제시스템을 구축하지 않았고 또 재무제표 기재사항의 진실성에 관하여 의심할 만한 사정이 존재하였음에도 불구하고 대표이사로서 적절한 조치를 취하지 않음으로써 대표이사로서 감시의무 및 회계가 부정하게 처리되는 것을 방지할 주의의무를 소홀히 하였다.

● 대법원 2023. 3. 30. 선고 2019다280481 판결(현대엘리베이터)

(사실관계) 현대그룹은 현대엘리베이터가 현대상선의 24.13%, 현대상선이 현대로지스틱스의 47.67%, 현대로지스틱스가 현대엘리베이터의 21.25%를 보유하는 순환출자 구조를 취하였다. 원고는 현대엘리베이터의 30.93% 주주로서 현대엘리베이터가 체결한 파생상품계약으로 인해 현대엘리베이터가 손해를 입었다는 이유로 현대그룹의 회장이자 현대엘리베이터의 이사 또는 대표이사로 재직한

피고1과 현대엘리베이터의 이사였던 피고2를 상대로 대표소송을 제기하였다. 순환출자구조의 어느 한 회사의 지배권을 확보하게 되면 순차로 현대그룹의 지배권도 확보할 수 있는 반면 어느 한 지점에 문제가 생기면 그룹 지배권도 문제가 생기는 상황이었다. 현대엘리베이터는 2006년부터 2014년까지 현대상선의 지배권 유지를 위해 케이프포춘 등 복수의 회사들과 현대상선 주식을 기초자산으로 하여 10여건의 파생상품계약 및 그 중 일부의 변경계약을 체결하였다(이하 '이 사건 현대상선 파생상품계약'이라 총칭). 주된 내용은 ① 케이프포춘 등은 계약기간 동안 현대상선 주식을 취득하여 보유하면서 현대엘리베이터에 우호적으로 의결권을 행사하고, ② 현대엘리베이터는 케이프포춘 등(대우조선해양 제외)에 약정수수료를 지급하며, 만기 시 현대상선 주가가 기준가격보다 낮으면 그로 인한 손실을 케이프포춘 등에 정산하여 주되 반대로 현대상선 주가가 기준가격보다 높으면 그로 인한 이익의 전부 또는 일부를 케이프포춘 등으로부터 정산받는다는 것이다. 한편 현대엘리베이터는 2012. 1.경 자베즈 제 1 호 사모투자전문회사('자베즈')와 현대엘리베이터의 계열사인 현대증권 주식을 기초자산으로 한 파생상품계약을 체결하고 2014. 4. 그 변경계약을 체결하였는데(이하 '이 사건 현대증권 파생상품계약'이라 총칭), 그 내용은 자베즈는 현대증권 유상증자에서 실권된 우선주를 인수하여 계약기간 보유하고, 현대엘리베이터는 자베즈에 약정수수료를 지급하며, 만기 시 현대증권 주가가 기준가격보다 낮으면 그로 인한 손실을 자베즈에 정산하여 주되 반대로 현대증권 주가가 기준가격보다 높으면 그로 인한 이익을 자베즈로부터 정산받는다는 것이다. 피고들의 기대와 달리 위각 계약 만기시 현대엘리베이터 및 현대증권 주가는 기준가격보다 매우 낮게 형성되는 바람에 현대엘리베이터는 막대한 정산의무를 부담하게 되었다.

　(법원의 판단) 1심은 피고들의 행위가 경영판단에 해당한다고 보고 청구를 기각하였지만, 원심 및 대법원은 피고들의 주의의무 위반을 대부분 인정했다. 기업집단을 구성하는 계열회사들은 각자 독립된 법인격을 가진 별개의 회사이므로, 개별 계열회사의 이사는 기업집단이나 다른 계열회사와 관련된 직무를 수행할 때에도 선관주의의무와 충실의무를 부담한다. 소속 회사가 동일한 기업집단에 속한 계열회사 주식을 취득하거나 제 3 자가 계열회사 주식을 취득하게 하는 계약을 체결하는 경우, 이사는 소속 회사의 입장에서 주식 취득의 목적이나 계약 내용에 따라 다음과 같은 사항을 검토하고 필요한 조치를 하여야 한다. ① 계열회사가 실시하는 유상증자에 참여하여 그 발행 신주를 인수하는 경우, 이사는 계열회사의 소속 회사 영업에 대한 기여도, 유상증자 참여가 소속 회사에 미치는 재정적 부담의 정도, 계열회사의 재무상태 및 경영상황, 유상증자 참여로 소속 회사가 얻을 수 있는 영업상 또는 영업 외의 이익, 유상증자에 참여하는 경우와 그렇지 않은 경우 계열회사에 미치는 영향 및 그로 인하여 소속 회사에

예상되는 이익 및 불이익의 정도 등을 객관적 자료를 바탕으로 구체적으로 검토하여야 한다. ② 현대상선 파생상품계약과 관련하여, 순환출자구조를 가진 기업집단에 속한 소속 회사가 자신이 이미 지배하고 있는 계열회사에 대하여 적대적 M&A가 시도되거나 시도될 우려가 있는 상황에서 이를 저지하기 위해 계열회사 주식을 추가로 취득하는 경우, 소속 회사의 계열회사에 대한 경영권이 방어되는 한편 이를 통해 기업집단이 유지되면서 지배주주의 소속 회사나 기업집단에 대한 지배권도 전과 같이 유지되게 된다. […] 이사는 소속 회사와 계열회사 사이의 영업적·재무적 관련성 유무와 정도, 소속 회사의 계열회사에 대한 경영권 유지와 상실에 따른 이익과 불이익의 정도, 기업집단의 변경이나 지배주주의 지배권 상실에 따른 소속 회사의 사업지속 가능성, 소속 회사의 재무상황과 사업계획을 고려한 주식취득 비용의 적정성 등을 객관적 자료를 바탕으로 구체적으로 검토하여야 한다. ③ 회사가 위 ①, ②와 같은 목적을 위하여 제3자와 계열회사 주식을 기초자산으로 하는 파생상품계약을 체결하여 제3자로 하여금 계약 기간 동안 계열회사 주식을 보유하게 하는 경우, 이사는 계약 방식에 따르는 고유한 위험으로서 기초자산인 계열회사 주가 변동에 따른 손실 가능성 및 규모, 소속 회사의 부담능력 등을 객관적·합리적으로 검토하고, 그에 따라 파생상품계약의 규모나 내용을 적절하게 조정하여 소속 회사가 부담하는 비용이나 위험을 최소화하도록 조치하여야 한다. 구체적으로 다음의 점을 고려하여 현대엘리베이터 이사들이 선관주의의무 및 감시의무를 위반하였다고 판단한 원심을 대법원도 수긍하였다. 현대엘리베이터의 이사들이 해운업 경기나 현대상선 주가에 관한 부정적 자료는 외면하고, 평소 파생상품계약의 가치를 평가해 오던 방식과는 다른 추정 방법에 따라 계약의 타당성을 검토한 점, 현대엘리베이터가 현대상선에 대한 의결권을 추가 확보함으로써 얻는 이익의 실체가 불분명한 점, 특히 피고1의 경우 다른 이사들이 위 계약의 위험성을 제대로 검토하지 않은 반면 자신은 위 계약으로 인해 그룹의 지배권을 유지하는 이익을 얻게 된다는 것을 잘 알면서도, 위 계약에 관해 충분한 검토가 이루어지도록 하는 등 조치를 취하지 않은 점이 문제되었다.

원심은 책임제한을 적용하여 피고1은 약 50%인 1,700억원, 피고2는 약 10%인 190억원의 책임을 인정하였고, 대법원에서 그대로 확정되었다.

Note │ 준법통제기준과 준법지원인: 내부통제시스템 구축과 관련하여 상법은 자산규모 등 소정의 기준에 따라 일정한 규모의 상장회사(현재 자산총액 5천억원 이상 상장회사)에 대해 준법통제기준의 마련 및 준법지원인 선임을 강제한다 (542조의13 1항, 2항; 상법시행령 39조). 즉 위 상장회사는 법령을 준수하고 회사경영을 적정하게 하기 위하여 임직원이 그 직무를 수행할 때 따라야 할 준법통제에 관한 기준 및 절차('준법통제기준')를 마련하여야 하고(542조의13 1항), 준법통제기준의 준수에 관한 업무를 담당하는 사람('준법지원인')을 1명 이상 두어야 한다(542조의13 2항).

Ⅱ. 충실의무와 이익충돌거래

미국법상 신인의무(fiduciary duty) 중 이사가 자기 또는 제 3 자의 이익을 위해 회사의 이익과 충돌되는 행위를 하여서는 아니된다는 의무는 충실의무(duty of loyalty)라고 일컬어진다. 미국에서는 오래전부터 판례에 의해 이익충돌의 금지를 인정하는 법리가 형성되어 왔다. 이에 비해서 우리나라에서는 종래부터 금지되는 이익충돌 유형을 경업금지 및 겸직금지 규정(397조)과 자기거래금지 규정(398조)으로 구체적으로 규정하고 있었다. 그러나 이러한 규정만으로는 기기묘묘한 이익충돌유형을 제대로 규제할 수 없으므로, 과거에 미국법과 같은 충실의무의 도입이 필요하다는 주장이 적지 않았다. 그리하여 상법 제382조의3에 "이사는 법령과 정관의 규정에 따라 회사를 위하여 그 직무를 충실하게 수행하여야 한다"라는 규정이 신설되었다. 그러나 이 규정이 미국법의 충실의무 법리를 그대로 도입한 것인지는 의문이 있다. 장차 법원에 의한 이 규정의 운용 여하가 주목된다.

Ⅱ.에서는 이익충돌행위의 유형 중 이사 등의 자기거래금지와 경업금지 및 겸직금지, 그리고 회사기회유용이 문제된 사례를 다룬다. 2011년 개정 전 상법은 이사의 자기거래 규제에서 행위의 주체를 "이사"라고 규정하고 있었다. 그런데 이사의 자기거래 규제의 적용을 받는 자의 범위에 관해서는 논란이 많았고, 지배주주에 의한 자기거래는 규제할 수 없다는 비판이 있었다. 지배주주에 의한 이익충돌행위에 대한 규제로서 충실의무(382조의3)와 업무집행지시자의 책임(401조의2)이 도입되었지만, 여전히 지배주주에 의한 각양각색의 권한 행사와 사익추구행위를 제대로 규제하는 데에는 한계가 있었다. 예컨대 지배주주에 의한 회사기회유용, 즉 회사의 사업기회를 모회사나 회사의 지배주주가 신설한 회사로 하여금 수행하도록 하는 경우에 관해서는 상법에 명시적인 규정이 없어서 규제 가부 및 규제 범위에 대하여 의문이 있었다. 2011년 개정 상법은 회사에 이익이 될 수 있는 일정한 사업기회를 이사회의 승인 없이 이

용하는 것을 금지하는 회사기회유용(usurpation of corporate opportunity)금지에 관한 규정을 신설하였다(397조의2).

한편 이익충돌의 특수한 유형으로서 이사를 위시한 경영자에 대한 과다 보수 지급문제는 우리나라에서는 그다지 주목받지 못한 주제이나, 2015년 이후 이사의 보수에 관하여 다수의 대법원 판결이 선고되었다. 이사의 보수는 이익 충돌이 개재될 수 있는 전형적인 문제라는 점을 지적하고, 이사의 보수에 관한 현행 상법과 실무 운용의 문제점과 한계를 살펴본다.

1. 이사 등의 자기거래와 상장회사의 주요주주 등 이해관계자 거래

(1) 상법 제398조의 적용범위

[판례 37]

대법원 1984. 12. 11. 선고 84다카1591 판결

• **사실관계**

원고 X회사(제일은행)는 제1심 공동피고 대한비철판매주식회사(Z회사)에게 2억1천5백만원을 대여하였다. 이 때 피고 Y회사(대원후직공업주식회사)의 대표이사인 소외 A는 Z회사의 대표이사를 겸하고 있었는데, A는 Y회사를 대표하여 Z회사의 대여금반환채무에 대한 연대보증을 하였다. X회사가 Y회사에게 연대보증채무의 이행을 청구하였으나 Y회사는 위 연대보증행위는 이사회의 승인을 얻지 않았으므로 무효라고 주장하였다.

• **법원의 판단**

원심(서울고등법원 1984. 6. 26. 선고 83나3582 판결)은 이 건 연대보증행위는 상법 제398조의 자기거래에 해당되는 것이 아니므로 Y회사의 주장을 배척하고 Y의 책임을 인정하였다. 그러나 대법원은 다음과 같이 이 건의 경우에도 자기거래에 해당한다고 하면서, 제3자인 X회사의 보호를 위하여 원심이 Y회사의 이사회 승인이 있었는가의 여부의 점과 이사회의 승인이 없었다면 그 사실을 X가 알고 있었는지 여부의 점에 관하여 심리 판단하지 아니한 채 A의 행위를 적법한 행위라고 판단한 것은 위법하다고 하면서 원심을 파기환송하였다.

상법 제398조에서 말하는 거래에는 이사와 회사 사이에 직접 성립하는 이해 상반행위뿐만 아니라 이사가 회사를 대표하여 자기를 위하여 자기 개인 채무

의 채권자인 제 3 자와 사이에 자기 개인채무의 연대보증을 하는 것과 같은 이
사개인에게 이익이 되고 회사에 불이익을 주는 행위도 포함하는 것이라 할 것
이고 … Y, Z 두 회사의 대표이사를 겸하고 있던 소외 A가 Z회사의 채무에 관
하여 피고 Y회사를 대표하여 연대보증을 한 경우에는 역시 상법 제398조의 규
정이 적용되는 것으로 보아야 할 것이다.

다만 … 대표이사인 A가 피고 Y회사를 대표하여 자기가 대표이사로 있는 Z
회사를 위하여 제 3 자인 원고 X회사와 사이에 한 거래에 있어서는, 거래의 안
전과 선의의 제 3 자를 보호할 필요상 Y회사는 이사회의 승인을 얻지 못하였다
는 것 외에 상대방인 원고가 이사회의 승인 없음을 알았다는 사실을 주장 입
증하여야만 비로소 그 거래의 무효를 그 상대방인 원고에게 주장할 수 있는
것이라고 할 것이다.

Questions & Notes

Q1 이 사건의 거래는 Z회사를 위해서 Y회사의 대표이사 A가 X회사와 Y회사
간의 연대보증계약을 체결한 것이다. 거래는 X회사와 Y회사 간에 이루어졌
고, A는 Y회사의 거래 상대방이 아니었으며, 이 거래로 인해 Y회사와 A의
이익충돌은 없다는 주장도 제기될 수 있다. 그럼에도 불구하고 이 사안에
상법 제398조가 적용되는 이유는 무엇인가?

Q2 이 사건에서 Y회사가 연대보증계약의 무효를 주장하기 위해서 원용할 수
있는 다른 법리는 없는가?

Q3 A와 B가 각각 Y회사의 대표이사와 이사인 경우, 다음과 같은 가상의 사례
에서 상법 제398조가 적용되는가?

(1) A(또는 B)가 Y와 거래하는 경우

(2) A(또는 B)가 대표이사로 있는 P회사가 Y와 거래하는 경우

(3) A(또는 B)가 대표이사가 아닌 이사로 있는 Q회사가 Y와 거래하는 경우

(4) Q회사가 Y와 거래할 때 Q의 이사로 있는 A(또는 B)가 Q의 대표이사로
부터 대리권을 수여받아 계약을 협상 또는 체결하는 경우

(5) A(또는 B)가 C의 수탁자 또는 다른 지위에서 C의 계산으로 Y와 거래하
는 경우

(6) D가 A(또는 B)의 수탁자 또는 다른 지위에서 A(또는 B)의 계산으로 Y와

거래하는 경우

(7) A(또는 B)의 부모, 자녀, 이들의 배우자가 Y와 거래하는 경우

(8) A(또는 B)가 100% 주주(또는 지배주주)인 R회사가 Y와 거래하는 경우

(9) A(또는 B)가 지배주주는 아니지만 2대주주, 3대주주이거나 상당한 분량의 주식을 가지고 있는 회사인 S회사가 Y와 거래하는 경우

(10) A(또는 B)의 부모, 자녀, 이들의 배우자가 100% 주주(또는 지배주주)인 T회사 또는 지배주주는 아니지만 2대주주, 3대주주이거나 상당한 분량의 주식을 가지고 있는 U회사가 Y와 거래하는 경우

Q4 다음 사례들이 현행 상법의 시행 이후에 발생하였다면 상법 제398조가 적용되는가?

(1) [판례 31]의 청구 3(삼성종합화학 주식의 매매 건)의 사안에서 삼성전자가 보유하던 삼성종합화학의 주식을 삼성전자의 계열사인 삼성건설과 삼성항공에 저가로 매도하였다.

(2-1) [판례 40]의 신세계 백화점(이하 '신세계')의 100% 자회사 광주신세계 백화점의 유상증자 시에 신세계가 실권하자 신세계의 이사 Y가 실권주를 전부 인수하였다.

(2-2) [판례 73]과 제일모직 대표소송 사건[36]에서 에버랜드의 이사회는 저가로 전환사채 발행을 결의하였는데, 그 주주인 제일모직(지분 14.14%)을 비롯해 97.4%의 주주가 인수청약을 포기하였다. 삼성그룹의 회장과 에버랜드의 주요주주(지분 13.16%), 그리고 제일모직의 이사를 겸하는 甲의 자녀들에게 실권분이 모두 배정되었다.

(3) 현대자동차 대표소송 사건[37]에서 현대자동차의 대표이사 Y는 현대자동차 그룹의 통합물류회사 설립을 논의하던 중 Y가 40%, Y의 아들 Y1이 60% 출자하여 물류회사 글로비스를 설립하였다. Y는 현대자동차의 모든 운송을 글로비스에 맡기도록 지시하여 글로비스는 급속히 성장하였다.

(4) 서울남부지방법원 2006. 8. 17. 선고 2003가합1176 판결에서 엘지화학의 이사들은 엘지화학이 보유하던 엘지석유화학주식을 대표이사 Y1, 이사 Y2, Y3 및 이들의 일가친척에게 매도하였다.

(5) [판례 56]의 사안에서 SK그룹의 지배주주이자 SK씨앤씨의 대주주인 갑

---

36) 대구고등법원 2012. 8. 22. 선고 2011나2372 판결(제일모직 대표소송)(확정).
37) 서울중앙지방법원 2011. 2. 25. 선고 2008가합47881 판결(현대자동차 대표소송)(확정).
   [판례 38]의 [참고판례].

은 SK씨앤씨가 보유한 상장회사 SK주식과 자신이 소유한 워커힐 주식 40.7%를 교환하도록 하였다.

Q5 상법 제398조의 자기거래의 주체로서 주요주주는 어떻게 판단하는가?

[참고판례]

• **대법원 2013. 9. 12. 선고 2011다57869 판결(신세계 대표소송)**

구 상법(2011. 4. 14. 법률 제10600호로 개정되기 전의 것. 이하 '구 상법'이라 한다) 제398조가 이사와 회사 간의 거래에 대하여 이사회의 승인을 받도록 정한 것은 이사가 그 지위를 이용하여 회사와 직접 거래를 하거나 이사 자신의 이익을 위하여 회사와 제3자 간에 거래를 함으로써 이사 자신의 이익을 도모하고 회사 또는 주주에게 손해를 입히는 것을 방지하고자 하는 것이므로(대법원 2010. 3. 11. 선고 2007다71271 판결 참조), 위 규정이 적용되기 위하여는 이사 또는 제3자의 거래상대방이 이사가 직무수행에 관하여 선량한 관리자의 주의 의무 또는 충실의무를 부담하는 당해 회사이어야 한다. 한편 자회사가 모회사의 이사와 거래를 한 경우에는 설령 모회사가 자회사의 주식 전부를 소유하고 있더라도 모회사와 자회사는 상법상 별개의 법인격을 가진 회사이고, 그 거래로 인한 불이익이 있더라도 그것은 자회사에게 돌아갈 뿐 모회사는 간접적인 영향을 받는 데 지나지 아니하므로, 자회사의 거래를 곧바로 모회사의 거래와 동일하게 볼 수는 없다. 따라서 모회사의 이사와 자회사의 거래는 모회사와의 관계에서 구 상법 제398조가 규율하는 거래에 해당하지 아니하고, 모회사의 이사는 그 거래에 관하여 모회사 이사회의 승인을 받아야 하는 것이 아니다.

• **대법원 2017. 9. 12. 선고 2015다70044 판결(한화 대표소송)**

(사실관계) 2005. 6. 한화는 그 자회사인 한화에스앤씨 주식 40만주(66.7%)를 한화그룹의 회장인 피고 Y의 장남에게 매각하였다. 경제개혁연대 등 원고 주주들은 한화에스앤씨 주식의 저가매각은 이사의 의무위반, 자기거래·회사기회유용·경업금지 등 법령에 위반하는 행위에 해당하며 저가매각으로 인해 한화에 894억원의 손해가 발생하였다는 이유로 Y를 포함한 전현직 이사들을 상대로 대표소송을 제기하였다. 원고들은 자기거래 금지 규정 위반과 관련하여 이 사건 거래는 2011년 개정 전 상법 제398조의 자기거래 규정의 적용을 받으므로 이사회 승인을 받아야 하는데 이사회 승인 없이 거래한 것이므로 이사들이 의무를 위반한 것이라고 주장하였다.

(법원의 판단) 대법원은 "[…] 이사회의 승인이 필요한 이사와 회사의 거래에는 이사가 거래의 상대방이 되는 경우뿐만 아니라 상대방의 대리인이나 대표자로서 회사와 거래를 하는 경우와 같이 특별한 사정이 없는 한 회사와 이사 사이에

이해충돌의 염려 내지 회사에 불이익을 생기게 할 염려가 있는 거래도 해당된다 (대법원 1996. 5. 28. 선고 95다12101, 12118 판결 참조).”라고 설시하였다.

또한 상법 제398조의 취지에 관하여 회사와 이사의 거래에 이사회의 승인을 요하는 이유는 이사와 회사 사이의 이익상반거래가 비밀리에 행해지는 것을 방지하고 그 거래의 공정성을 확보함과 아울러 이사회에 의한 적정한 직무감독권의 행사를 보장하기 위해서이다. 따라서 그 거래와 관련된 이사는 이사회의 승인을 받기에 앞서 이사회에 그 거래에 관한 자기의 이해관계 및 그 거래에 관한 중요한 사실들을 개시하여야 할 의무가 있다”라고 설시하였다. “이 사건 주식매매의 매수인이 이사 Y의 아들로서 특수관계인이라는 점, 매매가격과 같은 주요한 거래조건이 명시적으로 공개된 점, Y를 제외한 나머지 피고들이 한화의 소외 1 상무로부터 한화에스앤씨의 유상증자 필요성, 한화의 출자총액제한 등에 따라 이 사건 주식을 처분할 필요가 있고, 이 사건 주식의 매매가격이 회계법인에 의뢰하여 보고받은 것이라는 설명을 들은 후 이 사건 이사회 결의가 이루어진 점”에서 “이 사건 주식매매에 대하여 그 이해관계 및 거래에 관한 중요한 사실들의 개시를 거쳐 한화 이사회의 승인이 있었다고 볼 수 있다”라고 판시하였다.

• **서울고등법원 2016. 9. 23. 선고 2015나2046254 판결(강원랜드의 기부)**[38]

대법원 2019. 5. 16. 선고 2016다260455 판결의 원심이다. 강원랜드 주식 1.25%를 보유한 태백시가 출자한 공사에 대해 강원랜드가 기부한 사건에서 태백시가 강원랜드의 주요주주인지가 문제되었다. 주요주주에 해당한다면 강원랜드는 재적 이사 2/3 이상의 찬성에 의한 이사회 승인이 필요하였다. 원심은 “상법상 주요주주는 주요 경영사항에 대하여 지배적 영향력을 행사하는 정도는 아니더라도 자기의 의사에 부합하는 결정을 이끌어낼 수 있는 정도에는 이른 자”여야 한다고 설시하면서 태백시가 주요주주가 아니라고 보았다.

Note 2011년 개정 전 상법 제398조는 자기거래의 주체를 이사라고 규정하였기 때문에, 회사와 이사의 특수관계자 사이의 거래나, 회사와 회사의 이사가 지배주주로 있는 다른 회사 사이의 거래, 그리고 두 회사의 지배주주가 동일한 경우 그 두 회사 사이의 거래는 이익충돌의 우려가 더 높음에도 불구하고 자기거래 규정의 적용을 받지 않았다. 현행 상법은 자기거래의 주체를 확대하여 이사뿐만 아니라 일정한 “주요주주”(542조의8 2항 6호)[39]와 집행임원

---

38) 이 사건의 사실관계의 상세는 [판례 33].

39) 주요주주란 회사의 발행주식총수의 10% 이상을 소유한 자 또는 이사·감사의 선임·해임 등 상장회사의 주요경영사항에 대하여 사실상 영향력을 행사하는 주주이다(542조의8 2항 6호).

(408조의9, 398조)도 포함하고(398조 1호)[㉮], ㉮의 배우자 및 일정한 친족, 나아가 이들이 단독 또는 공동으로 50% 이상의 지분을 소유한 회사(동조 동항 2호, 3호, 4호)[㉯], 이사, 주요주주와 이들의 배우자 및 일정한 친족이 ㉯와 함께 50% 이상의 지분을 소유한 회사와의 거래도 규제 대상으로 포섭되었다(398조 5호).

(2) 이사 등의 자기거래의 승인

[판례 38]

대법원 2023. 6. 29. 선고 2021다291712 판결(손해배상)

자기거래의 효력이 다투어진 것이 아니라 자기거래의 무효를 전제로 하여 주주가 대표이사에 대해 손해배상을 청구한 대표소송 사건이다.

• **사실관계**

원고는 1970년경 설립된 자동차 관련 부속품을 제조·판매하는 A회사의 발행주식총수의 26.13%(2,613주)를 보유한 주주로서 1999년경부터 A회사의 이사 또는 (공동)대표이사로 재임하다가 2014. 10.경 사내이사에서 해임되었다. 피고는 원고의 이사 해임 이후 2014. 10.경 A회사의 사내이사로 선임되고, 2015. 11.경부터 A회사의 대표이사로 재임하고 있다. A회사의 창업주인 소외인의 사망 이후 원고와 피고 사이에는 A회사의 경영에 관해 다툼이 있어 왔다.[40)]

사안의 자기거래의 목적 부동산이 다수이고 소비대차 원리금 상환과 차임의 정산에 관하여 사실관계가 복잡하지만 자기거래 쟁점과 관련하여 필요한 한도에서 간추리면 다음과 같다. A회사는 2016. 11. 23. 피고의 딸 소외인 C와 사이에 C로부터 3억원을 차용하는 소비대차계약을 체결하였다. A회사는 2016. 11. 23. 제1, 2부동산을, 2016. 12. 20. 제3 부동산을 C에게 총 6억8천만원에 매도하였다(이하 '이 사건 부동산 매매'). C에 대한 차입 원리금 중 일부와 각 부동산의 매매대금 중 일부를 정산하기로 합의하였다.[41)] A회사 이사회는 이 사건 부동

---

40) 원고와 피고, 그리고 A회사, 원고가 1996년 설립한 자동차 부품을 제조·판매하는 B회사는 A회사 소유 부동산의 매매, 두 회사의 물품·용역대금 등과 관련하여 다수의 본안 사건, 가처분사건과 형사고소사건 등이 진행된 바 있다.

41) 각 매매계약의 특약사항에는 ① C에 대한 차입금 3억원의 변제를 각기 5,000만원(제1부동산), 1억 5,000만원(제2 부동산), 1억원(제3 부동산)의 계약금 및 중도금으로 전환하고, ② 가압류된 부동산의 처분 위험 및 공실 위험을 매수인 C가 감수하므로 중도금 지

산매매에 관하여 이익상반거래로서가 아니라 통상적 거래로서 심의하였다. 2016. 12.에 C명의로 제1, 2, 3부동산에 관한 소유권이전등기가 경료되어 C가 부동산을 점유하게 되었는데, 원고의 문제제기 이후인 2019. 2. 11. C에게 차용 원금 2억원을 반환하였고, 제1, 제2 부동산에 대한 소유권이전등기가 말소된 바 있다. 제3 부동산은 C가 원상회복을 거부하였다.

원고는 이 사건 부동산 매매에 관하여 적법한 이사회 승인이 없었으므로 무효인데, 이 사건 부동산 매매에 근거해서 피고가 A회사 소유의 부동산을 C에게 저가 매도함으로써 C는 각 소유권이전등기 경료시점부터 부동산 반환시기까지 차임 상당 이익을 얻거나(제1, 제2 부동산)[42] 시가와 저가 매도액의 차액 또는 차임 상당의 이익을 얻고(제3 부동산) A회사는 같은 금액 상당의 손해를 입었다고 주장하면서, 2018. 8. 14.경 A회사의 감사에게 피고에 대한 손해배상 청구의 소를 제기할 것을 청구한 후 피고에 대해 대표소송을 제기하였다.

● **법원의 판단**

[원심: 서울고등법원 2021. 10. 14. 선고 2020나2036343 판결]

이 사건 각 매매계약 체결 전에 상법 제398조의 적법한 이사회 결의를 통하여 자기거래를 승인 또는 사후 추인하였다거나 소외 C가 선의의 제3자라는 피고의 주장을 배척하였다.

이 사건 각 매매계약 이전인 2016. 11. 4. 자 이사회 결의는 없었거나 설령 이사회 결의가 있었다고 하더라도 해당 거래에 관한 중요사실을 밝히고 이루어진 결의가 아니어서 거래 이전에 상법 제398조에서 정한 이사회의 승인이 이루어졌다고 볼 수 없다는 것이다. ① 2016. 11. 4.자 이사회 회의록에는 매매 목적물이 A회사의 어느 아파트인지, 매매 상대방이 누구인지, 회사와의 관계는 어떻게 되는지 등의 기본적인 거래정보에 대하여 아무런 기재가 없으므로 자기의 이해관계 및 그 거래에 관한 중요한 사실이 개시되었다고 볼 수 없으므로 A회사와 C 사이의 자기거래에 관한 결의로 볼 수는 없다. ② 설령 실제로

급 시 소유권을 이전하고, ③ C는 차입금에 대한 이자를 청구하지 않고 잔금일시를 2018. 1. 30.(제1, 2부동산) 내지 2018. 6. 30.(제3 부동산)로 정하되 상호 협의하여 변경할 수 있도록 정하였다.

42) 제1, 2부동산에 관하여 합계 43,753,000원(= 21,622,500원 + 22,130,500원)의 차임 상당의 손해를 입었다고 주장하였다.

이사회가 개최된 사실이 있었다고 하더라도 […] 위 규정에서 말하는 '해당 거래에 관한 중요사실'은 이해관계 없는 합리적인 판단력을 가진 이사라면 그 거래를 승인하지 않았거나 적어도 동일한 조건으로 거래를 승인하지 않았을 중요한 거래조건을 의미하는 것인바, 구체적으로는 거래상대방, 거래 종류, 목적물·수량·가액·시기 등 주요 조건, 이해관계의 내용 등을 들 수 있다. 그런데 이사회의사록(을 제67호증)을 살펴보면, C가 'A회사의 주주로서 피고 대표이사의 직계비속'임을 명시하고 있기는 하나, 제1 내지 3부동산에 관한 각 매매가 시가보다 얼마나 저가로 이루어지는지, 매매대금의 지급 시기가 언제인지 등과 같은 기본적인 거래조건, A회사에 필요한 자금의 액수와 부동산 거래 규모의 상관성 내지 적절성, 저가양도로 인하여 A회사는 피해를 보고 B는 이득을 볼 수 있다는 점 등의 사정에 대하여 아무런 언급이 없다. 위 이사회에서 이 사건 각 매매계약에 관한 중요사실이 개시되고 그 이해상반성이나 거래의 적정성에 관한 논의를 거친 후 의결을 하였다고 보기 부족하[…]므로 상법 제398조에서 정한 이사회의 승인이 있었다고 볼 수 없다.

③ 피고는, 설령 위 각 이사회 결의에 하자가 있었다 하더라도 A회사는 2021. 8. 17. 이사회에서 사후추인 결의를 하였으므로 이 사건 각 매매계약은 유효하다고 주장하지만 […] 현행 상법은 구 상법(2011. 4. 14. 법률 제10600호로 개정되기 전의 것) 제398조와는 달리 이사 등이 자기 또는 제3자의 계산으로 회사와 거래를 하기 위하여는 '미리' 이사회에서 해당 거래에 관한 중요사실을 밝히고 이사회의 승인을 받아야 한다고 정하고 있으므로, 이사 또는 주요주주 등의 자기거래에 대한 사후승인이나 추인은 허용되지 않는다.[43] ④ 피고는 이사회 결의에 하자가 있다고 하더라도, 이 사건 각 매매계약의 효력은 선의의 제3자에 해당하는 C에 대해서는 유효하다고 주장하나 상법 제398조는 이사나 이사의 특수관계자가 자기거래를 통하여 자신의 이익을 도모하고 회사나 주주에게 손해를 입히는 것을 방지하려는 제도인데, C는 상법 제398조 제2호에서 규정한 […] 자기거래의 직접 상대방이 되므로 선의의 제3자로 보호받을 수 있는 제3자에 해당하지 아니한다.

결국 피고는 이 사건 각 매매계약이 상법 제398조에서 규정한 자기거래에

---

43) 대전고등법원 2019. 12. 12. 선고 2019나11836 판결 참조, 위 판결은 상고되었으나 심리불속행 기각되었다. 대법원 2019. 12. 12. 선고 2020다200160 판결.

해당함에도 위 규정에 따른 이사회의 승인 없이 이 사건 각 매매계약을 체결하여 법령에 위반하는 행위를 하였으므로, 피고는 상법 제399조 제 1 항에 따라 A회사가 입은 손해를 배상할 책임이 있다고 판단하였다.

[대법원]

가. 1) 상법 제398조는 [⋯] 이사 등과 회사 사이에 이익상반거래가 비밀리에 행해지는 것을 방지하고 이사회의 직무감독권 행사를 통하여 이사 등과 회사 사이에 이루어지는 거래의 공정성을 확보함으로써, 이사 등이 회사와의 거래를 통하여 자기 또는 제 3 자의 이익을 도모하고 회사와 주주에게 예기치 못한 손해를 입히는 것을 방지하기 위함이다(대법원 2017. 9. 12. 선고 2015다70044 판결, 대법원 2020. 7. 9. 선고 2019다205398 판결 등 참조).

상법 제398조는 [⋯] ‘미리’ 중요사실을 밝히고 이사회의 승인을 받을 것을 명시하였으며, [⋯] 거래의 내용과 절차가 공정하여야 한다고 규정하는 한편, 구 상법 제398조 후단의 민법 제124조와 관련된 내용을 제외하였다. [⋯] 상법 제398조의 문언 내용을 그 입법 취지와 개정 연혁 등에 비추어 보면, 이사 등이 자기 또는 제 3 자의 계산으로 회사와 유효하게 거래를 하기 위하여는 미리 이사회 승인을 받아야 하므로 이사회 승인을 받지 않았다면 특별한 사정이 없는 한 그 거래는 무효라고 보아야 하고(위 대법원 2019다205398 판결 참조), 사후에 그 거래행위에 대하여 이사회 승인을 받았다고 하더라도 특별한 사정이 없는 한 무효인 거래행위가 유효로 되는 것은 아니다.

2) 나아가 상법 제398조는 이사 등이 회사와의 거래에 관하여 이사회 승인을 받기 위하여는 이사회에서 해당 거래에 관한 중요사실을 밝히도록 정하고 있으므로, 만일 이러한 사항들을 밝히지 아니한 채 그 거래가 이익상반거래로서 공정한 것인지에 관한 심의가 이루어진 것이 아니라 통상의 거래로서 이를 허용하는 이사회의 결의가 이루어진 것에 불과한 경우 등에는 상법 제398조가 정하는 이사회 승인이 있다고 할 수 없다(대법원 2007. 5. 10. 선고 2005다4284 판결 참조).

원심 설시에 다소 부적절한 부분이 있으나 상법 제398조가 적용되는 거래에 해당하는 이 사건 각 매매계약에 대하여 사전에 상법 제398조에서 정한 이사회의 승인이 없었으므로 각 거래행위는 무효이고 사후에 이사회 승인을 받았다고 하더라도 여전히 무효라고 판단한 원심의 결론은 정당하다.

원심은 [⋯] 무효인 이 사건 각 매매계약의 이행으로 인하여 A회사가 부동산을 사용·수익하지 못하게 되어 차임 상당액의 손해를 입었다고 인정하되 이 사건 각 매매계약 체결 경위와 내용, 피고의 임무 위반 정도 등 제반 사정을 참작하여 피고의 손해배상책임을 70%로 제한하였는데 원심의 이러한 판단은 정당하다.

Questions & Notes

Q1 (1) [판례 38]에 의하면 자기거래에 대한 이사회 승인이 적법한 승인으로 인정되려면 어떠한 절차와 내용으로 승인을 얻어야 하는가?

(2) [판례 38]은 상법 제398조에 따라 이사회의 사후승인은 허용되지 않는다고 보았다. 사후승인이 허용되지 않는 이유는 무엇인가?

(3) 상법 제398조의 '해당 거래에 관한 중요사실'은 무엇을 말하는가? [판례 38]에서는 이 사건 매매계약에 관하여 무엇을 개시하였어야 하는가?

Q2 [판례 38]의 사안에서 A회사의 대표이사인 피고는 회사와 C 사이의 자기거래에 대한 승인에서 의결권을 행사할 수 있는가?

[Note] 이사회의 승인 요건: 자기거래의 이사회의 승인 요건은 이사 3분의 2 이상의 수로써 하여야 하는 바, 398조), 재적 이사의 3분의 2 이상인지, 출석 이사의 3분의 2 이상인지에 관해 의견이 갈릴 수 있지만, 재적 이사 총원의 3분의 2 이상이 요구된다고 보아야 한다. 일반적인 이사회 결의를 위해서는 상법 제391조에 따라 재적 이사 과반수의 출석과 출석 이사의 과반수의 찬성이 요구되고, 제391조 제 3 항의 준용규정에 따라 이사회 결의에 특별이해관계 있는 이사는 의결권 행사를 할 수 없고, 그 이사의 의결권은 출석주식 수에 산입되지 않는다(368조 4항, 371조 2항). 자기거래의 경우에 특별이해관계 있는 이사는 의결권을 행사할 수 없으므로, 특별이해관계 있는 이사를 제외한 나머지 이사 중 3분의 2 이상의 이사가 찬성하여야 이사회 승인요건을 갖추었다고 본다.

[Note] 이익충돌거래에 관하여 이익충돌사실 및 기타 중요한 사실을 이사회 승인 이전에 개시하고 특별이해관계 있는 이사를 제외한 이사들 중 3분의 2 이상이 찬성하였다면 상법상 절차적 정당성을 확보했다고 판단될 수 있다. 그러나 현실적으로 특별이해관계 있는 이사(A)의 지휘나 감독을 받는 사내이사

는 A의 의도에 따라 승인을 할 가능성이 높다. 따라서 해석론상으로 불가능하다면 입법론상으로라도 이익충돌거래의 승인 여부를 결정할 수 있는 이사를 이해관계 없는 이사(disinterested directors)로 보아 A와 특별한 관계에 있는 사내이사는 제외할 필요가 있을 것이다. 그렇지 못한 상황에서는 2011년 개정상법에서 추가된 공정성 요건이 한층 중요한 의미를 갖는다.

[Note] 대법원 2007. 5. 10. 선고 2005다4284 판결은 이사회의 사후승인이 허용된다고 보았는데, [판례 38]이 선행 판결을 판례변경 절차를 거치지 아니하고 사후승인이 인정되지 않는다고 본 것에 대해서 의문을 제기하는 입장이 있을 것이나, [판례 38]은 이사회의 사전승인을 명시한 상법 제398조의 시행 이후의 사안을 다룬 것이므로 판례변경 절차가 필요하지 않았을 것이다.

Q3 이사 등의 자기거래에 관하여 이사회의 승인을 주주총회의 승인으로 갈음할 수 있는가? 적법한 이사회의 승인이 없는 거래에 관하여 주주총회에서 사후 추인하는 것은 허용되는가?

Q4 [판례 38]에 의할 때 적법한 이사회의 승인이 없이 이루어진 자기거래의 효력은 어떠한가? 판례의 입장은 타당한가?

(3-1) 이사회의 결의 정족수를 충족하지 못한 경우

(3-1) 이사회의 결의 정족수는 충족하였지만, '해당 거래에 관한 중요사실'을 개시하지 않은 상태에서 승인이 이루어진 경우

Q5 (1) 이사회의 적법한 승인은 얻었지만 거래의 조건이 불공정한 경우 거래는 유효한가?

(2) 거래의 실질적 공정성을 요구하는 경우에 공정성의 입증책임은 누가 부담하는가?

(3) 거래의 조건이 공정하다는 의미는 무엇인가? 예컨대 회사가 물건을 매도하는 경우라면, 그 가격이 최고가여야만 실질적 공정성을 갖춘 것인가? 거래의 조건이 공정하다면 회사가 특정인 또는 특정회사와만 거래하는 것은 허용되는가?

Q6 판례에 의하면 이사 등의 자기거래를 위한 이사회 결의에 하자가 있더라도 회사는 선의의 제 3 자에 대해서는 거래의 무효를 주장하지 못한다.

(6-1) 선의의 제 3 자의 의미는 무엇이며, 제 3 자의 선의의 입증은 누가해야 하는가?

(6-2) [판례 38]에서 이 사건 매매의 상대방인 C는 '제3자'에 해당하는가?

(6-3) 갑회사가 그 이사가 발행주식총수의 50%를 소유한 을회사와 거래하는 경우 을회사는 '제3자'에 해당하는가?

(6-4) 이사의 자기거래의 상대방이 이사회 결의의 하자에 관하여 선의인 경우 거래의 무효를 주장할 수 있는가?

Q7 상법 제398조는 1회적 거래를 예상한 것이므로, 이사회의 승인은 개개의 거래에 대하여 이루어져야 한다는 것이 통설이다. 포괄적 승인은 허용되는가? 그 이유는 무엇인가?

[참고판례]

• **대법원 2007. 5. 10. 선고 2005다4284 판결(대한생명보험)**[44]

이 판결은 이사 등의 자기거래에 관하여 이사회의 사전승인을 명시하는 규정이 신설되기 이전의 구 상법하의 사안을 다룬 것이다.

(사실관계)

소외 A는 1976. 7. 2.경부터 1999. 5. 4. 해임되기까지 보험업 등을 영위하는 원고회사(대한생명보험)의 최대주주(지분율 28.83%)이자 대표이사로 재직하였다. 또한 A는 피고 법인(신동아학원)을 인수한 이래 1999. 12. 14.경까지 피고의 이사장으로 재직하였다. 원고회사는 피고에게 1992. 11. 30.부터 1999. 1. 29.까지 총 63회에 걸쳐 합계 231억원을 기부하였는데, 일부 기부행위에 대해 배임죄의 유죄판결이 확정되었고, 1999. 5. 원고회사의 주주총회에서 해임되었다.

기부행위 승인을 위한 이사회 결의는 없었고, A가 수시로 피고에게 일정액의 기부를 구두로 지시하면 그 지시를 순차로 전달받은 원고회사의 임직원들, A의 결재를 받아 기부금을 납부하였다. 원고회사의 재무제표 승인을 위한 주주총회 전에 이사회에서는 기부행위의 지출내역이 포함된 기부금명세서 등 결산 관련 서류를 사후에 심의·의결한 바는 있지만, 이 사건 기부행위를 구체적인 안건으로 한 이사회 심의나 승인결의가 이루어지지는 않았다. 원고회사는 피고에 대해 이 사건 기부행위가 무효라고 주장하고 부당이득반환을 청구하였다.

(법원의 판단)

이사와 회사 사이의 이익상반거래에 대한 승인은 주주 전원의 동의가 있다거나 그 승인이 정관에 주주총회의 권한사항으로 정해져 있다는 등의 특별한 사정이 없는 한 이사회의 전결사항이라 할 것이므로, 이사회의 승인을 받지 못한 이익상반거래에 대하여 아무런 승인 권한이 없는 주주총회에서 사후적으로 추인결의를 하였다 하여 그 거래가 유효하게 될 수는 없다.

---

44) 이 판례의 쟁점 중 주주총회와 이사회의 권한 배분에 관해서는 제3장 [판례 12] 참조.

[…] 회사가 이익상반거래를 묵시적으로 추인하였다고 보기 위해서는 그 거래에 대하여 승인 권한을 갖고 있는 이사회가 그 거래와 관련된 이사의 이해관계 및 그와 관련된 중요한 사실들을 지득한 상태에서 그 거래를 추인할 경우 원래 무효인 거래가 유효로 전환됨으로써 회사에 손해가 발생할 수 있고 그에 대하여 이사들이 연대책임을 부담할 수 있다는 점을 용인하면서까지 추인에 나아갔다고 볼 만한 사유가 인정되어야 한다. […] 단지 이사회나 주주총회에서 재무제표 및 영업보고서의 승인 결의를 한 후 원고회사가 그 영업보고서 등을 근거로 세무신고를 하여 법인세 산정시 손금산입 처리를 받았다거나 회사의 이사, 주주 혹은 감사 등이 이 사건 기부행위에 대하여 장기간 이의를 제기하지 아니하였다는 사정 등만으로 원고회사가 이 사건 기부행위를 묵시적으로 추인하였다고 보기 어렵다.

- **대법원 2020. 7. 9. 선고 2019다205398 판결[45](주권인도청구)**
소규모 주식회사에서 이사의 자기거래에 대해서 주주총회의 승인이 없으면 그 거래는 무효라고 판시한 최초의 판결이다. 원고회사(주식회사 한국종합미디어)는 자본금 10억원 미만의 소규모 주식회사로서, 그 이사 2인 중 1인인 X는 원고회사 보유 주식회사 서울경제신문(이하 '서울경제신문') 주식 6,000주를 2012. 12. 31. 금 5억원에 매수하였는데, X는 서울경제신문의 대표이사였던 Y와 협의하여 위 양수주식의 명의인을 Y로 하였다(제1 거래). 이 때 원고회사의 주주총회 승인은 없었다. Y는 2014. 3. 5. 서울경제신문의 대표이사직에서 물러나게 되자, 서울경제신문 회사금고에 보관되어 있던 주권을 인출하여 같은 해 4. 10. 피고회사(주식회사 포커스신문사)에 금 10억 5천만원에 매도하였다(제2 거래). 원래의 주식 소유자였던[46] 한국종합미디어가 원고가 되어, 포커스신문사를 상대로 주권반환을 구한 것이다. 만약 제1 거래가 유효하다면 주권반환 청구권자는 X인 반면, 무효라면 원고회사가 된다.

원심과 대법원 모두 제1 거래가 무효라고 보아 원고회사 청구를 인용했다. 대법원은 "자본금 총액이 10억 원 미만으로 이사가 1명 또는 2명인 회사의 이사가 자기 또는 제3 자의 계산으로 회사와 거래를 하기 전에 주주총회에서 해당 거래

---

45) 대법원 2018. 7. 12. 선고 2015다251812 판결과 동일한 사실관계이다. 이 판결의 사안은 본문의 포커스신문사가 원고가 되어 서울경제신문에 명의개서를 청구한 사안으로 제2 거래가 문제되었다. 대법원은 명의개서 청구를 기각했다. Y는 단지 X에게 명의만을 대여한 무권리자라고 보면서, '회사가 이러한 무권리자로부터 취득한 거래 당시 고의 또는 중과실이 있었다' 하여 선의취득을 인정하지 않았다.

46) 사실관계의 제2 거래에서 선의취득이 성립하면 이 청구는 불가능하다. 선행 판결인 2015다251812 판결이 제2 거래를 무효로 보았기 때문에 제1 거래의 유효성이 쟁점이 된 것이다.

에 관한 중요사실을 밝히고 주주총회의 승인을 받지 않았다면, 특별한 사정이 없는 한 그 거래는 무효라고 보아야 한다"고 설시했다.

• **대법원 2012. 12. 27. 선고 2011다67651 판결**

상법 제398조[…]는 이사가 그 지위를 이용하여 회사와 직접 거래를 하거나 이사 자신의 이익을 위하여 회사와 제 3 자 사이의 거래를 함으로써 이사 자신의 이익을 도모하고 회사 및 주주에게 손해를 입히는 것을 방지하고자 하는 것이므로(대법원 1973. 10. 31. 선고 73다954 판결, 대법원 2010. 3. 11. 선고 2007다71271 판결 등 참조), 그 규정 취지에 비추어 이사와 회사 사이의 거래가 상법 제398조를 위반하였음을 이유로 무효임을 주장할 수 있는 자는 회사에 한정되고 특별한 사정이 없는 한 거래의 상대방이나 제 3 자는 그 무효를 주장할 이익이 없다.

• **대법원 2017. 8. 18. 선고 2015다5569 판결(채무부존재확인등)(골든튜브)**

이사회 승인 없는 자기거래를 총주주가 승인했다면 회사는 무효 주장을 하지 못한다는 취지의 판결이다.

(사실관계) 원고 회사와 피고 회사의 대표이사를 겸하던 소외 1은 원고와 피고 사이에 원고가 피고로부터 쇼핑몰 개발용역을 제공받는 것을 내용으로 하는 이숍(e-shop) 시스템 공급계약('이 사건 공급계약')을 체결하였다. 이 사건 공급계약 체결 당시 소외 1은 원고의 투자자들로부터 원고 주식 100%를 양수하여 주식 소유권을 이전받았다. 소외 1은 주식에 대한 대금을 지급하지 않았는데 원고의 투자자들은 소외 1의 원고 주식 전부에 대해 근질권을 설정하고 중요 사항에 관하여 주식의 의결권을 행사할 때 근질권자로부터 사전에 서면동의를 얻도록 하였다. 원고는 이 사건 공급계약이 제398조의 자기거래에 해당하는데 이사회 승인이 없었으므로 무효라는 이유로 이 계약과 관련된 채무의 부존재확인을 구하는 소를 제기하였다.

(법원의 판단) 원심은 원고 이사회의 승인이 없었다는 점에서 무효라고 보고, 1인 주주인 소외 1의 동의가 있었다면 이사회 승인이 없었음을 이유로 이 사건 공급계약에 따른 책임을 회피할 수 없다는 피고의 주장을 원고 소유 주식은 사실상 원고의 투자자들에게 귀속되는 것으로 보인다는 점에서 배척하였다.

그러나 대법원은 다르게 판단하였다. "이 사건 공급계약 체결 당시 소외 1이 원고 주식의 100%를 양수하여 주식 소유권을 이전받았다면, 소외 1은 특별한 사정이 없는 한 원고 주식에 대해서 주주로서의 권리를 행사할 수 있고, … 소외 1이 주식매매대금을 지급하지 않았다고 하더라도 주식매매대금 지급채무를 부담하는 것은 별론으로 하고 소외 1이 원고 주식의 주주가 아니라고 할 수 없다. 또한 주식에 대해 질권이 설정되었다고 하더라도 질권설정계약 등에 따라

질권자가 담보제공자인 주주로부터 의결권을 위임받아 직접 의결권을 행사하기로 약정하는 등의 특별한 약정이 있는 경우를 제외하고 질권설정자인 주주는 여전히 주주로서의 지위를 가지고 의결권을 행사할 수 있다"라고 한 후 "소외 1이 원고의 1인 주주로서 이 사건 공급계약을 체결하였다면, 이 사건 공급계약의 체결에 원고의 주주 전원이 동의하였다고 할 것이므로 원고는 이사회 승인이 없었음을 이유로 그 책임을 회피할 수 없다"라고 판시하였다. 다만 대법원은 결과적으로는 이 사건 공급계약이 피고의 채무불이행으로 적법하게 해제되었다고 보면서 원고의 청구를 인용하였다.

Note 상장회사에서는 신용공여를 제외하고는 최대주주 등과 회사 사이의 거래에서는 일정한 규모 이상의 거래에 대하여 이사회의 승인이 요구되는 데 반해, 제398조의 자기거래에는 규모에 따른 제한이 없다. 또한 일정한 정형적 거래에 대해 이사회의 승인의무를 배제하거나 이사회의 포괄승인을 허용하는 규정도 없다. 제398조의 자기거래 주체의 범위가 확대됨에 따라 제542조의9의 규제에 비해 지나친 규제라는 비판이 제기될 수 있다.

(3) 상장회사의 주요주주 등 이해관계자와의 거래

상장회사에 대해서는 회사와 주요주주 등 이해관계자(주요주주[47] 및 그 특수관계인[48]), 이사, 업무집행지시자등(401조의2 1항 각호), 감사, 집행임원(이하 '주요주주 등')과의 거래에 관한 특례 규정(542조의9)이 적용된다.

1) 신용공여의 금지: 주요주주 등에 대해서는 이사회의 승인을 얻더라도 신용공여를 할 수 없다. 신용공여란 금전 등 재산의 대여, 채무이행의 보증,[49] 자금지원적 성격의 증권 매입 등 신용위험이 따르는 거래이다(시행령 35조 1항 4호).

2) 최대주주 등의 자기거래의 제한: 1)의 신용공여 이외에, 자산총액 2조 원 이상의 상장회사가 최대주주,[50] 그 특수관계인 및 그 상장회사의 특수관계인 중 일정한 자와 거래를 하거나 이들을 위하여 하는 거래는 이사회의 승인

---

47) 위 주39 참조(542조의8 2항 6호).
48) 일정한 친족과 주요주주가 30% 이상 소유하거나 사실상 영향력을 행사하는 법인 또는 단체이다(542조의8 2항 5호, 시행령 34조 4항).
49) [판례 8] 대법원 2005. 5. 27. 선고 2005다480 판결의 사안에서 원고가 상장회사라면 상법 제542조의9에 의해 연대보증은 금지된다.
50) 신용공여에서는 주요주주이지만, 기타 거래에서는 최대주주로 되어 있다.

을 얻어야 한다(542조의9 3항). 이때 거래의 규모가 자산총액 또는 매출액 대비 일정한 수준에 이르는 경우에만 이사회의 승인이 필요하다(542조의9 3항, 시행령 35조 6항). 3) 회사의 업종에 따른 일상적 거래로서 약관에 따라 정형화된 거래 또는 이사회에서 승인한 거래총액의 범위 내에서 이루어지는 거래는 이사회의 승인을 받지 않고도 할 수 있다(542조의9 5항).

　3) 상법 제542조의9 위반 거래의 효력: 상법 제542조의9에 위반한 거래의 효력에 관해서 명문 규정이 없다. 과거 상법 제542조의9 제 1 항의 전신인 구 증권거래법 제191조의19 제 1 항에 위반한 거래의 효력이 문제된 사건에서, 하급심 판결은 위 구증권거래법 규정은 효력규정이 아니라 단속규정으로 보고 거래의 사법적 효력에는 영향이 없다고 판단한 바 있다(서울중앙지방법원 2009. 6. 2. 선고 2009가합414 판결). 구증권거래법의 해당 규정이 상법에 수용되었으므로, 상법 제542조의9는 효력규정으로 보아야 한다. 따라서 상법 제398조를 위반한 경우의 사법적 효력에 관한 논의는 상법 제542조의9에도 타당할 것이다. 아래 2017다261943 판결은 이러한 취지를 밝힌 것이다. 다만 상법 제542조의9 제 1 항은 원칙적 금지를 규정하는데 반하여 상법 제398조는 이사회 승인을 요건으로 거래를 허용하는바 양 규정의 규정 형식의 차이에도 불구하고 위반의 효력을 상대적 무효로 판단한 것은 논란이 있겠으나 제542조의9 제 1 항의 금지대상이 광범하여 금지대상 여부를 거래 상대방이 알기 어렵다는 점에서 타당하다.

[참고판례]
• 대법원 2021. 4. 29. 선고 2017다261943 판결(네오퍼플)
제542조의9 제 1 항의 신용공여 금지 위반행위의 효과를 다룬 최초의 판결이다. (사실관계) 원고와 피고는 상장회사인 주식회사 네오퍼플("네오퍼플")에 대한 채권자로서 네오퍼플이 B회사에 대하여 갖는 채권("이 사건 채권")에 대하여 각기 가압류를 한 자이다. 먼저 가압류를 했던 원고가 피고의 가압류의 부적법성을 주장하며 배당이의를 하였다. 피고의 가압류(결정정본이 2013. 5. 22. B회사에 도달)는 네오퍼플이 이 사건 채권을 A에게 양도(양도통지가 2013. 5. 13. B회사에 도달)한 이후에 이루어진 것이어서 부적법하다는 것이다.[51] 문제는 네오퍼플

---

51) 판례(대법원 2010. 10. 28. 선고 2010다57213,57220 판결)에 따라 채무자가 압류 또는 가압류의 대상인 채권을 양도하고 확정일자 있는 통지 등에 의한 채권양도의 대항요건을 갖추었다면, 그 후 채무자의 다른 채권자가 그 양도된 채권에 대하여 압류 또는 가압류

의 위 양도행위가 무효인지 여부였다.

네오퍼플의 이 사건 채권 양도경위는 다음과 같다. A는 사채업자로서 네오퍼플, X(네오퍼플의 주요주주, 업무집행지시자), Y(네오퍼플의 대표이사)와의 사이에 2012. 11.경 A가 X, Y에게 금 20억원을 대여하되 네오퍼플이 연대보증을 하고 담보를 제공하기로 하는 내용의 금전소비대차 계약을 체결한 바 있다. A는 2012. 12. 28.경 네오퍼플로부터 위 금전소비대차상 담보 명목으로 이 사건 채권을 양도받은 것이다. 원고는 이 사건 채권 양도가 유효라고 주장한 반면, 피고는 상법 제542조의9 제 1 항 위반으로서 무효라고 주장했다.

(법원의 판단)

대법원은 해당 채권이 A에게 양도된 행위는 상법 제542조의9 제 1 항에서 금지하고 있는 신용공여행위이고, 당시 제 3 자에게는 중과실이 인정되므로 그 양도가 무효라고 본 원심판단이 타당하다고 보았다.

" […] 주요주주 등이 주식회사의 경영에 상당한 영향력을 행사할 수 있다는 점을 고려하면, 회사가 주요주주 등에게 신용공여를 할 경우 회사의 재무건전성을 저해하고 일반주주나 채권자 등의 이익을 침해하는 결과가 초래될 우려가 높을 뿐만 아니라, 경우에 따라서는 이를 은폐하기 위하여 비정상적인 회계처리를 감행할 가능성도 커지게 된다. 특히 다양한 이해관계자가 존재하는 상장회사의 경우 회계·경영 관련 건전성에 대한 요구가 비상장회사에 비해 높으므로, 상법 제542조의9 제 1 항은 상장회사의 주요주주 등에 대한 신용공여를 원칙적으로 금지하여 회사의 이익을 보호할 뿐 아니라 주식시장의 건전성 및 투자자 보호에 기여하고자 한 것이다.

상법 제542조의9 제 1 항의 입법 목적과 내용, 위반행위에 대해 형사처벌이 이루어지는 점 등을 살펴보면, 위 조항은 강행규정에 해당하므로 위 조항에 위반하여 이루어진 신용공여는 허용될 수 없는 것으로서 사법상 무효이고, 누구나 그 무효를 주장할 수 있다. 그리고 위 조항의 문언상 상법 제542조의9 제 1 항을 위반하여 이루어진 신용공여는, 상법 제398조가 규율하는 이사의 자기거래와 달리, 이사회의 승인 유무와 관계없이 금지되는 것이므로, 이사회의 사전 승인이나 사후 추인이 있어도 유효로 될 수 없다.

다만 상법 제542조의9는 제 1 항에서 신용공여를 원칙적으로 금지하면서도 제 2 항에서는 일부 신용공여를 허용하고 있는데, 회사의 외부에 있는 제 3 자로서는 구체적 사안에서 어떠한 신용공여가 금지대상인지 여부를 알거나 판단하기 어려운 경우가 생길 수 있다. 상장회사와의 상거래가 빈번한 거래현실을 감안하

를 하더라도 그 압류 또는 가압류 당시에 피압류채권은 이미 존재하지 않는 것과 같아 압류 또는 가압류로서의 효력이 없다.

면 제 3 자로 하여금 상장회사와 거래를 할 때마다 일일이 상법 제542조의9 위반 여부를 조사·확인할 의무를 부담시키는 것은 상거래의 신속성이나 거래의 안전을 해친다. 따라서 상법 제542조의9 제 1 항을 위반한 신용공여라고 하더라도 제 3 자가 그에 대해 알지 못하였고 알지 못한 데에 중대한 과실이 없는 경우에는 그 제 3 자에 대하여는 무효를 주장할 수 없다고 보아야 한다."

2. 경업거래금지 및 겸직금지

[판례 39]

대법원 1993. 4. 9. 선고 92다53583 판결(이사해임청구)

• 사실관계

　Y(피고)는 A회사(우림콘크리트, 원심 피고)의 대표이사로서 주주총회 승인 없이[52] A회사와 동종영업을 목적으로 하는 소외 B회사(한국하이콘주식회사)를 설립하고 B회사의 대표이사가 되어 영업을 위하여 공장부지를 매수하는 등 영업준비작업을 하여 왔다. 그러나 원고 X(A회사의 5% 주주)로부터 항의를 받고 B회사의 대표이사직을 사임하였다. Y는 B회사의 전 주식을 자신의 매제의 동생으로서 콘크리트 제품의 생산 및 판매에 전혀 경험이 없는 소외 Z에게 양도하였다. B회사는 그 후 공장부지 정지공사를 Y가 대표이사로 있는 소외 C회사(우림종합건설주식회사)에게 도급을 주어 완공시키고, C회사에게 B회사가 생산하는 제품을 납품하였다. 원고 X는 Y의 이사해임의 건을 상정하여 A회사의 임시주주총회를 소집하였으나 출석주주가 정족수에 미달하여 임시주주총회가 유회되었다. 이후 X는 Y의 행위가 상법 제397조 제 1 항에 위반하는 중대한 위법행위에 해당한다는 이유로 Y를 이사직에서 해임할 것을 청구하였다.

• 법원의 판단

　상법 제397조 제 1 항의 규정취지는 이사가 그 지위를 이용하여 자신의 개인적 이익을 추구함으로써 회사 이익을 침해할 우려가 큰 경업을 금지하여 이사로 하여금 선량한 관리자의 주의로써 회사를 유효적절하게 운영하여 그 직무를 충실하게 수행하여야 할 의무를 다하도록 하려는 데 있으므로, 경업의 대상

---

52) 이 사건이 일어난 당시에 이사의 경업거래는 주주총회의 승인사항이었다. 1995년 상법 개정에 의해 이사의 자기거래의 승인기관과 맞추기 위하여 이사회 승인사항으로 변경되었다.

이 되는 회사가 영업을 개시하지 못한 채 공장의 부지를 매수하는 등 영업의 준비 작업을 추진하고 있는 단계에 있다 하더라도 상법 제397조 제 1 항에서 말하는 동종영업을 목적으로 하는 다른 회사에 해당한다. … 회사의 이사가 회사와 동종영업을 목적으로 하는 다른 회사를 설립하고 다른 회사의 대표이사가 되어 영업준비작업을 하여 오다가 영업활동을 개시하기 전에 다른 회사의 대표이사직을 사임하였다고 하더라도 이는 상법 제397조 제 1 항 소정의 경업금지의무를 위반한 행위로서 특별한 다른 사정이 없는 한 이사의 해임에 관한 상법 제385조 제 2 항 소정의 "법령에 위반한 중대한 사실"이 있는 경우에 해당한다.

Questions & Notes

Q1 이 사건에서 Y는 B회사의 대표이사가 될 수 있는가?

Q2 이 사건에서 만일 A회사의 이사 Y가 A회사와 동종영업을 목적으로 하는 A회사의 자회사인 A1회사의 이사로 파견되는 경우에는 이사회의 승인이 필요한가?

Q3 만일 이 사건에서처럼 Y가 A회사와 동종영업을 목적으로 하는 B회사를 설립하고 B회사의 대표이사가 된 것이 아니라, A회사와 동종영업을 목적으로 하는 C회사의 100%주주인 경우에는 제397조 제 1 항이 적용되는가? 이 사건에서 Y는 자신이 A회사와 경업하는 것이 아니라, 자신과 별개로 법인격을 갖는 B회사가 경업을 하는 것이라고 주장하였는데, 이러한 주장은 타당한가?

Q4 상법 제397조의 "영업부류에 속한 거래"나 "동종영업"의 판단은 무엇을 기준으로 하는가? 회사의 정관소정의 목적을 말하는 것인가?

Q5 이사가 이사회 승인 없이 경업을 하거나 겸직을 하게 된 경우 회사는 어떠한 조치를 취할 수 있는가?

Q6 이사가 이사회 승인 없이 경업을 한 경우 그 거래의 효력은 유효하다. 승인 없는 거래의 효력이 이사 등의 자기거래의 경우와 다른 이유는 무엇인가?

Q7 상법 제385조 제 2 항은 주주총회에서 이사해임을 부결한 때 주주가 이사해임의 소송을 제기할 수 있도록 하고 있는데, 이 사건에서는 이사 해임을 위한 주주총회의 출석주주 수가 부족하여 주주총회가 유회되었다. 이러한 경

우에도 상법 제385조 제 2 항의 요건을 갖춘 것으로 보는 이유는 무엇인가?

[참고판례]

• 대법원 2013. 9. 12. 선고 2011다57869 판결(신세계 대표소송)

이사는 경업 대상 회사의 이사, 대표이사가 되는 경우뿐만 아니라 그 회사의 지배주주가 되어 그 회사의 의사결정과 업무집행에 관여할 수 있게 되는 경우에도 자신이 속한 회사 이사회의 승인을 얻어야 하는 것으로 볼 것이다. 한편 어떤 회사가 이사가 속한 회사의 영업부류에 속한 거래를 하고 있다면 그 당시 서로 영업지역을 달리하고 있다고 하여 그것만으로 두 회사가 경업관계에 있지 아니하다고 볼 것은 아니지만, 두 회사의 지분소유 상황과 지배구조, 영업형태, 동일하거나 유사한 상호나 상표의 사용 여부, 시장에서 두 회사가 경쟁자로 인식되는지 여부 등 거래 전반의 사정에 비추어 볼 때 경업 대상 여부가 문제되는 회사가 실질적으로 이사가 속한 회사의 지점 내지 영업부문으로 운영되고 공동의 이익을 추구하는 관계에 있다면 두 회사 사이에는 서로 이익충돌의 여지가 있다고 볼 수 없고, 이사가 위와 같은 다른 회사의 주식을 인수하여 지배주주가 되려는 경우에는 상법 제397조가 정하는 바와 같은 이사회의 승인을 얻을 필요가 있다고 보기 어렵다.

같은 취지: 대법원 2018. 10. 25. 선고 2016다16191 판결

3. 회사의 기회 및 자산의 유용

종래 우리 상법은 제397조, 제398조에 의해서 회사와 이사 사이의 이익충돌행위를 규제하여 왔다. 우리나라 기업집단 내에서 신규 사업을 시작하거나 기존 사업부문을 재조정하는 과정에서 지배주주나 그 특수관계인의 지분율이 상대적으로 높은 회사에 전망이 좋은 사업을 배정하고 다른 계열사들이 유리한 조건으로 거래해줌으로써 회사의 부를 부당하게 유출하는 것이 아니냐는 의혹이 그치질 않았다. 이들 행위는 충실의무 위반으로 볼 여지가 많지만, 제397조의 경업과는 달리 이사가 회사와 경쟁을 하는 것이 아니고 제398조의 자기거래와는 달리 이사가 적극적으로 회사와 거래하는 것도 아니다. 그리하여 상법 제397조와 제398조를 통해 이러한 행위를 규제하는 데는 한계가 있었는데, 2011년 개정상법에서는 이사 등이 회사의 사업기회를 이용하기 위해서는 이사회의 승인을 얻도록 하는 이른바 "회사기회유용"에 관한 규정을 신설하였다(397조의2). 강학상 "회사기회유용"이라고 일컫지만 조문의 표제는 "회사의

기회 및 자산의 유용 금지"로 되어 있다.

회사기회유용에 관한 법리는 미국의 판례에 의해 형성되어 온 것인데, 한 마디로 정의하기는 쉽지 않다. 무엇이 회사기회인지에 관하여 미국의 판례는 다양한 기준을 제시하고 있다.[53] 상법은 "직무를 수행하는 과정에서 알게 되거나 회사의 정보를 이용한 사업기회" 또는 "회사가 수행하고 있거나 수행할 사업과 밀접한 관계가 있는 사업기회"로서 현재 또는 장래에 회사의 이익이 될 수 있는 것을 사업기회라고 규정한다(397조의2).

이처럼 회사기회가 무엇인지를 구체적으로 정하여 규제하는 것에 대해서는 비판이 있을 수 있지만, 명확한 기준을 제시하여 법적 예측가능성을 높인다는 긍정적인 측면도 있다. 그러나 명문규정에도 불구하고 무엇이 회사의 사업기회인지는 해석상 대단히 어려운 문제라고 할 수 있다. 또한 개정상법의 법문상 기회이용의 주체는 "이사"(그리고 집행임원)로 되어 있기 때문에(408조의9), 우리나라에서 주로 문제시되었던 기업집단에서 지배주주가 연루된 기회유용사례를 제대로 규제할 수 있을지도 의문이 없지 않다. 이 규정의 운용 시에 법원의 적극적인 역할이 필요할 것이다.

[판례 40]

대법원 2013. 9. 12. 선고 2011다57869 판결(신세계 대표소송)

• **사실관계**

수도권을 영업지역으로 하는 신세계는 1995. 4. 10. 100% 출자하여 광주지역을 영업지역으로 하는 주식회사 광주신세계백화점(이하 '광주신세계')을 설립하였다. 광주신세계는 IMF 외환위기 사태 이후 자금조달에 어려움을 겪게 되자, 이를 해소하기 위해 신세계와 협의를 거쳐 1998. 3. 30. 50만 주를 유상증자하기로 하였다(이하 '이 사건 유상증자'). 주요 내용은 보통주 50만 주를 1주당 5,000원으로 1998. 4. 8. 현재 주주에게 주주배정방식으로 배정하되, 실권주는 일반이 인수하는 것으로 하였다. 1998. 4. 20. 광주신세계의 100% 주주이던 신

---

53) American Law Institute, Principles of Corporate Governance, 1994, §5.05(b) 및 §5.12(b). ALI는 회사기회유용의 주체를 1) 이사 및 상급집행임원과 2) 지배주주로 나누어 1)에 대해서는 사업기회가 직무수행과정에서 얻은 것인지, 회사정보나 회사재산을 사용하였는지 여부를 중시한다(§5.05(b)). 2)에 관해서는 사업기회를 입수하게 된 경로를 기준으로 한다(§5.12(b)(1)).

세계는 이사회를 개최하여, "광주신세계의 재무구조 개선을 위하여 이 사건 유
상증자의 규모 및 시기는 적합한 것으로 판단되나, 신세계의 1997년 말 부채
비율이 257%로 비교적 높은 편이고, IMF 시기에 외부차입금 조달을 통한 타
법인 출자는 바람직하지 않다"라는 이유로 신주인수를 전부 포기하기로 의결
하였다. 광주신세계는 1998. 4. 22. 이사회에서 실권주를 당초의 발행가액으로
신세계의 이사인 피고 Y에게 제3자 배정하기로 의결하였고, Y는 다음날 신주
인수대금을 전액 납입하였다. 이 사건 유상증자 이후에 광주신세계의 자본금
은 5억원에서 30억원으로, 발행주식총수는 10만 주에서 60만 주로 변경되었
고, 광주신세계의 지분은 Y가 83.3%, 신세계가 16.7% 보유하게 되어서 광주신
세계의 최대주주는 신세계에서 Y로 변경되었다.

신세계의 소수주주들은 신세계의 이사회에서 신주인수의 포기를 결의하고
Y가 실권주를 전부 인수한 것과 관련하여 Y가 (1) 상법 제397조의 경업금지의
무 위반, (2) 상법 제398조의 자기거래금지의무 위반, (3) 회사의 사업기회유용
금지의무 위반, (4) 신세계의 이익을 위하여 신주를 인수하였어야 함에도 Y의
재산을 증식시켜 줄 목적으로 이사회에서 신주인수 포기를 결의한 것과 같은
임무해태 행위를 하였고, 나머지 피고 이사들은 이에 가담하거나 방조하여 신
세계에 손해를 입혔음을 이유로 하여 Y를 비롯한 이사들에 대하여 대표소송을
제기하였다.

• **법원의 판단**

(1) 경업금지의무 위반 여부

[원심: 서울고등법원 2011. 6. 16. 선고 2010나70751 판결] 신세계는 수도권
을 영업지역으로 하고 광주신세계는 광주지역을 영업지역으로 하고 있어 양자
가 영업지역을 달리하고 있는데, 신세계가 별도로 광주지역에 지점 형태의 영업
을 계획하고 있지 아니한 이상 양자 사이에 경업관계가 발생한다고 보기 어려우
므로, Y의 신주인수는 이사회의 승인을 받아야 하는 경업에 해당하지 않는다.

[대법원] 회사의 이사가 지배주주로 있는 회사가 회사의 영업부류에 속한
거래를 하고 있다면 영업지역을 달리하고 있다는 것만으로 경업관계를 부정할
수 없지만, 두 회사의 지분소유 상황과 지배구조, 영업형태, 동일하거나 유사
한 상호나 상표의 사용 여부, 시장에서 두 회사가 경쟁자로 인식되는지 여부

등 거래 전반의 사정에 비추어 볼 때 지배주주의 회사가 실질적으로 이사가 속한 회사의 지점 내지 영업부문으로 운영되고 공동의 이익을 추구하는 관계에 있다면 두 회사 사이에는 이익충돌의 여지가 없기 때문에 상법 제397조의 이사회의 승인을 얻을 필요가 없다. 광주신세계는 피고 Y의 이 사건 신주인수 후에도 그 전과 마찬가지로 사실상 신세계의 지점처럼 운영되었다고 할 것이고 … 기록을 살펴보아도 피고 Y가 광주신세계를 통하여 신세계와 이익충돌의 염려가 있는 거래를 하였다고 볼 자료가 없으므로, Y가 이 사건 신주인수로 광주신세계의 지배주주가 되었더라도 그에 관하여 상법 제397조의 규정에 따라 신세계 이사회의 승인을 받았어야 한다고 보기 어렵다.

(2) 자기거래금지의무 위반 여부

구 상법(2011. 4. 14. 법률 제10600호로 개정되기 전의 것. 이하 '구 상법'이라 한다) 제398조(가) … 적용되기 위하여는 이사 또는 제 3 자의 거래상대방이 이사가 직무수행에 관하여 선량한 관리자의 주의의무 또는 충실의무를 부담하는 당해 회사이어야 한다. 한편 자회사가 모회사의 이사와 거래를 한 경우에는 설령 모회사가 자회사의 주식 전부를 소유하고 있더라도 모회사와 자회사는 상법상 별개의 법인격을 가진 회사이고, 그 거래로 인한 불이익이 있더라도 그것은 자회사에게 돌아갈 뿐 모회사는 간접적인 영향을 받는 데 지나지 아니하므로, 자회사의 거래를 곧바로 모회사의 거래와 동일하게 볼 수는 없다. 따라서 모회사의 이사와 자회사의 거래는 모회사와의 관계에서 구 상법 제398조가 규율하는 거래에 해당하지 아니하고, 모회사의 이사는 그 거래에 관하여 모회사 이사회의 승인을 받아야 하는 것이 아니다.

(3) 회사의 사업기회유용금지의무 위반 여부

[원심: 서울고등법원 2011. 6. 16. 선고 2010나70751 판결] 이사가 사업기회를 유용한 것으로 인정되려면 유망한 사업기회가 존재하고 사업기회가 이사에 의하여 유용된 것이 인정되어야 하는데, 유상증자 당시 IMF 외환위기 사태로 경제여건이 크게 악화되어 대부분의 유통업체가 경영상 어려움을 겪고 있었던 점, 광주신세계가 이미 자본잠식 상태에 있었으며 이자비용이 당기순이익에 근접하는 상황이었던 점, 유상증자 대금 대부분이 기존 채무변제에 사용된 점, 신세계도 정부와 금융당국의 부채비율 축소 요구에 따라 우량자산을 매각하는 등 유동성 확보와 재무구조 개선을 위한 구조조정을 진행하고 있었던 점, 광주

신세계가 실권 통보를 받은 후 신주인수자를 물색하였으나 IMF 외환위기 사태로 인한 국내경제 침체 등의 영향으로 인수자를 찾지 못한 끝에 신주를 Y에게 전액 배정하기로 결정한 점 등을 종합하면, 신주인수 당시 광주신세계가 유망한 사업기회였다고 보기 어렵고, 신세계가 IMF 외환위기 상황 하에서 긴축경영의 취지에 부합하게 신주 인수를 포기하고 광주신세계도 인수자를 찾지 못하여 Y에게 신주를 인수하게 한 것이어서 Y가 신세계의 사업기회를 유용한 것으로도 보기 어렵다.

[대법원] 이사는 이익이 될 여지가 있는 사업기회가 있으면 이를 회사에 제공하여 회사로 하여금 이를 이용할 수 있도록 하여야 하고, 회사의 승인 없이 이를 자기 또는 제 3 자의 이익을 위하여 이용하여서는 아니 된다. 그러나 회사의 이사회가 그에 관하여 충분한 정보를 수집·분석하고 정당한 절차를 거쳐 회사의 이익을 위하여 의사를 결정함으로써 그러한 사업기회를 포기하거나 어느 이사가 그것을 이용할 수 있도록 승인하였다면 그 의사결정과정에 현저한 불합리가 없는 한 그와 같이 결의한 이사들의 경영판단은 존중되어야 할 것이므로, 이 경우에는 어느 이사가 그러한 사업기회를 이용하게 되었더라도 그 이사나 이사회의 승인 결의에 참여한 이사들이 이사로서 선량한 관리자의 주의의무 또는 충실의무를 위반하였다고 할 수 없다.

원심판결 이유를 이러한 법리에 비추어 살펴보면, 원심이 그 판시와 같은 이유를 들어 Y가 신세계의 사업기회를 유용한 것으로 보기 어렵다는 취지로 판단한 것은 그 이유 설시에 부적절한 점이 없지 아니하나 결과적으로 정당하고… 상고이유의 주장과 같이 이사가 회사의 사업기회를 취득할 수 있는 요건이나 절차에 관한 법리를 오해하거나 사실을 잘못 인정하는 등으로 판결 결과에 영향을 미친 위법이 없다.

(4) 저가발행 신주의 인수포기와 이사의 의무위반 여부

원심은 … 이 사건 신주가 현저히 저가로 발행된 것으로 단정하기에 부족하고, 설령 이 사건 신주가 다소 저가로 발행되었더라도 그러한 사정만으로는 이를 인수하지 아니하기로 한 피고들의 의사결정이 현저히 불합리하여 이사의 임무를 해태하였다고 인정하기에 부족하다고 판단하였다. 이와 같은 원심의 판단은 정당한 것으로 수긍할 수 있다.

Q1 [판례 40]의 사안이 상법 제397조의2의 시행 이후에 발생하였다면, 대법원은 어떠한 결론을 내렸겠는가?

Q2 회사의 사업기회의 개념

[판례 40]의 원심은 이사회의 승인을 얻어야 하는 사업기회의 유용에 해당하기 위해서는 '유망한 사업기회'이어야 한다고 판시하였지만, 대법원은 '이익이 될 여지가 있는 기회'라고 판시하였다.

(1) 사업기회의 기준을 '유망한 사업기회' 또는 '이익이 될 여지가 있는 사업기회'라고 하는 경우에 어떠한 문제점이 있는가?

(2) 회사의 사업기회는 추상적 개념이라고 할 수 있는데, 회사의 이익가능성이 있는 사업기회란 어떠한 의미로 해석하는 것이 바람직한가?

(3) 대법원 판례의 기준과 상법 제397조의2 제1항의 기준의 차이는 무엇인가?

[참고판례]

• **대법원 2017. 9. 12. 선고 2015다70044 판결(한화 대표소송)**

(사실관계)[54] 한화가 그 자회사인 한화에스앤씨 주식 40만주(66.7%)를 한화그룹의 회장이자 이사인 Y의 장남에게 매각한 것이 한화의 사업기회 유용에 해당하는지가 문제되었다.

(법원의 판단) 원심(서울고법 2015. 11. 6. 선고 2013나72031 판결)은 피고 Y를 제외한 나머지 피고들이 이 사건 이사회에서 한화의 소외 1 상무로부터 이 사건 주식의 매각 안건과 관련하여, 한화에스앤씨의 증자요청이 있었으나 한화의 출자총액제한으로 이에 응할 수 없고 한화에스앤씨가 조속히 유상증자를 해야 할 필요성이 있으며 이 사건 주식의 가치는 삼일회계법인에 의뢰하여 보고받았다는 등의 설명을 듣고는 이 사건 주식매매가 적절하다고 판단하여 이를 승인하는 이사회 결의에 이르렀으므로, 이 사건 주식매매는 한화에 대한 사업기회의 유용으로 보기 어렵고, 피고들이 한화 이사로서 선량한 관리자의 주의의무 또는 충실의무를 위반하였다고 볼 수 없다고 판단하였다. 대법원은 "이 사건 주식매매로 한화가 사업기회를 포기하고 이를 Y의 장남이 이용할 수 있게 된 것이라고 하더라도, 한화의 이사회가 위 주식매매에 관하여 충분한 정보를 수집·분석하고 정당한 절차를 거쳐 이를 승인하는 결의를 하였으며, 그 의사결정과정이 현저하게 불합리하였다고 볼 만한 사정도 없는 이상, 피고들이 이사로서 선량한

---

54) 이사의 자기거래에 관한 참고판례 248면의 사실관계 참조.

관리자의 주의의무 또는 충실의무를 위반하였다고 볼 수 없다"고 판시하였다.

• 서울중앙지방법원 2011. 2. 25. 선고 2008가합47881 판결(현대자동차 대표소송)
(확정)

(사실관계) 피고 Y는 2000. 6. 이후 현대자동차그룹(이하 'A그룹')의 회장으로 재
직하면서, 현대자동차를 비롯하여 그 계열사들인 기아자동차, 현대모비스, 글로
비스 등의 지배주주로서, 1999. 3. 10.부터 사건 당시까지 현대자동차의 대표이사
이었다. A그룹은 계열회사가 지분 참여하여 그룹의 통합물류회사를 설립하기
위해서 글로비스를 설립하기로 하였지만, 이후에 Y가 40%(10억원), Y의 장남
소외 Y1이 60%(15억원)를 출자하여 2001. 2. 글로비스를 설립하였다. 현대자동
차의 소수주주 X는 Y가 글로비스의 출자지분 인수거래를 한 것은 (1) 경업금지
의무 위반, (2) 이사의 자기거래 법령 위반, 그리고 (3) 현대자동차의 기회를 유
용한 것이라고 주장하였다. X는 특히 (3)과 관련하여 글로비스의 운송 내지 물
류 업무는 객관적으로 A그룹 계열사들의 제조활동을 위해 필수적인 보조활동으
로서 각 계열사들의 제조활동과 밀접한 관련성을 가진 업무이고, A그룹 계열사
들이 통합물류회사를 설립하기 위한 사전준비작업을 해 온 사실이 있으므로 글
로비스의 물류사업은 현대자동차의 사업기회에 해당하고… Y는 통합물류회사를
만들 경우 A가 해당 회사의 지분을 인수하게 되면 막대한 이득이 기대되고, 당
시 현대자동차는 충분한 재정적 여력이 있었으므로 글로비스의 주식 상당 부분
을 현대자동차가 인수하도록 하는 방안을 검토하여 이를 이사회에 보고해야 할
의무가 있고, 이사회가 글로비스의 지분을 인수하는 결의를 할 수 있도록 필요
한 조치를 취했어야 하나 Y는 해당 안건을 이사회에 보고하지도 않고 자신과
그 아들이 글로비스 지분을 취득하였으므로 회사의 사업기회를 유용하였다고
주장하였다.

　(법원의 판단) "… '사업의 기회'는 포괄적이고 불명확한 표현이고… 이사가
자신이 알게 된 모든 사업의 기회를 회사에게 적극적으로 이전해야 하는 의무까
지 부담한다고 할 수는 없고, 이사에게 그 사업의 기회를 회사로 하여금 추진하
게 해야 할 충실의무를 지우고, 이사가 그 충실의무를 위반함으로써 회사에게
기대이익을 얻지 못하게 하는 손해가 발생하였다고 볼 수 있기 위해서는 그 사
업의 기회가 "회사에 현존하는 현실적이고 구체적인 사업기회"로서 인정되는 경
우여야 할 것이다. … 회사 내에서 사업의 추진에 대한 구체적인 논의가 있었거
나 회사가 유리한 조건으로 사업기회를 제안받는 경우와 같이 그 사업의 기회가
회사에 현존한 현실적이고 구체적인 사업기회였고, 당시 회사의 사업전략, 영업
형태 및 재무상황, 그 사업의 특성, 투자 규모, 위험부담의 정도, 기대 수익 등을
종합적으로 고려한 합리적인 경영판단에 따르면 회사가 그 사업의 기회를 이용

하여 사업을 추진할 만한 상당한 개연성이 인정되는 경우, 이사는 회사가 그 사
업을 추진하도록 해야 할 선관주의의무 내지 충실의무를 부담한다."

[Note] [판례 40]과 위 [참고판례]의 각각의 사안에서 원고는 피고 Y의 신주인수행
위, 피고 Y의 장남의 계열사 주식 매수행위, 글로비스 설립행위 각각이 회
사의 사업기회유용뿐만 아니라 경업, 자기거래에도 해당한다고 주장하였다.
이것은 회사의 사업기회유용이 회사와 이사 사이의 이익충돌행위라는 유사
성이 있고 세 가지 유형이 분명히 구분되지 않는 경우가 있음을 보여준다.
경업은 회사와 경쟁한다는 점을 강조하는 반면에 회사의 기회유용은 반드시
회사와 경쟁할 것을 요구하는 것이 아니라는 차이가 있고, 자기거래는 이사
가 회사와 직접 또는 간접적으로 거래하는 형태임에 반하여 회사기회유용은
이사가 회사와 거래하는 것이 아니라는 차이가 있다.

Q3 [판례 40]은 사업기회의 이용이 이사의 의무위반에 해당하지 않으려면, 이
사회가 충분한 정보를 수집·분석하고 정당한 절차를 거쳐 회사의 이익을
위하여 의사를 결정함으로써 ① 회사의 사업기회를 포기하거나 ② 어느 이
사가 그것을 이용할 수 있도록 승인한 경우라고 하면서 ①과 ②에 대해서
선택적으로 결정을 하면 된다고 판시한 것이라고 할 수 있다.
(1) 이 사건에서 신주를 인수하지 않기로 하는 이사회 결의를 Y의 실권주
인수를 허용하는 결의와 동일시 할 수 있는가?
(2) 이 사건에서 Y가 실권주를 전부 인수하여 83.3%를 보유하게 됨으로써
광주신세계의 최대주주는 종전의 신세계에서 신세계의 지배주주측인 Y로
변경되었다. 이처럼 회사는 광주신세계의 지배주주의 지위에서 벗어나고 회
사의 지배주주측이 지배주주가 되는 경우에도 대법원의 법리가 타당하다고
할 수 있는가?
(3) [판례 40]의 사안이 상법 제397조의2의 시행 이후에 발생했다면 피고 이
사들이 책임을 면하려면 어떠한 절차를 거쳐야 하는가?

Q4 제397조의2에 위반하여 이사회의 승인 없이 회사의 사업기회를 유용한 경우
효과는 어떠한가?

Q5 회사기회유용으로 인한 회사의 손해는 어떻게 산정할 수 있으며, 손해배상
의 방법은 어떠한가?

[참고판례]

• **대법원 2018. 10. 25. 선고 2016다16191 판결**

(사실관계) A회사의 이사인 甲이 B회사를 설립하여 종래 A회사가 독점판매권을 갖고 있던 외국회사의 골프용품을 B회사를 통해 수입·판매하였다. A회사의 독점판매계약이 종료된 후에 B회사가 독점판매계약을 체결하였다. B회사는 그 사업을 제 3 자에게 양도하여 영업권 상당의 이익을 거두었지만 A회사는 영업부진으로 해산하였다. A회사의 주주가 甲을 상대로 경업 및 회사기회유용으로 인한 손해배상을 청구하였다.

(법원의 판단) 이사는 회사에 대하여 선량한 관리자의 주의의무를 지므로, 법령과 정관에 따라 회사를 위하여 그 의무를 충실히 수행한 때에야 이사의 임무를 다한 것이 된다. 이사는 이익이 될 여지가 있는 사업기회가 있으면 이를 회사에 제공하여 회사로 하여금 이를 이용할 수 있도록 하여야 하고, 회사의 승인 없이 이를 자기 또는 제 3 자의 이익을 위하여 이용하여서는 아니 된다.

[…] 이사가 법령 또는 정관을 위반한 행위를 하거나 임무를 해태함으로써 회사에 대하여 손해를 배상할 책임이 있는 경우에 그 손해배상의 범위를 정할 때에는 … 손해분담의 공평이라는 손해배상제도의 이념에 비추어 그 손해배상액을 제한할 수 있다. 이때에 손해배상액 제한의 참작 사유에 관한 사실인정이나 그 제한의 비율을 정하는 것은, 그것이 형평의 원칙에 비추어 현저히 불합리한 것이 아닌 한 사실심의 전권사항이다. […] 대법원은 甲의 손해배상책임을 인정하면서, 그 손해액은 "A회사의 매출액 감소에 따른 영업수익 상실액 상당"인데, "B회사가 받은 사업 양도대금 중 B회사가 스스로 창출한 가치에 해당하는 부분을 제외하고 A회사가 빼앗긴 사업기회의 가치 상당액을 산정하는 방법"으로 A회사의 손해를 산정해야 한다고 판시하였다.

Q6 이사가 이사회의 승인 없이 회사의 사업기회를 자기 또는 제 3 자의 이익을 위하여 이용하여 회사에 손해를 발생시킨 때에는 손해를 발생시킨 이사 및 승인한 이사는 손해배상책임을 부담한다(397조의2). 사업기회의 이용에 따른 이익 취득의 주체는 이사 이외에 제 3 자가 규정되어 있지만, 행위의 주체와 손해배상책임의 주체로는 이사만 규정되어 있다(동조 2항). 실제로 기업집단에서 회사의 사업기회 이용에 따라 이익을 보는 자가 이사가 아니고 지배주주인 경우에는 이익을 보는 자와 손해배상을 해야 하는 자가 달라질 수 있다. 이 규정이 실효성이 있으려면 어떻게 규정되었어야 하는가?

참고자료 천경훈, "개정상법상 회사기회유용 금지규정의 해석론 연구", 상사법연구 제 30권 제 2 호(2011. 8).

4. 이사의 보수

(1) 이사의 보수의 개념과 보수의 결정

[판례 41]

대법원 2014. 5. 29. 선고 2012다98720 판결(피델리티 자산운용)

• **사실관계**

원고는 2007. 5. 8. 피고 피델리티 자산운용의 임시주주총회에서 피고의 이사로 선임되고, 같은 날 이사회 결의로 대표이사로 선임되었다. 원고는 대표이사로 선임되기 이전에 당시 피고의 대표이사이던 소외 3으로부터 대리권을 수여받아 피고를 대리한 소외 1 및 소외 2와의 사이에 원고를 피고의 대표이사로 임용한다는 내용의 계약서(이하 '이 사건 계약서')를 작성하였다. 이 사건 계약서에는 ① 원고에게 기본급 월급, 주택수당 기타 인센티브 지급 조항, ② 적용가능한 경우 피고는 퇴직금에 관하여 근로기준법이 정한 최저 기준을 충족시킬 것이라는 조항이 포함되어 있었다. 이 사건 계약서가 원용하고 있는 피고의 취업규칙에는 계속근무연수 1년에 대하여 30일분의 평균임금을 퇴직금으로 지급한다는 조항이 있다. 피고의 정관은 "이사와 감사의 보수, 상여금, 기타 수당은 주주총회의 결의에 따라 지급한다. 이사와 감사에 대한 퇴직금의 지급은 주주총회의 결의에 의해 채택된 회사의 규정에 따라 이루어진다."고 규정하고 있다.

피고는 매년 정기주주총회에서 이사와 감사의 보수 총액을 결의하였으나, 취업규칙의 퇴직금 조항을 이사에 대한 퇴직금지급규정으로 채택하거나 따로 이사의 퇴직금지급규정을 마련하여 채택하는 주주총회 결의는 없었다. 원고는 경영실적 부진을 이유로 임기 전에 대표이사와 이사직에서 해임되자 자신이 근로자임을 전제로 해고무효확인 소송을 제기하는 한편 설령 근로자가 아니더라도 피고는 위임계약의 부당해지에 따른 손해배상 책임이 있다고 주장하였다. 그리고 상법 제385조 제 1 항에 따른 손해배상으로, 이 사건 계약서에 따라 산정한 급여 상당액, 법정퇴직금 등을 청구하였다.

• **법원의 판단**

상법 제388조는 "이사의 보수는 정관에 그 액을 정하지 아니한 때에는 주주총회의 결의로 이를 정한다."고 규정하고 있다. 여기에서 말하는 이사의 보수에는 월급·상여금 등 명칭을 불문하고 이사의 직무수행에 대한 보상으로 지급되는 대가가 모두 포함되고, 퇴직금 내지 퇴직위로금도 그 재직 중의 직무집행의 대가로 지급되는 보수의 일종이다(대법원 1977. 11. 22. 선고 77다1742 판결 등 참조). 위 규정은 강행규정이므로, 정관에서 이사의 보수 또는 퇴직금에 관하여 주주총회의 결의로 정한다고 되어 있는 경우에 그 금액·지급시기·지급방법 등에 관한 주주총회의 결의가 있었음을 인정할 증거가 없다면 이사는 보수나 퇴직금을 청구할 수 없다(대법원 2004. 12. 10. 선고 2004다25123 판결 등 참조).

이 사건 계약서는 원고에 대한 대표이사 임용계약서로서 원고가 피고의 주주총회 및 이사회에서 피고의 이사 및 대표이사로 선임됨으로써 효력을 갖게 되었지만, 이 사건 계약서 중 퇴직금 등 원고의 보수에 관한 조항들은 상법 제388조의 규정에 따른 요건을 갖춘 경우에 그 한도 내에서만 효력을 갖는다.··· 피고의 정관에 이사의 보수액을 정하지 아니하였고 주주총회의 결의로 퇴직금 등을 정하거나 이를 정한 규정을 채택하지 아니하였으므로, 원고가 이 사건 계약서의 위 조항들을 근거로 피고에 대하여 퇴직금 등의 지급을 청구할 권리는 없다.

Questions & Notes

Q1 (1) 이사의 보수 결정은 이사회의 직무집행사항이라고 할 수 있는데, 보수액을 정관이나 주주총회 결의로 정하도록 규정한 상법 제388조의 취지는 무엇인가?

(2) 정관 규정이나 주주총회 결의 없이 이사에게 보수가 지급된 경우 그 지급의 법적 효과는 어떠한가?

(3) 이사의 보수액에 관하여 주주총회의 승인결의가 있다는 점에 대한 입증책임은 누가 부담하는가?

Q2 (1) 이사의 보수액이 정관 규정 또는 주주총회의 결의로 정해지지는 않았으나 1인 주주의 의사에 따라 보수를 승인한 경우 그 승인은 효력이 있는가? 1인 주주가 승인한 것은 아니지만 주주총회의 보수 결정 결의의 요건을 충족시킬 정도의 지분을 소유한 지배주주가 승인한 경우에는 어떠한가?

(2) 보수에 관하여 정관 규정이나 주주총회 결의가 없음에도 불구하고 지배주주의 보수지급 약속(또는 대표이사와의 약정)이 회사를 구속한다면 어떠한

문제가 있는가?

(3) 이사의 보수결정의 실무는 개별 이사의 '보수액'이 아니라 이사들의 '보수 총액의 상한'만 주주총회의 승인을 받고, 구체적인 보수액의 결정은 이사회에 위임하고 있다. 이러한 실무가 상법 제388조의 취지에 부합하는가? 정관 또는 주주총회의 결의에 의하여 보수결정 권한을 이사회에 위임하거나 이사회가 승인하는 보수지급 규정에 의하도록 하는 것은 허용되는가?

Q3 [판례 41]에 의하면 대표이사와 체결한 보수약정서에 회사의 취업규칙상 퇴직금 조항을 원용하더라도 정관이나 주주총회 결의로 그 퇴직금 조항을 채택하지 않는 한 회사는 동 보수약정서에 구속되지 않는다. 이 판례 하에서 이사가 보수청구권을 현실적으로 보장받기 위해서는 보수약정 당시에 어떠한 조치를 취하여야 하는가?

Q4 대표이사와 보수약정을 하였음에도 불구하고 회사가 정관 또는 주주총회 결의가 없었음을 이유로 보수 지급을 거절하는 경우에 이사가 보수를 지급받기 위하여 어떠한 주장을 할 수 있는가?

Q5 정관이나 주주총회의 승인을 받지 않은 유형의 보수이나 주주총회에서 승인을 받은 보수한도액 범위 내의 보수라면 이를 이사에게 지급하여야 하는가?

[참고판례]

• **대법원 2020. 4. 9. 선고 2018다290436 판결**

원고회사(주식회사 에스아이플렉스)가 회사의 종전 이사들인 피고들에게 지급된 '특별성과급'을 부당이득이라고 주장하면서 반환청구한 사안에 관한 판결이다. 피고들은 50% 초과 지분을 소유한 대주주 승인 하에 2013년과 2014년 통상적인 성과급을 훨씬 넘어서는 특별성과급을 지급받은 바 있다. 대법원은 상법 제388조의 이사의 보수에는 "월급, 상여금 등 명칭을 불문하고 이사의 직무수행에 대한 보상으로 지급되는 대가가 모두 포함되고, 회사가 성과급, 특별성과급 등의 명칭으로 경영성과에 따라 지급하는 금원이나 성과 달성을 위한 동기를 부여할 목적으로 지급하는 금원도 마찬가지이다"라고 보아, 위 특별성과급 역시 정관의 근거 또는 주주총회 결의가 필요하다고 보았다. 또한 "주주총회의 결의 없이 … 대주주의 의사결정만 있었다면, 주주총회를 개최하였더라도 결의가 이루어졌을 것이 예상된다는 사정만으로 결의가 있었던 것과 같게 볼 수 없고, 특별성과급 일부가 주주총회에서 정한 이사의 보수한도액 내에 있다는 사정만으로 그 부분의 지급을 유효하다고 볼 수도 없다"고 판단하였다.

• **대법원 2020. 6. 4. 선고 2016다241515, 241522 판결**

원고회사(롯데하이마트 주식회사)가 종래 이사 또는 대표이사로 재직했던 피고를 상대로 과다하게 증액된 보수를 부당이득이라고 주장하면서 반환청구한 사안에 관한 판결이다. 주된 쟁점은 보수에 대한 주주총회 승인을 인정할 수 있는지 여부였다. 원고회사를 실질적으로 지배하던 소외 X의 승인은 있었으나 원고회사 이사회 또는 주주총회의 정식 승인은 없었다. 대법원은 설사 주주총회가 열리지 않았더라도 대주주 승인이 있었다면 주주총회 결의가 이루어질 것이 명백하다는 이유로 주주총회 결의와 동등한 효과가 있다는 원심을 파기하고 "1인 회사가 아닌 주식회사에서는 특별한 사정이 없는 한, 주주총회의 의결정족수를 충족하는 주식을 가진 주주들이 동의하거나 승인하였다는 사정만으로 주주총회에서 그러한 내용의 결의가 이루어질 것이 명백하다거나 또는 그러한 내용의 주주총회 결의가 있었던 것과 마찬가지라고 볼 수는 없다"고 판단하였다. 나아가 "정관 또는 주주총회에서 임원의 보수 총액 내지 한도액만을 정하고 개별 이사에 대한 지급액 등 구체적인 사항을 이사회에 위임하는 것은 가능하지만, 이사의 보수에 관한 사항을 이사회에 포괄적으로 위임하는 것은 허용되지 아니한다. 그리고 주주총회에서 이사의 보수에 관한 구체적 사항을 이사회에 위임한 경우에도 이를 주주총회에서 직접 정하는 것도 상법이 규정한 권한의 범위에 속하는 것으로서 가능하다"고 보았다.

• **대법원 2004. 12. 10. 선고 2004다25123 판결(이사의 해임)(아시안 스타)**

"피고 회사는 실질적 1인 주주인 A가 위 퇴직금규정에 따른 퇴직금의 지급을 각 결재·승인함으로써 위 퇴직금규정을 묵시적으로 승인하여 그에 대한 주주총회의 결의가 있었던 것으로 볼 수 있어 원고는 피고 회사에 대하여 위 퇴직금규정에 따른 임원퇴직금청구권을 행사할 수 있다."

• **대법원 2012. 9. 27. 선고 2010다94342 판결**

"원고가 정당한 사유 없이 임기 만료 전에 이사직에서 해임되었다는 이유로 상법 제385조 제1항에 의하여 잔여임기 동안의 보수 상당의 손해의 배상을 청구한 사안이다. 1인 회사가 아닌 피고 회사의 대주주가 매년 결재·승인한 보수를 원고에게 지급하여 왔다는 사정만으로는 주주총회의 결의가 있었던 것과 마찬가지라고 볼 수 없으므로, 원고는 피고 회사에 대하여 이사의 보수청구권을 행사할 수 없고 이사직 해임으로 인하여 남은 임기 동안의 보수 상당의 손해가 발생하였다고 볼 수도 없다"고 보았다.

• **대법원 2019. 7. 4. 선고 2017다17436 판결**

"이사의 퇴직금은 상법 제388조에 규정된 보수에 포함되고, 퇴직금을 미리 정산하여 지급받는 형식을 취하는 퇴직금 중간정산금도 퇴직금과 성격이 동일하다. 다만 […] 퇴직금 중간정산금은 지급시기가 일반적으로 정해져 있는 정기적 보수 또는 퇴직금과 달리 권리자인 이사의 신청을 전제로 이사의 퇴직 전에 지급 의무가 발생하게 되므로, 이사가 중간정산의 형태로 퇴직금을 지급받을 수 있는 지 여부는 퇴직금의 지급시기와 지급방법에 관한 매우 중요한 요소이다. 따라서 정관 등에서 이사의 퇴직금에 관하여 주주총회의 결의로 정한다고 규정하면서 퇴직금의 액수에 관하여만 정하고 있다면, 퇴직금 중간정산에 관한 주주총회의 결의가 있었음을 인정할 증거가 없는 한 이사는 퇴직금 중간정산금 청구권을 행사할 수 없다."

• **대법원 2006. 11. 23. 선고 2004다49570 판결(해직보상금)(브리지증권)**
"주식회사와 이사 사이에 체결된 고용계약에서 이사가 그 의사에 반하여 이사직에서 해임될 경우 퇴직위로금과는 별도로 일정한 금액의 해직보상금을 지급받기로 약정한 경우, 그 해직보상금은 형식상으로는 보수에 해당하지 않는다 하여도 보수와 함께 같은 고용계약의 내용에 포함되어 그 고용계약과 관련하여 지급되는 것일 뿐 아니라, 의사에 반하여 해임된 이사에 대하여 정당한 이유의 유무와 관계없이 지급하도록 되어 있어 이사에게 유리하도록 회사에 추가적인 의무를 부과하는 것인바, 보수에 해당하지 않는다는 이유로 주주총회 결의를 요하지 않는다고 한다면, 이사들이 고용계약을 체결하는 과정에서 개인적인 이득을 취할 목적으로 과다한 해직보상금을 약정하는 것을 막을 수 없게 되어, […] 사익 도모의 폐해를 방지하여 회사와 주주의 이익을 보호하고자 하는 상법 제388조의 입법 취지가 잠탈되고, 나아가 해직보상금액이 특히 거액일 경우 회사의 자유로운 이사해임권 행사를 저해하는 기능을 하게 되어 주주총회의 권한을 사실상 제한함으로써 주주총회의 기능이 심히 왜곡되는 부당한 결과가 초래되므로, 이사의 보수에 관한 상법 제388조를 준용 내지 유추적용하여 이사는 해직보상금에 관하여도 정관에서 그 액을 정하지 않는 한 주주총회 결의가 있어야만 회사에 대하여 이를 청구할 수 있다."

• **대법원 2017. 3. 30. 선고 2016다21643 판결 [사원총회결의무효확인]**
유한회사에 관한 사안을 다룬 판결이지만 주식회사에 대해서도 타당한 판결이다.

유한회사에서 상법 제567조, 제388조에 따라 정관 또는 사원총회 결의로 특정이사의 보수액을 구체적으로 정하였다면, 보수액은 임용계약의 내용이 되어 당사자인 회사와 이사 쌍방을 구속하므로, 이사가 보수의 변경에 대하여 명시적으로 동의하였거나, 적어도 직무의 내용에 따라 보수를 달리 지급하거나 무보수로하는 보수체계에 관한 내부규정이나 관행이 존재함을 알면서 이사직에 취임한 경우와 같이 직무내용의 변동에 따른 보수의 변경을 감수한다는 묵시적 동의가 있었다고 볼 만한 특별한 사정이 없는 한, 유한회사가 이사의 보수를 일방적으로 감액하거나 박탈할 수 없다. 따라서 유한회사의 사원총회에서 임용계약의 내용으로 이미 편입된 이사의 보수를 감액하거나 박탈하는 결의를 하더라도, 이러한 사원총회 결의는 결의 자체의 효력과 관계없이 이사의 보수청구권에 아무런 영향을 미치지 못한다.

[Note] 대법원은 상법 제388조의 보수의 범위에 포함되는 보수에 관하여 정관이나 주주총회의 승인이 없는 경우에는 이사의 보수청구권을 인정하지 않는다. 과거 1인 회사가 아닌 회사에서 대주주의 승인이 있었다면 주주총회에서 승인될 것이 당연하다는 이유로 대주주의 승인을 주주총회의 결의와 동일하게 보았으나 최근에 선고된 이사의 보수에 관한 판결들은 대주주 승인을 곧 주주총회 결의로 볼 수는 없다는 입장을 재차 확인하고 있다(대법원 2020. 4. 9. 선고 2018다290436 판결; 2020. 7. 9. 선고 2019다205395 판결 등). 주주총회의 존재 필요성을 고려할 때 타당한 판결이다.

(2) 보수의 적정성

[판례 42]

대법원 2016. 1. 28. 선고 2014다11888 판결(퇴직금등)(행담도)

• **사실관계**

피고는 행담도 휴게시설 개발사업('이 사건 사업')을 위해 1999. 8. 20. 설립 이래 경영실적과 재무상태가 지속적으로 어려운 상황에 놓여 있다가 2008. 3. 31. 현재 73억 원가량의 누적손실을 기록하고 있었다. 매출액 규모에 비해 임원 특히 대표이사의 급여 비중이 높은 것이 손실의 주요인이었다. 원고 1은 2003. 2. 17.부터 2010. 11. 17.까지 피고의 이사 또는 대표이사로 재직하였고, 원고 2는 2008. 1. 15.부터 2010. 11. 17.까지 피고의 이사로 재직하였다. 피고의 주식 중 90%는 지배주주인 A사, 10%는 한국도로공사가 보유하고 있었다. 소외 1은 피고의 대표이사이자 A사의 이사로서 피고의 경영권을 장악하다가, 2007. 11. 23. 이 사건 사업과 관련하여 사기죄 등으로 기소되어 2008. 4. 24. 유죄판결이 확정되자 피고의 대표이사를 사임하였고, 이사로 재직하던 소외 3이 그에 앞서 2008. 4. 2. 피고의 대표이사로 취임하였다. 소외 1은 사기죄로 구속된 후부터 그 측근인 소외 2(A사의 이사)를 통하여 A사의 의사결정에 영향력을 행사하였다.

피고는 휴게소 임대 이외에는 별다른 사업이 없었기 때문에 원고들이 경영상 판단을 할 일은 많지 않았다. A사가 보유하던 피고의 90%주식에 대해서는 A사의 회사채 보유자인 씨티그룹이 질권을 보유하고 있었는데, A사가 회사채 원리금을 상환할 가능성은 거의 없었기 때문에 원고들은 곧 피고의 지배주주가 변동되고, 이사도 교체될 것임을 충분히 예상할 수 있었다.

소외 3은 피고의 2008. 6. 10. 이사회에서 원고들을 비롯한 이사들의 찬성을 얻어 임원퇴직금지급규정('이 사건 퇴직금규정')의 제정을 결의한 다음, 2008. 6. 26. 정기주주총회에서 한국도로공사의 반대에 불구하고 A사의 찬성으로 이 사건 퇴직금규정 제정안이 가결되었다. 이 때 A사를 대리하여 의결권을 행사한 소외 2는 원고 1의 요청에 따라 위 제정안에 찬성하였다.

이 사건 퇴직금규정의 주요내용은 대표이사와 이사에 대하여 각각 종전의 5배·3배에 해당하는, 종전보다 인상된 지급률(근속연수 1년당 5개월·3개월)을 근속기간 동안 소급하여 적용하는 것이었다. 또한 원고들이 피고와 체결한 연봉인상계약에 의하면 원고 2의 경우 그 인상폭이 66.7%로 가장 높고, 원고 1의 경우 29.7%에 이르렀다. 이 사건 퇴직금규정 및 인상된 연봉을 기준으로 할 때, 원고 1의 경우에는 퇴직금이 5억 원 이상, 원고 2의 경우에도 퇴직금이 약 3,500만 원가량 증액된다.

씨티그룹은 2010. 10. 12. 이 사건 회사채에 대한 질권을 실행하여 피고의 주식 90%를 취득한 다음, 2010. 11. 17. 주주총회에서 신임 이사들을 선임하였고, 원고들은 이사직을 사임하였다. 원고들은 피고를 상대로 퇴직금규정에 따른 퇴직금의 지급을 청구하였다.

• 법원의 판단

상법이 정관 또는 주주총회의 결의로 이사의 보수를 정하도록 한 것은 이사들의 고용계약과 관련하여 사익 도모의 폐해를 방지함으로써 회사와 주주 및 회사채권자의 이익을 보호하기 위한 것이므로, 비록 보수와 직무의 상관관계가 상법에 명시되어 있지 않더라도 이사가 회사에 대하여 제공하는 직무와 지급받는 보수 사이에는 합리적 비례관계가 유지되어야 하며, 회사의 채무 상황이나 영업실적에 비추어 합리적인 수준을 벗어나서 현저히 균형성을 잃을 정도로 과다하여서는 아니 된다.

따라서 회사에 대한 경영권 상실 등으로 퇴직을 앞둔 이사가 회사에서 최대한 많은 보수를 받기 위하여 그에 동조하는 다른 이사와 함께 이사의 직무내용, 회사의 재무상황이나 영업실적 등에 비추어 지나치게 과다하여 합리적 수준을 현저히 벗어나는 보수 지급 기준을 마련하고 지위를 이용하여 주주총회에 영향력을 행사함으로써 소수주주의 반대에 불구하고 이에 관한 주주총회결의가 성립되도록 하였다면, 이는 회사를 위하여 직무를 충실하게 수행하여야 하는 상법 제382조의3에서 정한 의무를 위반하여 회사재산의 부당한 유출을 야기함으로써 회사와 주주의 이익을 침해하는 것으로서 회사에 대한 배임행위에 해당하므로, 주주총회결의를 거쳤다 하더라도 그러한 위법행위가 유효하다 할 수는 없다.

… 원심은 피고 회사의 재무상황 및 영업실적, 이사의 직무내용, 종전의 지급 수준을 훨씬 초과하는 이 사건 퇴직금규정의 내용 및 그 제정 경위 등에 … 기초하여, 원고들을 비롯한 피고의 이사들이 이사회 결의를 거쳐 이 사건 퇴직금규정을 마련하고 주주총회에서 이사회 결의안대로 제정하기로 하는 결의를 이끌어낸 행위는 회사재산의 부당한 유출을 야기한 것으로서 회사의 책임재산을 감소시켜 주주인 한국도로공사 등의 이익을 중대하게 침해하는 경우에 해당하여 이사의 충실의무에 위반한 행위로서 위법하고, 이사회 및 주주총회의 결의를 거쳤다는 사정만으로 그러한 위법행위가 정당화될 수 없으므로, 그 배임행위의 결과인 이 사건 퇴직금규정을 근거로 퇴직금 청구권을 행사할 수는 없다는 취지로 판단하였다. 원심의 판단은 앞에서 본 법리에 기초한 것으로 보이고, 거기에 상고이유 주장과 같이 주식회사 이사의 보수 및 배임행위 등에 관한 법리를 오해하거나 판결에 영향을 미친 위법이 있다고 할 수 없다.

Questions & Notes

Q1 [판례 42]에서 이 사건 퇴직금규정에 관한 주주총회결의가 있는 경우에도 이사의 퇴직금 청구권을 부정한 이유는 무엇인가?

Q2 [판례 42]와 같은 사안에서 퇴직금규정을 승인하는 주주총회 결의에 대하여 주주총회 결의무효 또는 부존재확인의 소를 제기할 수 있는가? 그 근거는

무엇인가?

Q3 이사가 수행하는 직무와 지급받는 보수 사이에 합리적 비례관계가 있는지 여부는 어떻게 판단하는가?

Q4 판례는 한편으로 이사가 그 업무를 다른 이사 등에게 위임하여 실질적 업무 수행을 하지 않는 경우에도 보수청구권이 있다고 하면서, 다른 한편으로 이사가 수행하는 직무와 지급받는 보수 사이에는 합리적 비례관계가 있어야 한다고 본다. 판례의 입장은 타당한가?

Q5 이사의 보수를 결정하는 이사회 결의와 주주총회 결의시 각각 보수를 받을 이사는 의결권을 행사할 수 있는가? 1인회사의 주주인 이사는 이사의 보수 결정에 의결권을 행사할 수 있는가? 의결권 행사가 허용되는 경우와 허용되지 않은 경우 어떠한 문제들이 있는가?

[참고판례]
• 대법원 2015. 9. 10. 선고 2015다213308 판결(부당이득금)
"이사·감사가 회사에 대하여 제공하는 반대급부와 그 지급받는 보수 사이에는 합리적 비례관계가 유지되어야 하므로 그 보수가 합리적인 수준을 벗어나서 현저히 균형성을 잃을 정도로 과다하거나, 오로지 보수의 지급이라는 형식으로 회사의 자금을 개인에게 지급하기 위한 방편으로 이사·감사로 선임하였다는 등의 특별한 사정이 있는 경우에는 보수청구권의 일부 또는 전부에 대한 행사가 제한되고 회사는 합리적이라고 인정되는 범위를 초과하여 지급된 보수의 반환을 구할 수 있다 […] 이때 보수청구권의 제한 여부와 그 제한 범위는, 이사·감사가 제공하는 급부의 내용 또는 직무 수행의 정도, 지급받는 보수의 액수와 회사의 재무상태, 실질적인 직무를 수행하는 이사 등의 보수와의 차이, 소극적으로 직무를 수행하는 이사·감사를 선임한 목적과 그 선임 및 자격 유지의 필요성 등 변론에 나타난 여러 사정을 종합적으로 고려하여 판단하여야 한다.
  주주총회에서 선임된 이사·감사가 회사와의 명시적 또는 묵시적 약정에 따라 그 업무를 다른 이사 등에게 포괄적으로 위임하고 이사·감사로서의 실질적인 업무를 수행하지 않는 경우라 하더라도 이사·감사로서 상법 제399조, 제401조, 제414조 등에서 정한 법적 책임을 지므로, 그 이사·감사를 선임하거나 보수를 정한 주주총회 결의의 효력이 무효이거나 또는 위와 같은 소극적인 직무 수행이 주주총회에서 그 이사·감사를 선임하면서 예정하였던 직무 내용과 달라 주주총회에서 한 선임 결의 및 보수지급 결의에 위배되는 배임적인 행위에 해당하는 등의 특별한 사정이 없다면, 소극적인 직무 수행 사유만을 가지고 주주총회 결의에서 정한 보수청구권의 효력을 부정하기는 어렵다(같은 취지: 대법원 2015.

7. 23. 선고 2014다236311 판결).

• **서울중앙지방법원 2008. 9. 4. 선고 2008가합47805 판결**
임원퇴직금 지급규정에 대한 주주총회 결의 시 주주인 대표이사는 장차 임원퇴
직금을 받을 수 있게 되므로 결의에 개인적인 특별한 이해관계가 있고 따라서
상법 제368조 제4항[55])에 따라 주주총회에서의 의결권이 제한된다.

Note 종래 우리나라에서 이사의 보수 결정을 위한 주주총회의 승인은 보수총액에
대해서만 이루어지는 실정이었고, 상장회사의 사업보고서에도 보수총액만
공시하면 되었다. 따라서 대표이사나 지배주주인 이사가 과다한 보수를 받
더라도 그 사실이 회사 외부로 드러나지 않았다. 이사는 자신의 보수를 과
다하게 책정하려고 할 수 있고, 보수가 그 업무에 비추어 과다하더라도 총
액의 범위 내이기만 하면 문제가 되지 않을 수 있었다. 이 때문에 이사의 보
수 규모의 적정성을 도모하기 위해서는 이사 개별로(또는 적어도 몇몇의 최
상위 보수를 지급받는 이사의 경우 개별로) 보수를 공시할 것을 주장하는 견
해가 적지 않았다. 자본시장과 금융투자업에 관한 법률은 '임원의 개인별 보
수의 공시제도'를 도입하였다. 개별보수 공시의무는 '임원' 개인에게 지급된
보수가 '5억원 이상인 경우'에 적용된다(자본시장법 159조 2항 3호·3호의2,
동법 시행령 168조 2항).[56])

Note 자본시장과 금융투자업에 관한 법률에 따라 회사마다 공시되는 이사의 보수
및 기타 이사에게 제공되는 경제적 이익의 내역(주식매수선택권을 포함)을
알아보자.

Note **주식매수선택권**(stock option)
(1) 성과보상으로서의 주식매수선택권
업무집행을 담당하는 이사(특히 CEO)에 대한 보상(compensation)은 (i) 성과
와 무관한 고정급, (ii) 매년 성과를 반영하는 단기 성과 보상과 (iii) 장기에
걸친 성과를 반영하는 장기 성과 보상으로 구성된다. 주식매수선택권은 장
기 성과 보상에 해당한다. 주식매수선택권은 장래 일정한 시기에 미리 정한
행사가격으로 회사의 주식을 매수할 수 있는 일종의 call option이다. 장래
의 주가가 행사가격보다 높으면 옵션보유자는 옵션을 행사함으로써 행사가

---

55) 2014. 5. 20. 상법 개정에 의해 현재는 제368조 제3항이다.
56) 임원의 보수의 적정성 문제와 개별보수 공시에 관해서는 최문희, "임원의 개별보수 공시
제도의 개요와 개선과제," BFL 제60호(2013. 7), 81 - 103면.

격과 주가와의 차액에 해당하는 금액만큼 이익을 얻게 된다. 옵션 행사시 회사는 신주를 발행하거나, 기보유하는 자기주식을 양도하거나 또는 행사시점에서의 주식의 실질가액과 행사가격 간의 차액을 금전(또는 자기주식)으로 지급할 수도 있다(340조의2 1항). 장기 성과 보상으로 기능할 수 있도록, 주식매수선택권을 부여한 주주총회결의일 후 2년 이상 재임 또는 재직한 자만 주식매수선택권을 행사할 수 있도록 제한하고 있고(340조의4 1항), 양도가 금지된다. 다만 주식매수선택권을 부여 받은 임직원이 사망한 경우에는 상속인이 행사할 수 있다(340조의4 2항).

(2) 부여의 대상, 절차 및 한계

주식매수선택권은 회사의 설립·경영과 기술혁신 등에 기여하거나 기여할 수 있는 당해 회사(상장회사의 경우에는 일정한 관계회사도 포함함)의 이사·감사 또는 직원에게 부여할 수 있다. 주식매수선택권을 부여하기 위해서는 정관에 근거규정을 두어야 하며, 주주총회의 특별결의(상장회사의 경우 10%의 범위 내에서 이사회의 결의로 부여하고 사후에 주주총회의 승인을 받을 수 있다)를 거쳐야 한다. 주식매수선택권이 보상의 한 형태이지만 주식매수선택권 부여에 관하여 상법에 별도의 절차를 거치도록 정하고 있으므로, 주식매수선택권 부여에 대하여 이사의 보수에 관한 상법 제388조의 주주총회 결의는 필요하지 않다고 보아야 한다.

주식매수선택권 부여는 기존 주주의 지분 비율에 희석을 초래할 수 있기 때문에 부여할 수 있는 총량에 제한을 두고 있다. 주식매수선택권 행사로 인해 발행할 신주 또는 양도한 자기주식은 발행주식 총수의 10%(상장회사는 20% 내에서 시행령이 정하는 한도, 현재는 15%)를 초과할 수 없다(340조의2 3항, 542조의3 2항, 시행령 30조 3항). 또한 대주주에 의해 주식매수선택권 제도가 남용되는 것을 방지하기 위하여 10% 이상의 주식을 가진 주주, 이사·감사의 선임과 해임 등 회사의 주요경영사항에 대하여 사실상 영향력을 행사하는 자, 최대 주주 및 그 특수관계인 등 일정한 자에게는 부여할 수 없다(340조의2 2항, 542조의3 1항 단서, 542조의8 2항 5호, 시행령 30조 2항).

(3) 주식매수선택권의 행사요건

주식매수선택권을 행사하기 위해서는 주식매수선택권 부여에 관한 주주총회 결의일로부터 2년 이상 재임 또는 재직하여야 한다(340조의4 1항). 다만 상장회사의 경우 사망 등 본인의 책임 없는 사유에 의해서 2년을 채우지 못하고 비자발적 퇴임 또는 퇴직을 한 경우에는 주식매수선택권을 행사할 수 있다(정년에 의한 퇴임/퇴직은 본인의 책임 없는 사유에 해당하지 않음)(542조의3 4항, 시행령 30조 5항).

(4) 다른 call option 제도와의 비교

상법상 주식을 취득할 수 있는 독립적인 call option에는 신주인수권증서(420조의2)와 신주인수권증권(516조의5)이 있다. 같은 call option성격을 가지고 있지만, 양도제한성, 부여절차 및 조건, 행사조건 등의 면에서 주식매수선택권은 신주인수권증서 및 신주인수권증권과 큰 차이가 있다.

[참고판례]

• 대법원 2011. 3. 24. 선고 2010다85027 판결

비상장회사에서 비자발적 사유로 인해 "2년 이상 재임 또는 재직"요건을 갖추지 못한 자가 주식매수선택권을 행사할 수 있는지가 문제된 사안이다. 대법원은 비상장회사의 경우 상법 제340조의4 1항에 상장회사의 특례규정 제542조의3 제 4항과 같은 규정이 없으므로 비자발적 사유로 2년을 채우지 못한 경우에 주식매수선택권을 행사할 수 없다고 판시하였다. "상법 제340조의4 제 1 항과 구 증권거래법 및 그 내용을 이어받은 상법 제542조의3 제 4 항이 주식매수선택권 행사요건에 있어서 차별성을 유지하고 있는 점, 위 각 법령에 있어서 '2년 이상 재임 또는 재직' 요건의 문언적인 차이가 뚜렷한 점, 비상장법인, 상장법인, 벤처기업은 주식매수선택권 부여 법인과 부여 대상, 부여 한도 등에 있어서 차이가 있는 점, 주식매수선택권 제도는 임직원의 직무의 충실로 야기된 기업가치의 상승을 유인동기로 하여 직무에 충실하게 하고자 하는 제도라는 점, 상법의 규정은 주주, 회사의 채권자 등 다수의 이해관계인에게 영향을 미치는 단체법적 특성을 가진다는 점 등을 고려하면, 상법 제340조의4 제 1 항에서 규정하는 주식매수선택권 행사요건을 판단함에 있어서 구 증권거래법 및 […] 상법 제542조의3 제 4 항을 적용할 수 없고, 정관이나 주주총회의 특별결의를 통해서도 상법 제340조의4 제 1 항의 요건을 완화하는 것은 허용되지 않는다 […] 따라서 본인의 귀책사유가 아닌 사유로 퇴임 또는 퇴직하게 되더라도 […] 상법 제340조의4 제 1 항의 '2년 이상 재임 또는 재직' 요건을 충족하지 못한다면 위 조항에 따른 주식매수선택권을 행사할 수 없다."

참고자료 김건식, "경영자보수와 기업지배구조", 기업지배구조와 법(소화출판사, 2010), 217-240면.

윤영신, "이사 보수의 회사법적 문제," BFL 제65호(2014. 5), 41-59면.

Ⅲ. 이사의 손해배상책임

　　회사의 이사가 업무수행과 관련하여 손해배상책임을 부담하는 경우는 여러 가지가 있다. 일반 민법상 불법행위책임, 자본시장과 금융투자업에 관한 법률에 따른 부실공시로 인한 손해배상책임, 기타 회사관련 특별법상의 다양한 손해배상책임을 들 수 있다. 상법에서는 이사의 회사에 대한 손해배상책임(399조)과 제 3 자에 대한 손해배상책임(401조)을 규정하고 있다. 손해배상책임 규정은 다음과 같이 두 가지 기능을 한다. 우선 회사의 업무집행은 포괄적으로 이사회에 맡겨져 있는데, 이들이 임무를 해태함으로써 회사나 제 3 자에 손해를 입힌 때에 사후적 손해전보(compensation)의 기능을 한다는 점이다. 나아가 손해배상책임 규정은 이사들에게 위법행위나 임무해태를 하지 않을 것을 억제하는(deterrence) 효과도 있다.

　　이사는 회사 이외의 제 3 자(여기에는 주주도 포함된다)와는 직접적인 법률관계를 맺지 않는데도 상법은 제 3 자에 대한 손해배상책임을 인정하지만, 그 법리적 근거는 의문이 없지 않다. 우리 판례는 회사의 활동이 이사의 직무집행에 의존하는 것을 고려하여 제 3 자를 보호하고자 제 3 자에 대한 손해배상책임을 인정한다고 파악한다.

　　한편 상법 제399조와 제401조의 책임의 주체는 "이사"이므로, 법정 이사가 아닌 자에 대해서는 민법 등 다른 법령에 의해 손해배상책임이 부과됨은 별론으로 하더라도, 이사의 손해배상책임 규정이 적용되기는 어렵다. 그런데 우리나라에서 많은 재벌 회사들에는 지배주주가 존재하는데, 이러한 지배주주가 이사가 아님에도 불구하고 회사운영을 주도하고 사익추구행위를 함으로써 회사나 제 3 자에게 손해를 가하게 될 수 있다. 이 점을 고려하여 지배주주를 포함해서 일정한 유형의 업무집행지시자등에게는 이사와 마찬가지의 책임을 부담시키는 명문 규정이 설치되어 있다(401조의2). 나아가 2011년 개정상법은 대표이사를 대신하는 업무집행기구로서 집행임원제도를 신설하였는데(408조의2 내지 408조의9), 집행임원이 업무집행과 관련하여 회사 또는 제 3 자에게 손해를 가한 때에는 이사와 마찬가지로 손해배상책임을 진다(408조의8, 399조, 401조, 401조의2).

　　이 절에서는 우선 이사에 대한 손해배상책임이 추궁된 사례에서 우리 판례가 어떠한 요건과 사정 하에서 이사의 손해배상책임을 인정하는지를 회사에 대한 손해배상책임과 제 3 자에 대한 손해배상책임으로 나누어 살펴본다. 이어서 업무집행지시자등에 관한 손해배상책임 규정의 의의와 책임요건을 고찰한다.

1. 회사에 대한 손해배상책임

(1) 손해배상책임의 원인행위

Questions & Notes

Note 상법에는 책임원인행위로서 고의 또는 과실로[57] 법령 또는 정관에 위반한 행위(법령·정관위반행위), 임무를 게을리한 경우(임무해태행위)가 병렬적으로 규정되어 있다(399조 1항). 법령·정관위반행위와 임무해태 양자는 겹치는 경우가 많다. 양자의 관계에 대해서는 전자가 후자를 포함한다고 보는 견해, 후자가 전자를 포함하는 것으로 보는 견해가 있을 수 있다. 어느 견해가 타당한지 생각해 보시오.

(2) 이사의 손해배상책임의 독자성

[판례 43]

대법원 2008. 12. 11. 선고 2005다51471 판결(조선생명)

• 사실관계

원고 예금보험공사가 신한견직 발행의 사모사채 인수, 영남일보에 대한 대출로 조선생명이 손해를 입었다는 이유로 조선생명의 이사들을 상대로 손해배상을 청구한 사건이다.[58] 조선생명은 신한견직의 사모사채를 인수하고 영남일보에 대해 대출을 하였는데, 신한견직과 영남일보는 재무구조 및 영업상태가 극히 불량하였고, 한국신용평가정보의 신용평가상 평점이 42점으로 조선생명의 신용조사업무시행세칙에 따르면 신용대출 및 융자가 금지되는 E급 불량업체이었다. 조선생명은 확실한 채권확보대책 없이 사모사채를 인수하거나 대출

---

57) 본조의 법령 또는 정관위반행위에 의한 손해배상책임의 성질에 관해서는 종래 무과실책임설, 과실책임설과 같은 학설의 갈리었으나 2011년 개정상법은 과실책임을 명문으로 규정함으로써 학설상 논란을 입법으로 해결하였다.

58) 조선생명은 현대생명보험과 합병하여 소멸하였고, 현대생명보험이 파산하자 예금보험공사가 원고가 되어 소송을 수계하였다.

을 하여 결과적으로 인수대금 등을 회수하지 못하여 손해가 발생하였다.

• **법원의 판단**

원심이 사모사채 인수와 대출 과정에서 대표이사의 사전결재가 이루어지지 않은 사실을 인정하고, 대표이사의 사전결재가 있었다고 하더라도 관련규정을 현저하게 위반하여 사채인수 등이 이루어진 것에 대하여는 피고들이 임무해태에 따른 책임을 면할 수 없다고 판단한 것은 수긍할 수 있다. … 회사와 회사의 대주주는 서로 별개의 법인격을 갖고 있을 뿐만 아니라, 회사의 임직원이 회사와의 위임관계에 따른 임무에 위배하여 대주주의 지시를 따라야 할 법률상 의무가 있다고 볼 수 없으므로, 원심이 조선생명이 신한견직의 사모사채를 인수하고 영남일보에 대하여 신용대출을 할 당시 대주주인 A의 지시가 있었다고 볼 증거가 없을 뿐만 아니라, 그러한 지시가 있었다고 하더라도 피고들이 임무해태에 따른 책임을 면할 수 없다고 판단한 것은 이러한 법리에 따른 것으로 수긍할 수 있다.

Questions & Notes

Q1 개별 이사의 업무수행은 주주총회나 이사회의 결의에 좇아 행해지는 경우가 많고, 개별 이사는 주주총회나 이사회의 결의 내용을 준수해야 할 의무를 부담한다. 이사가 주주총회 결의 또는 이사회 결의에 따라 행동하면 주의의무를 이행한 것으로 인정되는가? 다음과 같은 경우에 이사는 손해배상책임을 부담하는가?

(1) 주주총회의 결의 내용 자체가 법령·정관에 위반하거나 회사 또는 회사채권자 등 제3자에 손해를 가하는 것임에도 불구하고 그 결의에 따라 직무수행을 한 경우

(2) 이사회의 결의 내용 자체가 법령·정관에 위반하거나 회사 또는 회사채권자 등 제3자에 손해를 가하는 것임에도 불구하고 그 결의에 따라 직무수행을 한 경우

Q2 (1) 이사가 대주주나 대표이사의 지시를 받아 위법행위를 하여 회사에 손해를 입힌 경우에 회사에 대해 손해배상책임을 부담하는가? 1인주주의 지시를 받아 위법행위를 한 경우는 어떠한가?

(2) 상법 제400조 제 1 항은 총주주의 동의에 의한 손해배상책임의 면제를 인정하고 있다. 이처럼 사후적 책임면제가 허용된다는 규정을 근거로, 사전적으로 1인주주의 지시에 따라 위법행위를 한 경우에도 손해배상책임을 부담하지 않는다고 하면 어떠한 부작용이 있는가?

(3) 이사가 대주주나 대표이사의 지시에 따라 위법한 행위를 함으로써 회사에 손해를 입힌 경우 회사가 그 이사에 대해 손해배상청구를 하는 것은 신의칙에 위반하는 것이 아닌가?

[참고판례]
• 대법원 1989. 10. 13. 선고 89도1012 판결
"대표이사는 이사회 또는 주주총회의 결의가 있더라도 그 결의내용이 회사 채권자를 해하는 불법한 목적이 있는 경우에는 이에 맹종할 것이 아니라 회사를 위하여 성실한 직무수행을 할 의무가 있으므로 대표이사가 임무에 배임하는 행위를 함으로써 주주 또는 회사채권자에게 손해가 될 행위를 하였다면 그 회사의 이사회 또는 주주총회의 결의가 있었다고 하여 그 배임행위가 정당화될 수는 없다."

• 대법원 2007. 11. 30. 선고 2006다19603 판결(해태제과 분식회계)[59]
회사의 대주주 겸 대표이사의 지시에 따라 위법한 분식회계에 가담한 임직원의 임무해태를 인정한 판례이다.

(3) 손해배상의 범위, 손해배상책임의 면제와 제한

2011년 개정 전 상법에 따르면 이사의 회사에 대한 손해배상책임(399조)은 총주주의 동의로써만 면제할 수 있었는데(400조), 총주주의 동의 요건을 충족하기는 어려우므로 상법 제400조는 현실성이 없는 규정이라는 비판이 많았다. 우리나라에서도 대표소송이 속속 제기되고 이사들에게 거액의 손해배상책임을 인정하는 판례들도 등장하였다. 더욱이 상장회사는 일정한 수의 사외이사를 두는 것이 의무화되어 있는데, 거액의 손해배상책임의 위협 때문에 사외이사를 영입하는 것이 어려운 상황에 처하게 되었다는 인식도 있었다. 상장회사들은 사외이사 영입을 위하여 임원배상책임보험(D&O Insurance Liability)에 가입하고 거액의 보험료를 부담하기도 하였다. 2011년 개정상법은 총주주의 동의가 없이도 손해배상책임액을 감경할 수 있는, 이른바 책임제한 제도를 도입하

---

59) 이 판례의 쟁점 중 위법배당에 관해서는 제 6 장 [판례 58] 참조.

였다(400조 2항). 제 2 항에 따라서는 책임액의 일부만 면제할 수 있으며, 전액
면제는 허용되지 않는다. 책임제한을 하기 위해서는 정관에 규정을 두어야 한
다(400조 2항 본문). 책임제한의 취지에 따라 경과실에 의한 주의의무위반에 대
해서만 책임제한이 인정되며, 고의나 중과실행위, 이익충돌행위들인 경업금지
행위(397조), 회사의 기회 및 자산유용행위(397조의2), 이사 등과 회사 간의 거
래행위(398조)에 대해서는 책임제한을 허용하지 않는다(400조 2항 단서).

[판례 44]

대법원 2005. 10. 28. 선고 2003다69638 판결(삼성전자 대표소송)[60]

● **법원의 판단**

  [원심 : 서울고등법원 2003. 11. 20. 선고 2002나6595 판결] 삼성종합화학 주
식의 매도 건(청구 3)에서 제 1 심 법원은 피고 이사들에게 626억6,000만원을
배상하라고 판결하였다(수원지방법원 2001. 12. 27. 선고 98가합22553 판결). 그러나
원심은 피고들의 책임을 제한하는 취지의 판시를 하였다. … "회사의 수임인인
이사의 업무수행과 관련하여 행하여진 행위로 인해 직접 손해를 입게 된 경우
에 있어서 회사는 사업의 성격과 규모, 사업의 시행경위, 이사의 업무내용과
회사의 배려 정도, 이사의 임무위반의 태양, 이사의 회사에 대한 공헌도, 기타
제반 사정에 비추어 손해의 공평한 분담이라는 견지에서 신의칙상 상당하다고
인정되는 한도 내에서만 이사에 대해 손해배상을 구하는 것이 상당하다"고 하
면서, 주식처분을 위한 이사회 결의에 찬성한 피고들의 손해배상책임을 총 손
해액의 약 20%에 한정하여 120억원을 배상하라고 판시하였다.

  [대법원] 이사가 법령 또는 정관에 위반한 행위를 하거나 그 임무를 해태함
으로써 회사에 대하여 손해를 배상할 책임이 있는 경우에 그 손해배상의 범위
를 정함에 있어서는, 당해 사업의 내용과 성격, 당해 이사의 임무위반의 경위
및 임무위반행위의 태양, 회사의 손해 발생 및 확대에 관여된 객관적인 사정이
나 그 정도, 평소 이사의 회사에 대한 공헌도, 임무위반행위로 인한 당해 이사
의 이득 유무, 회사의 조직체계의 흠결 유무나 위험관리체제의 구축 여부 등
제반 사정을 참작하여 손해분담의 공평이라는 손해배상제도의 이념에 비추어

---

60) 사안의 상세는 [판례 31] 참조.

그 손해배상액을 제한할 수 있다.

Questions & Notes

Q1 (1) [판례 44]에서 이사의 손해배상액의 제한을 인정하는 법리적 근거는 무엇이며, 손해배상의 범위를 정하는 데 고려하는 요소는 무엇인가?

(2) 판례에서 열거한 고려요소는 타당한가?

Q2 대법원 판례는 내부통제 구축은 이사의 의무의 일종이라고 해석하거나 일정한 상황 하에서는 내부통제 구축을 감시의무 이행의 중요한 요소로 본다(대법원 2021. 11. 11. 선고 2017다222368 판결, 대법원 2008. 9. 11. 선고 2006다68636 판결). 이러한 판례에 비추어 볼 때 [판례 44]에서 "회사의 조직체계의 흠결 유무나 위험관리체제의 구축 여부"를 책임제한의 고려요소로 드는 것은 타당한가?

Q3 (1) 피고 이사들은 삼성종합화학 주식의 처분으로 인하여 삼성전자가 납부할 법인세가 절감되었고 삼성전자가 이익을 보았으므로 그만큼 이사들의 배상액에서 공제되어야 한다고 주장하였으나 법원에서는 그 주장을 받아들이지 않았다. 피고 이사들의 주장이 타당하지 않은 이유는 무엇인가?

(2) 대법원 2007. 11. 30. 선고 2006다19603 판결([판례 58])은 이사의 분식결산으로 납부하지 않아도 될 법인세 납부액 상당의 손해가 발생하였다고 하여 이사의 손해배상책임을 인정하였다. [판례 44]에서 주식의 저가 처분으로 인하여 법인세가 절감된 부분에 대하여는 손해액에서 공제하지 않은 것과 [판례 58]에서 납부하지 않아도 될 법인세를 납부한 경우 손해로 인정한 것은 일관성이 있는가?

Q4 상법 제400조 제 2 항은 손해배상책임의 한도에 관하여 이사의 최근 1년간의 보수액의 6배(사외이사는 3배)에 해당하는 금액은 면제를 허용하지 않고, 또한 고의 또는 중과실행위, 일정한 이익충돌행위에 대해서는 책임제한을 적용하지 않는다.

(1) [판례 44]의 사안이 상법 제400조 제 2 항의 신설 이후에 일어났다면 다음의 경우에 책임제한이 허용되는가?

(1-1) [판례 44]의 삼성종합화학주식 매도 건(청구 3)에서 원심은 피고 이사들의 중과실을 인정하는 취지의 판시를 하였고, 대법원은 원심과 같은 취지

를 밝히고 있다.

(1-2) [판례 44]의 삼성종합화학주식 매도 건(청구 3)에서 삼성전자가 보유한 삼성종합화학 주식을 삼성전자의 계열회사인 삼성건설과 삼성항공에 저가로 매도하였다.

(2) X회사에는 이사 Y1, Y2, Y3이 있다. 이사 Y1이 이사회 승인 없이 자신의 부동산을 회사에 시가보다 높은 가격으로 매도하여 회사가 손해를 입은 경우, 각 이사들에 대해 책임제한이 허용되는가?

Q5 (1) 법원에서 손해공평분담의 원칙에 따라 손해배상액을 제한하는 경우에도 상법 제400조 제2항의 책임제한의 한도와 예외사유가 적용되는가?

(2) 서울중앙지방법원 2010. 2. 8. 선고 2008가합47867 판결은 회사에 손해를 끼친 피고 이사에 대하여 "국가경제의 발전에 크게 이바지 한 점 등을 참작하고, […] 각 범죄행위에 대한 형사재판 과정에서 자신의 행위에 대한 반성의 차원에서 개인 재산 일부를 사회에 환원하기로 약속하고, 합계 약 1,500억 원을 사회에 환원한 점" 등을 참작하여, 총 손해액 1,439억원 중 700억원으로 손해배상액을 제한하였다. 이 판결에서 고려하는 책임제한의 요소는 타당한가?

Q6 손해배상액을 제한하는 판결이 선고된 이후 회사에서 정관의 규정에 따라 추가적으로 손해배상액을 제한할 수 있는가?

Q7 회사가 이사의 손해배상책임을 추궁하는 소송에서 화해를 하는 경우에도 책임제한의 한도의 적용을 받는가?

[참고판례]

• **대법원 2022. 5. 12. 선고 2021다279347 판결(대우건설)**[61]

손해배상액 제한의 참작 사유에 관한 사실인정이나 그 제한의 비율을 정하는 것은 그것이 형평의 원칙에 비추어 현저히 불합리한 것이 아닌 한 사실심의 전권사항이다(대법원 2007. 10. 11. 선고 2007다34746 판결 등 참조)라고 하면서 손해배상액 제한에 관한 다음의 원심 판단이 상당하다고 판단하였다. ① 피고 1, 피고 2는 당시 대표이사로 재직하였는데, 대표이사는 회사의 영업에 관하여 재판상·재판 외의 모든 행위를 할 권한이 있어 모든 직원의 직무집행을 감시할 의무를 부담하므로 감시의무 위반의 책임이 더 무겁다고 할 수 있는 점, ② 피고 3, 피고 9의 경우 재직기간 중에는 4대강 사업 입찰담합과 인천지하철 입찰

---

61) 사안의 상세는 [판례 36].

담합의 각 일부만이 실행되었던 점, ③ 피고 1의 경우 4대강 사업 입찰담합과 관련하여 공정거래법 등 법령을 위반하는 행위를 한다고 의심할 만한 충분한 사유가 있었음에도 만연히 이를 방치한 잘못이 있기는 하나, 이를 제외하고 피고들이 부담하는 손해배상책임은 적극적인 감시의무 위반이 아니라, 합리적인 정보 및 보고시스템과 내부통제시스템을 구축하고 그것이 제대로 작동하도록 관리할 의무를 이행하지 않은 것에 기인한 것인 점, ④ 피고 3, 피고 4, 피고 5, 피고 6, 피고 9, 피고 10의 경우 비상임 이사 또는 사외이사로 재직하였고, 대우건설의 영업이나 공사 입찰에 관하여 별다른 지식이 없었던 것으로 보이는 점, ⑤ 피고들이 감시의무 위반으로 개인적인 이득을 취득한 것이 없고, 피고 1은 4대강 사업 입찰담합으로 형사처벌을 받았으며, 그 밖에 피고들이 재직기간 동안 지급받은 급여액 등 제반 사정을 참작하여 피고들의 책임을 판시와 같이 제한함이 상당하다.

● **대법원 2021. 5. 13. 선고 2019다291399 판결**
흥국화재보험주식회사(이하 '흥국화재')는 기업집단 태광그룹(이하 '태광그룹')의 소속 계열회사이고 피고들은 태광그룹의 회장, 부회장으로서 태광그룹의 경영 전반을 총괄하거나 흥국화재의 대표이사, 이사 등 경영진이다. 동림관광개발은 태광그룹의 계열회사로 태광그룹의 회장인 피고 15와 그 친족이 100%의 주식을 소유하고 있다. 피고 15, 피고 5는 태광그룹의 회장, 부회장의 신분으로 계열회사들에 영향력을 행사하여 흥국화재의 대표이사, 이사인 피고 12, 피고 11, 피고 2 등으로 하여금 동림관광개발로부터 골프장 회원권을 구입할 것을 지시하고, 이에 피고 12 등은 흥국화재의 이사회를 개최하여 이 사건 골프장 회원권을 통상의 가격보다 현저하게 불리한 조건으로 매수할 것을 결의하여 동림관광개발에 합계 48억원을 부당지원하였다. 흥국화재는 금융위원회로부터 이 사건 골프장 회원권 매수가 계열사 부당지원행위에 해당함을 이유로 18억 4,300만원의 과징금 처분을 받았다. 유한회사 좋은기업지배구조연구소는 골프장 회원권 매입 관련하여 피고 15, 피고 5등 피고들에게 계열사 부당지원 행위로 인하여 흥국화재가 입은 손해를 배상할 것을 청구하는 대표소송을 제기하였다. 1심과 2심은 흥국화재의 손해를 인정하면서[62] 피고들의 실질적인 지위, 업무내용과 임무위반의 정도, 골프장 회원권 구입 경위와 그로 인한 손해액, 골프장 회원권의 실제

---

62) 1심(서울중앙지방법원 2015. 8. 27. 선고 2013가합519533 판결)은 흥국화재가 48억원과 과징금 18억4300만원 합계 66억4300만원의 손해를 봤다고 판단하였으나, 항소심(서울고등법원 2019. 10. 30. 선고 2015나2056305 판결)은 흥국화재가 골프장 입회비에 대한 반환청구권을 가지므로 48억원에 대한 손해액을 다르게 산정하는 것을 제외하고 1심을 유지하였으며 이 판단은 대법원에서 확정되었다.

가격, 피고들이 취득한 이익 유무, 태광그룹의 지배구조 및 흥국화재의 형식적인 이사회의 운영 등 업무집행상의 구조적인 문제점 등도 손해 발생의 한 원인이 되었다고 볼 수 있는 점 등을 고려하여 피고 15, 피고 5의 경우 손해액의 40%, 피고 12, 피고 11의 경우 손해액의 20%, 피고 2의 경우 손해액의 10%로 각 책임을 제한하였다.

• **서울남부지방법원 2006. 8. 17. 선고 2003가합1176 판결(확정)(엘지화학 대표소송)**
(사실관계) 이 사건의 피고들은 엘지화학(이하 'L')의 대표이사인 Y1, Y5, Y6, 이사인 Y2, Y3, Y4, 사외이사인 Y7, Y8이다. 피고들은 1999. 6. 28. 이사회에서 L이 100% 자회사인 엘지석유화학 주식회사(이하 'LC') 발행주식 70%(27,440,000주)를 1주당 5,500원으로 Y1, Y2, Y3 및 이들의 일가친척(이하 'Y1')에게 매각하는 것을 전원 찬성으로 결의하였다(이에 따라 L의 매각 전 지분은 100%이었으나, 매각 후 지분은 30%가 됨). 피고들은 매각단가를 정하면서, 먼저 당시의 상속세 및 증여세법과 그 시행령의 평가방법에 따라 장부가액을 기준으로 하여 계산한 결과가 1주당 3,983원으로 액면가 5,000원에도 미치지 못하자 액면가액에 10%를 할증한 5,500원에 매각하는 것으로 하였다. 1999. 6. 29. LC 주식을 매입했던 Y1 등은 대체로 2002. 전반기에 LC 주식을 장내 매도하였다. 이후 L은 2002. 4. 24. LC 주식 6,320,000주(발행주식의 13.98%)를 증권거래소 장내 거래를 통하여 시가로 매입하는 내용의 이사회 결의를 거쳐서 2002. 4. 29. LC 주식을 15,000원에 취득하였다.[63]

L의 소수주주는 피고들이 이 사건 주식을 매도함에 있어서 적정거래가액보다 훨씬 낮은 가격으로 매도하여 의무를 위반하였다는 이유로 피고 Y1, Y2, Y3은 연대하여 820억여원, 피고 Y4, Y5, Y6은 피고 Y1, Y2, Y3과 연대하여 위 금원 중 80억원, 피고 Y7, Y8은 나머지 피고들과 연대하여 위 각 금원 중 40억원의 손해를 배상할 것을 청구하였다.

(법원의 판단) 본 사건의 1주당 적정거래가액은 최소한 순자산가치방식으로 산정한 7,810원으로 봄이 상당하다. […] 피고들의 임무해태로 L에 발생한 손해는 63,386,400,000원{1주당 손해액 2,310원(7,810원－5,500원)×27,440,000주}이다. 피고 Y4, Y5, Y6, Y7, Y8은 주식매각과 관련하여 개인적인 이해관계가 없었

---

63) 공정거래위원회는, 특수관계인들에게 이 사건 주식을 1주당 5,500원에 매각한 행위는 불공정거래행위(부당지원행위)에 해당한다는 이유로, 2001. 1. 15. 의결 제2001-07호로 시정명령, 공표명령 및 과징금납부명령을 의결하였고, 2002. 3. 21. 의결 제2002-065호로 공표명령을 일부 변경하였다. L의 청구에 따라 서울고등법원은 공정한 거래를 저해할 우려가 있는 행위라는 점을 인정할 증거가 없다는 이유로 위 처분을 취소하는 판결(서울고등법원 2005. 1. 13. 선고 2001누9686 판결)을 선고하였다. 공정거래위원회가 상고하였으나(2005두1862호), 2007. 10. 26. 기각되었다(원심 확정).

던 점(특히, 피고 Y7, Y8은 사외이사로서 아무런 직접적인 이해관계도 없는 것
으로 봄), 피고들은 당시 L의 경영진으로서 엘지화학의 이윤창출에 많은 기여를
한 점 등을 종합하여 손해의 공평부담의 원칙상 피고들의 손해배상책임 중 피고
Y1, Y2, Y3은 위 총 손해액(약 630억여원)의 약 70%인 400억원, 피고 Y4, Y5,
Y6은 약 10%인 60억원, 피고 Y7, Y8은 약 5%인 30억원으로 각각 제한한다.

• 서울고등법원 2010. 12. 15. 선고 2009나22114 판결(하이닉스)[64]

비자금 조성행위, 계열사 지원행위를 이유로 대표이사 등에게 제기된 손해배상
청구사건에서 이사의 직위별, 행위태양별로 책임제한의 비율(70%, 40%, 20%,
10%)을 다르게 결정하였다.

• 서울중앙지방법원 2010. 2. 8. 선고 2008가합47867 판결(현대자동차 대표소송)
  (확정)

"피고 Y1은 현대우주항공의 각 유상증자 관련 배임행위, 현대강관의 유상증자관
련 배임행위, 펀드 투자 수익관련 횡령행위로 인하여 현대자동차가 입은 손해를
배상할 책임이 있고, 피고 Y2는 Y1과 연대하여 위 손해 중 현대우주항공의 2차
유상증자 관련 배임행위로 인하여 현대자동차가 입은 손해를 배상할 책임이 있
다" 그러나 "Y1이 현대우주항공의 경우 외환위기 당시 정부와 금융기관의 요구
로 보증채무를 승계하게 된 점, 현대강관의 경우 재무구조개선약정의 이행을 위
하여 부득이하게 배임행위를 저지르게 된 점, 국가경제의 발전에 크게 이바지
한 점 등을 참작하고 특히 피고 Y1이 현대자동차그룹의 총수로서 현대자동차를
직접 경영하면서 IMF 외환위기를 단기간에 극복하였고, 현대자동차를 세계적인
자동차 업체로 급성장시킴으로써 자동차그룹은 물론 국가경제의 발전에 크게
이바지 한 점, 피고 Y1이 이 사건 각 범죄행위에 대한 형사재판 과정에서 자신
의 행위에 대한 반성의 차원에서 개인 재산 일부를 사회에 환원하기로 약속하
였고, 그에 따라 최근까지 합계 약 1,500억 원을 사회에 환원한 점 등을 두루
참작하여, 피고 Y1이 배상할 금액을 총 손해액 1,439억원 중 700억원으로 제한
한다."

• 대법원 2010. 1. 14. 선고 2009다87768 판결(현대증권 대표소송)

현대증권의 주주는 1) 현대증권의 회장 A가 현대증권 명의로 현대중공업에 대
해 각서를 제공한 행위,[65] 2) A의 현대전자 시세조종행위와 관련하여 현대증권

---

64) 1심(서울중앙지방법원 2009. 1. 9. 선고 2006가합78171 판결)의 책임제한 비율(70%, 50%,
   30%, 10%)을 변경한 것이다. 손해배상액의 제한에 관한 원심판단 부분은 대법원 2011.
   6. 10. 선고 2011다6120 판결로 유지되었다. 이 판례의 쟁점 중 업무집행지시자 등(401
   조의2)의 책임에 관해서는 본장 [판례 47] 참조.
65) 이 사건에 대해서는 제 3 장 대법원 2009. 3. 26. 선고 2006다47677 판결(현대중공업 v.

이 손해를 입었다는 이유로 A에 대해 대표소송을 제기하였다. 1)과 관련하여 현대증권이 현대중공업에 지급한 금원에 관해서 법원은 "현대증권 명의의 각서를 현대중공업에 제공한 행위가 비록 민·형사적으로 위법한 행위이기는 하지만 기본적으로 현대그룹 내부 문제로서 현대계열사 이외의 피해자를 발생시키지 않아 피고가 상대적으로 위법의식이 저감된 상태에서 위와 같은 불법행위를 행하였다."라고 하면서 책임을 손해액의 20%로 제한하였다. 2) A의 현대전자 시세조종행위를 이유로 현대증권은 구증권거래법 제215조의 양벌규정에 따라 70억 원의 벌금형을 선고받아(서울지방법원 1999. 11. 3. 선고 99고단9559 판결), 2004. 4. 28. 벌금을 납부하였다. 법원은 "시세조종행위는 증권거래법을 위반한 명백한 형사상의 범죄행위로서 피고가 처음부터 범죄행위에 대한 충분한 인식하에 행하였고, 그 결과 수많은 주식거래자들에게 손해를 야기한 점 및 현대증권이 우리나라 증권업계에서 점유하는 비중 및 이 사건 범죄행위로 인하여 금융기관인 현대증권이 심대한 신뢰상실의 피해를 입은 점 등을 고려할 때, … 피고가 개인적으로 취득한 이득이 없다고 하나 따로 책임제한을 인정하지 않는다"라고 판시하였다.

• 대구고등법원 2012. 8. 22. 선고 2011나2372 판결(제일모직 대표소송)(확정)

에버랜드 사건-[판례 73]의 사안에서 에버랜드의 전환사채 발행 시에 실권한 법인 주주인 제일모직(당시 에버랜드의 2대주주)의 소수주주들이 이사들을 상대로 대표소송을 제기한 사건이다. 소수주주들은 피고 이사들이 에버랜드의 전환사채를 인수하지 않고 실권한 것은 법령위반 또는 임무해태행위에 해당하고 이로 인하여 에버랜드의 주주인 제일모직은 전환사채의 발행 전에 보유하고 있던 에버랜드 주식의 가치가 하락하는 손해를 입게 되었으므로, 피고 이사들에 대해 손해배상을 청구하였다. 법원은 "제일모직의 이사인 피고 Y1은 삼성그룹의 비서실 등을 통하여 Y1의 자녀들에게 증여세를 회피하면서 에버랜드의 지배권을 이전하려는 목적으로 에버랜드로 하여금 전환사채를 저가로 발행하도록 하는 한편 제일모직으로 하여금 그 전환사채를 인수하지 아니하도록 하였고, 제일모직 이사인 피고 Y2, Y3은 피고 Y1 및 그 지시를 받은 삼성그룹 비서실의 명시적 또는 묵시적 요청에 응하여 전환사채의 인수를 포기하였으며, 이로써 제일모직은 Y1의 자녀들의 전환권 행사에 따라 기존에 보유하고 있던 에버랜드 주식의 가치가 하락하는 손해를 입게 되었는바, 피고들의 행위는 제일모직에 대한 업무상 배임행위로서 법령을 위반한 행위에 해당하므로, 피고들은 연대하여 제일모직에 그 손해를 배상할 책임이 있다."라고 판시하였다. 손해배상액의 제한에 관

하이닉스, 현대증권) 참조. 현대증권은 이 판결의 제 1 심 판결(2002. 4. 17. 선고)의 인용 판결금 중 일부(970억여원)를 현대중공업에 지급하였다.

하여 법원은 "Y1은 그 자녀들에게 증여세를 회피하면서 삼성그룹의 경영권을 이전하려는 목적으로 에버랜드로 하여금 이 사건 전환사채를 발행하게 하고 제일모직으로 하여금 이 사건 전환사채를 인수하지 아니하도록 하였으므로, 그 손해액을 감액할 사유가 없다 … Y2와 Y3은 개인적인 이익을 위해 전환사채의 인수를 포기한 것은 아닌 점, 그룹 계열사 중 하나인 제일모직의 임원의 지위에 있는 피고 Y2, Y3과 피고 Y1과의 관계 등을 감안하면, Y2와 Y3의 임무위배행위로 인한 손해배상책임을 제한하는 것이 타당하다 … 피고들의 손해배상책임은 총손해액의 10%로 제한함이 상당하다."라고 판시하였다.

• **대법원 2019. 5. 16. 선고 2016다260455 판결(강원랜드 기부행위)[66]**
태백관광개발공사에 대한 기부를 주도한 이사는 20%, 소극적 찬성한 이사는 10%로 제한한 원심(서울고등법원 2016. 9. 23. 선고 2015나2046254 판결)을 유지하였다. ① 원고는 폐광지역의 경제발전에 관하여 일정 정도의 책임이 있고 … 공익적 성격을 가지고 있는 점, ② 원고는 기부행위를 통하여 지역사회를 지원하는 기업이라는 이미지 제고의 무형적 이익을 어느 정도 얻었으리라 보이는 점, ③ 기부행위로 인하여 태백관광개발공사의 운영이 정상화되지는 않았지만 이 공사가 즉각적 파산을 면하고 회생절차에 들어가 타에 매각된 점, ④ 피고들이 기부행위를 통하여 어떠한 이익을 취득한 것이 아닌 점, ⑤ 합작투자 당사자가 지명한 이사들이 원고의 이사회 대다수를 구성하므로 합작투자 당사자와 이해관계가 있는 안건의 경우 이사들이 가치중립적인 판단을 하기 어려운 점, ⑥ 이 사건 기부금 상당액이 개인이 부담하기 곤란한 정도의 다액이라는 점이다.

Q8 상법 제400조 제 1 항에 따라 이사의 회사에 대한 손해배상책임의 면제를 위해서는 총주주의 동의가 필요하다. 상법 제400조 제 2 항에 따라 책임면제를 허용하는 정관의 근거규정이 없는 회사에서, 제 1 항에 따라 총주주의 동의 요건은 갖추지 못하였지만 압도적 다수의 주주가 동의하면 면제가 허용되는가?

[참고판례]
• **대법원 2004. 12. 10. 선고 2002다60467, 60474 판결(동방페레그린증권)[67]**
"이사의 회사에 대한 손해배상책임은 상법 제400조에 따라 총주주의 동의로만 면제할 수 있을 뿐이므로, 총주주에 미달하는 96% 주주 또는 면제할 권한 없는 대표이사에 의해서는 책임면제를 할 수 없다."

---

66) [판례 33] 참조.
67) 이 사건의 쟁점에 대해서는 본장 [판례 34] 참조.

• **대법원 2008. 12. 11. 선고 2005다51471 판결(조선생명)**
"이사 등의 책임은 상법 제400조, 제415조의 규정에 따라 총주주의 동의로 이를 면제할 수 있는데, 이때 총주주의 동의는 반드시 명시적, 적극적으로 이루어질 필요는 없고 회사의 주식 전부를 양수도하는 과정에서 묵시적 의사표시의 방법으로 할 수 있으나, 이는 주식 전부의 양수인이 이사 등의 책임으로 발생한 부실채권에 대하여 그 발생과 회수불능에 대한 책임을 이사 등에게 더 이상 묻지 않기로 하는 의사표시를 하였다고 볼 만한 사정이 있어야 할 것이다. 현대생명보험 주식회사가 조선생명의 주식을 100% 인수하여 조선생명을 흡수합병할 때 부실채권을 할인된 비율로 평가하여 인수금액을 정했다는 사정만으로는 총주주의 묵시적인 의사표시에 의하여 이사 등의 책임이 면제되었다고 볼 수 없다."

Q9 이사의 임무해태가 상법 제399조와 불법행위책임의 요건을 모두 충족할 경우 양 책임은 경합한다. 판례에 의하면 상법 제400조 제 1 항의 손해배상책임의 면제 규정은 전자의 책임에만 적용되는가 아니면 불법행위책임에도 적용되는가? 판례의 태도는 타당한가?

[참고판례]
• **대법원 1989. 1. 31. 선고 87누760 판결(법인세등부과처분취소)**
"총주주의 동의를 얻어 대표이사의 행위로 손해를 입게 된 금액을 특별손실로 처리하기로 결의하였다면 그것은 바로 상법 제400조 소정의 이사의 책임소멸의 원인이 되는 면제에 해당되는 것이나 이로써 법적으로 소멸되는 손해배상청구권은 상법 제399조 소정의 권리에 국한되는 것이지 불법행위로 인한 손해배상청구권까지 소멸되는 것으로는 볼 수 없다."

Q10 상법 제400조의 손해배상책임의 감경은 이사가 회사에 대해 부담하는 손해배상책임의 경우에 적용된다. 이사가 제 3 자에 대해 부담하는 손해배상책임은 감경할 수 없는가?

[참고판례]
• **서울고등법원 2006. 10. 25. 선고 2005나68396 판결(고합)**
(이 부분에 관해서는 상고되지 않아서 대법원에서 판단하지 않았고 원심의 결론이 확정되었다. 대법원 2008. 2. 14. 선고 2006다82601 판결).
　원고 우리은행은 분식된 재무제표를 기초로 판단한 고합의 재무구조 및 경영상태를 믿고 고합의 회사채에 대해 보증하였다. 고합은 외환위기 및 차입금 과다에 따른 유동성 악화로 인하여 1998. 7. 14.경 기업개선작업(work-out) 대상 기업으로 지정되었고, 이에 원고는 고합이 발행한 다수의 회사채의 사채권자들에게 각 사채의 원금 및 이자를 대위변제하였다. 그 후 1998. 11. 21. 원고를 포함한 고합의 채권자들과 고합 사이에 체결된 기업개선약정에 따라, 원고의 고합에 대한 구상금채권은 고합에 대한 일반대출채권으로 전환되어 2004. 12. 31.까지 상환이 유예되었는데, 본건 소제기 당시까지 그 회수 가능성이 불가능한 상태였다. 원고는 피고 이사들을 상대로 상법 제401조의 손해배상책임을 추궁하였다. 법원은 피고의 손해배상책임을 인정하였으나, 금융기관으로서 원고가 고합의 주거래 은행으로서 거액의 대출 및 지급보증을 수차례 행하여 오는 과정에서 고합의 분식회계 여부 및 정확한 신용상태에 관하여 철저한 평가를 행하려는 노력을 게을리한 점을 과실로 인정하고, 이러한 원고의 과실과 위 피고들의 임원으로서의 재직기간, 직위 및 업무집행의 구체적인 태양, 위 분식회계 행위 및 회사채 발행에 대한 관여 정도 등을 참작하여, 피고들의 원고에 대한 손해배상책임을 제한하였다.

참고자료 최문희, "개정 상법상 책임제한 조항의 해석론 및 바람직한 실무운용 방안", 상사법연구 제31권 제 2 호(2012. 8).

(4) 손해배상책임의 성질, 소멸시효

이사의 회사에 대한 임무해태로 인한 손해배상책임은 일반불법행위 책임이 아니라 위임관계로 인한 채무불이행 책임이므로 이행 기한의 정함이 없는 채무이므로 이사는 이행청구를 받은 때부터 지체책임을 진다(대법원 2021. 5. 7. 선고 2018다275888 판결 참조). 따라서 상법 제399조 제 1 항에 따른 손해배상금에 대하여 피고의 지체책임을 인정할 때 피고가 언제 이행청구를 받았는지에 관하여 심리할 필요가 있다(대법원 2021. 7. 15. 선고 2018다298744 판결).

채무불이행 책임의 성질을 가지므로 소멸시효기간은 일반채무의 경우와 같이 10년이라고 보아야 하고(대법원 1985. 6. 25. 선고 84다카1954 판결; 대법원 2008. 12. 11. 선고 2005다51471 판결 등 참조) 그에 따른 손해배상채권에는 민법 제766조 제 1 항의 단기소멸시효가 적용되지 않는다(대법원 2023. 10. 26. 선고 2020다236848 판결).

(5) 재무제표 승인에 의한 책임해제

Questions & Notes

Q1 상법 제450조는 "재무제표승인 후 2년 내에 다른 결의가 없으면 회사는 이

사의 책임을 해제한 것으로 보되, 부정행위에 관해서는 그러하지 아니하다"
라고 규정한다. 책임해제의 범위와 적용요건은 어떠한가? 책임해제를 위한
재무제표의 기재사항은 어느 정도로 구체적이어야 하는가?

Q2 부정행위에 대해서는 책임해제가 적용되지 않는다. [판례 31]의 청구 3에서
피고 이사들은 삼성종합화학주식의 매도행위에 관하여는 삼성전자의 1994
년도 재무제표에 대한 정기총회 승인이 있은 후 2년의 제척기간이 경과되
었으므로 해당 이사들의 책임이 해제되었다고 주장하였다. 이러한 주장은 타
당한가?

Q3 상법 제450조는 제3자가 이사에 대해서 부담하는 손해배상책임에 적용되
는가?

Note 상법 제450조의 부정행위의 의미에 관해서 통설은 범죄행위처럼 손해배상
책임의 원인행위가 부정행위인 경우뿐만 아니라 이사가 재무제표 승인을 구
함에 있어서 부정행위를 한 경우(예: 외부감사인을 매수하여 적정의견을 받아
내는 경우)도 포함한다고 한다. 판례에 나타난 부정행위의 유형에는 범죄행
위, 악의 또는 중과실행위([판례 31]의 삼성종합화학주식매도 건), 고의에 의
한 불법행위(부산지방법원 2004. 4. 14. 선고 2002가합16791 판결)가 있다.

[참고판례]
• 대법원 2002. 2. 26. 선고 2001다76854 판결
상호신용금고의 대표이사가 충분한 담보를 확보하지 않고 동일인에 대한 한도
를 초과하여 대출하여 회사에 손해를 끼친 사건에서 "대출금액 자체는 재무제표
에 기재되었다 하더라도 담보부족이나 재무제표를 승인하는 주주총회의 결의가
있더라도 책임은 해제되지 않는다"라고 판시하였다.

• 대법원 2007. 12. 13. 선고 2007다60080 판결
책임해제가 적용되는 것은 재무제표 등에 그 책임사유가 기재되어 정기총회에
서 승인을 얻은 경우에 한정된다(같은 취지: 대법원 2006. 8. 25. 선고 2004다
24144 판결)라고 판시하면서 다음의 원심 판단을 유지하였다. 피고들은 "동아건
설의 1995 내지 1997 회계연도에 대한 각 재무제표는 각 다음 회계연도의 정기
주주총회에서 승인되었고, 또한 1997 회계연도까지 행한 분식 내용을 모두 기재
한 1998 회계연도 재무제표가 1999. 2. 주주총회에서 승인되었으며, 그로부터 2
년 내에 위 승인을 뒤집는 다른 결의가 없었으므로, 피고들의 책임은 상법 제
450조에 의하여 해제되었다"고 주장하였으나 원심은 "동아건설의 1995 내지

1997 회계연도에 대한 재무제표에 분식결산하였다는 기재가 있거나 위 재무제
표의 기재 자체에 의하여 분식결산 사실을 알 수 있는 것은 아니고, 나아가 비
록 1998 회계연도 재무제표에 1997 회계연도까지 행한 분식 내용이 모두 반영
되었다 하더라도 위 재무제표에 위 피고들의 책임사유가 기재되어 있었다는 점
을 인정할 증거가 없다"는 이유로 위 주장을 배척하였다.

• **대법원 2009. 11. 12. 선고 2007다53785 판결**

동아건설의 대표이사 또는 이사들이 순차적으로 공모하여 임직원에게 분식회계
의 실행을 지시하여 1995년, 1996년 재무제표를 허위로 작성·공시하도록 하였
는바, 동아건설의 분식회계에 따라 동아건설에 대출을 한 은행 등 금융기관이
동아건설의 이사등을 상대로 손해배상청구의 소를 제기한 사안이다. 법원은 이
사가 고의 또는 중과실로 그 임무를 해태한 경우에 해당한다고 판단하고, "주주
총회에서 재무제표 등의 승인을 한 후 2년 내에 다른 결의가 없으면 회사는 이
사와 감사의 책임을 해제한 것으로 본다고 한 상법 제450조는 이사 등의 회사에
대한 책임에 관한 규정으로서 회사가 아닌 제3자인 원고들에게 상법 제450조
는 적용할 수 없다"고 보았다.

2. 제3자에 대한 손해배상책임

이사와 회사의 사이에는 위임관계가 존재하므로 이사가 수임인으로서 임
무를 해태한 경우에 손해배상책임을 지는 것은 당연하다. 이에 반해 제3자에
대해서는 불법행위가 성립하지 않는 한 손해배상책임을 지지 않는 것이 원칙
이다. 회사가 도산하면 회사의 채권자는 채권의 만족을 얻지 못하게 되는데,
회사와 주주의 인격은 별개이므로 채권자는 주주에 대해서도 채무의 이행을
구할 수 없게 된다. 이 경우 법인격 부인론의 적용요건이 충족되면 주주의 유
한책임을 부정하고, 주주에 대해 채무의 이행을 구할 수 있다. 그러나 법인격
부인의 전제인 법인격의 남용이나 형해화는 극단적인 경우에 엄격한 요건 하
에서만 인정되므로 법인격 부인을 통해 채권의 만족을 얻기는 어려운 점이 있
다. 이사의 제3자에 대한 책임 규정(401조)은 법인격부인론의 대체적 또는 보
완적 기능을 하는 것이라고 할 수 있다.

이처럼 예외적으로 제3자에 대한 손해배상책임이 인정되므로, 이 규정을
운용하는 데에는 그 적용요건이 중요할 것이다. 상법 제401조의 법문은 "고의[68]

---

68) 구법상 용어였던 "악의"가 2011년 개정상법에서 "고의"로 개정되었다. 본문에서 다루는
　　판례는 2011년 개정상법 시행 이전의 사안이므로 "악의"라는 용어가 사용되고 있다. 본

또는 중대한 과실로 그 임무를 게을리한 때"를 책임발생요건으로 규정한다. "임무를 게을리할 것"이 요건인데, 이사는 제 3 자에 대한 관계에서는 임무가 존재하지 않으므로 어떠한 경우에 임무를 게을리한 것으로 인정되는지는 의문이 있다. 나아가 법문에 명시되어 있지는 않지만 판례는 책임 인정을 위해 위법성을 요구하는데, 어떠한 경우에 위법성이 인정되는지는 분명하지 않다. 손해배상책임의 인정이 회사의 채권자에게 유용하면 할수록 이사에게는 손해배상책임의 위협이 중대해진다. 따라서 충돌되는 양자의 이익을 어떻게 조화시킬 것인지 문제된다. 이 절에서는 우리 판례가 제 3 자의 손해배상책임의 발생요건인 고의·중대한 과실, 임무를 게을리한 경우, 그리고 위법성을 구체적으로 어떻게 적용하는지 살펴본다.

다음에 제 3 자의 범위의 획정이 제 3 자에 대한 손해배상책임 규정의 적용범위를 결정하는 중요한 요소라고 할 수 있다. 일반적으로 제 3 자란 회사 이외의 모든 자를 의미하는 것으로 파악할 수 있다. 그러나 판례는 제 3 자 중에서도 주주의 손해에 대해서는 그 적용범위에 제한을 가한다. 이 절에서는 판례가 어떠한 법리나 근거에 입각하여 이러한 결론을 내리고 있는지 살펴본다.

(1) 제 3 자에 대한 손해배상책임의 요건

[판례 45]

대법원 2002. 3. 29. 선고 2000다47316 판결

이 사건은 대법원에서 상법 제401조에 기해 이사의 제 3 자에 대한 책임을 인정한 최초의 사례이다.

• **사실관계**

원고 X들은 자신들의 소유인 부동산과 집기 등을 제 1 심 공동 피고 주식회사 A에 48억원에 매도하였으나, 약정한 잔금 지급기가 지나도록 잔금 29억원을 지급받지 못하였다. A회사의 대표이사인 피고 Y는 원고들로부터 잔금 지급을 독촉받자, 원고들에게 매매목적물인 부동산을 담보로 제공하여 역시 Y가 대표이사로 있는 제 1 심 공동피고 주식회사 B의 명의로 대출을 받게 해주면 그 대출금으로 잔금을 지급하겠다고 제의하였다. 원고들은 이 제의를 받아들여 위 부동산에 관하여 중소기업은행을 채권자, B회사를 채무자로 하여 1997. 10. 31. 채권최고액 24억원의 근저당권을, 1997. 11. 4. 채권최고액 8억원의 근저당권을 각 설정해주었고, B회사의 대표이사인 피고 Y가 1997. 10. 29-11. 19. 까지 3회에 걸쳐 합계 약 29억원을 중소기업은행으로부터 대출받았다. Y는 이 중 17억원을 원고들에게 지급하였을 뿐 나머지 12억원을 지급하지 아니하였고, 위 대출 원리금도 상환하지 않았다. A회사, B회사들의 부도로 각 근저당권이 실행되기에 이르렀고, 위 부동산은 다른 사람에게 경락되어, 경락 대금은 전액 중소기업은행에 배당되었다. 원고들은 피고 Y에 대해 손해배상을 구하고, 같은 소로써 A회사에 대하여는 매매 잔금 지급을, B회사에 대하여는 물상보증인으로서 구상금의 지급을 구하였다.

• **법원의 판단**

[제 1 심 : 서울지방법원 1999. 12. 7. 선고 99가합48646 판결] 피고에게 신의칙상의 주의의무가 있다고 하면서, 피고의 손해배상책임을 인정하였다. 그러나 손해배상책임의 성격이 채무불이행책임인지 불법행위책임인지, 기타 어떤 성격의 책임인지 분명히 하지 않았다.

[원심 : 서울고등법원 2000. 7. 18. 선고 2000나6379 판결]은 제 1 심을 취소하였다. 원심은 본건 매매계약 체결과 그 이행과정, 근저당권 설정 경위와 그 대출금의 사용관계, 특히 피고 개인이 위 각 계약상 채무자의 연대보증인이 되었다거나 하는 등의 아무런 약정을 한 사실이 없다고 하면서, 피고는 단지 제 1 심 피고 회사들의 대표이사의 지위에서 원고들로부터 이 사건 부동산을 매수하거나 물상담보로 제공받아 대출을 받은 것으로 볼 수밖에 없고, … 피고 개인에게 어떠한 약정 위배의 기망행위가 있다거나, 제 1 심 피고 회사들의 채무와는 별도로 피고 개인에게 위 매매 잔대금 전액을 지급하거나 대출 원리금을 상환하여야 할 신의칙상의 주의의무가 있는 것이라고 볼 수는 없다라고 하였다.

[대법원] 원고들의 이 사건 주장 속에는 피고에 대하여 위 회사 A 등의 대표이사의 지위에 있었다는 것을 근거로 상법 제401조 제 1 항에 규정된 이사로서의 책임을 묻는 것이 포함되어 있다 할 것이고, 상법 제401조 제 1 항에 규정된 주식회사의 이사의 제 3 자에 대한 손해배상책임은 이사가 악의 또는 중대한 과실로 인하여 그 임무를 해태한 것을 요건으로 하는 것이어서 단순히

통상의 거래행위로 인하여 부담하는 회사의 채무를 이행하지 않는 것만으로는 악의 또는 중대한 과실로 그 임무를 해태한 것이라고 할 수 없지만, 이사의 직무상 충실 및 선관의무 위반의 행위로서 위법성이 있는 경우에는 악의 또는 중대한 과실로 그 임무를 해태한 경우에 해당한다고 보아야 할 것이다.

원심이 인정한 것처럼 A회사 및 B회사의 대표이사를 겸하고 있는 피고가 A회사가 매수하기로 한 원고들 소유의 부동산을 대출의 담보로 제공하여 주면 그 대출금으로 A회사의 매매잔금을 지급하여 주겠다고 제의하고 그에 따라 중소기업은행으로부터 B회사의 명의로 3회에 걸쳐 합계 금 29억원을 대출받고서도 그 중 금 17억원만을 원고들에게 매매잔금의 일부로 지급하였을 뿐 나머지는 다른 용도에 사용하였고 위 대출금을 상환하지도 않았다면, 적어도 위 대출금 중 원고들에게 지급되지 아니한 차액인 금 12억원에 대하여는 피고가 그 대출금을 매매잔금으로 원고들에게 지급할 의사가 없었으면서도 그 의사가 있는 것처럼 원고들을 속이고 원고들 소유의 부동산을 담보로 제공받아 대출을 받고서도 이를 변제하지 아니한 것이 되어 피고가 위에서 말한 악의 또는 중대한 과실로 인하여 그 임무를 해태한 경우에 해당한다고 볼 여지가 충분히 있다.

그렇다면 원심으로서는 피고가 A회사 등의 대표이사의 지위에서 원고와 한 약정을 어기고 위 대출금 중 12억원을 원고에게 지급하지 아니한 이유가 무엇인지, 그 돈을 어디에 무슨 용도로 사용하였는지, 그렇게 사용한 이유가 무엇인지, 위 대출금을 상환하지 아니한 이유가 무엇인지 등을 좀더 자세히 심리하여 본 다음에 피고의 손해배상책임의 유무를 가렸어야 할 것인바, 원심이 이에 이르지 아니한 채 그 판시와 같은 이유만으로 원고들의 이 사건 청구를 기각한 것은 주식회사의 이사의 제 3 자에 대한 손해배상책임에 관한 법리를 오해하였거나 심리미진으로 판결 결과에 영향을 미친 위법이 있다.

Questions & Notes

Q1 (1) [판례 45]에 의하면 어떠한 경우에 이사는 고의 또는 중대한 과실로 임무를 해태한 것으로 보는가?

(2) [판례 45]에 의하면 임무해태에서 '임무'란 무엇을 말하는가?

(3) [판례 45]에서 통상의 거래로 인한 채무의 불이행은 임무해태가 아니라고 하면서도, 이 사건에서 고의 또는 중대한 과실로 임무를 해태한 경우에 해당할 여지가 있다고 하였다. 그 결론을 뒷받침하는 근거로 든 것은 무엇인가?

(4) 제401조에서 말하는 임무는 회사에 대한 임무를 말하는데, 제3자에 대한 손해배상책임의 전제로 회사에 대한 임무해태를 요구하는 것은 타당한가? [판례 45]에서 Y가 원고에 대한 회사의 매매대금 잔금을 지급하지 않은 것이 회사에 대한 임무해태라고 하였는데, 회사채무의 불이행이 회사에 대한 임무해태라는 견해는 타당한가?

Q2 다음 두 개의 판례에서 대법원은 어떠한 근거에서 회사에 대한 임무해태를 인정하였는지 설명하고, 이 판례들을 [판례 45]와 비교하시오.

[참고판례]

• 대법원 2003. 4. 11. 선고 2002다70044 판결

대표이사 Y가 자신의 남편인 감사 Z에게 회사의 업무 일체를 맡겼다. Z는 부도가 날 것을 알면서 수출환어음을 발행하여 원고(한국수출보험공사)에게 주었는데, 이로 인해 원고는 손해를 입었다. 대법원은 "대표이사가 업무 일체를 다른 이사 등에게 위임하고, 자신의 업무집행에 아무런 관심도 두지 않고 대표이사로서의 직무를 전혀 집행하지 않음으로써 급기야 부정행위 내지 임무해태를 간과함에 이른 경우에는 악의 또는 중대한 과실에 의하여 그 임무를 소홀히 한 것이고 이러한 방임행위는 위법성이 있다"라고 판시하였다.

• 대법원 1985. 11. 12. 선고 84다카2490 판결(폐광판결)

X회사는 폐광이 된 광구의 임야와 광구의 광업권을 소유하였다가 광해를 염려하여 A회사에 염가로 임야 및 광업권을 양도하였다. 계약 이후 광구와 관련된 모든 위험은 A회사가 부담하기로 A와 합의하고 임야 및 광업권의 이전에 필요한 서류를 교부하였다. A의 대표이사 Y는 임야만 A명의로 이전하고 X의 수차례에 걸친 독촉에도 불구하고 광해로 인한 위험부담을 염려하여 광업권은 이전하지 않고 미루었다. 그러던 중 광해가 발생하였으나 그 피해보상 및 복구를 A가 이행하지 않았으므로 행정관청의 명령으로 X가 대신 피해보상 및 복구를 하게 됨으로써 손해를 입었다. 이에 X는 Y에게 상법 제401조에 기한 손해배상책임을 물었다. "… 고의 또는 중대한 과실로 인한 임무해태행위라 함은 (예를 들면, 회사의 경영상태로 보아 계약상 채무의 이행기에 이행이 불가능할 것을 예견할 수 있었음에도 이를 감추고 상대방과 계약을 체결하고 일정한 급부를 미리 받았으

나 이행불능이 된 경우)와 같이 위법한 사정이 있어야 하고" … "피해보상과 광해복구 및 방지시설 등의 이행을 촉구받고도 단지 이에 응하지 아니하였다 하더라도 이는 원고와 위 회사사이의 이 사건 목적물의 매매계약에 따른 위 회사의 채권의 수령지체나 특약상의 채무의 이행지체에 지나지 아니한다."

Note 대법원 판례는 상법 제401조의 적용요건이 "회사에 대한 임무를 게을리한 때(임무해태)"라고 하면서도 임무해태의 위법성이 제3자와 관련된 경우에도 제401조의 책임이 발생할 수 있음을 인정하는 듯이 보인다(대법원 1985. 11. 12. 선고 84다카2490 판결). 대법원이 제401조의 책임이 발생할 수 있는 경우의 예로 드는 "회사의 경영상태로 보아 계약상 채무의 이행기에 이행이 불가능할 것을 예견할 수 있었음에도 이를 감추고 상대방과 계약을 체결하고 일정한 급부를 미리 받았으나 이행불능이 된 경우"는 이행이 불가능한 계약을 상대방을 기망 내지는 오도하여 체결하는 것으로서 회사에 대한 관계에서도 선관주의의무를 위반하였다고 할 수 있다.

Q3 [판례 45]는 피고 Y가 대출금 중 일부를 다른 용도에 사용하였다면 손해배상책임이 부정될 가능성이 있음을 인정하는 것인가? 다음 각각의 경우로 나누어 생각해 보시오.

(1) 대출금을 잔금을 치르는 데 사용하지 않고, 이사가 개인적 용도로 착복한 경우

(2) 대출금을 잔금을 치르는 데 사용하지는 않았지만, A회사가 빌린 고리의 다른 대출금을 상환하는 데 쓴 경우

(3) A회사와 B회사의 겸임이사인 Y가 대출금을 원고에 대한 A회사의 매매대금 채무를 변제하는 데 사용하지는 않았지만, B회사의 채권자에 대한 대출금을 상환하는 데 쓴 경우

Note 상법 제401조에서는 위법성의 요건을 요구하지 않고 있으나, [판례 45] 및 앞의 참고판례 대법원 1985. 11. 12. 선고 84다카2490 판결에서는 위법성의 요건을 필요로 하는 듯이 판시하고 있다.

(2) 제3자의 범위

[판례 46]

대법원 2012. 12. 13. 선고 2010다77743 판결(옵셔널캐피털)

회사재산의 횡령으로 인한 손해는 주주의 간접손해라고 판시한 판례(대법원 1993. 1. 26. 선고 91다36093 판결)의 법리를 확인한 것뿐만 아니라, 부실공시 이후에 정상주가보다 높게 형성된 가격을 신뢰하고 주식을 매수한 주주가 상법 제401조에 의한 손해배상을 청구할 수 있음을 밝힌 최초의 판례이다.

• **사실관계**

소외 주식회사 옵셔널캐피털(이하 '소외 회사')은 창업자에 대한 투자 및 융자 등을 목적으로 하여 설립된 법인으로서, 1994년경 협회중개시장(현재 '코스닥시장')에 등록된 회사이다. 원고1은 2001. 2. 28.부터 2002. 2. 27.까지, 원고2는 2001. 11. 7.부터 2002. 2. 26.까지 각각 소외 회사 주식을 취득하였다. 피고는 2001. 4. 27.부터 소외 회사의 대표이사로 취임하여 재직하였고, 2002. 3. 중순경까지 소외 회사를 실질적으로 운영하였다.

피고는 2001. 5. 8. 이후 같은 해 4회에 걸쳐 소외 회사가 대규모 투자를 받은 것처럼 허위공시함으로써 신주발행시 투자자들을 유인하였고, 2001년 분기보고서에도 타 회사에 투자하고 있는 것처럼 허위공시를 하였다. 또한 2001. 7. 3.경부터 2001. 10. 26.경까지 약 21회에 걸쳐 소외 회사의 자본금의 160%에 해당하는 320억원을 횡령하였다. 이후 이러한 사실이 드러나자 소외 회사는 감사범위제한 한정의견 등 상장폐지 사유 발생, 자본잠식으로 인하여 2002. 7. 말경 상장폐지되었다. 원고들은 피고의 횡령행위, 부실공시에 따라 상장이 폐지되고, 이후 주가하락으로 손해를 입었다고 주장하면서 피고에 대해 상법 제401조에 의거하여 손해배상을 청구하였다.

• **법원의 판단**

[원심: 서울고등법원 2010. 8. 20. 선고 2009나27973 판결] 피고의 행위는 상법 제401조 제1항의 악의 또는 중과실에 의한 임무해태행위에 해당하고 원고들의 손해는 상법 제401조 제1항의 손해에 해당한다.

[대법원] 원심 파기 환송.[69] 주주가 이사의 악의 또는 중대한 과실로 인한

임무해태행위로 직접 손해를 입은 경우에는 이사에 대하여 제401조에 의하여 손해배상을 청구할 수 있으나, 이사가 회사의 재산을 횡령하여 회사의 재산이 감소함으로써 회사가 손해를 입고 결과적으로 주주의 경제적 이익이 침해되는 손해와 같은 간접적인 손해는 상법 제401조 제 1 항에서 말하는 손해의 개념에 포함되지 아니하므로 이에 대하여는 위 법조항에 의한 손해배상을 청구할 수 없다.

그러나 회사의 재산을 횡령한 이사가 악의 또는 중대한 과실로 부실공시를 하여 재무구조의 악화 사실이 증권시장에 알려지지 아니함으로써 회사 발행주식의 주가가 정상주가보다 높게 형성되고, 주식매수인이 그러한 사실을 알지 못한 채 주식을 취득하였다가 그 후 그 사실이 증권시장에 공표되어 주가가 하락한 경우에는, 주주는 이사의 부실공시로 인하여 정상주가보다 높은 가격에 주식을 매수하였다가 주가가 하락함으로써 직접 손해를 입은 것이므로, 이사에 대하여 상법 제401조 제 1 항에 의하여 손해배상을 청구할 수 있다.

피고가 회사 재산을 횡령하고 악의 또는 중대한 과실로 부실공시를 함으로써 원고들이 그로 인한 재무구조의 악화 사실을 알지 못한 채 정상주가보다 높은 가격에 주식을 취득하였다가 그 후 그 진상이 공표되면서 자본잠식 등이 결정적인 원인이 되어 소외 회사의 코스닥등록이 취소되고 그 과정에서 주가가 하락하게 되었다면, 원고들은 피고의 부실공시로 인하여 직접 손해를 입었으므로 피고를 상대로 상법 제401조 제 1 항에 의하여 손해배상을 청구할 수 있다.

그러나 원고들이 주식을 취득한 후 피고의 횡령과 그에 관한 부실공시가 이루어지고 그로 인한 소외 회사의 재무구조의 악화 사실이 나중에 공표되면서 자본잠식 등이 결정적인 원인이 되어 소외 회사의 코스닥등록이 취소되고 그 과정에서 주가가 하락하게 되었다면, 그 주가하락분 상당의 손해는 결국 피고의 횡령으로 소외 회사의 재무구조가 악화되어 생긴 간접적인 손해에 불과하고, 원고들은 피고를 상대로 상법 제401조 제 1 항에 의하여 손해배상을 청구할 수 없다.

피고가 주가 형성에 영향을 미칠 수 있는 사정들에 관하여 언제 어떠한 내

---

69) 파기환송 후 서울고등법원 2013. 10. 30. 선고 2013나1022 판결에서 원고패소로 확정되었다.

용의 부실공시를 하였는지, 원고들이 어느 부실공시로 인하여 주식 평가를 그르쳐 몇 주의 주식을 정상주가보다 얼마나 높은 가격에 취득하였는지 등에 관하여 심리하여 원고들이 주장하는 손해가 상법 제401조 제 1 항에 정한 손해에 해당하는지 및 상당인과관계를 인정할 수 있는지를 가려본 후 손해액 산정에 나아가야 하는데도, 이에 관하여 제대로 심리하지 아니한 채 원고 등의 청구를 인용한 원심 판결에 상법 제401조 제 1 항의 해석 및 상당인과관계에 관한 법리 오해의 위법이 있다.

Questions & Notes

Q1   [판례 46]은 주주의 손해를 직접손해와 간접손해로 구분하고 있다. 그 개념은 무엇인가?

다음 각각의 경우 투자자 또는 신주취득자가 입은 손해액이 직접손해인지 간접손해인지 생각해 보자.

(1) 회사가 분식결산한 재무제표에 따른 재무상황을 투자자가 신뢰하고 신주를 인수하여 취득한 경우

(2-1) 회사가 정상적으로 재무제표를 작성하였음. 재무제표기준일/작성일 이후 회사에 대규모 손실이 발생하여/발생할 개연성이 높아졌으나(예: 공장 핵심장비의 훼손, 특허권 침해 사실의 발견, 소프트웨어회사에서 핵심 기술인력의 대규모 이직), 이 사실을 투자자에게 알리지 않아 투자자는 재무제표만을 신뢰하고 신주를 인수하여 취득한 경우

(2-2) 회사가 정상적으로 재무제표를 작성하였음. 신주발행후 회사에 대규모 손실이 발생하거나 발생할 개연성이 높아진 경우(예: 공장 핵심장비의 훼손, 특허권 침해 사실의 발견, 소프트웨어회사에서 핵심 기술인력의 대규모 이직)

(3-1) 회사가 정상적으로 재무제표를 작성하였음. 재무제표에 우발채무에 관한 언급이 없었으나, 실제 잠재적인 채무/손실의 발생가능성이 있었음. 재무제표 기준일/작성일 이후 잠재적인 채무/손실이 실제 발생하였으나, 이 사실을 투자자에게 알리지 않아 투자자는 재무제표를 신뢰하고 신주를 인수하여 취득한 경우

(3-2) 회사가 정상적으로 재무제표를 작성하였음. 재무제표에 우발채무에 관한 언급이 없었으나, 실제 잠재적인 채무/손실의 발생가능성이 있었음. 잠

재적인 채무/손실의 발생가능성을 투자자에게 알리지 않은 상태에서 투자자가 재무제표를 신뢰하고 신주를 인수하여 취득한 후 잠재적인 채무/손실이 실제 발생한 경우

(3-3) 회사가 정상적으로 재무제표를 작성하였음. 재무제표에 우발채무에 관한 언급이 없었으나, 실제 잠재적인 채무/손실의 발생가능성이 있었음. 잠재적인 채무/손실의 발생가능성을 투자자에게 알리고 신주를 발행한 후 잠재적인 채무/손실이 실제 발생한 경우

(4-1) 회사가 정상적으로 재무제표를 작성하였고 재무제표에 우발채무에 관한 언급도 있었음. 재무제표 기준일/작성일 이후 우발채무가 현실화되었으나, 이 사실을 투자자에게 알리지 않아 투자자가 재무제표 본문의 숫자에 기초하여 신주의 발행가액의 적정성을 검토한 후 신주를 인수하여 취득한 경우

(4-2) 회사가 정상적으로 재무제표를 작성하였고 재무제표에 우발채무에 관한 언급도 있었음. 신주발행시까지 우발채무가 현실화되지 않았음. 투자자가 재무제표 본문의 숫자에 기초하여 신주를 취득한 후 우발채무가 현실화된 경우

(4-2-1) 4-2의 상황에서 이사의 임무해태로 인하여 우발채무가 현실화된 경우

(4-2-2) 4-2의 상황에서 이사의 임무해태 없이 우발채무가 현실화된 경우

Q2 [판례 46]에서 제401조의 손해의 범위에 주주의 간접손해를 제외하는 논거는 무엇인가?

Q3 [판례 46]은 이사가 회사 재산을 횡령하여 회사의 재산이 감소함으로써 회사가 손해를 입고 결과적으로 주주의 경제적 이익이 침해되는 손해와 같은 간접적인 손해는 주주가 제401조에 의해 손해배상을 청구할 수 없다고 한다. 그런데 회사가 도산한 경우에는 이사가 횡령재산을 회사에 반환하더라도 도산한 회사는 회생할 수 없게 된다. 회사의 계속기업으로서의 가치 상실을 주주의 손해로 볼 수 있는가?

Q4 [판례 46]은 주주가 주식을 매수한 다음에 이사의 횡령 및 부실공시가 있었다면 주가하락으로 인한 손해(①의 경우)는 간접손해이지만, 주주가 횡령 및 부실공시 사실을 알지 못한 채 정상주가보다 높은 가격에 주식을 취득하였다가 그 후 그 진상이 공표되면서 자본잠식 등이 이루어지고 주가가 하락한

경우의 손해(②의 경우)는 직접손해라고 한다.

(1) [판례 46]에서 주주가 주식 매수 이후 횡령 및 부실공시가 있은 경우의 주가하락으로 인한 손해를 간접손해로 보는 논거는 무엇인가?

(2) ①의 경우와 ②의 경우에 각각 주주의 신뢰의 대상은 무엇인가? 횡령과 부실공시 때문에 정상주가보다 높은 가격으로 형성된 주가를 알지 못하고 주식을 매수한 경우와 정상주가에 주식을 매수하였으나 횡령과 부실공시가 계속되던 기간에 그 사실을 모르고 주식을 처분하지 않고 있는 경우 주주의 손해는 무엇인가?

Q5 이 사건에서 원고들은 상법 제401조 이외에 어떠한 규정이나 법리를 원용하여 피고에게 손해배상을 청구할 수 있는가? 다른 규정 또는 법리에 의거하지 않고 상법 제401조에 의해 손해배상을 청구한 이유는 무엇인가?

[참고판례]

• **대법원 1993. 1. 26. 선고 91다36093 판결**

벤처캐피탈 회사인 X(한라창업주식회사)는 Y회사(대일정공주식회사)의 신주 1만5천주(발행주식총수의 30%)와 1억5천만원 상당의 전환사채를 인수하였다. Y의 주주(41.2% 소유)이자 대표이사인 Y1과 주주 Y2(19.2% 소유)는 회사의 사채 관련채무를 연대보증하였다.

Y회사는 Y1이 회사자금 8억6천만원을 인출하여 횡령함에 따라 당좌수표가 부도나고 도산하기에 이르렀다. X는 Y회사, Y1, Y2를 상대로 전환사채금의 지급을 구하고, X의 주식인수액 1억5천만원 상당의 손해에 대해서 Y회사에 대해서는 상법 제389조 제 3 항에 근거하여, 그리고 Y1에 대해서는 상법 제401조에 근거하여 그 손해를 연대하여 배상할 것을 청구하였다.

전환사채금 청구에 대해서는 제 1 심(대구지방법원 1990. 8. 2. 선고 90가합2219 판결)에서 X가 승소하여 확정되었다. 제 1 심은 주식인수액 상당의 손해에 대해서는 Y1이 회사의 금원을 횡령함으로써 회사재산을 감소시켰다면 회사에 대하여 이를 배상할 책임이 있으나 … 위 손해는 Y회사가 입은 손해이므로 주주인 원고 X가 그 손해가 경제적으로 자기에게 귀속된다는 사유만으로 직접 피고 Y회사와 Y1에 대하여 자기의 주식인수액 상당을 손해라고 하여 그 배상을 청구할 수는 없다고 판시하였다. 원심(대구고등법원 1991. 8. 29. 선고 90나4847 판결)은 제 1 심의 판결이유를 그대로 인용하여 원고의 항소를 기각하였다.

X는 상고심에서 Y1의 손해배상책임의 근거로 민법 제750조의 불법행위, 합작투자계약상의 채무불이행의 점을 추가하였으나, 대법원은 원고의 상고를 기각하였다. 주주가 그 회사의 대표이사의 악의 또는 중대한 과실로 인한 임무해태행

위로 직접손해를 입은 경우에는 대표이사와 회사에 대하여 상법 제401조, 제389조 제 3 항, 제210조에 의하여 손해배상을 청구할 수 있으나, 대표이사가 회사재산을 횡령하여 회사재산이 감소함으로써 회사가 손해를 입고 결과적으로 주주의 경제적 이익이 침해되는 손해와 같은 간접적인 손해는 같은 법 제401조 제 1 항에서 말하는 손해의 개념에 포함되지 아니하므로 이에 대하여는 위 법조항에 의한 손해배상을 청구할 수 없다. 피고 Y1의 금원 횡령이 바로 피고 Y회사의 주주인 원고에 대하여 일반불법행위로 된다거나 Y회사의 불법행위로 되는 것은 아니라 할 것이다.

[Note] 회사가 자신의 손해에 대해서 이사에 대해 손해배상청구권을 행사하지 않을 경우에, 주주가 손해배상청구권을 행사하는 방법에는 무엇이 있는가? 각 방법의 장단점은 무엇인가? 상법에서 허용하는 방법은 무엇인가?

[Note] 우리나라에서 회사의 손해전보를 위해서 주주는 대표소송만 제기할 수 있고, 회사의 손해에 대해 주주가 직접소송을 제기할 수 없다. 폐쇄회사에서 지배주주가 이사의 지위를 겸하고 있고, 원고 이외에 다른 소수주주는 없다면 손해를 입은 소수주주의 직접소송을 허용하는 것은 어떠한가? 이러한 사례에서 주주에 대한 직접 배상을 허용해야 한다는 주장이 있을 수 있지만, 주주의 출자반환금지나 채권자보호를 논거로 이견이 있을 수 있다.

[Note] 주주의 간접손해 제외설은 회사가 그 손해를 배상받으면 주주의 손해도 완전히 전보된다는 점을 논거로 제시한다. 그러나 회사와 주주 양자의 손해가 완전히 일치하지 않는 경우가 있으므로, 반드시 주주의 손해가 전액 전보되는 것은 아니라고 할 수 있다. 나아가 상장회사에서는 주주의 손해가 회사의 손해를 초과하는 경우도 있을 수 있다. 즉 이사의 재산횡령으로 인해 회사는 횡령금액만큼 손해를 입지만, 주가는 횡령으로 인해 폭락할 수 있는데 이러한 주가 폭락에 의한 주주의 손해는 회사의 손해를 초과할 수 있다. 이 때문에 회사의 손해를 초과하는 주주의 손해에 대해서 주주의 직접청구를 허용해야 한다는 견해도 있을 수 있다. 그러나 이를 허용한다 하더라도 초과손해의 존재와 범위의 인식은 어려우므로 원고 주주의 입증은 어렵다는 문제는 여전히 남는다. 한편 이러한 초과손해는 "간접손해"가 아니라 "직접손해"에 해당하므로, 주주의 간접손해 청구 가부의 문제와는 상관없이 주주는 "직접손해"라는 이유로 배상청구를 할 수 있다는 주장도 있을 수 있다.

[Note] 에버랜드 전환사채 판결(대법원 2009. 5. 29. 선고 2007도4949 전원합의체 판

결)[70]에서 대법원의 다수의견은 다음과 같이 판시한 바 있다. "제 3 자 배정
방식에서 저가발행시에는 시가를 적정하게 반영하여 적정한 가격에 발행하는
경우와 비교하여 그 차이에 상당한 만큼 회사 자산을 증가시키지 못하므로
그 차액만큼 회사가 손해를 입은 것"이고, "이러한 회사의 손해는 기존 주주
들의 주식가치가 실질적으로 희석됨으로써 기존 주주들이 입는 손해와는 그
성질과 귀속 주체가 다르며, 양자는 마땅히 구별되어야 한다"라고 하였다.

참고자료 최문희, "이사의 횡령행위, 부실공시로 인한 손해에 대한 주주의 배상청구의
가부—상법 제401조의 손해의 개념을 중심으로," 증권법연구 제14권 제 2
호, 115-164면.

3. 업무집행지시자 등의 책임

[판례 47]

대법원 2011. 6. 10. 선고 2011다6120 판결(하이닉스)

• 사실관계

원고회사(하이닉스 반도체)는 전직 임직원(대표이사, 이사, 사실상 이사) 총 8명
에 대하여 대북사업에 사용될 비자금 조성, 계열사(코리아음악방송) 부당지원
및 한라건설에 대한 지원으로 원고에 손해를 끼쳤다는 이유로 총 820억원 상
당의 손해배상을 청구하였다.

원고회사는 이천시 소재 본사와는 별도로 서울사무소를 설치하여 그 산하에
재무실, 업무부, 홍보부, 영업부를 두고 있는데, 원고회사의 주요한 재정업무는
통상 순차로 재무실 담당 직원, 담당 임원, 서울사무소장, 경영지원본부장, 대
표이사 사장, 대표이사 회장이 관여하여 처리되었다. 재무실 담당 직원에는 소
외 2 과장, 소외 3 부장 등이 있었다.

이 사건의 피고는 다수이나, 상법 제401조의2의 업무집행지시자등과 관련된
피고는 피고 1, 피고 6, 피고 7로서 이들은 이사로 등기되지 않았다. 피고 1,
피고 6, 피고 7은 서울사무소의 재정업무를 담당한 바 있고, 각각 원고회사의
상무직, 상무 및 전무직, 이사 및 상무 직에 있었다. 이 사건의 청구 중 피고
6, 피고 7에 대한 계열사 부당지원 및 한라건설 지원과 관련한 청구는 제401

---

70) 이 판례의 자세한 쟁점에 관해서는 제 7 장 [판례 73] 참조.

조의2 시행 이전(1998. 12. 28. 이전)의 지원행위라고 하여 책임이 부정되었다. 비자금 조성 건에 대한 사실관계는 다음과 같다.

　망 소외 1 등은 ㉠ 외화를 매입하지 않는데도 마치 외화매입대금을 지출하는 것처럼 허위 전표를 작성하고 외화매입 명목으로 그 매입자금을 당좌수표로 인출하되 가공의 외화매입금은 월말 결산시 외화환산손실로 처리하고 위 당좌수표는 모두 현금으로 세탁하는 방법 또는 ㉡ 외국으로부터 원·부자재를 수입하지 않았음에도 허위 전표를 작성하고 법인의 회계로부터 그와 같은 명목으로 당좌수표를 인출하되 당좌수표는 모두 현금으로 세탁하는 방법으로, 합계 290억여원(이하 '이 사건 비자금')을 원고의 회계와는 별도의 '부외자금'으로 조성·관리하면서, 그 전액을 소외 1이나 그의 승인을 받은 자 등에게 지급하여 원고의 공적인 경비 이외의 용도에 임의로 소비하게 하고도 허위로 회계처리하여 회수되지 못하게 하였다.

• **법원의 판단**

　[제 1 심 : 서울중앙지방법원 2009. 1. 9. 선고 2006가합78171 판결] (1) 망 소외 1 등은 원고회사의 이사 또는 사실상 이사(상법 제401조의2 제 1 항 제 3 호)로서, 원고가 업무상 취득한 법인 소유의 자금은 빠짐없이 법인의 회계에 입금하여 법인의 영업목적과 이익을 위하여 관리 사용하여야 할 뿐 아니라, 변칙적인 방법으로 법인 소유 자금의 일부를 '부외자금'으로 조성, 관리하는 경우라도 이로 인하여 법인이나 주주에게 손실이 발생하지 아니하도록 관리·사용하여 향후 언제든지 그 전액을 회수할 수 있는 조치를 미리 취하는 등으로 법인 소유의 자금을 적정하게 관리하여야 할 업무상 임무가 있음에도 불구하고, 그 임무에 위배하여, 이 사건 비자금을 조성·관리하면서 그 무렵 그 전액을 망 소외 1 등에게 지급하여 원고의 공적인 경비 이외의 용도에 임의로 소비하게 하고도 이를 정상적으로 지출된 것처럼 허위로 회계처리하여 회수되지 못하게 함으로써 원고에게 이 사건 비자금 상당의 손해를 입혔으므로, 특별한 사정이 없는 한 피고들은 상법 제399조에 따라 연대하여 원고에게 이 사건 비자금 중 각자 관여한 금액을 지급할 의무가 있다 ….

　(2) 피고 1, 피고 6, 피고 7은, ① 이사가 아님에도 "전무", "상무" 또는 "이사"의 명칭을 사용하였으나 당시 원고회사에는 상무 직위에 있는 자가 100여 명에 이르렀고, 이들은 대체로 대내외적인 의사결정권한이 없는 실무상 책임

자로서 실질적으로는 "선임부장"에 불과하였으므로, 상법 제401조의2 제 1 항 제 3 호가 규정하는 자에 해당되지 않는다고 주장하였다. 그러나 상법 제401조의2 제 1 항 제 3 호는 실제 사용되는 직명에 착안하여 이사가 아닌 자가 그 자체로 업무집행권한이 표상되는 직명을 사용하여 회사 업무를 집행하는 경우 그 자에 대해서는 이사로 간주하여 이사와 동등한 책임을 부과시키려는 것이므로, 위 피고들이 상무나 전무로서 원고회사의 업무를 집행한 이상 위 피고들에게 이사와 동등한 정도의 의사결정권한이 있었는지 여부와는 관계없이 상법 제401조의2 제 1 항 제 3 호의 적용대상이 된다고 봄이 상당하다.

나아가 피고 1, 피고 6, 피고 7은 ② 설령 자신이 상법 제401조의2 제 1 항 제 3 호가 규정하는 자에 해당한다고 하더라도, 이 사건 비자금 조성 및 사용에 실질적으로 관여한 적이 없으므로, 원고에 대하여 이 사건 비자금 조성 및 사용과 관련하여 상법 제399조에 기한 손해배상채무를 부담하지 않는다고 주장한다. 피고 6은 이 사건 비자금 중 외화매입을 가장하는 방법으로 조성된 비자금의 지출을 집행하고 그 내역 및 잔고현황을 상부에 보고한 사실, 원·부자재 수입을 가장하는 방법으로 조성된 비자금을 조성함에 있어 그에 관한 망소외 1의 지시를 전달한 사실을 자인하고 있고, … 피고 1, 피고 7이 이 사건 비자금 지출전표에 일부 서명하기도 하였으며, 소외 3 부장으로부터 매월 비자금 지출 내역 및 비자금 잔고내역을 보고받거나 보고서류를 상급자에게 다시 보고한 사실을 인정할 수 있다. 피고 1, 피고 6, 피고 7이 원고회사의 서울사무소의 재무실에서 그 재정업무를 담당하는 고위 직위에 있었던 점을 더하여 고려하면, 이 사건 비자금 조성 및 사용에 직·간접적으로 관여하였거나 자신의 업무와 관련하여 적어도 소극적으로 묵인하는 방식으로 이 사건 비자금 조성 및 사용에 관여하였다고 봄이 상당하다. 나아가 상법 제401조의2 제 1 항 제 3 호에서 규정된 자들에게는 그 문언이나 그자의 지위 등을 고려할 때 이사와 동등한 정도로 다른 임직원의 업무집행에 대한 감시의무가 있다고 보기는 어렵지만 이들이 적어도 자신의 업무(재무) 영역 내에서 자신의 부하직원이 개입되어 일어난 위법한 업무집행으로서 그에 대해서 알았거나 알 수 있었음에도 그를 방치하였다면 그로 인한 회사의 손해에 대해서는 손해배상책임을 부담한다. […] 피고 1, 피고 6, 피고 7로서는 설령 이 사건 비자금 조성 및 사용 과정의 전부 또는 일부에 직접 관여하지 않았다거나 주로 원고회사의 자금난을 해소하기 위하여 외부에서 자금을 조달하는 업무 등을 담당하였다고 하더라도, 이 사건 비자금 조성 및 사용이 널리 위 피고들이 담당하는 재무 업무의 일환으로 위 피고들이 근무하는 사무실에서 위 피고들의 부하직원인 소외 2 과장, 소외 3 부장 등에 의하여 실행된 이상, 위와 같은 사정은 책임제한 사유로 고려될 수 있을 뿐이고 이로써 이 사건 비자금 조성 및 사용에 대한 책임을 면할 수는 없다.

(3) 원고가 당시 이 사건 비자금 조성 및 사용과 같은 임직원들의 위법한 업무집행을 방지할 만한 경영체제를 갖추고 있지 못하였고 … 원고가 갖춘 경영체제의 허점으로 인하여 피고들이 위와 같은 행위에 이를 수 있었던 점, 피고들의 임원으로서의 재직기간, 직위 및 업무집행의 구체적인 태양, 의사결정에 있어서 영향 정도, 특히 이 사건 비자금 조성 및 사용에 관여한 정도 기타 이 사건 변론에 나타난 제반사정을 참작하면, 피고들의 책임액은 피고별 손해배상액 중 피고 8에 대해서는 70%, 피고 2에 대해서는 50%, 피고 3, 피고 4, 피고 5에 대해서는 각 30%, 피고 1, 피고 6, 피고 7에 대해서는 각 10%로 제한함이 손해분담의 공평이라는 손해배상제도의 이념에 비추어 상당하다.

[원심 : 서울고등법원 2010. 12. 15. 선고 2009나22114 판결] 피고 1만 항소하였으나 비자금 조성 및 사용 청구 건에 관하여 제1심이 유지되었다.

[대법원] 원심유지[71)]

상법 제401조의2 제1항 … 제1호 및 제2호는 회사에 대해 영향력을 가진 자를 전제로 하고 있으나, 제3호는 직명 자체에 업무집행권이 표상되어 있기 때문에 그에 더하여 회사에 대해 영향력을 가진 자일 것까지 요건으로 하고 있는 것은 아니다(대법원 2009. 11. 26. 선고 2009다39240 판결 참조). 피고 1은 이사로 등기되지 않았으나 상무로서 원고의 서울사무소의 재정업무를 담당하면서 이 사건 비자금 조성에 관여한 사실 등을 알 수 있는바, 위 법리에 비추어 볼 때, 원심이 피고 1이 상법 제401조의2 제1항 제3호 소정의 표현이사에 해당한다는 취지로 판단한 것은 정당하다.

---

71) 대법원은 비자금 조성 건에 관해서는 원심을 유지한 반면, 계열사에 대한 부당지원내역 중 일부에 대해 피고들의 손해배상책임을 인정한 원심의 판단을 파기·환송하였다. 환송 후 판결에서는 계열사부당지원과 관련하여 환송 전 원심의 원고들의 손해배상청구를 기각하였다. 서울고등법원 2011. 10. 20. 선고 2011나56219 판결.

Questions & Notes

Q1 (1) [판례 47]의 제 1 심에서 피고 1, 피고 6, 피고 7이 상법 제401조의2 제 1 항 제 3 호의 자에 해당한다는 결론을 뒷받침하기 위해 제시한 사실은 무엇 인가?

(2) 이 사건에서 피고 1, 피고 6, 피고 7은 자신들이 전무, 상무 또는 이사의 명칭을 사용하였으나 자신들은 대체로 대내외적인 의사결정권한이 없는 실무상 책임자로서 실질적으로는 "선임부장"에 불과하였으므로, 상법 제401조의2 제 1 항 제 3 호가 규정하는 자가 아니라고 주장하였다. 피고의 주장처럼 제401조의2 제 1 항 각호에 해당하는 자의 책임이 인정되기 위해서는 실제로 이사로서의 의사결정 권한이 있어야 하는가?

(3) 상법 제401조의2 제 1 항 제 3 호의 책임이 인정되기 위해서 제 3 호에 열거된 자가 제 1 호의 업무집행지시자처럼 사실상 영향력이 있을 것이 요구되는가?

Q2 회사의 이사로서 법인이사는 허용되지 않는다는 견해에 따르면, 상법 제401조의2 제 1 항 제 1 호의 업무집행지시자는 이사가 아니면서 이사로서 의제되는 자이므로 제 1 호는 자연인에게만 적용되는가?

Q3 상법 제401조의2 제 1 항 각호에 규정된 자들은 이사와 같은 선관주의의무 또는 충실의무를 부담하는가?

상법 제401조의2는 상법 제400조를 명시적으로 준용하고 있지 않다. 상법 제401조의2 제 1 항 각호에 게기된 자의 손해배상책임은 면제할 수 없는가?

Q3 상법 제401조의2의 규정의 한계와 입법론

(1) 제 1 항 제 1 호에서 "지시"를 요건으로 하고 있지만, 지시의 존재를 입증하기는 어렵고, 제 1 호에 의한 책임이 인정되기는 어렵다. 실효성 있도록 하려면 어떠한 내용으로 입법하여야 하는가?

(2) 제 1 항 제 3 호처럼 직명을 기준으로 사실상 이사를 규정하는 태도는 합리적인가?

(3) 제 1 항 각호에 해당하는 업무집행지시자등이 제401조의2 시행 전에 행한 행위에 대하여 책임을 추궁할 방법이 없는가?

Q4 지배주주에 대한 견제 및 책임추궁조치로서 지배주주의 충실의무와 상법 제401의2의 기능에는 어떠한 차이가 있는가?

[참고판례]

• **대법원 2006. 8. 25. 선고 2004다26119 판결(KT해외법인)[72]**

상법 제401조의2 제 1 항 제 1 호 소정의 '회사에 대한 자신의 영향력을 이용하여 이사에게 업무집행을 지시한 자'에는 자연인뿐만 아니라 법인인 지배회사도 포함된다. … 피고가 외환위기로 말미암은 PT&T의 지불유예선언 등을 미리 예견하였다는 등의 사정을 인정할 아무런 근거도 찾아볼 수 없는 이 사건에서, 원심이 피고가 그 자회사에게 체이스론 인출금지 지시를 한 것이 위법한 업무집행지시라고 볼 수 없다고 판단하여 원고의 주장을 배척한 것은 정당하다.

• **서울중앙지방법원 2012. 10. 5. 선고 2012가합1011 판결(한국전력 대표소송)**

원고들은 한국전력공사의 대주주인 피고 대한민국(지분율 21.17%)이 상법 제401조의2에서 정한 업무집행지시자로서 한국전력공사가 입은 손해를 배상하라는 대표소송을 제기하였다. 피고는 한국전력공사에 대하여 전기요금 인가권자이고 감독권자인데 법령에서 정한 총괄원가에 미치지 못하는 수준으로 전기요금을 결정하도록 한국전력공사에 지시해서 한국전력공사가 손해를 입게 되었다는 주장이다. 1심 법원은 다음과 같이 원고들의 청구를 기각하였다(2심[73]은 1심 판결문을 인용하고 원고들의 항소를 기각. 상고기각[74]). "지배주주가 주주총회에서 주주권을 행사하는 경우나 이사의 지위를 겸유하는 지배주주가 이사회에 참석하여 회사의 의사결정에 참여하는 경우와 같이 적법한 절차를 통해 자신의 권한을 행사하는 경우에는, 비록 그가 지배주주의 지위에 있다는 사정 때문에 그 권한을 행사하는 과정에서 그러한 지위에 없는 경우에 비해 회사의 경영에 사실상 더 큰 영향을 미치게 된다 하더라도, 그 지배주주는 업무집행지시자에 해당하지 않는 것으로 보아야 할 것이다 … 피고가 한국전력공사의 대주주[…]이나, […] 행정기관은 그 소관사무의 범위 안에서 일정한 행정목적을 실현하기 위하여 특정인에게 일정한 행위를 하거나 하지 아니하도록 지도·권고·조언 등 행정지도를 할 수 있고(행정절차법 제 2 조 제 3 호), 한국전력공사가 전기요금을 변경하고자 할 때에는 지식경제부장관의 인가를 받아야 하며 지식경제부장관이 전기요금에 대한 인가권을 근거로 전기요금에 관한 행정지도를 할 수 있는 권한이 인정되는 이상 … 피고가 인가권자, 감독권자 및 대주주 등의 지위를 이용하여 배후에서 한국전력공사의 경영에 영향력을 행사한 것으로 단정하기 어렵고 … 피고가 상법 제402조의2 제 1 항 제 1 호에서 정한 업무집행지시자에 해당하는 것으로 보기 어렵다."

---

72) 이 판례의 쟁점 중 법인격부인론에 관해서는 제 1 장 [판례 2] 참조.
73) 서울고등법원 2013. 7. 18. 선고 2012나83935 판결.
74) 대법원 2015. 3. 26. 선고 2013다210497 판결.

• **대법원 2021. 5. 13. 선고 2019다291399 판결[75]**

피고들은 태광그룹의 회장, 부회장으로서 태광그룹의 경영 전반을 총괄한 피고 15, 피고 5가 그룹 계열사인 흥국화재보험주식회사(이하 '흥국화재')로 하여금 피고 15와 그 친족의 100% 주식을 소유한 동림관광개발로부터 골프장 회원권을 고가로 매입하도록 지시하도록 한 것에 대해서 상법 제401조의2에 의해 손해배상책임이 인정되었다. 동림관광개발은 2010년 말 기준으로 골프장 조성 사업비를 위해 기 투입한 1,475억 원의 자금 외에 향후 골프장이 완성되기까지 약 1,075억 원의 자금이 더 들어갈 것으로 추정되었다. 동림관광개발은 이 사건 골프장 부지 매입비로 사용한 대출금 변제와 향후 골프장 개발에 드는 막대한 자금이 필요하였으나 신한은행으로부터 연 7.8%의 이율로 120억 원의 마이너스 대출을 받기까지 한 상태였다. 피고 15는 당시 태광산업 주식회사의 대표이사였던 피고 5에게 태광그룹의 계열회사를 통한 공사비 지원 방안을 강구하도록 지시하였고, 피고 5는 동림관광개발 대표이사였던 소외 4와 함께 태광그룹의 계열회사들이 동림관광개발에 투자할 자금의 규모를 결정하였다. 법원은 피고 15, 피고 5는 흥국화재에게 이 사건 골프장 회원권을 분양받을 것을 지시하였다는 점을 인정하였다.

• **대법원 2009. 11. 26. 선고 2009다39240 판결**

A회사가 속한 그룹의 회장과 대표이사는 회계본부장 전무이사에게 A회사의 부채비율을 줄이는 등 1998년도 분식결산을 지시하고, 전무이사는 다시 건설회계부문에서 근무하는 갑에게 건설부문의 재무제표 조작을, 갑은 다시 이를 회계팀장에게 지시하여 허위 재무제표가 완성되었다. B회사는 1999. 4. 30. A회사의 무보증회사채를 매입하였는데 A회사는 1999년경부터 자금상황이 급격히 악화되어 파산하였다. B회사는 갑에 대해 손해배상청구를 하였으나 갑은 자신이 A회사의 업무집행에 대하여 영향력을 행사할 수 있는 지위에 있지 않다고 주장하였으나 법원은 다음과 같이 갑을 제401조의2 제 3 호에 해당한다고 보았다. "상법 제401조의2 제 1 항 제 1 호 및 제 2 호는 회사에 대해 영향력을 가진 자를 전제로 하고 있으나, 제 3 호는 직명 자체에 업무집행권이 표상되어 있기 때문에 그에 더하여 회사에 대해 영향력을 가진 자일 것까지 요건으로 하고 있는 것은 아니다."

• **서울중앙지방법원 2010. 2. 8. 선고 2008가합47867 판결(확정)(현대자동차 대표소송)**

현대자동차의 주주들은 현대자동차의 전 부회장인 A와 대표이사 B를 상대로 이들이 존속여부가 불투명한 현대자동차의 부실계열사 현대우주항공, 현대강관의

---

75) 사실관계의 상세는 본장 292면.

유상증자에 현대자동차가 참여하게 함으로써 현대자동차에 손해를 입혔다는 이유로 손해배상을 구하는 대표소송을 제기하였다. 법원은 A가 등기이사는 아니었지만 현대자동차의 상용차 담당사장이라는 명칭을 사용하여 현대우주항공의 유상증자 참여에 관한 업무를 집행하였음을 인정하고, 상법 제401조의2 제 1 항 제 3 호의 자로서 손해배상책임을 부담한다고 판단하였다.

• **대법원 2023. 10. 26. 선고 2020다236848 판결**
"원고는 파산선고를 받은 A회사의 파산관재인이고, 피고는 2004. 2. 25.부터 2004. 12. 1.까지는 A회사의 공동대표이사, 2007. 5. 18.부터 2008. 8. 5.까지는 이사로 재직하였고, 이후 2016. 5. 18.까지 회장으로서 실제 전반적인 운영을 담당하였다. 원고는 피고가 A회사의 운영수익금을 횡령하여 A회사에 손해를 가하였다는 이유로 상법 제401조의2 제 1 항 제 1 호, 제 3 호에 의해 손해배상을 청구하였다. 법원은 상법 제401조의2 제 1 항은 회사의 이사가 아니지만 회사의 업무에 관여한 자에 대하여 그에 상응하는 책임을 묻기 위한 것이고 이러한 입법 취지에 비추어 보면, 상법 제401조의2 제 1 항 각호에 해당하는 자는 회사의 이사는 아니지만 상법 제399조에서 정한 손해배상책임을 적용함에 있어 그가 관여한 업무에 관하여 법령준수의무를 비롯하여 이사와 같은 선관주의의무와 충실의무를 부담한다"라고 판시하였다.

참고자료 김건식, 기업지배구조와 법(소화출판사, 2010), 196-216면.

4. 대표이사와 회사의 불법행위책임

회사의 대표이사가 업무집행을 하면서 고의 또는 과실에 의한 위법행위로 타인에게 손해를 가한 경우 회사는 대표이사와 연대하여 상법 제389조 제 3 항, 제210조에 의하여 제 3 자에게 손해배상책임을 부담하게 된다. 이사가 제 3 자로부터 손해배상청구를 받은 사안에서 판례는 대표이사가 민법 제750조 또는 상법 제389조 제 3 항, 제210조에 의하여 주식회사와 공동불법행위책임을 부담한다고 판단해 왔다.

• **대법원 2007. 5. 31. 선고 2005다55473 판결**
굴토공사를 시행함에 있어 공동대표이사가 선량한 관리자로서의 주의의무와 충실의무를 위반하여 의사결정을 하고, 회사의 피용자 등에 대한 감시·감독의무를 위반하여 제 3 자에게 손해를 가한 사례

- 대법원 2013. 4. 11. 선고 2012다116307 판결

건설회사의 시공상의 잘못에 따른 손해를 입은 제3자가 건설회사의 대표이사에 대한 손해배상을 청구한 사건에서 그 시공상의 잘못에 관하여 대표이사가 선량한 관리자의 주의의무와 충실의무를 위반하여 의사결정을 하고, 업무를 집행하거나, 피용자의 그와 같은 행위를 방지할 의무를 해태하여 감시·감독의무를 위반한 과실이 있는지를 심리·판단하지 않아 파기환송하였다.

- 대법원 2013. 6. 27. 선고 2011다50165 판결

주식회사의 대표이사가 업무집행과 관련하여 정당한 권한 없이 직원으로 하여금 타인의 부동산을 지배·관리하게 하는 등으로 소유자의 사용수익권을 침해하였다고 보았다.

- 대법원 2017. 9. 26. 선고 2014다27425 판결

대표이사 불법행위에 대한 회사의 책임 요건으로서의 '업무집행'은 외형으로 판단한다는 판결이다. "상법 제389조 제3항, 제210조에 의하여 주식회사가 대표이사의 불법행위로 손해배상책임을 지는 것은 대표이사가 '업무집행으로 인하여' 타인에게 손해를 입힌 경우이어야 한다. 여기에서 '업무집행으로 인하여'라는 것은 대표이사의 업무 그 자체에는 속하지 않으나 행위의 외형으로부터 관찰하여 마치 대표이사의 업무 범위 안에 속하는 것으로 보이는 경우도 포함한다. 행위의 외형상 주식회사의 대표이사의 업무집행이라고 인정할 수 있는 것이라면 설령 그것이 대표이사의 개인적 이익을 도모하기 위한 것이거나 법령의 규정에 위배된 것이라고 하더라도 주식회사의 손해배상책임을 인정하여야 한다."

Ⅳ. 대표소송

이사의 의무위반으로 인해 회사가 손해를 입었는데 회사가 손해배상청구를 게을리 할 경우에 주주에게 회사를 대신해서 소송을 제기할 권리를 부여하는 것이 대표소송이다. 대표소송은 주주가 회사의 이름이 아니라 회사를 위하여 자신의 명의로 소를 제기하지만 청구금액은 회사의 전 손해이며, 회사의 손해 중 주주의 지분에 해당하는 금액에 한정하지 않는다. 회사는 당사자가 아니지만 판결의 효력은 회사에게 미치고, 주주가 승소한 경우 배상액은 주주가 아니라 회사에게 귀속된다.

1996년 말 이후 상장회사의 대표소송 제기요건이 완화되고, 경제위기 이후에 다수의 기업이 도산 또는 경제위기를 겪게 되면서 다수의 대표소송이 제

기되었다. 이 절에서 다루는 제일은행 사건은 본안으로서 대표소송이 제기되어 판결이 내려진 최초의 사례이며, 최초로 대법원 판결이 내려진 사건이다. 이사의 의무위반의 판단기준, 경영판단의 원칙, 대표소송에서 회사 대표권과 상임이사회의 책임 등 실체법적 쟁점뿐만 아니라, 주주의 대표소송 제소자격과 회사의 소송참가의 가부를 비롯해 다수의 절차법적 쟁점을 포함하고 있다.

이 절에서는 먼저 제일은행 대표소송 사건을 소재로 대표소송의 제소자격과 소 제기 후 지분요건이 변경된 경우의 소의 효력, 회사의 참가의 가부와 그 성질, 기타 소송절차를 살펴본다. 이어서 남소방지 및 대표소송의 활성화를 위한 장치가 우리 상법에 어떻게 구현되어 있는지 검토한다.

대표소송에서 주주의 제소 인센티브는 소송으로 인해 적극적으로 이익을 얻을 수 있는 경우에 생겨날 것이다. 제소 인센티브 제고를 위해서는 승소주주의 비용청구권과 주주 측의 변호사 보수가 중요하다. 이와 관련하여 승소주주의 비용청구권이 인정된 판례에서 회사의 비용상환의무의 대상인 변호사 보수의 의미와 그 범위를 다룬 판례를 다룬다.

마지막으로 대표소송의 원고적격의 특수한 문제로 다중대표소송을 다룬다. 종전 판례[76]에 의하면 자회사의 이사의 의무위반으로 인하여 자회사에 손해가 발생한 경우 모회사의 주주가 자회사의 이사를 상대로 제기하는 이중대표소송은 허용되지 않았다. 이러한 판례의 당부에 관해서 이견이 있으나 2020년 개정상법에서 제406조의2를 신설하여 다중대표소송을 입법적으로 도입하였다.

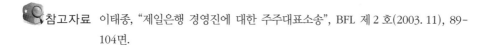
참고자료 이태종, "제일은행 경영진에 대한 주주대표소송", BFL 제 2 호(2003. 11), 89-104면.

[판례 48]

대법원 2002. 3. 15. 선고 2000다9086 판결(제일은행)
• **사실관계**

제일은행은 1993. 11. 4.부터 1997. 1. 20.까지 한보철강에 대하여 총 1조853억원을 대출하였으나, 1997. 1. 23. 한보철강의 부도와 1997. 1. 28. 회사정리절

---

76) 대법원 2004. 9. 23. 선고 2003다49221 판결.

차 개시로 위 대출금을 회수하지 못하였다. 피고들은 위 대출당시 제일은행의 대표이사(은행장) 또는 이사로서 재직하였다. 피고들은 한보철강이 당진제철소 건설사업을 추진함에 있어서 높은 부채의존도, 열악한 재무구조, 부실한 사업계획 등으로 인해 부도로 그 대출금 회수불능의 위험을 충분히 예측할 수 있었음에도 이를 무시하고 담보제공없이 거액의 여신을 지속적으로 제공하도록 부하직원에게 지시하거나 이러한 무모하고 독단적인 여신제공결정을 제지하지 못하였다. 피고 대표이사 Y1, Y2는 대표이사로서 한보그룹의 회장 소외 J로부터 거액의 뇌물을 수수하였다. 제일은행의 소수주주들은 제일은행의 피고들에 대하여 한보철강에 대한 부실대출로 회사에 손해를 입혔다는 이유로 대표소송을 제기하였다.

피고들은 원고들 및 공동소송참가인들이 대표소송을 제기하기 위한 구증권거래법상 요건(지분 0.01%를 6개월간 보유)을 갖추지 못하였다는 점, 회사에 대한 서면에 의한 제소청구 후 30일 기간 경과 후에도 회사가 소를 제기하지 않은 경우에 대표소송을 제기하여야 하는데 서면에 의한 제소청구를 한 후 그 다음날 대표소송을 제기하였다는 점을 들어 본건 대표소송이 상법 및 구증권거래법상의 요건을 흠결한 부적법한 소라고 항변하였다. 원고들은 이 사건 소제기일 2개월 전부터 구두로 수차례 피고들에 대한 소를 제기할 것을 청구해오다가, 1997. 6. 2. 서면으로 소제기청구를 한 것이었다.

원고들이 소를 제기한 1997. 6. 3. 당시 제일은행의 자본금은 8,200억원, 발행주식총수는 1억6,400만주이었는데, 제 1 심 소송진행 중인 1998. 1. 31.에 8.2 : 1의 비율로 감자가 이루어져 그 자본금은 1,000억원, 발행주식총수는 2,000만주로 감소되었고, 같은 날 예금보험공사 및 정부에서 제일은행에 각각 7,500억원씩 출자하여 그 자본금은 1조 6,000억원, 발행주식총수는 3억2,000만주로 변경되었다. 원고들 및 공동소송참가인들은 제 1 심 변론종결 당시(1998. 6. 19)까지 총 10만3,189주를 보유하여 당시 증권거래법상 대표소송 제기를 위한 지분요건인 0.01%(3만2,000주)보다 많이 보유하였고 원고적격에 문제가 없었다(제 1 심 선고일 1998. 7. 24). 제일은행은 금융감독위원회로부터 자본금감소명령을 받고(당시 금산법 제10조, 제12조), 항소심이 진행중이던 1999. 6. 26. 이사회에서 "총 발행주식의 액면총액 1조 6,000억원 중 정부와 예금보험공사의 보유주식 액면가 1조 5,000억원은 5.5127주를 1주로 병합하고, 나머지 일반주주들이 보유한 액면가 1,000억원 전부에 대하여 무상소각하기로 결의하였다. 1999. 7. 9. 위 이사회결의에 따라 일반주주들인 원고들 (및 제 1 심 공동소송참가인들)(이하 '원고 등') 보유 주식이 모두 무상소각되었다. 이에 따라 제 1 심의 당초 원고 등은 회사의 발행주식을 보유하지 않게 되어 이 사건 대표소송을 유지하기 위한 주주 요건을 흠결하였고 당사자 적격을 상실하였다. 제일은행은 위 무상소각이 행해지기 전인 1999. 7. 1. 원고들의 대표소송에 공동소송참가신청을 하였다.

이 사건에서 원고들의 청구취지상 손해배상청구금액은 400억원(제 1 심에서 모두 인용되었다)이었는데, 이 때는 민사소송등인지규칙(15조 1항)에 따라 소가를 산출할 수 없는 소송으로 보고 구 민사소송등인지법(2002. 1. 26. 법률 6628호로 개정되기 전) 제 2 조 제 4 항에 따라 소가가 1천만100원으로 의제되어 5만원의 인지를 첩부하면 되었다.[77] 제일은행이 공동소송참가신청을 할 때에도 이를 전제로 인지에 관하여 아무런 조치를 취하지 않았다. 그런데 항소심에서 원고 등의 원고적격이 상실되자, 항소심 재판장은 1999. 11. 24. 원고 항소심 공동소송참가인(제일은행)에게 소가 400억원을 기준으로 한 항소심 인지액 2억 1,078만2,500원을 보정할 것을 명령하였다. 제일은행은 1999. 12. 2. 공동소송참가 금액 400억원을 10억원으로 감축하였으며 1999. 12. 16. 위 감축된 참가취지에 따라 603만2,500원을 인지액으로 추가 납부함으로써 인지를 보정하였다.

• 법원의 판단

[원심 : 서울고등법원 2000. 1. 4. 선고 98나45982 판결] 원고적격에 관하여 원고 등(원고 및 제 1 심 공동소송참가인)은 그 소유주식이 1999. 7. 9.자로 무상소각되어 제일은행의 주식을 1주도 보유하지 않게 되었으므로 당사자적격을 상실하였다고 판단하였다.

항소심 단계에서 제일은행의 공동소송참가의 적법여부에 관하여, 일반적으로 제 3 자 소송담당의 경우 판결의 효력을 받는 제 3 자가 그 소송에 당사자로서 참가하는 것은 중복제소에 해당하여 부적법하다 할 것이나 … 제 3 자의 소송담당인 대표소송에 있어서 소수주주가 상대방이 된 이사와 담합하거나 결탁할 경우 권리귀속주체인 회사가 이를 막기 위하여 강력한 소송수행권한을 가

---

77) 현재는 민사소송 등 인지법 2조 1항 3호·4항, 대법원 민사소송 등 인지규칙 18조의2 단서·15조 1항에 따라 대표소송의 소가가 1억원으로 의제되어 45만5천원의 인지를 첩부한다.

진 당사자로서 소송에 참가할 필요가 있고, 또한 이 사건의 경우와 같이 주주가 대표소송을 수행하는 도중 주주의 지위를 상실하여 소송이 부적법하게 될 경우 권리귀속주체인 회사가 당사자로서 그 대표소송에 참가할 필요가 있으며 … 위와 같은 경우 모두 소송경제를 도모할 뿐만 아니라 판결의 모순, 저촉을 유발할 가능성도 없다는 점을 감안하면 상법 제404조 제 1 항의 참가는 공동소송참가를 배제하지 아니하는 것으로 해석함이 타당하다 라고 판시하였다.

피고들의 손해배상책임에 관해서는 제 1 심 판결을 원용하되, 제일은행이 공동소송참가 범위를 400억원에서 10억원으로 감축함에 따라 10억원을 배상하도록 하였다.

[대법원] 피고 이사들에 대해 은행이사로서의 충실의무 내지 선관주의의무 위반을 인정하고 손해배상책임을 인정하였다. 대표소송의 소송법적 쟁점 중 주요 판결이유는 다음과 같다.

(1) 참가의 성격에 관한 법리오해 주장에 대하여

주주의 대표소송에 있어서 원고 주주가 원고로서 제대로 소송수행을 하지 못하거나 혹은 상대방이 된 이사와 결탁함으로써 회사의 권리보호에 미흡하여 회사의 이익이 침해될 염려가 있는 경우 그 판결의 효력을 받는 권리귀속주체인 회사가 이를 막거나 자신의 권리를 보호하기 위하여 소송수행권한을 가진 정당한 당사자로서 그 소송에 참가할 필요가 있으며, 회사가 대표소송에 당사자로서 참가하는 경우 소송경제가 도모될 뿐만 아니라 판결의 모순·저촉을 유발할 가능성도 없다는 사정과, 상법 제404조 제 1 항에서 특별히 참가에 관한 규정을 두어 주주의 대표소송의 특성을 살려 회사의 권익을 보호하려한 입법 취지를 함께 고려할 때, 상법 제404조 제 1 항에서 규정하고 있는 회사의 참가는 공동소송참가를 의미하는 것으로 해석함이 타당하고, 나아가 이러한 해석이 중복제소를 금지하고 있는 민사소송법 제234조[78]에 반하는 것도 아니라고 할 것이다.

따라서 피고들이 그 참가는 공동소송적 보조참가라는 전제에서 피참가인인 원고들 및 제 1 심 공동소송참가인(모두 주주들로서 원심에서 소 각하됨, 아래에서는 '원고들 및 제 1 심소송참가인'이라 쓴다)의 이 사건 소가 당사자적격을 상실하여 부적법하게 된 이상 원심 원고 공동소송참가인(피상고인, 아래에서는 '원고 공

---

78) 당시 민사소송법 제234조이었으나, 현재 민사소송법 제259조(중복된 소제기 금지)이다.

동소송참가인'이라 쓴다)의 이 사건 참가도 부적법하다고 한 항변을 원심이 배척한 것은 위와 같은 법리에 따른 것으로서 정당하다.

(2) 대표자에 관한 법리오해 주장에 대하여

상법 제394조 제 1 항에서는 이사와 회사 사이의 소에 있어서 양자 간에 이해의 충돌이 있기 쉬우므로 그 충돌을 방지하고 공정한 소송수행을 확보하기 위하여 비교적 객관적 지위에 있는 감사로 하여금 그 소에 관하여 회사를 대표하도록 규정하고 있는바, 소송의 목적이 되는 권리관계가 이사의 재직중에 일어난 사유로 인한 것이라 할지라도 회사가 그 사람을 이사의 자격으로 제소하는 것이 아니고 이사가 이미 이사의 자리를 떠난 경우에 회사가 그 사람을 상대로 제소하는 경우에는 특별한 사정이 없는 한 위 상법 제394조 제 1 항은 적용되지 않는다고 할 것이다(대법원 1977. 6. 28. 선고 77다295 판결 참조). … 원고들 및 제 1 심 소송참가인들의 보유주식에 관하여 이사회에서 무상소각 결의가 행하여짐으로써 그 당사자들이 대표소송에서 당사자적격을 상실하게 될 염려가 있자 회사인 원고 공동소송참가인은 원심 소송계속중인 1999. 7. 1.에 참가인회사의 종전 대표이사 혹은 종전 이사로 재임하던 피고들을 상대로 재임 중의 임무해태 등을 원인으로 하는 이 사건 손해배상청구 소송에 대표이사 A를 대표자로 하여 공동소송참가를 하게 되었는데, 피고들은 참가인회사의 그 공동소송참가일 이전에 모두 참가인회사에서 대표이사 혹은 이사의 직위를 퇴임하여 그 공동소송참가일 당시에는 아무런 직위도 가지고 있지 아니하였던 사실을 알 수 있으며, 또한 참가인회사의 대표이사와 피고들 사이에 공정한 소송수행을 의심할 만한 특별한 사정은 달리 보이지 않음을 알 수 있는바, … 원고 공동소송참가인의 이 사건 참가소송에서 참가인회사를 대표하여야 할 자는 일반 원칙에 따라 대표이사라고 할 것이고, 상법 제394조 제 1 항을 적용하여 감사가 회사를 대표하여야 한다고 볼 것은 아니다.

(3) 원고참가 요건에 관한 법리오해 주장에 대하여

원고들 및 제 1 심 소송참가인들의 보유 주식이 모두 무상소각되어 대표소송에서의 당사자적격을 상실하게 된 것은 원고 공동소송참가인의 참가신청 이후인 1999. 7. 9.인 사실을 알 수 있으므로, 비록 원고들이 원심 변론종결시까지 대표소송상의 원고 주주요건을 유지하지 못하여 종국적으로 소가 각하되는 운명에 있다고 할지라도 원고 공동소송참가인의 참가시점에서는 원고들이 적법한 원고적격을 가지고 있었다고 할 것이어서 원고 공동소송참가인의 이 사건 참가는 적법하다 ….

나아가, 공동소송참가는 항소심에서도 할 수 있는 것이고(대법원 1962. 6. 7. 선고 62다144 판결 참조), 항소심절차에서 공동소송참가가 이루어진 이후에 피참가소가 소송요건의 흠결로 각하된다고 할지라도 소송의 목적이 당사자 일방과 제 3 자에 대하여 합일적으로 확정될 경우에 한하여 인정되는 공동소송참가의 특성에 비추어 볼 때, 심급이익 박탈의 문제는 발생하지 않는다고 볼 것이다. … 원고 공동소송참가인이 항소심절차에서 이 사건 공동소송참가한 것을 적법하다고 본 원심의 처리는 정당하다.

1. 대표소송의 당사자와 책임의 범위

Questions & Notes

Q1 타인명의로 주식을 인수·양수하거나, 주식양도 이후 명의개서를 하지 않은 경우에 대표소송을 제기할 수 있는 주주는 누구인가?

Q2 상법 제403조에 의하면 발행주식총수의 1%를 가진 주주는 대표소송을 제기할 수 있고, 상장회사에 관하여는 상법 제542조의6 제 6 항에 따라 6개월 전부터 계속하여 발행주식총수의 0.01% 이상을 가진 주주가 대표소송을 제기할 수 있다.

(1) 상법상 상장회사 특례규정의 제소요건을 갖추지 못했지만, 일반규정의 제소요건을 갖춘 주주는 일반규정에 따라 제소할 수 있는가?

(2) [판례 48]에 따르면 원고 주주가 제소시에는 지분요건을 충족하지 못하였으나, 변론종결시에는 그 요건을 충족한 경우에 이 소는 부적법하여 각하되어야 하는가?

Q3 원고 주주의 지분요건이 감소되거나, 주주지위의 상실이 있는 경우 대표소송의 효력에 영향이 있을 수 있다.

(1) 제소 후 발행주식을 전혀 보유하지 않게 된 때에는 제소의 효력을 잃는다(403조 5 항). [판례 48]의 원심에서 원고 주주들은 주식이 무상으로 강제소각됨으로써 주식을 1주도 보유하지 않게 됨에 따라 당사자 적격을 잃게 되었다. 원고 주주들은 자신들이 자발적으로 보유주식을 처분한 것이 아니

므로 상법 제403조 제 5 항의 규정에도 불구하고 원고 주주들이 수행하던 대표소송의 변론종결 전까지 주식을 보유한 것으로 보아야 한다고 주장하였으나 상법 제403조 제 5 항에 예외가 없다는 이유로 법원이 받아들이지 않았다. 주식을 전혀 가지지 않은 사람이 대표소송을 유지하도록 할 경우 어떠한 문제가 있는가?

(2) [판례 48]에서 제소 후에 원고 주주는 감자로 인하여 주식을 전혀 소유(보유)하지 않게 되었는데, 원고적격 상실 이전에 회사가 공동소송참가를 할 수 있다고 판시하였다. 판례는 그 결론에 대해서 어떠한 논거를 제시하는가? 다른 주주가 참가하는 것은 허용되는가?

(3) 제소 당시에는 지분요건을 구비하였지만 제소 후에 제소를 위한 지분요건 미만으로 감소된 경우에 소송의 효력은 어떠한가?

(4) 원고 주주가 제소 후에 소송계속 중 주식을 전부 양도한 경우에 양수인은 승계인으로서 원고 주주의 지위를 취득하는가? 소송에 참가하거나(민사소송법 81조), 인수(민사소송법 82조)할 수 있는가?

Q4 상장회사에서 대표소송을 제기하기 위해서는 6개월 보유요건을 충족해야 한다. 이 경우 상속, 합병 등 포괄승계에 의해 주식을 취득한 주주의 보유기간은 어떻게 산정하는가?

Q5 (1) A회사의 원고 주주 X가 A회사의 이사 Y에 대해 대표소송을 제기한 후 소송계속 중에 B회사가 A회사를 흡수합병한 경우에는 기제기된 대표소송은 유지되는가?

(2) A회사의 원고 주주 X가 A회사의 이사 Y에 대해 대표소송을 제기한 후, 소송 계속 중에 A회사가 주식교환의 방법으로 지주회사 B의 100% 자회사가 되고, X는 B의 주주가 된 경우는 어떠한가? 이중대표소송을 허용하는 상법 제406조의2에 의하면 어떠한가?

Q6 상법 제403조는 "이사의 책임을 추궁할 소"라고 규정하고 있다. 대표소송으로 책임을 추궁할 수 있는 이사의 의미와 추궁할 수 있는 책임의 범위는 어떠한가?

(1) 이사에 취임하기 전의 행위로 인한 채무에 대해 이사로서 재임 중인 자에 대해서 대표소송을 제기할 수 있는가? 이사의 자격으로서 한 행위와 무관한 행위에 대해서도 대표소송을 제기할 수 있는가?

(2) 이사로서 재임 중의 행위에 대해서 퇴직 후 대표소송을 제기할 수 있는

가? 소송계속 중 이사가 퇴임한 경우에는 어떠한가?

(3) 이사가 대표소송 제기 전에 사망한 경우에 그 상속인을 피고로 할 수 있는가?

(4) 이사가 이사의 임무수행과 관련 없는 사유로 인하여(예: 거래) 회사에 대하여 부담하는 채무에 대하여도 주주가 대표소송을 제기할 수 있는가?

Q7 대표소송의 남소방지 취지와 관련하여 다음 문제를 생각해 보시오.

(1) 우리나라에서는 대표소송 제기권이 소수주주권으로 규정되어 있다. 이와 같이 제소주주에 제한을 둔 것은 남소를 방지하기 위함이라고 설명된다. 소수주주권은 단독주주권보다 남소의 가능성이 낮다고 볼 수 있는가?

(2) 상장회사에서 6개월 보유요건을 둔 이유는 남소를 방지하기 위한 것이며, 소제기 목적에 의한 주식 보유를 억제하기 위함이라고 한다. 이러한 설명과 입법태도는 타당한가?

[참고판례]

• 대법원 2017. 3. 23. 선고 2015다248342 전원합의체 판결

종래 대법원 판결은 타인 명의로 주금을 납입한 경우 주주명부상 주주가 아닌 명의차용인도 대표소송을 제기할 수 있다고 보았으나(대법원 2011. 5. 26. 선고 2010다22552), 전원합의체 판결에 의해 주주명부상 주주만이 원고적격을 가진다.

"주주명부에 적법하게 주주로 기재되어 있는 자는 회사에 대한 관계에서 그 주식에 관한 의결권 등 주주권을 행사할 수 있고, 회사 역시 주주명부상 주주 외에 실제 주식을 인수하거나 양수하고자 하였던 자가 따로 존재한다는 사실을 알았든 몰랐든 간에 주주명부상 주주의 주주권 행사를 부인할 수 없으며, 주주명부에 기재를 마치지 아니한 자의 주주권 행사를 인정할 수도 없다. 주주명부에 기재를 마치지 않고도 회사에 대한 관계에서 주주권을 행사할 수 있는 경우는 주주명부에의 기재 또는 명의개서청구가 부당하게 지연되거나 거절되었다는 등의 극히 예외적인 사정이 인정되는 경우에 한한다. … 이와 달리 … 타인의 명의를 빌려 회사의 주식을 인수하고 그 대금을 납입한 경우에 그 타인의 명의로 주주명부에 기재까지 마쳐도 실질상의 주주인 명의차용인만이 회사에 대한 관계에서 주주권을 행사할 수 있는 주주에 해당한다는 취지로 본 … 대법원 2011. 5. 26. 선고 2010다22552 판결 등을 비롯하여 이와 같은 취지의 판결들은 이 판결의 견해에 배치되는 범위 내에서 모두 변경하기로 한다."

• 대법원 2013. 9. 12. 선고 2011다57869 판결(신세계 대표소송)

여러 주주들이 함께 대표소송을 제기하기 위하여는 그들이 회사에 대하여 이사

의 책임을 추궁할 소의 제기를 청구할 때와 회사를 위하여 그 소를 제기할 때 보유주식을 합산하여 상법 또는 구 증권거래법이 정하는 주식보유요건을 갖추면 되고, 소 제기 후에는 보유주식의 수가 그 요건에 미달하게 되어도 무방하다고 할 것이다. 그러나 대표소송을 제기한 주주 중 일부가 주식을 처분하는 등의 사유로 주식을 전혀 보유하지 아니하게 되어 주주의 지위를 상실하면, 특별한 사정이 없는 한 그 주주는 원고적격을 상실하여 그가 제기한 부분의 소는 부적법하게 되고, 이는 함께 대표소송을 제기한 다른 원고들이 주주의 지위를 유지하고 있다고 하여 달리 볼 것은 아니다.

• 대법원 2003. 2. 26. 선고 2000다42786 판결(한보철강)
구 민사소송법(2002. 1. 26. 법률 제6626호로 전문 개정되기 전의 것) 제74조에서 규정하고 있는 소송의 목적물인 권리관계의 승계라 함은 소송물인 권리관계의 양도뿐만 아니라 당사자적격 이전의 원인이 되는 실체법상의 권리 이전을 널리 포함하는 것이므로, 신주발행무효의 소 계속중 그 원고 적격의 근거가 되는 주식이 양도된 경우에 그 양수인은 제소기간 등의 요건이 충족된다면 새로운 주주의 지위에서 신소를 제기할 수 있을 뿐만 아니라, 양도인이 이미 제기한 기존의 위 소송을 적법하게 승계할 수도 있다.

• 대법원 2018. 11. 29. 선고 2017다35717 판결(하나금융지주 대표소송)
대표소송 제기 후 포괄적 주식교환으로 완전자회사 주주의 지위를 잃고 모회사 주주가 된 경우 완전자회사 이사들을 상대로 제기한 대표소송은 각하된다는 판결이다.
　(사실관계) 원고는 제1심 공동원고들과 함께 이 사건 대표소송의 제기 당시 외환은행 발행주식의 0.013%(84,080주)를 보유한 주주이었다. 이 사건 소송의 계속 중 외환은행과 주식회사 하나금융지주가 포괄적 주식교환을 완료하여 하나금융지주가 외환은행의 100% 주주가 되고 원고는 외환은행의 주식을 전혀 보유하지 않게 되고 더 이상 외환은행의 주주가 아니게 되었다.
　(법원의 판단) 주주가 대표소송을 제기하기 위하여는 회사에 대하여 이사의 책임을 추궁할 소의 제기를 청구할 때와 회사를 위하여 그 소를 제기할 때 상법 또는 구 은행법이 정하는 주식보유요건을 갖추면 되고, 소 제기 후에는 보유주식의 수가 그 요건에 미달하게 되어도 무방하다. 그러나 대표소송을 제기한 주주가 소송의 계속 중에 주식을 전혀 보유하지 아니하게 되어 주주의 지위를 상실하면, 특별한 사정이 없는 한 그 주주는 원고적격을 상실하여 그가 제기한 소는 부적법하게 되고(상법 제403조 제5항), 이는 그 주주가 자신의 의사에 반하여 주주의 지위를 상실하였다 하여 달리 볼 것은 아니다.

• 대법원 2021. 11. 11. 선고 2017다222368 판결(유니온스틸 대표소송)[79]

유니온스틸 주식회사(이하 '유니온스틸')는 1962. 12. 10. 철강제조 및 가공업 등을 목적으로 설립되었다가 2015. 1. 2. 동국제강 주식회사(이하 '동국제강')에 흡수합병되어 해산한 회사이다. 원고는 2014. 4. 3. 유니온스틸의 주식 1,320주를 취득하여 보유하고 있다가 위 흡수합병으로 2015. 12. 31. 현재 동국제강 발행주식 2,626주를 보유하게 된 자이다. 원고는 2014. 12. 24. 합병 전의 유니온스틸의 이사들에게 대표소송을 제기하였다. 합병 전 소멸회사의 이사들을 상대로 제기한 대표소송이 회사의 합병 소멸로 유지되는지가 문제될 수 있는데, 피고측은 이 문제는 본격적으로 다투지 않고 지분비율만 다투었다.

원고가 유니온스틸의 합병소멸로 인하여 2015. 1. 2. 동국제강의 주식 0.0027%를 취득하게 되었으므로, 상법 제542조의6의 '발행주식총수의 1만분의 1 이상에 해당하는 주식을 6개월 이상 보유한 주주'에 해당하지 않는다는 주장이다.

1심[80]은 원고가 2014. 12. 24. 대표소송 제기 당시 유니온스틸의 주주로서 6개월 이상 0.0127%의 주식을 보유하고 있었으므로 제소요건을 갖추고 있었고, 동국제강이 원고의 이 사건 주주대표소송에 있어서 유니온스틸의 지위를 승계하게 되었으므로, 위 합병으로 인하여 원고가 이 사건 소 제기 당시 갖추었던 대표소송의 당사자적격을 상실하는 것은 아니라고 보았다. 이 점은 다투지 않아 확정되었다.[81]

[Note] 대표소송으로 추궁할 수 있는 책임의 범위를 쟁점으로 다룬 일본 최고재판소의 판결[82]이 있다. 이 사건은 회사가 취득한 부동산이 이사의 명의로 등기되어 있으므로 주주가 회사의 명의로 회복하기 위해 대표소송을 제기한 사건이다. 원고는 주위적 청구로서 회사의 소유권에 기한 등기명의회복을 원인으로 하는 소유권이전등기절차를 구하고, 예비적 청구로서 회사가 이사와 명의차용계약을 체결하였음을 전제로 그 차용계약이 종료되었음을 주장하면서 등기 명의의 회복을 위한 소유권이전등기절차를 구하였다. 원심에서는 양 청구 모두 이사의 지위와 무관한 청구라고 하면서 각하하였으나, 상고심에서는 대표소송은 회사와 이사의 거래상 책임을 추궁하는 것도 대상으로 한다는 전제로 예비적 청구에 관해 다시 판단하도록 파기환송하고, 주위적 청구는 이사의 지위에 관한 것이 아니고 거래상 책임을 구하는 것도 아

---

79) 사실관계의 상세는 본장 238면.
80) 서울중앙지방법원 2016. 5. 24. 선고 2014가합594616 판결.
81) 서울고등법원 2017. 3. 16. 선고 2016나2032030 판결.
82) 最高裁 2009. 3. 10. 金融法務事情 No. 1873(2009. 7), 63면.

니므로 각하하였다.

Note 일본 회사법에는 대표소송의 원고 주주가 완전모회사의 주주(또는 완전모회
사의 완전모회사)가 된 경우에는 원고적격을 상실하지 않으며(일본 회사법
851조 1항 1호), 합병으로 인하여 원고 주주의 회사가 소멸하더라도, 원고
주주가 존속회사(또는 그 완전모회사), 신설회사의 주주가 되는 경우에도 원
고적격을 상실하지 않는다는 명문 규정(일본 회사법 851조 1항 2호)이 있다.

참고자료 최문희, "합병, 주식교환, 주식이전 등 조직재편과 대표소송의 원고적격의 쟁
점 - 대법원 판례에 대한 비판적 고찰과 입법론적 제안 - ", 상사판례연구 제
29권 제 3 호(2016).

2. 대표소송의 소제기 요건

[판례 49]

대법원 2021. 7. 15. 선고 2018다298744 판결(주주대표소송)

대표소송의 소제기 요건으로서 주주의 제소청구의 구체성에 관하여 다룬 판
결이다.

• **사실관계**

원고는 대경상사 주식회사(이하 '대경상사')의 발행주식 총수의 15.8%를 보유
한 주주이다. 대경상사는 대주주이자 대표이사이던 피고의 주도로 "피고 소유
의 대경상사 주식 6,499주 중 일부를 감자 처리하고 1주당 가액을 986,346원으
로 하여 현금 지급한다."는 내용의 2014. 6. 19. 자 주주총회 특별결의서를 작성
한 뒤, 2014. 6. 26. 피고의 배우자이던 소외인에게 피고 소유 주식 1,657주 대
금 명목으로 1,634,348,422원을 지급하였다.[83]

원고는 2017. 7.경 대경상사에 "피고는 2014. 6.경 개인적 이익을 위하여 보
유하던 대경상사 주식 중 1,657주를 회사에 처분하여 손해를 입혔다. 피고는
대경상사가 자기주식을 취득할 수 없는 상태였음에도 상법이 정한 주주총회

---

[83] 원고는 2015. 11. 3. 피고가 실제 소집절차와 회의절차를 거치지 않고 주주총회 특별결
의서를 작성하는 등 상법상 감자절차를 전혀 이행하지 않음으로써 법령을 위반하였다는
이유로 이사해임청구를 하여 2017. 1. 11. 승소판결을 받아 그 무렵 확정되었다.

결의도 거치지 않고 독단적으로 처리하였다. 피고는 상법 제341조 제 4 항에 따른 손해배상책임이 있으므로 대경상사는 피고를 상대로 소송을 제기하라.”는 내용의 내용증명을 보냈다(이하 ‘이 사건 제소청구서’). 대경상사가 이 사건 제소청구서를 받은 날로부터 30일 내에 소를 제기하지 않자, 원고는 2017. 8. 21. 이 사건 주주대표소송을 제기하였다. 원고는 제 1 심에서 상법 제341조 제 4 항에 따른 손해배상청구를 하였다가 그 청구가 기각되자, 원심에서 같은 사실관계를 기초로 상법 제399조 제 1 항에 따른 손해배상청구를 선택적으로 추가하였다.

• **법원의 판단**

주주는 소를 제기하기 전에 먼저 회사에 대하여 소의 제기를 청구해야 하는데, 이 청구는 이유를 기재한 서면(이하 ‘제소청구서’라 한다)으로 하여야 한다(상법 제403조 제 1 항, 제 2 항).

제소청구서에 기재되어야 하는 ‘이유’에는 권리귀속주체인 회사가 제소 여부를 판단할 수 있도록 책임추궁 대상 이사, 책임발생 원인사실에 관한 내용이 포함되어야 한다. 다만 주주가 언제나 회사의 업무 등에 대해 정확한 지식과 적절한 정보를 가지고 있다고 할 수는 없으므로, 제소청구서에 책임추궁 대상 이사의 성명이 기재되어 있지 않거나 책임발생 원인사실이 다소 개략적으로 기재되어 있더라도, 회사가 제소청구서에 기재된 내용, 이사회의사록 등 회사 보유 자료 등을 종합하여 책임추궁 대상 이사, 책임발생 원인사실을 구체적으로 특정할 수 있다면, 그 제소청구서는 상법 제403조 제 2 항에서 정한 요건을 충족하였다고 보아야 한다.

주주가 아예 상법 제403조 제 2 항에 따른 서면(이하 ‘제소청구서’라 한다)을 제출하지 않은 채 대표소송을 제기하거나 제소청구서를 제출하였더라도 대표소송에서 제소청구서에 기재된 책임발생 원인사실과 전혀 무관한 사실관계를 기초로 청구를 하였다면 그 대표소송은 상법 제403조 제 4 항의 사유가 있다는 등의 특별한 사정이 없는 한 부적법하다. 반면 주주가 대표소송에서 주장한 이사의 손해배상책임이 제소청구서에 적시된 것과 차이가 있더라도 제소청구서의 책임발생 원인사실을 기초로 하면서 법적 평가만을 달리한 것에 불과하다면 그 대표소송은 적법하다. 따라서 주주는 적법하게 제기된 대표소송 계속 중에 제소청구서의 책임발생 원인사실을 기초로 하면서 법적 평가만을 달리한 청구를 추가할 수도 있다. […] 원고가 이 사건 제소청구서에서 주장한 피고의 책임은 상법 제341조 제 4 항에 근거한 것인 반면, 원심에서 추가로 주장한 피고의 책임은 상법 제399조 제 1 항에 근거한 것으로서 그 법적 근거가 다르기는 하다. 그러나 각 청구의 기초 사실은 모두 대경상사의 대표이사인 피고가 자신의 지위를 이용하여 적법한 절차를 거치지 않고 회사로부터 주식대금을 지급받았다는 것으로 동일하고 단지 피고의 책임에 대한 법적 평가만을 달리하였을 뿐이므로 원심에서 추가된 청구는 적법하다.

Questions & Notes

Q1 상법 제403조에 따라 소수주주는 대표소송을 제기하기 전에 이유를 기재한 서면으로 회사에 대해 이사에 대한 책임을 추궁할 소를 제기할 것을 청구하여야 한다.

(1) 제소청구서에 피고의 성명을 특정하지 않고 이사들이라고 기재한 경우 그 제소청구는 적법한가?

(2) 위법행위 당시의 실제 이사는 A인데 제소청구서에 B로 잘못 기재한 경우 그 제소청구는 적법한가?

(3) 제소청구서에 이사의 책임발생 원인사실을 실제와 다르게 기재한 경우 또는 책임발생 원인사실은 바르게 기재하였으나 손해배상책임의 근거 규정을 잘못 기재한 경우 그 제소청구는 적법한가?

[Note] 주주와 회사 사이의 정보격차를 고려하면 제소청구서의 특정의 정도, 제소청구의 요건을 너그럽게 해석하는 대법원 2021. 5. 13. 선고 2019다291399 판결, [판례 49]의 입장은 타당하다.

Q2 회사가 제소청구를 받은 날로부터 30일 내에 소를 제기하지 않으면 소수주주는 즉시 회사를 위하여 소를 제기할 수 있다(403조 3항). [판례 48]에서 소수주주는 이 사건 소제기일인 1997. 6. 3.의 2개월 전부터 구두로 수차례 피고들에 대한 소제기를 청구하다가, 1997. 6. 2. 서면으로 소제기 청구를 하였고 이에 대해 1심판결은 소제기 후 30일이 지나도록 제소의사를 표명하지 않아 기간불준수의 하자가 치유되었다고 판시하였다. 이러한 경우 원고들의

소제기가 절차적 요건을 갖추지 못한 것으로서 부적법하다고 보게 되면 무슨 문제점이 발생하는가?

Q3 (1) 주주의 소제기 청구에 있어서 회사를 대표하는 자는 누구인가?

(2) 감사가 소제기 청구를 받고도 소를 제기하지 않는 경우에 회사에 대한 임무해태에 해당하는가?

Q4 회사가 주주로부터 제소청구를 받고 이사의 손해배상책임을 추궁하는 소송을 제기하거나[84] 주주가 대표소송을 제기한 경우 회사나 주주는 법원의 허가 없이는 화해를 할 수 없다(403조 6항). 회사가 주주의 제소청구를 받음이 없이 이사에 대해 손해배상청구소송을 제기한 경우에는 법원의 허가가 불필요한가? 그 경우에는 법원의 허가가 있더라도 제400조 제 1 항에 따른 주주 전원의 동의가 없이는 이사의 책임을 감면하는 화해는 불가능하다고 볼 여지는 없는가?

[참고판례]

• **대법원 2021. 5. 13. 선고 2019다291399 판결(흥국화재보험 대표소송)**

제소청구의 구체성에 관하여 판시한 최초의 판결이다. 소외 회사(흥국화재해상보험 주식회사)의 소수주주인 원고(유한회사 좋은기업지배구조연구소)가 흥국화재의 전현직 대표이사 및 이사와 업무집행지시자(흥국화재가 속한 기업집단인 태광그룹 회장 및 부회장) 등 15인을 상대로 제기한 대표소송이다. 원고는 제소청구 시 책임추궁 대상을 '이 사건 골프장 회원권 매입 및 이 사건 RG보험 인수를 결정한 대표이사 및 이사들'이라고 표시하였다. 이에 대하여 피고들은 책임을 추궁할 이사의 성명이 특정되지 않았으므로 제소청구 요건을 갖추지 못한 것이라고 주장하였다.

대법원은 "주주가 언제나 회사의 업무 등에 대해 정확한 지식과 적절한 정보를 가지고 있다고 할 수는 없으므로, 주주가 상법 제403조 제 2 항에 따라 제출한 서면에 책임추궁 대상 이사의 성명이 기재되어 있지 않거나 책임발생 원인사실이 다소 개략적으로 기재되어 있더라도, 회사가 그 서면에 기재된 내용, 이사회의사록 등 회사 보유 자료 등을 종합하여 책임추궁 대상 이사, 책임발생 원인사실을 구체적으로 특정할 수 있다면, 그 서면은 상법 제403조 제 2 항에서 정한 요건을 충족하였다고 보아야 한다"고 하면서 위 제소청구가 적법하다고 보았다.

---

[84] 2011년 개정상법 이전에는 주주가 제기하는 대표소송의 경우에만 주주가 법원의 허가 없이 화해를 할 수 없다고 규정하였으나, 회사가 직접 이사를 상대로 손해배상을 청구하는 소송을 수행하는 경우에도 감사와 이사 간의 통모의 가능성이 있으므로 법원의 허가를 얻어야만 화해를 할 수 있는 것으로 개정되었다(403조 6항).

손해배상액에 관하여 피고들이 보험업법[85])에 위반하여 그룹 계열사인 골프장의 회원권을 고가매수하였으므로 상법 제399조 제 1 항의 손해배상책임을 진다고 하면서 회사가 입은 손해는 (i) 정상가격과의 차액분에 관한 10년간의 운용이익 상당액[86]) 및 (ii) 위 위법행위로 인해 회사에 부과된 과징금이라고 본 원심을 유지하였다.

• **대법원 2010. 4. 15. 선고 2009다98058 판결(손해배상)**

"상법 제403조 제 1 항, 제 3 항, 제 4 항에 의하면 … 회사가 이사에 대한 손해배상책임을 추궁할 소의 제기 청구를 받은 날로부터 30일 내에 소를 제기하지 아니하거나 위 기간의 경과로 인하여 회사에 회복할 수 없는 손해가 생길 염려가 있는 경우에는 … 주주가 즉시 회사를 위하여 소를 제기할 수 있다는 취지를 규정하고 있는바, 이는 주주의 대표소송이 회사가 가지는 권리에 바탕을 둔 것임을 고려하여 주주에 의한 남소를 방지하기 위해서 마련된 제소요건에 관한 규정에 해당한다. 따라서 회사에 회복할 수 없는 손해가 생길 염려가 없음에도 불구하고 회사에 대하여 이사의 책임을 추궁할 소의 제기를 청구하지 아니한 채 … 주주가 즉시 회사를 위하여 소를 제기하였다면 그 소송은 부적법한 것으로서 각하되어야 한다. 여기서 회복할 수 없는 손해가 생길 염려가 있는 경우라 함은 이사에 대한 손해배상청구권의 시효가 완성된다든지 이사가 도피하거나 재산을 처분하려는 때와 같이 이사에 대한 책임추궁이 불가능 또는 무익해질 염려가 있는 경우 등을 의미한다."

참고자료 최문희, "판례에 나타난 주주대표소송의 절차법적 논점 – 주주의 제소청구 요건을 중심으로 – ," 선진상사법률연구 제82호(2018).

3. 대표소송의 절차

(1) 회사의 참가

Questions & Notes

Q1 상법 제404조 제 1 항은 회사의 참가를 인정하는데, 회사는 당사자 중 어느 측에 참가하는 것인가?

Q2 (1) [판례 48]에서 제일은행은 항소심에 이르러 원고 주주들이 당사자 적격

---

85) 당시의 보험업법 제111조 제 1 항 제 1 호는 보험회사가 그 대주주(특수관계인 포함)와 현저하게 불리한 조건으로 자산매매, 양도 등을 하는 것을 금지하고 있었다.
86) 골프장 회원권 분양계약상 입회보증금은 10년 후 반환받을 수 있다는 점이 고려되었다.

을 상실하게 되자 소송에 참가하였는데, 피고들은 당초 원고 주주들의 소가 당사자 적격을 상실하여 부적법하므로, 제일은행의 소송참가는 부적법하다고 항변하였다. 그러나 항소심과 상고심 모두 피고의 주장을 배척하였다. 법원은 어떠한 법리적 논거를 제시하고 있는가?

(2) 대표소송에서 회사의 참가의 성질을 '공동소송적 보조참가'로 보는 경우와 '공동소송참가'로 보는 경우에 어떠한 차이가 있는가?

(3) 대표소송에서 회사의 참가를 인정하는 이유는 무엇인가?

(4) 주주가 대표소송을 제기한 경우에, 회사가 이 소송에 참가하는 형태가 아니라 별소를 제기하는 것은 허용되는가?

Q3 이사를 상대로 하는 소송행위에서는 감사가 회사를 대표하여야 한다(394조 1항). 그런데 [판례 48]에서는 전직 이사를 상대로 하는 대표소송에서 회사가 참가하였고 대표이사가 회사를 대표하였다. 이 소송에서 감사가 아닌 대표이사가 회사를 대표할 수 있었던 이유는 무엇인가?

Q4 대표소송에서 회사가 피고 이사에 대해서 소송비용을 지원하거나 손해배상책임액을 보상할 수 있는가?

[참고판례]

• **대법원 2008. 6. 26. 선고 2007도9679 판결(상법위반·업무상횡령)**

"법인의 대표자 개인이 당사자가 된 민·형사사건의 변호사 비용은 법인의 비용으로 지출할 수 없는 것이 원칙이고, 예외적으로 분쟁에 대한 실질적인 이해관계는 법인에게 있으나 법적인 이유로 그 대표자의 지위에 있는 개인이 소송 기타 법적 절차의 당사자가 되었다거나 대표자로서 법인을 위해 적법하게 행한 직무행위 또는 대표자의 지위에 있음으로 말미암아 의무적으로 행한 행위 등과 관련하여 분쟁이 발생한 경우와 같이, 당해 법적 분쟁이 법인과 업무적인 관련이 깊고 당시의 제반 사정에 비추어 법인의 이익을 위하여 소송을 수행하거나 고소에 대응하여야 할 특별한 필요성이 있는 경우에 한하여 법인의 비용으로 변호사 선임료를 지출할 수 있으며(대법원 2006. 10. 26. 선고 2004도6280 판결 등 참조), 반대로 법인 자체가 소송당사자가 된 경우에는 원칙적으로 그 소송의 수행이 법인의 업무수행이라고 볼 수 있으므로 그 변호사 선임료를 법인의 비용으로 지출할 수 있을 것이나, 그 소송에서 법인이 형식적으로 소송당사자가 되어 있을 뿐 실질적인 당사자가 따로 있고 법인으로서는 그 소송의 결과에 있어서 별다른 이해관계가 없다고 볼 특별한 사정이 있는 경우에는, 그 소송의 수행이 법인의 업무수행이라고 볼 수 없어 법인의 비용으로 이를 위한 변호사 선임료를 지출할 수 없다."

(2) 주주의 담보제공

Questions & Notes

Note 대표소송의 남소방지 장치 : 대표소송은 회사(그리고 주주전체)의 이익을 보호하기 위해 인정되는 것이고, 대표소송이 회사 이익을 위해 필요불가결한 수단이라는 것이 일반적인 견해이다. 대표소송이 회사의 이익에 반하는 경우도 있을 수 있어 상법에서는 여러 가지 남소방지 규정을 두고 있다. 이사가 제소 주주의 "악의"를 소명하여 청구한 때에 법원이 주주에게 상당한 담보를 제공하도록 명하는 규정(403조 7항, 176조 3항·4항)도 이 중 하나이다. 담보제공을 요하는 것은 주주의 제소 인센티브를 낮추므로, 어떠한 경우에 "악의"라고 볼 것인지가 중요하다.

Q1 제소주주의 담보제공은 무엇을 담보하기 위한 것이며, 담보제공의 금액은 무엇을 기준으로 결정되는가?

Q2 피고 이사가 소명해야 하는 제소주주의 악의란 무엇을 의미하는가?

Q3 이사에 대한 대표소송 제기가 주주의 권리남용으로서 각하될 수 있는가?

Note 다음의 각각의 예에서 대표소송의 제기가 회사의 이익과 충돌되는가?
(1) 이사의 행위가 적법함에도 불구하고 제소하거나 정당한 근거 없이 제소한 경우
(2) 정치자금 제공이나 독점금지법 위반행위처럼 이사의 행위가 위법하지만 경제적 관점에서 실질적으로 회사에 손해가 없는 경우
(3) 이사의 행위가 위법하고, 회사에도 손해가 있지만 대표소송의 제기가 오히려 회사의 객관적 이익에 반하는 경우(대표소송의 제기로 인해 이사의 위법 행위가 드러남으로써 회사의 이미지가 훼손된 경우)

(3) 소의 취하, 청구의 포기, 화해, 청구취지의 감축, 대표소송에서의 주주의 권한

Questions & Notes

Q1 [판례 48]에서 항소심 공동소송참가인인 제일은행은 공동소송참가액 400억원을 10억원으로 감축하였다. 감축된 참가취지에 따라 인지액 603만2,500원

을 추가로 납부하였다.

(1) 위와 같은 청구액의 감축은 타당한가? 제 1 심에서 400억원의 배상판결이 내려졌음에도 불구하고 항소심에서 10억원으로 청구취지를 감축한 행위가 대표이사의 충실의무 및 선관주의의무 위반에 해당하는가?

(2) 항소심에서 청구취지를 감축하였음에도 불구하고 인지액을 추가로 납부한 이유는 무엇인가?

Q2 (1) 상법 제403조 제 6 항에 따라 대표소송의 당사자는[87) 법원의 허가 없이는 대표소송의 취하, 청구포기, 인락, 화해를 할 수 없다. 그 이유는 무엇인가?

(2) 주주가 동일한 사실관계에 따른 복수의 이사들의 손해배상책임을 대표소송으로 추궁하면서 이사 별로 청구금액을 다르게 정할 수 있는가?

Note 원고 주주의 부당한 소송수행으로 인하여 회사의 권리에 침해를 가하는 판결이 선고된 때에는 회사 또는 주주가 확정된 종국판결에 대해서 재심을 청구할 수 있다(406조).

[참고판례]
● 대법원 2009. 6. 25. 자 2008마1930 결정(신세계 대표소송)[88)

피고가 소송비용의 담보제공을 신청한 경우 담보액을 산정하기 위하여는 소송물의 가격을 산정해야 하는데, 이때 소송물의 가격은 피고가 대표소송에서 전부 패소할 경우 실제로 지급할 의무가 생기는 손해배상액이 아니라, 인지규칙상의 대표소송의 訴價(5천만100원)[89)를 말한다는 판례이다. " … 소송비용담보액을 산정함에 있어 그 본안소송 상소심 소송목적의 값은 재항고인(대표소송의 피고)들이 본안소송에서 전부 패소할 경우 실제로 지급할 의무가 생기는 금액(189억 5,000만원)이 아니라 인지규칙 소정의 소가 5,000만100원임을 전제로 하여 그 판시와 같은 방법으로 산정한 후 이 사건 소송비용 담보제공 신청을 판시 금액의 범위 내에서 인용한 원심 결정은 옳다."

---

87) 2011년 개정상법에 따라 회사가 주주의 제소청구를 받고 손해배상책임을 추궁하는 소를 제기하는 경우에도 회사는 본조의 적용을 받는다(403조 6항).

88) 이 사건의 본안소송인 대표소송 사건은 [판례 40] 대법원 2013. 9. 12. 선고 2011다57869 판결(신세계 대표소송) 참조.

89) 대법원규칙 제2541호, 2014. 7. 1. 개정에 의하여 대표소송의 소가가 1억원으로 바뀌고, 인지대도 45만5천원으로 인상되었다. 민사소송 등 인지법 2조 4항; 대법원 민사소송 등 인지규칙 15조 1항, 2항, 18조의2 단서.

4. 주주의 비용청구권과 패소시 손해배상책임

(1) 비용청구권

[판례 50]

서울중앙지방법원 2008. 6. 20. 선고 2007가합43745 판결

  이 사건은 삼성전자 주주대표소송(2003다69638 판결)[90]에서 승소한 소수주주
(12명)가 삼성전자를 상대로 제기한 소송비용 반환청구소송이다. 서울고등법원
2008나66469호로 항소되었으나 2009. 12. 16. 강제조정되었다.

• **사실관계**

  참여연대 경제민주화위원회(이하 '참여연대')는 주권상장법인인 피고 회사의
이사들에 대하여 대표소송을 제기하기로 하고, 당시 불특정 다수의 피고 회사
주주들에게 소송의 취지 등을 알려 원고가 되기를 원하는 주주들을 모집한 결
과, 이 사건 원고들 12명을 포함한 합계 22명의 주주들이 이에 동참함으로써
상법상 주주대표소송을 제기할 수 있는 소수주주의 요건을 갖추게 되었다. 22
명의 주주들은 소외 1 변호사가 속한 법무법인 시민을 소송대리인으로 선임한
후, 1998. 10. 20. 수원지방법원 98가합22553호로 피고 회사의 이사들을 상대로
주주대표소송(이하 '이 사건 대표소송')을 제기하였다.

  법무법인 시민은 착수금 없이 이 사건 대표소송을 수임하고, 소송실비를 직
접 부담하였다. 그런데 이 사건 대표소송이 진행되던 중 소외 1 변호사는 당시
소송의 실무를 보좌하고 있던 참여연대의 직원들에게 자신이 소속된 법무법인
시민을 대리하여 대표소송의 원고주주들과 사이에 성공보수 약정을 체결해 줄
것을 요청하였고, 이에 위 직원들은 주주들과 사이에 '이 사건 대표소송의 원
고주주들이 변호사보수로서 소외 1 변호사가 소속된 법무법인 시민에게 장차
승소금액의 5%를 지급하되, 그 지급방법은 대표소송에서 승소한 후 나중에 원
고 주주들이 피고 회사를 상대로 소송비용상환청구를 통하여 수령한 금원으로
지급한다'는 취지의 변호사보수에 관한 구두합의(이하 '이 사건 변호사보수약정')
가 성립되었다. 이 사건 대표소송의 확정판결에 따라 이 사건 피고 회사는 이
사건 대표소송의 피고이사들로부터 약 240억여원의 손해배상액을 수령하였다.

90) 대법원 2005. 10. 28. 선고 2003다69638 판결. 본장 [판례 31] 참조.

한편, 소외 1 변호사는 이 사건 대표소송의 제 1 심부터 대법원의 판결로 사건이 종결될 때까지 소속 법무법인의 구성원으로서 원고 주주들을 위한 변론을 실질적으로 수행하였고, 이후 최종적으로 개인변호사 사무실을 운영하게 됨에 따라, 대표소송의 원고 주주들에 대한 변호사 보수청구권도 최종적으로 소외 1 변호사에게 귀속되었다.

소외 1 변호사는 이 사건 대표소송이 확정된 직후인 2005. 11.경 이 사건 원고들 및 소외 2(위 대표소송의 원고이다)에게 피고 회사를 상대로 소송비용상환청구를 하여 위 약정의 변호사보수를 받게 되면 이를 자신에게 전달하는 방법으로 지급하여 줄 것을 요청하였고, 2006. 8. 18. 원고들 및 소외 2와 사이에 이 사건 대표소송의 확정판결원리금의 5%를 변호사보수로 지급받기로 하는 내용의 약정서를 작성하였다.

이 사건 변호사보수 약정의 당사자들인 원고들은 2006. 12. 11. 피고 회사에게 이 사건 대표소송의 승소확정 판결 후 위 변호사보수금(12억여원 : 승소금액의 5%에 해당)에 대해 소송비용 상환을 청구하였다.

● **법원의 판단**

(1) 이 사건 변호사보수청구권 인정 여부에 관한 판단

주주대표소송은 주주개인의 이익을 추구하기 위한 것이기 보다는 회사의 이익을 위한 소송으로서 승소로 인한 이익도 일차적으로 회사에 귀속하는 것이므로, 민사소송법에 의하여 상환받을 수 있는 부분을 제외한 나머지 소송관련 비용을 주주에게 부담하게 하는 것은 공평의 원칙에 반하는 결과가 된다. 더욱이 민사소송법 제89조에 따라 패소자인 이사들에게 부담시킬 수 있는 소송비용은 주주들이 소송을 수행하는 데 지출한 모든 비용은 아니고, 인지액 등 민사소송비용법에 의하여 인정되는 한정된 범위의 금액과 변호사보수 중 변호사보수의 소송비용산입에 관한 규칙에 따라 인정되는 일정액만을 의미하는 것인 점을 생각하면 더욱 그러하다. 이러한 문제점을 고려하여 우리나라 상법은 제405조 제 1 항에서 "주주대표소송을 제기한 주주가 승소한 때에는 그 주주는 회사에 대하여 소송비용 및 그 밖에 소송으로 인하여 지출한 비용 중 상당한 금액의 지급을 청구할 수 있다"라고 규정하고, 증권거래법 제191조의13 제 6 항은 주주대표소송의 활성화 차원에서 "주주대표소송을 제기하여 승소한 때에

는 회사에 대하여 소송비용 기타 소송으로 인한 모든 비용의 지급을 청구할 수 있다"라고 규정함으로써, 주주대표소송에서 주주가 승소한 경우 변호사 보수를 포함한 주주의 소송관련 비용을 회사에 부담시킬 수 있는 법적 근거를 마련하였다 ….

주주대표소송을 제기한 주주가 회사에 대하여 청구할 수 있는 소송으로 인한 비용에는 각종 필요경비가 포함되지만 그 중에서도 가장 중요한 것은 변호사보수이다. 변호사보수는 주주대표소송에서 주주가 부담하는 비용 중 가장 많은 부분을 차지하고 있으므로, 만일 변호사보수가 소송관련 비용에 포함되지 않는다고 해석하면 회사에 소송관련 비용을 부담시키는 취지가 몰각되게 될 것이다. 따라서 증권거래법 제191조의13 제6항의 '소송비용 기타 소송으로 인한 모든 비용'의 문언을 해석함에 있어서도 가급적이면 원고인 주주에게 경제적 손실이 없도록 그에게 지급될 수 있는 금액을 넓게 인정하는 것이 타당하므로, 원칙적으로 주주가 대표소송을 제기함에 있어 변호사와 약정한 변호사보수, 기타 필요비용의 모든 금액을 회사에게 청구할 수 있다고 보아야 할 것이다.

우리나라 상법과 증권거래법의 해석상 대표소송의 변호사와 보수약정을 한 주주가 승소판결이 확정된 후 변호사에게 직접 보수를 지급하지 않고도 회사에 대하여 미리 소송비용상환청구를 하여 이를 상환받는 것이 가능한가 하는 문제와도 깊이 관련되어 있으므로, 이 점도 아울러 살피건대, ① 변호사보수에 있어서 수임 당시 지급되는 수임료와는 달리 성공보수의 경우에는 주주가 승소판결을 얻는다고 하여도 곧바로 이를 지불할 만큼의 자금력이 있는 경우가 드물고, 주주의 비용상환청구권의 행사에 의한 회사의 지급을 기다려 비로소 변호사에게 지급되는 것을 예정하고 변호사보수약정을 체결하는 것이 보통일 것이므로, 이러한 약정의 효력을 부정하는 것은 주주대표소송의 활성화를 위하여 모처럼 마련한 상법 제403조 제1항 및 증권거래법 제191조의13 제6항의 규정의 취지를 몰각하게 되는 결과가 될 것인 점, ② 주주대표소송 제도의 선진국이라고 할 수 있는 미국과 일본에서도 판례 또는 성문법규에 의하여, 승소한 주주대표소송의 주주들이 변호사에게 보수를 지급하기 전에도 미리 회사에게 소송비용으로 변호사보수 상당액을 청구할 수 있는 것으로 인정하고 있는 점, ③ 주주의 회사에 대한 소송비용청구권의 법적 성질을 사무관리에 기한 유익비상환청구권으로 보게 되면 주주가 회사를 위하여 필요 또는 유익한 채무를 부담한 때에 회사에게 자기에 갈음하여 이를 지급하도록 청구할 권리가 있는 것은 당연한 점(민법 제739조 2항), ④ 증권거래법 제191조의13 제 6 항은 상법 제403조 제 1 항과 달리 '그 밖에 소송으로 인하여 지출한 비용'이라고 규정하지 아니하고 '기타 소송으로 인한 모든 비용'이라고 규정하고 있고, 변호사보수의 소송비용산입에 관한 규칙에서도 소송비용에 산입되는 변호사보수는 당사자가 보수계약에 의하여 지급한 비용뿐만 아니라 '지급할' 보수액의 범위 내에서도 일정액을 소송비용에 산입하고 있는 점, ⑤ 주주와 변호사 사이에 과도한 보수를 약정한 후 회사에 상환을 청구할 위험성은, 증권거래법 제191조의13 제 6 항의 경우에도 상법 제403조 제 1 항과 마찬가지로 신의성실의 원칙이나 형평의 원칙에 따라 변호사보수의 상환액수를 '상당한 금액'으로 한정함으로써 충분히 방지할 수 있는 점 등에 비추어 보면, 주주대표소송의 소송비용 중 적어도 변호사보수에 있어서는 승소한 주주가 이를 현실적으로 지급하기 전에도 회사에게 소송비용으로 그 상환을 청구할 수 있다.

(2) 소송비용으로 상환되어야 할 변호사보수액에 관한 판단

회사에게 청구할 수 있는 변호사보수비용의 상당액이란 구체적으로 약정보수액을 기준으로 하여, 개별적·구체적인 소송에 있어서 그 청구액, 당사자의 수, 사안의 난이도, 절차의 복잡성의 정도(변론기일의 횟수, 제출한 소송자료의 내용, 증거조사의 내용, 사건의 종료에 이르게 된 경위와 기간 등), 소제기 전에 취한 조치, 소송의 결과 회사가 얻은 이익 등 제반 사정을 종합적으로 고려하여 그것이 변호사가 행한 소송수행의 대가로서 상당한가라는 관점에서 객관적으로 판단하여야 할 것이다.

이 사건 대표소송은 청구금액이 약 3,495억원에 달하는 등 세간의 관심을 받은 대형소송으로서, … 피고 회사 이사들의 부당내부거래행위, 출자행위 등으로 인한 회사에 대한 손해배상책임을 구하는 복잡한 사안의 소송이었던 사실은 인정되나, 이 사건 대표소송에 제출한 증거들은 대부분 원고들이나 소외 1 변호사가 새로 작성한 서류들이기보다는 기존에 피고 회사의 업무처리과정에서 작성되어 존재하는 피고 회사의 재무제표에 대한 감사보고서, 사업보고서 및 감사보고서, 이사회회의록, 피고 회사 이사들에 대한 형사판결기록, 각종 신문기사, 피고 회사를 연구한 논문 등이었던 점, 이 사건 대표소송의 결과

최종 승소 인용된 판결금은 약 240억원 정도로서 청구금액의 1/10에도 못 미치는 점, 이 사건 대표소송의 변호사 선임 당시 유효하던 서울지방변호사회 변호사 보수기준에 관한 규칙에 의하면, 성공보수금의 경우 한 심급마다 그 사건에 의하여 얻은 경제적 이익가액이 5억 원을 초과하는 경우 그 가액의 1%를 보수기준으로 정하고 있었던 점 등이 인정되는바, 이러한 사정들을 종합하여 보면, 이 사건 변호사보수약정에서 정한 성공보수금 약 12여억원 중 전체 승소금액의 약 3%에 해당하는 7억2천만원 정도만이 상당한 금액이고, 이를 초과하는 부분은 피고 회사에 대한 관계에서 신의성실의 원칙이나 형평의 원칙에 반하여 무효라고 할 것이다.

Questions & Notes

Q1 (1) 이 사건에서 변호사 성공보수 약정의 당사자는 누구인가?

(2) [판례 50]은 회사는 변호사 보수약정의 당사자가 아님에도 불구하고, 회사의 비용상환의무를 인정하고 있다. 판례가 제시한 근거는 무엇인가?

(3) [판례 50]에 의하면 이 사건 변호사 보수약정의 효력은 약정 체결을 하지 않은 대표소송의 나머지 원고 주주들에게 효력이 있는가?

Q2 [판례 50]에 의하면 승소한 주주가 구증권거래법 제191조의13 제 6 항에 따라 회사로부터 상환받을 수 있는 "소송비용, 기타 소송으로 인한 모든 비용"과 상법 제405조 제 1 항에 따라 상환받을 수 있는 "소송으로 지출한 비용 중 상당한 금액"의 범위에 실질적인 차이가 있는가?

Q3 "소송비용, 기타 소송으로 인한 모든 비용"을 상환받을 수 있도록 규정하였던 구 증권거래법과는 달리 "소송으로 지출한 비용 중 상당한 금액"을 상환받을 수 있도록 규정한 상법 제405조 제 1 항에 의하면 대표소송에서 승소한 주주가 변호사 비용을 지급하기 전에 회사에게 상환청구를 할 수 있다고 보는 것이 합리적인가?

Q4 우리나라에서 대표소송의 제기 건수가 많지 않다는 점을 고려할 때 약정 변호사보수를 상당액으로 통제하는 것은 어떠한 의미가 있는가?

Q5 대표소송에서 주주가 승소한 경우 변호사가 직접 자신의 변호사보수를 회사에 청구할 수 있는가?

(2) 패소주주의 손해배상책임

Q1 패소주주가 악의인 경우에는 회사에 대해 손해배상책임을 진다(405조 2항).
주주의 악의의 의미는 무엇인가?

Q2 패소 주주의 부당제소는 이사에 대한 불법행위를 구성하는가?

[참고판례]
- 대법원 2014. 2. 19. 자 2013마2316 결정

주주대표소송의 주주와 같이 다른 사람을 위하여 원고가 된 사람이 받은 확정판
결의 집행력은 확정판결의 당사자인 원고가 된 사람과 다른 사람 모두에게 미치
므로, 주주대표소송의 주주는 집행채권자가 될 수 있다.

5. 다중대표소송

어느 한 회사가 다른 회사의 주식 전부 또는 대부분을 소유하여 양자 간
에 모자회사의 지배종속관계에 있을 때, 종속회사가 이사 등의 부정행위에 의
하여 손해를 입은 경우 지배회사의 주주가 종속회사를 위하여 종속회사의 이
사 등을 상대로 직접 대표소송을 제기하는 경우 그 대표소송을 이중대표소송
이라고 한다. 상법 제405조가 대표소송을 제기할 수 있는 자를 '발행주식 총수
의 100분의 1 이상에 해당하는 주식을 가진 주주'로 한정하고 있어 그 '주주'의
개념에 지배회사의 주주까지 포함되는지 논란의 여지가 있었고, 종전 판례[91]
는 이중대표소송이 허용되지 않는다고 보았다.

2020년 개정상법은 제406조의2, 제542조의6 제 6 항·제 7 항을 신설하여
다중대표소송을 도입하였다. 다중대표소송 제기를 위해서는 모자회사 관계가
성립해야 한다(406조의2 1항). (가) 모회사의 자회사 지분비율은 상법상 자회사
의 개념(342조의3 3항)을 따르고 있기 때문에 자회사 관계가 확대되어 있다. 이
때문에 다중대표소송의 적용범위가 무한히 확대될 수 있다. (나) 원고주주의
모회사 지분비율은 비상장회사에서는 모회사 지분의 1% 이상이다. 상장회사에
서는 0.5% 이상을 6개월간 보유해야 한다(542조의6 6항, 7항).

---

91) 대법원 2004. 9. 23. 선고 2003다49221 판결(화성사).

Questions & Notes

Q1 자회사의 이사 Y가 의무를 위반하여 자회사가 손해를 입은 경우에 다음 문제를 생각해 보자.

(1) 모회사가 Y에 대하여 상법상 손해배상을 청구할 수 있는가?

(2) 모회사의 주주들은 모회사의 이사들을 상대로 자회사의 관리 의무 위반을 이유로 대표소송을 제기할 수 있는가?

(3) 모회사의 이사들이 Y에 대하여 대표소송을 제기하지 않는 것이 모회사에 대한 의무위반에 해당하는가?

Q2 자회사의 이사를 상대로 자회사의 주주가 대표소송을 제기하기 위한 지분요건과 모회사의 주주가 다중대표소송을 제기하기 위한 지분요건을 비교해 보자.

Q3 S회사의 주주 X가 S회사의 이사 Y에 대해 대표소송을 제기한 후, 소송 계속 중에 S회사가 주식교환의 방법으로 P회사의 100% 자회사가 되고, X는 P의 주주가 되었다. 상법 제406조의2에 의하면 주주 X는 원고적격을 유지하는가?

[참고판례]

• 대법원 2004. 9. 23. 선고 2003다49221 판결

(사실관계) 원고 X는 H사의 발행주식 29.24%를 가지고 있는 주주이다. H사는 원고의 소제기 당시에 소외 S의 지분 80.55%를 보유하고 있는 모회사였다. 피고 Y는 S의 대표이사로 재직한 바 있는데, 피고 Y가 S의 대표이사로 재직하던 중 허위의 매매계약서 또는 임대차계약서를 작성하는 방법으로 임대보증금 및 임대료 5억7천여만원을 S사에 입금하지 않고 횡령하였다. 피고 Y는 S사의 대표이사로 재직하던 기간동안 동시에 H사의 이사 또는 대표이사의 직책까지 겸직하고 있었다. 처음에 X는 Y를 포함하여 H사의 이사들의 의무위반에 대하여 통상의 대표소송을 제기하였으나, 제1심(서울지방법원 2002. 1. 31. 선고 98가합112403 판결)에서 X가 패소하였다. 이에 X가 항소하면서 지배회사인 H사의 주주로서 종속회사인 S사의 대표이사 Y에게 횡령으로 인하여 S사가 입은 손해의 배상을 구하는 이중대표소송을 추가하였다.

(법원의 판단) 원심은[92] 원고 주주의 개념에 지배회사의 주주를 포함한다고 하여 X의 Y에 대한 청구를 인용하였으나, 대법원은 다음과 같이 원심을 파기하였다. " ⋯ 지배회사와 종속회사는 상법상 별개의 법인격을 가진 회사이고, 대표소송의 제소자격은 책임추궁을 당하여야 하는 이사가 속한 당해 회사의 주주로

---

92) 서울고등법원 2003. 8. 22. 선고 2002나13746 판결.

한정되어 있으므로, 종속회사의 주주가 아닌 지배회사의 주주는 상법 제403조, 제415조에 의하여 종속회사의 이사 등에 대하여 책임을 추궁하는 이른바 이중대표소송을 제기할 수 없다고 할 것이어서, H사의 주주의 지위에서 소외 S사의 대표이사인 Y에 대하여 책임 추궁을 구하는 원고의 이 부분 소는 원고 적격이 흠결되었다."

[Note] 대표소송과 증권관련 집단소송(class action): 대표소송과 구별되는 소송으로 증권관련 집단소송이 있다. 증권관련 집단소송이란 증권의 매매 등으로 인하여 다수의 투자자에게 피해가 발생한 경우 그중의 1인 또는 수인이 대표당사자가 되어 수행하는 손해배상청구소송이다(증권관련 집단소송법 2조 1호). 손해를 입은 투자자 집단 중 일부가 법원의 허가를 얻어 대표당사자가 되어 집단 구성원 전체를 위하여 소송을 수행하면, 제외신고를 하지 않는 이상 그 판결(또는 화해)의 효력이 소송에 직접 참여하지 않은 다른 집단구성원들에게도 미친다. 다수의 소액투자자들은 개별적 소송절차 없이 권리를 구제받을 수 있는 형태의 분쟁해결장치이다.

[Note] 대표소송은 이사의 임무해태행위로 인해 회사에 손해가 발생한 이후에 취할 수 있는 책임추궁수단으로서 사후적 구제조치이다. 이사의 행위로 인해 회사에 손해가 발생하지 않도록 하기 위한 사전적 예방조치로는 위법행위유지청구권(402조, 542조의6 5항)이 있다. 위법행위유지청구권은 이사의 법령 또는 정관에 위반한 행위로 인하여 회사에 회복할 수 없는 손해가 발생할 염려가 있는 경우에 감사(또는 감사위원회), 1% 이상의 소수주주(상장회사는 0.05% 또는 0.025%의 소수주주)가 회사를 위하여 이사에 대하여 그 행위를 유지할 것을 청구할 수 있는 권리이다.

제 5 장

감사기구 : 감사 · 감사위원회

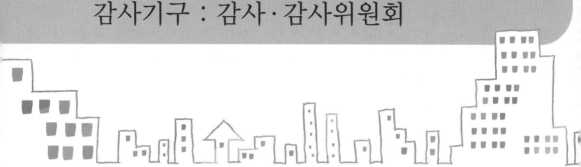

회사법제에서 "監査"는 감사기구의 권한으로 이해되지만 회사의 유형중 감사를 위하여 독립한 기관을 법정해 둔 것은 주식회사가 유일하다. 각 사원이 직접 무한책임을 지는 경우라면 사원 스스로 경영에 관여하고 대외적으로 회사채무에 대해 변제책임을 지므로 경영에 대한 통제는 사원들에게 자율적으로 맡겨도 족하다. 반면, 물적 회사로서 자본의 집중과 기술혁신으로 인해 소유와 경영의 분리가 필연적으로 발생하게 되는 대규모 주식회사의 경우에는 사실상 각 사원의 경영 통제권을 기대하기는 어렵다. 따라서 경영통제권이 실질적으로 기능하도록 이러한 기능을 다른 기관에게 위임하는 것이 필요하다. 이런 점에서 소규모 주식회사와 유한회사의 경우 감사가 정관상의 임의기관인 것과 달리 대규모 물적 회사를 상정한 주식회사의 경우 감사를 법정기관으로 한 것을 이해할 수 있다.

제 5 장에서는 이러한 대규모 물적 회사를 상정한 주식회사에서 감사기능을 수행하는 감사 · 감사위원회의 회사법적 이슈를 다루기로 한다. 다만 감사기구의 의무와 책임에 관한 주요쟁점들을 살펴보기 앞서 Ⅰ. 총괄부분에서 회사법상 감사제도의 의의와 그간의 상법개정을 통해 감사기능의 실효성 확보를 위해 시도된 감사제도의 변화추세 및 외부감사와의 관계 그리고 각국의 감사법제를 개괄적으로 살펴본 후 감사 · 감사위원회에 관한 회사법적 논의를 다루어 보기로 한다.

Ⅰ. 총   괄

1. 감사제도의 의의 : 이사회 감독, 주주의 감독, 감사 · 감사 위원회의 감사

회사는 영리사단법인으로 그 자체가 법적 주체이다. 그러나 성격상 자연인을 통해 행위할 수밖에 없다. 하지만 소유와 경영의 분리가 필연적으로 발생하는 주식회사의 경우 이른바 대리인문제로 경영자지배에 따른 출자자의 이익이 손상될 수 있다. 따라서 경영자의 남용행위로부터 출자자의 이익을 보장할 장치가 필요하다. 감사를 사전감사와 사후감사로 구분한다면 이 경우 사전감사적 기능이 요구된다. 다른 한편, 출자자이면서 경영자가 지배하는 경우에는 출자자의 이익보다는 오히려 채권자의 이익을 보장할 필요가 있다. 때문에 이 경우에는 회사의 재산상태를 정확히 공시하는 것을 보장할 필요가 있다. 이러한 점에서 특히 회계감사가 요청된다.

주식회사의 경우 사전감사의 의미에서 '감사'를 누가 하는 것이 바람직한가와 관련하여 경영감시기능을 이사회에 부여하는 방안과 주주가 직접 감독하는 방안, 그리고 주주총회라는 회사의 소유자인 주주의 의사에 기초해서 선임된 감사기구가 하는 방안이 고려될 수 있다.[1] 그런데 이사회구성원인 이사나 주주 모두 이사의 직무집행을 감독하는 권한을 가지기는 하나 이사는 대표이사와 밀접한 관계에 있고, 특히 지분이 분산된 주식회사의 경우 능력과 비용면에서 주주에 의한 감독은 타당하지 않으며 효과를 기대하기도 어렵다는 점에서 감사기구의 독자적 의의가 인정된다.

2. 감사제도의 변화

그간 감사의 기능 강화를 위하여 상법 개정이 여러 차례 있었다. IMF 구제금융을 받은 이후 감사의 독립성 · 실효성 등의 문제를 개선하기 위하여 1999년 1월 감사위원회제도를 도입한 이후 회사규모와 상장 여하에 따라 감사기구의 존재와 내용은 차등화되었다. 예컨대 2009년 상법개정으로 자본금총액

---

1) 감독기관의 유형과 우리감사제도의 특수성에 관해서는 우선, 김건식, "법적 시각에서 본 감사위원회", BFL 제13호(2005. 9), 35면 참조.

10억 미만의 소규모주식회사인 경우 감사설치의무가 면제되는 반면,[2] 그 밖의 회사는 감사기구의 의무적 설치를 원칙으로 하되, 자본금 1천억 이상 상장회사의 경우에는 상근감사 또는 감사위원회중 선택할 수 있으며, 2조원 이상 대규모상장회사의 경우에는 감사위원회 설치가 의무이다(542조의11 1항, 시행령 37조 1항). 또한 2020년 상법개정으로 상장회사의 감사위원인 이사 1인 이상을 분리선출하도록 의무화되었다.

감사기구로서 감사는 회사의 최고의결기관인 주주총회의 의사에 의해 감사 단독에게 이사의 업무집행과 그 회계에 관한 감사권을 부여하는 것을 핵심으로 하는 반면, 감사위원회는 주주총회에서 선임된 이사로 구성되어 이사중에서 상장회사의 경우 주주총회에 의해, 그리고 비상장회사의 경우에는 이사회에 의해 선임되고 감사권은 감사위원 개별 단독이 아닌 감사위원회에 전속된다는 점에서 기본적인 차이가 있다.

3. 내부감사와 외부감사의 관계

주식회사의 외부감사에 관한 법률상의 요건을 충족한 회사는 외부감사인의 선임이 의무화된다. 회계학적으로 이를 '외부감사'라고 하여 감사 · 감사위원회의 내부감사와 구분하지만 그 지위는 감사기구로서 이사회 · 대표이사로부터 독립한 것이다.[3] 외부감사인의 법적 권한이 회계감사인 점에서 감사 · 감사위원회의 권한과 경합하게 되는데, 감사 · 감사위원회는 회사법상 외부감사인과 별개로 독립하여 회계감사권한과 고유한 책임이 있는 것이고 다만 회계전문가인 외부감사인과 협력하는 것을 전제로 한다고 할 수 있다.[4]

---

2) 자본총액이 10억원 미만의 회사는 1인 또는 2인의 이사를 선임할 수 있으며(상법 383조 1항 단서) 감사를 선임하지 아니할 수 있다(동법 409조 4항).

3) 이에 대해 외부감사인을 회사의 기관으로 보자는 견해와 감사의 보조기관으로 보아야 한다는 견해로 나뉘어 있다.

4) 외감법상 회사가 감사인을 선임할 때에는 감사 또는 감사인선임위원회가 감사인의 감사보수와 감사시간, 감사에 필요한 인력에 관한 사항을 문서로 정하도록 하고 있다. 감사위원회가 설치되지 아니한 주권상장법인, 대형비상장주식회사 또는 금융회사의 감사는 감사인선임위원회의 승인을 요한다(10조 5항). 외감법은 2017. 10. 31. 전부개정되었다.

4. 각국의 감사제도

비교법적으로 경영감독기관과 회계감사기관은 별개 기관으로 하고, 후자
는 일정한 자격이 있는 회계전문가에게 위임하는 것이 일반적인 경향이다. 감
사기구에게 경영감독권과 회계감사권을 모두 인정할 것인가 여부는 감사의 실
효성측면에서 정책적 결정사항이라고 할 수 있다. 이 점에서 영 · 미의 감사위
원회제도와 우리의 감사 · 감사위원회제도는 차이가 있다. 한편, 대규모주식회
사의 경우 복잡다기한 기업활동에 관해 감사기능을 발휘하기 위해서는 충분한
감사를 위해 감사인력의 충실화가 필수적으로 요구된다. 감사인력을 충실하게
하는 방안으로 (i) 감사 수 복수화방안 (ii) 감사회의 합의제 기관의 설치, (iii)
상근감사제 등 다양한 방안을 생각해볼 수 있다. 각국의 감사제도[영 · 미 : 감사
위원회 v. 일 : (감사, 감사회,[5] 감사위원회) v. 독일(감사회) v. 우리나라(회사규모별 감
사 · 상근감사, 감사위원회)]는 이처럼 경영감독권과 회계감사권의 동일기관 부여
여부와 감사인력 충실화에 관한 입법정책의 결과라 할 수 있다.

<u>Questions & Notes</u>

[Note] 소규모 주식회사의 경우 감사설치 면제의 이유와 배경

2009년 상법개정을 통해 소규모회사(자본금 10억 미만의 회사, 상법 383조 1
항 단서)의 경우 감사설치가 면제되었다(409조 4항). 기업의 부담을 고려한
것이기도 하지만, 특히 소규모회사의 경우 출자자가 직접 경영하는 경우가
대부분이어서 주주에 의한 경영통제권이 기능한 점을 감안한 것이다. 이러
한 점은 상법의 다른 규정에도 반영되었다. 예컨대 감사를 선임하지 않는
회사의 경우 이사의 직무집행 감사와 이사에 대한 영업에 관한 보고 요구
및 회사의 업무와 재산상태 조사는 주주총회의 권한이 된다(409조 6항, 412
조, 412조의2, 412조의5 1항, 2항). 다만 이러한 경우에는 회사채권자를 위해
회사재산의 정확한 공시를 담보하는 장치가 요구된다 할 것이다.

[Q1] 현행 상법상 감사와 감사위원회 외에 감사회를 둘 수 없는가?

---

5) 다만, 독일의 감사회와 일본의 감사회는 합의제기관인 점, 감사는 회사의 기관의 지위에
있지 않고 감사회라는 기관 구성원의 지위에 그친다는 점에서 동일하나 독일의 경우 감
사회가 이사의 선 · 해임권한을 갖고 있는 점에서 큰 차이가 있다.

Ⅱ. 감   사

1. 선임 · 해임

이하에서는 감사선임 · 해임과 관련하여 분쟁이 빈번한 이슈들을 중심으로 검토해 본다. 이에는 (1) 감사선임 · 해임의 경우 감사의 지위 독립성 확보를 위해 지배주주의 영향력을 배제하는 장치로서 의결권 제한규정, (2) 감사선임의 효력요건, 그리고 (3) 감사의 자격 관련 이슈들이 있다.

(1) 감사선임시 의결권 제한

감사는 주주총회의 보통결의로 선임한다(409조 1항, 2항). 그런데 이사의 업무집행행위를 효과적으로 감사하기 위해서는 감사의 지위와 업무의 독립성 확보가 필요하다. 무엇보다 지배주주의 영향력 배제장치가 요구된다. 이를 위해 상법은 소유주식이 의결권의 3%를 초과한 경우 그 초과주식에 관해서는 의결권 행사를 금지시키고 있다(409조 2항). 주주총회 출석률이 높지 않은 경우 3% 제한으로 인해 결의요건 충족에 곤란을 겪는다는 실무상의 애로를 반영하여 2020년 상법개정으로 감사 선임시에 전자투표를 실시하는 때에는 "출석한 주주의 의결권의 과반수"일 것만을 요구하고 "발행주식총수의 4분의 1 이상일 것을 요구하지 않음으로써 결의요건을 완화하였다(409조 3항, 542조의12 8항).

이와 함께 상장회사의 감사 선임에 대하여 한층 강화된 특칙이 마련되었다. 즉 최대주주인 경우에는 그의 특수관계인과 기타 '대통령령으로 정하는 자[6]'가 소유하는 주식을 합산하여 3%를 초과하는 주식에 관하여 의결권이 제한되고,[7] 최대주주 이외의 주주들은 특수관계인 등과 합산하지 아니하고 개별적으로 3%의 제한을 받는다(542조의12 7항, 542조의12 4항).

감사(감사위원회)의 선임에 있어 대주주의 의결권을 3%로 제한하는 입법은 주식회사의 경영에 있어 대주주의 전횡을 방지하려는 입법취지에서 비롯된 것이다.[8] 이 때문에 감사선임의 건은 소수주주가 행사할 수 있는 가장 중

---

6) 대통령령으로 정하는 자란 1. 최대주주 또는 그 특수관계인의 계산으로 주식을 보유하는 자, 2. 최대주주 또는 그 특수관계인에게 의결권(의결권의 행사를 지시할 수 있는 권한을 포함한다)을 위임한 자(해당 위임분만 해당한다.)

7) 즉 최대주주의 경우에만 특수관계인의 보유주식을 합산하여 계산한다.

8) 그러나 이에 대해서는 외국에서는 없는 우리법제에 독특하다는 비판도 없지 않다. 대표

요한 권한이 되고 실무에서 매우 중요하다.[9)]

[판례 51]

서울중앙지방법원 2008. 4. 28. 자 2008카합1306 결정

• **법적 쟁점**

감사선임시 의결권 제한에 관한 규정인 구 증권거래법시행령 제84조의18[10)]에서 말하는 "의결권을 위임한 자"의 의미 및 이에 의결권대리행사를 권유하여 당해 주주가 표시한 의사를 대리행사하는 경우도 포함되는지 여부

• **사실관계**

이 사안은 경영권 분쟁 여부가 다투어지는 상황에서 신청인이 피신청인 회사의 대표이사에 대해 배임혐의로 고소하고 해임결의를 위한 임시주주총회 소집을 청구하면서 이사직무집행정지 가처분을 신청한 상황에서 이후 피신청인이 개최한 주주총회에서 감사선임의 건 결의시 피신청인에게 의결권을 위임한 자가 소유하는 주식의 의결권 행사를 금지할 것을 요청한 사건이다. 피신청인은 최대주주의 특수관계인에 해당한다.

• **법원의 판단**

증권거래법 제191조의11, 같은 법 시행령 제84조의18이 감사선임에 있어서 최대주주나 그 특수관계인에게 의결권을 위임한 자가 소유하는 주식을 최대주

적으로, 상장회사감사회, 「기업환경개선을 위한 규제완화 의견서」, 『상장회사 감사회보』, 제99호, 2008. 3.

9) 그 외에도 감사위원회 위원을 맡을 이사를 다른 이사와 분리하여 선출하고 선임시 대주주와 그 특수관계인 등의 의결권을 3%로 제한하는 이른바 '감사위원 분리선출' 방안을 명시하는 상법개정안이 2013년 7월 17일 입법예고된 바 있다(법무부, 상법 일부개정 법률안 입법예고, 2013. 7). 이는 선임단계부터 감사위원회 위원의 독립성을 확보하기 위함이다. 현재 감사위원회 위원을 선임된 이사 중에서 대주주의 의결권을 3%로 제한하여 선임하도록 하고 있지만 이 규정은 감사위원회 위원을 의결권 제한없이 이미 선임된 이사 중에서 선임하는 결과를 가져와 여전히 대주주의 영향력하에 있어 의결권제한의 실효성이 크지 않다고 보기 때문이다.

10) 증권거래법은 2009년 2월 폐지되었다. 이후 개정상법에 의한 상법시행령 38조(감사등 선임 · 해임시의 의결권 제한) 1항 2호에 동일한 규정을 두고 있다.
   38조 1항 2호: 최대주주 또는 특수관계인에게 의결권(의결권의 행사를 지시할 수 있는 권한을 포함한다)을 위임한 자(해당 위임분만 해당한다)

주와 특수관계인의 주식과 합산하여, 이들이 소유한 주식이 발행주식 총수의 100분의 3을 초과하면 그 초과분에 대하여는 의결권의 행사를 금지하고 있는데, 이는 상장법인의 감사선임에 있어서 최대주주의 영향력을 최소화하고 소액주주들의 의견을 최대한 반영함으로써 상장법인에 있어서 경영의 투명성을 제고하기 위한 취지로 마련된 것이므로, 각 규정에서 말하는 '의결권을 위임한 자'란 최대주주의 영향력 하에 있는 주주가 최대주주의 의사에 따라 의결권을 행사할 수 있도록 백지위임장을 수여한 경우를 의미한다고 보아야 할 것이며, 증권거래법 제199조, 같은 법 시행령 제85조가 정한 절차에 따라 의결권대리 행사를 권유하여 당해 주주가 표시한 의사를 피신청인이 대리행사하는 경우가 이에 포함되지는 않는다고 결정하였다.

Questions & Notes

Q1 상장 여부 및 회사의 규모에 따라 감사 또는 감사위원 선임시 의결권을 제한하는 기준을 달리하는 것이 합리적인가?

Q2 100분의 3 초과 판단시 '1인 소유주식'만 계산되는가? 즉 주주가 타인으로부터 의결권행사를 위임받은 주식도 그 주주가 가진 주식으로 계산되는가?

Q3 회사의 정관조항에 "감사선임에는 의결권을 행사할 주주 본인과 특수관계인, 본인 또는 특수관계인의 계산으로 주식을 보유하는 사람, 본인 등에게 의결권을 위임한 사람이 소유하는 의결권 있는 주식합계가 의결권 있는 발행주식 총수의 3%를 초과하는 경우 해당 주주는 초과주식에 관해 의결권을 행사하지 못한다"고 규정하는 것은 회사법상 효력이 있는가?

[참고판례]
• 대법원 2009. 11. 26. 선고 2009다51820 판결
상법 제369조 제 1 항에서 주식회사의 주주는 1주마다 1개의 의결권을 가진다고 하는 1주 1의결권의 원칙을 규정하고 있는바, 위 규정은 강행규정이므로 법률에서 위 원칙에 대한 예외를 인정하는 경우를 제외하고, 정관의 규정이나 주주총회의 결의 등으로 위 원칙에 반하여 의결권을 제한하더라도 그 효력이 없다.
　그런데 상법 제409조 제 2 항 · 제 3 항은 '주주'가 일정 비율을 초과하여 소유하는 주식에 관하여 감사의 선임에 있어서 그 의결권을 제한하고 있고, 구 증권거래법(2007. 8. 3. 법률 제8635호 자본시장과 금융투자업에 관한 법률 부칙 제 2

조로 폐지, 이하 같다) 제191조의11은 '최대주주와 그 특수관계인 등'이 일정 비율을 초과하여 소유하는 주권상장법인의 주식에 관하여 감사의 선임 및 해임에 있어서 의결권을 제한하고 있을 뿐이므로, '최대주주가 아닌 주주와 그 특수관계인 등'에 대하여도 일정 비율을 초과하여 소유하는 주식에 관하여 감사의 선임 및 해임에 있어서 의결권을 제한하는 내용의 정관 규정이나 주주총회 결의 등은 무효라고 보아야 한다.

Note　현행 상법에서 주주총회의 결의에 관하여 감사 선임시 3% 초과하는 주식수에 대하여 출석한 주주의 의결권의 수에서는 산입하고 있지 않으나, 발행주식총수에서 제외하는 근거를 두고 있지 않다(상법 371조). 이 경우 주주총회의 결의방법인 출석한 주주의 과반수와 발행주식총수의 4분의 1 이상의 수라는 요건(상법 368조 1항)을 충족시키지 못하는 이상한 결과가 발생하게 된다. 때문에 주주총회 출석률이 높지 않은 경우 3%초과주식에 대한 의결권 제한 때문에 결의요건을 충족하는데 곤란을 겪는 회사가 많았다. 이를 고려하여 2020년 개정상법은 감사 선임시에 전자투표를 실시하는 때에는 "출석한 주주의 의결권의 과반수"일 것만을 요구하고, "발행주식총수의 4분의 1 이상"일 것을 요구하지 않음으로써 결의요건을 완화시켜 주고 있다(409조 3항, 542조의12 8항).

[참고판례]
• 대법원 2016. 8. 17. 선고 2016다22296 판결
만약 3% 초과주식이 상법 제368조 제 1 항에서 말하는 '발행주식총수'에 산입된다고 보게 되면, 어느 한 주주가 발행주식총수의 78%를 초과하여 소유하는 경우와 같이 3% 초과주식의 수가 발행주식총수의 75%를 넘는 경우에는 상법 제368조 제 1 항에서 말하는 '발행주식총수의 4분의 1 이상의 수'라는 요건을 충족시키는 것이 원천적으로 불가능하게 되는데, 이러한 결과는 감사를 주식회사의 필요적 상설기관으로 규정하고 있는 상법의 기본 입장과 모순된다. 따라서 감사의 선임에서 3% 초과주식은 상법 제371조의 규정에도 불구하고 상법 제368조 제 1 항에서 말하는 '발행주식총수'에 산입되지 않는다. 그리고 이는 자본금 총액이 10억원 미만이어서 감사를 반드시 선임하지 않아도 되는 주식회사라고 하여 달리 볼 것도 아니다.

(2) 감사선임의 효력 : 감사선임시 임용계약 필요 여부

Note 감사선임의 효력과 관련하여 제 3 장의 [판례 24] 대법원 2017. 3. 22. 선고
     2016다251215 판결(전원합의체)(감사임용계약)의 사실관계와 법원의 판단 및
     Questions & Notes 참고.

(3) 감사의 겸직 금지

[판례 52]
───

대법원 2007. 12. 13. 선고 2007다60080 판결

• **법적 쟁점**

　감사가 회사 또는 자회사의 이사, 지배인 기타의 사용인에 선임되거나 그
반대의 경우, 피선임자가 현직을 사임하는 것을 조건으로 효력을 가지는지 여
부(적극)

• **사실관계**

　대상사안은 동아건설의 1997 회계연도 분식결산에 대하여 피고에 대하여 감
사로서의 책임을 묻는 사안이다. 감사책임을 묻는 것에 대해 피고는 (i) 상법
제411조에 위반되어 감사가 아니라는 주장과 (ii) 비상임감사이므로 책임이 없
다는 주장을 하였다. 피고는 상법 제411조에 의하면 감사는 모회사 또는 자회
사의 사용인의 직무를 겸할 수 없는데, 1993. 5. 3.부터 1998. 8. 10.까지 동아건
설의 자회사인 대한통운 주식회사(이하 '대한통운'이라 한다)의 부회장급인 고문
상담역으로 근무하여 왔으므로, 위 피고를 감사로 선임한 행위는 상법 제411
조에 위반하여 무효이고, 가사 그렇지 않다 하더라도 모회사의 감사가 회사의
사용인 또는 자회사의 이사로 선임되거나 회사의 사용인이나 자회사의 이사가
모회사의 감사로 선임된 경우 각각 현재의 지위를 사임하는 것을 정지조건으
로 하여 선임의 효력이 인정되며 모회사의 감사가 회사의 사용인이나 자회사
의 이사로 취임하는 것을 승낙하거나 회사의 사용인이나 자회사의 이사가 모
회사의 감사로 취임하는 것을 승낙하는 경우 각각 이전의 직을 사임하는 것으
로 보아야 하는바, 피고는 1993. 5. 3.경 동아건설 및 대한통운의 상임고문으로

위촉되어 월 보수 120만원, 교통비 월 100만원을 지급받으며 해외건설업무 자문과 계열회사 간의 업무협의조정역할을 담당하고 있었고, 1997. 3. 14. 동아건설의 무보수 · 비상임 감사로 선임되었으나 감사업무에는 전혀 관여하지 않았으며, 그 후 1997. 4. 18. 동아건설 및 대한통운의 상담역으로 위촉되어 위 두 회사의 해외수주 업무자문과 업무협의 조정역할을 수행하여 왔고 역시 동아건설의 감사업무는 수행하지 아니하였으므로, 피고는 동아건설 또는 대한통운의 사용인직만을 수행함으로써 그 감사직을 사임하였다고 볼 것이므로, 1997 회계연도 분식결산에 대하여 감사로서의 책임을 지지 않는다고 주장하였다.

· **법원의 판단**

[원심: 서울고등법원 2007. 7. 19. 선고 2005나103343 판결] 원심은 피고의 주장을 배척하였다. 피고의 주장에 대하여, 감사 취임 이후에 다시 회사 또는 자회사로부터 이사회 결의 등에 의하여 상담역으로 위촉되었다 하더라도 감사의 직을 사임한다는 의사를 명시적으로 표시하였음을 인정할 증거가 없는 이상 그 후 감사 업무를 전혀 수행하지 않았다는 사정만으로 감사의 직을 사임한 것으로 볼 수는 없으며, 오히려 위 피고 주장과 같이 자신이 다른 업무에 종사하여 감사로서의 직무를 성실히 수행할 수 없는 사정이 있다면 마땅히 감사의 직을 수락해서는 안 되거나 이를 사임해야 될 것임에도 불구하고, 사용인과 감사의 겸직금지 규정에 위반하면서까지 감사의 직을 유지한 채 감사업무를 전혀 수행하지 아니하였다면 위 피고가 회사로부터의 책임 추급에 대하여 이와 같은 사유를 들어 면책을 주장하는 것은 허용될 수 없다고 판단하여 피고의 주장을 배척하였다.

[대법원] 그러나 대법원은 원심을 파기하였다. 대법원은 감사가 회사 또는 자회사의 이사 또는 지배인 기타의 사용인에 선임되거나 반대로 회사 또는 자회사의 이사 또는 지배인 기타의 사용인이 회사의 감사에 선임된 경우에는 그 선임행위는 각각의 선임 당시에 있어 현직을 사임하는 것을 조건으로 하여 효력을 가지고, 피선임자가 새로이 선임된 지위에 취임할 것을 승낙한 때에는 종전의 직을 사임하는 의사를 표시한 것으로 해석하여야 한다고 하면서, 피고는 동아건설의 감사로 재직하던 중 1997. 4. 18. 동아건설 및 그 자회사인 대한통운의 상담역(부회장대우)으로 위촉되어 그때부터 월 620만원(동아건설 310만원,

대한통운 310만원)의 보수를 지급받으면서 위 두 회사의 해외수주 업무자문과 업무협의 조정역할을 수행하여 온 점을 알 수 있는바, 이러한 사정을 앞서 본 법리에 비추어 보면, 위 피고는 동아건설의 감사로 재직하다가 1997. 4. 18. 동아건설 및 대한통운의 사용인인 상담역의 지위에 선임되고 그 지위에 취임함으로써, 종전의 동아건설의 감사직을 사임한 것으로 봄이 상당하다고 판단하였다.

Q1 상법은 비상장회사의 감사의 자격에 겸직제한 외에 다른 제한을 두고 있지 않다(411조). 그렇다면 (i) 미성년자도 감사가 될 수 있는가? (ii) 정관에 의하여 감사의 피선자격을 주주로 한정하거나 감사가 가질 주식의 수를 정할 수 있는가? (iii) 법인도 감사가 될 수 있는가?

Q2 (1) [판례 52]에 의하면 피선임자가 새로이 선임된 지위에 취임할 것을 승낙한 때에는 종전의 직을 사임하는 의사를 표시한 것으로 보는데 이렇게 보는 배경과 실익은 무엇인가?

(2) 자회사의 이사가 모회사의 감사가 된 경우 대법원의 입장과 같이 볼 경우 전직 지위인 이사의 지위가 사임된 것으로 보는데, 이 경우 모회사 감사의 감사시 감사기간에는 감사대상에 자회사의 이사로서 행한 업무 및 회계도 포함되는데 따른 문제는 없는가?

(3) 모회사의 감사가 자회사의 감사가 되는 것이 가능한가? 또, 모자회사 외 다른 회사의 감사지위 겸임은 가능한가?

2. 감사의 권한과 의무

감사와 회사와의 관계는 민법상 위임관계이며(382조 2항), 회사의 수임인으로서 선량한 관리자의 주의의무를 진다. 감사는 이사의 직무집행을 감사하므로 효과적인 행사를 위해 상법상 여러 가지 권한을 부여하고 있고, 갈수록 권한이 강화되는 추세이다.

[Note] 이러한 맥락에서 2011년 개정상법에서도 감사의 권한을 지원하는 규정이 신설되었다. 우선, 감사가 회사의 비용으로 전문가의 도움을 구할 수 있음이

명문화되었다(412조 3항). 감사가 감사업무를 수행함에 있어 법률, 회계, 세무, 제조·생산기술 등 전문가의 조력이 필요한 경우가 있을 수 있는데, 이에 대해 회사비용으로 지원됨을 명시한 것이다. 명문의 규정이 없더라도 당연히 인정되는 비용이라 할 것이며 감사위원회의 전문가조력은 개정전에도 이미 415조의2 5항에 규정되어 있는 것에 비추어보면 확인규정이라 할 것이다. 둘째, 감사는 이사회출석 및 의견진술과 보고의무(391조의2)를 지는데, 이같이 의견을 진술하거나 이사회에 보고를 하기 위해서는 이사회가 소집되어야 하므로, 감사로 하여금 "필요하면" 이사회소집을 청구하여 의견을 진술하거나 이사회에 보고할 수 있게 하고 있다(412조의4 1항). 또한 이사가 지체없이 이사회를 소집하지 않은 경우 감사가 이사회를 소집할 수 있다(동조 2항).

한편, 감사는 회사에 대하여 선량한 관리자의 주의로써 의무를 부담하고, 법령 또는 정관에 위반한 행위를 하거나 그 행위를 할 염려가 있다고 인정한 때에는 이사회에 이를 보고하여야 하는 등의 의무를 부담한다(391조의2 2항).

Note 상법이 규정하고 있는 감사의 권한과 의무에 비추어 볼 때 감사가 이사의 법령 또는 정관 위반행위를 발견하였음에도 이사회에 보고하는 등의 필요조치를 취하지 아니한 경우 감사로서의 주의의무를 제대로 이행하지 않았다고 본 판례가 있다(대법원 2012. 7. 12. 선고 2012다20475 판결). 동 판례는 원고회사의 대표이사였던 자가 이사회결의를 거치지 않고 독단적으로 채무자의 원고회사에 대한 채무를 면제해주는 불법행위를 할 당시 원고회사의 감사로서 함께 자리에 있었고, 이러한 대표이사의 불법행위에 대하여 그 행위를 유지(留止)할 것을 청구하거나 이사회나 주주총회에 이를 보고하는 등의 필요조치를 전혀 취하지 않았고 이후 원고회사의 대표이사가 사망할 때까지 채무자에 대하여 채무변제를 요청한 적이 없었고, 면제 이후 2년 동안 사업결산서의 미수금 명세서에도 채무자에 대한 미수금이 기재되어 있지 않았다. 법원은 감사로서 대표이사의 불법행위를 방지하여야 할 작위의무가 있음에도 불구하고 필요조치를 취하지 아니하는 부작위로 인하여 대표이사의 불법행위를 가능하게 하거나 용이하게 하였다고 할 것이므로, 이는 고의에 의한 방조행위에 해당하거나 적어도 감사로서의 주의의무를 다하지 못한 과실에 의한 방조에 해당한다고 판시하였다.

Q1 (1) 상법은 감사에 대하여 충실의무(382조의3), 경업피지의무(397조), 회사와의 자기거래(398조)에 관한 조항을 두고 있지 않다. 이러한 조항이 없다고 하여, 감사는 아무런 제한없이 회사의 영업부류에 속하는 영업을 스스로 하거나 동종영업을 목적으로 하는 다른 회사의 무한책임사원이나 이사가 될 수 있는가?

(2) 감사가 회사와 거래하는 경우 이사의 자기거래에서와 같은 이익충돌의 문제가 발생할 소지가 없는가?

(3) 감사는 이사와 달리 회사의 업무집행을 담당하지 않기 때문에 회사에 대한 충실의무를 지지 않는다고 보는 것이 타당한가?

Q2 감사가 數人인 경우 감사사이에 업무분장을 할 수 있는가? 감사 A와 B가 업무분장한 경우 A의 임무해태행위에 대하여 B는 책임을 지지 않는가?

[Note] 감사가 數人인 경우 회사가 이사에게 소 제기시(또는 이사가 회사에 소 제기시) 또는 소수주주가 이사의 책임을 추궁하는 소를 제기하는 경우 누가 회사를 대표하는가와 관련하여 감사가 數人인 경우 각자가 독립해서 권한을 행사한다. 數人이라고 해서 회의체를 요구하지 않으므로 공동으로 할 필요는 없고, 1인이 대표하면 충분하고, 어느 감사가 대표할 것인지는 감사들 간의 협의에 의해 결정하면 될 것이다. 그러나 소제기와 같은 중요한 권한 행사시 단독의 권한 행사를 인정하는 결과, 예컨대 2인의 감사를 둔 회사의 경우 이사를 상대로 제기한 소에서 감사 1인이 소를 취하한 경우 그 취하행위는 유효하다. 이로 인해 발생하는 문제는 감사의 손해배상책임으로 해결하여야 한다는 판례가 있다(부산고등법원 2002. 12. 18. 선고 2002나8957 판결).

3. 감사의 책임

감사의 지위에 기한 법적 책임은 사법상의 책임, 즉 민사책임이고, 그 내용은 (i) 회사에 대한 손해배상책임(414조 1항)과 (ii) 제3자에 대한 손해배상책임(414조 2항)의 두 가지 유형으로 구성된다.

우선, 감사의 회사에 대한 손해배상책임이 인정되기 위해서는 세 가지 요건을 충족하여야 한다. 이에는 (i) 고의 또는 과실(경과실 포함)에 의한 선관주의 위반("임무해태"), (ii) 회사의 손해 발생, (iii) 임무해태와 발생한 손해 사이에 상당한 인과관계가 있어야 한다. 따라서 회사에 대한 손해배상책임은 그 임무를 해태하여 회사에 손해가 발생하고, 임무해태와 발생한 손해 사이에 상당한 인과관계가 있어야 한다.

그런데 실제 감사의 책임을 추궁하는 경우 우선 무엇이 "임무해태"인가가 문제된다. 둘째, 언제 "임무해태"가 있다고 인정될 수 있는가이다. 상법상 회사와 감사와의 관계는 위임관계이고, 감사가 그 직무를 수행함에 있어 선량한 관리자의 주의의무를 다하여야 하므로 감사가 그 직무를 행함에 있어 선량한 관리자의 주의의무를 위반한 경우 "임무해태"가 된다. 즉 수임자는 선량한 관리자로서의 주의를 다하여 위임된 사무를 처리할 경우 위임계약상의 채무를 이행하게 된다. 그런데 "선량한 관리자의 주의"라는 개념은 그 자체가 추상적 · 일반조항적인 것이다. 결국 위임된 사무의 내용과 수임자의 지위, 상황이라는 구체적 사정 등 상대적으로 파악할 수밖에 없다.

회사에 대한 손해배상책임을 부담하는 감사의 임무해태의 유형은 업무감사의 해태와 회계감사의 해태로 나누어진다.

반면, 회사와 달리 제 3 자에 대해서는 감사가 직접 법적 관계를 가지지 않는다. 그러나 상법은 감사가 직무를 수행함에 있어 악의 · 중과실이 있는 때에는 제 3 자에 대해서도 연대하여 손해를 배상할 책임을 인정하고 있다(414조 2항). 제 3 자에 대해서는 불법행위가 성립하지 않는 한 책임을 지지 않는 것이 원칙이지만, 직무수행에 있어 악의 또는 중과실이 있는 경우 제 3 자에 대해 책임지게 함으로써 원칙에 대한 예외를 인정하고 있다. 이러한 책임의 성질은 제 3 자의 이익을 보호하기 위하여 법률이 특별히 인정한 책임으로 채권자보호수단의 하나로 기능하고 있다. 감사가 책임을 부담하는 '제 3 자'에는 주주도 포함된다는 것이 다수설이다. 책임을 지는 손해의 범위와 관련하여 통설은 제 3 자가 입은 직접손해뿐 아니라 간접손해에 대해서도 임무해태행위와 상당인과관계가 있는 한 책임을 부담한다고 보는 것과 달리 판례는 간접손해에 대해서는 인정하지 않고 있다(대법원 1993. 1. 26. 선고 91다36093 판결 참조). 이러한 감사의 제 3 자에 대한 책임이 발생하기 위해서는 상법 제414조 제 2 항에서 (i) 임무해태가 있을 것, (ii) 악의 또는 중대한 과실이 있을 것(악의 또는 중과실은 임무해태가 있으면 충분하고 제 3 자에 대한 가해에 관하여 요구되지 않는다. 실제 책임추궁시 각 사안에서 회사 사업의 종류와 업계의 상황, 감사의 지식 정도, 정관이나

회사내부의 규정 등 제반사정을 고려하지 않으면 안 되기 때문에 중과실과 경과실의
한계점이 어디인지 일의적으로 정하는 것은 쉽지 않다), (iii) 제 3 자에게 손해가 발
생하였을 것, (iv) 임무의 해태와 발생한 손해 사이에 상당한 인과관계가 있을
것 등이 요구된다.

감사의 책임발생요건들은 실제 책임 추궁시 중요한 쟁점들이 된다. 다만,
회사에 대한 책임[11][12]은 앞 장에서 소개된 이사의 책임이 문제된 사안들을 참
고하기로 하고 이하에서는 제 3 자에 대한 책임을 주로 검토해 보기로 한다.

[판례 53]

대법원 1988. 10. 25. 선고 87다카1370 판결[13]
• **의   의**
감사의 제 3 자에 대한 책임을 인정한 최초의 대법원 판례

• **사실관계**
피고 정○○은 1979. 7. 21. 동유산업주식회사를 인수하여 대표이사로 취임
한 후 1980. 2. 5. 상호를 신안제지공업주식회사로 변경하여 사실상 1인회사로
경영해오던 중, 1981. 1. 21. 그 회사를 매제인 조○○에게 양도하여 그 양도일
부터 조○○이 회사의 대표이사로서 경영을 전담하고 피고 정○○은 1981. 2.
5. 위 회사의 감사에 취임하였다. 신안제지공업주식회사는 설립 이래 피고 중
소기업은행 마산지점과 당좌거래를 하여 왔는데, 피고 정○○이 대표이사로
취임한 때부터 어음거래약정시 "동유산업주식회사 대표이사 정○○"이라는 명
판과 "동유산업주식회사 대표이사"라는 직인을 신고하여 사용하였다. 그 후 상
호변경에 따라 "신안제지공업주식회사 대표이사 정○○으로 변경하였고, 다시

---

11) 감사의 회사에 대한 책임을 묻는 사안으로 선례적 가치는 적으나 참고할 수 있는 것으
로 대구고등법원 1984. 8. 23. 선고 84나264 판결과 주식회사는 아니나 신용협동조합의
감사 책임에 관한 대법원 2008. 7. 10. 선고 2006다39935 판결 등이 있다.
12) 한편, 감사업무와 관련하여 회계감사에 관한 상법상의 감사와 「주식회사의 외부감사에
관한 법률」의 감사인에 의한 감사는 상호 독립적인 것이므로 외부감사인에 의한 감사가
있다고 해서 상법상 감사의 감사의무가 면제되거나 경감되지 않는다는 것이 대법원의
입장이다. 대법원 2019. 11. 28. 선고 2017다244115 판결 참고.
13) 이사의 제 3 자에 대한 책임도 인정; 판례에 대한 비판으로는 김건식, "감사의 제 3 자에
대한 책임(대판 1988. 10. 25. 선고 87다카1370 판결 비판)", 민사판례연구 12권(1990. 4).

대표이사의 변경에 따라 명판을 "신판제지공업주식회사 대표이사 조○○"으로 변경하였지만 직인은 변경하지 않고 그대로 사용하였다.

피고 정○○이 회사를 인수하기 전인 1978. 4. 20.부터 회사의 경리업무를 담당하면서 사실상 자금조달책임을 맡고 있던 정○△은 1980년부터 명판은 맞지만 직인은 신고되지 않은 직인을 찍어(신안제지주식회사 대표이사라고 새겨진 직인) 회사명의로 약속어음을 발행하였다. 정○△은 대표이사가 교체된 이후에도 피고명의의 종전명판을 폐지하지 않고 그것을 이용하거나 현재 명판을 도용하여 거기에 미신고직인을 찍은 후 어음의 신용도를 높이기 위하여 정○○과 조○○이 맡겨둔 실인을 다시 도용하여 그들이 개인명의의 배서를 한 것처럼 꾸미는 등, 변칙적인 방법으로 회사명의의 약속어음을 발행하였다.

한편, 대표이사 조○○은 이러한 어음발행 등에 의한 자금조달업무와 자금관리업무등 실질적인 회사관리를 정○△에게 전담시켜 오면서 그에 대한 감독이나 은행에 대한 확인 등 조치를 한 일이 전혀 없었다. 더구나 조○○ 자신도 은행으로부터 운전자금이나 시설자금등의 명목으로 약 2억원을 대출받아 그중 1억원을 자신의 대여금, 가수금변제명목으로 빼내가 회사의 경영을 파산상태에 이르게 하였다. 조○○은 1981. 7. 초경부터 정○△의 경리처리에 의심을 품고 다른 사람을 경리과장으로 채용하여 경리업무를 인계받도록 지시하였으나 정○△이 계속 경리업무를 담당하면서 인수인계를 하지 않자 이에 대해 조치도 취하지 않고 방임하였다. 또한 1981. 8. 중순에는 회사상무로부터 변칙어음이 시중에 나돌고 있다는 말을 듣고 조사한 결과 정○△이 위조어음의 남발사실을 시인하였음에도 불구하고 아무런 조치를 취하지 않았다. 원고들은 정○△이 발행한 변칙어음중 일부를 1981. 6. 하순부터 10. 5.까지 사이에 취득하여 이를 지급기일에 지급제시하였으나 모두 지급이 거절되었고, 회사는 1981. 10. 5.에 도산하였다. 원고들은 소를 제기하여 정○○과 조○○에 대해 주위적 청구로서 공동불법행위로 인한 손해배상책임의 이행을 구하고, 예비적 청구로서 각각 감사와 이사의 제 3 자에 대한 책임의 이행을 구하였으며, 중소기업은행에 대해서는 직원들의 불법행위를 원인으로 사용자책임을 주장하였다.

• 법원의 판단

[원심] 중소기업은행에 대한 사용자책임 청구와 정○○ 및 조○○에 대한 주위적 청구를 배척하는 대신 정○○과 조○○에 대한 예비적 청구를 받아들

였다. 다만 변칙어음들을 아무런 조사 없이 할인해 준 원고들의 과실을 인정하여 손해배상청구액을 감액하였다. 즉 원심은 "피고 정○○은 위 회사의 종전 대표이사로서 그가 조○○에게 대표이사를 양도하고 감사로 취임할 때 위 회사의 재무상태가 좋지 않은 상태였던 점, 대표이사로 취임한 피고 조○○은 대부분의 회사운영자금을 회사나 그 개인명의의 어음을 발행하는 방법으로 조달하여 오고 있는 점, 그리고 대표이사인 피고 조○○이 부산에 거주하면서 회사의 자금조달 및 관리를 경리담당인 정○△에게 거의 전담시켜두고 있고, 그 스스로는 실상을 잘 파악하지 못하고 있다는 점, 따라서 정○△이 부정행위를 저지를 소지가 있는데도 위 회사가 사실상의 1인 회사로서 다른 이사들이 경영에 참여하지 아니하므로 감사 외에는 달리 이를 감독할 기관이 없다는 점 등 회사사정을 잘 알고 있었던 사실, 정○△의 부정행위는 거액인데다가 장기간에 걸쳐 저질러온 사실, 피고 정○○은 1981. 2. 5 회사의 감사로 취임한 이래 회사가 도산할 때까지 8개월동안 단 한번의 회계조사도 없이 수수방관한 채 오로지 그 자신의 채권회수에만 관심을 두었던 사실을 인정할 수 있다. 피고 정○○은 회사의 사정에 비추어 회계감사 등의 필요성이 있음을 충분히 인식하고 있었고 또 경리업무담당자의 부정행위의 수법이 교묘하게 저질러진 것이 아닌 것이어서 어음용지의 수량과 발행매수를 조사하거나 은행의 어음결제량을 확인하는 정도의 조사만이라도 했다면 위 경리업무 담당자의 부정행위를 쉽게 발견할 수 있었을 것인데도 아무런 조사도 하지 아니하였다면 이는 감사로서의 중대한 과실로 인하여 그 임무를 해태한 것이 되므로 위 경리업무담당자의 부정행위로 발행된 어음을 취득함으로써 손해를 입은 어음소지인들에 대하여 위 감사는 상법 제414조 제 2 항, 제 3 항에 의한 손해를 배상할 책임이 있다."고 판시하였다.

[대법원] "회사의 감사가 회사의 사정에 비추어 회계감사 등의 필요성이 있음을 충분히 인식하고 있었고 또 경리업무담당자의 부정행위의 수법이 교묘하게 저질러진 것이 아닌 것이어서 어음용지의 수량과 발행매수를 조사하거나 은행의 어음결제량을 확인하는 정도의 조사만이라도 했다면 위 경리업무 담당자의 부정행위를 쉽게 발견할 수 있었을 것인데도 아무런 조사도 하지 아니하였다면 이는 감사로서의 중대한 과실로 인하여 그 임무를 해태한 것이 되므로 위 경리업무담당자의 부정행위로 발행된 어음을 취득함으로써 손해를 입은 어

음소지인들에 대하여 위 감사는 상법 제414조 제 2 항, 제 3 항에 의한 손해를 배상할 책임이 있다"고 판시하면서 원심의 판단을 그대로 인용하였다.

Questions & Notes

Q1 손해배상책임의 인정요건의 하나로 '임무해태'가 있어야 하는데, 감사의 '임무' 대상은 무엇인가?

Q2 임무해태 판단 인정시 상근 여부 또는 보수 유무에 따라 차이가 있는가?

Q3 상법 제412조 제 1 항은 "감사는 이사의 직무의 집행을 감사한다"고 규정하고 있다. 감사는 이사가 아닌 직원의 업무수행도 감사할 의무가 있는가? 직원의 업무수행에 대한 감사가 감사의 의무에 속하는 사항이라면 감사는 어떠한 방법으로 의무를 이행할 수 있는가?

Q4 위 사안은 사실상의 1인회사에 관한 것으로 1인주주가 대표이사로서 회사의 경영을 전담하고 있었다. 이러한 경우에도 감사의 책임을 인정하는 것이 타당한가? 회사에 대한 책임과 제 3 자에 대한 책임을 나누어 생각하여 보자.

Q5 [판례 53]은 감사의 임무해태와 제 3 자의 손해사이에 상당인과관계에 대하여 설시하지 않았다.
위 사례에서 피고 감사의 임무해태와 원고의 손해사이에 상당한 인과관계가 인정되는가? 상당한 인과관계가 있음을 요구하는 이유는 무엇인가?

[판례 54]

대법원 2008. 9. 11. 선고 2006다68636 판결

• **법적 쟁점**

회계감사에 관하여 감사의 제 3 자에 대한 책임이 문제된 것으로 대규모 상장기업에서 일부 임직원의 전횡이 방치되고 있거나 중요한 재무정보에 대한 감사의 접근이 조직적·지속적으로 차단되고 있는 경우, 감사의 주의의무 정도와 손해배상청구권의 소멸시효가 문제됨.

• **사실관계**

감사의 책임이 문제된 중요한 사실관계만을 정리하면 다음과 같다.

가. 원고는 주식회사 대우의 채권자인 주식회사 신한은행으로, 피고들은 대우의 회장을 비롯하여 대우 및 그 자회사의 이사, 감사 기타 비등기 임원들이다. 대우의 업무담당임원들은 1998. 1.경부터 1998. 2.경까지 사이에 재무제표를 작성함에 있어 재무제표를 조작하여 1997년 사업년도 재무상태가 실제로는 자산은 24조3,416억원, 부채는 34조4,152억원, 자기자본은 (−)10조736억원임에도 불구하고 자산합계 10조1,193억원 및 부채합계 22조9,444억원을 각 허위로 감소시키고, 자본합계 12조8,251억원을 허위로 증가시킴으로써 마치 자산이 14조2,223억원, 부채가 11조4,708억원, 자기자본이 2조7,515억원으로서 부채비율이 416%에 불과한 것처럼 대차대조표와 손익계산서 등의 재무제표를 허위로 작성하였다.

나. 피고들중 대우의 감사인 2인의 피고들은 회계감사를 위하여 정기주주총회 6주간 전에 당해 회계연도 재무제표를 넘겨받아 회계감사를 하여야 함에도 불구하고 회계감사를 실시하지 아니하였다.

다. 대우는 1998. 9. 28. 발행금액 5,000억원, 표면이율 11.00%, 할인이율 2.35%, 이자지급방식 3개월 이표, 만기일 1999. 9. 28로 정하여 제264회 공모 무보증회사채를 발행하였고, 원고는 1998. 9. 28. 위 회사채중 액면금액 50억원 상당의 회사채(이 사건 회사채)를 4,882,500,000원에 매입하였는데, 그 무렵 위와 같이 분식결산된 대우의 1997 회계연도 재무제표를 기초로 두 신용평가기관이 A등급을, 한 신용평가기관이 A(−)등급으로 각 평가하였고, 원고는 자체적인 평가와 위 신용평가기관의 평가에 기초하여 이 사건 회사채를 매입하였다.

라. 대우는 외환위기 발생 후 자금조달에 어려움을 겪었고, 이를 극복하기 위한 대우 및 대우계열기업의 주요채권단협의회 가입은행들(대우그룹채권단)의 노력에도 불구하고 대우 그룹의 유동성 부족이 심각하게 되었고 1999년과 2000년에 걸쳐 대우를 포함한 대우계열 12개사의 1997 회계연도 및 1998 회계연도 각 감사보고서에 대한 대우의 분식회계혐의와 소외 회계법인등에 대한 부실감사혐의에 대한 금융감독위원회와 금융감독원에 의한 조사·감리결과 2000. 9. 15. 대우의 분식회계금액이 14.6조원에 달하는 것으로 발표되었다.

마. 원고는 이 사건 회사채 중 회수한 531,500,000원을 공제한 4,468,500,000 원을 최종적으로 변제받지 못하였다.

바. 원고는 대우 또는 그 자회사의 대표이사, 이사, 감사, 집행임원들인 피고

들이 법령과 정관에 따라 그 직무를 성실히 수행하여야 함에도 불구하고 회계 처리기준을 위반하여 1997 회계연도 재무제표를 허위로 작성하거나, 분식회계 된 사실을 알고서 또는 중대한 과실로 이를 간과하고 위 재무제표를 이사회 결의를 통해 승인하여 이를 공시되도록 하였고, 원고는 피고들이 허위로 작성 한 위 재무제표를 진실한 것으로 믿고 이 사건 회사채를 매입하였는데, 그 지 급기일에 이르러 변제받지 못하였다는 이유로 이 사건 회사채의 액면금 50억 중 회수한 금액을 공제하고 남은 4,468,500,000상당의 손해와 관련하여 피고인 감사들에 대하여 각 3억의 손해배상을 청구하였다.

사. 이에 대해 피고들은 1998. 3. 21까지 감사로 재직하였으므로 이 사건 회 사채 발행에 책임이 없고, 당시 법상의 감사규정 및 실제 관행에 비추어 볼 때 피고들은 사실상 전혀 감사의 권한을 행사할 수 없었으며, 대우의 분식회계는 교묘하게 이루어져 설사 감사의 직무를 수행하였다고 하더라도 이를 발견할 가능성이 없었고, 피고중 1인은 내부 업무분장상 내부감사(지도감사)업무를 담 당하여 회계감사의 직무를 수행할 수 없었으므로 책임이 없다고 주장하였다. 또한 피고들은 원고가 이사건 회사채 매입 당시 대우의 재무상태가 매우 부실 하다는 것을 충분히 인식하고 있었음에도 다른 요소들을 고려하여 이 사건 회 사채를 매입한 것이며, 신용평가기관이 기업의 재무제표만으로 신용등급을 결 정하는 것도 아니기 때문에 원고의 이 사건 회사채 매입과 피고들의 분식회계 사이에는 인과관계가 없다고 주장하였다.

• 법원의 판단

[원심] 피고 감사들에 대해 상법 제447조의3에 따라 이사로부터 매결산기에 작성한 재무제표를 제출받아 이에 대한 감사보고서를 작성하는 등 이사의 회 계에 관한 업무집행을 감사할 임무가 있음에도 불구하고 감사로서의 임무를 이행하지 아니한 중대한 과실로 위 허위의 재무제표가 작성, 공시되는 것을 방 치한 행위는 중대한 과실로 그 임무를 해태한 것이고, 이러한 분식결산된 재무 제표 및 이를 기초로 한 외부감사인의 감사보고서에 의하여 신용평가기관의 대우의 회사채 발행을 위한 신용평가가 크게 영향을 받았으며, 원고는 위 평가 에 기초하여 이 사건 회사채를 매입하여 손해를 보게 된 것이라고 판시하였다. 또한 피고의 주장에 대해서는 감사는 회사의 업무감사를 주된 직무로 하는 주

식회사의 필요적 상설기관으로 언제든지 이사에 대하여 영업에 관한 보고를 요구하거나 회사의 재산상태를 조사할 수 있는데, 피고 감사들은 1997 회계연도 재무제표의 회계감사 자체를 실시하지 아니하였고, 대우에 대한 내·외부 통제시스템이 미흡한 상태에서 피고들이 아무런 감사로서의 임무를 수행하지 않은 것은 그 자체로서 중대한 과실로 인한 임무해태라고 할 것이며, 내부업무 분장상 회계감사업무를 수행하지 못하였다거나 감사를 하였다고 하더라도 위 법사실을 발견하지 못하였으리라는 사정만으로 피고들이 그 책임을 면할 수 없다. 더구나 피고 1인은 감사로 근무전 1997. 2. 20.경까지 대우의 회계본부장으로 근무하여 수년간 계속된 대우의 분식회계에 관하여 잘 알고 있었다고 보여지므로 피고들의 주장이 이유없다고 판시하였다. 아울러 회사채 매입과 피고들의 분식회계사이에 인과관계가 없다는 피고의 주장을 배척하였다. 2인의 피고들에 대하여 각 3억원의 손해배상을 청구한 것에 대해서는 특별한 사정이 없는 한 손해배상책임이 인정되는 피고들 사이의 채무는 분할채무가 아니고 연대 또는 부진정연대의 관계에 있다는 이유로 분할채무형식으로 그 이행을 구하는 원고의 청구는 상법 제414조 제 2 항, 제 3 항에 따라 다른 관여 피고들과 연대배상책임의 범위내에서만 이유가 있다고 보아 다른 피고들과 연대하여 2억원을 배상하라고 청구의 일부만 인용하였다.

　[대법원] 상고 기각. 대법원은 피고들이 감사로서 실제로 회계감사를 실시하였지만 회계분식이 교묘하게 이루어졌고, 일부 이사들의 전횡이 용인되어 왔던 과거 실무관행상 회사의 중요한 정보에 대한 감사의 접근이 제한된 데다가 이 사건 분식회계가 다른 임직원들에 의해 조직적이고 은밀하게 이루어진 것이어서 이를 발견하지 못한데 불과하며 재무제표 및 부속서류의 검토만으로 이 사건 분식회계를 발견하는 것은 처음부터 불가능하였다는 취지로 주장한 것에 대해 감사는 상법 기타 법령이나 정관에서 정한 권한과 의무를 선량한 관리자의 주의의무를 다하여 이행하여야 하고, 악의 또는 중과실로 선량한 관리자의 주의의무에 위반하여 그 임무를 해태한 때에는 그로 인하여 제 3 자가 입은 손해를 배상할 책임이 있는바, 이러한 감사의 구체적인 주의의무의 내용과 범위는 회사의 종류나 규모, 업종, 지배구조 및 내부통제시스템, 재정상태, 법령상 규제의 정도, 감사 개개인의 능력과 경력, 근무 여건 등에 따라 다를 수 있다 하더라도, 감사가 주식회사의 필요적 상설기관으로서 회계감사를 비

롯하여 이사의 업무집행 전반을 감사할 권한을 갖는 등 상법 기타 법령이나 정관에서 정한 권한과 의무를 가지고 있는 점에 비추어 볼 때, 대규모 상장기업에서 일부 임직원의 전횡이 방치되고 있거나 중요한 재무정보에 대한 감사의 접근이 조직적 · 지속적으로 차단되고 있는 상황이라면, 감사의 주의의무는 경감되는 것이 아니라 오히려 현격히 가중된다. … "구체적으로 보건대 대우의 경우 당시 회계분식 시도를 견제하기 위한 정보 및 보고시스템이 구축되지 아니하였고, 이사회도 형해화되어 감사기능을 전혀 수행하지 못하고 있었으며, 그 결과 피고들의 주장과 같이 일부 임직원의 전횡이 관행이라는 명목으로 구조적 · 조직적으로 장기간 방치되어온 점, 원심이 인정한 피고들의 경력에 비추어 대우의 당시 지배구조와 재무상황 및 잠재적 분식요인에 관해 잘 알 수 있었다고 봄이 상당한 점, 그 밖에 이 사건에 나타난 대우의 규모와 재정상태, 영업상황, 회계업무처리 관행 등에 비추어볼 때 1997 회계연도 당시 대우의 상근감사로 재직중이던 피고 9, 피고 11에게 주어진 직무상 주의의무는 단지 최종적인 결산재무제표 및 그 부속서류의 검토에 국한된다고 볼 수 없고, 오히려 위와 같은 상황에서는 재무제표의 작성과정에 의도적 · 조직적인 분식시도가 개입되는지 여부에 관하여 일상적으로 주의를 기울일 것이 요구된다고 보아야함에도 위 피고들이 사무분장상 각 본부에 대한 지도감사에만 종사하였다거나 중요한 정보에 대한 접근이 제한되었다는 등의 이유로 위와 같은 주의의무를 지속적으로 게을리하고 필요한 회계감사를 실시하지 아니한 이상, 그 자체로 악의 또는 중대한 과실이 있다고 보이고, 사정이 이와 같다면 구체적인 회계분식의 내용을 알지 못하였다는 사정을 들어 책임을 면할 수 없다. 그리고 원심이 인정한 바와 같이 피고 9의 경우는 감사로 근무하기 이전인 1997. 2. 20.경까지 대우의 회계본부장으로 근무하였고, 피고 11은 당시까지 4년간 대우의 감사로 재직중이었던 점 등에 비추어보면 위 피고들이 위와 같은 주의의무를 다하였다면 이 사건 회계분식의 상당 부분을 감지하고 방지할 수 있었으리라고 봄이 상당하므로 인과관계 역시 부인할 수 없다.

<hr>

Questions & Notes

Q1 대규모 상장기업의 경우 임직원의 전횡으로 중요한 재무정보에 대해 감사의

접근이 조직적 · 지속적으로 차단되고 있는 경우 감사의 책임은?

Q2 고도로 분업화되고 거대규모인 기업의 경우 기업 내에 정보 및 보고시스템과 내부통제시스템이 구축되어 있지 않은 경우 이것과 감사의 책임과는 어떠한 관계가 있는가?

4. 감사의 책임 추궁 · 제한 · 면제

[판례 55]

대법원 2007. 11. 16. 선고 2005다58830 판결

• **법적 쟁점**

감사가 경영판단의 재량권을 이유로 감사의무를 면할 수 있는지 여부

• **사실관계**

감사책임이 문제된 주요 사실관계만을 요약하면 다음과 같다.

가. 파산자인 오렌지신용금고는 1997. 6. 2. 국민은행계열 국민상호신용금고에 인수합병된 후 1999. 1. 29. 동아상호신용금고가 경영권을 인수한 후 오렌지신용금고로 바뀌었다. 이후 2000. 12. 27. 금융감독위원회로부터 모든 채무의 지급을 정지하고 임원의 직무를 정지하는 내용의 경영관리 및 영업인가취소결정을 받았고, 2001. 7. 31. 채무초과로 파산선고를 받았다.

나. 상호신용금고는 구상호신용금고법 18조의2 1호에 의해 자기자본을 초과하여 유가증권에 대한 투자가 금지되어 있고, 감독규정에 의하면 동일회사 주식매입한도는 그 발행주식의 100분의 10 이내에서 자기자본의 100분의 10 이내로 제한되어 있음에도 불구하고, 파산자회사는 2000. 4. 30. 감독규정을 위반하여 유가증권에 414억2,300만원을 투자하였고, 피고 이사들과 피고 감사가 코스닥등록기업들에 주식청약 및 주식매수를 하는 등 유가증권에 대한 투자를 계속하였고 파산자 회사명의의 증권회사 계좌에서 투자한 결과 파산자회사의 유가증권보유한도를 초과하고, 동일회사 주식보유한도를 초과하였다. 이후 주식처분손해 및 미수손해 합계 5,700,454,115원의 손해를 입었고, 2001. 8. 31.을 기준으로 총손해는 6,962,826,455원이 되었다. 이외 상호신용금고는 유가증권지수 선물거래는 금고의 주식투자에 따른 투자위험 헷지목적 내에서만 자기자본의 100분의 5 이내에서 가능함에도 불구하고 파산자 ○○○는 회사명의의

증권사 계좌를 통해 투기적 유가증권지수 선물거래 및 옵션거래를 하였다.

다. 파산자회사의 감사인 피고는 유가증권 투자한도를 준수할 의무가 있음에도 불구하고 이러한 임무를 태만히 하고 감사를 제대로 하지 않았다.

라. 이에 대하여 피고인 감사는 다음의 주장을 하였다. 즉 위와 같은 행위로 인한 손해 발생은 결국 경영판단에 의한 것이라고 하면서 원고들이 문제삼고 있는 한도초과 주식매수행위중 삼성전자 주식을 제외한 나머지 회사들의 주식은 원고들 주장의 최초 유가증권보유한도 초과일인 2002. 7. 14. 이전에 코스닥 등록예정기업들이 실시한 수요예측에 참가한 결과 배정받은 주식들이므로 한도초과매수행위에 해당하지 않고, 또한 대주주인 파산자 ○○○의 위와 같은 행위는 자신들과 다른 임원들과 사전협의 없이 자신들의 반대를 무시하고 행한 것으로 자신들이 사후에 결재한 것으로는 손해배상책임이 발생하지 않고, 사후에 자신들이 품의서에 결재한 것도 파산자 ○○○의 절대적인 영향력 때문에 사실상 거부하기 힘들고, 파산자회사의 신용추락 방지를 위해 한 것이며, 그 품의서에 한도초과사실을 적시하고, 한도 내로 감축을 요한다는 감사의견을 제시하였으므로 자신들은 책임이 없다는 취지로 주장하였다.

• **법원의 판단**

[원심] 피고 감사가 시행일자 2000. 7. 4.부터 2000. 8. 10. 사이에 상장주식 매입과 관련된 감사를 함에 있어 일부 품의서의 의견란에 '조기정리하여 한도 내로 감축할 것, 추가매입 불가, 한도 내 감축을 요함' 등의 문구를 삽입한 사실, 위와 같은 위법상태를 해소함에 있어 긴급하게 위 초과보유주식을 처분하여 파산자 회사의 신용이 추락하는 것보다는 파산자 ○○○에 대하여 설득과 항의를 하여 이를 해결하는 것이 파산자 회사의 이익을 강구하기 위한 적절한 방법이라고 판단한 사실을 인정하나, 감사는 정기·수시·일상·특별감사 등을 실시하여 감사 중 중대한 위법 부당사항을 발견하여 이의 처리가 긴급을 요할 때에는 지체없이 그 내용을 금융감독원장에게 보고하여야 하고, 일상감사의 하나로서 파산자 회사가 유가증권을 매입하거나 처분할 때 최종결재자의 결재에 앞서 사전에 감사할 의무가 있는 사실이 인정되는 점 등에 비추어 보면, 피고들이 위와 같은 행위를 함에 있어 합당한 정보를 가지고 적합한 절차에 따라 회사의 최대이익을 위하여 행한 것이라거나 파산자 회사에 대한 선량한 관

리자의 주의의무를 다하였다고 볼 수 없다고 판시하였다.

[대법원] 원심의 판단을 그대로 인용하여 이사가 임무를 수행함에 있어서 법령에 위반한 행위를 한 때에는 그 행위 자체가 회사에 대하여 채무불이행에 해당되므로 감사는 경영판단의 재량권을 들어 감사의무를 면할 수 없고, 회사의 감사직무규정에서 최종결재자의 결재에 앞서 내용을 검토하고 의견을 첨부하는 방법에 의하여 사전감사를 할 의무를 정하고 있는 사항에 대하여는 감사에게 그와 같은 사전감사가 충실히 이루어질 수 있도록 할 의무가 있는 것이므로 결재절차가 마련되어 있지 않았다거나 이사의 임의적인 업무처리로 인하여 감사사항을 알지 못하였다는 사정만으로는 그 책임을 면할 수 없다고 할 것이라고 판시하였다.

Questions & Notes

[Note] 감사의 손해배상책임의 추궁, 면제, 제한과 관련해서는 앞의 제 4 장의 이사 책임의 추궁, 면제, 제한 관련 판결, Questions & Notes 참조.

Q1 감사의 책임해제의 요건과 책임 해제를 위한 '책임사유의 재무제표 기재에 대한 구체성'의 정도는 무엇인가?

Q2 감사는 이사의 행위가 경영판단에 속하는 사항임을 이유로 책임을 면할 수 있는가?

Q3 감사의 손해배상책임을 제한할 필요가 있는가? 만약 제한할 필요가 있다면 감사의 손해배상책임을 제한할 수 있는 법리들로 어떠한 것이 가능한가?

Q4 감사의 회사에 대한 책임은 총주주의 동의로 면제가 가능한데, 이 경우 총주주의 동의는 반드시 주주총회 결의에 의하여야 하는가? 묵시적인 동의도 가능한지? 장차 발생할지 모르는 손해배상책임에 대해서도 면제가 가능한가? 불법행위책임도 면제가 가능한가?

[Note] 감사설치와 관련하여 현행 상법상 일정규모(자산 총액 1천억 이상)의 상장회사는 감사를 상근으로 설치하도록 강제하되(542조의10), 감사와 감사위원회는 동시에 둘 수 없고(415조의2 1항), 자산총액이 2조원 이상인 상장회사의 경우에는 감사위원회 설치가 강제되고 있다. 이와 관련하여 상법 제542조의 10 제 1 항 단서에서 "이법 및 다른 법률에 따라 감사위원회를 설치한 경우

(감사위원회 설치의무가 없는 상장회사가 이 절의 요건을 갖춘 감사위원회를 설치한 경우를 포함)에는 그러하지 아니하다"고 규정하고 있어 비상장회사가 감사위원회를 임의로 설치하는 경우와 상장회사의 특례규정에 의해 감사위원회를 강제로 두어야 하는 경우 상근감사에 관한 규정은 적용되지 않는다고 해석되었다. 그러나 이 조항과 관련하여 실무에서 자산규모 1천억 이상 2조원 미만의 상장회사의 경우 일반규정에 의한 감사위원회를 둠으로써 상근감사를 선임하는 부담을 피할 소지가 있다는 문제점이 제기되었다.[14] 이러한 문제점에 대한 지적은 타당하다고 보아 2011년 개정상법 제541조의10 제 1 항 단서는 "이 절 및 다른 법률에 따라"로 문언이 변경되어 종전의 문제점은 시정되었다.

Ⅲ. 감사위원회

1. 감사위원회 운영 및 실무

감사위원회는 이사회구성원으로서 이사회의 의사결정에 참여한 감사위원이 그 의사결정을 감사한다는 측면에서 효과적인 감사기능을 수행할 수 있는지에 관해 의문이 제기되기도 하지만 실무에서 감사위원회를 설치한 상장기업을 중심으로 업무감사기능이 점차 개선되는 경향이 있다. 다만, 감사위원회 운영과 관련하여 회의체의 성격상 감사위원회의 대표(415조의2 4항), 감사위원회의 소집과 결의(393조의2 3항; 415조의2 6항), 전문가의 조력(415조의2 5항) 등이 명문화되어 있으나 실제 감사위원회의 법상 권한을 행사하는 것과 관련하여 권한의 집행방법이 명시되어 있지 않고, 모범실무와도 차이가 있는 등 운영상 혼선이 없지 않다.[15] 한편, 감사위원회 선임과 구성은 회사의 경영권 방어측면에서도 중요한 이슈가 되나[16] 이 절에서는 별도로 다루지 않는다.

---

14) 이 같은 개정의 배경에 대해 개정전 자산규모 1천억 이상 2조원 미만의 상장회사들의 경우 일반규정에 의한 감사위원회를 둠으로써 상근감사를 선임하는 부담을 피하는 경향이 있어 이러한 개정으로 인해 자산규모 1천억 이상 2조원 미만의 상장회사들이 상근감사를 선임하도록 유도하기 위한 정책목적이라는 설명으로는 이철송, 2011년 개정상법 – 축조해설, 박영사(2011), 254면 참조.

15) 감사위원회의 감사업무 운영에 관한 여러 가지 법적 이슈에 관해서는 김건식, "법적 시각에서 본 감사위원회", BFL 제13호(2005. 9), 서울대 금융법센터, 35면 이하 참고.

16) 이에 관해서는 송옥렬, "감사위원회의 구성을 통한 경영권 방어", BFL 제20호(2006. 11)

2. 감사위원회 선임 · 해임

감사위원회의 중립성과 객관성을 확보하기 위하여 3인 이상의 이사로 구성되며, 사외이사가 위원의 3분의 2 이상이어야 하며(415조의2 2항), 자산 2조 원 이상의 대규모상장회사의 경우에는 감사위원의 3분의 2 이상이 사외이사이어야 하고, 동시에 위원 중 1인 이상이 회계 또는 재무전문가이어야 한다(542조의11 2항). 감사위원의 선 · 해임은 대규모 상장회사와 비상장회사 · 일반상장회사와 방법을 달리하는데, 비상장회사와 일반상장회사의 경우에는 이사회가 선 · 해임권이 있으나, 대규모상장회사의 경우에는 주주총회에 선 · 해임권이 있다(542조의12 1항).

아울러 앞서 감사와 관련하여 설명한 바와 같이 2020년 상법개정으로 감사위원 선임시 전자투표를 실시하는 때에는 "출석한 주주의 의결권의 과반수"일 것만을 요구하고 "발행주식총수의 4분의 1 이상일 것을 요구하지 않음으로써 결의요건을 완화하였다(409조 3항, 542조의 12 8항).

이와 함께 대규모상장회사의 감사위원 선임에 대하여 한층 강화된 특칙이 마련되었다. 즉 대규모 상장회사의 감사위원 선임 또는 해임시 사외이사인 감사위원과 사외이사 아닌 감사위원을 구분하지 않고 모든 주주에 대하여 3% 제한을 적용하도록 하되, 다만 사내이사 감사위원을 선임 또는 해임하는 경우 최대주주에 대해서는 그의 특수관계인과 기타 '대통령령으로 정하는 자[17]'가 소유하는 주식을 합산하여 3%를 초과하는 주식에 관하여 의결권을 제한하도록 정비하였다.[18] 즉 최대주주 이외의 주주들은 특수관계인 등과 합산하지 아니하고 개별적으로 3%의 제한을 받는다(542조의 12 7항, 542조의 12 4항).

자세한 것은 이하의 표를 참조.

93면 이하와 대전지방법원 2006. 3. 14. 자 2006카합242 결정(KT&G 사건 – [판례 23] 참조) 참고.

17) 대통령령으로 정하는 자란 1. 최대주주 또는 그 특수관계인의 계산으로 주식을 보유하는 자, 2. 최대주주 또는 그 특수관계인에게 의결권(의결권의 행사를 지시할 수 있는 권한을 포함한다)을 위임한 자(해당 위임분만 해당한다.)

18) 즉 최대주주의 경우에만 특수관계인의 보유주식을 합산하여 계산한다.

[감사 · 감사위원회 제도 채택의무 및 감사 · 감사위원 선임 · 해임]

		비상장회사		상장회사		
		자본금 10억원 미만	자본금 10억원 이상	자산 1천억원 미만	자산 1천억원 이상 2조원 미만	자산 2조원 이상
감사 기구 설치	감사	선택가능	의무*	의무*	의무*	불가
	상근 감사	선택가능		선택가능	의무*	불가
	감사 위원회	선택가능 – 상법415조 의2 감사위원회**		선택가능. 상법 542조의11 감사위원회****		의무
감사 선임 해임	감사 선임	3%초과 의결권 행사제 한(1인이 가진 의결권 없는 주식을 제외한 발 행주식총수의 100분의 3 초과하는 주식)		• 최대주주는 특수관계인 합 산 3% 제한 • 그 외 주주는 개별 3% 제한		관련 없음
	감사 해임	의결권 행사 제한 없음		• 최대주주는 특수관계인 합 산 3% 제한 • 그 외 주주는 개별 3% 제한		관련 없음
감사 위원 선임 해임	사내 감사위원 선임	이사회결의***		상법 542조의11 감사위원회 선택하면 – 右同		최대주주의 3% 초 과 의결권 제한(특 수관계인 합산)+ 그 외 주주는 개별 3% 제한
	사내 감사위원 해임	이사총수2/3 이사회결의***		상법 542조의11 감사위원회 선택하면 – 右同		최대주주의 3% 초 과 의결권 제한(특 수관계인 합산)+ 그 외 주주는 개별 3% 제한
	사외 감사위원 선임	이사회결의***		상법 542조의11 감사위원회 선택하면 – 右同		개별 3% 초과 의결 권 제한
	사외 감사위원 해임	이사총수2/3 이사회결의***		상법 542조의11 감사위원회 선택하면 – 右同		개별 3% 초과 의결 권 제한*****

* 정관으로 감사위원회를 두기로 정하면 감사선임의무 없음.
** 비상장회사가 상법 제542조의 11에 따른 감사위원회를 둘 수 있는지 의문이 있음.
*** 비상장회사가 정관으로 상법 제542조의 11에 따른 감사위원회를 설치하기로 정할 수

있다고 보고, 그렇게 정한 경우에는 감사위원의 선임/해임은 상법 제542조의 11에 따라야 하므로 결국 자산2조원 이상의 상장회사와 같게 됨.
 **** 2011년 개정상법으로 명확화.
***** 2020년 개정상법으로 명문화.

한편, 종래 감사위원회 위원이 되는 이사를 주주총회에서 일반이사 선임과 별도 안건으로 분리하여 선출하는 상법개정안이 지속적으로 논의되었다. 대표적으로 2013년 7월 7일 법무부가 입법예고한 상법개정안이 대표적이다. 금융회사 지배구조에 관한 법률에서는 이미 감사위원이 되는 사외이사 1인 이상을 분리하여 선임하여야 한다고 되어 있다(동법 19조 5항). 이러한 규정의 취지는 감사위원이 되는 사외이사 중에서 최소 1인은 분리선임하라는 것으로 1인만 분리선임하라는 의미는 아니므로 모든 감사위원을 분리선임하는 것도 가능하다.[19] 2020년 상법개정으로 대규모상장회사의 경우에는 분리선출을 명문화하여 주주총회에서 이사를 선임한 후 선임된 이사중에서 감사위원회 위원을 선임하되(542조의11 2항), 감사위원회위원중 1명(정관에서 2명 이상으로 정할 수 있으며, 정관으로 정한 경우에는 그에 따른 인원으로 한다)은 주주총회 결의로 다른 이사들과 분리하여 감사위원회위원이 되는 이사를 선임하도록 하고 있다(542조의11 2항 단서).

Questions & Notes

Q1 현행 상법상 자산규모 2조원 이상의 상장법인의 경우 선택이 아닌 의무적으로 감사위원회제도를 채택하도록 되어있다. 이처럼 자산규모만을 기준으로 특정제도를 의무적으로 채택하는 것이 타당한가?

Note 종래 사외이사가 아닌 감사위원의 경우에는 그 선임과 해임에 모두 3% 의결권 제한이 적용되나, 사외이사인 감사위원의 경우에는 선임에만 적용되어 타당하지 않다는 지적이 있었다. 이를 수용하여 2020년 상법개정으로 감사위원회 위원을 선임 또는 해임할 때에는 상장회사의 의결권 없는 주식을 제외한 발행주식총수의 100분의 3(정관에서 더 낮은 주식보유비율을 정할 수 있으며, 정관에서 더 낮은 주식보유비율을 정한 경우에는 그 비율로 한다)을 초과하는 수의 주식을 가진 주주(최대주주인 경우에는 사외이사가 아닌 감사위원

---

19) 금융위원회, 금융회사 지배구조에 관한 법률 설명서, 2016. 10, 52면 이하 참고.

회위원을 선임 또는 해임할 때에는 그의 특수관계인, 그 밖에 대통령령으로 정하는 자가 소유하는 주식을 합산한다)는 그 초과하는 주식에 관하여 의결권을 행사하지 못한다고 규정하여 통일화하였다.

Q2 감사위원회위원은 주주총회결의로 특별결의로 해임될 수 있고, 이 경우 상법 제542조의12 제 2 항 단서에서 따른 감사위원회위원(즉 주주총회에서 분리선출된 감사위원회위원)은 이사와 감사위원회위원의 지위를 모두 상실한다(542조의12 3항). 그렇다면 반대해석으로 일괄선출된 감사위원은 감사위원직에서 해임되더라도 이사 지위를 자동적으로 잃는 것은 아니라고 해석하는 것이 맞는가?

3. 겸직 금지

다음의 자는 상장회사(자산총액 2조원 이상)의 사내이사인 감사위원회 위원의 피선임이 금지된다(542조의10 2항).

- 542조의8 2항 1호~4호, 6호 해당자
- 회사의 상무에 종사하는 이사 · 집행임원 및 피용자 또는 최근 2년 이내에 회사의 상무에 종사한 이사 · 집행임원 및 피용자. 다만 상법 13절에 따른 감사위원회 위원으로 재임중이거나 재임하였던 이사 제외
- 1호 및 2호 외에 회사의 경영에 영향을 미칠 수 있는 자로서 대통령령으로 정하는 자(회사의 상무에 종사하는 이사 · 집행임원의 배우자 및 직계존비속, 계열회사의 상무에 종사하는 이사 · 집행임원 및 피용자 또는 최근 2년 이내에 상무에 종사한 이사 · 집행임원 및 피용자)

---

4. 감사위원회의 권한

상법에서는 감사위원회의 권한을 별도로 규정하지 않고, 감사의 권한과 의무에 관한 규정을 감사위원회에 준용하는 방식을 통해 감사와 동등한 권한을 부여하고 있다(415조의2 7항).

Questions & Notes

Q1 감사위원회의 위원인 이사와 회사사이에 소송이 제기되는 경우 회사대표

권은?

Q2 회사법상 감사의 소제기권이 인정된 경우는 감사위원회에도 그대로 인정된다. 그런데 주식교환무효의 소(360조의14 1항)와 주식이전무효의 소(360조의23 1항)는 주주, 이사, 감사, 감사위원회 위원 등으로 규정하고 있다. 그렇다면 이 경우 감사위원회에는 소제기권이 없는가?

5. 감사위원의 책임

감사위원도 회사와 제 3 자에 대하여 감사와 동일한 책임을 지며(415조의2, 414조), 감사위원의 책임 해제도 감사와 같다.

Questions & Notes

Q1 감사위원회 위원이 동시에 이사인 만큼 제399조 및 제401조가 적용되는데, 감사위원의 책임에 대하여 제414조를 준용하고 있는바, 이들 규정의 관계가 타당한가?

[참고판례]

• **대법원 2017. 11. 23. 선고 2017다251694 판결**

주식회사의 감사위원회는 이사의 직무집행을 감사하고, 이사가 법령 또는 정관에 위반한 행위를 하거나 그러한 행위를 할 염려가 있다고 인정한 때에는 이사회에 이를 보고하여야 하며, 이사가 법령 또는 정관에 위반한 행위를 하여 이로 인하여 회사에 회복할 수 없는 손해가 생길 염려가 있는 경우에는 그 행위에 대한 유지청구를 하는 등의 의무가 있다(상법 제415조의2 제 7 항, 제412조 제 1 항, 제391조의2, 제402조). 감사위원회의 위원은 상법상 위와 같은 의무 또는 기타 법령이나 정관에서 정한 의무를 선량한 관리자의 주의의무를 다하여 이행하여야 하고, 고의·과실로 선량한 관리자의 주의의무를 위반하여 그 임무를 해태한 때에는 그로 인하여 회사가 입은 손해를 배상할 책임이 있다(상법 제415조의2 제 7 항, 제414조 제 1 항, 제382조 제 2 항) [⋯]

갑 상호저축은행이 상근 감사위원이었던 을을 상대로 병 주식회사 등에 대한 불법·부당대출로 인한 손해배상을 구한 사안에서, 을은 자신이 서명한 대출 관련 심사부의안과 대출심사자료만 선량한 관리자의 주의의무로 검토하였더라도 병 회사 등에 대한 대출이 형식적인 신용조사만을 거쳐 충분한 채권보전조치 없이 이루어지는 것임을 쉽게 알 수 있었으므로, 관계 서류의 제출 요구 등을 통해 대출이 위법 · 부당한 것인지 여부에 관하여 추가로 조사하거나 감사위원회를 통해 이사회에 위와 같은 사실을 보고하여 위법 · 부당한 행위의 시정 등을 요구할 의무가 있었음에도 그와 같은 의무를 다하지 않았다고 볼 여지가 충분한데도, 이와 달리 본 원심판단에 법리오해 등의 잘못이 있다.

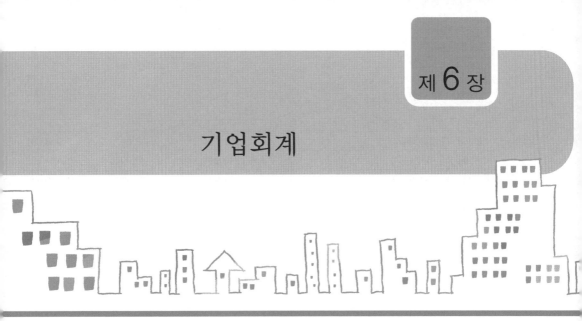

제 6 장

기업회계

I. 기업회계의 기초개념

다음 재무제표에서 과목명이나 작성방식 등을 간단히 살펴보자.

재무상태표

제41기 : 2023. 12. 31 현재
제40기 : 2022. 12. 31 현재
제39기 : 2021. 12. 31 현재

(단위 : 백만원)

과　　　목	제41기	제40기	제39기
I. 유 동 자 산	62,069,194	48,968,556	41,901,014
(1) 당 좌 자 산	52,088,130	39,475,949	33,932,211
1. 현금및현금성자산	10,835,893	8,814,638	5,831,989
2. 단기금융상품	8,629,742	3,591,337	5,061,898
3. 단기매도가능증권	2,104,420	982,067	922,833
4. 매 출 채 권	17,061,397	12,043,979	11,125,132
5. 미 수 금	2,079,161	1,558,279	989,143
6. 선 급 금	1,591,667	1,357,964	1,043,130
7. 선 급 비 용	1,533,633	1,931,499	1,292,315
8. 단기이연법인세자산	1,638,887	2,135,068	1,537,946
9. 기타당좌자산	721,762	794,606	552,819
10. 단기대출채권	5,891,568	6,266,512	5,575,006

(2) 재 고 자 산	9,981,064	9,492,607	7,968,803
Ⅱ. 비 유 동 자 산	56,212,294	56,332,094	51,474,122
(1) 투 자 자 산	11,761,976	11,377,727	11,796,347
1. 장기매도가능증권	2,910,513	2,618,262	3,712,322
2. 장기만기보유증권	314,933	334,460	147,287
3. 지분법적용투자주식	5,523,913	4,356,862	3,782,413
4. 기타투자자산	258,074	363,351	354,370
5. 장기대출채권	2,754,543	3,704,792	3,799,955
(2) 유 형 자 산	39,815,987	42,496,311	37,380,644
(3) 무 형 자 산	891,268	787,249	704,627
(4) 기타비유동자산	3,743,063	1,670,807	1,592,504
1. 보 증 금	864,013	895,245	793,737
2. 장기선급비용	2,440,595	368,875	489,775
3. 장기이연법인세자산	345,475	379,087	266,280
4. 기타비유동자산	92,980	27,600	42,712
자 산 총 계	118,281,488	105,300,650	93,375,136
부 채			
Ⅰ. 유 동 부 채	37,719,141	32,207,070	29,795,976
1. 매 입 채 무	8,234,318	5,587,137	6,037,864
2. 단 기 차 입 금	7,613,518	9,026,630	8,453,099
3. 미 지 급 금	5,920,420	5,114,567	3,861,661
4. 선 수 금	1,415,804	761,625	818,636
5. 예 수 금	921,929	576,883	389,029
6. 미 지 급 비 용	9,056,596	7,907,197	6,777,936
7. 미지급법인세	1,124,171	675,553	1,343,941
8. 유동성장기부채	3,127,998	2,263,380	1,987,148
9. 기타유동부채	304,387	294,098	126,662
Ⅱ. 비 유 동 부 채	7,508,055	10,169,626	7,607,252
1. 사 채	2,422,808	4,327,720	2,951,678
2. 장기차입금	1,246,387	1,836,930	1,120,708
3. 장기미지급금	1,120,982	673,760	638,734
4. 장기미지급비용	383,273	177,774	43,005
5. 퇴직급여충당부채	827,805	850,233	739,936
6. 장기이연법인세부채	875,725	1,486,287	1,465,555
7. 기타비유동부채	631,075	816,922	647,636

부 채 총 계	45,227,196	42,376,696	37,403,228
자 본			
지배회사지분	66,827,702	58,117,009	51,665,687
Ⅰ. 자 본 금	897,514	897,514	897,514
1. 보통주자본금	778,047	778,047	778,047
2. 우선주자본금	119,467	119,467	119,467
Ⅱ. 연결자본잉여금	6,652,110	6,588,861	6,574,995
Ⅲ. 연결자본조정	(8,255,659)	(8,597,013)	(8,747,381)
1. 자 기 주 식	(8,404,791)	(8,910,135)	(9,157,492)
2. 주식선택권	213,083	385,957	475,197
3. 기타자본조정	(63,951)	(72,835)	(65,086)
Ⅳ. 연결기타포괄손익누계액	3,272,533	3,808,076	1,875,385
1. 매도가능증권평가이익	991,157	852,504	1,430,806
2. 매도가능증권평가손실	(501)	(1,722)	(1,350)
3. 지분법자본변동	361,916	257,328	251,591
4. 부의지분법자본변동	(9,289)	(13,441)	(8,017)
5. 해외사업환산이익	1,935,959	2,730,288	202,697
6. 파생상품평가손실	(6,709)	(16,881)	(342)
Ⅴ. 연결이익잉여금	64,261,204	55,419,571	51,065,174
1. 법정적립금	450,789	450,789	450,789
2. 임의적립금	54,229,792	49,413,760	43,263,294
3. 미처분연결이익잉여금	9,580,623	5,555,022	7,351,091
소수주주지분	6,226,590	4,806,945	4,306,221
자 본 총 계	73,054,292	62,923,954	55,971,908
부채와 자본총계	118,281,488	105,300,650	93,375,136

손익계산서

제41기 (2023. 1. 1부터 2023. 12. 31까지)
제40기 (2022. 1. 1부터 2022. 12. 31까지)
제39기 (2021. 1. 1부터 2021. 12. 31까지)

(단위 : 백만원)

과 목	제41기	제40기	제39기
Ⅰ. 매 출 액	138,993,671	121,294,319	98,507,817
Ⅱ. 매 출 원 가	98,945,032	89,762,355	70,880,912
Ⅲ. 매 출 총 이 익	40,048,639	31,531,964	27,626,905
Ⅳ. 판매비와관리비	28,470,988	25,500,101	18,653,619
Ⅴ. 영 업 이 익	11,577,651	6,031,863	8,973,286
Ⅵ. 영 업 외 수 익	12,183,358	10,824,270	4,144,939
1. 이 자 수 익	399,863	614,206	465,202
2. 배 당 금 수 익	28,120	25,233	18,402
3. 수 수 료 수 익	80,927	93,473	54,201
4. 임 대 료	96,166	52,561	42,753
5. 매도가능증권처분이익	29,816	94,930	62,991
6. 외 환 차 익	7,694,732	7,238,637	1,831,629
7. 외화환산이익	1,322,276	444,663	127,891
8. 지 분 법 이 익	1,522,171	1,047,224	652,500
9. 유형자산처분이익	66,636	110,962	107,542
10. 기타영업외수익	942,651	1,102,381	781,828
Ⅶ. 영 업 외 비 용	11,195,959	10,278,358	3,485,352
1. 이 자 비 용	546,524	670,271	590,515
2. 외 환 차 손	8,154,660	7,597,640	1,849,002
3. 외화환산손실	1,054,106	933,940	116,231
4. 지 분 법 손 실	121,702	209,357	274,874
5. 기 부 금	118,225	150,790	192,441
6. 유형자산처분손실	120,676	62,292	71,964
7. 기타영업외비용	1,080,066	654,068	390,325
Ⅷ. 법인세비용차감전순이익	12,565,050	6,577,775	9,632,873
Ⅸ. 법 인 세 비 용	2,335,129	687,561	1,709,892
Ⅹ. 당 기 순 이 익	10,229,921	5,890,214	7,922,981
1. 지배회사지분순이익	9,649,487	5,525,904	7,420,579
2. 소수주주지분순이익	580,434	364,310	502,402
Ⅺ. 지배회사지분순이익의 주당이익			
1. 기본주당순이익(단위 : 원)	65,499	37,684	49,502
2. 희석주당순이익(단위 : 원)	65,194	37,340	48,924

자본변동표

제41기 : 2023. 1. 1부터 2023. 12. 31까지
제40기 : 2022. 1. 1부터 2022. 12. 31까지
제39기 : 2021. 1. 1부터 2021. 12. 31까지

(단위 : 백만원)

과 목	자본금	연 결 자본잉여금	연 결 자본조정	연결기타 포괄손익 누계액	연 결 이익잉여금	소 수 주주지분	총 계
2021.1.1(전전기초)	897,514	6,364,604	(6,994,210)	532,820	44,463,683	2,675,456	47,939,867
연차배당					(746,075)	(5,888)	(751,963)
처분후 이익잉여금					43,717,608	2,669,568	47,187,904
중간배당					(73,036)	(21,793)	(94,829)
유상증자등		185,395				879,367	1,064,762
종속회사 주식의 처분		90,365				55,465	145,830
연결실체의 변동		17,970					17,970
연결당기순이익					7,420,579	502,402	7,922,981
자기주식의 취득			(1,825,395)				(1,825,395)
자기주식의 처분		(5,978)	187,925				181,947
주식선택권		2,403	(63,955)				(61,552)
매도가능증권평가				698,339		190,711	889,050
지분법평가				145,503			145,503
해외사업환산손익				496,509		29,029	525,538
기타		(79,764)	(51,746)	2,214	23	1,472	(127,801)
2021.12.31(전전기말)	897,514	6,574,995	(8,747,381)	1,875,385	51,065,174	4,306,221	55,971,908
2022.1.1(전기초)	897,514	6,574,995	(8,747,381)	1,875,385	51,065,174	4,306,221	55,971,908
연차배당					(1,098,098)	(102,138)	(1,200,236)
처분후 이익잉여금					49,967,076	4,204,083	54,771,672
중간배당					(73,411)	(41,839)	(115,250)
유상증자등		37,370				221,516	258,886
연결실체의 변동						(318)	(318)
연결당기순이익					5,525,904	364,310	5,890,214
자기주식의 처분		4,039	247,357				251,396
주식선택권		2,306	(89,239)				(86,933)
매도가능증권평가				(578,674)		(121,288)	(699,962)
지분법평가				313			313
해외사업환산손익				2,527,591		207,537	2,735,128
기타		(29,849)	(7,750)	(16,539)	2	(27,056)	(81,192)

202212.31(전기말)	897,514	6,588,861	(8,597,013)	3,808,076	55,419,571	4,806,945	62,923,954
2023.1.1(당기초)	897,514	6,588,861	(8,597,013)	3,808,076	55,419,571	4,806,945	62,923,954
연차배당					(735,441)	(60,183)	(795,624)
처분후 이익잉여금					54,684,130	4,746,762	62,128,330
중간배당					(73,507)	(2,042)	(75,549)
유상증자등		53,737				163,152	216,889
연결실체의 변동						721,953	721,953
연결당기순이익					9,649,487	580,434	10,229,921
자기주식의 처분		(1,313)	505,344				504,031
주식선택권			(172,874)				(172,874)
매도가능증권평가				139,874		64,991	204,865
지분법평가				108,740			108,740
해외사업환산손익				(794,330)		(77,348)	(871,678)
기타		10,825	8,884	10,173	1,094	28,688	59,664
2023.12.31(당기말)	897,514	6,652,110	(8,255,659)	3,272,533	64,261,204	6,226,590	73,054,292

현금흐름표

제41기 : 2023. 1. 1부터 2023. 12. 31까지
제40기 : 2022. 1. 1부터 2022. 12. 31까지
제39기 : 2021. 1. 1부터 2021. 12. 31까지

(단위 : 백만원)

과 목	제41기	제40기	제39기
Ⅰ. 영업활동으로 인한 현금흐름	19,655,790	13,360,075	14,790,812
1. 당 기 순 이 익	10,229,921	5,890,214	7,922,981
2. 현금의 유출이 없는 비용 등의 가산	15,022,786	14,206,113	11,034,114
가. 감가상각비	10,911,343	9,855,529	8,301,068
나. 무형자산상각비	248,103	239,662	196,460
다. 퇴직급여	645,440	543,980	615,586
라. 대손상각비	337,075	532,429	172,827
마. 외화환산손실	1,059,493	1,070,358	122,597
바. 지분법손실	121,702	209,357	274,874
사. 유형자산처분손실	120,676	62,292	71,964
아. 파생상품평가손실 등	11,006	59,971	154,391
자. 재고자산폐기손실 등	458,826	925,829	423,747
차. 기타 현금의 유출이 없는 비용 등의 가산	1,109,122	706,706	700,600
3. 현금의 유입이 없는 수익 등의 차감	(2,564,896)	(2,210,454)	(1,188,669)
가. 외화환산이익	1,347,894	447,885	128,580
나. 지분법이익 등	943,339	748,398	372,239
다. 유형자산처분이익	66,636	110,962	107,542
라. 매도가능증권처분이익	106,591	139,010	95,117
마. 이연법인세자산(부채) 증감으로 인한 법인세비용의 감소	13,633	500,435	99,601
바. 기타 현금의 유입이 없는 수익 등의 차감	86,803	263,764	385,590
4. 영업활동으로 인한 자산·부채의 변동	(3,032,021)	(4,525,798)	(2,977,614)
가. 매출채권의 증가	(6,227,873)	(86,180)	(1,355,615)
나. 미수금의 증가	(599,321)	(563,107)	91,400
다. 선급금의 증가	(210,412)	(262,241)	(356,798)
라. 선급비용의 감소(증가)	2,773,907	(151,803)	(23,733)
마. 재고자산의 증가	(1,092,243)	(693,712)	(1,301,580)
바. 장기선급비용의 증가	(4,350,928)	(80,199)	(185,134)
사. 장·단기대출채권의 감소(증가)	915,952	(1,313,573)	(1,288,638)

아. 매입채무의 증가(감소)	3,474,003	(1,514,400)	464,720
자. 미지급금의 증가(감소)	(855,929)	662,329	(159,583)
차. 선수금의 증가(감소)	481,026	(283,425)	114,027
카. 예수금의 증가(감소)	267,045	(193,238)	83,496
타. 미지급비용의 증가(감소)	1,051,084	(207,881)	1,146,178
파. 미지급법인세의 증가(감소)	499,800	(751,619)	43,576
하. 장기미지급금의 증가(감소)	1,984,506	(84,434)	81,746
거. 장기미지급비용의 증가	519,200	408,324	198,601
너. 퇴직금의 지급	(520,020)	(301,887)	(338,137)
더. 퇴직보험예치금의 감소	1,014,609	(152,766)	(255,057)
러. 퇴직연금운용자산의 증가	(1,192,925)	(11,059)	(17,314)
머. 기타영업활동으로 인한 자산· 부채의 변동	(963,502)	1,055,073	80,231
Ⅱ. 투자활동으로 인한 현금흐름	(14,424,101)	(13,128,424)	(12,002,059)
1. 투자활동으로 인한 현금유입액	4,769,952	6,009,363	4,532,605
가. 단기금융상품의 순감소		1,445,781	–
나. 매도가능증권의 처분	2,788,270	3,764,768	3,110,675
다. 단기대여금의 순감소	355,317		389,034
라. 장기만기보유증권의 처분	28,901	31,234	49,124
마. 보증금의 감소	756,316	331,686	220,898
바. 유형자산의 처분	112,379	295,287	491,701
사. 기타투자활동으로 인한 현금유입액	728,769	140,607	660,207
2. 투자활동으로 인한 현금유출액	(19,194,053)	(19,137,787)	(16,534,664)
가. 단기금융상품의 순증가	5,057,503	–	1,646,130
나. 매도가능증권의 취득	3,844,797	3,592,602	1,863,118
다. 단기대여금의 순증가	–	433,991	–
라. 지분법적용투자주식의 취득	261,539	–	127,080
마. 장기대여금의 증가	425,722	147,100	225,323
바. 보증금의 증가	734,221	357,048	213,572
사. 유형자산의 취득	8,182,197	14,088,184	12,251,537
아. 무형자산의 취득	343,238	214,254	196,339
자. 기타투자활동으로 인한 현금유출액	344,836	304,608	11,565
Ⅲ. 재무활동으로 인한 현금흐름	(3,948,339)	1,934,221	(1,599,812)
1. 재무활동으로 인한 현금유입액	1,825,431	5,577,501	4,357,536
가. 단기차입금의 순차입		668,383	798,134
나. 사채의 발행	559,460	3,259,925	1,642,086

다. 장기차입금의 차입	381,500	1,086,479	885,610
라. 주식선택권의 행사로 인한 자기 주식의 처분	330,737	165,994	117,347
마. 연결자본거래	199,040	–	150,101
바. 기타재무활동으로 인한 현금유입액	354,694	396,720	764,258
2. 재무활동으로 인한 현금유출액	(5,773,770)	(3,643,280)	(5,957,348)
가. 단기차입금의 순상환	976,336	–	–
나. 유동성장기부채의 상환	2,367,129	1,826,860	2,767,259
다. 장기차입금의 상환	675,677	415,275	191,644
라. 현금배당금의 지급	871,173	1,315,486	819,110
마. 기타재무활동으로 인한 현금유출액	883,455	85,659	2,179,335
Ⅳ. 외화환산으로 인한 현금의 변동	440,958	813,514	419,006
Ⅴ. 연결대상범위의 변동으로 인한 현금 의 증가	296,947	3,263	2,016
Ⅵ. 현금의 증가	2,021,255	2,982,649	1,609,963
Ⅶ. 기초의 현금	8,814,638	5,831,989	4,222,027
Ⅷ. 기말의 현금	10,835,893	8,814,638	5,831,990

상법 제447조는 재무제표로 대차대조표, 손익계산서, 자본변동표 또는 이
익잉여금처분계산서(결손금처리계산서) 등을 들고 있으나(시행령 16조 1항), 기업
회계에서는 그 대신 재무상태표, 손익계산서, 자본변동표, 현금흐름표를 재무
제표라고 한다.

① 재무상태표란 종전에 대차대조표라고 했던 것으로서, 일정한 시점의
기업의 재무상태를 나타내는 것이며, 쉽게 생각해서 기업에 대해서 특정 시점
에 사진을 찍은 것으로 생각하면 된다. "자산 = 부채 + 자본"이라는 복식부기의
기본원칙에 따라 작성되며, 자산은 유동성이 큰 것부터, 부채는 변제기의 순서
에 따라 표시된다. 재무상태표는 기업의 현재 상황을 나타내주기 위한 것이지
만, 현재 자산의 장부가액이 공정시장가치를 나타내지 않는 경우가 많고, 감가
상각이 실제 가치감소와 일치하지 않으며, 대손충당금과 같이 경영진의 주관
적인 판단이 개입되는 요소도 많은 등 정확한 기업가치를 보여주기에는 다소
한계가 있다. 그러나 최근 도입된 한국채택국제회계기준(K-IFRS)에서는 자산
을 공정가치로 평가하기 때문에 그 정보의 유용성이 더 높아졌다. 재무상태표를
통하여 회사의 수익률, 예를 들어, ROA(return on asset), ROE(return on equity)
등을 계산할 수 있으며, 부채비율이나 이자보상비율 등을 계산하여 회사에 부
채가 얼마나 부담이 되고 있는지를 보여줄 수 있다. 또한 자산과 부채의 항목
이 유동성에 따라 배열되기 때문에 운전자본비율 등을 통해 회사의 유동성을
점검할 수 있다.

② 손익계산서는 일정한 기간 동안의 기업의 경영성과를 표시하는 동태적
보고서(dynamic statement)이다. 손익계산서는 "이익 = 수익 - 비용"이라는 방식
으로 작성된다. 여기서 수익은 현금흐름과 다른 개념이다. 예를 들어, 감가상
각비는 현금의 유출이 없는 비용이므로 손익계산서상의 당기순이익에 이 금액
을 가산해야 현금흐름을 구할 수 있다. 위 현금흐름표의 계정항목을 살펴보면
도움이 될 것이다. 손익계산서를 통해서 회사의 수익성에 대한 다양한 정보를
얻을 수 있다. 순이익을 가중평균 주식수로 나눈 주당수익률(EPS)은 이익의 규
모를 주주의 관점에서 평가하는 좋은 지표가 되고, EBITDA(earning before
income tax, depreciation, and amortization)는 기업 간 또는 사업 간 수익성을 비
교분석할 수 있는 기준이 되며, 부채 원리금의 상환능력을 판단하는 기준이
되기도 한다. 매출액이나 이익의 증가율을 통해 영업의 성장률에 대한 정보를

얻을 수도 있다.

③ 자본변동표란 일정기간 동안 발생한 주주지분 계정의 변동을 구성요소별로 구분하여 나타낸 것이다. 따라서 자본변동표를 보면 주주와의 거래 이외에도 모든 원천에서 인식된 주주지분 변동에 관한 정보를 모두 알 수 있다. 종래에는 상법에서 정하고 있는 이익잉여금처분계산서(결손금처리계산서)만을 작성하였으나, 이는 주주지분 계정의 하나의 항목에 불과한 이익잉여금의 변동내역만을 보고할 뿐이므로, 최근에는 주주지분을 구성하는 모든 항목을 보고하기 위해서 자본변동표를 만들고 있다.

④ 현금흐름표란 재무상태표와 손익계산서를 가지고 만들 수 있는 것인데, 회사의 현금흐름을 일목요연하게 보여주는 재무제표이다. 재무상태표가 발생주의 회계를 취하고 있기 때문에 기업에서 실제로 중요한 현금의 흐름과는 일치하지 않는 측면도 많다. 따라서 영업활동, 투자활동, 재무활동으로 나누어 현금흐름의 사용과 변동내역을 알기 위해서 따로 현금흐름표를 만든다. 현금흐름표를 통해 회사의 현금흐름의 추이를 파악하고, 부채상환능력이나 배당금 지급능력 등을 추정할 수 있으며, 당장 외부에서 자금조달을 해야 할 필요성이 있는지 등을 판단할 수 있다.

II. 기업가치의 평가

1. 기업가치 평가의 이론적 기초

(1) 화폐의 시간가치

일반적으로 회계학에서 자산의 개념은 그 자산이 미래에 창출할 것으로 예상되는 경제적 효용에 근거하고 있다. 따라서 자산의 가치 역시 그 자산이 미래에 창출할 수 있는 현금흐름을 기초로 산출되어야 한다. 다만 현재의 1원과 미래의 1원은 그 가치가 서로 다르기 때문에, 이러한 화폐의 시간가치를 고려하기 위해서 이 현금흐름을 바로 더하지 않고 적절한 할인율로 할인한 값을 더하게 된다. 이것이 이론적인 자산평가의 원칙이라 할 수 있다. 회사가 발행하는 주식과 사채의 평가도 이 방법에서 거의 벗어나지 않으며, 나아가 기업 전체의 가치평가도 원칙적으로는 이러한 논리에 의하여 구한다. 이하에서는 이러한 방법을 간단히 살펴볼 것이다. 그러기 위해서는 먼저 특정한 미래의 현금흐름의 현재가치(present value)라는 개념을 이해할 필요가 있다.

현재가치란 미래의 현금흐름이 현재의 금액으로 얼마에 해당하는가를 말하는 개념이다. 예를 들어, 甲이 언제라도 100원을 은행에 예금하고 1년 후에 이자 10%를 더한 원리금 110원을 받을 수 있다고 하자. 다시 말해서, 甲은 언제라도 은행예금이라는 투자경로를 통하여 10%의 수익을 올릴 수 있다. 이러한 상황에서, 이제 은행과 동일한 신용을 가진 乙이 甲에게 와서, 1년 후에 110원을 갚기로 하고 돈을 빌려달라고 부탁한다고 가정하자. 이 경우 甲은 어느 조건으로 빌려주게 될까? 甲에게는 돈을 은행에 예금하는 길과 乙에게 빌려주는 길 두 가지가 있으므로, 甲은 당연히 乙에게 빌려주는 것이 은행예금보다 더 이익이 되는 한도까지만 돈을 빌려줄 것이다. 그러기 위해서는 먼저 은행예금을 통해 얼마나 수익을 올릴 수 있는지부터 판단해야 한다. 여기서 乙에게 돈을 빌려주는 의사결정이 단순히 乙이 제시하는 이자에만 의존하지 않음을 눈여겨 볼 필요가 있다. 다시 말해서, 甲은 먼저 은행에 돈을 예금해서 1년 후 원리금 110원을 받으려면 얼마의 원금을 예금하여야 할지부터 생각하게 될 것이다. 물론 해답은 간단하다. 110원을 $(1+0.1)$로 나누면 된다. 이러한 상황을 우리는 "자본의 기회비용이 연 10%이다"라고 말한다. 다시 말해서, 甲이 乙에게 돈을 빌려주게 되면 은행에 예금하여 10%의 수익을 올릴 수 있는 기회를 상실하게 되고, 따라서 甲으로서는 이러한 비용을 乙에게 돈을 빌려주었을 때의 수익과 비교하여 의사결정을 한다는 것이다.

여기서 乙에게 얼마까지 빌려줄 수 있는지를 생각하기 위해서 "현재가치"라는 개념을 이용해 보자. 현재가치의 개념은 미래의 현금흐름을 자본의 기회비용으로 할인한 것을 말한다. 따라서 1년 후 乙로부터 받는 110원의 현재가치는 $110원/(1+0.1)=100원$이 된다. 여기서 분모에 나타나는 0.1을 乙이 지급할 10%의 이자를 의미하는 것으로 혼동하면 안 된다. 0.1은 어디까지나 은행으로부터 받을 수 있었던 10%의 수익을 의미한다.[1] 이 차이를 정확히 인식하

---

1) 앞서 乙이 은행과 동일한 신용을 가진 자로 전제하였음을 생각하라. 그러나 乙의 신용위험은 은행보다 높은 것이 보통이다. 따라서 당연히 乙에게 돈을 빌려주는 경우에는 은행에 예금했을 때보다 동일한 10% 이자를 받는다고 하더라도 그 현재가치는 낮아지게 된다. 그러나 이러한 신용위험의 차이는 할인율에 반영되는 것이 아니라 미래 현금흐름의 예측에 반영된다는 점을 주의하자.

지 못하면 이하의 논의에서 많은 혼동이 생기게 되므로 주의하여야 한다. 이처럼 甲에게 1년 후의 110원은 현재의 100원의 가치가 있으므로(언제라도 100원을 은행에 예금하면 110원을 얻을 수 있기 때문에), 甲이 乙에게 빌려줄 용의가 있는 최대금액은 100원이 된다. 일반적으로, 자본의 기회비용을 연간 R이라 하면, N년 후 1원의 현재가치는 1원/$(1+R)^N$이 된다. 여기서 N은 달력상의 연수가 아니라, 이자계산의 기간단위를 의미한다고 보아야 한다. 따라서 N기간 후 1원은 당장의 돈으로 쳐서 1원/$(1+R)^N$과 같은데, 다만 N이 "기간"이므로 R 역시 그 "기간"을 기준으로 한 이자율이다.

여기서 현재가치를 결정하는 요소로 할인율(위 사례에서 10%)이 매우 중요함을 알 수 있다. 미래의 현금흐름이 적절하게 예측되는 경우, 그 주어진 현금흐름의 현재가치는 전적으로 할인율을 얼마로 잡는가에 달려 있다. 일반적으로 할인율은 자본의 기회비용, 즉 자금을 다른 곳에 투자하였을 경우 얻을 수 있는 최대수익률을 사용한다. 위 사례에서 甲이 乙에게 돈을 빌려주는 경우, 그 자금을 다른 곳에 투자하여 얻을 수 있는 최대수익률은 문제에서 은행에 예금하는 경우의 10% 밖에는 주어져 있지 않다. 따라서 乙로부터 수취할 수 있는 현금흐름에 대하여 그 할인율을 10%로 잡은 것이다. 할인율은 어디까지나 다른 투자기회로부터 얻을 수 있는 최대수익률을 의미하기 때문에, 乙에게 얼마의 이자율로 돈을 빌려주는지와는 전혀 무관하다는 것을 다시 한번 강조한다. 乙로부터 받게 되는 이자는 미래 현금흐름에 포함되는 것이지, 할인율에 포함되는 것은 아니다.

(2) 사채의 가치평가

미래의 현금흐름을 적절한 할인율로 할인하여 그 현재가치를 구하는 방법의 전형적인 예로 사채의 가치평가의 경우를 들 수 있다. 왜냐하면, 사채는 미래의 현금흐름이 그 발행조건에서 미리 확정적으로 정해지는 "고정현금흐름증권(fixed income securities)"의 전형적인 사례이기 때문이다. 사채의 경우, 발행회사는 투자자로부터 현재 사채발행대금을 수취하고, 투자자는 그 대가로 미래의 이자 및 사채원금이라는 현금흐름에 대한 권리를 가지게 되므로, 원칙적으로 원리금이라는 현금흐름의 현재가치가 사채발행가격이 된다. 원리금이라는 현금흐름의 현재가치가 사채의 발행가격을 초과하게 되면 발행회사가 손해를 보기 때문에 그 가격으로는 사채를 발행하려 하지 않을 것이고, 원리금의 현재가치가 사채의 발행가격에 미달하는 경우에는 사채권자가 손해를 보기 때문에 사채권자로서도 그 가격으로는 사채를 인수하려 하지 않을 것이다. 결국 회사와 사채권자가 모두 받아들일 수 있는 사채발행가격은 원리금을 적절한 할인율로 할인한 현재가치가 되는 것이다.

사채의 경우 미래의 현금흐름은 원금과 이자라는 형식으로 상당히 정확하게 예측될 수 있기 때문에(당분간 지급불능의 경우는 생각하지 않기로 한다), 사채의 현재가치를 결정하는 가장 중요한 요소는 할인율이다. 일반적으로 투자자는 사채를 매입하지 않더라도 은행예금 등 시장이자율 정도의 수익률을 얻을 수 있는 투자안이 언제나 존재하는 것이 보통이므로, 이러한 가정하에 일반적으로 시장이자율을 할인율로 사용한다. 따라서 사채의 액면가액(원금)을 F, 지급되는 이자를 I, 시장이자율을 R, 만기를 N년이라 하고, 이자는 "매년말" 지급된다고 할 때, "연초에" 발행되는 회사채의 발행가격은 다음과 같다.

$$B_0 = \underbrace{\frac{I}{(1+R)} + \frac{I}{(1+R)^2} + \frac{I}{(1+R)^3} + \cdots + \frac{I}{(1+R)^N}}_{①} + \underbrace{\frac{F}{(1+R)^N}}_{②}$$

앞의 식은 ①과 ②로 구성되어 있다. 이 식을 일일이 계산기를 두드려 구할 수는 없다. 따라서 일정한 R과 N의 조합에 대해서 미리 그 값을 구해서 일정한 표를 만들어 놓고, 그 표를 이용하여 간단히 계산하는 것이 일반적이다. 예를 들어, ①과 관련하여, A를 1년 후부터 매년 지급되는 연금금액이라 하면, N년 후까지 연금의 현재가치인 S_0는 매년 지급되는 연금의 현재가치를 모두 합한 것이므로 다음과 같이 나타낼 수 있다.

$$S_0 = \frac{A}{(1+R)} + \frac{A}{(1+R)^2} + \cdots + \frac{A}{(1+R)^N} = A\left[\frac{(1+R)^N - 1}{R(1+R)^N}\right]$$
$$= A \cdot PVIFA$$

위 식에서 PVIFA를 연금의 현가이자요소(Present Value Interest Factor for Annuity)라 하는데, 계산의 편의를 위하여 미리 계산하여 이자율과 기간의 조합으로 미리 표로 만들어 두었으며, 이를 연금현가표라 한다. 이 표는 대부분의 재무관리 교과서 뒤에 부록으로 실려 있으므로, 이를 참조하면 된다.

다음으로 ② 부분 역시 비슷하게 구하면 된다. 위에서 살펴본 바와 같이, 자본의 기회비용을 연간 R이라 하면, N년 후 1원의 현재가치는 $1원/(1+R)^N$이 된다. 여기서 $1/(1+R)^N$을 현가이자요소(Present Value Interest Factor; PVIF)라 하는데, 역시 계산의 편의를 위하여 미리 계산하여 표를 만들어 두었다. 이를 현가표라고 하는데, 역시 모든 재무관리 교과서에 실려 있다.

Questions & Notes

Q1 생명보험회사인 A사는 2024. 1. 1. 기준으로 사채를 발행하려고 하는데, 그 발행조건은 다음과 같다. 사채의 액면은 10,000원, 이자는 매년말 액면금액의 10%를 지급하고, 만기는 발행일 후 3년이다. A사가 발행할 사채의 원리금상환의무는 B은행이 보증한다. 2024. 1. 1. 현재, 파산 기타 지급불능의 위험이 전혀 없는 시중은행의 이자율(무위험이자율)은 연 10%이다.

(1) 이 사채의 발행가격은 얼마로 결정되겠는가?

(2) 다른 조건은 모두 같지만, 이자를 매년말 액면금액의 12%를 지급하는 것으로 하면 발행가격은 얼마로 결정되겠는가? 반대로 다른 조건은 모두 같지만, 이자를 매년말 액면금액의 8%를 지급하는 것으로 하면 발행가격은 얼마로 결정되겠는가? 여기서 액면이자와 할인율에 따라 사채의 발행가격이 어떻게 되는지 알 수 있는가?

(3) 다른 조건은 모두 같지만, 만일 B은행의 원리금상환의무에 대한 보증이 없다면 사채의 발행가격은 어떠한 영향을 받겠는가?

(4) 위 조건에 따라 사채를 발행한 바로 다음날 갑작스러운 경제위기로 무위험이자율이 연 20%로 증가하였다. 이 사채의 유통가격은 얼마가 되겠는가?

(3) 타인자본비용

A사는 2024. 1. 1. 액면가 10,000원, 만기 3년이고 매년말 10% 이자를 지급하는 사채를 시세대로 발행하였는데, 그 결과 발행가격은 8,858원이 되었다. 여기서 A사가 부담하는 실효이자율은 얼마인가? 위 평가모형을 할인율이 주어졌을 때 발행가격을 구하는 것으로 본다면, 이 문제는 발행가격이 주어진 경우 그 할인율을 구하라는 것이다. 따라서 풀어야 할 식은 다음과 같이 된다.

$$8,858원 = \frac{1,000}{(1+R)} + \frac{1,000}{(1+R)^2} + \frac{1,000}{(1+R)^3} + \frac{10,000}{(1+R)^3}$$

위 식은 R에 관한 3차 방정식이므로 바로 그 해를 찾기는 어려우므로, 몇 가지 숫자를 계속 대입하여 조금씩 수정하는 시행착오법에 의하여 반복추측연산으로 R 값을 구할 수밖에 없다. 그렇게 구하면 R=15%가 된다.

이렇게 구한 R을 흔히 만기수익률(yield to maturity) 또는 단순히 수익률(yield)이라 한다. 흔히 사채의 수익률이라고 할 때는 그 액면이자율을 말하는 것이 아니라 이 만기수익률을 의미한다는 점을 주의하여야 한다. 즉, 이 사채를 8,858원에 매입하는 것은 동일한 위험으로 15%의 수익률을 올리는 다른 투자안에 투자하는 것과 동일하다는 것이다. 입장을 바꾸어 기업의 입장에서 본다면, 이처럼 이 사채를 매입한 투자자는 그로부터 15%의 수익률을 기대하고 있기 때문에, 이 사채를 발행하여 8,858원을 조달한 기업으로서는 그 돈으로 사업을 하여 15% 이상의 수익률을 올리지 않으면 안 된다. 그렇지 않으면 투자자들은 사채매입을 선택하지 않고, 동일한 위험으로 15%의 수익률을 올리는 다른 투자안을 선택할 것이기 때문이다. 이러한 논리에 따라 자금조달시 기업이 투자자에게 보장하여야 하는 기대수익률 또는 요구수익률을 "자본비용(cost of capital)"이라고 하는데, 특히 부채를 발행하여 자금을 조달하는 경우 그 요구수익률을 타인자본비용(cost of debt)이라고 하여, 주식의 경우의 자기자본비용(cost of equity)과 구별한다. 위 문제에서 만기수익률 또는 타인자본비용은 액면이자율인 10%가 아니라 내부수익률인 15%라는 점을 주의하자. 만기수익률 또는 타인자본비용이 액면이자율과 같아지는 때는 사채의 시장가격이 액면가액과 일치하는 경우뿐이다.

(4) 주식의 가치평가

미래의 현금흐름을 적절한 할인율로 할인하여 그 투자자산의 현재가치를 구하는 방법은 주식의 평가에 있어서도 응용할 수 있다. 즉, 투자자가 주식으로부터 얻을 수 있는 현금흐름(배당금과 주식처분가액)을 적절한 할인율로 할인하여 그 현재가치를 구하면 되는 것이다. 하지만 주식의 평가는 사채의 평가와는 비교할 수 없을 정도로 매우 어렵다. 그 이유는 우선 주식으로부터 발생하는 현금흐름은 사채의 경우와 비교할 때 매우 불확실하기 때문이다. 사채의 이

자는 계약에 의하여 일정액을 매기간 지급하여야 하지만, 배당의 경우에는 이익이 났다고 하여 회사가 주주에게 반드시 배당을 하여야 하는 것도 아니고, 설사 배당하는 경우에도 배당금액이 일정하게 결정되는 것은 아니다. 따라서 주주의 입장에서는 미래의 현금흐름을 예측하는 것부터가 매우 어렵다. 또한 할인율도 어떻게 결정할지도 매우 어렵다. 앞서 사채의 할인율을 비교적 쉽게 시장에서 다른 투자안을 참조하여 구할 수 있었으나, 주식의 경우 위험을 비교하는 것이 매우 어렵기 때문에 "동일한 위험"을 수반하는 주식을 찾기가 매우 어렵고, 따라서 할인율을 바로 구할 수 있는 방법을 찾는 것은 거의 불가능하다. 결국 평가를 위한 계산에 있어서 분자와 분모가 모두 불확실하게 된다. 그렇다면 그 계산결과가 정확하게 주식의 가치를 평가하고 있다고 말하기 어려운 것은 당연하다. 이하에서 설명하는 배당평가모형도 현금흐름의 할인을 통하여 주식의 가치를 구한다는 측면에서 논리적으로 일관적이기는 하지만 현실적으로 사용하기에는 많은 난점이 있다는 점을 우선 기억해 두자.

배당이라는 현금흐름을 가지고 주식을 평가하는 방법은 우선 이론적으로 상당히 논리적이다. 주식으로부터 얻을 수 있는 현금흐름은 배당금과 주식처분가액이 있을 수 있으므로, 보유기간을 N년, 예상되는 처분가액을 S_N, 매기말 지급될 배당금을 DN, 적절한 할인율을 R이라 하면 주식의 현재가치 S_0는 사채의 경우와 동일한 논리에 따라 다음과 같이 구할 수 있을 것이다.

$$S_0 = \frac{D_1}{(1+R)} + \frac{D_2}{(1+R)^2} + \frac{D_3}{(1+R)^3} + \cdots + \frac{D_N}{(1+R)^N} + \frac{S_N}{(1+R)^N}$$

여기서 N년 후의 주식의 가치를 나타내는 S_N 역시 비슷한 논리에 의하여 미래의 현금흐름을 당시의 현재가치로 표현한 금액이 될 것이므로, N년 이후 일정한 기간 동안의 배당과 기간 마지막에서의 처분가액을 각각 할인하여 합한 가액이 될 것이다. 이러한 생각을 무한대의 시간에 대해서까지 하게 되면 결국 위 식은 다음과 같이 변형할 수 있다.

$$S_0 = \frac{D_1}{(1+R)} + \cdots + \frac{D_N}{(1+R)^N} + \frac{D_{N+1}}{(1+R)^{N+1}} + \cdots + \frac{D_\infty}{(1+R)^\infty}$$

이를 주식의 배당평가모형이라고 한다. 배당평가모형에서는 투자자들이 단기의 매매차익을 노리고 주식을 매입하였다고 하더라도 주식을 매각하는 시점에서의 주식가격은 그 이후의 배당금 전체의 현재가치와 동일할 것이기 때문에, 결국 주식의 평가는 미래의 배당금에만 의존한다는 결론을 내리고 있다. 배당평가모형 역시 위에서 언급한 바와 같이 분모와 분자의 추정에 모두 상당한 불확실성을 내포할 수밖에 없다는 단점이 있다. 다만, 만일 배당금이 D로 일정하게 유지된다고 하면, 위 식은 등비급수의 계산공식에 의하여 $S_0 = D/R$ 이라는 식으로 간단히 줄일 수 있으므로, 특별히 현가계산표를 동원하지 않고도 손쉽게 주식의 가치를 가늠해 볼 수 있다는 장점이 있기는 하다.

Questions & Notes

Q1 A사는 2024. 1. 1. 현재, 발행주식수 10만주, 액면 5,000원, 주가는 40,000원이다. 2023년말 기준으로 재무제표상 보고된 순이익은 5억원이고, 그 순이익 100% 전부를 배당으로 지급한다고 한다.

(1) 2023. 12. 31. 주식을 보유하고 있던 주주에게 지급될 주당 배당액은 얼마인가?

(2) 순이익 및 배당성향이 미래에도 현재와 같을 것이라는 전제 하에서 1주의 가치는 어떻게 계산할 수 있겠는가? 반대로 2024. 1. 1. 현재의 주가가 적정하게 평가된 것이라고 한다면, 미래의 현금흐름에 대한 할인율은 얼마라고 할 수 있는가?

(5) 자기자본비용

위에서 할인율 R을 자기자본비용이라고 하는데, 그 기본적 논리는 위 타인자본비용의 경우와 동일하다. 다시 말해서, 이러한 주식을 매입한 투자자의 기회비용이 R이라는 것이다. 투자자가 주식을 매입하지 않고 다른 투자안에 투자했더라면 최소한 R의 수익률을 올릴 수 있었기 때문에, 투자자는 이 주식의 매입으로부터 R 이상의 수익률을 기대한다고 볼 수 있다. 따라서 기업의 입장에서 본다면 이 주식의 발행으로 조달한 자금으로 사업을 하여 최소한 R의 수익률을 올릴 수 없다면 자본조달에 실패하게 될 것이다. 이처럼 주식의 경우에도 사채의 경우와 마찬가지로 투자자에게 보장하여야 하는 최소한의 기대수익률 또는 요구수익률이 있는데, 이를 재무이론에서는 자기자본비용(cost

of equity)이라 한다. 타인자본비용이 매기 지급되는 액면이자율을 의미하지 않
는 것과 마찬가지로, 자기자본비용도 배당률 또는 배당성향과는 아무런 관계
가 없음을 주의하자. 만일 현재의 주가 50,000원이 적정하게 평가된 가격이라면,
위 관계식으로부터 50,000원＝2,000원/R이므로, 따라서 자기자본비용 R＝4%가
된다.

  이와 관련하여, "회사의 입장에서 자기자본은 원금반환의무가 없고 이자
도 지급할 의무가 없어서 타인자본보다 유리한 자본조달방법이다"라고 서술하
는 글들을 가끔 보게 되는데, 이러한 서술은 자기자본비용이라는 개념을 이해
하고 있지 못한 데서 나온 잘못된 설명이다. 주식발행을 통하여 조달한 자기자
본은 위에서 살펴보았듯이 공짜가 아니다. 오히려 일반적으로 자기자본비용은
타인자본비용보다 더 높은 경우가 대부분이고(현금흐름의 불확실성이 더 크므로
할인율이 더 커지는 것은 당연하다), 주가에 미치는 영향도 신주발행의 경우가 부
채를 조달하는 경우보다 더 불리하다. 신주발행으로 인하여 주가가 떨어지는
현상이 일반적으로 발견되는 것이다. 따라서 겉으로만 보면 회사 입장에서는
오히려 자기자본의 조달이 타인자본의 조달보다 불리한 것처럼 생각될 수도
있다. 물론 실제로 어느 방법이 더 좋은지는 여러 요소를 함께 따져보아야 할
문제이지만, 단지 "자기자본은 공짜"라는 전제에서 자기자본의 조달을 바라보
는 것은 명백한 잘못이다.

Questions & Notes

Q1 본문에서 설명한 현금흐름할인법을 가지고 당사자 사이의 분쟁을 해결할 수
있는지 생각해 보자. 예를 들어, 서울중앙지방법원 2005. 10. 4. 선고 2003고
합1300 판결(에버랜드 사건 제 1 심)에서는 다음과 같이 설시하고 있다. 현금
흐름할인법에 대해서 법원이 소극적일 수밖에 없는 이유는 무엇일까?

  "이에 대하여 피고인들 및 그 변호인들은, 안진회계법인에 의뢰하여 미래
현금흐름할인법(Discounted Cash Flow)을 적용하여 에버랜드의 적정 주가를
평가한 결과 추정치 기준으로 5,446원, 실적치 기준으로 10,412원으로 산정
되었으므로, 이 사건 전환가격인 1주당 7,700원은 적정한 수준에서 결정된
것이라고 주장한다. 살피건대, 미래현금흐름할인법이란, 당해 기업이 보유하
고 있는 유무형의 영업용 자산을 활용함으로 인해 창출될 것으로 예상되는

잉여현금흐름을 그에 내재된 위험을 반영한 적절한 할인율로 할인함으로써 기업가치를 구하는 평가방법을 말한다. 그러나 위 평가방법은 주가 산정의 핵심적 요소인 현금흐름예측이나 할인율의 결정이 어려울 뿐만 아니라, 그 평가과정에서 평가자의 자의가 개입될 여지가 있다는 단점이 있다. 이러한 사정은, 이 사건에 있어서 ① 에버랜드와 사업목적, 재무구조, 자산구성, 수익구조 등이 완전히 다른 주식회사 호텔신라를 유사기업으로 상정한 점, ② 시장수익률의 변화에 대하여 개별증권의 수익률이 얼마나 민감하게 반응하는지를 보여주는 베타값을 임의로 적용하고, 1996. 12. 현재 에버랜드 차입금 평균이자율은 에버랜드가 세무서에 신고한 법인세 세무조정계산서 등을 기초로 산정하면 11.85%로 계산이 됨에도 12.88%를 타인자본 비용으로 보고 할인율을 산정한 점에 비추어도 알 수 있다. 따라서 안진회계법인의 미래현금흐름할인법에 의한 평가액은 그대로 받아들이기 어렵다."

2. 현행법상 비상장주식의 평가방법

(1) 현행법상 평가방법

상장회사의 경우에는 시장가격이 있기 때문에 가치평가는 특수한 경우를 제외하고는 큰 문제가 없다. 문제는 비상장주식의 경우이다. 비상장주식의 가치를 평가하는 방법에는 크게 기업이 현재 보유하고 있는 순자산(총자산에서 총부채를 차감한 금액)의 가치를 기업의 가치로 평가하는 자산가치법과, 기업이 미래에 얼마만큼의 수익 또는 현금흐름을 실현시킬 수 있는가를 중시하는 수익가치법이 있다. 지금까지 설명한 배당평가모형은 대표적인 수익가치법으로서, 앞서 설명한 바와 같이 이론적으로만 본다면 기업의 가치평가는 수익가치법에 의하는 것이 타당하다. 그러나 수익가치법은 높은 불확실성을 수반한다는 결정적인 단점이 있으므로, 실제의 거래에서는 자산가치법과 수익가치법을 상호보완적으로 사용하는 경우가 많다. 예를 들어, 기업인수계약 등에서는 자산가치법이 가격협상의 기준이 되는 기초평가자료로 활용되고 있다. 일반적으로 국내기업 간 인수합병계약에 있어서 대부분의 가격협상은 자산가치에 일정한 경영권 프리미엄을 얹어주는 식으로 이루어지고 있으며, 수익가치는 보충적으로만 고려되는 경향이 있다. 물론 자산가치법을 채용하더라도, 단순히 기업회계기준에 따라 작성된 재무상태표상의 순자산가액을 자산가치로 바로 평가하는 경우는 별로 없고, 장부상의 각 자산과 부채를 실사를 통하여 시가로 재평가한 후 그 재평가가액을 기준으로 한 자산가치를 사용하는 것이 보통이고, 이렇게 시가로 평가하는 과정에서 미래의 수익력이 부분적으로 평가될 수 있는 여지가 있다. 반면 수익가치법은 이론적으로는 정확한 방법이나, 미래의 현금흐름과 할인율을 추정하는 과정에서 평가자의 주관적 판단이 개입될 여지가 많고, 이해를 위해서는 회계와 재무에 관한 전문지식이 필요하다는 단점이 있다. 이렇게 실용성이 떨어지는 면을 보완하기 위하여 현행법에서는 일정한 기준을 정하여 이를 계산하기 간편하고 이해하기 쉬운 방식으로 변형하여 사용하고 있으며, 과거의 수익력을 가지고 미래를 추정하는 방법을 채용함으로써 과거의 실적을 일정 부분 반영하고 있다. 이러한 수정된 수익가치법은 현재 우리나라 여러 법제도에서 많이 사용되고 있으나, 일률적인 추정으로 인하여 수익가치법의 이론적 장점이 상당부분 훼손되고 있음은 어쩔 수 없다.

현행법에서는 비상장주식의 평가와 관련하여 몇몇 법규에서 그 평가방법을 특정하고 있는데, 그 개요를 간단히 소개하면 다음과 같다. 우선 상속세 및 증여세법(이하 "상증세법") 제63조 제 1 항 제 1 호 다목, 동법 시행령 제54조 내지 제56조에서는 상속 또는 증여되는 재산의 평가기준으로서 수익가치법과 자산가치법을 규정하고 있는데, 원칙적으로 수익가치를 3, 자산가치를 2의 비율로 가중평균한 가액을 가지고 평가하도록 하고 있다(시행령 54조 1항). 과세표준의 자의적인 감액을 방지하기 위한 것이다. 과거에는 둘 가운데 높은 가액을 가지고 비상장주식을 평가하도록 하고 있었는데, 2005년에 이렇게 가중평균하는 방식으로 개정되었다. 여기서 시행령 제54조 제 1 항을 주의깊게 살펴보면, 비상장주식의 평가방법으로 수익가치법을 따르는 경우에도, 그 주식가치는 1주당 최근 3년간의 순손익액의 가중평균을 3년만기 보증채의 유통수익률을 고려하여 고시되는 할인율로 단순히 나누어 구하도록 되어 있다. 미래의 현금흐름을 추정하지 않는다는 특징과 함께, 앞서 이론적인 모형에서 살펴본 바와 같이, 수익을 단순히 할인율로 바로 나눈다는 것은 과거 3년간의 순손익액의 가중평균이 영원히 계속된다는 것을 전제하고 있음을 의미한다는 특징이 있다. 따라서 이러한 두 가지 점에서 논리적으로 정확한 수익가치법은 아니고, 다만 이용하기 편리하도록 수정된 수익가치법이라 할 것이다. 시행령 제54조 제 2 항은 자산가치법을 규정하고 있는바, 상증세법에 의거하여 각각 평가한 순자산가액(시행령 55조 1항 참조)을 발행주식총수로 나눈 것을 비상장주식의 1주당 가액으로 본다.

　자본시장법에도 비상장주식의 평가와 관련된 규정이 있다. 예를 들어, 합병시 비상장주식의 평가와 관련하여, 자본시장법 시행령 제176조의5 제1항 제2호, 제2항, 금융위원회가 제정한 증권의 발행 및 공시에 관한 규정 제5-13조, 동규정 시행세칙 제4조부터 제7조에 의하면, 비상장주식의 평가는 우선 자산가치와 수익가치를 각각 1과 1.5로 하여 가중평균한 가액과 상대가치가액을 다시 산술평균하여 구하도록 되어 있는데, 상대가치가 없는 경우에는 자산가치와 수익가치를 가중평균한 가액만으로 평가한다. 여기서 수익가치는 종래 상속세 및 증여세법과 마찬가지로 현금흐름이나 할인율의 추정 대신 객관적 지표를 이용하였으나, 현재는 현금흐름할인모형, 배당할인모형 등 미래의 수익가치 산정에 관하여 일반적으로 인정되는 방법을 이용하도록 하고 있다(증권의 발행 및 공시에 관한 규정 시행세칙 6조).

　이처럼 주식의 가치를 객관적으로 평가할 수 있는 기준은 아직 개발되지 못하였다. 그러나 주식투자를 하면서 가치평가를 도외시할 수는 없기 때문에, 실제로 많은 지표들이 만들어지고 있다. 흔히 "주가수익률"이라고 번역되는 PER(Price Earning Ratio)는 그 중에서도 가장 대중적인 지표라 할 수 있다. PER는 당해 회사의 주가를 주당순이익으로 나눈 값으로 정의된다. 예를 들어, 주당순이익이 모두 1,000원인 두 기업이 있는데, A사의 주가는 1만원, B사의 주가는 2만원이라고 하자. 이 경우 A사의 PER는 10배, B사의 PER는 20배로, B사의 주가가 고평가되어 있다는 것을 알 수 있다. 일반적으로 PER가 낮을수록 주가가 저평가되어 있다는 의미이므로 향후 주가가 상승할 가능성이 높다고 하지만, 반드시 그렇다고 단정할 수도 없다. 나아가 최근에는 자본비용의 개념을 적극 활용한 "EVA(Economic Value Added)"라는 개념도 많은 지지를 받고 있으며, 경영진의 성과 평가에 있어서 매우 자주 활용되고 있다. 이 개념은 기업이 단순히 이익을 냈는가 보다는 기회비용을 고려할 때 경제적으로 부가가치를 창출하고 있는가를 중시하는 개념이라고 할 수 있다. 일반적으로 EVA는 "세후순영업이익-(투자자본×가중평가자본비용)"으로 정의된다. 여기서 뒤에 있는 항목은 주주와 채권자의 입장에서 볼 때 기업이 반드시 벌어야 하는 금액이므로, 결국 투자자의 입장에서 본 기회비용이라고 할 수 있다. 앞의 항목

은 기업이 실제로 벌어들인 돈이다. 따라서 EVA는 기업이 투자자들로부터 돈
을 받아서 다른 투자기회보다 높은 성과를 거두었는가를 평가하는 방법이다.
예를 들어, 기업이 투자를 받아서 은행에 예금하거나 부동산에 투자하거나 한
다면 특별히 다른 투자자들보다 높은 수익을 올리지는 못할 것이기 때문에
EVA는 매우 낮거나 마이너스가 될 수 있다. 이처럼 EVA는 투자자의 입장에서
기업을 바라보는 개념이기 때문에, 기업의 평가뿐만 아니라 경영진의 성과에
대한 평가기법으로도 점차 각광을 받고 있다.

Questions & Notes

Q1 기업의 평가는 결국 가격을 어떻게 정하는가 하는 것인데, 그 산정방법을
법에서 정하는 것은 어떠한 의미가 있는지 생각해 보자. 예를 들어, 자본시
장법 시행령 제176조의5 제 1 항은 상장법인 간 또는 상장법인과 비상장법
인 간 합병시 합병가액의 산정방법을 정하고 있다. 이 방법이 실제 시장가
치에 의한 합병을 보장할 수 있는가? 만일 당사자들이 다른 합병비율에 의
해서 합병하는 것에 합의한다면 이 규정을 따르지 않을 수 있는가? 이러한
측면에서, 이 규정의 긍정적 측면과 부정적 측면을 생각해 보자. 제 9 장 [판
례 85] 및 Q4 참고판례 서울고등법원 2015. 7. 16. 자 2015라20485 결정(삼
성물산 합병사건) 참조.

(2) 판례에서 나타난 비상장주식 평가

[판례 56]

대법원 2008. 5. 29. 선고 2005도4640 판결

2. 이 사건 주식교환 부분에 대하여

가. 원심의 인정 사실 및 판단

출자총액제한규정에 따라 2002. 4. 1.부터 甲이 대주주로 있는 에스케이씨앤
씨 주식회사(이하 'SK씨앤씨'라고 한다)가 보유하던 에스케이 주식회사(이하 'SK'
라고 한다) 주식 10.83% 중 9.5% 가량에 대하여 의결권을 행사하지 못하게 되
자, 피고인 甲의 SK그룹 계열사들에 대한 지배를 유지하기 위하여 피고인들이
공모하여, 공정한 주식가격의 평가 및 매각조건 결정 과정을 생략하고 이사회
의 결의도 거치지 아니한 채, 2002. 3. 25. SK씨앤씨가 보유한 상장주식인 SK주

식 6,463,911주(총 주식의 5.09%)와 甲이 보유한 비상장주식인 주식회사 워커힐 (이하, '워커힐'이라 한다) 주식 3,256,298주(총 주식의 40.7%)를 교환(이하, '이 사건 주식교환'이라 한다)함으로써 두 회사 주식을 모두 주당 순자산가치로 평가하였을 때의 차액인 721억원의 손해를 SK씨앤씨에 가하고 피고인 甲에게 동액 상당의 이익을 취득하게 하였다는 이 사건 특정경제범죄 가중처벌 등에 관한 법률 위반(배임) 공소사실에 대하여, 원심은 교환된 SK주식의 적정 가치를 워커힐과 마찬가지로 주당 순자산가치로 평가하여 손해의 규모를 산정하여야 함을 전제로 한 위 특정경제범죄 가중처벌 등에 관한 법률 위반(배임)의 점에 대하여는 범죄사실에 관한 증명이 없다는 이유로 무죄로 판단하는 한편, 장부가격에 근거하여 순자산가치를 주당 31,150원으로 산정한 후 상속세 및 증여세법의 예에 따라 30%를 할증함으로써 주당 40,495원으로 계산하여 교환된 이 사건 워커힐 주식은 그 판시와 같은 이유로 과대평가되었고, 교환거래 직전의 증권거래소 종가인 17,000원에 20%를 할증함으로써 주당 20,400원으로 계산하여 교환된 SK주식의 평가는 과다하지 않다고 인정한 다음, 위 피고인들이 두 주식의 적정 교환 평가액과의 차액 상당의 손해 및 SK주식과 워커힐 주식 사이의 현금유동성 차이에서 생기는 손해를 SK씨앤씨에 가하는 한편 거래 상대방인 피고인 甲에게 그에 상응하는 이익을 취득하게 하였다고 보아 업무상배임죄가 성립한다고 판단하였다 … .

다. 피고인 4, 5의 상고이유에 대하여

(1) 회사의 이사가 그 회사의 이사, 주주 등 특수관계자와 사이에 교환의 방법으로 그 회사가 보유중인 다른 회사 발행의 주식을 양도하고 그 특수관계자로부터 제3의 회사 발행의 주식을 취득하는 경우에 있어서, 그 거래의 목적, 계약체결의 경위 및 내용, 거래대금의 규모 및 회사의 재무상태 등 사정에 비추어 그것이 회사의 입장에서 볼 때 경영상의 필요에 의한 정상적인 거래로서 허용될 수 있는 한계를 넘어 주로 교환거래를 하려는 특수관계자의 개인적인 이익을 위한 것에 불과하다면, 그와 같은 거래는 임무위배행위에 해당한다고 보아야 할 것이다.

원심은, 이 사건 주식교환의 목적이 피고인 甲으로 하여금 현금의 부담 없이 SK주식을 취득하게 하는 데에 있었고, 피고인 甲의 SK그룹 산하 직속조직인 구조본이 교환계약의 내용을 실질적으로 결정하였으며, SK씨앤씨는 이사회

조차 정식으로 개최하지 않고 이사회 의사록만 작성하였던 점, SK씨앤씨가 이
사건 주식교환을 하여야 할 경영상의 필요나 그로 인하여 얻게 되는 이익이
별로 없었던 점, 교환과정에서 SK씨앤씨의 회사이익을 고려하는 절차를 제대
로 거치지 아니한 점 등의 그 판시와 같은 인정사실들에 비추어 이 사건 주식
교환 거래가 임무위배행위에 해당하고 피고인들의 배임의 범의도 인정된다고
판단하였는바, 기록에 비추어 살펴보면 원심의 인정과 판단은 정당한 것으로
수긍할 수 있고 거기에 상고이유의 주장과 같은 위법이 없다.

　(2) 워커힐 주식 및 SK주식의 평가에 관하여 보건대, 워커힐 주식의 가치를
장부상 순자산가치로 평가한 것이 과대평가되었다고 단정하기는 어려우나, 교
환 당시 SK주식의 평가기준이 된 교환 전날 증권거래소 종가는 SK의 순자산
가치의 절반에도 미치지 못하는 점, 교환된 SK주식은 총 주식의 5.09%로 SK계
열 기업의 지주회사인 SK의 지배구조에 상당한 영향을 미칠 수 있는 규모여서
그에 대한 지배를 유지하고자 하는 피고인 甲에게는 그 취득이 절실하였던 반
면, 피고인 甲 및 그와 특수관계에 있는 주주들을 제외한 SK씨앤씨의 나머지
주주들의 입장에서는 회사가 보유하던 SK주식을 시급하게 처분할 이유나 경제
적 이익이 전혀 없으며, SK씨앤씨로서는 영위하던 업종과 무관하며 처분도 용
이하지 아니할 뿐 아니라 출자총액제한 때문에 의결권을 행사할 수도 없는 워
커힐 주식의 40.7%를 취득할 경영상의 필요성이 있다고 보기 어려운 점 등 원
심이 인정한 거래 당시의 여러 사정에 비추어 볼 때, 30%의 경영권 프리미엄
을 가산한 것은 과대평가되었다고 보기에 충분하며, 한편 상속세 및 증여세법
시행령 제54조 소정의 비상장주식의 평가방법은 보충적 평가방법에 불과하므
로 그에 의하여 산정한 평가액이 곧바로 주식의 가액에 해당한다고 볼 수 없
으므로(대법원 2001. 9. 28. 선고 2001도3191 판결, 대법원 2005. 4. 29. 선고 2005도856
판결 등 참조), 피고인들이 워커힐의 주식에 대하여 30%를 할증한 것이 상속세
및 증여세법의 예에 따른 것이라 하더라도 이 사건 주식교환으로 인하여 SK씨
앤씨에게 재산상 손해가 발생한 것으로 볼 수가 있다.

　원심의 이유 설시에 적절치 아니한 점이 있기는 하나, 피고인들을 업무상배
임죄의 유죄로 인정한 원심의 조치는 수긍할 수 있고, 거기에 상고이유의 주장
과 같은 위법이 없다.

Questions & Notes

Q1 이 사건에서는 워커힐 주식의 평가가 잘못되었다고 하여 배임을 인정하였는데, 만일 주식의 거래가격이 공정한 가격이었다면 아무런 문제가 없는가?

Q2 이 사건 제 1 심(서울지방법원 2003. 6. 13. 선고 2003고합237, 311 판결)에서는 비상장주식의 평가와 관련하여 "비상장주식의 적정거래가격을 찾는다는 것이 매우 어려우므로 피고인들로서는 참고적으로나마 전문회계법인 등 기업평가를 할 수 있는 객관적인 기관에 워커힐 주식의 가치 내지 적정거래가격을 평가의뢰한 후 그 평가결과에 기초하여 가격흥정을 할 수도 있을 터인데 … 그러한 조치도 취하지 않았다"고 설시하고 있다. 만일 주식거래 가격의 공정성만이 문제가 된 것이었다면, 기업으로서는 어떠한 절차를 거쳤어야 배임죄의 책임을 면할 수 있었을지 생각해 보라. 예를 들어, 이 사건에서는 그러한 평가기관에 의뢰한 결과에 기초하여 위와 같은 거래를 하였다면 법원이 적정한 조치였다고 승인하였을까?

[판례 57]

대법원 2006. 11. 24. 자 2004마1022 결정[2)]

• **사실관계**

(1) 한국케이블티브이드림씨티방송 주식회사("드림씨티")는 2000. 10. 28. 은평정보통신 주식회사("은평정보통신")의 발행주식 20,000주를 모두 매수하여 이 회사의 지분 100%를 보유한 1인 주주가 되었다.

(2) 드림씨티는 이어 2001. 1. 31. 주식회사 한국케이블티브이은평방송("은평방송")의 대주주들로부터 은평방송 발행 주식의 69.85%가 되는 349,250주를 1주당 평균 28,633원에 매수하여 은평방송의 최대주주가 되었다. 위 은평정보통신과 은평방송은 모두 비상장회사였다.

(3) 드림씨티는 곧바로 위 은평방송을 소멸회사, 은평정보통신을 존속회사로 하는 합병을 추진하였다. 은평방송은 2001. 3. 26. 이사회에서 은평정보통신과의 합병을 결의하였고 2001. 4. 27. 주주총회에서 은평정보통신과 은평방송과의 합병비율을 1 : 0.0842로 하는 합병안을 승인하였다. 이에 따라 은평방송은

---

2) 이 판례는 [판례 92]와 동일하므로, 여기서 사실관계를 정리한다.

2001. 5. 31.자로 은평정보통신에 흡수합병되었다.

(4) 신청인들은 소멸회사인 은평방송의 주식을 150,750주(30.15%) 소유하고 있는 은평방송의 주주들로서 상법이 정한 바에 따라 2001. 4. 23. 합병반대의사를 은평방송에 통지하고, 2001. 5. 16. 신청인들이 갖고 있는 주식 전부에 대하여 은평방송에 주식매수청구를 하였다.

• **법원의 판단**

1. 회사의 합병 또는 영업양도 등에 반대하는 주주가 회사에 대하여 비상장주식의 매수를 청구하는 경우, 그 주식에 관하여 객관적 교환가치가 적정하게 반영된 정상적인 거래의 실례가 있으면 그 거래가격을 시가로 보아 주식의 매수가액을 정하여야 할 것이나, 그러한 거래사례가 없으면 비상장주식의 평가에 관하여 보편적으로 인정되는 시장가치방식, 순자산가치방식, 수익가치방식 등 여러 가지 평가방법을 활용하되, 비상장주식의 평가방법을 규정한 관련 법규들은 그 제정 목적에 따라 서로 상이한 기준을 적용하고 있으므로, 어느 한 가지 평가방법(예컨대, 증권거래법 시행령 제84조의7 제 1 항 제 2 호의 평가방법이나 상속세 및 증여세법 시행령 제54조의 평가방법)이 항상 적용되어야 한다고 단정할 수는 없고, 당해 회사의 상황이나 업종의 특성 등을 종합적으로 고려하여 공정한 가액을 산정하여야 할 것이다(대법원 2005. 4. 29. 선고 2005도856 판결, 2005. 10. 28. 선고 2003다69638 판결 등 참조) ⋯ .

3. 유선방송사업의 경우 초기에 방송장비 및 방송망 설치 등의 대규모 시설투자가 필요한 반면, 그 이후에는 인건비 등의 비용 이외에는 추가비용이 크게 필요하지 않고, 일정 수 이상의 가입자가 확보되면 월 사용료 상당의 수입이 안정적으로 확보된다는 특색이 있기 때문에, 가입자의 수, 전송망의 용량, 지역 내 독점 여부 등을 기초로 한 미래의 수익률이 기업가치 내지 주식가치를 평가하는 데 중요한 고려요소라고 할 것이다(대법원 2005. 4. 29. 선고 2005도856 판결 참조).

기록에 의하면, 은평방송의 가입자수가 1998년 15,843명, 1999년 29,254명, 2000년 42,080명으로 점차 증가하고 있었으므로, 그 기준시점 당시 은평방송이 서울 은평구에서 독점적으로 종합유선방송사업을 영위할 수 있었는지 여부, 종합유선방송업의 현황 및 전망, 거시경제전망, 회사의 내부 경영상황, 사업계획 또는 경영계획 등을 종합적으로 고려하여 주식의 수익가치를 산정하는 것이 주식의 객관적인 가치를 반영할 수 있는 보다 적절한 방법이라고 할 것이다.

그럼에도 불구하고, 원심에서 은평방송이 합병 당시 3년간 적자가 누적된 상태에서 자본잠식에 이를 정도로 그 경영상태가 좋지 않았고, 과거 영업실적이나 현재 상태에 비추어 특별히 미래의 수익가치가 현재의 수익가치를 현저히 초과하여 현재의 수익가치로는 기업의 수익가치를 제대로 반영할 수 없다고 볼 만한 사정이 존재하지 않는다는 이유만으로 상속세 및 증여세법 시행령 제54조 제 1 항, 제56조 제 1 항 규정에 따라 과거 3년간 1주당 순손익액만을 기초로 하여 은평방송의 1주당 수익가치를 0원으로 산정한 것은 미래의 추정이익에 의한 수익가치 산정에 관한 법리를 오해하여 결정에 영향을 미친 위법을 저지른 것이라 할 것이다. 신청인들의 재항고이유 중 이 점을 지적하는 부분은 이유 있다 … .

4. 시장가치, 순자산가치, 수익가치 등 여러 가지 평가요소를 종합적으로 고려하여 비상장주식의 매수가액을 산정하고자 할 경우, 당해 회사의 상황이나 업종의 특성, 위와 같은 평가요소가 주식의 객관적인 가치를 적절하게 반영할 수 있는 것인지, 그 방법에 의한 가치산정에 다른 잘못은 없는지 여부에 따라 평가요소를 반영하는 비율을 각각 다르게 하여야 한다.

앞서 본 바와 같이 드림씨티가 2001. 1. 31. 은평방송의 주식 69.85%가 되는 349,250주를 매수한 거래가액 28,633원에 경영권의 양도 대가가 포함되어 있다고는 하나, 위와 같은 거래는 합병에 관한 이사회 결의가 있기 전 2개월도 안 되는 시점에 이루어진 것으로, 위 거래가액에서 경영권의 양도 대가에 상당하는 액수를 공제한 액수는 주식에 대한 여러 가지 평가요소가 적절한지 여부를 판단하는 결정적인 기준이 된다고 할 것이다. 그런데 원심이 은평방송 주식의 순자산가치를 1,386원으로, 수익가치를 0원으로 산정하게 된 데에는 앞서 본 바와 같은 잘못이 있을 뿐만 아니라, 위 거래가액에서 경영권의 양도 대가에 상당한 액수를 공제하여 산정된 시장가치 22,025원과 차이가 심하여 위 순자산가치와 수익가치를 이 사건 주식의 매수가액을 산정하는 평가요소로 고려하기에는 적절치 않다고 할 것이다. 기록에 의하면, 2001. 3. 10.경 한국케이블티브이 관악방송의 주식 52,672주(총발행주식의 4.39%)가 1주당 약 37,970원, 합계 20억원에 매도되었고, 서초종합유선방송의 주식 97,443주(총발행주식의 4.39%)가 1주당 약 55,417원, 합계 54억원에 매도된 것으로 보인다. 따라서 위와 같은 업체가 은평방송과 동일한 업종을 영위하는지 여부, 당해 법인의 자산규모, 가입자 수 등을 비교하여, 위 거래가액에서 경영권의 양도 대가를 공제하여 산정한 은평방송의 1주당 시장가치 22,025원이 적절한지 여부를 판단하고, 위와 같이 산정한 시장가치가 적절하지 않다고 볼 수 있는 특별한 사정이 없고, 달리 은평방송의 순자산가치와 수익가치의 적정한 평가금액을 산출하기 어려운 경우에는 그와 같이 적절하게 평가된 시장가치를 은평방송 주식의 공정한 가액으로 인정하여 매수가액을 결정할 수도 있을 것이다.

그럼에도 불구하고, 원심이 위와 같이 산정한 시장가치, 순자산가치, 수익가치라는 세 가지 요소들 중 특별히 어느 요소를 가중하여 평균을 구할 근거를 발견할 수 없다는 이유로 위 세 가지 가격을 단순히 산술평균하여 은평방송 주식의 매수가액을 7,803원으로 산정한 것은 비상장주식의 매수가액 결정시 평가요소의 반영비율에 관한 법리를 오해하여 결정에 영향을 미친 위법을 저지른 것이라고 할 것이다. 신청인들의 재항고이유 중 이 점을 지적하는 부분은 이유 있다.

Questions & Notes

Q1 판례가 말하고 있는 일반적인 가치평가의 원칙을 정리해 보라. 판례에서 말하고 있는 수익가치는 본문에서 설명한 현금흐름할인법(Discounted Cash Flow; DCF법)을 말하고 있는가? 만일 그렇지 않다면 수익가치란 무엇을 의미하는가?

Q2 비상장주식의 평가에 있어서도 시장가치를 고려할 수 있는지 생각해 보자. 비상장주식의 경우에도 장외거래가격이 있으므로 그 가격을 가중평균치에 반영할 수 있는데, 이 경우 어떠한 문제가 있을 수 있는지 생각해 보자.

Q3 기업가치의 평가를 어떻게 하는지에 따라서는 사실상 소송의 승패가 결정나는 것과 같은 효과가 있다. 그런데 위와 같은 법리는 이러한 중대한 판단에 있어서 법원에 너무 많은 재량을 준 것은 아닌가? 법원은 이러한 재량을 정확하게 사용할 수 있는 능력과 인센티브가 있는지 생각해 보자. 만일 그렇지 않다면 다른 대안은 무엇인가?

(1) 실제 거래에서 가격을 정함에 있어 DCF법을 자주 이용하는데, 법원이 이를 평가방법으로 인정하지 않는다면 무슨 문제가 발생하겠는가?

(2) 서로 특수관계가 없는 당사자가 가격에 합의한 경우 법원이 그 평가가 잘못되었다고 판단하는 것은 바람직한가?

Ⅲ. 이익배당과 자기주식취득

1. 자본금제도의 취지와 배당의 제한

자본금제도는 주식회사법의 기본골격에 해당한다. 상법상 자본금이란 액면주식이 발행된 경우에는 회사가 발행한 주식의 액면총액, 무액면주식이 발행된 경우에는 주식발행가액의 2분의 1 이상으로서 이사회 또는 주주총회가 자본금으로 계상한 금액을 말한다(451조). 자본금제도는 회사의 채권자보호를 목적으로 하는 제도로서, 책임재산을 확보하는 차원에서 반드시 회사에 유보되어야 한다는 것이다. 특히 채권의 발생과 관련하여 회사와 협상을 할 수 없는 불법행위채권자라든가 소비자, 근로자 등이 주된 보호대상이다. 자본금은 회사가 이러한 채권자를 위하여 유지해야 할 책임재산의 여유분(equity cushion)이라고 생각되었기 때문에, 단순히 장부상의 숫자로만 존재하는 것이 아니라 실질적으로 회사에 존재할 필요가 있다. 그 결과 회사법 교과서에서 자본금의 3원칙이라고 부르는 일련의 규정들이 마련되었다. 예를 들어, 액면미달발행의 규제(330조, 417조), 회사의 동의가 없는 주금납입의 상계금지(421조 2항), 이사 등의 인수 또는 납입담보책임(321조, 428조), 배당재원의 규제(462조) 등이 바로 그것이다.

(1) 자본금제도의 정책적 의의

회사법이 채권자 보호에 관심을 가지는 이유는 근본적으로 주주의 유한책임제도에 기인한다. 따라서 이러한 고려는 주식회사에서만 필요한 것이고, 사원이 유한책임을 누리지 못하는 다른 회사 형태에서는 큰 의미를 가지지 못한다. 유한책임 제도는 주식회사로 하여금 다수의 일반투자자로부터 자금을 조달할 수 있도록 하지만, 그 반면 원래는 잔여지분청구권자인 주주가 부담하여야 할 사업의 위험을 채권자로 이전하는 효과도 가진다. 물론 그렇다고 해서 반드시 채권자가 보호받아야 한다거나, 또는 법이 개입해야 한다는 결론이 도출되는 것은 아니다. 문제는 이처럼 채권자의 부가 주주에게 이전된다는 것 자체보다는, 이로 인하여 주주가 사회적으로 비효율적인 의사결정을 내릴 가능성이 높아진다는 점이다. 자본금제도는 이러한 주주의 인센티브를 교정함으로써 사회적 효율성의 증진에 기여하는 효과를 가진다.

　이를 보다 구체적으로 이해하기 위해서 다음 사례를 생각해 보자. 논의의 단순화를 위하여 모든 투자자는 위험중립적이라고 가정한다. 현재 시점에서 회사는 다음 두 가지 투자안을 비교하고 있다. 투자안 A는 1년 후 수익률이 60%와 −40%로 각각 50%의 확률로 예측되고 있는 투자안이고, 다른 투자안 B는 1년 후 수익률이 80%와 −60%로 각각 50%의 확률로 예측되고 있는 투자안이다. 이 투자안의 기대수익률은 모두 10%로 동일하지만 대신 위험이 다르다. 회사는 현재 주주로부터 조달한 100원과 채권자로부터 조달한 100원밖에 없는데, 이 200원을 가지고 투자할 생각이고, 채권자에게는 10%의 명목이자를 지급하여야 한다고 하자. 이 경우 1년 후 회사의 상황은 다음과 같다.

	투자안 A(안전)			투자안 B(위험)		
	회사	채권자	주주	회사	채권자	주주
50% 성공	320원	110원	210원	360원	110원	250원
50% 실패	120원	110원	10원	80원	80원	0원
기댓값	220원	110원	110원	220원	95원	125원

　투자안 B의 경우 채권자는 사업실패의 경우 회사에 80원밖에 남아있지 않으므로 원금도 회수할 수 없게 된다. 이 표를 보면 주주는 투자안 B의 경우가 기댓값이 더 높게 됨을 알 수 있고, 이는 사업실패의 경우 주주의 부가 마이너스로 되지 않기 때문이다. 다시 말해서, 좋은 상황인 경우 증가된 이익은 모두 주주에게 귀속되는 반면, 나쁜 상황에서의 손실은 유한책임을 통하여 일부를 채권자에게 전가시킬 수 있기 때문에, 사업의 위험이 커지면 주주의 기대이익이 증가하는 것이다. 주주는 심지어 기댓값이 더 적더라도 더 위험한 사업을 선택할 인센티브도 있다. 예를 들어, 수익률이 반반의 확률로 60%와 −40%인 투자안 A와 수익률이 반반의 확률로 70%와 −70%인 투자안 C를 생각해 보자. 위와 같이 계산해 보면 결과는 다음 표와 같다.

	투자안 A (안전)			투자안 C (위험)		
	회사	채권자	주주	회사	채권자	주주
50% 성공	320원	110원	210원	340원	110원	230원
50% 실패	120원	110원	10원	60원	60원	0원
기댓값	220원	110원	110원	200원	85원	115원

투자안 C는 기대수익률이 0%이기 때문에 현재가치의 측면에서만 본다면 당연히 A를 선택하는 것이 사회적으로 바람직하지만, 주주는 투자안 C를 선택하는 것이 더 이익이다. 이러한 주주의 인센티브는 사회적으로 문제가 되는가? 이러한 주주의 인센티브는 분배의 측면에서는 채권자의 부를 주주에게 이전시키고, 반면 효율의 측면에서는 사회 전체의 파이의 크기를 감소시키는 투자안을 선택하도록 만든다는 점에서 비효율적이다. 이를 종합하면, 결국 사회적 비효율로 인한 손실을 채권자가 부담하게끔 만든다고 할 수 있다. 문제는 주주가 유한책임을 누린다는 것에 있지만, 그렇다고 유한책임을 없애면 자금조달이 불가능해지기 때문에, 결국 회사에 책임재산의 여유분을 충분하게 요구함으로써 문제를 해결하자는 것이 바로 자본금제도이다.

그러나 이러한 논거가 설득력이 있는가? 위 모형에서 채권자가 분석능력이나 정보의 측면에서 주주와 대등하다면, 채권자가 위와 같은 부의 이전행위의 가능성을 인지하고 이를 사전적으로 이자율의 결정에 충분히 반영할 수 있을 것이다. 그리고 그 결과는 사회적인 비효율로 인한 손실을 전부 주주가 부담하게 되는 결과가 된다. 예를 들어, 기대수익률이 60%와 −40%인 투자안 A와 70%와 −70%인 투자안 C 사례에서, 채권자가 기대미래가치를 110원으로 만들기 위해서는 10%보다 높은 이자율인 60%의 이자율을 요구하면 된다. 만일 비효율로 인한 사회적 비용을 모두 주주가 부담해야 한다면, 주주로서는 위와 같은 부의 이전행위를 자제하겠다고 약속할 충분한 인센티브가 있다. 다시 말해서, 법이 특별히 간섭하지 않더라도 당사자 사이에 사적 협상으로 문제가 해결될 수 있다는 것이다. 따라서 중요한 것은 채권자가 이러한 협상을 할 수 있는 지위에 있는가 하는 점이다.

만일 이러한 협상이 불가능하다면 법이 이러한 채권자를 보호하는 것이 보다 효율적이다. 이러한 대표적인 사례가 바로 회사의 불법행위책임이다. 불법행위책임의 경우에도 위와 비슷한 논리로 주주는 위험을 불법행위채권자에게 전가시킬 수 있다. 위에서 보다 위험한 투자안을 선택한다는 것은 불법행위책임의 맥락에서 본다면 사고가 발생할 위험을 더 증가시킨다는 것을 말한다. 다시 말해서, 가해자가 무자력을 이용하여 손해배상책임을 이행하지 않을 수 있다는 것을 알게 되면, 가해자로서는 주의를 덜 기울이거나 과도한 위험을 인수할 인센티브를 가지게 된다는 것이다. 예를 들어, 어느 회사에서 1,000원의 손해를 발생시키는 사고가 다음과 같은 확률로 발생한다고 하고, 논의의 편의를 위하여 회사는 무과실책임을 진다고 하자.

주의수준	주의비용	사고확률	기대사고비용	총사고비용
0	0원	20%	200원	200원
1	30원	12%	120원	150원
2	70원	6%	60원	130원
3	120원	2%	20원	140원
4	180원	1%	10원	190원

여기서 사회적 최적주의수준은 2 수준임을 쉽게 알 수 있다. 회사가 무과실책임을 진다면 회사는 2 수준의 주의를 기울일 것이다. 그런데 만일 회사의 재산이 200원밖에 없다면 결과가 달라진다. 이 경우 손해가 발생하더라도 회사로서는 200원만 배상하면 그만이기 때문에 기대사고비용은 각각의 확률에 1,000원이 아니라 200원을 곱한 금액이 된다. 따라서 다음 표에서 보는 바와 같이, 회사가 설사 무과실책임을 지는 경우라고 하더라도 회사는 사회적 최적수준보다 과소한 0 수준의 주의를 기울이게 된다.

주의수준	주의비용	사고확률	기대사고비용	총사고비용
0	0원	20%	40원	40원
1	30원	12%	24원	54원
2	70원	6%	12원	82원
3	120원	2%	4원	124원
4	180원	1%	2원	182원

회사의 재산이 500원인 경우를 계산해 보면 주의수준이 1 수준이 됨을 쉽게 보일 수 있다. 이처럼 회사의 재산이 증가할수록 회사의 주의수준은 높아지

면서, 사회적 최적수준으로 접근하게 되는데, 이것이 바로 자본금제도가 의도하는 효과이다. 이처럼 자본금제도는 피해자가 사후적으로 적절한 구제를 받지 못할 가능성을 줄인다는 일차적 목적을 가지지만, 이차적으로는 주주가 사전적으로 주의를 덜 기울이거나 더 위험한 일을 함으로써 사회적 비효율을 초래하는 것을 방지하는 효과도 가지는 것이다. 특히 불법행위의 피해자와 같은 비자발적 채권자의 경우에는 처음부터 주주 또는 회사와 협상을 할 여지가 없기 때문에, 회사에 적절한 수준의 책임재산을 요구함으로써 위와 같은 인센티브를 차단하는 것은 위 문제를 해결하는 한 가지 방법이 된다.

(2) 자본금제도의 실효성

이처럼 책임재산의 여유분으로서의 자본금은 채권자, 특히 협상력이 거의 없거나 비자발적으로 채권을 가지게 된 채권자를 보호함으로써 주주의 인센티브를 교정하는 기능을 한다. 그렇다면 이러한 자본금제도를 다시 재검토해야 하는 이유는 무엇인가? 그 논의의 발단은 자본금제도가 실제로는 그 본래의 기능을 하지 못하고 있다는 지적 때문이다. 현재의 실무나 학계에서 자본금은 오히려 자유로운 회사운영에 대한 걸림돌이 될 뿐이고, 본래 의도했던 채권자 보호책으로는 의미를 거의 잃어가고 있다는 것이 지배적인 견해이다. 그 이유를 몇 가지 살펴보면 다음과 같다.

① 자본금이란 실제로 그만큼의 자산을 보유하고 있는지 여부가 중요하지만, 현실적으로는 장부상 자본금잠식이 일어나지 않는 이상, 장부상의 자본금이 계속 유지되고 있는 것으로 본다. 그러나 장부상으로는 자본금잠식이 발생하지 않는다고 하더라도, 부실채권이나 부외부채 등이 존재하여 실제의 순자산은 장부상의 순자산보다 적을 수 있다. 회계상 자산의 평가원칙이 완전한 것은 아니기 때문에, 회사의 재산상태와 장부상의 숫자가 차이가 날 가능성이 항상 있는 것이다. ② 실제로 채권자들은 자본금에 계상된 금액을 보고 나중에 채권회수가 가능할 것으로 생각하지 않는다. 현재 회사의 종합적인 재무상황을 고려하고, 향후 회사 사업의 수익력을 예측하여 채무불이행위험을 평가한다. ③ 채권자가 협상력에서 회사와 대등하다면 위 모형에서 주주는 자발적으로 채권자를 보호하게 된다. 따라서 은행과 같은 금융기관을 전제하는 경우, 굳이 자본금제도를 가지고 채권자를 보호해야 할 이유가 없다. ④ 자본금제도

는 일률적으로 적용되기 때문에, 회사의 구체적인 사정과 무관하게 적용될 가
능성이 있다. 따라서 실제로는 책임재산이 크게 필요하지 않는 경우까지 자본
금을 요구함으로써 비효율을 야기할 수 있다.

　이처럼 자본금의 기능이 축소되고 있는 점을 고려하여, 2011년 개정상법
에서는 일정한 여유분의 확보라는 이념을 유지하면서도 다음과 같은 제도의
개선이 이루어졌다. ① 여유분의 결정을 액면에 의존하지 않는 무액면주식을
도입하였다. 무액면주식의 경우에는 자본금은 발행가액의 2분의 1 이상의 요
건을 충족하는 한 이사회 또는 주주총회가 발행시마다 달리 정할 수 있다(451
조 2항). ② 현물출자의 규모가 작거나 그 재산의 시세가 존재하는 경우에는
남용의 위험이 없다고 보아 검사인 또는 감정인의 조사절차를 면제하였다(299
조 2항, 422조 2항). ③ 적립된 자본준비금 및 이익준비금의 총액이 자본금의
1.5배를 초과하는 경우 그 초과금액을 이익으로 전환하여 주주에게 배당할 수
있도록 하였다(461조의2).

(3) 준 비 금

　상법상 준비금은 이익준비금(458조) 및 자본준비금(459조) 두 가지가 있다.
이익준비금이란 매결산기에 현금배당액의 10분의 1 이상을 적립하는 것을 말
하고(458조), 자본준비금은 자본거래로부터 발생하는 잉여금을 말한다(459조).
기업회계에서 이익잉여금은 회사의 영업을 통하여 벌어들인 금액을 회사에 유
보시키기 위한 것으로서 이익준비금, 기타 법정적립금, 임의적립금 등이 포함
되고, 자본잉여금은 자본거래에서 발생한 것으로서, 주식발행초과금, 감자차
익, 기타자본잉여금 등이 있다.

　준비금을 적립한다는 것의 의미는 일정한 금전을 회사에 보관한다는 것이
아니라, 장부상의 계정을 옮기는 것을 의미하는 것에 불과하다. 돈은 이미 있
는 것이고, 계정만 다시 재분류하는 것이다. 따라서 준비금을 적립한다는 것을
회사 금고에 돈을 쌓아두는 것으로 이해해서는 곤란하다. 준비금의 자본금전
입(461조) 역시 계정의 재분류에 불과하다. 그러나 형식상 자본금이 증가하므
로 신주를 발행하여야 하며, 이를 보통 "무상증자"라고 한다. 주식배당도 주주
의 주금납입 없이 주식이 발행된다는 점에서 비슷하나 주식배당의 경우에는
그 재원이 배당가능이익이고, 무상증자의 경우에는 배당가능이익에 포함되지

않는 법정준비금인 점이 차이가 있다. 또한 무상증자는 자본금의 증가를 가져오지만, 주식분할의 경우에는 자본금에 아무런 변동이 없다는 점에서 주식분할과도 다르다. 그러나 이러한 차이는 어디까지나 회계적인 분류의 차이에 불과하고 본질적인 차이를 가져오는 것은 아니다. 결국 준비금이란 회사에 현금이 얼마가 있는가와는 전혀 무관한 개념인 셈이다. 이처럼 준비금으로 적힌 금액이 별 의미가 없을 수 있으나, 한 가지 중요한 역할은 배당가능이익을 계산함에 있어 순자산액에서 공제된다는, 즉 회사재산의 유출을 막는다는 것이다. 이것이 준비금 제도의 거의 유일한 기능이라 할 수 있다. 2011년 개정상법에서는 적립된 자본준비금 및 이익준비금의 총액이 자본금의 1.5배를 초과하는 경우 그 초과금액을 주주총회결의로 감소할 수 있도록 함으로써(461조의2), 이러한 기능도 상당히 축소되었다.

2. 배당가능이익

(1) 배당가능이익의 계산

이익이 없으면 배당을 할 수 없다. 우선주의 경우라도 마찬가지이다. 배당가능이익은 재무상태표의 순자산액에서, (A) 자본금의 액, (B) 기적립 법정준비금, (C) 적립할 이익준비금, (D) 시행령으로 정하는 미실현이익의 합계액을 공제한 금액을 말한다(462조 1항). 여기서 미실현이익은 없다고 가정하면 배당가능이익 P는 다음과 같이 구할 수 있다.

$$P = NA - (A + B + C)$$
C는 제458조에 의하여 $1/10 \times P$(배당가능이익을 모두 배당한다고 전제)
$$P = NA - (A + B + 1/10 \times P)$$
$$P = 10/11 \times (NA - A - B)$$

배당가능이익은 순재산액에서 자본금과 법정준비금을 공제한 금액의 11분의 10이 된다. 여기서 배당가능이익은 재무상태표에 의하여 구한다는 점을 주의하자. 배당가능이익은 "stock" 개념으로서 손익계산서에서 구하고 있는 이익, 즉 "flow"와는 아무런 관련이 없다. 이는 근본적으로 상법상 배당가능이익의 개념이 채권자보호에 기초하고 있기 때문이다.

문제는 이러한 배당가능이익을 구하는 기초가 되는 재무상태표는 사실 기업회계기준에 의하여 작성되고 있다는 점이다. 공제항목은 상법으로 하나 기업회계기준으로 하나 금액에 별 차이가 없겠으나, 근본적으로 자산의 평가방법이 달라 순자산액에서 차이가 난다. 이를 어떻게 처리하여야 하는가? 실제로는 다시 재무상태표를 만들 수 없기 때문에, 단순히 기업회계기준에 의하여 작성한 재무상태표를 가지고 제462조를 적용한다. 이 부분이 상법규정과 기업회계기준이 충돌하는 경우 발생하는 가장 중요한 문제이다. 결국 바람직한 해결방법은 상법에서 배당가능이익에 관한 제462조를 제외하고 구체적인 회계처리에 관한 규정은 없애버리는 것이다. 2011년 개정상법에서는 종래 제452조 이하의 회계에 관한 규정을 대폭적으로 삭제하고 공정하고 타당한 회계관행에 맡기는 식으로 해결하였다(446조의2).

Questions & Notes

Q1 실제로 배당가능이익을 기업회계기준에 의하여 작성된 재무상태표에 근거하여 계산하더라도 그동안 아무런 문제가 없었던 이유는 무엇인지 생각해 보자.

Q2 서울고등법원 1976. 6. 11. 선고 75나1555 판결에서는 회사의 이익이 있다고 해서 반드시 배당을 결의해야 하는 것도 아니고, 주주가 배당결의를 청구할 수 있는 것도 아니라고 판시하고 있다. 이를 흔히 "주주는 추상적 이익배당청구권만을 가질 뿐, 확정적인 배당청구권을 가지지 않는다"고 설명한다. 그렇다면 정관에 "회사는 5년간 배당하지 않는다"는 규정을 두는 것은 유효한가? 만일 유효하다면, 일정기간 무배당 정관에 위반하여 배당을 한 이사는 제399조의 책임을 지는가?

[참고판례]
• 대법원 2022. 8. 19. 선고 2020다263574 판결
주주의 이익배당청구권은 장차 이익배당을 받을 수 있다는 의미의 권리에 지나지 아니하여 이익잉여금처분계산서가 주주총회에서 승인됨으로써 이익배당이 확정될 때까지는 주주에게 구체적이고 확정적인 배당금지급청구권이 인정되지 아니한다(대법원 2010. 10. 28. 선고 2010다53792 판결 등 참조). 다만 정관에서 회사에 배당의무를 부과하면서 배당금의 지급조건이나 배당금액을 산정하는 방식 등을 구체적으로 정하고 있어 그에 따라 개별 주주에게 배당할 금액이 일의적으로 산정되고, 대표이사나 이사회가 경영판단에 따라 배당금 지급 여부나 시

기, 배당금액 등을 달리 정할 수 있도록 하는 규정이 없다면, 예외적으로 정관에서 정한 지급조건이 갖추어지는 때에 주주에게 구체적이고 확정적인 배당금지급청구권이 인정될 수 있다. 그리고 이러한 경우 회사는 주주총회에서 이익배당에 관한 결의를 하지 않았다거나 정관과 달리 이익배당을 거부하는 결의를 하였다는 사정을 들어 주주에게 이익배당금의 지급을 거절할 수 없다.

Q3 위 참고판례에서 구체적인 배당금지급청구권을 인정한 정관규정이 무엇인지 확인해 보라. 정관 규정의 어떤 문구가 위 판단에 결정적인 역할을 한 것으로 보이는가?

Q4 배당은 현금만 가능한가? 제462조의4 참조.

Q5 주주 사이에 지분비율에 어긋나게 배당을 하는 것은 허용되는가? 예를 들어, 회사의 1% 이상 보유 주주에게는 30%, 1% 미만 보유 주주에게는 33%의 이익배당을 하기로 하고, 위 결의에 의하여 불이익을 받은 1% 이상 보유 주주가 모두 주주총회에 전원출석하여 결의에 찬성하였다면 이러한 배당은 가능한가(대법원 1980. 8. 26. 선고 80다1263 판결 참조)? 만일 회사의 1% 이상 보유 주주에게는 33%, 1% 미만 보유 주주에게는 30%의 이익배당을 하기로 하였다면 결론이 달라질 것인가?

(2) 분식회계를 통한 위법배당 사례

[판례 58]

대법원 2007. 11. 30. 선고 2006다19603 판결

• **사실관계**

해태제과 주식회사는 1997. 11. 1. 부도가 났고, 2001. 5. 3. 서울지방법원으로부터 회사정리절차개시결정을 받았다. 피고 1은 해태그룹의 회장으로서 1994. 8. 30.부터 1996. 9. 16.까지 해태제과의 대표이사로 근무하였다. 피고 4는 대표이사, 피고 3은 비등기 이사로 근무하다 재무제표가 승인된 1995. 8. 28.자 정기주주총회에서 이사로 선임되었다. 피고 1은 대표이사인 피고 4에게 당기순이익이 발생한 것처럼 분식결산을 하라고 지시하고, 피고 4는 재경담당 비등기이사에게 위와 같은 내용의 분식결산을 지시하였다. 그 결과 자기자본이 완전히 잠식된 상태였고 당기순손실이 발생하였음에도 불구하고, 분식결산을 하여 자본잠식이 없고 당기순이익이 나는 것으로 작성하였다. 위와 같이 분식결산된 해태제과의 주주총회의 승인을 거쳐 공시되었고, 해태제과는 위 결산결과에 터잡아 산출된 법인세세액을 과세관청에 신고납부하고, 주주총회에서 보통주에 대하여는 6%, 우선주에 대하여는 7%의 비율로 현금배당을 결의하여 주주들에게 합계 27억2,900만원의 이익배당을 하였다.

● **법원의 판단**

기업회계기준에 의할 경우 회사의 당해 사업연도에 당기순손실이 발생하고 배당가능한 이익이 없는데도, 당기순이익이 발생하고 배당가능한 이익이 있는 것처럼 재무제표가 분식되어 이를 기초로 주주에 대한 이익배당금의 지급과 법인세의 납부가 이루어진 경우에는, 특별한 사정이 없는 한 회사는 그 분식회계로 말미암아 지출하지 않아도 될 주주에 대한 이익배당금과 법인세 납부액 상당을 지출하게 되는 손해를 입게 되었다고 봄이 상당하고, 상법상 재무제표를 승인받기 위해서 이사회결의 및 주주총회결의 등의 절차를 거쳐야 한다는 사정만으로는 재무제표의 분식회계 행위와 회사가 입은 위와 같은 손해 사이에 인과관계가 단절된다고 할 수 없다.

위 법리와 기록에 비추어 살펴보면, 원심이 같은 취지에서 정리회사 하이콘테크 주식회사(상호변경 전 : 해태제과 주식회사, 이하 '해태제과'라고 한다)가 제35기 사업연도(1994. 7. 1.부터 1995. 6. 30.까지)의 재무제표와 제36기 사업연도(1995. 7. 1.부터 1996. 6. 30.까지)의 재무제표가 분식되어 이로 말미암아 주주에게 이익배당금을 지급하거나 법인세 등을 납부하게 되는 손해를 입게 되었다는 취지로 판단한 것은 정당하고, 거기에 상고이유에서 주장하는 바와 같은 손해의 개념이나 인과관계에 대한 법리오해 등의 위법이 없다 … .

회사와 회사의 대주주 겸 대표이사는 서로 별개의 법인격을 갖고 있을 뿐만 아니라, 회사의 대주주 겸 대표이사의 지시가 위법한 경우 회사의 임직원이 반드시 그 지시를 따라야 할 법률상 의무가 있다고 볼 수 없으므로, 회사의 임직원이 대주주 겸 대표이사의 지시에 따라 위법한 분식회계 등에 고의·과실로 가담하는 행위를 함으로써 회사에 손해를 입힌 경우 회사의 그 임직원에 대한 손해배상청구가 신의칙에 반하는 것이라고 할 수 없고, 이는 위와 같은 위법한 분식회계로 인하여 회사의 신용등급이 상향 평가되어 회사가 영업활동이나 금융거래의 과정에서 유형·무형의 경제적 이익을 얻은 사정이 있다고 하여 달리 볼 것은 아니다.

Questions & Notes

Q1 위 사안에서 회사의 주주는 어떠한 이익이 침해되었는가? 회사의 주주의 이익이 침해되지 않았다면 누구의 이익이 침해되었는가? 위 판시에서 "회사는 … 이익배당금과 법인세 납부액 상당을 지출하게 되는 손해를 입게 되었다"는 설명은 합리적인지 생각해 보자.

Q2 배당가능이익이 없음에도 불구하고 배당이 이루어진 경우 누가 누구에게 어떠한 청구를 할 수 있는가?

Q3 이 사례에서 주주총회의 배당결의가 있었다고 하여 사정이 달라지지 않는 이유는 무엇일까? 근본적으로 배당을 많이 받을수록 좋다고 생각되는 주주로 하여금 배당금액을 결정하도록 하는 이유는 무엇인지 생각해보고, 그것이 타당한지 논의해 보자.

[참고판례]
• 대법원 2021. 6. 24. 선고 2020다208621 판결

회사의 조세채권자인 원고(대한민국)가 회사 주주들을 상대로 회사를 대위하여 위법배당금의 부당이득반환을 구한 사안에서, 이 부당이득반환청구권이 상법 제64조의 단기 상사시효가 적용될 것인지 문제가 되었다. 대법원은 "이익의 배당이나 중간배당은 회사가 획득한 이익을 내부적으로 주주에게 분배하는 행위로서 회사가 영업으로 또는 영업을 위하여 하는 상행위가 아니므로" 배당금지급청구권은 상행위로 인한 채권이 아니라고 하면서, "특히 배당가능이익이 없는데도 이익의 배당이나 중간배당이 실시된 경우 회사나 채권자가 주주로부터 배당금을 회수하는 것은 회사의 자본충실을 도모하고 회사 채권자를 보호하는 데 필수적이므로, 회수를 위한 부당이득반환청구권 행사를 신속하게 확정할 필요성이 크다고 볼 수 없다"고 보아, 민사시효인 10년이 적용된다고 판단하였다.

3. 주식배당

주식배당은 금전 대신 새로 발행하는 주식을 나누어 주는 것을 말한다. 그럼 구체적으로 얼마가 배당되는 것으로 할까? 주식배당으로 발행하는 신주의 발행가액은 주식의 액면이므로(462조의2 2항), 배당가능이익이나 발행제한액

등을 계산할 때 액면만큼 배당이 이루어지는 것으로 계산하면 된다. 무액면주식은 액면이 없으므로 해석상 문제가 되는데, 2011년 무액면주식을 도입하면서 미처 조정되지 못한 것으로 보아야 할 것이다. 따라서 무액면주식을 발행한 회사도 주식배당을 할 수 있고, 이 경우 증가되는 자본금은 이사회 또는 주주총회가 정하면 된다. 주식배당과 관련하여, (1) 주식배당은 이익배당총액의 2분의 1을 넘지 못한다(462조의2 1항 단서). 따라서 나머지 부분은 현금배당을 하여야 한다. (2) 그러나 시가가 액면가 이상일 것을 조건으로, 상장법인 또는 등록법인은 이익배당액 전액을 주식배당으로 할 수 있다(자본시장법 165조의13 1항).

주식배당과 주식분할, 그리고 준비금의 자본금전입은 앞서 설명한 바와 같이 경제적으로 실질은 같다. 다만 자본금과 관련하여 차이가 있을 따름이다. 회사의 자본금이 현재 100주×@500원=5만원으로 이루어져 있다고 하자. 이 회사의 자본잉여금은 없고, 이익잉여금은 이익준비금 10만원, 임의적립금 10만원이라고 하자. 회사가 어느날 아무 이유 없이 주주들에게 주당 1주를 교부하였다. 주주들에게는 이제 자신이 보유한 회사의 주식이 2배가 되었지만, 사실 지분율에 변화가 없기 때문에 그 전과 비교하여 달라진 것은 없다. 그런데 회사는 어떻게 주식을 주주들에게 나누어줄 수 있었을까? 세 가지 가능성이 있다. (1) 이익준비금이 5만원 줄고, 그만큼 자본금을 늘리면(200주×@500원=10만원), 준비금의 자본금전입, 즉 무상증자이다. (2) 임의적립금이 5만원 줄고, 그만큼 자본금이 늘어나면(200주×@500원=10만원), 이는 주식배당이다. (3) 이익잉여금에는 아무런 변동이 없고, 자본금에도 변동이 없이 다만 액면만 줄어들었다면(200주×@250원=5만원) 이는 주식분할이다. 결국 주식배당, 주식분할, 준비금의 자본금전입 또는 무상증자는 모두 회계적인 처리방법의 차이에 불과하다. 한가지 의미를 억지로 부여한다면, 주식배당과 무상증자는 자본금의 액을 변화시킨다는 점이다. 주식배당과 무상증자의 차이는 재원은 어느 계정에서 가져왔느냐의 차이에 불과하며, 돈에는 원래 꼬리표가 붙어있는 것이 아니기 때문에(money is fungible), 결국 이 차이는 순수한 회계적 차이에 불과하다. 주식배당의 본질을 이익배당과 동일한 것으로 보는 것은 과연 배당의 "본질"이 무엇인가를 착각한 것이라 할 수 있다. 회사법에서 배당이 중요한 이유는 회사의 재산이 주주에게 유출되기 때문이다. 회사의 재산이 회사에 남아 있는가 아니면 주주에게로 갔는가 하는 것은 직접적으로는 채권자와의 관계에 있어서 중요하지만, 간접적으로는 대리비용의 감소라든가 하는 측면에서 매우 다르다. 주식배당은 근본적으로 회사에 돈이 남아 있는 것이기 때문에 이러한 중요한 점에 이익배당과 다르다. 따라서 주식배당은 이익배당과 동일하다고 볼 수 없다.

4. 자기주식

(1) 자기주식취득의 본질

경제적으로 현금배당, 유상감자, 자기주식취득은 모두 그 실질이 동일하다. 예를 들어, 회사의 자본금이 현재 100주×@500원＝5만원으로 이루어져 있다고 하자. 이 회사의 자본잉여금은 없고, 이익잉여금은 이익준비금 3만원, 임의적립금 2만원이라고 하자. 자산가치만 고려하여 주가를 현재 1,000원이라고 하자. 회사가 어느 날 아무 이유 없이 주주들에게 현금 만원을 지급하였다. 물론 주주에게 안분비례하여 지급하였다면, 주주의 부에는 변화가 없다. 그런데 회사가 주주에게 만원을 지급할 수 있는 가능성은 세 가지가 있다. (1) 임의적립금 1만원이 줄면서 그 돈이 주주에게 직접 지급되면 자본금은 변화가 없다. 다만 주가는 900원이 될 것이다. 이는 단순한 배당이다. (2) 주식수가 90주로 줄면서 자본금이 90주×@500원＝45,000원이 될 수 있다. 즉 자본금에서 지급한 것이다. 나머지 5,000원은 감자차손으로 기록한다. 주식수가 줄었기 때문에 주가는 여전히 1,000원이다. 이는 유상감자로 자본금이 줄었다는 특징이 있다. (3) 자본금과 이익잉여금 계정에 아무런 변화도 없이, 단순히 자기주식 1만원을 차감할 수 있다. 자기주식을 소각하면 (2)와 동일한 결과가 된다. 그러나 어차피 종이조각은 원하면 언제든지 찍어낼 수 있다. 따라서 소각하든 안 하든 상관없다. 주가는 주식이 줄어들지 않았음에도 주주가 보유한 주식은 90주에 불과하므로 1,000원으로 유지된다. 이는 자기주식취득이다.

이처럼 현금배당, 유상감자, 자기주식취득은 모두 주주에게 회사자금이 유출된다는 점에서 동일한 거래임에도 불구하고 종래 상법은 자기주식취득을 엄격하게 규제하고 있었다. 자본시장법에서 허용되는 경우에도 현금배당이나 유상감자와는 다른 규제가 이루어지고 있었다. 유상감자의 경우 자본금이 감소되므로 채권자보호절차를 거쳐야 한다는 점은 이해할 수 있더라도, 나머지 부분은 경제적 합리성이 없다. 2011년 개정상법에서는 배당가능이익을 재원으로 한 자기주식취득을 인정하면서(341조 1항), 동시에 자기주식취득과 배당의 의사결정권한을 맞춤으로써(341조 2항) 양자가 본질적으로 동일한 제도라는 점을 반영하고 있다.

Questions & Notes

Q1 주주가 자신의 투자를 현금화할 것인지 여부를 결정함에 있어, 자기주식취득은 주주가 그 결정권한이 있는 반면, 배당은 회사가 그 권한을 가진다는 점에서 차이가 있다고 생각할 수 있다. 이러한 차이는 자기주식취득과 배당의 경제적 실질에 차이를 가져오는가?

(2) 위법한 자기주식취득

[판례 59]

대법원 2003. 5. 16. 선고 2001다44109 판결

• 사실관계

1. 파산자 대한종합금융 주식회사(이하 '대한종금')는 1997. 12. 10. 유동성부족으로 인하여 금융감독위원회로부터 영업정지처분을 받게 되자, 그 무렵 유상증자 등을 통하여 자기자본비율(BIS)을 높이겠다는 경영정상화 계획을 금융감독위원회에 제출하였는데, 그 당시 대한종금은 영업정지상태에 있었으므로 정상화 여부가 불투명하여 유상증자에 참여하려는 주주가 많지 않았다.

2. 이에 대한종합금융은 편법적인 방법으로 자기자본을 이용하여 증자하기로 하고 원고 주식회사 동원에게 주금 회수를 보장하여 주겠다면서 대한종금으로부터 중장기원화대출 명목으로 대출을 받아 그 대출금으로 대한종금이 실시할 예정인 유상증자에 참여하여 달라고 부탁하였다.

3. 원고는 대한종금의 제안에 따라 원고 또는 그가 지정하는 자의 이름으로 대한종금의 유상증자에 참여하기로 하되, 100억원을 대한종금으로부터 대출받아 이를 신주인수의 청약대금으로 대한종금에 납입하고, 인수한 주식 전부를 대한종금에 담보로 제공하며, 대한종금이 영업정지를 받는 등의 사유가 발생하는 경우에는 그 전 일자로 대한종금에 대하여 원고가 위 주식의 매수(환매)

를 청구할 수 있는 권리가 발생한 것으로 간주하고 그 매수가격을 발행가액으로 하여 원고의 위 대출금채무와 상계된 것으로 보고 이자 등 일체의 채권에 대하여 대한종금의 권리가 상실되는 것으로 계약을 체결하였다.

4. 그 후 원고는 계약에 따라 대한종금이 유상증자를 위하여 발행한 신주 2000만주에 대하여 계열회사인 동원광업 주식회사의 명의로 청약을 하면서 위 대출금 100억원을 주금으로 납입하였다. 그런데 대한종금은 1994. 4. 10. 다시 영업정지처분을 받았고, 그 후 1999. 10. 18. 파산선고를 받아 파산관재인으로 피고가 선임되었다.

5. 피고가 대출약정에 대한 대출금채무가 여전히 남아있다고 주장하자, 이에 원고가 대출금 상환의무가 없다는 이유로 채무부존재확인소송을 제기하였다. 원고는 이 사건 대출약정이 오로지 대한종금의 자기자본비율의 확충을 위하여 실질적으로 자산의 변동이 없음에도 자본이 증가한 것처럼 보일 목적으로 실제원고에게 대출금채무를 부담시킬 의사 없이 체결된 것으로서 통정허위표시 내지 비진의의사표시에 해당하여 무효이므로 대출금상환의무가 없다고 주장하였다. 이에 대하여 피고는 이 사건 주식매수 및 상계약정은 대한종금의 자기주식 취득을 전제로 하여 각 그 주식매수대금 채권과 대출금 채권의 상계를 약정한 것인데, 이는 상법 제341조에서 정한 자기주식 취득 금지에 위배되어 무효이므로 원고는 대출금 상환의무가 있다고 항변하였다.

• 원심판결

이 사건 대출약정이 통정허위표시 내지 비진의의사표시에 해당하여 무효라는 원고의 주장은 이를 인정할 증거가 없으나, 주식회사가 자기주식을 유상취득하는 것을 금지하는 이유는 이를 허용하는 경우 회사의 자산을 감소시켜 자본충실을 저해하고 이로 인하여 주주 및 채권자의 이익을 해한다는 데에 있으므로 이러한 위험성이 없는 경우에는 자기주식의 취득이 허용될 수 있다고 하면서, 이 사건 주식매수 및 상계약정이 없었다면 원고로서는 대한종금의 유상증자에 참여하지 않았을 것이므로, 원고가 유상증자에 참여하지 않은 경우와 이 사건 주식매수 및 상계약정에 따라 원고의 주식매매대금채권과 대출금채무를 상계하는 경우를 비교할 때 기존주주들 또는 채권자들의 대한종금에 대한 권리에는 아무런 변동이 없다고 봄이 상당하므로, 이 사건 주식매수 및 상계약정은 자기주식의 취득이 허용되는 예외적인 경우에 해당하여 유효하다고 보아 원고의 대출금 채무는 주식매수대금채권과 유효하게 상계되었다고 판단하였다.

• 법원의 판단

가. 주식회사가 자기의 계산으로 자기의 주식을 취득하는 것은 회사의 자본적 기초를 위태롭게 하여 회사와 주주 및 채권자의 이익을 해하고 주주평등의 원칙을 해하며 대표이사 등에 의한 불공정한 회사지배를 초래하는 등의 여러 가지 폐해를 생기게 할 우려가 있으므로 상법은 일반예방적인 목적에서 이를 일률적으로 금지하는 것을 원칙으로 하면서, 예외적으로 자기주식의 취득이 허용되는 경우를 유형적으로 분류하여 명시하고 있다(상법 341조).

그러므로 상법 제341조, 제341조의2, 제342조의2 또는 증권거래법 등에서 명시적으로 자기주식의 취득을 허용하는 경우 외에, 회사가 자기주식을 무상으로 취득하는 경우 또는 타인의 계산으로 자기주식을 취득하는 경우 등과 같이, 회사의 자본적 기초를 위태롭게 하거나 주주 등의 이익을 해한다고 할 수 없는 것이 유형적으로 명백한 경우에도 자기주식의 취득이 예외적으로 허용되지만(대법원 1996. 6. 25. 선고 96다12726 판결 참조), 그 밖의 경우에 있어서는 설령 회사 또는 주주나 회사채권자 등에게 생길지도 모르는 중대한 손해를 회피하기 위하여 부득이 한 사정이 있다고 하더라도 자기주식의 취득은 허용되지 아니하는 것이다.

그리고 위와 같은 금지규정에 위반하여 회사가 자기주식을 취득하는 것은 당연히 무효이다(대법원 1964. 11. 12. 자 64마719 결정 참조).

한편, 상법 제625조 제2호는 "누구의 명의로 하거나를 불문하고 회사의 계산으로 부정하게 그 주식을 취득하는 행위"를 처벌대상으로 규정하고 있다.

이들 규정을 아울러 고찰할 때, 비록 회사 아닌 제3자의 명의로 회사의 주식을 취득하더라도, 그 주식취득을 위한 자금이 회사의 출연에 의한 것이고 그 주식취득에 따른 손익이 회사에 귀속되는 경우라면, 상법 기타의 법률에서 규정하는 예외사유에 해당하지 않는 한, 그러한 주식의 취득은 회사의 계산으로 이루어져 회사의 자본적 기초를 위태롭게 할 우려가 있는 것으로서 상법 제341조가 금지하는 자기주식의 취득에 해당한다고 할 것이다.

나. 다른 한편, 주식회사의 자본충실의 원칙상 주식의 인수대금은 그 전액을

현실적으로 납입하여야 하고 그 납입에 관하여 상계로써 회사에 대항하지 못하는 것이므로(상법 제295조, 제334조, 제421조, 제422조) 회사가 제3자에게 주식인수대금 상당의 대여를 하고 제3자는 그 대여금으로 주식인수대금을 납입한 경우에, 회사가 처음부터 제3자에 대하여 대여금 채권을 행사하지 아니하기로 약정되어 있는 등으로 대여금을 실질적으로 회수할 의사가 없었고 제3자도 그러한 회사의 의사를 전제로 하여 주식인수청약을 한 때에는, 그 제3자가 인수한 주식의 액면금액에 상당하는 회사의 자본이 증가되었다고 할 수 없으므로 위와 같은 주식인수대금의 납입은 단순히 납입을 가장한 것에 지나지 아니하여 무효라고 할 것이다.

다. 원심이 적법하게 인정한 사실에 의하면, 대한종합금융 주식회사(이하 '대한종금'이라 한다)의 제안에 따라 원고는 원고 또는 그가 지정하는 자의 이름으로 대한종금의 유상증자에 참여하기로 하되, 100억원을 대한종금으로부터 대출받아 이를 신주인수의 청약대금으로 대한종금에 납입하고, 인수한 주식 전부를 대한종금에 담보로 제공하며, 대한종금이 영업정지를 받는 등의 사유가 발생하는 경우에는 그 전 일자로 대한종금에 대하여 원고가 위 주식의 매수(환매)를 청구할 수 있는 권리가 발생한 것으로 간주하고 그 매수가격을 발행가액으로 하여 원고의 위 대출금채무와 상계된 것으로 보고 이자 등 일체의 채권에 대하여 대한종금의 권리가 상실되는 것으로 계약을 체결하였다는 것인바, 이는 결국 원고가 청약하는 신주인수대금을 대한종금이 대출의 형식으로 제공하여 납입하게 하지만 원고에게는 그 대여금 상환의 책임을 지우지 아니하고 그 주식인수에 따른 손익을 대한종금에 귀속시키기로 하는 내용의 계약이라고 할 것이고, 따라서 이 계약의 실질은 대한종금의 계산 아래 대한종금이 원고 또는 원고가 지정하는 자의 명의로 대한종금 스스로 발행하는 신주를 인수하여 취득하는 것을 목적으로 하는 것으로서, 앞에서 본 법리에 비추어 자기주식의 취득이 금지되는 유형에 해당한다고 할 것이므로, 위 계약은 대출약정을 포함한 그 전부가 무효라고 할 것이고, 그 계약에 따라 원고가 대한종금의 대여금으로 신주대금을 납입한 것 역시 무효라고 할 것이다.

라. 그렇다면 위 계약에 기초하여 원고와 대한종금 사이에서 이루어진 100억원의 대출약정은 무효이므로 위 대출약정에 따른 원고의 채무는 존재하지 아니한다고 할 것이고, 그 계약에 따라 대출금으로 원고에게 입금되었던 금원

은 신주인수대금 명목으로 다시 대한종금에 입금되었으므로 원고가 대출금 상
당의 부당이득을 한 것으로 볼 수도 없다고 할 것이다.

　마. 원심판결의 이유설시가 적절하지는 아니하나, 위 대출약정에 따른 원고
의 대출원리금 기타 일체의 채무가 존재하지 아니한다고 본 결론에 있어서는 정
당하고, 원심판결에 판결에 영향을 미친 법리오해의 위법이 있다고 볼 수 없다.

Questions & Notes

Q1　종래 자기주식취득은 상법상 엄격히 금지되고 있었다. 자기주식을 규제하는
　　이유로서 ① 회사로서는 자기가 자기의 구성원이 된다는 논리적 모순을 범
　　하고, ② 그 유상취득은 회사의 자산을 감소시키므로 다른 주주 및 채권자
　　의 이익을 해할 뿐만 아니라, 사실상 특정주주에 대해서 출자를 환급하는
　　결과가 되며, ③ 주식의 취득과 처분을 결정할 이사들은 회사의 기업내용에
　　정통하므로 가장 유력한 내부자에 의한 내부자거래를 유발할 우려가 있으
　　며, ④ 만일 자기주식에 의결권이 부여된다는 출자 없는 회사지배를 가능하
　　게 한다는 문제점이 있다고 한다. 이러한 논리는 타당한가?

[Note]　2011년 개정상법은 종래 복잡하게 규정되어 있던 주식소각 제도를 그 소각
　　재원에 따라 자본금을 가지고 소각하는 것은 자본금감소로, 이익을 소각하
　　는 것은 자기주식소각으로 간단하게 정비하였다. 종래 소각목적의 자기주식
　　취득을 인정한 것은 자본금감소나 이익소각 모두 회사가 주주로부터 주권을
　　제출받아 소각을 위해서 보관하게 되기 때문에, 자기주식취득의 외관이 생
　　긴다고 보아 그 근거규정으로 마련해 둔 것이었다. 개정상법에서도 자본금
　　감소의 방식으로 주식을 소각할 수 있으므로(343조 1항) 여전히 그 근거규정
　　이 필요하다고 볼 여지도 있겠으나, 자본금감소절차의 해석으로 충분히 해
　　결할 수 있다는 점에서 삭제한 것으로 보인다. 다만 소각목적에 관한 조문
　　을 삭제함으로써 판례가 변경되어야 하는 부분이 있다. 판례는 종래 소각목
　　적의 자기주식취득을 법정의 주식소각절차의 일부로서가 아니라, 장차 주식
　　을 소각할 계획으로 자기주식을 취득하는 경우에도 적용하여 자기주식취득
　　이 적법하다고 인정하고 있는데(대법원 1992. 4. 14. 선고 90다카22698 판결),
　　그 사안을 보면 경영권분쟁을 해결하기 위해서 회사가 일부 주주에게 지분
　　의 환급을 하는 방법으로 그 주주로부터 자기주식을 취득한 다음 이를 소각

한 것이다. 심지어 이 판례에서는 "주식 소각의 경우 거쳐야 되는 자본감소의 절차는 피고의 주식취득 이후에 취하여야 할 절차로서 위와 같은 절차를 거치지 아니하였다 하여 위 약정자체가 무효가 된다고 할 수 없다"고 판시하고 있다. 그러나 종래 소각목적의 자기주식취득은 단순히 법정의 주식소각 절차에서 형식적으로 자기주식취득과 같은 결과가 등장하는 것을 해결하기 위한 근거규정에 불과하였다. 만일 판례와 같이 해석한다면, 취득한 자기주식을 소각하기만 하면 되므로 사실상 모든 자기주식취득이 허용된다는 결과가 된다. 따라서 소각목적을 확대해석하는 위 판례는 그 자체로 타당하지 않은 것이었으나, 이번 상법개정으로 이 조문이 삭제되면서 더 이상 유지될 수 없다는 것이 보다 명확해졌다.

Note 종래 회사가 예외적으로 적법하게 자기주식을 취득한 경우, 주식을 소각하기 위한 때에는 바로 주식실효의 절차를 밟아야 하며, 합병 등 기타의 경우에는 상당한 시기에 자기주식을 제3자에게 처분하도록 하고 있었다(구상법 342조). 개정상법은 이 규정을 삭제하였는데, 주식을 소각하기 위한 경우도 함께 삭제하였기 때문에 결국 "상당한 시기에 처분할 의무"가 없어진 결과가 된다. 종래에도 자본시장법에 따라 배당가능이익으로 취득한 자기주식은 회사가 계속 보유할 수 있었다. 그러나 2011년 개정상법에서 회사가 특정목적으로 취득한 자기주식은 배당가능이익과 무관하므로, 이를 배당가능이익으로 하는 자기주식과 동일하게 보유할 수 있도록 하는 것은 입법의 착오라는 견해도 유력하다.

Q2 이 사건은 대출금이 다시 주금으로 회사에 납입된 사안이다. 따라서 실제로는 금전의 이동이 없는 것과 동일하게 된다. 이 거래와 관련하여 다음 쟁점을 생각해 보자.
(1) 항소심과 대법원에서는 모두 이를 자기주식취득이라고 파악하고 있다. 다만 항소심에서는 유효라고 하고 대법원에서는 무효라고 하고 있다. 각각의 논거는 무엇인가? 이러한 논거는 상법 제341조의 해석에 부합하는가?
(2) 항소심에서는 대출과 주금납입 및 주식매매 모두를 유효하다고 보아 서로 상계하고 있고, 반대로 대법원에서는 이를 모두 무효라고 보아 결국 결론에는 차이가 없다고 하고 있다. 그런데 대출과 주식인수(및 이에 따른 주금납입)가 독립적인 거래라고 할 때, 예를 들어 피고의 주장과 같이 주금납입은 자기주식취득이라 무효이고, 따라서 대출채무만 남는다고 볼 여지는

없는가?

(3) 이 사건에서는 대한종금이 제3자를 이용하여 신주를 취득하였기 때문에, 마치 거래가 있는 것처럼 보인다. 대한종금의 계산으로 했다는 점에서 경제적으로는 대한종금이 직접 취득한 것과 차이가 없다. 만일 대한종금이 직접 신주를 취득하였다면 정확히 무슨 일이 벌어진 것인가? 이 거래를 자기주식취득이라고 할 수 있는가?

(4) 사실관계를 보면, 대한종금은 주식회사 동원에 100억원을 대출하여 주고, 다시 이를 신주인수대금으로 납입받았다. 그런데 이러한 거래 이외에 계약에는 "원고가 인수한 주식 전부를 대한종금에 담보로 제공하며, 대한종금이 영업정지를 받는 등의 사유가 발생하는 경우에는 그 전 일자로 대한종금에 대하여 원고가 위 주식의 매수(환매)를 청구할 수 있는 권리가 발생한 것으로 간주"하는 규정이 들어가 있다. 이러한 규정을 둔 취지는 무엇인가? 만일 이러한 규정이 없다면 무슨 문제가 생기겠는가? 이를 통하여 동원은 주식가격의 변동에 따른 위험으로부터 완전히 자유롭게 되었는가(예를 들어, 주가가 상승하게 되면 어떤 일이 벌어질지 생각해 보라)? 이러한 논의를 바탕으로, 누가 대한종금의 주식을 보유하고 있다고 보아야 하는지 생각해 보시오.

(5) 우리나라 상법은 외국과 달리 제3자가 회사의 주식을 취득하는 것에 대한 자금지원에 대해서는 따로 규정이 없다. 예를 들어, 회사가 신주를 발행할 때 대주주가 회사로부터 자금을 차입하여 신주를 인수하더라도 이는 자금지원에 불과할 뿐 자기주식취득이 되지 않기 때문에, 현행법상 허용된다고 해석된다. 대한종금이 주식회사 동원에 대출한 것은 단순한 자금지원에 불과한 것은 아닌가? 단순한 자금지원과 회사의 계산에 의한 제3자 명의의 취득은 어떻게 구분될 수 있겠는가?

(6) 2011년 개정상법에서는 "자기의 계산으로" 문구를 삭제하였다. 현행 조문상 회사가 자기주식을 "자기의 계산으로 타인의 명의로" 취득하는 것은 허용되는가? 그렇게 취득한 주식은 의결권이 있는가?

[참고판례]
• **대법원 2011. 4. 28. 선고 2009다23610 판결**
"회사가 직접 자기 주식을 취득하지 아니하고 제3자의 명의로 회사의 주식을 취득하였을 때 그것이 위 조항에서 금지하는 자기주식의 취득에 해당한다고 보기 위해서는, 그 주식취득을 위한 자금이 회사의 출연에 의한 것이고 그 주식취득에 따른 손익이 회사에 귀속되는 경우이어야 한다. …

피고가 글로벌피앤티에게 선급금을 지급하고, 글로벌피앤티가 이 사건 주식 인수대금으로 사용할 자금을 대출받을 때 그 대출원리금 채무를 연대보증하는 방법으로 글로벌피앤티로 하여금 이 사건 주식 인수대금을 마련할 수 있도록 각 종 금융지원을 한 것을 비롯하여 원심 판시와 같이 피고의 이사인 소외인 등이 피고의 중요한 영업부문과 재산을 글로벌피앤티에게 부당하게 이전하는 방법을 통하여 글로벌피앤티로 하여금 주식취득을 위한 자금을 마련하게 하고 이를 재 원으로 이 사건 주식을 취득하게 함으로써 결국 글로벌피앤티를 이용하여 피고 를 지배하게 되었다 하더라도, 이러한 사정들만으로는 글로벌피앤티가 이 사건 주식 인수대금을 마련한 것이 피고의 출연에 의한 것이라는 점만을 인정할 수 있을 뿐, 더 나아가 소외인 등이 설립한 글로벌피앤티의 이 사건 주식취득에 따 른 손익이 피고에게 귀속되는 관계에 있다는 점을 인정하기는 어렵고, 달리 기 록을 살펴보아도 법률상 별개의 회사들인 피고와 글로벌피앤티 사이에 글로벌 피앤티의 이 사건 주식취득에 따른 손익을 피고에게 귀속시키기로 하는 명시적 또는 묵시적 약정이 있었다는 등 글로벌피앤티의 이 사건 주식취득에 따른 손익 이 피고에게 귀속되는 것으로 볼만한 사정을 찾아볼 수 없다. 따라서 사정이 이 러하다면 글로벌피앤티의 이 사건 주식취득이 피고의 계산에 의한 주식취득으 로서 피고의 자본적 기초를 위태롭게 할 우려가 있는 경우로서 상법 제341조가 금지하는 자기주식의 취득에 해당한다고 볼 수 없다."

Q3 판결에서는 이 거래를 가장납입이라고 보고 있다. 다시 말해서, "회사가 제 3 자에게 주식인수대금 상당의 대여를 하고 제 3 자는 그 대여금으로 주식인 수대금을 납입한 경우에, 회사가 처음부터 제 3 자에 대하여 대여금 채권을 행사하지 아니하기로 약정되어 있는 등으로 대여금을 실질적으로 회수할 의 사가 없었고 제 3 자도 그러한 회사의 의사를 전제로 하여 주식인수청약을 한 때"에는 가장납입으로 무효라고 적고 있다. 이러한 설시는 가장납입에 관한 기존의 대법원 판례의 입장과 부합되는가?

[참고판례]
• 대법원 2018. 10. 25. 선고 2016다42800, 42817, 42824, 42831 판결
"주권발행 전에 한 주식의 양도도 회사성립 후 또는 신주의 납입기일 후 6월이 경과한 때에는 회사에 대하여 효력이 있고, 이 경우 주식의 양도는 주권의 교부 없이 지명채권의 양도에 관한 일반원칙에 따라 당사자의 의사표시만으로 효력 이 발생한다. 이와 같이 주권이 발행되지 않은 주식의 매매계약이 무효라면 그 계약은 처음부터 당연히 효력을 가지지 아니하므로, 원칙적으로 계약에 따라 매 도의 대상이 되었던 주식의 이전은 일어나지 않고, 매도인은 매매계약 이후에도

주주의 지위를 상실하지 않는다. 따라서 주권이 발행되지 않은 주식에 관하여 체결된 매매계약이 자기주식의 취득에 해당하여 무효인 경우, 매도인은 지급받은 주식매매대금을 매수인에게 반환할 의무를 부담하는 반면 매수인은 매매계약 체결 당시 이행받은 급부가 없으므로 특별한 사정이 없는 한 반환할 부당이득이 존재하지 않는다. ··· 만약 무효인 매매계약에 따라 매수인에게 상법 제337조 제1항에 규정된 명의개서절차가 이행되었더라도, 매도인은 특별한 사정이 없는 한 매수인의 협력을 받을 필요 없이 단독으로 매매계약이 무효임을 증명함으로써 회사에 대해 명의개서를 청구할 수 있다. 주권이 발행되지 않은 주식에 관하여 체결된 매매계약이 자기주식의 취득에 해당하여 무효인 경우에도 마찬가지이다."

회사재무

회사는 성립 이후 영업을 통한 이익의 유보 외에도 사외로부터 자금을 조달하게 된다. 회사의 자금조달 방식은 크게 신주발행을 통한 자기자본(equity) 조달과 부채의 부담이라는 타인자본(debt) 조달방식으로 나눌 수 있다. 타인자본조달은 은행 등으로부터 자금을 차입하는 등 1:1의 상대거래에 의하기도 하고, 회사채(corporate bonds)라는 증권 발행에 의한 자금조달방식을 취하기도 한다. 회사법에서는 이러한 자금조달 수단 중 주식과 사채발행을 통한 자금조달에 대해 규율하고 있고, 상대거래에 대해서는 별도의 규정을 두지 않고 일반 민법법리에 의하도록 한다.

회사재무(corporate finance)는 회사의 입장에서 자금조달의 수단이 무엇이며, 이러한 수단을 이용한 자금조달에서 이해관계의 조정을 어떻게 해야 할 것인가라는 측면에서 설명하는 것이 일반적이지만, 이 교재에서는 주식이라는 공통분모에 착안하여 주주의 측면에서 주식과 관련한 법리에 대해서도 아울러 살펴보기로 한다.

Ⅰ. 주식, 주권 및 주주명부

1. 주식 및 주권

주식회사의 사원인 주주가 출자자로서 회사에 대하여 가지는 지위를 균등한 단위로 세분화한 것을 주식이라고 한다. 이처럼 주주의 지위를 주식으로 세

분화함으로써 사원의 지위 전체를 양도할 수밖에 없는 경우와 비교하여 지분의 양도를 용이하게 할 수 있고, 그 결과 주식회사에 대한 투자가 촉진되어 대규모 자금조달이 가능하게 된다.

주권은 주식을 표창하는 유가증권이다. 주권은 추상적 권리를 증권이라는 유체물과 결합시킴으로써 동산의 양도와 유사한 법리로 추상적 권리의 양도 및 행사를 규율할 수 있도록 하고, 그 결과 주식의 양도거래와 권리행사가 간편하고 안전하게 이루어질 수 있다. 즉, 주식의 양도는 주권을 교부함으로써 하고(336조), 주권의 점유자는 적법한 소지인으로 추정한다(336조). 어음·수표와 마찬가지로 주권에 대해서는 선의취득이 인정된다(359조). 주권을 상실한 경우에는 제권판결을 받아 발행된 주권을 무효로 만들어 제3자의 선의취득에 의한 권리상실을 방지하고, 회사에 대하여 주권의 재발행을 청구할 수 있다(360조).

주권은 유가증권이지만, 어음·수표는 증권을 작성함으로써 어음금 또는 수표금지급청구권이라는 권리가 발생하는 설권증권(設權證券)인 반면, 주식이 표창하는 주주로서의 권리는 주권을 작성하여야 발생하는 것이 아니다(非設權證券). 따라서 주권에는 일정 사항을 기재하고 대표이사가 기명날인 또는 서명하여야 하나(356조), 이를 흠결한 경우 등에도 어음수표보다는 요식성을 완화하여 요구하고 있다(아래의 참고판례 대법원 1996. 1. 26. 선고 94다24039 판결).

주권의 효력발생시기는 주주가 아닌 자에게 주권이 교부된 경우에 문제가 된다. 주권의 효력발생시기를 어떻게 보는가에 따라 주주와 주권의 권리외관을 신뢰한 자 간에 누구의 이익을 보호하여야 할 것인가가 결정된다([판례 60]).

회사는 성립 후 또는 신주의 납입기일 후 지체없이 주권을 발행하여야 한다(355조 1항).[1] 그러나 폐쇄적 회사에서는 주식양도의 가능성이 크지 않다는 등의 이유로 주권을 발행하지 않는 경우가 많다. 주권이 발행되지 않으면 주권을 교부함으로써 주식을 양도하도록 하는 것과 같이 주권발행을 전제로 한 법리가 적용될 수 없으므로 이에 대한 고려가 필요하다(제7장 II 참조).

위와 같이 사실상 주권을 불발행하는 것이 아니라 제도로서 주권을 발행하지 않을 수 있는 경우도 있다. 우선 주주의 의사에 따라 주권을 발행하지 않

---

1) 주권은 회사 성립 후 또는 신주의 납입기일 후가 아니면 발행하지 못하는데(355조 2항), 이에 위반하여 발행된 주권은 무효이다(355조 3항).

거나 발행된 증권을 무효로 할 수 있는 주권불소지제도(358조의2)가 존재한다. 주주는 주주명부제도에 의하여 주권을 소지하지 않고도 권리행사를 할 수 있고, 주권을 분실 또는 도난당할 경우에는 선의취득제도에 의하여 주주권을 상실할 위험도 있으므로, 주주가 주권을 소지하지 않을 수 있도록 한 것이다.

여기에서 더 나아가 2011년 개정상법에서는 회사가 주권을 발행하는 대신 전자등록기관에 주식을 등록하도록 하는 전자등록제도를 도입하였고, 2019. 9. 16. 「주식·사채 등의 전자등록에 관한 법률(이하 전자증권법으로 약칭함)」이 시행됨에 따라 실물증권 개념을 전제로 하지 않는 완전한 무권화가 가능하게 되었다.

종래 주권불소지 제도는 예탁결제제도와 결합하여 상장회사에서 아예 주권을 발행하지 않는 수단으로 이용되었는데, 전자증권법 시행에 따라 상장주식은 의무적으로 전자등록을 하게 됨에 따라(전자증권법 25조 1항 1호) 상장주식에 관해서는 주권개념이 적용될 여지가 없게 되었다.

[참고판례]

• **대법원 1996. 1. 26. 선고 94다24039 판결(주권의 요식증권성 완화)**
"특별한 사정이 없는 한 주권의 발행은 대표이사의 권한이라고 할 것이고, 피고가 제출한 피고의 정관의 규정상으로도 주권의 발행에 주주총회나 이사회의 의결을 거치도록 되어 있다고 볼 근거도 없으며, 기명주권의 경우에 주주의 이름이 기재되어 있지 아니하였다거나 또한 주식의 발행연월일의 기재가 누락되어 있다고 하더라도 이는 주식의 본질에 관한 사항이 아니므로 주권의 무효 사유가 된다고 할 수 없다.

또한 원심판결이 증거로 채택한 피고의 정관은 원고가 위 주권을 발행할 당시의 정관이 아닐 뿐만 아니라 가사 원고가 정관에 규정된 병합 주권의 종류와 다른 주권을 발행하였다고 하더라도 피고가 이미 발행한 주식을 표창하는 주권을 발행한 것이라면 단순히 정관의 임의적 기재사항에 불과한 병합 주권의 종류에 관한 규정에 위배되었다는 사유만으로 이미 발행된 주권이 무효라고 할 수는 없다."

• **대법원 2013. 12. 12. 선고 2011다112247 판결(제권판결의 취소)**
사안은 주식이 이중양도된 사안인데, 양도인이 제 1 양수인에게 주권을 교부한 후 공시최고절차를 밟아 이 사건 주권의 무효를 선언하는 제권판결에 기하여 주권을 재발행 받아 제 2 양수인에게 교부하였으나, 제권판결이 취소된 경우에 제 1 양도인과 제 2 양수인 중 누구의 권리가 우선하는가가 문제되었다. 대법원은

"제권판결이 취소된 경우에도 그 취소 전에 제권판결에 기초하여 재발행된 주권이 여전히 유효하여 그에 대한 선의취득이 성립할 수 있다면, 그로 인하여 정당한 권리자는 권리를 상실하거나 행사할 수 없게 된다. 이는 실제 주권을 분실한 적이 없을 뿐 아니라 부정한 방법으로 이루어진 제권판결에 대하여 적극적으로 불복의 소를 제기하여 이를 취소시킨 정당한 권리자에게 가혹한 결과이고, 정당한 권리자를 보호하기 위하여 무권리자가 거짓 또는 부정한 방법으로 제권판결을 받은 때에는 제권판결에 대한 불복의 소를 통하여 제권판결이 취소될 수 있도록 한 민사소송법의 입법 취지에도 반한다. 또한 민사소송법이나 상법은 제권판결을 취소하는 판결의 효력을 제한하는 규정을 두고 있지도 아니하다. 따라서 기존 주권을 무효로 하는 제권판결에 기하여 주권이 재발행되었다고 하더라도 제권판결에 대한 불복의 소가 제기되어 제권판결을 취소하는 판결이 선고·확정되면, 재발행된 주권은 소급하여 무효로 되고, 그 소지인이 그 후 이를 선의취득할 수 없다고 할 것이다."라고 함으로써 제 2 양수인의 선의취득을 부정하였다.

[판례 60]

대법원 1977. 4. 12. 선고 76다2766 판결

• 사실관계

Y회사(한국전력주식회사)는 경성전기주식회사 등 3개 회사가 합병하여 신설된 회사로서, 구주를 회수하고 기명식 신주를 발행하였다. X(부산수산주식회사)는 Y회사의 전신인 경성전기주식회사의 주주로서 기명식주식을 소유하고 있었다. X회사가 상호 및 대표자를 변경한 사실이 없는데 A회사(대한수산주식회사)는 X회사가 상호를 A회사로 변경한 것처럼 허위의 변경계를 제출하고, X 소유의 구주권을 제출하였다. Y회사는 X회사의 상호가 A로 적법하게 변경된 것으로 오인하고 위 주권과 상환하여 신주권을 발행하여 주었다(A회사가 X회사 소유의 주권을 제출한 경위는 X회사와 A회사에 함께 관여하고 있던 P가 X회사 소유의 구주권을 소지하고 있다가 사망하였는데 이를 Q가 임의로 가져가서 A회사의 직원으로서 불법행사한 것이었다). B회사(대한증권주식회사)는 A로부터 위 주권을 양수하였다. X가 Y회사에 주권의 발행을 청구한 데 대하여, Y회사는 B가 동 주권을 선의취득하였고 5년이 경과하였으니 이를 소유권취득하였고 따라서 X는 주권을 상실하였다고 다투었다.

• **법원의 판단**

원심은 피고의 주장은 "주권의 발행은 법정형식을 구비한 증권을 작성하여 자발적 의사로 이를 타인에게(주주에 한하지 않고) 교부하여 유통상태에 두면 그 증권은 유효한 주권이 된다고 보아야 할 것이라는 견해에 입각한 주장으로서 받아들일 수 없다. … 위 A회사가 Y회사의 주주가 아니면서 X회사인 것처럼 속여 동 소외 회사명의로 1,232주의 주권을 피고로부터 발행받아간 사실은 위에서 본 바이니 B회사가 그 정을 모르고 중대한 과실없이 동 주권을 A로부터 취득하였다고 하더라도 주권은 설정증권(설권증권을 의미함)이 아니므로 주주 아닌 위 A명의의 주권은 아무런 권리도 표창하는 것이 아니어서 이를 모르고 과실 없이 취득하였다 하여 주주권을 그 전득자가 취득하는 것이 아니고 또 전득자가 그 주권을 취득 후 5년이 경과하였다 하여 시효로서 주주권을 취득하는 것이 아니니 위 항변은 벌써 이유없다."고 판시하였다.

대법원은 "상법 제355조 규정의 주권발행은 동법 제356조 소정의 형식을 구비한 문서를 작성하여 이를 주주에게 교부하는 것을 말하고 위 문서가 주주에게 교부된 때에 비로소 주권으로서의 효력을 발생한다고 해석되므로 피고회사가 주주권을 표창하는 문서를 작성하여 이를 주주가 아닌 제 3 자에게 교부하여 주었다 하더라도 위 문서는 아직 피고회사의 주권으로서의 효력을 갖지 못한다고 보아야 할 것이니 같은 취지에서의 원심판단은 적법한 사실인정에 따른 정당한 것이라 할 것이고, 주권발행에 관한 법리오해의 위법있다고 볼 수 없다."고 하여 원심을 인용하였다.

Questions & Notes

Q1 (1) 어음이나 수표와 같은 유가증권에 대해서는 증권의 효력발생시기에 관하여 다양한 논의가 존재한다. 대법원 판례에 의하면 주권은 언제 효력이 발생하는가? 각각 학설에 의할 때 B의 선의취득이 인정되는가?

(2) 대법원은 권리외관을 존중하여 어음이나 수표의 취득자의 이익을 보호한다. 주권은 이와 달리 적법한 권리자인 주주에게 교부된 때 효력이 발생한다고 본다. 주권의 효력발생시기에 대하여 어음·수표와 달리 보는 이유는 무엇인가?

2. 주주명부와 명의개서

회사는 주주명부를 작성한다. 주주명부는 정관으로 정하는 바에 따라 전자문서로 작성할 수 있다(352조의2). 주식을 발행한 때에는 주주명부에 주주의 성명과 주소, 각 주주가 가진 주식의 종류와 수 및 주권을 발행한 때에는 그 주권에 관한 사항을 기재하여야 한다(352조 1항).

회사가 주식의 취득자의 성명과 주소를 주주명부에 기재하는 것을 명의개서라고 한다. 명의개서의 청구는 주식을 취득하여 주주가 된 자가 회사에 대하여 단독으로 청구할 수 있다(대법원 2000. 1. 28. 선고 98다17183 판결). 다만, 양수인이 회사에 대하여 주식의 양수사실을 통지한 것만으로는 명의개서를 청구한 것으로 보지 않는다([판례 65]). 주식의 양도인은 다른 특별한 사정이 없는 한 회사에 대하여 양수인 명의로 명의개서를 하여 달라고 청구할 권리가 없다([판례 65] Q2 아래의 참고판례 대법원 2010. 10. 14. 선고 2009다89665 판결). 주식취득자가 회사에 대하여 명의개서를 청구하기 위해서는 자신이 주주임을 증명하여야 하는데, 주권의 점유자는 적법한 소지인으로 추정되므로(336조 2항) 주권을 제시하여 명의개서를 청구하면 회사는 반증을 하지 못하는 한 명의개서에 응하여야 한다. 회사는 명의개서 청구자가 진정한 주권을 점유하고 있는가 등에 대한 형식적 자격만을 심사하면 족하고, 청구자의 실질적 권리유무를 심사할 의무는 없다(대법원 2019. 8. 14. 선고 2017다231980 판결).

주주명부에의 명의개서에는 일정한 효력이 인정된다. 첫째, 주식의 이전은 취득자의 성명과 주소를 주주명부에 기재하지 아니하면 회사에 대하여 대항하지 못한다(337조 1항).

둘째, 주주명부에 주주로 기재된 자는 적법한 주주로 추정을 받으므로 실질적 권리를 증명하지 않고도 주주로서의 권리를 행사할 수 있다. 주주명부기재의 추정력에 관하여 상법에 명문의 규정은 없으나, 명의개서가 주식이전의 회사에 대한 대항요건이라는 점과 주권의 점유자는 적법한 소지인으로 추정되는데(336조 2항) 명의개서는 통상 주권의 제시를 요하므로 주주명부의 기재에 주권의 소지와 동등한 효과가 인정될 수 있다고 해석한다.

셋째, 주주에 대한 회사의 통지 또는 최고는 주주명부에 기재한 주소나 그 자로부터 통지된 주소로 하면 되도록 규정하고 있다(353조 1항). 회사는 주주명부의 기재에 의하여 명의주주에게 통지하거나 주주권행사를 인정하면 그 자가 진정한 주주가 아니라도 면책된다.

　주주명부에 기재되지 않은 진정한 주주가 자신이 주주임을 다투기 위해서는 어떠한 쟁송방법을 취할 것인가가 문제되는데, 회사를 상대방으로 하는 경우에는 주주권확인의 소의 이익이 없다고 본다(아래 [참고판례]).

[참고판례]

• 대법원 2019. 5. 16. 선고 2016다240338 판결(테바건설, 주주명부상의 주주가 아닌 진정한 주주의 쟁송방법)

사안은 원고가 원래 피고회사(테바건설)의 주주명부상 이 사건 주식의 소유자로 기재되어 있었는데 소외인이 위조한 주식매매계약서로 인해 타인 앞으로 명의개서가 되었으므로 여전히 원고가 피고의 주주라고 주장하면서, 피고 회사에 대하여 주주권 확인을 구하였다. 원심은 원고가 이 사건 주식의 소유자임을 인정하기 어렵다고 판단하여 원고의 청구를 기각하였는데, 대법원은 원고가 소유자가 아니라는 점은 인정하면서도 원고의 소가 확인의 이익이 없다고 직권으로 판단하여 원심판결을 파기자판하여 소를 각하하였다.

　대법원은 "주식을 취득한 자는 특별한 사정이 없는 한 점유하고 있는 주권의 제시 등의 방법으로 자신이 주식을 취득한 사실을 증명함으로써 회사에 대하여 단독으로 그 명의개서를 청구할 수 있다… 원고는 이 사건 주식의 발행인인 피고를 상대로 직접 자신이 주주임을 증명하여 명의개서절차의 이행을 구할 수 있다. 따라서 원고가 피고를 상대로 주주권 확인을 구하는 것은 원고의 권리 또는 법률상의 지위에 현존하는 불안·위험을 제거하는 유효·적절한 수단이 아니거나, 분쟁의 종국적 해결방법이 아니어서 확인의 이익이 없다"고 판단하였다.

3. 명부상 주주와 실질상 주주 분리시 법률문제

　주주명부 기재에는 위에서 설명한 것처럼 일정한 효력이 인정되므로 명부상의 주주로 기재된 명의주주와 실제로 주식을 소유하고 있는 실질상의 주주가 일치하지 않는 경우에 여러 가지 법률문제가 발생한다. 명의주주와 실질상의 주주의 분리는 다음과 같은 경우에 일어날 수 있다.

　① A가 B의 승낙을 얻어 B명의로 주식을 인수하거나 양수하면서 주주명부상으로는 B를 주주로 기재하는데, A와 B 사이에 주식은 A의 소유로 하고 A가 주주로서 권리를 행사한다고 합의한 경우(명의차용거래)

② 주식이 A에서 B로 이전되었으나 B가 명의개서를 하지 않아서 주주명부상으로는 A가 주주로 기재되어 있는 경우(명의개서미필) 또는 합병이나 상속 등과 같은 포괄승계 이후 명의개서가 이루어지지 않은 경우

③ 분실주권을 습득 또는 주권을 절취한 자가 명의개서를 한 경우와 같이 무단명의개서로 실질상의 주주가 명의를 잃게 된 경우, 주식양도가 무효인데 양수인 명의로 명의개서가 된 경우 또는 주식양도 후 양수인 명의로 명의개서가 되었으나 주식양도계약이 해제된 경우, 주식을 이전받은 자가 명의개서를 청구하였으나 회사가 명의개서를 부당거절한 경우 등

[Note] 타인의 승낙을 얻어 주식을 인수하거나 양수한 경우는 ①과 같은 경우도 있지만, 명의신탁약정을 한 경우도 있을 수 있다. 명의신탁이란 소유권은 대외적으로 명의자수탁에게 귀속하지만 대내적으로 명의수탁자는 명의신탁자에 대하여 주주임을 주장할 수 없다는 법리이다. 주식의 명의신탁의 경우에는 주주명부에 명의수탁자가 주주로 기재되는데 이 경우에는 대외적으로 주식의 소유권도 명의수탁자에게 귀속되므로 실제권리와 명의가 일치하게 된다는 점에서 ①의 명의차용거래와는 차이가 있다.

주식에 대해서도 부동산명의신탁의 이론을 확장하여 명의신탁관계가 인정될 수 있는지는 명확하지 않다. 대법원판결 중에는 (i) 명의차용과 명의신탁을 구별하는 입장인 것 같은 판결들(대법원 2013. 2. 14. 선고 2011다109708 판결, 대법원 1992. 10. 27. 선고 92다16386 판결, 대법원 1998. 6. 12. 선고 97다38510 판결)과 (ii) 구별하지 않는 입장인 것 같은 판결들(대법원 2000. 1. 28. 선고 98다17183 판결, 대법원 2007. 9. 6. 선고 2007다27755 판결, 대법원 2018. 7. 12. 선고 2015다251812 판결)이 혼재해 있다. (i)의 판례들은 주권발행 전 주식에 관하여 주주명의를 신탁한 사람이 수탁자에 대하여 명의신탁계약을 해지하면 그 주식에 대한 주주의 권리는 해지의 의사표시만으로 명의신탁자에게 복귀한다고 본 사례인데, 이는 명의신탁관계를 전제로 하는 것으로 보인다. 반면 (ii)의 판례들은 주식의 명의신탁이라고 하면서도 대외적인 소유권이 수탁자에게 귀속된다는 점은 부정한 사례로서 명의차용거래를 명의신탁이라고 표현한 것으로 보인다.

[Note] 주식의 명의차용거래나 명의신탁은 실제 여러 가지 이유에서 이루어진다. 증여 목적, 배당소득의 종합소득세 누진 부담의 회피, 대주주가 주식양도시

양도소득세 부담 회피, 과점주주의 부담 회피, 법령상 의결권 제한 회피 등
의 목적으로 이용된다. 과거 주식회사 설립시 발기인 수의 제한이 있던 시
절에는 이 제한을 회피하기 위한 목적 등으로도 이용되었다.

Note 명의차용거래인지 여부를 판단하는 기준으로 대법원 2010. 3. 11. 선고 2007
다51505 판결에서는 "주주명부상의 주주가 아닌 제3자가 주식인수대금을
납입하였다는 사정만으로는 부족하고, 그 제3자와 주주명부상의 주주 사이
의 내부관계, 주식 인수와 주주명부 등재에 관한 경위 및 목적, 주주명부 등
재 후 주주로서의 권리행사 내용 등에 비추어, 주주명부상의 주주는 순전히
당해 주식의 인수과정에서 명의만을 대여해 준 것일 뿐 회사에 대한 관계에
서 주주명부상의 주주로서 의결권 등 주주로서의 권리를 행사할 권한이 주
어지지 아니한 형식상의 주주에 지나지 않는다는 점이 증명되어야 한다"고
판시하였다. 이 판결의 다른 부분들은 [판례 61(전원합의체)]과 모순되어 변
경되어야 할 부분이 있지만 위의 판시부분은 여전히 유효하다.

(1) 명의차용거래시 주식의 귀속

[판례 61]

대법원 2017. 3. 23. 선고 2015다248342 전원합의체 판결

● **사실관계**

Y회사는 전자·전기기구 등의 제작·판매 및 서비스업을 주요사업으로 하는
회사로서 한국거래소 유가증권시장 상장법인이다. 원고 X는 증권회사에 개설
된 원고 명의의 증권계좌를 이용하여 Y회사의 주식을 장내매수한 후 X명의로
실질주주명부에의 기재를 마쳤다. 이 주식매수의 대금은 X명의의 하나은행 계
좌에서 X명의로 개설된 증권계좌로 송금하여 지급되었는데, 이 자금은 K 등이
약 7개월 간 총 75억 5천만원을 X명의의 하나은행 계좌에 송금한 것이었고, X
명의의 하나은행 계좌는 위 주식매수의 목적으로 X명의의 증권계좌로 송금하
는 데에만 이용되었다.

K측과 Y회사의 현 대표이사와 대주주간에 경영권에 관한 다툼이 있었는데
Y회사가 2014. 3. 28. 정기주주총회에서 A를 사외이사로 선임하는 결의를 하자,
X는 주위적으로 주주총회결의 부존재 내지 무효확인을, 예비적으로 주주총회
결의 취소를 구하는 소를 제기하였다.

● **법원의 판단**

1심(수원지방법원 2014. 12. 5. 선고 2014가합62872 판결)은 형식주주인 X는 원고 적격이 없거나 확인의 이익이 없다는 피고의 본안전 항변을 받아들여 소를 각하하였고 2심(서울고법 2015. 11. 13. 선고 2014나2051549 판결)도 동일한 취지로 판단하였다. 대법원은 다음과 같이 설시하면서 원심을 파기 환송하였다.

"(2) 상법이 주주명부제도를 둔 이유는, 주식의 발행 및 양도에 따라 주주의 구성이 계속 변화하는 단체법적 법률관계의 특성상 회사가 다수의 주주와 관련된 법률관계를 외부적으로 용이하게 식별할 수 있는 형식적이고도 획일적인 기준에 의하여 처리할 수 있도록 하여 이와 관련된 사무처리의 효율성과 법적 안정성을 도모하기 위함이다. 이는 회사가 주주에 대한 실질적인 권리관계를 따로 조사하지 않고 주주명부의 기재에 따라 주주권을 행사할 수 있는 자를 획일적으로 확정하려는 것으로서, 주주권의 행사가 회사와 주주를 둘러싼 다수의 이해관계인 사이의 법률관계에 중대한 영향을 줄 수 있음을 고려한 것이며, 단지 해당 주주의 회사에 대한 권리행사 사무의 처리에 관한 회사의 편의만을 위한 것이라고 볼 수 없다.

상법은 주권이 발행된 주식의 양도는 주권의 교부에 의하여야 하고, 주권의 점유자는 이를 적법한 소지인으로 추정하며(제336조), 주권에 관하여 수표법상의 선의취득 규정을 준용하고 있다(제359조). 그럼에도 불구하고 앞서 본 바와 같이 주주명부에 명의개서를 한 경우에 회사와의 관계에서 대항력을 인정하고, 주주명부상 주주의 주소로 통지를 허용하며, 회사가 정한 일정한 날에 주주명부에 기재된 주주에게 신주인수권 등의 권리를 귀속시킬 수 있도록 하고 있다. 이는 주식의 소유권 귀속에 관한 회사 이외의 주체들 사이의 권리관계와 주주의 회사에 대한 주주권 행사국면을 구분하여, 후자에 대하여는 주주명부상 기재 또는 명의개서에 특별한 효력을 인정하는 태도라고 할 것이다. …

(3) 회사에 대하여 주주권을 행사할 자가 주주명부의 기재에 의하여 확정되어야 한다는 법리는 주식양도의 경우뿐만 아니라 주식발행의 경우에도 마찬가지로 적용된다. 주식양도의 경우와 달리 주식발행의 경우에는 주식발행 회사가 관여하게 되므로 주주명부에의 기재를 주주권 행사의 대항요건으로 규정하고 있지는 않으나, 그럼에도 상법은 주식을 발행한 때에는 주주명부에 주주의 성명과 주소 등을 기재하여 본점에 비치하도록 하고(제352조 제 1 항, 제396조 제

1항), 주주에 대한 회사의 통지 또는 최고는 주주명부에 기재한 주소 또는 그 자로부터 회사에 통지한 주소로 하면 되도록(제353조 제1항) 규정하고 있다. 이와 같은 상법 규정의 취지는, 주식을 발행하는 단계에서나 주식이 양도되는 단계에서나 회사에 대한 관계에서 주주권을 행사할 자를 주주명부의 기재에 따라 획일적으로 확정하기 위한 것이라고 보아야 한다. 다수의 주주와 관련된 단체법적 법률관계를 형식적이고도 획일적인 기준에 의하여 처리해야 할 필요는 주식을 발행하는 경우라고 하여 다르지 않고, 주주명부상의 기재를 주식의 발행 단계에서 이루어진 것인지 아니면 주식의 양도 단계에서 이루어진 것인지를 구별하여 그에 따라 달리 취급하는 것은 다수의 주주와 관련된 단체법적 법률관계를 혼란에 빠뜨릴 우려가 있다. 회사가 주주명부상 주주를 주식인수인과 주식양수인으로 구별하여, 주식인수인의 경우에는 그 배후의 실질적인 권리관계를 조사하여 실제 주식의 소유자를 주주권의 행사자로 인정하는 것이 가능하고, 주식양수인의 경우에는 그렇지 않다고 하면, 회사와 주주 간의 관계뿐만 아니라 이를 둘러싼 법률관계 전체가 매우 불안정해지기 때문이다. 상법은 회사에 대한 관계에서 주주권을 행사할 자를 일률적으로 정하기 위해 주주명부를 폐쇄하는 경우나 기준일을 설정하는 경우, 회사가 정한 일정한 날에 주주명부에 기재된 주주에게 신주인수권, 무상신주, 중간배당 등의 권리를 일률적으로 귀속시키는 경우에도, 주주명부상의 기재가 주식의 발행단계에서 이루어진 것인지 주식의 양도단계에서 이루어진 것인지를 전혀 구별하지 않고 있다(제354조 제1항, 제418조 제3항, 제461조 제3항, 제462조의3 제1항).

결국, 주식발행의 경우에도 주주명부에 주주로 기재가 마쳐진 이상 회사에 대한 관계에서는 주주명부상 주주만이 주주권을 행사할 수 있다고 보아야 한다.

(4) 주식을 양수하였으나 아직 주주명부에 명의개서를 하지 아니하여 주주명부에는 양도인이 주주로 기재되어 있는 경우뿐만 아니라, 주식을 인수하거나 양수하려는 자가 타인의 명의를 빌려 회사의 주식을 인수하거나 양수하고 그 타인의 명의로 주주명부에의 기재까지 마치는 경우에도, 회사에 대한 관계에서는 주주명부상 주주만이 주주로서 의결권 등 주주권을 적법하게 행사할 수 있다. …

또한 언제든 주주명부에 주주로 기재해 줄 것을 청구하여 주주권을 행사할 수 있는 자가 자기의 명의가 아닌 타인의 명의로 주주명부에 기재를 마치는 것은 적어도 주주명부상 주주가 회사에 대한 관계에서 주주권을 행사하더라도 이를 허용하거나 받아들이려는 의사였다고 봄이 합리적이다. …

(5) 주주명부상의 주주만이 회사에 대한 관계에서 주주권을 행사할 수 있다는 법리는 주주에 대하여만 아니라 회사에 대하여도 마찬가지로 적용되므로, 회사는 특별한 사정이 없는 한 주주명부에 기재된 자의 주주권 행사를 부인하거나 주주명부에 기재되지 아니한 자의 주주권 행사를 인정할 수 없다. …

회사가 상법의 규정에 따라 스스로 작성하여 비치한 주주명부의 기재에 구속됨은 당연한 논리적 귀결이며, 주주명부에 기재되지 않은 타인의 주주권 행사를 인정하는 것이야말로 회사 스스로의 행위를 부정하는 모순을 초래하게 되어 부당하다. 주식양도의 경우에는 주식발행의 경우와는 달리 회사 스스로가 아니라 취득자의 청구에 따라 주주명부의 기재를 변경하는 것이기는 하나, 회사가 주식발행시 작성하여 비치한 주주명부에의 기재가 회사에 대한 구속력이 있음을 전제로 하여 주주명부에의 명의개서에 대항력을 인정함으로써 주식양도에 있어서도 일관되게 회사에 대한 구속력을 인정하려는 것이므로, 상법 제337조 제 1 항에서 말하는 대항력은 그 문언에 불구하고 회사도 주주명부에의 기재에 구속되어, 주주명부에 기재된 자의 주주권 행사를 부인하거나 주주명부에 기재되지 아니한 자의 주주권 행사를 인정할 수 없다는 의미를 포함하는 것으로 해석함이 타당하다.

(6) 따라서 특별한 사정이 없는 한, 주주명부에 적법하게 주주로 기재되어 있는 자는 회사에 대한 관계에서 그 주식에 관한 의결권 등 주주권을 행사할 수 있고, 회사 역시 주주명부상 주주 외에 실제 주식을 인수하거나 양수하고자 하였던 자가 따로 존재한다는 사실을 알았든 몰랐든 간에 주주명부상 주주의 주주권 행사를 부인할 수 없으며, 주주명부에 기재를 마치지 아니한 자의 주주권 행사를 인정할 수도 없다.

주주명부에 기재를 마치지 않고도 회사에 대한 관계에서 주주권을 행사할 수 있는 경우는 주주명부에의 기재 또는 명의개서청구가 부당하게 지연되거나 거절되었다는 등의 극히 예외적인 사정이 인정되는 경우에 한한다.

[별개의견] 4인의 대법관이 명부에 주주로 기재되어 있는 X가 주주권을 행사할 수 있다는 다수의견의 결론에는 찬성하지만 그 이유를 달리 본 별개의견

을 개진하였다.

"(1) ③ … 상법은 가설인이나 타인의 명의로 주식을 인수한 경우에 이처럼 납입책임을 부과하고 있지만, 누가 주주인지에 관해서는 명확한 규정을 두고 있지 않다. 이 문제는 주식인수를 한 당사자가 누구인지를 확정하는 문제이다. … 타인의 승낙을 얻어 그 명의로 주식을 인수한 경우에는 주식인수계약의 당사자가 누구인지에 따라 결정하면 된다. 이에 관해서는 원칙적으로 계약당사자를 확정하는 문제에 관한 법리를 적용하되, 주식인수계약의 특성을 반영하여야 할 것이다. 통상은 명의자가 주식인수계약의 당사자가 되는 경우가 많지만, 무조건 명의자가 누구인지만으로 주주를 결정할 것도 아니다. …

⑤ … 먼저 상장회사의 발행주식을 취득하려는 자는 증권회사에 자신의 명의로 매매거래계좌를 설정하고 증권 매매거래를 위탁하게 된다. 매매거래계좌의 개설은 금융거래를 위한 것이어서 「금융실명거래 및 비밀보장에 관한 법률」(이하 '금융실명거래법'이라고 한다)이 적용되므로 실명확인 절차를 거쳐야 하고, 매매거래의 위탁은 실명으로 하여야 한다. 증권회사가 증권시장에서 거래소를 통하여 매수한 주식은 계좌명의인의 매매거래계좌에 입고되는데, 위와 같이 입고된 주식은 위탁자인 고객에게 귀속되므로(상법 제103조), 그 주식에 대해서는 계좌명의인이 주주가 된다(대법원 2009. 3. 19. 선고 2008다45828 전원합의체 판결 등 참조). 계좌명의인에게 자금을 제공한 자가 따로 있다고 하더라도 그것은 원칙적으로 명의인과 자금을 제공한 자 사이의 약정에 관한 문제에 불과할 따름이다.

(3) ② 원고가 위 주식 매수대금으로 사용한 돈은 원고 명의의 매매거래계좌에 들어 있는 돈이었고, 그 돈은 원고 명의의 은행 예금계좌에서 이체된 것이므로, 결국 그 돈은 원고의 것이었다. 즉 금융실명거래법에 따라 금융기관이 실명확인 절차를 거쳐 예금명의자를 예금주로 하여 예금계약을 체결한 이상 예금반환청구권은 명의자인 예금주에게 있는 것이다. 만약 예금명의자가 아닌 출연자 등을 예금계약의 당사자라고 볼 수 있으려면, 금융기관과 출연자 등과 사이에서 실명확인 절차를 거쳐 서면으로 이루어진 예금명의자와의 예금계약을 부정하여 예금명의자의 예금반환청구권을 배제하고, 출연자 등과 예금계약을 체결하여 출연자 등에게 예금반환청구권을 귀속시키겠다는 명확한 의사의 합치가 있는 극히 예외적인 경우에 해당하여야 한다(위 대법원 2008다45828 전원

합의체 판결 등 참조). 따라서 이 사건에서 위 소외인 등이 원고 명의의 예금계좌에 송금한 것이 그들 사이에 소비대차 계약에 따른 것인지, 투자계약에 따른 것인지 아니면 예금주 명의를 차용하기로 하는 약정에 의한 것인지 등에 관계없이 원고 명의의 예금계좌에 들어 있는 돈은 예금주인 원고의 것이라고 보아야 한다. …

④ … 원심은 원고가 주식의 취득자금을 실제로 부담하였다고 할 수 있는 소외인에게 그 명의만을 대여한 형식상 주주에 불과하다고 판단하였는데, 이러한 원심의 판단에는 주식의 귀속에 관한 법리를 오해하여 판결에 영향을 미친 잘못이 있다.

[판례 62]

대법원 2017. 12. 5. 선고 2016다265351 판결(장부와 서류 등의 열람·등사청구)

• **사실관계**

주식회사 포스코 근방의 일부주민들은 甲을 초대위원장으로 하여 ○○대책협의회를 결성하여 포스코 등을 상대로 민원을 제기하며 공해에 대한 대책수립과 피해보상을 요구하는 집회와 시위를 하였다. 대책협의회 위원장 甲은 포스코의 외주협력사인 P회사 대표이사 乙과 상생협약을 체결하였다. 상생협약에서는 乙이 출자하여 Y회사를 설립한 후 표면경화제 특허권을 양도하여 사업을 수행하고 그 운영이익을 대책협의회의 회원들을 위해 사용하기로 하는 대신, 甲은 대책협의회를 해산하고 집회와 시위를 중단하기로 약정하였다. 위 협약에 따라 Y회사가 설립되자, ○○대책협의회는 해산되고 그 회원들 중 상당수가 □□회를 만들어 활동하고 있으며, Y회사의 수익금이 □□회에 귀속되어 회원들에게 배분되고 있다. Y회사 주주명부에는 A, B, C, D, E가 주주로 등재되었다. □□회 회원인 X등은 자신들이 실질상의 주주라고 주장하며 Y회사의 장부와 서류 등의 열람청구를 하였다.

• **법원의 판단**

"가. 상법 제332조 제 1 항은 가설인(假設人)의 명의로 주식을 인수하거나 타인의 승낙 없이 그 명의로 주식을 인수한 자는 주식인수인으로서의 책임이 있다고 정하고, 제 2 항은 타인의 승낙을 얻어 그 명의로 주식을 인수한 자는 그 타인과 연대하여 납입할 책임이 있다고 정한다. 이처럼 상법은 가설인(이는 현실로는 존재하지 않고 외형만을 꾸며낸 사람을 가리킨다)이나 타인의 이름으로 주식을 인수할 수도 있다는 것을 전제로 그 납입책임을 부과하고 있지만, 누가 주주인지에 관해서는 규정을 두고 있지 않다.

타인의 명의로 주식을 인수한 경우에 누가 주주인지는 결국 주식인수를 한 당사자를 누구로 볼 것인지에 따라 결정하여야 한다. 발기설립의 경우에는 발기인 사이에, 자본의 증가를 위해 신주를 발행할 경우에는 주식인수의 청약자와 회사 사이에 신주를 인수하는 계약이 성립한다. 이때 누가 주식인수인이고 주주인지는 결국 신주인수계약의 당사자 확정 문제이므로, 원칙적으로 계약당사자를 확정하는 법리를 따르되, 주식인수계약의 특성을 고려하여야 한다…

타인 명의로 주식을 인수하는 경우에 주식인수계약의 당사자 확정 문제는 다음과 같이 두 경우로 나누어 살펴보아야 한다.

첫째, 가설인 명의로 또는 타인의 승낙 없이 그 명의로 주식을 인수하는 약정을 한 경우이다. 가설인은 주식인수계약의 당사자가 될 수 없다. 한편 타인의 명의로 주식을 인수하면서 그 승낙을 받지 않은 경우 명의자와 실제로 출자를 한 자(이하 '실제 출자자'라 한다) 중에서 누가 주식인수인인지 문제되는데, 명의자는 원칙적으로 주식인수계약의 당사자가 될 수 없다. 자신의 명의로 주식을 인수하는 데 승낙하지 않은 자는 주식을 인수하려는 의사도 없고 이를 표시한 사실도 없기 때문이다. 따라서 실제 출자자가 가설인 명의나 타인의 승낙 없이 그 명의로 주식을 인수하기로 하는 약정을 하고 출자를 이행하였다면, 주식인수계약의 상대방(발기설립의 경우에는 다른 발기인, 그 밖의 경우에는 회사)의 의사에 명백히 반한다는 등의 특별한 사정이 없는 한, 주주의 지위를 취득한다고 보아야 한다.

둘째, 타인의 승낙을 얻어 그 명의로 주식을 인수하기로 약정한 경우이다. 이 경우에는 계약 내용에 따라 명의자 또는 실제 출자자가 주식인수인이 될 수 있으나, 원칙적으로는 명의자를 주식인수인으로 보아야 한다. 명의자와 실제 출자자가 실제 출자자를 주식인수인으로 하기로 약정한 경우에도 실제 출자자를 주식인수인이라고 할 수는 없다. 실제 출자자를 주식인수인으로 하기로 한 사실을 주식인수계약의 상대방인 회사 등이 알고 이를 승낙하는 등 특별한 사정이 없다면, 그 상대방은 명의자를 주식인수계약의 당사자로 이해하였다고 보는 것이 합리적이기 때문이다. …

다. 위 사실관계를 위 3.가.에서 본 법리에 비추어 보면, 원고들이 피고의 주주명부상 주주들의 승낙을 얻어 피고의 주식을 인수하였다거나 주식인수계약의 당사자로서 그에 따른 출자를 이행한 것이 아니므로, 주주의 지위를 취득하였다고 볼 수 없다. 비록 피고의 운영수익을 원고들을 포함한 이 사건 대책협의회의 회원 전원에게 배분하고자 피고를 설립하였다고 하더라도, 이러한 사정은 원고들이 주주로서의 지위를 취득한다고 볼 만한 근거가 될 수 없다. 또한 이 사건 상생협력협약서에 피고 설립 시 주식의 청약을 한 자는 주식포기각서를 작성하여 제출하여야 한다고 규정하고 있더라도, 위와 같은 결론에 영향을 미치지 않는다.

한편 원고들이 피고의 주주라는 지위를 취득한 것으로 보더라도 자신들의 명의로 명의개서를 마치지 않는 한 이를 부인하는 피고에 대한 관계에서는 원칙적으로 주주권을 행사할 수 없다(대법원 2017. 3. 23. 선고 2015다248342 전원합의체 판결 참조). 이 점에서도 원고들이 주주권에 기초하여 피고의 회계장부 등에 대한 열람·등사 등을 구하는 이 사건 청구는 받아들일 수 없다.

Note [판례 61(전원합의체)]은 자본시장법에 따라 한국예탁결제원에 예탁된 상장주식에 관한 사안이다. 2019. 9. 16. 시행된 「주식·사채 등의 전자등록에 관한 법률(이하 전자증권법)」에 따라 상장주식에 관해서는 더 이상 예탁결제제도는 적용되지 않고 의무적으로 전자등록을 하여야 하지만(전자증권법 25조 1항 1호, 자본시장법 308조 1항), 예탁제도를 제외한 법리는 여전히 유효하다.

Questions & Notes

Q1 [판례 61(전원합의체)]에서 X는 단순히 주주명부에 주주로 기재된 자인가 아니면 주식의 소유자인가?

(1) 별개의견은 어떻게 보고 있는가? 다수의견은 어떻게 보고 있는가?

(2) 별개의견에 의하면 [판례 61(전원합의체)]이 선고되기 전의 판례에 의할 때 X가 주주권을 행사할 수 있는가?

(3) 별개의견에서 X가 주식의 매수인으로서 주주의 지위를 취득하였다고 보는 근거는 무엇인가?

(4) 별개의견에 의하면 K가 주식매매대금을 X의 계좌에 송금하지 않고 바로 매도인 계좌로 송금하였다면 누구를 주주로 보게 될 것인가?

[참고판례]

• **대법원 2009. 5. 16. 선고 2016다 240338 판결**
제 3 자가 주식을 인수하고 대금을 납입하였다고 하여 항상 제 3 자를 실질주주로 볼 수는 없다. 대법원은 "제 3 자를 실질상의 주주로 보기 위해서는 단순히 제 3 자가 주식인수대금을 납입하였다는 사정만으로는 부족하고 그 제 3 자와 주주명부상 주주 사이의 내부관계, 주식인수와 주주명부 등재에 관한 경위 및 목적, 주주명부 등재 후 주주로서의 권리행사 내용 등을 종합하여 판단해야 한다."고 하였다.

Q2 타인명의로 주식을 인수한 경우 주주가 누구인가(주식의 귀속)에 관해서는 기존에는 실질설과 형식설이 대립하고 있었다. 형식설은 실제인수인, 회사, 그 밖의 제 3 자에 관한 모든 관계에서 주주는 '명의인'이라고 본다. 반면 실질설은 위의 모든 관계에서 '실제인수인'이 주주라고 본다.
(1) 형식설에 의하면 명의주주로부터 주식을 양수한 자가 적법하게 주식을 취득하는가? 명의주주의 채권자가 주식을 압류할 수 있는가? 회사에 대한 의결권이나 각종 소권 등의 권리행사를 누가 할 수 있는가?
(2) 실질설에 의하면 위 (1)의 경우에 어떠한 결론이 되는가?
(3) 종래 대법원 판결은 어떠한 견해를 취하고 있었나?

[참고판례]

• **대법원 1975. 9. 23. 선고 74다804 판결**(※ [판례 61(전원합의체)]에 의하여 변경됨)
"주식을 인수함에 있어서 타인의 승낙을 얻어 그 명의로 출자하여 주식인수가액을 납입한 경우에는 실제로 주식을 인수하여 그 가액을 납입한 명의차용자만이 실질상의 주식인수인으로서 명의대여자로부터 명의개서 등의 절차를 밟은 여부와는 관계없이 주주가 된다."

Q3 (1) [판례 62]는 타인명의로 주식을 인수한 경우 누구를 주주로 보는가?
(2) [판례 62]는 종래의 실질설이나 형식설과 어떠한 점에서 차이가 있는가?

[참고판례]

• **대법원 2020. 6. 11. 선고 2017다278385, 278392 판결**(새벽시장 주주권 귀속)
이 사안은 회사가 주주명부에 기재된 자의 주주지위 부존재확인을 구한 건이다. 원심은 [판례 61(전원합의체)]이 적용됨을 전제로 판단하였으나, 대법원은 주주권 귀속과 주주권 행사 국면이 구분되는데 사안은 주식의 소유권 귀속이 문제된 것이므로 '회사와 주주' 사이에서도 명의개서 여부에 의해 판단할 것이 아니라고 보았다.

"상법은 주주명부의 기재를 회사에 대한 대항요건으로 정하고 있을 뿐 주식 이전의 효력발생요건으로 정하고 있지 않으므로 명의개서가 이루어졌다고 하여 무권리자가 주주가 되는 것은 아니고, 명의개서가 이루어지지 않았다고 해서 주주가 그 권리를 상실하는 것도 아니다(대법원 2018. 10. 12. 선고 2017다221501 판결 참조).

이와 같이 주식의 소유권 귀속에 관한 권리관계와 주주의 회사에 대한 주주권 행사국면은 구분되는 것이고, 회사와 주주 사이에서 주식의 소유권, 즉 주주권의 귀속이 다투어지는 경우 역시 주식의 소유권 귀속에 관한 권리관계로서 마찬가지라 할 것이다."

(2) 명부상 주주와 실질상 주주 분리시 주주권의 행사

1) 명부상 주주의 권리행사

Q1 [판례 61(전원합의체)] 이전에 명부상 주주와 실질상의 주주가 분리되는 경우에 누가 주주권을 행사할 수 있었는가?

(1) 주식을 양도한 후 양수인이 명의개서를 지체한 경우에(명의개서 미필) 명부상 주주로 기재되어 있는 양도인이 주주총회결의 취소의 소를 제기하거나 의결권을 행사할 수 있는가?

(2) 타인명의의 주식인수시 명의차용자가 명의개서를 하지 아니하고 주주총회결의 취소의 소를 제기하거나 의결권을 행사할 수 있는가?

Q2 주식을 양수하였으나 양수인이 명의개서를 하지 아니한 경우(명의개서 미필)에 관해서는 주식의 이전은 취득자의 성명과 주소를 주주명부에 기재하지 아니하면 회사에 대항하지 못한다(337조 1항)라고 명시적으로 규정하고 있으므로, 명의개서를 하지 아니한 양수인이 주주권을 행사할 수 없다는 점이 명백하다. 그러나 주식발행의 경우에는 이러한 규정이 없다. 그럼에도 불구하고 [판례 61(전원합의체)]에서 타인명의의 주식인수 또는 양수의 경우 명부상의 주주만이 주주권을 행사할 수 있다고 본 이유는 무엇인가?

Note 별개의견의 보충의견은 ① "권리자가 누구인지에 관한 권리귀속의 문제를 제쳐두고 권리행사의 효력을 논할 수는 없다. 또한 회사법상의 법률관계가 단체법적 성격을 가진다고 하더라도 … 무릇 권리 없는 자의 권리행사가 유효할 수는 없다."는 점 ② "예금 등에 대한 금융실명거래법이나 부동산에 대한 「부동산 실권리자명의 등기에 관한 법률」과 같은 법률상 제한이 주식에 관하여는 존재하지 않는바, 주식의 소유명의를 실질과 일치시킬지 제3자 명의를 빌려서 등재할지는 적어도 현행법상으로는 금지의 영역이 아니라 자유선택의 영역"인 점 ③ 현실적으로 주식인수계약을 한 당사자와 그 명의자가 일치하지 않는 경우가 소규모 주식회사 및 나아가 상당히 규모가 큰 회사에서도 광범위하게 존재하는바, 그런 모든 경우에 명의자만 주주권을 행사할 수 있다는 것은 현실과 동떨어져 있다는 점을 지적하고 있다.

Q3 (1) [판례 61(전원합의체)] 이전 대법원 판결에 의하면 타인명의의 주식인수의 경우에 형식주주는 주주권을 행사할 수 없었다. 그럼에도 불구하고 형식주주가 주주총회에서 의결권을 행사한 경우에는 주주명부 명의개서의 면책력 법리에 따라 주주총회결의가 유효하다고 볼 것인가가 문제되었다.

과거 대법원 판결(대법원 1998. 9. 8. 선고 96다45818 판결)은 2인이 각각 50%씩 출자하여 회사를 설립하고 운영하여 왔는데 명의는 위장분산해 둔 사안에서 실질상의 주주 간에 분쟁이 발생하자 명부상 주주에게 주주총회 소집통지를 하여 주주총회를 개최한 경우에 "주식회사가 주주명부상의 주주에게 주주총회의 소집을 통지하고 그 주주로 하여금 의결권을 행사하게 하면, 그 주주가 단순히 명의만을 대여한 이른바 형식주주에 불과하여도 그 의결권 행사는 적법하지만, 주식회사가 주주명부상의 주주가 형식주주에 불과하다는 것을 알았거나 중대한 과실로 알지 못하였고 또한 이를 용이하게 증명하여 의결권 행사를 거절할 수 있었음에도 의결권 행사를 용인하거나 의결권을 행사하게 한 경우에는 그 의결권 행사는 위법하게 된다"고 하여 면책력의 예외를 인정하였다.

[판례 61(전원합의체]에 따르면 위와 같은 사안에서 주주총회결의의 효력이 어떻게 될 것인가?

(2) [판례 62]에 의하면 타인의 승낙을 얻어 타인명의의 주식을 인수하였고 회사가 이를 모르고 있다면 명의자가 주주이므로 [판례 61(전원합의체)]이 선고되지 않았다고 하더라도 명의자가 권리행사를 하는 것은 당연하다. 그렇다면 회사가 명의차용을 알고 승낙한 때에만 명의개서의 면책력이 문제된다. 이처럼 회사가 명의차용을 알고 승낙하였는데도 명부상 주주가 의결권을 행사한 주주총회결의가 유효하다는 결론이 타당한가?

Q4   (1) 상법 제337조 제 1 항에서는 주식의 이전은 취득자의 성명과 주소를 주주명부에 기재하지 아니하면 회사에 대항하지 못한다고 규정하고 있다. 여기서 회사가 명의개서를 하지 아니한 주식취득자에게 주주권을 행사시키는 것이 허용되는가에 관해서 과거 판례(대법원 1989. 10. 24. 선고 89다카14714 판결)는 상법 제337조는 주식의 취득자가 주주명부상의 주주명의를 개서하지 아니하면 스스로 회사에 대하여 주주권을 주장할 수 없다는 의미이고, 명의개서를 하지 아니한 실질상의 주주를 회사측에서 주주로 인정하는 것은 무방하다는 편면적 구속설을 택하고 있었다. [판례 61(전원합의체)]은 어떠한 입장인가?

(2) 상법 제337조 제 2 항에서는 주식의 이전은 명의개서를 하지 아니하면 회사에 '대항하지 못한다'라고 규정하고 있다. 한편 상법의 다른 부분에서는 '회사에 대하여 효력이 없다'라는 표현을 사용하는 경우가 있다. 상법 제319조에서는 "주식의 인수로 인한 권리의 양도는 회사에 대하여 효력이 없다"고 하고, 상법 제335조 제 2 항에서는 정관에 의한 주식양도의 경우에 "이사회 승인을 얻지 아니한 주식의 양도는 회사에 대하여 효력이 없다"고 하고, 제335조 제 3 항에서는 "주권발행전에 한 주식의 양도는 회사에 대하여 효력이 없다"고 규정하고 있다. '회사에 대하여 효력이 없다'고 규정하지 않고 '대항하지 못한다'라고 한 경우에도 회사에 대한 구속력을 인정할 수 있는가? '대항할 수 없다'는 편면적 구속력의 의미로만 해석되는가? 민법 제450조 지명채권양도는 확정일자 있는 증서에 의한 통지나 승낙이 없으면 제 3 자에게 대항하지 못하는데 이 경우는 어떠한 의미인가?

Note   [판례 61(전원합의체)]에서는 쌍면적 구속설의 근거를 ① 회사가 이러한 주주권을 행사할 주체를 정함에 있어 주식의 소유권 귀속에 관한 법률관계를 내세워 임의로 선택할 수 있다고 한다면, 주주권을 행사할 자를 획일적으로 확정하고자 하는 상법상 주주명부제도의 존재이유 자체를 부정하는 것이고, 주주평등의 원칙에도 어긋난다는 점, ② 주주명부상 주주에게는 실질적인 권리가 없다는 이유로, 주주명부에 기재를 마치지 아니한 주식인수인이나 양수인에게는 주주명부에 기재를 마치지 않았다는 이유로, 양자의 권리행사를 모두 거절할 수도 있게 되어 권리행사의 공백이 생길 수 있다는 점, ③ 그리고 회사의 잘못된 판단으로 정당한 권리자가 아닌 자에게 권리행사를 인정하면 주주총회결의 취소사유가 발생하는 등 다수의 주주와 회사를 둘러싼 법률관계 전체를 불안정하게 할 위험을 지적하고 있다.

Note 타인명의의 주식인수와 명의개서미필의 경우 주식의 귀속과 권리행사에 관한 판례의 입장은 다음과 같이 정리할 수 있다.

			주식의 귀속	주주권 행사 (회사가 알았건 몰랐건 불문)
타인명의 주식인수	A가 B의 승낙을 얻고 B의 명의로 주식을 인수하고 주주명부에 B명의로 기재	회사가 알고 승낙한 경우	A	B
		회사가 모른 경우	B	B
명의개서 미필	B가 A에게 주식양도 후 A가 명의개서 미필		A	B

※ 회색으로 표시된 부분은 명부상 주주와 주식의 소유자가 일치하는 경우임

2) 명부상 주주가 주주권을 행사할 수 있다고 볼 수 없는 특별한 사정

[판례 61(전원합의체)]에 의하면 특별한 사정이 없는 한, 주주명부에 적법하게 주주로 기재되어 있는 자는 회사에 대한 관계에서 그 주식에 관한 의결권 등 주주권을 행사할 수 있고, 회사 역시 주주명부상 주주 외에 실제 주식을 인수하거나 양수하고자 하였던 자가 따로 존재한다는 사실을 알았든 몰랐든 간에 주주명부상 주주의 주주권 행사를 부인할 수 없으며, 주주명부에 기재를 마치지 아니한 자의 주주권 행사를 인정할 수도 없다. 그러나 주주명부에 기재를 마치지 않고도 회사에 대한 관계에서 주주권을 행사할 수 있는 예외적인 경우를 인정하고 있다.

가. 명의개서의 부당거절

[판례 63]

대법원 1993. 7. 13. 선고 92다40952 판결(명의개서 부당거절)

• **사실관계**

이 사건은 A로부터 X1등에게 주식이 양도되었고, 피고 회사 Y의 대표이사가 입회하여 양도가 승인되었으나(주권발행전 주식양도), Y회사가 그 후 명의개서를 부당하게 거절하고 양수인인 X1등에게 통지하지 아니하고 주주총회결의

를 한 사안이다. 구체적으로 사실관계는 다음과 같다.

피고 회사 Y의 대주주로서 실질적 경영자이던 소외 A가 휴양시설을 건립한
다면서 선전하여 수십 세대분을 분양하고 분양금을 받은 것이 사기분양이라고
문제되어 구속되었다. 위 A는 그 수습책으로서 원고 X 등 4인에게 1990. 7. 14.
그 소유의 Y회사 주식 30,400주(총발행주식 80,000주의 38%, 회사 성립후 6개월이
경과하였는데도 주권이 발행되어 있지 않았다)를 양도하여 주었는바, 이때 피고 회
사의 대표이사이던 소외 B가 입회하여 그 양도를 승낙하였다. X1 등 4인이
1990. 8. 30. 명의개서를 청구하였는데도 피고 회사의 대표이사인 위 B가 정당
한 사유 없이 그 명의개서를 거절하였다. 그런데 위 A가 1990. 10. 초경부터 위
주식양도사실을 다투기 시작하자 원고 X1 등 4인은 원고 X2 등(전체 주식의
30% 소유)과 함께 같은 해 10. 18. 위 A측 사람들인 소외 B(당시 대표이사) 등을
대표이사직 등에서 해임하고 자신들을 대표이사 등으로 선임하는 주주총회결
의를 하였고, 이에 대하여 위 A측에서는 위 주식양도의 효력을 다투면서 A측
이 전체 주식의 70%를 보유하고 있다고 주장하여 10. 25. 원고 X1 등에게(68%
소유) 소집통지를 하지 아니하고 임시주주총회를 소집하여 다시 위 B 등 A측
사람들을 대표이사 등으로 선임하는 이 사건 주주총회결의를 하였다. 원고들
이 주주의 지위에서 이 사건 주주총회결의의 취소, 무효확인 또는 부존재확인
을 구하였다.

• 법원의 판단

"이와 같이 피고 회사가 정당한 사유 없이 명의개서를 거절한 것이라면 그
명의개서가 없음을 이유로 그 양도의 효력과 주식양수인의 주주로서의 지위를
부인할 수는 없다고 할 것이므로, 원심판결에 기명주식이전의 대항요건에 관
한 법리오해 및 판례위반의 위법이 있다는 논지도 받아들일 수 없으며, 그외
원심판결에 소론 주장과 같은 법리오해의 위법이 있다고 할 수 없다."

Questions & Notes

Note 이 사건에서는 주권발행전의 주식의 양도의 절차 및 효력이 문제되었는데,
여기서는 유효한 양도가 이루어졌다는 것을 전제로 논의한다. 주권발행전의
주식양도 논점은 [판례 66]을 참고하시오.

Q1 위 판결에서 주식의 양수인이 명의개서를 하지 않았음에도 불구하고 법원이
    회사에 대하여 주주의 지위를 인정한 이유는 무엇인가?

Q2 주주명부의 기재에는 면책력이 인정된다. 그렇다면 이 사례에서 만약 명부
    상 주주에게 통지하여 주주총회가 개최되어 결의가 이루어졌다면 그러한 결
    의는 유효한가?

Q3 [판례 61(전원합의체)]에 의하여 위 판결이 변경되는가?

나. 부적법한 명의개서

명의개서의 부당거절 외에 주주명부에 기재를 마치지 아니한 자의 주주권
행사를 인정할 수 있는 경우 또는 명부상주주의 주주권 행사를 허용하지 않아
야 되는 경우가 있는지가 문제된다.

Q1 [판례 61(전원합의체)]은 특별한 사정이 없는 한, 주주명부에 적법하게 주주
    로 기재되어 있는 자는 회사에 대한 관계에서 그 주식에 관한 의결권 등 주
    주권을 행사할 수 있다고 한다. 다음 경우에 명부상 주주와 실질상 주주 중
    누가 회사에 대한 관계에서 주주권을 행사하여야 하는가?
    (1) 분실주권을 습득하거나 주권을 절취한 자가 명의개서를 한 경우
    (2) 명의개서 신청자 내지 회사의 오류에 의하여 우연히 주주명부에 기재된 자
    (2) 보관된 주권을 이용하여 임의로 명의개서한 경우

[참고판례]
• 대법원 1989. 7. 11. 선고 89다카5345 판결(보관된 주권을 이용하여 임의로 명의
  개서한 경우 주주권 행사)
Y회사 주식을 양수하기로 한 승계인이 제3자에게 해당주식을 처분하는 과정에
서 처분의 편의를 위하여 주권을 대표이사 A에게 보관하였는데 결제금액과 관
련하여 상호분쟁이 발생하자 A가 주권을 점유하고 있음을 기화로 전주식을 자
신의 명의로 명의개서를 한 사안이다. 원고는 A만이 참석하여 개최한 주주총회
결의 부존재 및 부존재하는 주주총회에서 선임된 이사들로 개최된 이사회결의
의 무효확인을 청구하였다.
   법원은 "상법(1984. 9. 1. 시행의 법률 제3724호)의 규정상 주권의 점유자는 이
를 적법한 소지인으로 추정하고 있으나(제336조 제2항) 이는 주권을 점유하는
자는 반증이 없는 한 그 권리자로 인정된다는 것, 즉 주권의 점유에 자격수여적
효력을 부여한 것이므로 이를 다투는 자는 반대사실을 입증하여 반증할 수 있는

것이며, 또한 기명주식의 이전은 취득자의 성명과 주소를 주주명부에 기재하여 야만 회사에 대하여 대항할 수 있는 바(제337조 제1항), 이 역시 주주명부에 기재된 명의상의 주주는 실질적 권리를 증명하지 않아도 주주의 권리를 행사할 수 있게 한 자격수여적 효력만을 인정한 것 뿐이지 주주명부의 기재에 창설적 효력을 인정하는 것이 아니므로 반증에 의하여 실질상 주식을 취득하지 못하였 다고 인정되는 자가 명의개서를 받았다 하여 주주의 권리를 행사할 수 있는 것 도 아니다"라고 판시하였다.

(3) 주권을 발행하지 않은 회사에서 회사성립 후 또는 신주납입기일 후 6개 월 경과전 주식의 양도는 무효인데도 불구하고(335조 3항) 양수인명의로 명 의개서를 한 후 양도인의 명의가 회복되기 전의 경우

(4) 주식을 양수한 후 양수인 명의로 명의개서를 한 후 주식양도계약이 해제 되었으나 양도인의 명의가 회복되기 전의 경우

(5) 합병 또는 상속 등의 포괄승계의 경우에 상속인·존속회사가 명의개서를 하지 아니한 경우. 이 경우에는 특히 피상속인·소멸회사는 존재하지 않는 데도 불구하고 상속인·존속회사가 주주권을 행사할 수 없다고 보아야 할 것인가?

Q2 (1) 회사가 부적법한 명의개서임을 모르고 주주명부에 기재되어 있는 자에 게 주주권을 행사시켰다면 면책될 수 있는가?

(2) 회사가 부적법한 명의개서임을 알고 이를 용이하게 증명할 수 있는 경우 에 명의자에게 권리행사를 시켰다면 면책될 수 있는가? [판례 61(전원합의 체)] 판결은 "주주명부상의 주주가 형식주주에 불과하다는 것을 알았거나 중대한 과실로 알지 못하였고 또한 이를 용이하게 증명하여 의결권 행사를 거절할 수 있었음에도 의결권 행사를 용인하거나 의결권을 행사하게 한 경 우"에는 주주명부 기재의 면책력이 적용되지 아니하여 의결권 행사가 위법 하다는 판결(대법원 1998. 9. 8. 선고 96다45818 판결)을 폐기하였는데, 부적법 한 명의개서의 경우에도 [판례 60(전원합의체)]에 따라 판단하여야 할 것인가?

(3) [판례 61(전원합의체)]과 [판례 62]가 영향을 미칠 기타 법률관계

Q1 판례는 ① 이사회 소집절차에 하자가 있더라도 주주전원이 참석하여 아무런 이의 없이 일치된 의견으로 총회를 개최하는 데 동의하고 결의가 이루어졌 다면 그 결의는 특별한 사정이 없는 한 유효하고(대법원 2002. 7. 23. 선고

2002다15733 판결 등) ② 1인회사의 경우에는 실제로 총회를 개최한 사실이 없더라도 그 1인 주주에 의하여 의결이 있었던 것으로 주주총회의사록이 작성되었다면 특별한 사정이 없는 그 내용의 결의가 있었던 것으로 볼 수 있다고 본다(대법원 2004. 12. 10. 선고 2004다25123 판결 등).

(1) 전원출석총회인지 여부는 명의자를 기준으로 판단할 것인가?

(2) 1인회사인지 여부를 명의자를 기준으로 판단할 것인가?

Q2 상법상 일정 비율 이상의 주식을 소유하고 있는지 여부를 판단하여야 하는 경우가 있다. ① 감사선임시 3% 초과 보유 주식에 대한 의결권 제한(409조 2항), ② 주식의 상호보유의 경우 의결권 제한(369조 3항), ③ 지배주주의 주식매도청구권(360조의24) 및 소수주주의 주식매수청구권(360조의25), ④ 주요주주 등의 자기거래(398조) 등이 그러하다. 이 경우 주식소유 여부를 명의자를 기준으로 판단하여야 하는가? 위의 경우에 명의자를 기준으로 판단하면 어떠한 문제가 있는가?

Q3 총회의 결의에 관하여 특별한 이해관계가 있는 자는 의결권을 행사하지 못한다(368조 3항). 명의자를 기준으로 특별한 이해관계가 있는지 판단하여야 하는가?

Q4 이사의 회사에 대한 책임은 총주주의 동의로 면제할 수 있다(400조 1항). [판례 61(전원합의체)]에 따르면 명의자를 기준으로 주주인지 여부를 판단하여야 하는가? [판례 62]에 따르면 타인의 승낙을 얻어 주식을 인수 또는 양수한 경우 명의자를 기준으로 주주인지 여부를 판단하여야 하는가? 명의개서미필의 경우에는 양도인과 양수인 중 누구를 기준으로 주주인지 여부를 판단하여야 하는가?

Q5 판례는 주주가 직접손해를 입은 경우에는 이사의 제3자에 대한 책임(401조)을 물을 수 있다고 본다(대법원 1993. 1. 26. 선고 91다36093 판결 등). 이사의 제3자에 대한 책임을 물을 수 있는 직접손해를 입은 주주는 명의자인가 아니면 명의차용자인가?

참고자료 김재남, 주주명부상 주주와 실질주주가 다를 경우 발생하는 회사법상 쟁점-대법원 2017. 3. 23. 선고 2015다248342 판결을 중심으로, 「BFL」 제89호 (2018. 5).

(4) 타인명의 주식인수시 납입의무

상법은 가설인의 명의로 주식을 인수하거나 타인의 승낙 없이 그 명의로 주식을 인수한 자는 주식인수인으로서의 책임이 있다고 규정하고(332조 1항), 타인의 승낙을 얻어 그 명의로 주식을 인수한 경우에는 실질상의 주주와 명의 주주가 연대하여 납입의무를 부담하도록 하였다(332조 2항).

[판례 64]

대법원 2004. 3. 26. 선고 2002다29138 판결(새한파이낸스 명의차용 가장납입)

• 사실관계

A와 B는 1997. 6.경 새한파이낸스주식회사를 설립하면서 주식을 인수하였는데, Y(B의 선배) 명의로 발행주식 중 20,000주(주금 1억원)가 인수된 것으로 주주명부를 작성하였고 Y를 이사로 등재하였다. A와 B는 주금을 납입함에 있어서 1997. 7. 4. 사채업자로부터 10억원을 차입하여 가장납입한 후 설립등기 직후 금원을 인출하여 차입금을 변제하였다. A와 B는 공동대표이사로 등기되어 있었고, Y는 이사로 등기되어 있었으나 실제로 Y가 주주 및 이사로서 참여하여 활동한 바는 없었다. 원고 X는 새한파이낸스에 1억4천만원을 대여하였다가 반환받지 못하자 지급명령을 받았다. X는 지급명령정본에 터잡아 청구금액을 9천만원으로 하여 새한파이낸스 설립시 그 주식 18,000주를 Y가 인수함으로써 새한파이낸스가 Y에 대하여 가지는 주금납입청구채권에 관하여 압류 및 전부명령을 받았고, 그 명령은 Y에게 송달되어 확정되었으며, 2001. 4. 26. 전부금 지급청구소송을 제기하였다.

• 법원의 판단

상법 제332조 제 2 항은 "타인의 승낙을 얻어 그 명의로 주식을 인수한 자는 그 타인과 연대하여 납입할 책임이 있다"라고 규정하고 있는바, 이는 주식회사의 자본충실을 기한다는 취지에서 주금의 납입을 완료하기 전에 실질상 주주인 명의차용자와 외관을 창출한 명의대여자 모두에게 주금납입의 연대책임을 부과하는 규정이라고 할 것이고, 따라서 주금납입이 완료된 경우에는 위 규정이 적용되지 않는다고 할 것이다.

주식회사를 설립하면서 일시적인 차입금으로 주금납입의 외형을 갖추고 회사 설립절차를 마친 다음 바로 그 납입금을 인출하여 차입금을 변제하는 이른 바 가장납입의 경우에도 주금납입의 효력을 부인할 수는 없다고 할 것이어서 주식인수인이나 주주의 주금납입의무도 종결되었다고 보아야 할 것이고(대법원 1998. 12. 23. 선고 97다20649 판결 참조), 한편 주식을 인수함에 있어 타인의 승낙을 얻어 그 명의로 출자하여 주식대금을 납입한 경우에는 실제로 주식을 인수하여 그 대금을 납입한 명의차용인만이 실질상의 주식인수인으로서 주주가 된다고 할 것이고 단순한 명의대여인은 주주가 될 수 없다고 할 것이다(대법원 1975. 9. 23. 선고 74다804 판결, 1998. 4. 10. 선고 97다50619 판결 등 참조).

따라서 주식회사의 자본충실의 요청상 주금을 납입하기 전에 명의대여자 및 명의차용자 모두에게 주금납입의 연대책임을 부과하는 규정인 상법 제332조 제 2 항은 이미 주금납입의 효력이 발생한 주금의 가장납입의 경우에는 적용되지 않는다고 할 것이고, 또한 주금의 가장납입이 일시 차입금을 가지고 주주들의 주금을 체당납입한 것과 같이 볼 수 있어 주금납입이 종료된 후에도 주주는 회사에 대하여 체당납입한 주금을 상환할 의무가 있다고 하여도 이러한 주금상환채무는 실질상 주주인 명의차용자가 부담하는 것일 뿐 단지 명의대여자로서 주식회사의 주주가 될 수 없는 자가 부담하는 채무라고는 할 수 없을 것이다.

Questions & Notes

Note   위의 판례에서 밑줄 친 부분에서 인용된 판례는 타인명의로 주식인수한 경우 주주의 확정에서 실질설을 택한 판례로서 [판례 61(전원합의체)]에 의하여 변경되었다.

Q1   가장납입에 대해서 판례는 납입 자체는 유효하고, 회사가 주금을 체당납입한 것으로 보아 주식인수인에게 체당납입한 주금의 반환을 청구할 수 있다고 본다. 위 판결은 회사설립시 타인의 승낙을 얻어 명의를 차용하여 주식을 인수한 자가 가장납입을 한 사안이다. 상법 제332조 제 2 항은 "타인의 승낙을 얻어 그 명의로 주식을 인수한 자는 그 타인과 연대하여 납입할 책임이 있다"고 규정하고 있는바, 회사가 이 규정을 적용하여 체당납입한 주금의 상환청구를 명의대여자에게도 할 수 있는가가 문제되었다.

(1) 위 판결에서 명의대여자에게 청구할 수 없다고 본 근거는 무엇인가?

(2) [판례 61(전원합의체)] 선고 이후 명의대여자에게 체당납입한 주금의 상환청구를 할 수 없다는 판시내용도 변경되어야 하는가?

(5) 명의개서 해태와 신주의 귀속

주식의 양수인이 명의개서를 하지 아니하면 회사에 대하여 주주권을 행사할 수 없다(주주명부의 대항력). 예를 들어 회사가 이익배당이나 신주를 발행하는 경우에 회사는 특별한 사정이 없으면 명부상 주주인 양도인에게 배당금을 지급하고 신주를 교부하면 면책된다(주주명부의 면책력). 주식양도계약에서 양도인과 양수인 간에 형식상의 주주가 교부받은 배당금이나 신주를 어떻게 처리할 것인가는 계약상의 문제이다. 당사자 사이의 합의에 따라 주식을 양도한 후 명부상의 주주가 된 양도인이 보유를 하거나, 또는 양수인이 양도인에게 지급 또는 교부받은 결과물을 이전해 줄 것을 청구할 수 있다. 약정이 없는 경우에 명부상 주주인 양도인이 수령한 이익배당금이나 합병교부금에 대해서는 양수인이 부당이득으로 반환을 청구할 수 있다고 보는 데 별다른 이견이 없는데, 신주가 발행된 경우에는 양도인과 양수인 사이에서 신주가 누구에게 귀속된다고 해석할 것인가가 문제된다.

[판례 65]

대법원 1995. 7. 28. 선고 94다25735 판결(실기주)

• 사실관계

X의 아버지와 어머니인 A 등 가족들은 Y회사를 설립하였다. A는 Y회사 설립 당시 Y회사의 대표자로 주식을 소유하고 그 주권을 소지하고 있었다. Y회사가 1965년과 1966년 주식병합과 자본감소의 절차를 거치면서도 그에 따른 주권을 발행하지 않고 있었다. Y회사의 대표이사인 소외 A가 1983. 2. 28. 원고 X에게 자신의 소유주식 전부인 Y회사 주식 90주를 증여하면서 그 취지를 서면으로 작성하였고, 그 당시 A가 소지하고 있던 주권(회사 설립 당시에 발행된 주권)을 X에게 인도하였다. X는 위 주식을 증여받은 후 1984. 3. 9. Y회사에게 위 A 소유의 주식을 양수하였다는 내용의 통지만 하고, 위 주식에 대한 명의개서절차를 마치지 아니하였다. Y회사는 1987. 7. 6.부터 같은 해 8. 29. 사이에

3회에 걸쳐 신주를 발행하면서 이 사건 주식에 대하여 주주명부상 주주로 등재되어 있는 위 A에게 합계 5,670주의 신주를 배정하였고, 위 A가 그 신주를 인수하여 그 대금을 납입함으로써 이를 취득하였다. Y회사는 위 주식병합, 자본감소 이후인 1987. 8. 29. 3번째 신주발행을 하면서 그 주권을 발행하였다. X는 Y회사에게 A 명의의 피고회사 주식 5,760주(90주+5,670주)에 대하여 명의개서절차를 이행하여 줄 것을 청구하였다.

• **법원의 판단**

[원심(서울민사지방법원 1994. 4. 29. 선고 93나43308 판결)]

"(1) 원고는 1983. 2. 28. 위 A로부터 그 명의로 등재된 보통주 90주 전부를 증여받은 사실은 이미 앞에서 본 바와 같으므로 위 A 명의로 등재된 주식 중 90주에 관하여는 원고가 실질적인 주주라고 할 것이지만, (2) 주식이 양도되었으나 주식양수인이 그에 따른 명의개서를 하지 않고 있는 사이에 회사가 신주를 발행하는 경우에 회사는 주주명부상의 주주인 주식양도인에게 신주를 배정하면 족하고, 주식양도인이 신주를 인수하여 그 주식대금을 납입한 이상 주식양도인이 그 신주를 취득하는 것이라 할 것이므로(사후에 주식양수인이 주식양도인에 대하여 신주의 인수에 의하여 받은 이익을 부당이득으로서 반환청구할 수 있는지의 문제는 별론으로 한다), A가 원고에게 주식 90주를 양도한 후에 피고회사가 한 신주발행에서 신주를 배정받아 이를 인수하고 그 대금을 납입함으로써 취득한 보통주 5,670주는 A에게 귀속되는 것이라고 할 것이어서, (3) 원고는 피고회사가 3회에 걸쳐 한 신주발행 이전에 위 A가 보유하고 있던 90주에 한하여서만 피고에게 명의개서를 청구할 수 있다고 할 것이다. …

피고는, 위 90주에 대한 원고의 명의개서청구권이 시효소멸하였다고 항변하므로 살피건대, 명의개서청구권은 주주권의 한 내용으로서 주주로서의 자격을 유지하는 이상 언제나 행사할 수 있는 것이어서 주주권으로부터 독립하여 시효소멸의 대상이 되지 않는 것이라고 할 것이므로 피고의 이 부분 항변도 이유없다."

[대법원]

"2. 상고이유 제 1 점에 대하여,

기명주식을 취득한 자가 회사에 대하여 주주로서의 자격을 인정받기 위하여

는 주주명부에 그 취득자의 성명과 주소를 기재하여야 하고(상법 제337조 제 1
항), 취득자가 그 명의개서를 청구할 때에는 특별한 사정이 없는 한 회사에게
그 취득한 주권을 제시하여야 한다.

따라서 원심이 확정한 바와 같이 원고가 소외 A로부터 이 사건 주식을 증여
받은 뒤 피고에게 위 양수한 내용만 통지하였다면 위 통지한 사실만 가지고는
피고에게 명의개서를 요구한 것으로 보기 어렵다 할 것이므로 원심이 같은 견
해에서 명의개서요구가 있었다는 원고의 주장을 배척한 조치는 옳다고 여겨지
고, 거기에 상고이유의 주장과 같은 채증법칙을 위배하여 사실을 오인한 위법
이 있거나 명의개서에 관한 법리를 오해한 위법을 저질렀다고는 볼 수 없다.

3. 상고이유 제 2 점에 대하여

상법 제416조에 의하여 주식회사가 주주총회나 이사회의 결의로 신주를 발
행할 경우에 발생하는 구체적 신주인수권은 주주의 고유권에 속하는 것이 아
니고 위 상법의 규정에 의하여 주주총회나 이사회의 결의에 의하여 발생하는
구체적 권리에 불과하므로 그 신주인수권은 주주권의 이전에 수반되어 이전되
지 아니한다 할 것인바, 회사가 신주를 발행하면서 그 권리의 귀속자를 주주총
회나 이사회의 결의에 의한 일정시점에 있어서의 주주명부에 기재된 주주로
한정할 경우 그 신주인수권은 위 일정시점에 있어서의 실질상의 주주인가의
여부와 관계없이 회사에 대하여 법적으로 대항할 수 있는 주주, 즉 주주명부에
기재된 주주에게 귀속된다 할 것이므로 주주명부상의 주주가 신주인수대금을
납입하였다면 위 명부상의 주주가 신주를 취득한다고 보아야 한다."

Questions & Notes

Q1 원고가 회사에게 주식양수사실을 통지하였다. 명의개서를 청구한 것인가? 명
의개서청구로 보지 않는다면 그 이유는 무엇인가?

Q2 위의 [판례 65]에서 대법원은 주식의 양수 후 명의개서를 해태한 경우 신주
인수권은 명부상주주에게 귀속되므로 명부상주주가 신주인수대금을 납입하
였다면 명부상의 주주가 신주를 취득한다고 보았다. 그 근거는 무엇인가?

Q3 [판례 65]는 원고가 A를 상대로 신주의 반환을 청구하는 소에서 누가 승소
할 것인가에 대하여 기준을 제시하고 있는가?

Q4 주식양도 후 명의개서를 해태한 경우 학설은 거의 대부분 양도인과 양수인 사이에서 별도의 합의가 없는 한 신주인수권은 양수인에게 귀속한다고 해석한다. 이러한 해석에 의할 때 양수인이 어떠한 법리에 기하여 양도인이 신주인수대금을 납입하여 교부받은 신주의 반환을 청구할 수 있는가?

Q5 아래의 대법원 1988. 6. 14. 선고 87다카2599, 2600(반소) 판결은 주식양도인의 채권자에 의한 신주의 압류의 적법성을 인정하였다. 이는 양도인과 양수인 사이에서 신주인수권이 양도인에게 귀속한다고 본 판결인가?

[참고판례]

• 대법원 1988. 6. 14. 선고 87다카2599, 2600(반소) 판결(명의개서해태와 무상신주 귀속)

Y(대한보증보험)는 B회사(대한주정)의 주식을 취득하였다. B회사가 준비금을 자본전입하여 무상주 발행결의를 하였는데, 이사회결의로 정한 날까지 Y는 명의개서를 하지 아니하고, 명부상은 A(대전주정)가 주주로 기재되어 있었다. A의 채권자 X가 A를 채무자, B회사를 제 3 채무자로 하여 주식에 대하여 압류를 하였다. 한편 Y는 이 사건 주식에 대하여 이중압류를 하자 X가 Y를 상대로 제 3 자이의의 소를 제기하였다.

법원은 "상법 제461조에 의하여 주식회사가 이사회의 결의로 준비금을 자본에 전입하여 주식을 발행할 경우에는 회사에 대한 관계에서는 이사회의 결의로 정한 일정한 날에 주주명부에 주주로 기재된 자만이 신주의 주주가 된다고 할 것이다. 원심이 확정한 바와 같이 Y가 B의 기명주식을 실질적으로 취득하였었으나 B의 이사회가 이 사건 신주를 발행하면서 정한 1984. 12. 20. 현재 Y가 기명주식의 명의개서를 하지 아니하고 있었고 A가 그 주주로 기재되어 있었다면 B에 대한 관계에서는 이 사건 신주의 주주는 소외 A라 할 것이고, 따라서 원고 X가 이 사건 신주에 대하여 소외 A를 채무자, 소외 B를 제 3 채무자로 하여 한 주식압류는 무효라고 할 수 없다 할 것이므로 같은 견해에서 원고의 이 사건 주식압류가 무효라는 피고의 주장을 배척한 원심의 조처는 정당하고 명의개서를 하지 않은 주식의 양수인과 양도인 사이에서 신주인수권은 양수인에게 귀속하여야 한다는 견해를 내세워 원심에 신주인수권과 소위 실념주 내지 실기주에 관한 법리오해의 위법이 있다는 주장은 받아들일 수 없다"고 판시하였다.

Ⅱ. 주식의 양도

주주가 유한책임을 지는 주식회사에서는 채권자보호의 필요성 때문에 원칙적으로 출자의 반환이 금지된다. 따라서 주주가 주식을 현금화할 수 있는 방법은 기본적으로 주식을 양도하는 것이므로, 상법은 원칙적으로 주식양도의 자유를 인정하고 있다(335조 1항). 주식의 양도방법, 주식의 양도성에 대한 제한을 살펴본다.

1. 주식의 양도방법

주식의 양도를 간편하고 확실하게 할 수 있는 방법으로 주권(株券)이라는 유가증권을 발행하므로, 주식의 양도방법은 일반적인 지명채권 양도와는 달리 규율된다. 주식의 양도는 주권을 교부함으로써 효력이 발생한다(336조). 주권교부에 의한 양도원칙에서 벗어나는 제도로서 주식의 전자등록제도에 따른 계좌 간 대체 방법에 의한 양도가 있다. 전자등록계좌부에 전자등록된 자는 해당 전자증권에 대하여 전자등록된 권리를 적법하게 가지는 것으로 추정되고(상법 356조의2 3항, 전자증권법 35조 1항) 전자증권을 양도하거나 질권의 목적으로 하는 경우에는 전자등록계좌부에 전자등록해야 효력이 발생한다(상법 356조의2 2항, 전자증권법 30조, 35조 3항).

주권발행 전의 주식양도는 절대무효인 것이 원칙이다. 그러나 회사에서는 주권을 발행하지 아니하는 경우도 많으므로, 이러한 원칙을 관철하는 경우에는 양도합의 후 오랜 시간이 지난 다음 양도의 무효를 주장함으로써 신의칙에 어긋나는 경우가 발생한다. 이에 회사법에서는 회사 성립 후 또는 신주납입기일 후 6월이 경과한 후에는 주권발행 전의 주식양도의 효력을 인정한다.

대법원은 주권발행 전 또는 신주납입기일 후 6월이 경과하기 전에 주식양도가 이루어진 후 6월이 경과하고 그때까지 주권이 발행되지 않았다면, 주권발행 전의 주식양도의 하자가 치유된다고 본다(아래 [참고판례] 참조).

주권발행 전의 주식양도의 경우에는 주권이 없으므로 회사와 제 3 자에 대해서는 어떠한 방식으로 주식양도사실을 입증하여 양도의 효력이 인정될 수 있을 것인가도 문제된다.

[참고판례]
• 대법원 1981. 9. 8. 선고 81다141 판결(주권발행 전에 주식을 양수한 자가 회사에 대하여 자기에게 주권발행 교부를 청구할 수 있는지 여부)
"주권발행교부청구권은 주식과 일체로 되어 있어 이와 분리하여 양도할 수 없는

제 **7** 장

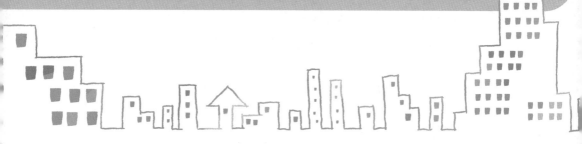

회사재무

다. 이 판결은 주주 간 계약의 효력 범위가 문제된 사안이다.

A회사의 주식을 52.5% 보유하고 있는 원·피고 주주들 사이에서 보유주식의 양도를 제한하고, 회계장부열람청구, 임시주주총회 소집요구 등 소수주주권 행사에 적극적으로 참여하며, 주주총회에서 이사와 감사의 선임 등 안건에 대하여 공동으로 의결권을 행사하는 것을 내용으로 하는 주주 간 협약이 체결되었다. 피고는 A회사의 대표이사로 선임되었는데, 주주이자 이사인 피고가 ⅰ) 이사회에서 원고들의 의사와 달리 의결권을 행사하고 ⅱ) 원고들의 임시주주총회 소집요구, 이사회 소집요구, 의사록 열람요구 등을 거절하였으며, ⅲ) 주주총회에서 감사의 해임안 및 선임안에 원고들과 달리 의결권을 행사하였다.

원심은 "주주의 대부분이 이사를 겸하는 주식회사라고 하여도 주주로서의 권한과 이사로서의 권한은 명백히 구별되는데, 일부 주주들 간의 협약으로 이사의 권한을 제한하게 되면 협약을 체결하지 않은 다른 주주들이나 회사의 이익을 침해할 수 있어서 이사의 충실의무나 선관주의의무에 위배될 소지가 큰 점 등의 사정에 비추어 보면, 이 사건 협약은 원·피고들의 주주로서의 권한을 제한하는 효력을 가진다고 볼 수 있을 뿐 이사로서의 권한을 제한하는 효력은 가진다고 볼 수 없고, 이는 원·피고들이 주주의 지위를 가지면서 동시에 이사의 지위를 가진다고 했더라도 마찬가지"라고 보면서, ⅰ)에 대해서는 피고는 A회사의 이사로서의 지위에서 의결권을 행사한 것이고, 주주로서의 권한행사와는 아무런 관련이 없고 ⅱ)에 관해서는 피고의 위와 같은 행위는 A회사의 이사 또는 대표이사의 지위를 전제로 한 것이므로 이 사건 협약의 효력이 미치지 않고, ⅲ)에 관해서는 주주총회 의장인 원고가 감사에게 소명 기회 부여를 명시적으로 거절하였으므로 주주총회 결의에 하자가 있는 점 및 이 사건 협약의 주된 목적인 공동경영권 확보를 하는 데 장애가 되지 않고, 이 사건 협약에서 규정하는 주주로서의 권한 행사는 원·피고들을 제외한 외부세력으로부터 주주로서의 권리를 공동으로 행사하려는 것으로 봄이 상당하므로, 협약의 당사자인 원고들과 피고들 사이에 분쟁이 발생한 경우에도 다수결의 원칙에 따라 언제나 다수 주주의 의견에 따라 주주로서의 권한을 통일적으로 행사하여야 한다면 이는 소수자 보호라는 다수결원칙의 내재적인 한계를 벗어나게 되는 점 등을 이유로 피고가 주주총회에서 원고들과 다른 의사표시를 하였다고 하여 이를 이 사건 협약위반이라고는 할 수 없다고 판단하였고, 대법원은 이를 인용하였다.

• **대법원 2016. 3. 24. 선고 2015다71795 판결(설립 후 6개월 경과한 주권미발행회사에서 주식을 양수한 후 주식양도제한 정관규정 신설한 경우 효력)**
피고회사는 주권을 발행하지 않은 회사였는데 원고는 성립 후 6개월이 경과한 2010. 1. 18. 주식을 양수하였고, 피고회사가 2010. 5. 27. 정관을 개정하여 주식을 양도하는 경우 이사회의 승인을 얻어야 한다는 주식양도제한규정을 신설하였다. 대법원은 이 경우에 양도제한규정을 들어 원고에 대하여 명의개서를 거부할 수 없다고 판시하였다.

• **대법원 2022. 3. 31. 선고 2019다274639 판결**

갑 주식회사의 출자자 전원이 체결한 주주 간 협약에는 '출자자는 주식을 계속하여 보유하는 것이 위법하게 되는 경우와 나머지 출자자 전원이 동의하는 경우에만 주식양도를 할 수 있고, 이 경우 다른 주주들은 우선매수할 권리가 있다.'는 내용의 조항을 두고 있는데, 을 주식회사가 갑 회사의 출자자인 병 주식회사로부터 갑 회사의 주식을 양수하는 계약을 체결하면서 출자자 전원의 동의를 얻지 못할 경우에는 계약을 무효로 한다고 약정하였다가 병 회사로부터 출자자 전원의 동의를 얻지 못하여 계약이 무효가 되었다는 통보를 받자, 우선매수권 행사가 없는 경우 출자자 전원의 동의는 필요하지 않다는 주장과 주식양도를 위해 출자자 전원의 동의를 요하는 위 협약 조항은 무효라는 주장을 하면서 계약의 유효를 전제로 주식양도절차의 이행을 구한 사안에서, 을 회사와 병 회사가 체결한 계약에서 말하는 '출자자 전원의 동의'는 문언상 위 주주 간 협약과 관련하여 해석해야 하는데, 위 협약 조항은 출자자 전원의 동의와 출자자의 우선매수권을 별도로 정하고 있고, 위 협약 조항에 규정된 우선매수권 부여절차는 주식 보유가 위법하여 주식을 양도하는 경우와 출자자의 동의로 주식을 양도하는 경우에 모두 적용되는 점과 우선매수권 부여절차와 출자자 동의절차가 그 목적에서 서로 구분되는 점을 들어, 위 계약의 해석상 주식양도를 위해서는 우선매수권 부여절차와 별도로 주식양도에 대한 출자자 전원의 동의가 필요하다고 본 원심의 판단과, 위 협약 조항에서 주식의 양도를 전면적으로 금지하는 것이 아니라 일정한 요건과 절차를 거쳐 양도가 가능하도록 규정하고 있고, 갑 회사의 주주가 8명에 지나지 않아 다른 주주로부터 동의를 받는 것이 양도를 금지할 정도에 이른다고 보기 어려운 점, 갑 회사는 존립기간이 설립등기일로부터 13년으로 정해져 있어 주주의 투하자본 회수가 불가능하다고 보기 어려운 점, 갑 회사의 목적 사업은 주주의 구성이 중요하여 그 구성의 변동을 제한할 합리적 필요성이 있는 점을 들어, 주식양도를 위해 출자자 전원의 동의를 받도록 한 위 협약 조항을 무효라고 할 수 없다고 본 원심의 판단에 법리오해 등의 잘못이 없다고 한 사례.

3. 주식의 담보

주식은 질권의 목적으로 할 수도 있고, 양도담보의 목적으로 할 수도 있다. 질권 설정방법은 등록질과 약식질이 있는데, 등록질은 질권설정자인 주주의 청구에 의하여 질권자의 성명과 주소를 주주명부에 기재하고 그 성명을 주권에 기재하는 것이고(340조 1항), 약식질은 질권설정의 합의와 주권의 교부만으로 질권을 설정하는 것이다.

주식에 위와 같이 질권이 설정된 경우에는 주식의 소각, 병합, 분할 또는 전환이 있는 때에는 이로 인하여 종전의 주주가 받을 금전이나 주식에 대하여도 물상대위가 인정된다(339조). 이익배당청구권이나 신주인수권에 관해서는 논란이 있다. 상법은 주식에 대한 질권설정에 관하여만 규정하고 있지만, 실제로는 양도담보의 방법이 더 널리 이용된다.

[참고판례]
- **대법원 2017. 8. 18. 선고 2015다5569 판결(주식에 질권을 설정한 경우 의결권 행사자)**
  주식을 양도하였으나 아직 주식매매대금을 받지 못하여 주식에 근질권을 설정하고 중요사항에 대한 주식의 의결권을 행사할 때 근질권자로부터 사전에 서면에 의한 동의를 얻도록 한 경우 "주식에 대해 질권이 설정되었다고 하더라도 질권설정계약 등에 따라 질권자가 담보제공자인 주주로부터 의결권을 위임받아 직접 의결권을 행사하기로 약정하는 등의 특별한 약정이 있는 경우를 제외하고 질권설정자인 주주는 여전히 주주로서의 지위를 가지고 의결권을 행사할 수 있다."

- **대법원 2020. 6. 11. 자 2020마5363 결정(피담보채권이 변제로 소멸된 경우 주식의 등록양도담보권자의 권리행사)**
  이 사안은 등록양도담보권자의 주주총회 소집허가신청에 대하여, 피담보채권이 변제로 소멸되어 더 이상 주주권을 행사할 수 없으므로 권리남용인가가 문제된 것이다. 대법원은 담보권설정자가 주식의 반환을 청구하는 등의 조치가 없는 이상 신청인(등록양도담보권자)이 여전히 주주라고 판시하였다.

- **대법원 2021. 11. 25. 선고 2018다304007 판결(주식에 대한 유질약정과 질권 실행)**
  피고회사의 주주들은 피고회사의 대출금을 담보하기 위하여 피고회사 주식의 100%인 64,000주에 대하여 채권자인 B회사에게 근질권을 설정하였다. 근질권설정계약에는 유질약정이 포함되었는바, 대출금 채무가 변제되지 못하자 B회사는 질권의 실행으로 피고회사의 주식을 상속증여세법상 비상장주식의 평가방법에 따라 0원으로 평가하여 원고에게 양도하였다. 원고는 명의개서를 청구하였으나 피고회사가 명의개서를 거부하고 신주를 발행하자 원고가 신주발행의 무효를 청구하였다. 여기서 원고의 당사자적격과 관련하여 원고가 주주의 지위를 취득하였는가가 문제되었다. 대법원은 "질물인 비상장주식의 가격이나 그 산정방식에 관하여 질권설정계약에서 정한 바가 없고 또 객관적으로 형성된 시장가격이 없거나 이를 확인하기 어려운 형편이라면, 채권자가 유질약정을 근거로 처분정산의 방법으로 질권을 실행할 때 일반적으로 허용된 여러 비상장주식 가격 산정방식 중 하나를 채택하여 그에 따라 처분가액을 산정한 이상, 설령 나중에 그 가격이 합리적인 가격이 아니었다고 인정되더라도, 다른 특별한 사정이 없는 한 유질약정의 내용에 따라 채권자와 채무자 사이에서 피담보채무의 소멸 범위나 초과액의 반환 여부, 손해배상 등이 문제될 여지가 있을 뿐이고 채권자와 처분 상대방 사이에서 채권자의 처분행위 자체가 무효로 된다고 볼 수는 없다"고 판시했다.

Ⅲ. 주주평등의 원칙

주주평등의 원칙은 주주의 법률상의 지위가 균등한 주식으로 단위화 되어 있으므로 주주를 그 보유주식의 수에 따라 평등하게 취급하여야 한다는 것이다. 주주평등원칙을 무시한 정관의 규정, 주주총회결의나 이사회결의 등은 불평등한 취급을 당한 주주가 동의한 경우 등의 특별한 사정이 없는 한 무효이다. 주주평등의 원칙은 다수결의 남용으로부터 소수주주의 이익을 보호하는 역할을 한다. 우리나라 판례는 종래 일부 주주에게 특별한 권한 또는 이익을 부여하게 된 배경을 감안하지 않고 주주평등원칙을 경직적으로 운영하는 측면이 있었는데, 최근 차등적 취급에 대해서 여러 정황을 고려하여 그 적법성을 판단해야 한다는 판결이 등장하고 있다.

[판례 69]

대법원 2007. 6. 28. 선고 2006다38161, 38178 판결(평화은행 유상증자)

• **사실관계**

피고 Y(평화은행)는 1998. 2. 26. 금융감독원으로부터 BIS 자기자본비율이 8% 미만이라는 이유로 경영개선명령을 받고, 1,000억원을 유상증자한다는 계획을 세우고, 이 중 150억원에 대해서는 임·직원이 참여하여 유상증자를 하기로 하였다. 1998. 6. 23. 주식청약에는 임직원 총 1,575명 가운데 1,512명이 퇴직금을 중간정산하여 참여하였는데, 1998. 6. 26. 시가가 1주당 780원임에도 액면가가

5,000원인 점을 감안하여 임·직원들의 요구로 퇴직금 중간정산을 받은 자금으로 자본금 증자에 참여한 직원에게 퇴직시 출자 손실액이 발생할 경우에는 이를 전액 보전한다는 합의서를 작성하였고, 이를 뒷받침하기 위하여 '자본증자 참여직원에 대한 퇴직금 특례지급기준'(통칭하여 이하 '손실보전약정')을 작성하였다. 그런데 Y은행은 2000. 12. 18. 금융감독위원회로부터 부실금융기관으로 지정되어 공적자금이 투입되고 기존주식 전부를 무상소각하는 감자명령이 내려졌다. 원고들은 퇴직금 중간정산을 하여 위 유상증자에 참여하였다가 퇴직한 직원들로서, 위 손실보전약정에 따른 약정금을 지급할 것을 청구하였다.

• 법원의 판단

원심에서는 ① 손실보전약정에 기한 약정금 청구에 대해서는 손실보전약정과 퇴직금 특례지급기준이 주주평등의 원칙 및 자기주식 취득금지의 원칙에 위반되어 무효라고 배척하였고 ② 신주인수행위가 무효임을 전제로 한 납입주금액 상당의 부당이득반환청구에 대하여는, 무효로 되는 것은 손실보전약정과 퇴직금 특례지급기준이며 중간정산을 한 행위나 주식인수행위 자체는 무효가 아니라는 이유로 배척하였다 ③ 불법행위로 인한 손해배상청구는 일부 인용하였는데, 피고은행이 적극적으로 무효인 손실보전약정 등을 하면서 유상증자에 참여할 것을 권유한 것으로 위법하여 불법행위를 구성한다고 보되, 다만 직원들의 손실보전 요구도 책임발생의 한 원인이 되었다고 보아 피고은행의 책임을 80%로 제한하였다.

대법원에서는 원심의 판단을 유지하였는데, 위의 ①과 ②에 대해서는 구체적으로 다음과 같이 판시하였다.

"가. 원심판결의 이유를 기록에 비추어 살펴보면, 원심이 그 판시와 같은 사실을 인정한 다음 이 사건 손실보전합의 및 퇴직금 특례지급기준(이하 이들을 포괄하여 '이 사건 손실보전약정'이라고만 한다)은 유상증자에 참여하여 주주의 지위를 갖게 될 평화은행의 직원들에게 퇴직시 그 출자 손실금을 전액 보전해 주는 것을 내용으로 하고 있어서 회사가 주주에 대하여 투하자본의 회수를 절대적으로 보장하는 셈이 되고 다른 주주들에게 인정되지 않는 우월한 권리를 부여하는 것으로서 주주평등의 원칙에 위반되어 무효라고 한 판단은 정당하다.

비록 이 사건 손실보전약정이 사용자와 근로자의 관계를 규율하는 단체협약 또는 취업규칙의 성격을 겸하고 있다고 하더라도, 주주로서의 지위로부터 발생하는 손실에 대한 보상을 주된 목적으로 한다는 점을 부인할 수 없는 이상 주주평등의 원칙의 규율 대상에서 벗어날 수는 없을 뿐만 아니라, 그 체결 시점이 원고들의 주주자격 취득 이전이라 할지라도 원고들이 신주를 인수함으로써 주주의 자격을 취득한 이후의 신주매각에 따른 손실을 전보하는 것을 내용으로 하는 것이므로 주주평등의 원칙에 위반되는 것으로 보아야 할 것이고, 이 사건 손실보전약정 당시 원고들이 평화은행의 직원이었고 또한 시가가 액면에 현저히 미달되는 상황이었다는 사정을 들어 달리 볼 수는 없다. …

나. 위와 같은 이유에서 이 사건 손실보전약정이 무효라고 보는 이상, 나아가 자기주식 취득금지의 원칙에도 위반되는지 여부는 원심판결의 결론에 영향을 미칠 수 없는 것이다. 따라서 이 사건 손실보전약정이 자기주식 취득금지의 원칙에 위반되지 아니한다는 점을 전제로 하는 상고이유의 주장은 나아가 살펴볼 필요 없이 이유 없다.

다. 민법 제137조는 임의규정으로서 의사자치의 원칙이 지배하는 영역에서 적용된다고 할 것이므로, 법률행위의 일부가 강행법규인 효력규정에 위반되어 무효가 되는 경우 그 부분의 무효가 나머지 부분의 유효·무효에 영향을 미치는가의 여부를 판단함에 있어서는 개별 법령이 일부무효의 효력에 관한 규정을 두고 있는 경우에는 그에 따라야 하고, 그러한 규정이 없다면 원칙적으로 민법 제137조가 적용될 것이나 당해 효력규정 및 그 효력규정을 둔 법의 입법 취지를 고려하여 볼 때 나머지 부분을 무효로 한다면 당해 효력규정 및 그 법의 취지에 명백히 반하는 결과가 초래되는 경우에는 나머지 부분까지 무효가 된다고 할 수는 없다고 할 것이다(대법원 2004. 6. 11. 선고 2003다1601 판결 등 참조). 따라서 이 사건에서 원고들의 신주인수의 동기가 된 이 사건 손실보전약정이 주주평등의 원칙에 위반되어 무효라는 이유로 이 사건 신주인수까지 무효로 보아 원고들로 하여금 그 주식인수대금을 부당이득으로서 반환받을 수 있도록 한다면 이는 사실상 다른 주주들과는 달리 원고들에게만 투하자본의 회수를 보장하는 결과가 되어 오히려 강행규정인 주주평등의 원칙에 반하는 결과를 초래하게 될 것이므로, 이 사건 신주인수계약까지 무효라고 보아서는 아니 될 것이다(대법원 2005. 6. 10. 선고 2002다63671 판결 참조).

원심이, 원고들의 신주인수계약까지 무효로 됨을 전제로 하여 각 그 주식인
수대금 상당의 부당이득의 반환을 구하는 청구를 배척한 것은 위 법리에
따른 것이어서 정당하고, 거기에 상고이유의 주장과 같은 법리오해 등의 위법
이 없다."

Questions & Notes

[Note] 이 사건에서는 위 신주인수가 자기주식취득에 해당되는가도 문제되지만, 여
기에 대해서는 제 6 장을 참조.

Q1 이 판결에서는 결과적으로는 피고은행에 책임이 인정되었다. 불법행위에 기
한 손해배상책임을 부담하는 것과 손실보전약정에 기하여 약정금을 지급할
의무를 부담하는 경우와 주식인수의 무효를 주장하는 경우와의 차이는 무엇
인가?

Q2 (1) 주주평등의 원칙이란 주주자격에 기한 법률관계에 대해서는 그가 가진
주식 수에 따라 평등한 취급을 받는다는 것이다. 손실보전약정이 주주평등
원칙 위반이라면 대주주에게 회사재산을 저가로 매각하여 이익을 제공하는
경우도 주주평등원칙 위반인가?

(2) 대법원은 "손실보전약정이 주주평등의 원칙에 위반되어 무효라고 한 판
단은 정당하다"라고 판시하였다. 이것은 손실보전약정의 내용은 문제가 없
는데, 특정주주들에게만 손실보전을 하기로 했다는 점에서 무효인가? 만약
회사가 모든 주주들을 상대로 손실보전약정을 하면 유효한가?(예 : 기존주주
들에게도 신주인수인과 같은 내용의 손실보전약정을 하는 경우, 회사설립시 손
실보전약정을 하는 경우)

(3) 회사가 서로 다른 종류의 주식을 발행한 경우에는 주식의 종류에 따라
서로 다른 취급을 할 수 있다. 회사가 별도의 종류의 주식을 발행하면서
(예 : 임직원들에게 새로운 우선주를 발행) 이건 손실보전약정과 같은 내용의
약정을 하면 효력이 있나?

(4) 피고은행은 유상증자가 이루어지지 않았다면 퇴출될 위기에 처해 있었
다. 손실보전약정에 따른 유상증자로 인하여 회사채권자나 주주에게 손해가
있는가? 이 상황에서는 다른 주주도 임직원의 유상증자 참여를 위해서 손실
보전약정에 동의하였을 것이다. 그렇다면 주주평등 원칙에 위반되지 않는다

고 볼 여지는 없는가?

(5) 판례는 손실보전약정이 주주가 아닌 상태에서 체결되고 신주인수계약과 별도로 약정되더라도 주주평등원칙의 적용대상이라고 보았다. 그렇다면 회사가 신주를 발행하면서 특정 투자자에게 별도의 권리, 예를 들어 각종 통지수령권, 협의권 등을 부여하는 약정도 무효로 볼 것인가?

Q3 손실보전약정이 주주평등원칙의 위반이 아니라고 가정하자. 그러면 손실보전 약정은 아무런 문제가 없는 것인가?

Q4 [판례 59]에서는 회사의 대출과 주식인수 및 주금납입이 모두 무효라고 판시하였으나, [판례 69]에서는 회사의 손실보전 약정만 효력이 없고 주식인수는 유효하다고 판시하였다. 어떠한 점에 차이가 있어서 서로 다른 결론에 이르게 되었는가?

[참고판례]

• **대법원 2020. 8. 13. 선고 2018다236241 판결(셀틱, 주식인수인에 대한 수익금 보장약정이 주주평등원칙 위반으로 무효인지 여부)**

회사가 유상증자에 참여하는 투자자들에게 투자금을 30일 후 반환하고 투자원금에 대한 수익률을 지급하며 별도 담보를 제공하기로 약정한 사안이다.

대법원은 "회사가 신주를 인수하여 주주의 지위를 갖게 되는 자와 사이에 신주인수대금으로 납입한 돈을 전액 보전해 주기로 약정하거나, 상법 제462조 등 법률의 규정에 의한 배당 외에 다른 주주들에게는 지급되지 않는 별도의 수익을 지급하기로 약정한다면, 이는 회사가 해당 주주에 대하여만 투하자본의 회수를 절대적으로 보장함으로써 다른 주주들에게 인정되지 않는 우월한 권리를 부여하는 것으로서 주주평등의 원칙에 위배되어 무효이다. 이러한 약정의 내용이 주주로서의 지위에서 발생하는 손실의 보상을 주된 내용으로 하는 이상, 그 약정이 주주의 자격을 취득하기 이전에 체결되었다거나, 신주인수계약과 별도의 계약으로 체결되는 형태를 취하였다고 하여 달리 볼 것은 아니다."라고 판시하였다.

• **대법원 2018. 9. 13. 선고 2018다9920, 9937 판결(회사의 운영자금 제공에 대한 대가로 임원추천권을 약정하였다가 주식매수 후 임원추천권을 포기하고 일정금액을 지급하기로 하는 약정이 주주평등원칙 위반인지 여부)**

이 판결은 앞의 제 3 장 Ⅰ.4.(3) 주주의 권리행사에 관한 이익공여의 참고판례(대법원 2017. 1. 12. 선고 2015다68355, 68362 판결)와 동일한 사안으로 위법한 이익공여의 측면이 아니라 주주평등원칙 위반 여부가 다투어진 사건이다.

주식을 대부분 근로자가 인수하여 근로자들이 경영해 오던 광남자동차(X회사)가 자금난에 처하자 X회사, X회사의 경영진 중 이사 5명과 감사 1명 및 우리사주조합은 피고 Y1과 ① 우리사주조합원 보유주식 4만주를 Y가 2억원에 매수하되, 그 매매대금을 X회사가 즉시 우리사주조합원으로부터 차용하여 사용하고, ② 피고 Y1이 X회사에 4억원을 대여하며, ③ Y1이 X회사 임원 1명을 추천할 권리를 가지고 X회사는 피추천인에게 상근임원에 해당하는 보수를 지급한다는 내용의 주식매매약정을 하였다. Y1은 위 주식매매약정에 따라 주식매매대금 2억원을 지급하고 우리사주조합원들이 보유하고 있던 X회사의 주식 4만주를 Y1과 그 처인 Y2의 명의로 취득하였다. 위 약정 직후 위의 ③의 임원추천권을 행사하지 않는 대신, ④ X회사가 Y에게 월 200만원을 지급하기로 하는 지급약정을 체결하였다. X회사는 2008. 9. 경까지 차용금 4억원을 Y1에게 상환하고 이자로 약 8천 8백만원을 지급하였다. 또한 2005. 7. 31.부터 2013. 8월경 지급을 중단할 때까지 위의 ④의 지급약정에 따라 피고들에게 합계 2억 1천 5백만원을 지급하였다. X회사는 이러한 지급약정이 주주평등원칙에 위반하여 무효임을 주장하면서 2005. 7.부터 2013. 8.까지 지급된 2억 1천 5백만원의 반환을 청구하였다.

원심은 "이 사건 지급약정이 금전소비대차 또는 그에 유사한 계약이라는 개별 거래관계에 속하는 것이지 주주와 회사 사이의 사원관계에 관한 것이라고 단정하기 어렵다"고 보아 원고의 청구를 기각하였다.

그러나 대법원은 "주주평등의 원칙이란, 주주는 회사와의 법률관계에서는 그가 가진 주식의 수에 따라 평등한 취급을 받아야 함을 의미한다… 피고들이 이 사건 지급약정에 기해 원고로부터 월정액을 받을 권리는 주주 겸 채권자의 지위에서 가지는 계약상의 특수한 권리인 반면, 피고들이 원고에게 2억원을 지급하고 주식 4만주를 매수한 때부터 현재까지 피고들은 원고의 주주이고, 이러한 주주로서의 권리는 위 4만주를 양도하지 않는 이상 변함이 없다. 따라서 피고들이 원고로부터 적어도 6억원의 운영자금을 조달해준 대가를 전부 지급받으면 피고들은 원고의 채권자로서의 지위를 상실하고, 4만주의 주주로서의 지위만을 가지게 된다고 봄이 상당하다. 그와 같이 채권자의 지위를 상실하여 주주에게 불과한 피고들에게 원고가 계속해서 이 사건 지급약정에 의한 돈을 지급한다면, 이는 회사인 원고가 다른 주주들에게 인정되지 않는 우월한 권리를 주주인 피고들에게 부여하는 것으로 주주평등원칙에 위배된다. 나아가 원고와 피고들 사이의 관계 등을 비롯하여 기록에 의해 알 수 있는 다음의 사정들을 종합해 보면, 피고들이 원고로부터 6억원의 운영자금 조달에 대한 대가를 전부 지급받아 원고의 채권자로서의 지위를 상실하는 때는 단순히 위 대여금 4억원의 원리금이 명목상 변제된 때가 아니라, 그 이후로서 당사자들의 구체적 주장·입증에 따라 판단하되 피고들의 조달해 준 금융이익 상당액을 넘지 못한다고 봄이 상당하다"고 판시하였다.

Note (1) 위 참고판례의 논리에 의하면 주식매매계약 당시 임원추천권을 약정한 것이 아니라 처음부터 대여금에 관한 이자 외에 피고들에게 월 200만원을 지급하도록 하였다면 그 경우에도 주주평등원칙 위반이라고 볼 수 있을 것인가?

(2) 위반으로 본다면 주주가 아닌 자와의 사이에 체결한 계약의 효력을 그 약정을 통해 주주지위를 취득하게 된 경우에 주주평등원칙 위반으로 판단함이 타당한가?

(3) 만약 이 사건의 일정금액 지급약정에 적절한 기한을 설정하였다면 그 경우에도 주주평등원칙 위반이라고 볼 것인가?

(4) 대법원은 우리사주조합원의 주식을 매수하는 대금을 포함하여 6억원의 운영자금 조달에 대한 대가를 피고들이 전부 지급받는 시점부터는 채권자로서의 지위를 상실한다고 본다. 피고들이 원고회사에 대여한 금액은 4억원이고 2억원은 주식매수대금이었는데 대법원이 위와 같이 판시한 이유는 무엇인가?

[판례 70]

대법원 2023. 7. 13. 선고 2021다293213 판결

• 사실관계

피고 회사는 대표이사가 회사의 과반수 주식을 보유하고 있다. 원고는 2016. 12. 피고 회사의 상환전환우선주 20만주를 주당 10,000원에 발행받아 피고 회사 발행주식총수의 약 5.27%를 보유하게 되었다. 피고 회사와 원고는 이 신주인수계약 당시, 원고의 투자 이후 피고 회사가 원고의 최종 주당인수가격보다 낮은 가격으로 유상증자 등을 하거나 납입 자본금이 증가 또는 감소되는 등 주요한 경영사항이 발생하면, 원고에게 사전에 통지하고 원고로부터 사전동의를 받아야 한다는 내용의 계약을 체결하였다. 이 계약에서는 피고 회사가 이를 위반하는 경우 원고에게 손해배상 명목으로 이 사건 주식에 대한 조기상환청구권 등을 부여하였고, 이에 더하여 위약벌 약정도 규정되어 있었다. 이후 피고 회사는, 2018년 두 차례에 걸쳐 제3자에게 상환전환우선주를 주당 12,500원에 발행하였으나, 원고에게 사전에 통지하지도 않았고 사전동의도 받지 않았다. 원고는 이에 피고 회사를 상대로 약정 위반에 따른 이 사건 주식에 대한

조기상환대금 및 위약벌의 지급을 구하는 이 사건 소를 제기하였다.

• **원심의 판단**

  원심은 이 사건 신주인수계약 중 주요한 경영사항에 대한 사전동의권 약정 부분이 일부 주주인 원고에게 피고 회사의 다른 주주들에게 인정되지 않는 우월한 권리를 부여하고 실질적으로 원고의 투하자본 회수를 절대적으로 보장하는 등 주주평등 원칙을 위반하여 무효이고, 원고에 대한 사전통지 의무 위반 부분만으로는 그 위반의 정도가 경미하여 원고가 이를 이유로 조기상환청구 및 위약벌을 구할 수 없다고 보아 원고의 청구를 기각하였다.

• **법원의 판단**

  주주평등 원칙이란, 주주는 회사와의 법률관계에서 그가 가진 주식의 수에 따라 평등한 취급을 받아야 함을 의미한다. 이를 위반하여 회사가 일부 주주에게만 우월한 권리나 이익을 부여하기로 하는 약정은 특별한 사정이 없는 한 무효이다. 다만 회사가 일부 주주에게 우월한 권리나 이익을 부여하여 다른 주주들과 다르게 대우하는 경우에도 법률이 허용하는 절차와 방식에 따르거나 그 차등적 취급을 정당화할 수 있는 특별한 사정이 있는 경우에는 이를 허용할 수 있다.

  나아가 차등적 취급을 허용할 수 있는지 여부는, 차등적 취급의 구체적 내용, 회사가 차등적 취급을 하게 된 경위와 목적, 차등적 취급이 회사 및 주주 전체의 이익을 위해 필요하였는지 여부와 정도, 일부 주주에 대한 차등적 취급이 상법 등 관계 법령에 근거를 두었는지 아니면 상법 등의 강행법규와 저촉되거나 채권자보다 후순위에 있는 주주로서의 본질적인 지위를 부정하는지 여부, 일부 주주에게 회사의 경영참여 및 감독과 관련하여 특별한 권한을 부여하는 경우 그 권한 부여로 회사의 기관이 가지는 의사결정 권한을 제한하여 종국적으로 주주의 의결권을 침해하는지 여부를 비롯하여 차등적 취급에 따라 다른 주주가 입는 불이익의 내용과 정도, 개별 주주가 처분할 수 있는 사항에 관한 차등적 취급으로 불이익을 입게 되는 주주의 동의 여부와 전반적인 동의율, 그 밖에 회사의 상장 여부, 사업목적, 지배구조, 사업현황, 재무상태 등 제반사정을 고려하여 일부 주주에게 우월적 권리나 이익을 부여하여 주주를 차등 취급하는 것이 주주와 회사 전체의 이익에 부합하는지를 따져서 정의와 형평의 관념에 비추어 신중하게 판단하여야 한다.

회사가 자금조달을 위해 신주인수계약을 체결하면서 주주의 지위를 갖게 되는 자에게 회사의 의사결정에 대한 사전 동의를 받기로 약정한 경우 그 약정은 회사가 일부 주주에게만 우월한 권리를 부여함으로써 주주들을 차등적으로 대우하는 것이지만, 주주가 납입하는 주식인수대금이 회사의 존속과 발전을 위해 반드시 필요한 자금이었고 투자유치를 위해 해당 주주에게 회사의 의사결정에 대한 동의권을 부여하는 것이 불가피하였으며 그와 같은 동의권을 부여하더라도 다른 주주가 실질적·직접적인 손해나 불이익을 입지 않고 오히려 일부 주주에게 회사의 경영활동에 대한 감시의 기회를 제공하여 다른 주주와 회사에 이익이 되는 등으로 차등적 취급을 정당화할 수 있는 특별한 사정이 있다면 이를 허용할 수 있다.

회사와 주주가 체결한 동의권 부여 약정에 따른 차등적 취급이 예외적으로 허용되는 경우에 동의권 부여 약정 위반으로 인한 손해배상 명목의 금원을 지급하는 약정을 함께 체결하였고 그 약정이 사전 동의를 받을 의무 위반으로 주주가 입은 손해를 배상 또는 전보하고 의무의 이행을 확보하기 위한 것이라고 볼 수 있다면, 이는 회사와 주주 사이에 채무불이행에 따른 손해배상액의 예정을 약정한 것으로서 특별한 사정이 없는 한 유효하고, 일부 주주에 대하여 투하자본의 회수를 절대적으로 보장함으로써 주주평등의 원칙에 위배된다고 단정할 것은 아니다.

다음과 같은 사정을 위 법리에 비추어 보면, 원고가 이 사건 주식을 인수하면서 피고 회사의 주요한 경영사항에 대한 사전동의권 등을 갖는 약정이 일부 주주에게 우월한 권리나 이익을 부여한 것이긴 하나, 피고 회사 전체의 이익에 부합하는 것으로서 그 차등적 취급을 정당화할 수 있는 특별한 사정이 있는 경우에 해당하여 허용될 여지가 있다. … 1) 다수주주가 소수주주인 원고에게 우월적 권리를 부여하는 차등적 취급을 승인하였고, 달리 다른 주주들이 이에 대하여 이의를 제기하거나 문제를 삼았다고 볼 만한 정황을 찾을 수 없다. 오히려 제반사정에 비추어 보면, 원고가 납입한 신주인수대금은 피고 회사의 유동성 확보와 자본증가 등에 상당한 기여를 하는 등 주주 전체의 이익을 위하여 필요한 경우라고 볼 여지가 많다. 2) 발행주식총수의 5% 이상을 취득한 소수주주인 원고에게 피고 회사의 지배주주나 경영진의 경영사항에 대한 감시·

감독 등 목적에서 그와 같은 권한을 부여하는 것만으로 다른 소수주주에게 실질적인 손해 등이 발생한다고 보기 어렵다. 3) 또한 이러한 측면에 비추어 보면 피고 회사의 다른 주주들이 원고에 대한 차등적 취급에 반대할 만한 동기가 존재한다거나 원고와의 관계에서 대립적인 이해관계를 형성한다고 단정할수도 없다. 4) 회사가 일부 주주에 대하여만 투자원금 반환이나 손실보전 등을위한 약정을 체결하는 경우에는 그 일부 주주에 대한 차등적 취급이 다른 주주와의 관계에서 통상적으로 경제적인 이해관계 등이 대립하여 주주평등 원칙에 위반되어 무효라고 볼 여지가 있다. 그러나 이와 달리 일부 소수주주가 지배주주의 주요한 경영사항에 대한 감시·감독 등을 위하여 권한이나 지위를부여받는 정도만으로 다른 소수주주에게 부당하게 불이익을 발생시킨다고 볼수는 없으므로 이를 불합리한 자의적 차별로 단정할 것은 아니다. 5) 원고가피고 회사의 주요한 경영사항에 대하여 사전통지 내지 사전동의권 등을 갖더라도, 이는 이 사건 신주인수계약에 따른 채권적 권리에 불과하고 제 3 자가원고의 주식을 양수받아도 특별한 사정이 없는 한 양수인에게 그와 같은 지위가 승계되지 않는다. 6) 피고 회사가 약정을 위반할 경우 발생하는 원고의 피고 회사에 대한 조기상환청구권은 원고가 처음부터 보유하는 권리가 아니라피고측에서 원고와의 약정을 위반할 경우 비로소 발생되는 권리일 뿐이다. 따라서 약정한 상환금액 등이 원고의 투자원금 상당액과 일치한다는 사정만으로이를 애초부터 일부 주주가 투하자본 회수를 목적으로 투자원금 반환 등을 약정한 사안과 동일하게 볼 수는 없다. 7) 우월적 권한 또는 지위를 부여받은 소수주주가 합리적인 이유 없이 과도하게 지배주주의 경영을 간섭하거나 통제하는 등 그 권한행사로 인하여 당해 회사 또는 전체 주주들에게 손해를 주는 경우에는, 이에 대하여 신의성실의 원칙 또는 권리남용금지 원칙에 따라 그 권한행사를 통제할 수도 있다.

따라서 원심으로서는 피고 회사의 재무상황, 투자금 유치 내지 신주발행의긴급성 내지 필요성, 원고와 피고들을 비롯하여 다른 주주들 상호간 이해관계등 구체적인 사실관계를 보다 면밀하게 심리한 다음 그에 따른 제반사정을 종합적으로 고려하여 판단하였어야 한다.

Questions & Notes

Q1 이 판결은 일부 주주에게 투하자본 회수를 보장한 사안과 관련된 기존의 주주평등원칙에 관한 판결을 그대로 인정하고 있으면서, 일부 주주에게 동의권을 부여한 사안의 특수성에 주목하고 있다. 이 판결을 읽은 후 다시 앞의 [판례 69]의 참고판례인 대법원 2018. 9. 13. 선고 2018다9920, 9937 판결을 다시 읽어 보자. 이 참고판례는 [판례 70]과 어떻게 조화될 수 있는가? 아니면 이 참고판례의 결론도 변경되어야 한다고 생각하는가?

Q2 이 판결을 읽은 후 다시 [판례 69] Q2 문제(4)를 생각해 보라. 일부 주주에 대한 손실보전약정이 전체 주주의 이익에 부합한다거나 다른 주주들도 이런 약정을 받아들일 수 있다는 사정이 인정된다면, 이런 손실보전약정도 유효하다고 보아야 하는가?

(1) 만일 그렇다면, [판례 69]를 비롯한 주주평등원칙에 관한 모든 판례는 [판례 70]의 일반적인 법리에 따라서 다시 사실관계에 기초하여 다시 평가되어야 하는가? [판례 70]은 손실보전약정에 대해서도 유효하게 적용되는 일반원칙이라고 할 수 있는가?

(2) 만일 그렇지 않다면, 손실보전약정 유형과 사전동의권 유형에는 서로 다른 법리가 적용되는 것인가? [판례 70]의 설시에서 이 두 가지 유형을 구분하는 논거를 지적해 보라. 이런 논거는 타당하다고 생각하는가?

Q3 이 판결은 주주평등원칙의 추상적 적용기준을 제시한 다음, 구체적인 사실관계에서 법원이 주목한 점을 자세하게 언급하고 있다. 여기서 핵심적인 내용을 간단히 요약할 수 있겠는가? 다른 사실관계에서 주주평등원칙에 위반되는지 여부를 판단할 때 어느 정도의 예측가능성을 가질 수 있는 간단한 가이드라인을 작성해 보자.

[참고판례]
• **대법원 2023. 7. 13. 선고 2022다224986 판결**
이 사건은 상환전환우선주를 인수한 원고와 체결한 투자계약에 "주식인수인의 서면동의 없는 회생절차의 개시신청이 있거나 회생절차가 개시되는 경우, 회사와 피고(회사의 대주주 겸 대표이사)는 연대하여 주식인수인에게 위약벌로 주식 1주당 취득가격과 그 금액에 대하여 발행일부터 상환일까지 연복리 10%를 적용한 이자금액의 합계액을 지급한다."는 내용이 있었고, 회사가 원고의 동의 없이 회생절차 개시신청을 하였고, 원고가 위 약정에 따른 금전의 지급을 구하였다.

대법원은 [판례 70]의 법리를 제시한 다음, 원고와 회사 사이의 위 투자계약은 다음과 같은 이유로 무효라고 판단하였다(다만 회사의 대주주 겸 대표이사인 피고와 체결한 계약은 주주평등원칙과 무관하고, 회사의 채무부담과 독립적인 것으로 보아 효력을 인정).

… 이 부분은, "원고들의 서면동의 없는 회생절차의 개시신청이 있거나 그 절차가 개시되는 경우"에 금전지급채무가 발생한다고 정함으로써 이 사건 회사에 귀책사유가 있는지 여부와 무관하게 단지 경영성과가 부진하여 다른 신청권자의 신청에 의해 회생절차가 개시된 경우에도 회사로 하여금 원고들에게 주식인수대금과 소정의 가산금을 지급할 의무를 부담하게 하는 내용이다. 따라서 이 사건 약정은 실질적으로 회사가 원고들에게 투하자본의 회수를 절대적으로 보장함으로써 다른 주주들에게 인정되지 않는 우월한 권리를 부여하는 것이고, 배당가능이익이 없어도 회사의 재산으로 사실상 출자를 환급하여 주는 것이어서 자본충실의 원칙 등 상법이 허용하는 한도를 벗어난 것이기도 하므로, 설령 이 사건 회사의 다른 주주 전원이 그와 같은 차등적 취급에 동의하였다 하더라도 주주평등의 원칙에 위반하여 무효이다.

• **대법원 2023. 7. 13. 선고 2023다210670 판결**
이 사건 역시 상환전환우선주를 인수한 원고와 체결한 투자계약에, 피고 회사가 회생절차 개시신청을 할 경우 사전에 원고로부터 서면동의를 얻어야 하고, 이를 위반하면 원고는 피고에게 최고를 하고 그 최고일로부터 2주일 이내에 위반사유가 시정되지 아니한 때에 위 투자계약을 해지할 수 있으며, 피고는 원고에게 주식인수대금 및 소정의 손해배상금을 지급하도록 되어 있었다. 피고 회사는 원고의 서면동의 없이 회생절차 개시신청을 하였다. 이에 대해서 대법원은 [판례 70]과 유사한 판단 과정을 거쳐 위 투자계약은 주주평등원칙에 위반되지 않는다고 판단하였다.

… (1) 이 사건 손해배상약정은 피고 외 다른 신청권자의 회생절차 개시신청에 따라 회생절차가 개시된 경우와 같이 단지 회생절차가 개시되었다는 결과 또는 그 개시신청이 있었다는 사정만으로 금전지급의무를 부담하게 하는 약정이 아니다. 피고는 회생절차 개시신청을 하기 전에 원고에게 회사의 어려운 상황과 회생절차 개시신청의 불가피성을 충분히 설명하여 원고를 설득하는 절차를 거쳐야 하는 의무를 부담하고, 긴급한 사정으로 이러한 절차를 지키지 않고 회생절차 개시신청을 한 경우에도 원고의 최고에 따라 이를 소명하거나 시정할 기회를 추가로 부여받을 수 있다. (2) 이 사건 손해배상채권은 피고가 회생절차 개시신청을 하기 전에 설득 절차를 거쳐 원고의 사전 동의를 받아야 할 의무를 위반하고 사후에라도 원고에게 설명하고 설득하는 절차를 통해 소명 및 시정하는 조

치를 취하지 않은 채 피고에 대한 회생절차가 계속 진행되었을 때 비로소 발생한다. (3) 따라서 이 사건 손해배상약정은 실질에 있어서도 피고가 이 사건 동의권 약정에 따른 의무의 불이행으로 인한 손해배상금을 지급하기로 하는 것으로, 약정 위반으로 원고가 입게 될 손해를 배상 또는 전보하도록 함으로써 결과적으로 약정에 따른 의무의 이행을 확보하기 위한 것이다. 손해배상의 예정 금액이 원고의 투자금액과 일치하더라도, 이러한 사정만으로 그 약정이 투하자본의 회수를 절대적으로 보장하는 것이라고 단정할 수 없다.

• **대법원 2023. 7. 27. 선고 2022다290778 판결**

이 사건에서 투자계약의 내용은, "피고 회사는 개발 중인 조류인플루엔자 소독제에 대하여 2019. 10.까지 질병관리본부에 제품등록을 하고 2019. 12.까지 조달청에 조달등록을 하되, 그 기한은 원고가 동의한 경우 1회에 한하여 연장을 할 수 있고, 약정 기한 내에 제품등록 및 조달등록이 불가능한 경우 이 사건 투자계약을 즉시 무효로 하고 피고 회사는 원고에게 투자금 전액을 즉시 반환하여야 한다."는 것이었다. 원심은 이 조항을 회사의 자본적 기초를 위태롭게 하여 회사와 주주 등의 이익을 해하는 것이어서, 설령 피고 회사의 기존 주주들 전원의 동의가 있었다 하더라도 원고들과 피고 회사의 법률관계에서 주주평등의 원칙에 반하여 무효라고 판단하였는데, 대법원도 특별한 판단 없이 이를 그대로 인용하였다.

Ⅳ. 주식의 종류

1. 종류주식

다양한 종류의 주식은 회사와 투자자의 다양한 수요를 충족시킬 수 있는 방안을 제시함으로써 회사자금조달 편의와 지배구조의 유연성을 가능케 한다. 2011년 개정 전 상법상으로는 이익이나 이자의 배당, 잔여재산의 분배에 한정하여 서로 내용이 다른 종류의 주식을 발행할 수 있고, 여기에 우선주에 대해 상환성 부여, 주주의 전환청구권 부여, 무의결권이라는 특성을 결합시키는 것만이 허용된다고 해석되었다. 그런데 회사와 투자자의 입장에서는 이 외에도 상황에 따라 다양한 내용의 주식에 대한 수요가 존재한다.

미국에서는 주식의 종류에 대해 특별한 규제를 가하지 않아 다양한 형태의 주식의 발행되고 있고, 일본에서도 최근의 개정으로 주식의 종류를 확대하였다. 우리나라에서도 2011년 개정상법에서 종류주식을 확대하였다. 종류주식의 확대 입법과정에서는 허용범위를 어디까지 할 것인가에 대해서는 이견이 존재하였다.

특히 1주1의결권에서 벗어나 다양한 의결권 배분구조를 실현시키는 내용의 종류주식을 어디까지 인정할 것인가가 문제된다. 자유로운 의결권 배분구조의 형성은 경영권 방어수단으로서뿐 아니라 기업공개, 신규투자자 유치, 전략적 제휴, 합작투자 등 기업이 당면하는 다양한 상황에서 당사자들의 복잡한 이해관계를 조절하는 데 유용하게 사용될 수 있는 수단이다. 그러나 현금흐름에 대한 권리와(이익배당청구권 등) 의결권이 비례하지 않게 됨에 따라 사적 이익을 추구하는 결정이 내려짐으로써 회사이익 최대화에 반하는 결과를 가져올 수도 있다는 점에서 양날의 칼이라는 측면이 있다.

2011년 개정상법에서는 이익의 배당, 잔여재산의 분배뿐 아니라 주주총회에서의 의결권 행사 및 상환·전환 등에 관하여 내용이 다른 종류의 주식을 발행할 수 있도록 하였다(344조).

❖ 종류주식에 관한 기본지식 학습과제 : 종류주식에 대한 기본적 이해를 위하여 다음에 대해 답하고 해당조문을 찾아보시오.

Q1. 회사에 이익배당 우선주 1주, 보통주 1주가 발행되어 있다고 가정하자. 배당가능이익을 모두 배당한다고 가정한다. 우선주와 보통주 1주당 배당금은?

    (1) 우선주가 비참가적·비누적이고 우선배당률은 액면가 5000원의 20%인 경우

       ① 회사에 배당가능이익이 5000원이 있는 경우

       ② 배당가능이익이 1500원 있는 경우

       ③ 금년도 배당가능이익이 500원, 차년도 배당가능이익이 3000원이 있는 경우

    (2) 우선주가 비참가적·누적적이고 우선배당률은 액면가 5000원의 20%인 경우에 금년도 배당가능이익이 500원, 차년도 배당가능이익이 3000원 있는 경우

Q2. 회사에 이익배당 우선주 1주, 보통주 1주가 발행되어 있다고 가정하자. 우선주가 참가적이고 우선배당률은 액면가 5000원의 20%이다. 보통주의 배당률이 30%일 때 우선주의 배당금은 얼마인가?

※ 참가의 형태는 매우 다양하게 구성할 수 있다. 상장회사 표준정관에서는 '보통주식의 배당률이 우선주식의 배당률을 초과할 경우에는 그 초과분에 대하여 보통주식과 동일한 비율로 참가시켜 배당한다'고 규정한다 (8조의2 3항). 상장회사 표준정관상의 참가방식에 의하여 생각해 보자.

Q3. 신주인수권에 관한 우선주 발행이 허용되는가?

Q4. 발행일로부터 3년 경과시 상환하는 것으로 정하여진 상환우선주에 대하여 배당가능이익이 없는 경우에 상환을 할 수 있는가?

Q5. 회사가 상환우선주를 발행하여 자금조달 하는 이유는? 투자자가 상환우선주를 인수하는 이유는?

Q6. 상환주식을 상환하는 경우 발행주식수는 감소하는가? 자본금이 감소하는가?

Q7. 회사의 발행예정주식총수가 보통주 5주, 우선주 5주인 회사에서 보통주식이 2주, 전환우선주가 2주 발행되어 있다. 이 회사 주식의 액면가는 5,000원인데, 전환우선주의 발행가는 7,500원이었다.

  (1) 전환비율은 우선주 1주를 보통주 1.5주로 전환하는 것이다. 전환우선주의 시가는 7,500원인데 이 회사 보통주의 시가는 5,500원이 되었다. 이 경우 전환우선주 주주는 전환권을 행사하는 것이 유리할 것이다. 주주의 전환권행사에 따라 보통주를 발행하는 경우 보통주식의 발행가액을 얼마로 발행하여야 하는가?

  (2) 위 회사에서 전환비율을 우선주 1주를 보통주 2주로 전환하는 것으로 정할 수 있는가?

  (3) 전환 이후 회사의 자본금은 어떻게 되는가? 우선주 1주를 보통주 0.5주로 전환하는 것은 가능한가?

Q8. 무의결권우선주와 사채의 공통점과 차이점은 무엇인가?

Q9. 적대적 기업인수상황에서는 무의결권우선주와 보통주의 가치가 어떻게 되겠는가?

Q10. 의결권이 배제 또는 제한되는 주식에 의결권이 인정되는 경우는? 이익배당우선주에 대하여 정관에서 정한 우선적 배당을 받지 아니한다는 결의가 있는 총회의 다음 총회부터 그 우선적 배당을 받는다는 결의가 있는 총회의 종료시까지 의결권이 부활되어야만 하는가?

Q11. 의결권이 배제 또는 제한되는 주식은 발행주식총수의 1/2까지 발행할 수 있다. (O, X) 무의결권주식의 발행한도 규제의 취지는?

Q12. 의결권 없는 주식의 주주가 다음 권리를 행사할 수 있는가?

① 주주총회소집통지를 받을 권리
② 총회출석 및 의견진술권
③ 주주제안권
④ 임시주주총회소집청구권
⑤ 신주인수권
⑥ 주식매수청구권
⑦ 주주총회결의 효력을 다투는 소권
⑧ 대표소송 및 위법행위 유지청구권
⑨ 이사 등 해임청구권
⑩ 회계장부 열람·등사청구권

Q13. 갑회사는 무액면주식을 발행한 회사이다. 갑회사의 현재 자본금은 1천만원이고, 발행주식총수는 1만주로서, 1주당 자본금은 1000원이다. 이 회사에서 발행가 2000원으로 1만주의 신주를 발행하였다. 갑회사의 자본금은 3천만원이 되어야 하는가? 갑회사가 자본금을 1천만원만 증가하는 것으로 처리할 수 있는가?

Questions & Notes

Note 종류주식에 대해 공부할 때에는 종류주식이 투자자 또는 회사의 어떠한 수요를 충족시키기 위해 발행되는 것인가에 대해 생각해 볼 필요가 있다.

Q1 이익배당, 잔여재산분배에 관한 종류주식

Note 이익의 배당에 관하여 내용이 다른 종류주식에 대하여 개정 전에는 어떠한 내용이 가능한가에 대한 규정을 두고 있지 않았다. 그러나 이익배당의 순위에 있어서 우선 또는 열후하는 것을 의미한다고 한정적으로 해석함이 일반적이었고, 배당우선주에 대해서는 정관으로 최저배당률을 정하도록 하였다. 2011년 개정상법에서는 정관에 배당재산의 종류, 배당재산의 가액의 결정방법, 이익을 배당하는 조건 등 이익배당에 관한 내용을 다양하게 예시함으로써 이익의 배당에 관하여 내용이 다른 주식의 범위를 확대하여 해석할 수 있도록 하였다.

(1) 2011년 개정상법에 의하면 금전 이외의 재산을 배당하는 주식을 발행할 수 있는가? 배당률을 시중금리에 연동시키는 종류주식의 발행이 가능한가?

(2) 2011년 개정상법에 의하면 이익배당을 자회사의 영업성과에 연동시키는 tracking stock의 발행이 가능한가?

Q2 무의결권주식 및 의결권제한주식

Note 무의결권주식은 개정 전에는 이익배당우선주에 한하여서만 발행할 수 있었으나(개정전 370조 1항), 개정법에서는 이러한 제한을 부가하지 아니하여 보통주와 동일한 조건을 가지면서 의결권만 없는 주식을 발행하는 것도 가능하게 되었다(344조의3 1항). 또한 의결권 부활의 조건도 정관에서 자유롭게 정할 수 있도록 하였다(344조의3 1항). 개정 전에는 의결권이 없는 주식만을 발행할 수 있었으나, 개정법에서는 모든 주주총회 결의사항에 대하여 의결권이 없는 것이 아니라 일부 결의사항에 대하여만 의결권을 가지지 아니하는 의결권이 제한되는 종류의 주식도 발행할 수 있도록 하였다(344조의3 1항).

(1) 2011년 개정상법에 의하면 의결권을 1과 0으로 하는 것만이 허용되는가? 아니면 의결권이 제한되는 주식으로서 1주에 대해 0.1의 의결권을 인정하는 주식을 발행할 수 있는가?

(2) A와 B가 합작투자회사를 설립하면서 B는 예를 들어 합병과 영업양도, 정관변경의 결의에서만 의결권을 행사하고 이사선임결의 등의 여타 결의에서는 의결권을 행사하지 않는다고 주주 간 계약을 체결하였다. 이러한 주주 간 계약을 체결한 경우와 A에게는 보통주식, B에게는 합병, 영업양도, 정관변경 결의 외에는 의결권이 없는 의결권제한주식을 발행하는 경우와 어떠한 차이가 있는가?

(3) 2011년 개정상법상 예를 들어 ① 합병을 위하여는 특정종류의 주식을 가진 주주들의 주주총회결의에 의한 승인을 얻도록 하는 종류주식을 발행할 수 있는가? ② 이사를 3인 선임할 때 2인은 A종류의 주식의 주주총회결의로 선임하고, 1인은 B종류 주주총회결의로 선임하는 주식은 발행가능한가?

Q3 상환주식과 전환주식

Note 상환주식은 회사의 이익으로써 소각할 수 있는 주식을 의미한다(345조 1항). 2011년 개정 전 상법에서는 회사가 상환권을 가지는 것으로 해석하였고, 주주가 상환을 청구할 수 있는 것인지는 불분명하였으나, 2011년 개정상법에서는 양자 모두를 명시적으로 인정하였다(345조 1항, 3항). 상환의 대가는 현금 외에 유가증권이나 그 밖의 자산을 교부할 수 있다(345조 4항). 여기서 유가증권에 당해 회사의 다른 종류의 주식은 제외된다. 개정상법에서는 전환주식에 대해서도 주주와 회사 양자 모두에게 전환청구권을 인정하였으므로(345조) 당해 회사의 다른 종류의 주식으로 상환한다는 것은 개념상 전환주식을 의미하기 때문이다. 종래에는 이익배당우선주만을 상환주식으로 발행할 수 있었으나, 2011년 개정상법에서는 이익배당에 대하여 내용이 다른 주식뿐 아니라 잔여재산의 분배에 관하여 내용이 다른 주식, 의결권의 배제 또는 제한에 관한 종류주식을 회사의 이익으로써 소각할 수 있도록 하였다(345조 5항).

[Note] 전환주식은 종래에는 주주가 전환청구권을 가지는 주식으로 한정되었으나, 개정법에서는 정관에서 정한 사유가 발생할 때 회사가 주주의 인수주식을 다른 종류의 주식으로 강제전환할 수 있는 주식도 포함되게 되었다(346조 1항 및 2항).

(1) 2011년 개정상법에 의하면 상환주주나 전환주주만으로 종류주주총회를 개최할 수 있는가?

(2) 2011년 개정상법에 의하면 보통주식을 상환주식으로 발행하는 것이 가능한가? 보통주를 우선주로 전환청구할 수 있는 전환주식을 발행할 수 있는가?

(3) 2011년 개정상법에 의하면 전환권과 상환권을 회사와 주주 모두에게 인정하였으므로 이 점에서는 차이가 없다. 그렇다면 상환주식과 전환주식의 차이점은 무엇인가?

(4) 2011년 개정상법 제345조 제5항에서는 상환주식을 종류주식에 한정하여 발행할 수 있다고 하면서 여기서 종류주식은 상환과 전환에 관한 것은 제외한다고 규정하고 있다. 우선주식에 전환권과 상환권을 모두 붙인 주식은 발행이 금지되는가? 즉, 이익배당우선주에 대하여 잔여재산분배우선주로의 전환권과 타회사 주식으로의 상환권을 모두 붙인 주식을 상정하자. 주주는 전환권이 행사될 것이냐 아니면 상환권이 행사될 것이냐에 따라 잔여재산분배 우선주의 주주가 될 수도 있고 다른 회사 주식을 가지게 될 수도 있다. 이러한 형태의 주식 발행이 금지되어야 할 이유가 있는가?

Q4 회사는 정관으로 정하는 바에 따라 그 발행하는 주식의 양도에 관하여 이사

회의 승인을 받도록 할 수 있다(335조 1항). 회사가 무의결권주식과 보통주식을 발행하고 보통주식만 양도를 제한하는 것은 가능한가?

2. 종류주주총회

주식의 종류가 다양해지게 되는 경우에는 각 종류별로 주주들 간의 이해충돌의 조정이 중요한 문제가 된다. 회사법에서는 이해충돌의 기본적 조정방법으로서 서로 다른 종류의 주식을 발행하는 경우에 정관으로 각종 주식의 내용과 수를 정하도록 하는 방안을 채택하고 있다. 정관에 규정함으로써 이해충돌에 대하여 기존주주들에게 예견가능성을 부여하고 다수결에 의한 동의를 얻는 것이라고 볼 수 있다.

정관의 규정 외에 종류주주총회 결의 제도도 이해충돌 조정방안의 하나라고 볼 수 있다. 주식회사가 보통주 이외의 종류주식을 발행하고 있는 경우에 보통주를 가진 다수의 주주들이 일방적으로 어느 종류의 주식을 가진 소수주주들에게 손해를 미치는 내용으로 정관을 변경하거나(435조 1항), 주식의 종류에 따라 신주의 인수, 주식의 병합·분할·소각 또는 합병·분할로 인한 주식의 배정에 관하여 어떠한 종류의 주식을 가진 주주에게 손해가 되는 특수한 정함을 하거나(344조 3항). 회사의 분할 또는 분할합병, 주식교환, 주식이전 및 회사의 합병으로 어느 종류의 주주에게 손해를 미치게 될 경우도 있는바(436조, 530조의3 5항) 그 종류의 주식을 가진 소수주주들이 부당한 불이익을 받는 것을 방지하기 위하여 주주총회결의 외에 종류주주총회의 결의를 얻도록 하고 있다(435조 1항).

[판례 71]

대법원 2006. 1. 27. 선고 2004다44575, 44582 판결(삼성전자 종류주주총회)

• **사실관계**

피고 회사는 정관에 따라 보통주보다 1% 더 배당을 하는 이른바 1% 우선주 또는 구형우선주를 발행하고 있었다. 그러다가 1995년 말 상법개정으로 정관에 최저배당률을 정하도록 되었으므로, 피고 회사는 1997년 초 정관으로(제1 정관변경) 9%의 최저배당률을 정하고 나아가 자동전환규정을 두었다(정관 제8

조 5항 : 우선주식의 존속기간은 발행일로부터 10년으로 하고 이 기간만료와 동시에 보통주식으로 전환된다. 그러나 위 기간 중 소정의 배당을 하지 못한 경우에는 소정의 배당을 완료할 때까지 그 기간을 연장한다. 이 경우 전환으로 인하여 발행하는 주식에 대한 이익의 배당에 관하여는 제 8 조의2의 규정을 준용한다) 그러나 이러한 신형우선주는 이후 발행하지 아니하였으므로, 피고 회사의 우선주는 사실상 모두 구형우선주였다. 그런데 피고 회사는 2002. 2. 28. 정기주주총회를 개최하여 위 자동전환을 규정한 정관을 삭제하는 정관변경의 결의를 하였다(제 2 정관변경). 원고 X의 모회사인 A(Elliot Associates, L.P : 우선주 중 31.5%를 보유)는 당시 피고 회사의 구형우선주를 상당량 보유하고 있었는데, 2002. 6. 26. 정관변경이 자신에게 불리하다는 이유로 피고 회사에 종류주주총회의 소집을 요구하였으나 피고 회사는 계속 그 소집을 하지 않고 있다. 원고 X는 2002. 9. 4. 제 1 정관변경 이전에 발행된 피고 회사의 무의결권우선주 4만주를 취득하고, 위 제 2 정관변경에 관한 주주총회결의는 불발효 상태이거나 또는 무효임을 확인하는 확인의 소를 제기하였다.

• **법원의 판단**

원심에서는 상법 435조 소정의 종류주주총회결의는 일반주주총회 결의의 효력을 발생시키기 위한 추가적인 요건에 불과하고, 종류주주총회의 결의를 요하는 경우에 일반주주총회결의는 그 종류주주총회의 결의가 없는 동안에는 효력이 부동적 상태에 있다가 뒤에 종류주주총회의 결의를 얻으면 확정적으로 유효로 되고 이를 얻지 못하면 확정적으로 무효로 되고, 불발효는 민사소송법상의 일반원칙에 따라 확인의 이익이 있는 한 그 제소기간의 제한 없이 확인의 소로써 그 불발효상태의 확인을 구할 수 있다고 판시하였다.

대법원에서는 주주총회결의 자체의 효력에는 문제가 없으므로 주주총회결의의 불발효확인을 구할 필요가 없고, 정관변경의 효력이 발생하지 아니하였을 뿐이므로 정관변경의 무효를 구하여야 한다는 취지로 판시하였다. 대법원은 구체적으로 다음과 같이 판시하였다.

"1. 원심 판시 제 2 정관변경에 관한 종류주주총회결의의 필요 여부

상법 제435조 제 1 항(의) ⋯ '어느 종류의 주주에게 손해를 미치게 될 때'라 함에는, 어느 종류의 주주에게 직접적으로 불이익을 가져오는 경우는 물론이고, 외견상 형식적으로는 평등한 것이라고 하더라도 실질적으로는 불이익한

결과를 가져오는 경우도 포함되며, 나아가 어느 종류의 주주의 지위가 정관의 변경에 따라 유리한 면이 있으면서 불이익한 면을 수반하는 경우도 이에 해당된다고 할 것이다.

원심은, 이와 같은 취지에서, 이 사건 정관의 두 차례에 걸친 변경 내용을 비교하여 보면, 원심 판시 제2 정관변경으로 인하여, 기존의 우선주주들이 무상증자 등에 의하여 향후 새로 배정받게 될 우선주의 내용에만 차이가 생기는 것일 뿐이고 그 외에는 아무런 차이가 없는데, 차이가 생기는 부분인 향후 배정받게 될 우선주의 내용은 구 우선주와 달리 10년 후에도 보통주로 전환할 수 없는 것이므로, 보통주로의 전환에 의한 의결권의 취득을 바라고 있던 우선주주의 지위에서는 제2 정관변경이 불리한 반면, 의결권의 취득에는 관심이 적고 그보다는 이익배당에 더 관심이 있던 우선주주의 지위에서는 특정 비율 이상의 우선배당권이 10년의 제한을 받지 아니하고 언제까지나 보장되는 것이어서 유리하다고 한 다음, 정관을 변경함으로써 우선주주 각자의 입장에 따라 유리한 점과 불리한 점이 공존하고 있을 경우에는 우선주주들로 구성된 종류주주총회의 결의가 필요하다고 판단하였는바, 원심의 이러한 판단은 정당한 것으로 수긍할 수 있고, …

2. 종류주주총회의 결의가 이루어지지 않은 경우 확인청구의 대상인 법률관계

가. 앞에서 본 상법 제435조 제1항의 문언에 비추어 보면, 어느 종류 주주에게 손해를 미치는 내용으로 정관을 변경함에 있어서 그 정관변경에 관한 주주총회의 결의 외에 추가로 요구되는 종류주주총회의 결의는 정관변경이라는 법률효과가 발생하기 위한 하나의 특별요건이라고 할 것이므로, 그와 같은 내용의 정관변경에 관하여 종류주주총회의 결의가 아직 이루어지지 않았다면 그러한 정관변경의 효력이 아직 발생하지 않는 데에 그칠 뿐이고, 그러한 정관변경을 결의한 주주총회결의 자체의 효력에는 아무런 하자가 없다고 할 것이다. …

나. 그러나 정관의 변경결의의 내용이 어느 종류의 주주에게 손해를 미치게 될 때에 해당하는지 여부에 관하여 다툼이 있는 관계로 회사가 종류주주총회의 개최를 명시적으로 거부하고 있는 경우에, 그 종류의 주주가 회사를 상대로 일반 민사소송상의 확인의 소를 제기함에 있어서는, 정관변경에 필요한 특별요건이 구비되지 않았음을 이유로 하여 정면으로 그 정관변경이 무효라는 확인을 구하면 족한 것이지, 그 정관변경을 내용으로 하는 주주총회결의 자체가

아직 효력을 발생하지 않고 있는 상태(이른바 불발효 상태)라는 관념을 애써 만들어서 그 주주총회결의가 그러한 '불발효 상태'에 있다는 것의 확인을 구할 필요는 없다. 특정 외국의 학설이나 판례가 그 나라의 법체계와 법규정에 근거하여 설정하거나 발전시켜온 이론을, 그와 다른 법체계 하에 있는 우리나라의 소송사건에 원용하거나 응용하는 것은, 꼭 그렇게 하여야 할 이유가 있는 경우에 한하여 필요한 범위 안에서 신중하게 하여야 할 것이다.

원심이, 이와 달리 종류주주총회의 결의는 주주총회결의 자체의 효력을 발생시키기 위한 추가적인 요건이라는 전제 하에, 주주총회의 결의 외에 종류주주총회의 결의를 요하는 경우에 그 종류주주총회의 결의가 없는 동안에는 주주총회결의 자체가 불발효 상태에 있다고 판단한 것은, 일단 종류주주총회결의의 효력에 관한 법리를 오해한 위법에 해당한다고 아니할 수 없다."

Questions & Notes

Note 위 [판례 70]에서 피고 회사는 「보통주보다 1%를 더 배당한다」는 무의결권 우선주를 발행하고 있었다(구형우선주). 구형우선주는 1986년경 이후부터 발행되기 시작한 것이다. 우선주 발행 초기는 회사채나 은행차입금 등으로 자금조달이 어려운 일부기업에서 투자자에게 유리한 조건으로 자금을 조달하기 위하여 의결권 있는 우선주를 우선배당금도 공금리 수준 정도이고 누적적·참가적인 조건으로 발행하였다. 그러다가 86년 이후 구형우선주가 성행하였는데, 95년 상법을 개정하여 우선주에 대하여는 정관으로 최저배당률을 정하도록 한 이후(344조 2항) 구형우선주는 발행되지 아니하게 되었다. 2011년 개정상법에서는 다시 최저배당률에 대한 규제가 폐지되었다.

Q1 (1) 구형우선주가 발행되었다는 점에서 알 수 있는 주식의 종류에 대한 회사의 수요는 무엇이겠는가?
(2) 2011년 개정 전 상법에서는 우선주는 일정한 액수의 이익배당을 보통주보다 선순위로 받는 주식으로 이해되고 있다. 이 경우 「보통주보다 1%를 더 배당한다」는 구형우선주를 엄밀한 의미에서 우선주로 볼 수 있겠는가?
(3) 2011년 개정 전 상법에서 우선주에 관하여 정관으로 최저배당률을 정하도록 한 것은 기존주주의 이익을 보호하기 위한 것인가? 정관에서 종류주식

의 내용과 수를 정하도록 하는 일반적 취지는 무엇인가? 최저배당률 규정은 이러한 취지와 합치하는가?

(4) 2011년 개정 전 상법하에서는 액면가의 1%를 우선배당하는 무의결권우선주의 발행이 금지되는가? 2011년 개정상법에서는 어떠한가? 이러한 무의결권우선주가 무의결권우선주제도의 취지에 부합하는가?

Q2 (1) 제 1 정관변경에서는 우선주가 10년 후 보통주로 전환되도록 하였다가, 제 2 정관변경에서는 자동전환규정을 삭제하였다. 회사가 자동전환규정을 둔 이유와 이를 삭제한 이유는 무엇인가?

(2) 원고는 구형우선주의 주주이다. 제 1 정관변경으로 원고의 구형우선주의 내용이 바뀐 것인가? 즉, 10년이 경과하면 구형우선주가 보통주로 자동전환 되는 것인가? 구형우선주의 내용이 바뀐 것이 아니라면 제 2 정관변경이 왜 원고에게 불리한가?

(3) 종류주주에게 손해를 미치게 되는 경우에는 종류주주총회의 승인을 얻어야 한다. 기존 종류주주에게 유리/불리가 공존하면 종류주주총회승인을 얻어야 하는가? 대법원은 어떻게 보고 있는가? 예를 들어 우선배당률이 10% 인 무의결권 우선주의 배당률은 9%로 낮추면서 의결권을 부여하는 경우는 종류주주총회의 승인을 얻어야 하는가?

(4) 2011년 개정상법에 의하면 10년 후 보통주로 전환되도록 정한 우선주가 상법 제346조의 전환주식인가?

Q3 종류주주총회결의는 주주총회결의가 유효하기 위한 요건이므로, 종류주주총회의 결의가 없는 한 주주총회는 취소사유가 있거나 확정적으로 무효인 것 아니고 주주총회결의 불발효 상태에 있게 된다고 해석하는 입장이 있다. 이러한 입장에서는 후에 종류주주총회를 개최하여 승인을 얻으면 정관변경이 확정적으로 유효하게 된다. 반면 대법원은 주주총회결의 불발효 개념을 인정하지 아니하고 정관변경의 무효확인을 일반민사소송법의 무효의 소 원칙에 따라 구하면 족하다는 입장이다. 대법원 입장에 따르면 후에 종류주주총회를 개최하여 승인을 얻으면 정관변경이 유효하게 되는가? 종류주주총회결의 흠결은 일반주주총회결의가 무효라는 얘기인가? 즉, 정관변경이 효력을 가지기 위해서는 종류주주총회결의 외에 동일한 내용의 정관변경 안건에 대하여 일반주주총회를 다시 개최하여 결의하여야 하는가?

Note 정관변경무효확인의 소는 일반 확인의 소이므로 대세효가 없다. 이 사건에서는 삼성전자는 정관을 제 2 정관변경 전으로 원상회복시킴으로써 판결에 대세효가 인정된 것과 같은 결과를 자발적으로 수용하였으나, 그러하지 아니한 경우 패소한 삼성전자가 어떻게 이 문제를 처리해야 할 것인가는 명확하지 않다.

V. 신주발행

신주발행에 관한 회사법적 논의에 앞서, 간단히 신주발행을 하는 경우 투자자에 대한 정보공시를 간단히 설명한다.

1. 자본시장법상 발행공시에 관한 개관[2]

자본시장법 제119조를 보자. 증권을 공모할 경우에는 일정한 정보를 공시하여야 한다는 내용으로서 발행시장규제의 핵심을 이룬다. 자본시장법은 정보공시가 요구되는 거래를 법에서 열거하는 방식을 취하고 있는데, 그 핵심은 공모의 경우 정보공시를 요구한다는 것이다. 공모의 개념은 발행시장공시를 이해함에 있어서 가장 먼저 선결되어야 할 문제이다.

(1) 공모의 개념

공시의무의 법리적 문제는 "공모"의 범위를 둘러싸고 발생하는 경우가 대부분이다. 미국에서는 공시의무가 그 자체로 기업에게 대단히 부담스러울 뿐만 아니라 부실공시에 대한 책임이 매우 무겁기 때문에, 특정한 증권의 발행이 공시의무를 수반하는지 여부, 다시 말해서 공모에 해당하는지 여부가 매우 중요한 쟁점이 된다. 실제로 유능한 증권법 변호사란 공시의무가 발생하지 않도록 거래를 조직할 수 있는 사람이라는 우스갯소리가 있을 정도이다. 따라서 미국에서는 공모의 범위를 둘러싸고 많은 법리적 발전이 있었다. 이에 비하여 우리나라는 증권신고서의 작성이 그렇게 부담스럽지 않았고, 부실공시에 대한 책임을 묻는 경우도 별로 없었기 때문에 구체적으로 공모에 해당하는지 여부가 관심있게 다루어진 경우가 많지 않았다. 최근 들어 투자자들의 권리의식이 높아지고, 증권관련집단소송의 도입 등 부실공시에 대하여 책임을 묻는 방식

---

2) 보다 자세한 내용은, 김건식/정순섭, 자본시장법(제 2 판), 두성사(2010) 참조.

이 다양해지고 있어 점차 중요한 쟁점이 될 가능성이 높다. 구체적으로 무엇이 "공모"인지 살펴보자.

자금조달을 위해 증권을 발행하는 방법은 크게 특정한 개별 투자자를 상대로 하는 사모와 불특정다수의 투자자를 상대로 하는 공모로 나눌 수 있다. 이하에서 설명하는 공시의무는 공모의 경우에만 발생한다. 거래계에서는 일반적으로 "공모"라는 용어를 사용하지만, 자본시장법에서는 그 대신 "모집"과 "매출"이라는 특별한 용어를 사용하고 있다. 자본시장법 제 9 조 제 7 항, 제 9 항을 보자. 모집이란 "50인 이상의 투자자에게 새로 발행되는 증권의 취득의 청약을 권유"하는 것이고, 매출이란 "50인 이상의 투자자에게 이미 발행된 증권의 매도의 청약을 하거나 매수의 청약을 권유하는 것"이라고 정의된다. 따라서 모집은 신규로 발행되는 유가증권에 대한 것이고, 매출이란 이미 발행된 유가증권을 대상으로 한다는 차이가 있다. 그러나 투자자의 관점에서는 투자대상이 새로 발행되는 것인지 이미 발행된 것인지는 중요하지 않으므로 구별의 실익은 거의 없고, 따라서 적용되는 법리도 다르지 않다.

공모의 개념과 구별하여야 하는 것이 "상장"의 개념이다. 공모는 주식을 불특정 다수에게 모집 또는 매출하여 주식을 분산시키는 것을 말한다. 이에 비하여 상장은 기업이 발행한 증권이 거래소시장에서 매매할 수 있도록 하는 것을 말한다. 공모 가운데 "당해 기업의 주식을 신규로 증권거래소에 상장하기 위하여 주식을 모집 또는 매출하는 것"을 통상 기업공개(IPO: initial public offering)라고 한다. 공모를 위해서는 증권신고서를 제출하여 필요한 정보를 공시하면 충분하지만, 기업이 상장을 원하는 경우에는 별도로 거래소의 상장심사를 받아야 한다. 기업이 상장하기 전에 주식을 공모하는 것이 통상이지만, 공모와 상장은 서로 독립적으로 운영되기 때문에, 상장을 위해서 반드시 공모절차를 거쳐야 하는 것은 아니다. 상장요건에서 요구하는 수준의 주식분산이 이미 이루어진 상태라면 공모 없이 바로 상장을 할 수도 있다. 이를 거래계에서는 "직상장"이라고 한다.

(2) 공시의무의 내용

자본시장법 제119조 제 1 항을 보자. 증권의 공모의 경우 발행인은 당해 유가증권에 관하여 증권신고서를 금융위원회에 제출하여 수리되어야만 그 증

권의 공모를 할 수 있다. 신고서를 제출하면 모집매출, 즉 청약 또는 청약의
권유는 할 수 있지만, 그것만으로는 아직 승낙을 할 수 있는 것은 아니므로 거
래는 체결될 수 없다. 위 신고의 효력이 발생한 이후에만 유가증권의 취득 또
는 매수청약에 대한 승낙을 할 수 있다.

1) 증권신고서의 내용

유가증권신고서의 기재사항과 첨부서류는 자본시장법 시행령 제125조 제
1항에서 자세하게 규정하고 있고, 보다 구체적인 사항은 금융위원회가 정하는
증권의 발행 및 공시에 관한 규정에서 매우 상세하게 나열하고 있다. 이 가운
데 특기할 사항으로 예측정보와 대표이사 등의 서명의무를 보자.

전통적인 재무이론에 따르면 주가란 장차 그 기업이 창출할 것으로 예상
되는 현금흐름을 적절하게 할인한 것이라고 할 수 있으므로, 실제로 투자자에
게 필요한 정보는 과거에 회사가 어떠하였다는 정보가 아니라 미래에 어떠할
것이라는 정보일 것이다. 그러나 이러한 미래의 예측정보는 그 본질상 불확실
성이 너무 클 뿐만 아니라 공시의무자가 이를 자신에게 유리하도록 좋게 포장
할 가능성이 높기 때문에, 미국에서도 최근까지 그 공시가 금지되어 있었다.
그러나 최근 미국 증권거래법은 이러한 예측정보를 적극적으로 공시할 수 있
는 장치를 마련하는 입장으로 선회하였고, 우리나라도 이를 받아들여 1999년
부터 예측정보를 공시하도록 하고 있다(119조 3항). 그러나 예측정보는 투자자
를 현혹시키는 등 남용될 소지가 많기 때문에, 그 공시방법에 있어서 그러한
전망에 이르게 된 판단근거를 명시해야 할 뿐만 아니라, 그 내용이 예측정보라
는 사실 및 따라서 그 예측이 실제로 틀릴 수도 있다는 주의문구를 반드시 명
시하도록 하고 있다(119조 3항, 125조 2항).

2) 증권신고서의 심사와 정정신고서

증권신고서를 금융위원회에 제출하는 것을 "접수"라고 하고, 일정한 심사
를 거쳐 신고서가 형식적 또는 실질적인 흠이 없다고 판단되면 신고서를 "수
리"한다고 표현한다. 따라서 금융위원회는 증권신고서가 제출되면 일정한 사
항을 심사하게 된다. 금융위원회는 심사결과 부실기재가 발견된 경우에는 그
이유를 제시하고 정정신고서의 제출을 명할 수 있다(122조 1항).

정정신고서는 이처럼 부실기재가 사전에 발견된 경우뿐만 아니라, 청약개
시일 이전에 신고서에 기재된 사항에 대하여 변경이 있는 경우에 발행인이 자

발적으로 제출할 수 있다(122조 3항 전단). 다만 그 변경사항이 시행령 제130조에서 정하는 중요한 사항일 경우에는 정정신고서의 제출이 의무사항이다(122조 3항 후단). 정정신고서가 제출된 때에는 그 정정신고서가 수리된 날에 증권신고서가 수리된 것으로 본다(122조 5항).

3) 증권신고서의 효력발생

제119조 제 1 항과 제121조 제 1 항을 비교해 보자. 자본시장법은 증권신고서의 수리와 발효라는 두 기준을 가지고 세 시기로 나누고 있다. 수리 이전에는 매매의 청약 또는 청약의 권유도 할 수 없고, 수리된 이후 발효 전까지(이 기간을 흔히 "대기기간"이라고 한다)는 이러한 청약 또는 청약의 권유는 가능하지만 발행회사의 승낙은 불가능하다. 계약체결은 발효 이후에만 가능하다. 대기기간은 주식공모의 경우에는 원칙적으로 15일(상장법인 주식은 10일), 사채공모의 경우에는 7일이다(시행규칙 12조 1항). 이처럼 수리 이후 일정한 대기기간을 다시 둔 취지는 유가증권신고서의 내용이 시장에 충분하게 전파될 수 있는 시간을 확보하기 위한 것이다.

4) 투자설명서

금융위원회에 제출된 증권신고서가 공중이 열람할 수 있도록 공개되지만 인터넷이 발달하기 전에는 투자자의 열람이 반드시 용이한 것이 아니었다. 증권법은 궁극적으로 투자자가 충분한 정보를 가질 수 있도록 하는 것을 목적으로 한다. 이러한 맥락에서 투자자에게 직접 정보를 제공하고자 하는 목적으로 만들어진 것이 투자설명서(prospectus) 제도이다. 투자설명서는 공모시 투자자에게 제공하는 문서로서 상법상의 주식청약서 또는 사채청약서를 보완한 것이라고 할 수 있다. 제공하고자 하는 정보는 대부분 증권신고서에 있는 내용이므로, 실제로는 증권신고서의 일부를 투자설명서로 활용한다.

투자설명서는 투자자에게 증권에 관한 정보를 제공하는 목적만 있는 것이 아니라 투자설명서에 기재되지 않은 정보는 투자자에게 흘러가지 못하도록 막는 역할을 한다. 이를 위하여 자본시장법은 증권의 공모에 있어서 청약이나 청약의 권유는 원칙적으로 투자설명서를 제공하는 방식으로 이루어져야 하고, 투자설명서의 교부를 강제하고 있다(124조 1항).

5) 전자공시

현재 자본시장법상 제출하여야 하는 신고서 등의 서류는 대부분 전자문서에 의한 방식으로 대체할 수 있다(436조 1항). 제출된 정보는 일정한 전산시스템에 의해서 쉽게 검색할 수 있는데, 금융감독원의 DART 시스템과 거래소의 KIND 시스템이 바로 그것이다. 인터넷을 통해서 검색해 보면 우리나라 상장회사에 관한 기본적인 사항은 쉽게 알 수 있다.

2. 주주의 신주인수권

[판례 72]

대법원 1989. 3. 14. 선고 88누889 판결

• 사실관계

원고는 소외 다옥섬유주식회사의 주주겸 대표이사로서 이를 운영함과 동시에 그 같은 장소에서 자신의 개인기업체를 운영하여 왔다. 위 다옥섬유는 자본금이 7천만원(발행주식총수 7만주)이고 주주는 원고와 상속세법 시행령 제41조 제 2 항 소정의 특수관계에 있는 12명 등 13명으로 구성되어 있었다. 1983. 10. 15. 원고는 위 개인사업체를 현물출자에 의하여 위 다옥섬유에 통합하기로 하고, 한편으로는 위 개인사업체의 소유자로서 그리고 다른 한편으로는 위 다옥섬유의 대표이사로서 원고와 위 다옥섬유 사이에 사업양도계약을 체결하였다. 같은 날 원고는 위 다옥섬유의 임시주주총회를 열어 위 거래를 승인하였으며, 수권주식수의 변경을 위하여 정관을 변경하였다. 원고는 같은 날 이사회를 개최하여 신주 17만주를 발행하고 위 출자한 개인사업체의 가치를 1억7천만원으로 평가하여 그 주식 전부를 원고에게 배정하기로 결의하였다. 법원이 선임한 검사인은 현물출자에 대한 조사결과 그 평가액은 약 8억4천만원으로 평가되는데 비하여 그에 대하여 액면 1,000원짜리 주식 17만주가 배정되었으므로 그 이사회결의는 상당하다고 보고하였다. 원고의 주소지 세무서장은 '원고가 신주 17만주를 모두 배정받게 된 것은 원고를 제외한 12명의 주주가 신주인수권을 포기했기 때문'이라는 이유로, 원고가 12명의 주주들이 포기한 신주인수권 부분을 그들로부터 증여받은 것으로 간주하여 증여세를 부과하였다. 이에 대해 원고는, 회사가 현물출자자에게 그 출자가액에 상응하는 신주를 발행하는 경우에는 다른 기존주주에게 신주인수권이 발생할 여지가 없다고 주장하며 과세처분의 취소를 구하였다.

• **법원의 판단**

주주의 신주인수권은 주주가 종래 가지고 있던 주식의 수에 비례하여 우선적으로 인수의 배정을 받을 수 있는 권리로서 주주의 자격에 기하여 법률상 당연히 주주에게 인정되는 것이긴 하나, 다만 현물출자자에 대하여 발행하는 신주에 대하여는 일반주주의 신주인수권은 미치지 않는다고 보는 것이 타당하다고 판시하며, 현물출자에 의하여 발행되는 주식에 대하여 기존주주들이 신주인수권을 가지고 있음을 전제로 한 증여세 부과처분을 취소하는 원심판결을 그대로 유지하였다.

Questions & Notes

Q1 신주인수권을 인정하지 않으면 기존 주주의 회사에 대한 지배권과 부에 있어서 어떠한 문제가 발생하는가?

Q2 신주인수권은 기존 주주와 신규로 진입하는 주주의 이해관계를 조정하는 매우 중요한 제도로 이해되고 있다. 그런데 미국이나 일본 회사법에는 주주가 이러한 신주인수권(preemptive right)을 가지지 않는다. 그렇다면 주주 간의 이해관계의 상충을 미국이나 일본에서는 어떻게 해결할 수 있겠는가?

Q3 위 사실관계는 일반적으로 개인사업체의 법인전환에 자주 사용된다. 위 판결에서는 재산의 현물출자에 대해서 다른 주주의 신주인수권은 미치지 않는다고 보는 것이 타당하다고 단순히 언급하고 있다. 그 근거는 무엇일까? 예를 들어, (1) 회사가 甲으로부터 재산을 출자받는 거래와, (2) 회사가 甲으로부터 현금을 출자받고 그 현금으로 그 재산을 매입하는 거래를 비교해 보라. 현물출자의 경우에는 신주인수권이 배제된다는 것은 논리적으로 타당한가?

[Note] 상법에서 주주의 신주인수권이라고 하면 신주발행에 있어 주주배정을 받을 수 있는 추상적 법적 지위를 지칭하는 것에 불과하고 그 자체가 구체적인 청구권을 의미하는 것은 아니다. 그렇다면 구체적으로 회사에 주식의 교부를 청구할 수 있는 구체적 권리는 생각할 수 없는가? 이러한 채권적 권리 또는 그 권리를 표창하는 증권을 워런트(warrant)라고 부른다. 상법상 워런트는 ① 주식매수선택권과 같이 특수한 목적이 있는 경우와, ② 신주인수권

부사채(bond with warrant)처럼 사채에 붙어서 발행되는 경우만 인정되고, 그 이외에 회사가 자금조달 등의 목적으로 워런트를 발행하는 것은 아직 허용되지 않는다고 본다. 일본에서는 "신주예약권"이라는 명칭으로 워런트가 도입되어 있다. 최근 우리나라에서도 회사의 자금조달의 편의를 위하여 워런트의 발행이 허용되어야 한다는 주장이 많아졌고, 이에 따라 상장회사에 한하여 "신주인수선택권"이라는 이름으로 워런트의 발행을 허용하는 자본시장법 개정이 시도되었으나, 경영권방어에 이용될 수 있다는 이유로 폐기되었다.

3. 신주발행과 이사의 의무

[판례 73]

대법원 2009. 5. 29. 선고 2007도4949 전원합의체 판결(에버랜드 사건)

• **사실관계**

　에버랜드는 1996. 10. 30. 이사회를 열어 총 17명의 이사 중 8명이 참석한 가운데 총액 약 100억원의 전환사채의 발행을 결의하였다. 자금의 사용목적은 시설자금, 사채의 배정방법은 1996. 11. 14. 기준으로 주주에게 우선 배정하되 실권시에는 이사회의 결의에 의하여 제3자에게 배정하고, 전환가액은 1주당 7,700원으로 하였다(이 전환가액이 당시 에버랜드의 기업가치에 비해서 현저하게 낮은 것이었는지 여부에 대해서도 논란이 있기는 하지만, 그렇지 않다면 그 자체로 모든 논의가 불필요하므로, 일단 이 사건을 이해함에 있어서는 전환가액이 현저하게 낮다고 전제하면 된다). 발행 당시 에버랜드는 자금수요가 있기는 하였으나, 긴급하고 돌발적인 자금조달의 필요성은 없었다.

　전환사채 발행 당시 에버랜드의 법인주주들은 대부분 삼성그룹의 다른 계열사였고, 개인주주들은 삼성그룹 회장인 甲을 비롯하여 대부분 삼성그룹 계열사의 임원들이었다. 에버랜드는 위 일시에 주주들에게 배정기준일 통지 및 전환사채 안내를 발송하였으며, 주주들은 그 무렵 이를 모두 수령하였다. 그런데 위 전환사채의 청약만기일까지 주주들 가운데 오직 제일제당만이 그 지분비율인 2.94%에 해당하는 전환사채의 인수를 청약하였으며, 97.06% 지분을 보유하고 있는 나머지 주주들은 모두 인수청약을 하지 않아 실권되었다. 이에 에버랜드는 바로 이사회를 개최하여 주주들이 실권한 전환사채를 甲의 장남인 乙을

포함하여 4인에게 배정하기로 정하고, 그에 따라 乙 등 4인은 같은 날 인수청
약 및 인수대금 납입을 완료하였다. 이후 이들은 위 조건에 따라 전환권을 행
사하여 에버랜드의 주주가 되었다.

• 법원의 판단

(2) 회사가 주주들에게 지분비율에 따라 신주 등을 유상으로 발행하는 경우
에, 회사로서는 그 인수대금만큼 자금이 유입됨으로써 자본 및 자산의 증가가
이루어지는데 주주들로서는 신주 등을 인수하더라도 기존에 보유하던 지분비
율에는 아무런 영향이 없고 단지 보유 주식수만 늘어나는 것이므로 실질적으
로는 기존 주식의 분할과 주주들의 추가 출자가 동시에 이루어지는 셈이라고
할 것이다.

그리고 주주는 회사에 대하여 주식의 인수가액에 대한 납입의무를 부담할
뿐(상법 제331조) 인수가액 전액을 납입하여 주식을 취득한 후에는 주주유한책
임의 원칙에 따라 회사에 대하여 추가 출자의무를 부담하지 아니하는 점, 회사
가 준비금을 자본으로 전입하거나 이익을 주식으로 배당할 경우에는 주주들에
게 지분비율에 따라 무상으로 신주를 발행할 수 있는 점 등에 비추어 볼 때,
회사가 주주배정의 방법, 즉 주주가 가진 주식수에 따라 신주 등의 배정을 하
는 방법으로 신주 등을 발행하는 경우에는 발행가액 등을 반드시 시가에 의하
여야 하는 것은 아니다. 그러므로 회사의 임원인 이사로서는 주주배정의 방법
으로 신주를 발행함에 있어서 원칙적으로 액면가를 하회하여서는 아니 된다는
제약(상법 제330조, 제417조) 외에는 주주 전체의 이익과 회사의 자금조달의 필
요성과 급박성 등을 감안하여 경영판단에 따라 자유로이 그 발행조건을 정할
수 있다고 보아야 할 것이므로, 시가보다 낮게 발행가액 등을 정함으로써 주주
들로부터 가능한 최대한의 자금을 유치하지 못하였다고 하여 배임죄의 구성요
건인 임무위배, 즉 회사의 재산보호의무를 위반하였다고 볼 것은 아니다.

(3) 그러나 주주배정의 방법이 아니라 제 3 자에게 인수권을 부여하는 제 3
자배정 방법의 경우, 제 3 자는 신주 등을 인수함으로써 회사의 지분을 새로
취득하게 되므로 그 제 3 자와 회사와의 관계를 주주의 경우와 동일하게 볼 수
는 없는 것이다. 제 3 자에게 시가보다 현저하게 낮은 가액으로 신주 등을 발
행하는 경우에는 시가를 적정하게 반영하여 발행조건을 정하거나 또는 주식의

실질가액을 고려한 적정한 가격에 의하여 발행하는 경우와 비교하여 그 차이에 상당한 만큼 회사의 자산을 증가시키지 못하게 되는 결과가 발생하는데, 이경우에는 회사법상 공정한 발행가액과 실제 발행가액과의 차액에 발행주식수를 곱하여 산출된 액수만큼 회사가 손해를 입은 것으로 보아야 한다. 이러한 회사의 손해는, 시가보다 낮은 가격으로 발행된 신주와 기존 주주들이 보유하고 있던 구주가 주주평등의 원칙에 따라 동등하게 취급됨으로 말미암아 구주의 실질가치가 희석됨으로써 기존 주주들이 입는 손해와는 그 성질과 귀속 주체를 달리하며 그 평가방법도 일치하지 아니하므로, 신주 등의 저가발행으로 인한 회사의 손해와 주주의 손해는 마땅히 구별되어야 할 성질의 것이다. 그렇기 때문에 상법은 신주 등의 발행에 있어서 제 3 자가 이사와 통모하여 현저하게 불공정한 발행가액으로 주식을 인수한 경우 회사에 대하여 공정한 발행가액과의 차액에 상당한 금액을 지급할 책임을 인정하고(상법 제424조의2 제 1 항, 제516조 제 1 항, 제516조의10), 이러한 경우에 기존 주주는 회사에 대하여 제 3 자를 상대로 위 공정한 발행가액과의 차액에 상당한 금원의 지급을 구하는 소를 제기할 것을 청구할 수 있으며, 만일 회사가 이러한 청구에 응하지 않을 경우에는 주주가 직접 제 3 자를 상대로 회사를 위하여 공정한 발행가액과의 차액에 상당하는 금원의 지급을 구하는 대표소송을 제기할 수 있을 뿐 아니라(상법 제424조의2 제 2 항, 제403조), 이와는 별도로 이사는 회사에 대하여 임무위배로 인한 손해배상책임을 부담하는 것이다(상법 제399조 제 1 항). 결국 이와 같이 현저하게 불공정한 가액으로 제 3 자배정방식에 의하여 신주 등을 발행하는 행위는 이사의 임무위배행위에 해당하는 것으로서 그로 인하여 회사에 공정한 발행가액과의 차액에 상당하는 자금을 취득하지 못하게 되는 손해를 입힌 이상 이사에 대하여 배임죄의 죄책을 물을 수 있다고 할 것이고, 그것이 종래 대법원의 판례이기도 하다. …

(1) 먼저 이 사건 전환사채의 발행이 제 3 자배정의 방법에 의한 것인지 여부에 관하여 본다.

신주 등의 발행에 있어서 주주배정방식과 제 3 자배정방식을 구별하는 기준은 회사가 신주 등을 발행함에 있어서 주주들에게 그들의 지분비율에 따라 신주 등을 우선적으로 인수할 기회를 부여하였는지 여부에 따라 객관적으로 결정되어야 할 성질의 것이지, 신주 등의 인수권을 부여받은 주주들이 실제로 인수권을 행사함으로써 신주 등을 배정받았는지 여부에 좌우되는 것은 아니다. 회사가 기존 주주들에게 지분비율대로 신주 등을 인수할 기회를 부여하였는데도 주주들이 그 인수를 포기함에 따라 발생한 실권주 등을 제 3 자에게 배정한 결과 회사 지분비율에 변화가 생기고, 이 경우 신주 등의 발행가액이 시가보다 현저하게 낮아 그 인수권을 행사하지 아니한 주주들이 보유한 주식의 가치가 희석되어 기존 주주들의 부(富)가 새로이 주주가 된 사람들에게 이전되는 효과가 발생하더라도, 그로 인한 불이익은 기존 주주들 자신의 선택에 의한 것일 뿐이다. 또한 회사의 입장에서 보더라도 기존 주주들이 신주 등을 인수하여 이를 제 3 자에게 양도한 경우와 이사회가 기존 주주들이 인수하지 아니한 신주 등을 제 3 자에게 배정한 경우를 비교하여 보면 회사에 유입되는 자금의 규모에 아무런 차이가 없을 것이므로, 이사가 회사에 대한 관계에서 어떠한 임무에 위배하여 손해를 끼쳤다고 볼 수는 없다.

원심판결 이유에 의하면, 이 사건 전환사채의 배정은 실질적으로 주주배정이 아니라 제 3 자배정으로 보아야 한다는 것인데, 그 의미가 피고인들이 내심으로는 기존 주주들이 전환사채의 청약을 하지 아니함으로써 실권할 것을 기대하였다는 취지인지, 아니면 주주들 가운데 제일제당만이 인수청약을 하였을 뿐 대부분의 다른 주주들이 인수청약을 하지 아니함으로써 실권한 이상 그 경제적 효과가 제 3 자배정방식에 의한 경우와 같다는 취지인지 분명하지 않지만, 원심이 인정한 사실에 의하더라도 이 사건 전환사채의 발행은 주주배정방식에 의한 것임이 분명하고, 에버랜드의 이사회가 실권한 전환사채를 乙 등에게 배정한 것은 기존 주주들 스스로가 인수청약을 하지 않기로 선택한 데 기인한 것이므로 이 사건 전환사채의 발행이 제 3 자배정방식에 의한 것이라고 선뜻 단정해서는 안 될 것이다.

그리고 상법상 전환사채를 주주배정방식에 의하여 발행하는 경우에도 주주가 그 인수권을 잃은 때에는 회사는 이사회의 결의에 의하여 그 인수가 없는 부분에 대하여 자유로이 이를 제 3 자에게 처분할 수 있는 것인데(상법 제513조의3, 제419조 제 4 항, 제469조), 단일한 기회에 발행되는 전환사채의 발행조건은 동일하여야 하므로, 주주배정으로 전환사채를 발행하는 경우에 주주가 인수하지 아니하여 실권된 부분에 관하여 이를 주주가 인수한 부분과 별도로 취급하여 전환가액 등 발행조건을 변경하여 발행할 여지가 없다. 즉, 사채는 채권(債

權) 발행의 방법에 의한 기채(起債)로서 유통성, 공중성, 집단성 등의 성질을 가지고 있으므로, 동일 종류의 사채에서는 각 사채의 금액은 균일하거나 최저액으로 정제(整除)할 수 있는 것이어야 하고(상법 제472조 제 2 항), 채권에 법에 정한 사항을 기재하여 발행하여야 한다(상법 제478조 제 2 항). 전환사채의 경우 회사는 전환사채의 총액, 전환의 조건, 전환으로 인하여 발행할 주식의 내용, 전환을 청구할 수 있는 기간 등을 결정한 뒤 이러한 사항 등을 사채청약서, 채권, 사채원부에 기재하여야 하고(상법 제513조 제 2 항, 제514조), 전환사채의 납입이 완료된 때에는 위 각 사항 등을 등기하도록 규정하고 있는바(상법 제514조의2), 이는 같은 기회에 발행하는 전환사채의 발행조건 등이 동일한 것을 전제로 하는 것이다. 그러므로 주주배정의 방법으로 주주에게 전환사채인수권을 부여하였지만 주주들이 인수청약하지 아니하여 실권된 부분을 제 3 자에게 발행하더라도 주주의 경우와 같은 조건으로 발행할 수밖에 없고, 이러한 법리는 주주들이 전환사채의 인수청약을 하지 아니함으로써 발생하는 실권의 규모에 따라 달라지는 것은 아니다 ….

따라서 이 사건 전환사채의 발행이 실질적 제 3 자배정방식에 해당한다는 원심판결에는 전환사채의 발행에 관한 법리를 오해한 위법이 있다.

Questions & Notes

Q1 이 사건에서 에버랜드 이사의 행위는 회사 소유의 3억원의 가치가 있는 부동산을 제 3 자에게 1억원에 매각한 것과 같은 성질인지 생각해 보자. 일반적으로 이러한 저가매도의 경우 회사는 1억원의 현금수입과 2억원의 처분손실을 인식하게 된다. 그러나 3억원의 가치가 있는 신주를 1억원에 발행하게 되면 회사는 단순히 자기자본 1억원이 늘어난 것으로만 계상하고 2억원의 차액은 어디에도 기록되지 않는다. 이러한 차이에 주목하여, 이 사건에서 저가발행으로 인한 손해는 단순히 주주의 손해일 뿐 회사의 손해는 아니라는 견해가 있다. 타당한가? 다음 위 판결의 별개의견을 보자.

"그런데 신주발행에 의한 자금형성의 과정에서 신주를 저가발행하여 제 3 자에게 배정하게 되면 기존 주주의 지분율이 떨어지고 이른바 주식가치의 희석화로 말미암아 구 주식의 가치도 하락하게 되어 구 주식을 통한 기존 주주의 회사에 대한 지배력이 그만큼 약화되므로 기존 주주에게 손해가 발생한다. 그러나 상법상 회사와 주주는 서로 독립되어 있어 회사의 이익과 주주의 이익은 엄격히 구별되는 것이므로, 회사의 이사는 주주에 대한 관계에서 직접 그들의 사무를 처리하는 자의 지위에 있지 않으며, 따라서 이사의 행위로 인하여 주주에게 손해가 발생하더라도 배임죄가 성립되지 아니하고(대법원 2004. 6. 17. 선고 2003도7645 전원합의체 판결 등 참조), 반면 주주의 이익에 부합하는 행위라 하더라도 회사에 손해를 발생케 하였다면 이는 회사에 대한 관계에서 임무위배에 해당하므로 배임행위가 된다(대법원 1983. 12. 13. 선고 83도2330 전원합의체 판결, 대법원 1996. 8. 23. 선고 96도1525 판결 등 참조). 그러므로 신주의 저가발행으로 인하여 주주에게 위와 같은 손해가 발생한다 하여 그 때문에 회사에 대한 관계에서 이사에게 신주를 시가에 의하여 발행하여야 할 의무가 있다고 할 수는 없고, 회사에 필요한 자금의 규모에 상응하는 수량의 주식이 발행되어 그 필요 자금이 조달되었다면 회사에 대해 이사는 그 임무를 다하는 것이며, 그로 인해 주주에게 불이익이나 손해가 발생하더라도 회사에 대한 임무위배가 없는 한 이사를 배임죄로 처벌할 수는 없다. …

신주의 발행에 의해 회사에는 그만큼 새로운 자금이 형성될 뿐이므로 회사에 손해가 있다고 할 수 없다. 그럼에도 다수의견은 저가발행으로 인하여 시가에 의해 발행함으로써 얻을 수 있었던 자금이 유입되지 못하는 소극적 손해가 있다는 것이다. 그렇지만 배임죄가 성립되려면 회사에 대한 임무위배가 있고 그 임무위배에 의하여 회사에 대한 손해가 발생하여야 하는데, 위 견해는 이사가 그의 임무에 따라 회사에 필요한 자금의 형성을 마쳤음에도 불구하고 주주 보호의 요청에 따라 시가발행을 하였을 때에는 회사에게 필요한 자금의 범위를 넘는 가외의 자금이 형성될 가능성이 있었음을 이유로 거꾸로 이사의 회사에 대한 임무위배가 있었다고 인정하는 것이 되어 배임죄의 논리에 맞지 않을 뿐 아니라, 1주의 전환가액과 전환될 주식수는 필요한 자금의 규모에 따라 서로 연계되어 결정되는 것이므로 전환가액만 높게 책정한다 하여 언제나 자금이 더 많이 형성되는 것도 아니다."

Q2 신주의 저가발행시 주주배정이라면 배임이 되지 않는 이유는 무엇인가? 회

사의 손해가 없기 때문인가, 아니면 손해는 있는데 임무위배가 아니라는 것인가? 이처럼 주주배정과 제 3 자 배정을 구분하는 법리는 현재 형성되어 있는 1인 회사의 법리나 LBO 사건의 법리와 다소 차이가 있다. 심지어 100% 모자회사 관계의 경우에도 자회사에 손해를 입히고 동액 상당의 이익을 모회사가 얻게 되면 배임죄가 성립한다는 것이 현재의 판례인데, 위 판시와 서로 조화될 수 있겠는가?

Q3 주주배정과 제 3 자 배정의 구분이 배임죄의 인정여부판단에 결정적인 요소가 되었는데, 위 판결은 이를 형식적으로 판단해야 한다고 설시하고 있다. 이에 대해서 다음 반대의견을 읽어보자.

> "신주 등의 발행이 주주배정방식인지 여부는, 발행되는 모든 신주 등을 모든 주주가 그 가진 주식수에 따라서 배정받아 이를 인수할 기회가 부여되었는지 여부에 따라 결정되어야 하고, 주주에게 배정된 신주 등을 주주가 인수하지 아니함으로써 생기는 실권주의 처리에 관하여는 상법에 특별한 규정이 없으므로 이사는 그 부분에 해당하는 신주 등의 발행을 중단하거나 동일한 발행가액으로 제 3 자에게 배정할 수 있다고 할 것이다. 그러나 주주배정방식으로 발행되는 것을 전제로 하여 신주 등의 발행가액을 시가보다 현저히 저가로 발행한 경우에, 그 신주 등의 상당 부분이 주주에 의하여 인수되지 아니하고 실권되는 것과 같은 특별한 사정이 있는 때에는, 그와 달리 보아야 할 것이다. 앞서 본 바와 같이 주주배정방식인지 제 3 자배정방식인지에 따라 회사의 이해관계 및 이사의 임무 내용이 달라지는 것이므로, 회사에 대한 관계에서 위임의 본지에 따른 선관의무상 제 3 자배정방식의 신주 등 발행에 있어 시가발행의무를 지는 이사로서는, 위와 같이 대량으로 발생한 실권주에 대하여 발행을 중단하고 추후에 그 부분에 관하여 새로이 제 3 자배정방식에 의한 발행을 모색할 의무가 있다고 할 것이고, 그렇게 하지 아니하고 그 실권주를 제 3 자에게 배정하여 발행을 계속할 경우에는 그 실권주를 처음부터 제 3 자배정방식으로 발행하였을 경우와 마찬가지로 취급하여 발행가액을 시가로 변경할 의무가 있다고 봄이 상당하다. 이와 같이 대량으로 발생한 실권주를 제 3 자에게 배정하는 것은, 비록 그것이 주주배정방식으로 발행한 결과라고 하더라도, 그 실질에 있어 당초부터 제 3 자배정방식으로 발행하는 것과 다를 바 없고, 이를 구별할

이유도 없기 때문이다.

다수의견은 이러한 실권주의 발생은 주주가 신주인수권을 포기한 결과이므로 그 실권주를 제3자에게 배정하는 것은 주주배정방식에 의한 신주발행의 후속조치에 불과하고 따라서 그 실권주에 대하여 당초에 현저히 저가로 정한 발행가액을 그대로 유지하여도 무방하다는 취지이나, 이는 지나친 형식논리이다. 주주배정방식으로 발행된 신주 등의 전부가 실권된 경우를 상정해 보면, 다수의견의 부당함은 보다 분명해진다. 이사는 회사에 대한 관계에서 위임의 본지에 따른 선관의무를 질 뿐 주주의 사무를 처리하는 지위에 있거나 주주의 이익을 보호할 의무를 지는 것은 아니다. 따라서 주주가 신주인수권을 포기하였다고 하여 회사에 대한 관계에서 그 실권주를 적정하게 처리하여야 할 이사의 의무가 소멸되지는 않는다. 또한 전환사채를 비롯한 신주 등의 발행이 법률적으로 유효하다는 것과 이사가 신주 등의 발행을 적정하게 처리하여야 할 의무 내지 임무와는 직접적인 관련이 없다. 신주 등의 발행이 유효하다고 하여 그 신주 등을 적정하게 발행하여야 할 이사의 의무가 소멸되는 것도 아니다. 상법에 특별한 규정은 없지만, 일반적으로 동일한 기회에 발행되는 전환사채의 발행조건은 균등하여야 한다고 해석되고 있음은 다수의견이 지적하는 바와 같다. 그러나 주주에게 배정하여 인수된 전환사채와 실권되어 제3자에게 배정되는 전환사채를 '동일한 기회에 발행되는 전환사채'로 보아야 할 논리필연적인 이유나 근거는 없다. 실권된 부분의 제3자배정에 관하여는 다시 이사회 결의를 거쳐야 하는 것이므로, 당초의 발행결의와는 동일한 기회가 아니라고 보지 못할 바 없다. 그 실권된 전환사채에 대하여는 발행을 중단하였다가 추후에 새로이 제3자배정방식으로 발행할 수도 있는 것이므로, 이 경우와 달리 볼 것은 아니다. 그리고 주주 각자가 신주 등의 인수권을 행사하지 아니하고 포기하여 실권하는 것과 주주총회에서 집단적 의사결정방법으로 의결권을 행사하여 의결하는 것을 동일하게 평가할 수는 없는 것이므로, 대량의 실권이 발생하였다고 하여 이를 전환사채 등의 제3자배정방식의 발행에 있어 요구되는 상법 제513조 제3항, 제516조의2 제4항 소정의 주주총회의 특별결의가 있었던 것으로 간주할 수도 없다.

그러므로 신주 등을 주주배정방식으로 발행하였다고 하더라도, 상당

부분이 실권되었음에도 불구하고, 이사가 그 실권된 부분에 관한 신주 등의 발행을 중단하지도 아니하고 그 발행가액 등의 발행조건을 제3 자배정방식으로 발행하는 경우와 마찬가지로 취급하여 시가로 변경하지도 아니한 채 발행을 계속하여 그 실권주 해당부분을 제3자에게 배정하고 인수되도록 하였다면, 이는 이사가 회사에 대한 관계에서 선관의무를 다하지 아니한 것에 해당하고, 그로 인하여 회사에 자금이 덜 유입되는 손해가 발행하였다면 업무상배임죄가 성립한다고 보아야 할 것이다."

(1) 위 반대의견의 논리와 형식적으로 판단해야 한다는 다수의견의 논리를 서로 비교해 보고, 어느 견해가 보다 설득력이 있는지 생각해 보자. 만일 반대의견과 같이 실질적으로 판단해야 한다고 하면 그 기준을 어떻게 정할 것인가? 반대로 다수의견과 같이 형식적으로 판단해야 한다고 하면 이 사건처럼 주주배정을 형식적으로 하여 실권주를 이용함으로써 규제를 피할 수 있다는 문제는 어떻게 해결할 것인가?

(2) 이 사건에서 제일제당도 신주인수를 포기해서 결국 100% 실권이 이루어졌다면, 다수의견의 입장에서 어떻게 판단하였을 것인지 생각해 보시오.

Q4 이 사건은 거래와 전혀 상관없는 사람들의 고발에 의해서 시작되었다. 그런데 이 거래의 관련 당사자들 사이에 이 거래에 대해서 불만을 가진 사람들이 있겠는가? 만일 있다면 누구인가? 그 불만을 가진 사람들이 권리를 구제받을 수 있는 방법은 무엇인가? 이 사건을 보다 정확하게 보는 시각이 무엇인지 생각해 보시오. 대구고등법원 2012. 8. 22. 선고 2011나2372 판결(제4장 [판례 44]의 참고판례) 참조.

[참고판례]

• **서울중앙지방법원 2010. 6. 18. 선고 2008가합36393 판결**

A 회사는 1995년 100% 지분을 출자하여 B 회사를 설립하였는데, B 회사는 IMF 금융위기를 맞아 유상증자를 하게 되었다. 신주발행은 주주배정의 방식으로 진행되었는데, A 회사는 이사회에서 "B 회사의 재무구조 개선을 위하여 유상증자의 규모 및 시기는 적절하지만, A 회사의 부채비율이 현재 256%로 높은 편이며, IMF 시기에 외부차입금 조달을 통하여 타 법인 출자를 하는 것은 바람직하지 않다"는 이유로 포기하였다. 이에 B 회사는 그 실권주를 甲에게 전부 같은 조건으로 배정하였는데, 甲은 A 회사의 이사임과 동시에 사실상 A 회사를 중심으로

한 그룹가의 자손이었다. A 회사의 소수주주는 A 회사의 이사들에 대해서 위 신
주인수를 포기한 것에 대하여 책임을 묻는 대표소송을 제기하였다. 법원은 A 회
사가 당시 B 회사의 신주인수권만 포기한 것이 아니고 다른 회사의 신주인수권
도 포기하였으며, 신주의 발행가액이 현저하게 저가라는 입증이 없을 뿐만 아니
라, 설사 위 신주를 다소 저가로 발행하였다고 하더라도 A 회사 이사들의 의사
결정이 불합리하여 이사로서의 임무를 해태한 것이라고 인정하기에는 사실관계
의 입증이 부족하다고 판시하였다.

• **대법원 2013. 9. 12. 선고 2011다57869 판결**

사실관계는 제 4 장 [판례 40] 참조. 신세계백화점(A)이 100% 자회사인 광주신세
계백화점(B)의 신주저가발행에도 불구하고 이를 실권하자, A의 주주가 그 이사
들에 대하여 책임을 물은 사건임. 원고들은, B가 자본잠식 상태에 빠진 것은 47
억 원에 이르는 이연자산의 상각 과정에서 발생한 일시적인 현상에 불과할 뿐,
이 사건 유상증자 전까지 상당한 액수의 영업이익을 올리고 있었고, 향후 더 많
은 영업이익이 예상되었으며, 피고들로서는 이 사건 신주가 현저히 저가로 발행
된다는 사정을 잘 알고 있었기 때문에 신세계의 이익을 위해 이 사건 신주를 인
수했어야 함에도, A의 지배주주 일가의 후계자인 피고 1에게 재산의 증식을 목
적으로 의도적으로 이 사건 신주인수권을 포기하기로 의결하고, 피고 1이 이를
인수하도록 함으로써 A에 손해를 입혔다고 주장하였다. 이에 대하여 법원은, "B
는 IMF 외환위기 사태 이후 이자율 급증 등으로 금융비용 증가로 자금조달에
어려움을 겪게 되자 이 사건 유상증자에 이른 점, A는 IMF 외환위기 사태를 맞
아 유동성 확보 및 재무구조 개선을 위한 강도 높은 구조 조정을 진행하는 과정
에서 불가피하게 이 사건 신주인수를 포기한 점, B는 A로부터 실권 통보를 받은
후 이 사건 신주 인수자를 물색하였으나 B의 자본잠식, IMF로 인한 국내경제의
침체 영향으로 찾지 못한 끝에 피고 1에게 전액 배정하기로 결정한 점, 이 사건
유상증자 당시 A의 주가는 16,400원, B가 일반 공모의 형태로 기업공개를 한
2002. 1. 30. 당시 B의 주가는 33,000원에 머물렀던 점, 이 사건 유상증자 당시에
는 비상장법인 주식의 적정한 가액을 평가하는 확립된 기준이 존재하지 않았고,
여러 가지 평가의 가능성이 존재하였으며, B와 동종업체인 현대DSF, 현대백화
점, 대구백화점, 신세계의 주식이 각각 2,120원, 3,910원, 1,520원, 16,400원으로
거래되는 등 순자산가치의 10.2%~38.0% 수준에서 주식 시세가 형성되어 있었
던 점, 원고들은 추정 경상이익이 사업연도마다 10%씩 증가하는 것을 전제로
이 사건 유상증자 당시 B의 주식가치를 유가증권 인수업무에 관한 규정에 따라
115,030원으로 산정하고 있으나, 유가증권인수업무규정 시행세칙 제 6 조 제 1 항
에 의하면 주식의 수익가치는 신주 발행 당시의 향후 2사업연도의 추정 재무제

표를 기준으로 산정하도록 되어 있음에도 이에 따르지 아니하고 위에서 본 바와 같은 상황하에서의 B의 1998년, 1999년 추정 경상이익이 10%씩 증가하는 것으로 가정하여 B의 주식가치를 산정하는 것은 그 산정 방식이 적정하지 못한 것으로 보이는 점 등을 종합하면, 원고들이 들고 있는 갑 제5, 12, 50호증의 각 기재만으로는 이 사건 신주가 현저히 저가로 발행된 것으로 단정하기에 부족하고, 가사 이 사건 신주가 다소 저가로 발행되었다고 하더라도 원고들이 들고 있는 증거만으로는 이 사건 신주를 인수하지 않기로 한 피고들의 의사결정이 현저히 불합리하여 이사로서의 임무를 해태한 것으로 인정하기에 부족하다"고 판단하여 원고의 청구를 배척하였다.

Q5 실권주의 처분에 있어서 교과서에서는 이사회의 자유라고 적고 있으며, 이 판결에서도 이사회가 다시 발행가액을 시가에 근접하게 올려야 할 의무는 없는 것으로 보고 있다. 이에 대해서는 다음과 같은 비판을 생각해 보자.

> "그러나 이러한 결론에 대해서는 신주인수권 제도의 결점에 근거한 반론이 있을 수 있다. 다시 말해서, 신주인수권은 "보호받고 싶으면 돈을 내라"는 식의 보호방법이기 때문에 근본적으로 결함이 있다는 것이다. 설사 신주를 주주에게 저가로 발행한다고 하더라도 모든 주주가 이를 인수할 수 있는 것은 아니다. 개인적인 사정이나 자금부족 등으로 인수하지 못할 수 있다. 이 경우 돈을 내지 않았기 때문에 그 돈에 상응하는 가치를 얻지 못하는 것은 수긍할 수 있더라고, 돈을 내지 않았기 때문에 자신이 이미 보유하고 있는 부가 감소되는 것은 다소 수긍하기 어렵다. 따라서 신주의 저가발행에 있어서는 "주주가 사지 않았기 때문에 주주는 그 가격에 다른 곳에 파는 것을 뭐라고 할 수 없다"는 논리가 쉽게 성립하지 않는 것이다. 이러한 논리에 따른다면, 이사는 실권한 주주라 하더라도 최소한 손해를 보지 않도록 하는 주의의무를 진다고 해야 한다."

(1) 이 비판이 설득력이 있는가? 예를 들어, 위와 같은 문제는 신주인수권 제도가 원래부터 가지고 있는 문제점이 아니었는가?

(2) 실권주의 배정이 이사회의 자유재량이라는 실정법상의 근거는 무엇인가? 예를 들어, 실권주의 배정에 관한 상법 제419조 제4항을 보자. 이를 이사회의 자유재량에 대한 근거로 삼을 수 있는가? 우리 상법의 해석상 실권주 배정시 제418조 제2항 단서가 당연히 적용되고, 따라서 경영상 목적이

있어야 한다는 규제가 적용된다고 해석할 여지는 없는지 생각해 보자.

(3) 만일 실권주에 대해서 위와 같이 이사의 주의의무 또는 충실의무가 부여된다면, 주주배정과 제 3 자배정을 구분하여 배임죄의 적용을 달리 하는 실익은 무엇인가? 다시 말해서, 대법원에서 주주배정과 제 3 자배정을 구분하는 이상, 추가적인 이사의 주의의무 또는 충실의무를 인정하는 것은 정합적이지 못하다는 생각은 어떠한가?

[참고판례]

• 대법원 2012. 11. 15. 선고 2010다49380 판결

이 사건 각 신주발행은 … 그 주주들이 신주인수를 포기하거나 청약하지 아니하여 실권된 신주를 피고 회사의 주주 등을 포함한 제 3 자에게 발행한 것임을 알 수 있고 … 위와 같이 실권된 신주를 제 3 자에게 발행하는 것에 관하여 피고 회사의 정관에 반드시 근거 규정이 있어야 하는 것은 아니다.

Q6 만일 에버랜드에서 주주총회를 열어 신주의 저가발행을 주주총회에서 승인하였다면 이상의 논의가 달라지는가? 주주총회에서 특별결의가 있었다거나 전원이 동의했다고 하면 어떠한가?

Q7 신주를 저가발행하는 것은 허용되는가? 상장회사의 경우와 비상장회사가 어떻게 다른지 확인해 보자. 신주의 저가발행시 상법상 소액주주가 취할 수 있는 구제수단은 무엇인가?

Note 이 판결을 계기로, 실권주의 처분이 사실상 제 3 자배정의 효과를 가짐에도 불구하고 상법이 이를 적절하게 통제하지 못하고 있다는 지적이 있었고, 이에 따라 최근 자본시장법은 실권주의 처분에 대한 규제를 마련하였다(자본시장법 165조의6 2항). 원칙적으로 실권주는 발행을 철회하고 새로운 발행절차를 거쳐야 한다. 다만 발행회사의 자금조달에 따른 시간 및 비용 부담을 경감하기 위해서 예외적으로 제 3 자에게 처분할 수 있도록 인정하고 있다. 그 요건은 신주발행가액이 금융위원회가 정하는 일정 수준 이상으로서 ① 투자매매업자가 인수인으로서 그 실권주 전부를 취득하는 경우, ② 주주배정에 한하여 일정한 한도에서 초과청약을 한 주주에게 미리 실권주를 배정하기로 합의가 있는 경우, ③ 기타 상장회사의 자금조달의 효율성, 주주 등의 이익보호, 공정한 시장질서 유지 등을 종합적으로 고려하여 시행령으로 정한 경우 등이다. 초과청약을 한 주주에게 특혜를 인정하는 것은 사실상

제 3 자배정과 같은 효과를 가져오므로 그 한도가 규제된다.

4. 신주발행의 무효

[판례 74]

대법원 2007. 2. 22. 선고 2005다77060, 77077 판결

1. 원고(반소피고, 이하 '원고'라고만 한다) 1의 상고이유에 대한 판단

가. 주식회사의 신주발행은 주식회사의 업무집행에 준하는 것으로서 대표이사가 그 권한에 기하여 신주를 발행한 이상 신주발행은 유효하고, 설령 신주발행에 관한 이사회의 결의가 없거나 이사회의 결의에 하자가 있더라도 이사회의 결의는 회사의 내부적 의사결정에 불과하므로 신주발행의 효력에는 영향이 없다고 할 것인바, 비록 원심의 이유설시가 적절하다고 할 수는 없지만 원심이 피고(반소원고, 이하 '피고'라고만 한다) 회사가 감사 및 이사인 원고들에게 이사회 소집통지를 하지 아니하고 이사회를 개최하여 신주발행에 관한 결의를 하였다고 하더라도 피고 회사의 2001. 2. 28.자 신주발행의 효력을 부인할 수 없다고 판단한 것은 결론에 있어서 정당하고 거기에 상고이유에서 주장하는 바와 같은 채증법칙 위반, 신주발행의 효력에 관한 법리오해 등의 위법이 없다.

원고 1은 위 신주발행이 주식평등의 원칙에 위배되는 등 그 흠이 중대하고 명백하여 무효라고 주장하나 위 주장은 상고심에 이르러 제기한 새로운 주장으로서 신주발행무효의 소의 출소기간이 경과한 후에 위와 같이 새로운 무효사유를 추가하여 주장하는 것은 허용되지 않는다(대법원 2004. 6. 25. 선고 2000다37326 판결 참조).

Questions & Notes

Q1 신주발행에 관한 이사회의 결의가 없거나 이사회의 결의에 하자가 있는 경우 이에 불만이 있는 주주는 어떠한 조치를 취할 수 있는가?

Q2 신주발행금지 가처분에 위반하여 그대로 신주를 발행한 경우 그 신주발행은 무효가 되는가? 다음 판례 참조.

[참고판례]

• 대법원 2010. 4. 29. 선고 2008다65860 판결

A 회사의 대표이사는 종전에 甲으로부터 현재 丁으로 변경되었는데, 둘 사이에
경영권을 두고 계속 분쟁이 있었다. 그 과정에서 이사회에서 신주발행을 결의할
당시 이사 乙, 丙이 참석하였는데, 이사 甲은 乙, 丙을 이사로 선출한 주주총회
결의에 중대한 하자가 있다는 사유 등을 들어 신주발행을 금지하는 가처분을 신
청하였고 법원이 가처분을 발령하였다. 그러나 A 회사는 대표이사인 丁의 주도
로 신주발행을 진행하였고, 결국 丁과 그 우호주주들만이 발행주식총수의 59%
에 해당하는 신주를 인수하였다.

　법원은 다음과 같이 판시하고 있다. 乙, 丙이 이사로 참여한 A 회사의 이사회
에서 신주발행을 결의하였으나, 乙, 丙을 이사로 선출한 A 회사의 주주총회 결
의가 위법한 것인 이상 위 이사회결의는 신주발행사항을 이사회결의로 정하도
록 한 법령과 정관에 위반한 것으로 볼 수 있을 뿐만 아니라, 위 주주총회결의
의 위법사유에 주된 책임이 있는 당시 대표이사 丁이 乙, 丙을 동원하여 위 이
사회결의를 하였다는 점에서 그 위반을 중대한 것으로 볼 수 있고, … 그로 인
하여 경영권 다툼을 벌이던 참가인 1측이 피고의 지배권을 확고히 할 수 있도록
그 지분율이 크게 증가하는 결과가 초래되었다. 그 밖에 2차 신주발행을 무효로
하더라도 거래의 안전에 중대한 영향을 미칠 것으로 보이지도 않는바, 위와 같
은 사정들을 종합하여 보면 결국 2차 신주발행은 무효로 보아야 할 것이다.

Q3　신주발행이 주식평등의 원칙에 위배되는 경우에는 신주발행무효의 소를 제
기할 수 있는가? 이 주장을 상고심에서 새롭게 추가할 수 없는 이유는 무엇
인가? 다음 판결 및 민사소송법 이론을 참고하시오.

[판례 75]

대법원 2004. 6. 25. 선고 2000다37326 판결(삼성전자 전환사채 판결)

• 사실관계

1. 피고 회사의 정관에는 ① 회사는 사채의 액면총액이 금 1조원을 초과하
지 않는 범위에서 주주 외의 자에게 전환사채를 발행할 수 있고(정관 제16조 제
1항), ② 전환으로 인하여 발행하는 주식은 사채의 액면총액 중 금 5000억원
은 보통주식으로 또 나머지 금 5000억은 우선주식으로 하고 전환가액은 주식
의 액면금액 또는 그 이상의 가액으로 사채발행시 이사회가 정하며(정관 제16
조 제3항), ③ 전환청구기간은 당해 사채의 발행일의 익일부터 그 상환기일의

직전일까지 한다(정관 제16조 제 4 항)고 규정되어 있었다. 또한 피고 회사의 정관에는 이 사건과 관련되는 사항에 관하여 ④ 이사회는 상법 또는 정관에 주주총회의 결의사항으로 되어 있는 것을 제외하고 본 회사업무의 중요사항을 결정한다. ⑤ 이사회의 결의는 이사 과반수의 출석과 출석 이사 과반수로써 하며 의사회의 결의에 관하여 특별이해관계가 있는 이사는 의결권을 행사하지 못한다고 되어 있었다.

2. 피고 회사는 1997. 3. 24. 이사회를 개최하여 사모의 방법에 의하여 발행 총액 600억원의 전환사채를 발행하기로 하고 같은날 甲에게 450억원 상당을, A회사에 150억원 상당을 발행하였다. 본 이사회에서는 전환사채를 발행한다는 것과 전환조건 및 전환기간에 관하여 결의하고, 전환사채의 인수인을 비롯한 기타의 사항은 결정하지 않고 대표이사에게 위임하기로 하였다. 위 이사회의 의사록에는 59명의 이사 중 32명이 출석한 것으로 기재되어 있으나, 그 중 4 명은 당시 해외출장 중이었다.

3. 이후 1997. 9. 24. 甲과 A회사는 피고 회사에 전환사채의 전환을 청구하였고, 피고 회사는 각 901,243주와 300,414주의 보통주를 발행하였다. 이 건 전환사채의 발행 당시 피고 회사의 주가는 1주당 금 5만6700원이었고, 1997. 7. 4. 발행한 신주는 1주당 금 6만8500원이었다. 1997. 5. 17.에는 미화 3억달러 상당의 해외 전환사채를 발행한 바 있는데, 그 전환조건은 12만3,635원이었다.

4. 원고는, ① 피고 회사의 정관은 전환사채의 액면총액을 1조원으로 정하고 또 전환가액을 주식의 액면금액 또는 그 이상의 가액이라고 정하고 있을 뿐 기타 전환사채의 발행에 관한 사항은 모두 이사회에 위임하고 있어 무효이며, 따라서 주주 외의 자에게 전환사채를 발행하려면 상법 제513조 제 3 항에 의하여 전환사채의 액, 전환의 조건 및 내용 등과 함께 그 인수인에 관하여 주주총회의 특별결의가 있어야 하는데도 특별결의가 없었고, ② 전환사채는 잠재적 주식으로서 주주는 전환사채인수권을 가지는데 피고 회사가 주주의 전환사채인수권을 부인하여 전환사채를 발행하였고, ③ 피고 회사의 이사회의 결의가 성립하기 위하여서는 총 이사 59명 중 30명 이상이 출석하여야 하는데도 의사록에 기재된 32명 중 4명은 당시 해외체류 중이어서 회의출석이 불가능하므로 이 건 이사회 결의는 결의정족수의 미달로 불성립한 것이고, ④ 피고 회사가 공모의 방법으로 전환사채를 발행하였더라면 더 많은 자금을 확보할 수 있었

을 것인데도 특정인에게 지나치게 저렴한 가액으로 전환사채를 발행하여 회사
에 손해를 끼쳤고, ⑤ 특정인에게 전환사채를 발행하는 경우에는 사전에 이를
주주에게 통지 또는 공고하여 주주들이 이의를 제기하거나 유지청구권을 행사
하여 주주의 이익을 보호할 수 있어야 할 것인데도 사전에 아무 통지 또는 공
고가 없었으므로, 이 건 전환사채의 발행은 무효라고 주장하였다.

• **법원의 판단**

2. 피고 회사 정관의 효력 등에 관한 법리오해 주장에 대하여

구 상법(2001. 7. 24. 법률 제6488호로 개정되기 전의 것, 이하 '구 상법'이라 한다)
제513조 제 3 항은 주주 외의 자에 대하여 전환사채를 발행하는 경우에 그 발
행할 수 있는 전환사채의 액, 전환의 조건, 전환으로 인하여 발행할 주식의 내
용과 전환을 청구할 수 있는 기간에 관하여 정관에 규정이 없으면 상법 제434
조의 결의로써 이를 정하여야 한다고 규정하고 있는바, 전환의 조건 등이 정관
에 이미 규정되어 있어 주주총회의 특별결의를 다시 거칠 필요가 없다고 하기
위해서는 전환의 조건 등이 정관에 상당한 정도로 특정되어 있을 것이 요구된
다고 하겠으나, 주식회사가 필요한 자금수요에 대응한 다양한 자금조달의 방
법 중에서 주주 외의 자에게 전환사채를 발행하는 방법을 선택하여 자금을 조
달함에 있어서는 전환가액 등 전환의 조건을 그때그때 필요자금의 규모와 긴
급성, 발행회사의 주가, 이자율과 시장상황 등 구체적인 경제사정에 즉응하여
신축적으로 결정할 수 있도록 하는 것이 바람직하다 할 것이고, 따라서 주주총
회의 특별결의에 의해서만 변경이 가능한 정관에 전환의 조건 등을 미리 획일
적으로 확정하여 규정하도록 요구할 것은 아니며, 정관에 일응의 기준을 정해
놓은 다음 이에 기하여 실제로 발행할 전환사채의 구체적인 전환의 조건 등은
그 발행시마다 정관에 벗어나지 않는 범위에서 이사회에서 결정하도록 위임하
는 방법을 취하는 것도 허용된다고 보아야 할 것이다.

기록에 의하면, 이 사건 전환사채 발행 당시의 피고 회사 정관 제16조는 전
환사채의 발행에 관하여 필요한 사항을 규정하면서 제 3 항 후단으로 "전환가
액은 주식의 액면금액 또는 그 이상의 가액으로 사채발행시 이사회가 정한다"
라고 정하고 있는 사실을 알 수 있는바(위 규정은 상장회사 표준정관에 따른 것이
다), 이는 구 상법 제513조 제 3 항에 정한 여러 사항을 정관에 규정하면서 전

환의 조건 중의 하나인 전환가액에 관하여는 주식의 액면금액 이상이라는 일응의 기준을 정하되 구체적인 전환가액은 전환사채의 발행시마다 이사회에서 결정하도록 위임하고 있는 것이라고 할 것인데, 전환가액 등 전환의 조건의 결정방법과 관련하여 고려되어야 할 앞서 본 특수성을 감안할 때, 이러한 피고 회사 정관의 규정은 구 상법 제513조 제3항이 요구하는 최소한도의 요건을 충족하고 있는 것이라고 봄이 상당하고, 그 기준 또는 위임방식이 지나치게 추상적이거나 포괄적이어서 무효라고 볼 수는 없다고 할 것이다.

3. 이사회 결의에 흠이 있는 전환사채 발행의 효력에 관한 법리오해 주장 등에 대하여

상법 제429조는 신주발행의 무효는 주주·이사 또는 감사에 한하여 신주를 발행한 날로부터 6월 내에 소만으로 이를 주장할 수 있다고 규정하고 있는바, 이는 신주발행에 수반되는 복잡한 법률관계를 조기에 확정하고자 하는 것이므로, 새로운 무효사유를 출소시간의 경과 후에도 주장할 수 있도록 하면 법률관계가 불안정하게 되어 위 규정의 취지가 몰각된다는 점에 비추어 위 규정은 무효사유의 주장시기도 제한하고 있는 것이라고 해석함이 상당하고, 한편 상법 제429조의 유추적용에 의하여 전환사채발행무효의 소가 인정됨은 앞서 본 바와 같으므로, 전환사채발행무효의 소에 있어서도 전환사채를 발행한 날로부터 6월의 출소기간이 경과한 후에는 새로운 무효사유를 추가하여 주장할 수 없다고 보아야 할 것이다.

기록에 의하면, 원고는 1997. 3. 24. 발행된 이 사건 전환사채에 관하여 같은 해 6. 24. 이 사건 소를 제기한 후 1998. 4. 16.자 항소이유서에서 비로소 이 사건 전환사채의 발행을 위한 이사회 결의에 흠이 있다는 주장을 새로 추가하였음이 분명한바, 이처럼 전환사채발행무효의 소의 출소기간이 경과한 후에 새로운 무효사유를 추가하여 주장하는 것은 허용되지 않는다고 할 것이다.

원심은, 이와는 달리 전환사채발행무효의 소의 출소기간이 경과한 후에도 새로운 무효사유를 추가하여 주장하는 것이 허용된다는 전제에서, 이 사건 전환사채의 발행을 위한 이사회 결의에 그 판시와 같은 의결정족수 미달의 흠이 있기는 하지만 그러한 사유만으로 이 사건 전환사채의 발행을 무효로 볼 수는 없다고 판단하여 원고의 이 부분 주장을 배척하였는바, 이러한 원심의 판단은 새로운 무효사유의 추가에 관한 법리를 오해한 것이라고 하겠으나, 원고의 이

부분 주장을 배척한 조치는 결국 정당하고, 거기에 상고이유로 주장하는 바와 같은 이사회 결의에 흠이 있는 전환사채 발행의 효력에 관한 법리를 오해하여 판결에 영향을 미친 위법이 있다고 할 수 없다 … .

6. 대표이사의 전환사채 발행권한의 일탈·남용, 지배권 취득의 목적, 전환 가액의 부당성 등으로 인한 전환사채 발행의 효력에 관한 법리오해 내지 사실 오인 주장에 대하여

나. 전환사채의 발행의 경우에도 신주발행무효의 소에 관한 상법 제429조가 유추적용될 수 있음은 앞서 본 바와 같은바, 나아가 전환사채 발행의 무효원인 에 대하여 살피건대, 신주발행무효의 소에 관한 상법 제429조에도 무효원인이 규정되어 있지 않고, 다만 전환사채의 발행의 경우에도 준용되는 상법 제424 조에 '법령이나 정관의 위반 또는 현저하게 불공정한 방법에 의한 주식의 발 행'이 신주발행유지청구의 요건으로 규정되어 있으므로, 위와 같은 요건을 전 환사채 발행의 무효원인으로 일응 고려할 수 있다고 하겠으나, 다른 한편 전환 사채가 일단 발행되면 그 인수인의 이익을 고려할 필요가 있고 또 전환사채나 전환권의 행사에 의하여 발행된 주식은 유가증권으로서 유통되는 것이므로 거 래의 안전을 보호하여야 할 필요가 크다고 할 것인데, 전환사채발행유지청구 권은 위법한 발행에 대한 사전 구제수단임에 반하여, 전환사채발행무효의 소 는 사후에 이를 무효로 함으로써 거래의 안전과 법적 안정성을 해칠 위험이 큰 점을 고려할 때, 그 무효원인은 가급적 엄격하게 해석하여야 하고, 따라서 법령이나 정관의 중대한 위반 또는 현저한 불공정이 있어 그것이 주식회사의 본질이나 회사법의 기본원칙에 반하거나 기존 주주들의 이익과 회사의 경영권 내지 지배권에 중대한 영향을 미치는 경우로서 전환사채와 관련된 거래의 안 전, 주주 기타 이해관계인의 이익 등을 고려하더라도 도저히 묵과할 수 없는 정도라고 평가되는 경우에 한하여 전환사채의 발행 또는 그 전환권의 행사에 의한 주식의 발행을 무효로 할 수 있을 것이며, 그 무효원인을 원심이 판시하 는 바와 같이 회사의 경영권 분쟁이 현재 계속중이거나 임박해 있는 등 오직 지배권의 변경을 초래하거나 이를 저지할 목적으로 전환사채를 발행하였음이 객관적으로 명백한 경우에 한정할 것은 아니다.

다. 나아가 이 사건 전환사채 발행의 무효원인의 유무에 대하여 보건대, 우 선 원심이 적법하게 확정한 사실관계 및 기록에 따르면, 이 사건 전환사채 발

행 당시 피고 회사에 경영권 분쟁이 진행중이었다거나 임박하였다는 조짐은 전혀 없었고, 피고 회사의 규모와 지배주주인 乙측의 지분비율에 비추어 볼 때 피고 회사의 경영권은 안정되어 있었다고 보이며, 피고 회사는 이 사건 전환사채 외에도 수시로 회사채를 발행하여 자금을 조달하여 왔는데 피고 회사의 자본 규모에 비하여 이 사건 전환사채 발행의 규모가 미미하였다고 보이고, 또한 이 사건 전환사채의 발행 당시 전환가액에 관하여 법령상의 근거를 가지고 규율하는 규정은 없었으나, 사채발행인수실무협의회에서 실무상의 준칙으로 정한 '사채의 발행조건에 관한 기준'은 상장법인이 전환사채를 공모 방식으로 발행하는 경우 그 전환가액은 그 결정을 위한 이사회결의일 전일로부터 소급한 1개월 평균종가, 1주일 평균종가 및 최근일 종가를 산술 평균하여 산정한 가격과 최근일 종가 중 낮은 가격을 '기준주가'로 하여 기준주가의 90% 이상으로 정하도록 하고 있었는데, 이 사건 전환사채의 전환가액 50,000원은 위 '사채의 발행조건에 관한 기준'에 따른 기준주가 55,200원보다 약 9.42% 할인된 것으로서 사모 방식으로 발행되었음에도 일응 공모 방식에 적용되는 기준주가의 90% 이상이라는 요건도 충족하고 있었다는 것인바, 이러한 여러 사정들에다가 이 사건 전환사채는 전환권이 부여되는 대신 피고 회사가 그 무렵 발행한 회사채의 이율인 연 11%보다 낮은 연 7%의 이율이 적용되었다는 사정까지 고려하여 볼 때, 비록 이 사건 전환사채의 전환가액이 피고 회사의 주가나 비슷한 시기에 발행된 피고 회사의 다른 전환사채의 전환가액 등에 비추어 다소 저렴하게 발행되었다고 볼 여지가 있다 하더라도, 그 정도에 비추어 이를 이유로 이미 발행된 전환사채 또는 전환권의 행사로 발행된 주식을 무효로 볼 수는 없다고 할 것이다.

원고는 또, 피고 회사가 자금조달의 긴급한 필요가 없었는데도 피고 회사 지배주주의 장남인 甲 등에게 이 사건 전환사채를 배정한 것은 기존 주주들의 주식가치를 희석화시키는 한편, 편법적인 사전 상속 또는 증여에 의하여 피고 회사의 경영권 내지 지배권을 이양하려는 목적이었음이 분명하다는 점도 이 사건 전환사채 발행의 무효원인의 하나로 주장하고 있는바, 기록상 당시 피고 회사에 자금조달의 필요가 없었다고 단정하기 어려울 뿐만 아니라, 설령 이 점에 관하여 의심의 여지가 있다고 하더라도 그러한 사유만으로 전환사채의 발행을 무효로 볼 수는 없고, 기존 주주들의 주식가치가 희석될 수 있다는 것은 구 상법과 피고 회사 정관이 주주 외의 자에 대한 전환사채의 발행을 허용한 데 따른 당연한 결과라고 할 것이며, 나아가 이 사건 전환사채의 발행이 편법적인 사전 상속 또는 증여에 의하여 피고 회사의 경영권 내지 지배권을 이양하려는 목적 아래 이루어진 것이라는 주장은 우선 그 주장의 근거가 분명하지 않은데다가, 구 상법과 피고 회사 정관이 위와 같이 주주 외의 자에 대한 전환사채의 발행을 허용하면서 피고 회사의 지배주주와 특별한 관계에 있는 자를 그 인수인에서 제외하고 있지 않으므로, 甲 등에게 전환사채를 배정하였다는 사유만으로 이 사건 전환사채의 발행을 무효로 볼 수는 없고, 또한 이 사건 전환사채 발행에 있어 달리 앞서 본 법리에 의한 무효원인이 있다고 볼만한 사정이 없다면, 설령 이 사건 전환사채의 발행이 사전 상속이나 증여 또는 회사 경영권 내지 지배권의 이양이라는 목적이나 의도 아래 이루어진 것이라고 의심할 여지가 있다고 하더라도, 그러한 사유만으로 전환사채의 발행을 무효로 볼 수는 없다고 할 것이다(한편, 원고는 이 사건 전환사채의 경우 그 전환권의 행사로 발행된 주식에 관하여 수원지방법원의 주권상장금지가처분결정이 내려져 있으므로 이 사건 전환사채 또는 그 전환권의 행사로 발행된 주식을 무효로 하더라도 거래의 안전을 해할 위험이 없다는 점을 그 무효의 근거 중 하나로 삼고 있으나, 상장금지가처분결정이 내려졌다고 하여 증권거래소가 아닌 장외에서의 거래가 금지되는 것은 아닐 뿐만 아니라, 위 상장금지가처분결정은 이 사건 본안재판에 앞서 일응 이 사건 전환사채 발행의 무효를 구할 권리에 대한 소명이 있다고 보아 이를 바탕으로 하여 내린 보전처분으로서, 본안재판을 함에 있어서 위와 같은 가처분결정이 있다는 사유를 거꾸로 이 사건 전환사채의 발행이 무효라고 판단하는 근거로 삼을 수는 없다).

더 나아가 전환사채발행무효의 소의 무효원인에 관한 앞서 본 법리에 의할 때, 원고가 주장하는 구체적인 무효원인과 관련된 여러 사정들을 종합적으로 고려하더라도 이 사건 전환사채의 발행에 무효원인이 있다고 볼 수는 없다.

Questions & Notes

[Note] 전환사채는 사채이지만 장래 주식으로 전환될 수 있기 때문에, 전환사채를 발행하는 것은 결국 신주인수권을 발행하는 것과 동일하다. 신주인수권의 행사가격은 전환가격이 되기 때문에, 만일 전환가격이 시가보다 현저하게 낮게 되면 신주의 저가발행에서와 동일한 문제가 발생한다. 결국 전환사채

를 발행하는 경우 회사법상 문제는 신주인수권의 부여와 동일하므로, 상법은 전환사채의 제 3 자배정에 대해서도 신주발행과 동일한 규제를 하고 있다. 원칙적으로 전환사채의 인수권은 주주에게 있으며(513조 2항 5호), 만일 제 3 자에게 전환사채를 발행하고자 하는 경우에는 정관에 근거를 두거나 주주총회 특별결의를 거쳐야 하고(513조 3항), 이 경우에도 신주발행에서 요구되는 경영상 목적이 인정되어야 한다(513조 3항 후단). 그러나 전환사채는 잠재적으로 주식으로 전환될 수 있을 뿐 전환 전까지는 주식이 발행된 것이 아니므로 전환사채 발행시 납입을 가장한 행위는 납입가장죄에 해당하지 않는다는 것이 판례의 입장이고, 자기주식의 취득과는 달리 사채발행회사가 전환사채를 취득할 수 있다. 물론 전환시에는 자기주식취득의 법리가 적용된다.

[참고판례]

• 대법원 2008. 5. 29. 선고 2007도5206 판결
상법 제628조 제 1 항의 납입가장죄는 회사의 자본에 충실을 기하려는 상법의 취지를 해치는 행위를 처벌하려는 것인데, 전환사채는 발행 당시에는 사채의 성질을 갖는 것으로서 사채권자가 전환권을 행사한 때 비로소 주식으로 전환되어 회사의 자본을 구성하게 될 뿐만 아니라, 전환권은 사채권자에게 부여된 권리이지 의무는 아니어서 사채권자로서는 전환권을 행사하지 아니할 수도 있으므로, 전환사채의 인수 과정에서 그 납입을 가장하였다고 하더라도 상법 제628조 제 1 항의 납입가장죄는 성립하지 아니한다.

• 대법원 2007. 2. 22. 선고 2005다73020 판결
주식회사가 타인으로부터 돈을 빌리는 소비대차계약을 체결하면서 "채권자는 만기까지 대여금액의 일부 또는 전부를 회사 주식으로 액면가에 따라 언제든지 전환할 수 있는 권한을 갖는다"는 내용의 계약조항을 둔 경우, 달리 특별한 사정이 없는 한 이는 전환의 청구를 한 때에 그 효력이 생기는 형성권으로서의 전환권을 부여하는 조항이라고 보아야 하는바, 신주의 발행과 관련하여 특별법에서 달리 정한 경우를 제외하고 신주의 발행은 상법이 정하는 방법 및 절차에 의하여만 가능하다는 점에 비추어 볼 때, 위와 같은 전환권 부여조항은 상법이 정한 방법과 절차에 의하지 아니한 신주발행 내지는 주식으로의 전환을 예정하는 것이어서 효력이 없다.

Q1 이 사건이 발생한 것은 1997년이다. 당시에는 전환사채의 발행에 대해서 상법이 어떻게 규정하고 있었는가? 중요한 점에서 현재의 규정과 달라진 부분

이 있는지 확인해 보고, 만일 이 사건이 현재 발생하였다면 결론이 달라졌을지 생각해 보자.

(1) 이 사건과 같이 "회사는 일정한 금액의 범위에서 주주가 아닌 자에게 전환사채를 발행할 수 있다"고만 정관에 규정을 할 수 있는가? 최근 상장회사 표준정관을 찾아 전환사채 발행부분을 확인해 보자.

(2) 이 사건에서 전환사채를 甲과 A회사에 배정한 것에 대하여 상법 제418조 제2항 후단의 경영상 목적이 인정되는가? 대법원 2009. 1. 30. 선고 2008다50776 판결([판례 78])에서 다른 경영상의 목적이 없는 상황에서, "회사의 경영권 분쟁이 현실화된 상황에서 경영진의 경영권이나 지배권 방어라는 목적을 달성하기 위하여 제3자에게 신주를 배정하는 것"은 상법 제418조 제2항을 위반하여 주주의 신주인수권을 침해하는 것이라고 하였는데, 이 판결의 취지에 따르면 위 전환사채의 발행의 효력이 인정되는가?

(3) 만일 이 사건을 검찰이 배임죄로 기소하였다면 법원은 어떻게 판단할 것인가? 에버랜드 판결의 입장에서 본다면 신주의 제3자 배정과 차이가 없으므로, 저가발행인 이상 유죄가 될 것인지 생각해 보시오. 이 사건에서 법원은 전환사채가 "다소 저렴하게 발행되었다"는 평가를 내리고 있는데, 에버랜드 사건과 마찬가지로 보아야 하는가?

[Note] 의결정족수 미달의 이사회 결의의 흠에 대해서 대법원은 소송법적 사유로 배척하였으나, 어차피 제소기간 이전에 주장되었다고 하더라도 내부적 의사결정과정의 흠에 불과하므로 그것을 가지고 전환사채발행을 무효로 만들 수 없다.

Q2 이 사건에서 정관에는 "전환가액은 주식의 액면금액 또는 그 이상으로서 사채발행시 이사회가 정한다"고 규정하고 있었는데, 법원에서는 이 정도의 정관규정도 상법의 취지에 부합한다고 판시하고 있다. 그러나 이에 대해서, 이러한 정도로는 거의 백지위임이라고 할 수 있기 때문에 정관의 규정을 요구하는 취지에 맞지 않으며, 보다 구체적일 필요가 있다는 비판이 있다. 어떤 견해가 타당한가?

Q3 이 사건에서 이사회의 결의는 액수만을 정하고 누구에게 배정하는지는 결정하지 않고 대표이사에게 위임하였다. 이렇게 이사회가 결정하는 것은 허용되는가? 예를 들어, 자본조달의 목적이 달성되는 이상 투자자의 개성은 중요

하지 않으므로 허용된다고 생각할 수 있겠는가? 이 사건에서와 같이 결과적으로 특수관계인에게 배정하는 경우 이사회 또는 대표이사는 어떠한 의무를 지는지 생각해 보자.

Note 신주인수권부사채 또는 전환사채에 대해서도 신주발행 무효의 소가 유추적용되므로, 예를 들어 회사가 대주주 등의 경영권 방어 목적으로 제 3 자에게 신주인수권부사채 또는 전환사채를 발행하였다면, 그 발행일로부터 6월 이내에 발행무효의 소를 제기하여 다툴 수 있다.

[참고판례]
• 대법원 2022. 10. 27. 선고 2021다201054 판결
신주인수권부사채의 경우 경영상 목적 없이 대주주 등의 경영권이나 지배권 방어 목적으로 제 3 자에게 발행되더라도 그 자체로는 기존 주주의 신주인수권을 침해하지 않고, 이후 대주주 등이 양수한 신주인수권을 행사하여 신주를 취득함으로써 비로소 기존 주주의 신주인수권이 침해되고 대주주 등의 경영권이나 지배권 방어목적이 현실화된다. 이에 의하면 회사가 대주주 등의 경영권이나 지배권 방어 목적으로 제 3 자에게 신주인수권부사채를 발행하였다면 신주인수권부사채의 발행은 무효가 될 수 있고, 이런 사유는 그 발행일로부터 6월 이내에 신주인수권부사채발행무효의 소로써 다툴 수 있다. 나아가 대주주 등이 위와 같은 경위로 발행된 신주인수권부사채나 그에 부여된 신주인수권을 양수한 다음 신주인수권부사채 발행일부터 6월이 지난 후 신주인수권을 행사하여 신주를 취득하였다면, 이는 실질적으로 회사가 경영상 목적 없이 대주주 등에게 신주를 발행한 것과 동일하므로, 신주인수권 행사나 그에 따른 신주 발행에 고유한 무효사유에 준하여 신주발행무효의 소로도 신주 발행의 무효를 주장할 수 있다. 이로써 위법한 신주인수권부사채 발행이나 그에 기한 신주 발행을 다투는 주주의 제소권이 실질적으로 보호될 수 있다.

VI. 사   채

회사채는 회사법상 정의되어 있지는 아니하지만, 가장 전형적인 유형은 다수의 투자자를 대상으로 회사채라는 증권발행을 통하여 거액의 장기자금을 조달하는 것이다. 회사가 채무를 부담하는 것은 거래법상의 문제로서 회사법의 규율대상이 아니지만, 사채는 증권화를 통하여 1회의 발행에 다수의 사채권자가 존재하는 것을 전제로 하는 법률관계라는 점에서 회사법에서 규율하고

있다.[3] 또한 전환사채와 신주인수권부사채는 전환권과 신주인수권 행사에 따라 신주가 발행되는 결과 기존주주의 이익에 영향을 미치게 된다. 그에 따라 기존주주와의 이익조정측면에서 별도의 규정을 두고 있다.

사채에 관한 상법의 규정(전환사채와 신주인수권부사채에 관한 규정은 제외)은 상법제정 이후 한 번도 개정되지 않음에 따라 비합리적인 내용이 상당부분 존재하였다. 이에 2011년 개정상법에서는 상당부분의 사채관련 조문을 개정하였으나, 전면적인 개정검토가 더 필요한 부분이다.

1. 발행사항의 결정 및 발행의 제한

회사는 이사회의 결의에 의하여 사채를 발행할 수 있다(469조). 사채의 발행은 시장상황에 맞추어 탄력적으로 결정되어야 할 부분이 많은데, 실무에서는 이사회에서 어느 정도 구체적으로 결정하여야 할 것인가에 대한 고민이 존재한다. 이에 2011년 개정상법에서는 정관이 정하는 바에 따라 이사회는 대표이사에게 사채의 금액 및 종류를 정하여 1년을 초과하지 아니하는 기간 내에 사채를 발행할 것을 위임할 수 있다는 조항을 두었다. 그 외 사채의 발행과 관련하여서는 현행상법상 사채총액의 제한(470조), 사채모집의 제한(471조), 사채의 금액(472조), 권면액 초과상환의 제한(473조) 규정이 불필요한 제한이라는 이유로 삭제되었다.

2. 사채관리회사

사채발행은 회사의 가장 중요한 자금조달 방법 중의 하나이다. 사채는 여러 가지 기준에 의해 구분될 수 있는데, 금융기관 등이 사채의 원리금지급에 대해 보증을 한 보증사채, 사채에 관하여 물상담보가 붙어 있는 담보부사채와 같이 원리금상환의 확실성이 어느 정도 보장되는 사채도 있지만, 현재 우리나라에서 발행되는 사채의 대부분은 발행회사의 신용에 의거하여 발행되는 무보증의 일반사채이다.

---

3) 이념적 유형으로서의 사채는 위와 같은 요소를 가지고 있지만, 우리나라에서는 현실적으로는 공모사채의 경우에도 소수의 기관투자자만이 사채를 소유하고 있는 경우가 많고, 만기도 5년 미만인 경우가 대부분이다. 그렇지만 사채관련규정은 이러한 이념형을 기준으로 규율하고 있다.

무보증사채의 경우에는 지급불능위험으로부터 사채권자를 보호하는 방안이 강구되게 되는데, 미국이나 영국에서는 수탁회사가 신탁법리에 기하여 사채발행계약상의 조건이 이행되는가를 감독하고, 위반시 구제조치를 취하며, 계약의 강제가 오히려 사채권자에게 손해가 되는 경우에는 계약 내용의 조정이 이루어질 수 있도록 한다.

2011년 개정상법에 의해 도입된 사채관리회사는 사채권자 보호역할을 담당하는 제도이다. 우리나라에서는 상법상 사채관리회사를 둘 것인가는 회사의 임의에 맡겨져 있다. 사채관리회사는 사채권자를 위하여 ① 사채에 관한 채권을 변제받거나 채권의 실현을 보전하기 위하여 필요한 재판상 또는 재판 외의 모든 행위를 할 수 있고, ② 사채권자집회의 결의에 따라 ⅰ) 해당 사채 전부에 대한 지급의 유예, 그 채무의 불이행으로 발생한 책임의 면제 또는 화해 ⅱ) 해당 사채 전부에 관한 소송행위 또는 채무자회생 및 파산에 관한 절차에 속하는 행위를 하거나, 사채발행회사가 정한 경우에는 ⅱ)의 행위를 사채관리회사가 사채권자집회의 결의 없이 단독으로 할 수 있다. 이는 영미법상의 수탁회사와는 전혀 별개의 존재로서, 그 법적 지위가 명확하지 아니하다.

3. 사채권자집회

사채발행회사에서 경우에 따라서는 재무상황 악화시 사채계약에 따라 기한이익을 상실시키는 것 보다는 지급의 유예나 채권의 일부를 포기하는 등 사채계약의 내용을 변경하게 되면 회사가 회생하여 결과적으로 사채권자에게 이익이 될 수 있다. 그러나 분산된 다수의 사채권자가 존재하는 경우에는 대다수의 사채권자의 개별적 동의를 얻어서 궁극적으로 사채권자에게 이익이 되는 사채계약의 변경의 결과를 달성하기는 어렵다. 여기서 상법에서는 사채권자집회결의로 다수결에 의하여 전체 사채권자를 구속할 수 있도록 하고 있다.

사채권자집회에서는 자본감소나 합병에 대한 이의 등(439조, 530조 2항, 232조)과 같이 상법상 구체적으로 규정하고 있는 경우 외에, 채권자에게 중대한 이해가 있는 사항에 관하여 결의할 수 있다. 사채권자집회결의에 의한 채무조정이 어느 범위까지 허용되는가에 대해서는 논란이 있다. 실무상 사채권자집회결의로 사채원리금채무를 출자전환하는 경우는 다수 존재하나, 원리금을 감액할 수 있는가는 명확하지 않다.

결의는 법원의 인가를 받아야 효력이 있다(498조). 다수결남용에 의한 불공정한 결의를 방지하기 위한 것이다. 2011년 개정 전에는 사채권자집회를 소집하기 위해서는 일정한 경우 법원의 허가가 필요하였으나 불필요한 규제로서 이 요건이 삭제되었다.

4. 사채종류의 다양화

2011년 개정 전 상법에서는 특수사채로서 전환사채와 신주인수권부사채를 규정하고 있으며, 자본시장법에서 교환사채와 이익참가부사채에 대해 규정하고 있었다(자본시장법 165조의11). 이러한 규율체계와 관련하여, 유가증권 법정주의 원칙상 상법상 또는 특별법상 명시적으로 규정하고 있는 종류의 사채만을 발행할 수 있는 것인지, 아니면 이들 규정은 예시로서 법률에 명문의 규정이 없는 종류의 사채도 발행할 수 있는 것인지가 실무에서는 많이 문제되었다. 사채의 종류와 발행방법에 대한 비탄력적인 해석 및 운용은 자본시장에서 발행수요가 있는 상품의 발행에 장애가 되었다. 이에 따라 2011년 개정상법에서는 다양한 종류의 사채발행을 통한 자금조달을 촉진하기 위해서 제469조 2항을 신설하여 다양한 사채발행의 근거를 명시하였다. 이는 명시적 규정이 없으면 발행할 수 없다는 보수적 해석의 특수상황에 대처하기 위한 것으로서 우리나라의 독자적 규정이다. 그런데 이러한 상법상의 환경변화에 따라 새로운 유형의 사채가 발행된다면 경우에 따라서는 기존주주의 이익이 침해될 수도 있으므로, 이익충돌을 조정하기 위한 제도도 필요하다.

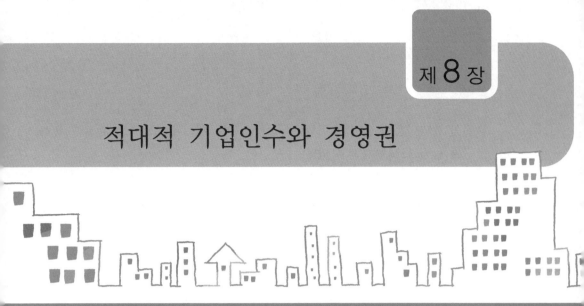

제 8 장

적대적 기업인수와 경영권

Ⅰ. 적대적 기업인수의 기능

　적대적 기업인수는 이른바 기업지배권시장(market for corporate control)을 형성하는 가장 중요한 메커니즘이라고 할 수 있으며 실제로는 거의 동일한 의미로 사용되고 있다. 기업지배권시장의 개념은 이미 Manne 교수에 의하여 1960년대에 태동하였는데, 그 기본적인 전제는 경영진의 효율성과 회사의 주가 사이에 매우 높은 상관관계가 존재한다는 것이다. 이 경우 경영진을 보다 효율적인 자로 교체하면 주가가 상승할 것이므로, 이러한 자본차익을 노리고 경영진을 교체하려는 세력이 등장하게 되는데, 이것이 바로 적대적 기업인수이다. 그리고 이러한 상황을 예상하는 기존 경영진은 이처럼 교체되지 않기 위해서는 결국 주가를 높여야 하기 때문에, 이러한 부담을 가지고 회사를 효율적으로 경영하려고 노력하게 된다는 것이다. 요약하자면, 적대적 기업인수는 기존의 경영진이 회사의 자산을 비효율적으로 이용하고 있는 경우 현실적으로 자산을 가장 효율적으로 사용할 수 있는 경영진에게 이전함으로써 사후적 효율성(ex post efficiency)을 달성할 수 있고, 그리고 설사 실제로 그러한 이전을 가져오지 않더라도, 잠재적으로 그러한 시장압력을 제공하여 경영진이 주주이익에 봉사하도록 압박함으로써 사전적 효율성(ex ante efficiency)을 달성할 수 있다는 것이다. 그 결과 기업지배권시장 메커니즘은 분산된 소유구조하에서 문제되는 경영진의 대리비용을 줄이는 역할을 한다. 실제로 영미에서는 경영진의 대리비용을 줄이기 위한 여러 메커니즘 가운데 그나마 제대로 기능하고 있는 방법으로 평가받고 있다.

II. 공격자에 대한 규제

1. 공개매수

(1) 규제의 논리

공개매수란 신문 등을 통해서 대상기업의 주주들을 상대로 일정한 매수가액을 제시하고 그에 응하여 매도의사를 표시한 주주들의 주식을 장외에서 매수함으로써 단기간 내에 대상기업의 경영권을 장악하는 일련의 행위를 말한다(자본시장법 제133조 제1항). 이러한 공개매수에 대해서는 자본시장법 제134조 이하의 절차적·실체적 규제가 이루어지고 있다. 그 근거는 무엇인가?

우선 증권법적인 시각에서 본다면, 공개매수는 증권의 발행과 정반대 방향의 거래이다. 즉 증권의 발행에서는 일반투자자가 증권을 "매수"하는 것이지만, 공개매수는 특정 매수인이 일반투자자로부터 주식을 매집하는, 다시 말해서 일반투자자의 입장에서는 주식을 "매도"한다는 차이가 있을 뿐이다. 증권발행의 경우 일반투자자가 정보불균형으로 인하여 손해를 볼 수 있듯이, 증권의 "매도"의 경우에도 정보불균형으로 인하여 투자자가 손해를 볼 수 있기 때문에, 그 거래와 관련된 정보가 일반투자자에게 충분하게 전달되어야 하는 것이다. 그런데 이러한 논리가 설득력이 있는가? 이 경우 증권을 매도하는 투자자에게 매수가격 이외의 정보가 필요한지 생각해 보자.

회사법적인 시각에서 본다면, 증권발행의 경우와는 달리 공개매수의 경우에는 정보의 강제공시와 사기금지만으로는 투자자를 충분히 보호할 수 없다는 문제가 있다. 왜냐하면 대상회사의 주주는 자신이 다른 주주들보다 불리한 대우를 받을지도 모른다는 불안감으로 인하여 조급하게 매도결정을 내릴 가능성이 있기 때문이다. 일반적으로 공개매수가 성공하면 새로운 지배주주가 등장하고 기존의 일반투자자들은 소액주주로 전락하게 되는데, 이러한 소액주주의 지위가 현재 주주의 지위보다 좋지 않다고 예측한다면, 현재의 주주들은 이러한 변화를 피하기 위해 모두 공개매수에 응하려고 할 것이다. 이러한 현상은 정보가 충분히 공시된다고 하더라도 특별히 달라지지 않는다. 이를 흔히 "매도압력(pressure to tender)"이라고 부른다.

예를 들어, 현재 대상회사의 주가는 110원인데, 인수회사가 주당 130원에 50%의 주식에 대하여 공개매수를 하였다. 그런데 대상회사가 너무 많은 자금을 공개매수에 투입하여, 또는 사실은 별로 능력이 대단하지 않은 경영진이거나, 경영진의 부실경영, 기회주의적 행동 등으로 인하여, 만일 이 공개매수가 성공하면 소수주주가 보유하고 있는 주식의 가치가 100원으로 감소할 것으로 예상된다고 하자. 이 경우 1주를 보유하고 있는 대상회사의 주주 甲은 위 공개매수에 응할 것인가? 우선 이 공개매수가 실패한다면 甲은 응하였는지 여부와 상관없이 110원의 재산을 그대로 보유하고 있게 된다. 그러나 만일 이 공개매수가 성공한다는 것을 전제로 하면, 공개매수에 응하는 것이 이익이다. 왜냐하면, 응하지 않으면 100원의 주식가치밖에 가지지 못하지만, 공개매수에 응하게 되면 최소한 115원 이상을 얻을 수 있기 때문이다(결과적으로 모든 주주가 응한다고 하였을 때 甲은 자신이 보유한 주식의 50%만 130원에 매각할 수 있다). 공개매수가 실패할 경우에는 차이가 없고, 공개매수가 성공할 경우에는 이에 응하는 것이 이익이라면, 일단 甲으로서는 공개매수에 응하고 볼 일이다. 이렇게 대상회사 주주의 입장에서는 반드시 매도하여야 할 유인이 있는데, 이를 매도압력이라고 부르는 것이다. 공개매수의 규제, 특히 실체적 규제는 흔히 이러한 매도압력으로부터 주주를 보호하자는 것이라고 설명하는 것이 보통이다.

우리나라에서는 1990년대 중반까지는 우호적 공개매수조차 전혀 없었다. 그러다가 1994년에 최초의 공개매수가 발생한 이래 1997, 1998년에는 10여건 내외로 증가하였고 적대적 공개매수도 등장하곤 하였다. 경제위기를 맞아 다소 주춤하였으나, 최근에는 다시 매년 10여건 정도의 공개매수 신고가 이루어지고 있다. 아직 대부분의 공개매수는 우호적 기업인수의 형태를 띠고 있지만, 최근에는 외국인 투자자와 관련하여 적대적 기업인수의 방법으로도 주목을 끌고 있다.

(2) 공개매수의 절차규제
1) 공고와 신고서의 제출
자본시장법은 공개매수와 관련하여 관련정보의 공시를 강제하고 있다. 먼저 제134조 제 1 항을 보자. 공개매수를 하고자 하는 자는 시행령이 정하는 바에 따라 공개매수의 내용을 공고하여야 한다. 과거에는 공개매수의 경우에도 증권발행의 경우와 마찬가지로 공개매수신고서를 금융감독위원회에 제출하여 그 신고의 효력이 발생하기 전에는 공개매수를 할 수 없도록 규정하고 있었다. 이를 "사전신고제"라고 한다. 그러나 이러한 사전신고제는 대상회사 경영진이 방어수단을 강구할 수 있는 시간적 여유를 주기 때문에 결과적으로는 공개매수사에 부담이 될 수 있다. 현행법은 미국법의 입장을 받아들여, 이러한 사전신고제를 폐기하고, 공개매수사에게 신문에 공고의무를 부과하는 동시에 제134조 제 2 항에서 금융위원회와 거래소에 공개매수신고서를 제출하도록 하고 있다.

2) 공개매수설명서

증권 발행시의 투자설명서에 해당하는 것이 공개매수설명서이다(137조 1항). 공개매수에 응하는 투자자에게 투자판단에 필요한 정보를 직접 제공하려는 것이 목적이므로, 일반인이 열람하기 쉬운 장소에 비치하도록 하고 있다. 그 기재사항은 대체로 공개매수신고서의 기재사항과 동일하다. 공개매수설명서 역시 투자설명서와 마찬가지로 미리 교부하지 아니하면 공개매수를 할 수 없다(137조 3항, 124조 1항). 과거에는 주식 보유자의 요구가 있는 경우에만 교부를 의무화하였으나, 투자자의 보호를 강화한다는 취지에서 일률적으로 교부하도록 강제하고 있다.

3) 대상회사의 의사표시

제138조를 보자. 발행회사는 공개매수에 대하여 의견표시를 할 수 있다. 의무사항은 아니므로 의견표시를 하지 않을 수도 있다. 다만 의견표시를 하는 경우에는 그 내용을 기재한 문서를 지체 없이 금융위원회와 거래소에 제출하여야 한다(138조 2항). 대상회사의 의견표시는 투자자의 의사결정에 매우 중요하므로, 적대적 공개매수가 활성화되면 입법론상으로는 의견표시를 의무화하는 것이 바람직하다.

(3) 공개매수의 실체적 규제

앞서 언급한 바와 같이, 회사법적 관점에서 이해관계자의 이해조정 또는 투자자의 보호라는 관점에서 공개매수의 실체적 내용을 규제하고 있다. 자본시장법의 내용을 중심으로 간단하게 살펴보도록 하자.

① 제134조 제 3 항, 시행령 제146조 제 3 항에서 공개매수기간은 공개매수 신고서 제출일로부터 20일 이상 60일 이내이다. 주주에게 공개매수에 응할 것인지 숙고할 수 있는 기간을 주기 위함이다. ② 제141조 제 2 항을 보자. 공개매수의 조건은 주주들 사이에 평등하여야 한다. 예를 들어, 응모시기가 앞설수록 더 높은 가격을 받을 수 있다고 하면 주주는 조급하게 매도결정을 내릴 가능성이 있기 때문에, 주주에게 역시 충분한 시간을 주기 위해서는 주주들 사이에 매수조건을 다르게 정하면 안 된다. 현행법은 매수가격에 대해서만 명문의 규정을 두고 있으나 다른 조건에 대해서도 마찬가지로 해석하여야 할 것이다. ③ 제139조 제 1 항을 보면, 공개매수공고일 이후에는 원칙적으로 공개매수의 철회는 인정되지 않는다. 공개매수의 철회를 쉽게 인정하게 되면 공개매수를 한다고 하면서 사실은 시세조종을 하려는 경우를 막을 수 없다. 그러나 철회를 완전히 금지하면 공개매수자가 사정이 변경되었음에도 불구하고 주식을 매수하여야 하는 곤란한 사정이 생길 수 있다. 자본시장법은 철회를 금지함으로써 시세조종의 방지에 더 중점을 두고 있다. ④ 제139조 제 4 항은 응모주주의 철회권을 인정하고 있다. ⑤ 제141조 제 1 항 본문을 보자. 원칙적으로 공개매수자는 응모한 주식의 전부를 공개매수기간 종료 후 지체 없이 매수하여야 한다. 공개매수자는 물론 50%만을 매수하겠다는 식으로 주식의 일부에 대해서만 공개매수하는 것도 가능하고 이 경우 50%에 미달된 주식이 응모한 경우에는 전체 응모 주식에 대하여 매수할 의무를 면할 수도 있다. 그러나 이렇게 일부공개매수를 하기 위해서는, 공개매수 조건을 공고할 당시 50%에 미달하는 주식이 응모하는 경우에는 그 전부를 매수하지 않겠다는 조건과 50%를 초과하는 주식이 응모한 경우에는 안분비례의 방식으로 매수하겠다는 조건을 공고하여야 한다(141조 1항 단서). ⑥ 공개매수자는 공개매수를 할 수 있는 날로부터 매수기간이 종료하는 날까지는 원칙적으로 공개매수에 의하지 않고 주식을 취득할 수 없다(140조). 시장에서의 매입을 통한 시세조종을 막고 투자자 사이의 평등을 도모하기 위한 규정이다.

2. 대량보유 보고의무

[판례 76]

서울행정법원 2008. 9. 5. 선고 2008구합23276 판결

1. 처분의 경위

가. 원고 1 주식회사(이하 '원고 회사'라 한다)는 2005. 5. 31. 설립되어 시장조사, 경영컨설팅 및 그 부대사업을 하는 법인이고, 원고 2는 원고 회사의 대표이사인데, 원고들은 '기업효율개선전문 사모엠엔에이(M&A)투자조합'이라는 익명조합을 설립하여 투자자들을 모집하고 별지 매매내역 기재와 같이 소외 한국석유공업 주식회사(이하 '소외 회사'라 한다)의 주식을 매수한 후, 증권거래법(이하 '법'이라 한다) 제200조의2 제 1 항에 따라 별지 매매내역 '비고란' 기재와 같이 그 보유상황과 보유목적을 금융감독위원회(현재 금융위원회로 변경되었다, 이하 '금감위'라 한다)와 한국증권선물거래소(이하 '거래소'라고만 한다)에 보고하였다.

나. 피고는 법 제206조의2 제 1 항, 법 시행령 제90조의2의 제 1 항 제 1 호에 의하여 금감위로부터 권한을 위임받아 원고들의 위와 같은 주식매매에 관하여 법 위반 여부를 조사한 후, 원고들이 별지 매매내역 '비고란' 기재 3차 보고 당시까지 소외 회사의 경영권에 영향을 주기 위한 목적(이하 '경영참가목적'이라 한다)으로 주식을 취득하였음에도 금감위와 거래소에 그 보유목적을 경영참가목적이 아닌 '단순투자목적'으로 보고하여 중요한 사항을 허위로 보고하였다는 이유로, 2008. 3. 31. 원고들에 대하여 법 제200조의3 제 1 항에 따라 원고들이 2007. 3. 22.부터 2007. 4. 5.까지의 기간 동안 매수한 소외 회사 주식 98,232주 중 원고 2가 매수한 13,432주 및 원고 회사가 매수한 52,040주 등 합계 65,472주를 거래소 시장 내(신고대량 매매, 시간외 매매, 통정매매 등 특정인과 약속에 의하여 매매하는 방법 제외)에서 2008. 8. 25.까지 처분하도록 하는 별지 목록 기재 처분명령(이하 '이 사건 처분'이라 한다)을 하였다.

2. 처분의 적법 여부

가. 원고들의 주장

(1) 이 사건 처분은 다음과 같은 이유에서 법 제200조의3 제 1 항의 요건을

갖추지 못한 처분으로 위법하다.

(가) 주식의 보유목적은 주관적인 내심의 의사에 불과하고, 투자기간 중 언제든지 변경될 수 있으며, 보유목적의 변경에 관하여는 법 제200조의3 제 2 항에 별도의 규정을 두고 있는 취지 등을 고려하면, 보유목적은 법 제200조의3 제 1 항에 정한 '중요한 사항'에 해당하지 아니한다.

(나) 5% 이상의 주식을 대량보유한 자가 금감위와 거래소에 경영참가목적을 보유목적으로 보고하여야 하는 의무는 경영참가목적이 확정적인 경우에 발생하는데, 원고들은 4차 보고 당시에서야 확정적으로 경영참가목적을 가지게 되어 그 보유목적을 변경한 것에 지나지 않으므로, 원고들이 보유목적을 허위로 보고한 것은 아니다.

(다) 주식처분명령은 법 제200조의3 제 1 항, 법 시행령 제86조의10 제 1 호에 따라 6월의 기간 동안 의결권 행사 제한을 받는 주식을 대상으로 하여야 하는바, 이 사건 처분은 6월의 기간 동안 의결권의 행사 제한을 받지 아니한 주식을 대상으로 하였다 … .

라. 판　　단

(1) 이 사건 처분의 법 제200조의3 제 1 항의 주식처분명령의 요건 해당 여부

(가) 보유목적이 법 제200조의3 제 1 항의 중요한 사항인지 여부

법 제200조의2 제 1 항은 "주권상장법인 또는 코스닥상장법인의 주식 등을 대량보유하게 된 자는 그날부터 5일 이내에 그 보유상황과 보유목적(발행인의 경영권에 영향을 주기 위한 목적 여부를 말한다)을 대통령령이 정하는 바에 따라 금감위와 거래소에 보고하여야 하며, 그 보유주식비율이 당해 법인의 주식 등의 총수의 100분의 1의 비율 이상 변동된 경우에는 그 변동이 있은 날부터 5일 이내에 그 변동내용을 대통령령이 정하는 바에 따라 금감위와 거래소에 보고하여야 한다. 이 경우 그 보유목적이 발행인의 경영권에 영향을 주기 위한 것이 아닌 경우와 대통령령이 정하는 기관투자자 등의 경우에는 대통령령이 정하는 바에 따라 그 보고내용 및 보고시기 등을 달리 정할 수 있다"고 규정하고 있고, 이에 따라 법 시행령 제86조의4 제 1 항, 제86조의9는 경영참가목적인 경우와 단순투자목적인 경우를 구별하여 경영참가목적의 경우 보고사항을 강화하여 단순투자목적과 달리 정하고 있다.

위와 같은 법령의 규정 내용과, 5% 이상의 주식을 대량보유한 자가 '경영참

여목적'으로 주식을 취득하였다는 사실은 일반 투자자들의 경우 경영권을 유지하려는 자와 새로이 경영권을 확보하려는 자 사이에 지분 경쟁이 생길 것으로 예상하여 투자하게 하는 등 투자의 합리적인 의사 결정에 영향을 미치고, 주식발행회사들의 경우 보유목적을 통하여 향후 예상되는 경영권 분쟁에 대한 방어를 준비할 기회를 보장하게 되는 등 그 보유목적의 영향력이 큰 점, 최근 기업에 대한 적대적인 인수·합병(M&A)시도의 증가로 기업의 경영권에 대한 위협이 증가하고 있음에도 불구하고, 기업의 경영권 방어를 위한 제도적 수단이 불충분하여 공정한 경영권 경쟁이 이루어지지 못하고 기업환경이 악화되는 문제점이 있어 이를 해결하기 위한 방안으로 2005. 1. 17. 법률 제7339호로 증권거래법을 개정할 당시 보유상황의 하나의 사항이었던 보유목적을 보유상황과 변동내용과 구별하여 별도로 규정하고 그 보유목적에 따라 보고사항을 달리 정한 입법 취지 등에 비추어 보면, 대량보유(변동)보고서에 기재하는 '보유목적'은 법 제200조의3 제 1 항에 정한 중요한 사항에 해당한다.

따라서 원고들의 이 부분에 관한 주장은 이유 없다.

(나) 원고들의 경영참가목적 유무(허위보고 여부)

앞서 본 바와 같이, 원고들은 소외 회사의 경영에 참여함으로써 소외 회사의 가치를 제고하여 수익률을 창출하고 이를 극대화하기 위하여 익명조합을 설립하였고, 이후 투자자들을 모집함에 있어 투자자들에게 소외 회사에 대한 엠엔에이(M&A)를 시도하여 회사의 실질적 가치 및 시장에서의 관심을 제고하는 것을 그 투자금의 회수전략으로 설명하여 익명조합계약을 체결하여 투자금을 지급받았으며, 원고들이 금감위와 거래소에 대한 2007. 4. 23. 4차 보고 이전까지 변호사 소외 2로부터 소외 회사의 경영에 참가하는 것을 전제로 하여 법률자문을 받는 등 소외 회사의 경영에 참가를 위하여 준비를 하여 온 과정, 원고들이 소외 회사의 주식을 매수하기 시작한 2007. 3. 22.부터 원고들이 경영참가목적으로 보고한 2007. 4. 23. 4차 보고 당시까지의 약 1개월에 불과한 짧은 기간, 원고들이 금감위 및 거래소, 일반투자자들의 관심 등을 피하기 위하여 5개의 계좌를 이용하여 소외 회사의 주식을 매수한 주식취득방법 등 원고들이 소외 회사의 주식을 취득한 제반 사정을 고려하면, 원고들은 2007. 4. 5.까지 소외 회사의 주식 98,232주(3차 보고 당시까지 매수한 부분)를 확정적인 경영참가목적으로 매수하였다고 할 것이고, 따라서 원고들은 2007. 3. 30, 2007.

4. 3, 2007. 4. 9. 3회에 걸쳐 금감위와 거래소에 보고를 함에 있어 중요한 사항인 보유목적을 허위로 보고하였다고 할 것이다.

가사 원고들의 주장과 같이, 원고들이 확정적인 경영참가목적을 가지지 아니하고 소외 회사의 주식을 매수하였다고 하더라도, 위 (가)항에서 본 바와 같은 보유목적 보고에 관한 법의 입법 취지, 단순투자목적 보고에 비하여 경영참가목적 보고가 주식거래에 있어 가지는 중요성, 법 시행령 제86조의9 제 1 항 제 2 호에서 주식 등의 보유기간 동안 법 시행령 제86조의7에 따른 경영권에 영향을 주기 위한 행위를 하지 아니하겠다는 확인을 하도록 규정하여 단순투자목적의 경우 경영참가목적이 없다는 취지의 확인을 하도록 한 점 등에 비추어 보면, 5% 이상의 주식을 대량보유한 자가 금감위와 거래소에 보고하는 '경영참가목적'은 그 목적이 확정적인 경우만을 의미한다고 할 수 없고, 적어도 향후 거래실정에 따라 경영참가목적의 행위를 하겠다는 의사를 가지고 단순투자목적과 대등한 정도의 경영참가목적을 가지고 주식을 취득하게 되는 경우도 포함된다고 할 것인데, 앞서 본 인정 사실에 비추어 보면, 원고들은 적어도 향후 거래실정에 따라 경영참가목적의 행위를 하겠다는 의사를 가지고 단순투자목적과 대등한 정도의 경영참가목적을 가지고 주식을 취득하였다는 사실을 넉넉히 추인할 수 있다고 할 것이다.

따라서 원고들의 위 주장은 결국 이유 없다.

(다) 주식처분명령의 대상

법 제200조의3 제 1 항은 "법 제200조의2 제 1 항의 규정에 위반하여 중요한 사항을 허위로 보고한 자는 대통령령이 정하는 기간 동안 의결권 있는 발행주식(발행외국주식을 포함한다) 총수의 100분의 5를 초과하는 부분 중 위반분에 대하여 그 의결권을 행사할 수 없으며, 금융위원회는 '당해 위반분'의 처분을 명할 수 있다"고 규정하고 있다.

그런데 여기서 말하는 '당해 위반분'은 법문상 의결권 있는 발행주식총수의 100분의 5를 초과하는 부분 중 '위반분'을 지칭하는 것으로 해석되고, 법령상 일정한 기간을 정하여 당연히 의결권 행사를 제한하는 규정과 달리, 주식처분명령에 관하여는 그 대상을 한정하거나 그 행사기간을 제한하는 규정을 두고 있지 아니한 점 등에 비추어 보면, 주식처분명령의 대상은 의결권 있는 발행주식(발행외국주식을 포함한다)의 총수의 100분의 5를 초과하는 부분 중 '위반분'을 의미하는 것으로, 법 시행령 제86조의10 제 1 호에 정한 6월의 기간 동안 의결권 행사가 제한되는 주식에 한정된다고 볼 수는 없다.

따라서 원고들의 이 부분에 관한 주장도 이유 없다 … .

3. 결   론

그렇다면 원고들의 청구는 이유 없어 모두 기각하기로 하여 주문과 같이 판결한다.

Questions & Notes

Note 이 사건에서 과거 증권거래법 제200조의2는 현행 자본시장법 제147조를 말한다. 자본시장법에서 종래의 규제내용을 실질적으로 변화시킨 부분은 없다.

Q1 이 사건에서 경영참가목적을 인정하게 된 사실관계가 무엇인가? 피고 회사를 인수할 목적이 있었으면서도 이를 굳이 보고하지 않은 이유는 무엇인가?

Q2 이 사건에서는 원고가 5% 보고 자체를 게을리하지는 않았다. 만일 원고가 취득목적을 "경영참가목적"이라고 보고하였다면 피고 회사 또는 다른 주주로서는 뭔가 다른 행동을 할 수 있었는지 생각해 보자. 반대로 원고가 5% 이상 취득하면서 취득목적을 "단순투자목적"이라고 적은 경우 피고 회사 또는 다른 주주의 입장에서 취할 대책이 달라질 수 있는지 생각해 보자. 근본적으로 상장회사의 주식을 5% 이상 취득하는 자가 경영참가목적이 없는 경우가 있을 수 있는가? 2005년 증권거래법 개정으로 경영목적을 적어서 보고하게 한 취지는 타당한 것이었는지 논평하시오.

Q3 대량보유 보고의무를 위반한 경우 그 처분을 명하는 것이 적절한 제도인지 생각해 보자. 만일 경영권분쟁 상황에서 공정성의 확보가 문제라면 의결권을 행사할 수 없도록 제한하면 충분하지 않을까? 현행법이 처분명령을 부과하고 있는 근거는 무엇인가?

Q4 대량보유 보고의무의 정책적 의의와 관련하여 다음 쟁점을 생각해 보자.

(1) 이 제도가 없으면 상장회사 입장에서 누가 자신의 주식을 얼마나 가지고 있는지 파악하기 어려운가? 예를 들어, 주주명부를 보면 현재의 주주가 누구인지 알 수 없는가?

(2) 만일 대량보유 보고의무가 없으면 지분변동 상황을 잘 알 수 없다고 하

는 경우, 상장회사의 주식을 회사가 모르는 상태에서 시장가격에 몰래 20%를 취득하여 지배권을 취득하는 것이 왜 문제가 되는가? 5% 공시가 달성하고자 하는 제도적 목적이 무엇인지 생각해 보자.

(3) 반대로 인수회사가 시장에 5% 공시를 하게 되면, ① 주주들은 시장가격을 올리고, ② 대상회사는 방어행위를 시작하고, ③ 시장에서는 경쟁매수자가 나타날 수 있다. 이 효과를 종합하면 결국 인수회사로서는 대상회사를 인수하기 힘들어진다는 의미가 된다. 이러한 결과가 사회적으로 바람직한지 생각해 보시오.

Ⅲ. 경영권방어수단 및 이사의 선관주의의무

1. 경영권방어행위의 유형

경영권 분쟁에 있어서 핵심은 결국 의결권을 상대방보다 얼마나 많이 가지는가 하는 점이다. 따라서 가장 직접적인 경영권방어수단은 주식을 시장에서 매집하는 것이고, 실제로 원시적인 경영권 분쟁은 주식의 매집경쟁에 불과한 경우도 있다. 그러나 시장에서 매집할 수 있는 주식은 자금이나 유동주식의 부족 등으로 한계가 있게 마련이고, 따라서 다른 수단을 동원하게 된다. 그 방법은 크게 자신이 보유하는 의결권의 수를 늘리는 방법, 더 나아가 우호적인 자의 의결권을 이용하는 방법, 그리고 상대방의 의결권 수를 줄이는 방법 등으로 나누어 볼 수 있다. 각각의 방법을 차례로 설명한다. 이하 설명에서는 단순히 경영권방어행위의 유형 및 그 방법만을 설명한다. 모든 방법이 우리 상법상 허용되는 것은 아니다. 각 방법이 상법상 허용되는지, 그리고 작동에 제한은 없는지 확인해 보도록 하자.

(1) 자신이 보유하는 의결권의 확보
1) 차등의결권

가장 직접적으로 의결권을 확보하는 방법은 차등의결권 주식을 이용하는 것이다. 이 방법은 의결권 있는 보통주식을 2종 이상으로 분류해서 발행하고, 각 종류마다 다른 수의 의결권을 인정하는 것을 허용하는 제도를 말한다. 예를 들어, 1주에 1개의 의결권이 있는 보통주식이 발행되어 있음을 전제로 하면,

1주에 10개 등과 같이 2개 이상의 의결권을 부여하여 자신이 가질 수도 있고, 또 1주에 1/10개 등 1개 미만의 의결권을 부여하여 상대방에게 보유하도록 할 수도 있다. 일반적으로 차등의결권 제도는 전자의 형태로 등장하는 경우가 많으므로 복수의결권제도라고 부르기도 하고, 유럽에서 특히 자주 활용되고 있다. 일반적으로 1개의 의결권을 갖는 통상의 보통주에 비해 복수의 의결권을 갖는 주식에는 10% 정도 낮은 배당률이 적용되는 것이 보통이고, 복수의결권 주식에 대해서는 양도를 제한하는 경우가 많다. 우리나라에서는 2011년 상법 개정으로 의결권이 없거나 제한되는 종류주식의 발행이 허용되었으나(344조의3 1항), 의결권을 0.2개, 0.5개 식으로 부분적으로 가지는 종류주식은 허용하지 않았다. 따라서 무의결권 보통주까지만 허용된 것이고 차등의결권까지 인정된 것은 아니다.

2) 황금주식

차등의결권의 극단적인 형태가 이른바 황금주식이라는 것이다. 황금주식이란 극히 일부 주식에 극단적으로 엄청난 의결권을 부여하는 경우 또는 일부 주식에 회사의 의사결정에 대한 거부권을 부여하는 경우를 말한다. 다시 말해서, 황금주식을 보유하는 자는 회사로부터 거의 아무런 배당도 받을 수 없지만, 의사결정에 있어서는 결정적인 역할을 하게 되는 것이다. 이러한 황금주식은 종래 정부가 보유하고 있다가 민영화되는 기업의 경우 경영권의 확보 내지는 외국인에게로의 기업지배권 이전을 방지하기 위해 유럽 여러 나라에서 고안되어 사용되기 시작하였다. 즉 안정된 회사지배에 필요한 최소한의 비율의 의결권을 보유하고 양도가 제한되는 주식을 인정하여 필요한 경우 지배구조에 관여하고 외국인의 국가기간산업에 대한 지배권 확보도 방지한다는 것이다.

(2) 우호적 세력의 확보
1) 백기사 전략

이른바 "백기사(white knight) 전략"이라고 하는 것은 적대적 인수의 위협에 직면한 현 경영진이 우호적 세력을 확보하기 위해서 사용하는 가장 일반적인 방법이다. 백기사란 인수희망자보다 더 높은 가격으로 대상회사에 대하여 인수제의를 하면서도 현 경영진을 교체하지는 않을 제 3 의 인수희망자를 말한다. 우리나라에서는 지배주주의 단계까지 이르지는 않더라도 상당한 규모의 지분을 취득해서 현 경영진의 경영권방어에 결정적인 도움을 주는 제 3 자도 백기사로 불린다. 적절한 방어책이 없는 인수목표회사의 경영진은 이러한 제 3 의 인수희망자를 물색해서 인수위협으로부터 벗어나는 동시에 경영권을 보전 하려는 시도를 할 수 있다.

2) 제 3 자에 대한 신주 또는 전환사채의 배정

실제로 경영권 분쟁이 발생한 경우에 급하게 우호적인 제 3 자를 물색하여 그 제 3 자에게 신주나 전환사채 등 지분증권을 발행하는 방법도 있다. 그러나 상법 제418조 제 1 항은 미국이나 일본과 달리 주주의 신주인수권(preemptive right)을 엄격하게 인정하고 있기 때문에 적대적 기업인수의 방어목적으로 제 3 자 배정 신주발행을 이용할 수 있는지 문제가 된다. 이에 대해서는 [판례 78] 참조. 이 규정은 전환사채 발행의 경우 제513조 제 3 항, 신주인수권 발행의 경 우 제516조의2 제 4 항에서 각각 준용되고 있다.

3) 자기주식취득

자기주식취득은 1990년대 중반까지만 해도 완전히 금지되다가, IMF 직전 상장회사에 한하여 10%까지로 완화되었고, IMF 사태 이후 1/3로 상향 조정된 후 1998년 5월 25일부터 한도가 완전히 폐지되었다. 2011년 개정상법에서는 비상장회사에도 배당가능이익을 재원으로 하여 자기주식취득을 허용하였다. 자기주식취득을 통하여 회사의 주가를 상승시키게 되면, 결과적으로 매수자금 이 인수세력의 예상보다 커지게 되는 효과가 있다고 한다. 이 효과는 특히 인 수회사의 공개매수가 시작되고 난 이후, 즉 사후적 방어방법으로 사용된 경우 에 특징적으로 나타난다. 현실적으로 자기주식취득의 경영권 방어효과의 가장 중요한 측면이라 할 수 있다. 또한 보유하고 있는 자기주식을 우호적인 제 3 자에게 매각하는 방식으로, 백기사 전략과 결합하여 사용될 수 있다. 특히 원 칙적으로 주주의 신주인수권 개념을 인정하고 있는 우리나라의 경우에는 이러 한 효과가 더욱 중요하게 부각될 수 있다. 자기주식취득 후 이를 보유하고 있 다가 처분하는 것과 자기주식취득을 하여 이를 소각하고 신주를 발행하는 것 은 재무적으로는 완전히 동일한 거래이지만, 전자는 주주의 신주인수권의 제 한을 받지 않고, 후자는 그 제한을 받는다는 결정적인 차이가 있다.

(3) 상대방 지분의 희석

방어하는 측에서는 우선 자신의 지분을 가지고 방어할 수 있는 방법을 모색하겠지만, 그것이 여의치 않은 경우에는 상대방이 가진 의결권의 수를 줄이는 방법을 찾게 된다. 물론 가장 쉬운 방법은 적대세력이 가진 주식을 매수하는 것이다. 이러한 경우를 흔히 그린메일(greenmail)이라고 한다. 우리나라에서는 특정인으로부터의 자기주식취득은 엄격히 금지되고 있기 때문에 이용할 수 없고, 다만 대주주가 적대세력의 주식을 매수하는 경우가 있다. 실제로 상대방이 가진 의결권의 수를 변동시키는 방법으로 다음과 같은 방법을 사용할 수 있다.

1) 역　공

이른바 "공격이 최선의 수비"라고 하는 속담처럼, 방어하는 측에서 오히려 상대방 회사에 대해서 공개매수를 하는 경우가 있는데, 이를 "역공전략"이라고 하고, 영어로는 "Pac-Man"이라고 한다. 아마도 어릴 때 패크맨이라는 컴퓨터게임을 즐겨 한 독자라면 그 의미를 바로 이해할 수 있을 것이다. 이러한 역공은 실제로 우리나라에서 매우 유용하게 사용될 수 있다. 대상회사가 공격자측 지분의 10%를 초과하여 취득하게 되면, 공격자가 아무리 많은 지분을 보유하고 있더라도 그 보유하는 대상회사의 지분은 의결권이 없어지기 때문이다. 그리고 여기까지 이르지 않더라도 상대측 지분을 다량 보유하고 있으면 여러 가지 방법으로 상대를 견제할 수가 있다.

2) 포이즌필

상대방의 의결권을 없애는 다른 방법으로서 포이즌필을 생각할 수 있다. 흔히 "독약증권" 정도로 번역되는데, 일반적으로 대상회사의 경영진이 그 주주들에게 대상회사의 신주 또는 이후 합병하는 회사의 신주를 매입할 수 있는 내용의 콜옵션을 지급하는 것을 말한다. 미국에서는 공식적으로는 "shareholder rights plan"이라는 용어를 사용하며, 일반적으로 이러한 내용의 콜옵션을 주주에게 배당하는 형태를 취한다. 포이즌필은 원칙적으로 주식과 분리하여 거래되거나 이전될 수 없으며, 일정한 사건이 발생하지 않는 한 콜옵션을 행사하는 것도 금지된다. 오직 증권상 정해진 사건, 다시 말해서 발행회사가 적대적 인수의 대상이 되는 경우에만 주식과 분리하여 거래될 수 있고 콜옵션의 행사도 가능하다. 이렇게 포이즌필, 즉 콜옵션을 작동시키는 사건을 흔히 "triggering event"라고 부르는데, 통상 대상회사가 합병되거나 또는 인수를 시도하는 회사가 대상회사의 일정 지분 이상을 취득하는 경우 등이 열거된다. 포이즌필의 존속기간은 보통 10년 또는 20년 정도로 정해져 있다.

포이즌필이 경영권 방어에 도움이 되는 이유는, 인수회사가 대상회사의 지배권을 취득하게 되면 인수회사 또는 대상회사의 의결권이 엄청난 규모로 희석되기 때문이다. 예를 들어, 현재 100만주의 보통주를 발행하고 있는 회사를 생각해 보자. 인수회사가 이 회사의 보통주 25만주에 대하여 공개매수를 선언한 경우, 대상회사의 이사회는 이에 대항하여 대상회사의 보통주 2주씩을 매입할 수 있는 콜옵션, 즉 Flip-In 형태의 포이즌필을 발행하였다고 하자. 인수회사가 예정대로 25만주를 취득하는 순간 콜옵션이 행사되면 어떠한 결과가 되는가? 결과만을 요약하면, 인수회사가 보유하는 25만주의 주식을 제외한 나머지 75만주의 주식을 가진 주주들이 콜옵션을 행사할 수 있고, 그 결과 주당 2주씩 신주가 발행된다. 따라서 추가적으로 150만주의 주식이 늘어나기 때문에, 결과적으로 인수회사의 지분은 당초 목적한 25%가 아니라, 전체 250만주 중에서 25만주, 즉 10%로 줄어들게 되는 것이다. 대부분의 경우 콜옵션의 행사가격은 주식의 실제가치에 미치지 못하기 때문에, 인수회사로서는 의결권 희석화로 인한 불이익뿐만 아니라 자산가치의 희석화 문제까지도 함께 겪게 된다. 따라서 이러한 결과를 예상하고 대상회사의 인수를 꺼리게 된다는 것이다.

(4) 정관규정을 통한 방어

이상에서 설명한 바와 같이 경영권 방어는 우선 자신과 상대방의 의결권을 인위적으로 조정하는 방법을 통해서 이루어지지만, 그 이외에 정관에서 다양한 규정을 두어 경영권 취득을 방해하는 방법도 있다. 주로 이사회를 쉽게 장악할 수 없게 한다거나 주주총회에서의 의사결정을 마음대로 할 수 없게 하는 것들을 골자로 하는데, 과거 미국에서는 이를 "상어퇴치법(shark repellant)"이라고 하여 매우 중요한 방어수단으로 이해하였으나, 포이즌필의 개발 이후에는 그 중요성이 줄어들었다. 특히 이러한 방식은 정관개정의 절차를 거쳐야 할 뿐만 아니라, 사전적으로 적대적 기업인수가 어렵다는 것이 정관규정을 통하여 명시적으로 드러나기 때문에 기업의 가치에 부정적 영향을 줄 수도 있다는 단점이 있다. 이하에서 주요 정관규정을 살펴보기로 한다.

1) 초다수 결의요건

회사의 지배권이나 경영과 관련된 중요한 사항의 변경에 초다수 의결권, 예를 들어 의결권의 90% 정도를 요구할 수 있는가? 이러한 정관규정이 허용된다면 회사를 인수하려는 자에게 큰 부담이 될 것이다. 미국에서는 이러한 정관이 허용되는 주가 많지만, 우리나라에서도 적법한 것인지는 의문이 있다. 우리나라에서 주주총회의 결의는 법령이나 정관이 다르게 정하고 있는 경우를 제외하고는 출석한 주주의 의결권의 과반수와 발행주식 총수의 1/4 이상의 수로써 한다(상법 368조 1항). 이를 가중하는 경우에도 상법은 정관의 변경(제434조), 영업양도(374조 1항), 합병(522조 3항) 등과 같이 매우 중요한 사항에 대해서는 따로 결의요건을 가중시키는 특별결의 규정을 두고 있을 뿐이다. 따라서 상법에서 아무런 규정이 없는 경우에도 정관에 규정을 두어 결의요건을 가중시킬 수 있는지, 그리고 상법에서 정하는 특별결의 요건보다 더 가중된 요건을 정관으로 정할 수 있는지 등은 아직 확실하지 않다.

2) 이사의 임기와 시차임기제

적대세력이 쉽게 이사회를 장악하지 못하도록 하는 방법으로 자주 이용되는 것이 시차임기제이다. 시차임기제는 이사 전원을 한꺼번에 임명하지 아니하고, 매년 그 일부만 임명할 수 있도록 하는 제도로서, 적대세력이 회사의 지배권을 취득하는 데 많은 시간이 소모되게끔 만들 뿐만 아니라, 인수회사가 한번의 전쟁에서 승리하면 되는 것이 아니라 2년에 걸쳐 두번의 전쟁을 치러 이사의 과반수를 교체해야 하는 부담이 있다. 이사의 임기는 상법상의 상한인 3년으로 정해지는 것이 일반적이므로, 시차임기제를 둔 경우에도 일반적으로 매년 이사 총원의 3분의 1씩을 선임하는 것으로 규정을 만들게 된다. 그 결과 이사의 과반수를 확보하는 데 2년이 소요된다. 따라서 이사들의 임기를 조정하여 매년 일부의 이사만이 임기만료 되도록 이사회를 구성해 두면 유사시에도 이사회가 완전히 넘어가는 것을 막을 수 있다. 이러한 시차임기제하에서는 이사들이 순차적으로 교체되기 때문에 이사회 업무의 연속성을 보장해주므로 바람직한 제도라는 명분도 있다.

그런데 설사 정관에서 이사의 임기를 3년으로 정하고 있더라도 적대세력이 회사를 인수하여 바로 모든 이사를 해임할 수 있지 않을까? 이러한 맥락에서, 일반적으로 시차임기제가 그 기능을 하려면, "이사는 정당한 이유가 없는 한 정해진 임기동안 해임되지 않는다"는 규정을 마련하는 것이 중요하다 (effective staggered board). 만일 이러한 규정이 없다면 인수회사가 주주총회에서 임기가 만료되지 않은 모든 이사를 전원 해임하고, 이사회를 새로 구성(board paking)할 수 있기 때문이다. 그런데 우리나라에서는 상법 제385조 제1항의 해석과 관련하여 이러한 정관규정이 유효한지 의문이 있다. 우리나라의 지배적인 견해에 따르면, 설사 이사의 임기가 정해져 있다고 하더라도 주주총회 특별결의로 언제든지 이사를 해임할 수 있으며(상법 385조 1항), 이는 정관으로도 달리 정할 수 없다고 해석되고 있다. 해임의 "정당한 이유"는 다만 이사가 회사에 손해배상을 청구하기 위한 요건일 따름이며(상법 385조 1항 단서), 이 요건을 이사의 해임요건으로 정관에 규정하는 것은 무효이다. 결국 우리나라의 통설적 해석에 따르면, 정관으로 설사 시차임기제를 규정하더라도 적대세력이 지배권을 취득하여 기존의 이사를 전부 해임하고 새로운 이사회를 구성하는 것을 막을 방법은 없으며, 따라서 단순히 정관에서 3분의 1씩 이사를 교체한다는 시차임기제를 규정하는 것만으로는 경영권보호에 별다른 도움이 되지 못한다.

2. 이사의 선관주의의무

경영권방어와 관련하여 가장 핵심적인 문제는 어떤 요건이 갖추어지면 경영권방어가 적법하게 되는가 하는 점이다. 이사는 회사에 대해서 선관주의의무를 지기 때문에, 자신의 지위를 보전하기 위한 경영권방어는 이러한 의무에 위배될 것이다. 그러나 경영권방어가 주주가치의 증대를 가져온다면 선관주의의무에 부합하는 것일 수도 있다. 과연 경영권방어가 주주가치를 증대시킬 수 있는가, 그리고 그러한지 여부는 무엇을 가지고 판단해야 하는가 하는 점이 경영권방어의 적법성 논쟁의 핵심이다.

우리나라에서 판례가 어떠한 입장을 취하고 있는지는 확실하지 않다. 이하 판결들을 검토해 보면 경영권방어를 부정한 것과 긍정한 것이 혼재되어 있는데, 그렇다고 해서 경영권방어의 적법성에 대한 판단기준을 제시하고 있는 것이라고 보기는 힘들다. 판결에서 문제된 사안이 주로 신주의 제3자 배정에 관한 것이었기 때문에, 판결들은 주로 경영권방어의 적법성 및 이사의 책임의 문제를 주주의 신주인수권 침해의 문제로 접근하는 경향이 있다. 부정적인 입장의 판례들은 대부분 신주인수권 침해로 인정된 사건들이고, 반대로 경영권방어를 긍정한 판례들은 주주의 신주인수권 침해가 없다고 판단한 사건들이다. 심지어 신주발행이 아닌 자기주식처분과 같은 경우에도 경영권방어의 필요성이 있는지 등을 직접적으로 판단하지 않고 주주의 신주인수권이 침해되었는지 여부의 문제로 판단하고 있다. 따라서 아직 우리나라 판결에서는 경영권방어 자체의 적법성에 대해서는 명확한 기준을 제시하지 못하고 있다 할 수 있다. 최근에는 미국의 법리를 받아들이고자 하는 입장도 하급심에서는 등장하고 있다.

[판례 77]

서울고등법원 1997. 5. 13. 자 97라36 결정(한화종금 판결)

1. 기록에 의하면 이 사건의 큰 줄거리로서 대체로 다음과 같은 사실이 소명된다.

피신청인 한화종합금융 주식회사(이하 '한화종금'이라 부른다)에는 대주주로서 제 1 대주주군인 한화 측(한화개발 주식회사 등 한화그룹 계열사를 말한다. 이하 같다)과 제 2 대주주인 신청인이 있었다. 위 한화종금의 경영진은 제 1 대주주군인 한화 측이 완전히 장악하고 있었고 신청인은 감사의 직위만 가질 뿐이었는데, 1996. 5.경 경영진이 위 한화종금 소유의 부동산을 한화 측 대주주인 한화개발 주식회사에 현저한 염가로 매각한 것에 대하여 감사인 신청인이 문제를 제기하였으나 한화 측이 이를 받아들이지 아니하자 신청인은 소수주주로서 법원에 검사인선임청구를 하는 등 법적인 해결을 시도하기 시작하였고 그 이래 쌍방간에 많은 민·형사 분쟁사건이 생기게 되었다. 한편 신청인은 법적인 해결을 시도함과 아울러 그 무렵부터 이학 및 이 사건 보조참가인들과 뜻을 모아 위 한화종금에 대한 한화 측과의 지분 비율을 역전시킬 것을 계획하여 그 당시 시행되던 증권거래법상의 소위 '특수관계인'의 소유 제한 규정에 저촉되지 아니하도록 보조참가인들에게 교묘하게 분산시켜 비밀리에 위 한화종금의 주식을 증권시장에서 매집하였다. 그 결과 늦어도 1996. 12. 6.에는 신청인 측(신청인과 이학 및 보조참가인들을 말한다. 이하 같다)의 보유주식수가 한화 측을 능가

하여 제 1 대주주군이 되어 버렸고, 이 때부터 한화 측에 대하여 경영진의 개편을 위한 임시주주총회의 소집을 요구하게 되었다. 다급해진 한화 측이 경영권의 방어를 위하여 생각해 낸 비상 수단이 바로 이 사건 전환사채의 발행이었다. 즉, 우호세력에게 전환사채를 발행하여 즉시 주식으로 전환시켜 임박한 임시주주총회에서 전환된 신주의 도움으로 지분 비율의 우위를 되찾아 경영권을 방어한다는 전략이었다. 이에 한화 측은 사전에 인수인들(피신청인 한화종금을 제외한 나머지 피신청인들. 이하 같다)과 협의하여 협조를 약속받고, 그 당시를 기준으로 제 1 대주주군이자 감사인 신청인 측에게는 철저히 비밀에 붙인 채, 장악하고 있던 이사회로 하여금 1997. 1. 7. 전격적으로 전환사채를 발행케 하였는바, 그 물량은 주식으로 전환될 경우 신청인 측과의 지분 비율을 다시 역전시키기에 충분한 400억원이었고 전환기간은 제한을 두지 아니하여 발행 즉시 전환이 가능케 하였다. 이에 따라 인수인들은 발행 당일로 위 400억원의 전환사채를 전액 인수하여 그 익일인 1. 8.부터 1. 10.까지 사이에 그 중 380억원을 주식으로 전환하였고, 경영진 개편을 위한 같은 해 2. 13.의 임시주주총회에서, 전환된 주식의 의결권을 모두 한화 측에게 위임해 버림으로써 한화 측은 지분 비율의 우위로 경영권을 방어하게 되었다.

2. 먼저 피보전권리에 관하여 본다.

전환사채에 있어서도 일정한 경우에 그 발행의 무효를 인정하여야 하고 그 방법은 신주발행무효의 소에 관한 상법 제429조를 유추적용할 수 있다고 보아야 한다.

이 사건에서 사실이 위와 같다면 위 전환사채의 발행은 경영권 분쟁상황하에서 열세에 처한 구지배세력이 지분비율을 역전시켜 경영권을 방어하기 위하여 이사회를 장악하고 있음을 기화로 기존 주주를 완전히 배제한 채 제 3 자인 우호 세력에게 집중적으로 '신주'를 배정하기 위한 하나의 방편으로 채택된 것으로서, 이는 전환사채제도를 남용하여 전환사채라는 형식으로 사실상 신주를 발행한 것으로 보아야 한다. 그렇다면 이 사건 전환사채의 발행은 주주의 신주인수권을 실질적으로 침해한 위법이 있어 신주 발행을 위와 같은 방식으로 행한 경우와 마찬가지로 이를 무효로 보아야 한다.

뿐만 아니라, 이 사건 전환사채 발행의 주된 목적은 경영권 분쟁 상황하에서 우호적인 제 3 자에게 신주를 배정하여 경영권을 방어하기 위한 것인 점,

경영권을 다투는 상대방이자 감사인 신청인에게는 이사회 참석 기회도 주지 않는 등 철저히 비밀리에 발행함으로써 발행유지가처분 등 사전 구제수단을 사용할 수 없도록 한 점, 발행된 전환사채의 물량은 지배 구조를 역전시키기에 충분한 것이었고, 전환기간에도 제한을 두지 않아 발행 즉시 주식으로 전환될 수 있도록 하였으며, 결과적으로 인수인들의 지분이 경영권 방어에 결정적인 역할을 한 점 등에 비추어 볼 때 이 사건 전환사채 발행은 현저하게 불공정한 방법에 의한 발행으로서 이 점에서도 무효라고 보아야 한다 … .

그렇다면 이 사건 전환사채의 발행은 무효이고 이를 바탕으로 한 신주 발행 역시 무효이므로 신청인의 주주권에 기하여 위 신주에 관한 의결권 행사 금지를 구하는 신청인의 이 사건 신청은 피보전권리에 대한 소명이 있다고 할 것이다.

[판례 78]

대법원 2009. 1. 30. 선고 2008다50776 판결

1. 상고이유 제1, 3, 4점에 대하여

원심판결 이유와 원심이 적법하게 채택한 증거들에 의하여 인정되는 다음과 같은 사정들 즉, ① 원고는 피고 회사의 주식 24.25%를 보유하게 된 2007. 1. 경 피고 회사의 정기주주총회에 원고 및 원고측 인사를 이사와 감사로 추가하는 안건이 상정되게 한 바 있고, 2007. 2. 9. 주주로서 피고 회사에 회계장부 등의 열람, 등사를 신청하였다가 거절되자 법원에 회계장부열람 및 등사 가처분 신청을 하여 인용결정을 받은 바 있는 등 원고와 피고 회사의 현 경영진 사이에 회사 경영 등에 관한 분쟁이 발생한 점, ② 이에 피고 회사는 정관상 긴급한 자금의 조달을 위하여 국내외 금융기관에게 신주를 발행하거나 기술도입의 필요상 그 제휴회사에게 신주를 발행하는 경우에만 주주의 신주인수권을 배제하고 제3자에게 신주를 배정할 수 있도록 규정되어 있고, 당시 피고 회사에는 소외 1 주식회사(이하 '소외 회사'라 한다)로부터 기술을 도입할 필요성이 별달리 없었을 뿐 아니라 제3자 배정방식의 신주발행을 통하여 재무구조를 개선할 긴급한 필요성 또한 없었음에도, 2007. 4. 19. 이사회를 개최하여 기발행 주식의 약 30%를 납입기일을 그 다음날로 정하여 발행하기로 결의하면서 그 주식 전부를 소외 회사에 배정하였으며, 소외 회사는 그 납입기일에 인수대금 전액을 납입하여 피고 회사 발행주식총수의 23.08%를 보유한 최대주주가 되었고 이로써 원고의 지분율은 18.65%로 감소한 점, ③ 피고 회사는 위 신주발행으로부터 얼마 지나지 않은 2007. 6. 9. 주주총회를 개최하여 원고에게 우호적이던 이사 소외 2, 감사 소외 3 등을 해임하는 내용 등의 안건을 상정하였다가 특별결의에 필요한 의결정족수가 약간 미달한다는 이유로 안건이 부결되었는바, 만약 그 주주총회 직전에 위와 같이 발행된 신주에 기한 의결권행사금지가처분신청이 법원에 의해 받아들여지지 아니하였다면 위 안건 등은 현 경영진의 의사대로 가결되어 피고 회사에 대한 원고의 경영참여를 배제시키는 결과를 낳을 가능성이 높았던 점 등을 종합하여 보면, 위 신주발행 당시 피고 회사에는 경영권 분쟁이 있었고, 위 신주발행은 상법 제418조 제 2 항과 피고 회사의 정관이 정한 재무구조 개선이나 신기술도입을 위하여 이루어진 것이 아니라 현 경영진의 경영권을 방어할 목적으로 이루어진 것이라고 보이는바, 위와 같은 취지의 원심 판단은 정당하고, 거기에 심리미진 또는 채증법칙 위배나 경영권 다툼에 관한 법리오해의 위법이 있다고 할 수 없다.

2. 상고이유 제 2 점에 대하여

상법 제418조는 종래 주주의 신주인수권을 정관에 의하여 폭넓게 제한할 수 있도록 하다가 2001. 7. 24. 법률 개정을 통하여 제 1 항을 "주주는 그가 가진 주식 수에 따라서 신주의 배정을 받을 권리가 있다"라고, 제 2 항은 "회사는 제 1 항의 규정에 불구하고 정관에 정하는 바에 따라 주주 외의 자에게 신주를 배정할 수 있다. 다만, 이 경우에는 신기술의 도입, 재무구조의 개선 등 회사의 경영상 목적을 달성하기 위하여 필요한 경우에 한한다"라고 각 개정하였는바, 이는 주식회사가 신주를 발행하면서 주주 아닌 제 3 자에게 신주를 배정할 경우 기존 주주에게 보유 주식의 가치 하락이나 회사에 대한 지배권 상실 등 불이익을 끼칠 우려가 있다는 점을 감안하여, 신주를 발행할 경우 원칙적으로 기존 주주에게 이를 배정하고 제 3 자에 대한 신주배정은 정관이 정한 바에 따라서만 가능하도록 하면서, 그 사유도 신기술의 도입이나 재무구조 개선 등 기업경영의 필요상 부득이한 예외적인 경우로 제한함으로써 기존 주주의 신주인수권에 대한 보호를 강화하고자 하는 데 그 취지가 있다 할 것이므로, 주식회사가 신주를 발행함에 있어 신기술의 도입, 재무구조의 개선 등 회사의 경영상 목적을 달성하기 위하여 필요한 범위 안에서 정관이 정한 사유가 없는데도 회사의 경영권 분쟁이 현실화된 상황에서 경영진의 경영권이나 지배권 방어라는 목적을 달성하기 위하여 제 3 자에게 신주를 배정하는 것은 상법 제418조 제 2 항을 위반하여 주주의 신주인수권을 침해하는 것이라고 할 것이다 … .

위와 같은 법리에 앞서 본 사정들을 종합하여 보면, 이 사건 신주발행은 상법 제418조 제 2 항과 피고 회사의 정관이 정하고 있는 사유가 아니라 현 경영진의 경영권을 방어하기 위하여 제 3 자 배정방식으로 이루어진 것으로서 위 상법 조항과 피고 회사의 정관을 위반하여 원고 등 기존 주주의 신주인수권을 침해한 것이라고 할 것이고, 그로 인하여 피고 회사의 지배구조에 앞서 본 바와 같은 심대한 변화가 초래되어 원고의 피고 회사에 대한 종래의 지배권이 현저하게 약화되는 중대한 영향을 받게 되었으니 이러한 신주발행은 도저히 허용될 수 없어 무효라고 하지 않을 수 없다.

따라서 이와 같은 취지의 원심 판단은 정당하고, 거기에 심리를 다하지 아니하거나 신주발행의 무효 사유에 관한 법리를 오해한 위법이 있다고 할 수 없다.

Questions & Notes

[Note] 형사사건이기는 하지만, 종업원지주제를 활용하여 경영권방어를 할 수 있는지에 대해서 대법원은 다음과 같이 결론을 내리고 있다(대법원 1999. 6. 25. 선고 99도1141 판결).

> "종업원지주제도는 회사의 종업원에 대한 편의제공을 당연한 전제로 하여 성립하는 것인 만큼, 종업원지주제도 하에서 회사의 경영자가 종업원의 자사주 매입을 돕기 위하여 회사자금을 지원하는 것 자체를 들어 회사에 대한 임무위배행위라고 할 수는 없을 것이나, 경영자의 자금지원의 주된 목적이 종업원의 재산형성을 통한 복리증진보다는 안정주주를 확보함으로써 경영자의 회사에 대한 경영권을 계속 유지하고자 하는 데 있다면, 그 자금지원은 경영자의 이익을 위하여 회사재산을 사용하는 것이 되어 회사의 이익에 반하므로 회사에 대한 관계에서 임무위배행위가 된다."

Q1 위 두 판결은 경영진이 경영권방어를 하면 안 된다는 의미인가? 아니면 신주 또는 전환사채의 제 3 자배정을 경영권방어의 목적을 위해서 사용해서는 안 된다는 의미인가? 예를 들어, 경영권방어의 목적만 가지고 자기주식을 취득하거나, 이미 취득한 자기주식을 우호적인 제 3 자에게 처분하거나, 앞서 본문에서 살펴본 바와 같이 적대적 인수가 어렵도록 정관을 개정하는 것은 허용되는가?

Q2 [판례 78]에서 문제된 회사의 정관은 어떤 내용이었는가? 만일 이 회사의 정관이 제418조 제 2 항 단서와 동일한 문구로 되어 있었다면 판결이 달라질 수 있었는가? 판례가 경영권방어 목적의 제 3 자배정이 이 정관에 위배된다고 판단한 것으로부터, 일반적으로 경영권방어 목적의 제 3 자배정은 주주의 신주인수권을 침해한다는 결론으로 이어지는가? [판례 78]에 대한 교과서의 일반적인 설명이 타당한지 생각해 보시오.

Q3 경영진이 경영권방어를 통해서 주주이익을 증진시킬 수 있다는 논리는 몇 가지가 있다. 예를 들어, ① 경영권방어수단이 있을 경우 인수자와 협상하여 인수대가를 더 높일 수 있다. ② 주주가 정보의 부족 등으로 남용적 매수자 등에게 대상회사를 헐값에 매도해 버릴 위험을 경영진이 차단할 수 있다. ③ 경영권이 불안하면 기업은 장기적인 투자를 할 수 없다. 시장에서 투자자들이 장기적인 투자가 가져오는 기업가치의 증가를 인식하지 못하기 때문이다. ④ 경영권이 불안하면 경영진은 기업에 필요로 하는 능력을 개발하는 것이 아니라 일반적으로 유용한 능력을 배양하는 데 더 신경을 쓴다. 이러한 다양한 논거는 설득력이 있는가? 실제로 경영진이 경영권방어를 하여 적대적 기업인수의 가능성이 낮아진다면 기업가치가 증가될 것인지 생각해 보시오.

[판례 79]

수원지방법원 여주지원 2003. 12. 12. 자 2003카합369 결정

• **사실관계**

1. A회사는 자본금 약 281억원의 상장법인으로서 A그룹의 지주회사이다. 2003년 8월 4일 회장이 갑자기 사망하자 외국인들이 A회사 주식을 집중적으로 매입하기 시작했다. 이에 A회사는 경영권을 방어하기 위해서 보유하고 있

던 자기주식을 계열사에 처분하여 의결권을 부활시키기로 하고, 8. 13. 이사회 결의로 자기주식 9.41% 중 일부를 B회사 등 계열사에 처분하였다. B회사는 이 와 별도로 특수관계자와 함께 사모펀드 등을 통하여 A회사 주식 20.63%를 추 가로 취득하였다.

2. 2003년 11월, B회사는 5% 보고를 하면서, A회사를 인수하겠다는 내용을 발표하여 공식적으로 경영권분쟁이 시작되었다. 이 당시 기존 경영진의 우호 적 지분은 30.3%, B회사측은 47.54% 지분을 각각 보유하고 있었다.

3. A회사는 인수시도를 방어하기 위해서, "지배구조 및 재무구조의 개선과 사업다각화"(나중에 "시설투자 및 사업다각화"로 변경함)를 목적으로 대규모의 일 반공모유상증자를 실시하기로 하였는데, 당시 발행주식 총수의 178%에 해당 하는 1,000만주의 신주를 30% 할인된 가격에 1인당 300주를 한도로 청약할 수 있게 하는 일반공모증자를 결정하였다. A회사의 정관 제 9 조 제 1 항에서는 주 주에게 신주인수권이 있음을 정하고, 제 2 항에서는 "전항의 규정에도 불구하 고 신기술의 도입, 재무구조의 개선 등 회사의 경영상 목적을 달성하기 위한 다음 각 호의 경우에는 이사회의 결의로 주주 이외의 자에게 신주를 배정할 수 있다"고 하여 일정한 경우 주주의 신주인수권을 배제할 수 있음을 규정하 면서, 그 제 2 호에서 "증권거래법 규정에 의하여 일반공모증자 방식으로 신주 를 발행하는 경우"를 들고 있었다.

4. 이에 B회사측은 ① 위 신주발행은 신기술의 도입 등 회사의 경영상 목 적과 상관 없이 기존의 주식소유구조를 변동시켜 B회사측이 최대주주로서의 지위를 상실하게 하는 것을 주된 목적으로 하는 것이어서, 상법 제418조 및 A회사의 정관이 보장하고 있는 주주의 신주인수권을 위법하게 침해하는 것 이다. ② 이 사건 신주발행은 형식적으로는 일반공모증자의 방식을 취하고 있 지만, 실제로는 일반공모 부분의 대량 미인수사태가 예상되는 상황에서 이를 현대의 우리사주조합 등 기존 경영진에 우호적인 세력에게 배정하여 일반주주 와 기존 경영진의 지배경영권을 유지, 강화하는 것을 주된 목적으로 한 것이 어서 발행방법이 현저하게 불공정한 것이라는 이유로 신주발행금지를 구하는 가처분을 신청하였다.

• **법원의 판단**

신주발행의 주요목적이 기존 지배주주의 대상회사에 대한 지배권 및 현 이사회의 경영권 방어에 있고, 회사의 경영을 위한 기동성 있는 자금조달의 필요성 및 이를 위한 적합성을 인정하기 어려운 경우라도, 적대적으로 기업취득을 시도하는 자본의 성격과 기업취득의 의도, 기존 지배주주 및 현 경영진의 경영전략, 대상회사의 기업문화 및 종래의 대상회사의 사업내용이 사회경제적으로 차지하는 중요성과 기업취득으로 인한 종래의 사업의 지속 전망 등에 비추어 기존 지배주주의 지배권 또는 현 경영진의 경영권이 유지되는 것이 대상회사와 일반 주주에게 이익이 되거나 특별한 사회적 필요가 있다고 인정되고, 한편 이러한 신주발행행위가 그 결의 당시의 객관적 사정에 의하여 뒷받침되고, 그 결의에 이르기까지의 과정에 대상회사의 경영권 분쟁 당사자인 기존 지배주주가 아닌 일반 주주의 의견과 중립적인 전문가의 조언을 듣는 절차를 거치는 등 합리성이 있는 경우라면 상법 제418조 제2항 및 이와 동일한 내용의 규정을 둔 대상회사의 정관규정이 정하는 회사의 경영상 목적을 달성하기 위하여 필요한 경우에 해당한다고 보아 허용되어야 할 것이다."

Questions & Notes

[Note] 그러나 이 사건에서 A회사는 법원이 제시한 요건을 충족시키지 못하였다는 이유로 원고의 신주발행금지가처분신청은 인용되었고 A회사는 신주를 발행하지 못하였다. 즉, 법리적으로는 경영권 방어행위가 허용되었으나 구체적인 사건에서는 요건충족의 미비를 이유로 경영권 방어행위가 금지된 사례이다.

[Note] 일반공모증자는 구 증권거래법 제189조의3 제1항에 의하여 인정되던 것으로서 본질적으로는 제3자배정과 차이가 없다. 따라서 당연히 상법 제418조 제2항 단서가 적용되어야 한다. 이러한 일반공모증자는 자본시장법에도 그대로 이어져 들어왔는데, 제165조의6 제4항은 구 증권거래법과는 달리, "이 경우 상법 제418조 제1항 및 같은 조 제2항 단서를 적용하지 아니한다"라고 규정하고 있다. 이처럼 명문으로 상법 제418조 제2항 단서의 적용을 배제하고 있기 때문에, 일반공모증자의 경우 경영상 목적이 필요한지 여부가 쟁점이 될 수 있다.

최근 경영권 분쟁 사례에서, 회사가 일반공모증자를 추진하자 이에 반대하는 주주가 신주발행금지가처분신청을 하였는데, 서울중앙지방법원 2009. 8. 19. 자 2009카합2887 결정에서는 다음과 같이 설시하고 있다.

"살피건대, 「자본시장과 금융투자업에 관한 법률」 제165조의6 제 1 항은 '주권상장법인은 상법 제418조 제 1 항 및 같은 조 제 2 항 단서에도 불구하고 정관으로 정하는 바에 따라 이사회 결의로써 대통령령으로 정하는 일반공모증자 방식으로 신주를 발행할 수 있다'고 규정하고 있는바 그렇다면 주권상장법인인 피신청인이 위 규정에 따라 일반공모증자 방식으로 신주를 발행함에 있어서는 정관에 따로 정함이 없는 이상 상법 제418조 제 2 항 단서가 규정하고 있는 요건을 충족시키지 아니하더라도 같은 조 제 1 항에서 정한 주주의 신주인수권을 제한할 수 있다고 볼 것이다. 또한 피신청인의 정관에는 제 9 조에서 '증권거래법 등 관계법규의 규정에 의하여 이사회의 결의로 일반공모증자 방식으로 신주를 발행하는 경우에는 주주 외의 자에게 신주를 발행할 수 있다'고 규정하고 있을 뿐 일반공모증자 방식으로 신주를 발행하기 위한 요건을 따로 정하고 있지도 않다. 그렇다면 이 사건 신주발행에 상법 제418조 제 2 항 단서에 따른 요건이 적용됨을 전제로 이 사건 신주발행이 신기술의 도입이나 재무구조의 개선 등 회사의 경영상 목적을 달성하기 위하여 필요한 경우가 아닌 점에서 법령 또는 정관을 위반한 것이라는 취지의 신청인의 주장은 이유 없다."

이 사건은 아예 일반공모증자의 경우에는 증자의 목적에 대한 아무런 제한도 없다는 점에서 [판례 79]와 차이가 있다. 이처럼 자본시장법의 규정 변화에 따라 일반공모증자는 경영권방어 목적으로 쉽게 활용될 수 있게 되었다. 대법원이 경영권방어 목적의 제 3 자 배정에 대해서 엄격한 입장을 취하는 취지에 비추어 위와 같이 일반공모증자를 해석하는 것은 타당한가? 근본적으로 자본시장법에서 명시적으로 제418조 제 2 항 단서를 배제하고 있는 취지가 무엇인지 생각해 보자.

Q1 일반공모증자에 대하여 [판례 79]와 같이 정관에 증자의 목적에 대한 제한 조항을 두는 경우와 그렇지 않은 경우 신주발행의 목적에 대하여 다르게 판단하여야 하는가?

[판례 80]

서울서부지방법원 2006. 6. 29. 선고 2005가합8262 판결(대림통상 사건)

• **사실관계**

　피고 대림통상 주식회사(아래에서는 '피고 대림통상'이라고 한다)의 의결권 있는 발행주식 총수는 보통주 2,150만주(아래에서의 주식도 모두 보통주이다)인데, 그 중 원고가 13.73%인 2,951,850주를 보유하고 있는 것을 비롯하여 원고측이 보유하고 있는 대림통상 주식은 총 6,501,120주로서 발행주식의 30.24%에 달한다. 이에 비해서, 피고측은 현재의 대표이사이자 최대주주인데, 보유주식의 합계 지분율은 47.49%에 이르고, 피고측의 다른 공동목적 보유자들과 함께 보유하고 있는 주식까지 합산하면 그 주식은 발행주식의 56.30%에 달한다. 이 사건 당사자들은 모두 친·인척 관계에 있어 원만한 관계를 유지해 왔으나, 2003. 11.경 소외 1이 불법주식매집, 회사 이미지 손상 등의 이유로 피고 대림통상의 부회장직에서 면직되자 서로 관계가 악화되었고, 이후 감사선임, 신주발행무효, 자기주식 취득 등의 문제로 원고와 피고측은 소송을 계속하고 있다.

　2005. 5.경 피고 대림통상은 자사주를 125만주(발행주식의 6.94%)는 직접 보유하고, 1,938,680주(발행주식의 10.77%)는 피고 동양투자신탁운용 주식회사(아래에서는 '피고 동양투신'이라고 한다)와의 사이에서 자사주 신탁을 통하여 관리하는 방법으로 모두 총 3,188,680주의 자기 주식을 보유하고 있었는데, 2005. 6. 24. 및 2005. 8. 9. 피고측에게 보유하고 있던 자기주식을 모두 처분하였다. 이에 원고는, 대량의 자기주식처분의 경우에는 신주발행과 동일한 효과가 있고, 따라서 현저히 불공정한 신주발행은 무효라는 법리를 유추적용할 수 있으므로 피고 대림통상이 피고측에 자기주식을 양도한 행위는 현저히 불공정한 행위로서 무효라고 주장한다.

• **법원의 판단**

　비록 우리 상법 및 증권거래법이 자기주식 처분에 대하여 신주발행에 관한 규정을 준용하고 있지 아니하고, 자기주식 처분은 이미 발행되어 있는 주식을 처분하는 것으로서 회사의 총 자산에는 아무런 변동이 없고, 기존 주주의 지분비율도 변동되지 아니하여 형식적으로는 신주발행과 그 효과를 일부 달리하지만, 자기주식의 처분이 자본의 증가를 가져오는 것은 아니라 하더라도 회사가 보유중이던 자기주식일 때에는 상법 제341조에 의하여 이 주식은 의결권을 행사할 수 없으나 이 주식이 회사가 아닌 제 3 자에게 양도될 경우 이를 양도받은 제 3 자는 회사에 대하여 의결권을 행사할 수 있게 되어 회사의 의사결정기구인 주주총회에서 의결권을 행사할 수 있는 주식수가 증가한다는 점에서 기존 주주들에게는 회사가 신주를 발행하는 것과 유사한 효과를 가져온다. 또한, 자기주식인 경우에는 회사가 자기주식에 대하여 배당금을 수령하더라도 이는 결국 회사의 재산이 배당금 수령으로 다시 그만큼 증가하게 되어 기존의 주주들이 그 주식 보유 비율에 따라 추후 그 증가된 재산에 대하여 배당금을 추가로 수령할 수 있는 기회가 생기나 자기주식이 제 3 자에게 처분되면 새로운 배당금 수령권자가 생기는 점, 유상증자가 이루어질 경우 자기주식을 제외한 나머지 주식에 대해서만 그 지분비율별로 신주발행이 이루어지는데 자기주식이 제 3 자에게 처분되면 자기주식에 대한 신주발행이 이루어져 기존의 주주는 그만큼 배정받는 신주의 비율이 낮아지는 점 등으로 회사가 그 보유의 자기주식을 처분하는 행위는 그 처분으로 인하여 궁극적으로 보유주식의 비율에 따라 주주로서의 회사에 대한 권리나 지위가 변동하는 등 주주의 지위에 중대한 영향을 초래하게 되는데, 특히 자기주식을 일방적으로 특정 주주들에게만 매각할 경우에는 매각으로 인해 초래되는 기존주주의 지분 비율의 감소로 인해 신주발행의 경우와 동일한 결과를 가져옴으로써 신주발행에서와 마찬가지로 통제를 가할 필요성이 있고, 자기주식의 처분이 신주발행에 관한 여러 가지 규제를 잠탈하는 수단으로 악용되는 것을 방지할 필요성도 있다 ….

위 인정사실에 의하면, 피고 대림통상은 재무상으로나 회사운영상으로 자기주식 신탁계약을 해지하고 자기주식을 매각할 특별한 사정이 보이지 않는 시점에서 2005. 5. 31. 자기주식 가격의 안정을 위해 자기주식취득 신탁계약을 연장하였으면서도 그로부터 불과 1개월도 안 되어 재무구조 개선의 명목으로 수탁기관과의 사이에서 자기주식취득 신탁계약을 해지하고, 회사 발행주식총수의 15%에 해당하는 자기주식을 장외매도를 통하여 피고 대림통상의 최대주주인 피고 2와 그의 특수관계인인 피고 3, 피고 4에게 일방적으로 매도하여(피고 2, 3, 4가 거액인 주식매수금의 대부분을 금융기관에서 대출받아 마련하면서까지 자사주를 취득할 사유도 보이지 않는다) 불과 한 달 보름 사이에 일시에 처분함으로써 원고는 자기주식을 매수할 기회도 갖지 못한 상태에서 피고측의 보유지분은

34.11%에서 47.49%로 급격히 상승하고 의결권이 제한되어 있던 자기주식의 매각으로 인해 원고의 주주총회에서의 의사결정의 권한이 현저하게 약화되었으며, 그로부터 한 달 뒤에 있었던 유상증자시에 피고들은 자기주식의 취득 비율만큼 신주를 더 배정받을 수 있었음에 비하여 원고는 신주발행의 배정비율이 줄어들게 되어 원고의 신주인수권이 제한되는 결과가 됨으로써, 결국 피고측의 자기주식 취득으로 말미암아 원고측의 지분비율은 29.98%에서 23.6%로 감소한 반면, 피고측은 34.11%에서 47.49%로 늘어나게 되어, 원고측과 피고측의 지분 비율은 당초 5% 미만의 차이에서 23% 이상의 차이로 벌어지게 되었는 바, 이로써 원고측은 주주총회에서 소유지분만큼의 의결권을 정당하게 행사하지 못하게 되는 결과가 발생하여 원고측의 권리를 중대하게 침해하는 상황이 되었으므로 이 사건의 경우에는 다른 대주주인 원고측의 이익과 회사의 경영권 내지 지배권에 중대한 영향을 미치는 경우에 해당하며, 이 사건 주식매매계약의 체결 경위나 그로 인한 거래의 안전, 다른 주주나 이해관계인의 이익 등을 고려하더라도 도저히 묵과할 수 없는 정도라고 판단되므로 결국 이 사건 주식매매계약은 무효라고 할 것이다.

Questions & Notes

[Note] 우리나라는 일본이나 미국과 달리 주주의 신주인수권을 인정하고 있고, 그 결과 신주의 제 3 자 배정을 위해서는 경영상 목적이 필요하다. 이에 따라 경영권방어를 위해서 제 3 자 배정을 이용할 수 있는지, 다시 말해서 경영권 방어가 제 3 자 배정을 위한 경영상 목적에 포함되는지 여부가 다투어졌다. 법원은 한화종금 사건(서울고등법원 1997. 5. 13. 자 97라36 결정[판례 77]) 이래 "자본조달을 위한 제도를 경영권방어의 목적으로 이용할 수 없다"는 정도의 애매한 입장을 취해 오다가, 대법원 2009. 1. 30. 선고 2008다50776 판결[판례 78]에서 다른 경영상의 목적이 없는 상황에서, "회사의 경영권 분쟁이 현실화된 상황에서 경영진의 경영권이나 지배권 방어라는 목적을 달성하기 위하여 제 3 자에게 신주를 배정하는 것"은 상법 제418조 제 2 항을 위반하여 주주의 신주인수권을 침해한다고 선언하였다.

제 3 자 배정은 우호적 지분율을 높이기 위한 효과적인 방법임에도 불구하고, 이러한 조치가 봉쇄되자, 자기주식의 처분을 통하여 이러한 효과를 달성

할 수 있는지 여부에 대해서 많은 관심이 쏠리게 되었다. 이 하급심 판결은
자기주식의 처분이 주주의 이익에 미치는 영향은 신주발행과 동일하다는 최
초의 판결이지만, 대부분의 다른 하급심은 이와 달리 자기주식의 처분은 신
주발행과 다르다는 견해를 취하고 있다(예를 들어, 수원지방법원 성남지원
2007. 1. 20. 자 2007카합30 결정, 서울북부지방법원 2007. 10. 25. 자 2007카합
1082 결정[판례 81]).

Q1 이 사건에서 대림통상이 자사주 신탁계약을 해지하고 자기주식을 피고측에
처분한 이유는 무엇인가?

Q2 보유하고 있는 자기주식을 처분하는 것과 그 자기주식을 소각하고 신주를
발행하는 것은 무슨 차이가 있는가? 위 판시에서 "자기주식 처분은 이미 발
행되어 있는 주식을 처분하는 것으로서 회사의 총 자산에는 아무런 변동이
없고, 기존 주주의 지분 비율도 변동되지 아니하여 형식적으로는 신주발행
과 그 효과를 일부 달리한다"라고 설시한 부분이 타당한가? 특히 주주의 이
익에 미치는 영향에 있어서 자기주식의 처분과 신주발행 사이에는 어떠한
차이가 있는가?(자기주식의 본질에 관해서는 제6장 Ⅲ. 4. (1) 참조)

[참고판례]
• 서울중앙지방법원 2015. 7. 7. 자 2015카합80597 결정(삼성물산 합병사건)
"회사가 보유하는 자기주식의 경우 회사가 이를 처분하여 제3자에게 양도할 경
우 의결권이 부활하여 … 지분비율에 영향을 줄 수 있다는 점에서 신주발행과
일부 유사한 측면이 있다. 또한 회사의 경영진이나 지배주주가 회사의 자산인
자기주식을 처분함으로써 회사나 주주 일반의 이익을 해할 우려가 있다는 점에
서도 자기주식의 처분을 통제할 필요성을 부인하기는 어렵다.
  그러나 신주발행의 경우는 주식회사의 자본금과 기존 주주들의 지분비율에
직접적으로 영향을 주는 반면 자기주식 처분의 경우는 이미 발행되어 있는 주식
을 처분하는 것으로 회사의 자본금에는 아무런 변동이 없고 거래당사자가 아닌
한 기존 주주들의 지분비율도 변동되지 않는다는 점에서 신주발행과 본질적인
차이가 있고 … 신주발행은 단체법적 법률행위인 자본거래의 성격을 가지는 것
에 비하여 자기주식의 처분은 이미 발행된 주식의 매매로서 손익거래의 성격을
가지는 것으로 단체법적 법률행위라고 보기 어려운 측면도 있다. 상법과 자본시
장법도 이러한 차이점을 고려하여, 신주발행의 경우에는 요건, 절차 및 그 무효
를 다투는 소 등에 관하여 특별한 규정을 두고 있으면서도, 자기주식의 처분의
경우에는 … 별도로 정하고 있지 않으며, 신주발행에 관한 규정도 준용하고 있

지 않다.

　또한 비록 자기주식의 처분이 의결권을 행사할 수 있는 주식의 수를 증가시켜 사실상의 지분비율에 영향을 미침으로써 다른 주주들의 의결권 행사에 관한 이익을 제한하는 측면이 있기는 하나 … 다른 주주들의 위와 같은 이익은 자기주식에 대한 의결권을 제한하는 상법 제369조 제 2 항의 규정에 따른 반사적 이익에 불과하다고 보이고, 이러한 반사적 이익을 보호한다는 이유에서 명문의 근거도 없이 본질적으로 차이가 있는 신주발행에 관한 규정과 법리를 회사의 자기주식 처분에 유추적용하는 것은 회사의 자산에 관한 소유권 행사에 대한 부당한 제약이 될 수 있다.”

Q3　회사가 가진 자산을 처분하였을 때 주주가 그 처분의 효력을 다툴 수 있는가? 자기주식의 처분의 효력에 대하여 주주가 다툴 수 있도록 하는 이유는 무엇인가?

[판례 81]

서울북부지방법원 2007. 10. 25. 자 2007카합1082 결정

• 사실관계

　甲은 A 회사의 경영참가를 목적으로 주식을 매집하여 대량보유보고를 마친 후 현재 약15% 남짓 주식을 보유하게 되었다. 회사의 현재의 경영진은 경영권을 방어하기 위하여 회사가 보유하고 있는 자기주식(발행주식총수의 7.45%에 해당함)을 말레이시아 소재 특수목적법인(SPC)에 처분한 다음, SPC가 같은 날 이 주식을 기초자산으로 하여 해외에서 교환사채(EB)를 발행하였고, A 회사는 이 사채의 상환채무를 지급보증하였다.

　甲은 ① 위 자사주처분은 경영권을 방어하기 위한 목적에서 이루어진 불공정하고 배임적인 거래로서 무효이고, ② SPC가 보유하고 있는 위 A 회사 주식은 A 회사가 자기의 계산으로 취득한 주식이므로 여전히 자기주식으로 보아야 하므로 의결권이 없다. ③ A 회사의 경영진과 SPC는 서로 특수관계인의 지위에 있으므로 SPC가 위 주식을 인수함으로써 증권거래법상 대량보유보고를 해야 하는데, 이를 해태하였으므로 위 SPC가 보유하는 주식은 의결권이 없다는 주장을 하였다.

• 법원의 판단

　3. 이 사건 자사주처분이 무효인지 여부에 관한 판단

　가. 신주발행에 관한 규정이 유추적용될 수 있는지에 대하여

　… 그러나 자기주식 처분의 경우에는 ① 이미 발행되어 있는 주식을 처분하는 것으로서 신주발행과 달리 회사의 자본금에는 변동이 없고, ② 신주발행은 단체법적 법률행위(자본거래)임에 비하여 자기주식의 처분은 이미 발행된 주식의 매매(손익거래)에 불과하므로 단체법적 법률행위라고 보기 어려우며, ③ 현재 상법이나 증권거래법도 이러한 차이점을 고려하여 자기주식 처분의 경우에는 신주발행 절차에 관한 준용규정을 두지 않았다고 해석하는 것이 법률의 규정 및 입법자의 의사에 부합하고, ④ 명시적인 근거규정 없이 자기주식 처분에 관하여 신주발행에 관한 규정을 준용한다면 법적 안정성을 저해한다는 점 등을 고려할 때 자기주식 처분의 경우에 있어서는 전환사채의 경우와 달리 신주발행에 관한 규정이 유추적용되지 않는다고 봄이 타당하다 ….

　나. 이 사건 자사주처분이 방어권 남용의 거래로서 무효인지에 대하여

　… 경영권 방어행위에 대한 적법성 판단기준으로는 먼저, 법령이나 정관에 해당 경영권 방어행위에 대하여 구체적으로 규정된 바가 있으면 해당 방어행위가 그 법령이나 정관규정이 허용하는 범위내인지를 기준으로 판단하여야 하고, 다음으로 그러한 직접적인 법령 또는 정관의 규정이 없는 경우에는 해당 방어행위의 동기나 목적, 방어 수단의 합리성들을 종합하여 이사가 선관주의 의무 내지 충실의무를 위반하였는지 여부를 기준으로 방어행위의 적법성 여부를 판단하되, 구체적으로는 경영권을 인수하고자 하는 자의 실체 및 계획, 그에 대한 방어행위로 이사가 추구하고자 하는 회사 또는 주주의 이익의 내용, 해당 방어행위에 있어 경영권 방어 목적이 차지하는 비중(예컨대, 방어행위가 경영권을 방어하는 효과가 있으면서 아울러 경영목적에 부합하는 합리성을 가진 경우인가 아니면 방어행위가 오로지 경영권 방어만을 목적으로 한 경우인가), 해당 방어행위의 태양 및 목적 달성과의 균형성, 방어행위의 실행과정이 적정한 절차를 거쳤는지 여부(예컨대, 이사회에서 충분히 논의되고, 외부전문가들의 의견을 들었는지 여부 등), 대상회사가 기업인수에 따른 단기적인 이익을 넘어서는 장기적인 계획을 가지고 있는지 여부 및 대상회사의 사업내용이 사회경제적으로 또는 국가 전략적으로 차지하는 중요성 등의 여러 사정을 종합적으로 고려하여야

한다.

위 판단기준에 비추어 이사의 방어행위가 위법하다고 판단되는 경우 그 방어행위는 방어권 남용으로서 무효이다. 그런데 자기주식 처분의 경우에는 앞서 본 바와 같이 신주발행에 관한 규정이 유추적용되지 않아 그 무효에 대세적 효력이 인정될 수 없으므로, 자기주식이 이미 제 3 자에게 처분된 경우에는 거래안전을 위하여 제 3 자가 방어권남용에 관하여 몰랐고 거기에 중대한 과실이 없는 경우 그 무효로서 제 3 자에게 대항할 수 없다고 볼 것이다. … 신청인들이 제출한 자료만으로는 이 사건 거래가 배임행위에 해당한다거나 피신청인의 현 경영진들이 자신의 경영권을 방어하기 위하여 행한 방어행위라는 점이 소명되었다고 보기 부족하고 달리 이를 인정할 아무런 자료가 없다 ….

Questions & Notes

Q1 경영진이 주주이익을 위해서 경영권방어를 할 수 있다고 하면, 구체적으로 현재의 경영권방어가 그러한 경우인지 아니면 경영진 자신의 이익을 위해서 수행하는 것인지 어떻게 판단할 수 있겠는가? 미국에서는 Unocal 기준이라고 해서, (1) 회사정책에 대한 합리적인 위협이 있어야 하고, (2) 방어수단이 그 위협에 비례해야 한다는 법리가 형성되어 있다. 위 판결의 설시는 이러한 내용을 담고 있는가? 예를 들어, [판례 81]의 설시는 어떻게 이러한 Unocal 기준을 적용하고 있는지 검토해 보자. 위 판결에서 도출할 수 있는 법원리를 몇 가지로 추상화시켜 보도록 하자.

Q2 위 사례는 모두 제 1 심 판결이다. 만일 이 판결들이 항소 또는 상고되었다면 상급법원에서는 어떻게 판단하였을 것인지 생각해 보자. 앞서 살펴본 경영권방어에 관한 부정적 입장의 판결과 위 판결들을 조화롭게 설명할 수 있는가 아니면 위 판결들은 대법원의 입장과는 배치되는 독단적인 견해에 불과한 것인가?

Q3 위 판결에서는 "이사의 방어행위가 위법하다고 판단되는 경우 그 방어행위는 방어권 남용으로서 무효"라고 적고 있다. 우리나라 상법에서 일반적으로 성립하는 것인지 생각해 보시오. 일반적으로 이사의 방어행위가 경영권방어가 허용되지 않는 상황에서 한 것이어서 위법한 경우, 이것이 이사의 충실의무에 반하는 것임은 분명하지만, 그렇다고 해서 반드시 그 행위가 무효가

되는가? 충실의무에 위반되는 행위의 사법상 효력은 일반적으로 어떠한가?
Q4 위 판결에서는 자사주처분에 대해서 신주발행에 관한 규정을 유추적용할 수
없다고 판시하고 있다. 그 근거가 타당한가?

[참고판례]

• 대법원 2023. 3. 30. 선고 2019다280481 판결(현대엘리베이터 사건)

이 사건에서는 계열사의 경영권을 방어하기 위한 거래와 관련하여 이사의 책
임이 문제가 되었는데, 대법원은 다음과 같이 설시하고 있다.

가) 계열회사가 실시하는 유상증자에 참여하여 그 발행 신주를 인수하는 경
우, 이사는 계열회사의 소속 회사 영업에 대한 기여도, 유상증자 참여가 소속 회
사에 미치는 재정적 부담의 정도, 계열회사의 재무상태 및 경영상황, 유상증자
참여로 소속 회사가 얻을 수 있는 영업상 또는 영업외의 이익, 유상증자에 참여
하는 경우와 그렇지 않은 경우 계열회사에 미치는 영향 및 그로 인하여 소속 회
사에 예상되는 이익 및 불이익의 정도 등을 객관적 자료를 바탕으로 구체적으로
검토하여야 한다.

나) 순환출자구조를 가진 기업집단에 속한 소속 회사가 자신이 이미 지배하고
있는 계열회사에 대하여 적대적 M&A가 시도되거나 시도될 우려가 있는 상황에
서 이를 저지하기 위해 계열회사 주식을 추가로 취득하는 경우, 소속 회사의 계
열회사에 대한 경영권이 방어되는 한편 이를 통해 기업집단이 유지되면서 지배
주주의 소속 회사나 기업집단에 대한 지배권도 전과 같이 유지되게 된다. 이 경
우 이사는 소속 회사와 계열회사 사이의 영업적·재무적 관련성 유무와 정도,
소속 회사의 계열회사에 대한 경영권 유지와 상실에 따른 이익과 불이익의 정
도, 기업집단의 변경이나 지배주주의 지배권 상실에 따른 소속 회사의 사업지속
가능성, 소속 회사의 재무상황과 사업계획을 고려한 주식취득 비용의 적정성 등
을 객관적 자료를 바탕으로 구체적으로 검토하여야 한다.

다) 회사가 위와 같은 목적을 위하여 제 3 자와 계열회사 주식을 기초자산으로
하는 파생상품계약을 체결하여 제 3 자로 하여금 계약 기간 동안 계열회사 주식
을 보유하게 하는 경우, 이사는 그 계약 방식에 따르는 고유한 위험으로서 기초
자산인 계열회사 주가 변동에 따른 손실 가능성 및 규모, 소속 회사의 부담능력
등을 객관적·합리적으로 검토하고, 그에 따라 파생상품계약의 규모나 내용을
적절하게 조정하여 소속 회사가 부담하는 비용이나 위험을 최소화하도록 조치
하여야 한다.

Ⅳ. 포이즌필

1. 포이즌필의 기본적 형태

포이즌필은 미국 회사법에서 대표적인 경영권 방어수단으로 인정되고 있으며, 실제로도 매우 강력하기 때문에, 포이즌필이 개발되어 법원에서 승인된 1980년대 후반부터는 미국에서 적대적 기업인수가 거의 불가능해졌다는 설명까지 있는 실정이다. 앞서 설명한 바와 같이, 포이즌필(poison pill)이란 일반적으로 대상회사의 경영진이 그 주주들에게, 대상회사의 신주 또는 이후 합병하는 회사의 신주를 매입할 수 있는 내용의 콜옵션을 지급하는 것을 말한다. 포이즌필이 경영권 방어에 도움이 되는 이유는, 인수회사가 대상회사의 지배권을 취득하게 되면 인수회사 또는 대상회사의 의결권이 엄청난 규모로 희석되기 때문이다.

포이즌필은 크게 Flip-In 형태와 Flip-Over 형태가 있으며, 대부분은 두 특성을 모두 포함한다. 먼저 Flip-In 형태를 보면, 현재 100만주의 보통주를 발행하고 있는 회사를 예를 들어 보자. 인수회사가 이 회사의 보통주 25만주에 대하여 공개매수를 선언한 경우, 대상회사의 이사회는 이에 대항하여 대상회사의 보통주 2주씩을 매입할 수 있는 콜옵션, 즉 포이즌필을 발행하였다고 하자. 인수회사가 예정대로 25만주를 취득하는 순간 콜옵션이 행사되면 어떠한 결과가 되는가? 결과만을 요약하면, 인수회사가 보유하는 25만주의 주식을 제외한 나머지 75만주의 주식을 가진 주주들이 콜옵션을 행사할 수 있고, 그 결과 주당 2주씩 신주가 발행된다. 따라서 추가적으로 150만주의 주식이 늘어나기 때문에, 결과적으로 인수회사의 지분은 당초 목적한 25%가 아니라, 전체 250만주 중에서 25만주, 즉 10%로 줄어들게 되는 것이다. 이처럼 인수회사의 지분을 극단적으로 희석하는 것이 포이즌필의 기본적 특성이다.

이와는 달리 Flip-Over 형태의 포이즌필은 합병에 이를 경우 "인수회사"의 주주지분을 희석화시킴으로써 간접적으로 경영권을 방어할 수 있게 된다. 이를 정확히 이해하기 위해서는 최초로 나타난 포이즌필을 살펴보는 것이 도움이 된다. 일반적으로 포이즌필은 1983년에 최초로 Lenox 사가 Brown-Forman Distillers 사의 적대적 기업인수 시도에 대항하기 위해서 발행했다고 알려져 있는데, 이 당시 개발된 포이즌필이 이른바 Flip-Over 형태였다. 당시 적대적 기업인수의 위협에 직면한 Lenox 사는 모든 보통주주에게 전환우선주를 배당하였는데, 1 우선주는 40주의 보통주로 전환이 가능한 형태였다. 그런데 만일 Brown-Forman 사가 Lenox 사를 합병하여 Lenox 사가 소멸하게 되면 위 우선주가 전환될 보통주가 없어지는 결과가 된다. 일반적으로 전환사채나 전환우선주와 같은 전환증권에는 증권 발행시의 가치를 유지하기 위하여 일정한 사유가 생긴 경우 전환비율을 조정하는 규정(anti-dilution provision)들이 들어가 있는데, 이러한 맥락에서 위 전환우선주에서는 만일 Lenox 사가 합병되어 사라지는 사건이 발생하면 전환우선주의 보유자는 Lenox 사의 주식에 대하여 그 대가로 지급된 증권, 다시 말해서 인수회사인 Brown-Forman 사의 보통주로 전환할 수 있다고 규정하고 있었다. 물론 Lenox 사의 이러한 약정은 합병에 의하여 인수회사가 포괄적으로 승계하므로 인수회사는 Lenox 주주의 전환청구를 거절할 수 없다. 이를 Flip-Over 형태의 포이즌필이라고 하고, 결과적으로는 "인수회사"의 지배주주의 지분이 희석화되는 결과가 된다. 당시 Brown-Forman 사는 지배주주가 62%의 지분을 보유하고 있었기 때문에, 이렇게 포이즌필이 행사되면 지배주주가 Brown-Forman 사의 지배권까지 상실할 수 있다. 이러한 위험을 감수하면서까지 Lenox 사를 인수할 수는 없는 것이다.

2. 경영권방어를 위한 특성

이렇게 합병 단계까지 가는가 아니면 단순히 지분취득에 그치는가에 따라 포이즌필이 작동되는 방식이 다르기는 하나, 근본적으로 주주지분의 희석화에 근거한다는 점에는 차이가 없다. 하지만 어차피 적대세력도 콜옵션을 배당받게 된다면, 절대적 주식수가 늘어날 뿐 지분비율에는 차이가 없지 않을까? 또 만일 포이즌필이 그처럼 위력적인 것이라면 적대세력이 미리 매입하거나 ―어차피 개별 주주들에게 포이즌필은 큰 가치가 없는 것이기 때문에 높은 가격을 지불하지 않더라도 매집이 가능하다― 아니면 공개매수 조건에서 포이즌필까지 함께 매입하도록 하면 되지 않을까? 이러한 대응을 고려하여 포이즌필에는 일반적으로 다음과 같은 네 가지 특징이 포함되는 것이 보통이다.

① 먼저 포이즌필의 발행에 관한 사항이 경영진의 권한이어야 한다. 다시 말해서, 주주총회의 의결을 요하지 않아야 한다. 주주총회를 소집하여야 한다

면 시간이 많이 소요될 뿐만 아니라, 처음부터 주주가 모든 의사결정을 하게 되기 때문이다. 이러한 이유에서 미국의 포이즌필은 전적으로 경영진의 일상적인 회사경영권한으로만 구성된다. 예를 들어, 미국에서는 경영진이 배당결정을 자유롭게 할 수 있으며, 자회사 주식 등의 "증권"과 같은 현물을 배당하는 것도 가능하고, 나아가 발행되는 증권의 내용을 결정하는 것도 경영진에게 위임되어 있다. 경영진은 이러한 권한을 바탕으로 하여 주주의 간섭 없이 언제든지 바로 포이즌필을 발행할 수 있다. 특히 시간적으로 보더라도, 포이즌필의 발행에 주주총회 절차를 요하지 않기 때문에, 그 발행에는 사실상 반나절도 필요하지 않다. 포이즌필의 내용도 거의 정형화되어 있기 때문에 사실상 추가적인 문서작업도 거의 필요하지 않다. 물론 주주의 간섭을 보다 확실하게 하기 위해서 포이즌필 발행을 주주총회 결정사항으로 구성할 수도 있는데, 이렇게 되면 방어수단으로서의 기동성이 떨어지게 되므로, 미리 발행해 둔 경우에만 포이즌필이 기능할 수 있을 것이다. 그러나 포이즌필의 발행이 경영진의 권한으로만 구성된 미국에서는 포이즌필을 미리 발행할 필요가 없다. 다시 말해서, 적대세력의 입장에서는 포이즌필이 발행된 회사와 없는 회사가 완전히 동일한 것이다. 실제로 포이즌필을 발행해 두고 있는 회사는 미국에서도 얼마 되지 않는데, 그렇다고 해서 방어수단으로 별로 사용되지 않고 있다고 오해해서는 안 되는 이유가 여기에 있다. 이처럼 포이즌필은 실제로 발행하지 않고서도 그 발행 가능성만으로 적대적 인수시도를 좌절시킬 수 있는 매우 매력적인 방어수단이다.

② 포이즌필은 주식과 분리하여 양도되어서는 안 된다. 그 이유는 크게 두 가지인데, 그 하나는 만일 주식과 분리하여 양도될 수 있다면 인수회사가 주식을 취득하기 전에 발행된 포이즌필만을 모두 매수함으로써 충분히 포이즌필을 무력화시킬 수 있다는 것이다. 그리고 다른 이유는 인수회사가 아닌 일반 주주의 이익보호와 관련된다. 주식과 분리하여 포이즌필이 양도된다면, 포이즌필의 행사로 인하여 시가보다 낮은 가격으로 엄청난 신주를 인수하는 경우 인수회사뿐만 아니라 포이즌필을 가지고 있지 않은 주주까지도 자신의 주식가치가 하락하게 됨을 피할 수 없다. 포이즌필의 행사로 인하여 포이즌필이 없는 일반 주주로부터 포이즌필을 행사한 자에게 부가 이전되는 것이다. 이러한 문제를 피하기 위해서는 포이즌필이 행사될 수 있기 전에는 주식과 분리해서 양

도할 수 없도록 하여야 한다. 미국의 표준적인 포이즌필에는 이러한 내용이 당연히 포함되어 있다.

③ 포이즌필이 기능하기 위한 가장 중요한 요소는 주주를 차별대우할 수 있어야 한다는 점이다. 여기서 주주의 차별이란 인수회사와 인수회사가 아닌 주주와의 차별을 의미한다. 만일 인수회사도 포이즌필을 보유하고 있고 동일하게 행사할 수 있다면, 포이즌필의 행사로 인하여 전체 주식수만 늘어날 뿐, 인수회사의 지분비율에는 전혀 차이가 없게 된다. 예를 들어, 미국에서는 일반적으로 포이즌필을 주주에게 배당의 방식으로 교부하기 때문에 특정 주주에게만 포이즌필을 교부할 수 없다. 다시 말해서, 인수회사도 원칙적으로는 포이즌필을 배당받는다. 이러한 상황에서 인수회사의 행사를 배제하기 위해서는, 일반적으로 "포이즌필을 작동시킨 원인을 제공한 주주는 그 포이즌필을 행사할 수 없다"는 내용의 조항을 포함시킨다. 만일 우리나라나 일본에서도 콜옵션의 배당이나 발행이 가능해져 포이즌필이 발행될 수 있다면 이러한 규정을 반드시 포함할 수밖에 없는데, 이러한 차별이 회사법상 주주평등의 원칙에 위배되는지 여부가 매우 중요한 쟁점이 될 것이다. 일단 어떠한 방식으로든 주주를 차별하지 않고서는 포이즌필이 기능할 수 없다는 점은 분명하지만, 형식적으로는 차별처럼 보이지 않는 방법을 사용하게 될 가능성이 높다.

④ 마지막으로 포이즌필의 상환 또는 재매입조항이 필요하다. 이 조항이 왜 필요한지는 한번 생각해 보자. 앞서 포이즌필은 주식과 분리하여 양도되지 않아야 한다는 점을 설명하였다. 그렇다면 인수회사로서는 전부 또는 대부분의 주주로부터 주식을 매수하면, 결국 행사가능한 포이즌필도 없어지는 결과가 되므로, 포이즌필의 위협으로부터 자유로울 수 있지 않을까? 만일 그렇다면 인수회사로서는 주주들만 설득하면 되고, 이것은 일반적인 적대적 기업인수 상황과 별로 다르지 않다. 그리고 포이즌필의 상환도 필요하지 않다. 그러나 실제 상황은 그렇지 않다. 포이즌필이 주식과 분리하여 양도되지 않는 것은 포이즌필이 작동되기 전에만 해당되는 설명이다. 포이즌필이 작동되는 순간부터는 옵션의 행사가 가능해지기 때문에 주식과 분리하여 그 옵션만의 양도도 허용되는 것이 보통이다. 그 결과 설사 대상회사의 주주들이 모두 인수에 찬성하여 주식을 인수회사에 매각하더라도, 포이즌필이 작동된 이후에는 포이즌필까지 붙여서 매각하여야 할 필요는 없다. 그 결과 인수회사로서는 주식을 아무리

매집하더라도 여전히 유통되는 포이즌필이 행사될 가능성을 염두에 둘 수밖에 없으며, 이러한 염려를 없애는 방법은 포이즌필을 상환 또는 재매입하는 방법이 거의 유일하다. 포이즌필은 이러한 맥락에서, 포이즌필을 발행한 대상회사의 경영진에게 콜옵션을 거의 형식적인 가격, 예를 들어 권리당 1센트 정도의 가격에 언제라도 재매입할 수 있도록 하고 있다. 그리고 이러한 포이즌필의 상환은 주주의 동의를 요하지 않는다. 이처럼 포이즌필을 없앨 수 있는 경우는 대상회사의 경영진이 포이즌필을 상환하여 소각하는 경우뿐이기 때문에, 결국 대상회사를 인수하기 위해서는 현경영진과 협상하는 방법밖에는 없는 것이다.

참고자료 박준/송옥렬/최문희, "신주인수선택권의 바람직한 운용방안", 상사법연구 제 30권 제 2 호(2011. 8).

회사조직의 근본적 변경

　　회사는 그 설립 이후 영업활동을 영위하다가 기업환경의 변화 등에 따라 수시로 경영방침을 바꾸기도 하고 새로운 전략을 수립하기도 한다. 이사회를 중심으로 한 탄력적인 기업운영은 특히 주식회사의 장점이기도 하다. 나아가 기존 체제를 변화시킬 필요성이 매우 큰 경우, 기존 회사의 청산이 이루어질 수도 있을 것이나, 회사조직에 근본적인 변용을 가져옴으로써 더 큰 성장의 계기로 삼거나 위기에 대처하는 다양한 시도들이 나타나게 된다. 제 9 장에서는 이를 "회사조직의 근본적 변경"이라는 제하에 다루게 된다. 그 구체적인 방법은 크게 두 가지이다. 먼저 기존회사의 영업부문과 다른 회사의 영업부문을 합치는 것이다("결합형"). 합병, 주식의 포괄적 교환 또는 이전, 주식양수, 영업양수 등이 이에 해당한다. 이와 같은 결합형 재편을 정당화하는 요소로서는 이른바 시너지효과, 다각화 등이 논의되고 있다.[1] 둘째로 어떤 회사의 영업부문을 떼어내는 형태의 변경도 시도된다("분사형"). 분할과 영업양도(이는 위 '영업양수'를 반대 당사자인 영업양도자의 시각에서 바라본 것임) 등이 이에 해당한다. 이러한 분사형 재편인 경우 통상 전문화, 특성화를 통한 효율적인 기업경영을 목표로 하게 된다. 그 밖에 상법에서는 '조직변경'이라는 제도를 두어 합명회사와 합자회사 간 또는 주식회사와 유한회사 간에 서로 회사의 형태를 변경시킬 수 있도록 하고 있으나, 실제 이러한 조직변경 사례는 많지 않으므로 여기에서는 상세히 다루지 않는다.

---

1) 김화진/송옥렬, 기업인수합병, 박영사(2007), 9면 이하 참조.

제 9 장은 먼저 영업양수도 및 자산양수도(Ⅰ), 주식양수도(Ⅱ), 합병(Ⅲ), 분할(Ⅳ), 주식의 포괄적 교환과 이전(Ⅴ)에 관한 주요쟁점을 살펴본 다음, 마지막으로 관련문제로서 주식매수청구권, 소수주주 축출제도를 검토한 후 위 주요방안들을 비교·정리하는(Ⅵ) 순서로 구성되어 있다. 구체적으로 각 방식을 살펴보기에 앞서, 특히 결합형 재편의 방안들을 개관하면 다음과 같다. 인수회사(acquiring company)가 대상회사(target company)의 사업을 우호적으로 인수하는 방안으로는, (i) 두 회사가 하나의 단일한 법인격으로 통합되는 완벽한 결합인 합병, (ii) 인수회사가 대상회사의 (전체 또는 주요한) 영업을 취득하게 되는 영업양수, (iii) 대상회사가 영위하는 사업이 자산을 중심으로 구성된 경우 그 주요자산만을 취득하게 되는 자산양수, (iv) 인수회사가 대상회사의 권리, 의무를 포괄적 또는 개별적으로 취득하지 않은 채, 대상회사 발행 주식을 취득함으로써 실질적으로 기업결합을 달성하는 주식양수가 있다. 한편 이와 같은 조직재편 과정에서 대상회사(또는 그 주주)에게 지급되는 대가를 기준으로 본다면, 인수회사의 주식이 부여되는 경우와 현금(기타 유가증권)이 부여되는 경우로 구분할 수도 있을 것이다.

결합형 재편이든 분사형 재편이든 이와 같은 회사조직의 근본적 변경은 회사관련자에게 큰 영향을 미치게 된다. 신속한 진행을 위하여 조직재편의 기획, 협의는 이사회 주도로 이루어질 수밖에 없다 하더라도, 그 구체적 실행단계에서는 주주, 채권자 등 회사관련자의 보호 문제를 고려하지 않을 수 없는 것이다. 관련 정보의 공시는 어떤 경우에나 중요한 의미를 갖는다. 주주보호의 관점에서 볼 때, 상법은 회사조직의 근본적 변경을 위한 전제요건으로 통상 주주총회 특별결의를 요구하고, 반대주주에 대하여 주식매수청구권이라는 탈출권(exit right)을 부여한다. 채권자보호 측면에서도, 상법은 각종 채권자 이의절차 또는 연대책임 조항을 둠으로써 채권자에게 부당한 손해가 발생하지 않도록 배려하고 있다. 이하의 각 재편방안을 살펴볼 때 관련 당사회사의 주주와 채권자 보호 문제는 가장 중요한 쟁점 중의 하나이다. 다만 주식매수청구권은 영업양수도, 합병, 분할(합병), 주식의 포괄적 교환과 이전 등 대부분의 조직재편 행위에 공통하여 발생하는 것으로서 동일한 법리가 적용되는 것이다. 한편 특히 결합형재편의 경우 인수회사의 지배주주 및 경영진은 대상회사의 소수주주를 배제하고 100% 지배권을 갖기 원하는 경우가 많은데, 이러한 소수주주 축출(squeeze-out) 법제의 구성은 소수주주 보호의 관점에서뿐 아니라 때로는 결합형 재편의 성사여부를 좌우한다는 측면에서도 매우 중요하다. 위 주식매수청구권과 소수주주 축출제도는 논의의 편의상 마지막 Ⅵ장에서 다루기로 한다. 아울러 Ⅵ장에서는 관련 문제로서 차입매수(LBO)도 살펴본다.

Ⅰ. 영업양수도 및 자산양수도

상법은 영업양도의 절차, 효과 등을 규정하면서도(41조 이하 등), 그 개념을 따로 규정하지 않는다. 판례와 통설에 따르면, 영업양도는 "일정한 영업목적에 의하여 조직화된 유기적 일체로서의 기능적 재산인 영업재산을 그 동일성을 유지시키면서 일체로서 이전하는 채권계약"으로 정의되고 있다. 영업양도는 영업을 이전하는 주체를 기준으로 본 것이고, 영업양수는 이를 이전받는 주체를 기준으로 본 용어인바, '영업양수도'는 이를 포괄하는 의미로 사용된다.

기업의 구조조정과 M&A 방안을 검토할 때, 영업양수도는 자산양수도, 주식양수도, 합병 등과 비교하여 논의되는 것이 보통이다. 이하에서 다룰 주제는 크게 세 가지이다. (1) 첫째, 영업양수도, 자산양수도의 개념 및 실행의 기본요건이다. 영업양수도와 자산양수도는 (i) 영업양수도에는 주주총회의 특별결의 문제가 발생하고 반대주주에게 주식매수청구권이 발생할 수 있는 반면, 자산양수도의 경우 이러한 사항을 고려할 필요가 없고, (ii) 영업양수도에는 고용승계의무가 발생하는 반면, 자산양수도에는 이러한 의무가 없다는 점에서 구분의 실익이 있고, 실제 거래상으로도 많이 문제된다. (2) 둘째, 주주총회 결의 없이 이루어진 영업양수도의 효력이다. 특히 양도회사(의 주주)와 영업양도의 상대방 간의 이익을 어떻게 조화시킬 것인지가 문제된다. (3) 셋째, 적법하게 이루어진 영업양수도의 효과 문제로서 특히 양도회사의 기존채권자를 보호하는 방안을 다룰 필요가 있다.

영업양수도의 절차에 관해 첨언하자면, 영업양수도의 경우 합병과 달리 개별적인 권리이전 절차를 밟아야 한다{"영업양도는 채권계약이므로 양도인이 재산이전의무를 이행함에 있어서는 상속이나 회사의 합병의 경우와 같이 포괄적 승계가 인정되지 않고 특정 승계의 방법에 의하여 재산의 종류에 따라 개별적으로 이전행위를 하여야 할 것인바 … "(대법원 1991. 10. 8. 선고 91다22018, 22025 판결)}. 영업양수도를 계약인수방식, 즉 영업양도인이 기존 계약들에 관한 당사자 지위를 영업양수인에게로 이전하는 방식으로 진행하는 경우, 해당 계약관계에서 이미 발생한 채권, 채무들도 영업양수도 대상에 포함된다(대법원 2020. 12. 10. 선고 2020다245958 판결).[2)]

1. 영업양도 및 자산양도의 개념

[판례 82]

대법원 2004. 7. 8. 선고 2004다13717 판결

• **사실관계**

원고 회사는 1999. 12. 21. 구조물해체 및 발파공사사업 등을 목적으로 설립된 회사이며 2000. 3. 2. 등록한 '사전 암반 절단공법'에 관한 특허권("이 사건 특허권")이 회사의 주요자산이다. 피고는 원고 회사에 대한 투자자들을 대표하는 자인바, 2001. 2. 21. 위 특허권에 질권을 설정받은데 이어, 2001. 3. 15. 위 특허권을 원고 회사로부터 이전등록 받았다. 원고 회사는 이 사건 특허권의 양도로 인하여 원고 회사 영업의 전부 또는 일부를 양도하거나 폐지하는 것과 같은 결과를 가져오게 되므로 주주총회의 특별결의가 필요하다 할 것인데, 이를 흠결하였으므로 위 이전등록은 무효라고 주장하면서 그 말소를 구하였다.

• **법원의 판단**

원심은 이 사건 특허권의 양도로 인하여 원고 회사의 영업의 전부 또는 일부를 양도하거나 폐지하는 것과 같은 결과를 가져온다고 볼 수 없다고 하면서 원고의 주장을 배척하였다. 그러나 대법원은 원심을 파기하였다. "주주총회의 특별결의가 있어야 하는 상법 제374조 제 1 항 제 1 호 소정의 '영업의 전부 또는 중요한 일부의 양도'라 함은 일정한 영업목적을 위하여 조직되고 유기적 일체로 기능하는 재산의 전부 또는 중요한 일부를 총체적으로 양도하는 것을 의미하는 것으로서, 이에는 양수 회사에 의한 양도 회사의 영업적 활동의 전부 또는 중요한 일부분의 승계가 수반되어야 하는 것이므로 단순한 영업용 재산의 양도는 이에 해당하지 않으나, 다만 영업용 재산의 처분으로 말미암아 회사

---

2) 다만 계약인수의 경우 계약당사자 3인의 관여에 의해 효력이 발생하므로 개별 채권양도에서 요구되는 대항요건은 불필요하다.

영업의 전부 또는 일부를 양도하거나 폐지하는 것과 같은 결과를 가져오는 경우에는 주주총회의 특별결의가 필요하다"고 전제하였다. 구체적으로 원고 회사는 그동안 이 사건 특허권을 이용한 공사의 수주를 주된 사업으로 추진해 왔으며, 2000년도 대차대조표상 자산 총계 27억9,329만원 중 이 사건 특허권이 25억원으로서 대부분의 비중을 차지할 정도로 이 사건 특허권은 원고 회사의 가장 중요한 재산인 점을 들어, 이사건 특허권의 양도로 인하여 원고 회사 영업의 전부 또는 일부를 양도하거나 폐지하는 것과 같은 결과가 발생한다고 보았다.

Questions & Notes

Note 영업양수도와 관련하여, 상법상 주주총회의 특별결의 대상이 되고 따라서 반대주주의 주식매수청구권이 발생하는 것은 (i) 영업의 전부 또는 중요한 일부의 양도, (ii) 회사의 영업에 중대한 영향을 미치는 다른 회사의 영업 전부 또는 일부의 양수인 경우이다(374조 1항 1호, 3호). 무엇이 '중요한 일부의 양도'인지 '중대한 영향을 미치는' 영업 전부 또는 일부의 양수인지에 관하여는 논란의 소지가 많다. 외국 입법례 중에서는 명시적인 기준을 제시한 경우도 있다.[3] 우리나라의 회사들은 (i) 자본시장법 시행령 제171조 제 2 항에 따른 주요사항보고서 제출의무가 발생하는 영업양수도 또는 (ii) 공정거래법 제11조, 기업결합의 신고요령 Ⅲ-4에 따른 기업결합신고의무가 발생하는 영업양수도 해당여부를 종합적으로 검토하여 주주총회절차를 밟을지 여부를 결정하는 것이 보통이다.

Note 후술하듯 합병의 경우 소규모합병, 간이합병의 특례가 인정된다. 간단히 설명하자면, 소규모합병은 인수회사(존속회사)의 규모가 대상회사(소멸회사)보다 매우 큰 경우로서 인수회사에 미칠 영향이 크지 않으므로 인수회사의 주주총회 승인을 생략할 수 있도록 한 것이고(527조의3), 간이합병은 대상회사의 총주주가 동의하거나 대상회사 주식 90% 이상을 이미 인수회사가 소유하고 있는 경우 대상회사의 주주총회 승인을 생략할 수 있도록 한 것이다(527조의2). 영업양수도의 경우에도 합병과 마찬가지의 논리가 적용될 수 있

---

3) 일본 회사법 제467조 제 1 항 제 2 호에 의하면, 사업 일부의 양도인 경우 양도되는 자산의 장부가액이 양도인인 회사의 총 자산액으로서 법무성령이 정하는 방법에 의해 산정된 금액의 1/5을 넘지 않는 경우에는 주주총회 특별결의를 요하지 않는다.

다. 회사의 영업에 중대한 영향을 미치는 영업양수에 한해 양수회사의 주주총회 승인을 요구한 것은 소규모영업양수에 관해 주주통제를 면제해 준 것이라고 하겠다(374조 1항 3호). 한편 제374조의3은 간이영업양수도를 규정하고 있다. 특이한 점은 영업의 양수회사(A)와 양도회사(T)에 모두 중요한 거래여서 각 회사에서 일응 주주총회 특별결의가 필요한 사안을 전제할 때, (i) A회사가 T회사 주식 90% 이상을 소유한 때 T회사의 주주총회를 생략할 수 있을 뿐 아니라 (ii) 반대로 T회사가 A회사 주식 90% 이상을 소유한 때에도 A회사 주주총회를 생략할 수 있다는 점이다. 간이합병의 경우 위 (ii)의 사례처럼 소멸회사(T)가 존속회사(A) 주식 90% 이상을 소유하였다고 하여 A회사 주주총회를 생략할 수는 없다(527조의2 1항 문언 참조). 이렇듯 간이영업양수도와 간이합병 사이에는 규율법리상 다소 차이가 있다.

[참고판례]
• 대법원 2014. 10. 15. 선고 2013다38633 판결
대법원은 "주식회사가 사업목적으로 삼는 영업 중 일부를 양도하는 경우 상법 제374조 제 1 항 제 1 호 소정의 '영업의 중요한 일부의 양도'에 해당하는지는 양도대상 영업의 자산, 매출액, 수익 등이 전체 영업에서 차지하는 비중, 일부 영업의 양도가 장차 회사의 영업규모, 수익성 등에 미치는 영향 등을 종합적으로 고려하여 판단하여야 한다"고 기준을 제시하였다.

이 사건은 갑 주식회사가 주주총회 특별결의 없이 금융사업부문을 을 주식회사에 양도한 사안인바, 원심은 "금융사업부문의 자산가치가 갑 회사 전체 자산의 약 33.79%에 달하고 본질가치의 경우 금융사업부문만이 플러스를 나타내고 있는 점, 금융사업부문은 갑 회사 내부에서 유일하게 수익 창출 가능성이 높은 사업부문인 점 등 제반 사정에 비추어 위 양도로 갑 회사에는 회사의 중요한 영업의 일부를 폐지한 것과 같은 결과가 초래되었고, 을 회사는 별다른 양도대가를 지불하지 않은 채 갑 회사의 금융사업부문과 관련된 대부분의 자산과 거래처 등을 그대로 인수하여 종전과 동일한 영업을 계속하고 있으므로, 위 양도는 상법 제374조 제 1 항 제 1 호가 규정하고 있는 '영업의 중요한 일부의 양도'에 해당한다"고 보았고, 대법원은 원심 판단을 받아들였다.

참고자료 김태진, "영업양도 — 거래법의 관점과 조직개편의 관점", 선진상사법률연구 제78호(2017), 신현탁, "영업양도에 관한 분야별 대법원 판례의 비판적 검토", 상사법연구 제34권 제 4 호(2016).

Q1 자산매매시 원칙적으로 주주총회의 결의를 요구하지 않는데, 그 자산의 처분이 영업의 전부 또는 일부를 양도하거나 폐지하는 결과를 가져오는 경우에 주주총회의 특별결의를 요구하는 이유는 무엇인가? 이 경우 상대방 회사에서도 주주총회의 특별결의를 요구하는가?

Q2 대법원 1992. 8. 18. 선고 91다14369 판결에서는 "회사의 영업 그 자체가 아닌 영업용재산의 처분이라고 하더라도 그로 인하여 회사의 영업의 전부 또는 중요한 일부를 양도하거나 폐지하는 것과 같은 결과를 가져오는 경우에는 그 처분행위를 함에 있어서 상법 제374조 제 1 호 소정의 주주총회의 특별결의를 요하는 것"이라고 하면서 나아가 "다만 회사가 위와 같은 회사존속의 기초가 되는 영업재산을 처분할 당시에 이미 영업을 폐지하거나 중단하고 있었던 경우에는 그 처분으로 인하여 비로소 영업의 전부 또는 일부가 폐지되거나 중단되기에 이른 것이라고 할 수 없으므로 주주총회의 특별결의를 요하지 않는 것이고, 위에서 '영업의 중단'이라고 함은 영업의 계속을 포기하고 일체의 영업활동을 중단한 것으로서 영업의 폐지에 준하는 상태를 말하고 단순히 회사의 자금사정 등 경영상태의 악화로 일시 영업활동을 중지한 경우는 여기에 해당하지 않는다"고 판시한 바 있다. 일단 영업의 전부 또는 일부가 폐지된 이후 자산이전이 이루어지는 것에 대하여 주주총회 결의를 요구하지 않는 이유는 무엇인가? 주주총회 특별결의 요건을 피하기 위하여 영업의 계속을 포기하고 폐지한 다음 주요자산을 인수회사에 이전하는 방식을 규제할 필요는 없는가?

Q3 모회사가 소유하는 자회사 주식 전체 또는 대부분을 양도 또는 양수하는 경우 이것은 모회사 주주총회 특별결의사항인가? 주식보유 자체를 영업으로 보아 주식 매매를 영업양수도로 구성할 것인가? 아니면 주식을 주요자산으로 보아 영업폐지에 이르는 경우 영업양도로 볼 것인가?

Q4 다른 회사로부터 어떤 사업부문을 인수하려는 회사 입장에서 볼 때 이를 영업양수로 구성하는 것보다는 그 주요자산을 양수하는 방식을 택하는 것이 절차 측면에서 간이할 수 있다. 즉 만약 영업양수로 인정된다면 양 당사자회사에서 주주총회 특별결의, 주식매수청구권 등의 절차가 필요할 수 있다. 적법하게 자산양수를 할 수 있음에도 불구하고 왜 영업양수 거래가 이루어질까?

Q5 다른 회사로부터 어떤 영업을 양수하면서 일부 인적조직을 승계하지 않을 수 있는가? 한편 양수되는 영업에서 근무하던 근로자는 영업양수에 따른 근

로관계 승계에 반대하고 기존 회사에 그대로 남을 수 있는가?

[참고판례]

• 대법원 2002. 3. 29. 선고 2000두8455 판결

"영업이 양도되면 반대의 특약이 없는 한 양도인과 근로자 사이의 근로관계는 원칙적으로 양수인에게 포괄적으로 승계되고, 영업양도 당사자 사이에 근로관계의 일부를 승계의 대상에서 제외하기로 하는 특약이 있는 경우에는 그에 따라 근로관계의 승계가 이루어지지 않을 수 있으나, 그러한 특약은 실질적으로 해고나 다름이 없으므로 근로기준법 제30조 제 1 항 소정의 정당한 이유가 있어야 유효하며, 영업양도 그 자체만을 사유로 삼아 근로자를 해고하는 것은 정당한 이유가 있는 경우에 해당한다고 볼 수 없다."

• 대법원 2012. 5. 10. 선고 2011다45217 판결

"영업의 양도란 일정한 영업목적에 의하여 조직화된 업체 즉, 인적·물적 조직을 동일성은 유지하면서 일체로서 이전하는 것이어서 영업 일부만의 양도도 가능하고, 이러한 영업양도가 이루어진 경우에는 원칙적으로 해당 근로자들의 근로관계가 양수하는 기업에 포괄적으로 승계되지만 근로자가 반대 의사를 표시함으로써 양수기업에 승계되는 대신 양도기업에 잔류하거나 양도기업과 양수기업 모두에서 퇴직할 수도 있다. 또한 이와 같은 경우 근로자가 자의에 의하여 계속근로관계를 단절할 의사로 양도기업에서 퇴직하고 양수기업에 새로이 입사할 수도 있다. 이때 근로관계 승계에 반대하는 의사는 근로자가 영업양도가 이루어진 사실을 안 날부터 상당한 기간 내에 양도기업 또는 양수기업에 표시하여야 하고, 상당한 기간 내에 표시하였는지는 양도기업 또는 양수기업이 근로자에게 영업양도 사실, 양도 이유, 양도가 근로자에게 미치는 법적·경제적·사회적 영향, 근로자와 관련하여 예상되는 조치 등을 고지하였는지 여부, 그와 같은 고지가 없었다면 근로자가 그러한 정보를 알았거나 알 수 있었던 시점, 통상적인 근로자라면 그와 같은 정보를 바탕으로 근로관계 승계에 대한 자신의 의사를 결정하는 데 필요한 시간 등 제반 사정을 고려하여 판단하여야 한다."

• 대법원 2005. 6. 9. 선고 2002다70822 판결

시내버스 및 운송사업면허권을 양도받았으나 영업상 인적·물적 조직을 그 동일성을 유지하면서 일체로서 포괄적으로 이전받음으로써 영업을 양도받은 것으로 볼 수 없다는 이유로, 해당 근로자들의 근로관계가 양수 기업에 포괄적으로 승계되었다고 본 원심판결을 파기한 사례.

[판례 83]

대법원 1999. 4. 23. 선고 98다45546 판결

• 사실관계

　피고는 그가 보유하고 있거나 사실상 지배하고 있는 소외 회사의 발행주식 전부를 원고에게 양도하는 계약("이 사건 계약")을 체결하였다. 원고는 이후 소외 회사 인수 후 진행하려던 골프장 용지매입 등이 제대로 이루어지지 않자, 위 양도계약의 해제, 무효 등을 주장하면서 주식매매대금의 반환을 구하는 소를 제기하였다. 주식인수 계약의 유효성과 관련하여 문제된 부분은 다음과 같다. 즉 원, 피고는 이 사건 계약 체결시 별도의 특약으로 소외 회사의 재산 양도에 따른 주주총회 동의결의서나 이에 갈음하는 주주동의서를 즉시 제출하기로 약정하였는바, 원고는 이 사건 계약은 소외회사 주주총회 특별결의를 거치지 않아 무효이거나, 피고가 주주총회의 동의결의서나 주주동의서를 제출하지 않아 계약을 위반하였으므로 이를 이유로 이 사건 계약을 해제할 수 있다고 주장하였다.

• 법원의 판단

　대법원은 "통상 회사를 양수한다는 것에는, 영업 주체인 회사로부터 영업 일체를 양수하여 회사와는 별도의 주체인 양수인이 양수한 영업을 영위하는 경우와 회사의 주식이나 지분권을 그 소유자로부터 양수받아 양수인이 회사의 새로운 지배자로서 회사를 경영하는 경우가 있는바, 전자의 경우는 영업의 주체인 회사가 양도인이 되어 양수인과 계약을 체결하고 양도·양수 후에도 양수인은 그 회사와는 별도의 주체로서 양수한 영업을 영위하는 것이나, 후자의 경우는 영업 자체를 양도·양수하는 것이 아니라 영업의 주체인 회사의 주식이나 지분권을 양도·양수하는 것이므로, 이 경우는 회사의 주식 또는 지분권을 소유하고 있는 주주 또는 지분권자 개인이 양도인이 되는 것이고 회사가 양도인이 될 수는 없다"고 하면서 "주식회사가 양도·양수에 관련되어 있는 경우에 그 양도·양수가 영업 주체인 회사로부터 영업 일체를 양수하여 회사와는 별도의 주체인 양수인이 양수한 영업을 영위하는 경우에 해당한다면 상법 제374조 제 1 항 제 1 호에 따라 회사의 양도·양수에 반드시 주주총회의 특별결의를 거쳐야 하는 것이지만, 회사의 주식을 그 소유자로부터 양수받아 양수인이 회사의 새로운 지배자로서 회사를 경영하는 경우에는 회사의 영업이나 재산은 아무런 변동이 없고 주식만이 양도될 뿐이므로 주주총회의 특별결의는 이를 거칠 필요가 없으며, 설사 당사자가 그 경우에도 회사 재산의 이전이 따르는 것으로 잘못 이해하여 양도계약 후 즉시 주주총회의 특별결의서를 제출하기로 약정하고 있다 하더라도, 당사자가 그러한 약정에 이르게 된 것은 계약의 법적 성격을 오해한 데서 비롯된 것이므로, 그 약정은 당사자를 구속하는 효력이 없다"고 보았다. 결국 사안에서 위 특약은 당사자를 구속하는 효력이 없고 피고가 이 사건 계약과 관련하여 소외 회사의 재산양도에 따른 주주총회의 동의결의서나 주주동의서를 원고에게 제출할 의무는 없다고 보아, 이 부분 원고의 주장을 배척하였다.

Questions & Notes

Q1 위 판례는 (인수회사가) 널리 (대상)회사를 양수하는 방안을, (i) 대상회사의 영업양수와 (ii) 대상회사의 주식인수로 구분하고 있다. 그 밖에 상법상 (iii) 인수회사가 대상회사를 흡수합병하는 방안도 가능할 것이다. 인수회사의 입장에서 볼 때 위 세 방안의 차이점은 무엇인가? 한편 대상회사의 (소수주주) 입장에서는 어떠한가?

Q2 위 사안은 피고가 실질적으로 100% 보유하는 소외회사 주식을 전부 원고에게 양도하기로 한 것이므로 대상회사의 소수주주 보호는 문제되지 않았다. 만약 피고가 소외회사 주식 80%를 보유하는 지배주주였다면 어떠한가? 상법상 대상회사에서는 별도의 주주총회 특별결의 등을 거칠 필요가 없다고 했을 때, 이러한 지배권 변동에 반대하는 20% 소수주주를 보호할 필요성이 있는가? 필요성이 있다면 구체적 방법은 무엇인가?

Q3 만약 Q2의 사례에서 (본건의 경우와 달리) 주식의 거래시 주주총회의 특별결의가 필요 없다는 점을 잘 알면서도 대상회사의 주주총회 특별결의절차를 거치기로 약정을 하였다면 그러한 약정은 효력이 없는가? 나아가 이에 반대하는 대상회사의 주주들에게 주식매수청구권을 부여하기로 대상회사와 협의해 둔 경우는 어떠한가?

2. 주주총회 특별결의 없이 이루어진 영업양도

[판례 84]

대법원 2009. 3. 12. 선고 2007다60455 판결

• **사실관계**

  피고회사는 이 사건 부동산에서 주유소 영업을 해왔는바, 원고들은 이 부동산을 매수하는 계약을 체결하고 A에게 매매대금 19억원을 지급하였다. 위 부동산 매매계약은 원고들과 A와의 사이에 체결되었는데, A는 실제로 피고회사의 대표이사가 아니었다. 즉 A는 피고회사의 주주들로서 대표이사인 B(A의 장남)와 이사인 C, D(각기 A의 처, 2남) 등의 인감도장과 인감증명서를 받아 보관하던 중, 이를 이용하여 자신이 대표이사로 선임되었다는 취지의 정기주주총회이사록과 이사회회의록을 작성하여 그 변경등기까지 마친 것이었다. 원고들은 주위적 청구로서 위 부동산매매계약에 기한 소유권이전등기를 구하였고, 예비적 청구로서 만약 위 매매계약이 무효라면 피고회사는 위 매매대금 19억원을 부당이득으로 반환하여야 한다고 주장하였다.

• **법원의 판단**

  주위적 청구에 관하여, 원심은 "이 사건 부동산은 피고회사의 주유소 영업의 기초가 되는 중요 재산에 해당한다고 봄이 상당하여 그 처분행위를 함에 있어서는 상법 제374조 제 1 호 소정의 주주총회 특별결의를 요하는데, 이 사건의 경우에는 그러한 특별결의가 존재하지 않아 (이 사건 매매계약은) 무효"라고 판단하였다. 대법원도 같은 판단을 내리면서, 위 주위적 청구에는 표현대표이사의 행위에 대한 회사의 책임이나 부실등기에 의한 회사의 책임법리가 적용될 여지가 없다고 판시하였다.

  예비적 청구에 관하여, 원심은 A가 적법한 대표이사가 아니므로 그가 수령한 매매대금을 피고회사가 지급받은 것으로 볼 수 없다는 이유로 이를 배척하였다. 대법원은 이 부분을 파기하면서 표현대리의 일반 법리와 함께 "주주총회를 소집, 개최함이 없이 의사록만을 작성한 주주총회결의로 대표자로 선임된 자의 행위에 대하여 의사록 작성으로 대표자격의 외관이 현출된 데에 대하여 회사에 귀책사유가 있음이 인정될 경우 상법 제395조에 따라 회사에게 그 책

임을 물을 수 있다(대법원 1992. 8. 18. 선고 91다14369 판결 등)"는 법리를 확인하
였다. 구체적으로 "피고회사의 대표이사이던 B와 다른 이사들 등은 A가 자신
을 피고회사의 대표이사로 하는 내용의 법인변경등기를 마침으로써 마치 A가
피고회사의 대표이사인 것과 같은 외관을 현출하는 데에 대하여 귀책사유가
있거나 적어도 A가 피고회사의 대표이사로서 행위하는 것을 알면서도 아무런
조치를 취하지 아니한 채 그대로 방치하여 소극적으로 묵인하였다고 인정할
여지가 충분히 있다"고 판시하였다.

Questions & Notes

Q1 위 판례에 따르면 대표이사가 주주총회의 특별결의 없이 임의로 영업양도하
거나 회사의 존립기초인 재산을 처분한 경우 그러한 양도, 처분행위의 효력
은 어떠한가? 이 때 상대방이 표현대표이사나 부실등기로 인한 회사의 책임
법리에 의해 계약의 유효를 주장할 여지는 없는가?

Q2 만약 Q1의 사례에서 자산거래의 대상이 회사의 존립기초인 재산은 아니지
만 회사정관 또는 내규에 의하여 주주총회 특별결의를 받아야 할 사안이었
음에도, 대표이사가 이러한 절차를 밟지 않은 채 처분한 경우는 어떠한가?
또는 정관 또는 내규상 이사회 결의를 받아야 할 사안이었다면 어떠한가?
[판례 27 참조]

Q3 주주총회 특별결의는 없었으나 주주전원의 승인 하에 영업양도가 이루어진
경우 양수인은 계약의 유효를 주장할 수 있는가? 주주전원은 아니고 주주총
회 특별결의요건을 충족하는 지배주주 승인 하에 영업양도가 이루어진 경우
에는 어떠한가?

[참고판례]

• 대법원 2018. 4. 26. 선고 2017다288757 판결
피고회사의 유일한 자산을 양수한 원고(피고회사의 종래 대주주이자 대표이사)
의 계약이행 요구에 대하여, 피고회사는 주주총회 특별결의가 없었다면서 응하
지 않았다. 원고는 피고회사 주주들 중 특별결의요건 이상에 해당하는 84%가
위 자산거래를 승인하였으므로 피고회사가 계약무효를 주장하는 것은 신의칙위
반이라고 주장하였다. 대법원은 "주식회사가 영업의 전부 또는 중요한 일부를
양도한 후 주주총회의 특별결의가 없었다는 이유를 들어 스스로 그 약정의 무효

를 주장하더라도 주주 전원이 그와 같은 약정에 동의한 것으로 볼 수 있는 등 특별한 사정이 인정되지 않는다면 위와 같은 무효 주장이 신의성실 원칙에 반한 다고 할 수는 없다"고 판단했다.

• **대법원 1993. 9. 14. 선고 91다33926 판결(대법원 1995. 9. 15. 선고 95다13302 판결도 같은 취지임)**

"… 임시주주총회의사록이 작성되고 위 부동산이 매각될 당시 위 소외 2, 소외 6은 그들이 법정대리인이 된 미성년 자녀들 주식을 포함하여 피고회사의 발행 주식 중 72% 남짓한 주식을 보유하고 있어 상법 제374조, 제434조에 정한 특별 결의에 필요한 의결권을 갖고 있으면서 특히 위 소외 2는 사실상 위 회사를 지배하고 있었던 터에 이들의 참석 하에 위 임시주주총회의사록이 작성되어 이들이 위 주주총회결의의 외관을 현출하게 하였다고 할 것인데, 이와 같은 주주들이 그 특별결의 내용대로의 의사결정을 하고 그와 같은 외관을 현출하기까지 하여 회사가 이에 관련된 것으로 보아야 할 경우에는 비록 형식상 당해 회사의 주주총회결의의 존재를 인정할 수 없다 하더라도 그와 같은 회사 내부의 의사결정을 거친 회사의 외부적 행위를 유효한 것으로 믿고 거래한 자에 대하여는 회사의 책임을 인정하는 것이 타당하다고 할 것이므로, 원심이 이 사건 부동산의 매매가 주주총회의 특별결의가 없이 이루어져서 무효라는 피고의 주장을… 배척한 결론은 옳고 소론주장은 결국 이유 없음에 돌아간다."

[Note] 대표이사가 주주총회 특별결의 없이 영업양도를 한 경우 (i) 소수주주는 그 양수인을 상대로 영업양수도 계약의 무효확인을 구할 이익이 없다(대법원 2022. 6. 9. 선고 2018다228462, 228479 판결). 주주는 회사의 재산관계에 대해 법률상 이해관계를 갖는 자는 아니기 때문이다. 대신 이사를 상대로 대표소송, 해임청구를 하거나 영업양도 완료 이전이라면 유지청구/가처분신청을 할 수 있을 따름이다. (ii) 회사채권자도 위 영업양도로 인해 그의 채권이 직접 침해되지 않은 이상 변제자력 감소 등 사유만으로는 양수인을 상대로 영업양수도 계약의 무효확인을 구할 이익이 없다(위 2018다228462, 228479 판결).

3. 영업양도시의 채권자 보호

[판례 85]

대법원 2009. 1. 15. 선고 2007다17123, 17130 판결

• **사실관계**

원고 회사는 창고임대업자로서 소외 1 회사에 이 사건 건물을 1998. 6. 1.부터 임대하였는바 소외 1 회사는 2002. 6. 25. 부도가 났고 2002. 1.부터 2002. 6. 6.까지 차임 및 관리비를 지급하지 못했다. 소외 1 회사는 1983. 1. 24. 설립된 이삿짐 운송회사이고, 피고 회사는 2001. 11. 2. 이삿짐 운송업 이외에 이사와 관련된 컨설팅, 하우스클리닝 등 주거관련 생활서비스, 베이비시터, 파출도우미 등의 인력파견서비스 등을 목적으로 설립된 회사이다. 원고 회사는 피고 회사를 상대로 피고 회사가 (i) 소외 1 회사와 동일한 회사이거나 소외 1 회사의 차임 등 지급채무를 인수하였고, (ii) 설령 그렇지 않더라도 소외 1 회사의 영업을 양수한 자로서 소외 1 주식회사의 상호를 계속 사용하고 있으므로, 소외 1 회사의 원고 회사에 대한 차임 등 지급채무를 변제할 책임이 있다고 주장하였다. 주로 쟁점이 된 것은 (ii)의 점이었다.

• **법원의 판단**

대법원은 묵시적인 영업양수도의 점과 상호속용의 점에 관하여 판단하였다.

(1) 묵시적 영업양수도

"영업양도는 반드시 영업양도 당사자 사이의 명시적 계약에 의하여야 하는 것은 아니며 묵시적 계약에 의하여도 가능하다"라고 법리를 설시하였다. 소외 1 회사의 대표이사이던 소외 2가 실질적으로 피고 회사의 대표자로 활동하였던 점, 피고 회사가 소외 1 회사의 영업장소와 동일한 영업장소에서 위 회사의 기존 거래처를 기반으로 위 회사가 하는 것과 같은 포장이사업 등의 영업활동을 계속하고 있는 점, 피고 회사의 인터넷 홈페이지에서 상호가 소외 1 회사에서 피고 회사로 변경된 것으로 게재하고 있고 피고 회사의 직원 또한 이와 같은 내용으로 진술하고 있는 점 등을 들어 비록 명시적인 계약은 없지만 실질적으로 소외 1 회사의 대표이사 겸 피고 회사의 실질적 대표자인 소외 2에 의하여 피고 회사가 소외 1 회사의 영업을 양수하였다고 판시하였다.

(2) 상호속용

"영업양도인이 자기의 상호를 동시에 영업 자체의 명칭 내지 영업 표지로서도 사용하여 왔는데, 영업양수인이 자신의 상호를 그대로 보유·사용하면서 영업양도인의 상호를 자신의 영업 명칭 내지 영업 표지로서 속용하고 있는 경우에는 영업상의 채권자가 영업주체의 교체나 채무승계 여부 등을 용이하게 알수 없다는 점에서 일반적인 상호속용의 경우와 다를 바 없으므로, 이러한 경우도 상법 제42조 제1항의 상호속용에 포함된다"고 전제하였다. 이 사건에서 '소외 1 회사'가 상호인 소외 1 회사는 'A익스프레스', 'A'라는 명칭에 관하여 서비스표 등록을 마치는 등 자신의 상호 또는 그 약칭을 영업 명칭 내지 영업 표지로서도 사용함으로써 소외 1 회사의 영업이 타인의 영업과 식별되도록 하여 온 점, 피고 회사의 상호는 '피고 주식회사'이지만 피고 회사는 전화 안내나 인터넷 홈페이지에 소외 1 회사가 등록하여 사용하던 상호 내지 그 약칭인 'A익스프레스', 'A'를 사용하여 자신을 칭하여 온 점, 피고 회사의 직원들은 고객들에게 피고 회사와 소외 1 회사가 실질적으로 동일 법인이라는 취지로 전화 응답을 하거나 피고 회사가 소외 1 회사의 상호만을 변경한 법인인 것처럼 보이도록 대외적으로 광고하였던 점 등이 인정되므로 피고 회사는 소외 1 회사의 상호를 속용한 것으로 인정되었다. 이에 대하여 피고 회사는 다시 원고 회사가 (소외 1 회사로부터 피고 회사로의 영업상 채무가 인수되지 않았다는 점에 관하여) 악의의 채권자라고 항변하였는바, 대법원은 "상호를 속용하는 영업양수인의 책임은 위와 같이 채무승계가 없는 영업양도에 의하여 자기의 채권추구의 기회를 빼앗긴 채권자의 외관신뢰를 보호하기 위한 것이므로, 영업양도에도 불구하고 채무승계의 사실 등이 없다는 것을 알고 있는 악의의 채권자가 아닌 한, 당해 채권자가 비록 영업의 양도가 이루어진 것을 알고 있었다고 하더라도 그러한 사정만으로 보호의 적격이 없다고는 할 수 없고, 이 경우 당해 채권자가 악의라는 점에 대한 주장·증명책임은 책임을 면하려는 영업양수인에게 있다"고 하면서 원고 회사를 상법 제42조 제1항의 보호를 받지 못하는 악의의 채권자로 볼 수 없다고 판단했다.

Note 대법원은 상호가 속용되었다 하더라도 '채무승계의 사실 등이 없다는 것을 알고 있는 악의의 채권자'인 경우 상법 제42조 제 1 항의 보호를 받을 수 없다고 본다. 악의 여부는 영업양도 시점을 기준으로 판단한다(대법원 2022. 4. 28. 선고 2021다305659 판결). 즉 채권자가 영업양도 시점에 몰랐다면 그 이후 채무승계 없음을 알게 되었더라도, 이미 발생한 영업양수인의 변제책임이 소멸하지는 않는다.

Q1 (우량자산이 이전되는 가운데 양도회사에 대한 채권자로 남게 되는 경우) 이 사안에서 만약 피고 회사가 영업을 실질적으로 양수하면서 기존 상호를 전혀 사용하지 않았다면 어떠한가? 특히 영업양도를 통해 기존 영업 중 우량자산이 이전된 경우 기존 양도회사의 채권자는 어떻게 대응할 수 있는가?

Q2 (보유채권이 영업양도의 대상이 되는 경우) 자산 이외에 부채도 영업양수도의 대상이 될 수 있는가? 만약 그렇다면 부채 이전시 당해 채권자는 영업양도 회사와 영업양수 회사의 양자에 대하여 권리를 행사할 수 있는가? 그 결론은 상호를 속용하는지 여부에 따라 달라지는가?

Q3 상호속용의 결과 영업양수인에게 상법 제42조 제 1 항의 책임이 성립하였다고 가정한다. 영업양도인의 채권자가 상호를 속용하는 영업양수인을 상대로 소를 제기하여 확정판결을 받았다면, 시효중단 및 시효연장의 효과는 원래의 채무자(즉 영업양도인)에게도 미치는가? 만약 영업양도인의 채권자가 영업양도 이전에 영업양도인을 상대로 확정판결을 받았다면, 그 채권자는 영업양수인을 상대로도 시효중단 및 시효연장의 효과를 주장할 수 있는가?

[참고판례]
• 대법원 2015. 12. 10. 선고 2013다84162 판결
"영업은 일정한 영업 목적에 의하여 조직화된 유기적 일체로서의 기능적 재산이므로, 영업을 구성하는 유형·무형의 재산과 경제적 가치를 가지는 사실관계가 서로 유기적으로 결합하여 수익의 원천으로 기능하고, 하나의 재화와 같이 거래의 객체가 된다. 그리고 여러 개의 부동산, 유체동산, 그 밖의 재산권에 대하여 일괄하여 강제집행을 할 수 있으므로(민사집행법 제98조 제 1 항, 제 2 항, 제197조 제 1 항, 제251조 제 1 항 참조), 영업재산에 대하여 일괄하여 강제집행이 될 경우에는 영업권도 일체로서 환가될 수 있다. 따라서 채무자가 영업재산과 영업

권이 유기적으로 결합된 일체로서의 영업을 양도함으로써 채무초과상태에 이르거나 이미 채무초과상태에 있는 것을 심화시킨 경우, 영업양도는 채권자취소권 행사의 대상이 된다.”

• **대법원 2010. 9. 20. 선고 2010다35138 판결**

A회사는 원고로부터 건물을 임차하여 “서울종합예술원”이라는 명칭으로 평생교육시설을 운영하였다. A회사는 2008. 11. 19. 무렵 임대료 및 관리비가 연체된 상태에서 위 교육시설을 B회사에게 양도하였고, B회사는 이를 양수한 후 동일한 명칭으로 운영하다가 2009. 3.경 “한국공연예술교육원”으로 변경하였다. 쟁점이 된 것은 위 이름이 상호(즉 회사의 이름)가 아닌 교육시설의 명칭임에도 불구하고 상법 제42조를 유추적용할 수 있는지 여부였다. 대법원은 “양수인에 의하여 속용되는 명칭이 상호 자체가 아닌 옥호 또는 영업표지인 때에도 그것이 영업주체를 나타내는 것으로 사용되는 경우에는 영업상의 채권자가 영업주체의 교체나 채무승계 여부 등을 용이하게 알 수 없다는 점에서 일반적인 상호속용의 경우와 다를 바 없으므로, 양수인은 특별한 사정이 없는 한 상법 제42조 제1항의 유추적용에 의하여 그 채무를 부담한다”고 판단했다.

• **대법원 2016. 8. 24. 선고 2014다9212 판결**

영업임대인의 채권자(원고)가 영업을 임차하면서 상호를 속용하고 있는 영업임차인(피고)을 상대로 상법 제42조 제1항의 상호속용 영업양수인의 책임을 주장한 사안이다. 대법원은 “영업임대차의 경우에는 … 영업상의 채권자가 제공하는 신용에 대하여 실질적인 담보의 기능을 하는 영업재산의 소유권이 재고상품 등 일부를 제외하고는 모두 임대인에게 유보되어 있고 임차인은 사용·수익권만을 가질 뿐이어서 임차인에게 임대인의 채무에 대한 변제책임을 부담시키면서까지 임대인의 채권자를 보호할 필요가 있다고 보기 어렵다. 여기에 상법 제42조 제1항에 의하여 양수인이 부담하는 책임은 양수한 영업재산에 한정되지 아니하고 그의 전 재산에 미친다는 점 등을 더하여 보면, 영업임대차의 경우에 상법 제42조 제1항을 그대로 유추적용할 것은 아니다”라고 하여 원고의 주장을 받아들이지 않았다.[4]

• **대법원 2013. 4. 11. 선고 2012다64116 판결**

“상법 제42조 제1항은 … 상호를 계속 사용하는 영업양수인으로 하여금 영업

---

4) 나아가 영업을 임대하였다가 반환받는 경우도 영업양수인의 책임이 유추적용되지 않는다. 즉 영업임차인의 채권자가 영업을 반환받은 영업임대인을 상대로 상호속용을 이유로 상법 제42조 제1항의 책임을 주장할 수는 없다(대법원 2017. 4. 7. 선고 2016다47737 판결).

양도인이 영업으로 인하여 제 3 자에게 부담한 채무를 함께 변제할 책임을 지도록 한 것일 뿐이고, 이 규정으로 인하여 영업양도인이 영업양도 이후에 발생한 영업양수인의 제 3 자에 대한 채무를 함께 변제할 책임을 부담하는 것은 아니다. 상법 제45조는 '영업양수인이 제42조 제 1 항에 의하여 변제의 책임이 있는 경우에는 양도인의 제 3 자에 대한 채무는 영업양도 후 2년이 경과하면 소멸한다'고 규정하고 있다. 그런데 이 규정에 의한 영업양도인의 책임의 존속기간은 제척기간이므로 그 기간이 경과하였는지 여부는 직권조사사항으로서 이에 대한 당사자의 주장이 없더라도 법원이 당연히 직권으로 조사하여 재판에 고려하여야 한다."

• **대법원 2023. 12. 7. 선고 2020다225138 판결**
"영업양도인의 영업으로 인한 채무와 상호를 속용하는 영업양수인의 상법 제42조 제 1 항에 따른 채무는 같은 경제적 목적을 가진 채무로서 서로 중첩되는 부분에 관하여는 일방의 채무가 변제 등으로 소멸하면 다른 일방의 채무도 소멸하는 이른바 부진정연대의 관계에 있다. 따라서 채권자가 영업양도인을 상대로 소를 제기하여 확정판결을 받아 소멸시효가 중단되거나 소멸시효 기간이 연장된 뒤 영업양도가 이루어졌다면 그와 같은 소멸시효중단이나 소멸시효 연장의 효과는 상호를 속용하는 영업양수인에게 미치지만, 채권자가 영업양도가 이루어진 뒤 영업양도인을 상대로 소를 제기하여 확정판결을 받았다면 영업양도인에 대한 관계에서 소멸시효가 중단되거나 소멸시효 기간이 연장된다고 하더라도 그와 같은 소멸시효 중단이나 소멸시효 연장의 효과는 상호를 속용하는 영업양수인에게 미치지 않는다.

• **대법원 2013. 3. 28. 선고 2012다114783 판결**
"[상법 제42조(상호속용시 영업양수인의 책임) 또는 제44조(채무인수를 광고한 영업양수인의 책임)가 적용되는 경우에] 채권자의 영업양도인에 대한 채권과 영업양수인에 대한 채권은 법률적으로 발생원인을 달리하는 별개의 채권으로서 그 성질상 영업양수인에 대한 채권이 영업양도인에 대한 채권의 처분에 당연히 종속된다고 볼 수 없으므로, 채권자가 영업양도인에 대한 채권을 타인에게 양도하였다는 사정만으로 영업양수인에 대한 채권까지 당연히 함께 양도된 것이라고 단정할 수 없고, 함께 양도된 경우라도 채권양도의 대항요건은 채무자별로 갖추어야 한다. 이러한 법리는 상법 제44조와 그 책임의 근거를 같이하며 동일한 효과를 규정하고 있는 상호를 속용하는 양수인의 책임에 관한 상법 제42조의 사안에도 마찬가지로 적용된다."

[Note] 영업양도인은 다른 약정이 없는 한 10년간 동일한 특별시, 광역시, 시, 군과 인접 특별시, 광역시, 시, 군에서 동종영업을 하지 못한다(41조 1항). 영업이

순차로 양도된 경우 최후의 양수인이 원래의 영업양도인을 상대로 위 경업
금지청구권을 행사할 수 있다(대법원 2022. 11. 30. 선고 2021다227629 판결).

Ⅱ. 주식양수도

1. 주식양수도의 의의

앞서 언급한 결합형 재편의 또 다른 방식은 인수회사가 대상회사의 영업,
자산 등이 아니라 대상회사에 대한 지배권 행사를 가능하게 하는 주식(이른바
지배주식)을 양수하는 것, 즉 주식양수이다. 기업인수 목적으로 이루어지는 주
식양수는 통상적 주식매매와 달리 지배권 이전을 전제로 하기에 대량으로 이
루어진다. 주식거래에 의한 대상회사 지배권 확보방식에는 대상회사의 대량의
유상증자에 참여하는 방식(신주발행 방식)도 있으나 이는 주로 대상회사가 부실
기업인 때에 많이 활용되므로 이하에서는 구주(舊株)를 거래대상으로 삼는 방
식을 중심으로 살펴본다.

구주를 양수하는 방식에는 시장에서의 매수, 자본시장법 제133조 이하의
공개매수에 의하는 방식도 있으나, 일반적으로 기존 대주주로부터 지배주식을
취득하는 방법이 널리 사용된다. 실제 결합형 재편 중 합병은 주로 계열사간에
이루어지고 있으며 일반적으로는 (구주의) 주식양수 방식이 주류를 차지하고
있다. 한편 인수회사가 부여하는 주식양수의 대가의 관점에서 보면 크게 현금
과 인수회사 주식이 있다. 후자는 결국 대상회사 주주에 의한 대상회사 주식의
현물출자를 뜻한다.

주식양수도는 대상회사의 기존 지배주주와 인수회사간의 계약으로 이루
어진다. 그 진행절차와 양수도계약은 일반 계약법의 영역이라고 할 수도 있다.
우리나라에서는 대상회사의 지배주주가 보유 지배주식을 매각함에 있어 대상
회사의 소수주주에 대하여 충실의무를 부담하는 것도 아니고, 또한 영국식의
의무공개매수(mandatory bid), 즉 인수회사가 대상회사의 지배주식을 양수할 때
대상회사의 소수주주들에게도 매각기회를 부여해야 하는 제도가 도입되어 있
지도 않다. 즉 주식양수도 계약은 단순히 대상회사의 지배주주와 인수회사간
의 사적 계약으로 구성된다. 상법도 기업인수 목적의 주식양수도를 별도로 규

제하지 않는다. 다만 기업인수 방식으로 주식양수도가 널리 사용되면서 관련 분쟁도 늘어나고 있는바, 일반 민사법리를 그대로 적용하기 적절하지 않은 경우도 있다. 이하에서는 주식양수도의 절차 및 주식양수도계약의 주요내용을 차례로 살펴보기로 한다.

2. 주식양수도의 절차

부실기업의 공개입찰매각이 아닌 통상적인 주식양수도의 경우, 인수회사는 대상회사와의 사이에 ① 기밀유지계약을 체결하고 협상을 개시한 다음, ② 양해각서를 체결하고, ③ 기업실사를 진행하고, ④ 주식양수도 본계약을 체결한 다음, ⑤ 계약을 이행하면서 거래를 종결하는 순서로 절차를 진행한다.

먼저 기밀유지계약에는 기밀정보의 정의조항, 기밀정보의 사용범위 및 예외적 허용, 기밀정보의 사용주체, 계약의 종료 및 종료후 효과 등이 포함된다.[5] 기밀유지계약이 종료되는 경우 인수회사는 대상회사로부터 받은 기밀정보를 반환하거나 폐기하고 일정기간 동안 동일한 의무를 부담하게 되는 것이 보통이다. 만약 본계약으로 나아가는 경우 본계약에서 별도로 기밀유지조항을 두게 된다.

양해각서는 본격적인 협상이 이루어지는 시점에서 당사자들의 예비적인 합의내용을 담은 것이다. 주요내용으로는 인수목적물과 범위, 잠정적 인수가격, 양수인의 배타적 협상권, 실사기간 및 범위, 양해각서의 효력 및 유효기간 등이 있다. 원래 양해각서는 구속력이 없는 것(non-binding)이 보통이다. 반면 법원 주도하의 입찰방식인 회생기업 M&A에서는 구속력이 있는 양해각서가 체결되면서, 인수희망자가 입찰금액의 5% 정도를 이행보증금으로 납부하는 방식이 활용되고 있다. 이때 매도인이 인수희망자(우선협상대상자)의 양해각서상 의무불이행을 이유로 양해각서를 해제하고 보증금을 몰취하는 경우가 종종 발생한다. 먼저 문제되는 것은 인수희망자가 의무를 위반했는지 여부이다. 전형적인 의무 위반은 대금미지급이지만, 당사자들이 중요한 사항으로서 양해각서에 특별히 포함시킨 것이라면 자금출처 해명의무 위반 등도 정당한 해제사유가 될 수 있다(대법원 2016. 3. 24. 선고 2014다3115 판결. 현대건설 사건). 다음으로

---

5) 정철/이태현/강재영, "기업인수합병 거래에 있어 기밀유지계약과 기업실사", 우호적 M&A의 이론과 실무 I (천경훈 편저), BFL 총서 제12권(2017), 143면 이하.

이행보증금의 법적 성격과 몰취시의 감액이 문제된다.[6] 이행보증금은 민법 제
398조 제 4 항의 위약금에 해당하는바, 이는 강학상 손해배상액 예정과 위약벌
로 나뉜다. 주목적이 이행강제인 후자와 달리 전자는 손해전보를 위한 것이므
로 추가적인 손해배상청구가 허용되지 않는다. 이행보증금이 손해배상액 예정
과 위약벌 중 어디에 해당할 것인지는 양해각서상 명칭과 무관하게 실질에 따
라 판단되는데, 당사자들의 의도가 별도 추가배상 없이 향후 발생할 손해문제
를 해결하려는 것이었는지가 주된 기준이 된다. 한편 감액에 관하여, 손해배상
액 예정은 민법 제398조 제 2 항에 직접적인 근거가 있는 반면 위약벌은 일반
조항인 민법 제103조, 제104조에 의해야 하기 때문에, 아무래도 법원이 후자의
감액은 조심스럽게 판단하는 경향이 있다(대법원 2016. 1. 28. 선고 2015다239324
판결 참조). 과거 대법원은 이행보증금의 성격을 손해배상액의 예정으로 보든
위약금으로 보든 전액의 몰취를 인정하는 경우가 많았다{대법원 2008. 2. 14. 선
고 2006다18969 판결(건영 사건. 위약벌로 인정됨); 대법원 2008. 11. 13. 선고 2008다
46906 판결(청구 사건. 손해배상액 예정으로 인정됨)}. 반면 이후에는 특히 손해배
상액 예정 사안인 경우 이행보증금 전액의 몰취가 부당하게 과다하다고 보아
민법 제398조 제 2 항에 따른 감액을 인정하는 판결들이 내려진 바 있다{대법
원 2016. 7. 14. 선고 2012다65973 판결(대우조선해양 사건); 대법원 2016. 3. 24. 선고
2014다3115 판결(현대건설 사건)}.

　　기업실사는 기업의 경영적, 재무적 상황에 대하여 전반적으로 조사, 검토
하는 인수회사측의 활동을 뜻한다. 대상회사의 가치를 정밀하게 평가하여 대
가에 반영하고, 법적·재무적·영업적인 위험을 인식하여 이에 대한 적절한 대
응방안을 강구하며, 나아가 인수후의 경영에 참고하기 위한 것이다.

　　주식양수도 본계약은 항을 바꾸어 설명하기로 한다. 본계약 이후에 각종
인허가 등 기업인수에 필요한 제반 요건을 갖추고 인수금융 등을 마무리하는
작업이 마무리된 다음, 거래가 종결되기에 이른다.

　　[참고판례]
　　• 대법원 2008. 2. 14. 선고 2006다18969 판결(건영 사건)
　　"원심이 확정한 사실관계에 나타난 이 사건 양해각서의 체결 경위와 목적, 그

---

6) 이에 관한 분쟁의 상세에 관하여는 박정제, "기업인수합병과정에서 이행보증금의 법적
　　성격에 관한 고찰", BFL 제90호(2018), 107면.

내용, 정리회사인 주식회사 건영의 이익을 확보하기 위한 계약이행확보의 필요성, 원고의 위약으로 인하여 건영이 입을 것으로 예상되는 손해, 위약벌의 규모나 전체 인수대금에 대한 비율, 원고를 비롯한 컨소시엄 구성원들의 경제적 지위와 능력 등의 제반 사정을 종합해 보면, 위약벌의 규모가 100억 원을 상회한다고 하여 이 사건 위약벌의 약정이 공서양속에 반하여 그 일부 또는 전부가 무효라고 할 수는 없으므로, 위 위약벌의 약정이 공서양속에 반하여 무효임을 전제로 한 원고의 주장은 이유 없다."

• **대법원 2016. 3. 24. 선고 2014다3115 판결(현대건설 사건)**

대법원은 "민법 제398조 제 2 항에 의하여 법원이 예정액을 감액할 수 있는 '부당히 과다한 경우'란 손해가 없다든가 손해액이 예정보다 적다는 것만으로는 부족하고, 계약자의 경제적 지위, 계약의 목적 및 내용, 손해배상액 예정의 경위 및 거래관행 기타 여러 사정을 고려하여 그와 같은 예정액의 지급이 경제적 약자의 지위에 있는 채무자에게 부당한 압박을 가하여 공정성을 잃는 결과를 초래한다고 인정되는 경우를 뜻한다"고 전제한 다음, 납부된 이행보증금의 25%만을 손해배상액으로 인정한 원심의 판단이 타당하다고 보았다.

• **대법원 2016. 7. 14. 선고 2012다65973 판결(대우조선해양 사건)**

대법원은 원심과 달리 이행보증금 전액의 몰취가 부당하게 과다하다고 보면서 그 이유로 다음 사정들을 들었다: ① 대우조선해양의 워크아웃절차 종료 후 7년이나 지나서 기업인수가 추진된 점, ② 이 사건 양해각서에는 대우조선해양의 자산가치에 대한 진술 및 보증조항은 없고 매수인에 대한 편면적 위약금 규정만 있는 점, ③ 확인실사와 무관하게 최종계약을 체결한다는 조항 삽입으로 거래구조가 변경되었음에도 불구하고, 종래 거래 조건을 전제로 한 매도인 면책조항 등 매수인에게 불리한 규정들이 함께 포함되게 된 점, ④ 원고(우선협상대상자) 측은 막대한 이행보증금을 지급하고도 확인실사 기회를 갖지 못한 점, ⑤ 최종계약이 체결되지 않은 이상 원고 측이 대상회사 노조의 실사저지 해소를 위해 신의성실의 원칙에 따라 협조할 의무를 부담한다고 보기 어려운 점, ⑥ 최종계약 무산에 따른 피고들의 손해는 신뢰이익 상당 손해에 한정되는 점.

3. 주식양수도 계약의 주요내용[7)]

주식양수도의 본계약은 협의과정 및 실사결과를 토대로 상세한 내용을 규정한다. 주요한 내용으로는 ① 인수목적물, 인수대금 및 지급방법, ② 진술 및 보증(representations and warranties), ③ 손해배상(indemnification), ④ 선행조건

---

7) 상세한 검토로서, 천경훈 편, 우호적 M&A의 이론과 실무 Ⅱ, BFL 총서 제13권(2017) 참조.

(condition precedent), ⑤ 확약(covenant), ⑥ 가격조정(price adjustment) 또는 수익할당(earn-out), ⑦ 거래보호조항(deal protection clause) 등이 있다. ② 진술 및 보증이란, 대상회사로 하여금 계약의 전제조건이 되는 일정한 사항(행위능력, 법규준수, 재무제표 등)을 진술하게 하고 그것이 틀림없다는 점을 보증하도록 하는 것이다. 대법원은 M&A 계약에서 진술 및 보증조항의 목적을 "계약종결과 이행 이후 진술 및 보증하였던 내용과 다른 사실이 발견되어 일방 당사자에게 손해가 발생한 경우에 상대방에게 그 손해를 배상하게 함으로써, 불확실한 상황에 관한 **경제적 위험을 배분**하고 사후에 현실화된 손해를 감안하여 **매매대금을 조정할 수 있게 하기 위한 것**"으로 본다(대법원 2018. 7. 20. 선고 2015다207044 판결). ③ 손해배상이란 진술 및 보증이 사실과 다르거나 본계약상 의무를 위반한 경우 피해를 입은 당사회사가 책임을 물을 수 있도록 한 조항이다. ④ 선행조건이란 계약 종결 이전에 앞서 취득되어야 할 인허가 이전 등 조건사항을 뜻한다. ⑤ 확약은 본계약체결 이후 종결시까지 당사회사가 지켜야 할 사항을 뜻한다. ⑥ 가격조정이란 본계약서상의 가격을 이후 정확한 사정을 반영하여 거래종결시 변동시킬 수 있도록 한 것이고, 수익할당은 기업인수후 대상기업의 성과에 따라 주식양도자에게 일정 비율의 수익을 지급하기로 약정하는 것이다. ⑦ 거래보호조항은 기존 거래당사자들 이외의 제 3 자를 대상회사 인수에 끌어들이지 않도록 함으로써 인수거래를 안전하게 성사시키려는 취지의 조항이다.

진술 및 보증은 미국의 기업인수 실무에서 유래한 것인바, 본계약 체결 후 위 내용이 거짓으로 판명된 경우 어떻게 처리할 것인지를 두고 우리 법체계의 해석상 논란이 된다. 대법원은 사실과 다른 진술 및 보증으로 인해 매수인에 손해를 입혔다면 일종의 채무불이행책임이 발생한다고 본다. 따라서 원칙적으로 민법 제390조 및 관련규정에 의해 책임 성립여부를 판단한다(대법원 2018. 10. 12. 선고 2017다6108 판결). 매수인이 매수한 주식을 처분했더라도 손해배상청구 및 액수 산정에 영향을 미치는 것은 아니다(대법원 2018. 7. 20. 선고 2015다207044 판결). 다만 당사자 사이에 체결된 계약이 강행법규 위반으로 무효인 경우, 계약불이행을 이유로 진술 및 보증에 따른 손해배상채무를 이행하는 것이 강행법규를 잠탈하는 결과가 된다면 손해배상책임은 부인된다(대법원 2019. 6. 13. 선고 2016다203551 판결).

한편 진술 및 보증이 잘못된 것으로 판명되었으나 매수인측도 이러한 점을 알거나 알 수 있었던 경우, 매수인이 진술 및 보증 위반 책임을 추궁할 수 있을지가 문제된 바 있다. 해당 사건의 원심은 진술 및 보증 위반책임이 민법상의 하자담보책임에 유사한 것이고[8] 매수인의 고의, 과실에도 불구하고 매수인의 청구를 인정하는 것은 공평의 이념 및 신의칙에 반한다고 보아 청구를 기각하였으나, 대법원은 위 주식양수도계약의 해석상 매수인의 고의, 과실인 경우에도 청구권을 인정하려는 취지라고 보아 원심을 파기하였다(대법원 2015. 10. 15. 선고 2012다64253 판결).

- **대법원 2015. 10. 15. 선고 2012다64253 판결(인천정유 사건)**

  이 사안에서 A회사 대주주인 피고들은 원고에게 A회사 주식을 양도하면서 A회사가 일체의 행정법규를 위반한 사실이 없다는 점을 진술 및 보증하고 진술 및 보증사항 위반시에는 500억원 범위에서 손해배상을 하기로 약정하였다. 주식양수도거래 종료 이후 공정거래위원회는 A회사 및 원고가 함께 관련된 담합사건 조사에 착수하여 다액의 과징금을 부과하였다. 진술 및 보증 위반책임을 추궁하는 이 사건 소에 대하여, 피고들은 원고가 담합의 당사자로서 위반내용을 알고 있었다고 항변하였다. 대법원은 (i) (처분문서인) 이 사건 주식양수도계약서상 원고가 계약체결 당시 이 사건 진술 및 보증 조항의 위반사실을 알고 있는 경우에 위 손해배상책임 등이 배제된다는 내용은 없는 점, (ii) 경제적 위험의 배분과 주식양수도대금의 사후 조정의 필요성은 원고가 피고들이 진술 및 보증한 내용에 사실과 다른 부분이 있음을 알고 있었던 경우에도 여전히 인정된다고 할 것인 점을 고려하여 피고들의 책임이 인정된다고 보았다. 나아가 공정거래위원회 담합행위 조사개시일이 양수도 실행일 이후여서 원고가 거액 과징금이 부과될 가능성을 예상하였다고 보기 어려우므로 원고의 손해배상청구가 공평의 이념 및 신의칙에 반한다고 보기도 어렵다고 판단하였다.

---

8) 종래 민법상 하자담보책임을 적용하여서는 안 된다는 판례로서 서울중앙지방법원 2014. 4. 25. 선고 2011가합128155 판결, 반면 당사자의 의사가 확인되지 않는 경우에는 민법상 하자담보책임에 관한 규정을 유추적용할 수 있다는 판례로서 서울중앙지방법원 2012. 7. 27. 선고 2010가합12420 판결이 있다.

Ⅲ. 합   병

1. 합병의 의의와 합병비율

합병은 2개 이상의 회사가 당사회사가 되어 그 중 일부 또는 모두가 별도의 청산절차 없이 소멸하면서 다른 일방 또는 신설되는 회사에게로 그 소멸회사의 모든 권리, 의무가 포괄승계되는 법률사실이다. 2개의 당사회사를 전제로할 때 그 중 하나의 회사(소멸회사)가 다른 회사(존속회사)로 합쳐지는 것을 '흡수합병'이라고 하고, 모든 회사가 소멸하면서 이를 포괄승계하는 회사가 신설되는 것을 '신설합병'이라고 한다. 합병은 합명회사, 합자회사, 주식회사, 유한회사 중 서로 종류가 다른 회사들끼리도 할 수 있지만(다만 174조 2항 참조), 이하에서는 주로 주식회사 간 합병시 발생하는 문제를 다루게 될 것이다.

이하에서는 합병계약 중 가장 중요한 합병비율 산정 내지 합병당사회사주식의 가치평가에 관한 쟁점을 살펴본다. 상법은 합병계약에 소멸회사 주주에 대한 주식의 배정에 관한 사항을 기재하도록 요구하고 있을 뿐 별도로 합병비율의 범위를 설정하고 있지는 않다. 그러나 자본시장법은 상장회사가 관련된 합병에 관하여 특칙을 규정하고 있다(자본시장법 165조의4, 시행령 176조의5). 즉 합병시 상장회사의 주식은 (i) 최근 1개월간의 평균 종가, (ii) 최근 1주일간의 평균 종가, (iii) 최근일의 종가를 산술평균하여 평가한다. 다만 위 산정된 수치에서, 계열회사간 합병의 경우 10%, 비계열회사간 합병의 경우 30% 범위에서 할인 또는 할증이 가능하다. 비상장회사라 하더라도 상장회사와 합병할 때에는 자산가치와 수익가치를 가중산술평균하는 산식에 따라 그 주식을 평가받게 된다. 금융감독당국이 위 산식에 어긋나는 증권신고서 접수를 거부하고 있으므로, 실제 위 산식은 상장회사가 관련된 합병비율에 관하여는 유일무이한 기준으로 운용되고 있다. 위 산식은 상장회사의 경우 시가를 기준으로제시한 것이므로, 결국 상장회사 합병시에 시가는 거의 절대적인 중요성을 지니게 된다.

[참고판례]

• 대법원 2015. 7. 23. 선고 2013다62278 판결[9)]

이 판결은 소멸회사 주주인 회사의 이사로서 합병비율에 찬성할 것인지 여부를 결정할 때의 주의의무를 다룬 것이다. 대법원은 "흡수합병 시 존속회사가 발행하는 합병신주를 소멸회사의 주주에게 배정·교부함에 있어서 적용할 합병비율을 정하는 것은 합병계약의 가장 중요한 내용이고, 만일 합병비율이 합병할 각 회사의 일방에게 불리하게 정해진 경우에는 그 회사의 주주가 합병 전 회사의 재산에 대하여 가지고 있던 지분비율을 합병 후에 유지할 수 없게 됨으로써 실질적으로 주식의 일부를 상실하게 되는 결과를 초래하므로, 비상장법인 간 흡수합병의 경우 소멸회사의 주주인 회사의 이사로서는 합병비율이 합병할 각 회사의 재산 상태와 그에 따른 주식의 실제적 가치에 비추어 공정하게 정하여졌는지를 판단하여 회사가 합병에 동의할 것인지를 결정하여야 한다"고 하면서 "비상장법인 간 합병의 경우 합병비율의 산정방법에 관하여는 법령에 아무런 규정이 없을 뿐만 아니라 합병비율은 자산가치 이외에 시장가치, 수익가치, 상대가치 등의 다양한 요소를 고려하여 결정되어야 하는 만큼 엄밀한 객관적 정확성에 기하여 유일한 수치로 확정할 수 없는 것이므로, 소멸회사의 주주인 회사의 이사가 합병의 목적과 필요성, 합병 당사자인 비상장법인 간의 관계, 합병 당시 각 비상장법인의 상황, 업종의 특성 및 보편적으로 인정되는 평가방법에 의하여 주가를 평가한 결과 등 합병에 있어서 적정한 합병비율을 도출하기 위한 합당한 정보를 가지고 합병비율의 적정성을 판단하여 합병에 동의할 것인지를 결정하였고, 합병비율이 객관적으로 현저히 불합리하지 아니할 정도로 상당성이 있다면, 이사는 선량한 관리자의 주의의무를 다한 것이다"라고 보았다.

[판례 86]

대법원 2008. 1. 10. 선고 2007다64136 판결

• **사실관계**

관련된 기업집단은 계성제지 그룹인바, 이 사건 피고 남한제지 주식회사(상장회사, 이하 "피고 회사"라고 한다)가 2005. 8. 1. 같은 기업집단에 소속된 풍만제지 주식회사(비상장회사, 이하 "풍만제지"라고 한다)를 흡수합병한 것에 대

---

9) 한편 대법원 2022. 4. 14. 선고 2017도19635 판결은 불공정한 합병비율을 이유로 소멸회사(구 삼성물산)의 최대주주인 국민연금공단의 기금운용본부장겸 투자위원회 위원장의 업무상배임을 인정한바 있다. 즉 국민연금에 불리한 합병비율임에도 공정한 절차에 의한 투자위원회를 거치거나 전문위원회에 부의하는 등 합병비율 개선이 이루어지도록 조치하지 않음으로써 국민연금에 손해를 입혔다는 것이다.

해, 피고 회사의 소수주주인 원고가 합병무효의 소를 제기한 사안이다. 합병 이전 풍만제지의 재무상태는 지극히 불량한 상태였다. 2003년의 당기순손실은 6,836,115,522원이고, 2004년의 당기순손실도 298,022,134원으로 집계되어 외부감사인의 감사보고서상 계속기업으로의 존속가능성을 의심받고 있었다. 다만 2004년에 계성제지 그룹 최대주주, 경영진 및 채권금융기관 간의 협의에 따라 무상감자 및 유상감자, 출자전환이 이루어짐으로써 장부상으로는 자본잠식 상태를 벗어났다. 위 흡수합병은 위 채권금융기관과의 사전협의에 따라 이루어진 것이었다. 계성제지 그룹 계열사 간에는 상호 대출보증약정이 있었는바, 만약 재무구조가 악화된 풍만제지가 도산하는 경우 계열사 전체가 도산 위기에 처할 수 있으므로 재무구조가 비교적 건실한 피고 회사가 유상증자, 출자전환을 통해 자본잠식을 해소한 풍만제지를 흡수합병하기로 한 것이다. 피고 회사가 상장회사이기 때문에 합병비율의 산정 등 합병절차는 당시의 증권거래법 및 관련법령에 의하여 이루어졌다. 합병비율의 산정시에 피고 회사의 주식가치는 이사회 결의 전일을 기준으로 계산한 기준주가 6,291.69원으로 계산되었고, 풍만제지의 주식가치는 자산가치와 수익가치만을 가중 산술평균한 3,486.71원으로 계산되어, 결국 소멸회사인 풍만제지의 주식 1주당 피고 회사 주식 0.5037368주가 교부되었다.

이에 대하여 원고는 크게 세 가지 합병무효 사유를 주장하였다. 첫째, 위 합병의 결과 존속회사의 자본증가액이 소멸회사로부터 승계하는 순자산가액을 초과하게 되므로, 이러한 합병계약은 상법 제523조 제 2 호에 위반하여 무효라고 주장하였다. 둘째, 채무초과회사를 소멸회사로 하는 합병은 자본충실의 원칙상 허용될 수 없는바, 이 사건 소멸회사는 재무제표의 조작을 통해 채무초과를 면한 것이므로 합병 자체가 무효라고 주장하였다. 마지막으로 증권거래법령에 따른 합병비율 산정 자체가 위헌성이 있을 뿐 아니라 그 적용과정에서도 피고 회사 및 그 주주에게 현저하게 불리하도록 불공정하게 산정되었다고 주장하였다.

• **법원의 판단**

이 사건 제 1 심(대전지방법원 2006. 12. 28. 선고 2006가합252 판결)과 원심(대전고등법원 2007. 8. 24. 선고 2007나772 판결)은 원고의 주장을 모두 배척하였다. 대법원은 1심 및 원심과 마찬가지로 원고(상고인)의 주장을 모두 배척했다. 대법원이 판시한 사항은 크게 세 가지이다. 먼저 존속회사의 자본증가 한도와 관련하여서는 "증권거래법 및 그 시행령이 적용되는 흡수합병의 경우에는 존속회사의 증가할 자본액이 반드시 소멸회사의 순자산가액의 범위 내로 제한된다고 할 수는 없다"고 보았다. 둘째는 합병비율의 불공정성이 합병무효의 소의 원인이 될 수 있는지 여부에 관하여 "합병비율이 현저하게 불공정한 경우 합병할 각 회사의 주주 등은 상법 제529조에 의하여 소로써 합병의 무효를 구할 수 있다"고 판시했다. 마지막으로 증권거래법령에 따른 합병비율 산정의 효력에 관하여 "합병당사자 회사의 전부 또는 일부가 주권상장법인인 경우 증권거래법과 그 시행령 등 관련 법령이 정한 요건과 방법 및 절차 등에 기하여 합병가액을 산정하고 그에 따라 합병비율을 정하였다면 그 합병가액 산정이 허위자료에 의한 것이라거나 터무니없는 예상 수치에 근거한 것이라는 등의 특별한 사정이 없는 한, 그 합병비율이 현저하게 불공정하여 합병계약이 무효로 된다고 볼 수 없다"고 판시하였다.

Questions & Notes

Q1 사안에서 당사회사들이 전부 비상장회사들이어서 구 증권거래법이 적용되지 않았다면 어떠한가? 상법 제523조 제 2 호의 해석에 따라 자본충실을 도모하기 위하여 존속회사의 증가할 자본액을 소멸회사의 순자산가액의 범위 내에 제한하여야 하는가?

Q2 채무초과회사를 대상회사로 하는 합병도 가능할 것인가? 채무초과회사가 소멸회사가 되는 경우 어떠한 문제점이 있는가? 만약 허용된다고 볼 때에도 채무초과회사의 주주들에게 발행해서는 안 되는가?(즉 무증자 합병만이 허용되는가)

Note 상법 제523조 제 2 호는 흡수합병의 합병계약서에 '존속하는 회사의 자본금 또는 준비금이 증가하는 경우'에만 증가할 자본금 또는 준비금을 기재하도록 함으로써 무증자합병의 가능성을 명시적으로 인정하고 있다. 무증자합병의 예로서 모회사가 완전자회사를 합병하는 경우, 합병신주에 갈음하여 자기주식을 교부하는 경우 등이 있다.

Q3 채무초과회사를 존속회사로 하는 합병이 가져오는 문제점은 무엇인가?

참고자료1 채무초과회사를 소멸회사로 하는 흡수합병의 허용 여부(선례 변경)(상업등
기선례 201401 – 1. 2014. 1. 9. 제정)
"채무초과회사를 소멸회사로 하는 흡수합병등기신청의 경우, 흡수합병으로
소멸하는 회사가 채무초과회사가 아님을 소명하는 서면(예컨대 소멸회사의
재무상태표 등)은 신청서에 첨부하여야 하는 서면이 아니며, 이러한 서면을
첨부하였다 하더라도 등기관은 소멸회사가 채무초과회사인지 여부를 심사할
수 없다."

참고자료2 채무초과회사를 존속회사로 하는 합병 가능 여부 관련(법무부 유권해석
2009. 5. 10.)
안녕하십니까. 채무초과회사를 존속회사로 하는 합병이 가능한 것인지 여부
와 관련하여 귀하께서 질의하신 내용에 대하여 다음과 같이 답변드리오니
참고하시기 바랍니다.
○귀하께서 질의하신 내용에 대하여는 명문의 규정이나 판례가 없고, 학계
의 견해가 나뉘어져 있습니다.
○채무초과 회사가 존속회사가 되는 흡수합병의 경우, 채무초과 상태가 아
닌 소멸회사의 주주나 채권자가 피해를 볼 가능성이 있습니다. 이러한 경우
사안에 따라서 합병 비율의 불공정성 등을 이유로 한 합병무효 사유가 될
수 있고, 또한 배임죄 등 형사처벌의 대상이 될 수도 있을 것입니다.
○그러나, 소멸회사의 합병 반대 주주에 대한 주식매수청구권(상법 제522조
의3), 채권자 보호절차(상법 제527조의5) 등 소멸회사의 이해관계자에 대한
법적 보호장치가 어느 정도 마련되어 있는 점, 상법에 이러한 합병을 금지
하는 규정이 없는 점 등을 감안할 때 단지 존속회사가 채무초과 회사라는
이유만으로 합병이 원천적으로 불가능하다고 보기는 어렵다고 판단됩니다.
○물론 개별 사안에 대한 최종적 판단은 법원의 몫이라는 점은 주지하시는
바와 같습니다. (끝)

[Note] 합병 상대방이 채무초과회사라면, 합병으로 인해 긍정적 합병효과를 얻을
수 있는지 면밀한 검토를 거쳐 회사에 재산상 피해가 가지 않도록 주의하지
않은 이사들은 업무상 배임죄로 처벌될 가능성이 높다{대법원 2006. 6. 16.
선고 2005도9549 판결 참조(소멸회사가 순자산 −1,042억원의 부실계열사인 사
안임)}.

Q4 법원은 자본시장법상 산식에 따라 시가를 기준으로 합병비율을 산정한 경우 특별한 사정이 없는 한 문제삼지 않는다는 입장인 것으로 보인다. 시가는 항상 적절한 주식평가 기준인가? 어느 정도의 사정이 입증되면 위 산식을 벗어날 수 있는가?

[참고판례]
• 서울고등법원 2015. 7. 16. 자 2015라20485 결정(삼성물산 합병관련 가처분사건의 항고심)[10]

"회사의 재무상황, 수익성, 사업전망 등 회사에 대한 평가가 집약된 시장주가를 재무상황 중 하나인 자산가치와 단순 비교함으로써 그 주가가 기업의 객관적 가치를 반영하고 있는지 여부를 판단하는 것은 합리적이지 않고, 이 점에 덧붙여 기록에 따라 알 수 있는 다음 사정 즉, 주가순자산비율(PBR)이 채무자 회사와 마찬가지로 1 미만의 수치를 보이는 건설회사도 다수 있는 점, 채무자 회사와 경쟁관계에 있는 주요 건설회사의 주가 동향을 보면 2014년 하반기부터 급격히 하락하다가 2015년 상반기에 들어 소폭 상승 후 다시 하락하였음을 알 수 있는 데, 채무자 회사의 주가 역시 2014년 하반기에 하락세를 보였으나 그 하락폭은 상대적으로 크지 않은 상태에서 2015. 5. 하순경 급격한 상승세를 보인 점을 더하여 보면, 비록 채무자 회사의 시장주가가 주당 자산가치보다 낮은 수준이었고, 채무자 회사의 매출액, 영업이익 등 재무상태표상의 각종 지표가 제일모직의 각종 지표를 상회하더라도, 그러한 사정만으로는 채무자 회사의 시장 주가가 대주주 등에 의하여 의도적으로 조작되는 등 시장의 기능을 방해하는 부정한 수단에 의하여 영향을 받아 정당한 시장가치를 반영하지 못하였다고 인정하기에는 부족하고, 그 밖에 이 사건 합병가액 산정이 허위자료에 의한 것이라거나 터무니없는 예상수치에 근거한 것이라는 점에 관한 소명이 부족한 이 사건에서 자본시장법 및 같은 법 시행령이 정한 기준과 방식에 따라 시장주가를 산출한 뒤 이를 기준으로 산정한 이 사건 합병의 합병가액과 합병비율이 현저히 불공정하다고 보기 어렵다."

Q5 소멸회사에 우선주가 있는 경우 이에 대한 합병비율은 어떻게 계산되어야 하는가? 특히 존속회사에는 우선주가 발행되어 있지 않은 경우는 어떠한가?

Note 소멸회사에만 우선주가 발행되어 있는 경우 소멸회사 우선주주에 배정될 존

---

10) 2016. 3. 23. 재항고취하로 종결되었다. 한편 삼성물산 합병무효의 소의 1심 판결인 서울중앙지방법원 2017. 10. 19. 선고 2016가합510827도 합병비율의 공정성에 관하여 대체로 비슷한 입장을 취하면서 불공정성을 부인했다.

속회사 우선주 비율은 실무상 다음 두 방식으로 산정된다: ① 존속회사의 보통주 기준시가와 소멸회사의 보통주 기준시가에 기초해 산정된 보통주 합병비율을 그대로 우선주 합병비율로 하는 방식(아래 참고판례의 삼성물산 – 제일모직 합병사례); ② 소멸회사 우선주는 기준시가로 합병가액을 산정하고, 존속회사 우선주는 보통주 기준시가에 일정한 괴리율을 적용하여 합병가액으로 삼은 후 이들을 기초로 합병비율을 산정하는 방식(SK C&C – SK 합병사례).

[참고판례]

• 서울중앙지법 2015. 9. 2. 자 2015카합80896 결정(삼성물산 합병사건)

이 사안에서 소멸회사인 삼성물산은 우선주가 발행되어 있었지만 존속회사인 제일모직에는 정관상 근거조항만 있을 뿐 우선주가 발행되어 있지 않아서, 삼성물산의 우선주주에게 제일모직 우선주를 얼마나 발행할지 문제되었다. 합병계약에서는 보통주 합병비율과 동일하게 1:0.3500865의 비율로 우선주를 교부하기로 하였고, 이에 대하여 삼성물산의 소수주주가 불공정하다고 주장하면서 합병절차 진행정지 가처분을 신청하였다. 법원은 "자본시장법 제165조의4 제 1 항 및 자본시장법 시행령 제176조의5에서는 이 사건과 같이 합병당사회사 중 일방회사만 우선주를 발행하여 상장하고 있고 상대방회사는 우선주를 발행하고 있지 않은 경우 그 우선주의 합병비율 산정에 관하여 아무런 규정을 두고 있지 않다. 따라서 결국 합병당사회사들이 주식의 실제적 가치 등 여러 사정을 고려하여 합리적인 범위 내에서 우선주의 가치를 평가하여 그 합병비율을 산정할 수밖에 없다고 할 것인데, 기록상 소명되는 아래와 같은 사정을 종합하여 보면 자본시장법 시행령 제176조의5 제 1 항 제 1 호에 따라 채무자의 우선주에 대한 합병가액을 평가하고, 그에 따른 채무자의 보통주와 우선주 사이의 합병가액 비율에 상응하여 제일모직의 우선주에 대한 합병가액을 산정하는 차원에서 두 회사의 보통주 사이의 합병비율을 우선주에 대하여도 동일하게 적용하는 것은 합리적인 범위 내에 있는 우선주 합병비율의 산정방식이라고 판단된다"고 보았다. 보통주 합병비율을 그대로 우선주 합병비율에 적용하는 근거로서 이 판결이 제시한 것은, (i) 제일모직 우선주는 누적적 우선주인바, 비누적적 우선주인 채무자(삼성물산)의 우선주와 동일하거나 더 나은 조건을 갖고 있으므로 제일모직 우선주와 보통주 사이의 괴리율은 채무자의 그것을 상회하지 않을 개연성이 크고, (ii) 위 괴리율은 유사한 우선주를 상장하고 있는 47개 상장회사의 2015. 5. 25. 기준 최근 1개월간 보통주, 우선주 사이의 평균 괴리율 34.89%와도 큰 차이가 없다는 점이다.

2. 합병의 효과와 교부금 합병, 삼각합병

합병이 실행되면 소멸회사의 모든 자산, 부채가 포괄적으로 존속회사(또는 신설회사)에 승계된다. 합병의 경우 이러한 포괄승계가 발생하는 점에서 개별 자산, 부채의 이전방식에 의하는 영업양수도, 자산양수도와 구분되는 것이다. 다만 소멸회사의 모든 법률관계가 그대로 승계되는 것은 아니라고 할 것이다. 판례는 "회사합병이 있는 경우 피합병회사의 권리·의무는 사법상의 관계나 공법상의 관계를 불문하고 모두 합병으로 인하여 존속하는 회사에 승계되는 것이 원칙이지만, 그 성질상 이전을 허용하지 않는 것은 승계의 대상에서 제외 되어야 할 것"이라는 입장이다(대법원 2007. 8. 23. 선고 2005도4471 판결 등). 주로 문제되는 것이 형사책임과 행정제재이다.

먼저 형사책임과 관련하여 대법원은 "양벌규정에 의한 법인의 처벌은 어 디까지나 형벌의 일종으로서 행정적 제재처분이나 민사상 불법행위책임과는 성격을 달리하는 점, 형사소송법 제328조가 '피고인인 법인이 존속하지 아니하 게 되었을 때'를 공소기각결정의 사유로 규정하고 있는 것은 형사책임이 승계 되지 않음을 전제로 한 것이라고 볼 수 있는 점 등에 비추어 보면, 합병으로 인하여 소멸한 법인이 그 종업원 등의 위법행위에 대해 양벌규정에 따라 부담하 던 형사책임은 그 성질상 이전을 허용하지 않는 것으로서 합병으로 인하여 존속 하는 법인에 승계되지 않는다"고 본다(대법원 2007. 8. 23. 선고 2005도4471 판결[11]).[12]

다음으로 행정제재와 관련하여, 개별법령에 (i) 소멸회사에 이미 내려진 제재의 승계 여부, (ii) 소멸회사의 위법행위를 근거로 한 존속회사 제재 여부 에 관한 명시적 조항[13]이 없는 경우가 문제된다. 이때 (i)에 관하여는 이미 내

---

11) 본건은 주식회사의 외부감사에 관한 법률 위반의 형사사건인바, 제 1 심 및 원심은 피고 인 1이 공소외 1 회계법인 소속의 공인회계사로서 1999. 2. 12.경부터 같은 해 3. 2.경까 지 고합의 1998 회계연도 재무제표에 대하여 회계감사를 실시한 사실 및 1999. 5. 10. 공 소외 1 회계법인이 피고인 2 회계법인에 흡수합병된 사실을 인정한 다음, 피고인 2 회 계법인으로서는 피고인 1이 위 회계감사 과정에서 저지른 구 주식회사 외부감사에 관한 법률 위반행위에 대하여 형사책임을 지지 않는다는 이유로 무죄를 선고하였고, 대법원 도 같은 결론을 내렸다.

12) 다만 위 판례는 소멸회사의 위법행위에 대하여 존속회사를 형사처벌할 수 없다는 것이 고, 소멸회사의 미납벌금 납부의무는 존속회사에 승계된다(형사소송법 479조).

13) 예컨대 식품위생법 제78조는 일정 요건 하에 (i)의 승계를 인정하고, 공정거래법 제102

려진 제재의 성격에 따라 개별적으로 판단할 수밖에 없다. 판례가 많은 것은
(ii) 사안이다. 대법원은 대체로 존속회사에 대한 제재를 긍정한다(대법원 2019.
12. 12. 선고 2018두63563 판결(공정거래법상 이행강제금 부과처분을 받을 지위의 승
계); 대법원 2022. 5. 12. 선고 2022두31433 판결(공정거래법상 시정명령을 받을 지위의
승계); 대법원 2016. 6. 28. 선고 2014두13072 판결(입찰참가자격 제한처분을 받을 지위
의 승계)).

　　합병이 실행되는 경우 소멸회사의 주주는 원칙적으로 존속회사(또는 신설
회사)의 신주 또는 자기주식을 교부받는 결과 합병당사회사의 사원(주주) 간의
합일(合一)도 이루어진다. 그러나 이러한 현상을 합병의 본질적인 부분으로 보
기는 어렵다. 소멸회사의 주주에게 금전을 교부하는 이른바 교부금 합병(또는
현금교부 합병. 상법 제523조 제4호)과 소멸회사의 주주에게 존속회사의 모회사
주식을 교부하는 이른바 삼각합병(상법 제523조의2)도 상법상 허용된다.

[판례 87]

대법원 2003. 2. 11. 선고 2001다14351 판결
• 사실관계
　원고 회사는 A에 대한 채권자로서 A가 합자회사 동림건설(합자회사 일광종합
건설이 상호변경)에 대하여 갖는 출자지분 반환청구권 중 금 145,693,649원에
대하여 추심명령을 받아 이 사건 추심금 청구를 하고 있다. 피고 회사는 이 사
건 원심 계속중 위 합자회사 동림건설을 흡수합병하면서 그 소송을 수계한 주
식회사이다. 원고 회사는 위 흡수합병으로 인해 합자회사 동림건설의 사원인
A는 당연히 퇴사하였고, 따라서 A는 동림건설에 대하여 출자지분 반환청구권
을 행사할 수 있는 상태가 되었으므로 결국 피고 회사에게 추심금을 청구할
수 있다고 주장하였다.

• 법원의 판단
　원심은 원고 회사의 청구를 인용하였으나, 대법원은 원심을 파기하였다. 대
법원은 일반론으로서 "회사의 합병이라 함은 두 개 이상의 회사가 계약에 의
하여 신회사를 설립하거나 또는 그 중의 한 회사가 다른 회사를 흡수하고, 소

　조 제2항은 (ii)의 제재를 인정한다.

멸회사의 재산과 사원(주주)이 신설회사 또는 존속회사에 법정 절차에 따라 이전·수용되는 효과를 가져오는 것으로서, 소멸회사의 사원(주주)은 합병에 의하여 1주 미만의 단주만을 취득하게 되는 경우나 혹은 합병에 반대한 주주로서의 주식매수청구권을 행사하는 경우 등과 같은 특별한 경우를 제외하고는 원칙적으로 합병계약상의 합병비율과 배정방식에 따라 존속회사 또는 신설회사의 사원권(주주권)을 취득하여, 존속회사 또는 신설회사의 사원(주주)이 되는 것이다"라고 밝혔다. 구체적으로 "피고 회사가 2000년 6월경 동림건설을 흡수합병함에 있어 그 합병비율이 피고 회사와 동림건설 사이에 1 : 1의 비율로 결정됨으로써 소멸되는 동림건설 사원에게 배정되는 피고 회사의 주식에 단주가 발생할 여지가 없었고, 동림건설은 합자회사로서 합병에 반대하는 사원의 주식매수청구권이 발생할 여지도 없어서, 동림건설의 사원이던 A는 위 합병일자에 정상적으로 피고 회사의 주식을 배정받아 피고 회사의 주주가 되었음을 알 수 있다. 그럼에도 불구하고, 동림건설이 피고 회사에 흡수합병되어 소멸됨으로써 동림건설의 사원이던 A가 동림건설에서 당연히 퇴사하는 효과가 생겼다고 판단한 원심은 필경 회사의 합병에 관한 법리를 오해한 위법을 범하였다고 할 것이다. 더구나 원심은, A가 위 합병에 따라 동림건설에 대한 출자이행금 환급채권에 상응하는 피고 회사의 주식을 배정받고 피고 회사의 이사에 취임한 사실을 인정하고서도, 동림건설의 사원으로서의 지위와 피고 회사의 주주 및 이사로서의 지위는 법적 성격이 서로 다르다는 이유 설시만으로 A가 동림건설의 소멸에 따라 동림건설로부터 퇴사하는 결과가 발생하였다고 단정하고 있어 도저히 그 설시가 수긍되지 아니한다"라고 판시하였다.

Questions & Notes

Q1 위 판례에서 A에게 피고 회사에 대한 출자지분 반환청구권이 있다고 보는 경우와 피고 회사에 대한 주주권이 있다고 보는 경우에, 그러한 A에 대한 채권자(즉 원고 회사)의 지위에는 어떠한 차이가 있는가?

Q2 이 사건은 합자회사인 동림건설이 주식회사인 피고 회사에 흡수합병된 사례이다. 따라서 만약 위 합자회사의 사원인 A가 합병시에 적법하게 퇴사절차(269조, 217조)를 밟았다면, 원심의 판시대로 출자지분 반환채권이 발생하였

을 가능성이 있다. 만약 주식회사 간의 합병인 경우에는 어떠한가? 주주가 합병을 계기로 출자를 반환받을 수 있는가?

Note 종전의 상업등기선례는 "우리 상법의 해석상, 신설회사 또는 존속회사가 소멸회사의 사원(주주)을 수용하는 것은 합병의 본질적 요소라고 할 것이므로, 소멸회사의 사원(주주) 전원이 동의하더라도, 합병대가로 존속회사 또는 신설회사의 사원권(주주권)을 주지 아니하고 합병교부금(523조 4호, 524조 4호)만을 지급하는 이른바 교부금 합병은 허용되지 않는다"고 하여 이른바 교부금 합병을 허용하지 않았다. (200608-5, 2006. 8. 29. 제정). 그러나 2011년 개정상법은 제523조 제 4 호를 개정하여 "존속하는 회사가 합병으로 소멸하는 회사의 주주에게 제 3 호에도 불구하고 그 대가의 전부 또는 일부로서 금전이나 그 밖의 재산을 제공하는 경우 그 내용 및 배정에 관한 사항"을 합병계약서에 기재할 수 있도록 하여 이른바 교부금 합병을 허용하였다. 교부금 합병은 후술하듯이 소멸회사(대상회사)의 소수주주를 축출하는 수단으로 활용될 수 있다. 교부금 합병은 흡수합병뿐 아니라 신설합병의 경우에도 가능하다(2015년 개정상법 524조 4호).

Q3 현행 상법 하에서 소멸회사 주주들 중 일부에게는 합병신주를, 나머지에게는 금전을 지급하는 형태도 허용되는가?

Q4 2011년 상법 개정에 의하여 이른바 정방향 삼각합병이 가능하게 되었다. A회사가 T회사를 인수하기 위하여 100% 자회사 S를 신설하고 T회사를 S회사에 흡수합병하는 경우 A회사의 소수주주들은 이를 견제할 방법이 없는가? A회사가 T회사를 직접 흡수합병하는 경우, A회사가 T회사를 100% 자회사화하는 경우(후술하는 포괄적 주식교환 실행)와 비교할 때, A회사의 소수주주를 어떻게 보호해야 할 것인가?

상법 제523조의2, 제523조 제 4 호에 따르면 합병시 소멸회사의 주주에 대하여 존속회사의 주식이 아니라 존속회사 모회사의 주식을 교부하는 것이 가능하다. 이는 미국에서 흔히 이루어지는 삼각합병(triangular merger)을 염두에 둔 것이다. 예컨대 A회사가 T회사를 인수할 때 이를 곧바로 흡수합병하지 않고 A회사의 100% 자회사인 S회사를 설립하고 S회사로 하여금 T회사를 흡수합병하도록 하는 것이다. 이때 T회사의 주주들에게 A회사 주식을 교부하면, A회사는 T회사를 흡수한 S회사를 100% 자회사로 지배하게 되므로 실질적으로 합병과 유사한 효과를 누릴 수 있게 된다. 이러한 삼각합병은 A회사가 T회사를 직접 합병하는 것과 비교할 때 (i) T회사의 우발채무 등을 A회사가 떠안을 위험성을 제한할 수 있고, (ii) A회사가 직접 합병의 주체는 아니므로 A회사에서의 주주총회 특별결의에 의한 승인, 주식매수청구권 부여를 회피할 수 있는 장점이 있다. 또한 외국회사와 국내회사 간의 합병이 법제의 차이로 불가능할 때 외국자회사 또는 국내자회사를 매개로 하는 국제적 삼각합병이 시도될 수 있다.

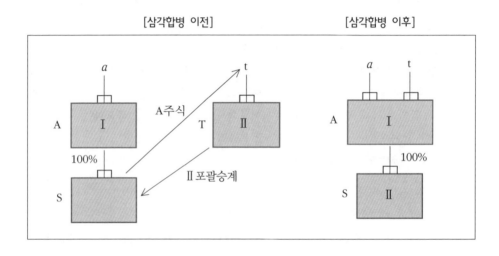

　　다만 미국에서는 이러한 정방향 삼각합병(forward triangular merger) 이외에
역방향 삼각합병(reverse triangular merger), 즉 역삼각합병이 많이 실행되고 있
다. 역삼각합병인 경우 위 예에서 S회사가 T회사에 흡수되면서, 존속회사인 T
회사 주주에게 A회사 주식을 교부하는 한편 소멸회사인 S회사 주주(즉 A회사)
에게 T회사 주식을 교부하여, 결국 A회사가 T회사 주식 100%를 보유하게 되
는 것을 가리킨다. 미국에서 역삼각합병이 정삼각합병보다 널리 행해지는 이
유는, T회사가 존속함으로써 기존의 영업권 등을 유지할 수 있게 되기 때문이
다. 우리나라에서는 후술하는 포괄적 주식교환에 의하는 경우(주주총회 특별결
의절차, 주식매수청구권 부여를 회피할 수는 없지만) 역삼각합병과 동일한 결과를
가져오게 된다. 미국식 역삼각합병을 추가적으로 도입할 것인지 여부가 논의
되었는바, 우리 법제와 충돌하는 부분, 예컨대 합병을 통해 소멸회사 주주의
지위뿐 아니라 존속회사 주주의 지위가 변경되는 것 등을 어떻게 해결할지 난
점이 있었다. 2015년 개정상법에 따르면 두 단계를 밟아 역삼각합병과 동일한
결과를 가져올 수 있다. 즉 개정상법은 삼각주식교환(주식교환시 완전모회사가
되는 회사가 그 주식이 아니라 그의 모회사 주식을 교부함)을 허용하였는바, 제 1 단
계로 삼각주식교환을 한 다음 제 2 단계로 역합병을 하게 되면 결국 미국식 역
삼각합병을 한 것과 동일한 결과가 된다.

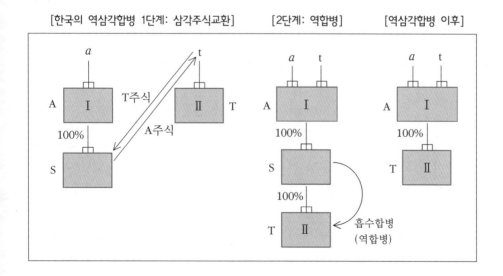

3. 간이합병과 소규모합병

(간이합병 가상사례)

A회사는 T회사의 주식 90%를 보유하고 있는 모회사인바, T회사를 상법 제527조의2에 따라 간이합병하려고 한다. 이때 A회사 및 T회사에 있어서 주주총회에 의한 승인절차를 생략할 수 있는가? 또한 이러한 합병에 반대하는 A회사 및 T회사의 소수주주들은 주식매수청구권을 행사할 수 있는가?

[판례 88]

대법원 2004. 12. 9. 선고 2003다69355 판결(신세기통신 소규모합병 사건)

[Note] 이 판결 이후의 2011년 개정상법 제527조의3은 소규모합병의 요건을 완화하였다. 이에 따르면, (i) 합병 후 존속하는 회사가 합병으로 인하여 발행하는 신주의 총수가 그 회사의 발행주식총수의 '100분의 5'를 초과하지 아니하는 때라는 요건은 '100분의 10'으로, (ii) 소규모합병을 배제하는 요건인 합병교부금의 비율은 종전의 '100분의 2'에서 '100분의 5'로 변경되었다. 또한 2015년 개정상법은 (a) 발행주식총수의 100분의 10을 초과하는지 여부를 판단할 때 존속회사의 합병신주 이외에 존속회사의 '자기주식'도 포함시켰고, (b) 합병교부금의 범위에 금전 이외의 재산도 포함시켰다. 이 판결의 판시사항 중 발행주식총수의 100분의 10(판결 당시에는 100분의 5)을 초과하는지 여부를 판단할 때 존속회사로부터 교부되는 자기주식은 합병신주에 포함시키지 않는다는 부분은 위 2015년 개정에 의해 폐기되었다((a)부분). 이하에서는 이 판시사항을 제외한 쟁점을 다루기로 한다.

• **사실관계**

(1) 사전 주식취득 : 1999. 12. 21.과 2000년 상반기에 걸쳐 SKT는 신세기통신 주식 51.2% 81,889545주를 POSCO와 코오롱으로부터 취득하였다(대가 : 현금 1,088,819백만원과 SKT의 주식 6.5% 신주발행). 2001. 8. 24. 다른 주주들(보다폰 등)로부터 신세기통신 주식 19.2% 30,738,116주를 매수한 결과, 합병 전 SKT의 신세기통신 지분율은 약 70.4%에 달하였다(1억6,000만주 중 112,637,661주 소유).

(2) 소규모합병 : 2001. 9. 27. SKT는 신세기통신을 흡수합병하는 계약(합병기일은 2002. 1. 1.)을 체결하였다. 합병전 SKT의 발행주식총수는 89,152,670주(주

당 액면가 500원), 자본금은 44,576,335,000원, 최종 대차대조표상의 순자산액은 5,965,965,536,000원이었다. 합병전 신세기통신의 발행주식총수는 1억6,000만 주(주당 액면가 5,000원), 자본금은 8,000억원이었다. 합병계약의 주요내용은 다음과 같다.

(a) SKT의 정관상 발행할 주식의 총수, 자본금은 합병으로 인하여 증가하지 아니하고, 합병으로 인하여 증가할 SKT의 준비금은 합병기일에 있어서 신세기통신의 자본상태를 기준으로 하여 관계 법령 및 적용되는 회계기준에 따라 결정한다.

(b) 합병기일 현재 SKT가 소유하고 있는 신세기통신의 기명식 보통주식 및 신세기통신이 소유하고 있는 자기 주식에 대하여는 합병주식을 교부하지 아니한다. SKT는 합병주식을 신세기통신의 액면가 5,000원의 기명식 보통주식 1주에 대하여 0.05696주의 비율로 교부한다.

(c) SKT는 합병으로 인하여 교부하는 주식의 수가 발행주식 총수의 100분의 5를 초과하지 않으므로 상법 제527조의3에 의하여 합병승인 주주총회를 이사회의 승인으로 갈음한다.

• 법원의 판단

(1) 기업규모 등에 비추어 소규모합병을 적용할 수 있는 소규모 회사의 적용범위를 제한할 필요가 있는지 여부 : "소규모합병의 입법취지는 존속회사의 주주들에게 미치는 영향이 미미하다는 점에서 굳이 주주총회의 특별결의를 거칠 필요가 없도록 함으로써 기업의 구조조정을 촉진하려는 데에 있다고 할 수 있고, 이러한 입법취지와 조문의 내용을 종합적으로 고려할 때 매출액 등에 비추어 소멸회사의 규모가 지극히 소규모이고 또한 존속회사의 입장에서 볼 때에 합병이 사실상 일상적인 영업활동의 범위에서 벗어나지 않는 자산취득과 같은 수준인 경우에 한하여 위 조항이 적용된다고 볼 수는 없다."

(2) 소멸회사의 순자산액에 대한 합병교부금의 비율요건(구상법상 100분의 2)의 해석 : "상법 제527조의3 제1항 단서의 '합병으로 인하여 소멸하는 회사의 주주에게 지급할 금액', 즉 합병교부금이란 합병결의에 의하여 실제로 소멸회사의 주주에게 지급하는 금전을 말하는 것이므로, 존속회사가 가진 소멸회사의 주식에 대하여 합병신주를 배정하지 아니한 경우 그 미배정 신주의 납입가

액 상당액 또는 합병기일 이전에 존속회사가 소멸회사의 주식을 매수하면서 지급한 매매대금과 같은 것은 이에 해당하지 아니한다."

Questions & Notes

Q1 소규모합병에 인정되는 절차상의 특례는 무엇이고 이러한 특례를 정당화하는 근거는 무엇인가? 이 사건 원고는 구상법 제527조의3 제 1 항에서 규정하고 있는 '합병 후 존속하는 회사가 합병으로 인하여 발행하는 신주/자기주식의 총수가 그 회사의 발행주식총수의 100분의 5(현행상법은 100분의 10)를 초과하지 아니하는 때'라는 요건을 '합병으로 인하여 취득하게 되는 소멸회사의 순자산규모가 존속회사의 순자산규모의 100분의 5를 초과하지 아니하는 때'의 의미라고 해석하여야 한다고 주장하였다. 입법적으로 소규모합병 판단시 합병신주 내지 자기주식의 발행비율을 기준으로 하는 대신 존속회사와 소멸회사 사이의 자산 또는 순자산 차이를 기준으로 하는 것이 더 적절한가?

Q2 소멸회사가 보유하는 존속회사 주식인 경우 합병에 의해 존속회사가 이를 승계취득할 수 있다(상법 제341조의2 제 1 호). 한편 존속회사가 보유하는 자기주식의 경우 합병신주에 갈음하여 소멸회사 주주에게 교부될 수 있다(상법 제522조의2 제 1 항, 제523조 제 3 호). 존속회사가 보유하는 대상회사 주식과 대상회사가 보유하는 자기주식의 경우 어떻게 처리해야 하는가?

Q3 합병교부금의 비율요건(현행상법상 순자산액의 5%)을 정한 취지는 무엇인가? 현행상법에 따르면, 대략 10배 정도의 규모를 갖는 존속회사가 소멸회사를 흡수합병하려는 경우 (i) 존속회사 발행주식 총수의 10%에 해당하는 신주를 발행한다면 소규모합병으로 인정되지만, (ii) 존속회사 순자산의 10%에 해당하는 교부금을 부여하는 교부금합병인 때에는 소규모합병이 인정되지 않는다(교부금 5% 초과). 교부금합병을 허용하면서 이같은 차이를 둘 필요가 있는가?

Q4 합병계약 이전에 미리 현금으로 소멸회사 주주로부터 주식을 사들이는 경우 그 경제적 실질은 합병계약을 통해 소멸회사 주주에게 교부금을 지급하는 것과 동일하지 않은가?

4. 합병의 무효와 가처분

합병에 관한 규제를 합병 과정에서의 절차적 통제가 아니라 합병종료 이후의 사법심사의 관점에서 본다면, 잘못된 합병관련자의 책임을 묻는 방식과 그 사법적 효력을 다투는 방식으로 대별된다. 상법 제399조, 제401조에 근거하여 이사의 책임을 추궁하는 것이 전자라면, 상법 제529조가 정하는 합병무효의 소는 후자의 방식이다. 합병의 무효는 소에 의하여만 다툴 수 있는바, 합병무효 판결이 확정된 경우 합병무효 등기의 경료 여부를 불문하고 대세적 효력을 갖는다(대법원 2016. 6. 23. 선고 2015다52190 판결). 이하에서는 합병무효의 원인을 중심으로 살펴본다.

상법은 합병무효의 소의 사유를 별도로 규정하지 않으므로 이를 해석에 의해 판단할 수밖에 없다. 마찬가지로 명시적 조항이 없는 신주발행무효의 소의 무효원인에 관하여, 대법원은 "거래의 안전, 주주 기타 이해관계인의 이익 등을 고려하더라도 도저히 묵과할 수 없는 정도라고 평가되는 경우에 한하여 신주의 발행을 무효로 할 수 있을 것이다"라고 하여 엄격한 기준을 적용하고 있다(대법원 2010. 4. 29. 선고 2008다65860 판결). 일단 신주가 발행된 이후에는 인수인의 이익, 유통에 따른 거래의 안전을 보호할 필요성이 크다는 점을 고려한 것이다. 합병무효의 소인 경우에 사후적으로 합병을 무효화하는 데에 따른 혼란은 신주발행 무효에 못지않으므로 신중하게 판단하여야 할 것이다. 실제로 법원이 합병무효의 소를 인용하는 경우가 드문 것도 합병무효가 초래할 부정적 파급효과를 고려한 때문인 것으로 보인다.

먼저 합병승인 주주총회의 하자는 독립된 합병무효원인이 된다고 보아야 할 것이다. 합병의 공정성을 위한 가장 근본적인 통제수단이 주주총회의 특별결의이기 때문이다. 위법한 합병목적 등 합병내용의 하자, 채권자보호절차 등 합병의 주요절차를 제대로 이행하지 않은 것도 합병무효 사유가 될 것이다. 나아가 대법원은 합병비율의 현저한 불공정성 역시 합병무효사유로 삼고 있다 (대법원 2009. 4. 23. 선고 2005다22701, 22718 판결 등).

실제로는 합병등기 이후에 사후적으로 합병무효의 소를 제기하는 경우보다 합병의 진행과정에서 이를 사전적으로 저지하려는 각종 가처분 신청이 이루어지는 경우가 많다. 특히 합병절차에서 핵심적인 주주총회 결의를 막으려는 가처분, 즉 주주총회 개최금지 가처분, 주주총회 결의금지 가처분, 주주총회 결의 효력정지 가처분 등이 시도되곤 한다. 이러한 합병관련 가처분의 본안사건으로는 이사에 대한 위법행위 유지의 소, 주주총회결의하자의 소 등이 있을 것이다. 합병비율의 불공정을 합병무효원인으로 본다면 이 역시 가처분의 신청원인이 될 수 있다고 할 것이다. 다만 급박성을 요하는 가처분의 속성상, 복잡한 고려사항이 내포된 주식평가 내지 합병비율 판단을 법원이 단기간에 오류없이 처리할 수 있는지에는 의문이 남는다. 사후적 합병무효의 소를 통한 주주보호의 어려움을 고려할 때 사전적 가처분 제도는 중요한 기능을 수행하지만, 한편 가처분 단계에서의 섣부른 판단으로 바람직한 합병 자체를 무산시킬 우려가 있다는 것이 가처분 제도가 안고 있는 딜레마이다. 하급심에서는 가처분의 효력기간을 명시한 가처분명령을 내린 다음, 가처분 이의절차를 통해 가처분명령의 타당성을 추후 다시 판단하는 방식으로 위 딜레마를 풀려는 시도도 이루어지고 있다.[14]

Note 2015년에 이루어진 삼성물산 주식회사("삼성물산")과 제일모직 주식회사("제일모직") 사이의 합병은 다양한 법적 분쟁으로 사회적 주목을 받았다. 두 회사 모두 상장회사였던바, 각 회사의 이사회가 2015. 5. 26. 결의한 합병비율은 자본시장법에 따라 삼성물산(소멸회사) 1주에 대해 제일모직(존속회사) 주식 0.3500885주를 교부하는 것이었다. 삼성물산 주식 7.12%를 보유한 엘리엇 어쏘시어츠 엘피("엘리엇")는 위 합병비율이 삼성물산에 현저히 불리하다며 반발하였고, 삼성물산은 주주총회 승인가능성을 높이기 위해 2015. 6. 11. 5.76%의 자기주식을 우호세력인 주식회사 케이씨씨("KCC")에게 양도하였다. 위 합병계약은 2015. 7. 17. 삼성물산과 제일모직 주주총회 특별결의에 의하여 승인되었고, 같은 해 9. 2. 합병등기가 마쳐졌다.

먼저 **가처분신청**으로서, 합병효력발생 이전에 엘리엇은 ① 삼성물산 및 그 이사들을 상대로 '주주총회 소집통지 및 결의금지 등 가처분'을 신청하였고,

---

14) 하나은행측의 외환은행 흡수합병 추진에 대하여 외환은행 노조는 합병 주주총회 개최, 합병승인안 찬성, 본인가 신청행위 등 금지를 구하는 가처분을 신청하였다. 서울중앙지방법원 2015. 2. 4. 자 2015카합80051 결정은 이를 받아들이면서 가처분의 효력기간을 2015. 6. 30.로 제한하였다. 하나은행측은 위 효력기간 종료 즈음에 가처분이의를 제기하였는바, 서울중앙지방법원 2015. 6. 26. 자 2015카합80225 결정은 위 이의를 받아들여 가처분결정을 취소하였다.

② 삼성물산 및 그 이사들과 KCC를 상대로 KCC로 이전된 주식에 관해 주식처분 및 의결권 행사의 금지를 구하는 가처분을 신청하였다. 한편 삼성물산의 다른 소수주주들은 ③ 삼성물산을 상대로 우선주 합병비율의 불공정 등을 원인으로 한 합병절차진행정지 가처분신청을 하였다. 위 가처분신청들은 모두 기각되었다. 즉 서울고등법원은 위 합병비율이 현저히 불공정하다고 보기 어렵다고 판단했고(2015. 7. 16. 자 2015라20485 결정. 위 ①사건), KCC에의 주식양도 역시 적법하다고 보았다(2015. 7. 16. 자 2015라20503 결정. 위 ②사건).[15]

한편 삼성물산의 일부주주들에 의해 **합병무효소송**도 제기되었으나, 1심 법원은 관련법령에 의해 산정된 합병비율을 문제삼을 특별한 사정이 없다는 등의 이유로 이를 기각하였다(서울중앙지방법원 2017. 10. 19. 선고 2016가합510827 판결. 항소취하로 확정). 그 밖에 삼성물산의 합병반대주주들 중 일부가 **주식매수가격 결정신청**을 하여 자본시장법의 산식에 의한 것보다 더 높은 매수가격을 인정받은 바 있다(대법원 2020. 4. 14. 자 2016마5394, 5395, 5396 결정).

[판례 89]

대법원 2009. 4. 23. 선고 2005다22701, 22718 판결(국민은행/주택은행 합병무효의 소)[16]

• 사실관계(합병비율의 위법, 불공정 관련 쟁점 중심)[17]

(1) 합병계약의 체결경과 및 내용 : 합병전 주식회사 국민은행(이하 "국민은행")과 주식회사 한국주택은행("주택은행")은 2000. 12. 22. 양해각서를 체결하여 두 은행 간 합병을 선언하고 합병의 원활한 추진을 위해 두 은행의 이사 및 비상임이사 각 1명씩과 금융감독위원회 자문관, 대학교수 등 6명으로 구성된 합병추진위원회를 구성하였다. 이 위원회의 초안을 바탕으로 2001. 4. 23. 체결된 합병계약의 주요내용은 다음과 같다.

---

15) 위 ①, ②사건은 모두 그대로 확정되었다. 한편 ③의 경우에도 서울중앙지방법원 2015. 9. 2. 자 2015카합80896 결정으로 기각된 다음 신청인의 항고 없이 그대로 확정되었다.

16) 관련자료로서 김기영/김경연, "금융기관간 합병에 관련한 법적 문제점", BFL 제 7 호(2004), 권기범, "주택은행과 국민은행 간의 합병무효", BFL 제12호(2005).

17) 위 대법원 판례의 원심인 서울고등법원 2005. 3. 30. 선고 2003나86161, 2003나86178(병합) 판결 참조.

(a) 국민은행과 주택은행이 합병하여 신설은행을 설립하되, 신설은행의 명칭은 '주식회사 국민은행'으로 한다.

(b) 합병비율은 주택은행 보통주식 1주당 국민은행 보통주식 1.688346주로 한다.

(c) 신설은행의 은행장은 합병추진위원회가 제안에 따라 관련법령의 절차를 밟아 선임한다.

(2) 합병의 실행 : 국민은행은 2001. 9. 29. 임시주주총회를 개최하여 위 합병계약을 승인하였고, 주택은행 역시 그 무렵 이를 승인하였다. 국민은행과 주택은행은 2001. 10. 26. 합병에 관한 금융감독위원회의 인가를 받은 뒤 2001. 11. 1. 국민은행과 주택은행을 해산하고 피고 주식회사의 국민은행을 설립하는 합병등기를 마쳤다.

(3) 원고(국민은행의 주주이자 국민은행 노동조합의 조합원임)의 청구원인 중 합병비율의 위법, 불공정 주장 : 이 사건 합병에 있어서 합병비율은 구 증권거래법 시행령 제84조의7 제 1 항에 따라 합병신고서 제출 전일을 기준으로 산출되어야 함에도 불구하고 양해각서 체결일을 기준으로 산출됨으로써 주택은행 보통주식 1주당 국민은행 보통주식 1.643213주가 되어야 할 합병비율이 주택은행 보통주식 1주당 국민은행 보통주식 1.688346주가 되어 국민은행 주주들에게 1,000억원 이상의 손실을 입게 하였는바, 합병비율이 이와 같이 위법하고 불공정한 이상 이 사건 합병은 무효라고 주장하였다.

• 법원의 판단

원심은 원고의 주장을 배척하였고 대법원도 원고의 주장을 받아들이지 않았다. "현저하게 불공정한 합병비율을 정한 합병계약은 사법관계를 지배하는 신의성실의 원칙이나 공평의 원칙 등에 비추어 무효이고, 따라서 합병비율이 현저하게 불공정한 경우 합병할 각 회사의 주주 등은 상법 제529조에 의하여 소로써 합병의 무효를 구할 수 있다. 다만, 합병비율은 자산가치 이외에 시장가치, 수익가치, 상대가치 등의 다양한 요소를 고려하여 결정되어야 할 것인 만큼 엄밀한 객관적 정확성에 기하여 유일한 수치로 확정할 수 없고, 그 제반요소의 고려가 합리적인 범위 내에서 이루어진 것이라면 결정된 합병비율이 현저하게 부당하다고 할 수 없다. 따라서 합병당사회사의 전부 또는 일부가 주권

상장법인인 경우 증권거래법과 그 시행령 등 관련 법령이 정한 요건과 방법 및 절차 등에 기하여 합병가액을 산정하고 그에 따라 합병비율을 정하였다면 그 합병가액 산정이 허위자료에 의한 것이라거나 터무니없는 예상 수치에 근거한 것이라는 등의 특별한 사정이 없는 한, 그 합병비율이 현저하게 불공정하여 합병계약이 무효로 된다고 볼 수 없다"고 일반론을 제시하였다. 그 다음 "원심이 구 금산법에 따라 금융감독위원회의 인가를 받아 행한 이 사건 합병은 정부의 문서에 의한 승인에 따른 합병이므로, 이 사건 합병에는 합병신고서 제출일 전일을 기준으로 합병비율을 산출하도록 한 구 증권거래법 시행령 (2002. 2. 9. 대통령령 제17518호로 개정되기 전의 것) 제84조의7 제 1 항이 적용되지 않고, 달리 이 사건 합병비율이 합병을 무효화할 만큼 현저하게 불공정하다고 인정할 증거가 없다는 이유로, 이 사건 합병비율의 위법·불공정을 내세워 이 사건 합병이 무효라는 원고의 주장을 배척한 것은 정당하고, 거기에 상고이유에서 주장하는 바와 같은 합병비율의 불공정을 이유로 한 합병무효 및 신의성실의 원칙에 관한 법리오해 등의 위법이 없다"고 보았다.

Questions & Notes

Q1 합병비율이 부당하게 결정되었다고 생각하는 존속회사 또는 소멸회사의 주주는 어떠한 권한을 행사할 수 있는가? 합병무효의 소 이외에 다른 절차를 통해 구제받도록 하는 것이 더 적절하지는 않은가?

[참고판례]
• **대법원 1993. 5. 27. 선고 92누14908 판결(합병무효의 소의 특수성)**
원고 회사는 1990. 3. 27. 소외회사를 흡수합병 함으로써 건설업면허를 이전받았는데, 이후 피고(건설부장관)가 그 면허를 취소하는 처분을 하자 그 취소처분을 다투는 소를 제기하고 있다. 원심은 소외회사가 위 흡수합병에 관한 합병결의무효확인소송을 제기하여 1990. 11. 9. 청구인낙되었으므로, 원고 회사는 면허권자도 아니고 면허취소처분의 취소를 구할 소의 이익이 없다고 하여 각하하였다. 이에 대하여 대법원은 "회사합병에 있어서 합병등기에 의하여 합병의 효력이 발생한 후에는 합병무효의 소를 제기하는 외에 합병결의무효확인청구만을 독립된 소로서 구할 수 없다"고 하는 한편 "청구인낙은 당사자의 자유로운 처분이 허용되는 권리에 관하여만 허용되는 것으로서 회사법상 주주총회결의의 하자를 다투는 소나 회사합병무효의 소 등에 있어서는 인정되지 아니하므로 법률상 인정되지 아니하는 권리관계를 대상으로 하는 청구인낙은 효력이 없다"고 판시하였다. 따라서 원심이 이 사건을 각하한 것은 잘못되었다고 보아 원심을 파기하였다.

• 인천지방법원 1986. 8. 29. 선고 85가합1526 판결

이 사건에서 한국후지카공업은 대원전기산업을 1 : 1 합병비율로 흡수합병하였는데, 실제 가치는 17 : 1 정도였다. 법원은 불공정한 합병비율을 정한 합병계약은 사법관계를 지배하는 신의성실의 원칙이나 공평의 원칙에 반하여 무효라고 판시하였다. 또한 주주총회 승인의 효과에 관하여 "피고는, 이 사건 합병계약서는 피고회사의 1985. 4. 22.자 임시주주총회에서 참석주주의 만장일치로 승인되었고 원고 또한 위 임시주주총회에 참석하여 아무런 조건없이 그 결의에 찬동하였음에도 불구하고 이제 와서 합병무효 청구를 함은 부당하다고 주장하나, 앞서 본 바와 같은 사유로 당초부터 무효인 합병계약이 합병당사회사 주주총회의 승인을 받았다 하여 유효로 전환될 리는 없는 것이고, 또한 원고가 위 임시주주총회에 참석하여 합병결의에 찬동하였다 하더라도 그와 같은 사유만으로 곧 합병의 무효를 구함이 신의성실의 원칙이나 금반언의 원칙에 반하여 부당하다고 할 수는 없으므로, 피고의 위 주장은 이유 없다"고 판시하였다.

Ⅳ. 분   할

회사분할이란 한 회사의 재산 및 조직이 둘 이상으로 분리되는 것으로서 합병의 반대현상이라고 할 수 있다. 우리나라 상법은 1998년 12월 회사편 제4장 제11절을 신설하여 주식회사의 분할제도를 도입한 바 있다. 넓은 의미의 회사 분할에는 다양한 형태의 분사(分社)가 포함된다. 예컨대 일부영업이나 보유 주식을 출자하여 회사를 신설하는 것도 넓은 의미에서 회사분할이라 할 수 있다. 한편 상법은 현물배당을 허용하고 있으므로(462조의4), 이를 활용하여 보유 주식을 주주들에게 분배함으로써 분사 효과를 달성할 수도 있다. 다만 이하에서는 제도화되어 특별한 절차와 효과가 규정되어 있는 상법 회사편 제4장 제11절에 따른 회사분할에 초점을 맞추어 검토하기로 한다.

일반적으로 회사 분할은 (i) 기존회사(이하 '승계회사')[18]가 분리되는 부문을

---

18) 분할당사회사를 표시하는 용어에 관해 종래 학자들간 표현이 일치하지 않았는바, 2015년 개정상법은 분할하는 회사를 '분할회사'로, 흡수분할합병의 상대방회사를 '분할승계회

[분할합병과 단순분할]

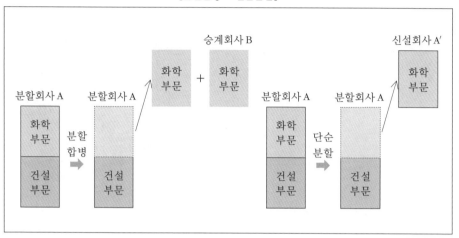

승계하게 되는지 여부에 따라 분할합병과 단순분할로 분류되고, (ii) 분리의 대
가인 분할신주를 분리시키는 회사(이하 '분할회사') 자체에 교부하는지 여부에
따라 인적분할과 물적분할로 분류된다. 즉 (i)의 분류에 따르면 분할시에 승계
회사가 존재하여 분할회사의 일부 부문과 승계회사 간 합병이 발생하면 분할
합병이고, 이러한 승계회사 없이 분할회사가 자체적으로 새로운 회사(이하 '신
설회사')를 분사시키면 이는 단순분할이다. (ii)의 분류에 따르면 분할신주가 분
할회사에 교부되면 물적분할이고, 분할회사의 주주들에게 교부되면 인적분할
이다. 물론 이 밖에도 원래의 분할회사가 분할 이후에 소멸하는지 여부에 따라
회사분할을 분류하는 방식도 있고,[19] 기존회사의 일부 부문과 분할회사 또는
그 일부부문이 합쳐서 새로운 회사가 만들어지는 형태의 신설분할합병 등 다
양한 변형이 가능하나 여기에서는 논외로 한다. 즉 이하의 분할합병은 특별한
언급이 없는 한 승계회사가 분할회사로부터 분리되는 부문을 흡수합병하는 것
만을 의미한다.

위 분할합병과 단순분할, 인적분할과 물적분할을 상호 결합시키면 네 가

사'로 정리하였다. 한편 분할/분할합병 과정에서 새로 설립되는 회사와 관련하여, 단순
분할인 경우에는 '단순분할신설회사'로, 분할합병인 경우에는 '분할합병신설회사'로 부르
고 있다. 이 글에서는 조문상의 분할승계회사를 '승계회사'로 표시하고, 분할 또는 분할
합병을 통해 새로 설립되는 회사를 통칭하여 '신설회사'로 표시하기로 한다.
19) 소멸분할 또는 완전분할이란 원래의 분할회사가 소멸하는 형태를 가리킨다.

[인적분할과 물적분할(단순분할인 경우)]

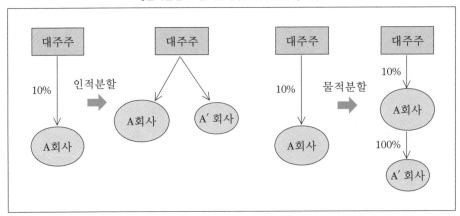

지 형태가 상정 가능하다. (a) 단순분할이면서 인적분할인 경우(530조의2 1항 참조), (b) 단순분할이면서 물적 분할인 경우(530조의12 참조), (c) 분할합병이면서 인적분할인 경우(530조의2 2항), (d) 분할합병이면서 물적분할인 경우.[20] 마지막 (d) 물적 분할합병 형태에 관하여는 논란의 여지가 있다. 원래 물적분할에 관한 제530조의12는 "… 분할 또는 분할합병으로 인하여 설립되는 회사의 주식의 총수를 취득하는 경우"라고 하여 회사의 '신설이 없는 물적분할'과 '분할회사가 분할신주 전체를 취득하지 못하는' 물적분할이 허용되지 않는 것처럼 규정한다. 이에 따르면 (i) 회사의 신설이 없는 물적 분할합병과 (ii) 두 회사가 각기 일부 사업부문을 출자하여 회사를 신설하고 분할신주를 각기 배정받는 형태의 물적 분할합병은 허용되지 않는 것처럼 읽힐 수 있다. 그러나 (i)은 상업등기선례[21]에 의하여 명시적으로 인정되고 있고, (ii)의 경우도 긍정적으로 해석하는 것이 일반적이다.[22] 이러한 형태의 물적 분할합병을 금지할 이유가 없으므로, 위 조문을 탄력적으로 해석할 필요가 있다.

---

20) 그 밖의 다양한 분할의 유형에 관하여는 박태현, "회사분할의 유형", 회사분할의 제문제 (노혁준 편저), BFL 총서 제 8 권(2013), 70면 이하 참조.

21) 2003. 10. 8. 제정 대법원 상업등기선례 1-246(공탁법인 3402-239 질의회답). "갑 회사를 분할하여 그 일부와 을 회사를 합병하고 갑 회사와 을 회사는 모두 존속하는 흡수분할합병을 하면서, 분할된 갑 회사의 일부에 해당하는 출자지분에 관하여 존속하는 갑 회사에게 주식을 배정, 교부하는 이른바 물적 흡수분할합병의 경우에도 분할합병에 따른 변경등기가 가능할 것이다."

22) 박태현, 앞의 글, 77면 참조.

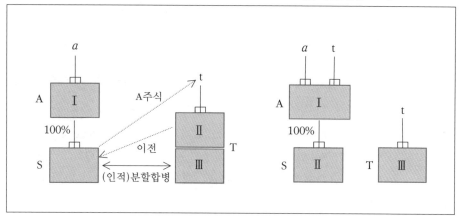

2015년 개정상법은 교부금분할합병과 삼각분할합병을 허용하였다(530조의 6 1항 4호, 4항·5항). 원래 분할합병이란 통상의 합병이 양적으로 축소된 것이 므로, 교부금합병이 인정되는 이상 교부금분할합병, 즉 승계회사가 분할의 대 가를 분할신주가 아닌 금전 등으로 교부하는 형태 역시 인정되는 것이 논리적 이다. 삼각분할합병은 교부금분할합병의 특수한 형태로서 분할의 대가가 승계 회사의 주식이 아니라 승계회사 모회사의 주식인 경우이다. 삼각합병이 인정 되는 이상 삼각분할합병 역시 허용되는 것이 자연스럽다. 모회사 주식을 활용 하여 특정사업을 인수하려는 회사의 입장에서 볼 때, 대상회사(target company) 의 '전부'를 인수하는 방식(삼각합병)뿐 아니라 대상회사의 '일부'를 인수하는 방식(삼각분할합병)도 가능하게 되었다는 점에서, 기업인수형태가 다양화되었다 고 할 수 있다.

회사분할을 위해서는 먼저 분할계획서, 분할합병계약서에 대한 이사회 승 인이 필요하다. 그 다음, 분할회사의 주주총회 특별결의에 의한 승인이 필요하 다(530조의3 1항·2항). 분할합병 반대주주에게는 주식매수청구권이 인정된다 (530조의11 2항, 522조의3, 374조 2항). 상법상 주식매수청구권은 분할합병의 경우 에만 준용되고 있으므로 단순분할인 경우 원칙적으로 그것이 인적분할이든 물 적분할이든 분할회사의 주주들에게 주식매수청구권이 부여되지 않는다. 다만 상장회사인 경우 자본시장법상 두 가지 예외가 있다. 첫째 인적분할 중 신설회 사의 주권이 상장되지 아니하는 경우에는 분할회사의 반대주주에게 주식매수청구권이 인정된다. 인적분할로 인해 설립되는 신설회사가 비상장이라면 기존 주주에게 불이익이 발생할 수 있기 때문이다. 둘째 상장회사의 물적분할인 경우에도 주식매수청구권이 인정된다. 영업 현물출자를 통한 회사신설과의 형평성을 고려한 것이다.[23]

분할을 통하여 회사 재산이 나눠지게 되므로, 그 실행에 있어서 채권자 보호문제가 중요하게 다루어진다. 상법은 분할시 채권자들의 두터운 보호를 위해 분할관련회사의 연대책임을 규정하는 한편, 분할이 효율적인 구조조정수단으로 기능할 수 있도록 연대책임을 배제하기 위한 절차도 마련하고 있다. 이하에서는 분할시의 연대책임 원칙과 예외적 배제절차, 분할의 효과의 순으로 살펴보기로 한다.

Questions & Notes

[Note] 상법 제530조의3 제 3 항에 의하면 분할시 주주총회의 승인결의에 있어서 무의결권 주주들도 의결권을 행사할 수 있도록 되어 있는데, 합병, 주식교환과 달리 분할에만 이러한 특례를 인정한 취지는 분명하지 않다.

[Note] 분할 실행시에 '영업'이 아니라 '개별자산'을 분할의 대상으로 삼을 수 있는지가 문제된다. 2003년 9월경 동원금융지주회사가 그 100% 자회사인 동원증권 주식회사의 주식과 현금 등 그 자산만을 동원증권 주식회사로부터 인적분할한 후 자신과 합병하는 분할합병을 추진하였으나, 금융감독위원회는 위 분할합병 인가신청을 철회하도록 한 바 있다.[24] 금융감독위원회가 우려했던 점은 이러한 방식이 일반화되는 경우 금융지주회사가 배당가능이익이 없는 금융자회사로부터 실질적으로 이익을 회수하는 방편이 될 수 있다는 점이었다. 실제로 투자주식 및 현금등가물만을 분할 또는 분할합병의 대상으로 삼는 사례가 많은바, 이를 굳이 금지할 필요성은 크지 않다고 하겠다.

---

23) 자본시장법 제165조의5 제 1 항, 시행령 제176조의7 제 1 항.

24) 당시 금융감독위원회는 법무부에 유권해석을 의뢰하였는바, 단정적인 결론을 내리지는 않았으나 법무부 회신의 전체적인 취지는 상법 해석상 영업을 분할합병의 대상으로 파악하는 것이 더 적절하다는 것이었다(법무부 2004. 3. 11. 법무심의관실−995 상법상 분할합병관련 질의에 대한 회신). 상세한 논의는 강민구, "상장회사의 분할의 대상에 관한 연구", 증권법연구 제11권 제 3 호(2010) 참조.

1. 분할시 채권자 보호의 원칙 : 연대책임

분할이 이루어진 경우 분할당사회사(분할회사, 신설회사, 승계회사)는 원칙적으로 연대책임을 부담한다(530조의9 1항). 판례는 이를 부진정연대책임으로 보고 있다(대법원 2010. 8. 26. 선고 2009다95769 판결). 부진정연대책임의 일반원칙상, 분할 또는 분할합병 이후 분할회사에 시효중단 사유가 발생하였더라도 신설회사 또는 승계회사에 위 시효중단 효력이 미치지는 않는다(대법원 2017. 5. 30. 선고 2016다34687 판결). 상법 제530조의9 제 1 항은 "분할 또는 분할합병 전의 분할회사 채무"를 연대책임의 대상으로 규정하고 있다. 설사 위 분할회사 채무의 규모가 분할회사로부터 신설회사 또는 승계회사에 이전되는 재산 가액보다 크더라도, 신설회사 또는 승계회사는 위 채무 전체에 대해 연대책임을 부담한다(위 2016다34687 판결). 신설회사 또는 승계회사가 부담하는 채무는 기존 분할회사 채무와 동일한 것이므로 소멸시효 및 기산점은 원래의 채무를 기준으로 판단한다(위 2016다34687 판결). 분할회사의 채무로 한정한 것은 예컨대 승계회사의 기존 채권자는 승계회사에 있어서의 채권자 보호절차(530조의11 2항, 527조의5)에 의해 보호하면 충분하기 때문이다. 연대책임의 대상이 되는 분할회사 채무의 성립시점과 관련하여, 일반론으로서 분할등기 이전에 발생한 것에 한한다. 채무가 발생한 이상 아직 이행기가 도래하지 않았다 하더라도 연대책임의 대상이 된다(대법원 2008. 2. 14. 선고 2007다73321 판결). 비금전적인 채무도 후에 손해배상채무로 변환될 수 있는 이상 연대책임의 대상이 된다고 할 것이다.

문제는 분할등기 이전에는 아직 채권, 채무관계가 발생하지 않은 경우이다. 첫 번째로 분할회사에 대한 어떤 채권 성립의 기초가 되는 '법률관계'가 분할등기 이전에 존재하는 경우이다. 대법원은 이 경우 연대책임의 대상이 된다고 본다. 예컨대 분할회사에 대한 구상금 채권 성립의 기초가 되는 신용보증약정 및 대출계약이 분할등기 이전에 이미 존재한다면, 구상금 채권의 직접적인 원인이 되는 대출채무의 대위변제가 분할등기 이후에 이루어졌다 하더라도, 구상금 채권자는 분할회사 및 신설회사(또는 승계회사)에 대하여 연대책임을 주장할 수 있다(대법원 2010. 12. 23. 선고 2010다71660 판결; 대법원 2012. 5. 24. 선고 2012다18861 판결).

두 번째로 어떤 채권 성립의 기초가 되는 '사실관계'만이 존재하는 경우이다. 분할 이전의 사실관계에 기초하여 공정거래위원회가 분할 이후 과징금을 부과한 경우, 위 연대책임조항은 적용되지 않는다고 볼 것이다. 즉 ① 공정거래위원회가 분할등기 후 분할회사에 과징금 처분을 한 경우 신설회사 또는 승계회사는 이에 대하여 연대책임을 부담하지 않고, ② 공정거래위원회가 신설회사 또는 승계회사에 과징금 처분을 한 경우에도 분할회사는 이에 대한 연대책임을 부담하지 않는다. 연대책임의 대상은 '분할회사'가 '분할등기 이전'에 부담하고 있던 채무인바, 위 과징금채권은 분할등기 이후에 비로소 발생한 것으로 보아야 하기 때문이다.

위 ②와 관련하여 약간 다른 각도에서의 문제가 대법원에서 다투어진 바 있다. 과연 공정거래위원회가 분할등기 이전의 담합 등 사실관계를 근거로 분할등기 이후에 (관련 영업을 이어받은) '신설회사 또는 승계회사'에 과징금을 부과할 수 있는지 여부이다. 이에 관하여 대법원은 "회사분할에 있어서 신설회사 또는 존속회사가 승계하는 것은 분할하는 회사의 권리와 의무라 할 것인바, 분할하는 회사의 분할 전 공정거래법 위반행위를 이유로 과징금이 부과되기 전까지는 단순한 사실행위만 존재할 뿐 그 과징금과 관련하여 분할하는 회사에게 승계의 대상이 되는 어떠한 의무가 있다고 할 수 없고, 특별한 규정이 없는 한 신설회사에 대하여 분할하는 회사의 분할 전 공정거래법 위반행위를 이유로 과징금을 부과하는 것은 허용되지 않는다"고 하여 권리의무가 아닌 단순한 사실관계는 분할의 대상이 될 수 없고 따라서 비록 관련 영업을 이어받았다 하더라도 분할등기 이전에 이루어진 행위에 대하여 신설회사 또는 승계회사에게 과징금을 부과할 수 없다고 풀이하고 있었다(대법원 2007. 11. 29. 선고 2006두18928 판결; 대법원 2009. 6. 25. 선고 2008두17035 판결; 대법원 2011. 5. 26. 선고 2008두18335 판결). 이는 과징금 부과대상을 어떻게 볼 것인지에 관한 정책적인 문제라고 할 수 있다. 2012. 6. 22.부터 시행된 공정거래법에 의하면, 공정거래위원회는 어떤 사업자(분할회사)가 분할 또는 분할합병 이전에 공정거래법을 위반한 경우 (i) 분할회사, (ii) 신설회사 또는 (iii) 승계회사에 위 위반행위에 관한 과징금을 부과할 수 있게 되었다(당시 공정거래법 55조의3 3항, 현행 공정거래법 102조 3항).

Note 공정거래위원회가 분할등기 이전의 담합 등 사실관계를 근거로 분할등기 이
후에 분할회사를 상대로 과징금을 부과한 경우 구상관계가 문제된다. 특히
분할계획서(또는 분할합병계약서)에 "분할회사가 분할이전한 ○○사업 부문
과 관련하여 향후 대외적으로 책임을 부담하게 되는 경우 신설회사(또는 승
계회사)는 분할회사에 이를 전액 구상할 의무가 있다"고 규정한 경우에 이러
한 조항의 효력을 인정할 것인지의 문제이다. 분할합병계약의 경우 계약자유
의 원칙상 그 효력을 인정하는 견해가 많다. 분할계획서에 이 같은 내용을
기재한 경우에 관하여는 논란이 있으나, 분할회사의 구상권이 긍정된다고 볼
것이다. 대법원도 분할계획서상 구상의무 조항에 터잡은 청구에서 분할회
사의 구상권을 인정한 바 있다(대법원 2016. 8. 29. 선고 2014다210098 판결).

2. 연대책임의 배제

(1) 연대책임 배제절차의 개관

특히 분할이 향후 이루어질 신설회사 매각의 사전절차로 이용되는 경우
등에는 분할당사회사 간 이러한 연대책임을 배제할 필요가 있다. 따라서 상법
은 일정한 절차를 밟으면 연대책임을 배제할 수 있도록 정하고 있다(530조의9
2항·4항, 527조의5, 232조 2항·3항). 구상법은 '출자된 재산에 관한 채무'에 대하
여는 출자를 받은 신설회사(또는 승계회사)의 연대책임을 배제할 수 없도록 강
제하였으나, 2015년 상법개정으로 이러한 배제의 한계는 삭제되었다. 배정자
유의 원칙에 따라 분할당사회사의 채권, 채무분담에 관한 의사를 존중하는 형
태로 개정된 것이다.

연대책임을 배제하기 위하여는, 분할회사가 주주총회의 승인결의 후 2주
내에 채권자에 대하여 분할에 이의가 있으면 1월 이상의 기간 내에 이의를 제
출할 것을 공고하고 회사가 알고 있는 채권자에 대하여는 이를 따로 최고하여
야 한다(530조의9 4항, 527조의5). 만약 알고 있는 채권자에 대하여 따로 최고하
지 않는 등 위 정해진 채권자 보호절차를 밟지 않은 경우, 판례는 원칙으로 돌
아가 분할당사회사의 연대책임이 부활한다고 보고 있다. 위 '회사가 알고 있는
채권자'의 범위에 관하여는 논란이 많으므로 항을 바꾸어 별도로 검토한다. 위
연대책임에 필요한 절차를 모두 마쳤다는 점에 관한 증명책임은 분할채무관계

를 주장하는 쪽에 있다. 따라서 분할합병계약서에 연대책임을 배제한다는 취지가 기재되어 주주총회의 승인을 받았다는 점에 관한 입증이 없는 이상, 분할합병계약서에 분할로 인해 이전되는 재산 및 가액이 명시되었고, 분할채무관계라는 취지의 신문공고가 이루었으며, 채권자들이 분할합병에 동의하였다고 하더라도 연대책임이 배제되지 않는다(대법원 2010. 8. 26. 선고 2009다95769 판결; 대법원 2012. 4. 26. 선고 2012다12191 판결 참조).

이의를 제출한 채권자가 있는 경우 분할회사는 그 채권자에 대하여 변제 또는 상당한 담보를 제공하거나 이를 목적으로 하여 상당한 재산을 신탁하여야 한다(530조의9 4항, 527조의5 3항, 232조 3항). 이러한 담보에는 물적 담보뿐 아니라 인적 담보도 포함되며, 은행의 지급보증이 이루어진 경우 특별한 사정이 없는 한 상당한 담보가 제공된 것으로 인정된다.

🔍참고자료 유한회사의 합병에 대한 이의를 진술한 채권자가 있는 경우 상업등기법 제107조 제3호의 담보를 제공한 사실을 증명하는 서면(2011. 1. 3. 사법등기심의관-2 질의회답)

1. 생략

2. 상법 제603조, 제232조 제3항의 상담한 담보인지 여부는 사회통념에 따라 객관적으로 판단하여야 하는바, 은행법에 의하여 설립된 은행이 채권액에 상당하는 지급보증을 한 경우에는 특별한 사정이 없는 한 그 상당성을 인정할 수 있으며, 그 이외의 인적 담보의 상당성 여부는 물적 담보만큼의 충분한 지급확보가 가능한지 여부, 채권의 존부나 채권액에 다툼이 있는지 여부, 합병 전후의 재무상태 등을 종합적으로 고려하여 판단할 사항이다.

[판례 90]

대법원 2010. 8. 26. 선고 2009다95769 판결

• **사실관계**

신화테크원 주식회사("신화테크원")는 분할회사인 주식회사 신화이앤아이("신화이앤아이")로부터 전기공사업 부문을 분리하여 이를 분할합병하였다. 분할합병계약서의 주요내용은 다음과 같다.

(1) 제1조 제2항: 신화테크원은 신화이앤아이의 영업 일부인 전기공사업 부문의 제반 면허, 장비 및 인원, 계약권리 및 하자보수 등의 권리의무를 포괄

적으로 승계하기로 한다.

(2) 제 2 조 제 1 항: 신화이앤아이는 2006. 11. 28. 현재의 재산목록을 기초로 하여 제 6 조에 정한 분할합병기일에 분할되는 영업에 관한 권리의무 일체를 신화테크원에게 인계하고, 신화테크원은 이를 승계한다.

당시 신화이앤아이의 주식은 원고 및 신화이앤아이의 대표이사가 실질적으로 100% 소유하고 있었는바, 그들의 허락 하에 2006. 11. 28. 위 분할합병계약을 승인하는 신화이앤아이 주주총회 의사록이 작성되었다. 2006. 12. 초 이루어진 분할합병공고는 연대책임 배제 조항, 즉 신화테크원이 신화이앤아이로부터 출자받은 재산에 관한 채무만을 부담하기로 하는 내용이 포함되어 있었다.

원고는 분할회사인 신화이앤아이의 채권자이기도 한바, 분할합병의 승계회사인 신화테크원을 피고로 하여 신화이앤아이의 채무에 대한 연대책임을 주장하는 이 사건 소를 제기하였다.

• 법원의 판단

대법원은 "분할합병으로 인하여 설립되는 회사 또는 존속하는 회사(이하 '분할당사회사'라고 한다)가 상법 제530조의9 제 1 항에 의한 연대책임을 면하고 각자 분할합병계약서에 본래 부담하기로 정한 채무에 대한 변제책임만을 지는 분할채무관계를 형성하기 위해서는 … 채무만을 부담한다는 취지가 기재된 분할합병계약서를 작성하여 이에 대한 주주총회의 승인을 얻어야 하고(상법 제530조의9 제 3 항, 제 2 항 후단, 상법 제530조의3 제 1 항, 제 2 항), 이러한 요건이 충족되었다는 점에 관한 주장·증명책임은 분할당사회사가 연대책임관계가 아닌 분할채무관계에 있음을 주장하는 측에게 있다. 단순히 분할합병계약서에 상법 제530조의6 제 1 항 제 6 호가 규정하는 '분할되는 회사가 분할합병의 상대방 회사에 이전할 재산과 그 가액'의 사항 등을 기재하여 주주총회의 승인을 얻었다는 사정만으로는 위와 같이 분할책임관계를 형성하기 위한 요건이 충족되었다고 할 수 없으므로, 분할당사회사는 각자 분할합병계약서에 본래 부담하기로 정한 채무 이외의 채무에 대하여 연대책임을 면할 수 없다"고 하였다.

나아가 "이 사건 분할합병계약서에 아무런 기재가 없고 주주총회의 승인을 얻은 적이 없는데도 신화이앤아이가 출자한 재산에 관한 채무만을 신화테크원이 부담한다는 취지가 일간신문에 공고되었다고 하여 그에 따른 효력이 발생한다고 볼 수 없음은 당연하고, 원고가 위 분할합병에 동의한 관계로 신화이앤 아이가 원고에 대한 개별 최고를 생략하였다는 사정 등 역시 신화테크원이 상법 제530조의9 제1항에 의하여 부담하게 되는 연대책임의 성부에 아무런 영향을 미치지 못한다"고 보았다.

Questions & Notes

Q1 이 사건 분할합병계약서에 예컨대 "신화이앤아이가 A채권자에 대해 지고 있는 채무는 신화테크원이 면책적으로 승계한다"는 문구가 있는 경우 별도의 채무인수절차(민법 454조)가 필요한가? 만약 부분적 포괄승계 법리에 의하여 위 채무의 귀속이 위 절차 없이 변경되는 것이라면 우리 상법상 A채권자는 어떻게 보호받을 수 있는가?

Q2 피고회사(신화테크원)가 전기공사업 부문을 인수하면서 이에 관한 자산 및 권리 일체를 승계하지만 전기공사업에 관한 일체의 채무는 인수하지 않는 형태의 분할이 가능한가?

Q3 이 사건에서 피고회사는, 본건 거래에 비록 분할합병계약서라는 용어가 사용되기는 하였지만 이는 실제 영업양수도에 불과하므로 상법 제530조의9에 따른 연대책임이 발생하지 않는다고 주장하기도 하였다. 적용법리가 계약의 명칭에 의해 좌우되지 않는다는 피고회사의 주장은 옳은가? 만약 옳다면 이 사건 거래의 실질을 영업양수도로 볼 여지가 있는가?

Q4 이 사건 분할합병계약서에 연대책임 분리에 관한 내용이 포함되어 있었다고 가정한다. 주주총회에서 이를 승인한 원고가 채권자의 지위에서 피고회사에 대해 연대책임을 추궁할 수 있을 것인가?

참고자료 윤용준, "회사분할시 채권자보호의 실무상 쟁점", 회사분할의 제문제 (노혁준 편저), BFL 총서 제8권(2013).

(2) 연대책임 배제를 위한 개별 최고 대상과 최고 누락의 효과

앞서 살펴본 바와 같이 분할당사회사 간 연대책임을 배제하려면 별도의 채권자보호절차를 밟아야 하는데, 그 중 개별 최고의 대상이 되는 '회사가 알고 있는 채권자'의 범위에 관하여는 논란이 많다. 조문의 해석상 비금전채권자, 소액채권자, 채권의 존부에 관하여 다툼이 있거나 소송이 계속 중인 채권자 등도 알고 있는 채권자의 범위에 포함된다고 할 것이다. 다만 회사가 알고 있는 채권자라 하더라도 당해 채권자가 회사분할에 관여되어 있고, 회사분할을 미리 알고 있는 지위에 있으며, 사전에 회사분할에 대한 이의제기를 포기하였다고 볼만한 사정이 있는 등 예측하지 못한 손해를 입을 우려가 없다고 인정되는 경우에는, 개별최고의 대상이 되지 않는다(대법원 2010. 2. 25. 선고 2008다74963 판결). 대법원은 "… 개별 최고가 필요한 '회사가 알고 있는 채권자'란 채권자가 누구이고 채권이 어떠한 내용의 청구권인지가 대체로 회사에게 알려져 있는 채권자를 말하는 것이고, 회사에 알려져 있는지 여부는 개개의 경우에 제반 사정을 종합적으로 고려하여 판단하여야 할 것인데, 회사의 장부 기타 근거에 의하여 성명과 주소가 회사에 알려져 있는 자는 물론이고 회사 대표이사 개인이 알고 있는 채권자도 포함된다(대법원 2011. 9. 29. 선고 2011다38516 판결)"고 하여 그 범위를 상당히 폭넓게 인정한다. 그러나 이러한 광범위한 개별 최고의무는 분할 실행에 큰 부담으로 작용하고 있으므로, 입법적으로 적절하게 제한할 필요가 있다.

[판례 91]

대법원 2004. 8. 30. 선고 2003다25973 판결[25]

• **사실관계**

원고(하동군 수산업협동조합)는 분할 전 피고(한국전력공사) 산하의 하동화력발전소 제 1 호기 내지 제 4 호기의 가동으로 위탁판매수수료가 감소하는 손실을 입었다고 주장해온 바, 원고와 피고는 1998. 7. 14. 위 손실에 관하여 평가를 실시하고 손실분 지급에 대하여는 관계기관의 유권해석에 따르기로 합의한 바 있다(그 후 2000. 11. 17. 감정평가법인의 손실평가가 이루어지고, 2001. 5. 25. 해양수산부 장관은 손실보상이 이루어져야 한다는 회신을 하였음). 한편 피고는 2001. 3. 30. 산업자원부 장관의 인가를 받아 그 발전사업부문을 6개의 신설회사로 회사분할하였는바, 그 분할계획서에 따르면 원고가 주장하는 하동화력본부와 관련된 이 사건 채무는 제 4 신설회사인 소외 한국남부발전 주식회사("남부발전")로 이

---

25) 같은 취지로 대법원 2006. 11. 23. 선고 2005두4731 판결 등.

전하도록 되어 있다. 원고는 위 분할에도 불구하고 기존 분할회사인 피고가 위 판매수수료 감소분을 지급할 의무가 있다고 주장하면서 본건 소를 제기하였다.

• **법원의 판단**

원심은 분할계획서상 하동화력본부에 속하는 모든 권리, 의무는 남부발전에 승계되는 것으로 되어 있고 상법상 주주총회 특별결의를 거쳐 전력산업구조개편 촉진에 관한 법률에서 정한 산업자원부 장관의 인가를 받아 분할절차를 완료한 이상 이 사건 손실보상채무는 신설회사인 남부발전에 이전되었고 피고는 이제 그 채무를 면했다고 보아 원고의 청구를 기각하였다.

대법원은 연대책임 배제절차의 문제점을 들어 원심을 파기하였다. 대법원은 "분할되는 회사와 신설회사가 분할 전 회사의 채무에 대하여 연대책임을 지지 않는 경우에는 채무자의 책임재산에 변동이 생기게 되어 채권자의 이해관계에 중대한 영향을 미치므로 채권자의 보호를 위하여 분할되는 회사가 알고 있는 채권자에게 개별적으로 이를 최고하도록 규정하고 있는 것이고, 따라서 분할되는 회사와 신설회사의 채무관계가 분할채무관계로 바뀌는 것은 분할되는 회사가 자신이 알고 있는 채권자에게 개별적인 최고절차를 제대로 거쳤을 것을 요건으로 하는 것이라고 보아야 하며, 만약 그러한 개별적인 최고를 누락한 경우에는 그 채권자에 대하여 분할채무관계의 효력이 발생할 수 없고 원칙으로 돌아가 신설회사와 분할되는 회사가 연대하여 변제할 책임을 지게 되는 것이라고 해석하는 것이 옳다"고 보고 있다. 이 사건에 있어서 "비록 손실보상의 대상이 되는지 여부에 대한 관계기관의 유권해석이 피고의 회사분할 이후에 이루어졌다고 하더라도, 원고는 분할되는 회사인 피고가 회사분할사실을 개별적으로 최고하여야 하는 상법 제530조의9 제 4 항, 제527조의5 제 1 항 소정의 '알고 있는 채권자'에 해당한다"고 보아 개별최고 여부를 심리하지 않은 점에서 위법하다고 판시하였다.

Questions & Notes

Q1 분할시 채권자 이의절차가 실행되는 경우는 (i) 연대책임의 배제를 위한 경우와 (ii) 분할합병의 경우 두 가지이다. 위 사례는 연대책임 배제를 위한 절차에서 개별최고를 누락한 경우이다. 만약 분할합병시에 위 채권자에 대한

개별통지를 누락한 경우 그 효과는 어떠할까?

Q2 연대책임의 배제를 위하여 회사는 알고 있는 채권자에게 개별최고하면 되고, 모르는 채권자들에게는 공고를 하면 된다. 위 사안은 한국전력공사(분할회사)가 분할 이전에 이미 분쟁의 존재를 알고 있는 상태였고 다만 책임유무 확정시기만이 분할 이후였기 때문에, 한국전력공사에 (연대책임 배제를 위한) 개별최고 의무가 부과된 것이다. 만약 구체적 분쟁 자체가 발생하지 않은 상태라면 어떠한가? 예컨대 제조업체가 이미 판매하고 있는 제품의 제조물책임을 염려하여 관련 영업을 신설회사(재무구조가 취약함)로 분할시키면서 공고에 의한 연대책임 배제절차를 밟은 경우 향후 그 피해를 주장하는 채권자는 어떻게 구제받을 수 있는가?

[참고판례]

• 대법원 2010. 8. 19. 선고 2008다92336 판결
대우중공업은 조선해양 사업부문을 대우조선해양 주식회사("대우조선해양")에, 종합기계 사업부문을 두산인프라코어 주식회사("두산인프라코어")에 각기 이전하는 분할을 실행하였다. 당시 연대책임의 배제절차가 이루어졌다. 원고들은 위 분할이전에 대우중공업의 분식회계를 믿고 투자한 주주들인바, 사업보고서 허위기재 등에 따른 손해배상청구권을 위 대우중공업뿐 아니라 위 신설 대우조선해양, 두산인프라코어에 대하여도 주장하였다. 구체적으로 원고들은 연대책임의 배제절차시 대우중공업이 알고 있는 채권자인 원고들에 대하여 개별 최고를 하지 않았으므로 대우조선해양과 두산인프라코어의 대우중공업에 관한 연대책임이 배제되지 않았다고 주장하였다. 대법원은 대우중공업의 분식회계로 인하여 모든 주주에게 손해가 발생하는 것은 아니고 인과관계 있는 거래기간 중 주식을 취득한 일부주주에 대하여만 손해배상책임이 인정되는 점 등을 고려할 때, 위 원고들을 대우중공업이 알고 있는 채권자로 보기는 어렵다고 판시하였다.

• 대법원 2011. 9. 29. 선고 2011다38516 판결
A회사의 대표이사 X는 A회사 발행 약속어음에 제1 배서인으로 배서하여 Y(원고)에게 양도하였고 이 어음은 이후 전전유통되었다. 한편 A회사는 2007. 6. 2. 전기사업부분을 분할시켜 B회사(피고)에 합병시키기로 하는 분할합병 주주총회 결의를 하면서 연대책임을 면제하기로 하였고, 같은 달 6. 채권자들에게 이를 공고하였다. 위 분할합병안에 따르면 위 약속어음에 관한 채무는 A회사에 잔존하게 되었다. 한편 위 공고기간 중 Y가 위 약속어음을 소지하고 있었는바, 이는 Y가 지급은행의 지급거절에 따른 상환의무를 이행하고 다시 취득한 것이었다. 따라서 채권자에 대한 개별최고기간에 Y가 회사에 대한 채권자 지위에 있었음

은 인정되었고, 주된 쟁점은 과연 이러한 경우 Y를 '회사가' '알고 있는' 채권자
로 볼 수 있을지 여부였다. 대법원은 이를 긍정하여 A, B회사의 연대책임을 인
정하였고 결국 Y의 B회사에 대한 어음금청구를 인용하였다. 먼저 인식의 주체
에 관하여 대법원은 "회사의 장부 기타 근거에 의하여 그 성명과 주소가 회사에
알려져 있는 자는 물론이고 회사 대표이사 개인이 알고 있는 채권자도 이에 포
함된다"고 판시하였다. 다음으로 인식 여부에 관하여, A회사가 위 최고기간에
파악할 수 있는 Y의 지위는 어음소지인 또는 배서인인바 어느 경우이든 개별최
고의 대상으로 고려했었어야 하는 점, Y가 실질적으로는 최종 소구의무자이며
A회사도 이를 인식하였던 것으로 보이는 점 등을 감안할 때 회사가 알고 있는
채권자로 보아야 한다고 취지로 판단하였다.

3. 분할의 효과

분할로 인하여 분할계획서 또는 분할합병계약서에 기재된 분할회사의 권
리, 의무는 분할등기일에 별다른 이전절차 없이 신설회사 또는 승계회사에 이
전된다(530조의10). 이러한 점에서 그 효과는 합병에서의 포괄승계와 유사하다
(대법원 2011. 8. 25. 선고 2010다44002 판결 참조). 다만 합병과 달리 위 기재된 범
위 내에서만 포괄적인 승계효과가 발생한다는 점에서 '부분적 포괄승계'라고
부른다. 이는 법률의 규정에 의한 권리변동으로서, 원칙적으로 분할대상인 권
리, 의무의 개별적 이전절차를 밟을 필요가 없다. 근로관계에 관하여 대법원은
근로자의 개별 동의가 없더라도 원칙적으로 당연승계된다는 입장이다(대법원
2013. 12. 12. 선고 2011두4282 판결). 분할계획서에 승계대상 재산으로 기재되어
있는 부동산에 관한 물권이 신설회사 또는 승계회사에 이전하는 것은 제530조
의10에 의한 것이므로 별도의 등기 없이도 물권 변동의 효과는 발생한다(민법
187조).[26] 다만 그 물권의 양도, 실행 기타의 처분행위를 하기 위해서는 등기가
필요하다. 예컨대 근저당권의 실행이나 말소를 위해서는 근저당권 이전의 부
기등기가 필요하다.[27]

한편 분할회사가 보유하는 지명채권이 분할의 대상인 경우에도, 신설회사

---

26) 1999. 7. 7. 제정 대법원 등기선례 6-230 참조.
27) 분할로 인한 근저당권 이전등기를 신청함에 있어서 채무자 또는 근저당권설정자에 대한
   통지는 그 요건이 아니며, 또한 이전된 근저당권 등기에 대하여 말소등기를 할 경우
   의 등기의무자는 분할로 인하여 신설된 회사이다. 2005. 7. 22. 제정 대법원 등기선례
   200507-3.

또는 분할회사는 채무자에 대한 통지 또는 채무자의 승낙(민법 450조)과 같은 지명채권 양도의 대항요건을 갖출 필요가 없이 채무자에게 대항할 수 있다. 이는 회생계획에 따른 회사분할의 경우도 마찬가지이다(대법원 2023. 11. 2. 선고 2023다238029 판결).[28] 분할회사의 채무를 분할의 대상으로 삼아 신설회사 또는 승계회사가 이를 면책적으로 인수하는 경우에도, 채권자와의 합의(민법 453조, 454조 참조)는 필요하지 않다. 이때 채권자의 보호는 전술한 연대책임, 채권자이의절차 등 상법에 규정된 방식에 의하게 된다.

포괄승계의 범위와 관련하여 주로 문제가 되는 것은 형사책임, 행정제재이다. 형사책임의 경우, 분할회사가 분할계획서 또는 분할합병계약서를 통해 미납벌금 납부의무를 신설회사 또는 분할승계회사에 이전할 수는 없다고 볼 것이다.[29] 또한 분할 이전에 이루어진 분할회사의 위법행위를 이유로 해당 사업을 승계한 신설회사 또는 분할승계회사에 양벌규정에 따른 벌금형을 부과할 수도 없다(합병에 관한 대법원 2007. 8. 23. 선고 2005도4471 판결 참조).

행정제재의 경우, 개별법령에 (i) 분할회사에 이미 내려진 제재를 해당 사업을 승계한 신설회사 또는 분할승계회사가 이어받는지 여부, (ii) 분할회사의 위법행위를 근거로 신설회사 또는 분할승계회사에 대한 행정제재를 내릴 수 있는지 여부에 관해 명시조항[30]이 없는 경우가 문제된다. (i)의 경우 해당 제재의 성격에 따라 판단할 것이다. 판례 중에는 분할 이전 분할회사에 내려진 입찰참가자격 제한처분의 효력이 신설회사에 미친다고 본 것이 있다(대법원 2019. 4. 25. 선고 2018다244389 판결). 한편 (ii)의 경우 대법원은 승계대상이 분할회사의 '권리와 의무'이고 사실행위는 아니라는 점을 들어 회사분할 전 분할회사의 위법행위를 이유로 신설회사에 과징금을 부과할 수 없다고 판단한바 있다(대법

---

28) 분할회사의 국세환급금채권이 회생계획에 따라 물적분할된 신설회사에 승계된 사안인 바, 대법원은 위 환급금채권이 분할효력발생 시에 별도 양도절차 없이 신설회사에 귀속된다고 판단했다. 회생계획에 따른 회사분할에 포괄승계효를 명시한 또다른 판결로서 대법원 2023. 6. 29. 선고 2021다285090 판결도 참조.

29) 형사처벌은 특정 행위자에 부과되는 것이기 때문이다. 다만 국가는 (비록 형사소송법 479조는 분할에 적용되지 않지만) 신설회사 또는 분할승계회사에 대하여 분할회사의 벌금납부의무의 연대책임(530조의9)을 구할 수는 있을 것이다.

30) 예컨대 공정거래법 제102조 제 3 항은 (ii)의 제재를 인정한다. 즉 공정거래위원회는 분할 또는 분할합병 전의 행위에 대하여 분할회사, 분할신설회사, 분할합병신설회사, 분할합병승계회사 중 어느 쪽에도 과징금을 부과할 수 있다.

원 2007. 11. 29. 선고 2006두18928 판결 등). 이는 합병의 경우에 시정명령을 받을 지위 등의 승계를 인정한 판례(대법원 2022. 5. 12. 선고 2022두31433 판결 등)와 모순되는 점이 있다.[31)]

[참고판례]
• 대법원 2011. 8. 25. 선고 2010다44002 판결
"상법 제530조의10은 분할 또는 분할합병으로 인하여 설립되는 회사 또는 존속하는 회사는 분할하는 회사의 권리와 의무를 분할계획서 또는 분할합병계약서가 정하는 바에 따라서 승계한다고 규정하고 있다. 즉 회사의 분할합병이 있는 경우에는 분할합병계약서에 따라 피분할회사의 권리의무는 사법상 관계나 공법상 관계를 불문하고 성질상 이전을 허용하지 않는 것을 제외하고는 분할합병으로 인하여 존속하는 회사에게 포괄승계된다. 한편 공동수급체는 기본적으로 민법상의 조합의 성질을 가지고, 공동수급체의 구성원 사이에서 구성원 지위를 제 3 자에게 양도할 수 있기로 약정하지 아니한 이상, 공동수급체의 구성원 지위는 상속이 되지 않고 다른 구성원들의 동의가 없으면 이전이 허용되지 않는 귀속상의 일신전속적인 권리의무에 해당하므로, 공동수급체의 구성원 지위는 원칙적으로 회사의 분할합병으로 인한 포괄승계의 대상이 되지 아니한다."

• 대법원 2013. 12. 12. 선고 2011두4282 판결
"미리 노동조합과 근로자들에게 회사 분할의 배경, 목적 및 시기, 승계되는 근로관계의 범위와 내용, 신설회사의 개요 및 업무 내용 등을 설명하고 이해와 협력을 구하는 절차를 거쳤다면, 그 승계되는 사업에 관한 근로관계는 해당 근로자의 동의를 받지 못한 경우라도 신설회사에 승계되는 것이 원칙이다. 다만 회사의 분할이 근로기준법상 해고의 제한을 회피하면서 해당 근로자를 해고하기 위한 방편으로 이용되는 등의 특별한 사정이 있는 경우에는, 해당 근로자는 근로관계의 승계를 통지받거나 이를 알게 된 때부터 사회통념상 상당한 기간 내에 반대 의사를 표시함으로써 근로관계의 승계를 거부하고 분할하는 회사에 잔류할 수 있다."

---

31) 한편 (i), (ii)의 중간적 형태라고 할 수 있는 것으로서, 분할 이전에 분할회사가 하도급법위반행위를 한 결과 벌점을 받았는바(하도급거래 공정화에 관한 법률 26조 2항), 이에 터잡은 행정청의 구체적 제재처분은 분할 이후에 신설회사를 상대로 이루어진 경우가 있다. 대법원은, 벌점 부과가 사실행위이므로 (ii)에 해당하고 신설회사에 제재처분을 할 수 없다는 신설회사측 주장에 대하여, "하도급법에 따른 벌점 부과를 단순한 사실행위에 불과하다고만 볼 수 없고, 공법상 지위 내지 의무, 책임이 구체화된 경우라고 볼 여지가 크다"고 설시하였다(대법원 2023. 4. 27. 선고 2020두47892 판결). 결국 신설회사에 대한 제재처분이 적법하다고 보았다.

V. 주식의 포괄적 교환과 이전

상법 제360조의2는 "회사는 ⋯ 주식의 포괄적 교환에 의하여 다른 회사의 발행주식 총수를 소유하는 회사가 될 수 있다. 주식의 포괄적 교환에 의하여 완전자회사가 되는 회사의 주주가 가지는 그 회사의 주식은, 주식을 교환하는 날에 주식교환에 의하여 완전모회사가 되는 회사에 이전하고, 그 완전자회사가 되는 회사의 주주는, 그 완전모회사가 되는 회사가 주식교환을 위하여 발행하는 신주의 배정을 받음으로써 그 회사의 주주가 된다"고 규정하고 있다. 위 규정에 의할 때 상법상 주식교환이란, 회사(완전모회사가 되는 회사, 이하 '인수회사')가 다른 회사(완전자회사가 되는 회사, 이하 '대상회사')의 발행주식총수를 보유하기 위하여 대상회사의 주식에 대하여 인수회사의 주식을 포괄 교환함으로써, 대상회사의 주식은 인수회사에 이전되고 대상회사의 주주는 인수회사의 주식을 받아 그 회사의 주주가 되는 조직법상의 행위를 의미하는 것으로 정의될 수 있다.

상법상의 주식교환제도가 도입되기 이전에도 실무에서는 주식교환이라는 용어를 사용하여 각종 거래를 행하여 왔다. 즉, 기업의 소유구조를 재편하기 위하여 주식이나 지분을 서로 맞교환하거나, 실질적으로 맞바꾼 상태가 발생하도록 하는 거래 행위도 말뜻 그대로 '주식의 교환'에 해당할 수 있는 것이다. 그러나 상법상의 주식교환은 특정한 요건을 갖추어 행할 수 있으며, 일단 주주총회의 특별결의 등 요건이 갖추어진 경우 주주의 개인의사와 관계없이 주식이 포괄적, 강제적으로 이전한다는 점에서 단순한 개인법상의 거래에 불과한 전통적인 주식의 교환과는 차이가 있다.

상법 제360조의15는 주식이전에 관하여 "회사는 ⋯ 주식의 포괄적 이전에 의하여 완전모회사를 설립하고 완전자회사가 될 수 있다. 주식이전에 의하여 완전자회사가 되는 회사의 주주가 소유하는 그 회사의 주식은 주식이전에 의하여 설립하는 완전모회사에 이전하고, 그 완전자회사가 되는 회사의 주주는 그 완전모회사가 주식이전을 위하여 발행하는 주식의 배정을 받음으로써 그 완전모회사의 주주가 된다"고 하고 있다. 이에 의하면 상법상 주식이전이란, "회사(완전자회사가 되는 회사, 이하 '이전회사')가 그 주식을 포괄적으로 이전하여 다른 회사(완전모회사가 되는 회사, 이하 '신설회사')를 설립하고, 이전회사의 주주

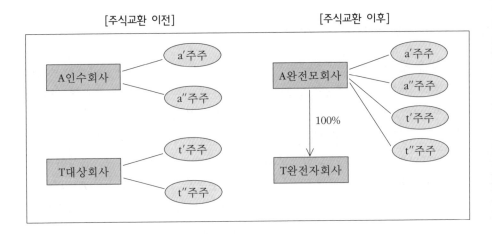

는 신설회사가 발행한 신주의 배정을 받아 그 회사의 주주가 되는 조직법상의
행위"를 의미한다고 할 수 있다.

　　주식이전은 그 결과로 완전지주회사 관계가 성립하는 점에 있어서는 주식
교환과 같지만, 완전지주회사 관계 창설을 위해 모회사(지주회사)를 신설하는
점에서, 기존 회사들 사이에서 친자관계를 창설하는 주식교환과 차이점이 있
다. 이렇듯 주식이전에는 회사설립이 뒤따르므로 주식이전은 신설회사의 설립
등기시에 효력이 발생한다.

1. 포괄적 주식교환

　　위 주식교환 관련 그림에서 인수회사 A에는 주주 a', a" 이외에 채권자 p
가 있고, 대상회사 T에는 주주 t', t" 이외에 채권자 q가 있다고 가정한다. 특히
소수주주인 t"는 현재 T회사의 이사를 상대로 주주대표소송을 진행하고 있는
상태이다.

Questions & Notes

Q1　A회사와 T회사를 하나의 경제적 동일체로서 운영을 하려고 할 때보다 완전
한 결합수단인 합병에 의하지 않고 포괄적 주식교환 방식을 택할 이유가 있
는가?

Q2　A회사와 T회사 간 합병의 경우라면 각 회사에서 주주총회의 특별결의가 필
요하고 반대하는 주주에게는 원칙적으로 주식매수청구권이 부여된다. 포괄

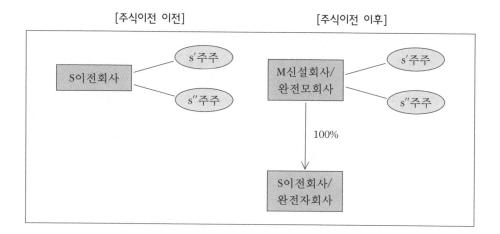

적 주식교환의 경우에도 취득회사와 대상회사의 주주들에 대하여 동일한 보호수단을 부여할 필요가 있는가?

Q3 A회사와 T회사 간 합병의 경우라면 각 회사의 채권자 p, q를 위하여 별도의 채권자 보호절차가 이루어진다. 포괄적 주식교환의 경우에도 관련 채권자들에게 동일한 보호수단을 부여할 필요가 있는가?

Note 상법 제360조의3 제 3 항 제 4 호는 주식교환시 대가로서 교환신주(또는 자기주식) 이외에 금전 그 밖의 재산을 교부할 수 있다고 하여 교부금 주식교환을 인정하고 있다. 합병과 달리 채권자 보호절차가 이루어지지 않는 주식교환에서 별다른 보완장치 없이 교부금주식교환을 허용한 것에 대하여 논란이 있을 수 있다. 한편 같은 조 제 6 항·제 7 항은 교부금 주식교환의 특수유형으로서 삼각주식교환을 규정한다. 위 예에서 보자면 주식교환의 대가로서 A회사의 주식이 아니라 A회사의 모회사의 주식을 교부하는 것이다. 삼각합병이 허용되는 이상 삼각주식교환을 특별히 금지할 이유는 없다. 삼각주식교환은 그 자체로 완결되기 보다는 앞서 살펴본 바와 같이 역삼각합병 실행을 위한 중간단계로 활용될 가능성도 있다.

Q4 t″는 주식교환의 실행 이후에는 T의 100% 완전모회사인 A의 주식을 갖게 될 뿐 더 이상 T의 주주가 아니다. 이 경우 위 t″가 T회사를 상대로 수행해 오던 주주총회결의 부존재확인 또는 취소를 구하는 소는 주식교환 이후 어떻게 되는가? 만약 t″가 T회사의 이사를 상대로 주주대표소송을 진행중이었다면 어떠한가?

[참고판례]

- **대법원 2016. 7. 22. 선고 2015다66397 판결**

원고들이 피고회사(외환은행)를 상대로 '주주총회결의 부존재확인 및 취소'를 구하는 소를 제기하여 소송계속중인 상태에서 피고회사와 하나금융지주 사이에 주식교환이 이루어졌다. 그 결과 원고들은 피고회사의 완전모회사가 된 하나금융지주의 주주가 되면서 피고회사 주주 지위를 상실하였다. 대법원은 소를 각하하였다. ① 주주총회결의 부존재확인의 소에 관하여, "주식회사의 주주는 주식의 소유자로서 회사의 경영에 이해관계를 가지고 있다고 할 것이나, 회사의 재산관계에 대하여는 단순히 사실상, 경제상 또는 일반적, 추상적인 이해관계만을 가질 뿐, 구체적 또는 법률상의 이해관계를 가진다고는 할 수 없다"고 전제한 다음 "이 사건 주주총회결의가 부존재하는 것으로 확인이 되어 이 사건 주주총회결의에 근거한 배당액이 모두 피고에게 반환됨으로써 피고의 완전모회사인 하나금융지주에 이익이 된다고 하더라도, 이로 인하여 하나금융지주의 주주인 원고들이 갖는 이익은 사실상, 경제상의 것에 불과하다고 할 것이므로, 원고들은 이 사건 주주총회결의 부존재의 확인을 구할 법률상 이익을 가진다고 할 수 없다"고 판단하였다. ② 주주총회결의 취소의 소에 관하여, "주주총회결의 취소소송의 계속 중 원고가 주주로서의 지위를 상실하면 원고는 상법 제376조에 따라 그 취소를 구할 당사자적격을 상실하고, 이는 원고가 자신의 의사에 반하여 주주의 지위를 상실하였다 하여 달리 볼 것은 아니다"라고 판시하였다.

Note 위 2015다66397 판결과 달리 대법원 2018. 11. 29. 선고 2017다35717 판결은 또다른 원고들이 피고회사(외환은행)를 상대로 '대표소송'을 제기한 사안이다(소송계속 중 피고회사와 하나금융지주 사이에 주식교환이 이루어진 점은 동일). 이 판결에서 대법원은 대표소송의 경우에도, 원고들이 주주 지위를 상실하면 설사 자신의 의사에 반하여 상실된 것이더라도 소는 부적법하게 된다고 판단했다. 그러나 2020년 상법개정으로 이중대표소송이 가능하게 되었으므로(406조의2), 2017다35717 판결은 더 이상 유효하지 않다고 볼 것이다. 즉 원래의 대표소송이 적법하다면 주식교환 이후 원고주주는 이중대표소송으로 청구변경을 하여 계속 소송을 수행할 수 있다고 보아야 한다.

Note 앞서 살펴본 소규모합병, 간이합병과 유사한 요건 하에 소규모주식교환, 간이주식교환이 인정된다. 즉 위 예에서 A회사가 주식교환을 위해 발행하는 신주 또는 이전하는 자기주식의 총수가 A회사 발행주식 총수의 10%를 초과하지 않는 경우 원칙적으로 A회사의 주주총회 승인은 A회사 이사회 승인으로 갈음할 수 있다(소규모주식교환. 360조의10). 또한 T회사 총주주의 동의가 있거나 그 발행주식의 90% 이상을 A회사가 소유한 경우 T회사의 주주총회 승인은 T회사 이사회 승인으로 갈음할 수 있다(간이주식교환. 360조의9).

2. 포괄적 주식이전

Questions & Notes

Q1 도대체 포괄적 주식이전이라는 제도를 이용하는 이유가 무엇일까? 어떤 회사가 실질의 변경 없이 완전모회사를 만들 필요가 있는가?

VI. 관련문제와 종합정리

1. 주식매수청구권

상법은 합병 등 주식회사의 중대한 사안에 대하여 반대하는 주주들이 회사에 대하여 주식매수를 청구할 수 있는 권리를 인정하고 있다. 이러한 주식매수청구권은 다수파 또는 경영진의 기회주의적인 행동을 통제하고, 소수파주주에게 퇴로를 열어 주며, 사전적으로 일방적인 가격설정 내지 축출을 방지함으로써 소수주주의 지분가치를 보호하는 기능을 하고 있다.[32]

상법 제522조의3은 합병에 반대하는 주주가 주식매수청구권을 행사하기 위해 합병계약의 승인을 위한 주주총회 전에 회사에 대하여 서면으로 그 결의에 반대하는 의사를 통지하도록 규정하고 있다. 이처럼 반대의 통지를 한 주주는 주주총회의 결의일로부터 20일 이내(매수청구기간)에 서면으로 회사에 대하여 주식의 매수를 청구해야 한다.

대법원은 주식매수청구권을 형성권으로 파악하고 있으므로, 반대주주의 매수청구를 통해 매매계약이 성립한 것으로 본다(대법원 2011. 4. 28. 선고 2010다94953 판결). 따라서 매수청구권을 행사한 다음 반대주주가 회사의 동의 없이 일방적으로 그 행사를 철회하는 것은 허용되지 않을 것이다. 설사 매수대금에

---

32) 한편 상법은 반대주주의 주식매수청구권 이외에 양도제한주식에 관하여 회사가 양도승인을 거부한 경우 해당 주주에 주식매수청구권을 인정한다(335조의2 4항). 이는 회사조직의 근본적 변경과 무관한 것으로서 계약법적 법리가 강하게 작동하므로 여기에서는 논외로 한다.

다툼이 있어서 대금이 확정되지 않았다 하더라도 위 매매계약은 매수청구기간으로부터 2개월이 경과하면 이행기가 도래한 것이 된다[33](위 대법원 판결 참조). 상법 제374조의2 제 2 항에 따르면 회사는 매수청구기간 종료일로부터 2월 이내에 주식을 매수하여야 함을 그 근거로 한다. 이러한 법리가 적용된 결과, 반대주주가 이행의 제공을 하고 있는 이상 위 이행기 도래 이후 회사는 이행지체 책임을 부담하게 된다.

　실제 주식매수청구권에 관한 주요 분쟁은 어떻게 주식매수가격을 산정할지에 관한 것이다. 가격에 관한 이견 시 회사 또는 주주는 법원에 상사비송사건으로 가격 결정을 신청할 수 있다(비송사건절차법 86조의2 참조). 비송사건은 직권탐지주의에 의하므로(비송사건절차법 11조), 법원은 당사자의 주장에 구애되지 않고 직권으로 사실조사를 하여 주식의 공정한 가격을 산정할 수 있다(대법원 2013. 7. 12. 선고 2011므1116, 1123 판결 참조). 다만 비송사건의 사실인정에도 일반 소송사건과 마찬가지로 '증명'이 필요하므로, 통상인이라면 의심을 품지 않을 정도의 고도의 개연성이 요구된다(대법원 2022. 4. 14. 자 2016마5394, 5395, 5396 결정). 상장회사인 경우 대체로 자본시장법령에 따른 시장가격[34]에 의해 매수가격이 결정된다. 반면 비상장회사의 경우 해당 회사의 상황이나 업종 특성 등에 따른 다양한 방식이 적용된다(앞의 [판례 57] 참조). 대체로 (i) 증권의 발행 및 공시 등에 관한 규정 제5-13조 및 동 시행세칙 제 5 조 내지 제 7 조, (ii) 상속세 및 증여세법("상증세법") 제63조 제 1 항 제 1 호, 동 시행령 제54조 내지 제56조가 많이 활용된다.[35] 즉 이러한 법령에 따라 자산가치, 수익가치, 시장가치를 각기 계산한 다음, 이를 적절한 비율로 가중평균하는 경우가 많다. 다만 예컨대 상증세법 및 동 시행령에 근거해 수익가치를 산정하더라도 이를 그대로 따를 필요는 없고, 사안에 따른 적절한 변형이 가능하다(대법원

---

33) 2015년 개정상법 제374조의2 제 2 항에 따라, 매수청구일로부터가 아니라 매수청구기간(총회 결의일로부터 20일) 종료일로부터 2개월이 경과함으로써 이행기가 도래하는 것이 되었다.

34) 자본시장법 제165조의5 제 3 항, 같은 법 시행령 제176조의7 제 3 항에 의하면, 증권시장에서 거래가 형성된 주식인 경우 주식매수대금은 이사회 결의일 전일부터 ① 과거 2개월 간의 가중산술평균 주가, ② 과거 1개월간의 가중산술평균 주가, ③ 과거 1주일간의 가중산술평균주가를 산술평균하여 산정된다.

35) 원래 (i)은 합병가액 결정을 위한 비상장주식 평가 조항이고, (ii)는 상속세 또는 증여세 부과를 위한 비상장주식 평가 조항이다.

2018. 12. 17. 자 2016마272 결정).

한편 실무상 주식매수청구권을 행사한 다음 매수대금을 다투는 상황에서는, 회사는 반대주주에게 매매대금 지급시까지 주주로서의 지위를 계속 인정하고, 이에 따라 의결권 행사, 배당금 수령을 인정하는 사례도 많다. 대법원도 회계장부열람, 등사청구 사안에서 주식매수청구권을 행사한 주주이더라도 매수대금을 지급받기 전까지는 여전히 주주로서의 지위를 갖는다고 보았다(대법원 2018. 2. 28. 선고 2017다270916 판결). 다만 반대주주가 한편으로는 이행지체 책임을 추궁하면서, 다른 한편으로는 주주로서의 모든 권리를 행사하는 것은 이중의 이득이라고 할 수 있다.[36]

[판례 92]

대법원 2022. 4. 14. 자 2016마5394, 5395, 5396 결정(삼성물산 주식매수청구 사건)

• 사실관계

원고들은 구 삼성물산 주식회사("구 삼성물산")의 소수주주로서 구 삼성물산이 구 제일모직 주식회사("구 제일모직")에 흡수합병("이 사건 합병")될 때에 반대하고 주식매수청구권을 행사하였다. 회사 측은 매수가격으로서 자본시장법 제165조의5 제 3 항 및 그 시행령 제176조의7 제 3 항에 따라 이사회 결의일 전일 무렵의 시장주가에 기초하여 1주당 57,234원을 제시하였으나, 원고들은 이에 응하지 않고 법원에 가격 결정을 구하는 본건 비송사건을 제기하였다.[37]

실제 위 합병은 삼성그룹의 지배권 승계작업의 일환으로 이루어졌다. Y는 삼성그룹 회장 X의 승계자로 구 제일모직 주식 23.24%를 갖고 있었으나, 구 삼성물산에는 주식이 없었다. 이러한 보유비율 차이로 인해 구 삼성물산 주가는 낮게, 구 제일모직 주가는 높게 형성되어야 승계작업에 유리한 상황이었다. 이 사건 합병에 앞서 구 제일모직은 2014. 12. 18. 상장되었고, 합병절차로서 구 삼성물산에서 2015. 5. 26. 이사회 결의, 같은 해 7. 17. 주주총회 결의가 이루어졌으며, 합병등기는 같은 해 9. 2. 경료되었다. 구 삼성물산의 주가는 2015

---

36) 이에 대한 논의로서, 노혁준, "주식매수청구권 행사 이후의 법률관계에 관한 연구: 합병에 대한 반대주주 사안을 중심으로", 인권과 정의 제461호(2016) 참조.

37) 본건의 사건본인은 존속회사인 구 제일모직이 상호를 변경한 "삼성물산 주식회사"이다. 이것이 소멸회사인 구 삼성물산과 구분됨은 물론이다.

년 첫 거래일부터 위 이사회 결의 전 마지막 거래일인 2015. 5. 22.까지 지속적으로 하락한 바 있다.

• **법원의 판단**

1심 법원은 회사 측이 제시한 금액을 공정한 매수가격으로 인정하였으나, 원심은 그보다 높은 66,602원(구 제일모직의 상장일 전일인 2014. 12. 17.자 구 삼성물산 주가)으로 정하였다. 대법원도 재항고를 기각했다. 먼저 대법원은 주권상장법인의 주식매수가액 산정인 경우 원칙적으로 해당 법인의 시장주가를 기준으로 하되, 법원은 법령상 산식에 구속되지 않고 "공정한 매수가격을 산정한다는 매수가격 결정 신청사건의 제도적 취지와 개별 사안의 구체적 사정을 고려하여 이사회 결의일 이전의 어느 특정일의 시장주가를 참조할 것인지, 또는 일정 기간 동안의 시장주가의 평균치를 참조할 것인지, 그렇지 않으면 자본시장법 시행령 제176조의7 제3항 제1호에서 정한 산정 방법에 따라 산정된 가격을 그대로 인정할 것인지 등을 합리적으로 결정할 수 있다"고 보았다. 기존 판례(대법원 2011. 10. 13. 자 2008마264 결정)를 확인한 것이다. 한편 비송사건에서의 증명에 관하여도 설시하였다. 비송사건은 직권탐지주의에 의하므로(비송사건절차법 제11조), 법원은 당사자의 주장에 구애되지 않고 직권으로 사실조사를 하여 주식의 공정한 가격을 산정할 수 있다고 보면서(대법원 2013. 7. 12. 선고 2011므1116, 1123 판결 참조), 비송사건의 경우에도 "법원이 어떠한 사실을 인정하기 위해서는 증명이 필요하므로 통상인이라면 의심을 품지 않을 정도의 고도의 개연성이 인정되어야 한다는 점은 민사소송에서와 동일하다. 이때 증명은 신뢰성 있는 자료에 근거하여야 하고, 단순한 추측이나 의혹, 소문, 편향된 의견 등에 근거해서는 안 된다"고 설시하였다.

구체적으로 대법원은 원심과 마찬가지로 합병승인 이사회 결의일 전일 무렵이 아니라 구 제일모직의 상장일 전일의 주가를 기준으로 보았다. 자본시장법령이 이사회 결의일 전일을 기준으로 하고 있음에도 이를 배척하는 이유에 관하여 "합병 사실이 공시되지는 않았으나 자본시장의 주요 참여자들이 합병을 예상함에 따라 시장주가가 이미 합병의 영향을 받았다고 인정되는 경우까지 반드시 이사회 결의일 전일을 기준으로 주식매수가격을 산정하여야 한다고 볼수 없다. 무엇보다도 합병이 대상회사에 불리함을 이유로 반대하는 주주에 대하여 합병의 영향으로 공정한 가격보다 낮게 형성된 시장주가를 기준으로 주식매매대금을 산정하는 것은 합병에 반대하여 주식매수청구권을 행사한 주주에게 지나치게 불리하여 합리적이지 않기 때문이다"라고 설명했다.

또한 "지배주주가 계열회사 전체의 경영권을 확보하고 있어서 사실상 지배주주 스스로에게 가장 유리한 합병시기를 선택할 수 있는 상황이라면 그러한 사정만으로도 특정 기업의 시장주가는 주식의 공정한 가격보다 낮거나 높게 형성될 수 있다. 따라서 계열회사 사이의 합병에서 주식매수가격을 산정할 때는 합병 사실의 영향을 받는 시점을 보다 엄격하게 판단할 필요가 있다"고 덧붙였다.

대안으로서 구 제일모직 상장일 전일을 택한 이유에 관하여, 대법원은 "신청인들의 주식매수청구권 행사 시기와 가장 가까운 시점으로서 이 사건 합병의 영향을 최대한 배제할 수 있는 때는 이 사건 합병 가능성이 구체화된 구제일모직의 상장 시점"이라는 점을 들었다. 이를 뒷받침한 것이 금융투자업자들의 조사분석자료였다. 이에 따르면 구 제일모직의 유력한 합병 상대회사였던 구 삼성물산의 시장주가가 적어도 구 제일모직의 상장 무렵부터는 이 사건 합병의 영향을 받은 것으로 볼 여지가 충분하다고 보았다.

Questions & Notes

Q1 상법(또는 자본시장법)상 주식매수청구권은 어떠한 경우에 인정되는가? 주주총회의 특별결의를 거쳐야 하는 회사의 중요한 행위 중 예컨대 정관변경에 반대하는 소수주주들에게 주식매수청구권이 인정되지 않는 이유는 무엇인가?

Q2 주식매수청구권 행사는 출자의 환급을 뜻하는 것이므로 회사채권자 보호 관점에서 가급적 그 행사요건을 엄격하게 정해야 하고, 나아가 상장주식 등 반대주주가 주식을 환가할 수 있는 시장이 있는 경우에는 주식매수청구권을 인정할 필요가 없다는 주장도 있다. 해당회사가 막대한 부채를 부담하고 있는 경우에도 주식매수청구권을 인정할 수 있는가?

[참고판례]
• 대법원 2006. 11. 23. 자 2005마958, 959, 960, 961, 962, 963, 964, 965, 966 결정이는 대우전자 주식회사의 영업양도에 반대한 주주들이 주식매수청구권을 행사

한 사안이다. 당시 대우전자 주식회사는 수조 원의 부채와 연 5,000억원에 이르는 막대한 금융비용을 부담하고 있었다. 대법원은 대우전자 주식의 주당 순자산가치를 0원, 주당 시장가치를 408원(영업양도 결의일 약 5개월 전의 상장폐지 정리기간에 형성된 평균 거래가액)이라고 한 다음, 이를 산술평균한 204원을 주식매수가격으로 결정하였다.

Q3 매수가액결정의 비송사건에서 법원이 자본시장법 제165조의5 제3항, 시행령 제176조의7 제3항에 의하지 않은 방법으로 상장회사 주식의 가격을 산정할 수 있는가? 또한 비상장회사 주식의 매수가액결정 기준은 무엇인가?

[참고판례]
• 대법원 2011. 10. 13. 자 2008마264 결정
이는 합병에 반대하는 주주들이 주식매수를 청구한 사건이다. 해당 회사는 상장회사였는바, 합병발표일(2004. 1. 13.) 이전인 2001. 4. 16.부터 회사정리절차 중이어서 유가증권시장에서 관리대상종목에 편입되어 있었다. 원심은 위 사정으로 인해 시장가치만으로는 이 사건 주식의 객관적 교환가치를 파악하기 어렵다고 보아, 구 증권거래법 시행령 제84조의9 제2항을 준용하여 산정한 주당 시장가치(2,593원) 이외에 주당 순자산가치(9,053원)를 산술평균하여 주식의 매수가격을 산정하였다. 대법원은 먼저 "시장주가에 기초하여 매수가격을 산정하는 경우라고 하여 법원이 반드시 구 증권거래법 시행령 제84조의9 제2항 제1호에서 정한 산정방법 중 어느 하나를 선택하여 그에 따라서만 매수가격을 산정하여야 하는 것은 아니고 …"라고 보았다. 다만 "당해 상장주식의 유가증권시장에서 거래가 형성되지 아니한 주식이거나 시장주가가 가격조작 등 시장의 기능을 방해하는 부정한 수단에 의하여 영향을 받는 등으로 당해 주권상장법인의 객관적 가치를 제대로 반영하지 못하고 있다고 판단되는 경우에는 시장주가를 배제하거나 또는 시장주가와 함께 순자산가치나 수익가치 등 다른 평가요소를 반영하여 당해 법인의 상황이나 업종의 특성 등을 종합적으로 고려한 공정한 가액을 산정할 수 있으나, 단순히 시장주가가 순자산가치나 수익가치에 기초하여 산정된 가격과 다소 차이가 난다는 사정만으로 위 시장주가가 주권상장법인의 객관적 가치를 반영하지 못한다고 쉽게 단정하여서는 안 된다"고 판시하여 원심을 파기환송하였다. 즉 실제로는 구 증권거래법 시행령의 방식을 적용하였다.

• 대법원 2018. 12. 17.자 2016마272 결정(비상장주식 매수가격 평가)
원심은 주당 자산가치(141,731원)와 주당 수익가치(90,008원)를 2:1로 반영한 124,490원을 매수가격으로 결정하였다. 대법원은 원심이 주당 수익가치를 산정하면서 상증세법 시행령상 순손익가치 산식을 그대로 적용한 점에 문제가 있다

며 파기환송하였다. 원래 상증세법 시행령 제56조 제 1 항에 의하면, 평가기준일이 속하는 사업연도는 배제하고 그 이전 3년간의 주당 순손익액을 가중평균하도록 되어 있다. 그러나 대법원은 "상증세법과 그 시행령의 위 규정들은 납세자의 법적 안정성과 예측가능성을 보장하기 위하여 비상장주식의 가치평가방법을 정한 것이기 때문에, 합병반대주주의 비상장주식에 대한 매수가액을 정하는 경우에 그대로 적용하는 것은 아니"라고 하면서, 평가기준일이 속하는 사업연도를 포함시켜야 한다고 판단했다. 해당 사안에서의 근거로서, "(평가기준일이 속하는 사업연도상 순손익액의) 원인이 일시적이거나 우발적인 사건이 아니라 사업의 물적 토대나 기업환경의 근본적 변화라면 평가기준일이 속하는 사업연도의 순손익액을 포함해서 순손익가치를 평가하는 것이 회사의 미래수익을 적절하게 반영한 것"이라고 설시하였다.

Q4 소수주주가 주식매수청구권을 행사하려면 (i) 주주총회 전에 서면으로 회사에 반대의사를 통지하고,[38] (ii) 그럼에도 불구하고 주주총회에서 당해 안건이 통과되었으며(반대주주가 출석하여 반대할 필요는 없고, 반대의사를 철회하여 찬성할 수도 있음), (iii) 결의일로부터 20일 이내에 서면으로 주식매수청구의 절차를 밟아야 한다. 회사에서 제시한 매수가격의 적정성에 대한 확신이 없는 경우 현행 법체제상 어떻게 행동하는 것이 합리적인가?

Q5 반대주주와 회사 간 주식평가액에 차이가 있는 경우 법원의 판단이 필요하게 되는데, 법원의 최종 결정까지는 수년이 걸릴 수도 있다. 이러한 경우 영업양수도, 합병 등 주식매수청구권의 발생계기가 된 날로부터 매수대금의 지급일까지 지연이자를 지급할 필요가 있는가? 회사측에서 지연이자의 지급을 피하려면 어떻게 하여야 하는가? 반대주주측에서 회사가 제시한 평가액만이라도 일단 받아두고 추가적인 차액을 소송을 통해 받아내는 방법이 있는가?

[참고판례]

• 대법원 2011. 4. 28. 선고 2010다94953 판결(국제금융공사 사건)

대법원은 "영업양도에 반대하는 주주의 주식매수청구권에 관하여 규율하고 있는 상법 제374조의2 제 1 항 내지 제 4 항의 규정 취지에 비추어 보면, 영업양도에 반대하는 주주의 주식매수청구권은 이른바 형성권으로서 그 행사로 회사의

---

38) 다만 서울고등법원 2011. 12. 9. 자 2011라1303 결정에 의하면, 회사측에서 주식매수청구권의 내용 및 행사방법에 관하여 통지를 하지 않은 이상, 반대주주는 주주총회 전에 서면으로 회사에 반대의사를 통지하지 않았더라도 주식매수청구권을 행사할 수 있다고 한다.

승낙 여부와 관계없이 주식에 관한 매매계약이 성립하고, 상법 제374조의2 제 2 항의 '회사가 주식매수청구를 받은 날로부터 2월'은 주식매매대금 지급의무의 이행기를 정한 것이라고 해석된다. 그리고 이러한 법리는 위 2월 이내에 주식의 매수가액이 확정되지 아니하였다고 하더라도 다르지 아니하다"고 판시하였다.

• 대법원 2011. 4. 28. 선고 2009다72667 판결(은평방송 지연손해금 사건)

이 사건은 위 [판례 57]의 후속사건으로서, 합병에 반대한 은평방송의 주주들이 (은평정보통신을 2004. 7. 2. 흡수합병한) 드림씨티를 상대로 은평정보통신이 지고 있던 주식매수대금 및 지연손해금 지급의무의 이행을 구한 것이다. 비록 매매대금의 확정은 위 [판례 57]에 따라 2006년 말에 이루어졌으나, 대법원은 "원고들이 2001. 5. 16. 피고에게 주식매수청구권을 행사하였음에도 피고가 2월의 매수기간 내에 주식대금을 지급하지 않았으므로, 피고는 2001. 7. 17. 이후에는 이행지체로 인한 지연손해금을 지급하여야 한다"고 판단하였다. 그 논거는 같은 날 내려진 위 국제금융공사 사건의 판결과 동일하다.

• 서울고등법원 2011. 12. 9. 자 2011라1303 결정(심리불속행으로 대법원 확정)

갑 주식회사가 주주들에게 합병반대주주의 주식매수청구권에 관한 내용과 행사 방법을 명시하지 않은 소집통지서를 발송하여 임시주주총회를 개최한 다음 을 주식회사와의 합병 승인 안건을 통과시켰는데, 총회 전 서면으로 합병에 반대하는 의사를 통지하지 않은 주주 병이 위 안건에 대하여 기권을 한 후 총회 결의 일로부터 20일 내에 갑 회사에 내용증명을 발송하여 주식매수청구를 한 사안이다. 법원은, 상법 제530조 제 2 항에서 준용하는 같은 법 제374조 제 2 항에 따른 주식매수청구권은 합병 등에 반대하는 소수주주를 보호하기 위한 규정으로서 일반 주주 입장에서는 회사가 주주총회의 소집통지를 하면서 주식매수청구권의 행사방법 등을 사전에 고지하여 주지 않을 경우 사실상 주식매수청구권을 행사하지 못할 가능성이 큰 점, 상법에서 반대주주가 주주총회 전에 회사에 대하여 서면으로 결의에 반대하는 의사를 통지하도록 한 취지는 합병을 추진하는 회사로 하여금 반대주주의 현황을 미리 파악하여 총회결의에 대비할 수 있게 하기 위함인데, 어차피 을 회사가 갑 회사 주식의 85% 가량을 보유하고 있어 합병결의 정족수를 채우는 데 아무런 문제가 없었던 점 등을 고려할 때, 갑 회사가 상법 제374조 제 2 항에 따른 주식매수청구권의 내용과 행사방법에 관한 통지를 하지 않은 이상, 병은 총회 전 서면으로 합병결의에 반대하는 의사를 통지하지 않았고 총회에서도 합병에 반대하는 의사를 명백히 표하지 않은 채 기권을 하였다 하더라도 주식매수청구권을 행사할 수 있다고 판단하였다.

Q6 앞서 언급한 바와 같이 비송사건에 수년이 걸리는 경우 존속회사가 반대주

주의 주주지위를 다투면서도 이의를 유보한채 일단 배당금을 지급하는 사례도 많다. 회사가 비송사건 확정에 따라 매수대금 및 지연이자를 지급한 경우 위 배당금에 관해 반대주주를 상대로 부당이득반환청구를 할 수 있는가?

Q7 우리나라에서 매수가격 결정은 주로 비상장회사인 경우 문제된다. 다음 사례에서 가격 산정시 어떤 것을 기준으로 할 것인가?

(1) 시너지 효과 관련 : A회사가 B회사를 흡수합병한다는 발표를 하기 이전 A주식의 공정한 가격은 주당 10,000원이었음. 합병으로 인한 시너지 효과를 감안하면 합병 후 A주식의 공정한 가격은 주당 15,000원일 것으로 예상됨. A회사의 합병반대 소수주주에게 얼마를 지급하여야 하는가?

(2) 경영권 프리미엄 관련 : 위 판례에서처럼 A회사가 B회사를 흡수합병하기 이전에 B회사 대주주로부터 다수지분(69.85%)을 경영권 프리미엄을 포함한 고가(주당 28,633원)에 매입한 경우 A회사의 반대주주에게 위 거래가격을 주식매수대금으로 지급하여야 하는가? 위 판례의 방식으로 경영권 프리미엄 명목으로 30%를 일괄공제하는 방법의 문제점은 없는가?

(3) 비상장회사 주식의 거래가격이 10,000원임에도 불구하고 소수주주가 유통성부족으로 인해 주식이 저평가되었다고 주장하면서(minority discount) 그 이상의 주식매수대금 지급을 주장할 수 있는가?

Q8 이 사건에서 대법원은 "계열회사 사이의 합병에서 주식매수가격을 산정할 때는 합병 사실의 영향을 받는 시점을 보다 엄격하게 판단할 필요가 있다"고 설시하였다. 계열회사 사이의 합병인 경우 '주식매수가격 산정'에만 엄격성이 필요한가? '합병비율의 공정성' 판단에도 비계열회사간 합병보다 더 엄격한 잣대를 적용할 필요는 없는가?

Q9 이 사건에서 대법원은 이사회 결의 전일 무렵이 아니라 구 제일모직의 상장일 전일의 구 삼성물산의 시장주가를 기준으로 주식매수가격을 산정했다. 구 제일모직의 상장일과 이 사건 합병 사이에는 약 5개월의 격차가 있었다. 대법원은 이 5개월간 구 삼성물산 주식가치가 크게 변동되지 않았다고 본 것인가?

Q10 이 사건의 원심은 회사가 제시한 매수가격이 공정하지 않은 이유에 대하여, ① 구 삼성물산의 실적 부진이 지배주주측의 이익을 위하여 누군가에 의해 의도되었을 수도 있다는 점, ② 국민연금 공단이 구 삼성물산의 주가를 낮출 의도로 2015. 3.부터 구 삼성물산 주식을 지속적으로 매도한 것이라는 의

심이 있는 점을 들었으나, 대법원은 이를 인정하지 않았다. 원심과 대법원의 판단이 엇갈린 이유는 무엇인가?

[참고판례]
• 대법원 2010. 7. 22. 선고 2008다37193 판결(분할합병무효 등)
이 사안에서는 분할합병계약의 승인을 위한 주주총회를 개최하면서 소수주주들에 대한 소집통지를 누락하여 위 주주들의 주식매수청구권 행사기회를 박탈한 점이 분할무효사유가 될 것인지가 문제되었다. 대법원은 주식매수청구권이 분할합병에 반대하는 주주로 하여금 투하자본을 회수할 수 있도록 인정된 권리인데 분할합병무효의 소를 제기한 주주가 보유주식을 매도하여 투하자본을 이미 회수하였고 분할합병을 무효화하는 것이 당사회사와 주주들에게 이익이 되지 않는다는 점 등을 고려하여 원고들의 청구를 재량기각하였다.

[Note] 위에서 살펴본 주식매수청구권은 반대주주가 회사에 대하여 갖는 것이다. 반면 신규투자자가 기존 대주주와의 주주간계약을 통해, 일정 사유 발생 시 대주주에 그 주식을 매각할 권리를 갖는 경우도 있는바, 실무상 이 역시 (주주간) 주식매수청구권이라고 부른다. 대법원은 이러한 주주간 주식매수청구권의 경우 그 법적 성격은 계약에 따라 발생하는 형성권이고, 행사기간은 상사소멸시효를 유추하여 (행사를 가능하게 하는 사유가 발생한 때로부터) 5년의 제척기간이 적용된다고 본다(대법원 2022. 7. 14. 선고 2019다271661 판결).

2. 소수주주 축출제도

(소수주주 축출 가상사례)
대상회사 T에는 지배주주 t′ 이외에 다수의 소수주주들이 있다. 인수회사 A는 t′와의 협의를 통해 T를 인수하되 가급적 위 소수주주들에게 현금을 주고 T회사 주식을 매각하도록 유도함으로써 소수주주들이 더 이상 회사경영에 직·간접으로 관여하지 못하도록 할 생각이다. 이에 대하여 일부 소수주주들은 계속 T회사 주식을 보유할 것을 공언하고 있다.

Questions & Notes

Q1 인수회사는 대상회사의 소수주주들을 축출함으로써 어떠한 긍정적 효과를 기대할 수 있는가? 반면 소수주주 입장에서는 시장 거래가격에 의한 현금보

상만으로는 미흡하다고 생각할 이유가 있는가?

Q2 앞서 살펴본 포괄적 주식교환, 교부금 합병을 활용하여 소수주주 축출이라는 목적을 달성할 수 있는가? 또는 합병 이전에 T회사의 지배주주인 t′의 주도하에 그 소수주주들을 미리 제명하는 방법(218조 6호, 220조의 유추적용)은 불가능한가?

[참고판례]
• 대법원 2007. 5. 10. 선고 2005다60147 판결
대법원은 주식회사에 대하여는 주주의 '제명'이 허용되지 않는다고 보았다. 즉 상법이 인적회사에 대하여는 사원의 제명을 규정하면서도(218조 6호, 220조, 269조) 주식회사에 대하여 이를 규정하지 않은 이유는, 인적 결합이 아닌 자본의 결합을 본질로 하는 물적 회사로서의 주식회사의 특성에 따른 것이라고 보았다. 따라서 "회사의 주주의 구성이 소수에 의하여 제한적으로 이루어져 있다거나 주주 상호 간의 신뢰관계를 기초로 하고 있다는 등의 사정이 있다 하더라도, 그러한 사정만으로 인적 회사인 합명회사, 합자회사의 사원 제명에 관한 규정을 물적 회사인 주식회사에 유추적용하여 주주의 제명을 허용할 수 없을 뿐만 아니라, 주주 간의 분쟁 등 일정한 사유가 발생할 경우 어느 주주를 제명시키되 회사가 그 주주에게 출자금 등을 환급해 주기로 하는 내용의 규정을 회사의 정관이나 내부규정에 두는 것은 그것이 회사 또는 주주 등에게 생길지 모르는 중대한 손해를 회피하기 위한 것이라 하더라도 법정사유 이외에는 자기주식의 취득을 금지하는 상법 제341조의 규정에 위반되므로, 결국 주주를 제명하고 회사가 그 주주에게 출자금 등을 환급하도록 하는 내용을 규정한 정관이나 내부규정은 물적 회사로서의 주식회사의 본질에 반하고 자기주식의 취득을 금지하는 상법의 규정에도 위반되어 무효"라고 판단했다.

Q3 상법 제360조의24 이하의 지배주주의 매도청구권을 살펴보시오. 축출의 대상인 소수주주를 보호하기 위하여 어떠한 장치를 마련해 두었는가?

상법은 대상회사(T) 발행주식 총수의 95% 이상을 보유한 지배주주(t′)에게 소수주주가 보유한 주식 전부를[39] 강제로 매수할 권한을 부여하고 있다(360조의24). 영국의 경우 공개매수에 응한 주주들이 다수(즉 공개매수자의 보유주식을

39) 대법원 2020. 6. 11. 선고 2018다224699 판결은 소수주식 강제매수권이 발행주식 전부를 지배주주 1인의 소유로 함으로써 회사 경영의 효율성을 향상시키고자 하는 제도라고 전제한 다음 지배주주는 소수주주 보유 주식 전부를 매수대상으로 삼아야 한다고 설시했다.

제외한 나머지 공개매수 대상 주식 중의 90%)일 것을 전제로 하여 잔여 주식을 강제매수(compulsory acquisition)할 수 있는 것[40]에 반해 상법은 사전에 이러한 절차를 요구하지 않는다. 이러한 상법의 태도는 독일 주식법 제327a조와 유사한 것이다. 위 95% 비율 산정에 있어서, 지배주주가 발행주식 총수의 50%를 초과하는 주식을 가진 회사가 보유하는 주식도 지배주주의 주식에 합산한다(360조의24 2항). 대법원은 이 조항에 근거하여 지배주주(t')가 갖는 주식 이외에 대상회사(T) 보유 자기주식을 합쳐서 95% 요건 충족여부를 판단한다(대법원 2017. 7. 14. 자 2016마230 결정. 이는 상법 제360조의25 소수주주의 매수청구권 사안이나 그 논리는 지배주주의 매도청구권과 동일함). 이렇게 보면 지배주주는 대상회사로 하여금 회사자금으로 주식을 매집하도록 함으로써 쉽게 95% 요건을 갖출 수 있으므로 부당하다. 상법 제360조의24 제 2 항은 지배주주의 지배를 받는 또 다른 자회사 등이 소유한 대상회사 주식을 지배주주 소유분과 합산하라는 취지이지, 해당 대상회사의 자기주식을 지배주주 소유분으로 의제하라는 의미가 아니다. 대상회사가 보유하는 자기주식은 95% 산정시 분모 및 분자, 즉 발행주식총수와 지배주주 보유주식수에서 각기 제외되어야 할 것이다.

지배주주가 강제매수를 실행하기 위해서는 위 지분율 이외에 다음의 요건을 갖추어야 한다. 첫째 회사의 경영상 목적을 달성할 필요성이 있어야 한다(같은 조 1항). 소수주주에 의한 주주권 남용, 과다한 주주총회 관련비용 등이 문제되는 경우가 대표적이다. 이러한 경영상 목적을 제한적으로만 인정한다면 제도의 이용가능성이 떨어지게 된다.

둘째, 사전에 주주총회를 개최하여 지배주주가 매수의 내용을 설명하고 주주총회의 사전승인을 얻어야 한다(같은 조 3항). 지배주주에 의한 강제매수 남용을 억제한다는 측면에서 본다면 그 실효성은 제한적이다. 지배주주는 이 주주총회에서 의결권을 행사할 수 있다고 볼 것인바, 주주총회에서 이러한 안건이 부결되는 사례는 생각하기 어렵다.

위 요건을 갖춘 지배주주는 소수주주에게 보유주식의 매도를 청구할 수 있고, 이에 대하여 소수주주는 2개월 이내에 지배주주에게 주식을 매도하여야 한다(같은 조 6항). 매매가액에 대하여 상호 협의가 이루어지지 않은 경우에는 주식매수청구권의 경우와 마찬가지로 법원이 회사의 재산상태와 그 밖의 사정

---

40) 영국 2006년 회사법 제979조, 제980조.

을 고려하여 공정한 가액을 산정하도록 되어 있다(같은 조 9항). 하급심 판결 중에는 ① 지배주주가 얻는 이익 및 소수주주가 입는 불이익을 가액 산정의 독립한 요소로 반영할 수 없고, ② 가액산정 기준시점은 원칙적으로 지배주주의 매도청구일이지만 주주총회일을 기준으로 할 수도 있다는 것이 있다(서울고등법원 2016. 8. 26. 자 2015라694, 695, 696 결정. 삼성자산운용 사건). 주식의 이전은 매매가액이 지급된 때에 이루어지는 것으로 본다(360조의26 1항). 매매가액을 지급받을 소수주주를 알 수 없거나 소수주주가 수령을 거부할 경우 지배주주는 매매가액을 공탁할 수 있는바(360조의26 2항), 이 때 공탁할 가액은 지배주주가 일방적으로 산정하여 제시한 가액이 아니라 소수주주와 협의로 결정된 금액 또는 법원이 산정한 공정한 가액을 뜻한다(대법원 2020. 6. 11. 선고 2018다224699 판결).

　　한편 상법은 이러한 지배주주의 권리에 대응하여 소수주주의 매수청구권도 규정한다. 제360조의25에 의하면, 위 지배주주가 존재하는 회사의 소수주주는 지배주주에 대하여 소수주주가 보유하는 주식의 매수를 청구할 수 있도록 되어 있다. 가격산정 절차와 주식이전의 시기는 지배주주의 매도청구의 경우와 동일하다(360조의25 4항·5항, 360조의26).

[참고판례]

• **대법원 2017. 7. 14. 자 2016마230 결정**

주식회사 씨디네트웍스의 주식 0.0414%, 0.0066%를 소유하는 두 명의 소수주주들(신청인들)이 대주주(피신청인)에게 상법 제360조의25에 따라 소유주식의 매수를 청구한 사건이다. 신청인들은 발행주식총수 143,000,000주 중 (i) 피신청인이 직접 소유한 12,149,768주 (84.96%) 이외에 (ii) 자회사인 씨디네트웍스의 자기주식 1,879,468주(13.14%)도 상법 제342조의2 제 2 항의 해석상 피신청인이 보유하는 것이므로, 결국 피신청인이 합계 98.1% 주식을 보유한 지배주주라고 주장하였다. 대법원은 "자회사의 소수주주가 상법 제360조의25 제 1 항에 따라 모회사에게 주식매수청구를 한 경우에 모회사가 지배주주에 해당하는지 여부를 판단함에 있어, 상법 제360조의24 제 1 항은 회사의 발행주식총수를 기준으로 보유주식의 수의 비율을 산정하도록 규정할 뿐 발행주식총수의 범위에 제한을 두고 있지 않으므로 자회사의 자기주식은 발행주식총수에 포함되어야 한다. 또한 상법 제360조의24 제 2 항은 보유주식의 수를 산정할 때에는 모회사와 자회사가 보유한 주식을 합산하도록 규정할 뿐 자회사가 보유한 자기주식을 제외하도록 규정하고 있지 않으므로 자회사가 보유하고 있는 자기주식은 모회사의 보유주식에 합산되어야 한다"고 하여 신청인들의 주장을 받아들였다.[41]

Q4 오로지 소수주주를 축출할 목적으로 이루어진 주식병합 및 감자는 유효한가?

[참고판례]

• **대법원 2020. 11. 26. 선고 2018다283315 판결(울트라건설 감자무효사건)**

피고회사 울트라건설 주식회사는 10,000:1의 주식병합 및 이에 따른 자본금감소를 주주총회 승인(출석 주식수 기준 99.99% 찬성)을 받아 진행하였다. 유일한 반대주주(보통주 147주, 우선주 31주만을 보유)로서 위 감자로 인해 주주지위를 상실하고 액면액 상당액을 지급받게 된 원고는 피고회사를 상대로 감자무효의 소를 제기하였다. 위 감자는 주식 액면병합 방식으로 이루어졌기 때문에, 주식수는 급격히 줄어든 반면 실제 감자 효과는 미미했다. 원고는 위 피고회사의 감자가 소수주식 강제매수제도(상법 360조의24)를 탈법적으로 회피한 위법행위라고 주장하였다. 대법원은 소수주식 강제매수제도와 주식병합을 통한 감자는 별개의 제도라고 보면서 원고의 주장을 받아들이지 않았다. 구체적 근거로서 (i) 상법이 소수주식 강제매수제도를 도입하면서 주식병합의 목적이나 요건 등에 별다른 제한을 두지 않은 점, (ii) 지배주주가 주식병합을 통해 회사의 지배권을 독점하려면 주식가격에 관한 별도의 법원 결정을 받아야 하는 점, (iii) 특히 이 건에서는 원고 이외의 소수주주들 대다수가 주식병합, 감자 및 그 보상금액에 찬성하고 있는 점을 들었다.

[Note] 최근 교부금 주식교환이 소수주주 축출수단으로 활용된 예들이 있다. 예컨대 H회사가 그 피지배회사인 S회사와의 사이에 포괄적 주식교환을 실행하면서, S회사 주주에게 교환신주가 아니라 교부금을 지급하는 것이다. 그 결과 H회사는 S회사의 완전모회사가 되고, S회사 소수주주는 축출된다(H회사는 한편으로는 S회사 대주주로서 교부금수령권한이 있지만, 다른 한편 인수회사로서 교부금지급의무가 있으므로 교부금수수가 생략됨). H회사가 상법 제360조의24에 의해 S회사 소수주주를 축출하려면 S회사 주식 95%를 보유해야 함에 비해, 위 교부금 주식교환은 S회사 주식 67%(특별결의요건)만 보유하면 실행가능하므로 형평성에 문제가 있다. 상세한 논의로서 강한, "교부금 주식

---

41) 다만 이 사안에서는 본서의 입장대로 자기주식을 분모, 분자에서 공제하는 방식에 의하더라도 피신청인의 95% 지분율을 인정하는 데에는 문제가 없어 보인다. 즉 자기주식을 분모, 분자에서 제외하는 경우 이 사건 피신청인의 지분율은 97.82%{100×12,149,768/(14,300,000−1,879,468)}가 된다.

교환 제도 및 상장폐지: 실무 사례 분석", BFL 제117호(2023) 참조.

3. 차입매수(LBO : Leveraged Buyout)

LBO는 "인수대상회사(T)의 기업가치를 활용하여 인수자금의 상당 부분을 조달하는 기업인수" 방식을 의미하고 대체로 다음과 같은 3가지 유형으로 나누어 볼 수 있다.[42]

(i) 보증/담보제공형: 인수회사가 인수자금 조달을 위해 부담한 채무를 T가 보증하거나 그 채무에 대한 담보를 제공하게 하는 방법.

(ii) 합병형: T와 인수회사를 합병함으로써 T의 자산을 인수회사가 인수자금 조달을 위하여 부담한 채무의 책임재산으로 활용하는 방법.

(iii) 분배형: T의 자산을 배당/유상감자/자사주매입 등의 방법으로 인수회사에게 분배함으로써 인수자금조달을 위하여 부담한 채무의 원리금 변제에 활용하는 방법.

보증/담보제공형에서 T는 인수회사의 채무 불이행시 보증채무의 이행 또는 담보권의 실행 위험을 지게 된다. 특히 인수회사가 특수목적회사(SPC: special purpose company)로서 T발행 주식만을 보유하는 경우에는 그 주식 가치의 하락시 T는 보증채무 또는 담보제공에 따른 구상권을 행사하여 회수할 방법이 없다는 점에서 인수회사의 채무를 떠안는 것과 같은 효과가 발생한다. 합병형에서는 인수회사의 채무가 합병후 존속법인의 채무가 됨으로써 T의 재산이 인수회사가 부담한 채무의 책임재산으로 제공된다. 분배형에서는 T의 순자산이 감소하게 되고, 특히 T가 새로운 차입을 통해 유상감자/배당 재원을 조달한 후, 유상감자대금/배당금을 받은 인수회사가 자신의 채무를 변제하는 경우 결국 인수회사의 채무가 T의 채무로 바뀌는 효과가 발생한다.

보증/담보제공형에 대하여 대법원은 배임죄가 성립한다고 본다(대법원 2006. 11. 9. 선고 2004도7027 판결; 대법원 2008. 2. 28. 선고 2007도5987 판결). 다만 대상회사 T의 주식 100%를 인수하면서 T의 자산을 담보로 제공한 사안에서 T

---

[42] 각 유형에 대한 상세한 논의는 천경훈, "LBO 판결의 회사법적 의미: 이사는 누구의 이익을 보호해야 하는가?", 저스티스 제127호(2011), 안보용/이영민/김태오, "차입매수의 주요 쟁점", 우호적 M&A의 이론과 실무 I (천경훈 편저), BFL 총서 제12권(2017) 참조.

이사의 배임죄의 고의를 부인한 사례가 있다(대법원 2015. 3. 12. 선고 2012도9148 판결). 한편 합병형의 경우 기업집단에 속하는 회사가 T를 인수하기 위하여 일 단 SPC를 자회사로 설립하여 T발행 주식을 취득하도록 한 후, SPC가 모회사 와 합병한 사안에 대하여 대법원은 배임죄의 성립을 부정하였다(대법원 2010. 4. 15. 선고 2009도6634 판결).[43] 또한 분배형에 대하여 유상감자와 배당으로 인하 여 회사의 적극재산이 감소하였다고 하더라도 주주가 가지는 권리행사에 따르 는 결과에 불과하고 회사에 손해를 입혔다고 볼 수 없다고 하여 배임죄의 성 립을 부정한 판결이 있다(대법원 2013. 6. 13. 선고 2011도524 판결).

[참고판례]
• 대법원 2006. 11. 9. 선고 2004도7027 판결
"피인수회사로서는 주채무가 변제되지 아니할 경우에는 담보로 제공되는 자산 을 잃게 되는 위험을 부담하게 된다. 인수자가 피인수회사에 아무런 반대급부를 제공하지 않고 임의로 피인수회사의 재산을 담보로 제공하게 하였다면, 인수자 또는 제 3 자에게 담보가치에 상응한 재산상 이익을 취득하게 하고 피인수회사 에게 그 재산상 손해를 가한 것이다…. 피고인이 피해자 본인의 이익을 위한다 는 의사도 가지고 있었다 하더라도 이는 부수적일 뿐이고 이득 또는 가해의 의 사가 주된 것임이 판명되면 배임죄의 고의가 있었다고 보아야 한다. … 인수자 만을 위한 담보제공이 무제한 허용된다고 볼 수 없고, 인수자가 피인수회사의 위와 같은 담보제공으로 인한 위험 부담에 상응하는 대가를 지급하는 등의 반대 급부를 제공하는 경우에 한하여 허용될 수 있다. … 인수자가 피인수회사에 아 무런 반대급부를 제공하지 않고 임의로 피인수회사의 재산을 담보로 제공하게 하였다면, 인수자 또는 제 3 자에게 담보 가치에 상응한 재산상 이익을 취득하게 하고 피인수회사에게 그 재산상 손해를 가하였다고 봄이 상당하다."

---

[43] 다만 합병형 사안 판결 중, 방론으로서 모회사와 SPC의 합병 자체가 모회사 이사의 임 무위배에 해당할 여지가 있다는 설시도 있어서 주의를 요한다(대법원 2020. 10. 15. 선고 2016도10654 판결: "P회사는 영업적 실체를 갖추지 못한 특수목적회사에 불과하여 이 사건 합병에도 불구하고 통상 기업결합에서 기대되는 영업상의 시너지 효과 등을 통해 장래 갑회사에 초과수익을 가져오기는 어렵다. 또한 P회사 보유 자산의 거의 대부분은 갑회사 발행 주식으로서 위 합병을 통해 갑회사가 이를 승계하더라도 자기주식을 취득 한 것에 불과하여 실질적 가치 있는 재산을 얻은 것으로 볼 수는 없다").

• 대법원 2008. 2. 28. 선고 2007도5987 판결(대법원 2006. 11. 9. 선고 2004도
  7027 판결과 동일한 사건의 재상고심판결)
"피고인의 근저당권설정 행위는 자신이 인수회사를 설립하여 인수대상회사를
인수하는 과정에서 필요한 자금을 마련하기 위한 것으로서 개인적인 이익을 취
할 목적으로 이루어진 것에 지나지 아니하므로, 피고인의 이러한 행위를 두고
경영상 판단에 의한 것으로서 배임의 고의가 없는 경우에 해당한다고 할 수도
없다."

• 대법원 2010. 4. 15. 선고 2009도6634 판결
"이른바 차입매수 또는 LBO(Leveraged Buy-Out의 약어이다)란 일의적인 법적
개념이 아니라 일반적으로 기업인수를 위한 자금의 상당 부분에 관하여 피인수
회사의 자산을 담보로 제공하거나 그 상당 부분을 피인수기업의 자산으로 변제
하기로 하여 차입한 자금으로 충당하는 방식의 기업인수 기법을 일괄하여 부르
는 경영학상의 용어로, 거래현실에서 그 구체적인 태양은 매우 다양하다. 이러
한 차입매수에 관하여는 이를 따로 규율하는 법률이 없는 이상 일률적으로 차입
매수방식에 의한 기업인수를 주도한 관련자들에게 배임죄가 성립한다거나 성립
하지 아니한다고 단정할 수 없는 것이고, 배임죄의 성립 여부는 차입매수가 이
루어지는 과정에서의 행위가 배임죄의 구성요건에 해당하는지 여부에 따라 개
별적으로 판단되어야 한다.
    원심은 공소외 6 주식회사가 공소외 1 주식회사를 인수 및 합병한 경위와 과
정에 관하여 그 판시와 같은 사실을 인정한 다음, 이는 피인수회사의 자산을 직
접 담보로 제공하고 기업을 인수하는 방식과 다르고, 위 합병의 실질이나 절차
에 하자가 없다는 사정 등을 들어 위 합병으로 인하여 공소외 1 주식회사가 손
해를 입었다고 볼 수 없다고 판단하였다.
    기록 및 관련 법리에 비추어 보면, 원심의 위와 같은 판단은 정당한 것으로
수긍이 간다. 거기에 상고이유 주장과 같은 합병형 차입매수에 있어서의 배임죄
성립에 관한 법리 오해 등의 위법이 없다."

• 대법원 2013. 6. 13. 선고 2011도524 판결
"원심은, 피고인 2, 3이 공소외 2 회사의 이사로서 수행한 유상감자 및 이익배당
으로 인하여 공소외 2 회사의 적극재산이 감소하였다고 하더라도 이는 우리 헌
법 및 상법 등 법률이 보장하는 사유재산제도, 사적 자치의 원리에 따라 주주가
가지는 권리의 행사에 따르는 결과에 불과하고, 유상감자 당시 공소외 2 회사의
영업이익이나 자산 규모 등에 비추어 볼 때 유상감자의 절차에 있어서 절차상의
일부 하자로 인하여 공소외 2 회사의 채권자들에게 손해를 입혔다고 볼 수 없으
며, 1주당 감자 환급금액과 공소외 2 회사의 배당가능이익을 감안하면 결국 이

사건 유상감자 및 이익배당으로 인하여 공소외 2 회사의 주주들에게 부당한 이익을 취득하게 함으로써 공소외 2 회사에 손해를 입혔다고 볼 수 없다고 판단하였다…. 관련 법리에 비추어 기록을 살펴보면, 원심의 위와 같은 판단은 정당하고, 거기에 상고이유의 주장과 같이 차입매수에 있어서 업무상 배임죄의 성립, 업무상 배임죄에서 손해의 발생 또는 유상감자와 이익배당 등에 관한 법리를 오해하거나 논리와 경험의 법칙을 위반하여 사실을 인정하는 등의 위법이 있다고 할 수 없다.”

• 대법원 2015. 3. 12. 선고 2012도9148 판결(온세통신 LBO사건)

이는 대상회사의 주식을 100% 취득하면서 이루어지는 차입매수에 관한 사안이다. 이 사건 공소사실의 요지는 다음과 같다. 인수회사(A)는 회사정리절차중인 주식회사 온세통신(T)을 인수할 때, T회사의 회사정리절차가 종결되면 T회사 소유 부동산 및 매출채권에 담보를 설정해 주기로 하면서 인수대금 중 460억원을 조달하였다. A회사는 T회사를 인수하여 100% 주주가 되었고, A회사 대표이사인 피고인이 T회사의 대표이사가 된 후 회사정리절차가 종결되었다. 피고인은 앞서의 약정에 따라 채권최고액을 587억원으로 하여 T회사의 부동산 및 매출채권을 A회사의 채권자들에게 담보로 제공하였다. 한편 A회사는 은행으로부터 950억원을 단기대출받아 T회사가 발행한 신주인수권사채 834억원 상당을 취득하는 방법으로 인수대금 중 일부를 지급하였는데, T회사의 회사정리절차 종료 후 T회사는 위 은행으로부터 834억원을 장기대출받아 신주인수권사채를 조기상환하였고 A회사는 그 상환대금으로 자신의 은행차입금을 상환하였다. 한편 T회사는 사옥을 매각하여 위 장기대출을 상환하였다.

이 사건의 1심(서울중앙지법 2012. 1. 5. 선고 2011고합680 판결)은 피고인의 배임죄가 성립하는 것으로 보았으나, 항소심(서울고등법원 2012. 7. 5. 선고 2012노268 판결)은 T회사의 손해발생 및 피고인의 배임의 범의가 인정되지 않는다는 이유로 무죄를 선고하였다. 대법원도 항소심이 지적한 부분을 열거하면서, 피고인이 T회사 자산을 담보로 제공하거나 신주인수권부사채를 조기상환함에 있어서 A회사에 이익을 주고 T회사에 손해를 가하고자 하는 배임죄의 고의가 있었다고 보기 어렵다고 판단하였다. 구체적인 근거로서 ① T회사를 인수하는 과정에서 A회사의 내부에 유보되어 있던 자금이나 A회사의 유상증자 및 전환사채 발행 등에 의하여 자체적으로 마련한 자금도 상당 정도 투입하였으므로 인수자가 피인수회사에 아무런 반대급부를 제공하지 않고 임의로 피인수회사의 재산을 담보로 제공하게 한 경우와는 근본적으로 차이가 있는 점, ② A회사가 T회사의 구주를 전부 소각하고 신주를 100% 취득하여 T회사의 1인 주주가 됨으로써 A회사와 T회사의 경제적인 이해관계가 일치하게 된 점, ③ A회사는 T회사

인수의 우선협상대상자로 지정받은 후 2006. 5. 23. T회사와 이 사건 투자계약을
체결할 당시부터 T회사와 합병을 전제로 인수계약을 논의하였고, 2006. 10. 2.경
합병 예정을 대외적으로 공시한 후 2007. 11. 12. 경 T회사를 흡수합병함으로써
법률적으로도 합일하여 동일한 인격체가 되었으며, 이러한 인수 · 합병의 실질이
나 절차에 하자가 있다는 점을 기록상 찾아 볼 수 없고, 위 합병의 효과에 의하
여 인수자인 A회사와 피인수자인 T회사의 재산은 혼연일체가 되어 합병 전에
이루어진 T회사의 자산 담보제공으로 인한 부담 내지 손해는 A회사의 그것으로
귀결된 점 등을 들고 있다.

4. 종합정리

지금까지 다양한 기업조직 재편 수단에 관한 쟁점을 살펴보았다. 각 방식
은 나름대로의 장점과 단점을 갖고 있으므로 구체적인 사안에 맞추어 가장 적
절한 대안을 찾아내야 할 것이다. 이를 위해서는 각 방식의 차이점을 명확하게
인식하고 있어야 한다. 이해의 도움을 위하여 다음 몇 가지 비교표를 첨부한
다. 분사형의 경우에도 대안 간의 선택이 문제되기는 하지만 여기에서는 보다
현실적으로 많은 문제가 있는 결합형 재편에 관하여 살펴본다.

먼저 거시적인 비교로서 합병, 영업양수도, 주식의 포괄적 교환과 주식양
수의 경우 인수회사에게 어떠한 영향이 있는지를 살펴본다. 이 도표는 거래의
대가를 기준으로 주식형과 현금형으로 분류하였다. 상법은 현금형 합병(즉 교
부금합병) 및 현금형 주식교환(즉 교부금주식교환)을 모두 허용한다.

다음으로 자산 또는 주식의 개별적인 이전을 통해 기업 간 결합이 발생한
다는 점에서 대단히 유사하고, 따라서 실제 거래의 계획시 어떤 방식을 선택할
지 많은 고민을 하게 되는 영업양수도, 자산양수도, 주식양수도에 관한 비교표
이다. 이러한 구분이 절대적인 것은 아니고, 중간에 특수목적회사(SPC)를 세워
서 활용하는 등 다양한 변용형태가 가능함은 물론이다.

[표 1] 주식형 조직재편과 현금형 조직재편 (인수회사 입장)[44]

거래의 대가	거래의 법적 형식	인수회사 주주의 지배력 희석	자산융합	부채의 포괄적 승계	인수회사 주주총회 결의 요부	인수회사의 주식매수청구권 요부
주식형	합병	○	○	○	○ (소규모합병 예외)	좌동
	영업양수 (영업의 현물출자)	○	○	×	○ (소규모 영업양수 예외)	좌동
	주식의 포괄적 교환	○	×	×	○ (소규모 주식교환 예외)	좌동
	지배권 주식의 양수	○	×	×	×	좌동
현금형	합병	×	○	○	주식형과 동일	좌동
	영업양수	×	○	×	주식형과 동일	좌동
	주식의 포괄적 교환	×	×	×	주식형과 동일	좌동
	지배권 주식의 양수	×	×	×	주식형과 동일	좌동

44) 윤영신, "자기주식의 합병대가 산입문제와 조직재편거래상 주주총회 승인요건의 재정비
방안", 상사법연구 제26권 제 2 호(2007)를 수정, 보완한 것임.

[표 2] 영업양수도, 자산양수도, 주식양수도, 합병[45]

쟁점	영업양수도	자산양수도	주식양수도	합병
양수도 대상	대상 회사 영업의 전부 또는 일부(특정 자산과 부채 제외 가능)	대상 회사의 유, 무형 자산의 전부 또는 일부(특정 부채도 포함 가능)	대상 회사의 주식-구주, 신주 또는 구주와 신주	대상회사 전부
양도인(양도 대가의 수령자)	대상 회사	대상 회사	• 구주 : 대상 회사의 주주(들) • 신주 : 대상 회사	대상회사 주주
대상 사업의 일부 인수	가능	가능	불가능	불가능
주주총회의 특별결의	• 필요 • 예외 　소규모영업양수(양수회사) 　중요하지 않은 일부의 영업양도(양도회사) 　간이영업양수도(양수회사/양도회사)	• 양도인(대상 회사): 영업의 중요 부분의 폐지를 초래하는 경우 필요	• 양도인(지주회사인 회사): 해당 지배주식의 양도가 지주회사 영업의 중요 부분 폐지를 초래하는 경우 필요	• 필요 • 예외: 　소규모합병(존속회사) 　간이합병(소멸회사)
반대주주의 주식매수 청구권	주주총회의 특별결의가 필요한 경우 인정됨	좌동	좌동	좌동
개별 계약/ 자산/부채의 이전 절차 및 상대방의 동의	필요. 상대방의 동의가 필요한 경우가 많음	필요. 상대방의 동의가 필요한 경우가 많음	불필요. 단, 금융계약 등에서 경영권 변동을 초래하는 주식양도에 사전 동의를 요하도록 규정하는 경우가 있음	불필요(계약상 사전 동의를 받도록 정하는 경우도 있음)
채권자보호 절차	불필요	불필요	불필요	필요
우발채무, 부외부채 등의 인수위험	인수 대상 채무와 부채를 특정함으로써 피할 수 있음	인수 대상 채무와 부채를 특정함으로써 피할 수 있음	피할 수 없음	피할 수 없음

---

45) 강희철, "영업양수도의 법률관계", BFL 제38호(2009)를 수정, 보완한 것임.

쟁점	영업양수도	자산양수도	주식양수도	합병
대상 회사의 인허가의 승계, 인수	법령에 규정된 경우 승계, 이수 가능함. 규정이 없는 경우 양수인이 새로이 취득하여야 함	일반적으로 양수인이 새로 취득하여야 함	인수 대상의 기존 인허가에 영향을 미치지 않음. 법령에서 주주 변경에 인허가를 요하는 경우가 있음	포괄적 승계(성질상 이전을 허용하지 않는 것은 제외)
조세 및 거래비용	• 양도인(대상 회사) –양도차익에 대한 과세(포괄적 양수도의 경우 특례: 합병세제와 동일) –개별 양수도 비용 –퇴직금 채무(양수인에 승계가능) • 양수인 –취득세, 등록세 –포괄 양수도인 경우 부가세 면제 –2차 납세의무 부담가능	• 양도인(대상 회사) –양도차익에 대한 과세(포괄적 양수도의 경우 특례: 합병세제와 동일) –개별 양수도 비용 –퇴직금 채무(양수인에 승계 가능) • 양수인 –취득세, 등록세 –부가세 부과	• 양도인 –양도차익에 대한 과세(포괄적 양수도의 경우 특례: 합병세제와 동일) –증권거래세(포괄적 양수도의 경우 면제: 합병세제와 동일) –신주 발행시의 등록세(대상 회사) • 양수인 –과점주주의 간주취득세	• 양도인(대상회사) –양도차익에 대한 과세(비적격 합병시) –주주에 대한 의제배당 과세 • 양수인 –양도차익에 대한 과세(적격합병시 합병이후 처분시로 과세이연) –납세의무 승계
누적결손금의 세무상 활용	불가	불가	가능	가능
고용관계의 승계	대상 회사의 모든 근로자와 고용관계가 양수인에 포괄 승계됨. 각 근로자는 이의 제기하고 대상 회사에 남을 권리 보유	통상 근로자의 고용관계가 승계되지 않으며, 각 근로자는 양수인과의 개별 계약에 의하여 신규 고용 관계 개시, 실질적으로 영업양수도인 경우 영업양수도에 준함	기존 고용관계에 영향을 미치지 않음. 정리해고와 관련된 문제가 있는 경우 양수인이 부담	포괄승계됨

상장회사 표준정관

상장회사 표준정관

사 단 법 인 한국상장회사협의회

제정	1980. 2. 5.		
개정	1984. 7.13.	1988. 1.25.	1989.12. 6.
	1991. 8.21.	1993. 6.22.	1996. 1.17.
	1996.10.10.	1997. 2.21.	1998. 2.17.
	1999. 2.23.	2000. 2.10.	2001. 3. 2.
	2003. 2. 4.	2004. 1.27.	2007.12.20.
	2009. 2. 4.	2009. 5.18.	2010. 1.22.
	2012. 1.16.	2013. 1. 3.	2013.12.27.
	2018.11.28.	2021. 1. 5.	2023. 2. 8.

제1장 총 칙

제1조(상호) 이 회사는 ○○○주식회사(또는 주식회사 ○○○)라 한다. 영문으로는 ○○○ (약호 ○○○)라 표기한다.

제2조(목적) 이 회사는 다음의 사업을 영위함을 목적으로 한다.

1.

2.

·

·

6. 전 각호에 부대되는 사업

제3조(본점의 소재지 및 지점 등의 설치) ① 이 회사는 본점을 ○○에 둔다.

② 이 회사는 필요에 따라 이사회의 결의로 지점을 둘 수 있다.

※ 1. 본점의 소재지는 서울특별시(○○광역시) 또는 ○○도 ○○시(군) 정도로 규정하여도 무방함.

2. 상법상 지점 이외에 출장소, 사무소 및 해외현지법인 등을 이사회 결의에 의하여 두고자 할 때에는 제2항을 다음과 같이 규정할 수 있음.

예) 이 회사는 필요에 따라 이사회의 결의로 국내외에 지점, 출장소, 사무소 및 현지법인을 둘 수 있다.

일간신문에 게재하는 경우

제4조(공고방법①) 이 회사의 공고는 ○○시에서 발행되는 ○○일보(신문)에 게재한다. 다만 폐간, 휴간, 기타 부득이한 사유로 ○○일보(신문)에 게재할 수 없는 경우에는 ○○시에서 발행되는 △△일보(신문)에 게재한다. (단서신설 2012.1.16.)

인터넷 홈페이지에 게재하는 경우

제4조(공고방법②) 이 회사의 공고는 회사의 인터넷 홈페이지(http://www.○○○.·····)에 게재한다. 다만, 전산장애 또는 그 밖의 부득이한 사유로 회사의 인터넷 홈페이지에 공고를 할 수 없을 때에는 ○○시에서 발행되는 ○○신문에 한다.

※ 공고방법으로 회사의 인터넷 홈페이지에 의하는 경우에는 홈페이지 주소를 등기하여야 함.

(본조신설 2010.1.22)

제2장 주 식

제5조(발행예정주식의 총수) 이 회사가 발행할 주식의 총수는 ○○주로 한다.

액면주식을 발행하는 경우

제6조(일주의 금액①) 이 회사가 발행하는 주식 일주의 금액은 ○○원으로 한다.

무액면주식을 발행하는 경우

제6조(무액면주식의 발행②) ① 이 회사가 발행하는 주식은 무액면주식으로 한다.

② 신주를 발행하는 경우에는 신주의 발행가액 중 자본금으로 계상하는 금액은 총발행가액의 2분의 1이상 범위에서 발행시 이사회가 정한다.

※ 기존의 액면주식을 무액면주식으로 전환하는 경우에는, 부칙에 경과규정을 두어 전환비율을 정해야 함.

(본조신설 2012.1.16.)

제7조(설립시에 발행하는 주식의 총수) 이 회사가 설립시에 발행하는 주식의 총수는 ○○주로 한다.

기명식 보통주식만을 발행할 경우

제8조(주식의 종류①) 이 회사가 발행할 주식은 기명식 보통주식으로 한다.

보통주식외에 종류주식을 발행할 경우

제8조(주식의 종류②) 이 회사가 발행할 주식의 종류는 기명식 보통주식과 기명식 종류주식으로 한다. (개정 2012.1.16.)

② 회사가 발행하는 종류주식은 이익배당에 관한 우선주식, 의결권 배제 또는 제한에 관한 주식, 상환주식, 전환주식 및 이들의 전부 또는 일부를 혼합한 주식으로 한다. (신설 2012.1.16.)

※ 종류주식은 보통주식을 제외하면 1)이익배당에 관한 우선주식, 2)무의결권 또는 의결권제한주식, 3)상환주식, 4)전환주식, 5)이들의 전부 또는 일부를 혼합한 주식으로 나눌 수 있으며, 혼합방법에 따라 다양한 형태의 종류주식으로 만들 수 있음. 다만, 상법 제345조 제5항에 의거 종류주식(상환과 전환에 관한 것은 제외)에 한정하여 상환주식을 발행할 수 있음에 따라 보통주식에 대하여는 상환주식으로 발행할 수 없음. (주석신설 2012.1.16.)

※ 회사가 필요에 따라 2가지 이상의 종류주식을 발행하고자 할 때에는 개별적으로 조문을 두고 그 수와 내용을 기재하는 것이 바람직함. 복수의 종류주식을 구분하기 위하여 1종 종류주식, 2종 종류주식, …… 등으로 표시하여야 함. (주석신설 2012.1.16.)

[유형1] 무의결권 배당우선 (존속기한부)전환주식을 발행할 경우[표준형]

※ 조문제목에서 "종류주식"이란 일반용어가 아닌 앞의 특정종류주식(무의결권 배당우선 전환주식)을 가리키는 것임. (주석신설 2012.1.16.)

※ 의결권과 관련한 종류주식에는 무의결권주식과 의결권제한주식이 있는데, 여기서는 무의결권주식을 표준형으로 하고, 의결권제한주식에 대하여는 회사가 필요하면 선택할 수 있도록 [유형2]에서 예시함. 또한 [유형2]를 활용하여 '의결권제한 전환주식', '의결권제한 상환주식'의 설계가 가능함. (주석신설 2012.1.16.)

※ 주식의 소멸방법도 존속기한부 전환방식 외에 강제전환 또는 의무전환방식이 있으며, 회사가 필요하면 선택할 수 있도록 [유형3]에서 예시함. (주석신설 2012.1.16.)

※ 소멸방법으로 상환(소각)방식을 택하는 경우 강제상환 및 의무상환방식이 있는바, 회사가 필요하면 선택할 수 있도록 [유형4]에서 예시함. (주석신설 2012.1.16.)

※ 예시한 유형 이외에도 '의결권있는 배당우선 전환주식', '의결권있는 배당우선 상환주식', '의결권없는 전환주식', '의결권없는 상환주식', '의결권제한 전환주식', '의결권제한 상환주식', '의결권있는 전환주식' 등은 회사의 사정에 맞추어 정관에 규정할 수 있음. 그러나 '의결권있는 상환주식'은 발행이 불가능함을 유의하여야 함. (주석신설 2012.1.16.)

제8조의2(종류주식의 수와 내용①) ① 이 회사가 발행할 (1종) 종류주식은 무의결권 배당우선 전환주식(이하 이조에서는 "종류주식"이라 함)으로 하며, 그 발행주식의 수는 ○○주로 한다.

※ 괄호안의 '1종'이라는 표현은 복수의 종류주식을 발행하는 경우 종류주식 간의 구별을 위해 표시한 것으로 한 종류의 종류주식만을 발행하는 경우에는 표시하지 아니할 수 있음.

② 종류주식에 대하여는 액면금액을 기준으로 년 ○○% 이상 ○○% 이내에서 발행시에 이사회가 정한 우선 비율에 따른 금액을 현금으로 우선 배당한다.

※ 무액면주식인 경우 '○○%'는 '○○원'으로, '우선 비율에 따른 금액을'은 '우선배당액을'으로 규정하여야 함. 이하 같음.

③ 보통주식의 배당률이 종류주식의 배당률을 초과할 경우에는 그 초과분에 대하여 보통주식과 동일한 비율로 참가시켜 배당한다.

※ 위 단순참가방식 외에 즉시참가방식을 택하고자 할 때에는 ③항을 「우선주식에 배당하고 잔여이익을 보통주식에 배당하는 경우 종류주식의 배당률에 보통주식의 배당률을 추가하여 배당한다」로 규정함.

※ 또 비참가형으로 하고자 할 때에는 ③항을 「종류주식은 보통주식의 배당에 참가하지 아니한다」로 규정하여야 함.

④ 종류주식에 대하여 어느 사업년도에 있어서 소정의 배당을 하지 못한 경우에는 누적된 미배당분을 다음 사업년도의 배당시에 우선하여 배당한다.

※ 우선배당을 비누적적으로 하고자 할 때에는 본 항을 「④종류주식에 대하여 어느 사업연도에 있어서 소정의 배당을 하지 못한 경우 그 부족분은 다음 년도의 배당시에 전보하지 아니한다」로 규정하여야 함.

⑤ 이 회사가 신주를 발행하는 경우 종류주식에 대한 신주의 배정은 유상증자 및 주식배당의 경우에는 보통주식에 배정하는 주식과 동일한 주식으로, 무상증자의 경우에는 그와

같은 종류의 주식으로 한다.

※ 유상증자 시 우선주에 대한 신주의 배정은 정관의 정함이 없는 경우에 회사는 보통주식과 같이 또는 달리 정할 수 있음(상법 제344조 제3항). 다만, 보통주식과 달리 정하는 경우에는 종류주주총회의 결의가 필요할 수 있으므로 신중을 요함.

⑥ 종류주식에 대하여 소정의 배당을 하지 아니한다는 결의가 있는 경우에는 그 결의가 있는 총회의 다음 총회부터 그 우선적 배당을 한다는 결의가 있는 총회의 종료시까지는 의결권이 있는 것으로 한다.

※ 의결권이 부활되지 않는 것으로 할 경우에는 이항을 규정하지 않으면 됨. 따라서 이 경우에는 우선주에 의결권을 부여하지 아니한 것과 같은 결과가 됨.

⑦ 종류주식의 존속기간은 발행일로부터 ○년으로 하고 이 기간 만료와 동시에 보통주식(또는 제○조의 종류주식)으로 전환된다.

※ 존속기간 대신 여타 전환주식으로 하고자 할 때에는 [유형3]을 참조하여 본 항을 대체하고, 상환주식으로 하고자 할 경우에는 [유형4]의 상환조항을 참조하여 그 규정으로 대체하면 됨.

⑧ 전환기간 만료일까지 소정의 배당을 완료하지 못한 경우에는 소정의 배당을 완료할 때까지 그 기간을 연장한다.

※ 우선배당을 비누적적 조건으로 한 경우에는 본 항은 필요하지 아니함.

⑨ (삭제 2021.1.5.)

[유형2] 의결권제한 배당우선 (존속기한부)전환주식을 발행할 경우

※ 무의결권 배당우선 (존속기한부)전환주식을 의결권제한 배당우선 (존속기한부)전환주식으로 발행하려는 경우에는 [유형1](이하 "표준형"이라 함) 제1항을 다음과 같이 규정함

제8조의3(종류주식의 수와 내용②) ① 이 회사가 발행할 (○종) 종류주식은 주주총회결의사항 중 다음 각 호에 대하여 의결권이 없는 배당우선 전환주식(이하 이조에서는 "종류주식"이라 함)으로 하며, 그 발행주식수는 ○○주로 한다.

1. ……………
2. ……………
3. ……………

※ 주주총회 결의사항중 이사의 선임·해임, 감사의 선임·해임 등 회사의 사정에 따라 기재함.

※ 괄호안의 '○종'이라는 표현은 복수의 종류주식을 발행하는 경우 종류주식 간의 구분을 위해 표시한 것으로 회사의 사정에 따라 변경하여 규정하여야 함.

② ~ ⑧ ([표준형] ② ~ ⑧와 동일)

(본조신설 2012.1.16.)

[유형3] 무의결권 배당우선 전환주식을 발행할 경우

※ 표준형 제1항과 제7항을 다음과 같이 규정하고, 제2항 내지 제6항과 제8항, 제9항은 동일함.

제8조의4(종류주식의 수와 내용③) ① 이 회사가 발행할 (○종) 종류주식은 무의결권 배당우선 전환주식(이하 이조에서는 "종류주식"이라 함)으로 하며, 그 발행주식의 수는 ○○주로 한다.

※ 괄호안의 '○종'이라는 표현은 복수의 종류주식을 발행하는 경우 종류주식 간의 구분을 위해 표시한 것으로 회사의 사정에 따라 변경하여 규정하여야 함.

② ~ ⑥ ([표준형] ② ~ ⑥과 동일)

⑦-1 종류주식은 다음 각 호에 의거 회사의 선택에 따라 전환할 수 있다.

1. 전환으로 인하여 발행할 주식의 수는 전환전의 수와 동수로 한다.

2. 전환할 수 있는 기간은 발행일로부터 ○○년 이상 ○○년 이내의 범위에서 이사회결의로 정한다. 다만 전환기간 내에 전환권이 행사되지 아니하면, 전환기간 만료일에 전환된 것으로 본다.

3. 전환으로 인하여 발행할 주식은 보통주식(또는 제○조의 종류주식)으로 한다.

4. 종류주식은 다음 각목의 사유가 발생한 경우 전환할 수 있다.

　가. ....

　나. ....

　다. ....

　라. ....

※ 전환사유는 회사 사정에 따라 조정하여 규정할 수 있음. 예를 들면 보통주식의 주가가 종류주식의 주가를 (1년 평균 1.3배) 상회하는 경우, 종류주식의 유통주식 비율이 (1년간 10%) 미만인 경우, 특정인이 ○○%이상 주식을 취득하는 경우, 기타 적대적 M&A가 우려되는 경우 등임.

※ 회사는 주주 간 이해 조정수단, 적대적 M&A 방어수단 등으로 전환사유를 설계하여 활용할 수 있음.

⑦-2 종류주식은 다음 각 호에 의거 주주가 회사에 대하여 전환을 청구할 수 있다.

1. (⑦-1의 1호와 동일)

2. (⑦-1의 2호에서 "전환할 수 있는 기간"을 "전환을 청구할 수 있는 기간"으로 하고, 나머지는 동일)

3. (⑦-1의 3호와 동일)

※ [유형3]에서 ⑦-1은 회사가 전환권을 갖는 경우이고, ⑦-2는 주주에게 전환청구권

이 있는 경우인데, 이를 각각 별개의 항으로 규정할 수 있고, 또 통합하여 하나의 항으로 규정할 수도 있음. 하나의 항으로 규정하는 경우 문언은 "⑦ 종류주식은 다음 각 호에 의거 회사의 선택 또는 주주의 청구에 따라 전환할 수 있다"로 하고, ⑦-1의 제2호의 "전환할 수 있는 기간"을 "전환 또는 전환청구를 할 수 있는 기간"으로 수정하고, 나머지는 그대로 기재하면 됨. 다만, 회사가 전환권을 행사할 수 있는 경우는 전환사유가 발생한 때이므로, 이에 관한 제4호는 그대로 두어야 함.

⑧ ([표준형] ⑧과 동일)

(본조신설 2012.1.16., 개정 2021.1.5.)

[유형4] 무의결권 배당우선 상환주식을 발행할 경우

※ 표준형 제1항과 제7항을 다음과 같이 규정하고, 제2항 내지 제6항은 동일하나 제8항은 삭제되어야 함.

제8조의5(종류주식의 수와 내용④) ① 이 회사가 발행할 (○종) 종류주식은 무의결권 배당우선 상환주식(이하 이조에서는 "종류주식"이라 함)으로 하며, 그 발행주식의 수는 ○○주로 한다.

※ 괄호안의 '○종'이라는 표현은 복수의 종류주식을 발행하는 경우 종류주식 간의 구분을 위해 표시한 것으로 회사의 사정에 따라 변경하여 규정하여야 함.

② ~ ⑥ ([표준형] ② ~ ⑥과 동일)

⑦-1 종류주식은 다음 각 호에 의거 회사의 선택에 따라 상환할 수 있다.

1. 상환가액은 「발행가액 + 연 ○%를 초과하지 않는 범위 내에서 정한 가산금액」으로 하며, 가산금액은 배당률, 시장상황 기타 종류주식의 발행에 관련된 제반 사정을 고려하여 발행시 이사회가 정한다. 다만, 상환가액을 조정할 수 있는 것으로 하려는 경우 이사회에서 상환가액을 조정할 수 있다는 뜻, 조정사유, 조정의 기준일 및 조정방법을 정하여야 한다.

※ 가산금액은 본조와 같이 비율한도를 정하거나 금액을 정할 수 있는 지표를 정하는 등 구체적인 기준을 정하여야 함.

2. 상환기간은 발행일이 속하는 회계연도의 정기주주총회 종료일 익일부터 발행 후 ○년이 되는 날이 속하는 회계연도에 대한 정기주주총회 종료일 이후 1개월이 되는 날 이내의 범위에서 이사회가 정한다. 다만, 상환기간이 만료되었음에도 불구하고 다음 각 호의 1에 해당하는 사유가 발생하면 그 사유가 해소될 때까지 상환기간은 연장된다.

   가. 상환기간 내에 상환하지 못한 경우
   나. 우선적 배당이 완료되지 아니한 경우

3. 종류주식을 일시에 또는 분할하여 상환할 수 있다. 다만, 분할상환하는 경우에는 회사가 추첨 또는 안분비례의 방법에 의하여 종류주식을 정할 수 있으며, 안분비례시 발생

하는 단주는 이를 상환하지 아니한다.

4. 회사는 상환대상인 주식의 취득일 2주일 전에 그 사실을 그 주식의 주주 및 주주명부에 기재된 권리자에게 통지 또는 공고하여야 한다.

⑦-2 종류주식은 다음 각 호에 의거 주주가 회사에 대하여 상환을 청구할 수 있다.

1. ⑦-1의 1호와 동일함.

2. ⑦-1의 2호와 동일함. 다만 가목의 "상환기간"은 "상환청구기간"으로 본다.

3. 주주는 종류주식 전부를 일시에 또는 이를 분할하여 상환해 줄 것을 회사에 청구할 수 있다. 다만, 회사는 상환청구당시에 배당가능이익이 부족한 경우에는 분할상환할 수 있으며 분할상환하는 경우에는 회사가 추첨 또는 안분비례의 방법에 의하여 상환할 주식을 정할 수 있고, 안분비례시 발생하는 단주는 이를 상환하지 아니한다.

4. 상환청구주주는 2주일 이상의 기간을 정하여 상환할 뜻과 상환대상주식을 회사에 통지하여야 한다.

※ ⑦-1과 ⑦-2중 어느 하나를 선택하여 ⑦항으로 규정할 수 있고, 또한 이를 각항으로 나누어 규정(⑦항 및 ⑧항)하거나 통합하여 ⑦항으로 규정할 수도 있음.

⑧ 회사는 주식의 취득의 대가로 현금 외의 유가증권(다른 종류의 주식은 제외한다)이나 그 밖의 자산을 교부할 수 있다.

※ 상환의 대가를 금전으로 한정하고자 하는 경우에는 본 항을 규정하지 아니하면 됨.

(본조신설 2012.1.16.)

제9조(주식 및 신주인수권증서에 표시되어야 할 권리의 전자등록) 이 회사는 주권 및 신주인수권증서를 발행하는 대신 전자등록기관의 전자등록계좌부에 주식 및 신주인수권증서에 표시되어야 할 권리를 전자등록한다. (개정 2018.11.28.)

제10조(주식의 발행 및 배정) ① 이 회사가 이사회의 결의로 신주를 발행하는 경우 다음 각 호의 방식에 의한다. (개정 2013.12.27.)

1. 주주에게 그가 가진 주식 수에 따라서 신주를 배정하기 위하여 신주인수의 청약을 할 기회를 부여하는 방식

2. 발행주식총수의 100분의 ○○(또는 액면총액이 ○○원)을 초과하지 않는 범위 내에서 신기술의 도입, 재무구조의 개선 등 회사의 경영상 목적을 달성하기 위하여 필요한 경우 제1호 외의 방법으로 특정한 자(이 회사의 주주를 포함한다)에게 신주를 배정하기 위하여 신주인수의 청약을 할 기회를 부여하는 방식

3. 발행주식총수의 100분의 ○○(또는 액면총액이 ○○원)을 초과하지 않는 범위 내에서 제1호 외의 방법으로 불특정 다수인(이 회사의 주주를 포함한다)에게 신주인수의 청약을 할 기회를 부여하고 이에 따라 청약을 한 자에 대하여 신주를 배정하는 방식

※ 본항 각호의 어느 하나에서 정한 "발행주식총수의 100분의 ○○"는 실제 신주를 발행

하는 시점의 발행주식총수를 기준으로 판단하며, 이 때 발행주식총수는 발행할 신주와 기 발행주식총수를 합산하여 계산함. 또한 각호의 어느 하나에 근거하여 이미 발행된 주식은 다음 발행한도 계산시 한도에서 차감하는 누적적 방식에 의해 계산함. (주석개정 2013.12.27)

※ 본항 제2호의 경우 한도를 규정하더라도 지나치게 높은 비율이나 큰 금액을 기재하는 경우에는 주주의 신주인수권을 침해할 소지가 있음. 따라서 한도를 규정하는 경우 발행주식총수의 20%(액면총액은 발행주식총수의 20%를 금전으로 환산한 액수) 내외로 정할 것을 권고함.

아울러 정관에 적법한 근거를 두었다고 하더라도 신주 발행 당시 신주발행의 필요성, 공정성과 함께 적합성, 비례성이 확보되도록 하여야 함. (주석개정 2003.2.4., 2007. 12.20., 2013.12.27)

※ 본항 제2호 및 제3호에서 한도를 설정할 경우 개정전 각호의 사유로 기발행된 주식의 수는 개정후 설정된 한도에서 차감되는 것으로 하여야 하며, 이 경우 기발행된 주식의 수가 개정후 한도를 초과하지 않도록 설정하여야 함. 또한, 개정정관의 부칙에 경과조치를 두어 기발행된 주식의 수를 개정 후 한도에서 차감하지 않고 새로이 계산하는 것으로 규정할 수 있음. (주석신설 2013.12.27)

② 제1항 제3호의 방식으로 신주를 배정하는 경우에는 이사회의 결의로 다음 각 호의 어느 하나에 해당하는 방식으로 신주를 배정하여야 한다. (개정 2003.2.4., 2007.12.20., 2013.12.27)

1. 신주인수의 청약을 할 기회를 부여하는 자의 유형을 분류하지 아니하고 불특정 다수의 청약자에게 신주를 배정하는 방식

2. 관계 법령에 따라 우리사주조합원에 대하여 신주를 배정하고 청약되지 아니한 주식까지 포함하여 불특정 다수인에게 신주인수의 청약을 할 기회를 부여하는 방식

3. 주주에 대하여 우선적으로 신주인수의 청약을 할 수 있는 기회를 부여하고 청약되지 아니한 주식이 있는 경우 이를 불특정 다수인에게 신주를 배정받을 기회를 부여하는 방식

4. 투자매매업자 또는 투자중개업자가 인수인 또는 주선인으로서 마련한 수요예측 등 관계 법규에서 정하는 합리적인 기준에 따라 특정한 유형의 자에게 신주인수의 청약을 할 수 있는 기회를 부여하는 방식

③ 제1항 제2호 및 제3호에 따라 신주를 배정하는 경우 상법 제416조제1호, 제2호, 제2호의2, 제3호 및 제4호에서 정하는 사항을 그 납입기일의 2주 전까지 주주에게 통지하거나 공고하여야 한다. 다만, 자본시장과 금융투자업에 관한 법률 제165조의9에 따라 주요사항보고서를 금융위원회 및 거래소에 공시함으로써 그 통지 및 공고를 갈음할 수 있다.

(신설 2012.1.16., 개정 2013.12.27.)

④ 제1항 각호의 어느 하나의 방식에 의해 신주를 발행할 경우에는 발행할 주식의 종류와 수 및 발행가격 등은 이사회의 결의로 정한다. (신설 2003.2.4, 개정 2007.12.20., 2013.12.27)

※ 발행가격은 관련 법조문에 따라 이사회 결의 시 정하도록 함(증권의 발행 및 공시 등에 관한 규정 제5 - 18조).

⑤ 회사는 신주를 배정하는 경우 그 기일까지 신주인수의 청약을 하지 아니하거나 그 가액을 납입하지 아니한 주식이 발생하는 경우에 그 처리방법은 발행가액의 적정성등 관련 법령에서 정하는 바에 따라 이사회 결의로 정한다. (신설 1997.2.21., 개정 2013.12.27.)

※ 실권주는 신주의 발행가액이 금융위가 정하는 방법에 따라 산정된 가격에 대한 할인율이 주주배정방식의 경우 40%, 제3자배정방식의 경우 10%, 일반공모방식의 경우 30% 이내이면서 ⅰ) 해당법인과 특수관계에 있지 아니한 투자매매업자가 실권주 전부를 인수하거나, ⅱ) 주주배정시 배정주식 수의 20%까지 초과청약을 할 수 있도록 하고 초과청약을 한 주주에게 우선적으로 실권주를 배정하거나, ⅲ) 신고서를 제출하지 않으면서 10억원미만의 신주를 발행하거나, ⅳ) 우리사주조합원에 대하여 신주를 발행하지 않은 경우로서 실권주를 우리사주조합원에게 배정하는 경우중 어느 하나에 해당하는 경우 발행할 수 있음(자본시장과 금융투자업에 관한 법률 제165조의6 제2항 및 동법 시행령 176조의8 제2항·제3항, 증권의 발행 및 공시등에 관한 규정 제5 - 15조의2). (주석신설 2013.12.27.)

⑥ 회사는 신주를 배정하면서 발생하는 단주에 대한 처리방법은 이사회의 결의로 정한다. (신설 2013.12.27.)

⑦ 회사는 제1항 제1호에 따라 신주를 배정하는 경우에는 주주에게 신주인수권증서를 발행하여야 한다. (신설 2013.12.27.)

제10조의2 (삭제 2003.2.4)

제10조의3(주식매수선택권) ① 이 회사는 임·직원(상법 시행령 제30조에서 정하는 관계회사의 임·직원을 포함한다. 이하 이조에서 같다)에게 발행주식총수의 100분의 ○의 범위 내에서 주식매수선택권을 주주총회의 특별결의에 의하여 부여할 수 있다. 다만 발행주식총수의 100분의 ○의 범위내에서는 이사회의 결의로 회사의 이사를 제외한 자에 대하여 주식매수선택권을 부여할 수 있다. 이사회의 결의로 주식매수선택권을 부여한 경우 회사는 부여 후 처음으로 소집되는 주주총회의 승인을 받아야 한다. 주주총회 또는 이사회 결의에 의해 부여하는 주식매수선택권은 경영성과목표 또는 시장지수 등에 연동하는 성과연동형으로 할 수 있다.

(개정 2001.3.2., 2003.2.4., 2009.2.4, 2013.1.3)

※ 제1항 본문의 상법 시행령에서 정하는 관계회사란 ⅰ) 당해 법인이 자본금의 100분의 30 이상을 출자하고 최다출자자로 있는 외국법인, ⅱ) ⅰ)의 외국법인이 자본금의 100분의 30 이상을 출자하고 최대출자자로 있는 외국법인과 그 법인이 자본금의 100분의 30 이상을 출자하고 최대출자자로 있는 외국법인, ⅲ) 해당 회사가 「금융지주회사법」에서 정하는 금융지주회사인 경우 그 자회사 또는 손자회사 가운데 상장회사가 아닌 법인. 다만, ⅰ) 및 ⅱ)의 법인은 주식매수선택권을 부여하는 회사의 수출실적에 영향을 미치는 생산 또는 판매업무를 영위하거나 해당 회사의 기술혁신을 위한 연구개발활동을 수행하는 경우에 한함(상법 시행령 제30조 제1항). (개정 2009.2.4., 2013.1.3.)

※ 주주총회 특별결의로 부여할 수 있는 한도는 발행주식총수의 100분의 15이며(상법 시행령 제6조의3 제3항), 이사회결의로 부여할 수 있는 한도는 최근 사업년도말 자본금을 기준으로 ⅰ) 3천억원 이상인 법인은 발행주식총수의 100분의 1, ⅱ) 3천억원 미만인 법인은 발행주식총수의 100분의 3(상법 시행령 제30조 제4항).
(개정 2001.3.2., 2003.2.4., 2009.2.4., 2013.1.3.)

② 주식매수선택권을 부여받을 자는 회사의 설립·경영·해외영업 또는 기술혁신 등에 기여하거나 기여할 수 있는 자로 한다. (개정 2000.2.10., 2003.2.4., 2009.2.4.)

③ 주식매수선택권의 행사로 교부할 주식(주식매수선택권의 행사가격과 실질가액과의 차액을 현금 또는 자기주식으로 교부하는 경우에는 그 차액의 산정기준이 되는 주식을 말한다)은 제8조의 주식 중 주식매수선택권을 부여하는 주주총회 또는 이사회 결의로 정한다. (개정 2000.2.10., 2009.2.4.)

④ 주식매수선택권의 부여대상이 되는 임·직원의 수는 재직하는 임·직원의 100분의 ○을 초과할 수 없고, 임원 또는 직원 1인에 대하여 부여하는 주식매수선택권은 발행주식총수의 100분의 ○을 초과할 수 없다. (개정 2000.2.10.)

⑤ 주식매수선택권을 행사할 주식의 1주당 행사가격은 다음 각호의 가액 이상이어야 한다. 주식매수선택권을 부여한 후 그 행사가격을 조정하는 경우에도 또한 같다. (개정 2000.2.10., 2009.2.4.)

1. 새로이 주식을 발행하여 교부하는 경우에는 다음 각목의 가격 중 높은 금액
   가. 주식매수선택권의 부여일을 기준으로 한 주식의 실질가액
   나. 당해 주식의 권면액
2. 자기주식을 양도하는 경우에는 주식매수선택권 부여일을 기준으로 한 주식의 실질가액

※ 상법은 행사가격 및 그 조정에 관한 사항을 주주총회의 특별결의로 정하도록 하고 있음(제340조의3 제2항 제3호). (주석개정 2000.2.10., 2009.2.4.)

⑥ 주식매수선택권은 제1항의 결의일부터 ○년이 경과한 날로부터 ○년 내에 행사할 수

있다. (개정 2001.3.2.)

※ 주식매수선택권은 결의일로부터 2년 이상 재임 또는 재직하여야 이를 행사할 수 있음 (상법 제542조의3 제4항). (주석개정 2004.1.27., 2009.2.4.)

※ 주식매수선택권의 행사기간 만료일을 당해 임·직원의 퇴임 또는 퇴직일로 정하는 경우 당해 임·직원이 본인의 귀책사유가 아닌 사유로 퇴임 또는 퇴직한 때에는 그 날부터 3월 이상의 행사기간을 추가로 부여하여야 함(상법 시행령 제30조 제7항). (주석신설 2000.2.10., 주석개정 2009.2.4., 2013.1.3.)

⑦ 주식매수선택권을 부여받은 자는 제1항의 결의일부터 2년 이상 재임 또는 재직하여야 행사할 수 있다. 다만, 주식매수선택권을 부여받은 자가 제1항의 결의일부터 2년내에 사망하거나 기타 본인의 귀책사유가 아닌 사유로 퇴임 또는 퇴직한 경우에는 그 행사기간 동안 주식매수선택권을 행사할 수 있다. (신설 2000.2.10., 개정 2013.1.3.)

⑧ 다음 각호의 어느 하나에 해당하는 경우에는 이사회의 결의로 주식매수선택권의 부여를 취소할 수 있다. (개정 2000.2.10., 2009.2.4.)

1. 주식매수선택권을 부여받은 임·직원이 본인의 의사에 따라 퇴임하거나 퇴직한 경우 (개정 2001.3.2.)

2. 주식매수선택권을 부여받은 임·직원이 고의 또는 과실로 회사에 중대한 손해를 입힌 경우 (개정 2001.3.2., 2009.2.4.)

3. 회사의 파산 또는 해산 등으로 주식매수선택권의 행사에 응할 수 없는 경우 (신설 2001.3.2.)

4. 기타 주식매수선택권 부여계약에서 정한 취소사유가 발생한 경우 (개정 2000.2.10.) (본조신설 1997.2.21.)

제10조의4(동등배당) 이 회사는 배당 기준일 현재 발행(전환된 경우를 포함한다)된 동종 주식에 대하여 발행일에 관계 없이 모두 동등하게 배당한다. (개정 2021.1.5.)

제11조(명의개서대리인) ① 이 회사는 주식의 명의개서대리인을 둔다.

② 명의개서대리인 및 그 사무취급장소와 대행업무의 범위는 이사회의 결의로 정한다. (개정 2010.1.22.)

③ 이 회사의 주주명부 또는 그 복본을 명의개서대리인의 사무취급장소에 비치하고 주식의 전자등록, 주주명부의 관리, 기타 주식에 관한 사무는 명의개서대리인으로 하여금 취급케 한다. (개정 2018.11.28.)

④ 제3항의 사무취급에 관한 절차는 명의개서대리인이 정한 관련 업무규정에 따른다. (개정 1996.1.17., 2009.2.4., 2021.1.5.)

제12조(주주명부 작성·비치) ① 이 회사는 전자등록기관으로부터 소유자명세를 통지받은 경우 통지받은 사항과 통지 연월일을 기재하여 주주명부를 작성·비치하여야 한다.

② 이 회사는 5% 이상 지분을 보유한 주주(특수관계인 등을 포함한다)의 현황에 변경이 있는 등 필요한 경우에 전자등록기관에 소유자명세의 작성을 요청할 수 있다.

③ 이 회사는 전자문서로 주주명부를 작성한다.

(본조신설 2021.1.5.)

※ 전자문서로 주주명부를 작성하기를 원하지 않는 회사는 제3항을 삭제하면 됨. (주석신설 2021.1.5.)

제13조(기준일) ① 이 회사는 매년 1월 ○○일 최종의 주주명부에 기재되어 있는 주주를 정기주주총회에서 권리를 행사할 주주로 한다.

※ 제1항의 기준일은 12월말 결산법인을 전제로 하였으며, 제1항과 달리 영업년도말 또는 1월 중의 날이 아닌 날(예컨대 2월 ○○일)로 정할 수 있고, 정관에서 기준일을 정하지 않고 정기주주총회 개최시마다 이사회 결의로 정하는 것도 가능함. 정관 또는 이사회에서 기준일을 정한 경우에는 그 날로부터 3개월 이내에 정기주주총회를 개최하여야 함. (주석신설 2021.1.5.)

※ 12월결산사가 정기주주총회를 결산기말로부터 3개월이 경과한 4월 이후에 개최하기 위해서는 (i) 기준일에 관한 규정, (ii) 정관에 정기주주총회 소집시기를 결산기말로부터 3개월 이내로 정한 경우 해당 규정 및 (iii) 결산기말을 배당기준일로 정한 경우 해당 규정을 모두 개정하여야 함.(주석신설 2018.11.28., 주석개정 2021.1.5., 2023.2.8.)

② 이 회사는 임시주주총회의 소집 기타 필요한 경우 이사회의 결의로 정한 날에 주주명부에 기재되어 있는 주주를 그 권리를 행사할 주주로 할 수 있으며, 회사는 이사회의 결의로 정한 날의 2주간 전에 이를 공고하여야 한다.

(본조신설 2018.11.28., 개정 2021.1.5.)

제3장 사 채

제14조(사채의 발행) ① 이 회사는 이사회의 결의에 의하여 사채를 발행할 수 있다.

② 이사회는 대표이사에게 사채의 금액 및 종류를 정하여 1년을 초과하지 아니하는 기간 내에 사채를 발행할 것을 위임할 수 있다.

※ 이사회에서 대표이사에게 사채발행을 위임하는 경우 제2항에서 정한 사항 이외에도 발행조건, 상환기간 등을 정하여 위임할 수 있음.

※ 집행임원을 설치한 회사는 "대표이사"를 "대표집행임원"으로 변경하여 규정하여야 함.

(본조신설 2012.1.16.)

제14조의2(전환사채의 발행) ① 이 회사는 다음 각호의 어느 하나에 해당하는 경우 이사회 결의로 주주 외의 자에게 전환사채를 발행할 수 있다. (개정 2000.2.10., 2007.12.20., 2013.12.27.)

1. 사채의 액면총액이 ○○원을 초과하지 않는 범위 내에서 신기술의 도입, 재무구조의 개선 등 회사의 경영상 목적을 달성하기 위하여 필요한 경우 제10조 제1항 제1호 외의 방법으로 특정한 자(이 회사의 주주를 포함한다)에게 사채를 배정하기 위하여 사채 인수의 청약을 할 기회를 부여하는 방식으로 전환사채를 발행하는 경우

2. 사채의 액면총액이 ○○원을 초과하지 않는 범위 내에서 제10조 제1항 1호 외의 방법으로 불특정 다수인(이 회사의 주주를 포함한다)에게 사채인수의 청약을 할 기회를 부여하고 이에 따라 청약을 한 자에 대하여 사채를 배정하는 방식으로 전환사채를 발행하는 경우

※ 본항 제1호의 경우 한도를 규정하더라도 지나치게 높은 비율이나 큰 금액을 기재하는 경우에는 주주의 신주인수권을 침해할 소지가 있음. 따라서 한도를 규정하는 경우 사채의 액면총액은 발행주식총수의 20%를 금전으로 환산한 액수 내외로 정할 것을 권고함. (주석신설 2000.2.10., 주석개정 2007.12.20., 2013.12.27.)

※ 본항 제1호 및 제2호에서 한도를 설정할 경우 개정전 각호의 사유로 기발행된 사채의 액면총액은 개정후 설정된 한도에서 차감되는 것으로 하여야 하며, 이 경우 기발행된 사채의 액면총액이 개정후 한도를 초과하지 않도록 설정하여야 함. 또한, 개정정관의 부칙에 경과조치를 두어 기발행된 사채의 액면총액을 개정 후 한도에서 차감하지 않고 새로이 계산하는 것으로 규정할 수 있음. (주석신설 2013.12.27.)

② 제1항제2호의 방식으로 사채를 배정하는 경우에는 이사회의 결의로 다음 각 호의 어느 하나에 해당하는 방식으로 사채를 배정하여야 한다. (개정 2013.12.27.)

1. 사채인수의 청약을 할 기회를 부여하는 자의 유형을 분류하지 아니하고 불특정 다수의 청약자에게 사채를 배정하는 방식

2. 주주에 대하여 우선적으로 사채인수의 청약을 할 수 있는 기회를 부여하고 청약되지 아니한 사채가 있는 경우 이를 불특정 다수인에게 사채를 배정받을 기회를 부여하는 방식

3. 투자매매업자 또는 투자중개업자가 인수인 또는 주선인으로서 마련한 수요예측 등 관계 법규에서 정하는 합리적인 기준에 따라 특정한 유형의 자에게 사채인수의 청약을 할 수 있는 기회를 부여하는 방식

③ 제1항의 전환사채에 있어서 이사회는 그 일부에 대하여만 전환권을 부여하는 조건으로도 이를 발행할 수 있다. (개정 2013.12.27.)

④ 전환으로 인하여 발행하는 주식은 ○○주식으로 하고 전환가액은 주식의 액면금액 또

는 그 이상의 가액으로 사채발행시 이사회가 정한다. (개정 2013.12.27.)

※ 회사가 전환사채의 전환청구로 인하여 발행할 신주의 종류를 여러 종류의 주식으로 하고자 할 경우에는 다음과 같이 규정할 수 있음. (주석신설 2000.2.10, 주석개정 2012.1.16.)

　예) 전환으로 인하여 발행하는 주식은 사채의 액면총액중 ○○원은 보통주식으로, ○○원은 제○조(내지 제○조)의 종류주식으로 하고, 전환가액은 주식의 액면금액 또는 그 이상의 가액으로 사채발행시 이사회가 정한다.

※ 회사가 무액면주식을 발행한 경우에는 동 항을 "전환으로 인하여 발행하는 주식은 ○○주식으로 하고 전환가액은 사채발행시 이사회가 정한다."로 변경하여야 함. (주석신설 2012.1.16.)

⑤ 전환을 청구할 수 있는 기간은 당해 사채의 발행일후 ○○월(또는 ○○일)이 경과하는 날로부터 그 상환기일의 직전일까지로 한다. 그러나 위 기간내에서 이사회의 결의로써 전환청구기간을 조정할 수 있다. (개정 2013.12.27.)

⑥ 주식으로 전환된 경우 회사는 전환 전에 지급시기가 도래한 이자에 대하여만 이자를 지급한다. (개정 1996.1.17., 2013.12.27., 2021.1.5.)

※ 시가하락에 의한 전환가액 조정시 이사회 결의로 발행당시의 전환가액의 100분의 70 미만으로 조정할 수 있도록 하기 위해서는 아래와 같은 내용을 정관에 추가하여 규정하여야 함(증권의 발행 및 공시 등에 관한 규정 제5－23조).

　1) 정관 규정만으로 가능하게 하는 경우

　　예) 이사회는 사채의 액면총액이 ○○억원을 초과하지 않는 범위 내에서 주주의 주식소유비율에 따라 전환사채를 발행하거나 제○항 제○호의 사유로 인하여 전환사채를 발행하는 경우에는 시가하락에 의한 조정후 전환가액의 최저한도를 ○○원으로 할 수 있다.

　2) 정관에서 주주총회 특별결의에 위임하는 경우

　　예) 회사는 시가하락에 의한 조정후 전환가액의 최저한도를 주주총회 특별결의로 전환사채 부여시의 전환가격의 100분의 70 미만으로 정할 수 있다.

　　(주석신설 2003.2.4, 주석개정 2004.1.27., 2009.2.4.)

제15조(신주인수권부사채의 발행) ①이 회사는 다음 각호의 어느 하나에 해당하는 경우 이사회 결의로 주주 외의 자에게 신주인수권부사채를 발행할 수 있다.
(개정 2000.2.10., 2007.12.20., 2013.12.27.)

1. 사채의 액면총액이 ○○원을 초과하지 않는 범위 내에서 신기술의 도입, 재무구조의 개선 등 회사의 경영상 목적을 달성하기 위하여 필요한 경우 제10조 제1항 제1호 외의 방법으로 특정한 자(이 회사의 주주를 포함한다)에게 사채를 배정하기 위하여 사채

인수의 청약을 할 기회를 부여하는 방식으로 신주인수권부사채를 발행하는 경우

2. 사채의 액면총액이 ○○원을 초과하지 않는 범위 내에서 제10조 제1항 1호 외의 방법으로 불특정 다수인(이 회사의 주주를 포함한다)에게 사채인수의 청약을 할 기회를 부여하고 이에 따라 청약을 한 자에 대하여 사채를 배정하는 방식으로 신주인수권부사채를 발행하는 경우

※ 본항 제1호의 경우 한도를 규정하더라도 지나치게 높은 비율이나 큰 금액을 기재하는 경우에는 주주의 신주인수권을 침해할 소지가 있음. 따라서 한도를 규정하는 경우 사채의 액면총액은 발행주식총수의 20%를 금전으로 환산한 액수 내외로 정할 것을 권고함.
(주석신설 2000.2.10., 주석개정 2007.12.20., 2013.12.27.)

※ 본항 제1호 및 제2호에서 한도를 설정할 경우 개정전 각호의 사유로 기발행된 사채의 액면총액은 개정후 설정된 한도에서 차감되는 것으로 하여야 하며, 이 경우 기발행된 사채의 액면총액이 개정후 한도를 초과하지 않도록 설정하여야 함. 또한, 개정정관의 부칙에 경과조치를 두어 기발행된 사채의 액면총액을 개정 후 한도에서 차감하지 않고 새로이 계산하는 것으로 규정할 수 있음. (주석신설 2013.12.27.)

② 제1항제2호의 방식으로 사채를 배정하는 경우에는 이사회의 결의로 다음 각 호의 어느 하나에 해당하는 방식으로 사채를 배정하여야 한다. (개정 2013.12.27.)

1. 사채인수의 청약을 할 기회를 부여하는 자의 유형을 분류하지 아니하고 불특정 다수의 청약자에게 사채를 배정하는 방식

2. 주주에 대하여 우선적으로 사채인수의 청약을 할 수 있는 기회를 부여하고 청약되지 아니한 사채가 있는 경우 이를 불특정 다수인에게 사채를 배정받을 기회를 부여하는 방식

3. 투자매매업자 또는 투자중개업자가 인수인 또는 주선인으로서 마련한 수요예측 등 관계 법규에서 정하는 합리적인 기준에 따라 특정한 유형의 자에게 사채인수의 청약을 할 수 있는 기회를 부여하는 방식

③ 신주인수를 청구할 수 있는 금액은 사채의 액면총액을 초과하지 않는 범위내에서 이사회가 정한다. (개정 2013.12.27.)

④ 신주인수권의 행사로 발행하는 주식은 ○○주식으로 하고 그 발행가액은 액면금액 또는 그 이상의 가액으로 사채발행시 이사회가 정한다. (개정 2013.12.27.)

※ 신주인수권 행사로 발행하는 주식의 종류를 다양하게 하고자 하는 경우에는 전환사채의 예를 참조하여 규정할 수 있음. (주석신설 2012.1.16.)

※ 회사가 무액면주식을 발행한 경우에는 동 항을 "신주인수권의 행사로 발행하는 주식은 ○○주식으로 하고 그 발행가액은 사채발행시 이사회가 정한다"로 변경하여야 함.

(주석신설 2012.1.16.)

⑤ 신주인수권을 행사할 수 있는 기간은 당해 사채발행일후 ○○월(또는 ○○일)이 경과한 날로부터 그 상환기일의 직전일까지로 한다. 그러나 위 기간내에서 이사회의 결의로써 신주인수권의 행사기간을 조정할 수 있다. (개정 2013.12.27.)

⑥ (삭제 2021.1.5.)

※ 시가하락에 의한 신주인수권부사채의 행사가격 조정시 이사회 결의로 발행당시의 행사가액의 100분의 70 미만으로 조정할 수 있도록 하기 위해서는 아래와 같은 내용을 정관에 추가하여 규정하여야 함(증권의 발행 및 공시 등에 관한 규정 제5-24조).

  1) 정관 규정만으로 가능하게 하는 경우

    예) 이사회는 사채의 액면총액이 ○○억원을 초과하지 않는 범위 내에서 주주의 주식소유비율에 따라 신주인수권부사채를 발행하거나 제○항 제○호의 사유로 인하여 신주인수권부사채를 발행하는 경우에는 시가하락에 의한 조정후 신주인수권 행사가액의 최저한도를 ○○원으로 할 수 있다.

  2) 정관에서 주주총회 특별결의에 위임하는 경우

    예) 회사는 시가하락에 의한 조정후 신주인수권 행사가액의 최저한도를 주주총회 특별결의로 신주인수권부사채 부여시의 신주인수권 행사가격의 100분의 70 미만으로 정할 수 있다.

  (주석신설 2003.2.4, 주석개정 2004.1.27., 2009.2.4.)

제15조의2(사채 및 신주인수권증권에 표시되어야 할 권리의 전자등록) 이 회사는 사채권 및 신주인수권증권을 발행하는 대신 전자등록기관의 전자등록계좌부에 사채권 및 신주인수권증권에 표시되어야 할 권리를 전자등록한다. 다만, 사채의 경우 법령에 따라 전자등록이 의무화된 상장사채등을 제외하고는 전자등록을 하지 않을 수 있다.

(본조신설 2018.11.28., 개정 2021.1.5.)

※ 회사가 조건부자본증권을 발행하더라도 사채에 포함되는 것으로 보아 정관에 별도의 규정을 둘 필요가 없으나 조건부자본증권의 발행근거를 정관에 규정한 경우에는 해당 조문과의 균형을 고려하여 위 조문에 조건부자본증권의 전자등록에 관한 근거 규정을 추가할 수 있음. (주석신설 2018.11.28.)

제16조(사채발행에 관한 준용규정) 제11조의 규정은 사채발행의 경우에 준용한다. (개정 1996.1.17., 2018.11.28.)

※ 회사는 「상법」 제469조제2항, 제513조 및 제516조의2에 따른 사채와 다른 종류의 사채로서 일정 범위 내에서 자본시장법 시행령 제176조의12, 제176조의13에 따른 조건부자본증권을 발행할 수 있음. (주석신설 2013.12.27.)

  1. 전환형 조건부자본증권의 경우에는 아래의 사항을 정관으로 정해야 함.

      1) 전환형 조건부자본증권을 발행할 수 있다는 뜻

      2) 전환형 조건부자본증권의 총액

      3) 전환의 조건

      4) 전환으로 인하여 발행할 주식의 종류와 내용

      5) 주주에게 전환형 조건부자본증권의 인수권을 준다는 뜻과 인수권의 목적인 전환형 조건부자본증권의 액

      6) 주주 외의 자에게 전환형 조건부자본증권을 발행하는 것과 이에 대하여 발행할 전환형 조건부자본증권의 액

   2. 상각형 조건부자본증권의 경우에는 아래의 사항을 정관으로 정해야 함.

      1) 상각형 조건부자본증권을 발행할 수 있다는 뜻

      2) 상각형 조건부자본증권의 총액

      3) 사채의 상환과 이자지급 의무가 감면(이하 이 조에서 "채무재조정"이라 한다)되는 조건

      4) 채무재조정으로 인하여 변경될 상각형 조건부자본증권의 내용

제4장 주주총회

제17조(소집시기) ① 이 회사의 주주총회는 정기주주총회와 임시주주총회로 한다.

  ② 정기주주총회는 제13조 제1항에서 정한 기준일로부터 3개월 이내에, 임시주주총회는 필요에 따라 소집한다. (개정 2021.1.5.)

(본조신설 2018.11.28.)

※ 정기주주총회 의결권행사 기준일을 결산기말이 아닌 날로 변경하였더라도 배당기준일을 결산기말(또는 의결권행사 기준일과 다른 날)로 정한 경우 정기총회 개최일은 배당기준일과 의결권행사 기준일 중 앞선 날을 기준으로 3개월 이내의 날로 정하여야 함. 다만, 이익배당을 이사회에서 정하는 경우, 결산기말이 아닌 의결권행사 기준일로부터 3개월 이내에 정기총회를 개최할 수 있음. (주석신설 2021.1.5.)

제18조(소집권자) ① 주주총회의 소집은 법령에 다른 규정이 있는 경우를 제외하고는 이사회의 결의에 따라 대표이사가 소집한다.

  ② 대표이사가 유고시에는 제34조 제2항의 규정을 준용한다. (개정 2018.11.28.)

※ 회사가 복수의 대표이사를 선임한 경우 "대표이사회장" 또는 "대표이사사장" 등으로 특정하는 것이 바람직함. (주석신설 2018.11.28.)

※ 집행임원을 설치한 회사는 제1항의 "대표이사"를 "대표집행임원"으로 변경하여 규정하

여야 하며, 제2항은 회사의 사정에 맞추어 새로이 규정하여야 함. (주석신설 2012.1.
16., 개정 2018.11.28.)

제19조(소집통지 및 공고) ① 주주총회를 소집함에는 그 일시, 장소 및 회의의 목적사항을
총회일 2주간전에 주주에게 서면 또는 전자문서로 통지를 발송하여야 한다. (개정
2003.2.4)

② 의결권있는 발행주식총수의 100분의 1 이하의 주식을 소유한 주주에 대한 소집통지는
2주간전에 주주총회를 소집한다는 뜻과 회의 목적사항을 ○○에서 발행하는 ○○일보(신
문)와 ○○신문(일보)에 2회 이상 공고하거나 금융감독원 또는 한국거래소가 운용하는
전자공시시스템에 공고함으로써 제1항의 소집통지에 갈음할 수 있다. (개정 2003.2.4.,
2009.2.4)

③ (삭제 2001.3.2)

※ 이사·감사의 선임의 경우에는 이사·감사후보자의 성명, 약력, 추천인 등을 통지·공
고하여야 함(상법 제542조의4 제2항). (주석신설 2001.3.2., 주석개정 2009.2.4.)

※ 회사가 주주총회 소집의 통지 또는 공고를 하는 경우 사외이사의 활동내역과 보수에
관한 사항, 사업개요 등을 통지·공고하거나 회사 인터넷 홈페이지에 게재하고 일정 장
소에 비치하여야 함(상법 제542조의4 제3항, 상법 시행령 제31조). (주석신설
2001.3.2, 주석개정 2009.2.4., 2013.1.3.)

제20조(소집지) 주주총회는 본점소재지에서 개최하되 필요에 따라 이의 인접지역에서도 개최
할 수 있다.

※ 지방에 본점을 둔 회사가 특정시에서 주주총회를 개최하고자 하는 경우에는 제20조에
그 장소를 다음과 같이 추가하여도 무방함.
예) 주주총회는 본점소재지 또는 이의 인접지 이외에 ○○시에서도 개최할 수 있다.

제21조(의장) ① 주주총회의 의장은 대표이사로 한다.

② 대표이사가 유고시에는 주주총회에서 따로 정한 자가 있으면 그 자가 의장이 된다. 다
만, 주주총회에서 따로 정한 자가 없을 경우에는 제34조 제2항의 규정을 준용한다.
(본조개정 2018.11.28.)

※ 회사가 복수의 대표이사를 선임한 경우 "대표이사회장" 또는 "대표이사사장" 등으로
특정하는 것이 바람직함. (주석신설 2018.11.28.)

※ 집행임원을 설치한 회사는 제1항의 "대표이사"를 "대표집행임원"으로 변경하여 규정하
여야 하며, 제2항은 회사의 사정에 맞추어 새로이 규정하여야 함. (주석신설
2012.1.16., 개정 2018.11.28.)

제22조(의장의 질서유지권) ① 주주총회의 의장은 고의로 의사진행을 방해하기 위한 발언·
행동을 하는 등 현저히 질서를 문란하게 하는 자에 대하여 그 발언의 정지 또는 퇴장을

명할 수 있다. (개정 2000.2.10.)

② 주주총회의 의장은 의사진행의 원활을 기하기 위하여 필요하다고 인정할 때에는 주주의 발언의 시간 및 횟수를 제한할 수 있다.

제23조(주주의 의결권) 주주의 의결권은 1주마다 1개로 한다.

제24조(상호주에 대한 의결권 제한) 이 회사, 모회사 및 자회사 또는 자회사가 다른 회사의 발행주식총수의 10분의 1을 초과하는 주식을 가지고 있는 경우 그 다른 회사가 가지고 있는 이 회사의 주식은 의결권이 없다.

제25조(의결권의 불통일행사) ① 2이상의 의결권을 가지고 있는 주주가 의결권의 불통일행사를 하고자 할 때에는 회일의 3일전에 회사에 대하여 서면으로 그 뜻과 이유를 통지하여야 한다.

② 회사는 주주의 의결권의 불통일행사를 거부할 수 있다. 그러나 주주가 주식의 신탁을 인수하였거나 기타 타인을 위하여 주식을 가지고 있는 경우에는 그러하지 아니하다.

제26조(의결권의 대리행사) ① 주주는 대리인으로 하여금 그 의결권을 행사하게 할 수 있다.

② 제1항의 대리인은 주주총회 개시 전에 그 대리권을 증명하는 서면(위임장)을 제출하여야 한다.

제27조(주주총회의 결의방법) 주주총회의 결의는 법령에 다른 정함이 있는 경우를 제외하고는 출석한 주주의 의결권의 과반수로 하되 발행주식총수의 4분의 1 이상의 수로 하여야 한다. (개정 1996.1.17.)

서면에 의한 의결권행사제도를 도입하는 경우

※ 상법 제368조의3에 따라 서면에 의한 의결권행사제도를 도입하기 위하여는 다음과 같이 제27조의2의 규정을 두어야 함.

제27조의2(서면에 의한 의결권의 행사) ① 주주는 총회에 출석하지 아니하고 서면에 의하여 의결권을 행사할 수 있다.

② 회사는 제1항의 경우 총회의 소집통지서에 주주의 의결권 행사에 필요한 서면과 참고자료를 첨부하여야 한다.

③ 서면에 의하여 의결권을 행사하고자 하는 주주는 제2항의 서면에 필요한 사항을 기재하여, 회일의 전일까지 회사에 제출하여야 한다.

(본조신설 2000.2.10.)

> ## 서면에 의한 의결권행사제도를 도입하지 않는 경우

※ 서면에 의한 의결권행사제도를 도입하지 않는 경우에는 제27조의2와 같은 규정을 두지 아니함.

제28조(주주총회의 의사록) 주주총회의 의사는 그 경과의 요령과 결과를 의사록에 기재하고 의장과 출석한 이사가 기명날인 또는 서명을 하여 본점과 지점에 비치한다. (개정 1996.1.17.)

제5장 이사·이사회

제29조(이사의 수) ① 이 회사의 이사는 3명 이상 ○명 이내로 하고, 사외이사는 이사총수의 4분의 1 이상으로 한다. (개정 2000.2.10., 2018.11.28.)

② 사외이사의 사임·사망 등의 사유로 인하여 사외이사의 수가 제1항에서 정한 이사회의 구성요건에 미달하게 되면 그 사유가 발생한 후 처음으로 소집되는 주주총회에서 그 요건에 합치되도록 사외이사를 선임하여야 한다. (신설 2018.11.28.)

※ 최근사업년도말 자산총액이 2조원 이상인 상장회사는 3인 이상으로 이사총수의 과반수를 사외이사로 선임하여야 함(상법 제542조의8 제1항). (주석신설 2000.2.10., 주석개정 2001.3.2., 2004.1.27., 2009.2.4.)

※ 이사회 구성원을 특정 성(性)의 이사로 구성하지 않고자 하는 경우에는 위의 항에 추가하여 아래와 같이 규정할 수 있음(자본시장법 제165조의20). 다만, 해당 규정의 시행은 2022. 8. 5.까지 유예할 수 있음에 따라 회사가 그에 맞추어 시행코자 하는 경우 부칙에 별도의 경과규정을 두어야 함.

"③ 이 회사의 이사회는 이사 전원을 특정 성(性)의 이사로 구성하지 아니한다."
(주석신설 2021.1.5.)

제30조(이사의 선임) ① 이사는 주주총회에서 선임한다. (개정 2000.2.10.)

※ 이사회에서 제1항의 이사 중 사내이사와 기타 상무에 종사하지 아니하는 이사(기타비상무이사)를 구분하여 결정할 수 있다는 정관 규정을 추가할 경우 사내이사와 기타비상무이사의 구분선임을 이사회에서 할 수 있음. (주석신설 2018.11.28.)

② 이사의 선임은 출석한 주주의 의결권의 과반수로 하되 발행주식총수의 4분의 1 이상의 수로 하여야 한다. (개정 1996.1.17., 2000.2.10.)

집중투표제를 채택할 경우

※ 집중투표제에 대한 배제규정을 정관에 두지 않는 경우에는 상법 제382조의2 규정에 의한 집중투표제를 적용하는 것임.

집중투표제를 채택하지 않을 경우

---

③ 2인 이상의 이사를 선임하는 경우 상법 제382조의2에서 규정하는 집중투표제는 적용하지 아니한다. (신설 1999.2.23., 개정 2000.2.10.)

사외이사후보추천위원회를 설치한 경우

제30조의2(사외이사 후보의 추천) ① 사외이사후보추천위원회는 상법등 관련 법규에서 정한 자격을 갖춘 자 중에서 사외이사 후보를 추천한다. (개정 2009.2.4.)

② 사외이사 후보의 추천 및 자격심사에 관한 세부적인 사항은 사외이사후보추천위원회에서 정한다.

※ 자산규모 2조원 이상인 회사는 상법 제542조의8 제5항에 의하여 사외이사후보추천위원회의 설치가 의무화되어 있으나, 그 밖의 회사에서도 자율적으로 설치·운영할 수 있음. 이에 사외이사후보추천위원회를 설치한 회사의 경우 위와 같이 사외이사 후보 추천에 관한 근거를 추가로 규정할 수 있음. (주석개정 2009.2.4.)

제31조(이사의 임기) 이사의 임기는 3년으로 한다. 그러나 그 임기가 최종의 결산기 종료후 당해 결산기에 관한 정기주주총회 전에 만료될 경우에는 그 총회의 종결시까지 그 임기를 연장한다. (개정 2000.2.10.)

※ 이사의 임기를 항상 정기주주총회에서 종결하는 것으로 하고자 하는 경우에는 이사의 임기를 아래와 같이 규정할 수 있음. (주석신설 2009.2.4.)

예) 제31조(이사의 임기) 이사의 임기는 취임후 ○년내의 최종의 결산기에 관한 정기주주총회 종결시까지로 한다.

제32조(이사의 보선) 이사중 결원이 생긴 때에는 주주총회에서 이를 선임한다. 그러나 이 정관 제29조에서 정하는 원수를 결하지 아니하고 업무수행상 지장이 없는 경우에는 그러하지 아니한다. (개정 2001.3.2., 2021.1.5.)

제33조(대표이사 등의 선임) 이 회사는 이사회의 결의로 대표이사, 부사장, 전무 및 상무 약

간 명을 선임할 수 있다. (개정 2012.1.16., 2018.11.28.)

※ 사장, 부사장, 전무, 상무 등과 다른 임원 직위명을 사용하는 경우 회사에서 사용하는 임원의 직위명으로 수정, 활용할 수 있음. (주석신설 2018.11.28.)

※ 집행임원을 설치한 회사는 동 조를 다음과 같이 규정하여야 함.

　　예) 제33조(집행임원) ① 이 회사는 대표집행임원과 집행임원을 둔다. 대표집행임원과 집행임원의 수, 직책, 보수 등은 이사회의 결의로 정한다.

　　　② 대표집행임원과 집행임원은 이사회의 결의로 선임한다.

　　　③ 대표집행임원과 집행임원의 임기는 취임후 (2)년내의 최종의 결산기에 관한 정기주주총회가 종결한 후 가장 먼저 소집하는 이사회의 종결시까지로 한다.

　　(주석신설 2012.1.16.)

제34조(이사의 직무) ① 대표이사는 회사를 대표하고 업무를 총괄한다. (개정 2018.11.28.)

② 부사장, 전무, 상무 등은 대표이사를 보좌하고 이사회에서 정하는 바에 따라 이 회사의 업무를 분장 집행하며 대표이사의 유고시에는 이사회에서 정한 순서에 따라 그 직무를 대행한다. (개정 2012.1.16., 2018.11.28.)

※ 집행임원을 설치한 회사는 동 조를 다음과 같이 규정하여야 함.

　　예) 제34조(대표집행임원과 집행임원의 직무) ① 대표집행임원은 회사를 대표하고 이 회사의 업무를 총괄한다.

　　　② 집행임원은 대표집행임원을 보좌하고 이 회사의 업무를 분장한다.

　　　③ 대표집행임원과 집행임원은 3개월에 1회 이상 업무의 집행상황을 이사회에 보고하여야 한다.

　　　④ 대표집행임원과 집행임원은 회의의 목적사항과 소집의 이유를 기재한 서면을 이사회의 소집권자에게 제출하여 이사회의 소집을 청구할 수 있다.

　　(주석신설 2012.1.16.)

제34조의2 (삭제 2012.1.16.)

제34조의3(이사의 보고의무) ① 이사는 3월에 1회 이상 업무의 집행상황을 이사회에 보고하여야 한다. (신설 2003.2.4.)

② 이사는 회사에 현저하게 손해를 미칠 염려가 있는 사실을 발견한 때에는 즉시 감사에게 이를 보고하여야 한다. (개정 2003.2.4.)

※ 집행임원을 설치한 회사는 제1항을 규정할 필요가 없으며, 제2항의 "이사"를 "이사 또는 집행임원"으로 변경하여 규정하여야 함. (주석신설 2012.1.16.)

※ 감사위원회를 설치한 회사는 "감사위원회에" 보고하는 것으로 규정하여야 함. (주석신설 2000.2.10.)

제35조(이사·감사의 회사에 대한 책임감경) ① 이 회사는 주주총회 결의로 이사 또는 감사의

상법 제399조에 따른 책임을 그 행위를 한 날 이전 최근 1년 간의 보수액(상여금과 주식 매수선택권의 행사로 인한 이익등을 포함한다)의 ○배(사외이사의 경우는 ○배)를 초과하는 금액에 대하여 면제할 수 있다.

※ 상법 제400조 제2항에서는 이사(감사는 제415조에서 준용)는 보수액의 6배, 그리고 사외이사는 보수액의 3배를 책임경감의 최저한도로 정하고 있으므로 회사는 정관규정 시 그 이상으로 정할 수 있음.

② 이사 또는 감사가 고의 또는 중대한 과실로 손해를 발생시킨 경우와 이사가 상법 제397조(경업금지), 제397조의2(회사기회유용금지) 및 상법 제398조(자기거래금지)에 해당하는 경우에는 제1항의 규정을 적용하지 아니한다.

※ 집행임원을 설치한 회사는 이사에 "집행임원"을 추가하여 규정할 수 있으며, 감사위원회를 설치한 회사는 감사를 삭제하여야 함.

(본조신설 2012.1.16.)

제36조 (삭제 2000.2.10)

제37조(이사회의 구성과 소집) ① 이사회는 이사로 구성하며 이 회사 업무의 중요사항을 결의한다.

② 이사회는 각 이사가 소집한다. 그러나 이사회에서 따로 정한 이사가 있을 때에는 그러하지 아니하다. (개정 2018.11.28.)

③ 이사회를 소집하는 이사는 이사회 회일 ○일전에 각 이사 및 감사에게 통지하여 소집한다. 그러나 이사 및 감사 전원의 동의가 있을 때에는 소집절차를 생략할 수 있다.(신설 2018.11.28.)

※ 감사위원회를 설치한 경우에는 "감사"를 삭제하여야 함. (주석신설 2001.3.2.)

④ 이사회의 의장은 이사회에서 정한다. 다만, 제2항의 단서에 따라 이사회의 소집권자를 이사회에서 따로 정한 경우에는 그 이사를 의장으로 한다. (신설 2000.2.10., 개정 2018.11.28.)

제38조(이사회의 결의방법) ① 이사회의 결의는 이사 과반수의 출석과 출석이사의 과반수로 한다. 다만 상법 제397조의2(회사기회유용금지) 및 제398조(자기거래금지)에 해당하는 사안에 대한 이사회 결의는 이사 3분의 2 이상의 수로 한다. (개정 2012.1.16.)

② 이사회는 이사의 전부 또는 일부가 직접 회의에 출석하지 아니하고 모든 이사가 음성을 동시에 송·수신하는 통신수단에 의하여 결의에 참가하는 것을 허용할 수 있다. 이 경우 당해 이사는 이사회에 직접 출석한 것으로 본다. (개정 2000.2.10., 2012.1.16.)

③ 이사회의 결의에 관하여 특별한 이해관계가 있는 자는 의결권을 행사하지 못한다.

제39조(이사회의 의사록) ① 이사회의 의사에 관하여는 의사록을 작성하여야 한다.

② 의사록에는 의사의 안건, 경과요령, 그 결과, 반대하는 자와 그 반대이유를 기재하고

출석한 이사 및 감사가 기명날인 또는 서명하여야 한다.

(본조개정 1996.1.17., 2000.2.10.)

※ 감사위원회를 설치한 경우에는 감사를 삭제하여야 함. (주석신설 2000.2.10.)

제39조의2(위원회) ① 이 회사는 이사회내에 다음 각호의 위원회를 둔다.

1. ○○위원회

2. ……………

3. ……………

4. ……………

※ 최근사업년도말 자산총액이 2조원 이상인 상장회사는 상법 제542조의8 제4항 및 제542조의11에 의하여 사외이사후보추천위원회와 감사위원회를 반드시 설치하여야 함. 각 위원회의 명칭은 다음과 같이 규정할 수 있음. (주석신설 2000.2.10., 주석개정 2009.2.4.)

  예) 1. 경영위원회

    2. 보수위원회

    3. 사외이사후보추천위원회

    4. 감사위원회

② 각 위원회의 구성, 권한, 운영 등에 관한 세부사항은 이사회의 결의로 정한다.

③ 위원회에 대해서는 제37조, 제38조 및 제39조의 규정을 준용한다.

(본조신설 2000.2.10.)

제40조(이사의 보수와 퇴직금) ① 이사의 보수는 주주총회의 결의로 이를 정한다. (개정 2000.2.10.)

② 이사의 퇴직금의 지급은 주주총회 결의를 거친 임원퇴직금지급규정에 의한다. (개정 2000.2.10.)

제41조(상담역 및 고문) 이 회사는 이사회의 결의로 상담역 또는 고문 약간명을 둘 수 있다.

감사를 두는 경우

제6장 감 사

제41조의2(감사의 수와 선임) ① 이 회사의 감사는 1명 이상 ○명 이내로 한다. 그 중 1명이상은 상근으로 하여야 한다.

② 감사는 주주총회에서 선임하며, 감사의 선임을 위한 의안은 이사의 선임을 위한 의안

과는 구분하여 의결하여야 한다. (개정 2001.3.2.)

③ 감사의 선임은 출석한 주주의 의결권의 과반수로 하되 발행주식총수의 4분의 1이상의 수로 하여야 한다. 다만, 상법 제368조의4 제1항에 따라 전자적 방법으로 의결권을 행사할 수 있도록 한 경우에는 출석한 주주의 의결권의 과반수로써 감사의 선임을 결의할 수 있다. (개정 2021.1.5.)

④ 감사의 선임과 해임에는 의결권 없는 주식을 제외한 발행주식총수의 100분의 3을 초과하는 수의 주식을 가진 주주(최대주주인 경우에는 그의 특수관계인, 그 밖에 상법시행령으로 정하는 자가 소유하는 주식을 합산한다)는 그 초과하는 주식에 관하여 의결권을 행사하지 못한다. (신설 2021.1.5.)

(본조신설 2000.2.10.)

제41조의3(감사의 임기) 감사의 임기는 취임후 3년내의 최종의 결산기에 관한 정기주주총회 종결시까지로 한다. (신설 2000.2.10.)

제41조의4(감사의 보선) 감사중 결원이 생긴 때에는 주주총회에서 이를 선임한다. 그러나 이 정관 제○조에서 정하는 원수를 결하지 아니하고 업무수행상 지장이 없는 경우에는 그러하지 아니한다. (신설 2000.2.10.)

제41조의5(감사의 직무 등) ① 감사는 이 회사의 회계와 업무를 감사한다.

② 감사는 이사회에 출석하여 의견을 진술할 수 있다. (신설 2001.3.2.)

③ 감사는 필요하면 회의의 목적사항과 소집이유를 서면에 적어 이사(소집권자가 있는 경우에는 소집권자를 말한다. 이하 같다.)에게 제출하여 이사회 소집을 청구할 수 있다. (신설 2012.1.16.)

④ 제3항의 청구를 하였는데도 이사가 지체 없이 이사회를 소집하지 아니하면 그 청구한 감사가 이사회를 소집할 수 있다. (신설 2012.1.16.)

⑤ 감사는 회의의 목적사항과 소집의 이유를 기재한 서면을 이사회에 제출하여 임시총회의 소집을 청구할 수 있다.

⑥ 감사는 그 직무를 수행하기 위하여 필요한 때에는 자회사에 대하여 영업의 보고를 요구할 수 있다. 이 경우 자회사가 지체없이 보고를 하지 아니할 때 또는 그 보고의 내용을 확인할 필요가 있는 때에는 자회사의 업무와 재산상태를 조사할 수 있다.

⑦ 감사는 회사의 비용으로 전문가의 도움을 구할 수 있다. (신설 2012.1.16.)

(본조신설 2000.2.10.)

제41조의6(감사록) 감사는 감사에 관하여 감사록을 작성하여야 하며, 감사록에는 감사의 실시요령과 그 결과를 기재하고 감사를 실시한 감사가 기명날인 또는 서명하여야 한다.

(본조신설 2000.2.10.)

제41조의7(감사의 보수와 퇴직금) ① 감사의 보수는 주주총회의 결의로 이를 정한다. 감사의

보수결정을 위한 의안은 이사의 보수결정을 위한 의안과는 구분하여 의결하여야 한다.

② 감사의 퇴직금의 지급은 주주총회 결의를 거친 임원퇴직금지급규정에 의한다.

(본조신설 2000.2.10.)

감사위원회를 두는 경우

제6장 감사위원회

제41조의2(감사위원회의 구성) ① 이 회사는 감사에 갈음하여 제39조의2의 규정에 의한 감사위원회를 둔다.

② 감사위원회는 3인 이상의 이사로 구성한다.

③ 위원의 3분의 2 이상은 사외이사이어야 하고, 사외이사 아닌 위원은 상법 제542조의10 제2항의 요건을 갖추어야 한다. (개정 2009.2.4.)

④ 감사위원회 위원은 주주총회에서 이사를 선임한 후 선임된 이사 중에서 감사위원을 선임하여야 한다. 이 경우 감사위원회 위원 중 1명은 주주총회 결의로 다른 이사들과 분리하여 감사위원회 위원이 되는 이사로 선임하여야 한다. (신설 2021.1.5.)

※ 분리선임할 감사위원회 위원의 수를 2명이상으로 하고자 하는 경우에는 제4항을 개정하여 그 수를 명시하여야 함. (주석 신설 2021.1.5.)

⑤ 감사위원회 위원의 선임은 출석한 주주의 의결권의 과반수로 하되 발행주식총수의 4분의 1이상의 수로 하여야 한다. 다만, 상법 제368조의4 제1항에 따라 전자적 방법으로 의결권을 행사할 수 있도록 한 경우에는 출석한 주주의 의결권의 과반수로써 감사위원회 위원의 선임을 결의할 수 있다. (개정 2021.1.5.)

⑥ 감사위원회 위원은 상법 제434조에 따른 주주총회의 결의로 해임할 수 있다. 이 경우 제4항 단서에 따른 감사위원회 위원은 이사와 감사위원회 위원의 지위를 모두 상실한다. (신설 2021.1.5.)

⑦ 감사위원회 위원의 선임과 해임에는 의결권 없는 주식을 제외한 발행주식총수의 100분의 3을 초과하는 수의 주식을 가진 주주(최대주주인 경우에는 사외이사가 아닌 감사위원회 위원을 선임 또는 해임할 때에는 그의 특수관계인, 그 밖에 상법시행령으로 정하는 자가 소유하는 주식을 합산한다)는 그 초과하는 주식에 관하여 의결권을 행사하지 못한다. (신설 2021.1.5.)

⑧ 감사위원회는 그 결의로 위원회를 대표할 자를 선정하여야 한다. 이 경우 위원장은 사외이사이어야 한다. (개정 2001.3.2., 2021.1.5.)

⑨ 사외이사의 사임·사망 등의 사유로 인하여 사외이사의 수가 이 조에서 정한 감사위원회의 구성요건에 미달하게 되면 그 사유가 발생한 후 처음으로 소집되는 주주총회에서 그 요건에 합치되도록 하여야 한다. (신설   2018.11.28., 2021.1.5.)

(본조신설 2000.2.10.)

※ 자산총액 1천억 원 이상인 상장회사가 감사위원회를 설치하려는 경우 상장회사 특례의 감사위원회제도를 따라야 하며, 자산총액 1천억 원 미만으로서 상근감사설치의무가 없는 상장회사가 상법 제415조의2에 의해 감사위원회를 설치하는 경우 아래와 같이 감사위원회 설치근거 규정을 조정하여 규정할 수 있음. (주석개정 2012.1.16.)

예) 제41조의2(감사위원회의 구성) ① 이 회사는 감사에 갈음하여 제39조의2의 규정에 의한 감사위원회를 둔다.

② 감사위원회는 3인 이상의 이사로 구성하며, 위원의 3분의 2 이상은 사외이사이어야 한다.

③ 감사위원회 위원의 선임에 관한 이사회 결의는 이사 과반수의 출석과 출석이사의 과반수로 한다. 다만 감사위원회 위원 해임에 관한 결의는 이사 총수의 3분의 2 이상의 결의로 하여야 한다. 또한 사외이사 아닌 감사위원회 위원 선임·해임의 경우에도 같다. (개정 2009.5.18.)

④ 감사위원회는 그 결의로 위원회를 대표할 자를 선정하여야 한다.

⑤ 사외이사의 사임·사망등의 사유로 인하여 사외이사의 수가 이 조에서 정한 감사위원회의 구성요건에 미달하게 되면 그 사유가 발생한 후 처음으로 소집되는 주주총회에서 그 요건에 합치되도록 하여야 한다. (신설   2018.11.28.)

(주석신설 2009.2.4.)

제41조의3(감사위원회의 직무 등) ① 감사위원회는 이 회사의 회계와 업무를 감사한다.

② 감사위원회는 필요하면 회의의 목적사항과 소집이유를 서면에 적어 이사(소집권자가 있는 경우에는 소집권자를 말한다. 이하 같다.)에게 제출하여 이사회 소집을 청구할 수 있다. (신설 2012.1.16.)

③ 제2항의 청구를 하였는데도 이사가 지체 없이 이사회를 소집하지 아니하면 그 청구한 감사위원회가 이사회를 소집할 수 있다. (신설 2012.1.16.)

④ 감사위원회는 회의의 목적사항과 소집의 이유를 기재한 서면을 이사회에 제출하여 임시총회의 소집을 청구할 수 있다.

⑤ 감사위원회는 그 직무를 수행하기 위하여 필요한 때에는 자회사에 대하여 영업의 보고를 요구할 수 있다. 이 경우 자회사가 지체없이 보고를 하지 아니할 때 또는 그 보고의 내용을 확인할 필요가 있는 때에는 자회사의 업무와 재산상태를 조사할 수 있다.

⑥ 감사위원회는 회사의 외부감사인을 선정한다. (개정 2001.3.2., 2018.11.28.)

⑦ 감사위원회는 제1항 내지 제6항 외에 이사회가 위임한 사항을 처리한다. (개정 2012.1.16.)

⑧ 감사위원회 결의에 대하여 이사회는 재결의할 수 없다. (신설 2009.2.4.)

⑨ 감사위원회는 회사의 비용으로 전문가의 도움을 구할 수 있다. (신설 2012.1.16.) (본조신설 2000.2.10.)

제41조의4(감사록) 감사위원회는 감사에 관하여 감사록을 작성하여야 하며, 감사록에는 감사의 실시요령과 그 결과를 기재하고 감사를 실시한 감사위원회 위원이 기명날인 또는 서명하여야 한다. (신설 2000.2.10.)

제7장 계 산

제42조(사업년도) 이 회사의 사업년도는 매년 ○○월 ○○일부터 (익년) ○○월 ○○일까지로 한다. (개정 1996.1.17.)]

재무제표 확정권이 주주총회에 있는 경우

제43조(재무제표와 영업보고서의 작성·비치 등①) ① 이 회사의 대표이사는 정기주주총회 회일의 6주간전에 다음의 서류와 그 부속명세서 및 영업보고서를 작성하여 감사의 감사를 받아야 하며, 다음 각호의 서류와 영업보고서를 정기총회에 제출하여야 한다.

1. 대차대조표

2. 손익계산서

3. 그 밖에 회사의 재무상태와 경영성과를 표시하는 것으로서 상법시행령에서 정하는 서류 (개정 2012.1.16., 2018.11.28.)

② 이 회사가 상법시행령에서 정하는 연결재무제표 작성대상회사에 해당하는 경우에는 제1항의 각 서류에 연결재무제표를 포함한다. (신설 2012.1.16.)

③ 감사는 정기주주총회일의 1주전까지 감사보고서를 대표이사에게 제출하여야 한다. (개정 1997.2.21., 2018.11.28.)

※ 제1항과 제3항의 경우 감사위원회를 설치한 회사는 "감사"를 "감사위원회"로 변경하여 규정하여야 함. (주석신설 2000.2.10., 주석개정 2012.1.16.)

④ 대표이사는 제1항의 서류와 감사보고서를 정기주주총회 회일의 1주간 전부터 본사에 5년간, 그 등본을 지점에 3년간 비치하여야 한다. (개정 2012.1.16., 2018.11.28.)

⑤ 대표이사는 제1항 각 서류에 대한 주주총회의 승인을 얻은 때에는 지체없이 대차대조

표와 외부감사인의 감사의견을 공고하여야 한다. (개정 2012.1.16., 2018.11.28.)

※ 집행임원을 설치한 회사는 본조의 "대표이사"를 "대표집행임원"으로 변경하여 규정하여야 함. (주석개정 2012.1.16., 2018.11.28.)

재무제표 확정권을 이사회가 행사할 수 있도록 하는 경우

제43조(재무제표와 영업보고서의 작성·비치 등②) ① 이 회사의 대표이사는 정기주주총회 회일의 6주간전에 다음의 서류와 그 부속명세서 및 영업보고서를 작성하여 감사의 감사를 받아야 하며, 다음 각호의 서류와 영업보고서를 정기총회에 제출하여야 한다.

1. 대차대조표

2. 손익계산서

3. 그 밖에 회사의 재무상태와 경영성과를 표시하는 것으로서 상법시행령에서 정하는 서류 (개정 2018.11.28.)

② 이 회사가 상법시행령에서 정하는 연결재무제표 작성대상회사에 해당하는 경우에는 제1항의 각 서류에 연결재무제표를 포함한다.

③ 감사는 정기주주총회일의 1주전까지 감사보고서를 대표이사에게 제출하여야 한다. (개정 2018.11.28.)

※ 제1항과 제3항의 경우 감사위원회를 설치한 회사는 "감사"를 "감사위원회"로 변경하여 규정하여야 함.

④ 제1항에 불구하고 이 회사는 다음 각호의 요건을 모두 충족한 경우에는 이사회의 결의로 이를 승인할 수 있다.

1. 제1항의 각 서류가 법령 및 정관에 따라 회사의 재무상태 및 경영성과를 적정하게 표시하고 있다는 외부감사인의 의견이 있을 때

2. 감사 전원의 동의가 있을 때

※ 제2호의 경우 감사위원회를 설치한 회사는 "감사"를 "감사위원"으로 변경하여 규정하여야 함.

⑤ 제4항에 따라 이사회가 승인한 경우에는 대표이사는 제1항의 각 서류의 내용을 주주총회에 보고하여야 한다. (개정 2018.11.28.)

⑥ 대표이사는 제1항의 서류와 감사보고서를 정기주주총회 회일의 1주간전부터 본사에 5년간, 그 등본을 지점에 3년간 비치하여야 한다. (개정 2018.11.28.)

⑦ 대표이사는 제1항 각 서류에 대한 주주총회의 승인 또는 제4항에 의한 이사회의 승인을 얻은 때에는 지체없이 대차대조표와 외부감사인의 감사의견을 공고하여야 한다. (개정

2018.11.28.)

※ 집행임원을 설치한 회사는 본조의 "대표이사"를 "대표집행임원"으로 변경하여 규정하
여야 함. (본조신설 2012.1.16., 2018.11.28.)

제43조의2(외부감사인의 선임) 회사는 주식회사 등의 외부감사에 관한 법률의 규정에 의한
감사인선임위원회의 승인을 받아 감사가 선정한 외부감사인을 선임하며 그 사실을 선임한
이후에 소집되는 정기총회에 보고하거나 주식회사 등의 외부감사에 관한 법률 시행령에서
정하는 바에 따라 주주에게 통지 또는 공고하여야 한다. (신설 2000.2.10., 개정
2010.1.22., 2018.11.28.)

※ 감사위원회를 설치한 회사는 감사위원회가 선정한 외부감사인을 선임하는 것으로 내용
을 변경하여 규정하여야 함. (주석신설 2000.2.10., 주석개정 2001.3.2., 개정
2018.11.28.)

※ 인터넷홈페이지 공고기간은 감사대상 사업년도 종료일까지임. (주석신설 2010.1.22.)

제44조(이익금의 처분) 이 회사는 매사업년도의 처분전이익잉여금을 다음과 같이 처분한다.
(개정 1996.10.10.)

1. 이익준비금
2. 기타의 법정적립금
3. 배당금
4. 임의적립금
5. 기타의 이익잉여금처분액

제44조의2 (삭제 2012.1.16.)

제45조(이익배당) ① 이익의 배당은 금전, 주식 및 기타의 재산으로 할 수 있다.
(개정 2012.1.16.)

② 이 회사는 이사회결의로 제1항의 배당을 받을 주주를 확정하기 위한 기준일을 정할 수
있으며, 기준일을 정한 경우 그 기준일의 2주 전에 이를 공고하여야 한다.
(개정 2012.1.16., 2021.1.5., 2023.2.8.)

※ 회사가 현물배당을 하는 경우 주주가 배당되는 금전 외의 재산 대신 금전의 지급을 청
구할 수 있으며, 일정 수 미만의 주식을 보유한 주주에게 금전 외의 재산 대신 금전으
로 지급할 수 있음. (주석신설 2012.1.16.)

※ 회사는 배당기준일을 정기주주총회 의결권행사기준일과 다른 날로 정할 수 있음.
(주석신설 2021.1.5., 주석개정 2023.2.8.)

※ 주주의 배당예측가능성 제고를 위하여 배당결정일 이후의 날로 정할 수 있음. 배당결정
일 이후의 날로 배당기준일을 정하더라도 배당가능이익은 직전결산기를 기준으로 산정
함. (주석신설 2023.2.8.)

※ 주식배당을 실시하는 경우에는 상법 제462조의2 제4항에 따라 주주총회가 종결한 때부터 신주의 주주가 되므로, 회사는 주식배당에 관하여 주주총회일 전일 또는 그 이전의 날을 배당기준일로 정하여야 함. (주석신설 2023.2.8.)

※ 회사는 배당기준일을 이사회 결의 시마다 정하지 않고, 정관에서 특정일을 명시하여 규정하는 것도 가능함(예컨대, '이 회사는 ○월 ○일 24시 현재 주주명부상의 주주에게 제1항의 배당을 한다.'). (주석신설 2023.2.8.)

중간배당제도를 도입할 경우

제45조의2(중간배당) ① 이 회사는 이사회 결의로 상법 제462조의3에 의한 중간배당을 할 수 있다. (개정 2004.1.27, 단서삭제 2012.1.16., 개정 2023.2.8.)

② 이 회사는 이사회 결의로 제1항의 배당을 받을 주주를 확정하기 위한 기준일을 정할 수 있으며, 기준일을 정한 경우 그 기준일의 2주 전에 이를 공고하여야 한다. (단서삭제 2012.1.16., 개정 2023.2.8.)

※ 이사회에서 중간배당기준일을 정하는 경우 주주의 배당예측가능성 제고를 위하여 중간배당을 결정하는 이사회일 이후의 날로 정할 수 있음. (주석신설 2023.2.8.)

※ 중간배당기준일은 중간배당을 결정하는 이사회 결의 시마다 정하지 않고, 정관에서 특정일을 명시하여 규정하는 것도 가능함(예컨대, '이 회사는 ○월 ○일 24시 현재 주주명부상의 주주에게 제1항에 의한 중간배당을 할 수 있다.'). (주석신설 2023.2.8.)

③ 중간배당은 직전결산기의 대차대조표상의 순자산액에서 다음 각호의 금액을 공제한 액을 한도로 한다. (개정 2009.2.4.)

1. 직전결산기의 자본금의 액 (개정 2012.1.16.)

2. 직전결산기까지 적립된 자본준비금과 이익준비금의 합계액

3. 상법시행령에서 정하는 미실현이익 (신설 2012.1.16.)

4. 직전결산기의 정기주주총회에서 이익배당하기로 정한 금액

5. 직전결산기까지 정관의 규정 또는 주주총회의 결의에 의하여 특정목적을 위해 적립한 임의준비금

6. 중간배당에 따라 당해 결산기에 적립하여야 할 이익준비금

④ (삭제 2021.1.5.)

⑤ (삭제 2012.1.16.)

(본조신설 1999.2.23.)

분기배당제도를 도입할 경우

※ 중간배당제도를 이미 도입하고 있는 회사가 분기배당제도를 도입할 경우에는 기존의
중간배당조문을 아래의 내용으로 변경하여야 함.

제45조의2(분기배당) ① 이 회사는 사업년도 개시일부터 3월, 6월 및 9월 말일 현재의 주주
에게 자본시장과 금융투자업에 관한 법률 제165조의12에 의한 분기배당을 할 수 있다. 분
기배당은 금전으로 한다. (개정 2009.2.4.)

② 제1항의 분기배당은 이사회의 결의로 하되, 그 결의는 제1항의 각 기준일 이후 45일
내에 하여야 한다.

③ 분기배당은 직전결산기의 대차대조표상의 순자산액에서 다음 각호의 금액을 공제한
액을 한도로 한다. (개정 2009.2.4.)

1. 직전결산기의 자본금의 액 (개정 2012.1.16.)

2. 직전결산기까지 적립된 자본준비금과 이익준비금의 합계액

3. 상법시행법령에서 정하는 미실현이익 (신설 2012.1.16.)

4. 직전결산기의 정기주주총회에서 이익배당하기로 정한 금액

5. 직전결산기까지 정관의 규정 또는 주주총회의 결의에 의하여 특정목적을 위해 적립한
임의준비금

6. 분기배당에 따라 당해 결산기에 적립하여야 할 이익준비금

7. 당해 영업년도 중에 분기배당이 있었던 경우 그 금액의 합계액

④ (삭제 2021.1.5.)

⑤ (삭제 2012.1.16.)

(본조신설 2004.1.27.)

중간배당 및 분기배당제도를 도입하지 않을 경우

※ 중간배당 및 분기배당은 정관에 규정한 경우에 한하여 실시할 수 있는 것이므로 중간
배당제도 및 분기배당제도를 도입하지 않을 경우에는 정관에 규정할 필요가 없음.

제46조(배당금지급청구권의 소멸시효) ① 배당금의 지급청구권은 5년간 이를 행사하지 아니
하면 소멸시효가 완성한다.

② 제1항의 시효의 완성으로 인한 배당금은 이 회사에 귀속한다.

부   칙

이 정관은 1980년 2월 5일부터 시행한다.

부   칙

이 정관은 1984년 7월 13일부터 시행한다.

부   칙

이 정관은 1988년 1월 25일부터 시행한다.

부   칙

이 정관은 1989년 12월 6일부터 시행한다.

부   칙

이 정관은 1991년 8월 21일부터 시행한다.

부   칙

이 정관은 1993년 6월 22일부터 시행한다.

부   칙

1. (시행일) 이 정관은 1996년 1월 17일부터 시행한다. 다만, 제10조의2, 제12조, 제27조, 제28조, 제30조, 제31조, 제34조의2, 제35조, 제36조, 제39조, 제45조의 개정규정은 1996년 10월 1일부터 시행한다.

   ※ 제10조의2의 개정규정의 시행에 관하여는 개정상법시행일이전에 정관을 개정하는 회사로서 개정상법시행일이전에 유상증자, 무상증자 및 주식배당으로 인한 신주가 발행되었거나 발행될 것으로 예상되는 경우 및 개정상법시행일이후에 정관을 개정하는 회사로서 정관개정일 이전에 유상증자, 무상증자 및 주식배당으로 인한 신주가 발행된 경우에는 제10조의2의 개정규정의 시행에 대하여 아래와 같이 별도규정하여야 함.

   "제10조의2의 개정규정은 본 정관개정일 이후 최초로 개시되는 사업년도부터 시행한다."

2. (전환사채 및 신주인수권부사채의 발행에 관한 적용례) 제14조 및 제15조의 개정규정은

이 정관시행일 이후 발행되는 분부터 적용한다.

※ 제14조 및 제15조에 대한 개정전 규정이 개정규정과 동일한 경우에는 동 조항을 신설할 필요가 없음.

부   칙

1. (시행일) 이 정관은 1996년 10월 10일부터 시행한다.
2. (우선주식에 대한 경과조치) 이 회사가 개정상법시행일(1996년 10월 1일) 이전에 발행한 우선주식(보통주식배당율 + 1%추가현금배당 우선주식)에 대하여 무상증자에 의하여 우선주식을 발행하는 경우에는 제8조의2의 규정에 의한 새로운 우선주식을 배정한다.

※ 이 경과조치는 회사가 본 표준정관 제8조의2를 예시된 개정조문으로 개정한 회사로서 개정상법시행일(1996년 10월 1일) 이전에 발행된 우선주식(보통주식배당율 + 1%추가현금배당 우선주식)이 있는 회사에만 적용되므로 이러한 회사에서는 반드시 부칙에 이를 명시하여야 함.

부   칙

이 정관은 1997년 2월 21일부터 시행한다. 다만, 제10조 제2항 제4호 및 제10조의3은 증권거래법 시행령 공포일부터 시행하며, 제10조, 제10조의2, 제19조 제3항, 제30조, 제40조 제1항, 제43조 제2항은 1997년 4월 1일부터 시행한다.

부   칙

이 정관은 1998년 2월 17일부터 시행한다.

부   칙

이 정관은 1999년 2월 23일부터 시행한다. 다만, 제30조 제3항은 1999년 6월 29일부터 시행한다.

부   칙

이 정관은 2000년 2월 10일부터 시행한다.

부　　칙

감사를 두는 경우

제1조(시행일) 이 정관은 2001년 3월 2일부터 시행한다. 다만 제19조, 제43조의2 및 제44조의2는 2001년 4월 1일부터 시행한다.

제2조(주식의 소각에 관한 경과조치) 개정증권거래법 시행(2001년 4월 1일)당시 증권거래법 제189조의2의 규정에 의하여 취득하여 소유하고 있는 자기주식은 제44조의2 제1항 개정규정에 의하여 이를 소각할 수 있다.

　※ 증권거래법 등 관련법률의 개정·시행 이전에 정관을 개정하는 경우에는 부칙 제1조의 단서를 삭제하는 대신 경과규정으로 다음과 같이 규정하도록 함.

　"다만, 제10조의3 제1항 및 제6항, 제19조, 제44조의2의 개정규정은 개정 증권거래법 시행일부터 그리고 제43조의2의 개정규정은 주식회사의 외부감사에 관한 법률의 시행일부터 시행한다."

감사위원회를 두는 경우

제1조(시행일) 이 정관은 2001년 3월 2일부터 시행한다. 다만 제19조, 제41조의3, 제43조의2 및 제44조의2는 2001년 4월 1일부터 시행한다.

제2조(주식의 소각에 관한 경과조치) 개정증권거래법 시행(2001년 4월 1일)당시 증권거래법 제189조의2의 규정에 의하여 취득하여 소유하고 있는 자기주식은 제44조의2 제1항 개정규정에 의하여 이를 소각할 수 있다.

　※ 증권거래법 등 관련법률의 개정·시행 이전에 정관을 개정하는 경우에는 부칙 제1조의 단서를 삭제하는 대신 경과규정으로 다음과 같이 규정하도록 함.

　"다만, 제10조의3 제1항 및 제6항, 제19조, 제41조의2, 제44조의2의 개정규정은 개정 증권거래법 시행일부터 그리고 제41조의3, 제43조의2의 개정규정은 주식회사의 외부감사에 관한 법률의 시행일부터 시행한다."

부　　칙

이 정관은 2003년 2월 4일부터 시행한다.

부   칙

이 정관은 2004년 1월 27일부터 시행한다.

부   칙

이 정관은 2007년 12월 20일부터 시행한다.

부   칙(2009.2.4.)

이 정관은 제○기 정기 주주총회에서 승인한 날(또는 주주총회에서 승인한 ○○○○년 ○
월 ○일)부터 시행한다.

부   칙(2009.5.18.)

이 정관은 제○기 정기 주주총회에서 승인한 날(또는 주주총회에서 승인한 ○○○○년 ○
월 ○일)부터 시행한다.

부   칙(2010.1.22.)

이 정관은 제○기 정기 주주총회에서 승인한 날(또는 주주총회에서 승인한 ○○○○년 ○월
○일)부터 시행한다. 다만 제4조 및 제12조의2 개정내용은 2010년 5월 29일부터 시행한다.

부   칙(2012.1.16.)

1. 이 정관은 제○기 정기 주주총회에서 승인한 날(또는 주주총회에서 승인한 ○○○○년
   ○월 ○일)부터 시행한다. 다만 제○조 및 제○조의 개정내용은 2012년 4월 15일부터
   시행한다.

   ※ 표준정관에 따라 정관을 정비한 경우 표준정관 조문을 기준으로 제6조, 제8조, 제8조
   의2, 제8조의3, 제8조의4, 제8조의5, 제10조 제3항, 제14조, 제14조의2, 제15조 제3
   항, 제18조, 제21조, 제33조, 제34조, 제34조의3, 제35조, 제37조, 제38조, 제41조의
   5(감사 대신에 감사위원회를 둔 회사의 경우에는 제41조의3 제2항 및 제3항), 제43
   조, 제44조의2, 제45조, 그리고 제45조의2를 개정한 경우 해당 조문을 단서에서 규정
   하여야 함.

무액면주식을 도입할 경우

---

2. 이 정관 제6조의 개정에 따라 액면주식을 무액면주식으로 전환하는 경우 그 전환 비율은 액면주식 1주당 무액면주식 ○주의 비율로 한다.

부   칙(2013.12.27.)

이 정관은 제○기 정기 주주총회에서 승인한 날(또는 주주총회에서 승인한 ○○○○년 ○월 ○일)부터 시행한다.

부   칙(2018.11.28.)

이 정관은 제○기 정기 주주총회에서 승인한 날(또는 정기주주총회에서 승인한 2019년 ○월 ○○일)부터 시행한다. 다만, 제9조, 제11조, 제12조, 제15조의2 및 제16조 개정내용은 「주식·사채 등의 전자등록에 관한 법률 시행령」이 시행되는 2019년 ○월 ○○일부터 시행한다.

부   칙(2021. 1. 5.)

이 정관은 제○기 정기 주주총회에서 승인한 날(또는 주주총회에서 승인한 2021년 ○월 ○일)부터 시행한다.

부   칙(2023. 2. 8.)

이 정관은 제○기 정기 주주총회에서 승인한 날(또는 주주총회에서 승인한 2023년 ○월 ○일)부터 시행한다.

판례색인

사항색인

집필자 약력

노혁준
서울대 법대 졸업
서울대 법학박사
서울대 법학전문대학원 교수

송옥렬
서울대 법대 졸업
미국 하버드대 LL.M, SJD
서울대 법학전문대학원 교수

안수현
이화여대 법대 졸업
서울대 법학박사
한국외대 법학전문대학원 교수

정준혁
서울대 법대 졸업
서울대 법학박사
미국 컬럼비아대 LL.M.
서울대 법학전문대학원 조교수

천경훈
서울대 법대 졸업
서울대 법학박사
서울대 법학전문대학원 교수

최문희
한양대 법대 졸업
서울대 법학박사
강원대 법학전문대학원 교수

제10판
신체계 회사법

초판발행	2010년 3월 20일
제10판발행	2024년 3월 10일
지은이	노혁준·송옥렬·안수현·정준혁·천경훈·최문희
펴낸이	안종만·안상준
편 집	장유나
기획/마케팅	조성호
표지디자인	권아린
제 작	고철민·조영환
펴낸곳	(주) **박영사**
	서울특별시 금천구 가산디지털2로 53, 210호(가산동, 한라시그마밸리)
	등록 1959. 3. 11. 제300-1959-1호(倫)
전 화	02)733-6771
f a x	02)736-4818
e-mail	pys@pybook.co.kr
homepage	www.pybook.co.kr
ISBN	979-11-303-4687-8 93360

정 가   42,000원